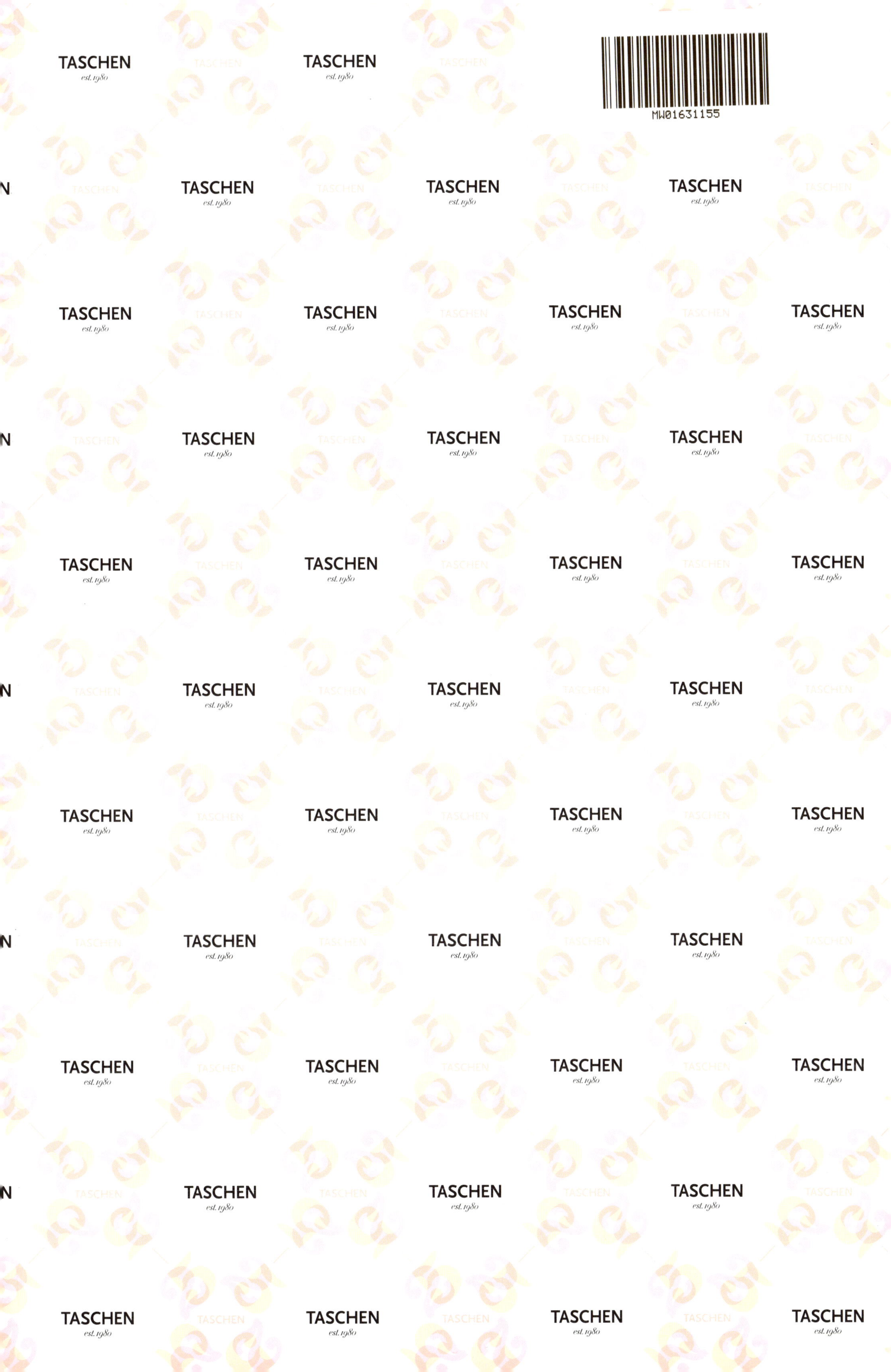
MW01631155
TASCHEN
est. 1980

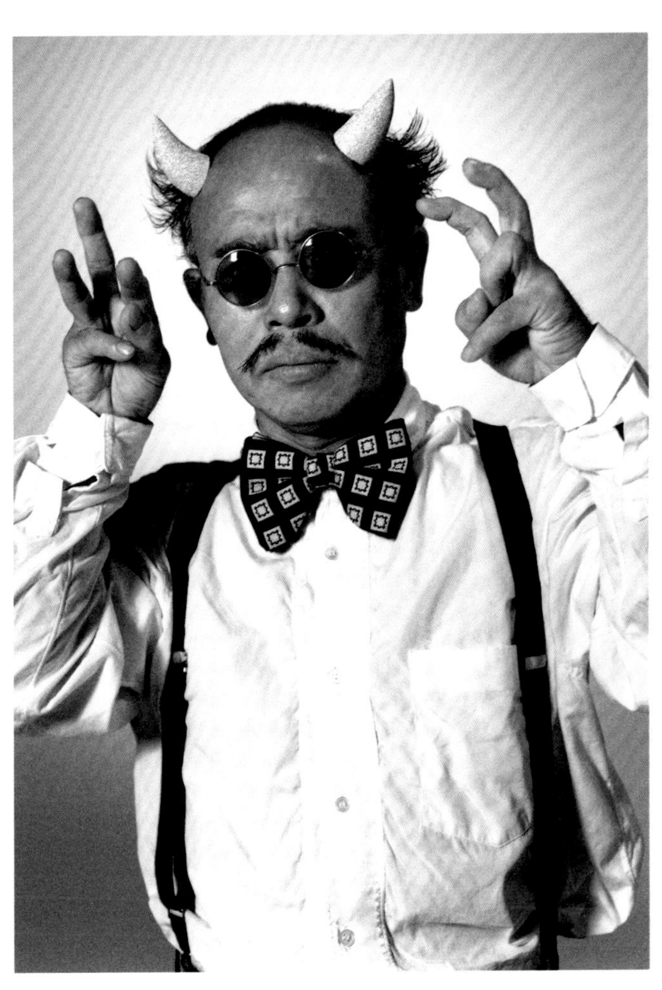

ARAKI

TASCHEN

HONG KONG KÖLN LONDON LOS ANGELES MADRID PARIS TOKYO

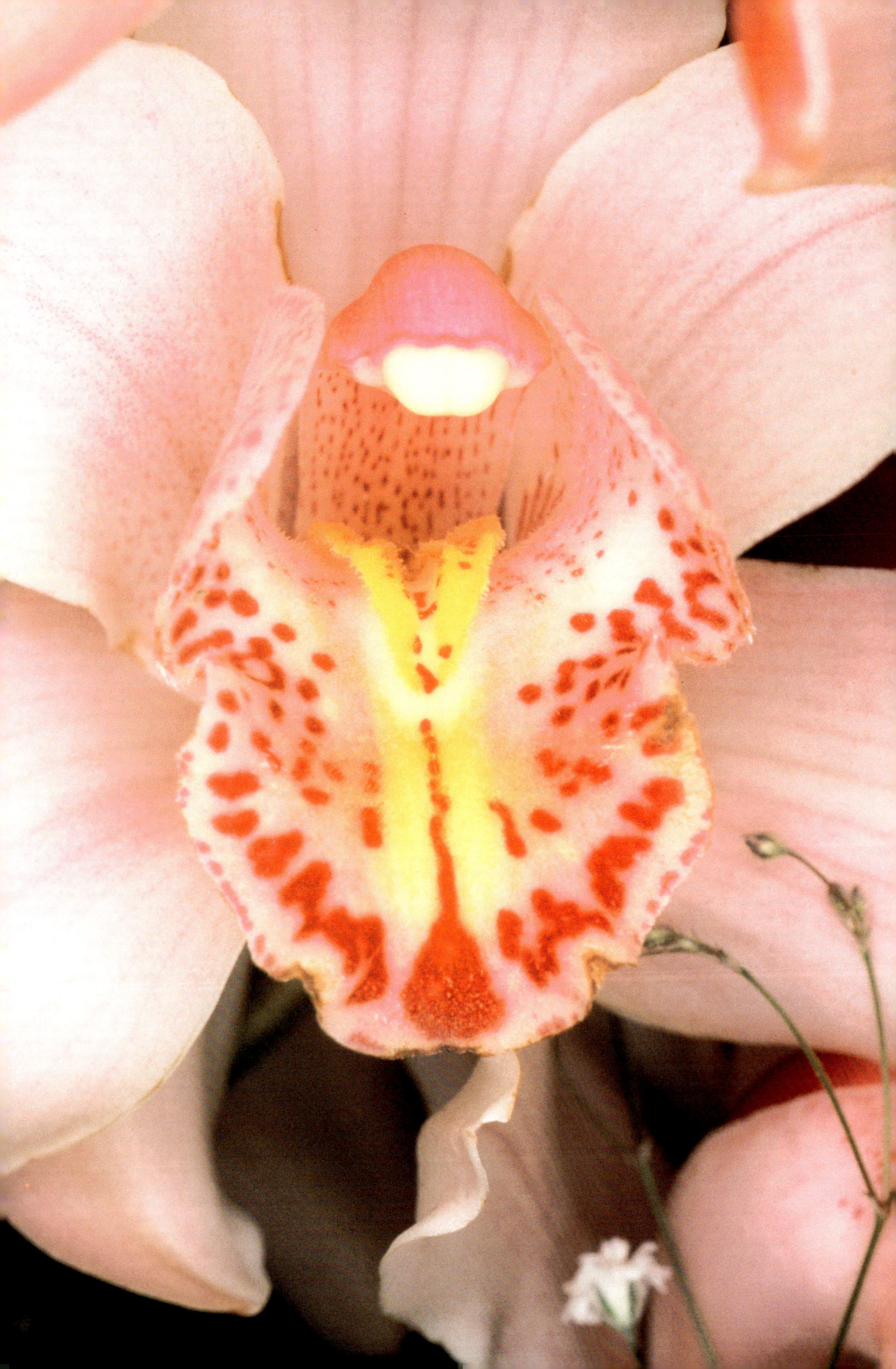

Nobuyoshi Araki interviewed by Jérôme Sans 6
荒木経惟 聞き手：ジェローム・サンス 10
Nobuyoshi Araki im Interview mit Jérôme Sans 14
Nobuyoshi Araki interviewé par Jérôme Sans 18

Colorscapes 24
Tokyo Story 34
Love in Winter 66
Flower Rondo 96
Private Photography 112
Kyoto White Sentiment 196
Chiro 200
Novel Photography 202
Tokyo Comedy 210
Angel's Festival 270
Tokyo Love 286
Naked Faces 290
Summer: Retrographs 294
In Ruins 300
Sensual Flowers 330
Erotos 336
Sexual Desire 380
A's Paradise 390
Tokyo Nostalgia 400
The Banquet 420
Shino 426
A's Lovers 434
Photo-Maniac Big Diary 444
Color Rays 450
Private Diary 458
Tokyo Nude 464
Tokyo Autumn 512

Biography 542
プロフィール 543
Biografie 544
Biographie 545
Bibliography 546

Nobuyoshi Araki

interviewed by Jérôme Sans

Jérôme Sans: Why call your book *Araki by Araki* when you have edited most of your own books yourself? Was there something special about this one?

Nobuyoshi Araki: I turned 60 at the end of the 20th century. In Japan, the 60th birthday is called *Kanreki*; it's a special celebration. One cycle of life finishes and another begins. It's a passage, a fresh start. For this occasion, I decided to bring all my work together. I've kept the best for the end, like "Picasso's Picassos". My first thought was to publish everything myself, here in Japan. But finally it seemed more interesting to do it through someone else's vision, more especially through someone unknown to me. For me, other people are always the unknown, and this time the stranger is a foreigner, which is even better. In the final analysis, this book is not *Araki by Araki*, but *Araki by TASCHEN*, and no less interesting for that. When a foreigner chooses my works, unknown aspects of me emerge. I've had lots of exhibitions abroad (in Austria at the Wiener Secession, in Italy at the Centro per l'Arte Contemporanea Luigi Pecci, Prato ...) and it's always turned out that way. Things I don't find very significant finish up interesting other people.

People tend to think that the ideas or thoughts get into photos through editing and juxtaposition. Well, not for me. My photos have plenty of strength and energy of their own. I can afford just to hand them over to an editor because I'm confident of the quality and power of my photos. Normally what you get is the editor's vision. But I have confidence in my photographs. They never change.

How does this book differ from the other books?

The distinctive thing is that I can show everything about me – my women, my wife, and my city ... It shows the ramifications of feelings – it records something of the organic development of my work. The individual elements are the leaves of a big tree, as it were. I hope that the tree will start to blossom. *Araki by Araki* is an epitaph for my first 60 years. I've been taking photographs since the moment I was born. I was no sooner out of my mother's womb than I turned around and photographed her sex! After reincarnation, in my new life, photography will still be the first word I utter. It's been a 60-year contract, near enough. Photography is love and death – that'll be my epitaph.

How do you define love?

Love is hard to define. When you love a woman, she survives in photos and in your memory. And feelings survive, too. For example, I loved my wife, and traces of this remain in my feelings and my body, traces that survive in the photos. (I say this only about my wife – otherwise I'll get into trouble!) That is what it means to say you have loved someone.

At the moment I love Chiro, my cat, and flowers. The cat is flesh and the flowers are genital. They prompt the feelings felt for those one loves.

When I am at home, my feelings for Chiro well up when she comes up to me. Or when I wake up and see flowers, I photograph them; it's this feeling of proximity. These instant feelings come to me quite naturally. (I always have a lot of flowers in my home.) It's instant feelings I love, though my feeling for photography is absolute.

For me love is about proximity, familiarity, things one can touch. That's why there is no such thing as love on the Internet. Love implies intimacy of smells, sensations, surroundings.

So I photograph my friends, people I'm close to, the things around me. That's photography, for me. For example, I'm taking a photograph of you now because we've met today.

You've taken pictures in many Asian cities, but Tokyo is at the centre of your universe. Your work conveys a strong sense of belonging to your immediate environment. Do you think there is a correlation between it and those old traditional Japanese houses where there's a sense of shared intimacy?

When I say Tokyo, I'm not interested in the city as a whole, only in the places I'm familiar with, where I go every day. I don't take photos just anywhere, just in Shinjuku and the neighbourhoods I know really well. Photography means the things that relate to me. I don't go places simply to take photographs. If I might use the word "introduce" about my work, I'd say I "introduce" the women, places and moments I love.

Everything is determined by the place you were brought up. I was born in a humble part of Tokyo called Minowa, in a traditional little house divided into two homes, and everything in these two homes was on top of everything else. You could go from one house through to the next. There was always a neighbour bringing something to the back door. They would bring you food, saying it was leftovers when in fact it had been cooked specially. Everyone cooked for everyone else. It was a very humane place. I was brought up there, so that's how I am. Minowa's on the outskirts of the Taito-Ku district in the north-eastern part of Tokyo. If you go further north to where Takeshi Kitano was born, people are more tyrannical, the way he is (*laughs*).

I lived near Yoshiwara, the filles de joie district. Close by was a temple called Jokanji, where courtesans with no family were buried. That's where I played as a child. In that temple, there were graves (death) and there were prostitutes. That place has left its mark on my life. The mud of that humble district is still on me. Life and death were at large there. It was like that from my earliest days – I acquired a feeling for life and death automatically.

My favourite colour is red. Red expresses the complexity of life and death. That's why I asked the landlord of this bar we are sitting in to do the whole place over in red. The place is even called the ROUGE. When the incendiaries from the American B 29s dyed Japanese skies red, I found it very beautiful. I was five years old at the time. My interest in red comes from that. All my photographic work derives from childhood. For me, Minowa is like the womb. I don't live there any more, but my roots are there. Because I grew up in a traditional wooden house, I am warm-hearted and sentimental through and through. There were morning glories flowering in the little street: that was the milieu I was brought up in. My whole life was determined by this. Paris also has its very ordinary districts, but all in stone, and very dry. In today's Japan, there's stone everywhere. Robots are replacing the human voice. The things there were to photograph are disappearing. If the world takes a turn for the worse, photography follows. Nothing holds the eye any more. That's my epitaph, at 60, for the end of the world.

Your work is all about women.

I took my very first photograph just after I had left my mother's uterus. For me, woman is photography. The next photo I took was of a girl I was secretly in love with in primary school. As I grew up, a woman immediately meant her vulva. I often took close-ups of vaginas and in 1970 described this position in my exhibition "Sur-sentimentalist Manifesto", a photographic manifesto dating from the time when I started taking shots of women. I thought then I was going to be an anarchist. So I called myself "Ararky". That was the beginning.

At the time, I was working for Dentsu, a Japanese advertising agency. There I met Yoko, who became my wife. Till then I'd taken women by shooting their vaginas, as sex-objects. As soon as I photographed Yoko, I began to grasp the relationship between me and the woman before me as a mutual, two-way thing. For the first time I was photoing a woman the way she was, not as an object.

Growing out of that relationship, there are many branches (women) to my tree. Although I've always said that I was faithful to my wife and that she was the centre of my work, even then I was already photographing lots of other women. This book reveals these things for the first time and, indeed, everything about me. I'm revealing more and more about myself. There's a statute of limitations: I'm 60 now. After my wife's death, I went on taking more and more photos of women. So, lots of ramifications, lots of leaves (women) have unfolded around me, and it's been paradise! (*laughs*)

Can your passion for sex be considered a contemporary version of the *Shunga*, the erotic prints from the Edo period [c. 1600–1868]?

I'd like it if my photos were like *Shunga*, but I haven't got there yet. There is a degree of reserve in *Shunga*. The genitals are visible, but the rest is hidden by the kimono. The coloured woodcuts do not show everything. They express the mystery of love. *Shunga* don't just reveal sex, they reveal the secret of love between two people, between a man and a woman.

I often appear in my photographs in which scenes of bondage or having sex are shown. But I don't have the starring role. I'm like a minor character in a *Shunga* print, a secondary or spectator's role. I prefer photography to sex. These days I won't even go out with a girl. Because they all expect sex. Just having dinner isn't enough for them. I won't do that any more, I prefer taking photographs.

In sex, I rank second or third. I just take advantage of sex to take good photos. I'm hard on sex the way I am on the woman I'm making love to.

I am putting all this in the book because it'll be published abroad and the Japanese won't see it. For me, photography's the essential thing.

What do you express in your photos?

I don't have anything to say. There's no special message in my photos. The messages come from my subjects, men or women. I wait for my subjects to give of themselves, offer themselves up. I have things to photograph, so I've nothing to express. Right now, I'm showing the joy of life rather than the sadness of death. Some people I know think life is sad. But these days I think the opposite. Death is sadder.

Why are you obsessed with women in your photographic work?

Women have all the charms of life itself. They have all the essential attributes: beauty, ugliness, obscenity, purity … much more so than nature. In woman, there is sea and sky. (This may sound affected.) In woman, there is the bud and the flower …

A photographer who doesn't take photos of women is no photographer, or only a third-rate one. Women teach you much more about the world than reading Balzac's *Human Comedy*. Whether it's your wife, a one-night stand or a prostitute, women teach you how the world goes round. Besides, I stopped reading when I left primary school. I've built my life on meeting women.

You are a cult figure in Japan for your iconography. How do you react to the paradox of censorship in this country, which behind its façade and official manner offers a whole other world of "forbidden pleasures", and in particular "love hotels" for adulterous rendezvous?

I don't take photos to shove everything in everyone's face. In fact, I'm quite content to show my photos to my friends if I think they're good. As regards censorship, I'm not socially or artistically committed. I have no special ideology, no ideas about art, no thoughts or philosophy. It's as though I'm just a little rogue getting up to mischief.

I think this attitude reflects a paradox of Japan, which has laws against pornography.

Yes, and that's been so since the Edo period. It may seem ambiguous, or paradoxical. There may be a strict law on censorship, but you can still find anything and everything in Japan. Chaos is the rule. Rigid strictness co-exists with the glamour of deviant opportunities. And these contrasting things often get mixed up.

In Japan, no one's going to condemn a photographer to death for tying up a girl and taking photos of her. It's astonishingly relaxed. Christian countries are much more severe in that respect. Europe remains tolerant. The Vatican does not approve of that kind of thing, but it accepted my work nonetheless. The United States is particularly strict and draconian. I can't risk showing little girls nude or women in bondage over there.

Compared to the Edo period, I think our period is an impoverished one as regards sex, but there's still a confused atmosphere about sex that I like.

Why is bondage a recurrent theme in your work?

Kinbaku [making knots with ropes] is different from bondage. I tie women's bodies up because I know their souls can't be tied. Only the physical self can be tied. Putting a rope round a woman is like putting an arm round her.

What are the little plastic dinosaurs doing in your universe? What exactly do they represent? Does each one have a specific identity?

I'm the kind of person who needs company all the time. I really need friends around me because I'm often lonely. These monsters are my alter ego. They signify my desire to be in my photos, as though they were parts of my body. I love these dinosaurs, and I just want to be with them all the time and to collect them. That is a sexual desire. I want to take photos of the things I love and spend all my time with them.

My balcony's empty right now because the dinosaurs aren't back from my Paris show. They're still stuck in Japanese customs, and I miss them terribly.

So now my cat Chiro is also feeling lonesome and sulking a little bit. She's lying on top of Waneen (a large crocodile-object), but she misses them too.

Each dinosaur has its own specific meaning. But it's more important for me that they all stay together. I often feel lonely and want my house to feel inhabited. Of course, each one has its own charm. In fact, I give each of them a name. But basically the reason I'm interested in them is because I'm often lonely and prefer being with them just for the company. I have lots of flowers for the same reasons. Sentimentally lonely! I love warmth. The warmth of the womb. I'm a baby and a child. I can't forget the warmth of the womb. I like hot springs too, they're a sort of womb for me.

Sometimes you paint colours on your black and white photos. Why?

Black and white photos represent death. To take a photo is to kill the subject. Another way I have of showing black and white photos is the "Arakinema" performances. Photos presented in motion with sound.

Monochrome photos represent death, so I want to resuscitate them. I want to add erotic feelings, passion, the warmth of the body. All this gives me an unconscious desire to paint them.

It's not that I want to turn these black and white photos into paintings. I just want to make them more like the ideal photos I have in my head.

I'm not trying to do painting on a photographic basis, just trying to believe in the photos and reveal them by painting.

I often choose colours like red and green, and I entitle these pictures "red-green sentimental colours".

The black and white photos I just showed you are from my book *Photographs from the End of the Century*. The next book to come out will be all in colour, and its title will be *Photographs from the New Century*. These two books complete a cycle.

In your series of women in black and white, why do you systematically paint over the vaginas?

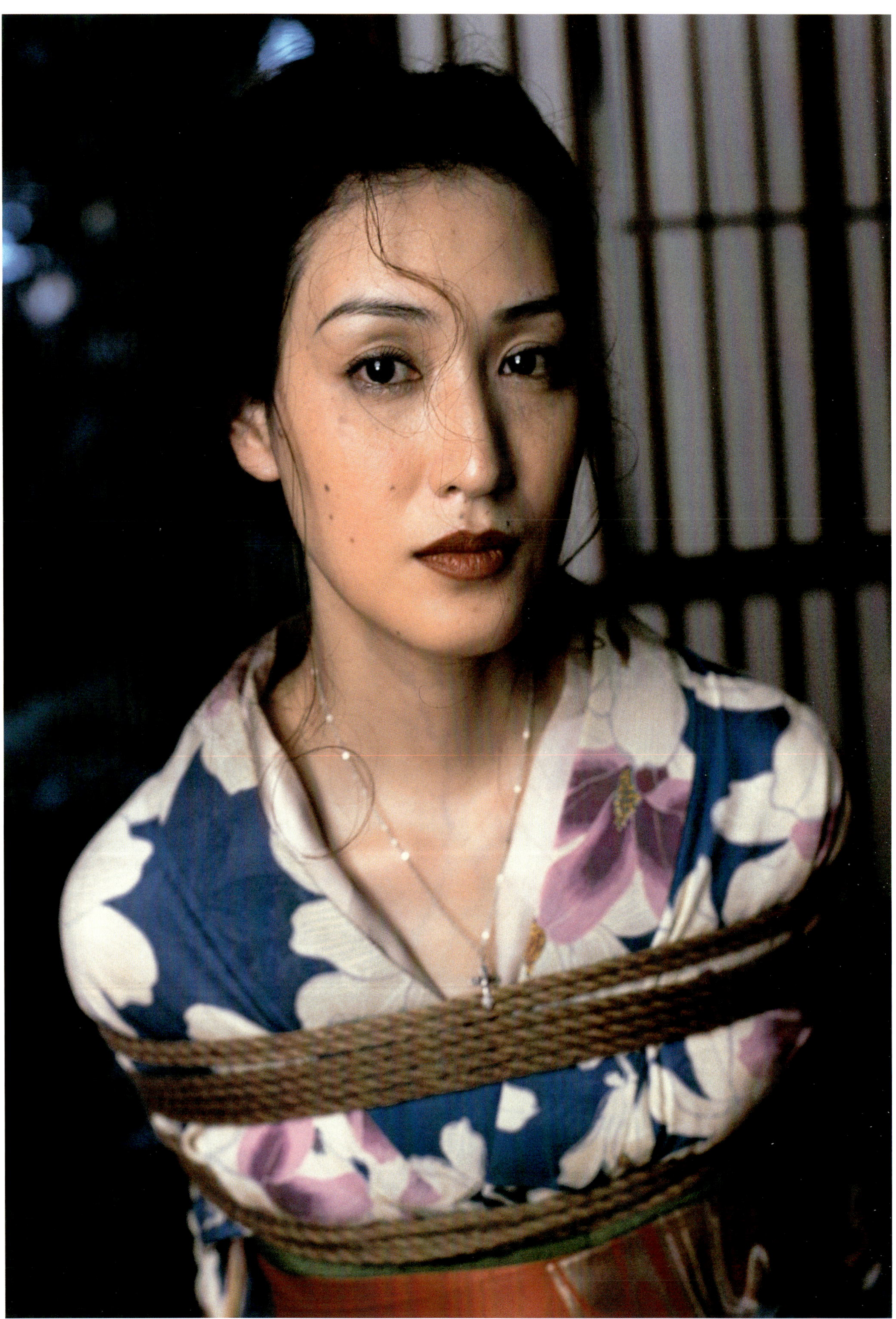

First and foremost, this is censorship by retouching, so that the genitals can't be seen. It works like that because there are lots of strict rules in Japan. But it's better for me that there are some rules. And it's also an indication of my desire to mess around, as if I were touching them or putting my sex into them.

It's as though I'm swimming in the river, swimming to and fro between the colour bank, the bank of our world, and the bank of the next world, the world of black and white. Depending on how I feel, I decide if I should go to monochrome Paradise, stay in this colour world, or take the same subject and treat it simultaneously in monochrome and colour.

When I'm tired I float on my back and photograph the sky. Paris has the Seine, while Tokyo has two rivers, the Sumidagawa and the Arakawa. But Japan also has a river called the Sanzu no Kawa [river of the dead]. It's the river the dead must cross to reach Nirvana.

Time is never specified in your photos. What is your relationship to time?

A photograph takes place only at a certain instant. And this instant is unidentifiable. The instant is the eternal and eternity an instant. This, more than any other element, is the notion photography carries within it.

When I release the shutter, that's the eternal. Down comes the shutter and makes eternity. The effect is extremely direct. It's more an action than an art.

Consequently, I claim the right to mix photos without attention to the dates when they were taken. On the other hand, I also take photographs that have the date printed on the print, and these I can show in chronological order. The flow of daily life constitutes a narrative. Like a diary. The passage of time is extremely dramatic. So I use several temporal meanings. But if I *have* to choose, I go with chronological order, which I find ultimately more interesting.

This is why I take photos as a diary, and often decide to leave them as they are without any editorial work.

Then the editorial work is done automatically by life, by the times we live in. Which means, the moment I sort the photos into the order they were taken in, god or someone – in my case Shashin, the god of photography – does the editorial work for me. The most dramatic order would be the unconscious one. That's how most of my photography books work. It's not worth thinking about order. For example, if I want a photo of Chiro, I don't need to think. This image appears spontaneously.

Why do you sometimes put dates on photos?

It's meant as parody, as a way of saying that perfection was neither achieved nor sought. If there's a date printed on a photo, it can't be a masterpiece, can it? It means these photos are just what happened on a certain day. That's photography!

Photography just says this day, this instant was wonderful. That's life! Nothing's better than a journal. Even in literature, the journal's head and shoulders above the novel. The journal is life, and the date's photography. Or else it's up to the photographer to erase the date. Photo, c'est la vie!

Is that why you've never stopped taking pictures?

You have to go on photographing the moments of life; you have to go on living. For me, taking photos is life itself.

Which artists, writers or film directors who used the journal format do you feel close to?

I probably feel closest to the Japanese writer Kafu Nagai [1879–1959], who wrote a novel in 1917 called *Danchotei Nichijo* [Danchotei's Diary]. If the events of any given day were fascinating, he knew it would be even more wonderful to place fiction within it. Before him, journals were supposed to describe daily reality. He was the first to break the rule and mix in a few lies, which makes a journal more enticing. In *Danchotei Nichijo*, everything is lies. It's much more interesting that way. I also feel close to the Lithuanian film director Jonas Mekas, although he doesn't include dates in his work. He has an access to the sublime that I lack. But we're quite alike. For me, Minowa is the womb, for Mekas it is probably Lithuania, his homeland. For him, nature and family in Lithuania are the main thing. My Minowa has lost its attractions and is in ruins, and his Lithuania is in ruins but was once really a paradise. This is what we have in common. We're both fascinated by the city or quarter where we were born. This place and time or another, that's what a diary is about. This day, that, and another. But I don't think about that, I just keep taking photos every day. Punctuating these movements would be like putting the date in.

Like the English artists Gilbert & George you aim for accessibility, the widest possible distribution of your work, and favour art for everyone. Does this stem from your past in advertising?

When I was working for Dentsu, I made ads for other people. But I wanted to make ads for myself. You could call that art. I thought it would be good to show my photos to friends. On the other hand, I've always wanted to be known by loads of people, as many as possible. I want to know that the iguanas in the Galapagos want to see my work. I'd like them to cross the ocean to Japan and let me take their photos. Then I would take them to Yoshiwara.

How many books have you published so far?

More than 250, I guess. Right at the beginning, I got tired of the countless unproductive meetings with Japanese publishers, so I began by publishing my first books in photocopy form. My first book, *Xeroxed Photo Albums*, was done that way. Then, when I did *Sentimental Journey*, no publisher would print my honeymoon. Later on, many publishing houses published my books, like TASCHEN now. Sometimes I take photos and I want to make a book of them immediately, like a premature ejaculation. Sometimes I just can't bear to wait three months to get a book out after the shoot. I want the book out in a month, right after doing the last picture. That's why I did *Photographs from the End of the Century* myself, to satisfy my desire for haste. It's a "live" photo book in which the speed and heat of the shot can still be felt. With some other books, it seems to me that the publisher brought some enthusiasm to them, too.

Photocopying has come on in leaps and bounds since the 1970s. Do you still make photocopy-books?

Today, copying's much too good, it's no longer of any interest. A photocopy in the 1970s was not just mechanical, it was rough, rugged and approximate. It fitted in with my ideas and those of the time, which was a very crude decade. They were copies of my unbridled feelings of the time. I gave up on the word "copy" and turned to "reproduction". Photography reproduces feelings during the shoot, or those I shared with someone I met then, or those of my relationships of the time. It's not expression. And it's not an attempt to express the feelings of the subject I am photographing. Through the subject, I make a copy of myself. Thanks to these subjects, I make "reproductions". Without them, I couldn't. That goes for life too. I need subjects. It can be flowers, the sky or of course women. I live through women. I shall always photograph women. If women were to disappear from the planet one day, I should hope to be long dead.

Have you any projects that haven't materialised and that you wish to undertake in future?

I haven't any unrealised projects. My surroundings will dictate what I do next. May god/dess Woman guide me.

荒木経惟

聞き手：ジェローム・サンス

あなたはほとんどの本を自分で手がけているにもかかわらず、なぜ今回のタイトルをAraki by Arakiと付けたのですか。何か特別な意味があるのでしょうか。

この20世紀最後の年に私は60歳になった。日本では60歳の誕生日は還暦といって特別な祝い事で、人生の一周期の達成を祝うもの。これは通過点でもあり新しい出発点でもある。この機会に私は自分の作品のすべてを集約しようと思ったのだ。私は人生の最後まで"ピカソのピカソ"のように一番いいものを残しておいた。はじめは日本で自分ですべて編集することを考えたけれど、最終的には他者の視点から、特に外人の視点を通した方がより面白くなるように思えた。私にとって他者とは常に外国人。今回は外国人の視点で、これはとても新鮮に感じる。結局この本は"Araki by Araki"ではなく、"Araki by TASCHEN"になったかもしれない。でもそれでも面白いと思う。外国人が私の作品を選ぶとき、私はいつも自分の気がつかない私に気が付かされたから。海外の色々な場所で展覧会をしたけれど、(オーストリアのウィーンのゼセッションや、イタリアのプラトーのルイジ・ペッチ現代美術センターなど)、その度にこうした経験をした。自分にとってそれほど大事なことでなくても、他人には面白く見えて取り上げられることもすでに今まで何度もあったから。

一般的に写真というのは編集やレイアウトで思想が出るような気がするけれども、私の場合はこれに当てはまらない。私の写真には写真自体に力とエネルギーがあるから。自分の写真のよさ、力に自信があるから他人に編集を任せてもいいと思っている。普通なら編集した者の視点になってしまうけれど、私は自分の写真に自信がある。自分の写真は決して変わらないのだ。

この本が他の本との違う点はどこですか。

私自身のすべてを見せることができる点かな。女、妻、街などは私の作品の枝葉とも言える気持ちの要素と言える。この本はこれらのすべての要素を集めて大樹にしようとしてる。そこに花が咲くかどうか期待している。"Araki by Araki"は私の60歳の遺言。私は生まれた時から写真を撮っていて、生まれてすぐ後ろを振り向いて出てきたところを撮った位だから。写真とは生まれ変わった私の新しい人生においても一番初めの発言。60年間の遺言です。写真は愛であり死である、という遺言なのです。

あなたは"愛"をどうを定義づけますか。

愛とは定義するのにむずかしいもの。女性を愛したら写真にも残るし、記憶に残る。そして気持ちも残る。例えば私が妻を愛した時もそうだけど、気持ちも残るし、自分の心、肉体、写真からなくならないような跡が残ること、(いろいろ名をあげるとまずいのでここは妻だけにしておきます！）それが"愛した"ということかもしれない。

今愛しているのはチロと花。ネコは肉体、花は女陰。「愛しい」という気持ちをこれらに感じる。

家にいてチロがやってくる時の気持ち。または朝起きてパッと花をみる、(自宅には常に花がいっぱいある）そして写真を撮る。それも遠くから撮るのではなく近くで撮る。それによって私の中で自然に来る気持ち。これが愛しいのかも、でも一番はやっぱり写真かもしれない。

そして愛は身近にあるもの、触れることができるものと一緒。だからインターネットの中に愛はない。愛は匂いや感覚を伴う近くにあるもの。

だから自分が写真を撮るのも身近な人、近所。写真はそういうこと。例えばあなたに今日あったからあなたを写真に撮る、というようなこと。

あなたは他のアジアの都市で何回も撮影しているけれども、それでも東京はあなたの世界の中心です。あなたの作品は身近な環境について語っていますが、これは人と人との親密な感覚を共有する日本の伝統的な家に関係があるのではないでしょうか。

東京といっても、街全体に興味があるわけではなく日常的に知っている場所にしか興味がない。だから全般を撮るのではなく、新宿とか近所とか身近な場所しか撮らない。私にとって写真は関わりだから。だから私の場合、なにかを写真のためどこかへ撮りに行くということはない。もし私の仕事に「紹介」という言葉を使うのであれば、自分自身の紹介ということになる。そして今すきな女性、場所の紹介、好きな時間の紹介とか。

私に言わせれば、すべて育った環境で決まる。自分が生まれたのは三ノ輪という下町の2軒長家ですべてくっついている所。くっついているから行き来ができる所。いつも裏からいろいろもってきてくれる人がいる所。残ったからといっておかずを持ってくるけれども、実はそれはもともとあげるためにつくっている。人情がある所。私はそこで育ったのだから、それで決まっている。

三ノ輪は台東区のはずれで東京の北東。もっと北になると、北野武が生まれたところで彼のように横暴になる。(笑)

私は吉原の近くに住んでた。浄閑寺という遊女の投げ込み寺の隣に住んでいた。寺が遊び場だった。墓場（死）があるし、遊女がある場所。この下町の湿った泥の感じが抜けない。そこで少年時代をずっと遊んですごして、そういう中で育った。漠然とした生と死が常にあった。だから生と死を小さい時から自然と感じ取っていったんだと思う。

自分は赤が好きなんだけど、それは赤が生と死の複雑さを表していると思うから。それでこの店は赤で内装をやれといった。だから"ROUGE"という名前なの。昔B29の焼夷弾が空を赤に染めてそれを美しいと思った。5才の頃そういう経験があったから。子供の頃から私の写真作品は始まっていたのだ。私にとって三ノ輪は子宮だね。今はもう住んでいないがそれでも根源はある。日本の木の家で育ったから「情」や「センチメンタル」が染み付いている。路地に朝顔が咲いている、そういう育ち。それで私が決定づけられている。パリは下町だけれども、乾いている石の街だからね。今は日本も石ばかりだからだめ。ロボットばかりで肉声がなくなる、写真を撮る要素が少なくなっている。世の中がダメだから写真もダメになっていく。つまらなくなっている。

だから私が60才になって、これが私の遺言。

荒木さんの写真は女性と密接に関係している。

最初に写真を撮ったのは母の子宮から出て振り返って撮ったのがはじめだけれども、女性は写真である、と言ってもいい。その次に撮ったのは密かに小学校で想っている女の子を撮った。そのあと大人になってからは女性と言うと女陰になってしまう。女陰のアップから始めた。それを1970年にシュールセンチメンタリスム宣言と称して撮りはじめたのが女性を撮りはじめたのが最初。その時にアナーキーにならなくてはいけないということで、アラーキーと称した。それがはじまり。

そのころ後に妻となる陽子に電通で会った。それまでは女性を女陰という「もの」として撮っていたけれども、陽子を撮るようになり、対峙して女性と自分という二人の関連性を撮るようになった。それを考えると彼女を撮ったのが、物としてではなく女性を撮った最初かもしれない。

そのあとは枝（女性）がいっぱいある。一途なんていっていたけれど他の女性も撮った。今度の写真集ではそれがばれてしまうけど、それは自分自身を更にさらけだしてしまう。でも60才だから時効だと思う。女性をずっと撮ってきて妻の死を迎えその後枝葉（女性）がいっぱい出来て今はパラダイスになったわけだ。(笑)

セックスに対する情熱。たとえば伝統的な春画の現代版といえるのではないのか。

そう言う風にやりたいと思っていたいけどそこまでいっていない。春画には恥じらいがある。性器がみえるけれども、残りは着物で隠れていている。つまり全部をさらけだしているのではなく、隠し事をしている。それに通じる気分はある。セックスはさらけだすのではなく、二人だけの秘密がある、ということ。

しばったり、セックスの写真に自分が時々登場するけれども、それは春画に

おける小人のような役割を担っているのだ。主人公ではなく、準主役、傍観者的な役割となっている。やはりセックスではなく写真の方が好きだから。今はデートも断わってしまう。なぜなら、みんなセックスまで行かないといやでしょ。御飯だけだといやでしょ、そりゃたまらないの、私は写真がいいの。

自分はセックスにおいては2流であり3流だと思う。なぜなら、いい写真を撮るためにセックスを利用しているだけだから。写真のためのセックスだから失礼だと思う。セックスに対しても相手に対しても失礼だと思う。ちょっといい写真にするために挿入するのだと思う。これは外国で出版する写真でみんな見ないと思うから載せてしまうけど。主流が写真。

写真でなにか言いたいこと、表現したいことは何ですか。

私は写真の中で特に言いたいことはない。被写体が言いたいことを引っ張り出す感じ。男でも、女でも。被写体が出すのを待っているのだ。自分には言いたいことがないが撮りたいことがある。今は死より生が楽しいという感じを全面に出している。生きているということが悲しいというやつがいるけど、今は死の方が悲しい。

なぜいつもあなたの写真作品は女性ばかりなのでしょうか。

女性の中にいろんな生きていく中においてすべての魅力がつまっていると思う。必要な要素がいっぱいあると思う。美しいこと、醜いこと、いやらしいこと、ピュアなことすべてつまっていると思う。自然よりずっと。女性の中には空もあるし海もある。(きざなことというようだけど)。花もあるし、つぼみもあるし。

写真家で女性を撮ってないやつは写真家じゃないし、3流の写真家だと思う。そこらで会った女性の方がバルザックの人間喜劇を読むより世界が分かると思う。妻だろうが、たまたま会った女性だろうが、娼婦であろうが世の中がわかる。私は小学校以来もう本を読んでない。女性に会うことによって自分の人生をつくっているから。

あなたの写真は日本では大変有名です。あなたは、成人同士の出会いのためのラブホテルにおける「禁じられた」快楽が裏では大っぴらに存在するこの国でパラドックスとも言える、検閲に対してどう対処してますか。

世の中の全部をさらけだそうとしているわけではないから、いい写真が撮れたということだけで、たとえばこの仲間うちで見せるとかだけでいい。だから検閲に対してどうということはない。社会的芸術的にどうとかということではなく、下町のやんちゃ坊主がやってはいけないやんちゃをやっただけであって、別に社会的にどうとかというのはない。社会性も思想性も哲学もない。

私はその考え方が日本におけるポルノに対する法律のパラドックスを見せているのだと思うのですが。

そうだね、江戸時代の血を今でもひいている。すごくあいまいで、矛盾していると思う。法律上は決まっているけどどうでもいい、といういい加減なところが日本にはある。ごちゃごちゃになっているということがある。極端にきびしい正があって、ちがうものの魅力がある。それが大体矛盾しているもので、混ざっている。

日本は少女をしばって写真を撮っても撮った奴は死刑にはならない。驚くかも知れないけれども、意外とおおらかではないか。キリスト教の方が厳しいけどヨーロッパは寛容。バチカンだって普通なら駄目だろうけれども、私の作品は受け入れてくれた。アメリカは特に厳しい。幼女も緊縛に対しても厳しいからこれらの写真は見せられない。

日本においては江戸時代にくらべたら貧弱な性の時代だと思うけど、それでも今はまだ性のどさくさの気分がいい。

なぜあなたの写真には繰り替えしボンデージが出てくるのですか。

緊縛(縄)はボンデージとはちがう。女性の心は縛れないと知っているから肉体を縛っているだけ。縛ることはある意味抱擁することと同じ。

小さい恐竜をあなたの世界の中に入り込ませるのはなぜですか。なにか象徴しているのでしょうか。それぞれなにか特別な役割があるのでしょうか。

私は常に仲間が必要というのがある。私は寂しがりやだからいつも私の周りに仲間や友達を置いておきたいのだ。そしてこれらの恐竜達は私の分身でもある。つまり分身で自分自身が画面の中にいたい、という私の欲望を表しているともいえると思う。まず恐竜達が好きで好きなものといたい、好きなものを集めたいと言う単純な欲望がある。これらの欲望や欲情がある。好きなものを写真に撮りたいし、好きなものと常に一緒にいたいと思う。

うちのバルコニーには今だれもいないの。今は恐竜達がパリからまだ帰ってきてなくて、税関にあって寂しいのです。

今は私の猫、チロが一人でプンとしていて、ワニーン(大きいワニ)があるからそれにのっているけど、でも寂しがっている。

それぞれに意味はあるけど、なんか漠然といっぱいいてもらってという感じ。私自身が寂しがりやでなんだかいっぱいいて賑やかにしておきたい。それぞれに魅力あるよ、もちろん、それぞれに名前もつけてるくらいだから。でも基本は寂しがりやでにぎやかにしておきたいからだ。花もいっぱいあるのは同じわけさ。センチメンタルロンリー!私はあたたかいのが好き。子宮のあたたかさにも通じる。ずっと赤ちゃんであり、幼児である。子宮のあたたかさがわすれられない、だから温泉もすき。温泉も子宮みたいなものだから。

白黒の写真にカラーを塗ることがありますが、それは何を言いたいのでしょうか。

モノクロームの写真は死である。写真も被写体をいちど殺すことといえる。たとえば白黒の写真を違う方法で生きているように見せる場合としてアラキネマがある。これは音を入れたり、動かして見せているのだけれども。

モノクロームが死だから、見せる時に自分としては生き返らせたい。色情とか熱情とかあたたかい体温をプラスしたい。それらが無意識に働いて、塗りたくなる。

だからあれを絵にしたいというのではなく、より自分が考える写真のことに近付けたいと思っている。

写真を下地にして絵にしようというのではなく、あれを塗ることによって、写真を信じ、写真というものをだしたいと思っている。

色彩を選ぶと赤とか緑とかになるんだけど、これを赤緑色情と言うんだけどね。さっき見せたのはモノクロームの写真、これは「世紀末ノ写真」というタイトルで出すのだけれど、その後すぐ次に出すのは「新世紀の写真」これはオールカラーですよ。この2冊で完成。

そういう写真の中で、白黒写真の女性性器に決まって塗るのはなぜですか。

性器をだしちゃいけないという、修正の意味とそれと挿入したいとかいじりたいという自分の欲情のあらわれとの2つの面がある。見せちゃダメだという規則があるからこういうふうになる。日本の場合いろいろ規則があるから、その方が自分としてはいい。

カラー(此岸)とモノクローム(彼岸)の両岸をそれぞれ泳いでいっている感じ、その時の気分によって、彼岸のモノクロームの楽園にいくか、カラーの源泉(此岸)でいくか、同じものをカラーとモノクロの両方で撮ったりしている。

なぜ空を撮るかというと、疲れて背泳ぎで空をみているのです。パリでは

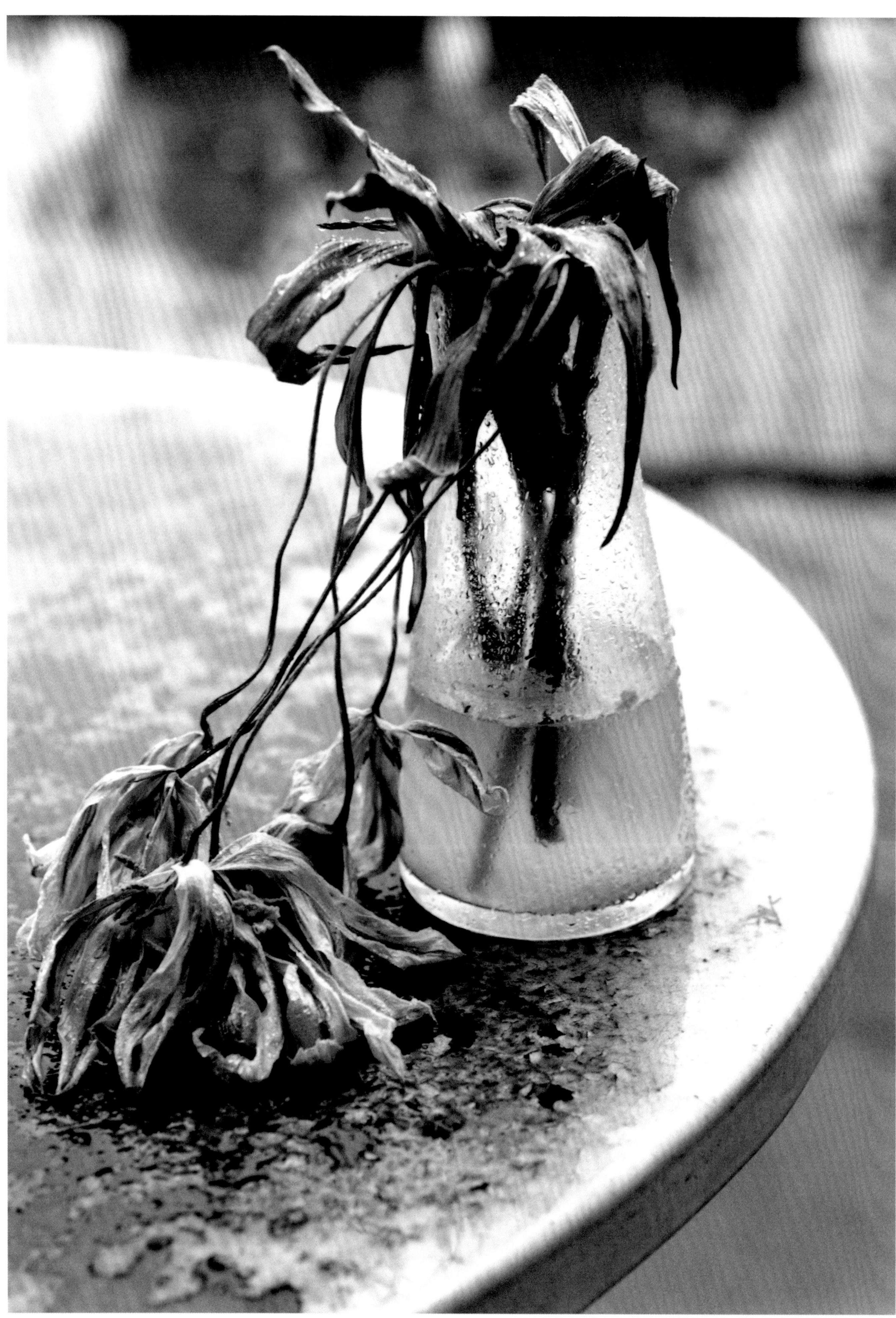

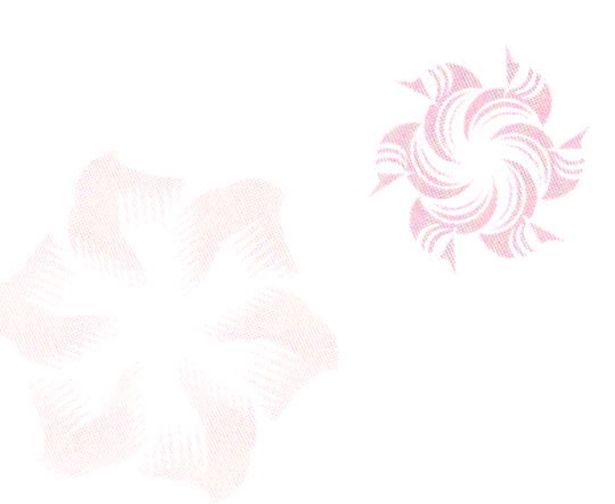

セーヌ川でしょうが、日本の場合は隅田川もしくは荒川だね。日本では死者が渡らなければいけない「三途の川」という川があるし。

ところで荒木さんの写真には時間が特に示されていませんが、どうやって時間性を維持していますか。

写真はその時のことだし、いつのことというのは分からない。一瞬は永遠であり、永遠は一瞬である。写真自体がこういう概念を他の要素より持っていると思う。

シャッターを押した時が永遠であり、永遠と言うのはシャッターを押せばおちるということ。ものすごく直結的な作用。芸術というよりは作用と言えると思う。

だからいつ撮ったものをまぜたりしてもいいと思う。その一方で、撮った時間通りにならべてもいいと思って日付け入りの写真を撮ったりもしている。日記のように日々毎日続くことが物語なのだ。日々のながれが非常にドラマティックで面白いから。だから時間と言うのはいろんな意味がある。でもどちらが面白いかといったら撮った順に並べた方がおもしろいかな。撮った順に見せる方が実は面白いというのがでる。

だから私は日記として写真を撮っているし、撮ったままでいいよ、編集しなくていいよ、と言っているのだ。

編集と言うことは私達が生きている人生とか時代とか歴史が勝手にやってくれる。だから撮った順に並べればもうその時点で神様とかだれかが私の場合は写真=写神がやってくれる。無意識に撮った順にやればそれが一番ドラマティック。それで私の写真集のつくりは大体そうなっている。いちいち順番を考える必要がないと思う。例えば、ここにチロがほしいな、とかそんなことしなくてもとった順にならべればきちんとでてくる。

あなたはなぜ日付けをいれた写真を撮るですか。

完成品が嫌い、完成品はダメだというおちょくり。画面に日付けがはいったら名作になりえないでしょ。そういう写真は単にその日のことよと証言でしかない。それが写真だから。

写真と言うのは単にその日のことが非常にすばらしいことであるということ。人生はそういうこと。日記より素敵なものはない。文学においても小説より日記の方が上なのだ。

日記が人生であり、日付けが写真なんだ。もしくはその日付けをけすのも写真家かもしれない。PHOTO C'EST LA VIE!(フランス語で叫ぶ)

写真を撮るのを止めたりしませんか?

人生の一瞬を続けて撮らなくてはいけない。生き続けなくてはいけないように、私にとっては撮ることが生きること。

だれか芸術家で好きな人はいますか。日記に関連したものをつくっている人で小説家でも、映画監督でもいいのですが。

「断腸亭日乗」(1917)を書いた永井荷風にはとても近いものを感じる。彼の場合その日のことが一番すばらしいとわかっていて、でもその日常にフィクションがあった方が面白いということでフィクションをいれている。彼の前までは日記はその日の本当のことを言うのが約束のようだった。荷風はその約束を破ってちょっと嘘を入れた最初の人。そこに日記たる魅力がでる。絶対嘘なの。「断腸亭日乗」は。でもその方が面白い。

リトアニアの映画監督、ジョナス・メカスにも日付けが入ってないだけで近いものを感じる。あの人には私にはない崇高精神性があるけど。共通していると思う部分がいっぱいある。私が三ノ輪を子宮であると言ったけど、メカスも彼の生まれた国、リトアニアがふるさと、子宮なんだと思うよ。一番大切なのはリトアニアの風土だったり家族だったりするのだと思う。私の三ノ輪はもういい風はなく廃虚だからね。でもリトアニアもその当時は楽園だったかもしれなくて今は廃虚だから、そういうところが共通点としてあるかもしれない。私達二人とも街と生まれた場所に強い思い入れがある。場所や、時を移動すること、日にちが移動するのが日記。でもそんなこと考えないで、毎日写真とっているだけさ。動くことが生きることで人生。句読点をいれるようなことが、日付けをいれること。

イギリスのアーティスト、ギルバート&ジョージとはすべての人に開かれているところや、広く流通しているところが荒木さんと少し共通しているのではないかと思うのですが。こういう意向は広告会社にいたところからくるのではないでしょうか。

私が電通で働いていたころは人のために広告をやっていたけど、それよりは自分のための広告がやりたかったんだと思う。それが芸術という名なのかもしれない。自分の友達だけに見せればいいと思っている面もあるけど、でもやっぱりもっとたくさんの人に知られたいという欲望もある。例えばガラパゴス諸島のイグアナが自分の写真をみた、って言ってほしいし、さらに海を渡っておれの写真も撮って、と言ってほしい。そしたらおれも吉原につれていくよ。

今までに何冊くらい本を出してますか?

250冊以上にもなるかなあ。日本の出版社は会議が多いからうんざりしていやだったから最初は自費出版で出した。XEROX写真帖とかそうやって出したの。そのころ「センチメンタルな旅」を出したけど、そんな自分の新婚旅行を出版するやつなんかいなかった。そのあと、いろんな出版社が出してくれるようになってこうやってタッシェンも出してくれるようになったんだけどね。そういう中に撮ってすぐ出したい、早漏みたいに、というのもある。撮影してから3ヶ月も待てないということがたまにあるのだ。撮影してから1ヶ月で本を作りたかった。「世紀末ノ写真」という本はこの自分の速さに対する欲望から自分で出版したの。このスピード感、気持ちがさめない感じがフォト「ライブ」という感じなんだな。もちろん私がやらなくて他者がやってもある種の熱が出ると思っているけれども。

コピーの技術は70年代よりもっと発展しています。あなたは今でもコピーの本を作っていますか?

今はコピーのクオリティがよくなって、コピーの感覚がなくなっているからもう作っても何の意味もない。当時の70年代のコピーと言うのはメカニックなことだけじゃなくて、出てくるものも荒っぽく、ざらざらして大雑把だった。70年代の気持ちとか自分の気持ちのコピーのざらざらとした完成度がないコピー。何をコピーしたかというとその時の自分の荒い気持ちをコピーしたのだ。

その後「コピー」という言葉ではなく「複写」という言葉をつかうんだけれども、写真は複写。その時の気持ちとかその時であった相手との気持ち、その時できた関係とか、それの複写が写真。表現ではないし、表現したいという意志でも、撮っている対象に感じる感情を出したいということでもない。相手の気持ちを表出するということ。だから被写体がいてくれて自分自身をコピーしている。被写体のおかげで「複写」ができている。でも一人ではできないから被写体がいないとできない。それは写真に限らず、人生もそう。被写体がいないとだめ。それが花、空であり、やっぱり女性である。女性によって私は生きていく。撮り続ける。女性がいなくなるとする、女性がいなくなる前に私が死ぬ。

今まで実現できなかったプロジェクトやこれからやってみたいと思っているプロジェクトはありますか。

今までできなかったプロジェクトはない。これからやりたいことは周りが決めていく。女性という神が私を導いてくれる。

Nobuyoshi Araki

im Interview mit Jérôme Sans

Jérôme Sans: Sie haben das vorliegende Buch *Araki by Araki* genannt. Warum das, wo Sie doch die meisten Ihrer Bücher selbst herausgeben? Verbinden Sie damit eine besondere Aussage?

Nobuyoshi Araki: Als das 20. Jahrhundert zu Ende ging, bin ich 60 geworden. In Japan heißt der 60. Geburtstag „Kanreki" und ist ein ganz besonderes Fest, mit dem ein Lebenszyklus endet und ein neuer beginnt. Es ist ein Übergang und ein neuer Ausgangspunkt. Bei dieser Gelegenheit kam ich auf den Gedanken, alle meine Arbeiten zu kompilieren. Vergleichbar mit „Picasso's Picassos" habe ich die besten bis zum Schluss aufgehoben. Zunächst hatte ich vor, das Buch hier in Japan selbst herauszubringen. Interessanter erschien mir jedoch letztlich der Blickwinkel eines anderen, eines Fremden zumal. Für mich ist ein anderer immer ein Fremder. Und diesmal handelt es sich um einen wirklich Fremden, was dem Vorhaben etwas Frisches gibt. Letztlich ist dieses Buch kein *Araki by Araki*, sondern ein *Araki by TASCHEN*. Ich denke, es ist deshalb nicht minder spannend.

Wenn jemand Fremdes die Auswahl der Arbeiten vornimmt, erkenne ich möglicherweise unbekannte Seiten meiner selbst. Bei meinen zahlreichen Ausstellungen außerhalb Japans (in Österreich bei der Wiener Secession, in Italien im Centro per l'Arte Contemporanea Luigi Pecci, Prato ...) habe ich immer wieder diese Erfahrung gemacht. Auch ist es schon vorgekommen, dass Dinge, die ich nicht besonders wichtig finde, von anderen für ausgesprochen interessant gehalten werden.

Im Allgemeinen glaubt man, die Fotografie durch die Zusammenstellung oder das Layout mit Ideen oder Gedanken aufzuladen. Das funktioniert bei mir nicht. Meine Fotos besitzen sehr viel Kraft und Energie aus sich selbst heraus. Ich kann es mir erlauben, sie in die Hände eines Herausgebers zu legen, weil ich mir der Qualität und der Kraft meiner Fotografien sicher bin. In der Regel macht sich der Blick dessen bemerkbar, der sie zusammenstellt. Aber ich vertraue meinen Fotos. Sie verändern sich nie.

In welchen Punkten unterscheidet sich dieses Buch von den anderen Büchern?

Der Punkt ist, dass ich alles von mir zeigen kann – die Frauen, meine Frau, die Stadt ... Das Buch zeigt Empfindungen in ihren Verästelungen und Verzweigungen, es bietet so etwas wie eine organische Entfaltung meiner Arbeit. Die einzelnen Elemente sind gleichsam die Blätter eines großen Baumes. Ich hoffe, dass dieser Baum anfängt zu blühen. *Araki by Araki* ist ein Epitaph zu meinem 60. Geburtstag. Ich mache Fotos seit meiner Geburt. Nachdem ich aus dem Bauch meiner Mutter gekommen war, habe ich mich umgedreht und ihre Vulva fotografiert! Das erste Wort, das ich nun nach meiner Reinkarnation, in meinem neuen Leben, in den Mund nehme, ist noch immer Fotografie. Das ist eben ein Kontrakt, der seit nunmehr fast 60 Jahren besteht. Mein Epitaph: Fotografie ist Liebe und Tod.

Wie definieren Sie Liebe?

Liebe ist schwer zu definieren. Wenn man eine Frau liebt, so bleibt sie auf dem Foto oder auch im Gedächtnis erhalten. Und ebenso bleiben die Gefühle bestehen. So zum Beispiel habe ich meine Frau geliebt und davon sind in meinen Empfindungen, in meinem Körper Spuren zurückgeblieben, Spuren, die auch aus einer Fotografie nicht verschwinden. (Ich nenne hier nur meine Frau, sonst gäbe es Probleme!) Das ist es, wenn man sagt, man hat jemanden geliebt.

Zurzeit liebe ich meine Katze Chiro und Blumen. Die Katze steht für den Leib, die Blumen für die Genitalien. An ihnen entzünden sich Gefühle, wie ich sie für geliebte Menschen habe.

Wenn ich zu Hause bin und Chiro sich zu mir gesellt, spüre ich, wie meine Gefühle für sie wachsen. Wenn ich aufwache und Blumen sehe, nehme ich sie mit der Kamera auf, und zwar immer aus einem Verhältnis der Nähe, aus einem natürlichen Gefühl heraus (zu Hause habe ich immer viele Blumen). Solche Augenblicksempfindungen sind es, die ich mag – dennoch ist es die Fotografie, für die ich absolute Gefühle hege.

Liebe ist für mich etwas Vertrautes, das man berühren kann. Deshalb gibt es im Internet keine Liebe. Liebe bedarf einer Nähe der Gerüche, der sinnlichen Wahrnehmungen, einer gemeinsamen Umgebung.

Aus diesem Grund fotografiere ich meine Freunde, die Menschen, die mir nahe sind, meine Umgebung. Das eben ist Fotografie. Mit anderen Worten, ich nehme Sie jetzt mit der Kamera auf, weil ich Ihnen heute begegnet bin.

Im Mittelpunkt Ihrer Welt steht Tokio, auch wenn Sie in anderen Städten Asiens fotografiert haben. Ihre Arbeit spricht von der Nähe zu Ihrer unmittelbaren Umgebung. Sehen Sie da einen Zusammenhang zur Nähe in den alten, traditionellen japanischen Häusern, die ja den Eindruck geteilter Intimität erwecken?

Wenn ich von Tokio spreche, dann interessiere ich mich nicht für die Stadt in ihrer Gesamtheit, sondern nur für die Orte, mit denen ich vertraut bin und an denen ich mich jeden Tag bewege. Ich fotografiere nicht irgendwo, sondern ausschließlich in Shinjuku oder in der Nachbarschaft, die ich gut kenne. Fotografie ist gleichbedeutend mit dem, was zu mir in Beziehung steht. Nie nehme ich mir vor, irgendwohin zu gehen, um dort zu fotografieren. Falls ich meine Arbeit als „Vergegenwärtigung" bezeichnen darf, dann wäre sie eine „Vergegenwärtigung" von Frauen, Orten oder intensiven Momenten, die ich liebe.

Alles wird durch die Umgebung bestimmt, in der man aufgewachsen ist. Ich bin in Tokios Kleine-Leute-Viertel Minowa zur Welt gekommen, in einem kleinen traditionellen Haus, das aus zwei aneinander grenzenden Wohnungen bestand, so dass sich das Leben in engster Nähe abspielte. Man konnte von einem Teil des Hauses zum anderen hinübergehen. Immer war da ein Nachbar, der einem durch die Hintertür etwas brachte. Die Nachbarn kamen mit Essen und sagten, es sei von ihrer Mahlzeit übrig geblieben, aber in Wirklichkeit hatten sie es auch für uns zubereitet. Man kochte nicht für sich allein, sondern für die anderen mit. Es war ein Viertel, in dem große Menschlichkeit herrschte. Und weil ich dort geboren bin, bin ich auch so.

Minowa liegt an der Grenze des Stadtbezirks Taito-ku im Nordosten von Tokio. Bewegt man sich noch weiter Richtung Norden, dorthin, wo Takeshi Kitano zur Welt kam, so sind die Menschen dort ein wenig tyrannischer, so wie er. (*lacht*)

Ich lebte nahe Yoshiwara, dem Freudenviertel. Ein paar Schritte von meiner Haustür entfernt stand ein Tempel namens Jokanji, in dem Kurtisanen, die keine Angehörigen hatten, bestattet wurden. Als Kind war dieser Tempel mein Spielplatz. In ihm fand sich zweierlei vereint, Gräber (der Tod) und Prostituierte. Mein ganzes Leben war von diesem Ort geprägt. Der Schmutz dieses volkstümlichen Viertels wird mir stets gegenwärtig bleiben. Leben und Tod gingen dort ein und aus. So hat sich mir schon im frühesten Kindesalter die Erfahrung von Leben und Tod eingeprägt.

Meine Lieblingsfarbe ist Rot. Diese Farbe spricht von der Komplexität von Leben und Tod. Deswegen habe ich den Inhaber der Bar, in der wir gerade sitzen, gebeten, seine ganze Einrichtung in Rot zu halten – „ROUGE" ist übrigens auch ihr Name. Als die Brandbomben der amerikanischen B 29-Bomber den Himmel über Japan rot färbten, fand ich das sehr schön. Ich war damals fünf Jahre alt. Mein Interesse an der Farbe Rot geht auf dieses Erlebnis zurück. Meine gesamte fotografische Arbeit leitet sich aus dieser Kindheit her. Minowa ist für mich wie eine Gebärmutter. Zwar lebe ich nicht mehr in dem Viertel, aber meine Wurzeln sind dort.

Da ich in einem traditionellen Haus aus Holz aufwuchs, bin ich von Warmherzigkeit und Sentimentalität durchdrungen. Ich bin in einer Umgebung aufgewachsen, wo in der kleinen Straße Morgenwinden blühten. Diese Umgebung hat mein Leben geprägt. Paris hat ebenfalls seine einfachen Viertel, aber sie sind ganz aus Stein und sehr trocken. Heute

besteht auch Japan nur aus Steinen. Roboter ersetzen die menschliche Stimme. Was zu fotografieren wäre, ist im Verschwinden begriffen. Wenn die Welt schlecht wird, nehmen die Fotos denselben Weg. Alles wird uninteressant.

Das wäre also, mit 60 Jahren, mein Epitaph zum Ende der Welt.

Ihre Arbeit ist den Frauen gewidmet.

Meine allererste Fotografie machte ich, nachdem ich den Uterus meiner Mutter verlassen habe – für mich ist die Frau Fotografie. Als nächstes habe ich ein Mädchen aufgenommen, in das ich in der Grundschule heimlich verliebt war. Mit dem Erwachsenwerden war für mich der Anblick einer Frau unmittelbar mit der Vorstellung ihrer Vulva verbunden. Ich habe oft Großaufnahmen davon gemacht und diese Position 1970 mit meiner Ausstellung „Sur-sentimentalist Manifesto" vertreten, einem fotografischen Manifest aus der Zeit, als ich mit dem Fotografieren von Frauen begann. Zu jener Zeit glaubte ich, dass ich Anarchist werden müsse. Deshalb hatte ich mir den Namen „Ararky" zugelegt. Das war der Anfang.

Ich arbeitete damals bei Dentsu, einer japanischen Werbeagentur. Dort lernte ich meine spätere Ehefrau Yoko kennen. Bis dahin hatte ich Frauen über ihren Sexus aufgenommen, als „Objekte". Als ich Yoko fotografierte, begann ich die Beziehung als ein Verhältnis der Gegenseitigkeit zu sehen, das sich zwischen der Frau, mit der ich mich auseinander setzte, und mir selbst abspielte. Damals habe ich eine Frau zum ersten Mal so genommen, wie sie ist, und nicht als Objekt.

In dieser Beziehung wurzelnd hat mein Baum viele Zweige (Frauen) entwickelt. Wenngleich ich immer gesagt habe, dass ich meiner Frau treu war und meine damalige Arbeit sich ausschließlich um sie drehte, habe ich auch damals schon viele andere Frauen fotografiert. Diese und andere Tatsachen, die mich betreffen, werden in diesem Buch erstmals enthüllt. Ich offenbare mich immer mehr. Mit 60 Jahren darf ich Verjährung in Anspruch nehmen. Nach dem Tod meiner Frau habe ich dann noch viele Frauen aufgenommen. So sind am Ende um mich herum viele Verzweigungen, viele Blätter (Frauen) entstanden, und es wurde das Paradies! (*lacht*)

Kann man Ihre Leidenschaft für den Sexus als eine zeitgenössische Version der Shunga betrachten, jener erotischen Farbholzschnitte der Edo-Zeit [um 1600–1868]?

Ich würde meine Fotografien gerne wie Shunga gestalten, doch ist mir das bisher noch nicht geglückt. In den Shunga gibt es eine verborgene Seite. Die Geschlechtsorgane sind sichtbar, aber der Rest wird von den Kimonos verdeckt. Diese Farbholzschnitte geben also nicht alles preis. In ihnen kommt das Mysterium der Liebe zum Tragen. Die Shunga stellen nicht bloß den Sexus dar, sondern ein Liebesgeheimnis zwischen zwei Menschen, zwischen Mann und Frau.

Oftmals erscheine ich auf meinen Fotos, auf denen verschnürte Frauen oder ein Geschlechtsakt zu sehen sind. Aber ich spiele nicht die Hauptrolle. Ich bin wie eine kleine Figur in einem Shunga, spiele einen Neben- oder Zuschauerpart. Ich ziehe das Fotografieren dem Sex vor. Heute lehne ich sogar jedes Angebot, mit Mädchen auszugehen, ab. Sie erwarten, dass man mit ihnen ein sexuelles Verhältnis unterhält; zusammen Abendessen zu gehen genügt nicht. Aber das könnte ich nicht mehr ertragen, denn ich ziehe das Fotografieren vor.

Beim Geschlechtsakt bin ich zweit- oder gar drittklassig. Ich benutze Sex nur, um gute Fotos aufzunehmen. Ich bin streng mit dem Sex wie mit der Frau, mit der ich schlafe.

Ich setze dies alles in dieses Buch, weil es sich um eine Publikation im Ausland handelt, die die Japaner nicht zu Gesicht bekommen werden. Für mich ist die Fotografie das Wesentliche.

Was wollen Sie durch Ihre Fotos mitteilen oder zum Ausdruck bringen?

Ich habe in meinen Fotografien nichts mitzuteilen, keine besondere Aussage zu machen. Die Aussagen kommen von den Sujets der Darstellung, seien es Männer oder Frauen. Ich warte, bis diese Sujets sich ergeben, sich hergeben. Ich habe etwas zu fotografieren, aber nichts auszudrücken. Derzeit zeige ich eher die Freuden des Lebens als die Tristesse des Todes. Ich kenne einige Menschen, die das Leben für traurig halten. Ich sehe das heute anders. Der Tod ist trauriger.

Woher rührt eigentlich diese Obsession für Frauen in Ihrer fotografischen Arbeit?

Die Frau vereint alle Reize des Lebens, alle seine Wesenszüge: Schönheit, Hässlichkeit, Obszönität, Reinheit … weit mehr, als man in der Natur findet. In der Frau ist der Himmel und das Meer. (Auch wenn das irgendwie affektiert klingt.) In der Frau ist die Blume und die Knospe …

Ein Fotograf, der keine Frauen fotografiert, ist kein Fotograf oder doch nur ein drittklassiger. In der Begegnung mit Frauen lernen wir weit mehr über die Welt als durch die Lektüre der *Menschlichen Komödie* von Balzac. Ob die eigene Frau, eine Zufallsbekanntschaft oder eine Prostituierte, sie erschließen uns die Welt. Übrigens lese ich nicht mehr, seit ich die Grundschule verlassen habe. Ich gestalte mein Leben durch das Zusammentreffen mit Frauen.

In Japan sind Sie mit Ihrer Ikonografie zur Kultfigur geworden. Wie reagieren Sie auf die widersinnige Zensur in einem Land, in dem hinter der Fassade ganz offiziell eine zweite Welt existiert, die Welt der „verbotenen" Lüste, besonders die der Love Hotels für außereheliche Begegnungen?

Ich fotografiere nicht, um aller Welt alles offen zu legen. Eigentlich bin ich damit zufrieden, meine Fotos, wenn es denn gute Fotos sind, in meinem Freundeskreis zu zeigen. Was die Zensur betrifft, so geht mich diese weder gesellschaftlich noch künstlerisch etwas an. Ich habe keine besondere Weltanschauung und auch keine besondere Ansicht von der Kunst, vom Denken oder der Philosophie. Man könnte sagen, ich bin ein kleiner Schlingel, der verbotenen Unfug treibt.

Ich glaube, diese Haltung weist auf eine Paradoxie hin, die in Japan bezüglich des Gesetzes gegen die Pornografie herrscht.

Ja, und das ist seit der Edo-Zeit so. Es mag zwiespältig und widersinnig erscheinen. Auch wenn in Japan ein strenges Zensurgesetz erlassen worden ist, geht dort alles Mögliche munter weiter. Es herrscht eben ein gewisses Drunter und Drüber. Äußerste Strenge steht neben dem Glamour abweichender Möglichkeiten. Häufig kommt es sogar vor, dass diese Gegensätze sich vermischen.

Wenn man in Japan ein Mädchen verschnürt und fotografiert, so wird dies dem Urheber der Fotos niemals die Todesstrafe einbringen. Da ist man unerwartet großzügig. Christliche Länder sind in dieser Hinsicht viel strenger, aber Europa ist nach wie vor tolerant. Selbst wenn der Vatikan diese Art von Praktiken nicht gutheißt, nimmt er doch meine Arbeit hin. In den USA hingegen herrschen außerordentlich strenge und rigorose Sitten. Ich würde nicht das Risiko eingehen, dort nackte Mädchen oder gefesselte Frauen zu zeigen.

Meiner Ansicht nach leben wir heute, verglichen mit der Edo-Zeit, in einer sexuell ärmeren Epoche, aber es gibt noch Sphären einer vielgestaltigen Sexualität, die ich sehr mag.

Weshalb thematisieren Sie in Ihren Fotografien immer wieder die Praxis des Bondage?

Der Kinbaku [Verknotung mit Seilen] ist etwas anderes als Bondage. Ich umschnüre den Körper der Frauen, weil ich weiß, dass ich ihre Seele nicht zu fesseln vermag. Binden lässt sich nur ihre Physis. Die Frauen zu umschnüren läuft in einem gewissen Sinne darauf hinaus, sie zu umarmen, zu liebkosen.

Warum bauen Sie kleine Dinosaurier aus Kunststoff in Ihre Welt ein? Wofür genau stehen sie? Haben sie jeweils eine eigene Identität?

Ich bin jemand, der ständig Gesellschaft braucht. Ich habe das Bedürfnis, Kameraden oder Freunde um mich zu haben, denn ich fühle mich häufig einsam. Diese Monstren sind mein Alter Ego. Sie sind Zeichen meines Wunsches, in meinen Fotos anwesend zu sein, so als wären sie Teile meines Körpers. Ich mag diese Dinosaurier sehr und ich habe einfach das Verlangen, ständig mit ihnen zusammen zu sein und sie zu sammeln. Dieses Verlangen ist sexueller Art. Ich will die Wesen, die ich liebe, fotografieren, und ich möchte immer mit ihnen zusammenleben.

Augenblicklich ist mein Balkon leer, weil die Dinosaurier noch nicht von meiner Ausstellung in Paris zurückgekommen sind. Sie stecken zurzeit beim japanischen Zoll fest und fehlen mir schrecklich.

Chiro, meine Katze, fühlt sich ebenfalls einsam und schmollt ein bisschen. Sie liegt auf dem Rücken von Waneen (einem großen Krokodil-Objekt), aber auch ihr fehlen die Saurier.

Jeder Dinosaurier hat eine eigene Bedeutung. Wichtiger ist mir jedoch, dass sie alle zusammenbleiben. Ich fühle mich häufig allein, deshalb wünsche ich mir immer, mein Haus zu beleben. Selbstverständlich hat jeder Saurier seinen eigenen Charme. Ich habe ihnen sogar Namen gegeben. Doch der Hauptgrund für mein Interesse an diesen Wesen ist, dass ich mich oft ganz allein fühle und es schön finde, wenn sie da sind und mir Gesellschaft leisten. Und deshalb umgebe ich mich auch mit Blumen. Sentimentally lonely! Ich liebe die Wärme, die Wärme der Gebärmutter. Ich bin ein Baby und ein Kind. Ich kann die Wärme des Uterus nicht vergessen. Auch mag ich Thermen, die für mich eine Art Uterus sind.

Sie übermalen Ihre Schwarzweiß-Fotografien gelegentlich mit Farben. Was möchten Sie damit zum Ausdruck bringen?

Die Schwarzweiß-Fotografien stellen den Tod dar. Ein Foto zu machen heißt, dessen Sujet zu töten. Eine weitere Möglichkeit, Schwarzweiß-Fotos in lebendiger Form zu zeigen, sind für mich die „Arakinema“, in denen ich die Fotos in Bewegung und mit Ton vorführe.

Die Schwarzweiß-Fotografien stellen den Tod dar, und ich möchte sie wieder zum Leben erwecken. Ich will ihnen erotische Gefühle, Leidenschaften oder die Wärme eines Körpers geben. Daher kommt auch der unbewusste Wunsch, sie zu bemalen.

Es geht mir jedoch nicht darum, diese Schwarzweiß-Fotos in Malerei zu verwandeln. Ich versuche nur, sie so weit wie möglich den idealen Fotografien anzunähern, die ich im Kopf habe.

Mein Ziel ist es nicht, Malerei auf fotografischer Grundlage zu betreiben, sondern an Fotos zu glauben und durch Bemalung darzustellen, was sie bedeuten.

Ich entscheide mich oft für die Farben Rot oder Grün, und ich nenne die entstandenen Bilder „rotgrün sentimentale Farben“.

Die Schwarzweiß-Fotos, die ich Ihnen gerade gezeigt habe, entstammen dem Buch *Photographs from the End of the Century*. Das nächste wird ausschließlich Farbfotos enthalten und den Titel *Photographs from the New Century* tragen. Diese beiden Bücher ergänzen sich zu einem Zyklus.

Warum übermalen Sie in den entsprechenden Serien durchgängig das Geschlecht der schwarzweiß dargestellten Frauen?

Das ist zunächst eine zensurbedingte Retusche, die die Genitalien verbergen soll. Und zwar deshalb, weil es in Japan strenge Regeln gibt. Vielleicht ist es aber besser für mich, dass ein paar Regeln herrschen. Gleichzeitig ist diese Übermalung jedoch auch ein Zeichen meines Verlangens, Unfug zu treiben, sie anzufassen oder mein Glied hineinzustecken.

Es ist, als ob ich in einem Fluss hin- und herschwimme zwischen dem farbigen Ufer – der heutigen Welt – und dem monochromen Ufer – dem Jenseits. Meinen momentanen Gefühlen folgend entscheide ich, ob ich ins Paradies des Schwarzweiß gehe, in der hiesigen Welt der Farbe bleibe oder dasselbe Sujet sowohl in Farbe als auch in Schwarzweiß behandele.

Wenn ich müde bin und mich auf dem Rücken treiben lasse, fotografiere ich den Himmel. Paris hat die Seine, Tokio die beiden Flüsse Sumidagawa und Arakawa. Japan hat aber auch einen Fluss namens Sanzu no Kawa [Totenfluss]. Diesen Fluss müssen die Toten durchqueren, um das Nirwana zu erreichen.

Ihre Fotografien sind zeitlich völlig unbestimmt. Welches Verhältnis haben Sie zur Zeit?

Eine Fotografie kann nur den Augenblick der Aufnahme beschreiben. Und dieser Augenblick bleibt unidentifizierbar. Ein Augenblick ist eine Ewigkeit und die Ewigkeit ein Augenblick. Mehr als alle anderen Aspekte ist es dieser Gedanke, den die Fotografie in sich birgt.

Wenn ich auf den Auslöser drücke, ist dieser Moment ewig. Die Ewigkeit wird somit erzeugt durch die Freigabe des Verschlusses. Das ist eine ungemein direkte Handlung. Es ist mehr Tat als Kunst.

Folglich behaupte ich, dass ich meine Fotos miteinander vermischen kann, ohne das Aufnahmedatum berücksichtigen zu müssen. Andererseits mache ich auch Fotografien, bei denen das Aufnahmedatum auf dem Abzug steht, so dass ich sie in chronologischer Reihenfolge zeigen kann. Wie in einem Tagebuch formt die alltägliche Kontinuität eine Geschichte. Der Fluss der vergehenden Zeit ist höchst dramatisch und spannend. Ich arbeite also mit mehreren Zeitbegriffen. Wenn ich aber unter den beiden wählen darf, halte ich mich lieber an die chronologische Reihenfolge, die ich im Endeffekt interessanter finde.

Deshalb mache ich Fotografien nach Art eines Tagebuchs und beschließe häufig, sie zu lassen, wie sie sind, ohne zu versuchen, sie zu bearbeiten.

Dieses Bearbeiten ergibt sich nachher von selbst, durch das Leben oder die Zeit, in der wir leben. Das bedeutet, wenn ich die Fotos in chronologischer Reihenfolge ordne, wird sich Gott oder irgendwer anders – bei mir Shashin, der Gott der Fotografie – an meiner Stelle darum kümmern. Die dramatischere Wirkung entsteht aus einer unbewussten Zusammenstellung. Die meisten meiner Fotobücher funktionieren so. Es lohnt sich nicht, über eine bestimmte Ordnung nachzudenken. Wenn ich zum Beispiel ein Foto von meiner Katze Chiro machen will, brauche ich mir darüber keine Gedanken zu machen. Dieses Bild entsteht auf ganz natürliche Weise.

Weshalb versehen Sie dann manche Fotos mit einem Datum?

Das ist eine Parodie, ein Hinweis darauf, dass hier Vollkommenheit weder erreicht noch angestrebt wird. Wenn auf einem Foto ein Datum gedruckt steht, wird es niemals ein Meisterwerk sein können. Das datierte Foto ist nicht mehr als ein schlichtes Zeugnis eines Tages. Aber gerade das ist ja wiederum Fotografie!

Das Foto besagt einfach, dass dieser Tag, dieser besondere Augenblick wunderbar war. So ist das Leben. Nichts geht über das Tagebuch. Selbst in der Literatur ist das Tagebuch dem Roman überlegen.

Das Tagebuch ist das Leben, und das Datum ist das Foto. Oder aber es liegt am Fotografen, das Datum zu löschen. Photo, c'est la vie!

Ist das der Grund, warum Sie unaufhörlich fotografieren?

Man muss die Augenblicke des Lebens fortwährend fotografieren. So wie man weiterleben muss – für mich heißt fotografieren soviel wie leben.

Welchen Künstlern, Schriftstellern oder Cineasten, die Tagebücher führen, fühlen Sie sich nahe?

Am stärksten fühle ich mich vielleicht dem japanischen Schriftsteller Kafu Nagai [1879–1959] verbunden, der 1917 den Roman *Danchotei Nichijo* [Danchoteis Tagebuch] verfasst hat. Nagai wusste, dass die Ereignisse des jeweiligen Tages zwar sehr interessant sind, es aber noch wundervoller wäre, in das alltägliche Leben Fiktionen einzubauen. Vor ihm galt es als abgemacht, dass ein Tagebuch die Realität des Tages schildern sollte. Er hat als Erster diese Regel durchbrochen, indem er sein Tagebuch mit ein wenig Lüge versetzte, so dass es einen zusätzlichen Reiz bekam. An seinem *Danchotei Nichijo* ist alles falsch, aber dadurch wird der Text spannender.

Nahe fühle ich mich auch dem litauischen Filmemacher Jonas Mekas, auch wenn er in sein Werk keine Daten einfügt. Er hat einen Zugang zum Erhabenen, den ich nicht besitze, aber es gibt viele Berührungspunkte zwischen uns. Für mich ist Minowa die Gebärmutter, für Jonas Mekas ist dies wahrscheinlich Litauen, sein Heimatland. Am meisten liegt ihm an den charakteristischen Formen der Natur und an seiner Familie in Litauen. Mein Minowa hat schon etwas an Schwung verloren und liegt in Trümmern, und sein Litauen, das ebenfalls ein Trümmerhaufen ist, war einmal ein Paradies. Das sind unsere Gemeinsamkeiten. Wir interessieren uns beide für die Städte und für die Viertel, in denen wir geboren sind. Wechsel von Orten, von Zeiten. Das ist ein Tagebuch: Wechsel der Tage. Ohne viel über diesen Gedanken nachzusinnen, mache ich nach wie vor jeden Tag Fotos. Sich weiterbewegen heißt lebendig bleiben. Und diese Bewegungen mit einer Interpunktion zu versehen, bedeutet, ein Datum zu setzen.

Wie die englischen Künstler Gilbert & George verfolgen Sie das Ziel der Zugänglichkeit, der weitestmöglichen Verbreitung Ihrer Arbeit. Sie sind Anhänger einer Kunst für alle. Gründet dieser Ansatz in Ihrer Vergangenheit in einer Werbeagentur?

Als ich bei Dentsu arbeitete, machte ich Werbung für andere. Aber ich wollte Werbung für mich selbst machen. Man könnte es als Kunst bezeichnen. Ich dachte, es wäre schon etwas erreicht, wenn ich meine Fotografien meinen Freunden zeigen könnte. Auf der anderen Seite aber hatte ich seit jeher den Wunsch, von möglichst vielen Menschen gekannt zu werden. Beispielsweise würde es mich freuen zu erfahren, dass die Leguane von den Galapagos-Inseln sich meine Arbeiten anschauen. Außerdem fände ich es schön, wenn sie über den Ozean nach Japan kämen, um sich von mir fotografieren zu lassen. Ich würde sie dann nach Yoshiwara mitnehmen.

Wie viele Bücher haben Sie bis heute veröffentlicht?

Ich glaube, mehr als 250. Da ich die unzähligen fruchtlosen Besprechungen mit japanischen Verlegern satt hatte, gab ich meine Bücher zunächst selbst heraus, und zwar in fotokopierter Form. Mein erstes Buch, *Xeroxed Photo Albums*, kam so zustande. Zu der Zeit, als ich *Sentimental Journey* in Arbeit hatte, wollte kein Verlag ein Buch über meine Flitterwochen publizieren. Später haben viele Verlage meine Bücher veröffentlicht, wie TASCHEN heute. Manchmal mache ich Fotos und habe Lust, auf der Stelle ein Buch herauszubringen, wie bei einer Ejaculatio praecox. So bin ich mitunter nicht imstande, nach den Aufnahmen drei Monate auf das Erscheinen des Buches zu warten. Am liebsten wäre es mir, das Buch entstünde binnen eines Monats, gleich nach den Aufnahmen. Das Buch *Photographs from the End of the Century* habe ich selbst produziert, um diesem Bedürfnis nach Schnelligkeit nachzukommen. Es handelt sich um ein „Live"-Fotobuch, das die Geschwindigkeit und die Hitze der Aufnahmesituation bewahrt. Bei anderen Büchern scheinen auch die Herausgeber einen bestimmten Enthusiasmus entwickelt zu haben.

Die Technik der Fotokopiermaschinen hat sich seit den 70er Jahren sehr stark weiterentwickelt. Machen Sie immer noch Fotokopien-Bücher?

Heute habe ich kein Interesse mehr daran, Bücher mit der Kopiermaschine zu machen, gerade weil die Qualität sich so stark verbessert hat. In den 70er Jahren waren Fotokopien roh, ungenau, körnig. Dies entsprach meinen Vorstellungen und überhaupt denen jenes Jahrzehnts, das ein sehr rohes war. Es waren Fotokopien meiner wilden Gefühle jener Zeit.

Nachdem ich mit dem Begriff der „Kopie" gearbeitet hatte, wandte ich mich dem Begriff der „Reproduktion" zu. Denn ein Foto ist die Reproduktion der Empfindungen zum Zeitpunkt der Aufnahme oder die Reproduktion der Empfindungen von Menschen, denen ich zu einem bestimmten Zeitpunkt begegnet bin, oder auch die Reproduktion von Beziehungen, die ich hatte. Gleichwohl sind meine Fotos kein Ausdruck der Gefühle der Sujets, die ich ablichte, noch wollen sie diese zur Darstellung oder zur Erscheinung bringen. Insofern kopiere ich mich selber und schulde dies der Existenz meiner Sujets. Dank ihrer kann ich „Reproduktionen" machen. Ohne sie könnte ich es nicht. Das gilt nicht nur für die Fotos, sondern auch für das Leben. Ich brauche Sujets. Das können Blumen sein, der Himmel oder selbstverständlich die Frauen. Ich lebe durch die Frauen. Ich werde sie weiterhin fotografieren. Sollten eines Tages die Frauen vom Erdball verschwinden, würde ich lieber rechtzeitig vorher sterben.

Haben Sie unrealisierte Projekte oder Vorhaben, die Sie in Zukunft angehen wollen?

Ich habe kein Projekt, das nicht umgesetzt worden wäre. Über das, was ich in Zukunft tun werde, wird meine Umgebung entscheiden. Auf jeden Fall wird die Gottheit – die Göttin – „Frau" mich leiten.

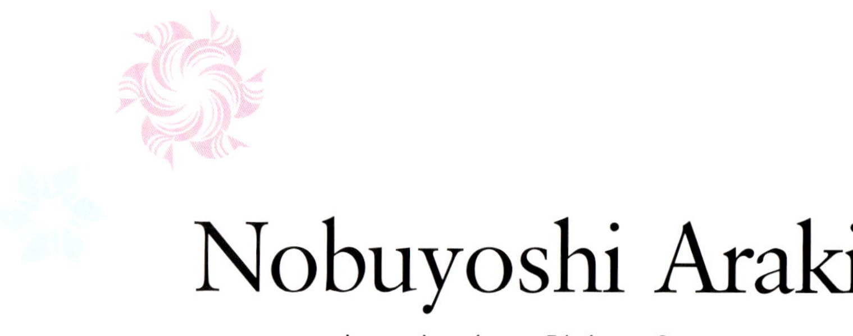

Nobuyoshi Araki

interviewé par Jérôme Sans

Jérôme Sans : Pourquoi avez-vous intitulé ce livre *Araki by Araki* alors que vous avez vous-même réalisé la plupart de vos livres ? S'agirait-il d'une démarche particulière ?

Nobuyoshi Araki : J'ai eu 60 ans à la fin du XXe siècle. Au Japon, le 60e anniversaire, appelé *Kanreki*, est une fête particulière, celle d'un cycle de vie qui s'achève pour un autre. C'est un passage et un nouveau départ. À cette occasion, j'ai pensé rassembler tous mes travaux. J'avais gardé les meilleures choses pour la fin de ma vie comme « Picasso's Picassos ». D'abord, j'avais pensé tout éditer moi-même au Japon. Mais finalement il m'a semblé plus intéressant de le faire à travers la perspective du regard d'une autre personne, et surtout de celle d'un étranger. Pour moi, l'autre est toujours un étranger. Et cette fois il s'agit vraiment d'un étranger, ce qui est très rafraîchissant. Finalement, ce livre n'est pas *Araki by Araki* mais *Araki by TASCHEN*. Je pense qu'il reste tout aussi intéressant. Quand une personne étrangère fait le choix de mes travaux, cela peut me faire concevoir des aspects inconnus chez moi. J'ai eu beaucoup d'expositions dans de nombreux pays (en Autriche à la Wiener Secession, en Italie au Centro per l'Arte Contemporanea Luigi Pecci, Prato…) et, à chaque fois, j'ai eu cette expérience. Il m'est déjà arrivé que des choses que je ne trouve pas particulièrement importantes semblent très intéressantes à d'autres.

Généralement on croit donner à la photographie des idées ou des pensées par l'édition ou le montage. Cela ne fonctionne pas pour moi. Mes photos ont en elles-mêmes beaucoup de force ou d'énergie. Je peux me permettre de les mettre dans les mains d'un éditeur, car je suis sûr de la qualité et de la force de mes photographies. Normalement cela devient le regard de celui qui les édite. Mais j'ai confiance en mes photos. Elles ne changent jamais.

Quels sont les points différents de ce livre par rapport aux autres livres ?

Le point qui diffère est que je peux tout montrer de moi – les femmes, ma femme, la ville… le livre montre les émotions et leurs ramifications, il offre au lecteur une sorte de déploiement organique de mon travail. Les éléments particuliers sont en quelque sorte les feuilles d'un grand arbre. J'espère que cet arbre se mettra à fleurir. *Araki by Araki* est une épitaphe pour mes 60 ans. Je prends des photos depuis que je suis né. Après être sorti du ventre de ma mère, je me suis retourné et ai photographié le sexe de ma mère ! La photographie est toujours le premier mot que j'emploie après ma réincarnation dans ma nouvelle vie. C'est un contrat de presque 60 ans maintenant. Mon épitaphe : la photo est amour et mort.

Comment définissez-vous l'amour ?

L'amour est difficile à définir. Quand vous aimez une femme, elle reste en photo et aussi en mémoire. De même, les sentiments demeurent. Par exemple, après avoir aimé ma femme, il reste des traces dans mes sentiments, dans mon corps, traces qui ne disparaissent pas d'une photographie. (Je ne cite ici que le nom de ma femme sinon cela poserait problème !) C'est ainsi quand on dit qu'on a aimé quelqu'un.

Actuellement, j'aime Chiro, ma chatte, et les fleurs. Le chat représente la chair tandis que les fleurs sont les parties génitales. Le sentiment de personnes aimées.

Quand je suis chez moi, je sens mes sentiments grandir pour Chiro lorsqu'elle vient vers moi. Quand je me réveille et que je vois des fleurs, je les prends en photo toujours dans un rapport de proximité. Des sentiments instantanés me viennent tout naturellement (j'ai toujours beaucoup de fleurs à la maison). Ces sentiments instantanés sont ce que j'aime, même si j'ai pour la photographie des sentiments absolus.

L'amour pour moi c'est une histoire de proximité, de familier, que l'on peut toucher. C'est la raison pour laquelle il n'y a pas d'amour sur Internet. L'amour implique une proximité d'odeurs, de sensations, d'environnement. C'est pour cette raison que je photographie mes amis, mes proches, ce qui m'entoure. C'est cela la photo. En d'autres termes, je vous prends en photographie maintenant parce que je vous ai rencontré aujourd'hui.

Tokyo est au centre de votre univers, même si vous avez réalisé des photographies d'autres villes asiatiques. Votre travail parle de cette proximité à votre environnement direct. Y voyez-vous un rapport avec celle des vieilles maisons traditionnelles japonaises où il y a cette sensation d'intimité partagée ?

Quand je parle de Tokyo, je ne m'intéresse pas à la ville dans sa globalité, mais simplement aux endroits qui me sont familiers et que je fréquente quotidiennement. Je ne photographie pas n'importe où mais uniquement Shinjuku ou le voisinage que je connais bien. La photographie est synonyme de ce qui est en relation avec moi. Je ne vais pas quelque part intentionnellement pour faire des photos. Si je pouvais utiliser le mot « présentation » pour parler de mon travail, ce serait une « présentation » de femmes, de lieux ou de temps forts que j'aime.

Tout est déterminé par l'environnement dans lequel vous avez été élevé. Je suis né dans le quartier populaire de Tokyo qui s'appelle Minowa, dans une petite maison traditionnelle qui était constituée de deux foyers contigus où chacun de ces foyers évoluait dans une grande proximité. On pouvait passer d'une maison à l'autre. Il y avait toujours un voisin qui vous amenait quelque chose par la porte de derrière. Il vous apportait de la nourriture, disant qu'il s'agissait de restes de leur repas, alors qu'il l'avait fait spécialement pour vous. On y faisait des plats pour tous. C'est un quartier où il y avait beaucoup d'humanité. Puisque je suis né là, je suis comme cela.

Minowa est à l'extrémité de l'arrondissement Taito-ku au nord-est de Tokyo. Si vous allez encore plus au nord, où Takeshi Kitano est né, les gens sont un peu plus tyranniques, comme lui. (*Il rit*)

J'habitais près de Yoshiwara, le quartier des filles de joie. Juste à côté de chez moi se tenait un temple nommé Jokanji où les courtisanes sans famille étaient enterrées. Enfant, ce temple était mon terrain de jeux. Se trouvaient conjointement dans ce temple des tombes (la mort) et des prostituées. Toute ma vie a été marquée par ce lieu. Il me restera toujours les traces mouillées de boue de ce quartier populaire. Il y avait là toujours la vie et la mort errante. C'est comme cela que dès le plus jeune âge, j'ai automatiquement appris ou senti la vie et la mort.

Ma couleur préférée est le rouge. Cette couleur parle de la complexité de la vie et de la mort. C'est pourquoi j'ai demandé au patron du bar où nous nous trouvons de faire tout son décor en rouge. D'ailleurs, il se nomme bar « ROUGE ». Quand les bombes incendiaires des chasseurs américains B 29 ont teinté le ciel japonais de rouge, j'ai trouvé cela très beau. J'avais alors cinq ans. Mon intérêt pour la couleur rouge vient de cette expérience. De cette enfance, j'ai développé tout mon travail photographique. Pour moi Minowa est comme un utérus. Même si je ne vis plus dans ce quartier, mes racines sont là. Ayant grandi dans une maison traditionnelle en bois, je suis imprégné de sentiments humains ou romanesques. J'ai vécu dans un environnement où les volubilis fleurissaient dans la petite rue. Cet environnement a déterminé ma vie. Paris a aussi ses quartiers populaires, mais tout en pierres, ils sont très secs. Aujourd'hui, le Japon lui aussi n'est plus que pierres. Les robots remplacent les voix de la chair. Les éléments à photographier sont en train de disparaître. Quand le monde devient mauvais, les photos prennent le même chemin. Tout devient inintéressant.

Voici donc mon épitaphe, à l'âge de 60 ans, pour la fin du monde.

Votre travail est dédié aux femmes.

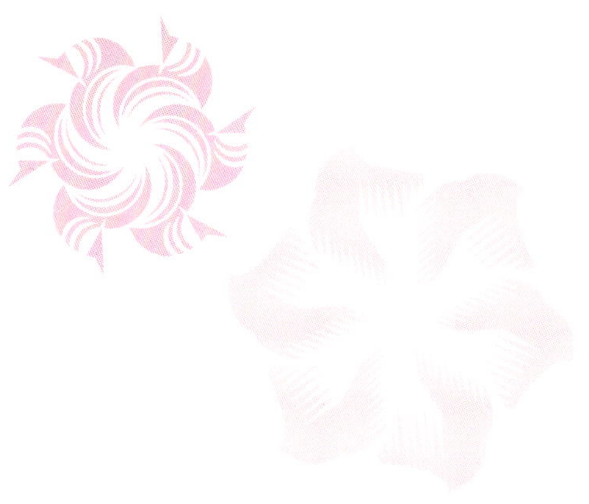

La toute première photographie que j'ai réalisée, c'était après la sortie de l'utérus de ma mère. Pour moi, la femme incarne la photographie. Ensuite, j'ai pris celle d'une fille dont j'étais amoureux en cachette à l'école primaire. Quand je suis devenu adulte, une femme, pour moi, cela signifiait tout de suite son sexe. Je les ai souvent pris en gros plans et ai décrit cette position en 1970 dans mon exposition «Sur-sentimentalist Manifesto», un manifeste photographique du temps où j'ai commencé à prendre les femmes en photo. À cette période, je croyais que je devais devenir anarchiste. Aussi me suis-je surnommé «Ararky». C'était le début.

Je travaillais alors chez Dentsu, une agence de publicité japonaise. J'y ai rencontré Yoko qui est devenue ma femme. Jusque-là je prenais des photos de femmes à travers leurs sexes comme des «objets». Dès que j'ai photographié Yoko, j'ai commencé à prendre notre relation à deux, la femme à laquelle je me confrontais et moi-même. C'était la première fois que je prenais vraiment une femme comme elle est et non comme un objet.

À partir de cette relation, mon arbre a plein de branches (des femmes). Bien que j'aie toujours dit que j'étais fidèle à ma femme et que mon travail d'alors n'était axé que sur elle, je prenais déjà en photographie à cette époque beaucoup d'autres femmes. Ce livre révèle pour la première fois ces faits et tout ce qui me concerne. Je me révèle de plus en plus. À 60 ans, il y a prescription. Après la mort de ma femme, j'ai continué à prendre constamment des photos des femmes. Finalement beaucoup de ramifications, de feuilles (des femmes) sont apparues autour de moi et c'est devenu le paradis ! (*Il rit*)

Est-ce que votre passion pour le sexe peut être envisagée comme une version contemporaine des *Shunga*, ces gravures sur bois érotiques de l'époque Edo [env. 1600–1868] ?

Je voudrais faire mes photos comme des *Shunga*, mais je n'y suis pas encore arrivé. Il y a un côté réservé dans les *Shunga*. Le sexe est visible, mais le reste est caché par les kimonos. Ces gravures sur bois ne révèlent pas tout. Les *Shunga* comportent le secret amoureux. Ils ne révèlent pas uniquement le sexe mais un secret amoureux entre deux personnes, entre l'homme et la femme.

J'apparais souvent sur mes photos qui représentent des femmes ligotées ou faisant l'amour. Mais je ne joue pas le rôle principal. Je suis comme un petit personnage dans un *Shunga*. Un rôle secondaire ou de spectateur. Je préfère la photo au sexe. Maintenant, je refuse même toute proposition de sortir avec une fille. Elles attendent d'avoir une relation sexuelle. Dîner ensemble ne suffit pas. Je ne pourrais plus car je préfère la photo.

Dans l'acte sexuel, je suis de deuxième ou troisième classe même. Je ne fais que profiter du sexe pour prendre de bonnes photos. Je suis dur avec le sexe comme avec la femme avec qui je fais l'amour.

Je mets tout cela dans le livre car c'est une publication étrangère que les Japonais ne verront pas. Pour moi, l'essentiel c'est la photo.

Qu'est-ce que vous voulez dire ou exprimer dans vos photos ?

Je n'ai rien à dire, aucun message particulier dans mes photographies. Les messages proviennent de mes sujets, hommes ou femmes. J'attends que les sujets se donnent, s'offrent. J'ai des choses à photographier alors que je n'ai rien à exprimer. Actuellement, je montre la joie de vivre plus que la tristesse de la mort. Certaines personnes que je connais trouvent que la vie est triste. Je pense aujourd'hui l'inverse. La mort est plus triste.

Mais pourquoi cette obsession de la femme dans votre travail photographique ?

La femme a tous les charmes de la vie. Elle en a tous les éléments essentiels : la beauté, la laideur, l'obscénité, la pureté... bien plus que la nature n'en comprend. Dans la femme, il y a le ciel et la mer. (Dans un sens, cela peut paraître affecté). Dans la femme, il y a la fleur et le bourgeon...

Un photographe qui ne photographie pas les femmes n'est pas un photographe, ou seulement un photographe de troisième classe. Les femmes vous apprennent beaucoup plus de choses sur le monde que la lecture de *La Comédie humaine* de Balzac. Qu'il s'agisse de votre femme, d'une rencontre ou d'une prostituée, elles vous apprendront le monde. D'ailleurs je ne lis plus depuis que je suis sorti de l'école primaire. Je crée ma vie en rencontrant des femmes.

Figure culte au Japon pour votre iconographie, comment réagissez-vous à la censure paradoxale de ce pays où réside derrière la façade et de manière officielle un deuxième monde, celui des plaisirs «interdits» avec notamment les «love hotels» pour les rencontres adultères ?

Je ne fais pas de photos pour tout révéler à tout le monde. Je suis content en effet de montrer mes photos à mon cercle d'amis quand ce sont de bonnes photos. Pour ce qui est de la censure, je ne suis engagé ni socialement ni artistiquement. Je n'ai aucune idéologie particulière, ni d'idée sur l'art, sur la pensée ou sur la philosophie. C'est comme si j'étais un sale gosse faisant des bêtises interdites.

Je pense que cette attitude montre un paradoxe au Japon avec la loi contre la pornographie.

Oui, et cela continue depuis l'époque Edo. Cela peut paraître ambigu, paradoxal. Même si une loi stricte sur la censure a été établie, tout et n'importe quoi subsiste malgré tout au Japon. C'est toujours un peu le bordel. L'extrême rigueur côtoie malgré tout le glamour de la différence de possibilité. Et il arrive souvent que ces choses paradoxales se mélangent.

Au Japon, ficeler une jeune fille et la photographier n'entraînera jamais une condamnation à la peine de mort pour l'auteur de ces photos. C'est étonnamment bienfaisant. Les pays chrétiens sont bien plus sévères par rapport à cela. L'Europe reste tolérante. Même si le Vatican n'approuve pas ce type de pratique, il a quand même accepté mon travail. Les États-Unis sont particulièrement stricts et sévères. Je ne risque pas d'y montrer des jeunes filles nues ou des femmes ligotées.

Par rapport à l'époque Edo, je trouve que nous sommes aujourd'hui dans une époque plus pauvre en ce qui concerne le sexe, mais il demeure encore des atmosphères confuses de sexe que j'aime.

Pourquoi cette récurrence de la pratique du bondage dans vos photographies ?

Le *Kinbaku* [nœuds de cordes] est différent du bondage. Je ligote le corps des femmes parce que je sais que je ne peux attacher leur âme. Seul leur physique peut être noué. Lacer les femmes revient en quelque sorte à les embrasser.

Pourquoi intégrez-vous des petits dinosaures en plastique dans votre univers ? Que représentent-ils exactement ? Ont-ils chacun une identité spécifique ?

Je suis une personne qui a continuellement besoin de compagnie. J'ai besoin d'avoir des camarades ou des amis autour de moi car je me sens souvent solitaire. Ces monstres sont mon alter ego. Ils signifient mon désir d'être dans mes photos, comme s'ils étaient des parties de mon corps. J'aime ces dinosaures et j'ai le désir simple d'être avec eux tout le temps et de les collectionner. Ce désir est d'ordre sexuel. Je veux prendre en photo ceux que j'aime et je veux être toujours avec eux.

Mon balcon est actuellement vide car ces dinosaures ne sont pas encore rentrés de Paris après mon exposition. Il sont encore bloqués en ce moment à la douane japonaise et ils me manquent terriblement.

Chiro, ma chatte, se sent également seule et boude un peu. Elle est couchée sur le dos de Waneen (un grand objet crocodile) mais ils lui manquent à elle aussi.

Chaque dinosaure a une signification particulière. Mais il est plus important pour moi qu'ils restent tous ensemble. Je me sens souvent seul donc je voudrais toujours que ma maison soit animée. Bien sûr, chaque dinosaure a son propre charme. Je leur donne même à chacun un nom. Mais la raison de base de cet intérêt pour eux est que je me sens souvent tout seul et préfère être avec eux pour avoir de la compagnie. J'ai également des fleurs pour les mêmes raisons. Sentimentally lonely ! J'aime la chaleur. Celle de l'utérus. Je suis un bébé et un enfant. Je ne peux pas oublier cette chaleur de l'utérus. J'aime également les thermes qui sont pour moi une sorte d'utérus.

Vous peignez quelquefois les photos noir et blanc de couleurs, qu'est-ce que vous voulez dire par là ?

Les photographies noir et blanc représentent la mort. Prendre une photo revient à tuer son sujet. Une autre manière pour moi de montrer des photos noir et blanc en tant que performance, ce sont les « Arakinema ». Des photographies que je présente en mouvement et avec du son.

Les photos noir et blanc représentant la mort, je souhaite les ressusciter. Je veux leur ajouter des sentiments érotiques, des passions ou la chaleur d'un corps. Cela me donne aussi envie de les peindre inconsciemment.

Je ne souhaite pas pour autant transformer ces photos noir et blanc en peinture. Je voudrais simplement qu'elles se rapprochent le plus possible des photographies idéales que j'ai dans ma tête.

Je ne prétends pas faire de la peinture avec des bases photographiques. Mais en les peignant en couleur, croire en ces photos et les révéler une nouvelle fois.

Je choisis souvent des couleurs comme le rouge et le vert et j'intitule ces photos : « Couleurs sentimentales rouge-vert ».

Les photos noir et blanc que je viens de vous montrer sont tirées de mon livre *Photographs from the End of the Century*. Le prochain à paraître qui sera tout en couleur s'intitulera : *Photographs from the New Century*. Ces deux livres complètent un cycle.

Pourquoi dans vos séries picturales peignez-vous systématiquement sur les sexes des femmes représentées en noir et blanc ?

D'abord, c'est une retouche par la censure afin que leurs parties génitales ne soient pas montrées. C'est comme ça parce qu'il y a des règles strictes au Japon. Mais finalement il est mieux pour moi qu'il y ait quelques règles. Mais c'est aussi un signe de mon désir de vouloir faire des bêtises, comme si je les touchais ou y mettais mon sexe.

C'est comme si je nageais dans la rivière en traversant entre la rive couleur, celle du monde actuel, et la rive monochrome, celle de l'au-delà. Suivant mes sentiments du moment, je décide si je vais au Paradis du noir et blanc, si je reste dans ce monde de couleur, ou si je prends le même sujet en le traitant simultanément en couleur et en noir et blanc.

Je photographie le ciel lorsque je suis fatigué et me laisse flotter sur le dos. Paris a la Seine alors que Tokyo a deux rivières, la Sumidagawa et l'Arakawa. Mais le Japon a aussi une rivière nommée Sanzu no Kawa [la rivière des morts]. C'est une rivière que les défunts doivent traverser pour atteindre le Nirvana.

D'ailleurs vos photographies ne spécifient aucune temporalité. Quel rapport entretenez-vous avec le temps ?

Une photographie ne peut décrire que l'instant de la prise de vue. Et cet instant reste non identifiable. Un instant est une éternité et l'éternité un instant. La photographie porte en soi cette notion plus que tout autre élément.

Quand je déclenche l'obturateur, ce moment est éternel. L'éternité est alors produite par le déclenchement de l'obturateur. C'est une action extrêmement directe. Il s'agit plus d'une action que d'art.

En conséquence, j'affirme pouvoir mélanger les photos sans regarder leur date de prise de vue. D'un autre côté je prends également des photographies qui ont la date de prise de vue imprimée sur le tirage et là je peux les montrer dans leur ordre chronologique. A l'instar d'un journal intime, la continuité journalière est une histoire. Le flot du temps qui passe est extrêmement dramatique et intéressant. J'utilise donc plusieurs sens temporels. Mais si je me permets de choisir entre les deux, je préfère conserver l'ordre chronologique. Je trouve en effet qu'il est plus intéressant.

C'est pourquoi, je prends des photos comme un journal intime et je dis souvent de les laisser telles quelles sans essayer de les éditer.

L'édition se fait ensuite automatiquement par la vie ou le temps dans lequel nous vivons. Ce qui signifie que dès que je classe les photos dans leur ordre chronologique, Dieu ou quelqu'un d'autre, dans mon cas Shashin, le dieu de la photographie, s'en chargera pour moi. Ce serait plus dramatique si elles étaient placées dans un ordre inconscient. La plupart de mes albums photos fonctionnent de cette manière. Ce n'est pas la peine de penser à l'ordre. Par exemple, si je veux une photo de ma chatte Chiro, je n'ai pas besoin d'y penser. Cette image apparaît tout naturellement.

Pourquoi mettez-vous parfois des dates sur les photos ?

C'est une parodie du fait de ne pas avoir atteint ni visé la perfection. Si une date est imprimée sur une photographie, elle ne pourra jamais être un chef-d'œuvre. La photo datée n'est rien de plus qu'un simple témoin d'un jour. Mais c'est ça la photo !

La photo dit simplement que ce jour, cet instant particulier était merveilleux. C'est la vie. Rien n'est supérieur au journal intime. Même dans la littérature, il est supérieur au roman.

Le journal intime c'est la vie, et la date c'est la photo. Ou bien c'est au photographe d'effacer la date. La photographie c'est la vie !

Est-ce pour cette raison que vous n'arrêtez pas de photographier ?

Il faut continuellement photographier les instants de la vie. Comme il faut continuer à vivre, pour moi, prendre des photographies revient à vivre.

Quels sont les artistes, écrivains ou cinéastes qui pratiquent le journal intime, dont vous vous sentez proche ?

Je me sens peut-être encore plus proche de l'écrivain japonais Kafu Nagai [1879–1959] qui a notamment écrit en 1917 le roman appelé *Danchotei Nichijo* [Le journal de Danchotei]. Il savait que si les événements de la journée étaient très intéressants, il serait encore plus merveilleux d'insérer de la fiction dans la vie quotidienne. Avant lui, il était convenu qu'un journal intime devait décrire la réalité du jour. C'est le premier à avoir cassé cette règle en y incorporant un peu de mensonge, ce qui donne plus de charme au journal intime. Dans son *Danchotei Nichijo*, tout est faux. Mais il est plus intéressant comme cela.

Je me sens proche aussi du cinéaste lituanien Jonas Mekas bien qu'il n'insère pas de date à son travail. Il a un accès au sublime que je ne possède pas. Mais nous partageons beaucoup de points communs. Mon Minowa c'est l'utérus, chez Jonas Mekas

c'est vraisemblablement sa Lituanie, son pays natal. Le plus important pour lui sont les caractéristiques naturelles et sa famille en Lituanie. Mon Minowa a déjà perdu ses bons vents et est en ruine alors que sa Lituanie qui est aussi une ruine était bien un paradis. Ce sont nos points communs. Nous avons tous les deux un intérêt quant aux villes ou aux quartiers natals. Des transferts de lieux, de temps. C'est cela un journal : des transferts de jours. Sans réfléchir à cette idée, je continue à prendre des photos tous les jours. Se déplacer, c'est rester vivant. Mettre une ponctuation à ces déplacements revient à mettre une date.

Comme les artistes anglais Gilbert & George, vous visez l'accessibilité, la diffusion la plus large et êtes partisan d'un art pour tous ? Cette disposition vient-elle du fait de votre passé en agence publicitaire ?

Quand je travaillais chez Dentsu, je faisais de la publicité pour les autres. Mais je voulais en faire pour moi-même. Cela pourrait être appelé de l'art. Je pensais que cela serait déjà bien de montrer mes photographies à mes amis. Mais d'un autre côté, j'ai toujours eu le désir d'être connu par le plus de monde possible. J'aimerais entendre, par exemple, que les iguanes des îles Galapagos aimeraient voir mon travail. En plus, j'aimerais qu'ils viennent au Japon en traversant les océans pour se faire photographier par moi. Alors, je les emmènerais à Yoshiwara.

Combien de livres avez-vous publiés à ce jour ?

Je crois plus de 250. Au début, fatigué des innombrables rendez-vous infructueux avec des éditeurs japonais, j'ai d'abord édité moi-même mes livres photocopiés. Mon premier livre *Xeroxed Photo Albums* a été fait comme ça. Quand j'ai fait *Sentimental Journey*, aucune maison d'édition à l'époque, ne voulait publier une lune de miel personnelle. Ensuite, beaucoup de maisons d'édition ont publié mes livres, comme TASCHEN aujourd'hui. Parfois, je prends des photographies et ai envie de sortir un livre immédiatement, comme une éjaculation précoce. Il m'arrive de ne pas pouvoir attendre trois mois pour sortir un livre après la prise de vue. Je voudrais que le livre soit fait en un mois, juste derrière la prise. Le livre *Photographs from the End of the Century* a été fait par moi-même pour exaucer ce désir de rapidité. Il s'agit d'un livre photo « live » qui conserve la vitesse ou la chaleur de la prise de vue. Pour d'autres livres, je pense que les éditeurs apportent également un certain enthousiasme.

La technologie des photocopieurs a beaucoup évolué depuis les années 70, faites-vous toujours des livres en photocopies ?

Aujourd'hui, je n'ai plus intérêt à faire des livres avec un photocopieur car la qualité s'est beaucoup améliorée. Les photocopies des années 70 n'étaient pas seulement mécaniques, leur rendu était brut, approximatif, rugueux. Ce qui correspondait à mes sentiments, comme à ceux de cette décennie qui était très brute. C'étaient des photocopies de mes sentiments fougueux d'alors.

Après avoir utilisé le terme « copie », je me suis tourné vers celui de « reproduction ». Car la photo est la reproduction des sentiments des moments de prises de vues, ou la reproduction des sentiments de personnes que j'ai rencontrées à un moment donné, ou encore la reproduction de relations que j'ai eues. Ce n'est pas pour autant une expression, ni la volonté de représenter, d'exprimer les sentiments des sujets que je photographie. C'est pourquoi, je me copie moi-même en dette à l'existence de mes sujets. Grâce à ces sujets, je peux faire des « reproductions ». Sans eux, je ne pourrais pas. C'est aussi le cas dans la vie, pas seulement pour les photos. J'ai besoin de sujets. Cela peut être des fleurs, le ciel et bien sûr les femmes. Je vis par les femmes. Je continuerai à les photographier. Si un jour les femmes venaient à disparaître de la planète, je préférerais mourir bien avant.

Avez-vous des projets non réalisés ou des projets que vous voulez faire dans le futur ?

Je n'ai pas de projet qui n'ait été matérialisé. Ce que je ferai dans le futur est ce que mon environnement décidera. De toute façon, dieu (déesse) « femme » me guide.

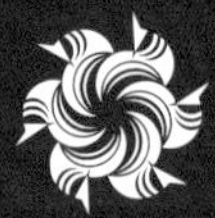

Colorscapes

色景

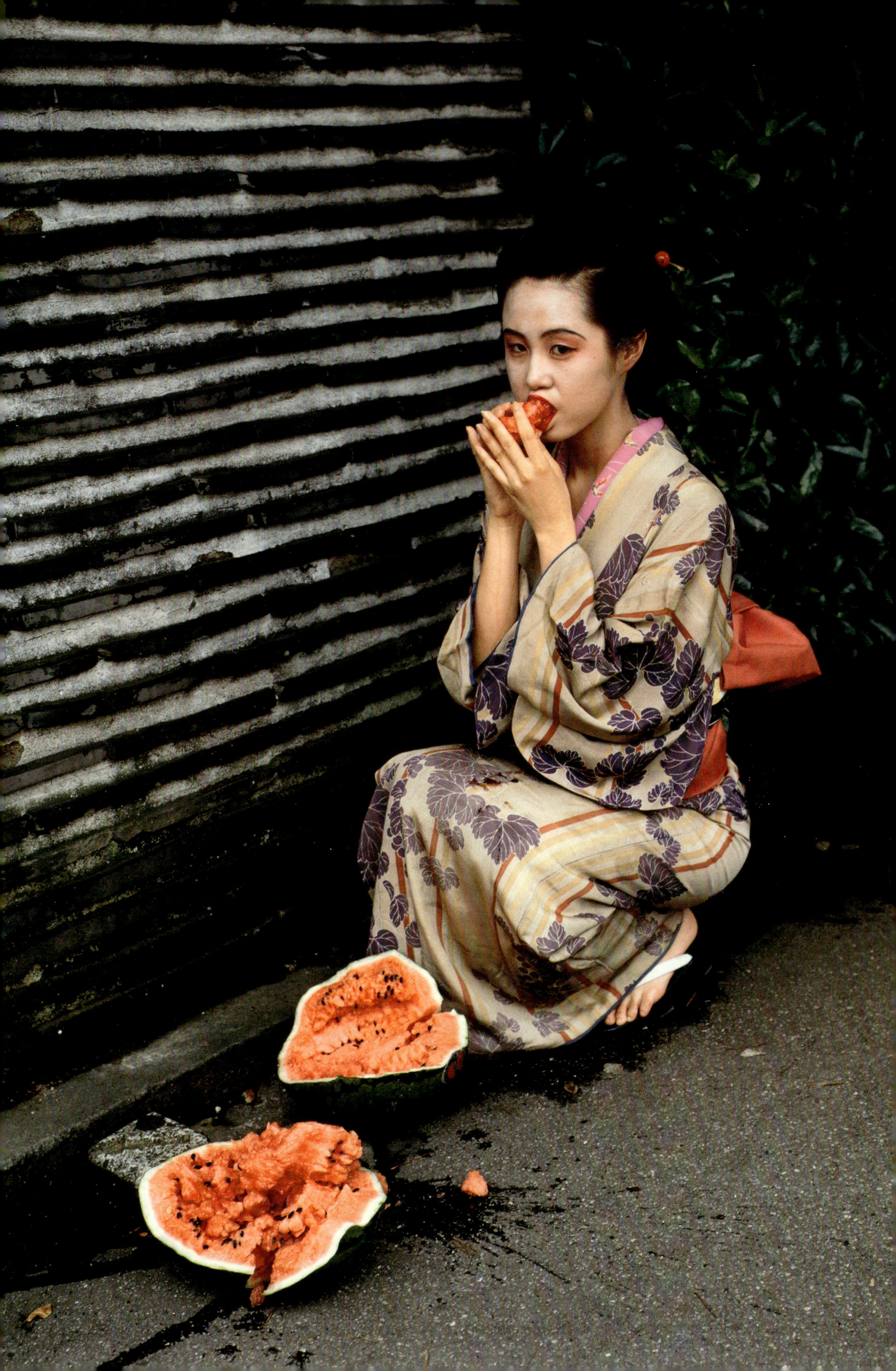

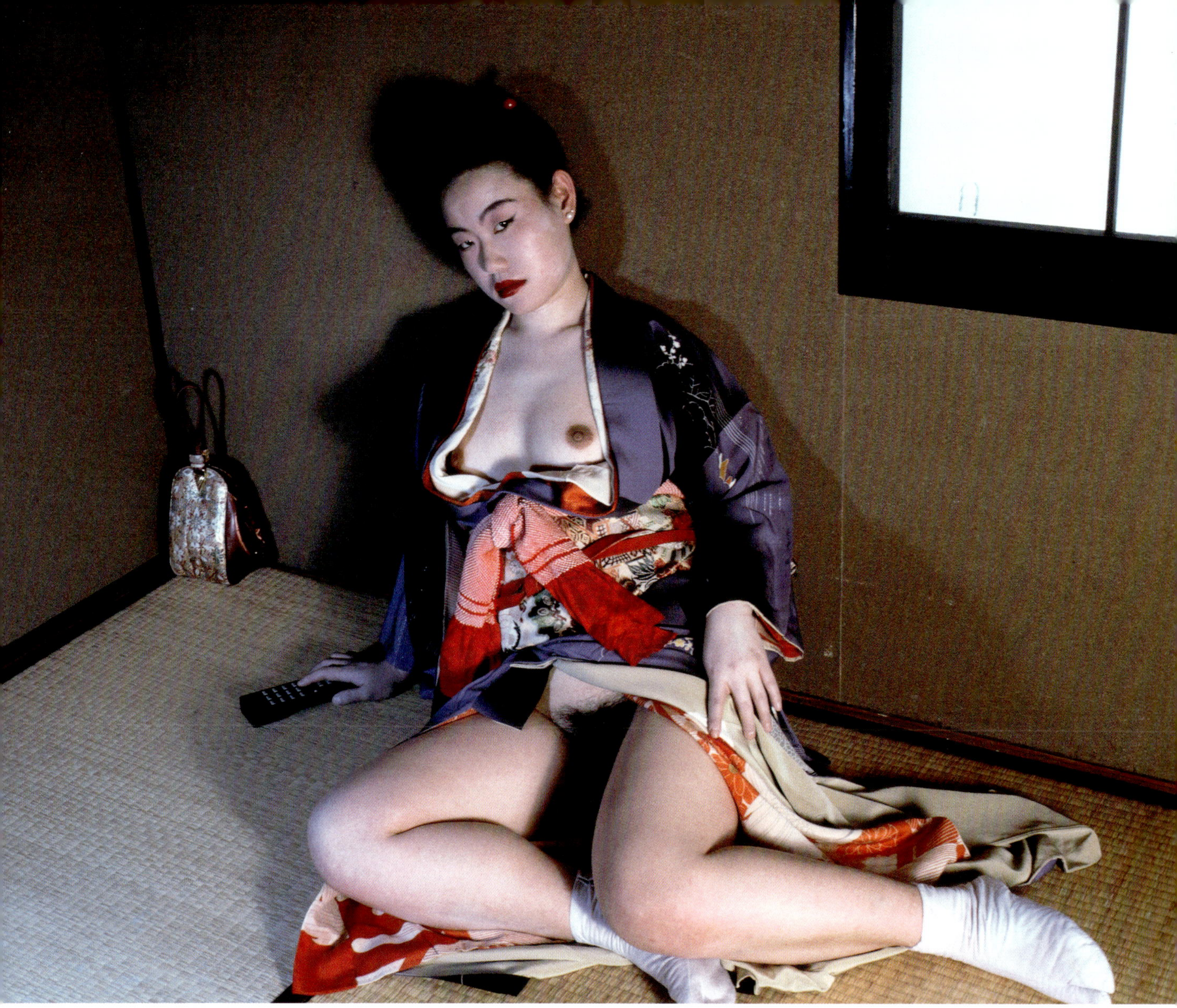

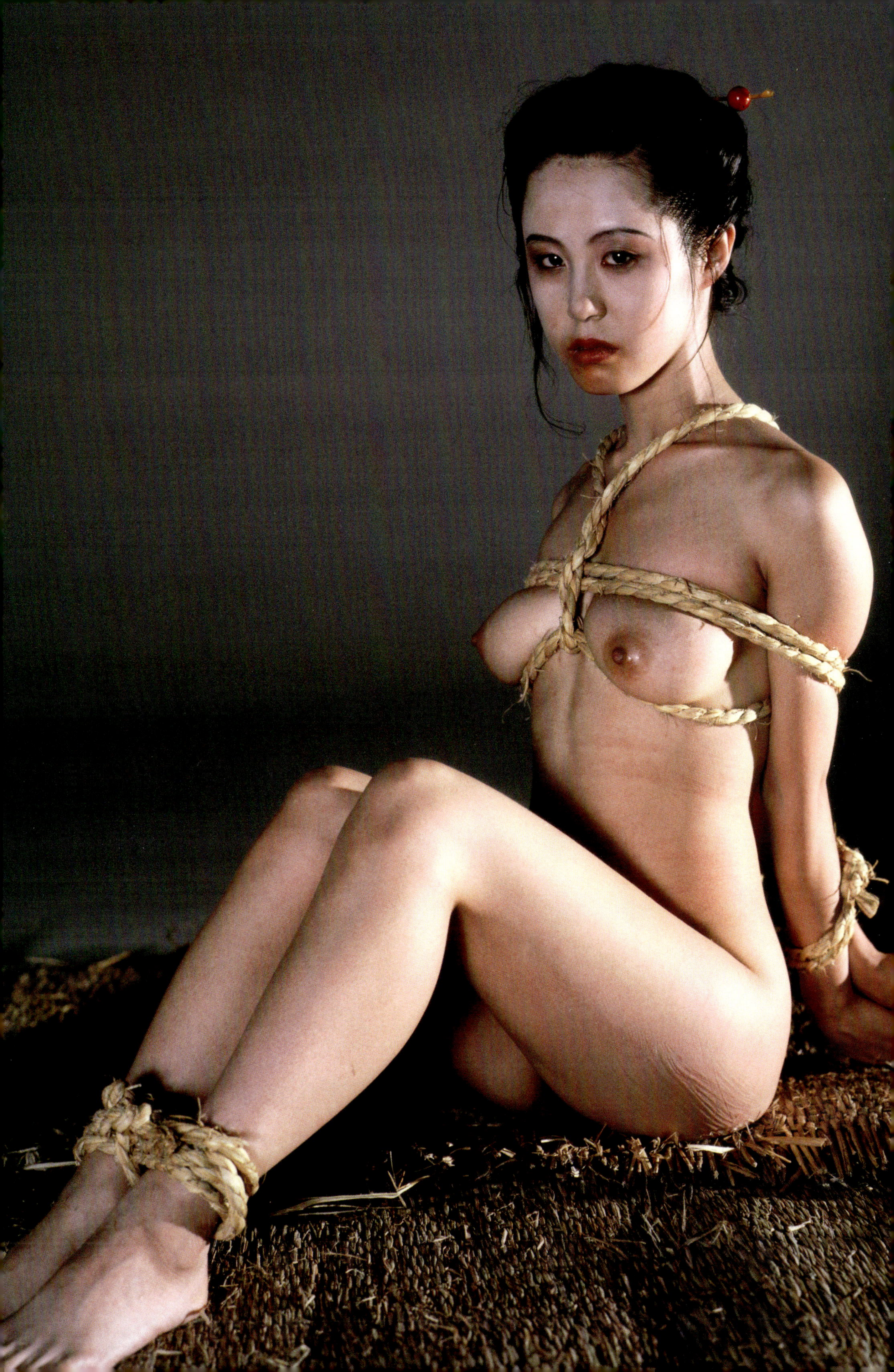

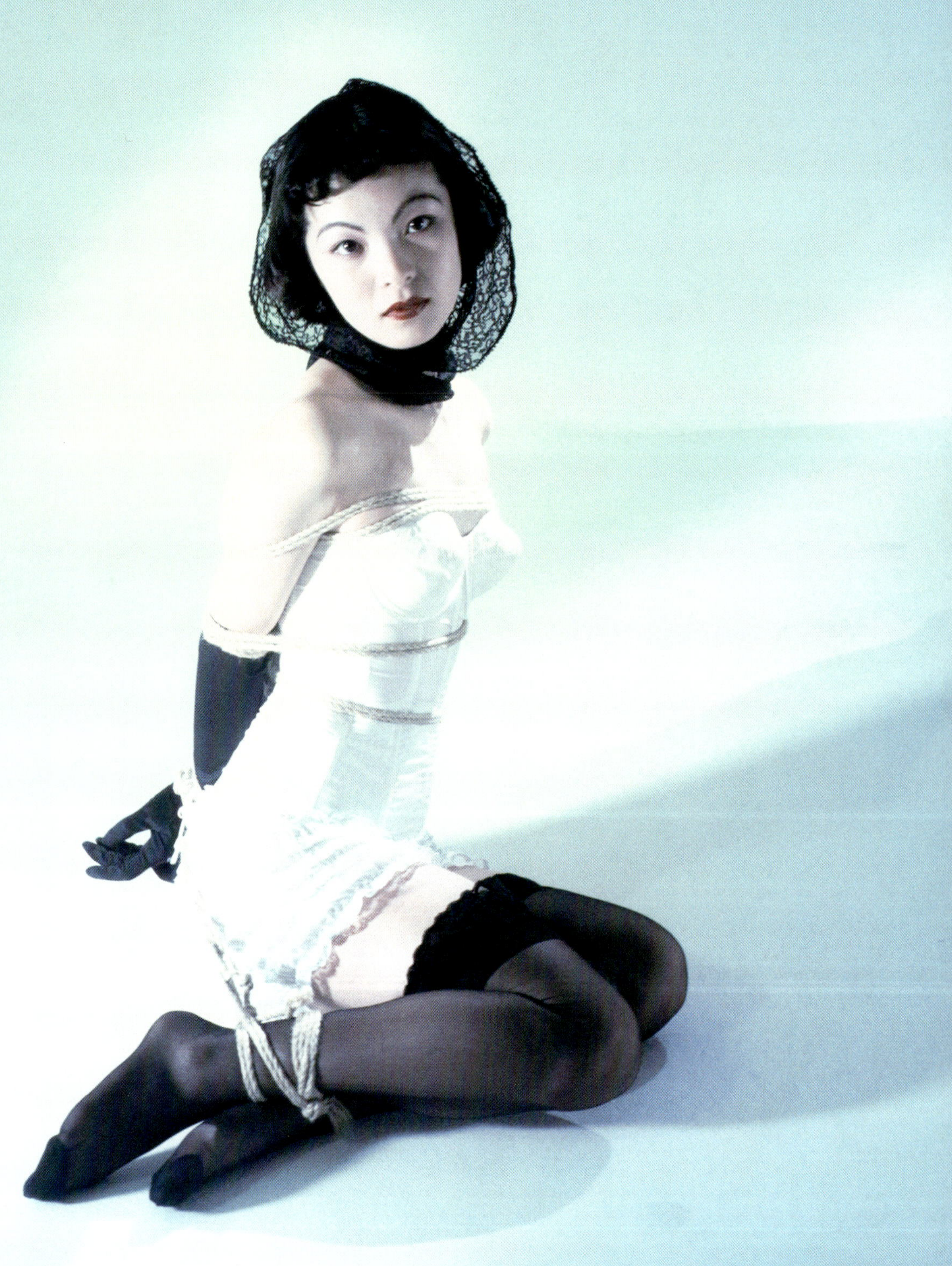

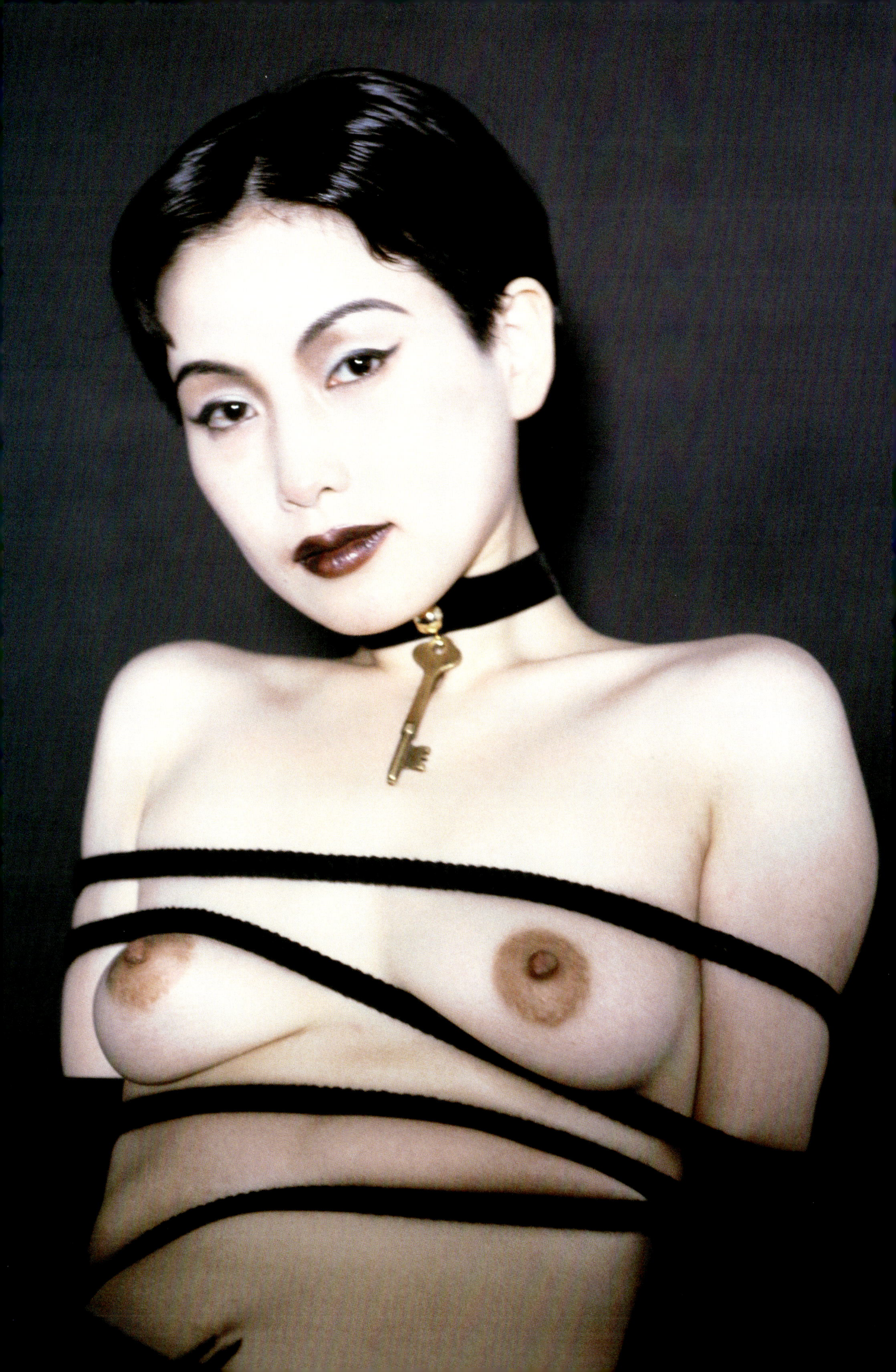

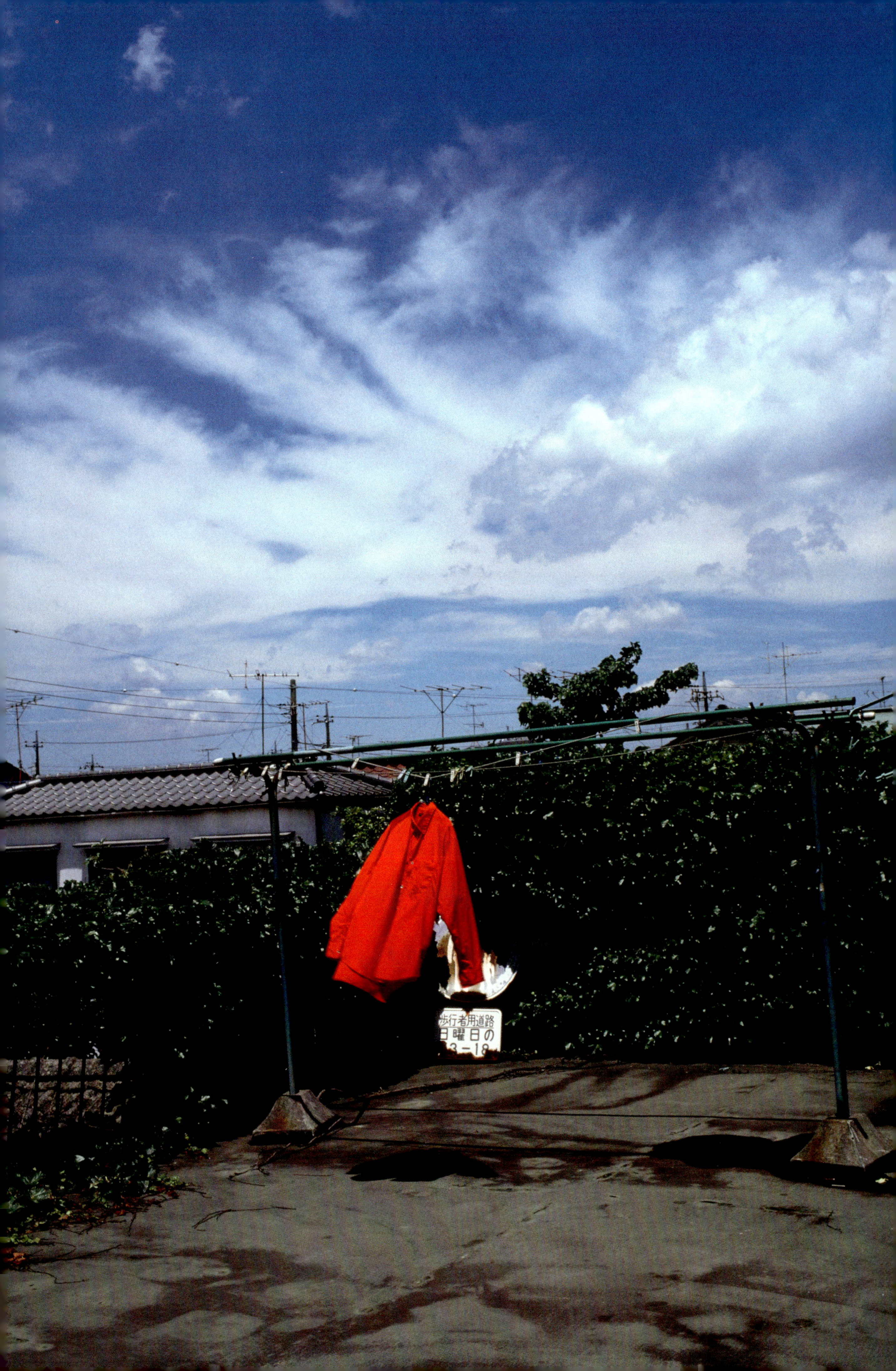
歩行者用道路
日曜日の
3－18

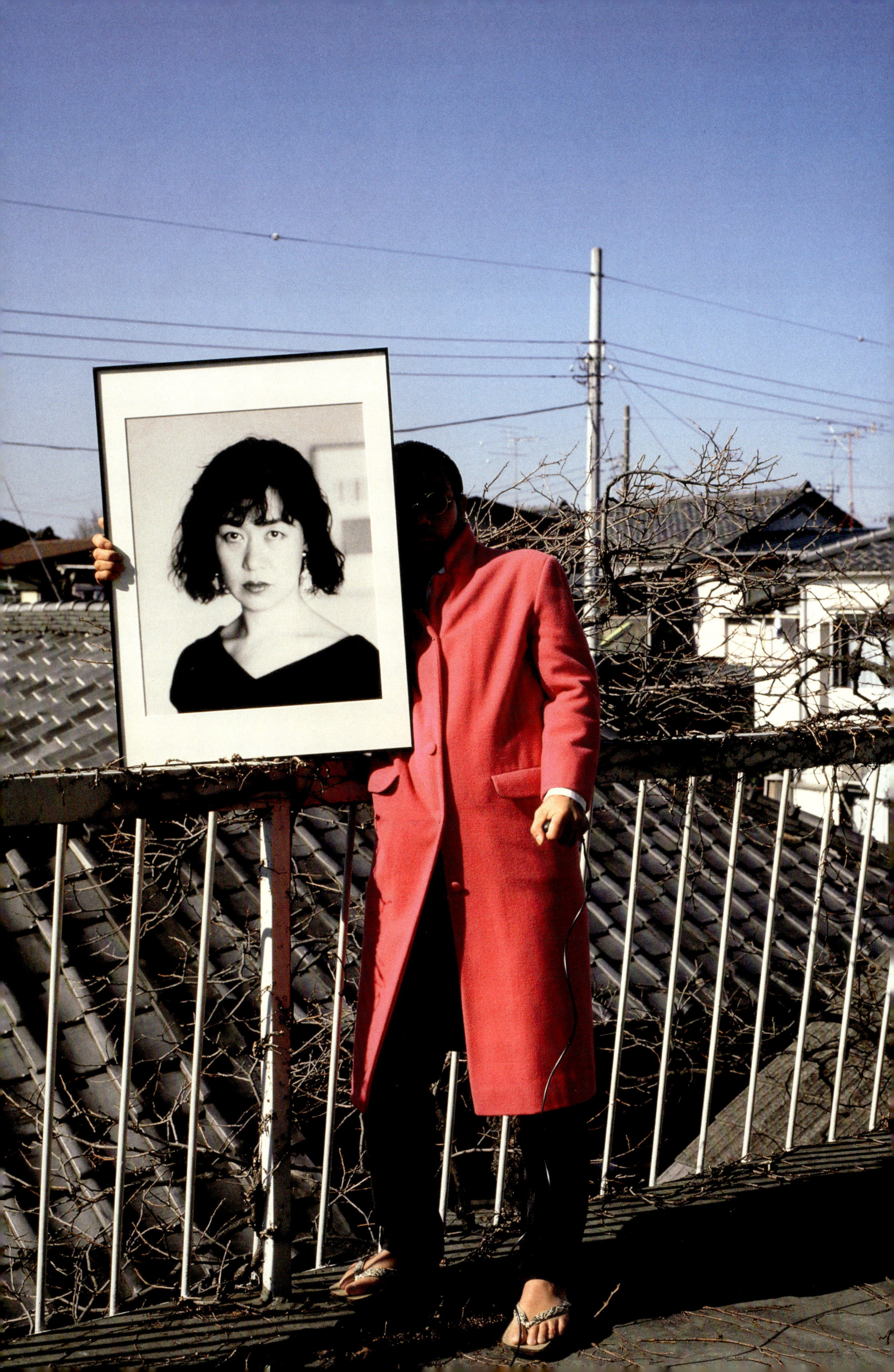

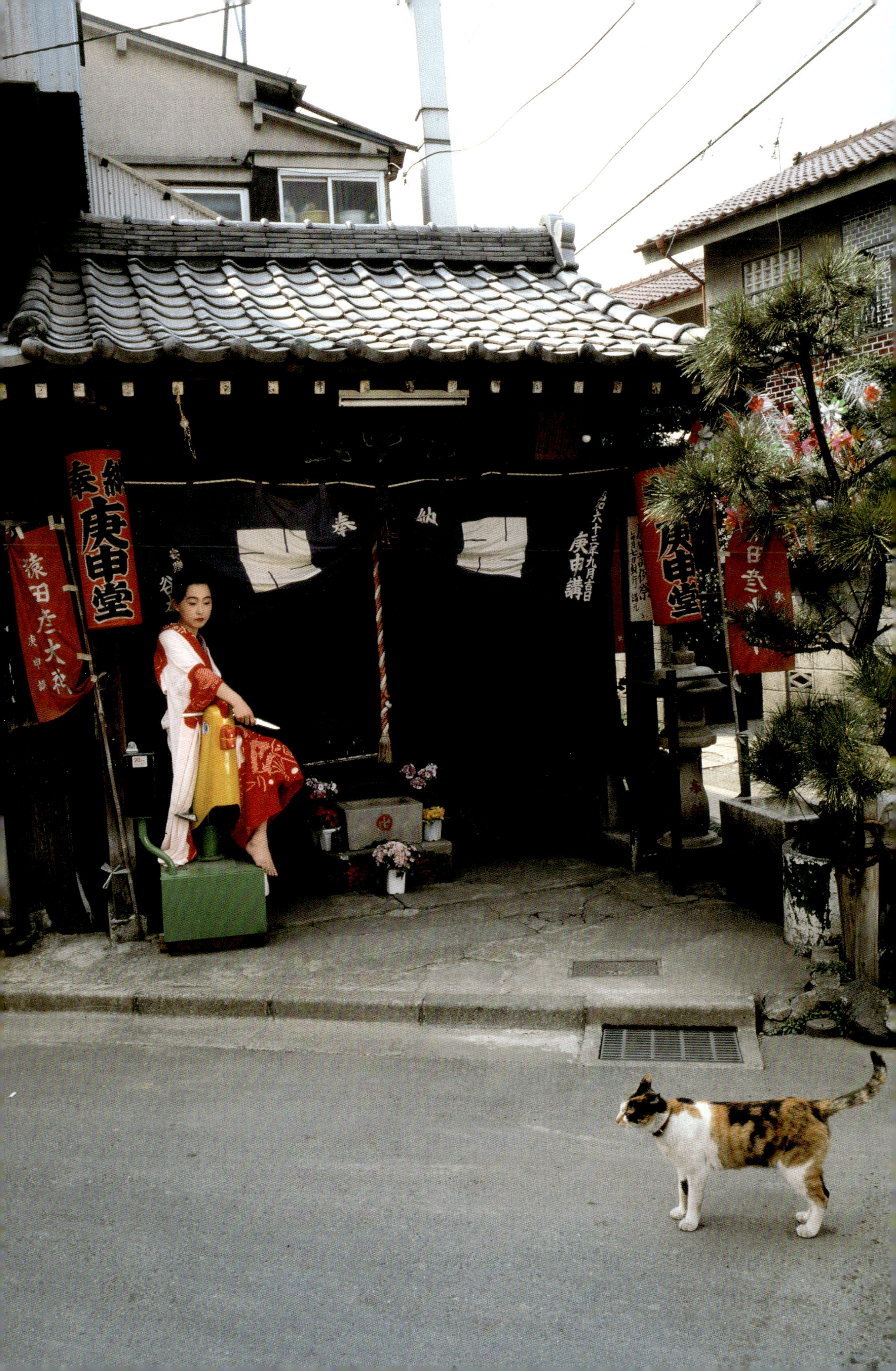

奉納
庚申堂
猿田彦大神
庚申講
奉納
六十三年九月吉日
庚申講
庚申堂

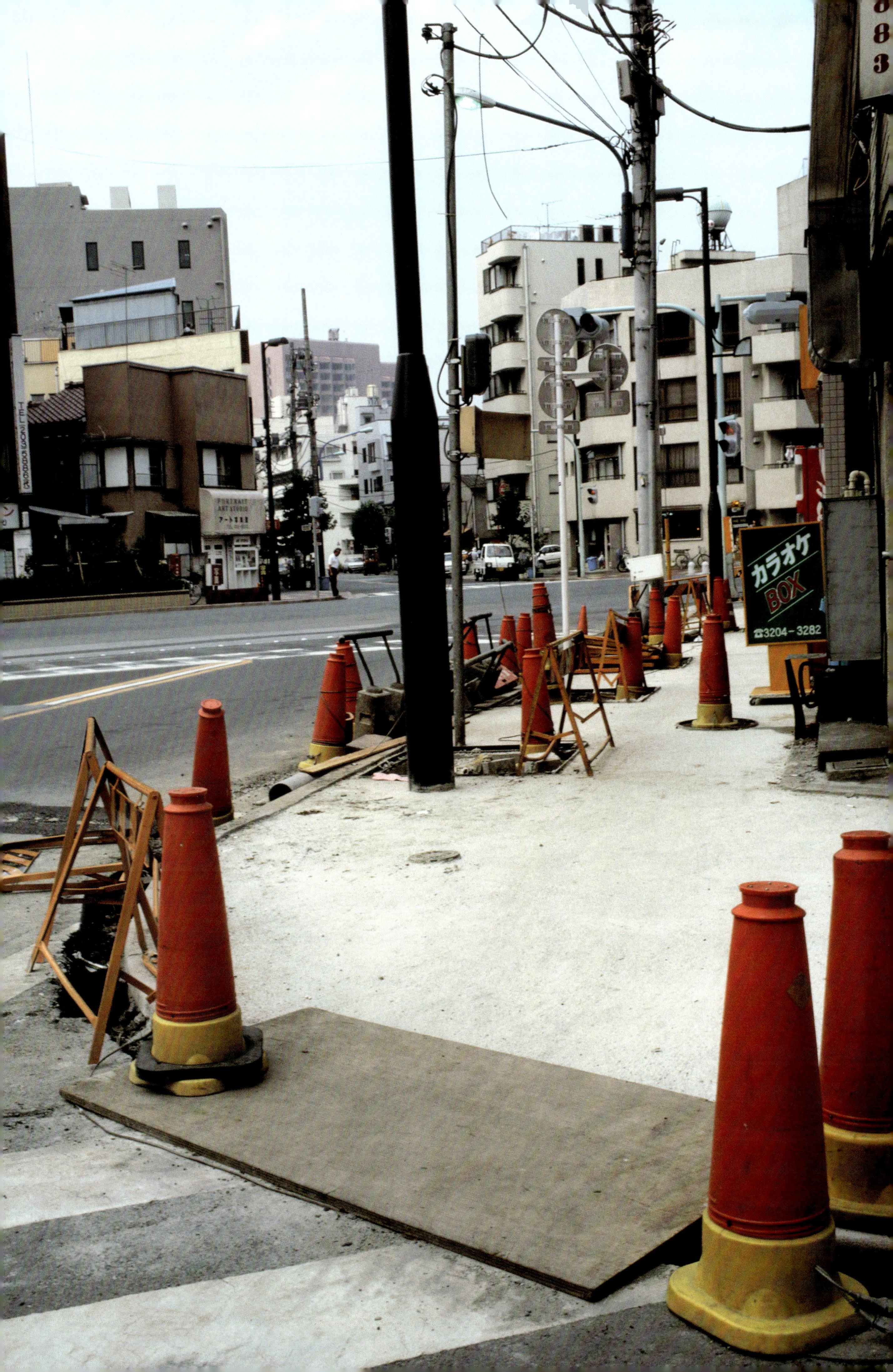
カラオケ
BOX
☎3204-3282

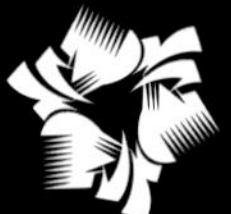

Tokyo Story

東京物語

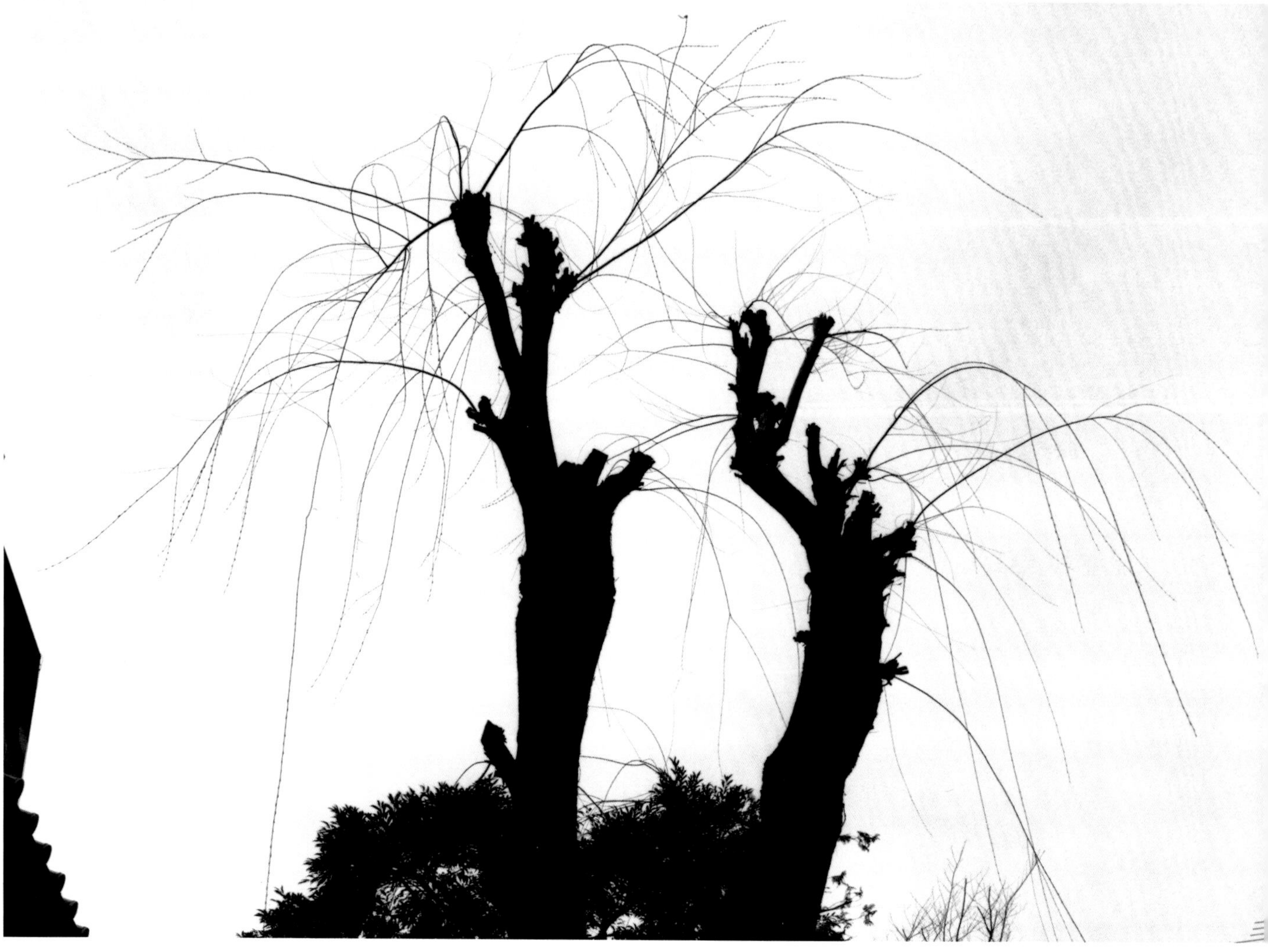

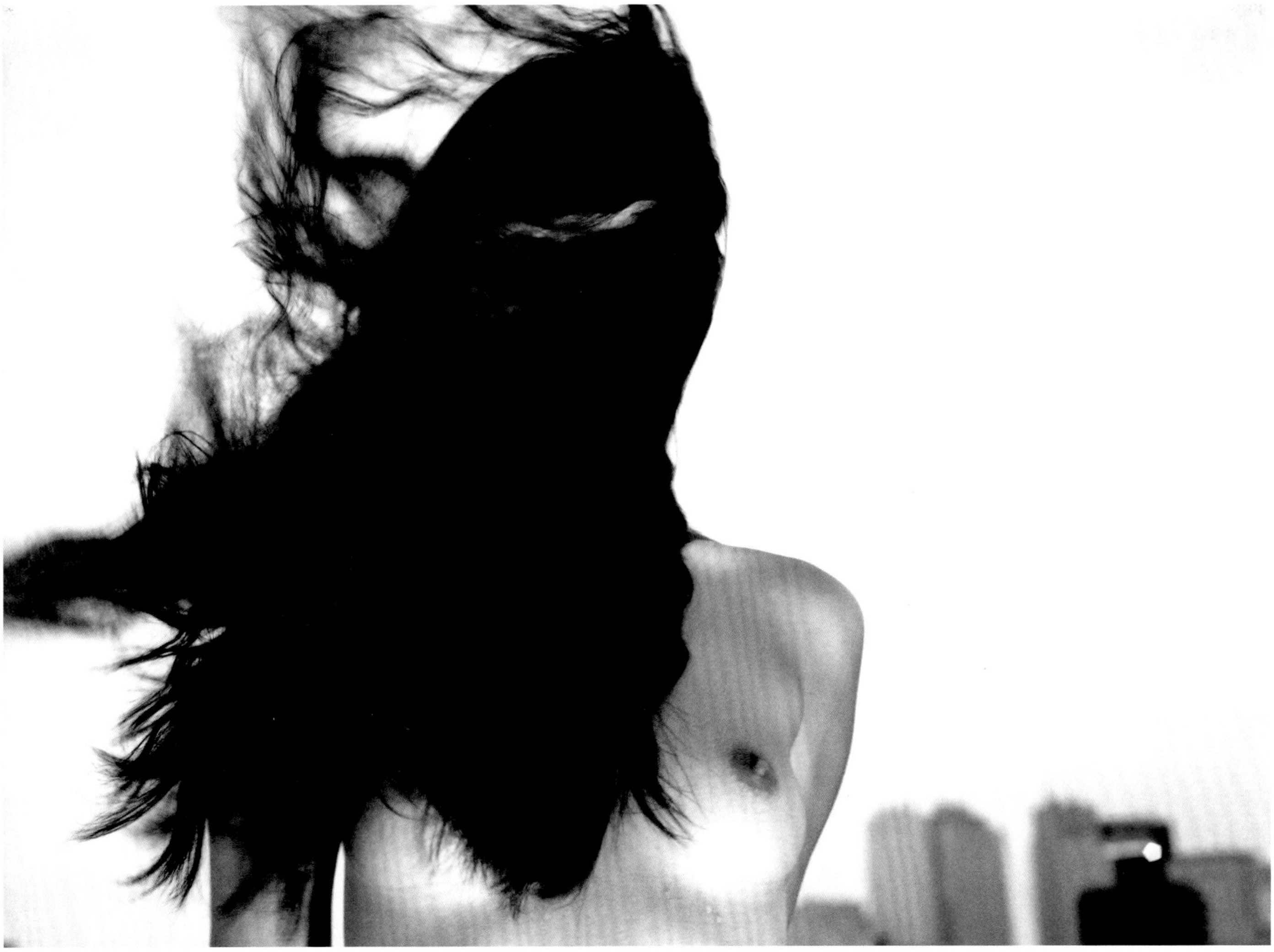

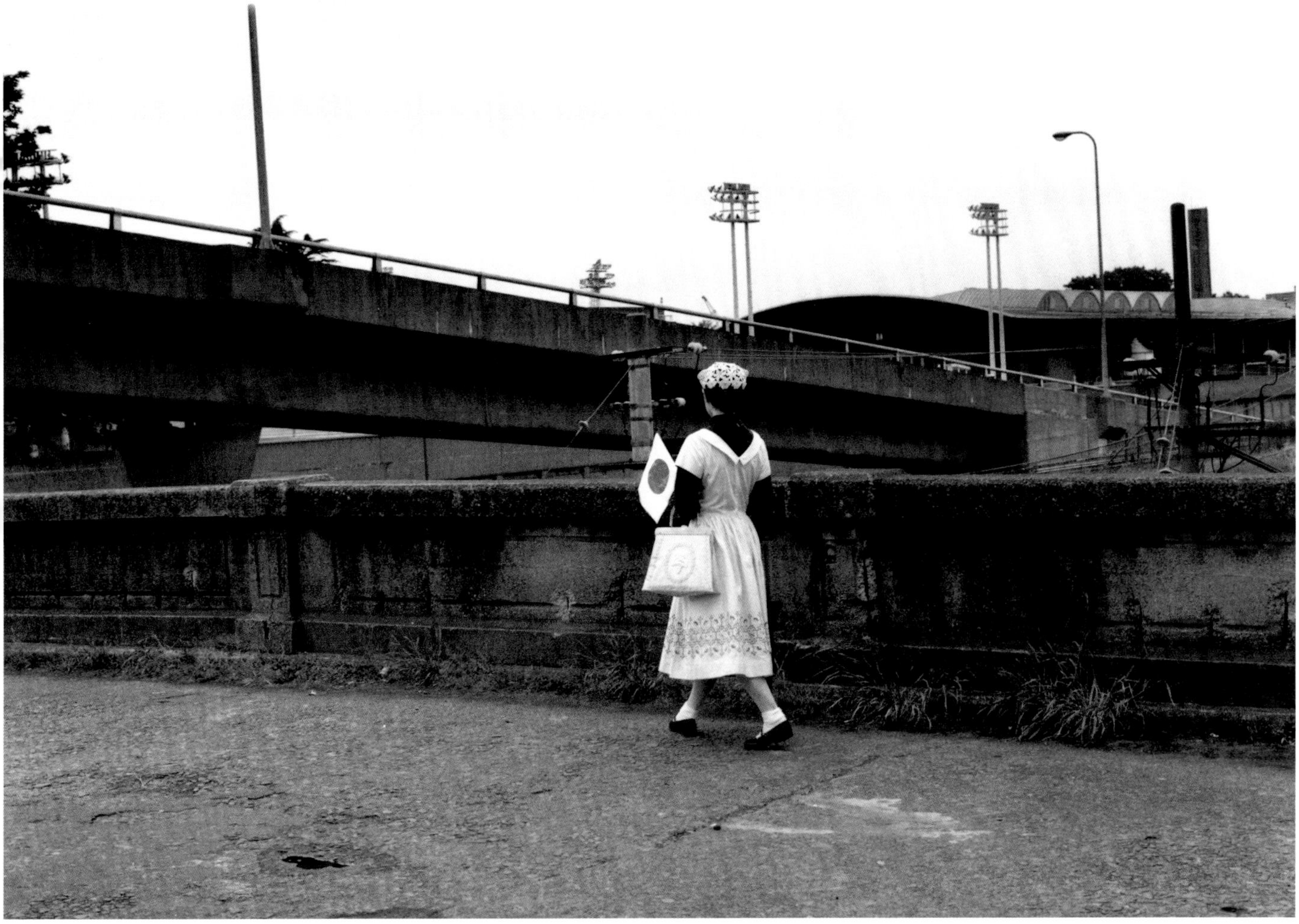

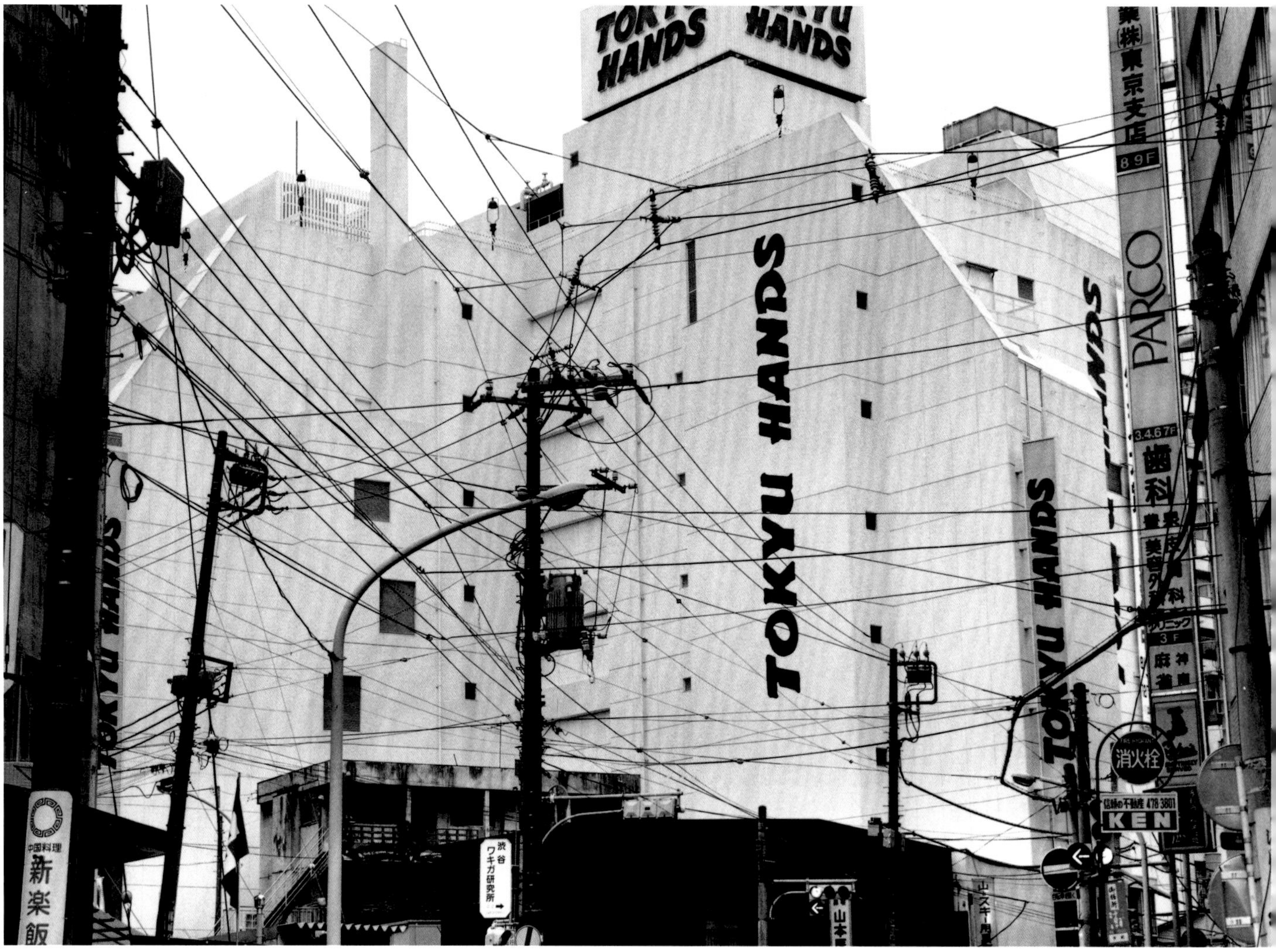

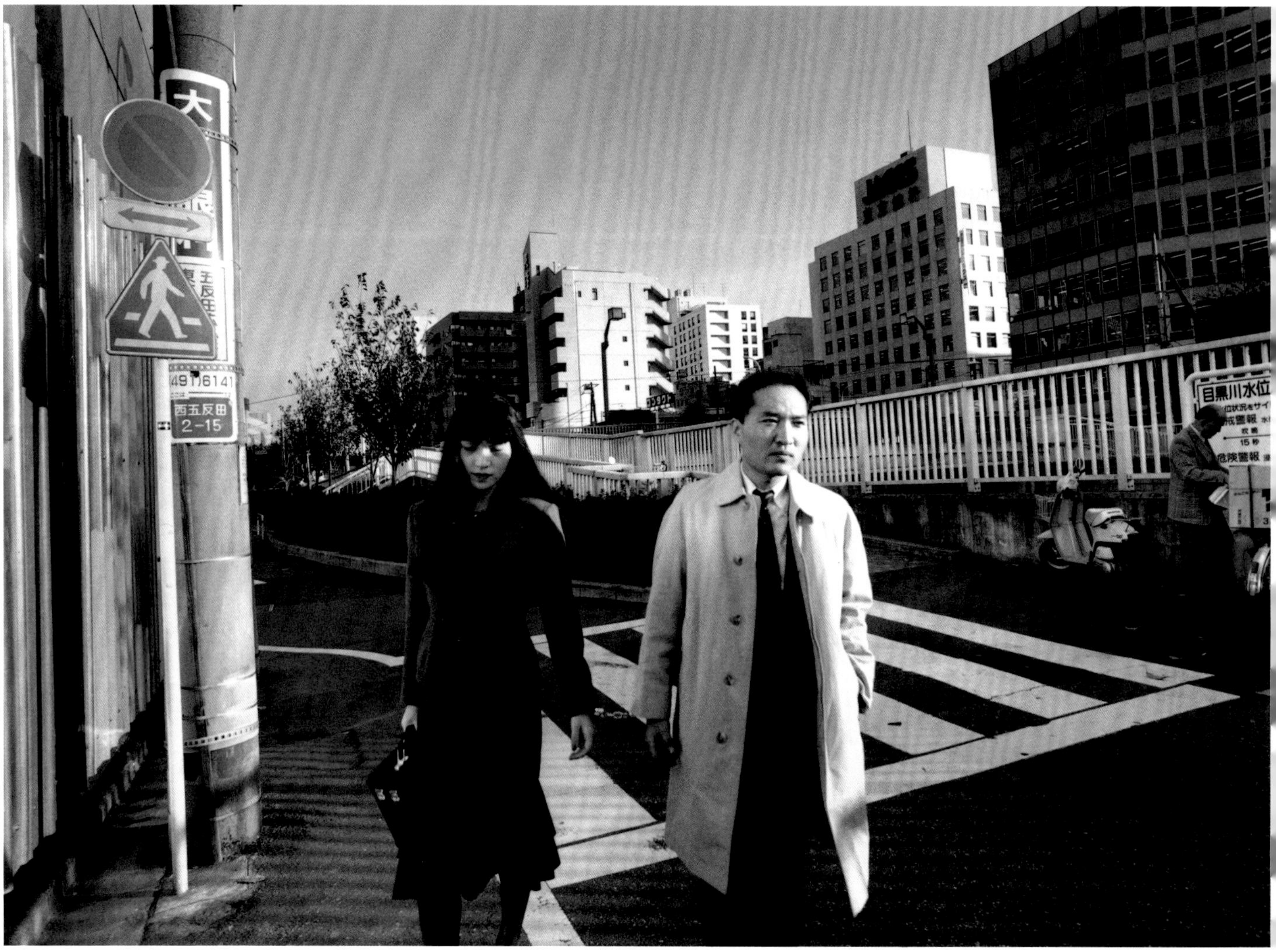

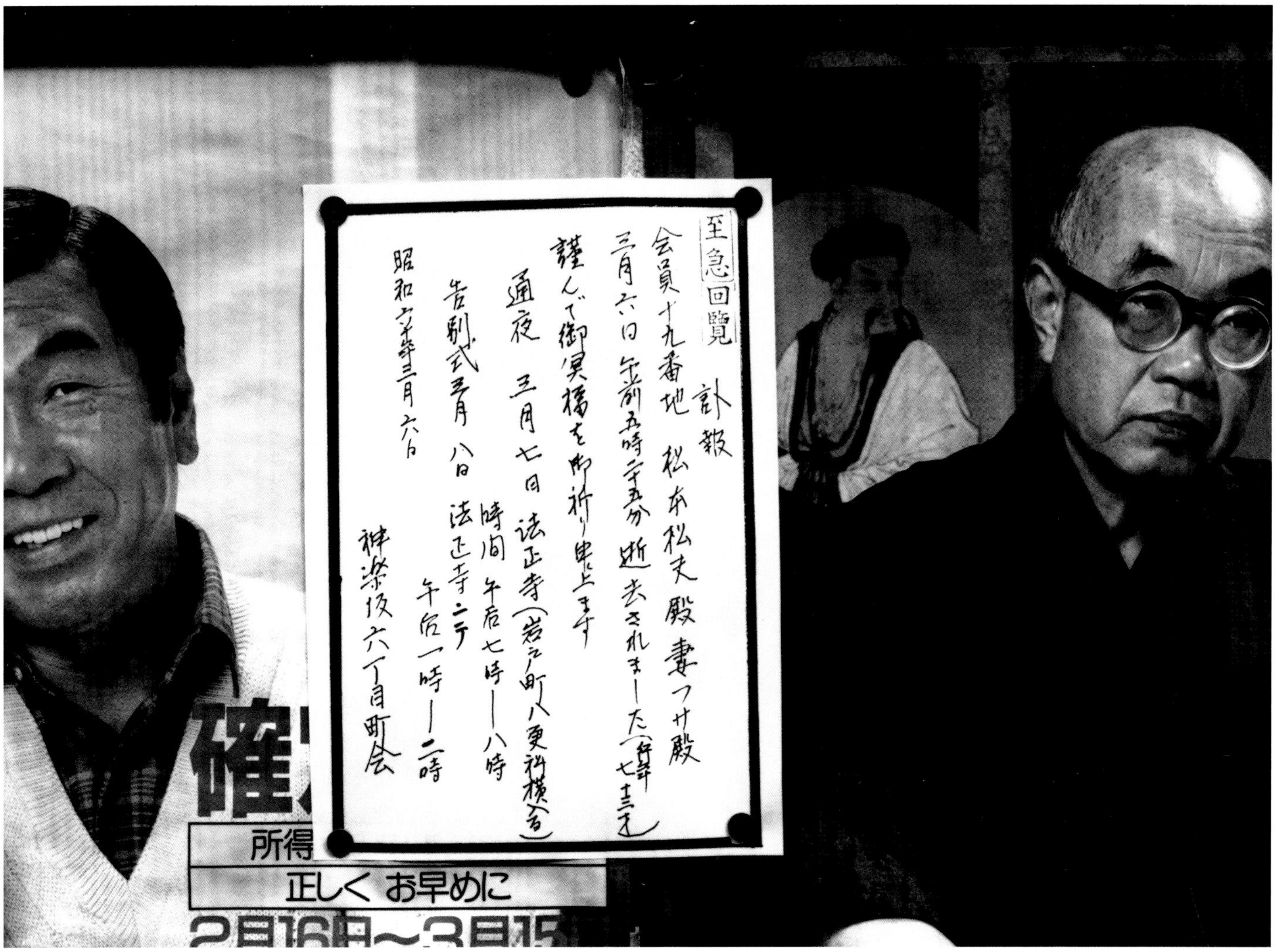

至急回覧
訃報
会員十九番地 松本松夫殿 妻フサ殿
三月六日 午前五時二十五分 逝去されました（行年七十三才）
謹んで御冥福を御祈り申上ます
通夜 三月七日 法正寺（岩戸町八東莉横丁）
時間 午后七時ー八時
告別式 三月八日 法正寺二丁
午后一時ー二時
昭和六十年三月六日
神楽坂六丁目町会
所得
正しく お早めに

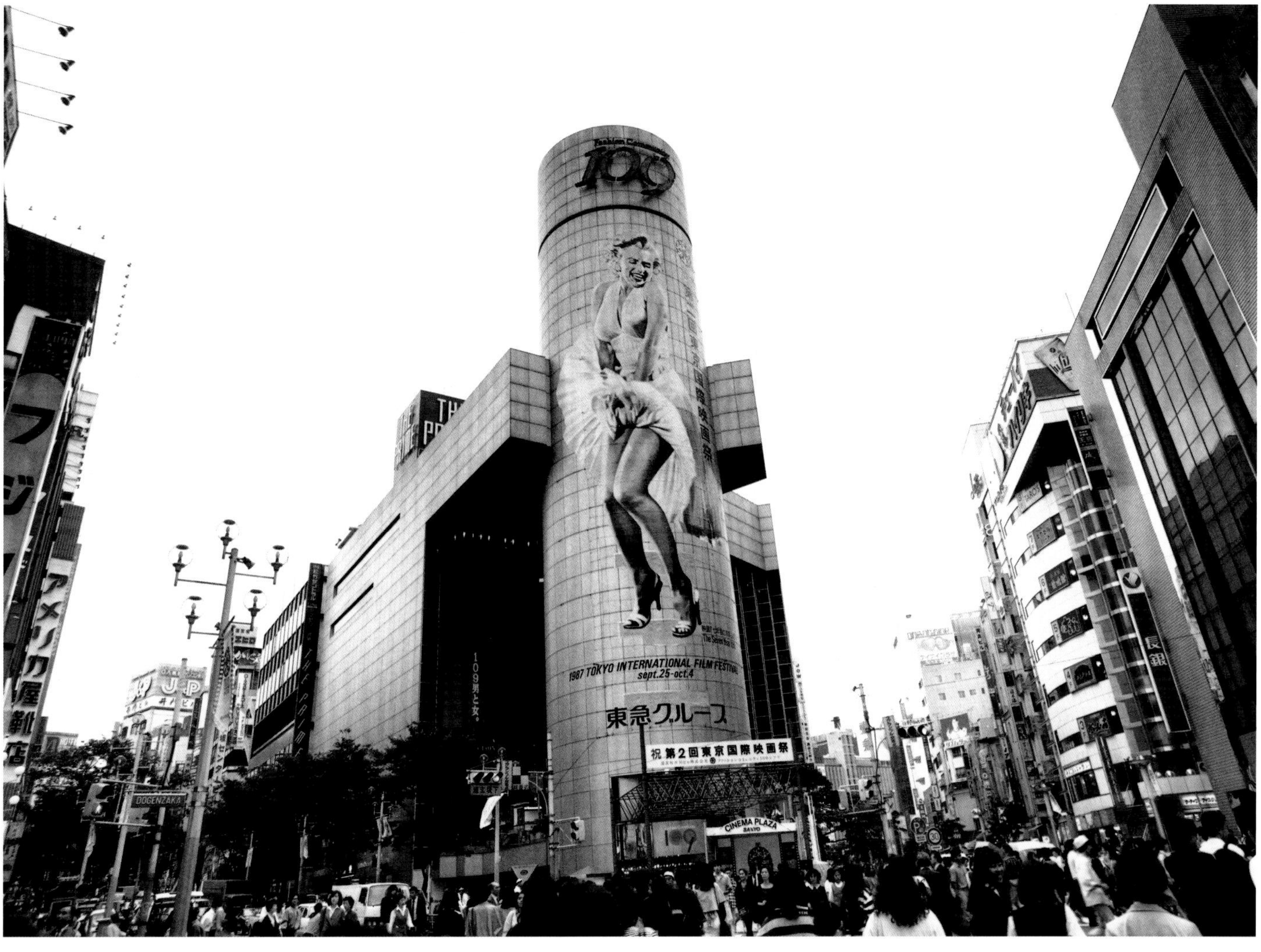

1987 TOKYO INTERNATIONAL FILM FESTIVAL
sept.25-oct.4
東急グループ
祝第2回東京国際映画祭
CINEMA PLAZA
DOGENZAKA
アメリカ屋

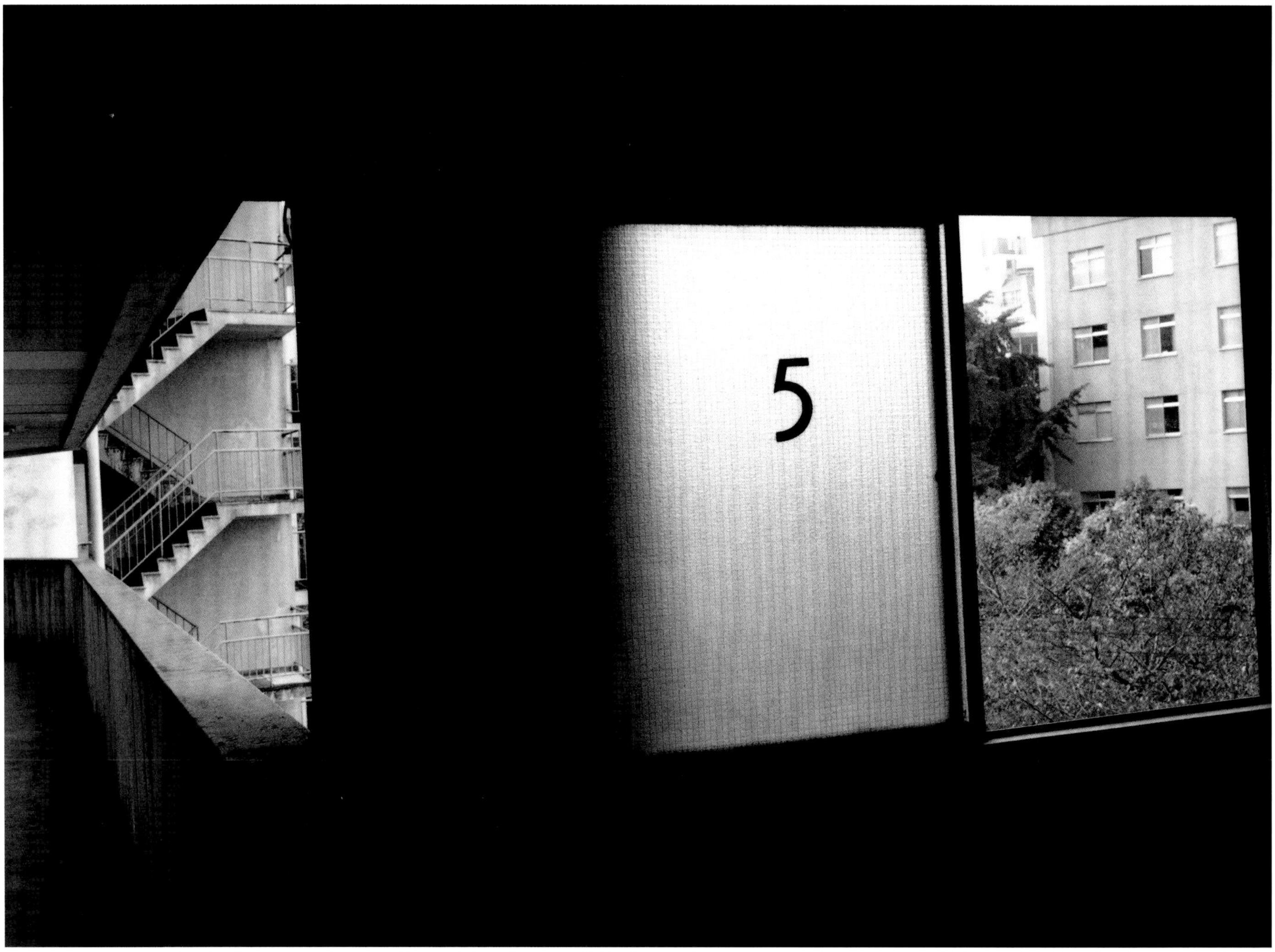

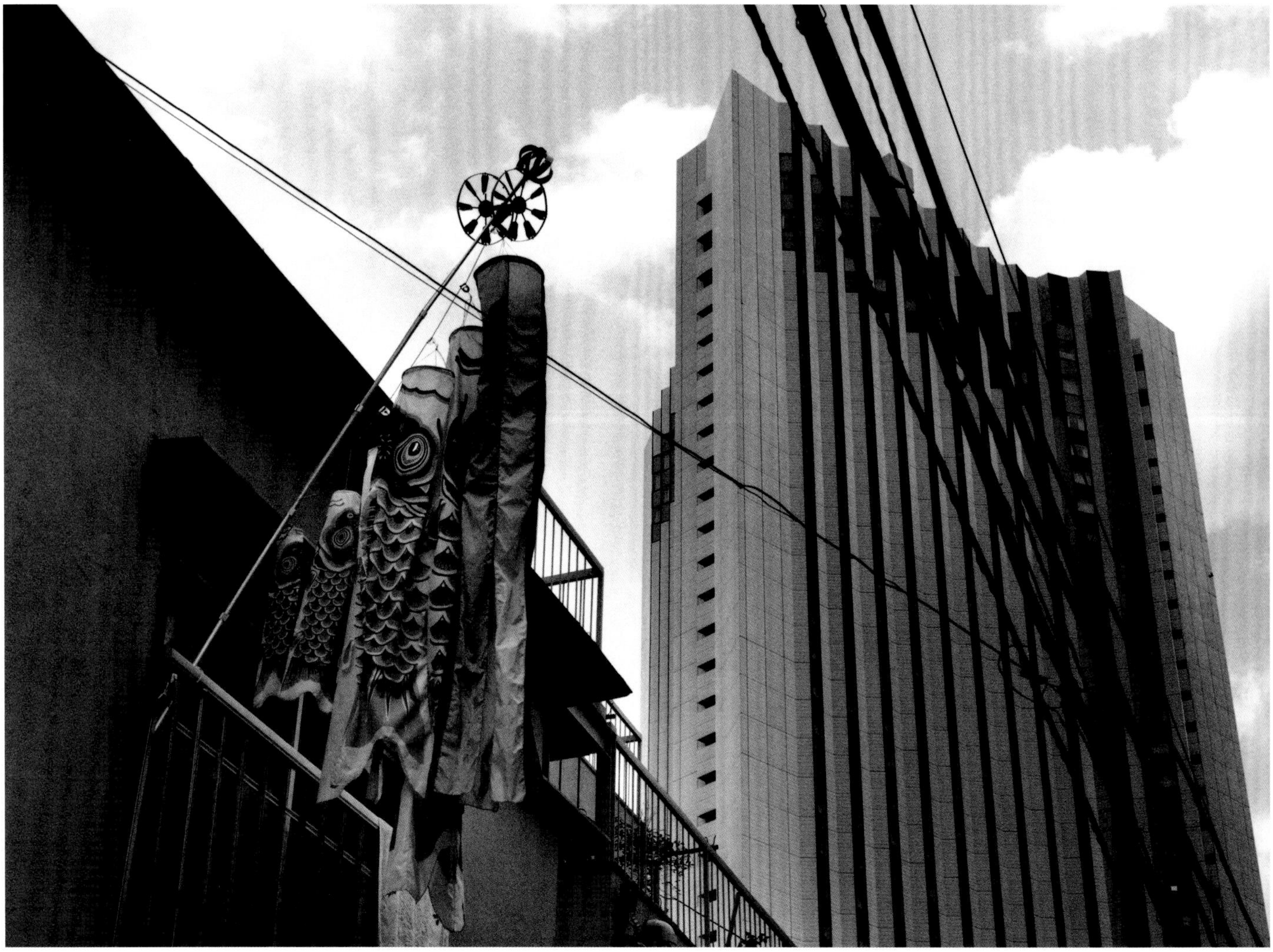

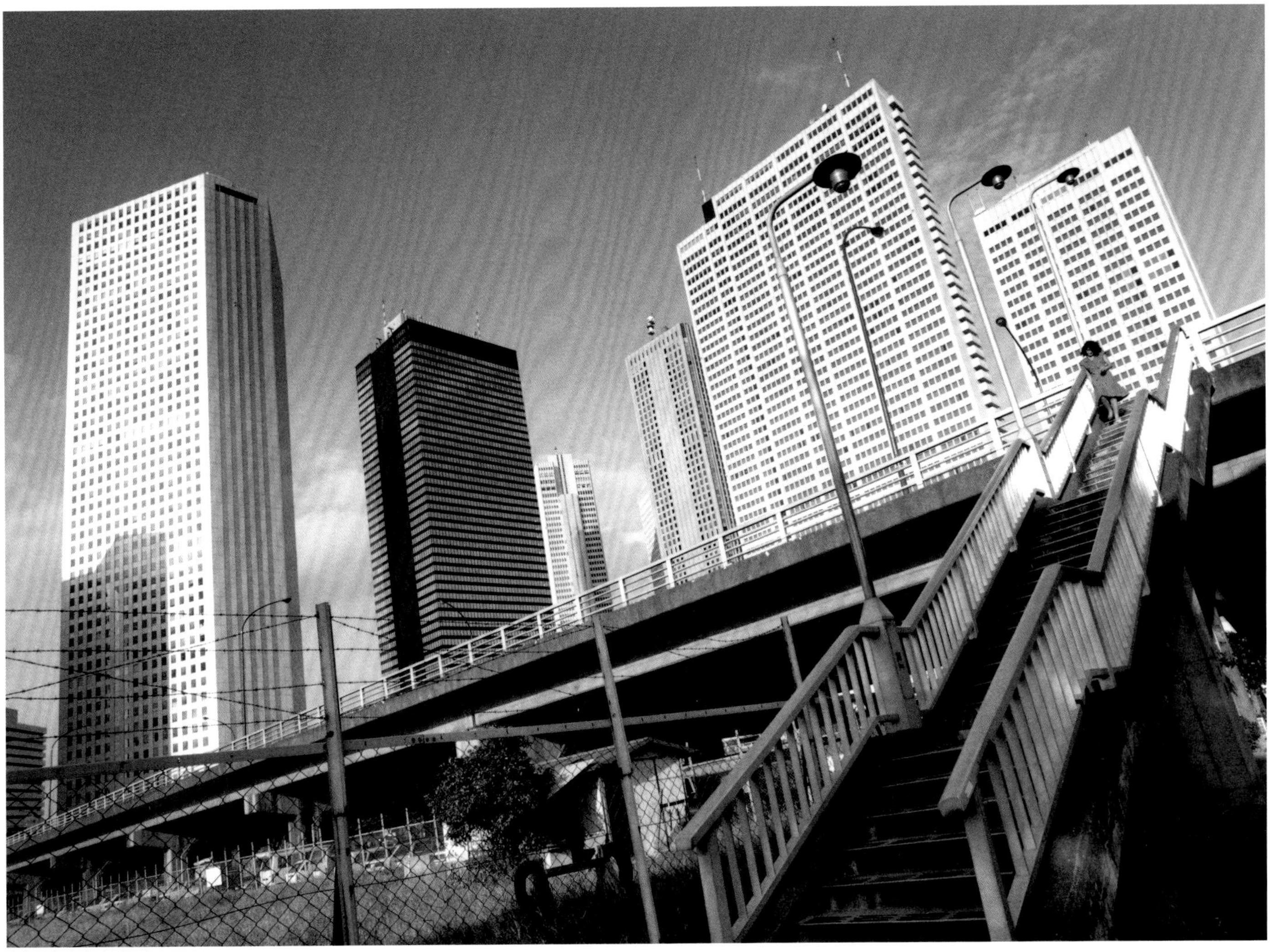

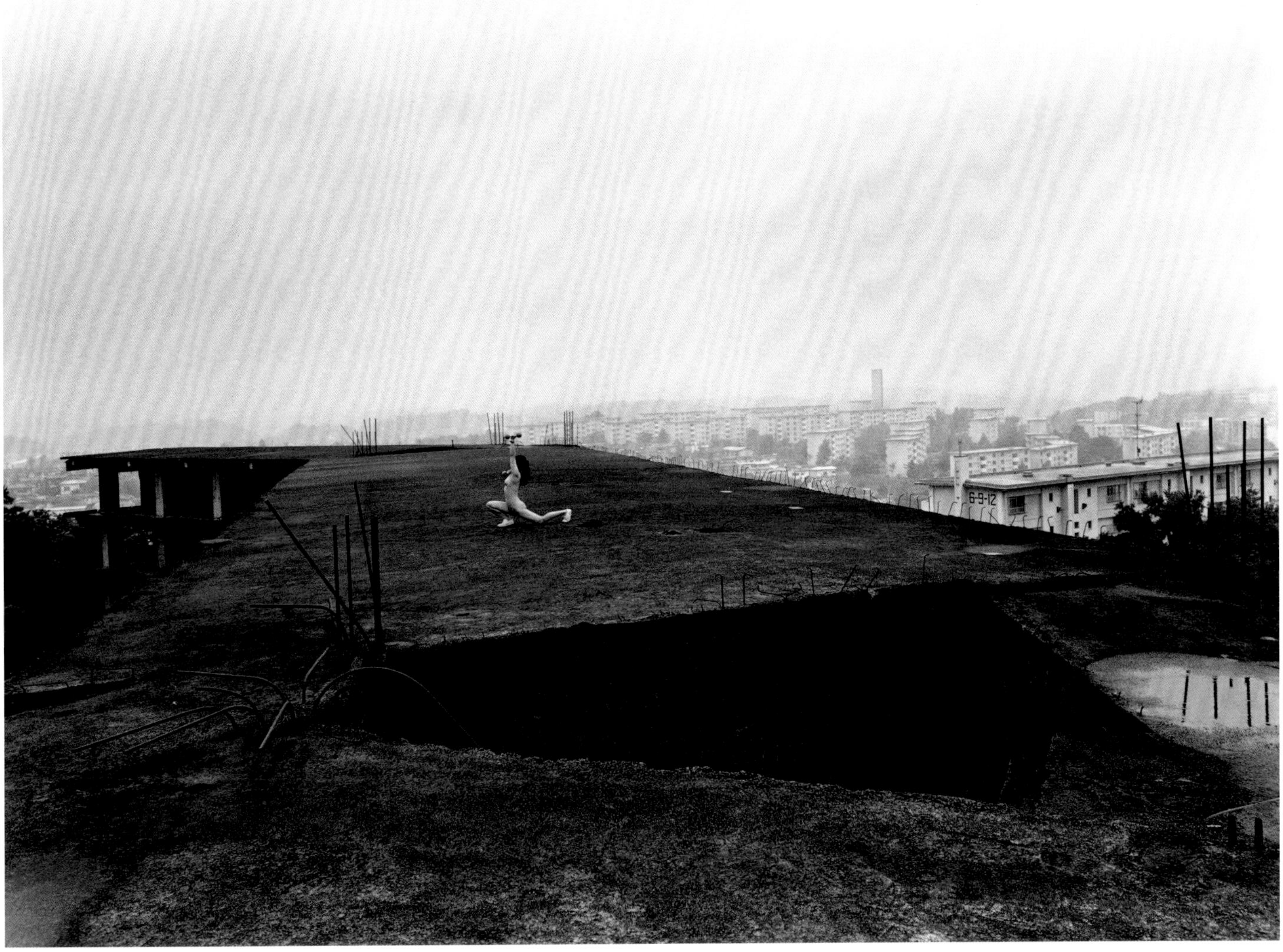

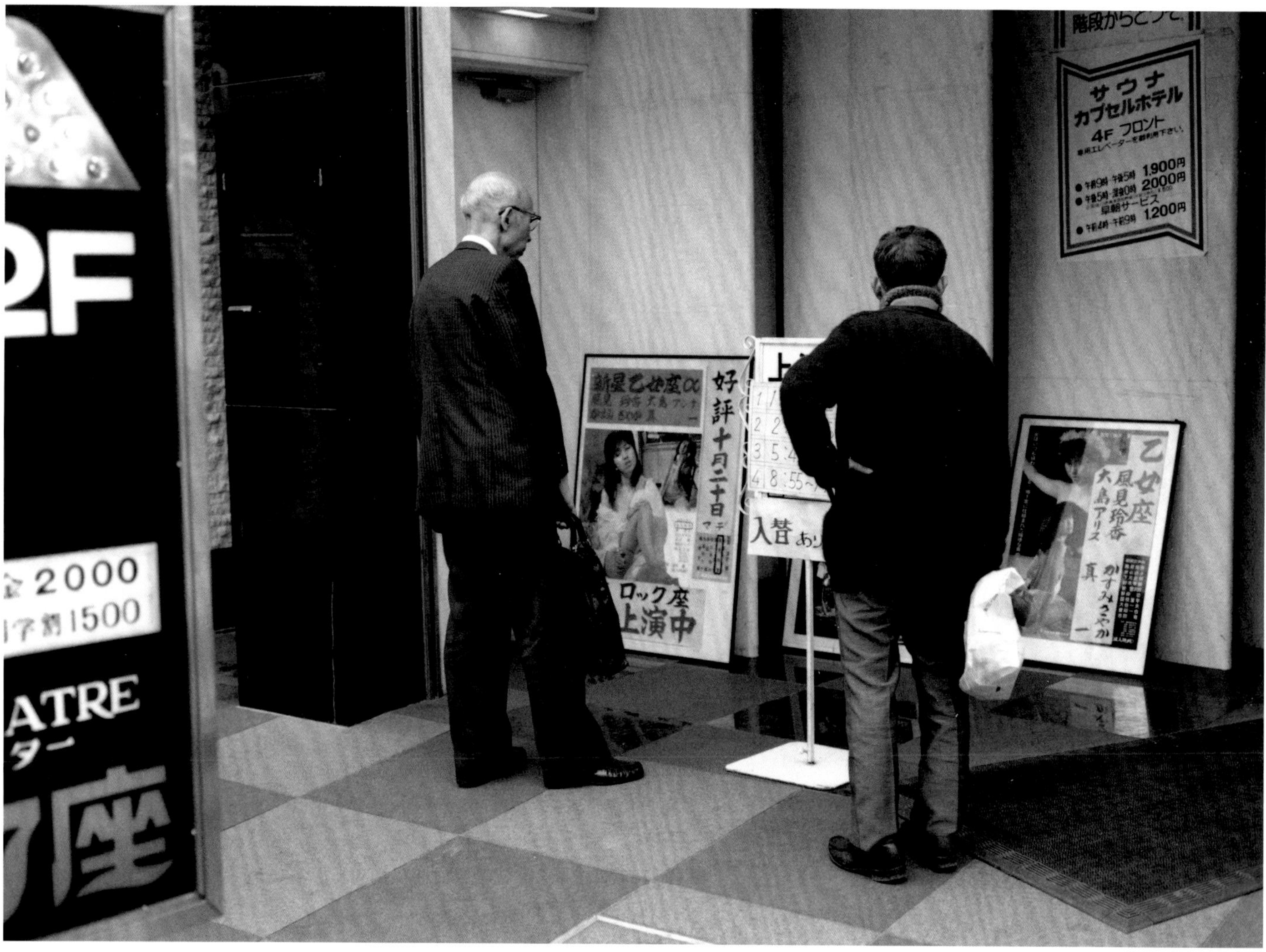

2F
2000
1500
ATRE
サウナ
カプセルホテル
4F フロント
1,900円
2000円
早朝サービス
1200円
新星乙女座α
好評十月二十日
ロック座
上演中
入替
乙女座
風見玲香
大島アリス

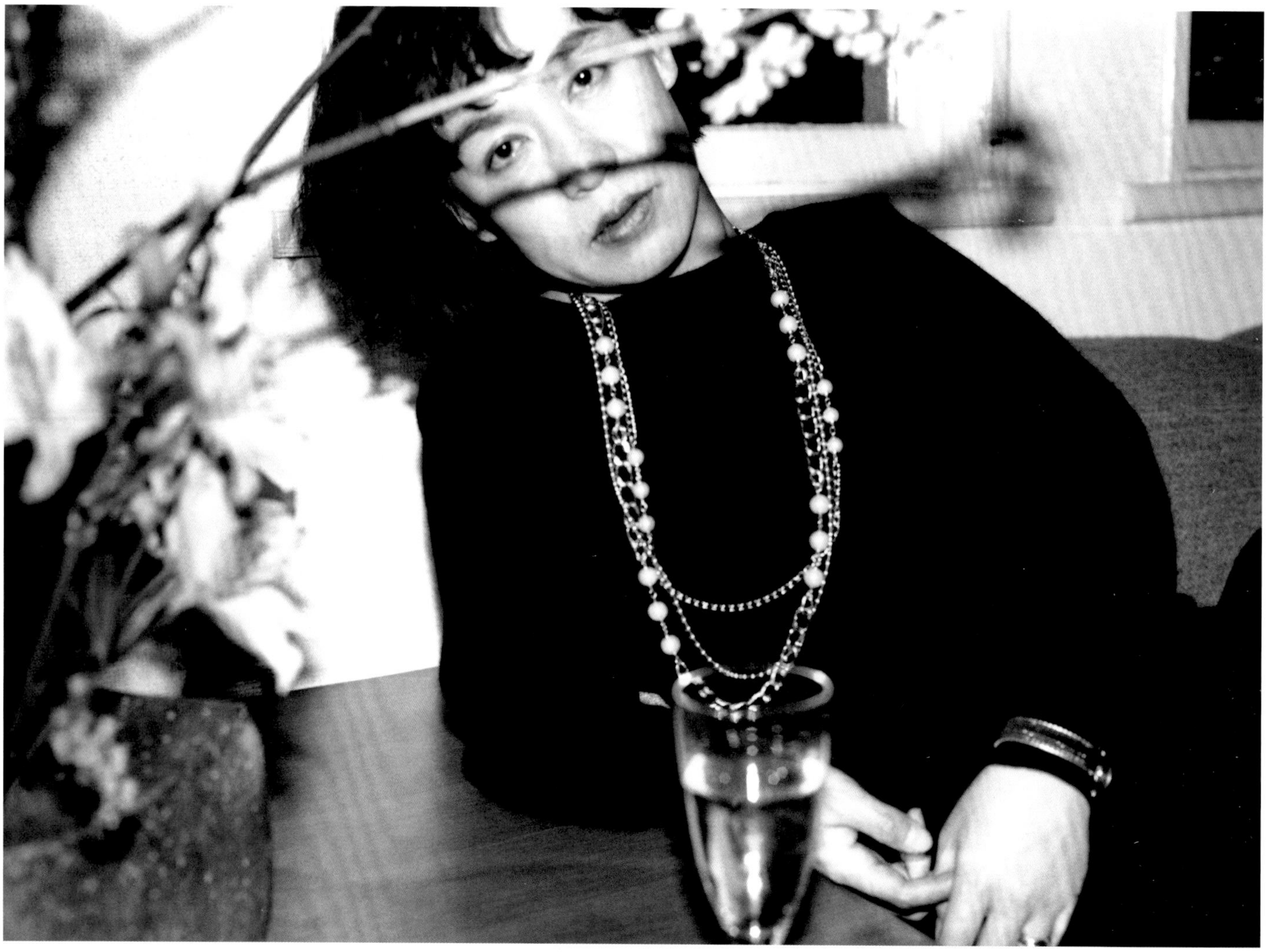

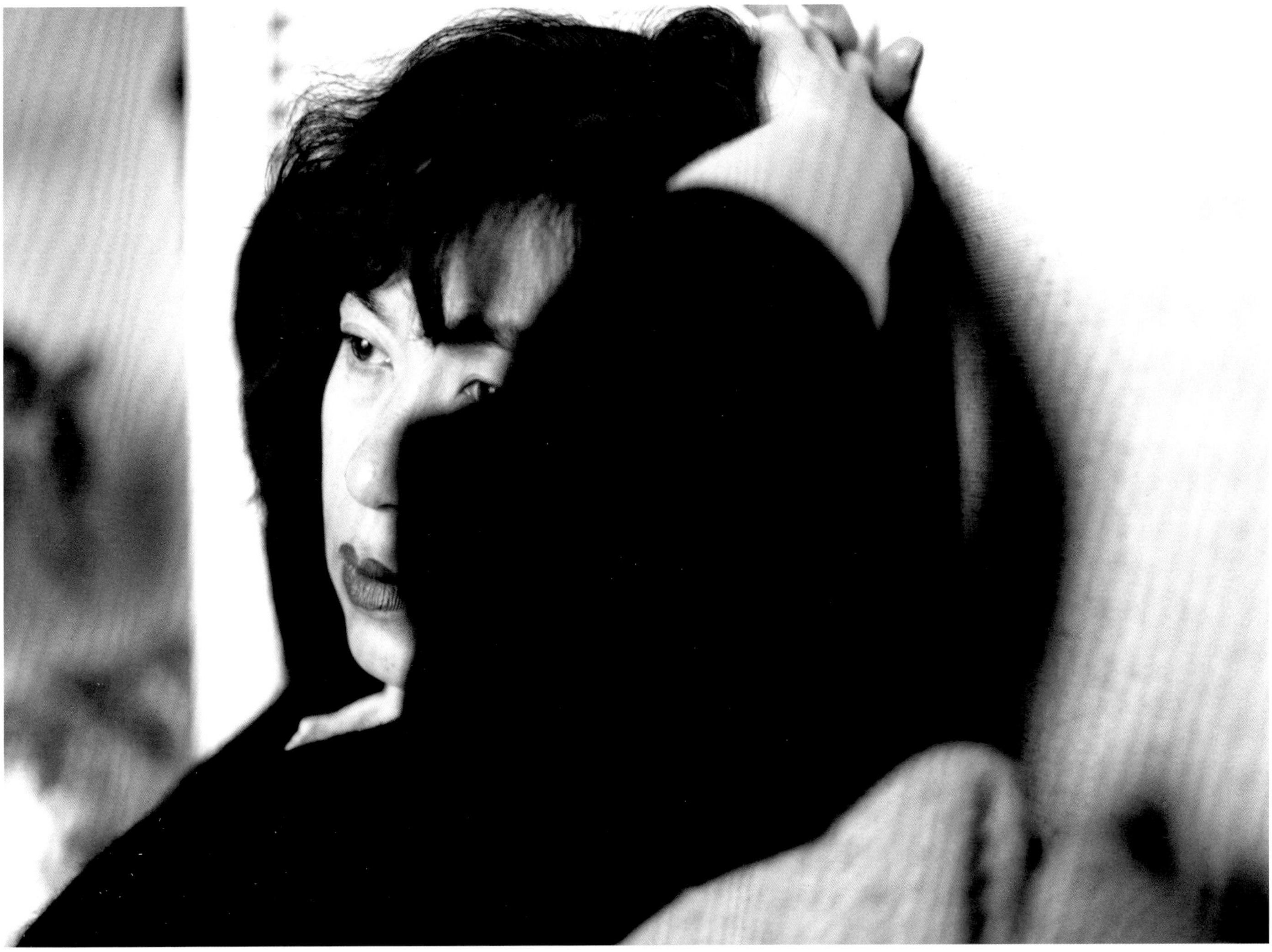

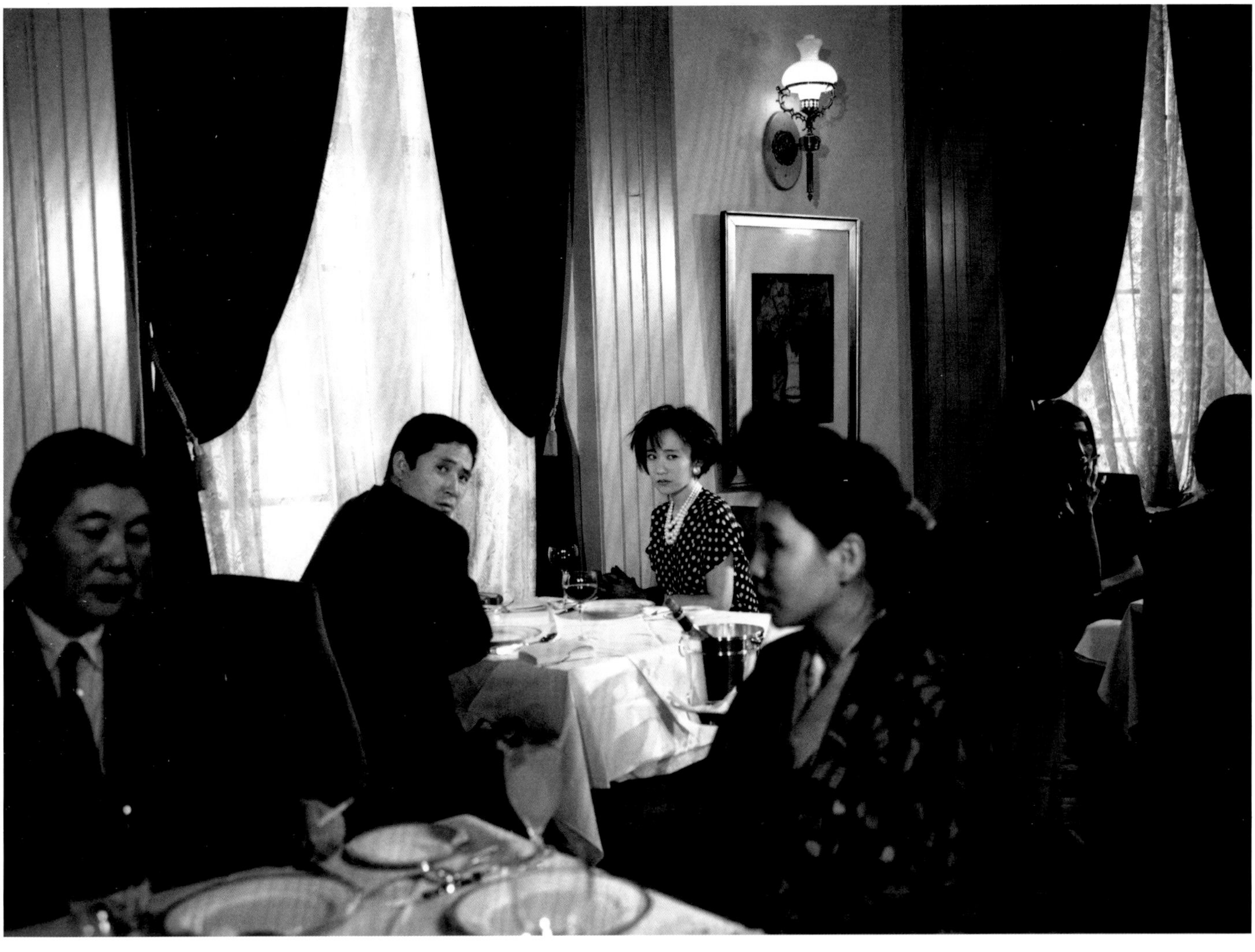

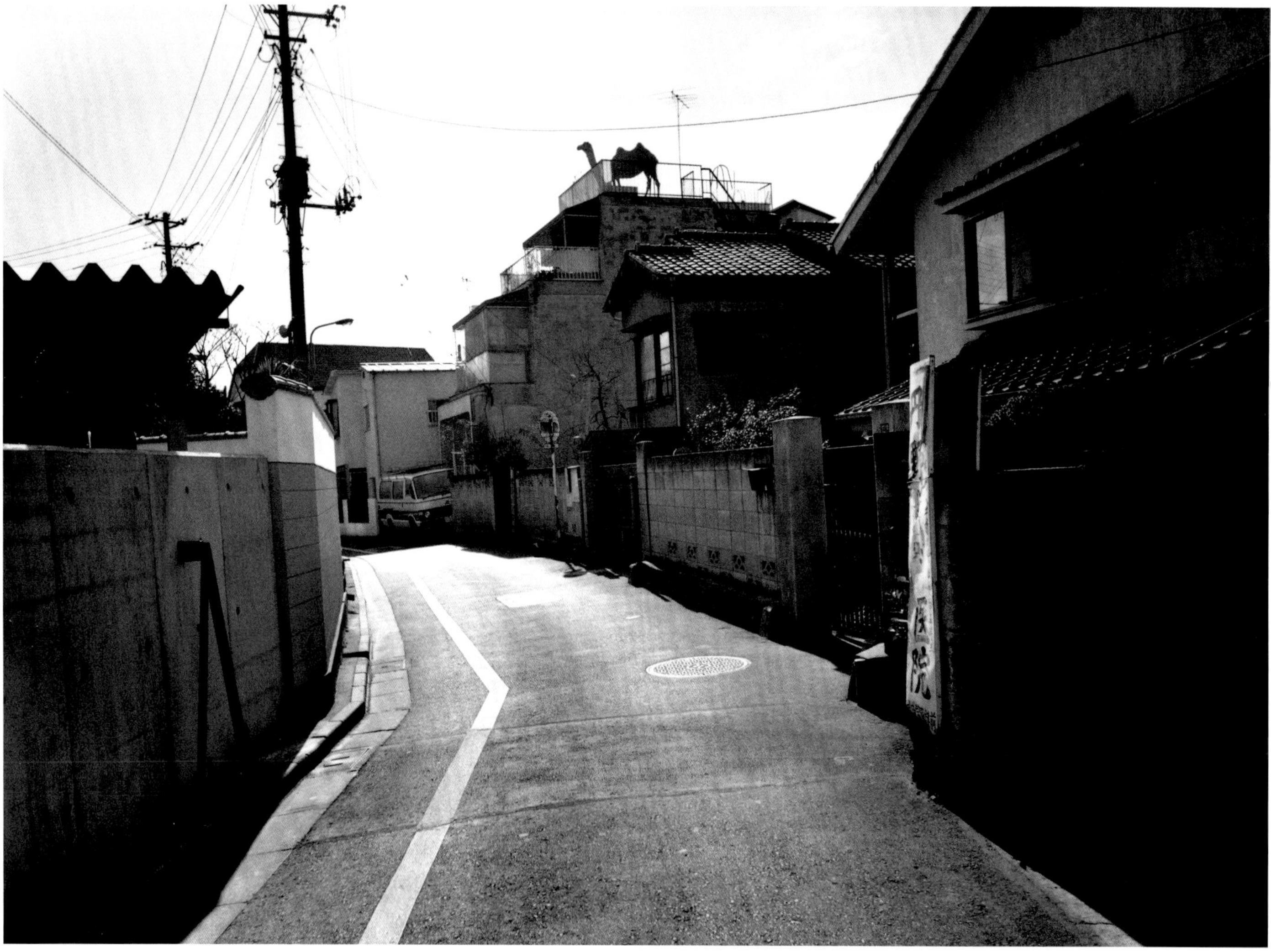

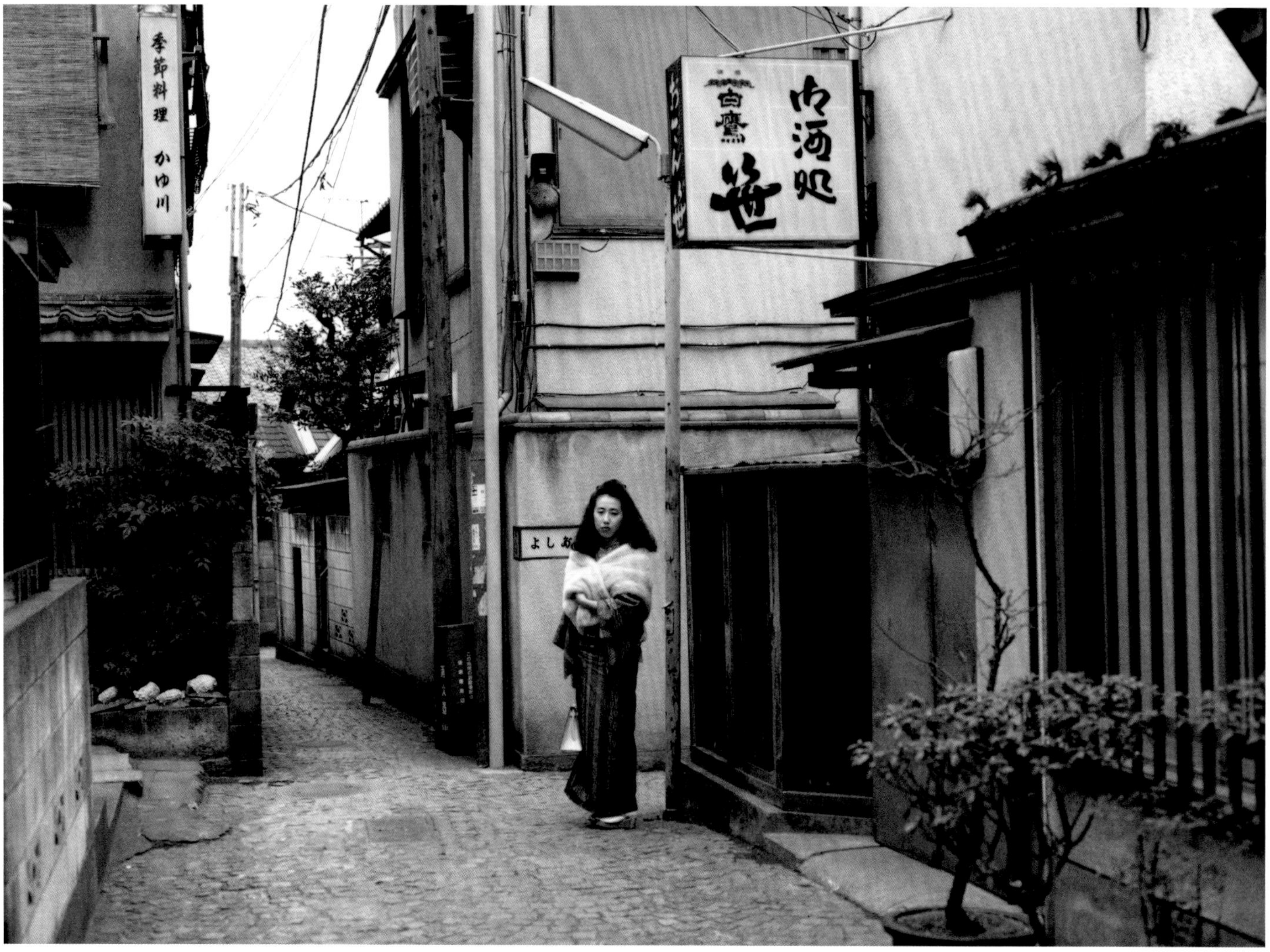

季節料理
かゆ川

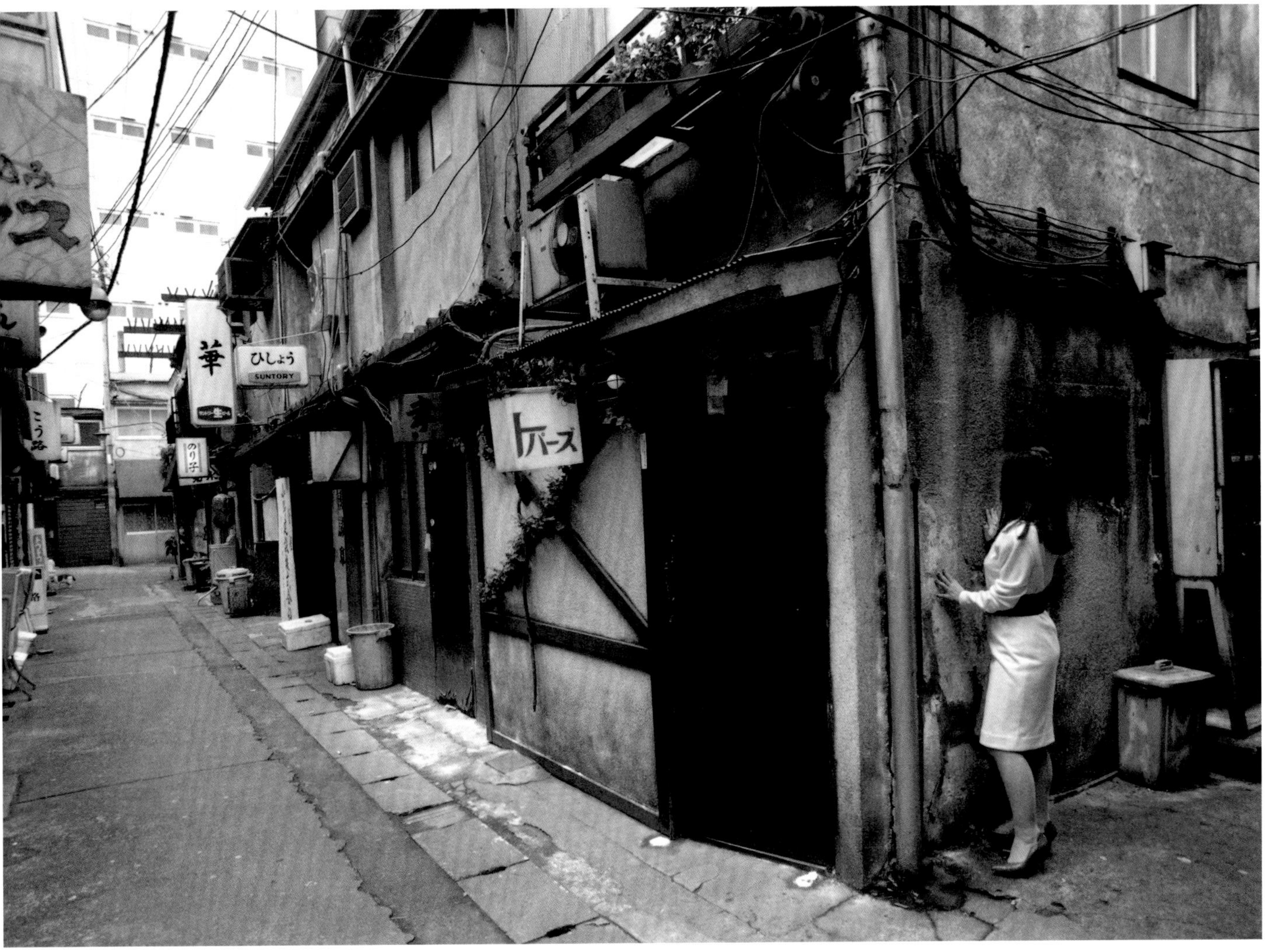

華
ひしょう
SUNTORY
トパーズ

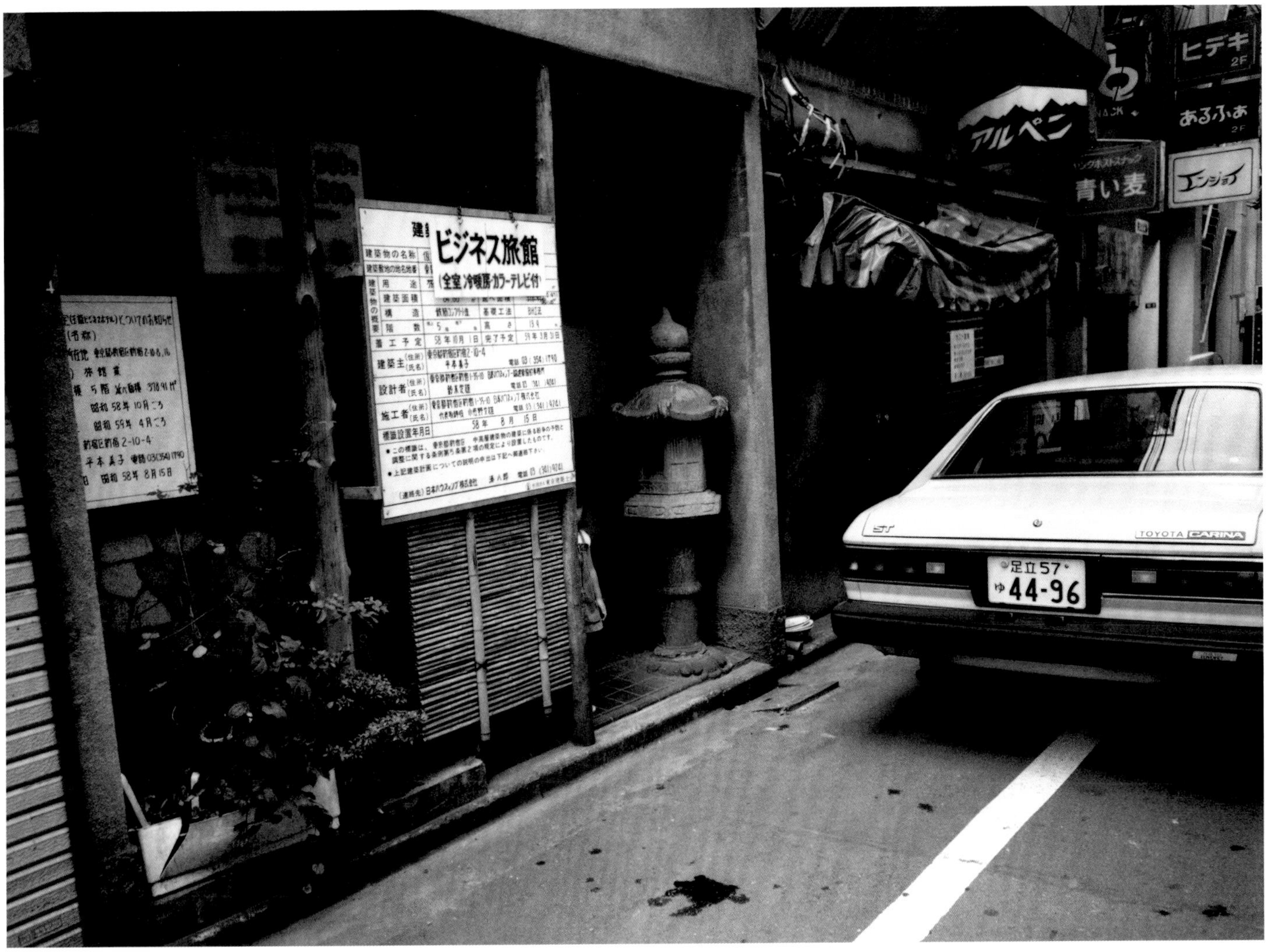

ビジネス旅館
全室冷暖房カラーテレビ付
アルペン
ヒデキ
2F
あるふぁ
2F
青い麦
エンジョイ
TOYOTA CARINA
足立57
ゆ 44-96

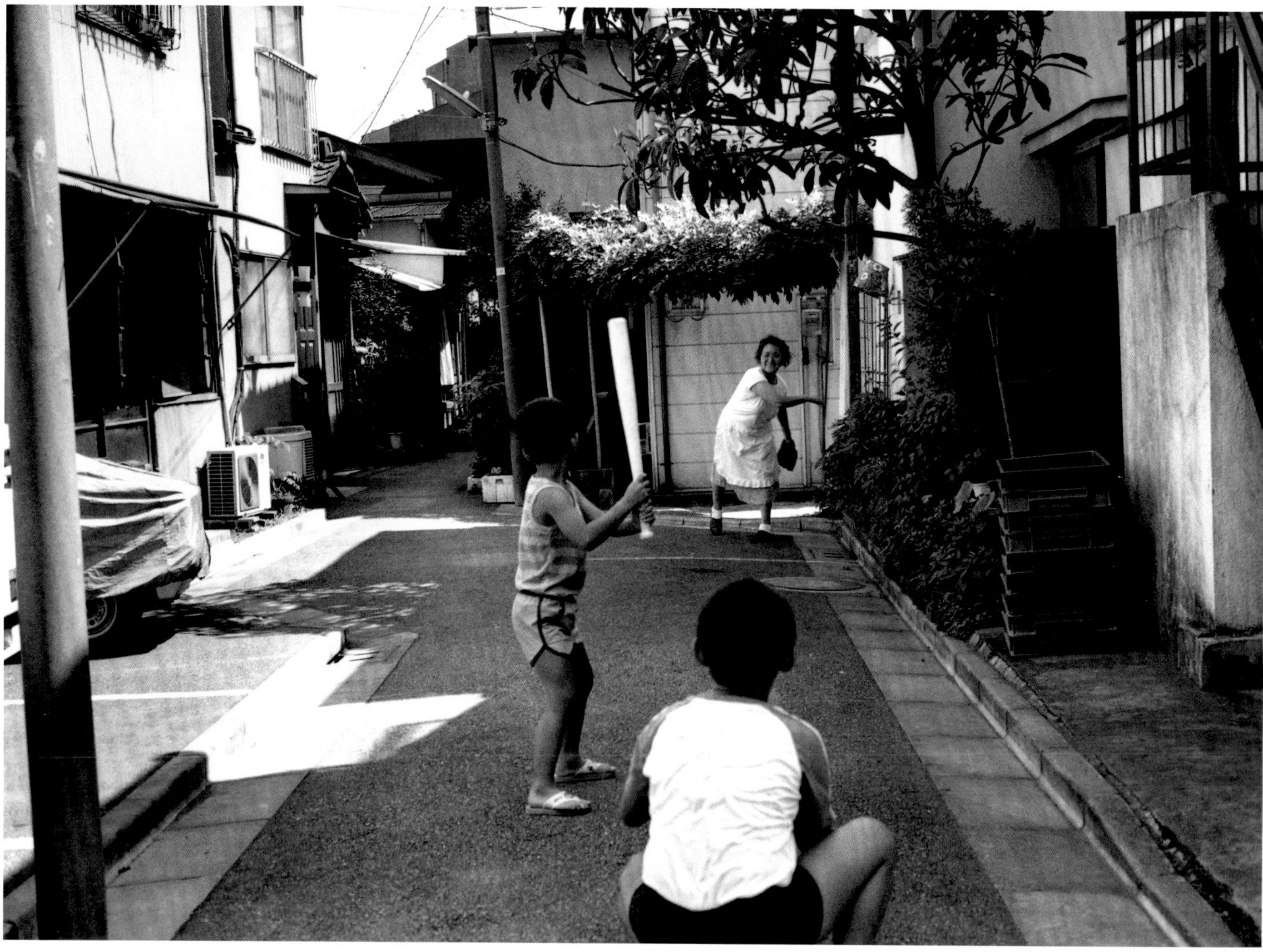

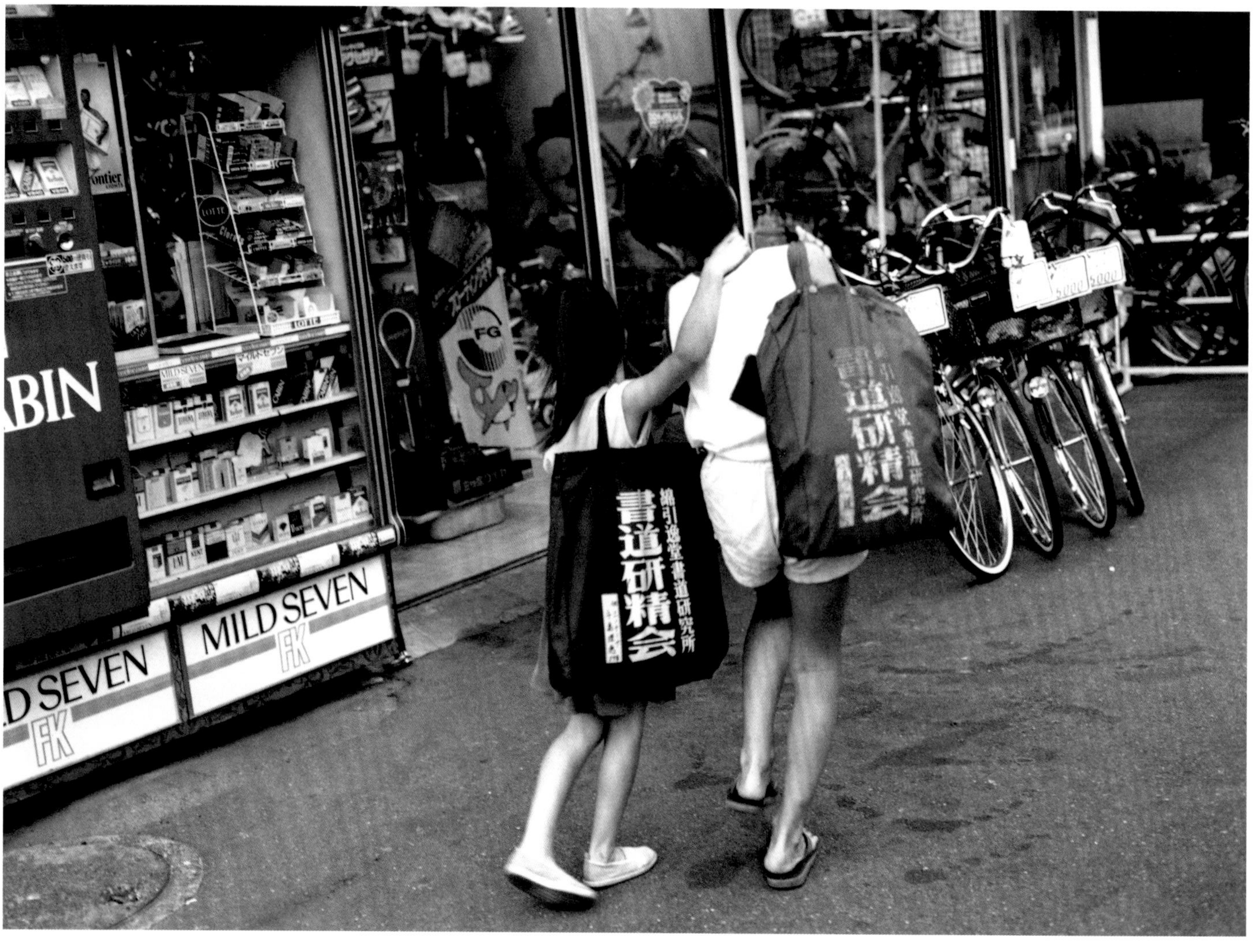

MILD SEVEN
MILD SEVEN
書道研精会
書道研精会

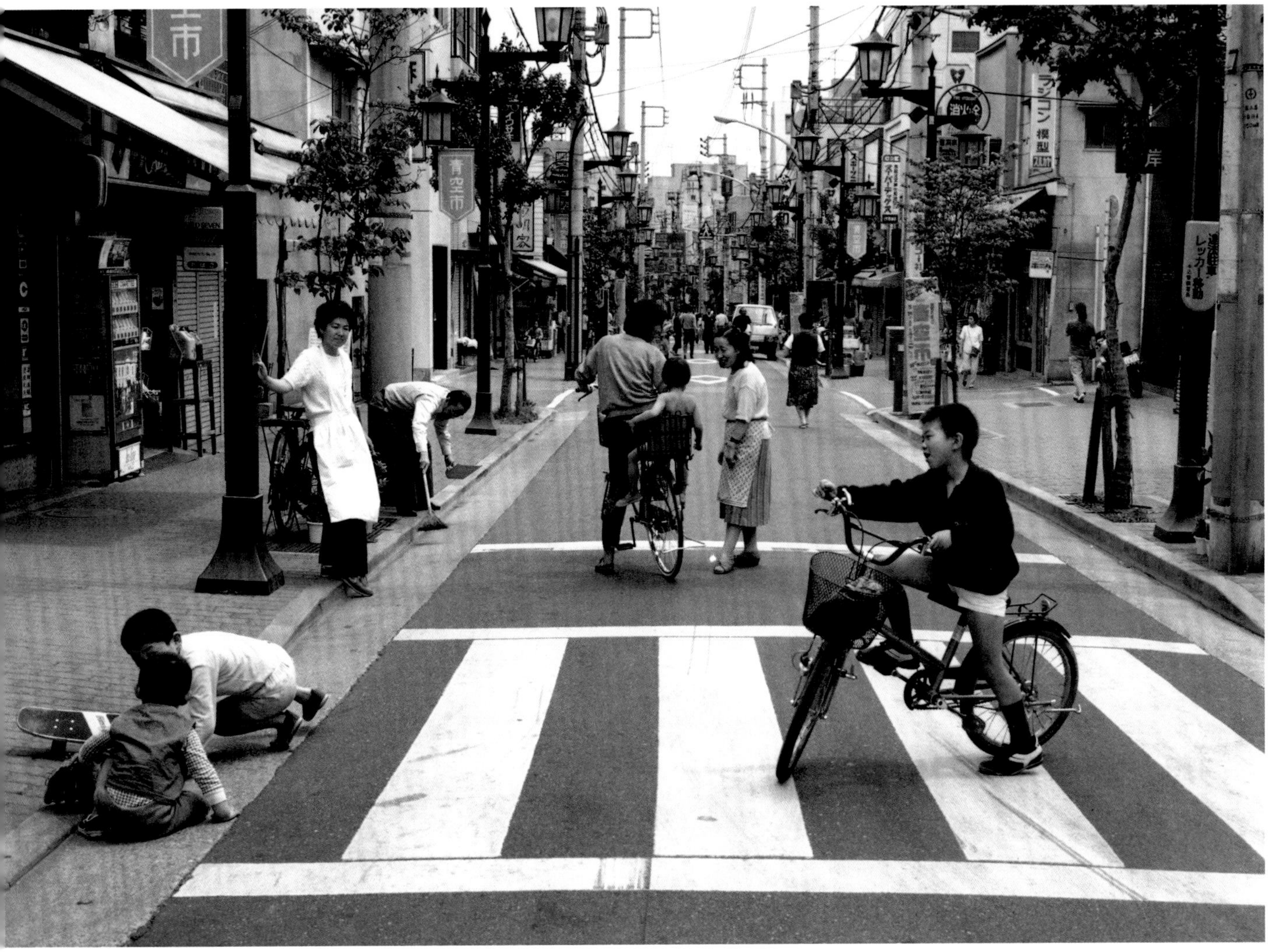

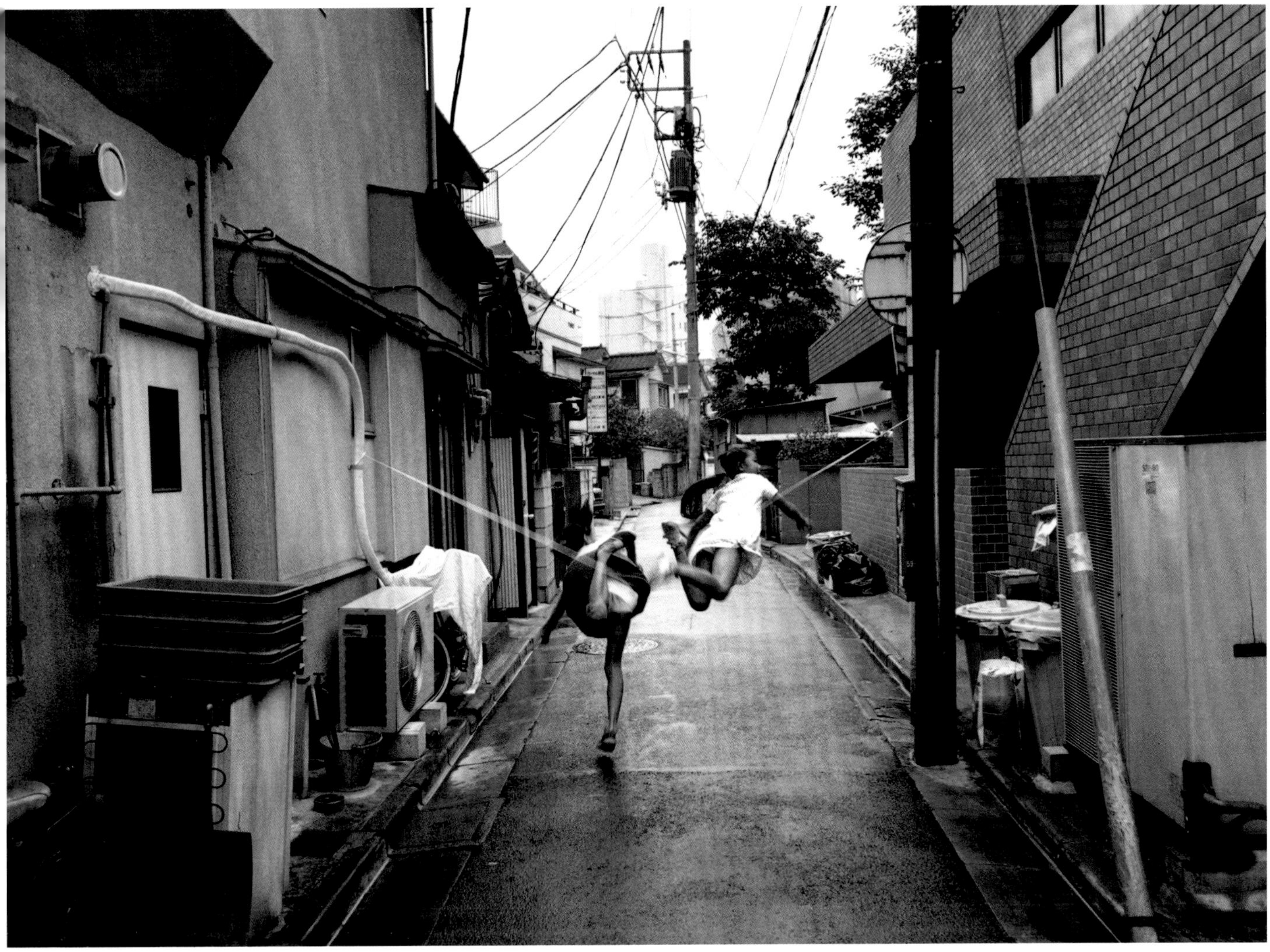

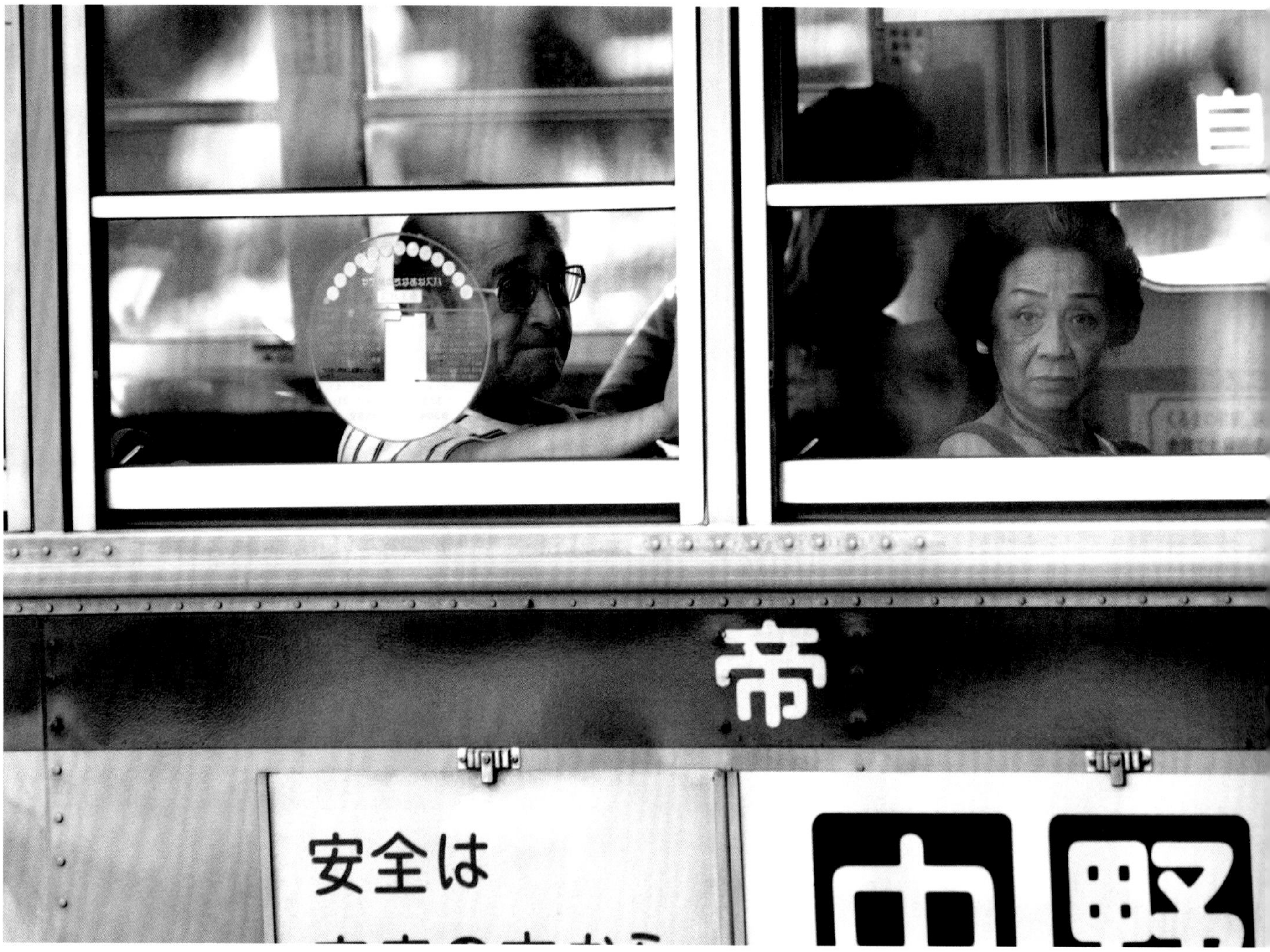

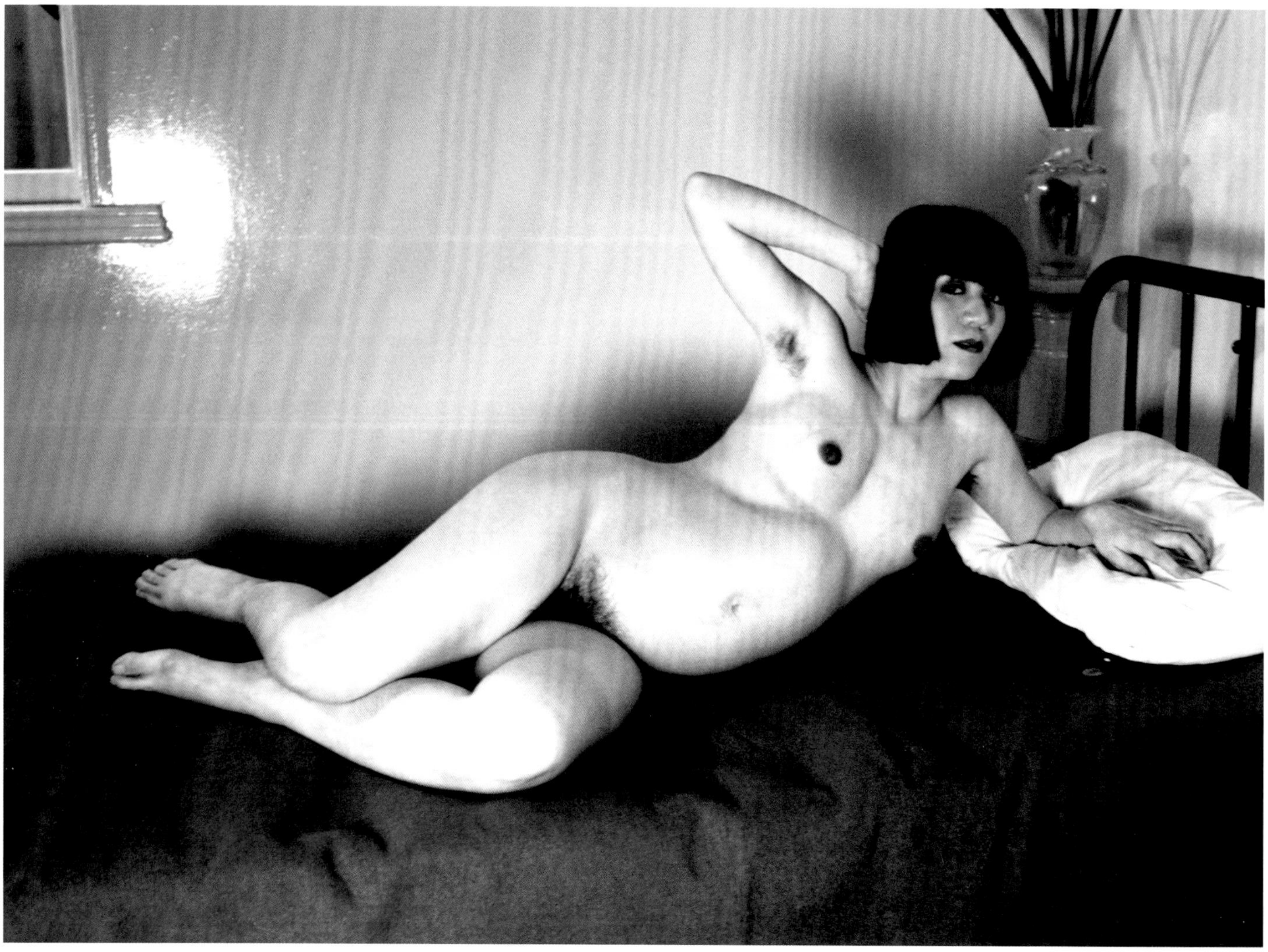

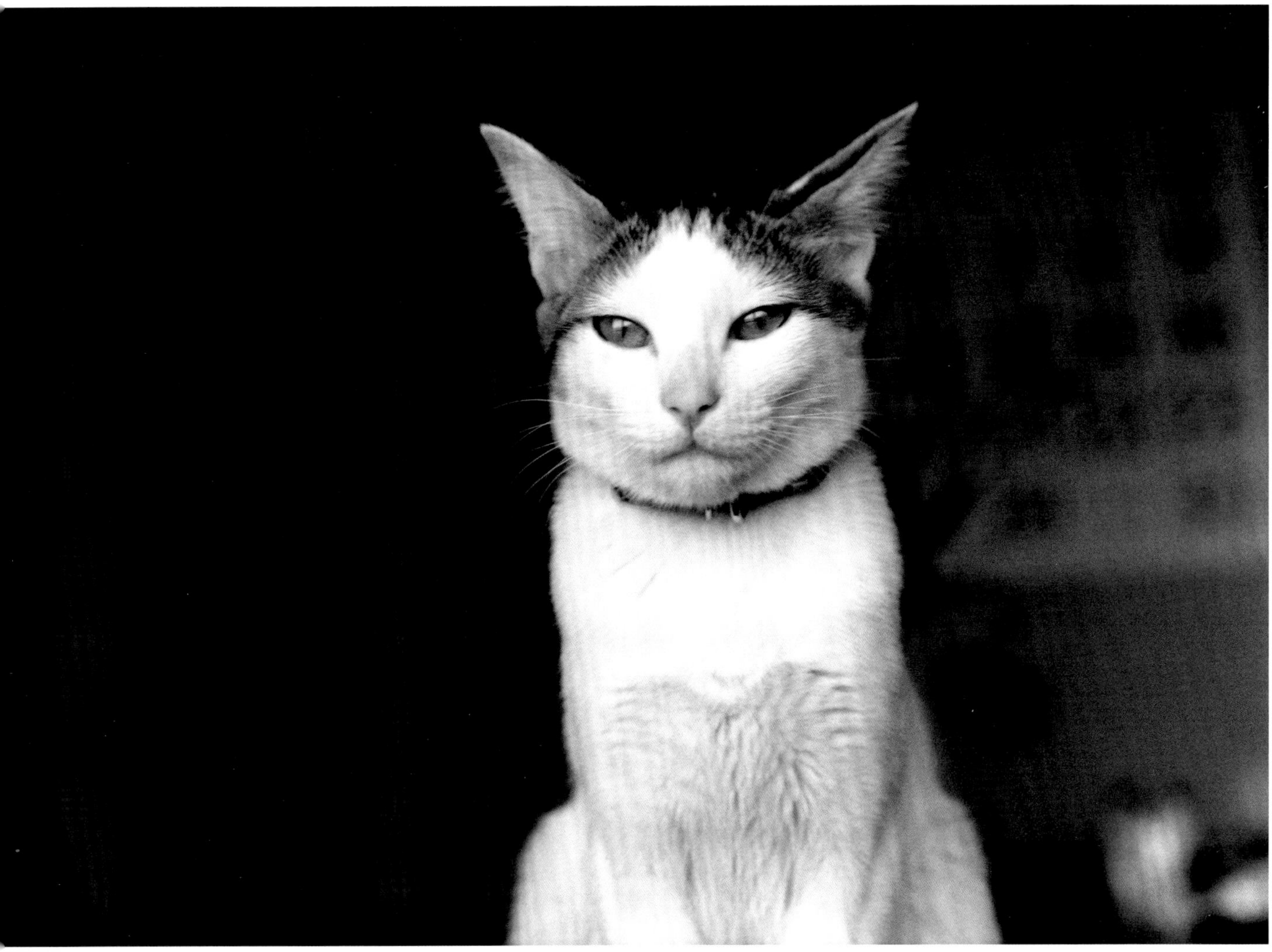

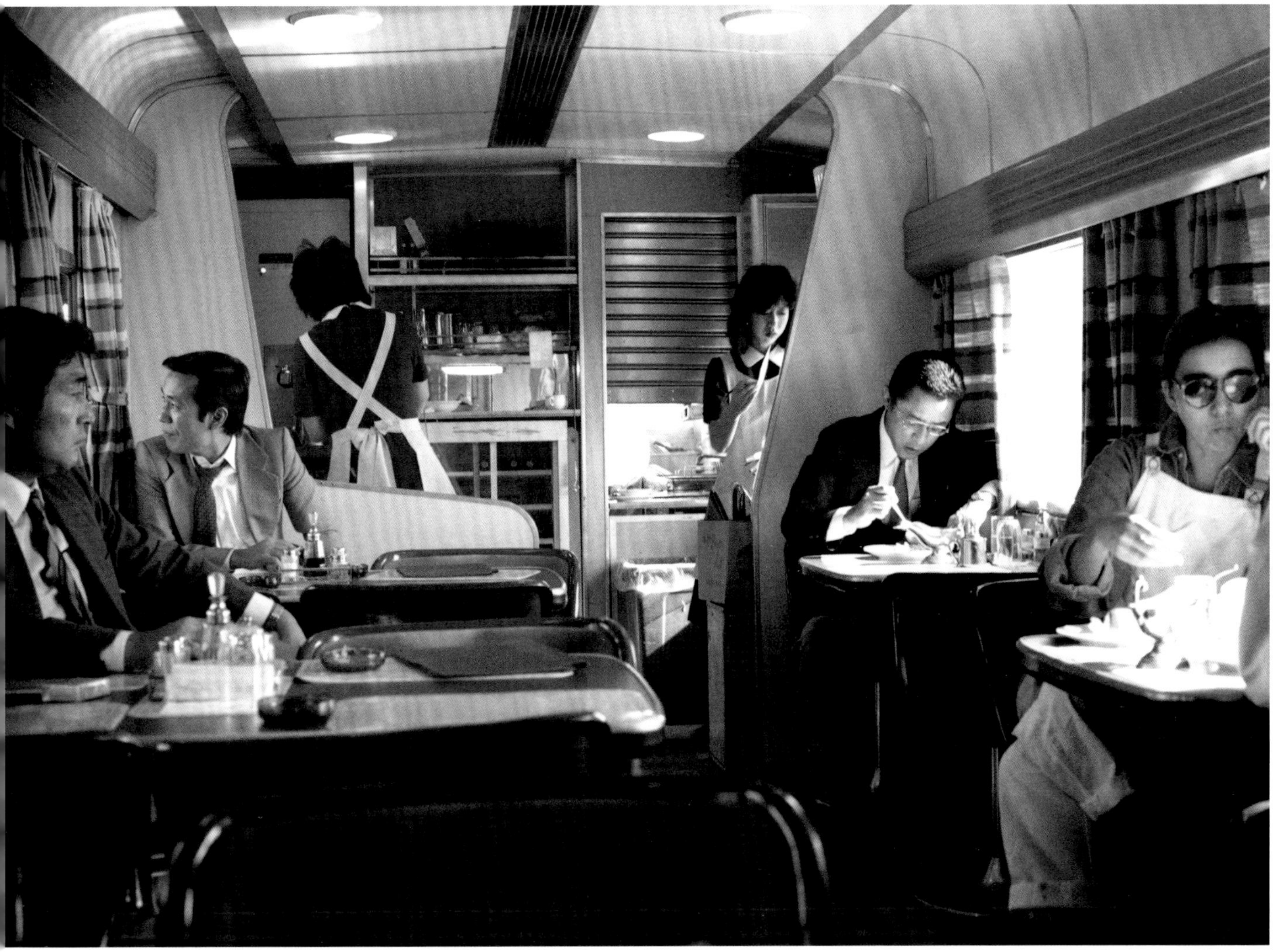

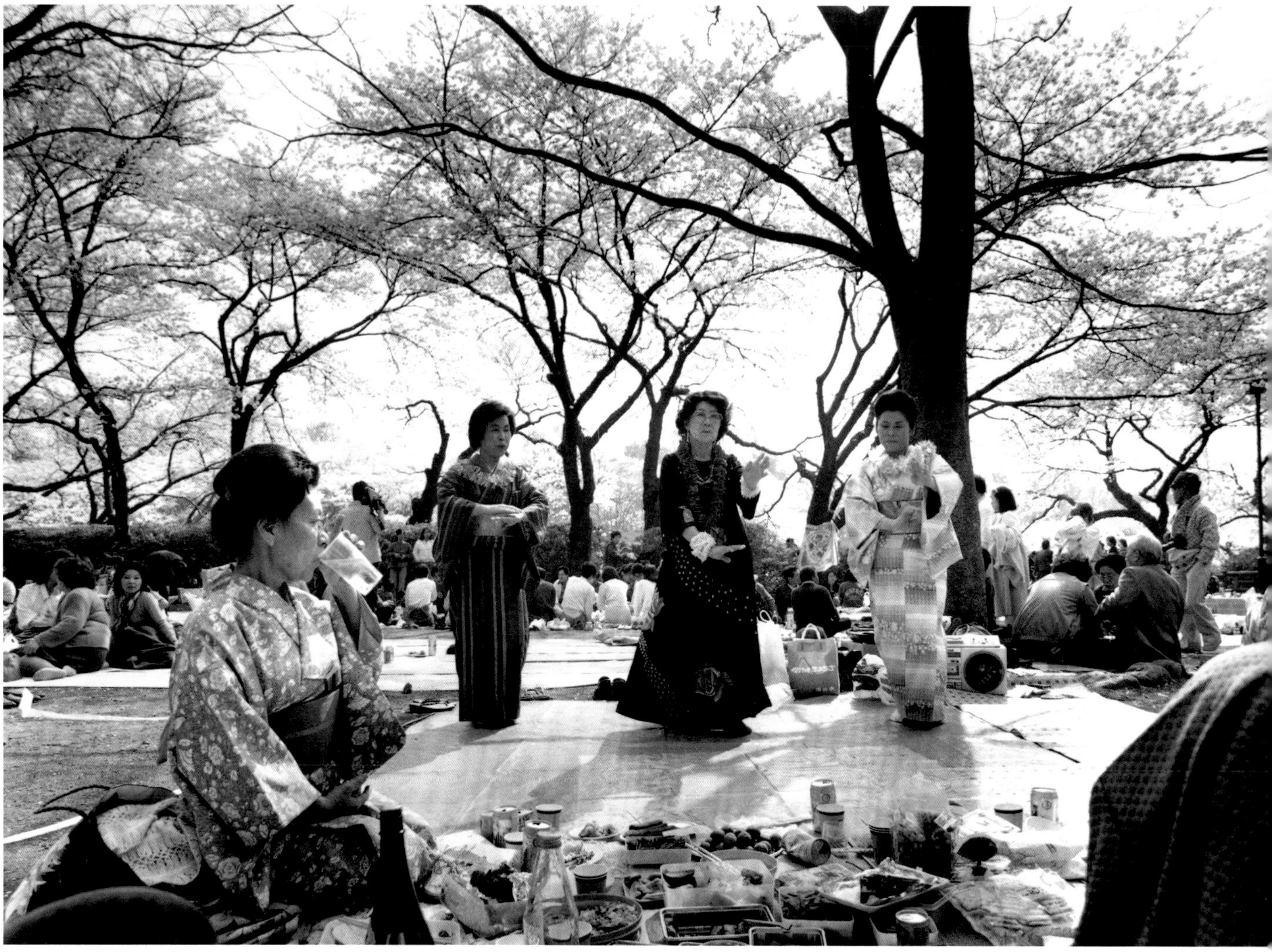

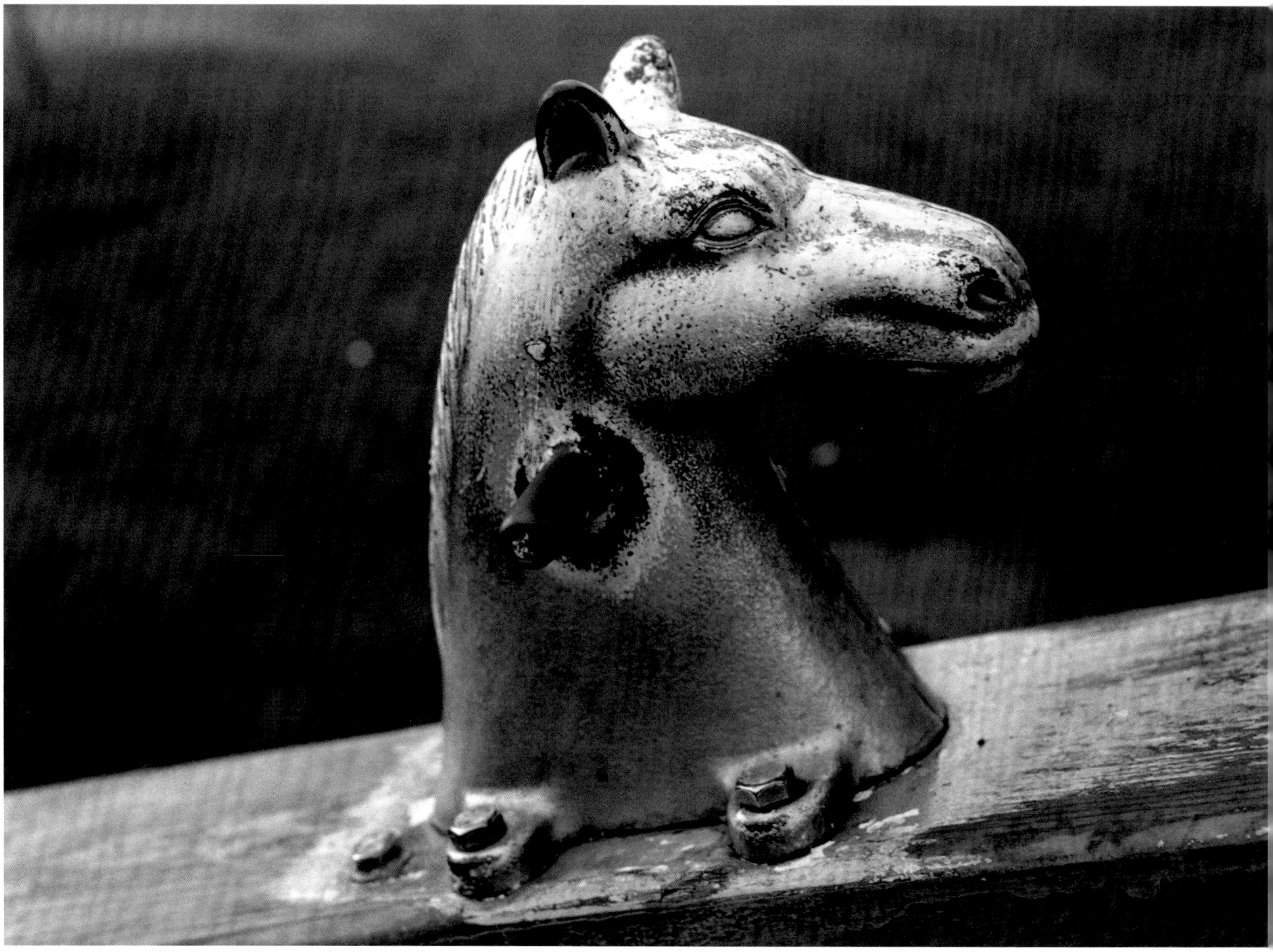

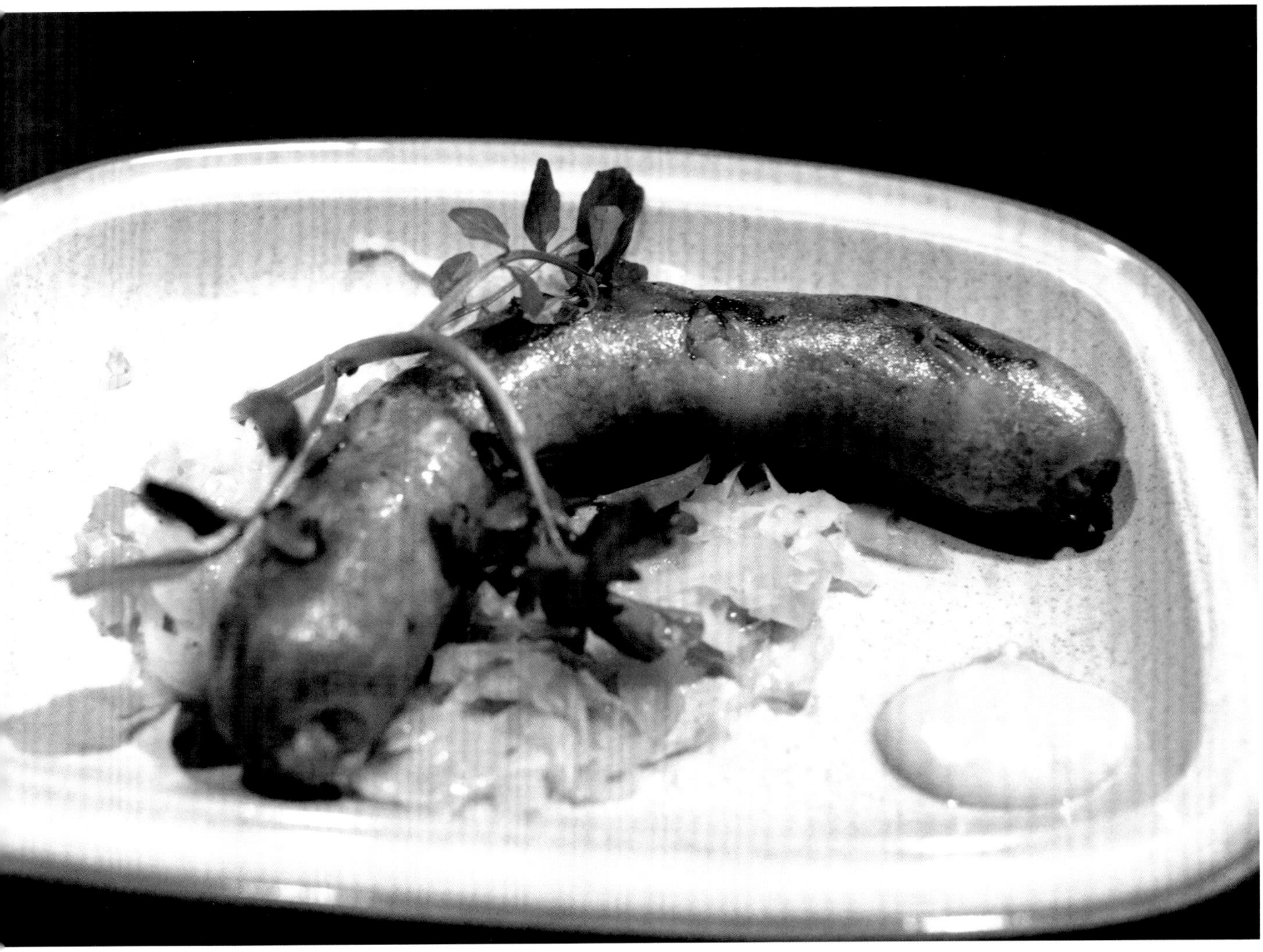

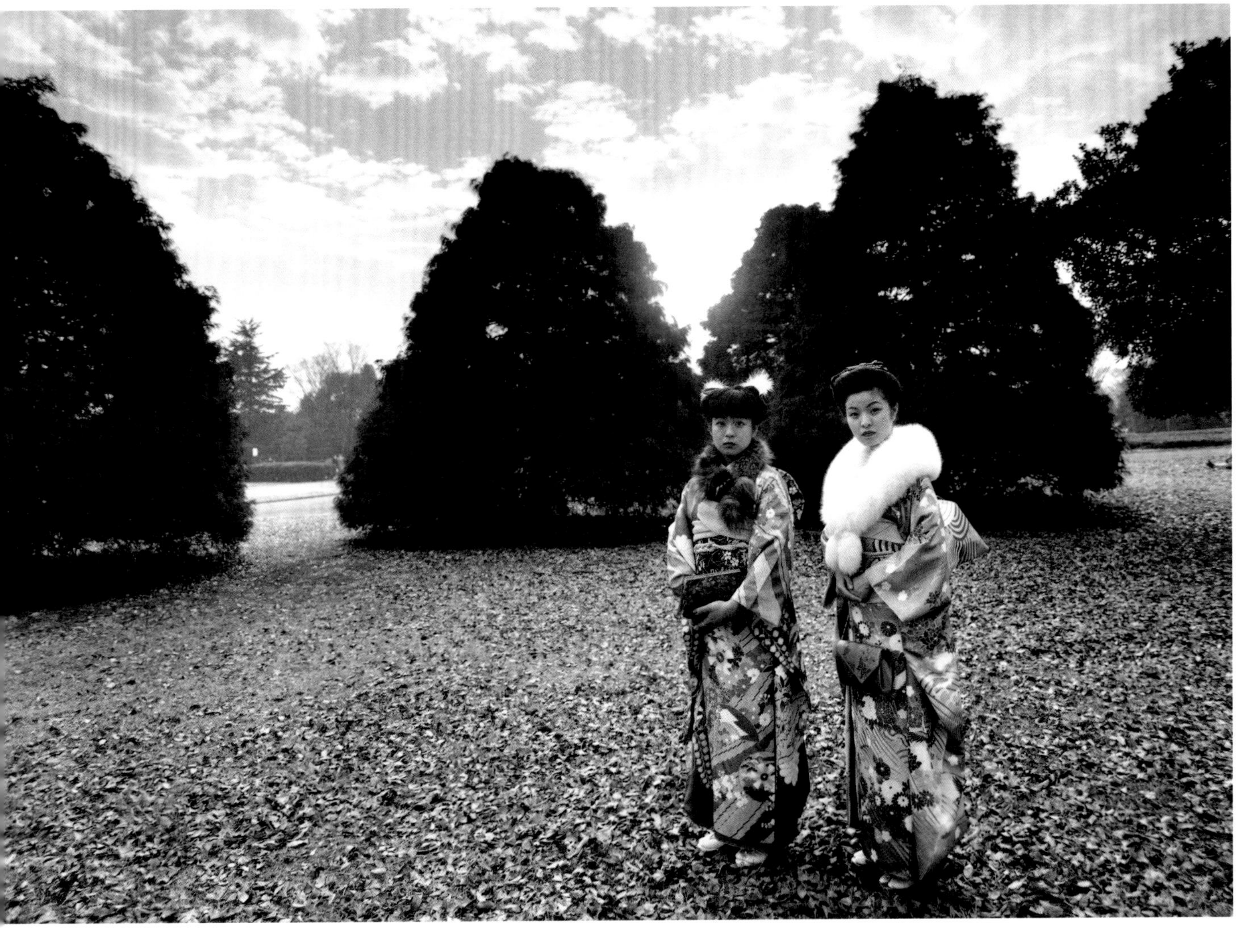

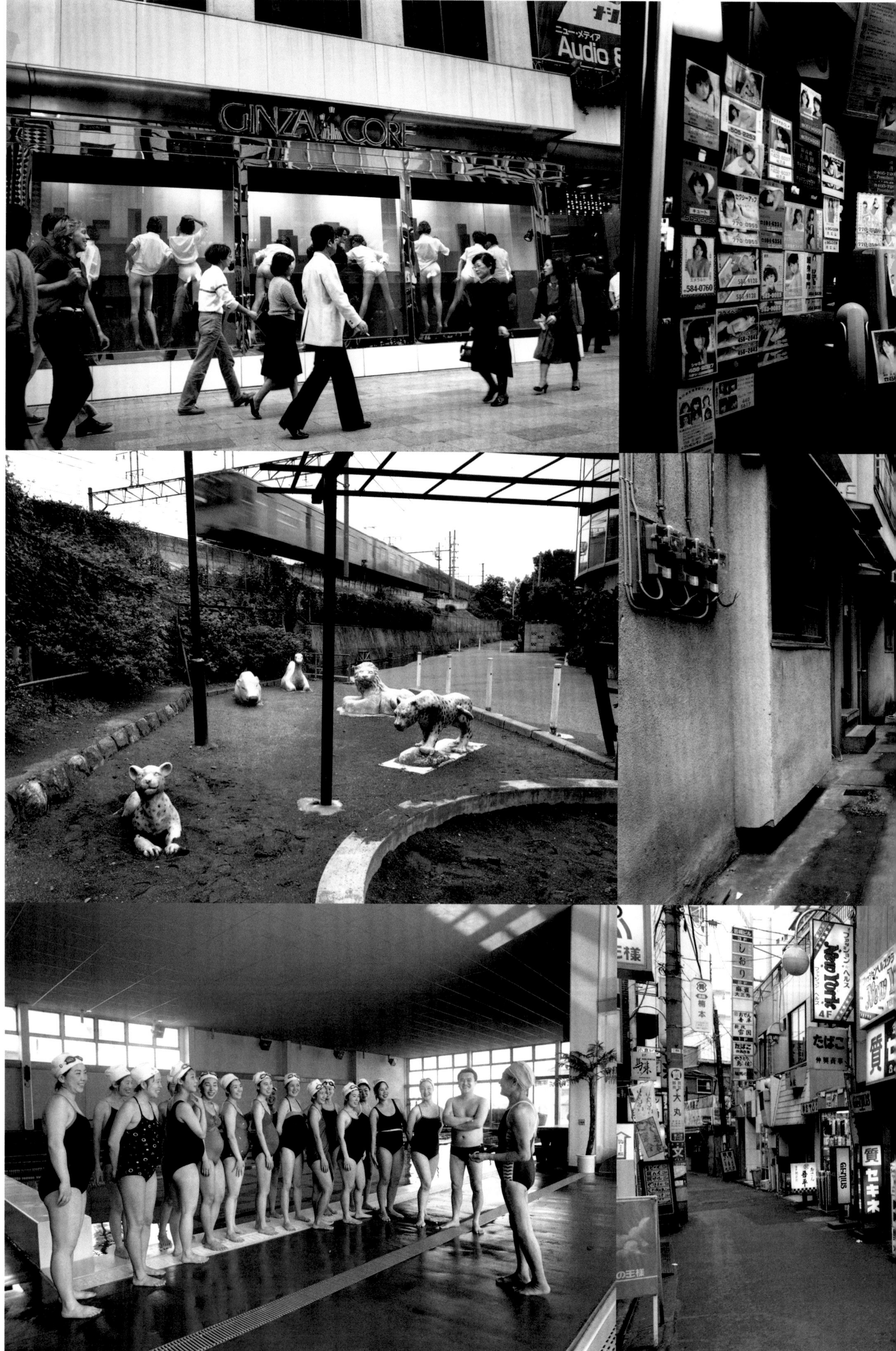
ニュー・メディア
Audio
GINZA CORE
New York
たばこ
質
質
セキネ

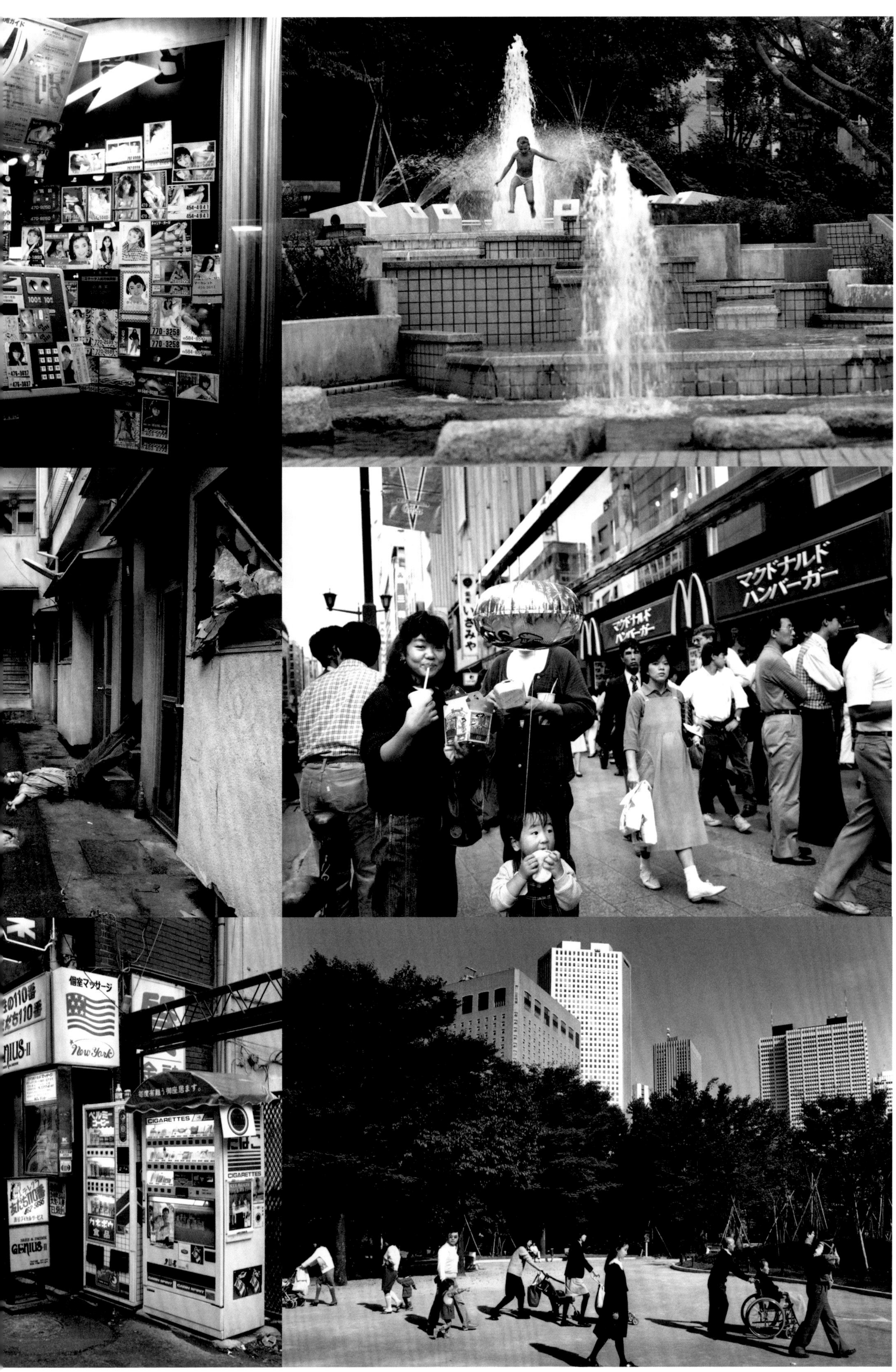

マクドナルド
ハンバーガー
マクドナルド
ハンバーガー
いさみや
個室マッサージ
New York
CIGARETTES
CIGARETTES
770-3258

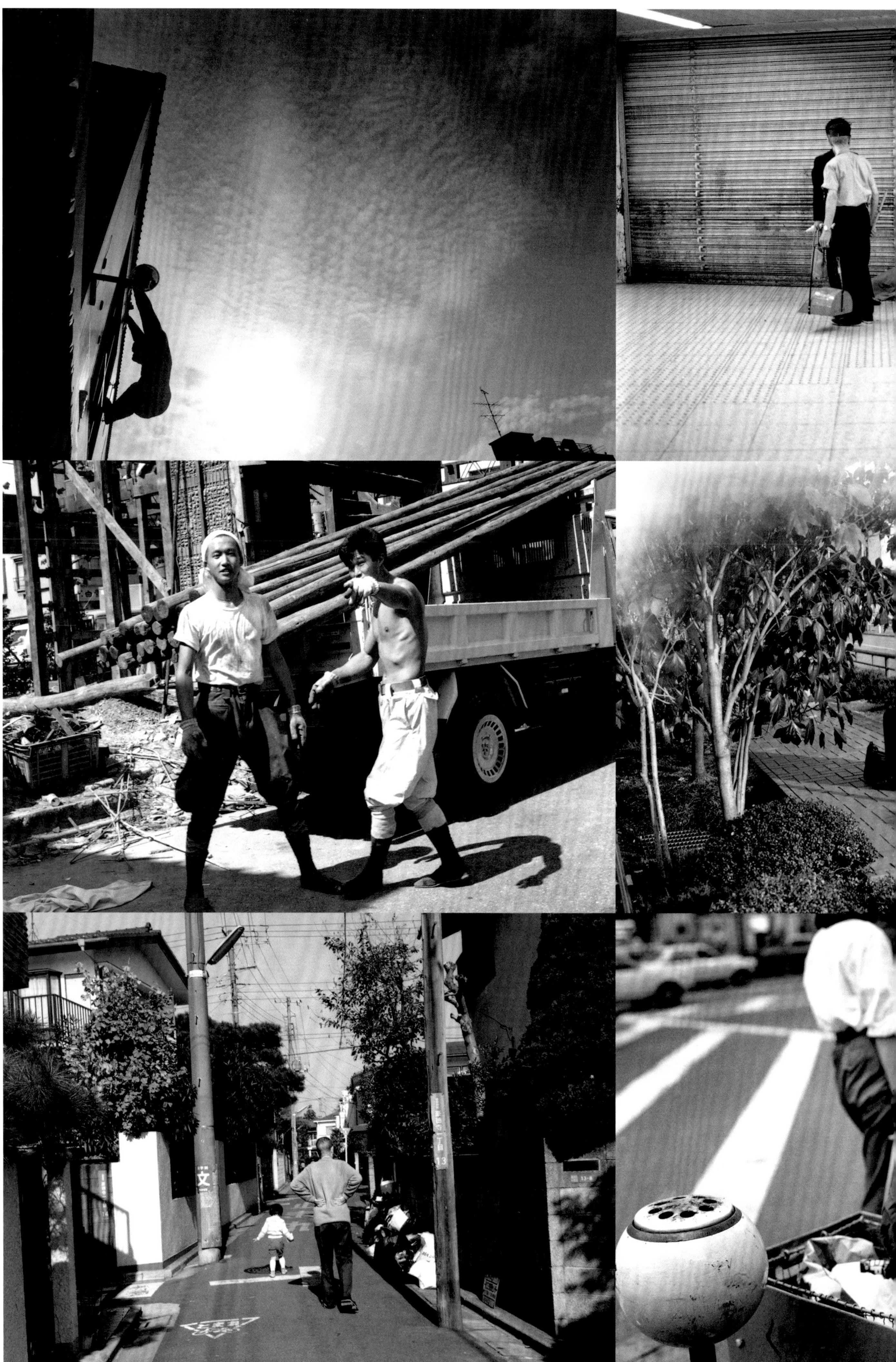

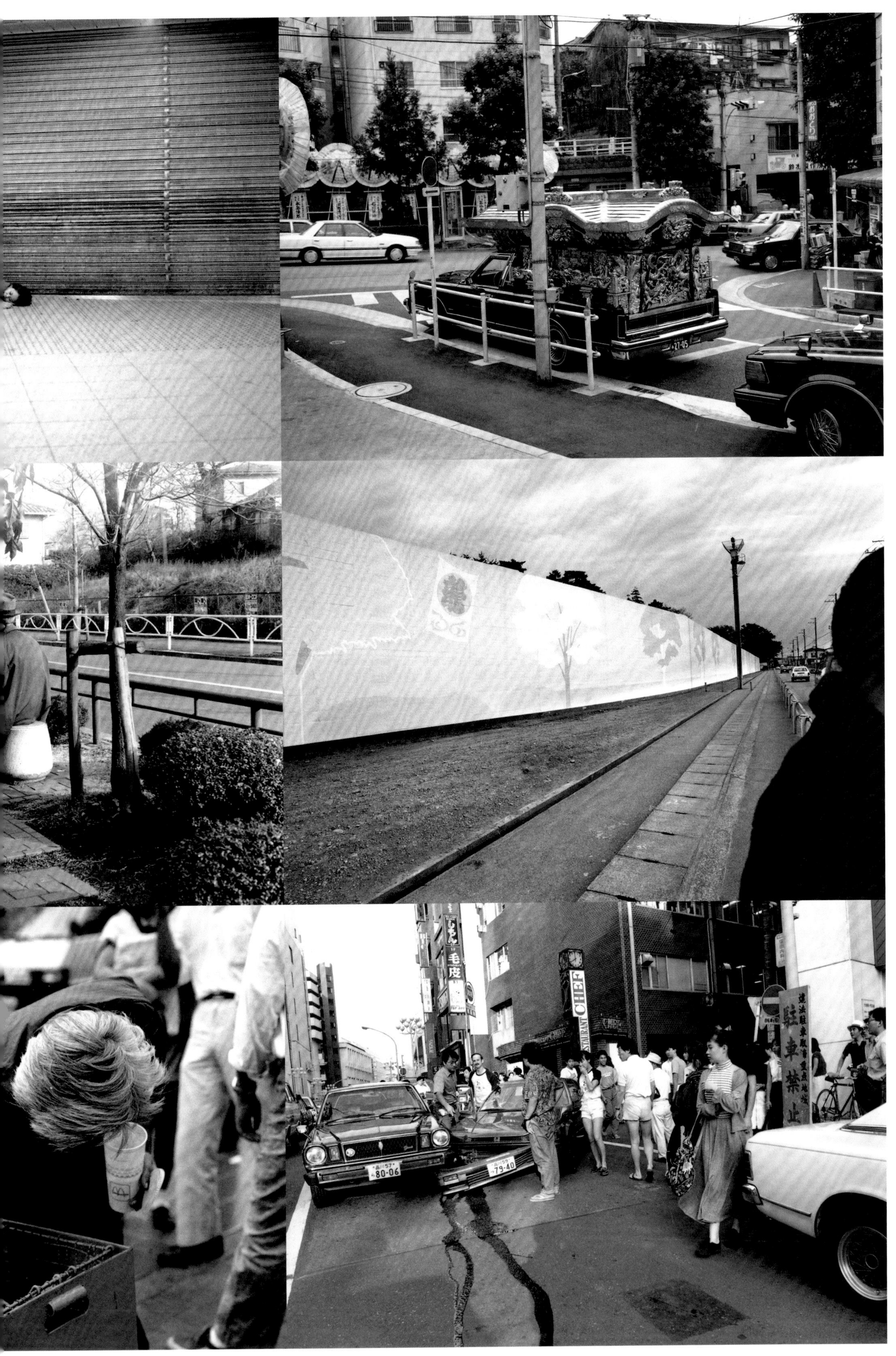

27-05
毛皮
CHIEF
駐車禁止
80-06
79-40

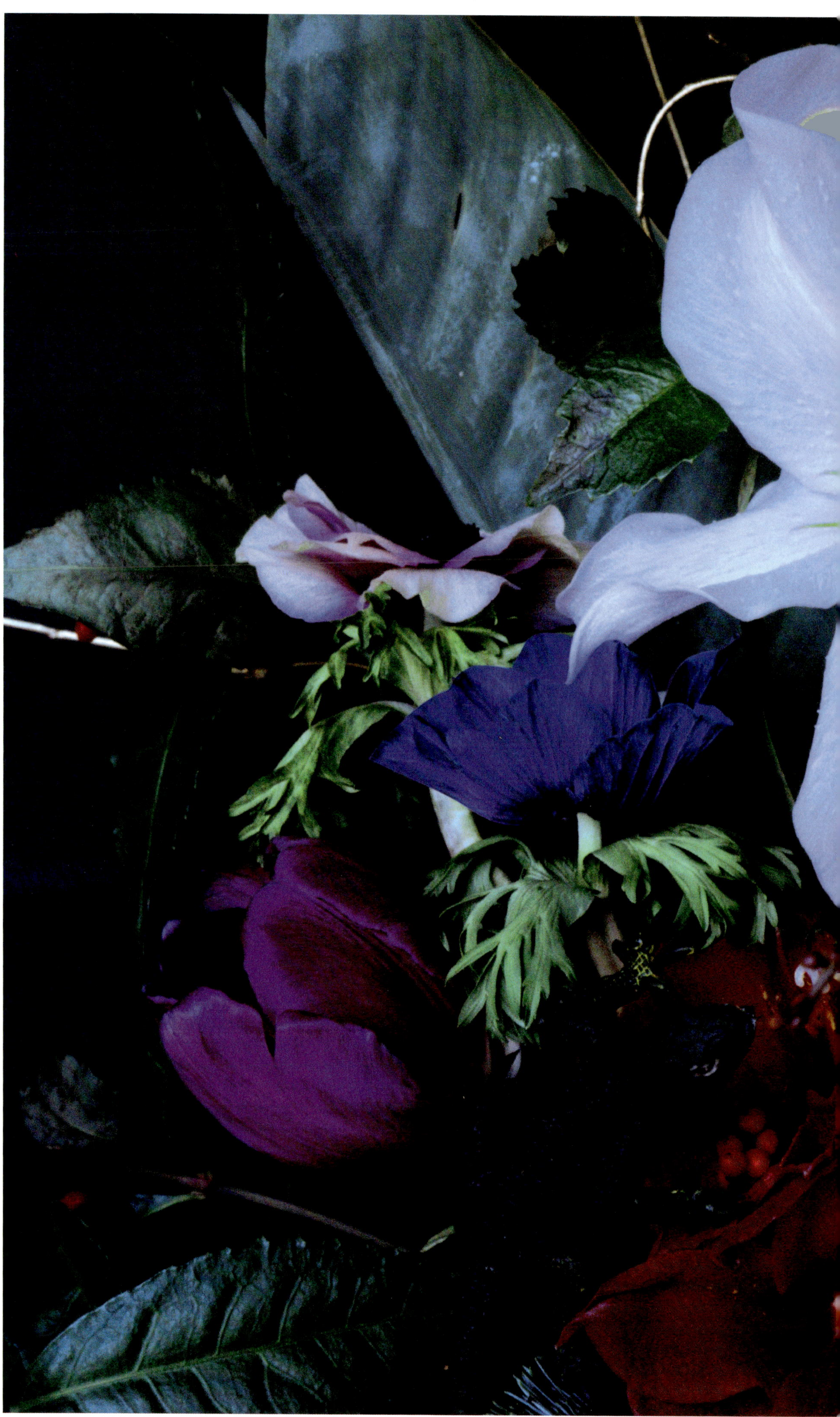

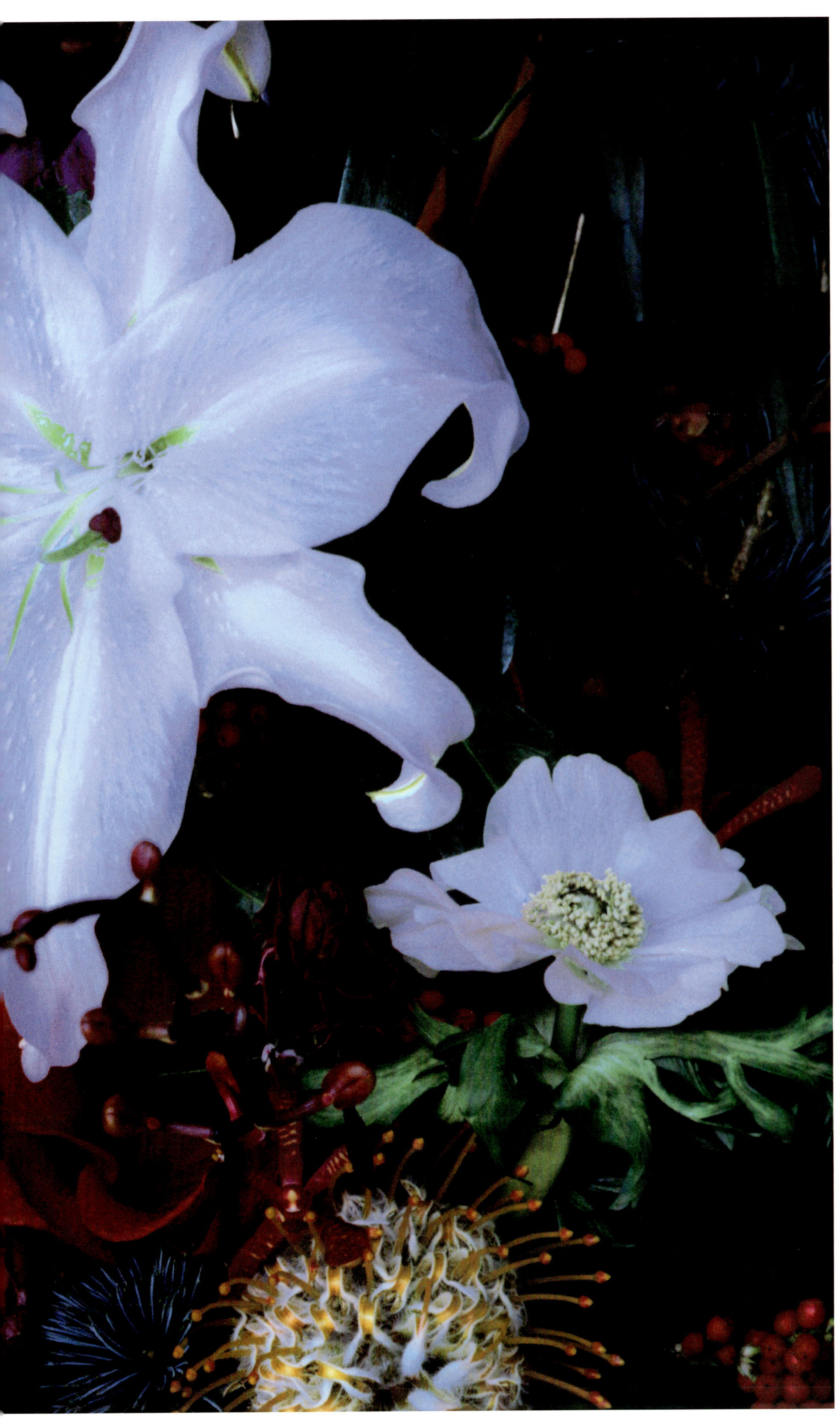

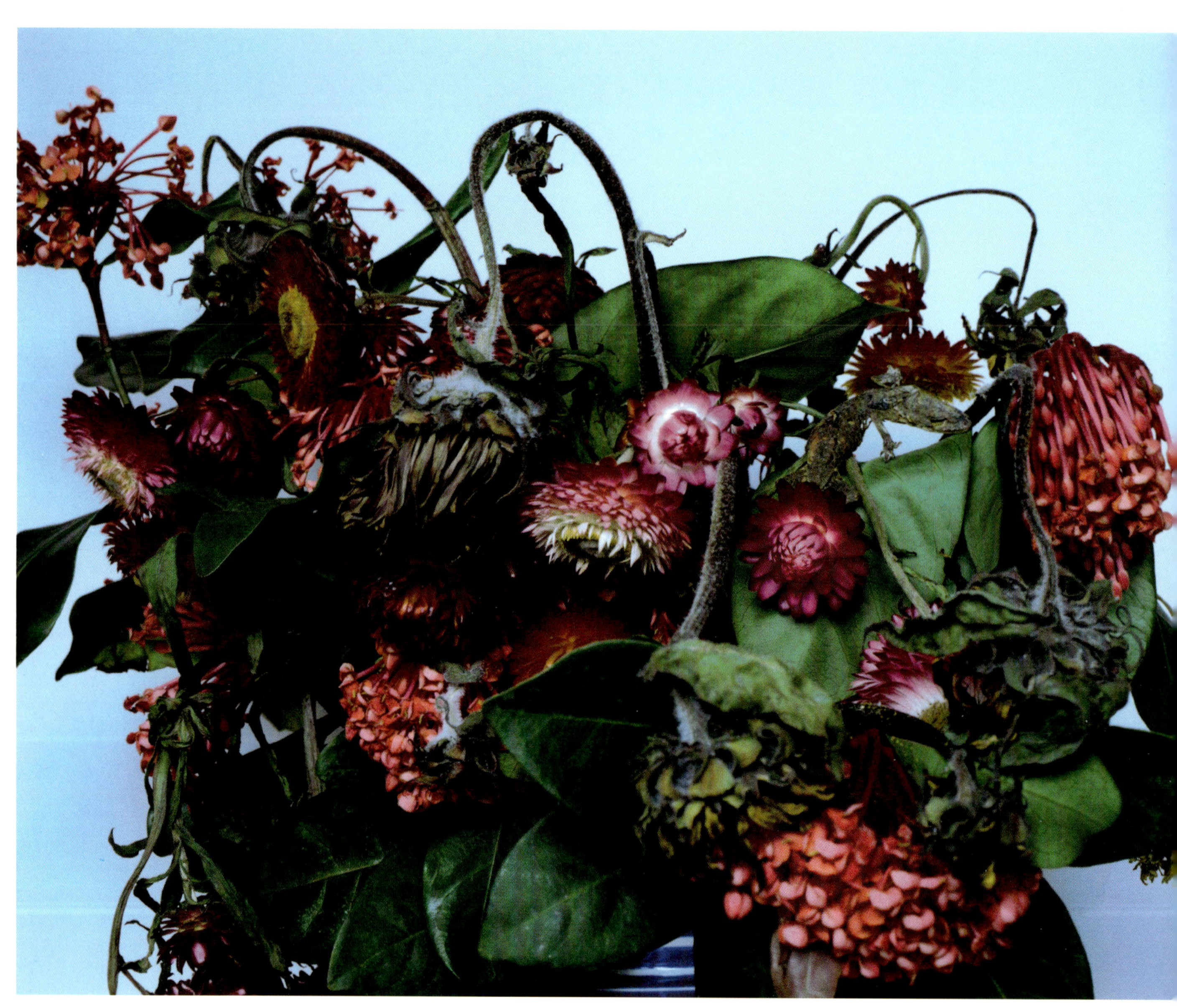

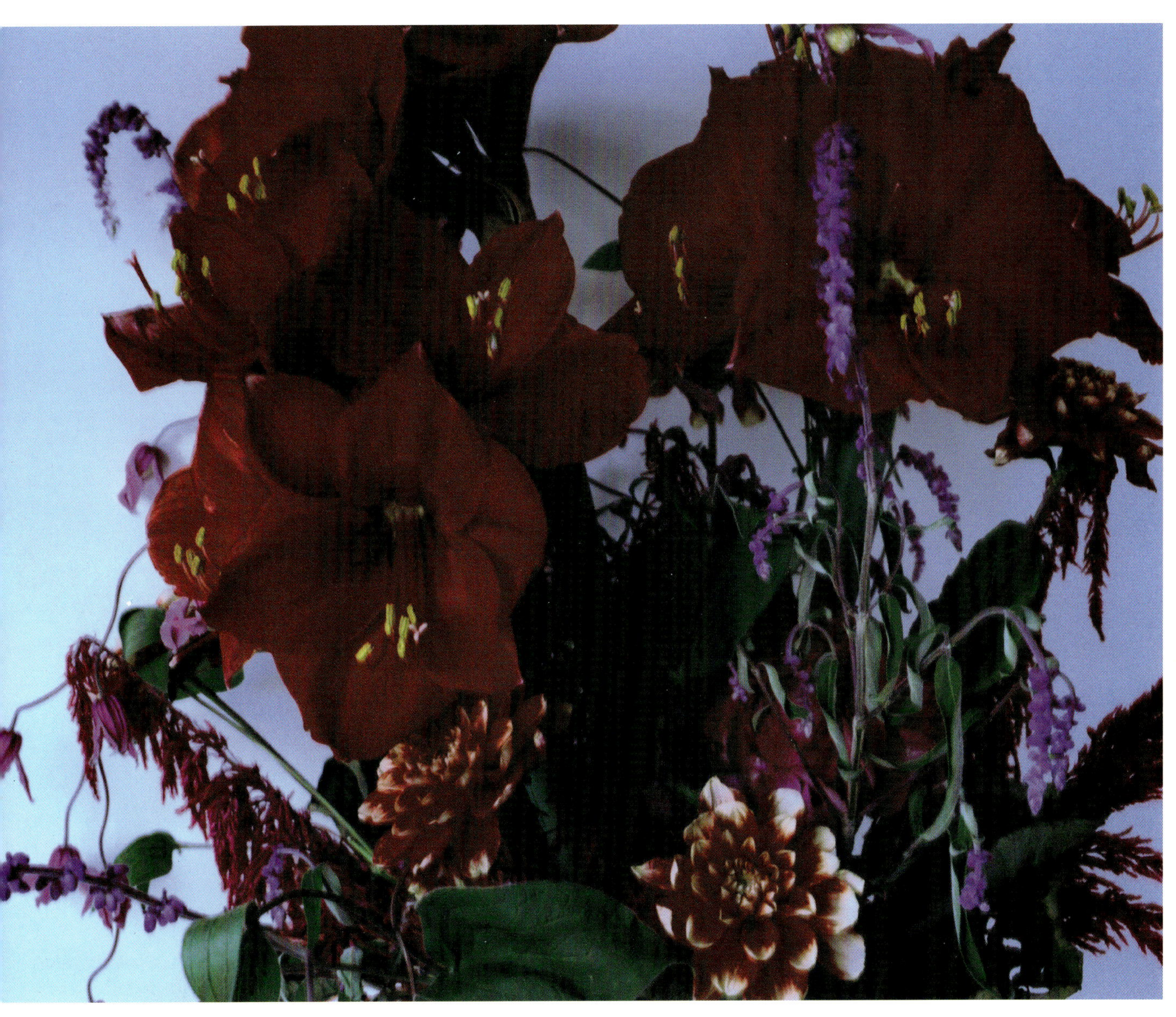

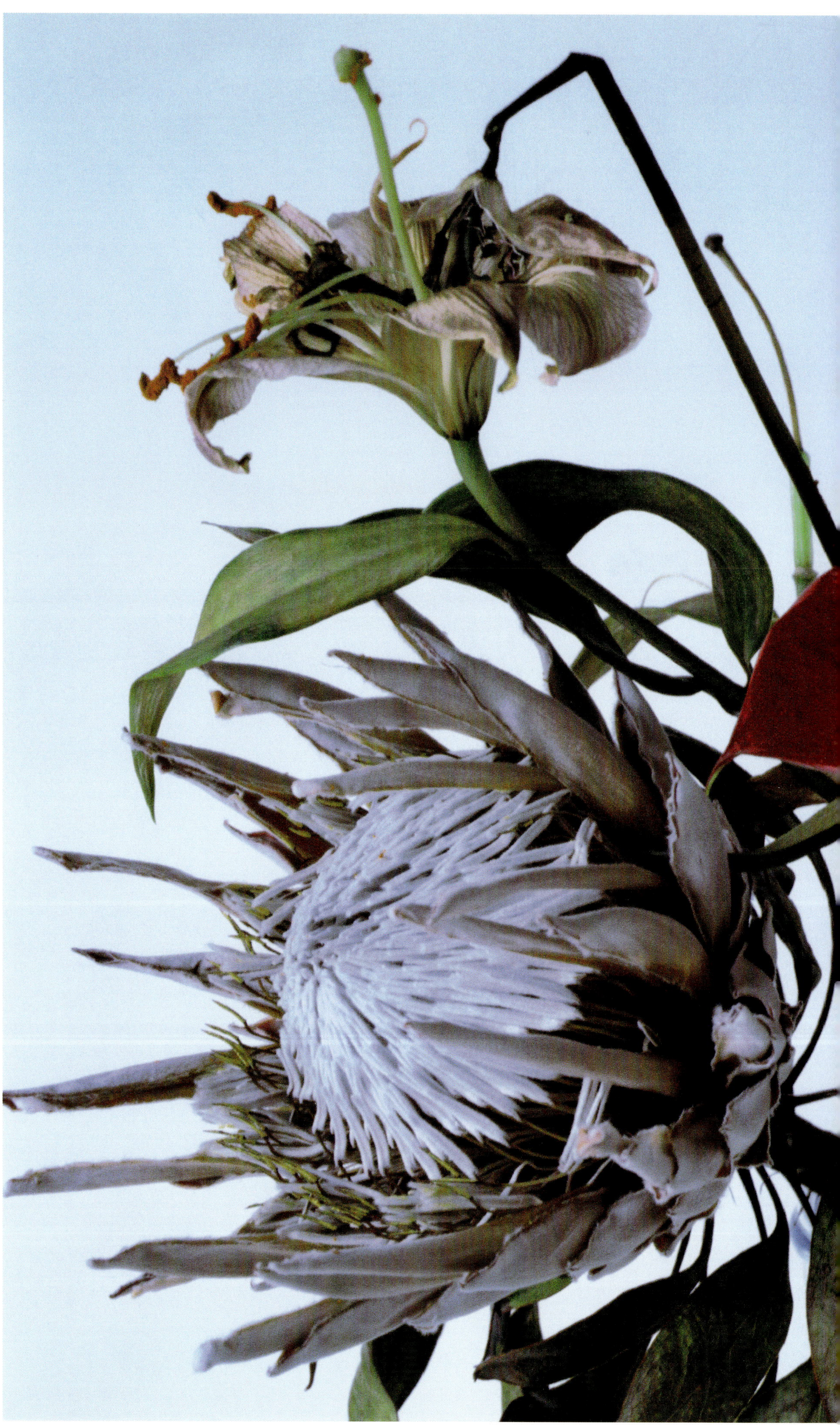

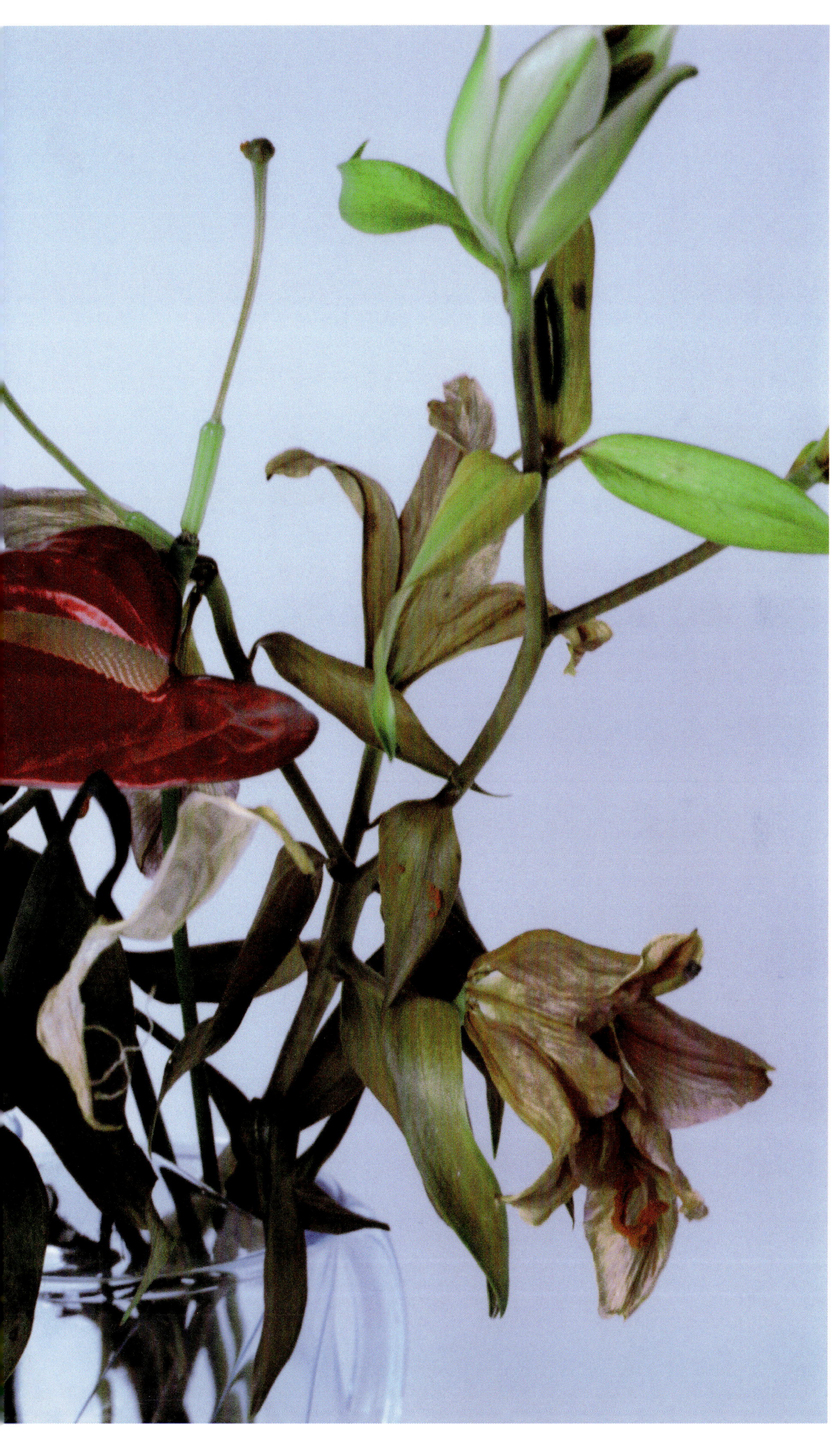

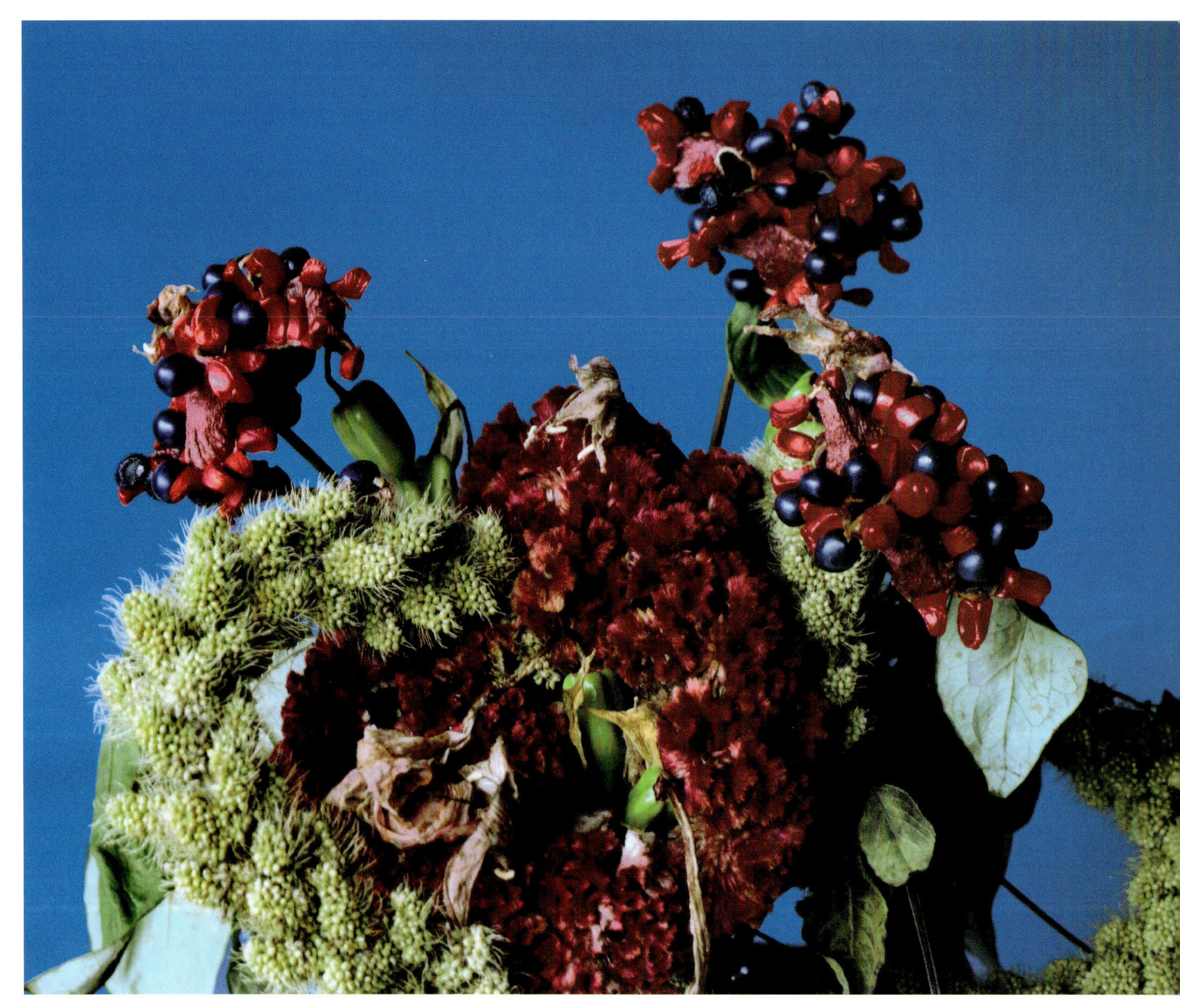

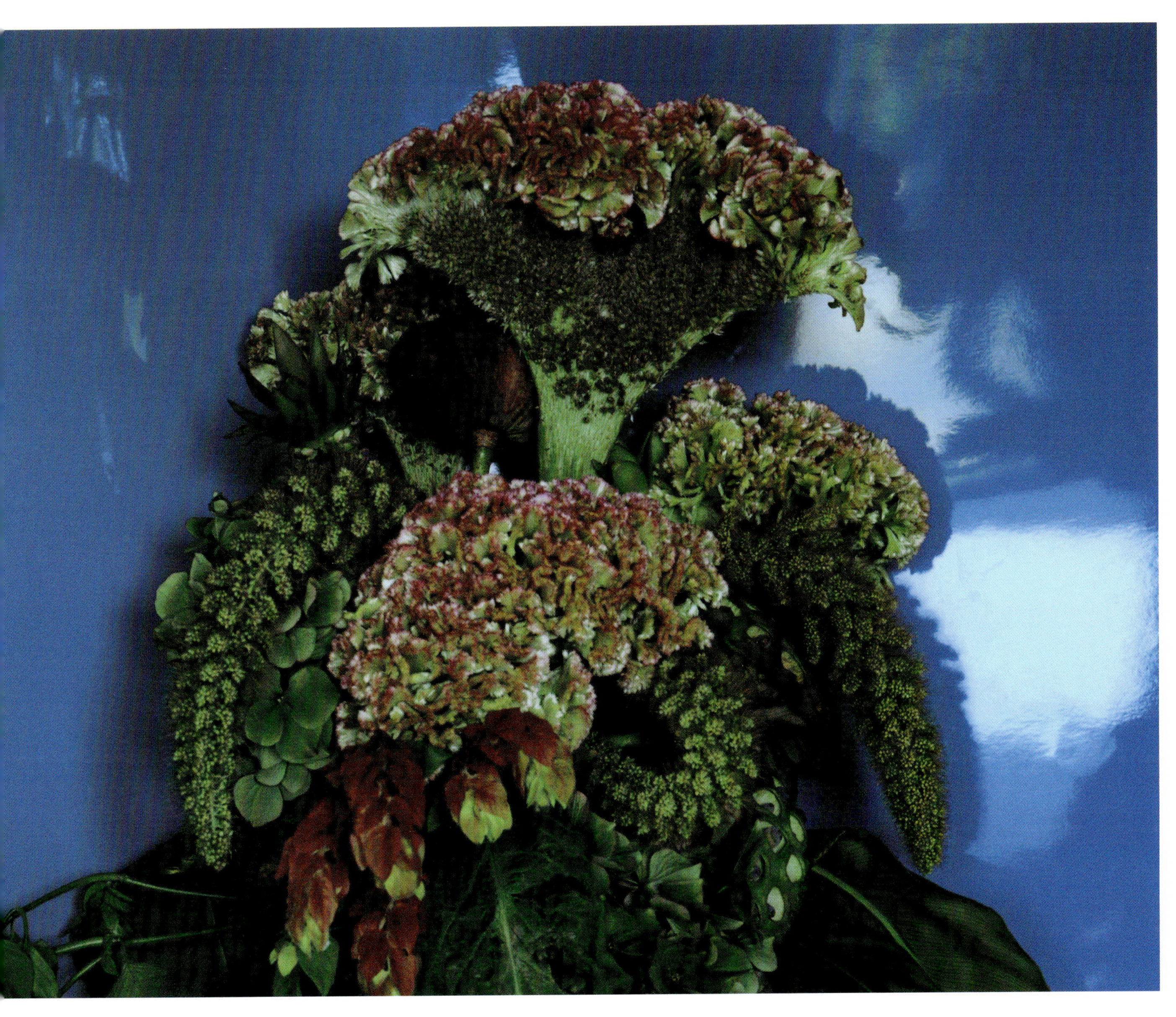

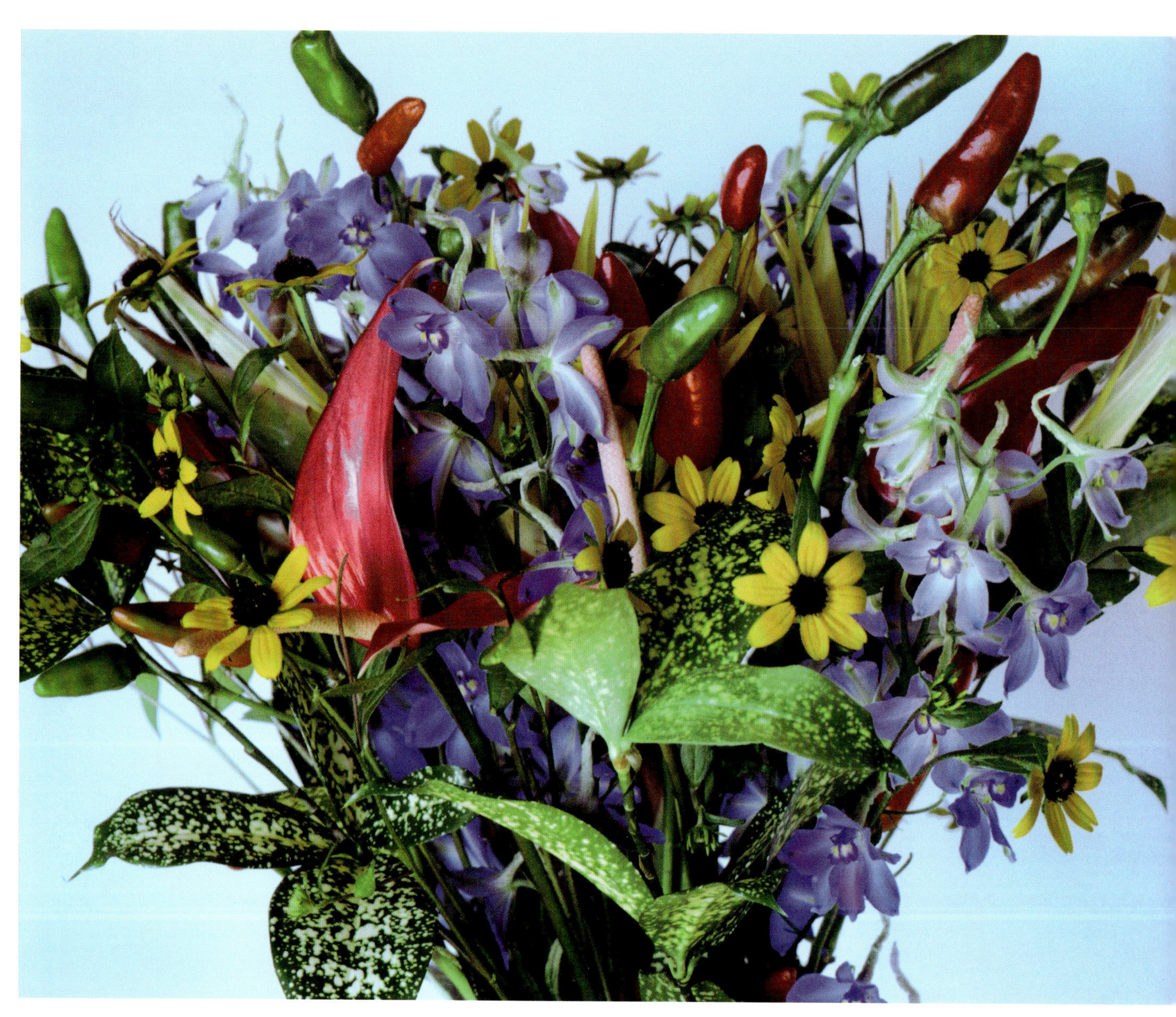

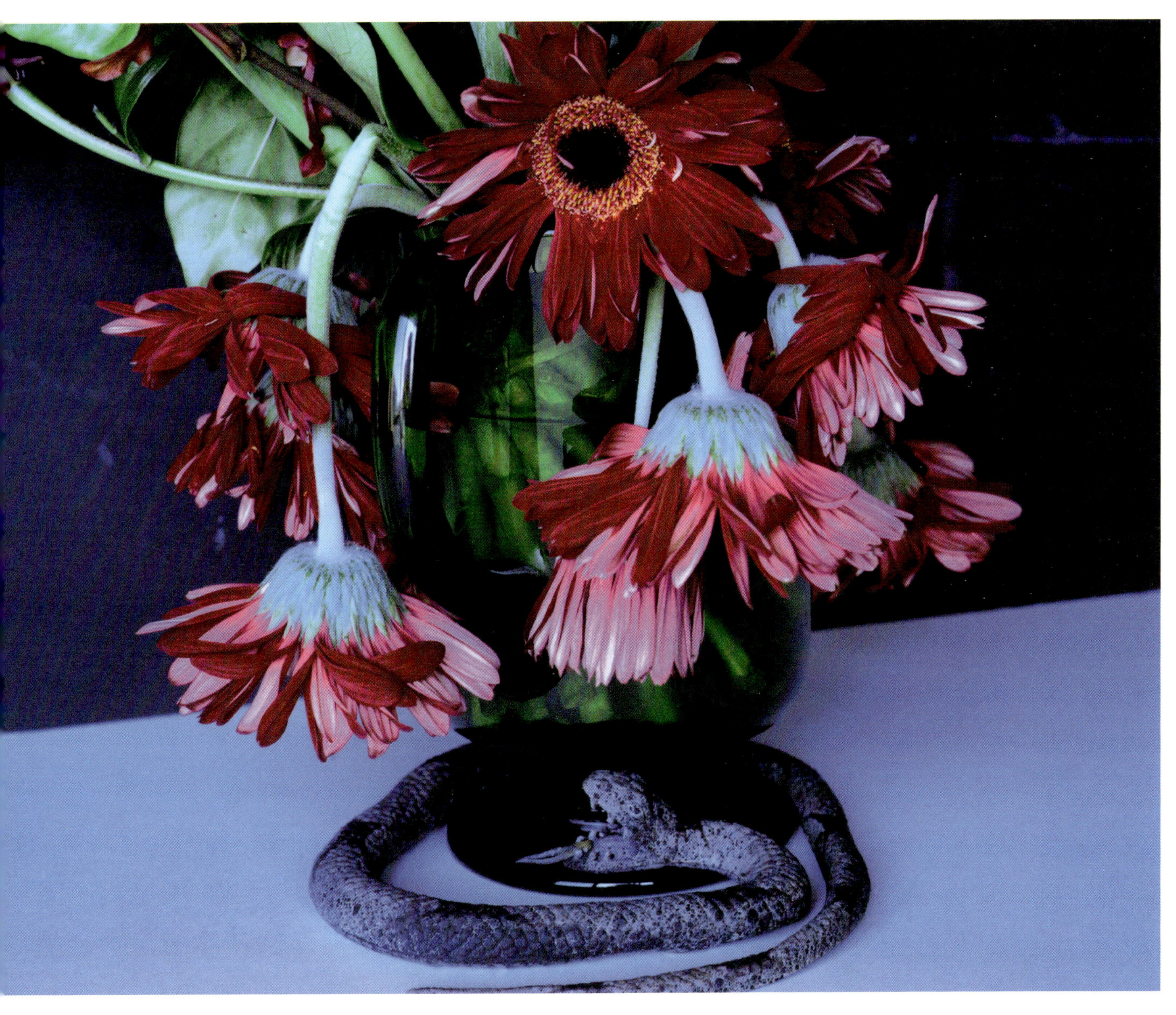

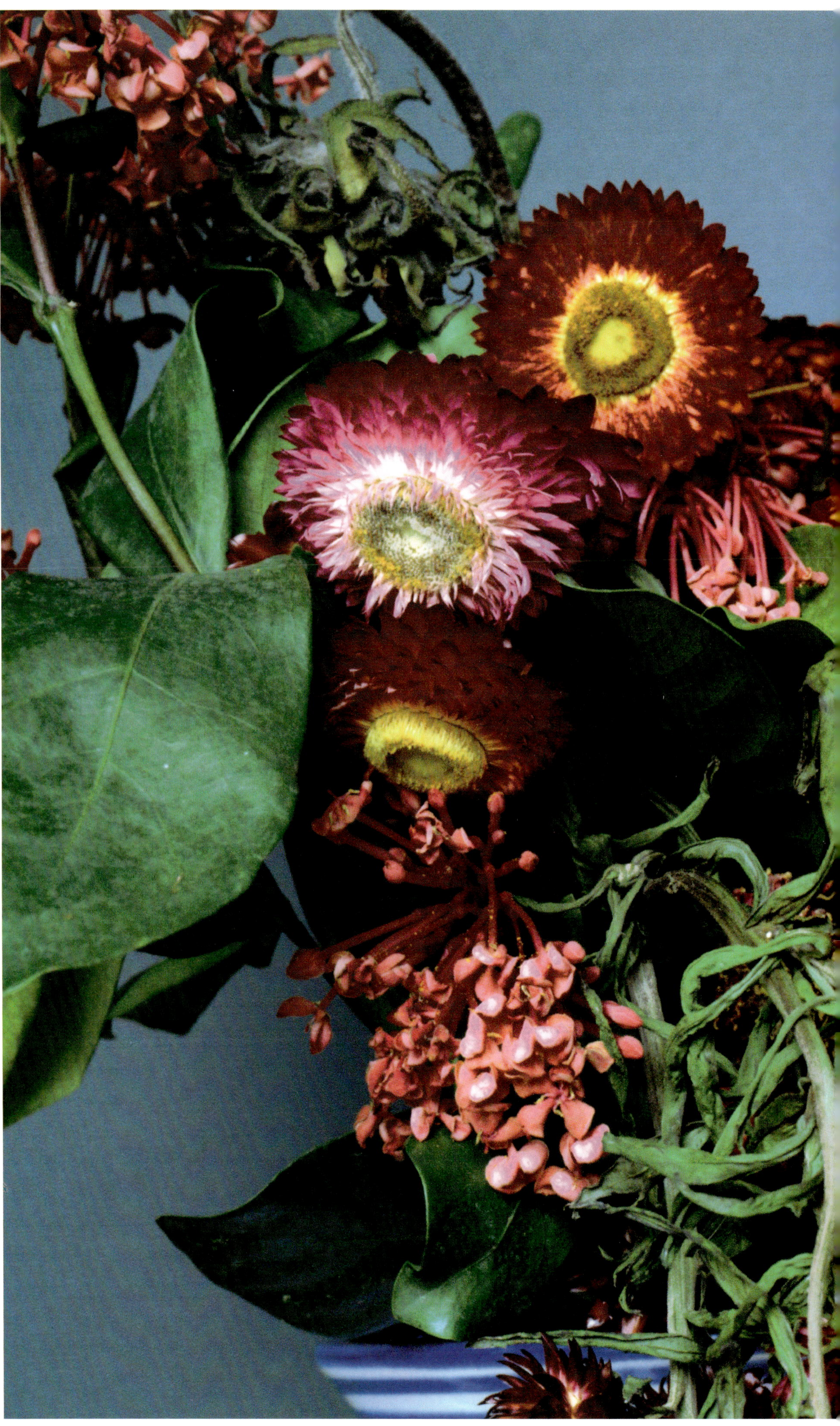

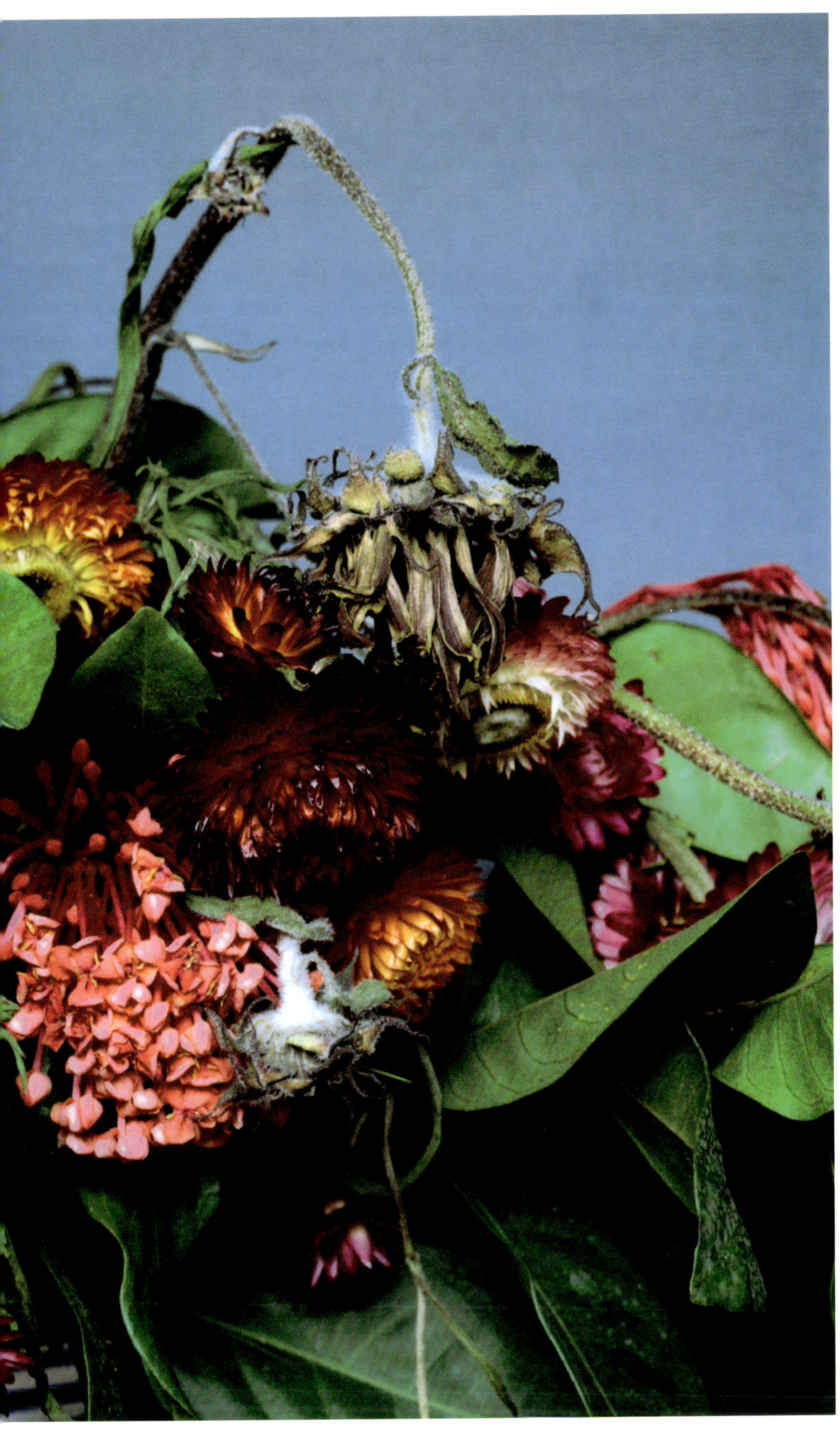

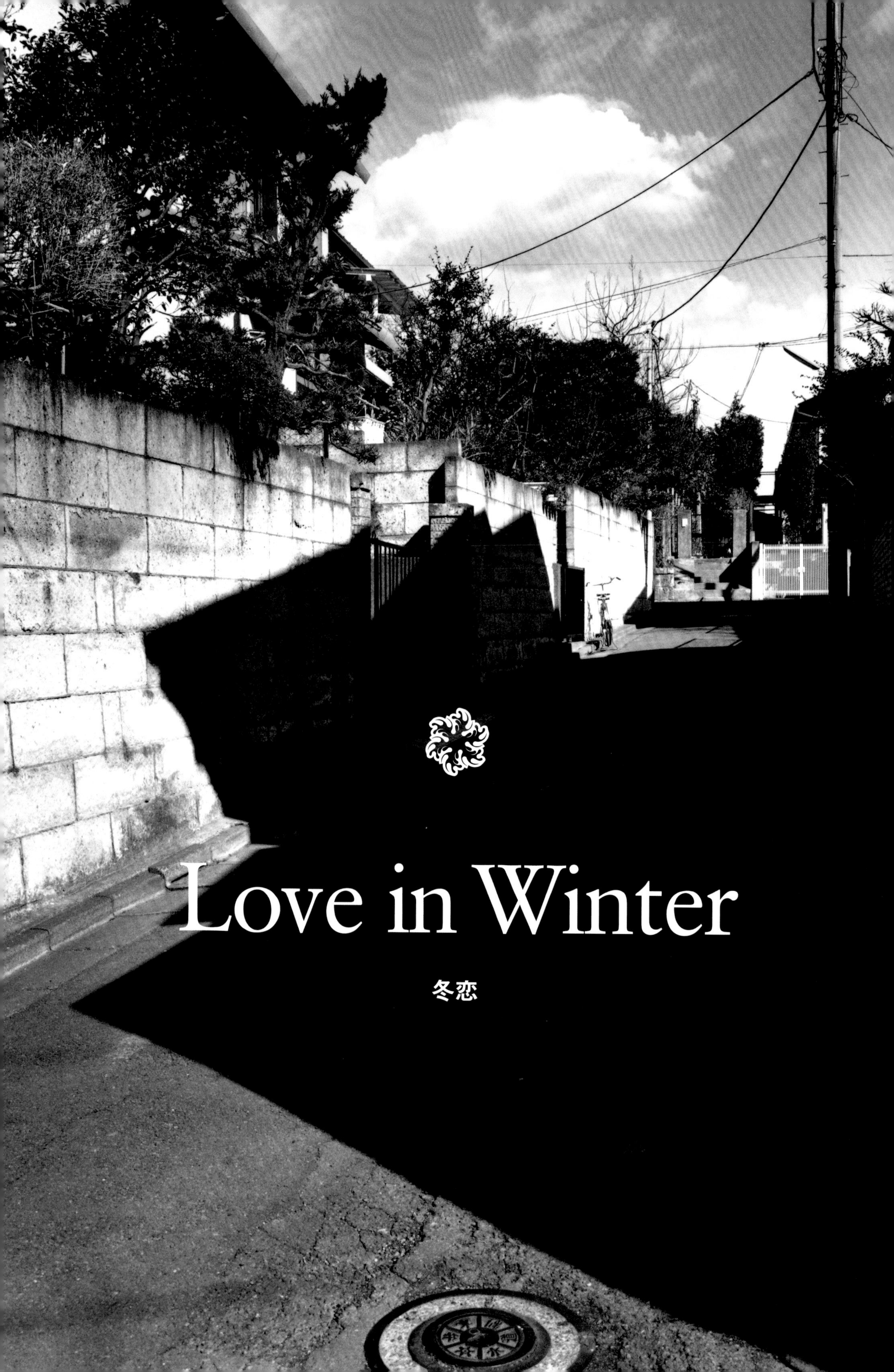
Love in Winter
冬恋

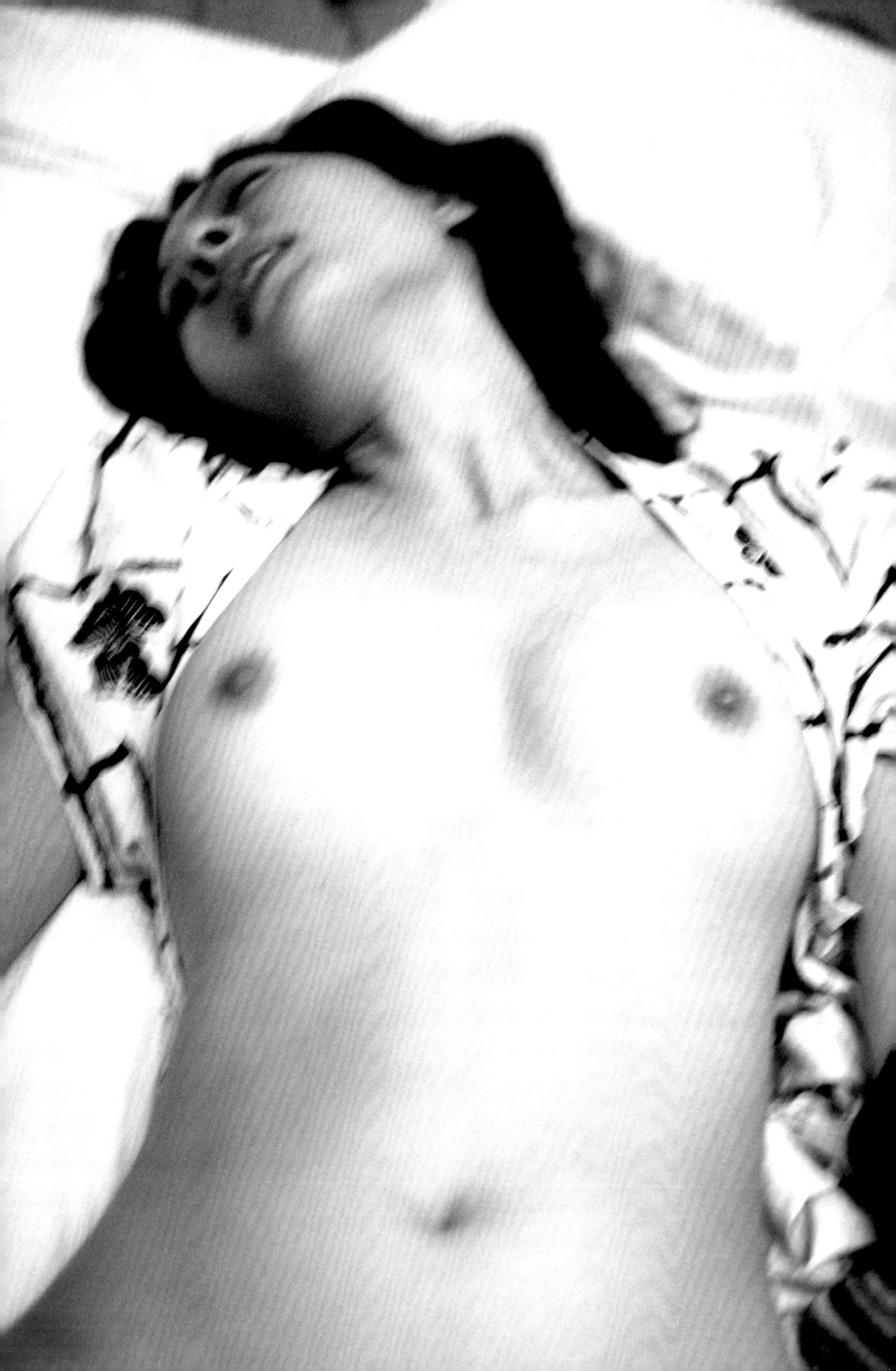

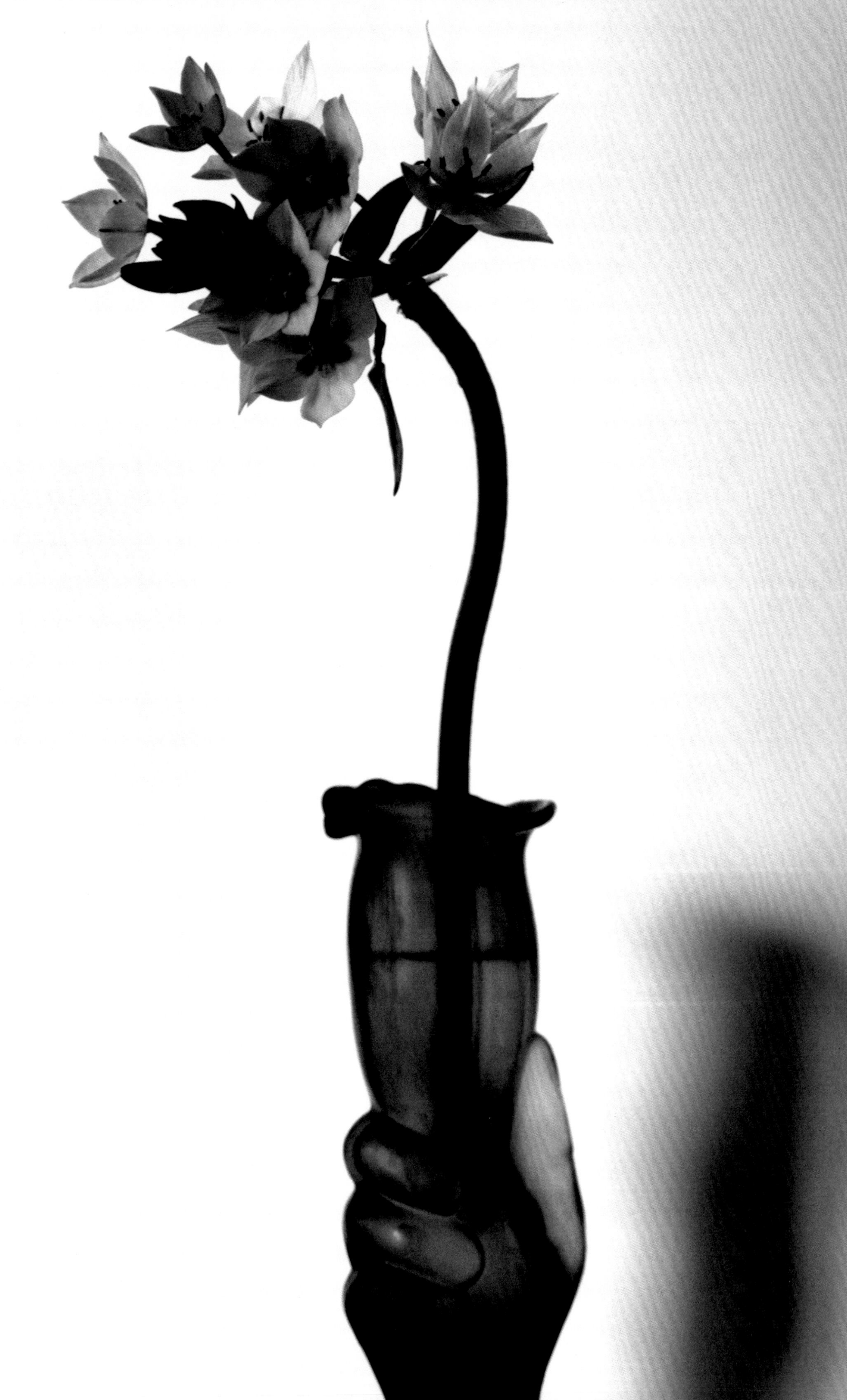

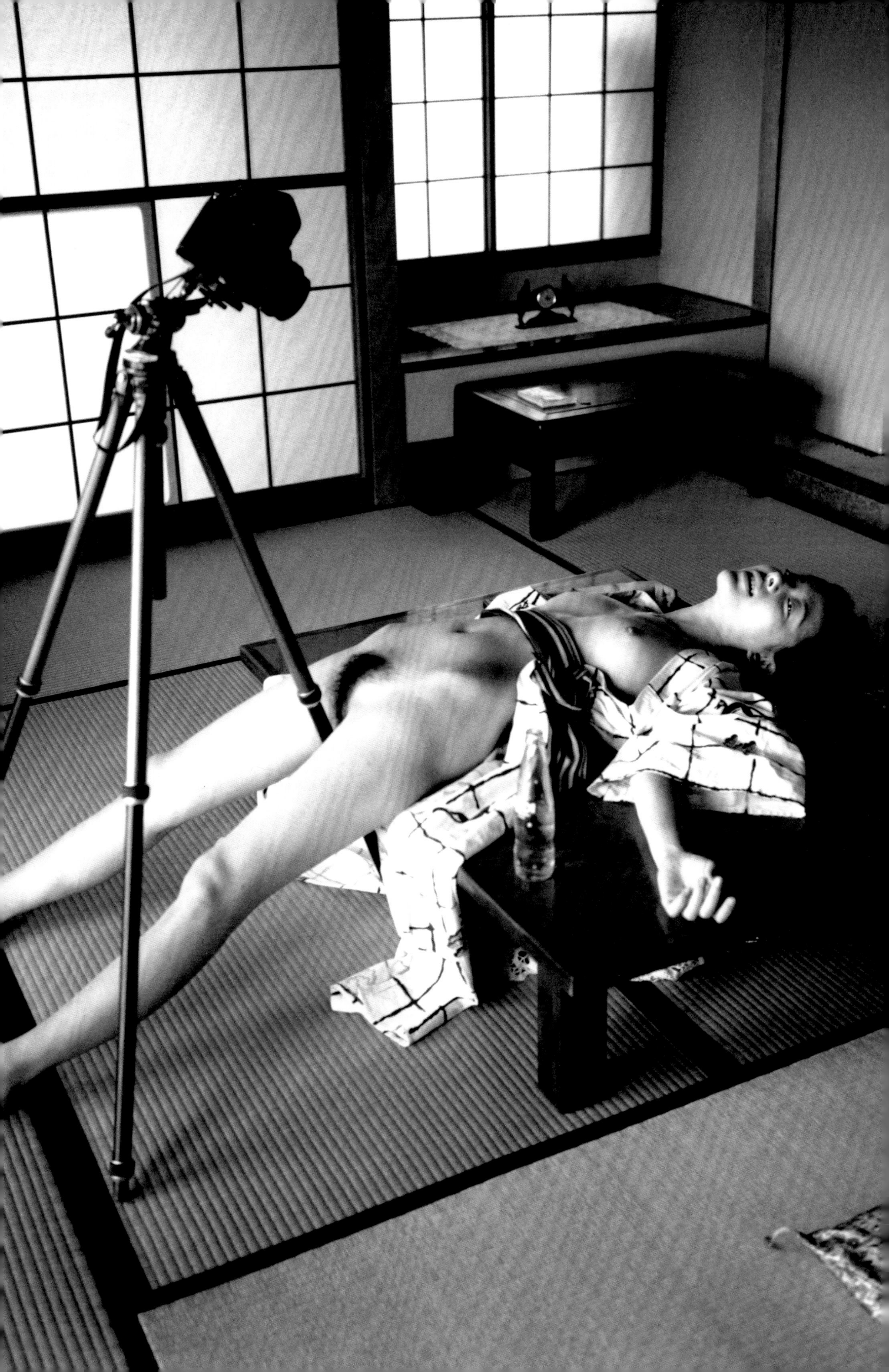

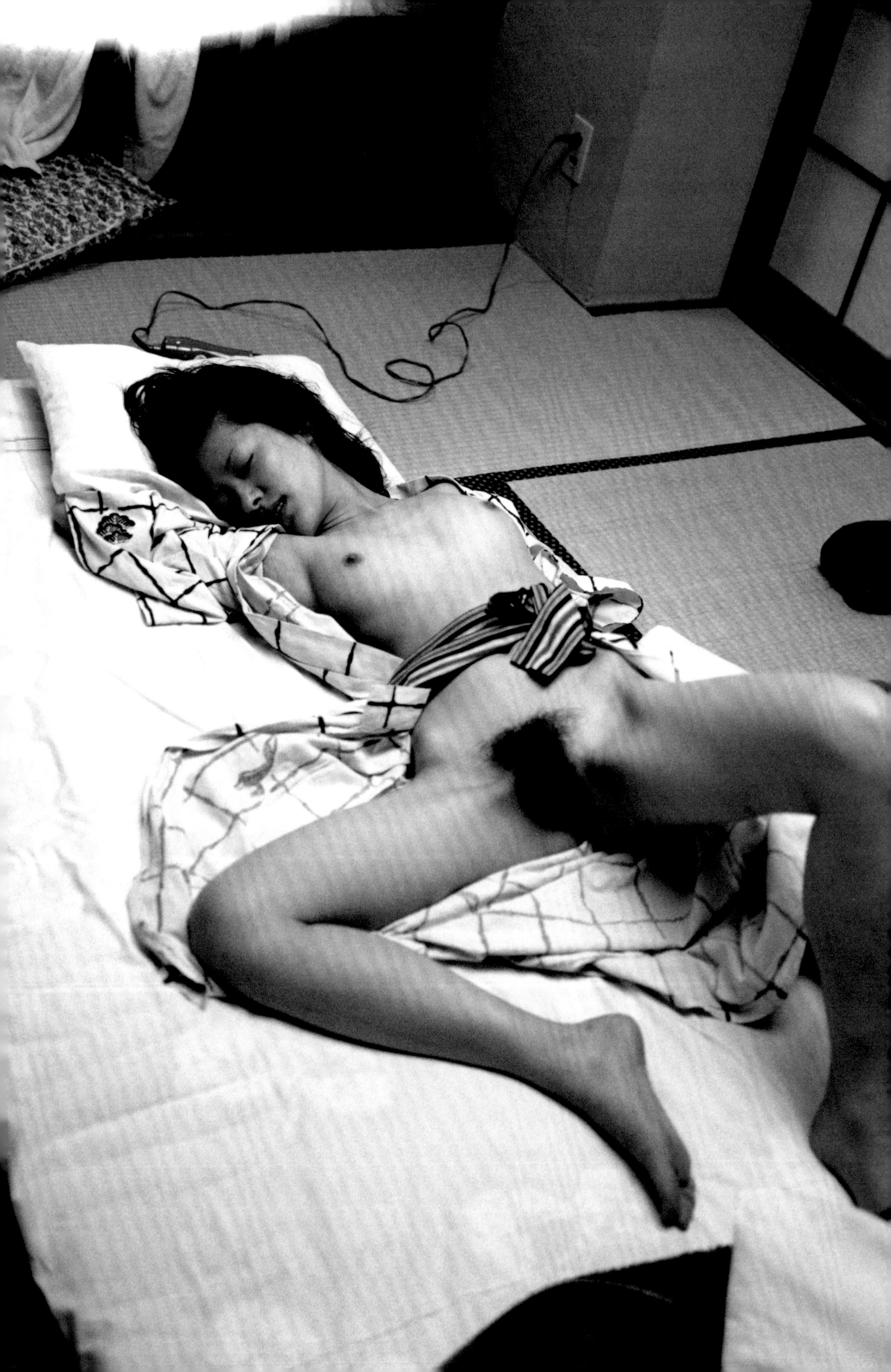

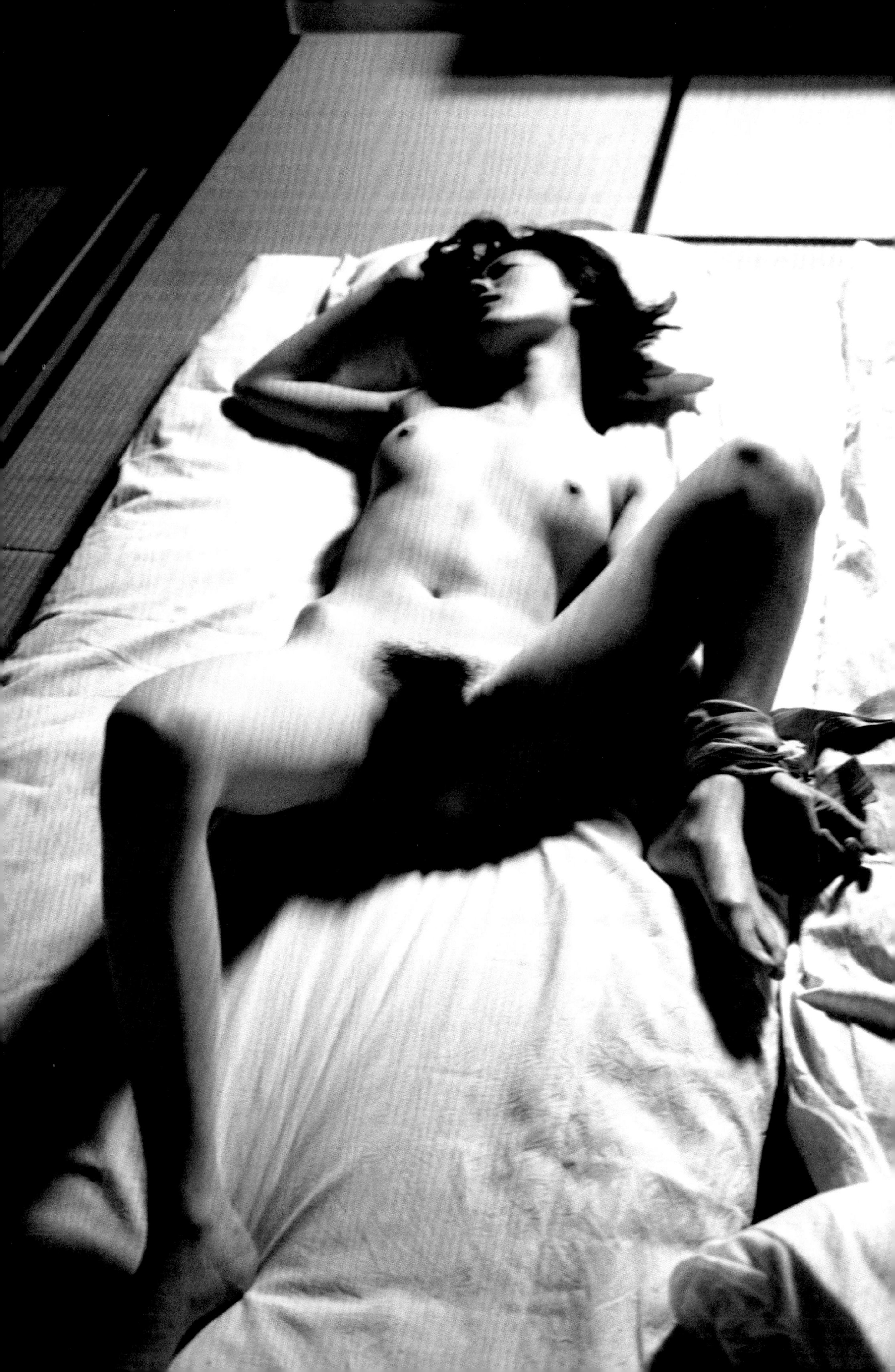

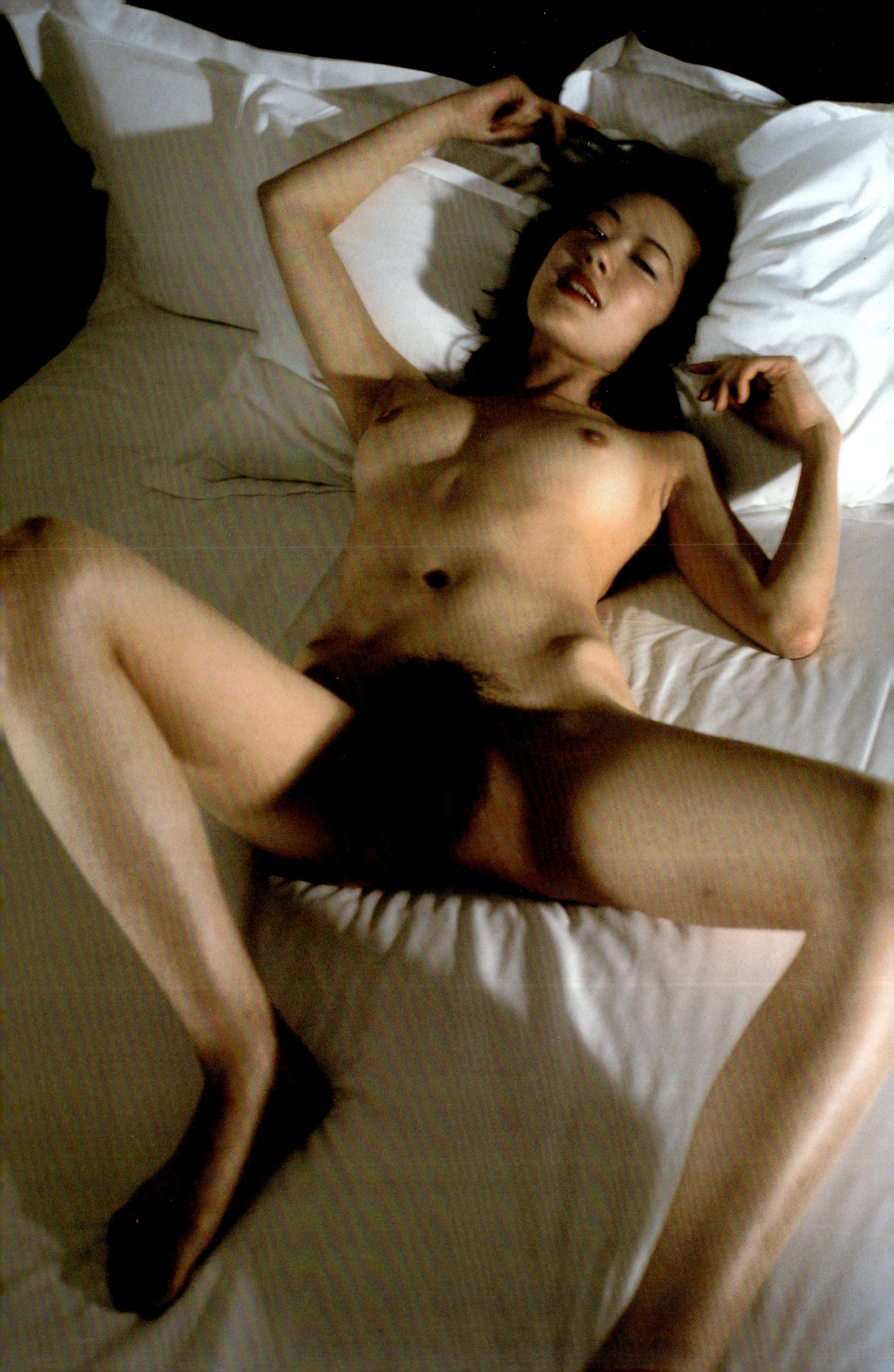

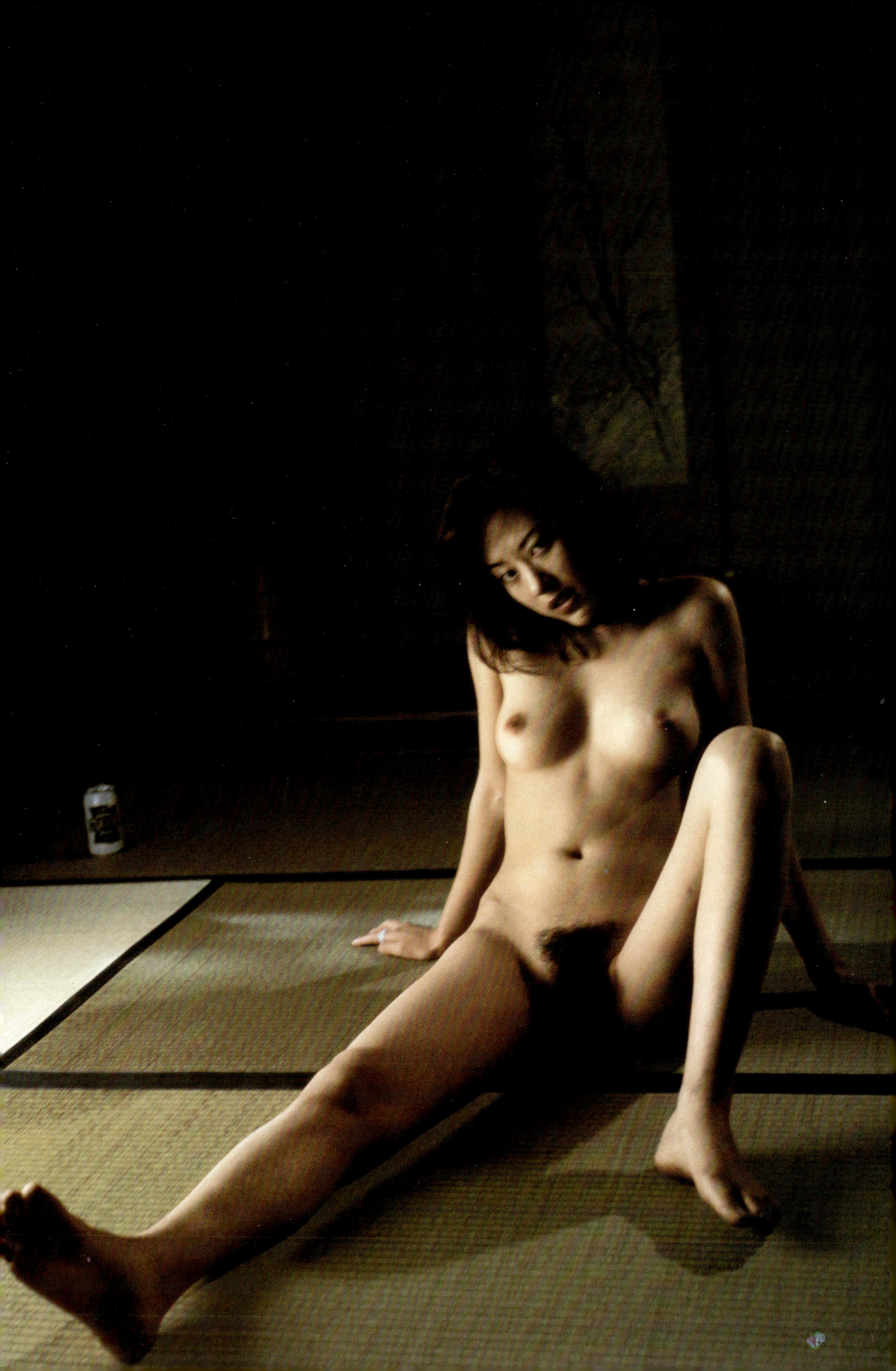

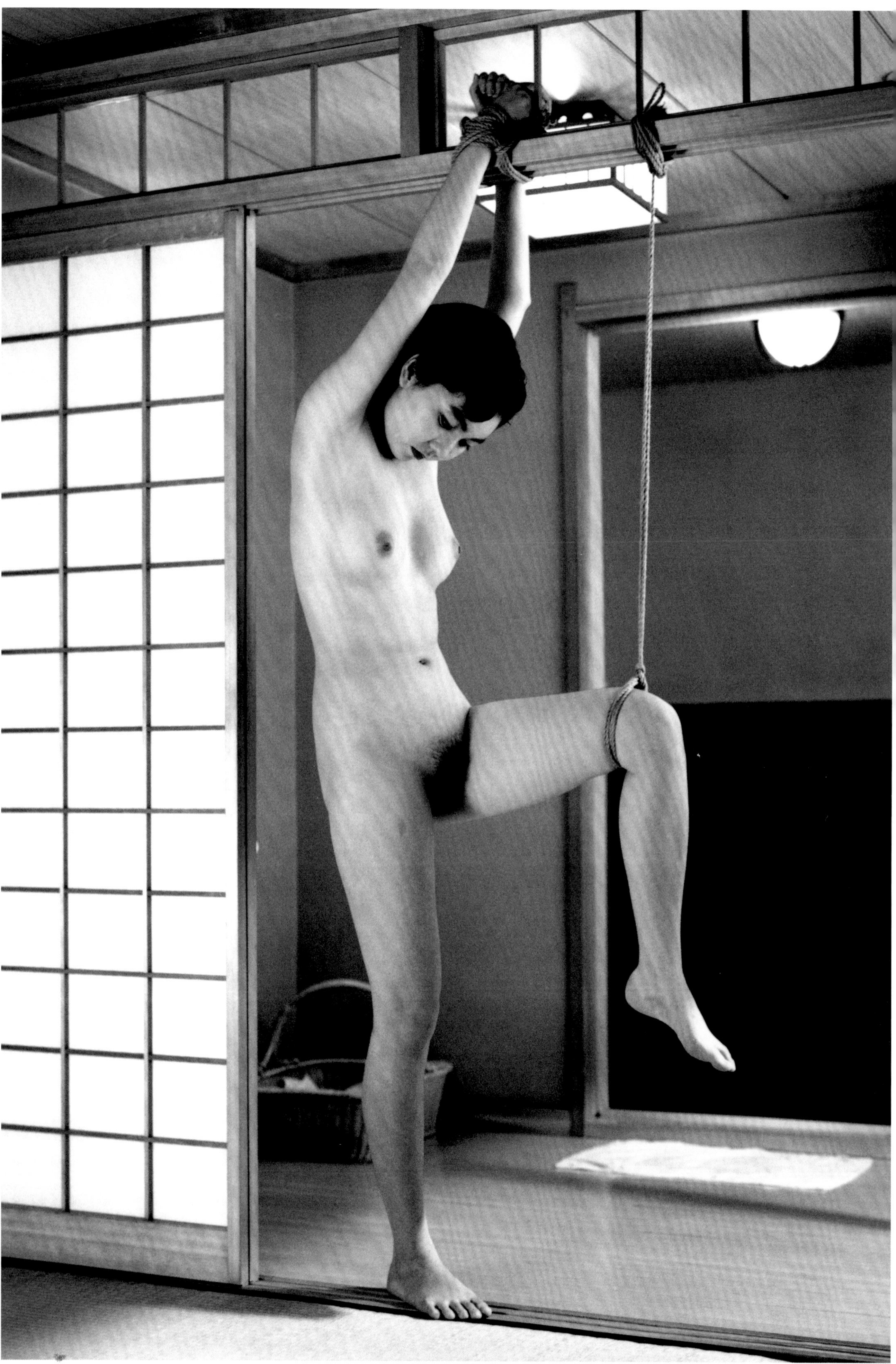

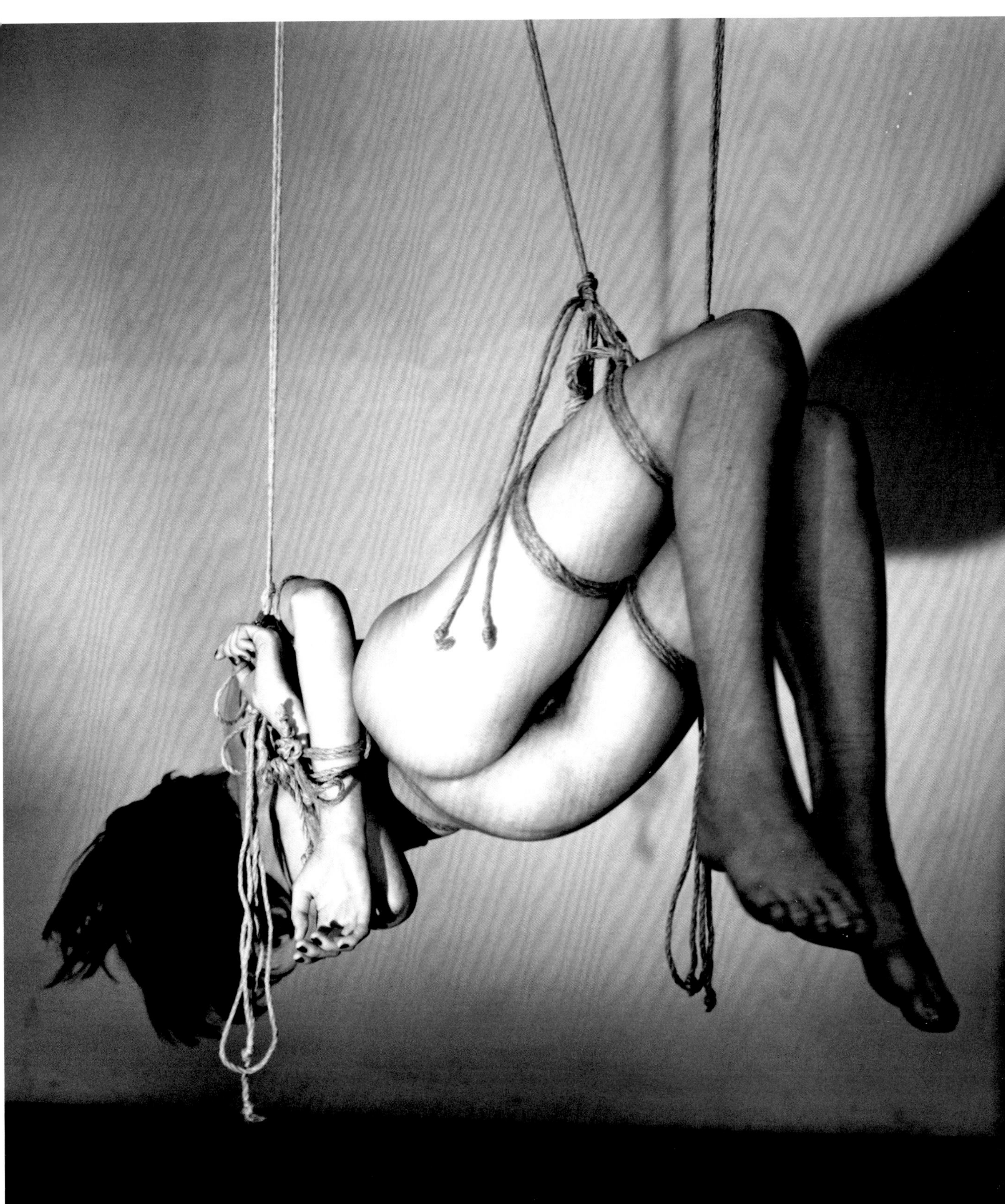

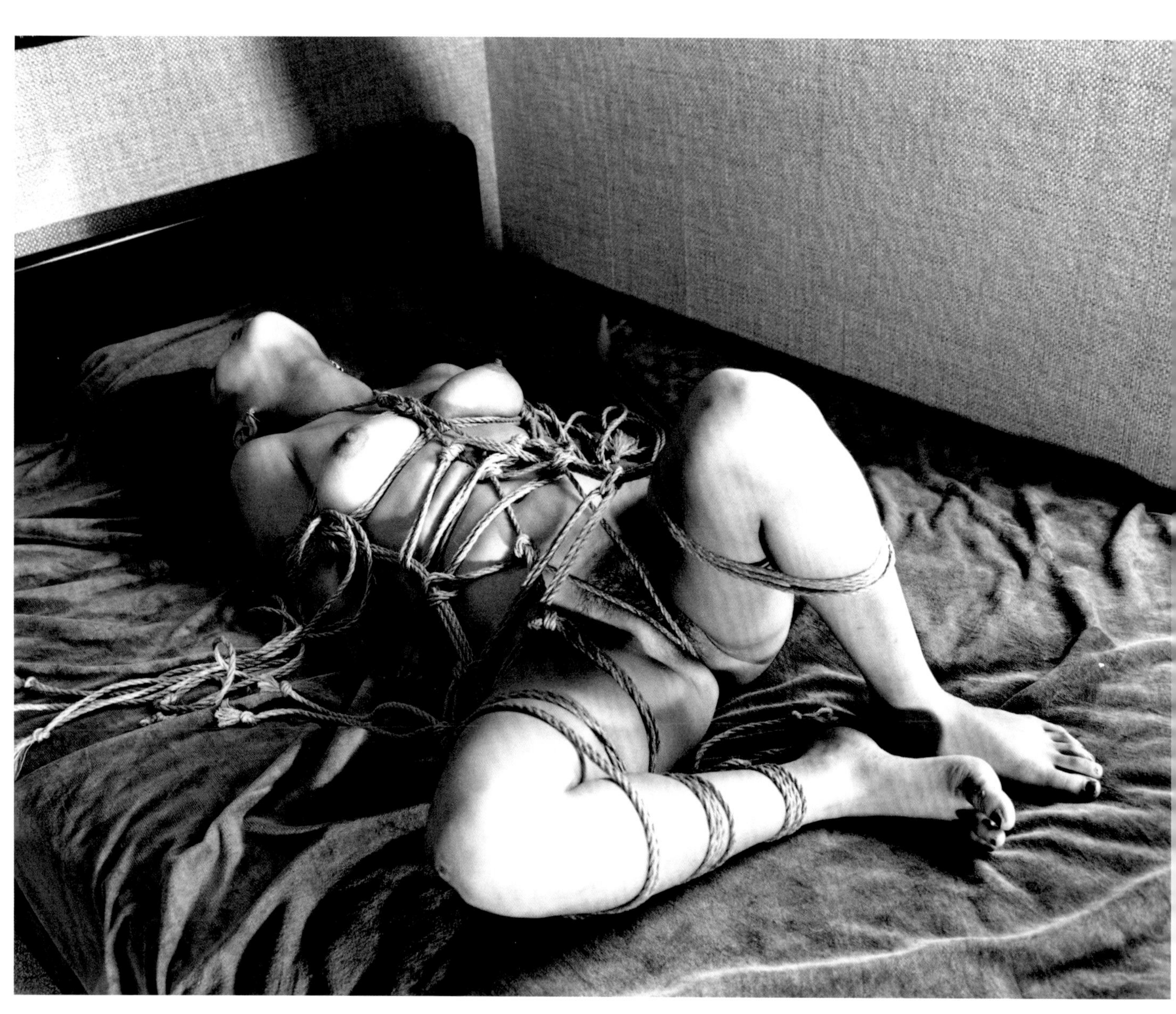

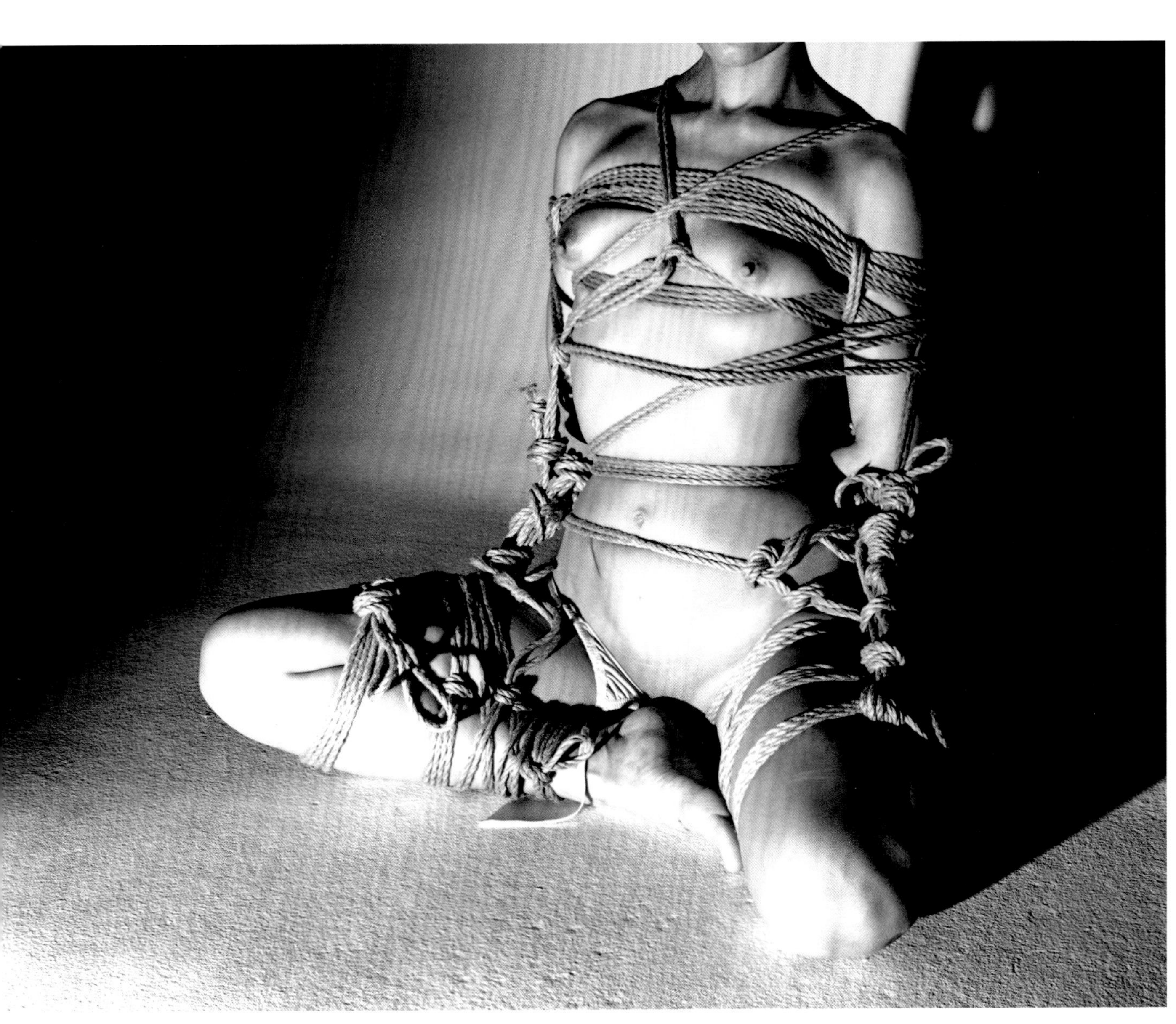

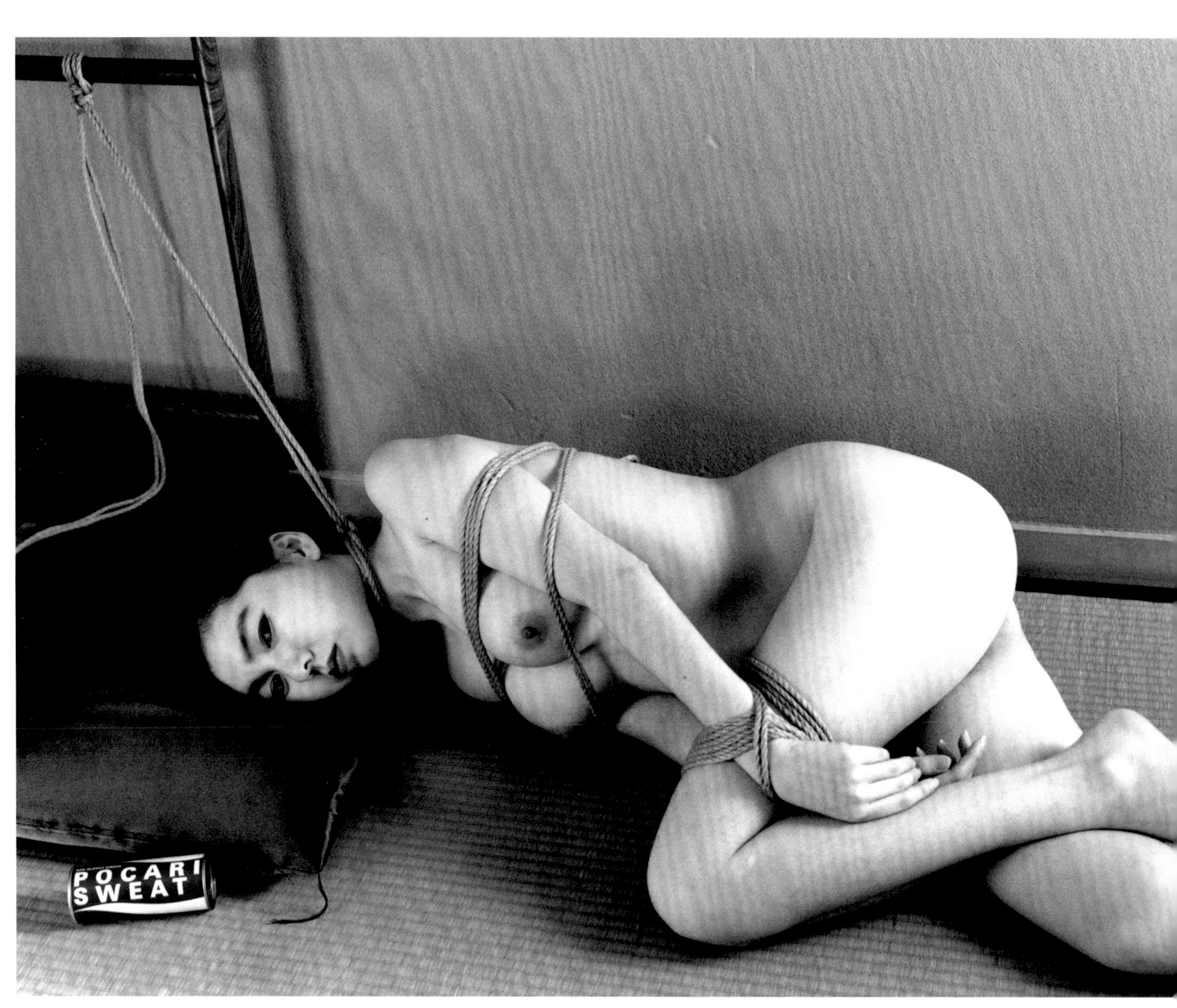
POCARI
SWEAT

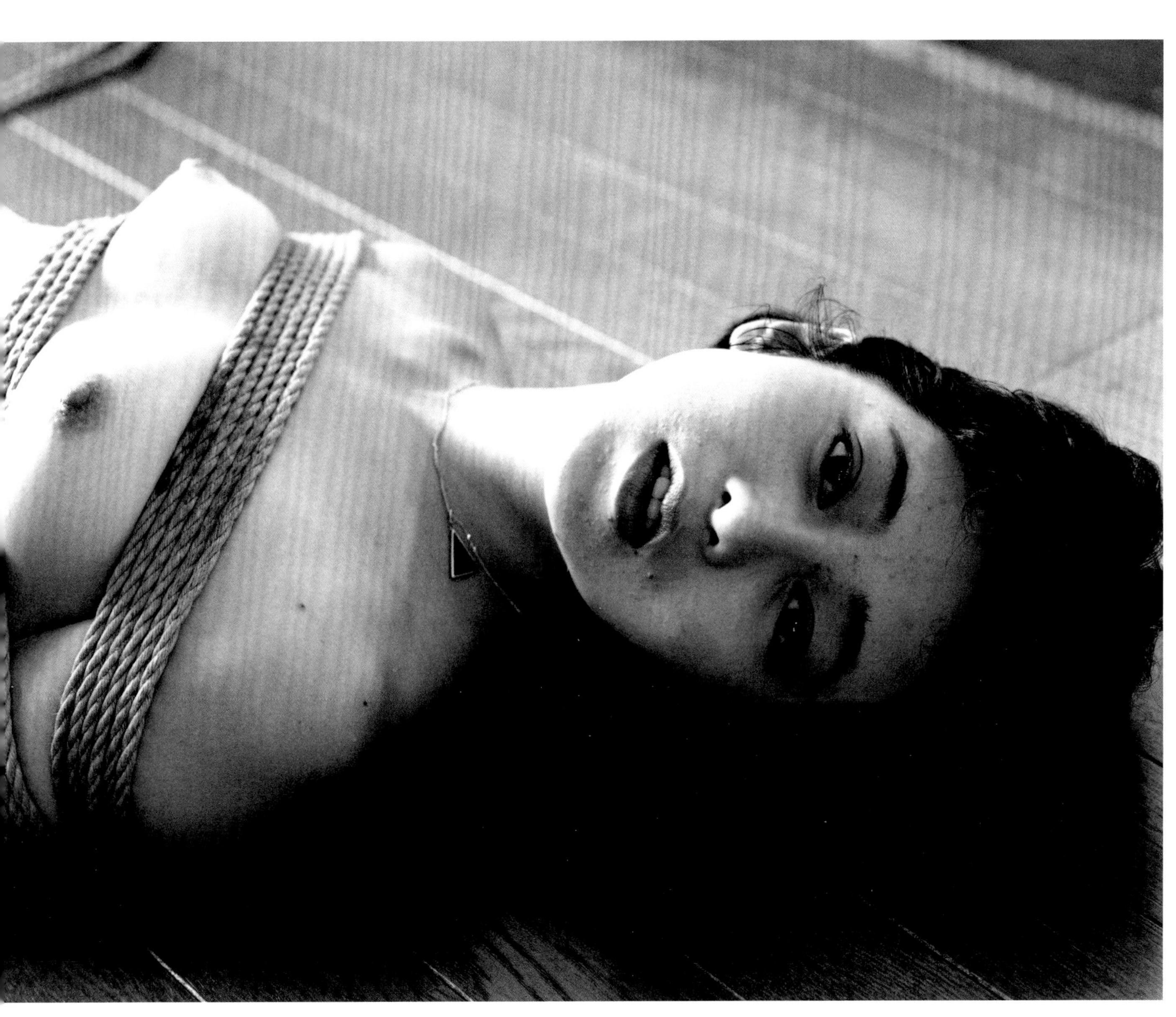

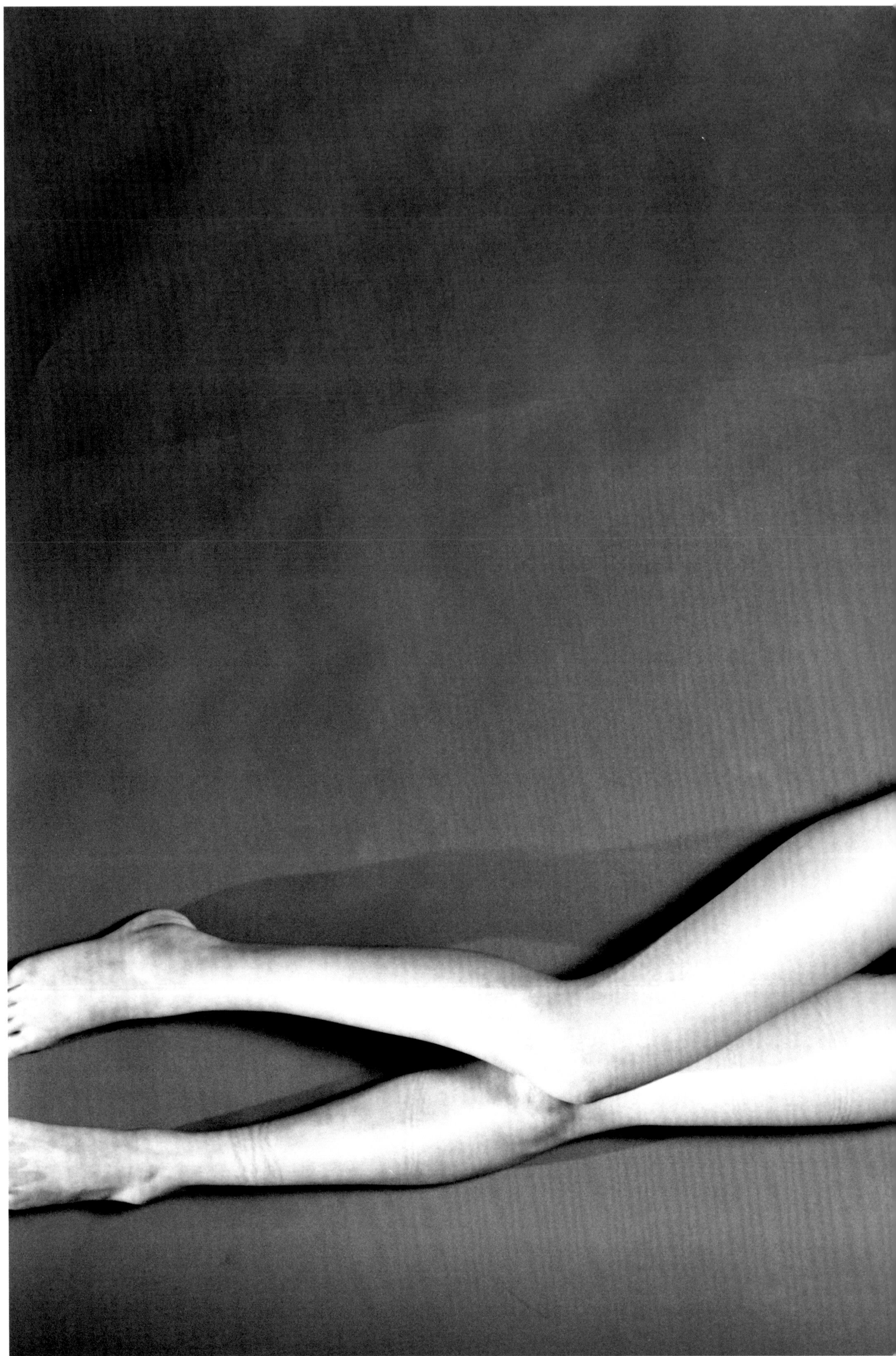

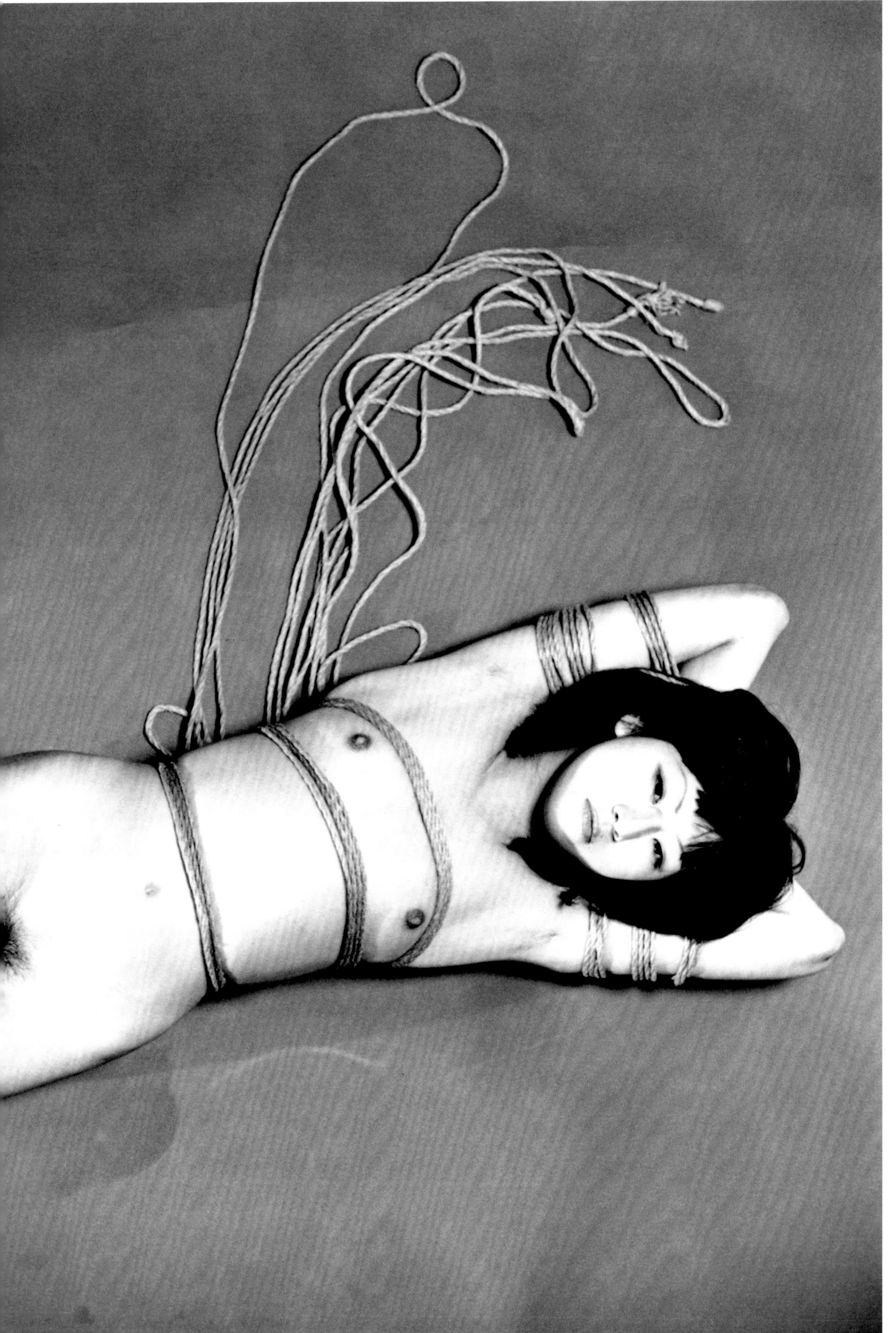

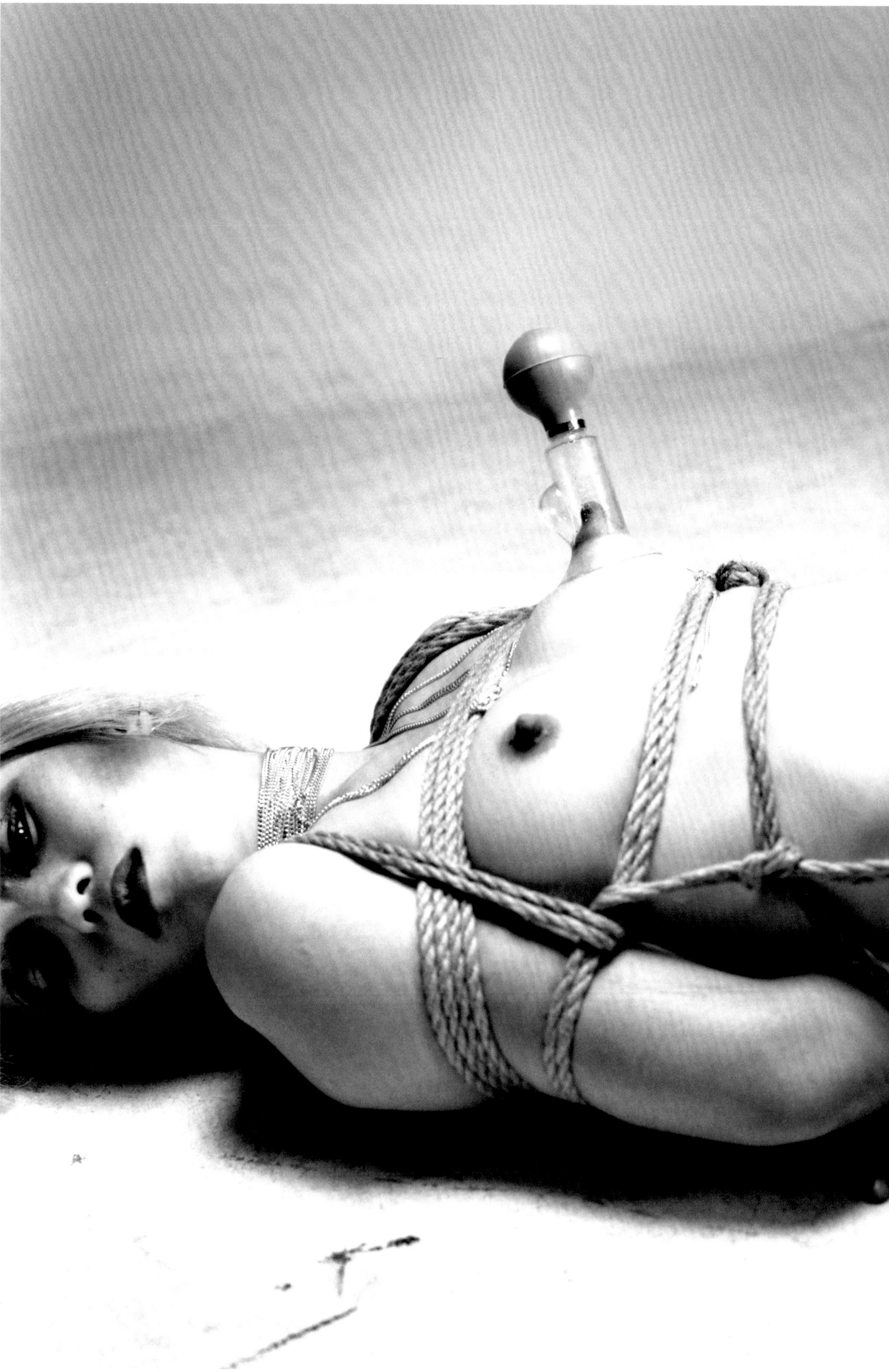

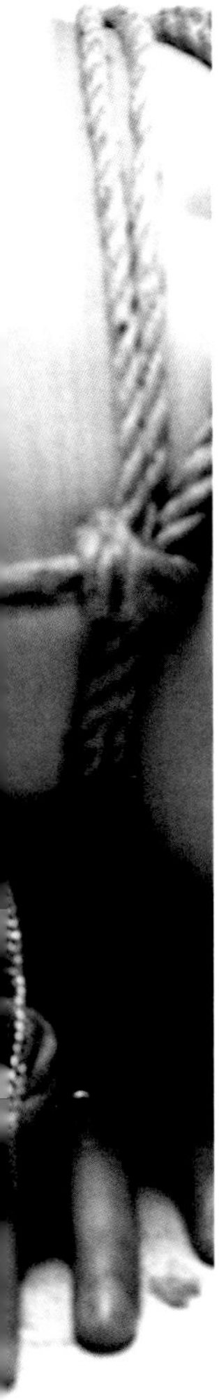

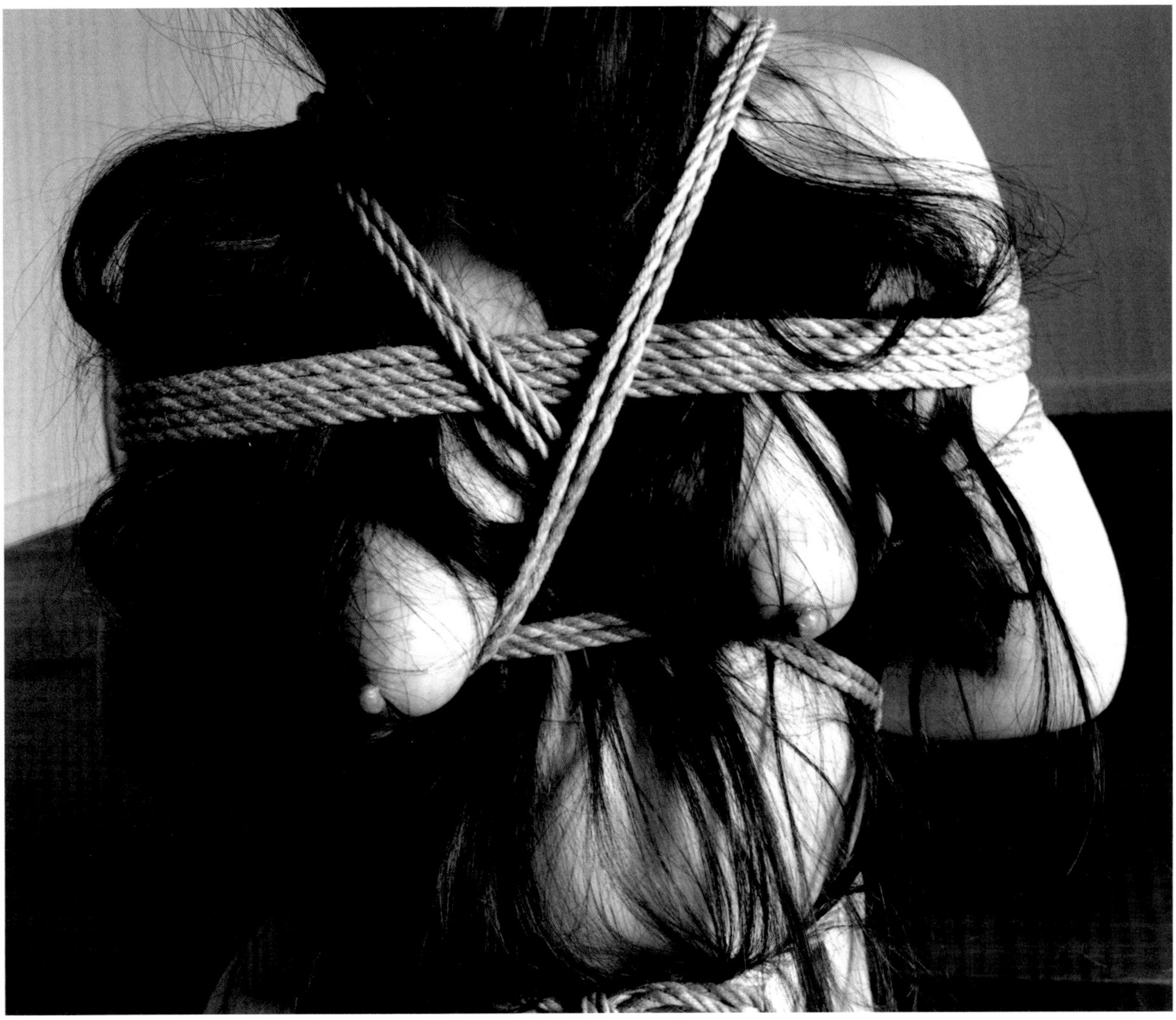

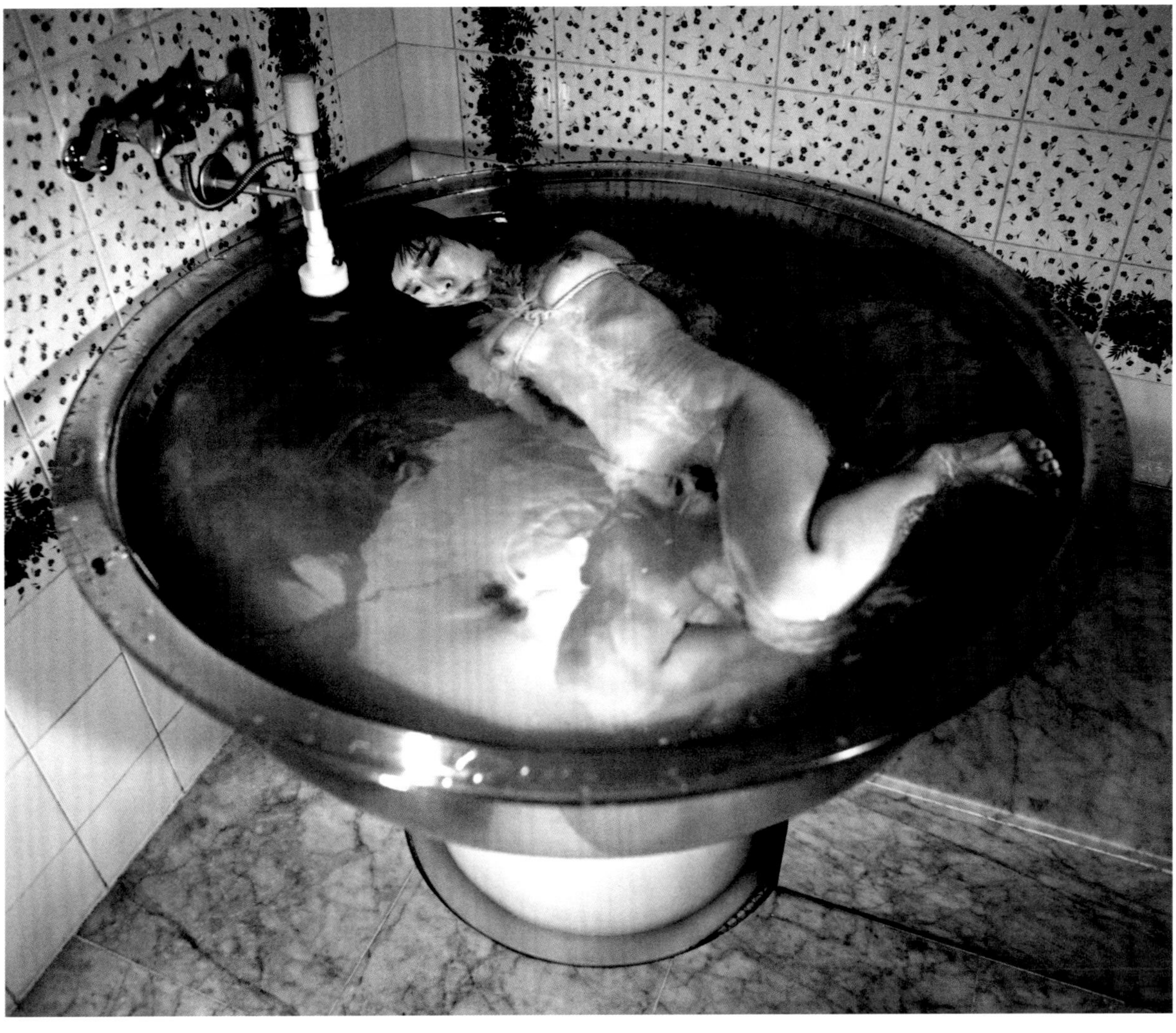

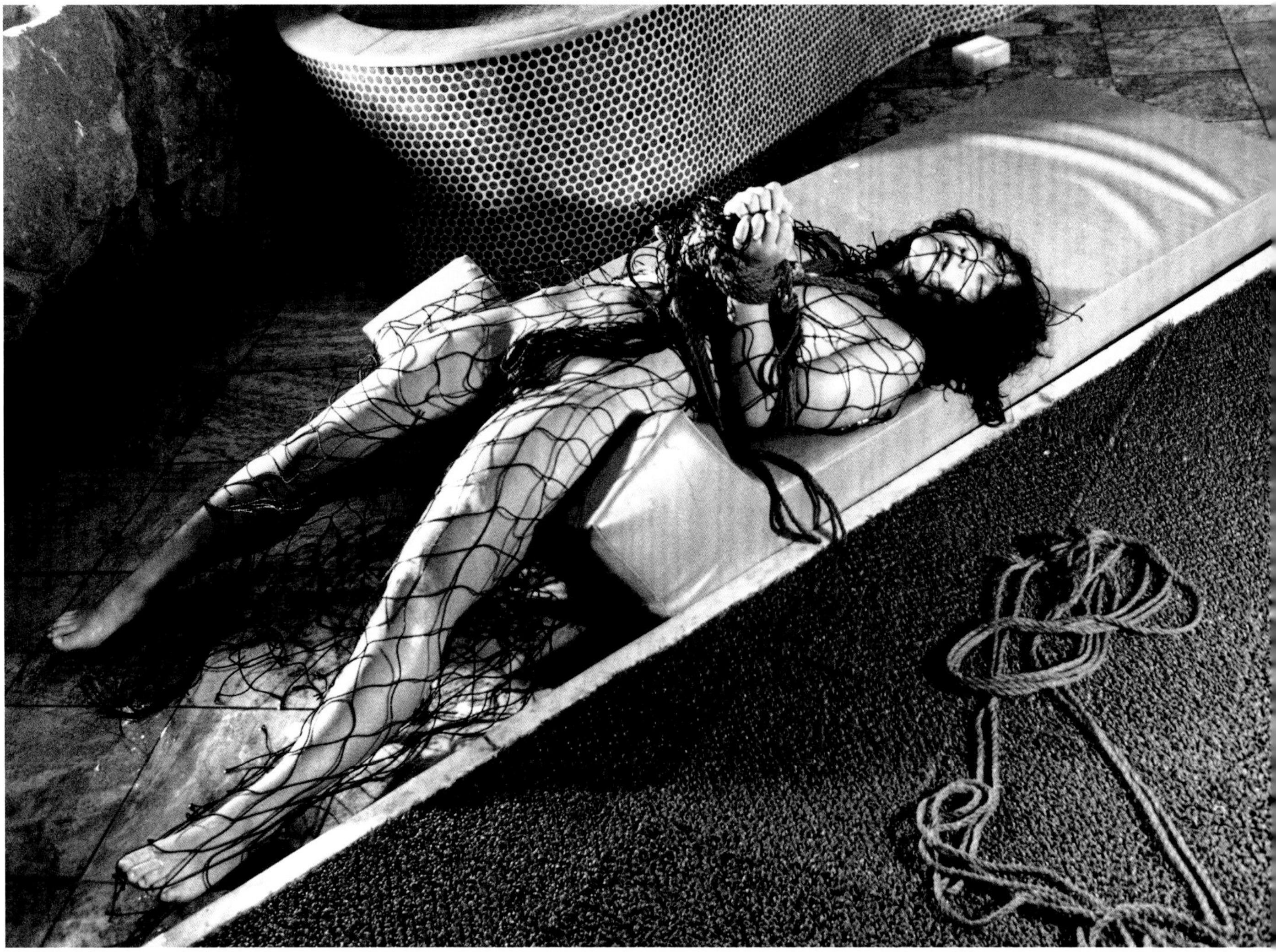

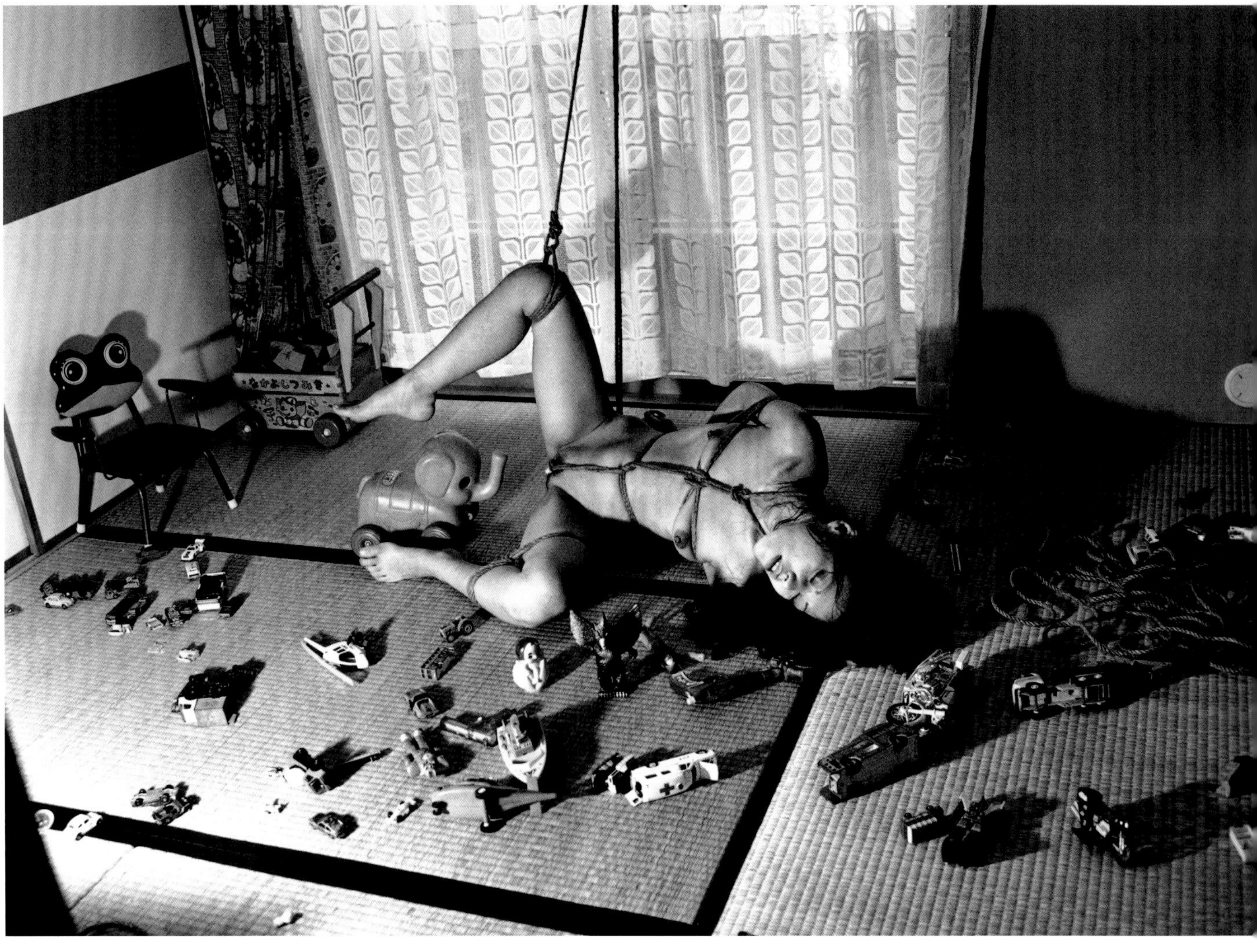

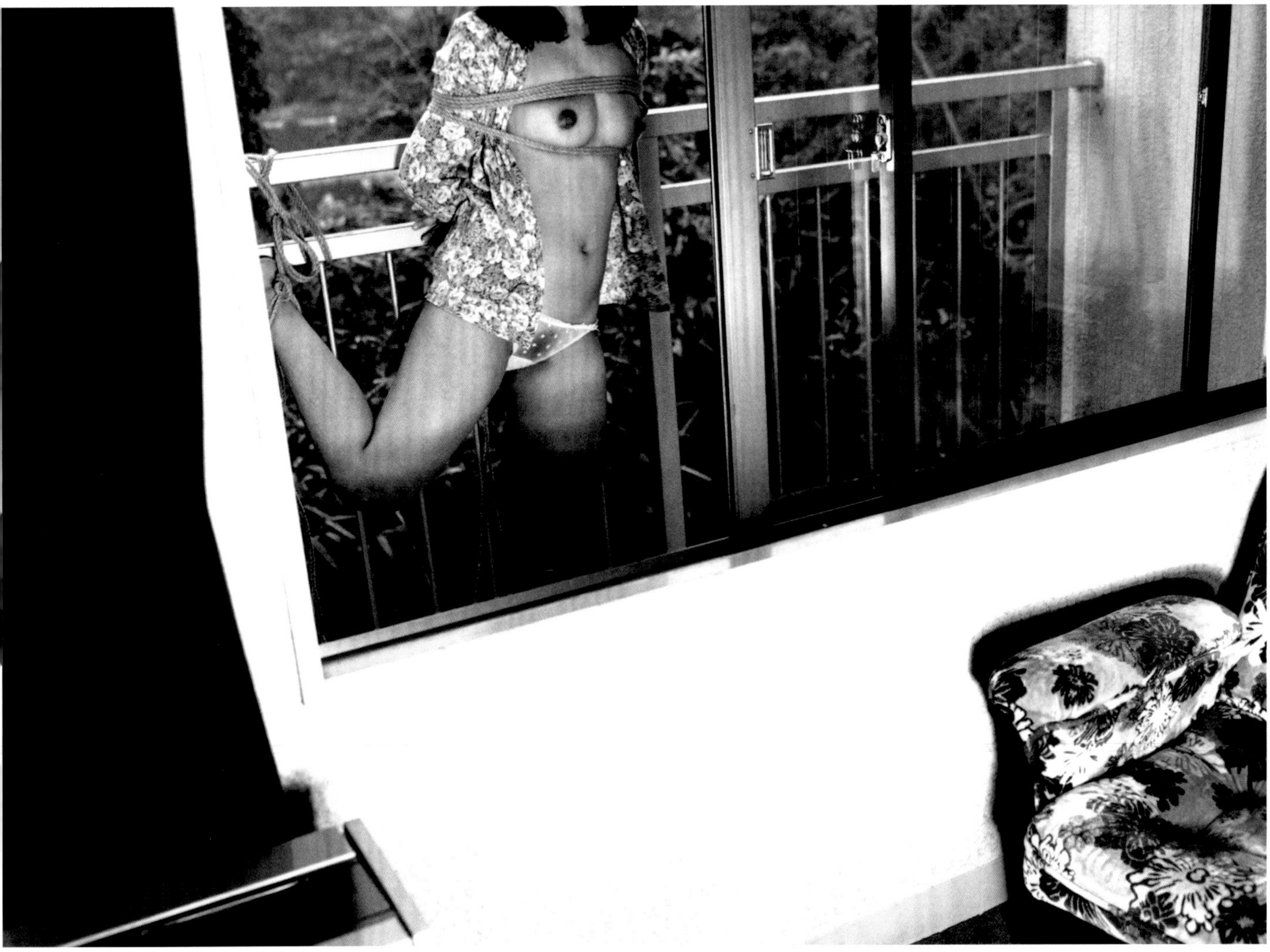

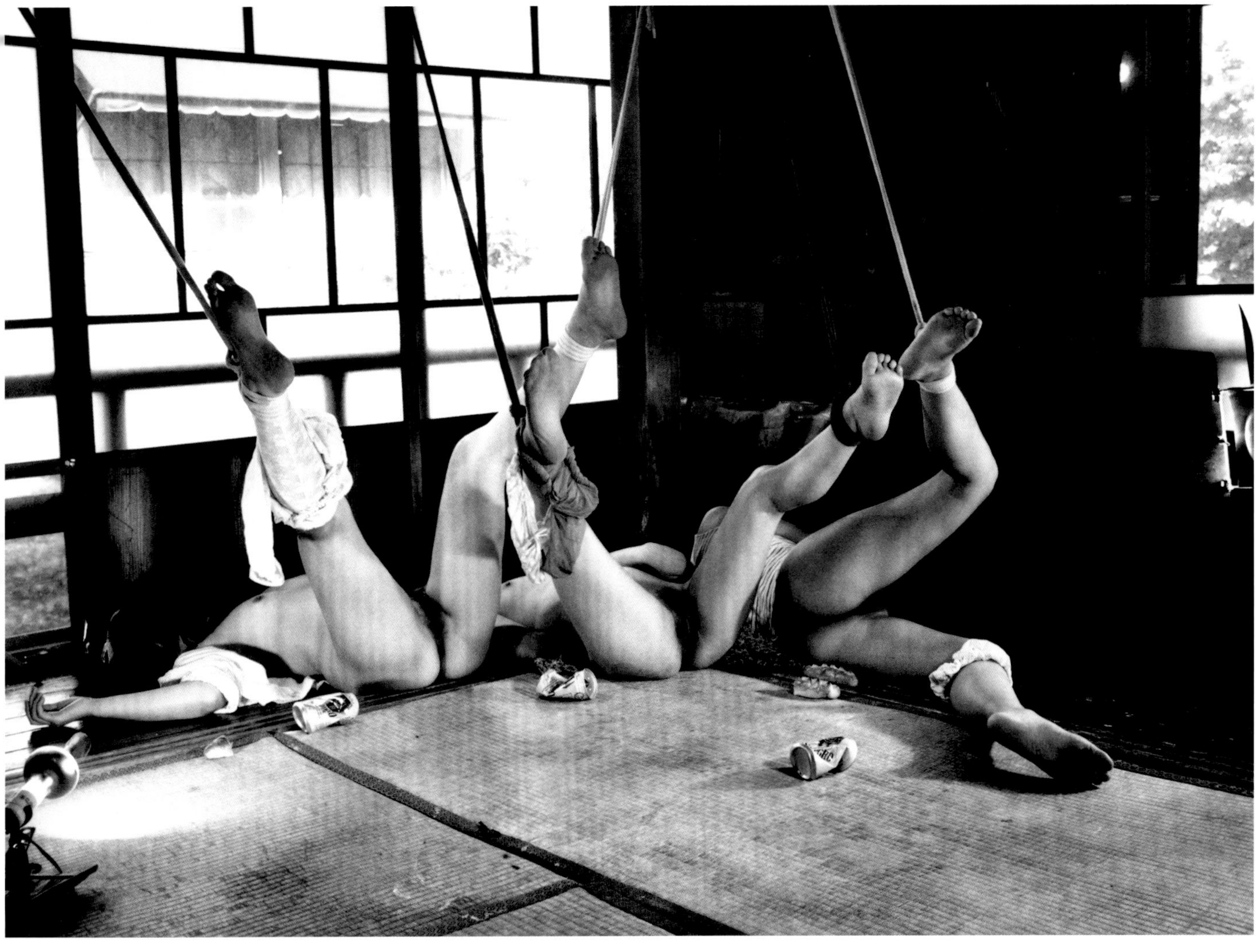

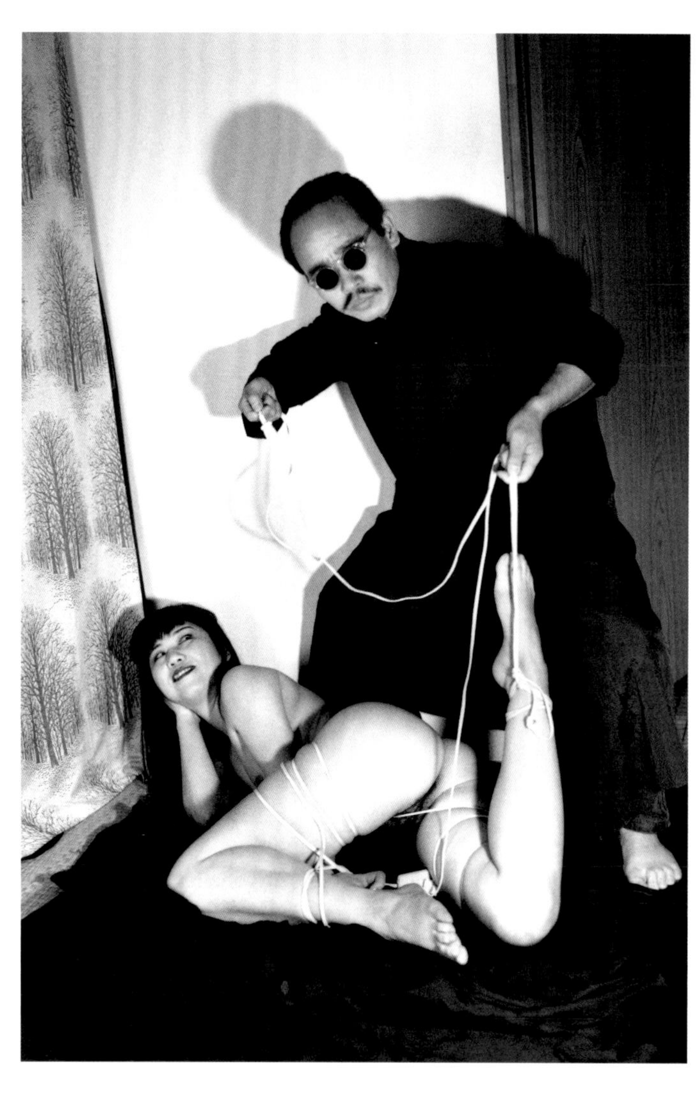

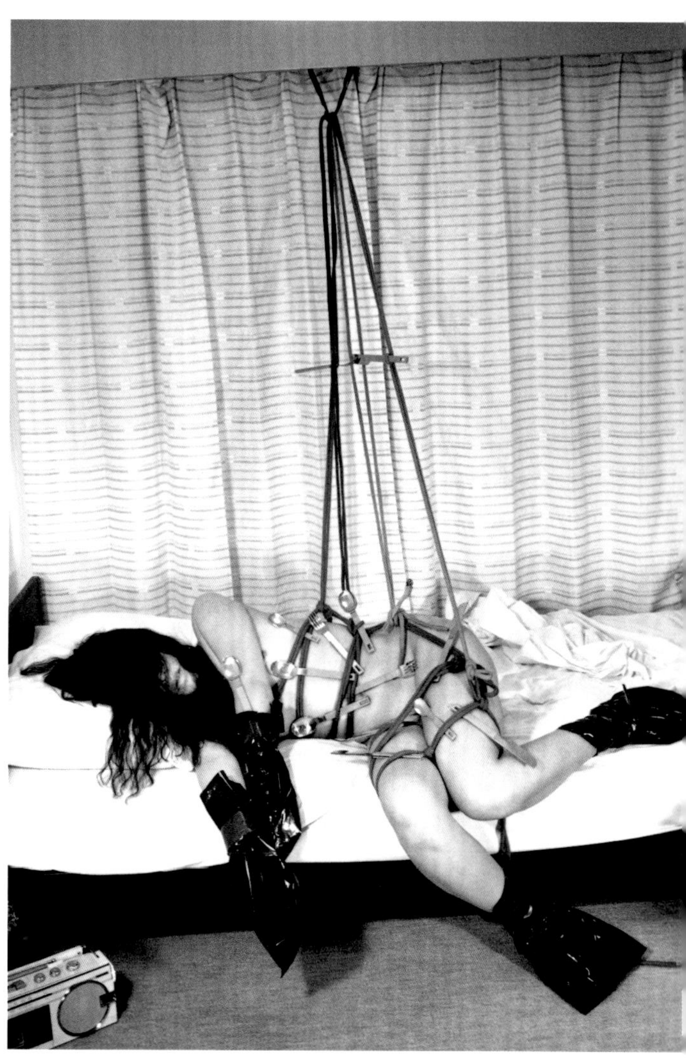

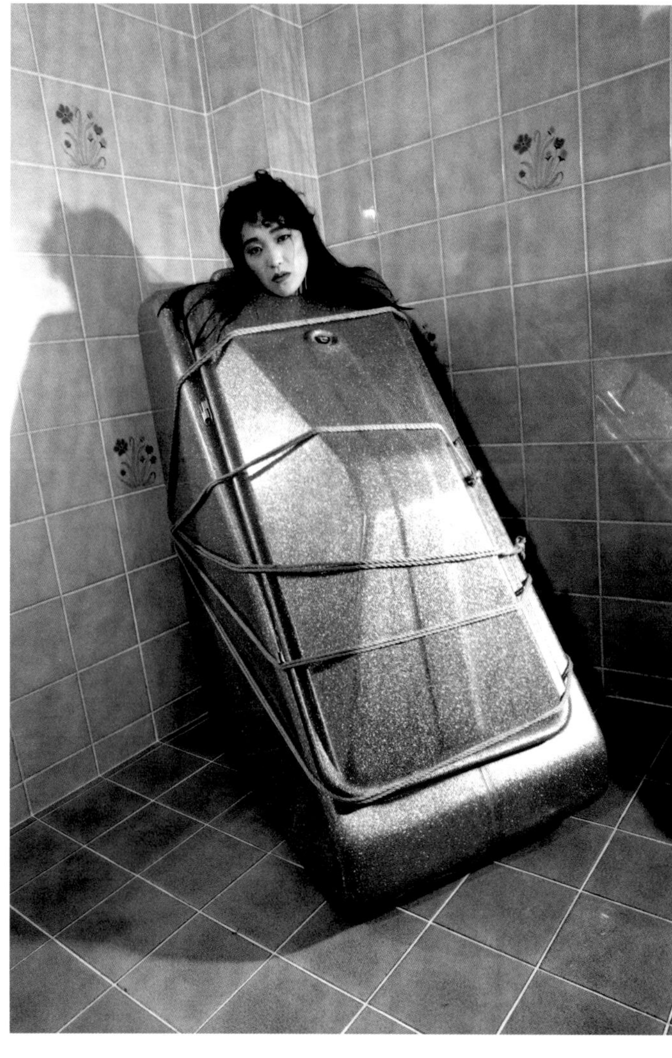

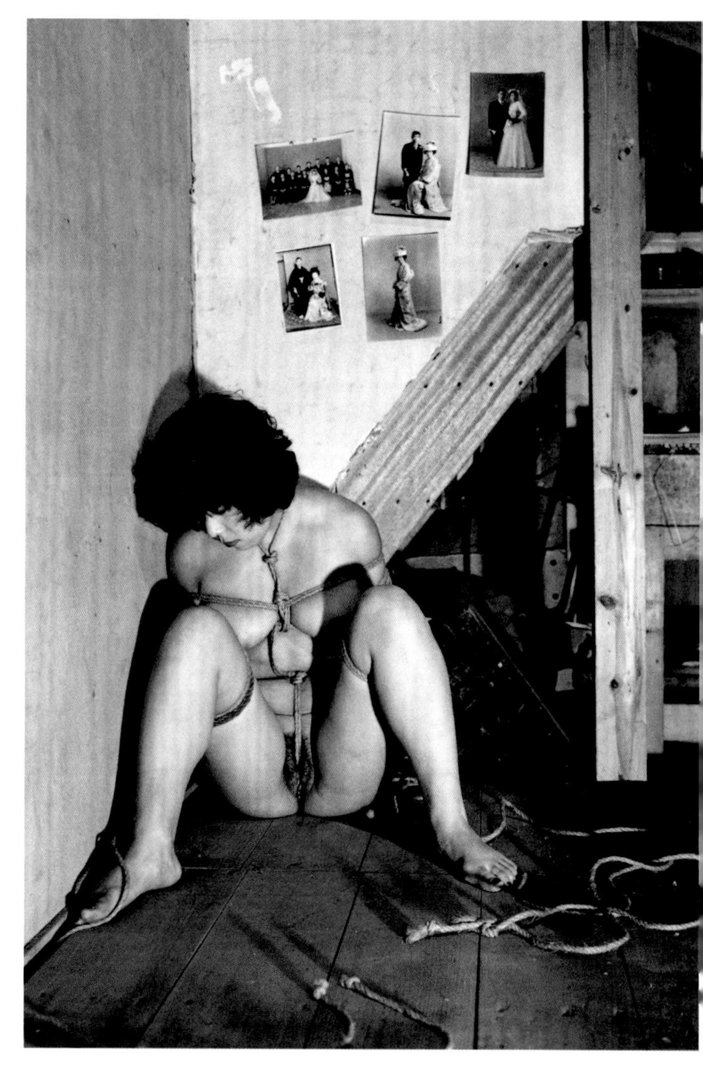

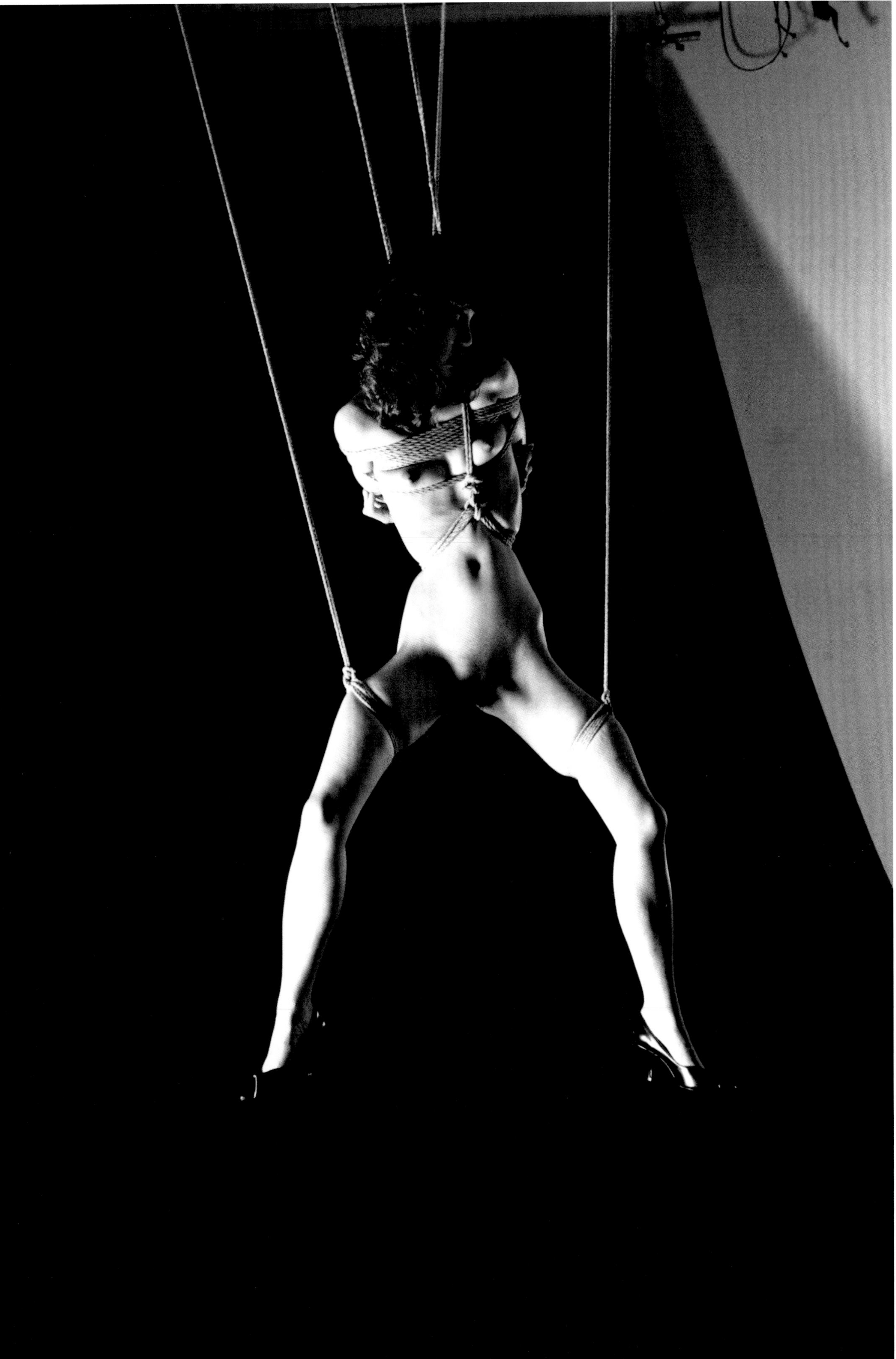

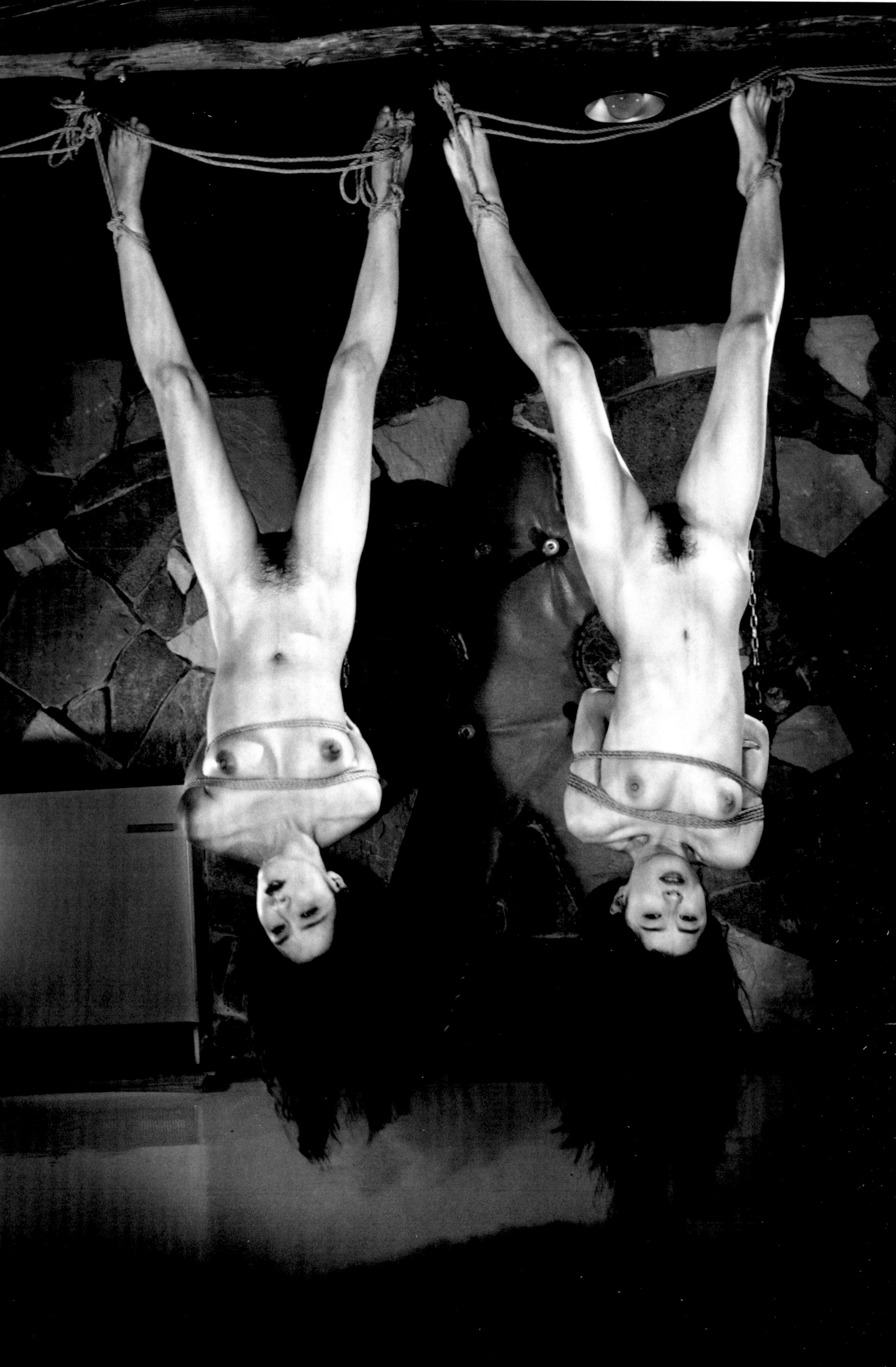

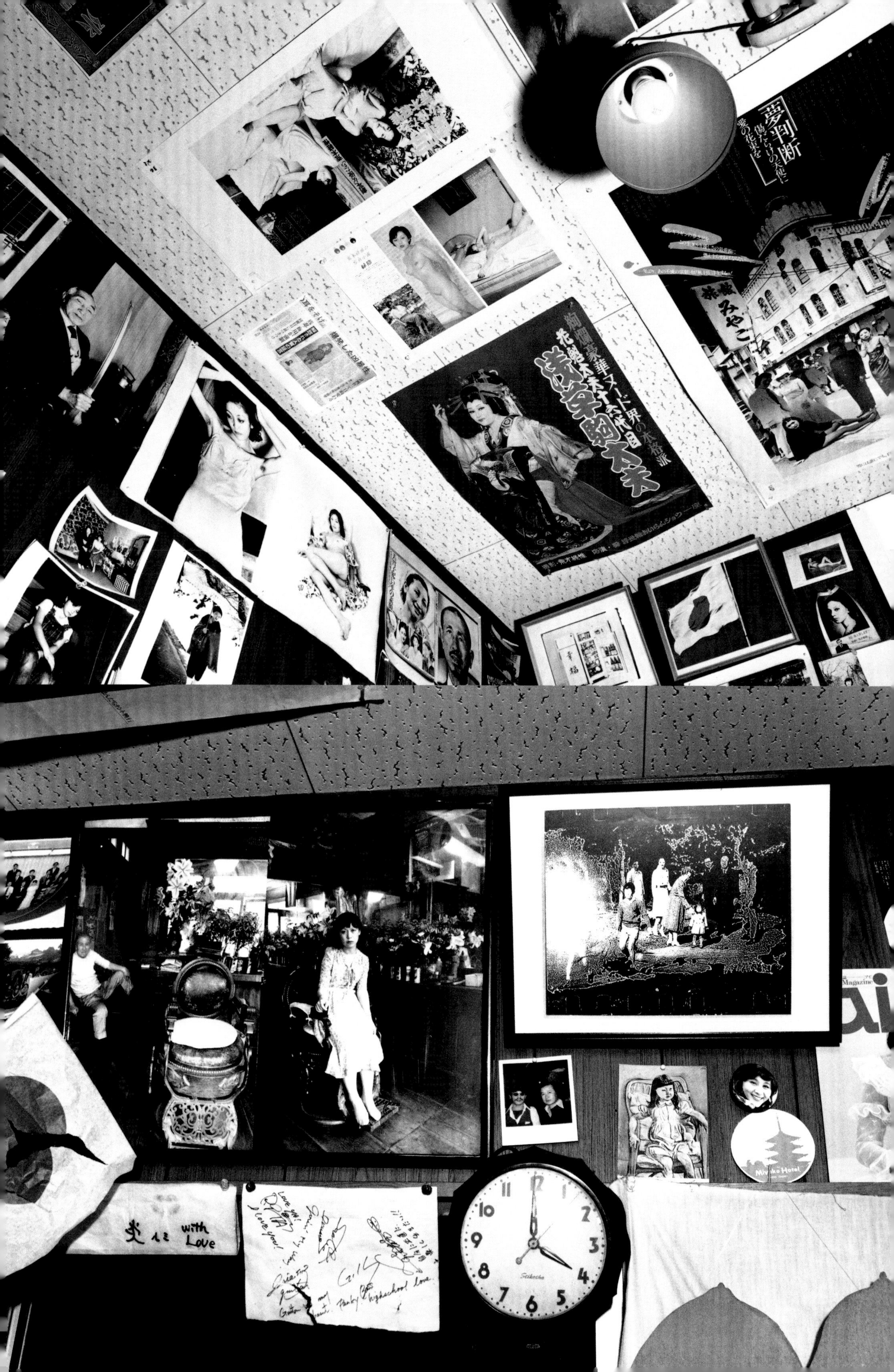
夢判断
傷だらけの天使に
愛の花束を
絢爛豪華ヌード界の本格派
浅草駒太夫
with Love
Seikosha
Miyako Hotel

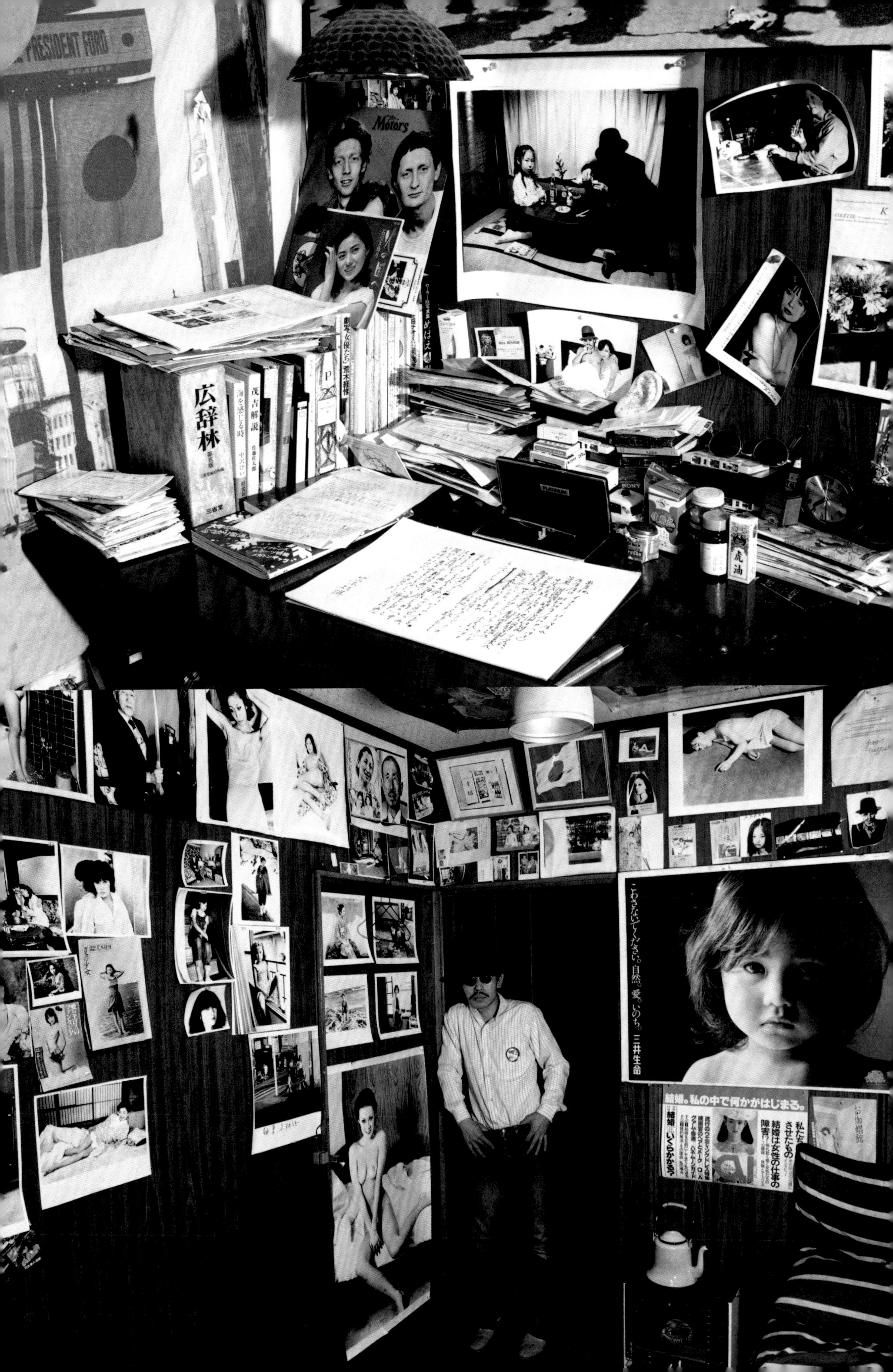

PRESIDENT FORD
Motors
広辞林
三省堂
海を感じる時
茂吉解説
SONY
PLATINUM
虎油
こわさないでください。自然。愛。いのち。
三井生命
結婚。私の中で何かがはじまる。
結婚は女性の仕事の障害!?
結婚いくらかかるか?

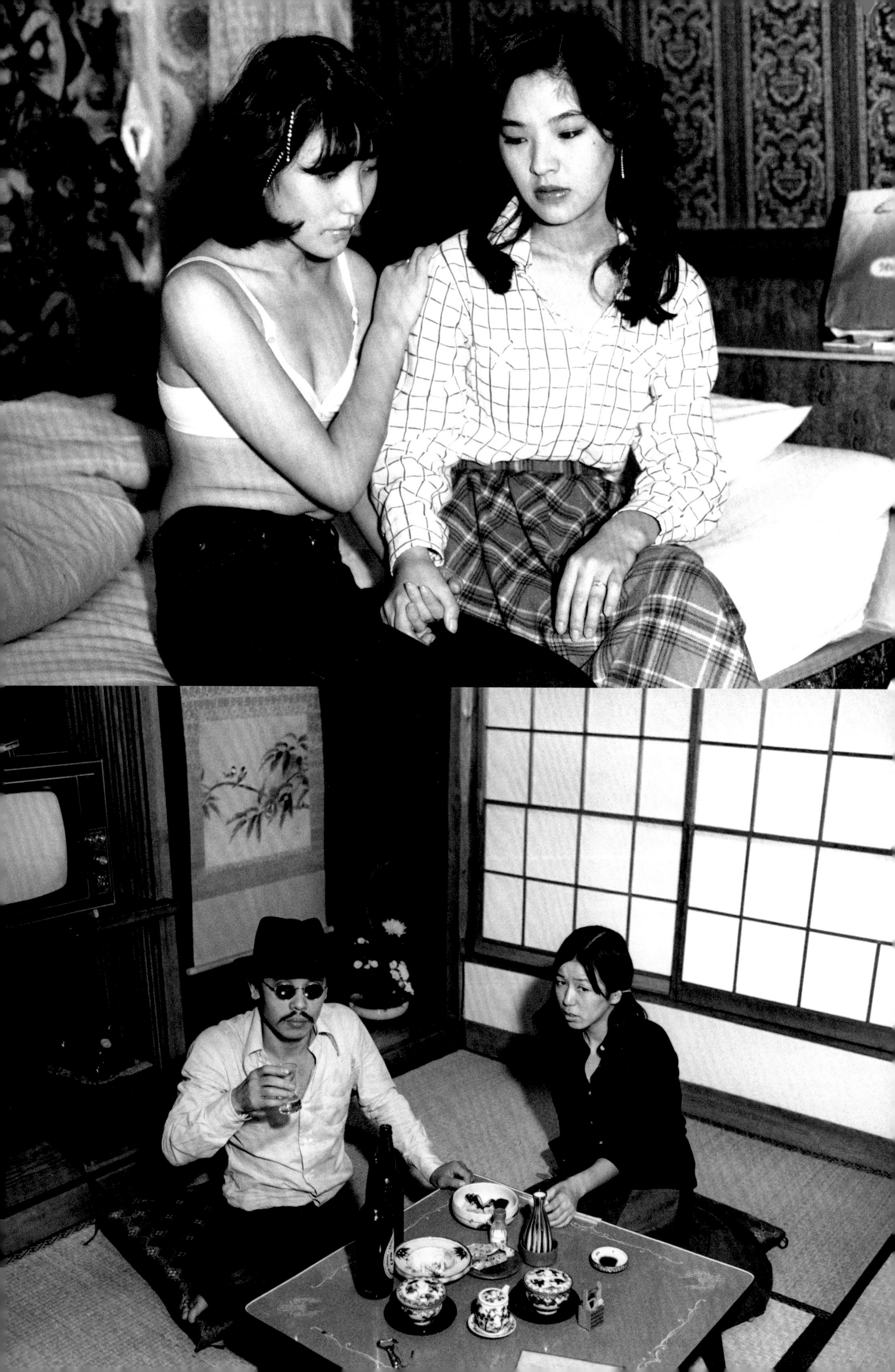

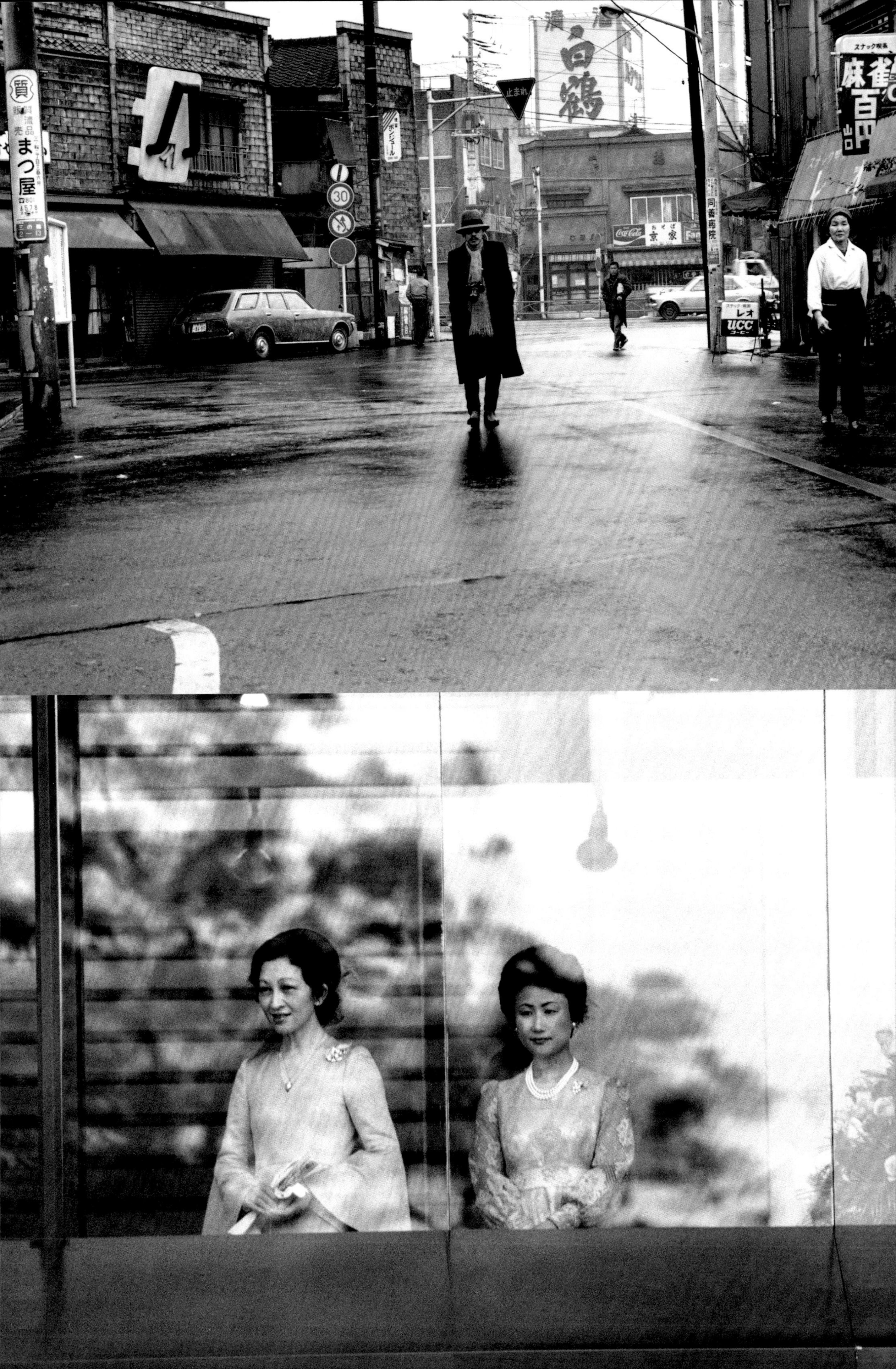
質
まつ屋
ボンジュール
30
止まれ
白鶴
同善病院
Coca-Cola
おそば
京家
スナック喫茶
麻雀
百円
レオ
UCC
コーヒー

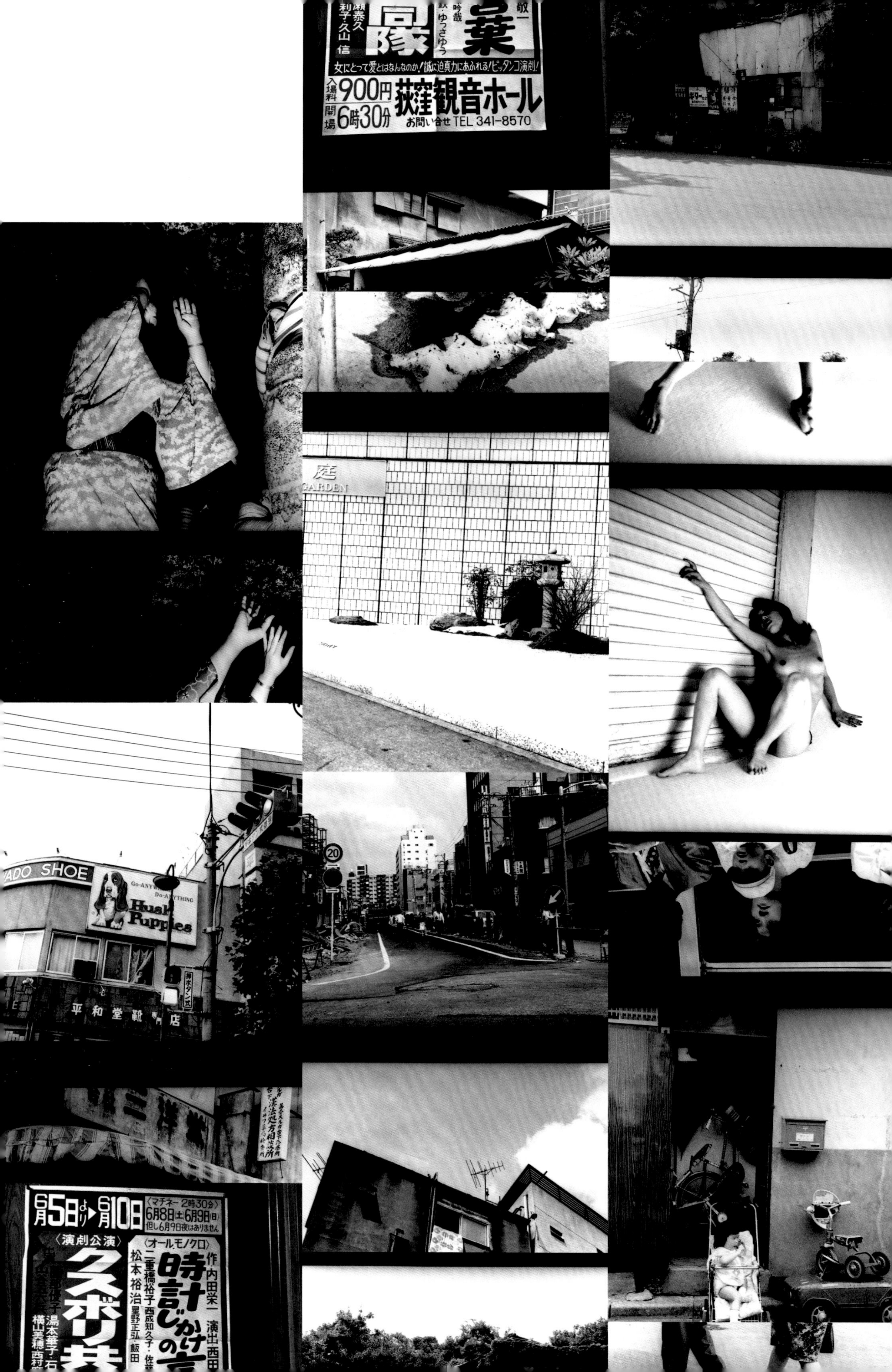
女にとって愛とはなんなのか！誠に迫真力にあふれる！ピッタンコ演劇！
入場料 900円
開場 6時30分
荻窪観音ホール
お問い合せ TEL 341-8570
庭
GARDEN
20
SHOE
Go-ANYWHERE Do-ANYTHING
Hush Puppies
平和堂靴専門店
6月5日より▶6月10日
〈マチネー 2時30分〉
6月8日(土) 6月9日(日)
但し6月9日夜はありません
〈演劇公演〉
クスボリ共
〈オール.モノクロ〉
時計じかけの
作 内田栄一
演出 西田
二重橋裕子 西成知久子・佐
松本裕治 星野正弘・飯田
湯本華子・石
横山美穂・西村

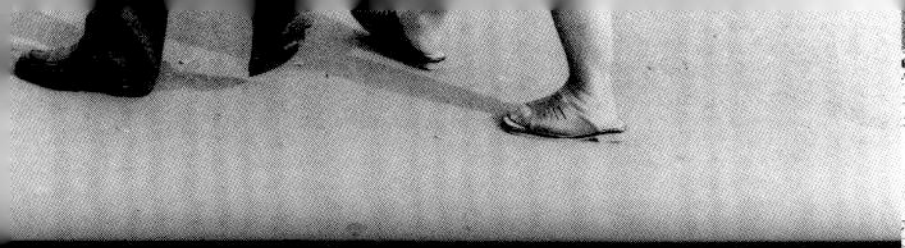

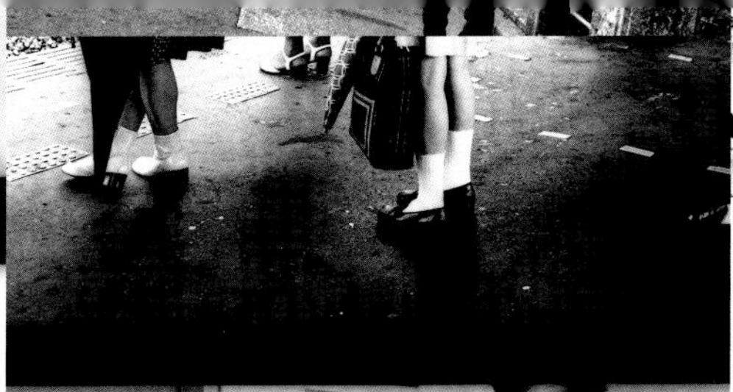

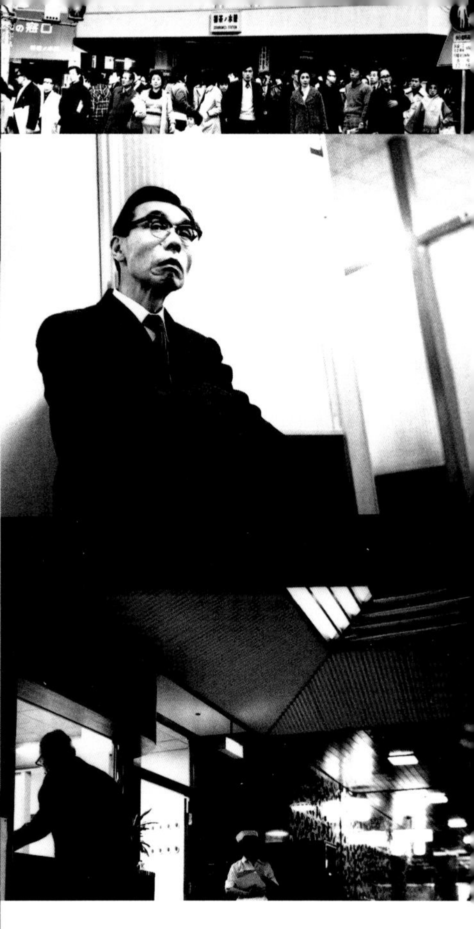

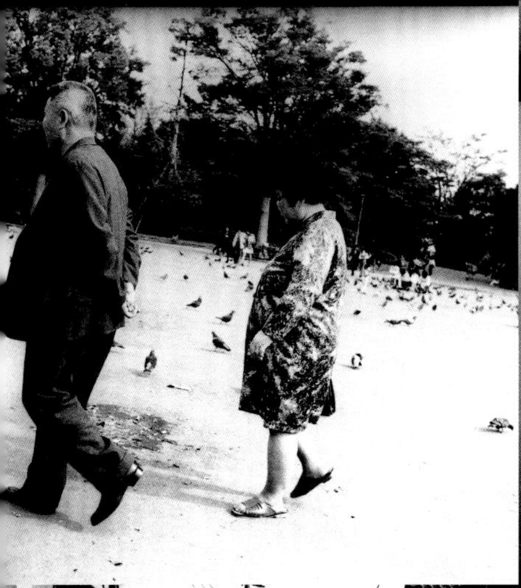

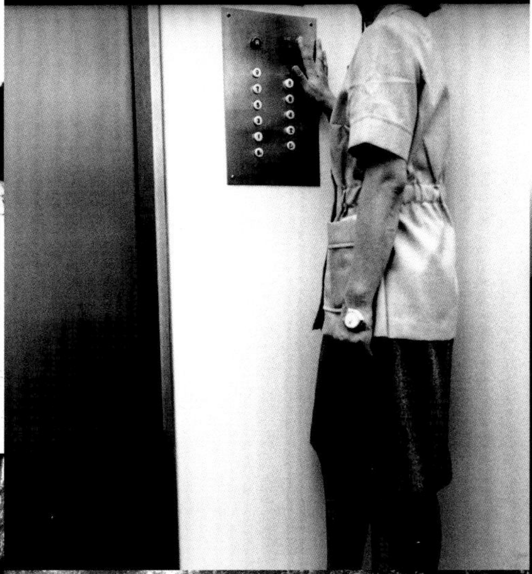

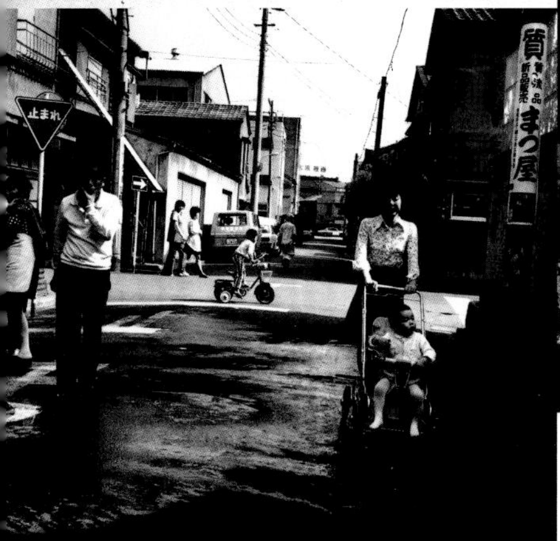

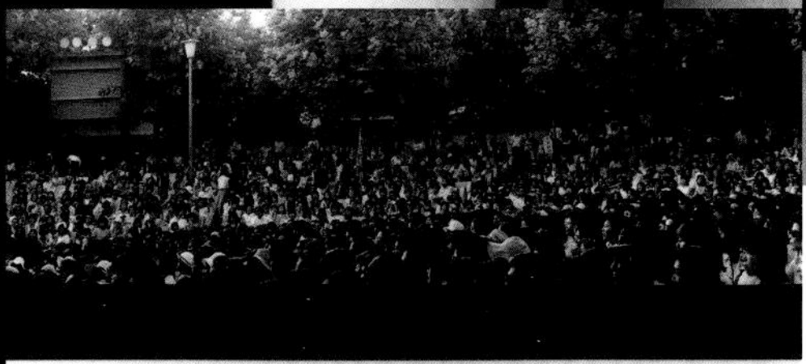

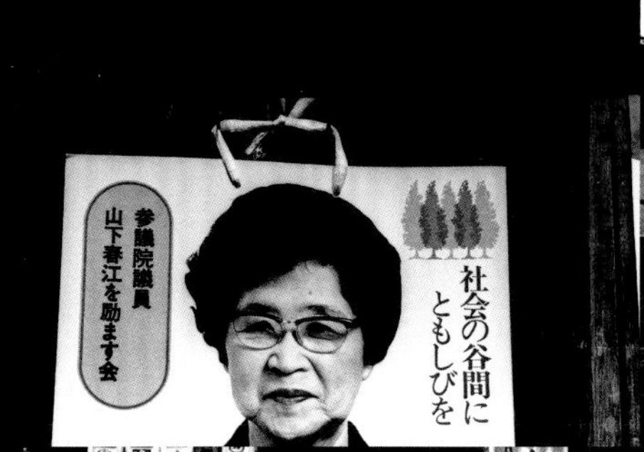

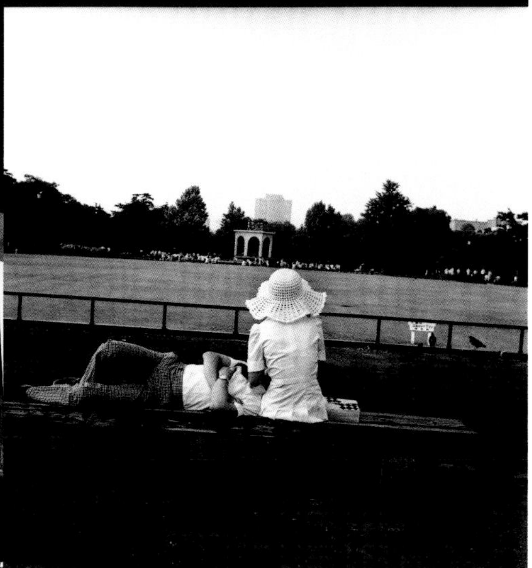

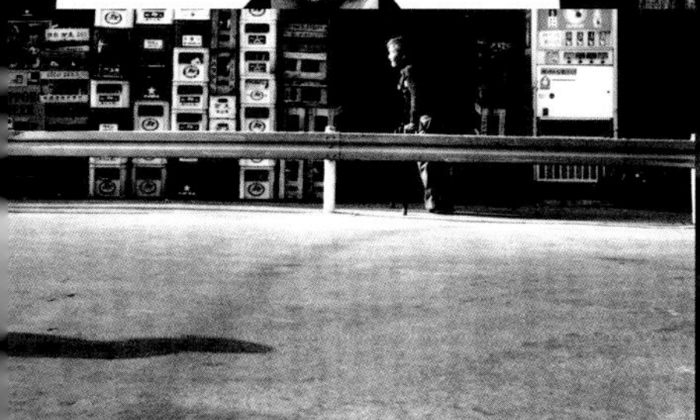

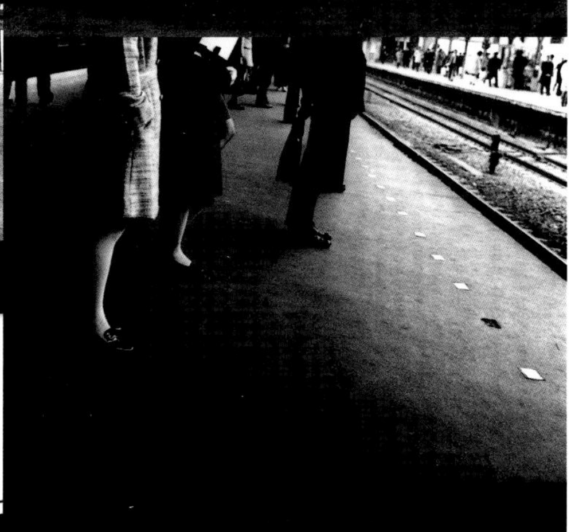

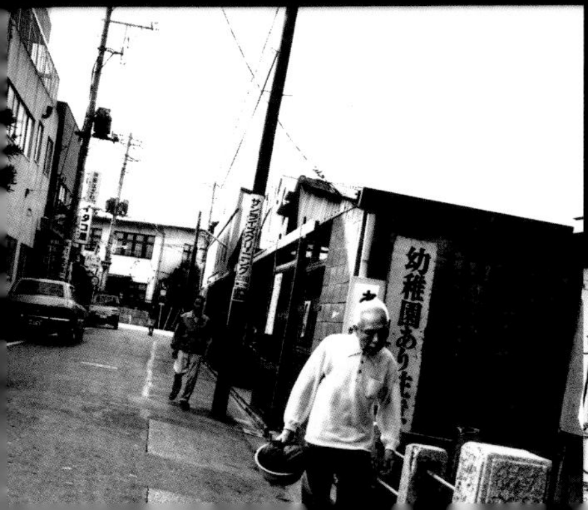

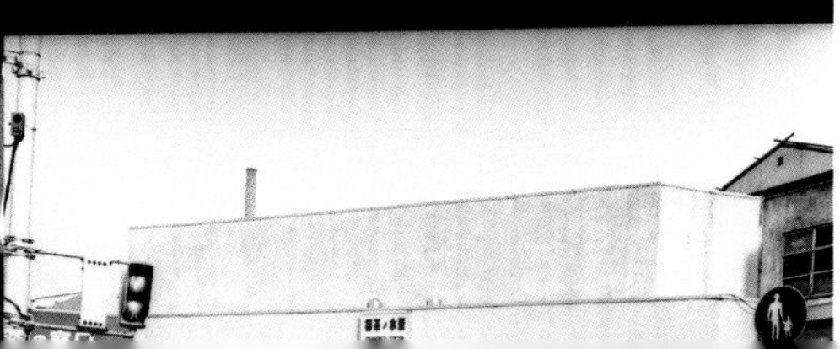

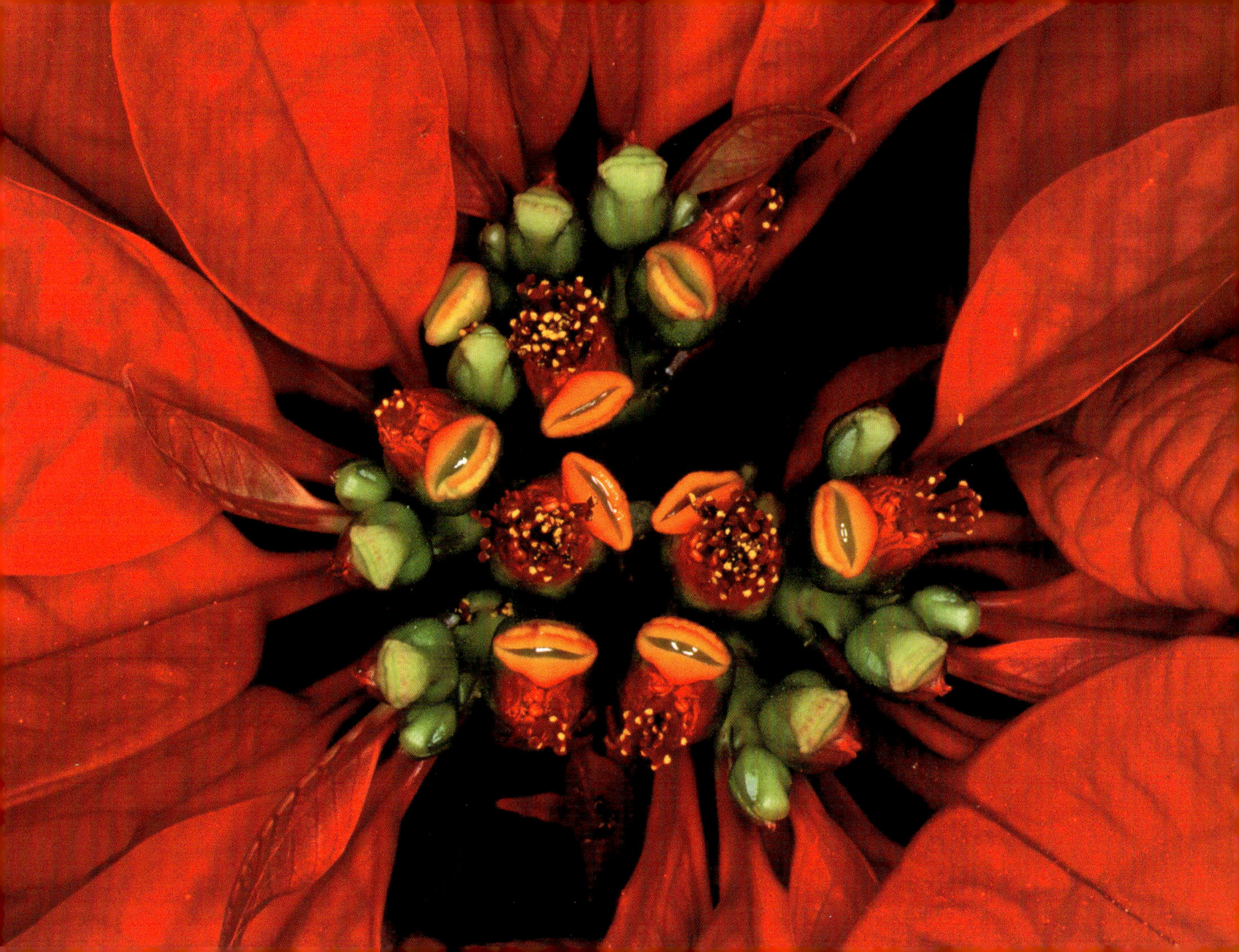

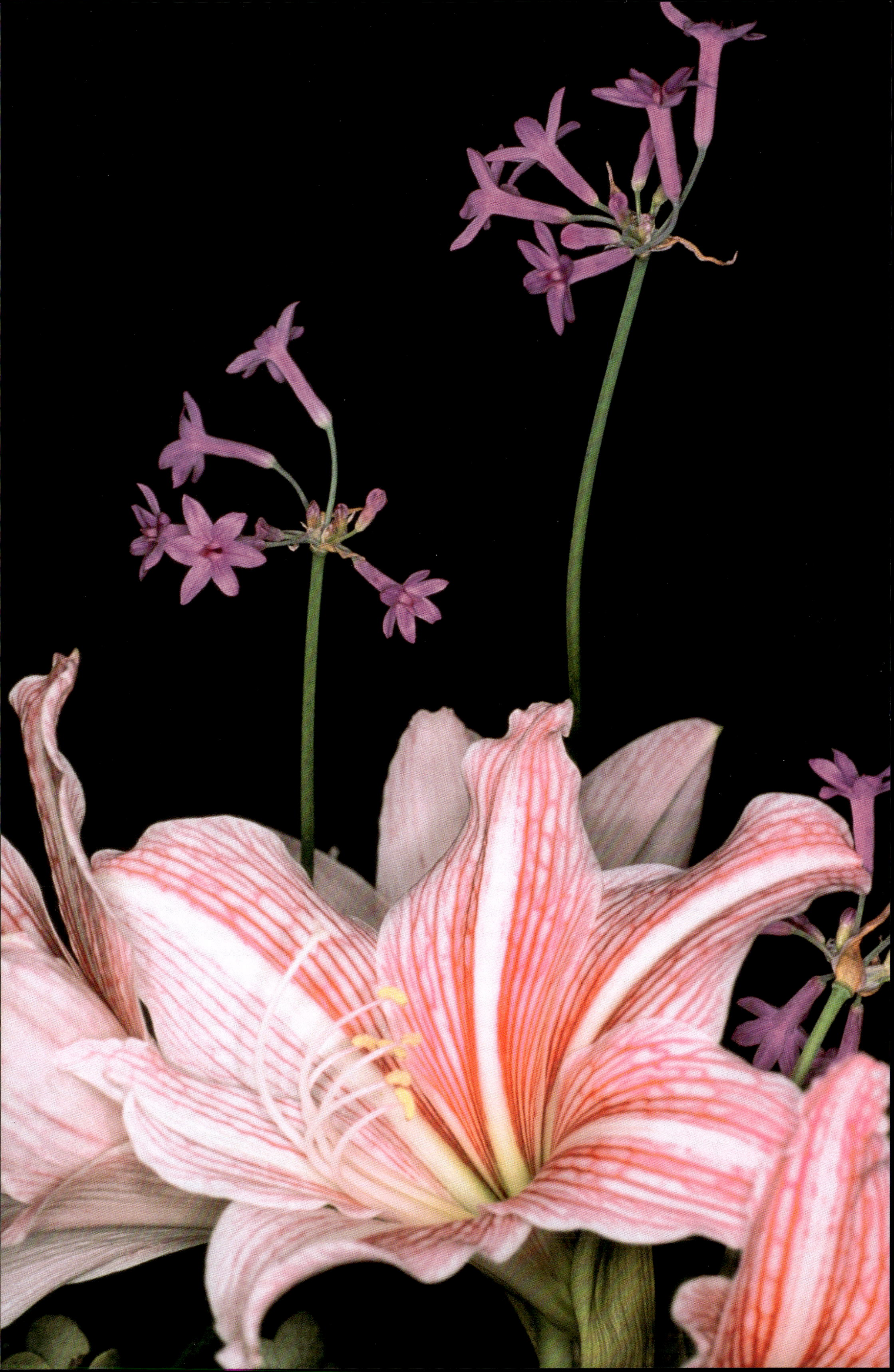

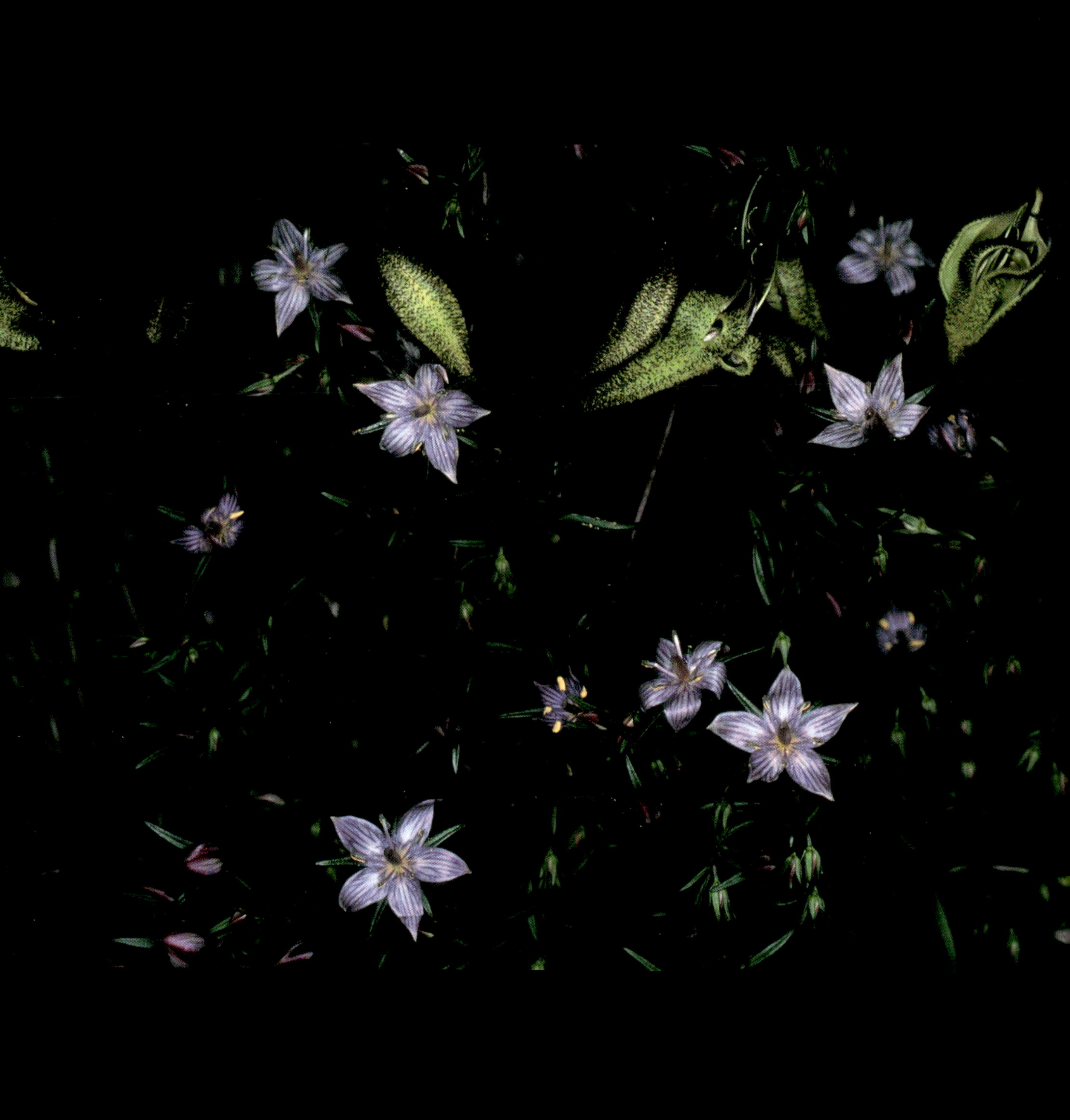

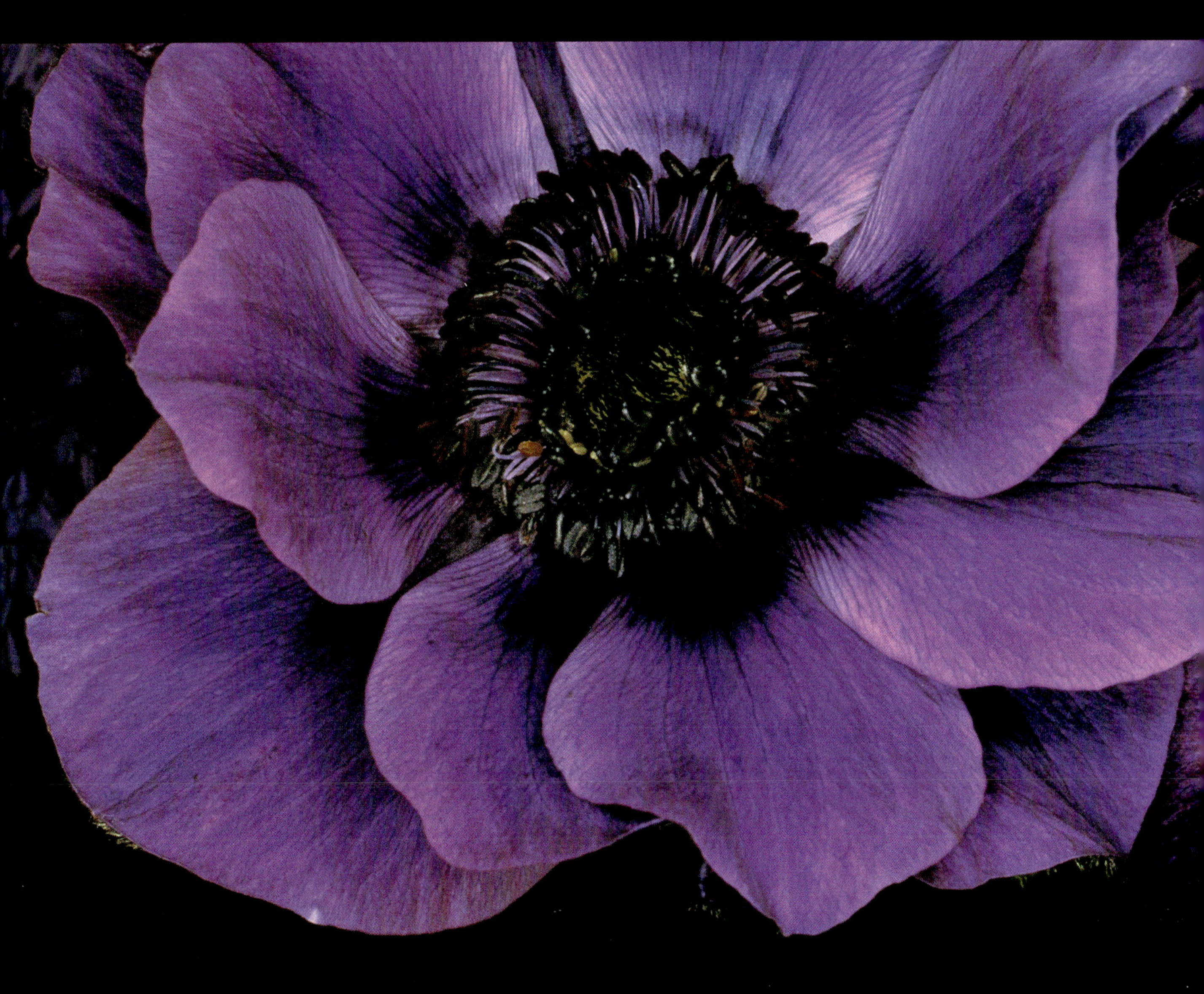

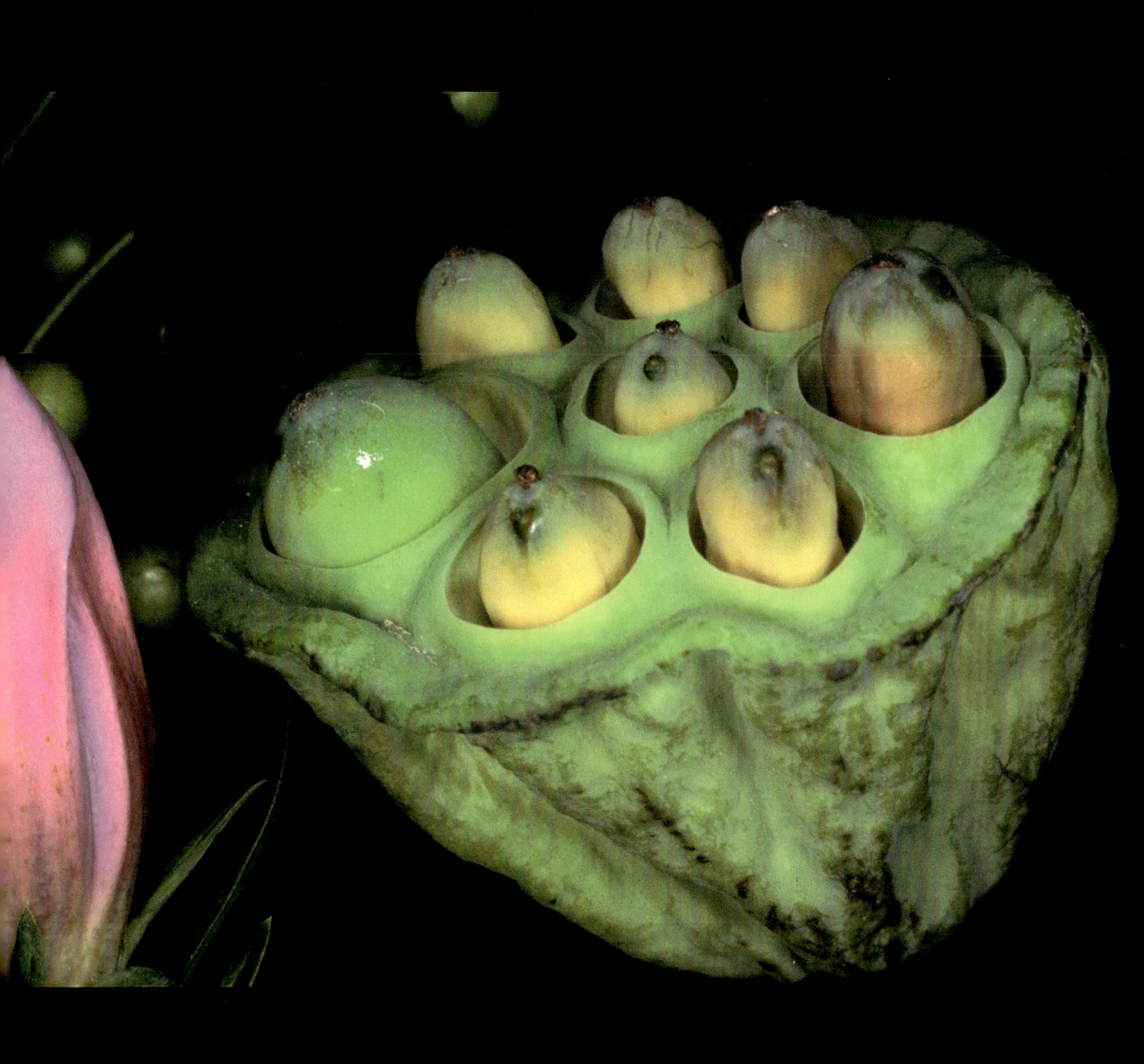

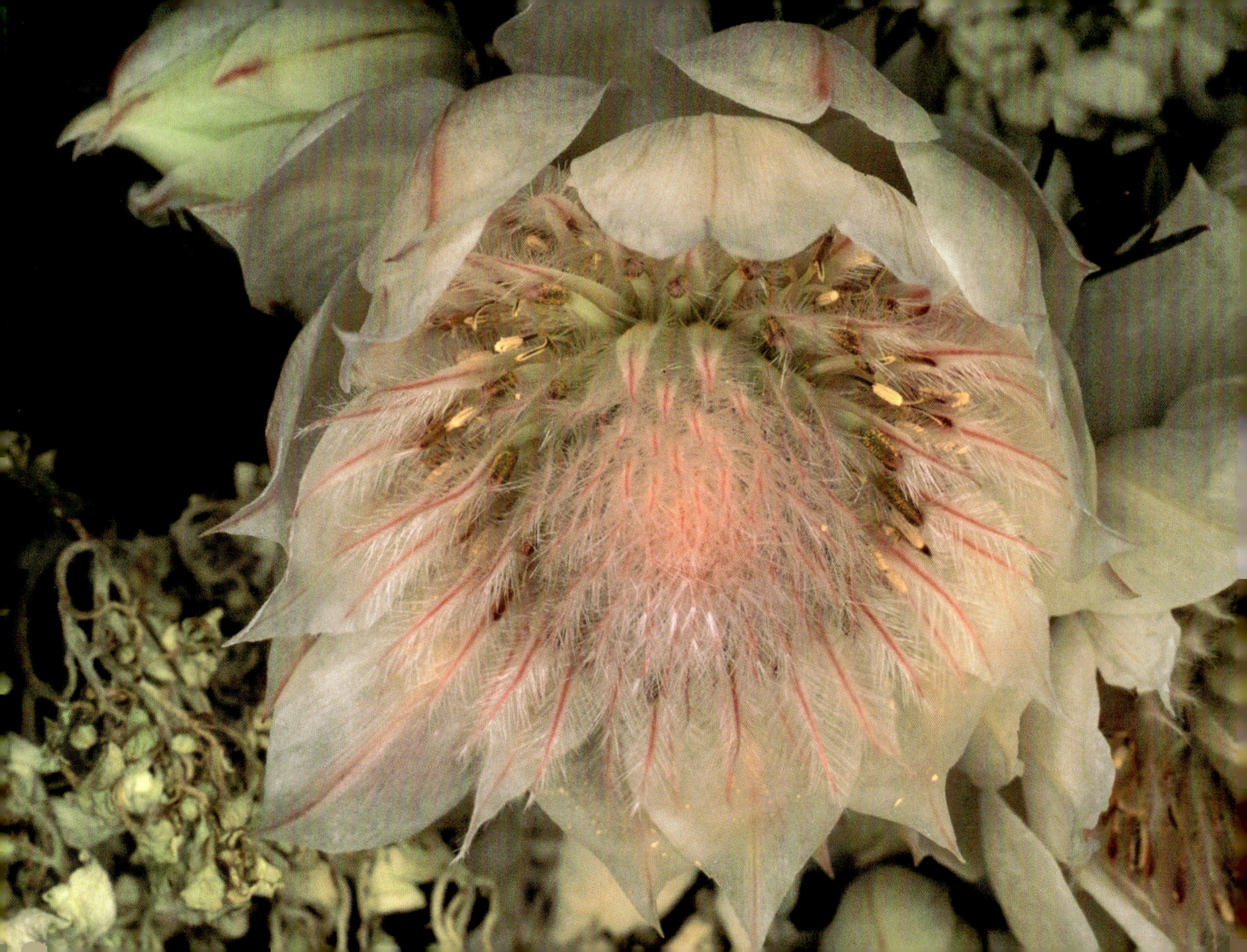

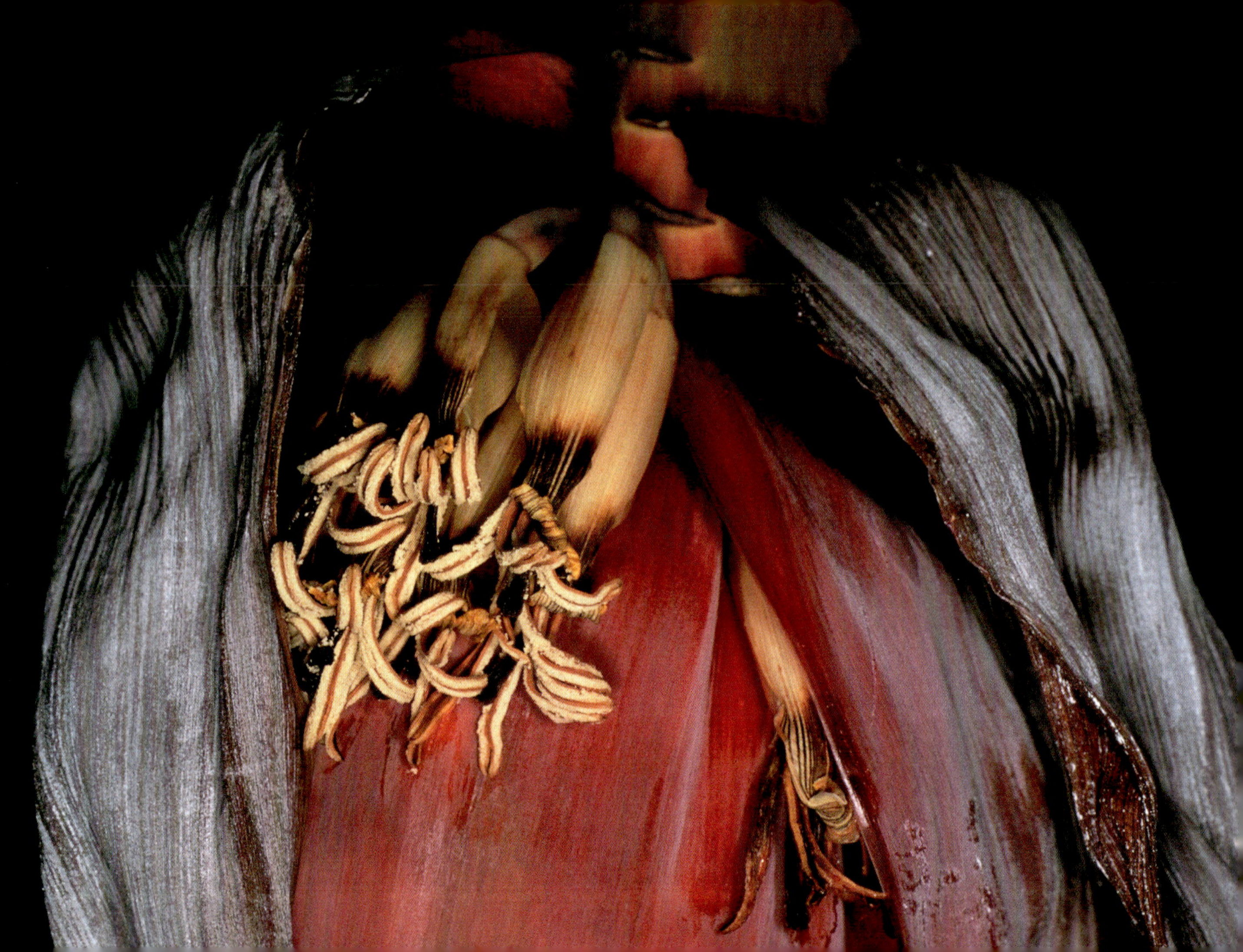

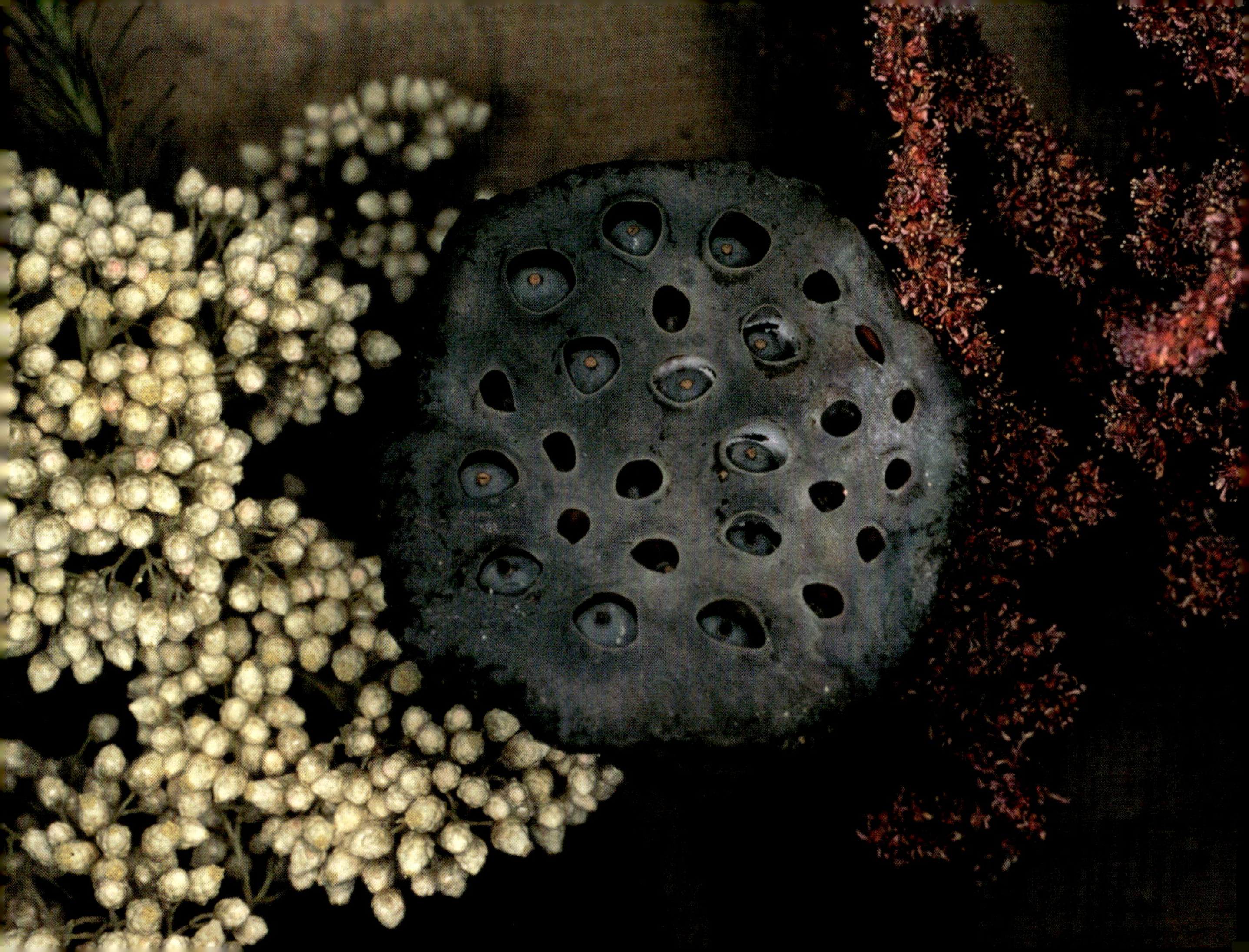

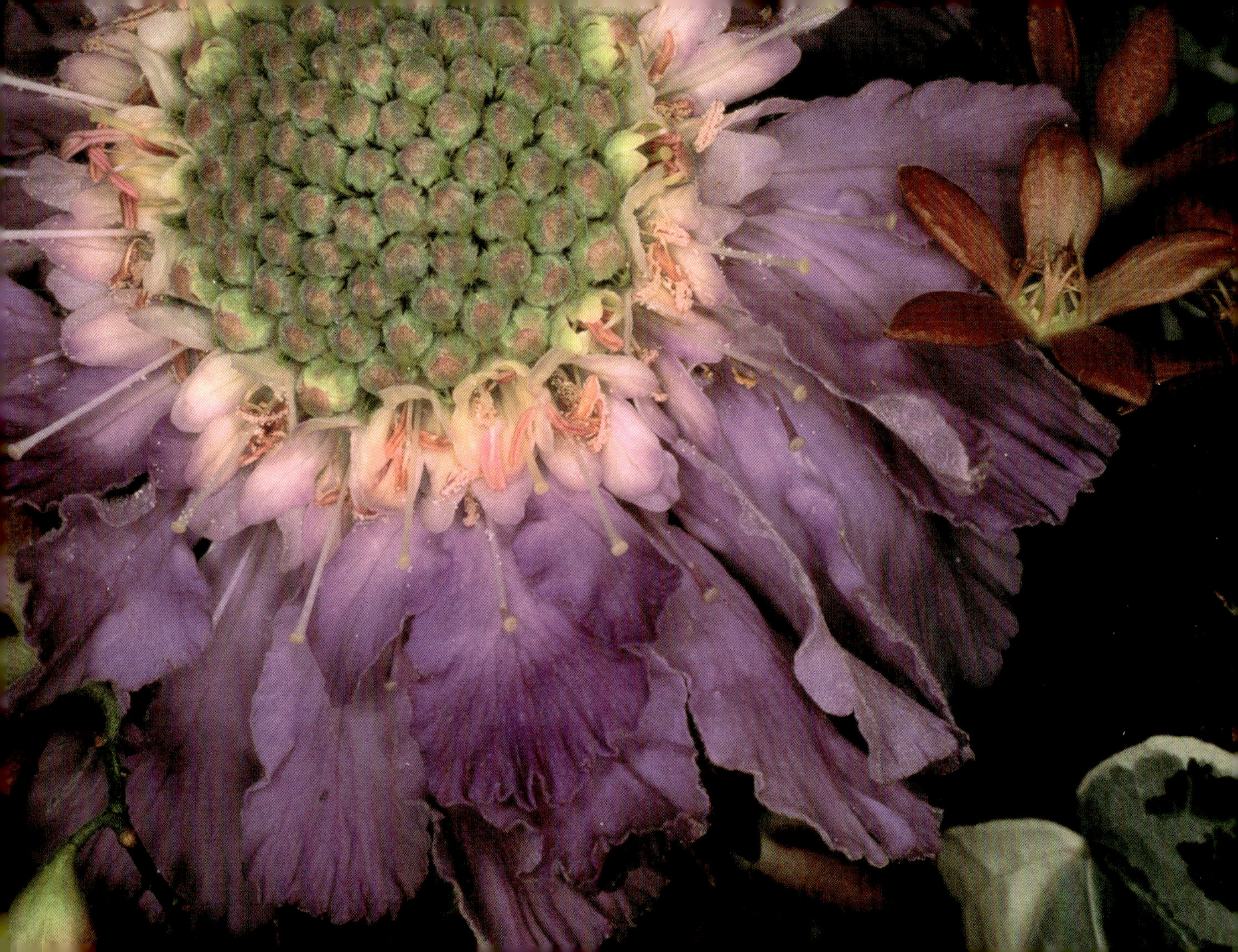

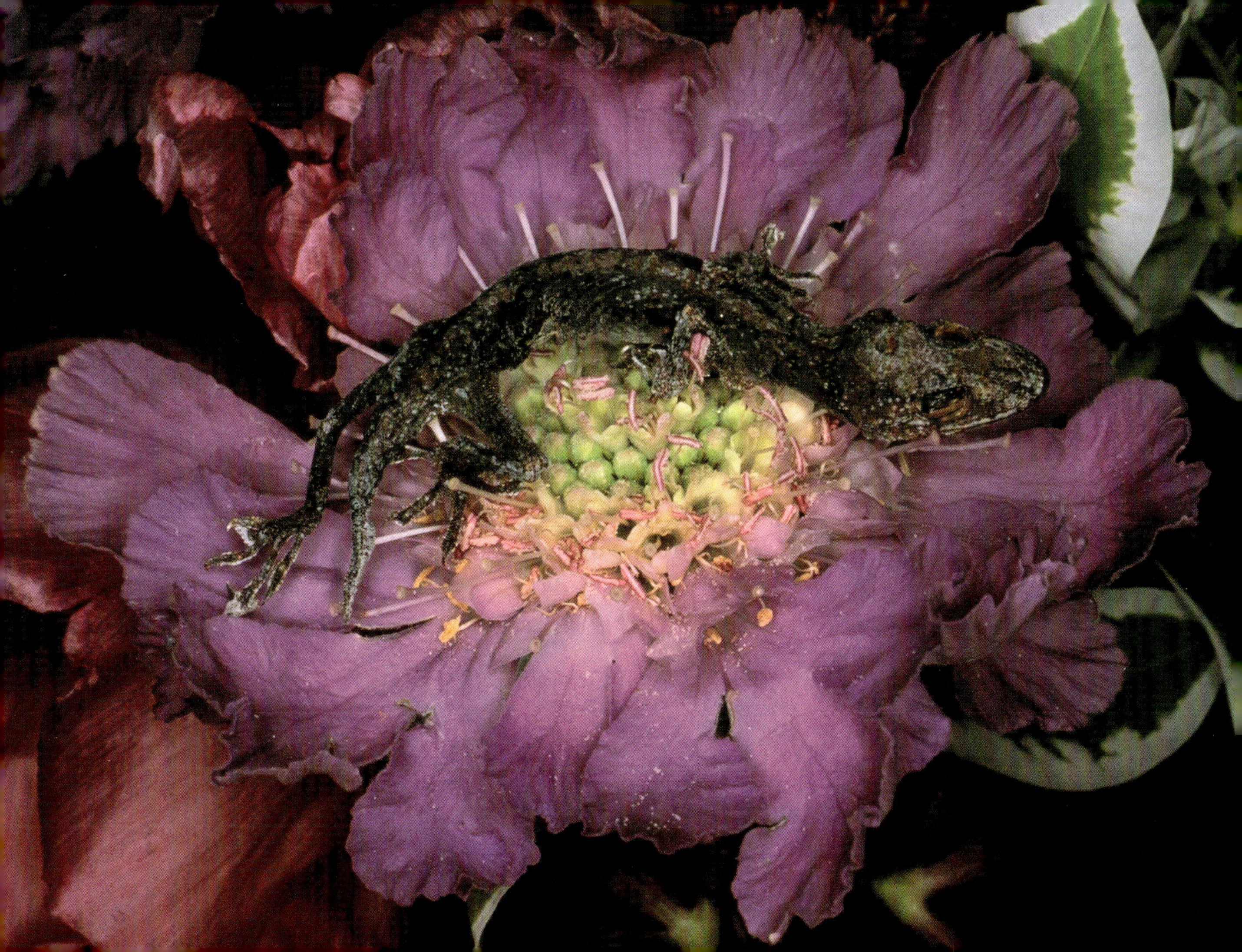

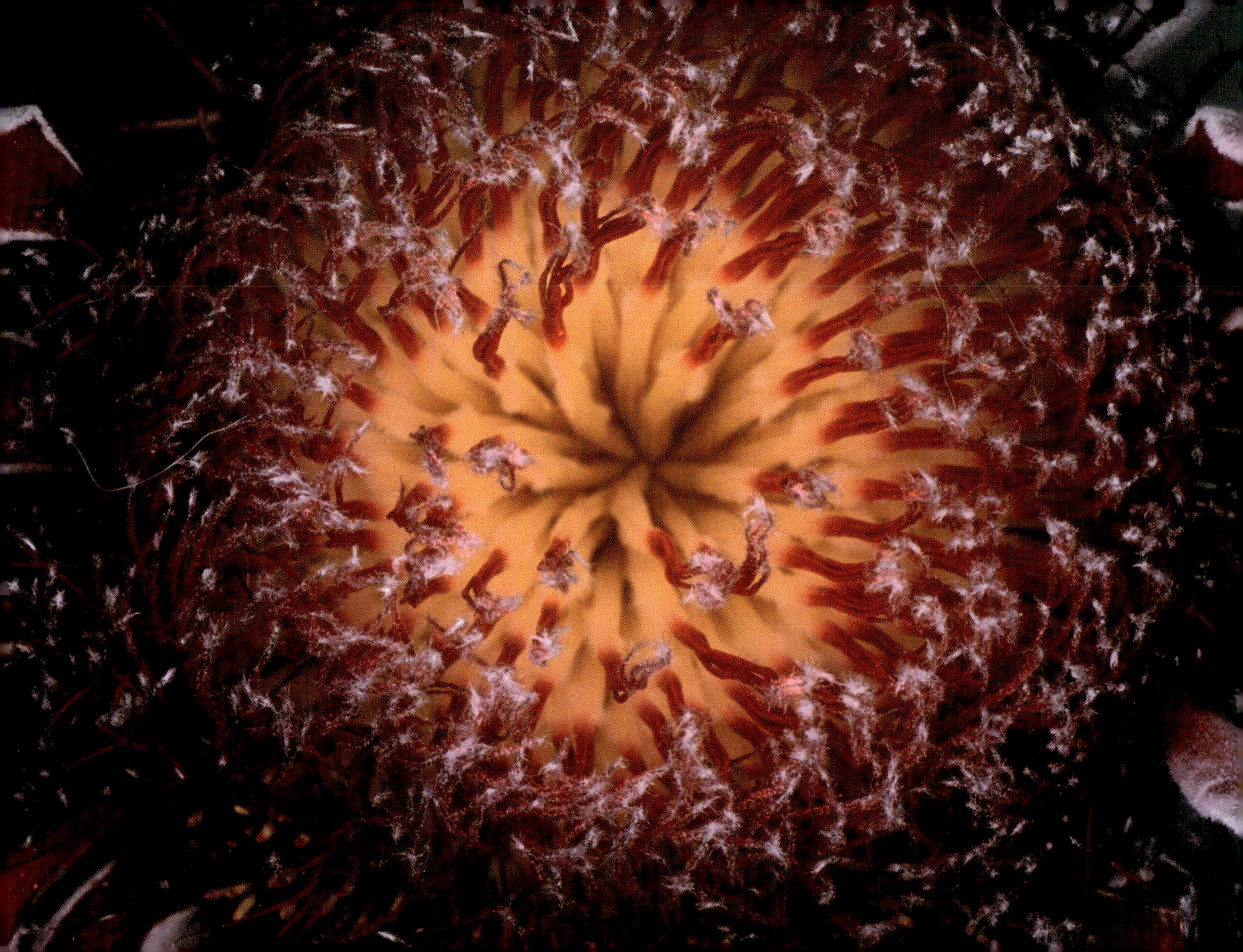

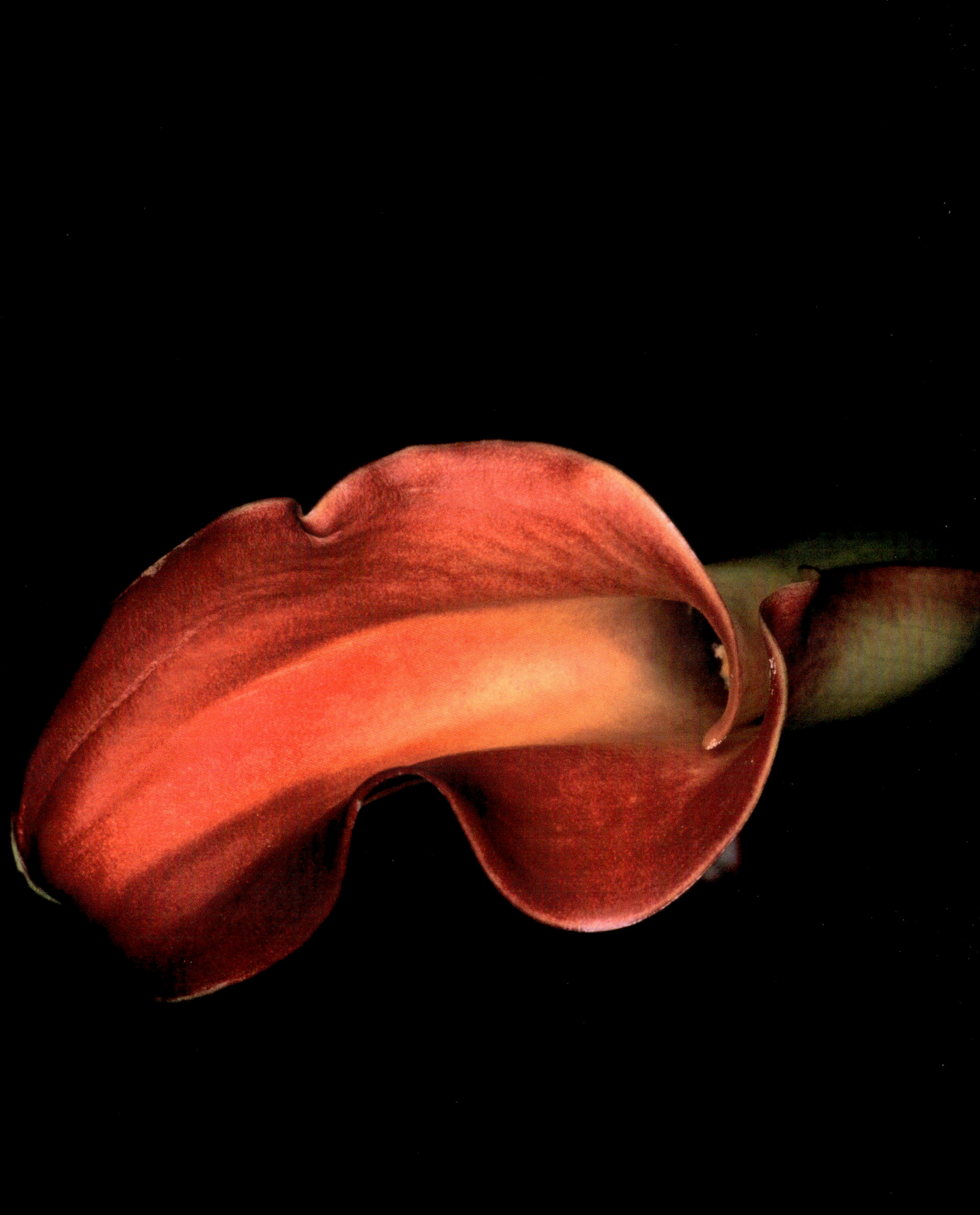

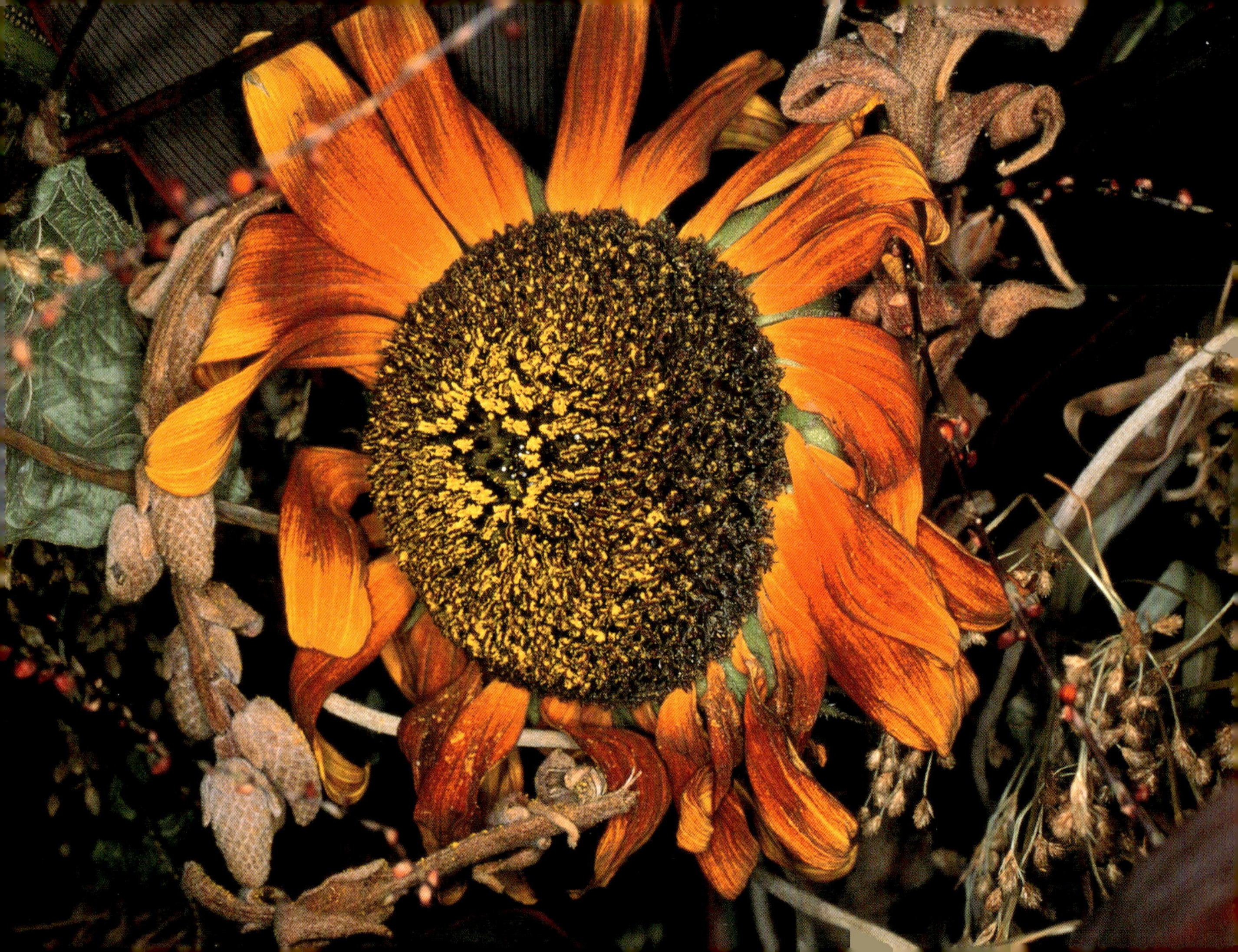

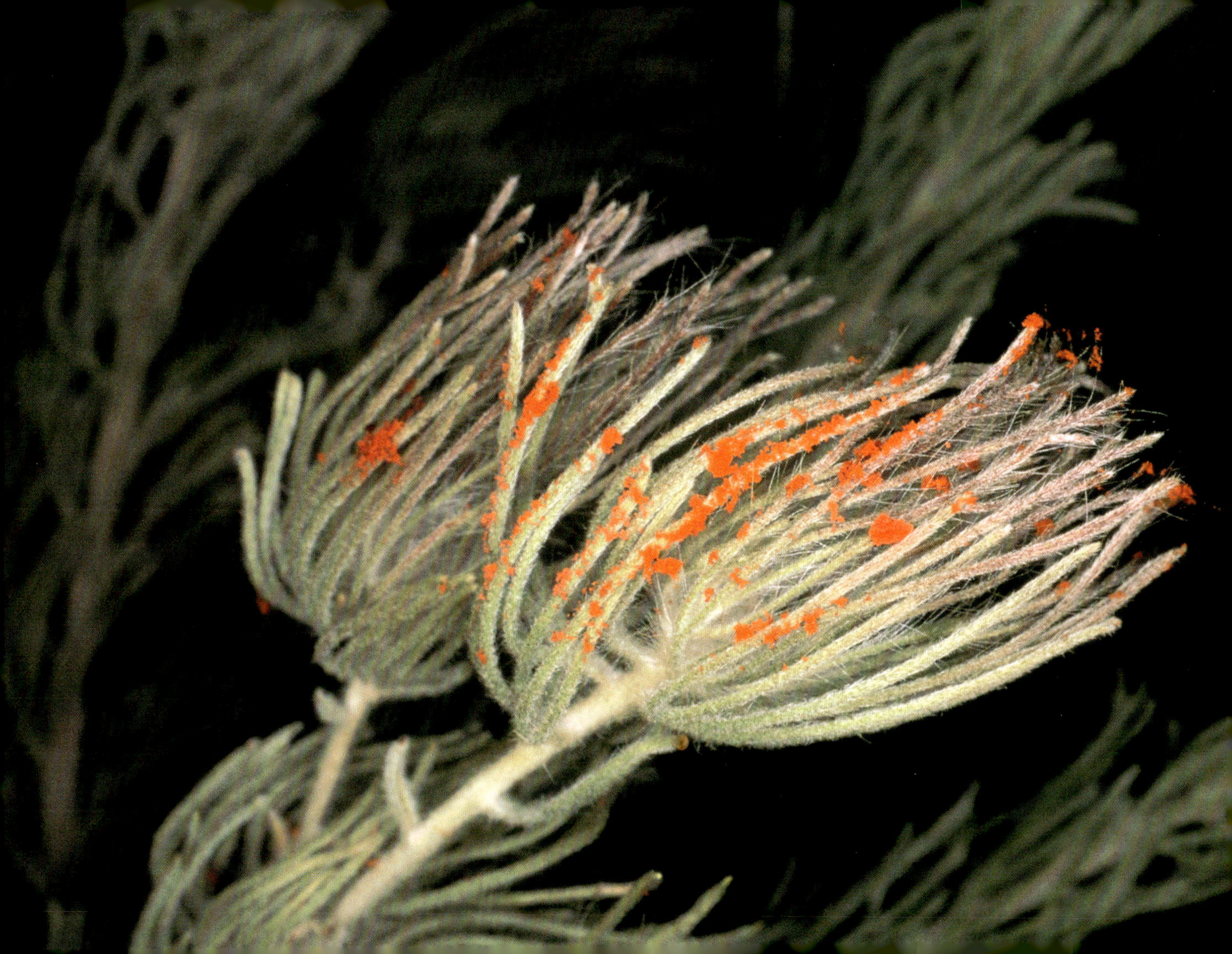

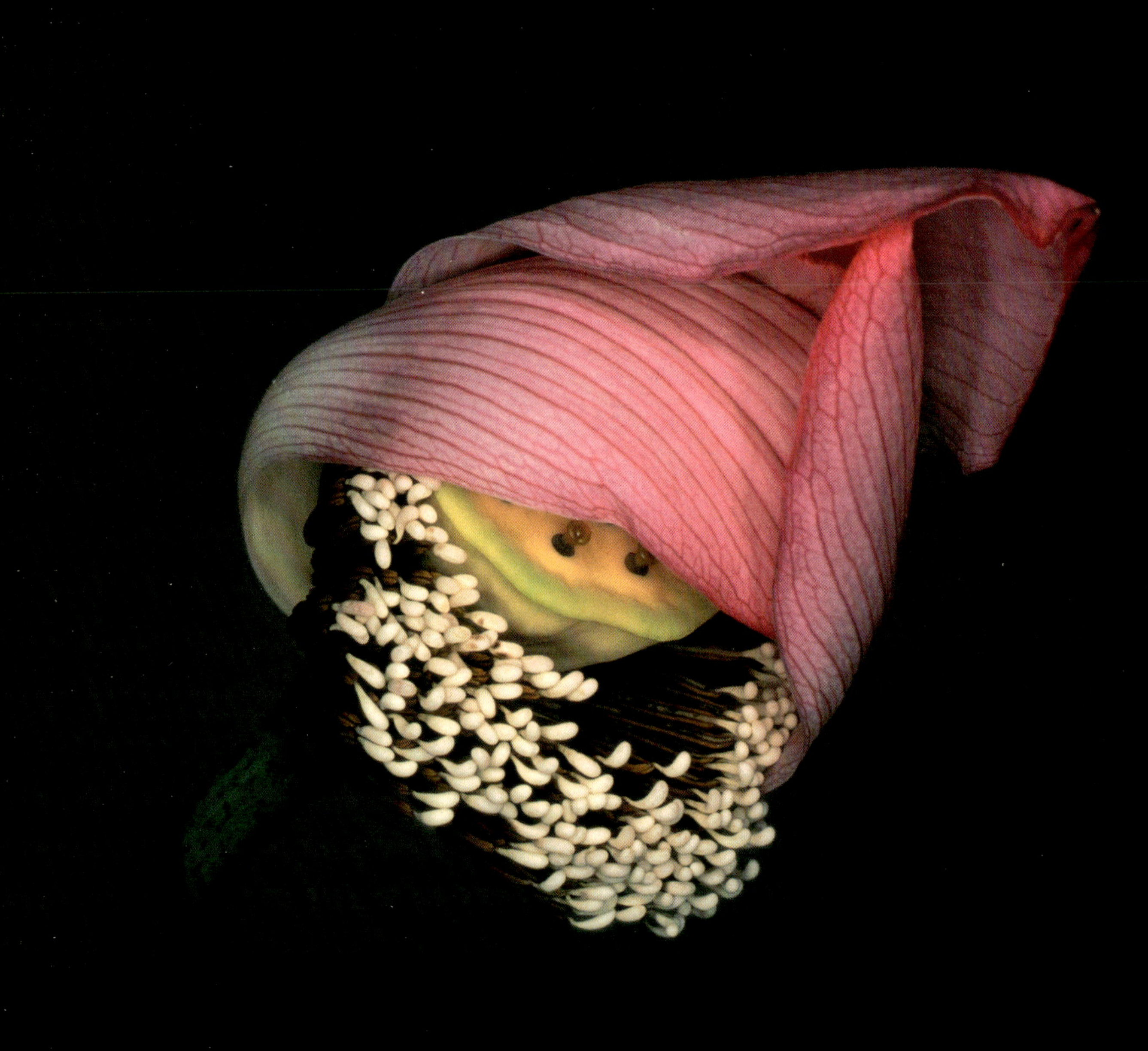

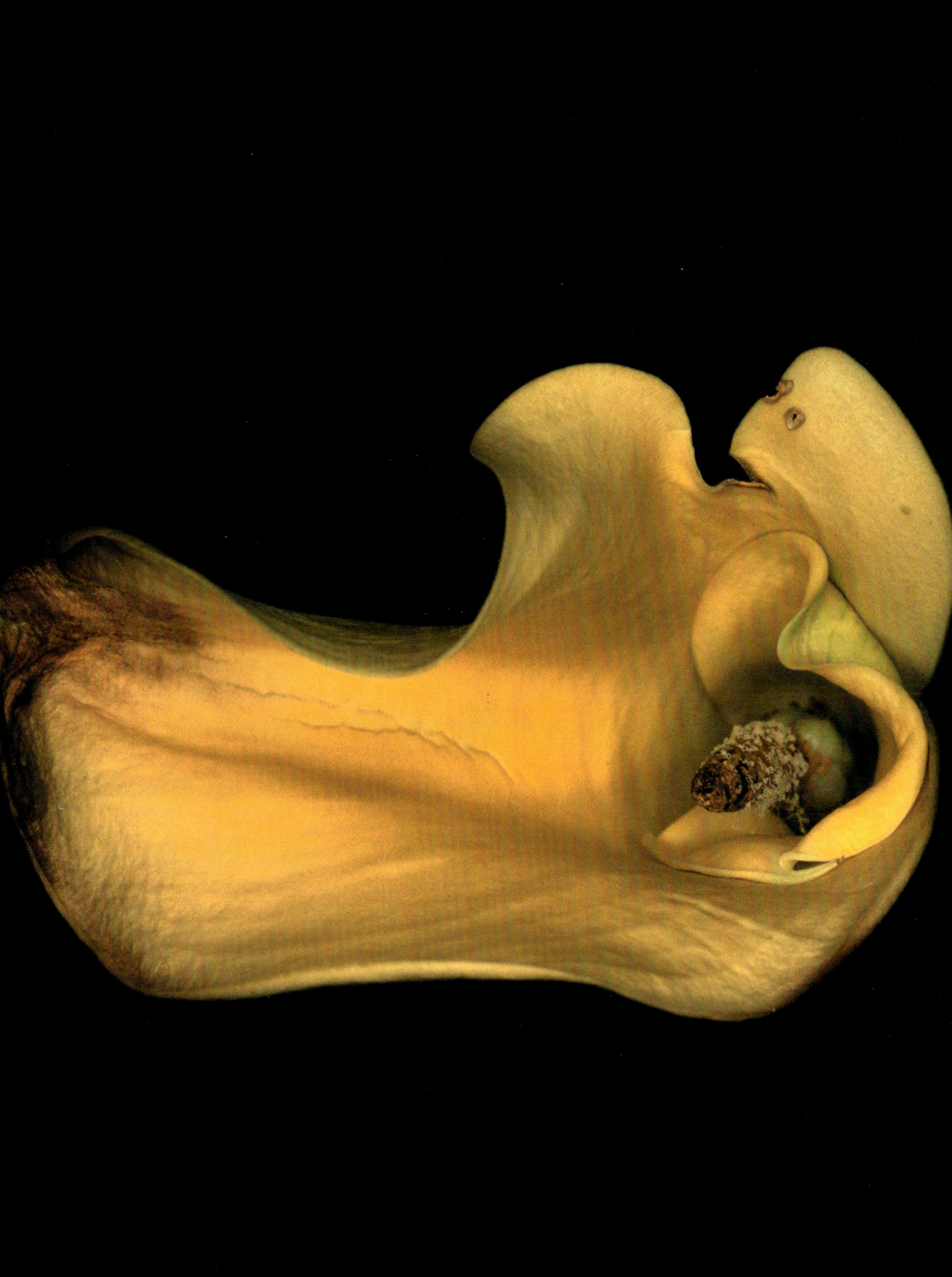

Private Photography

私写真

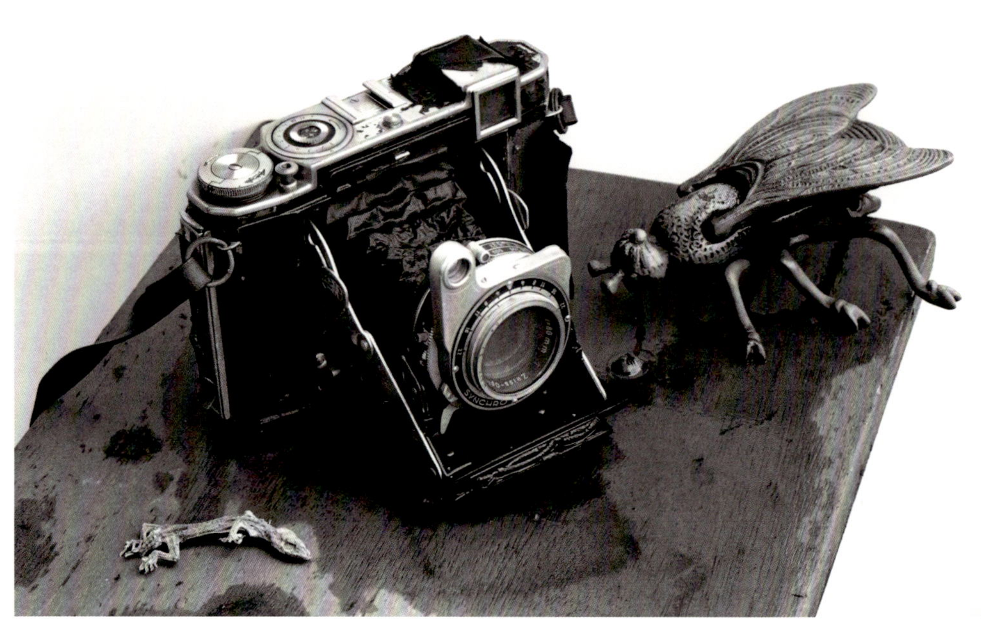

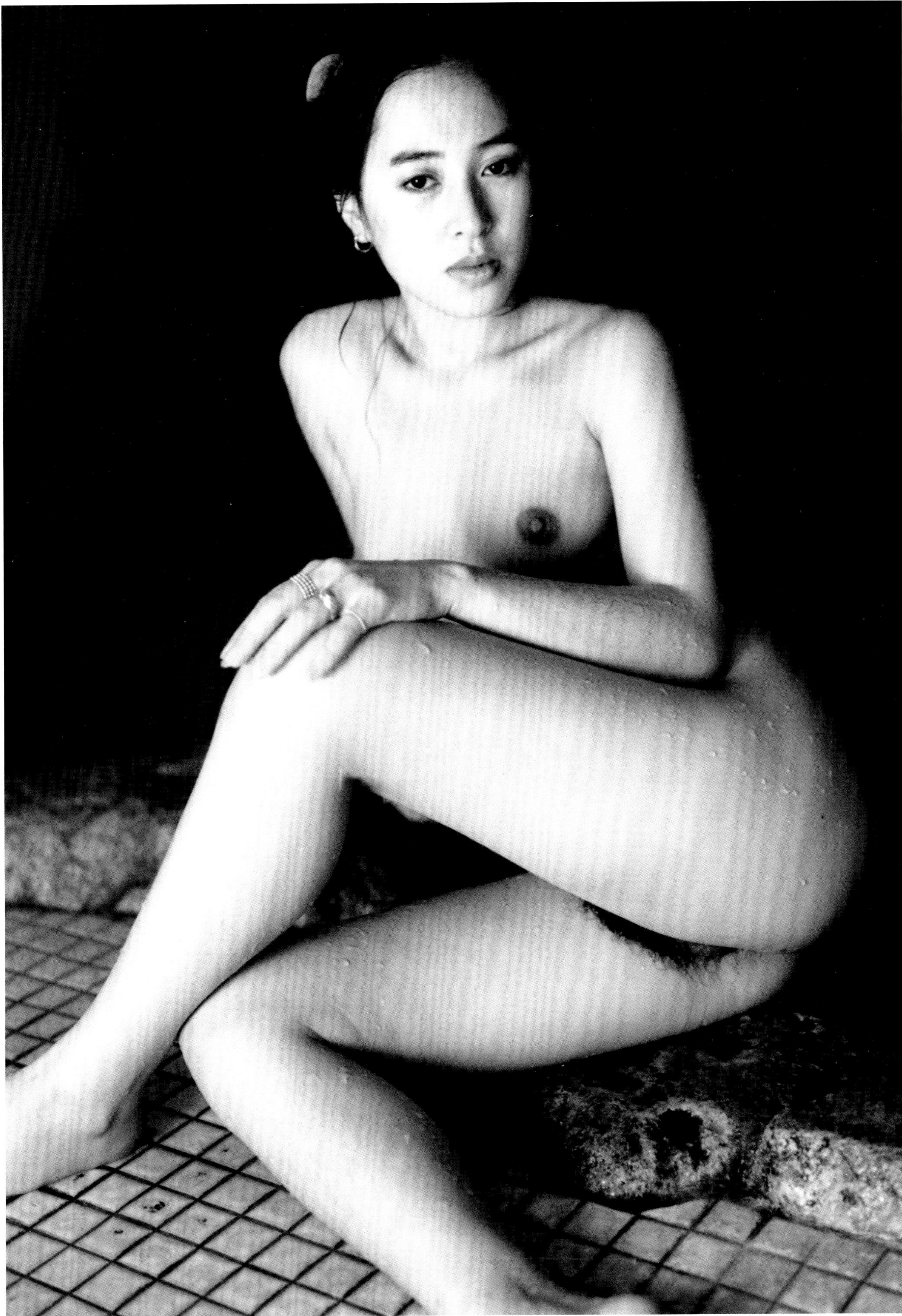

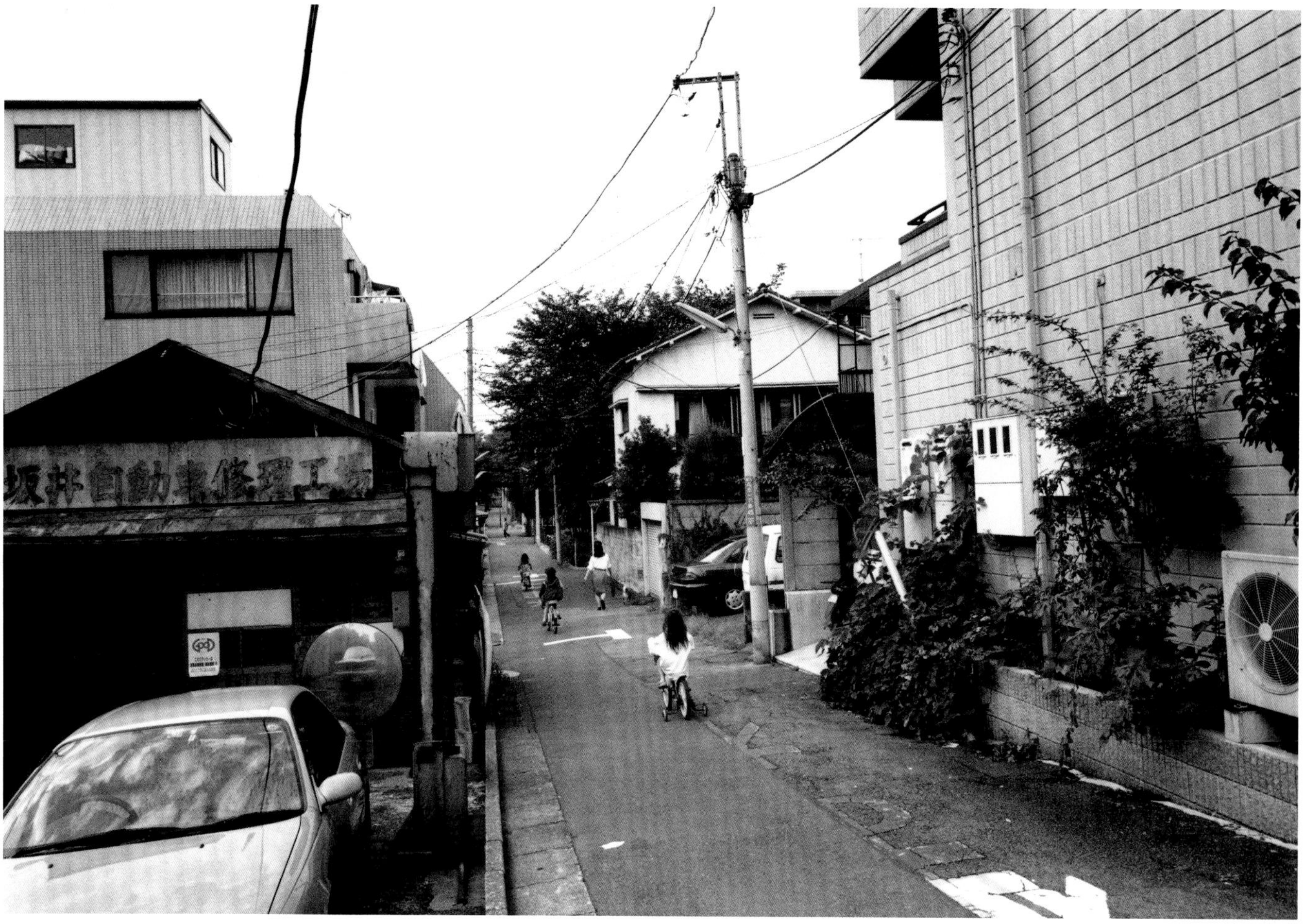

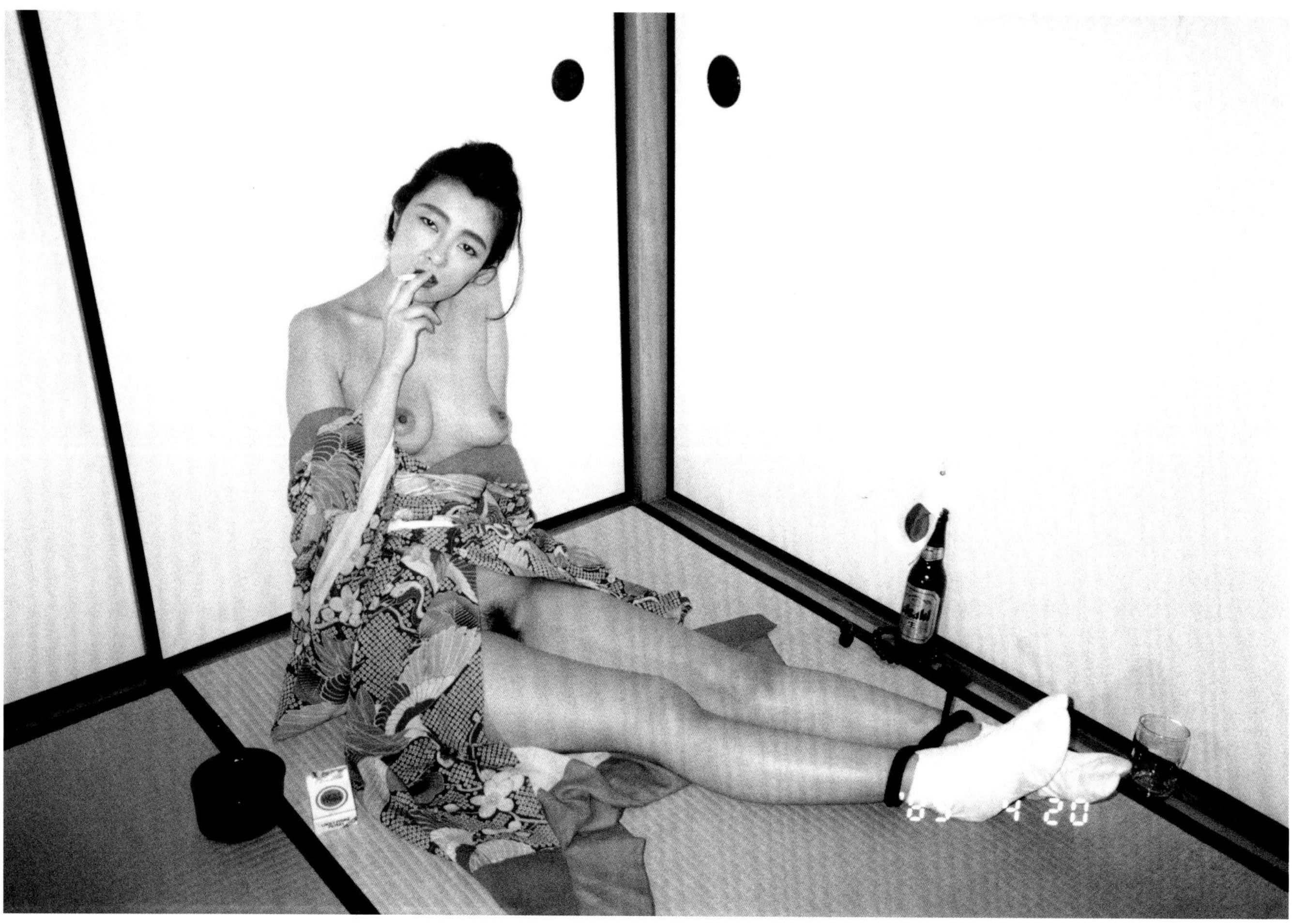

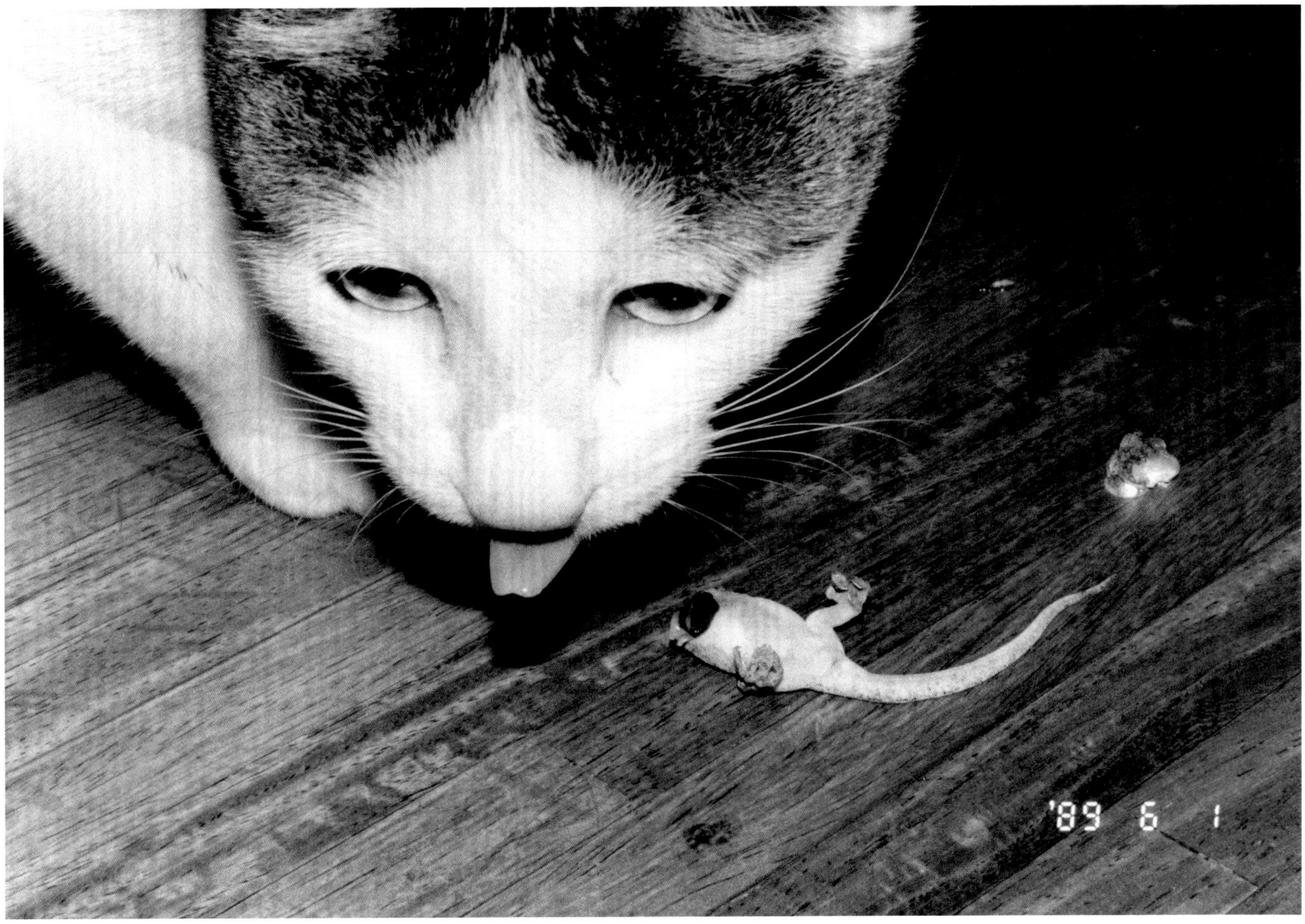

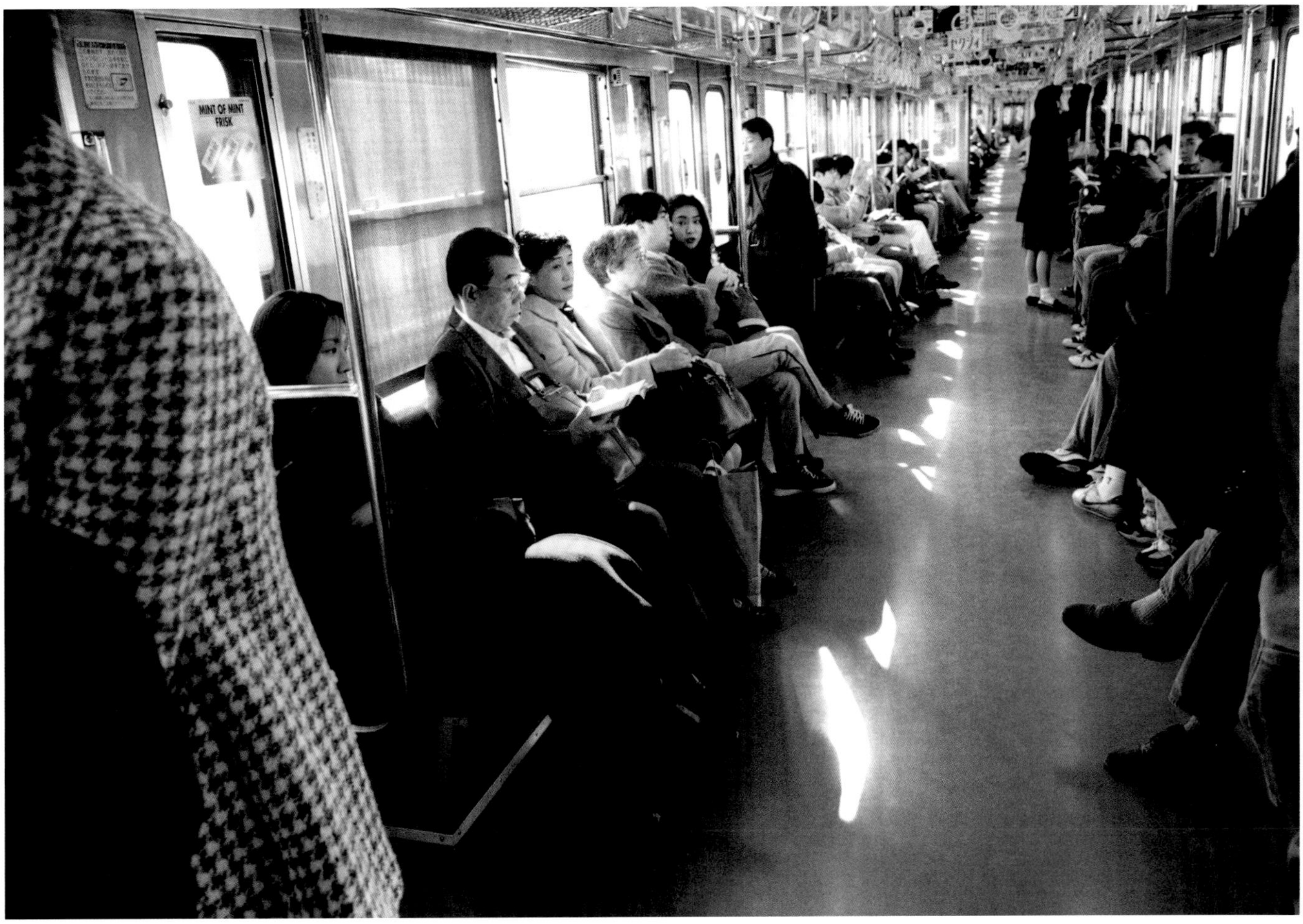

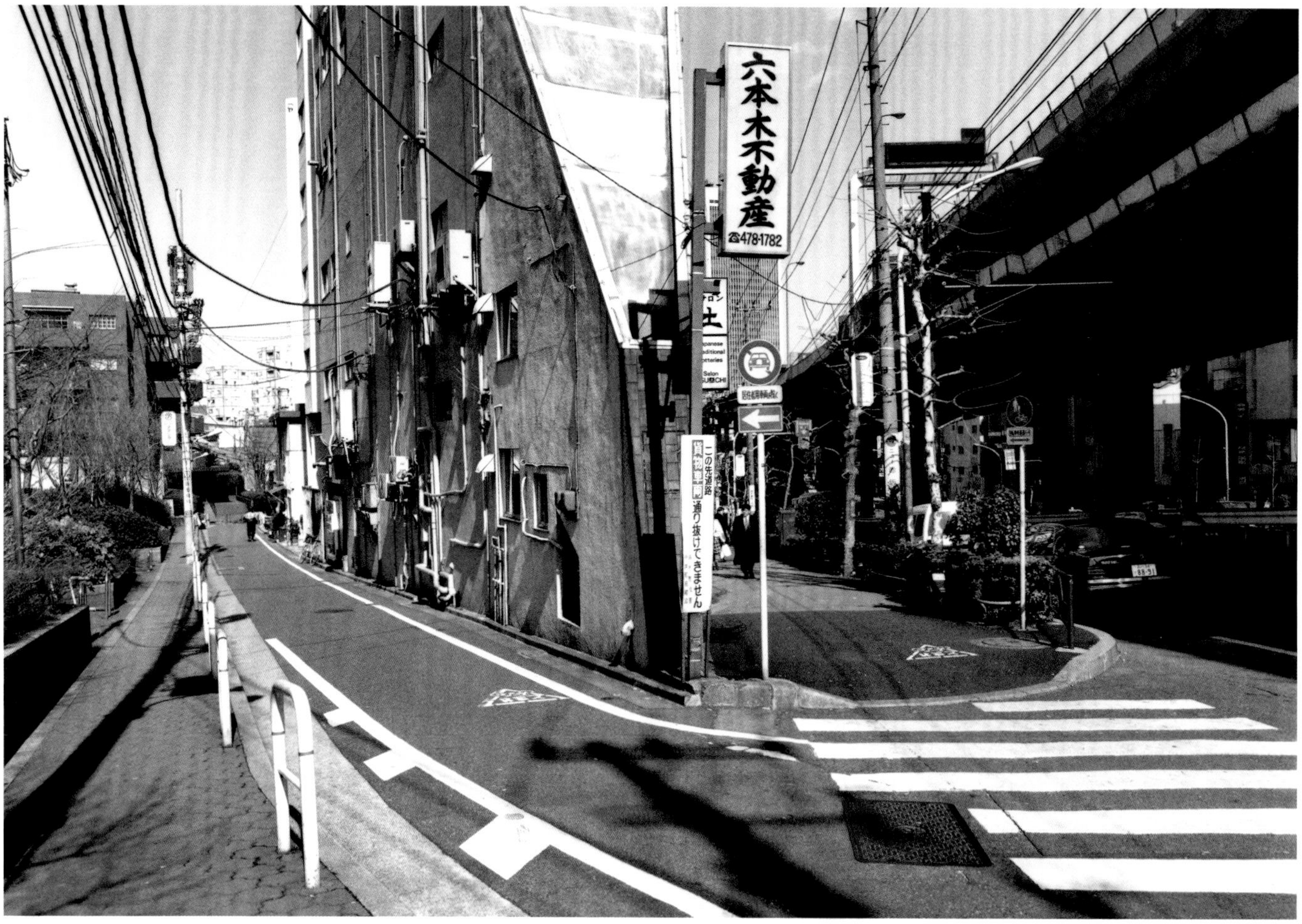

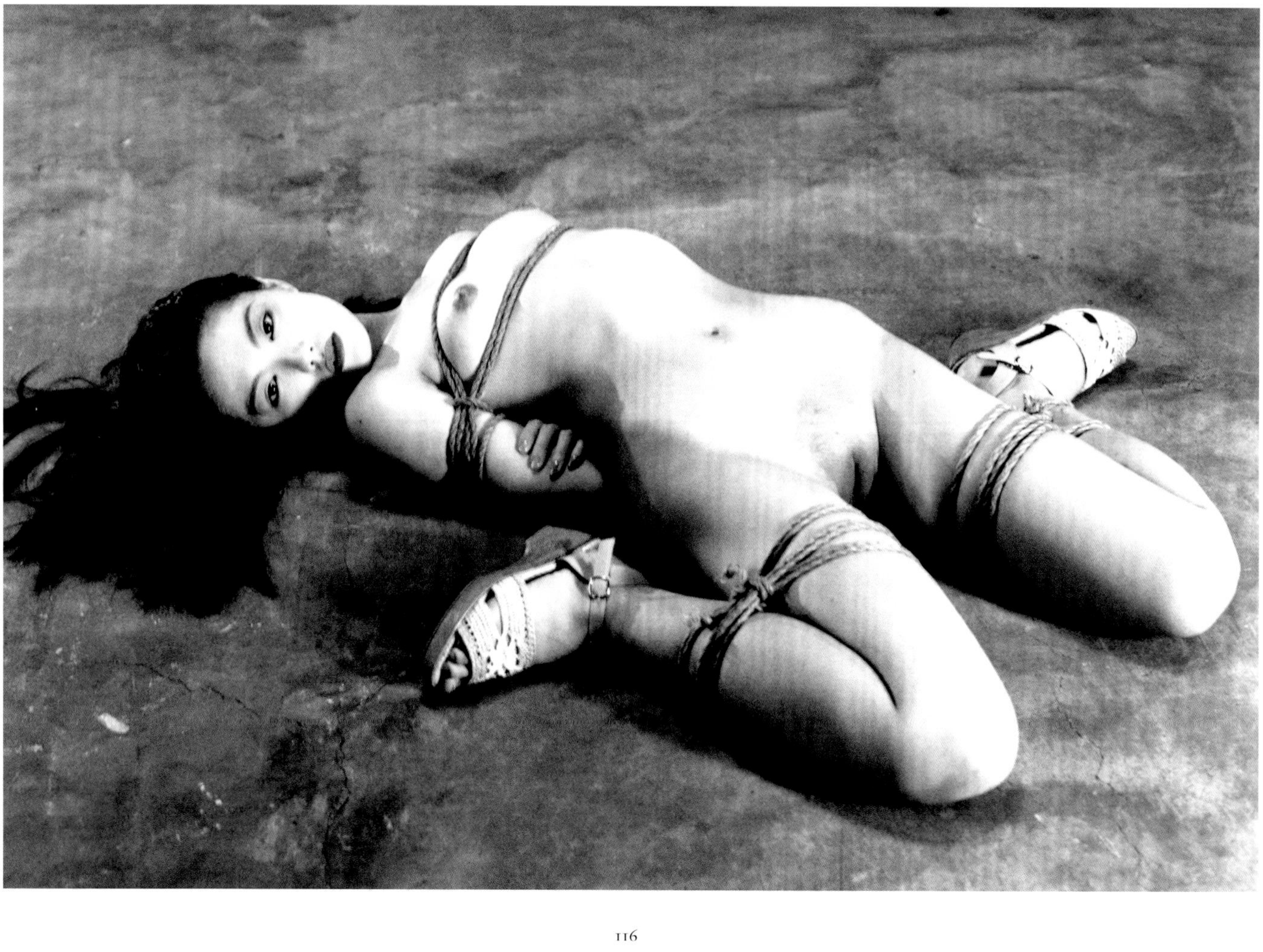

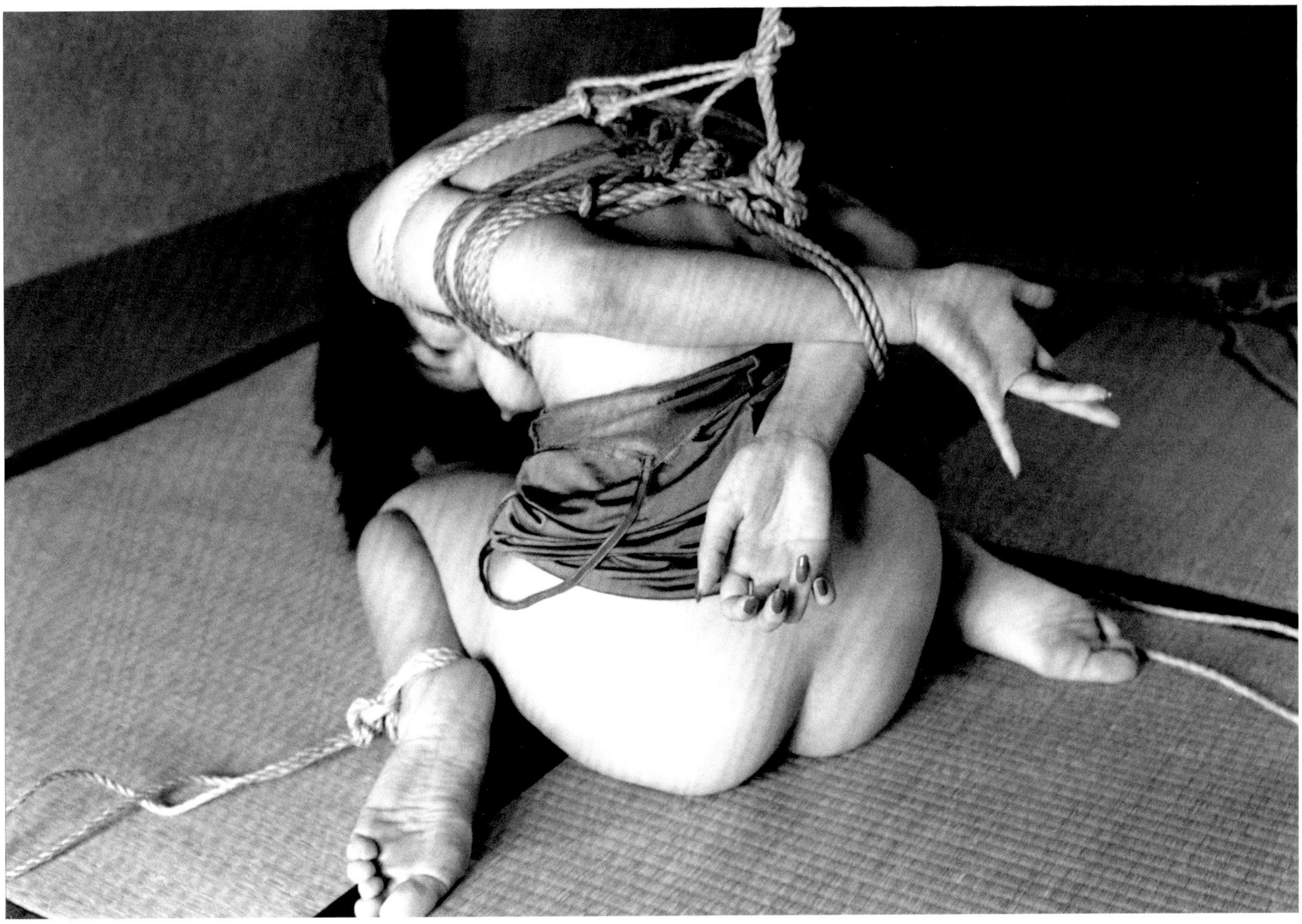

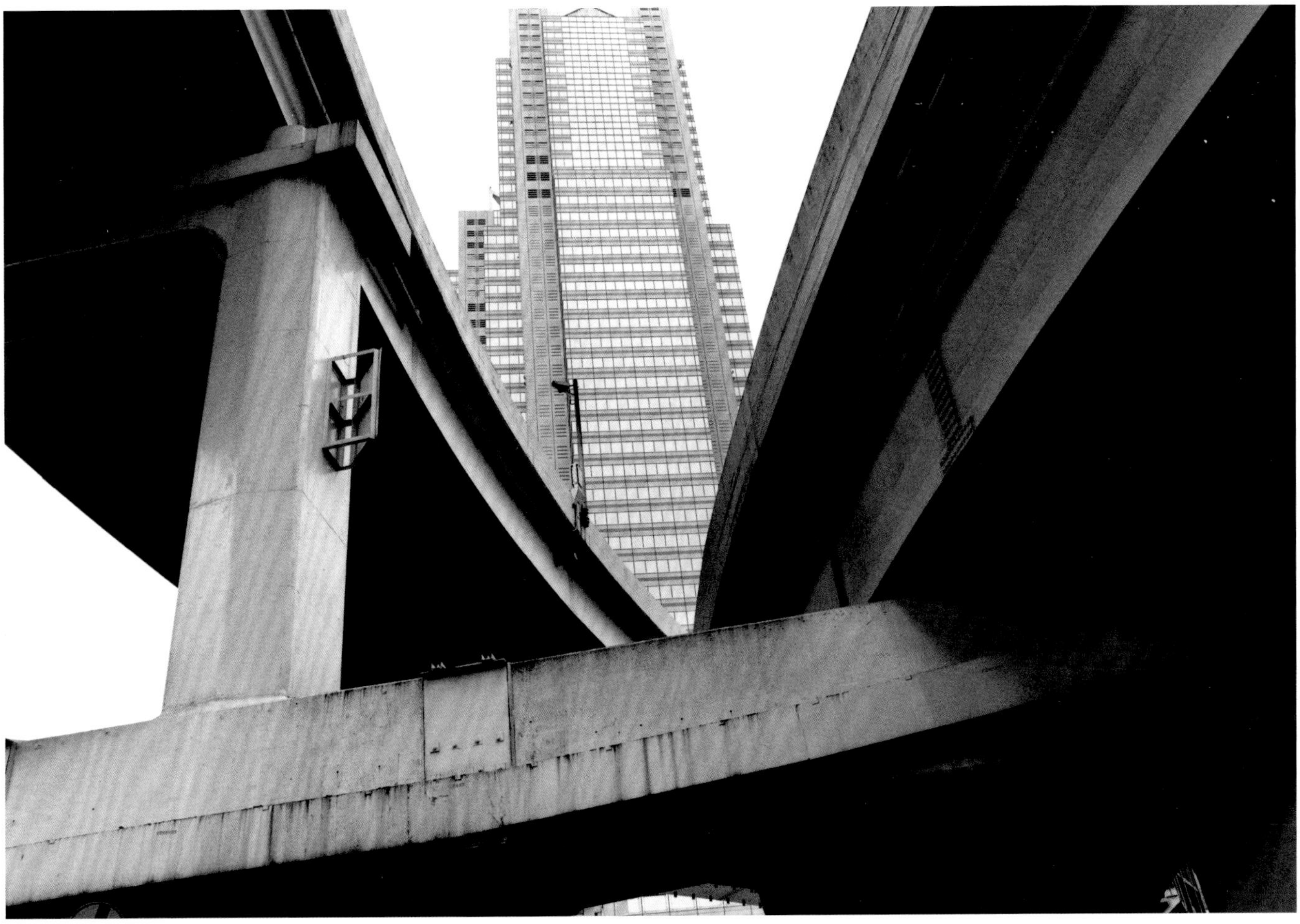

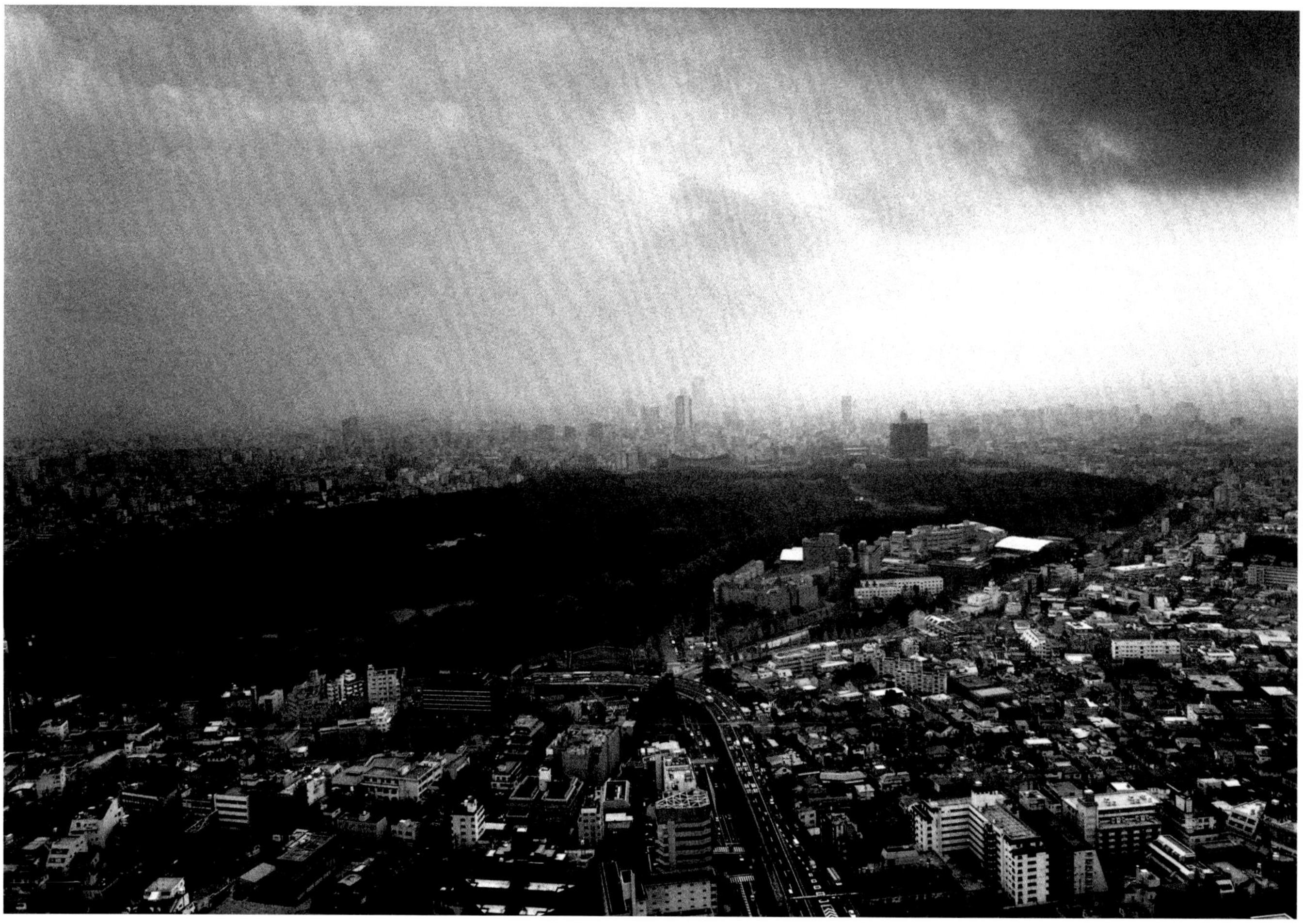

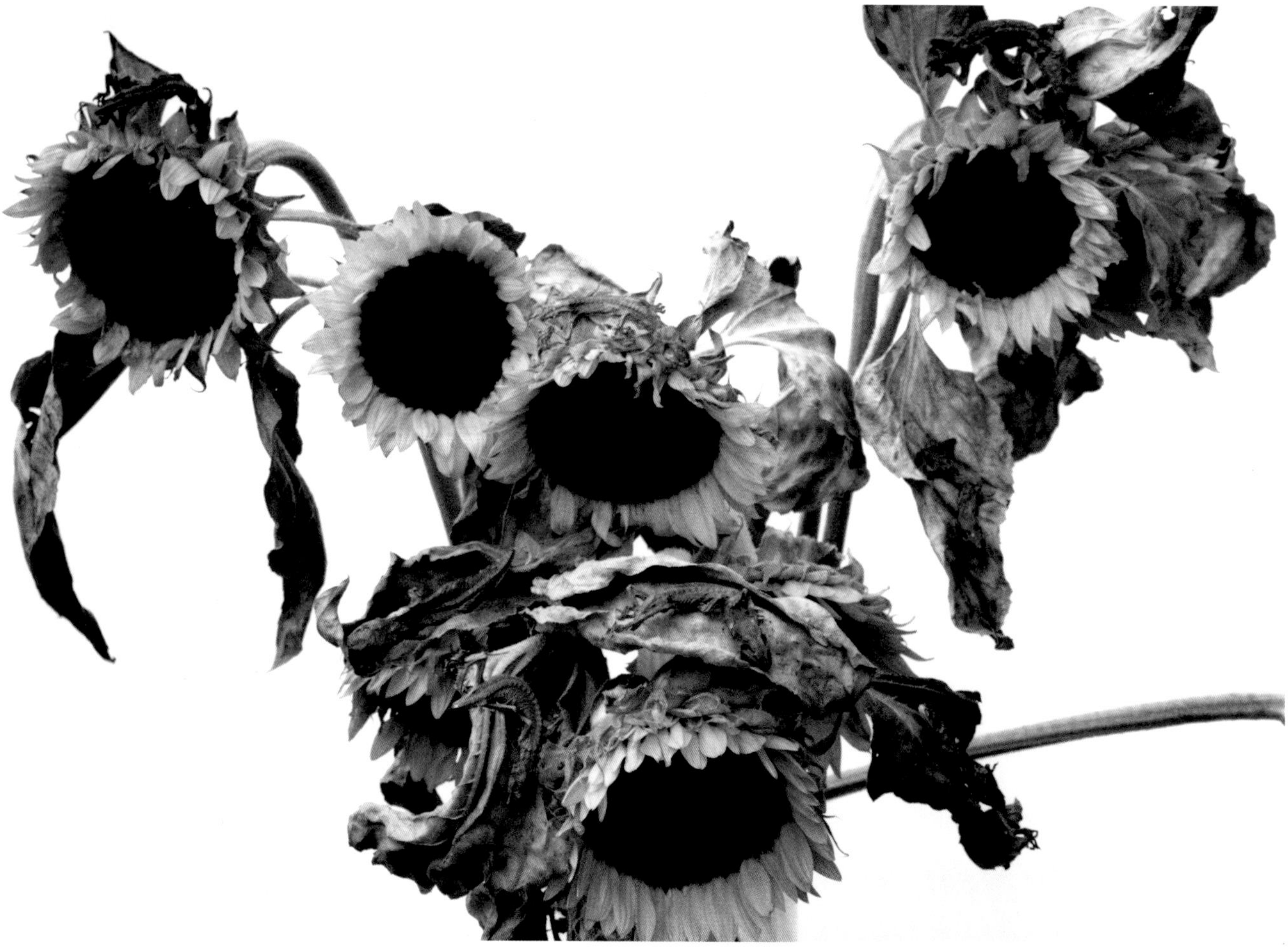

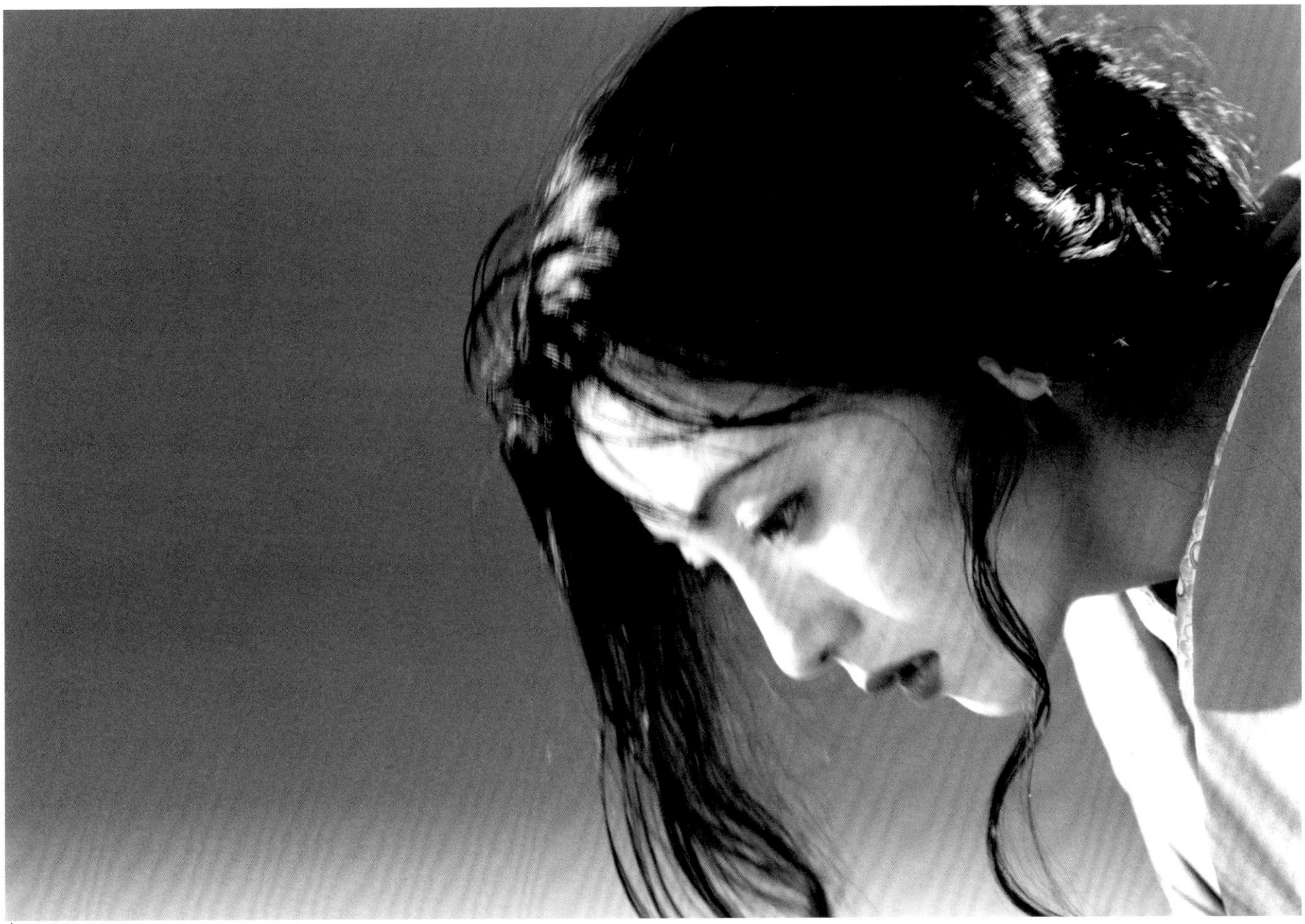

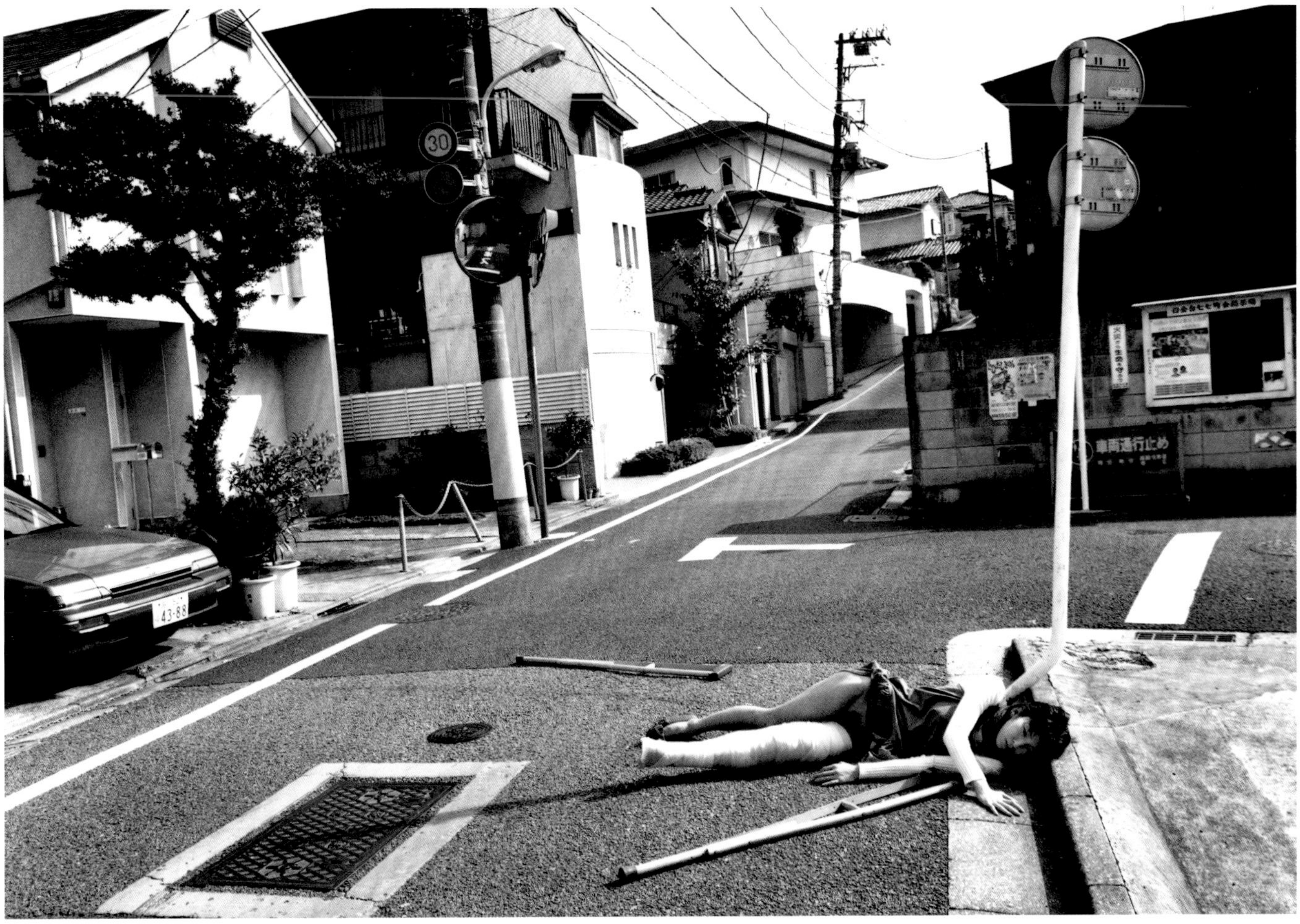

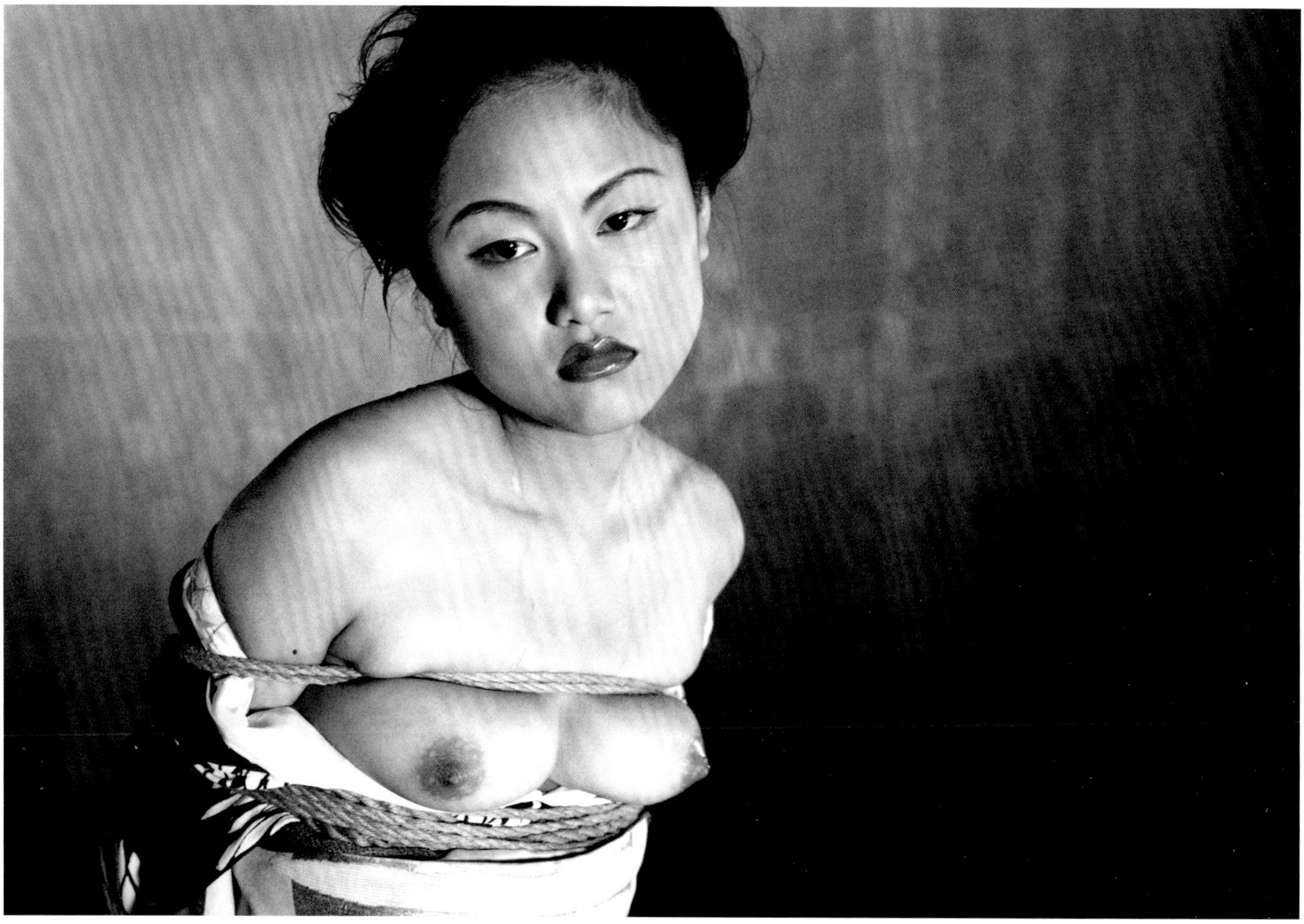

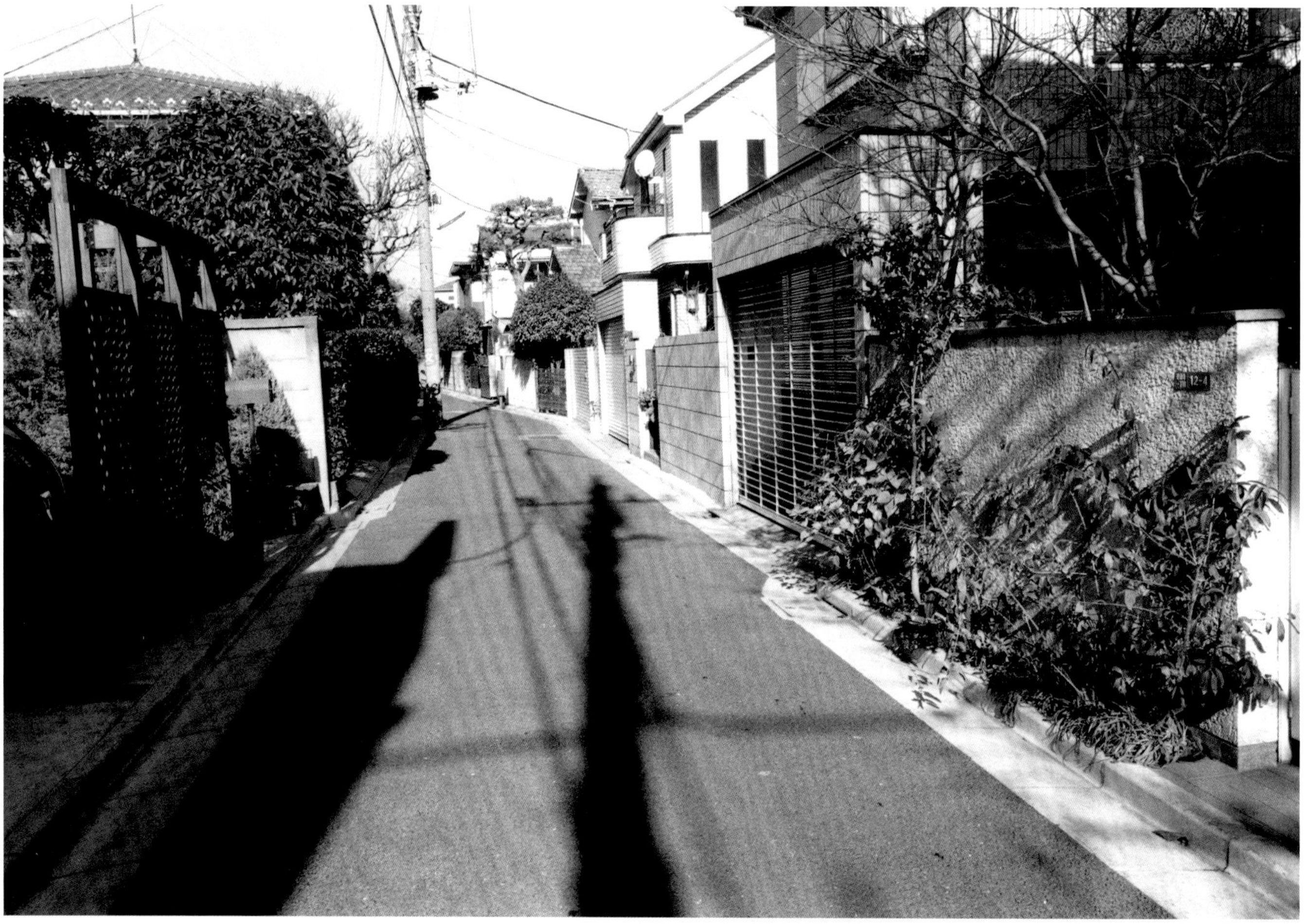

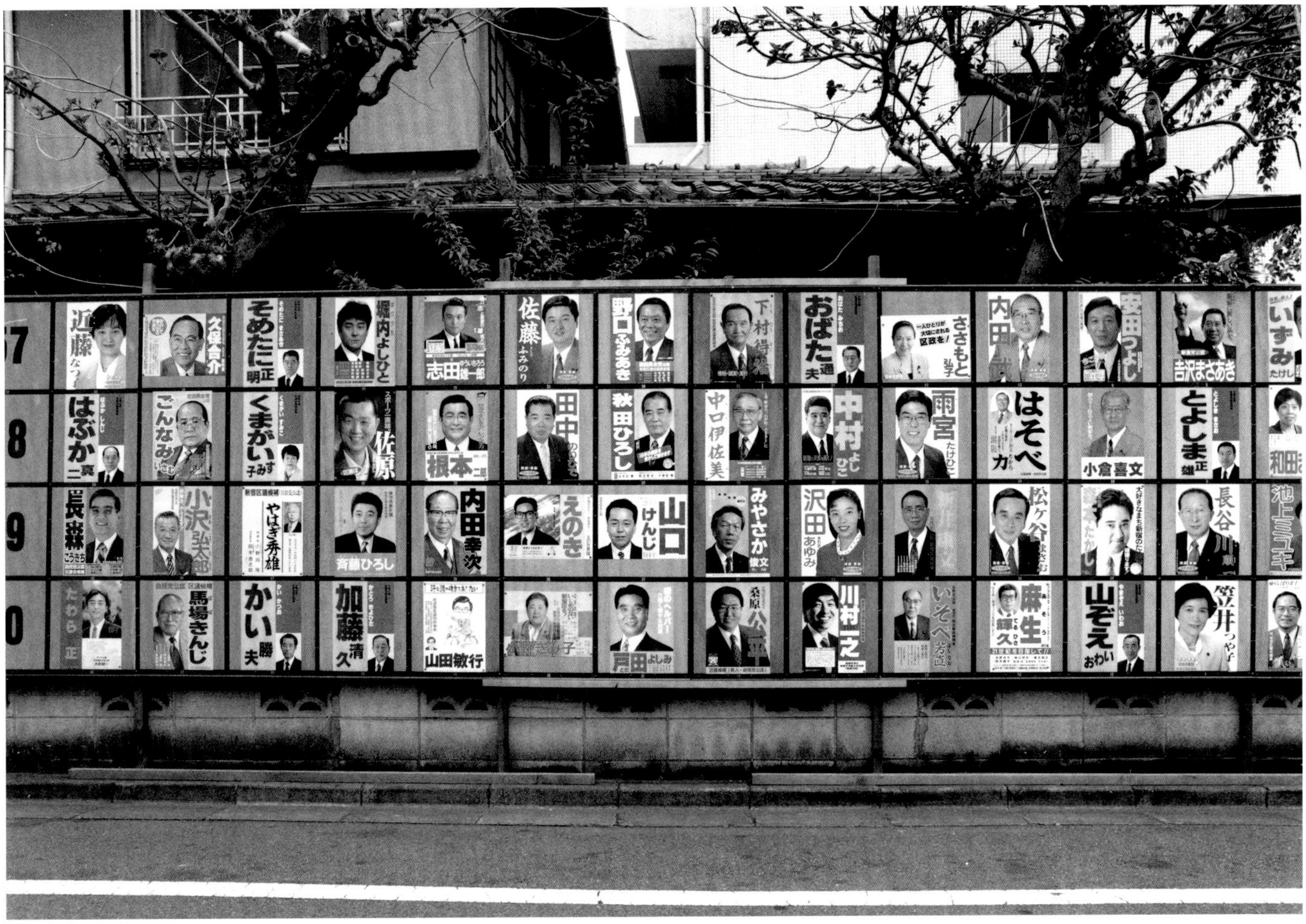

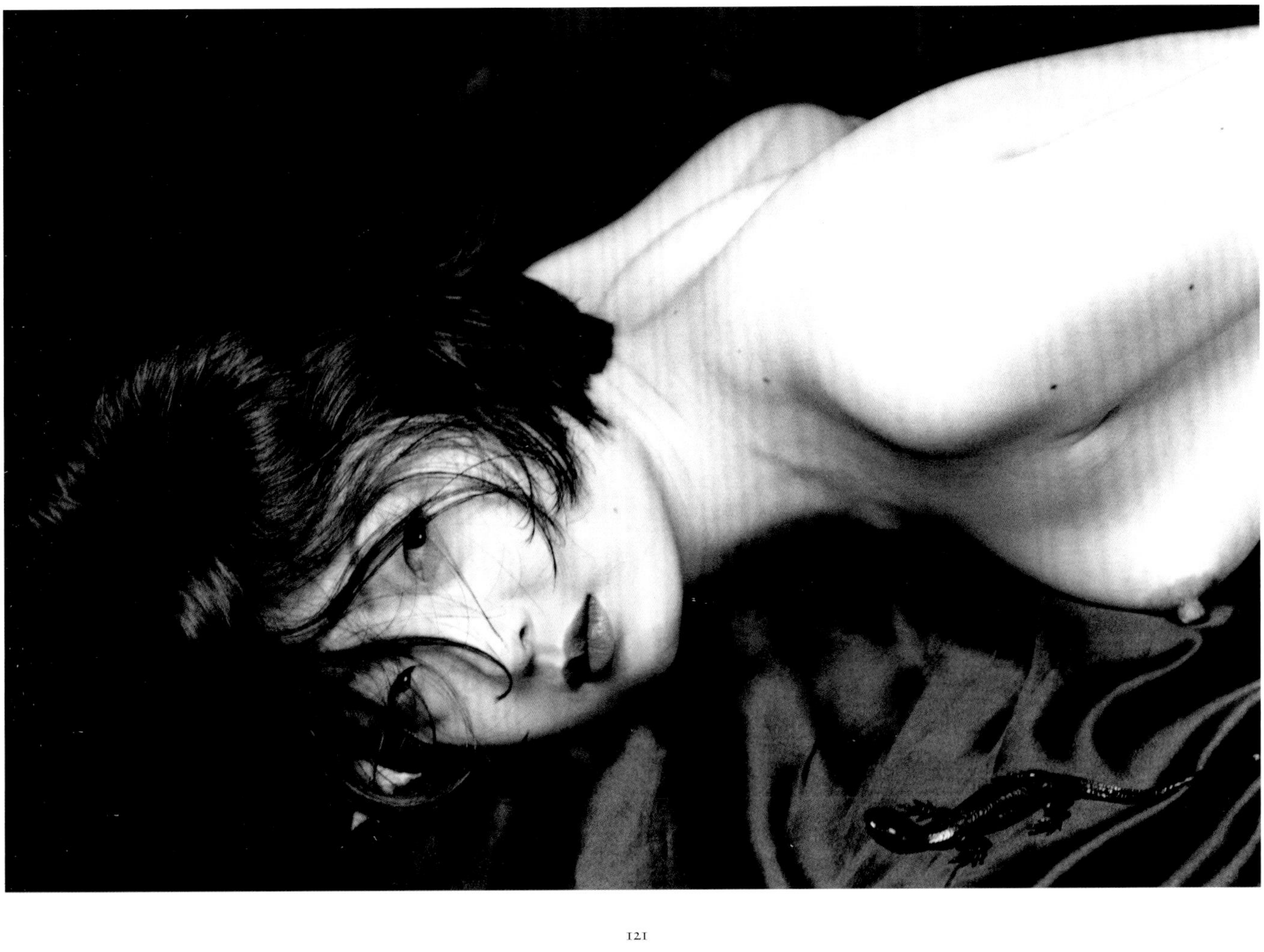

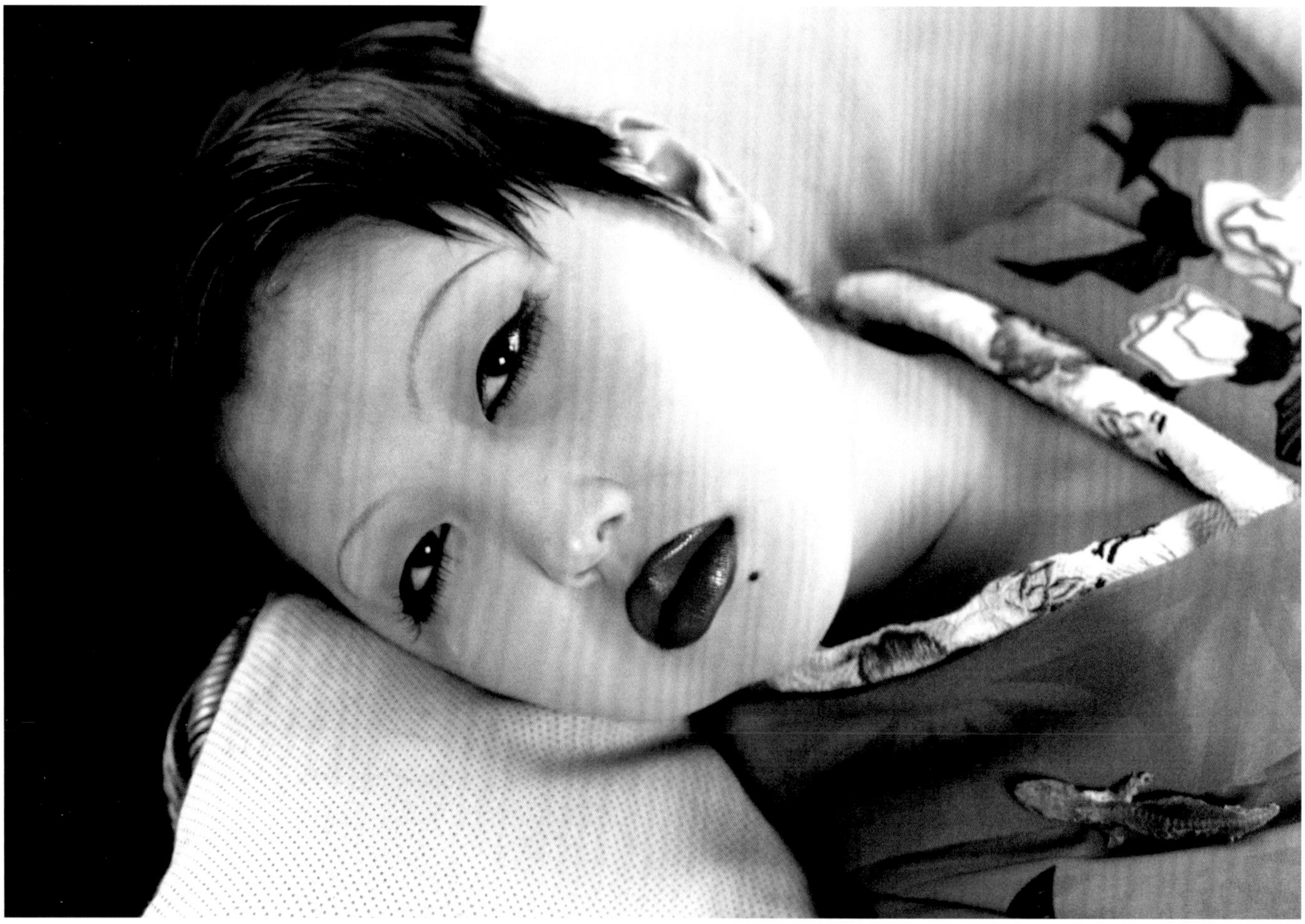

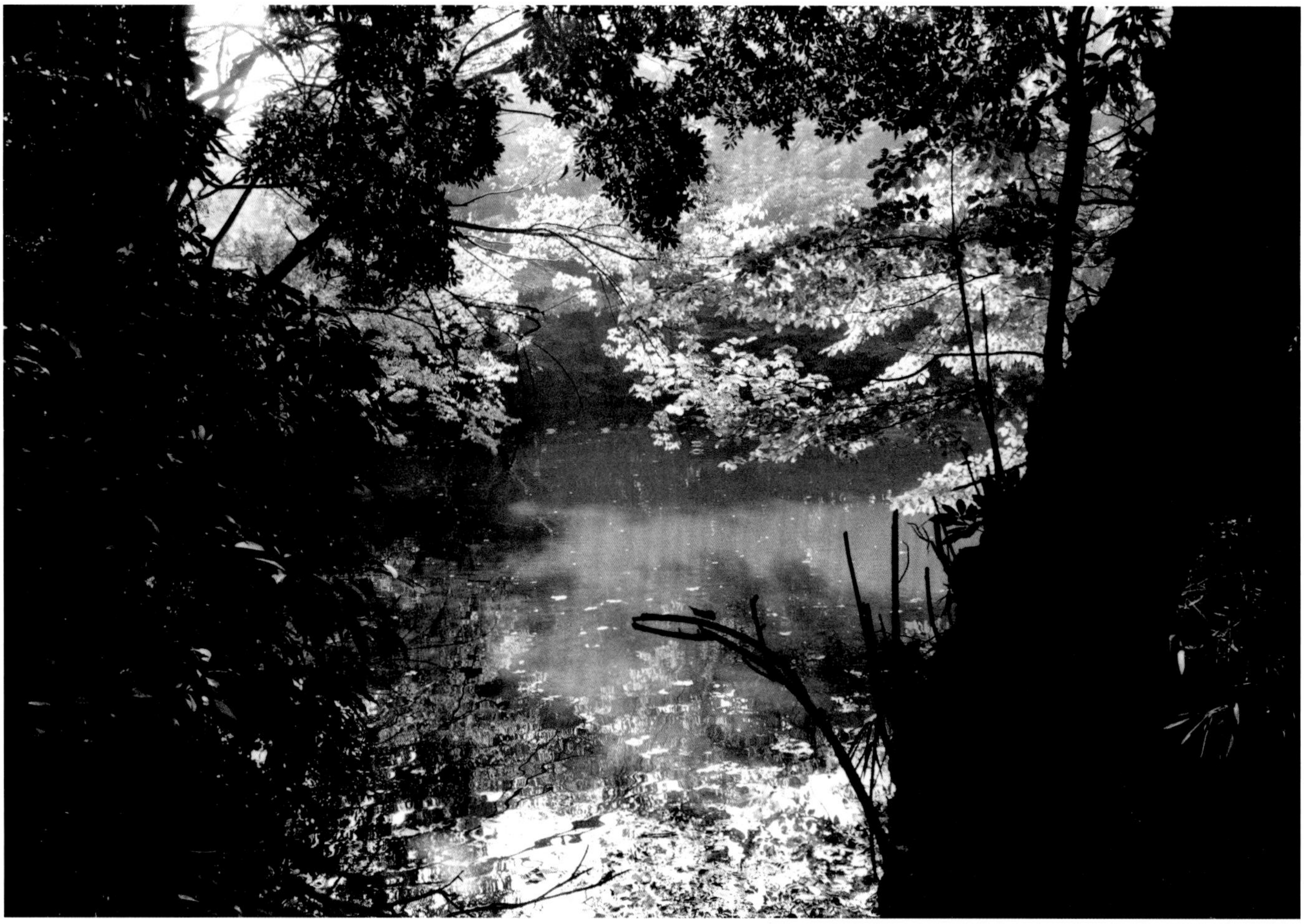

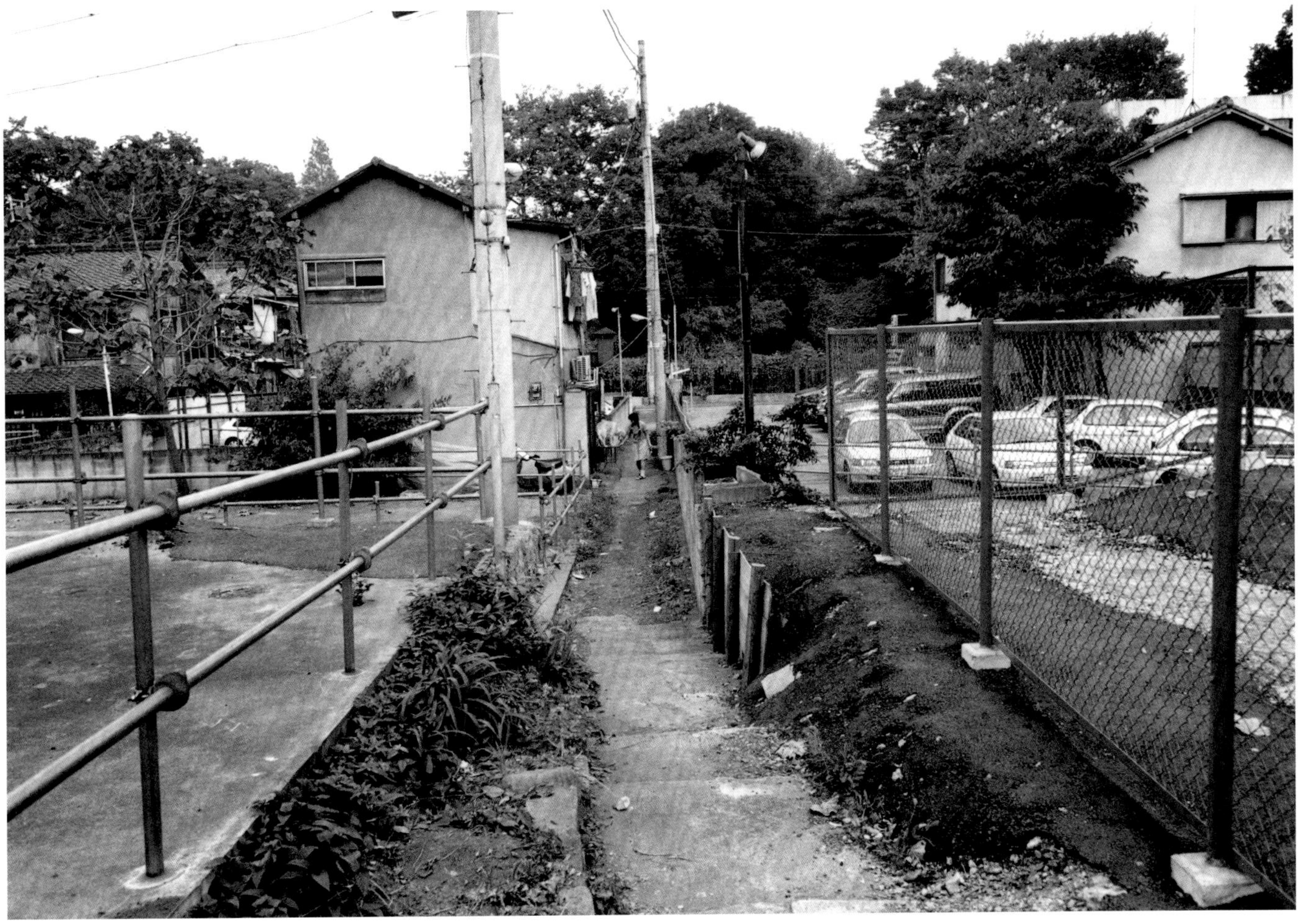

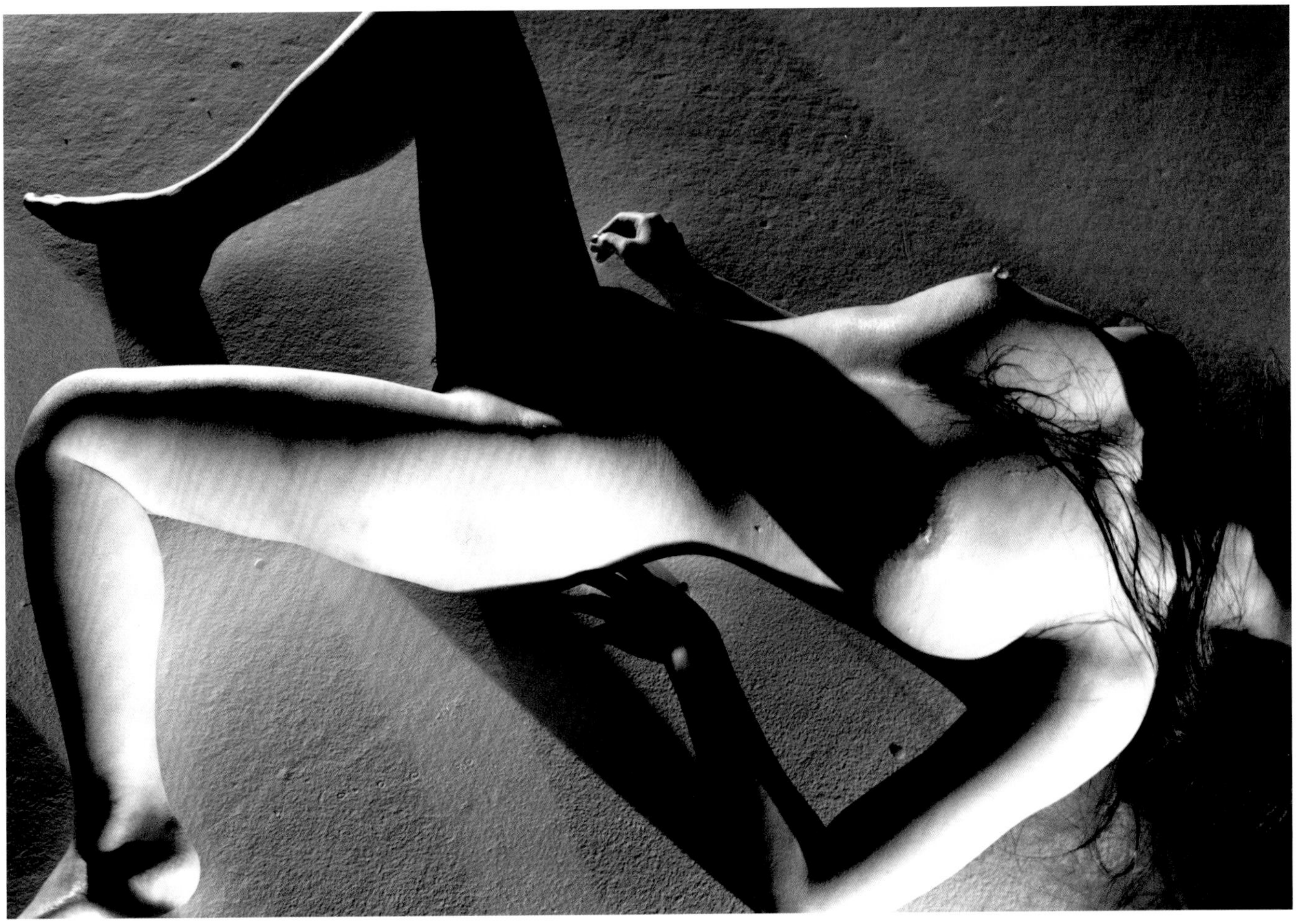

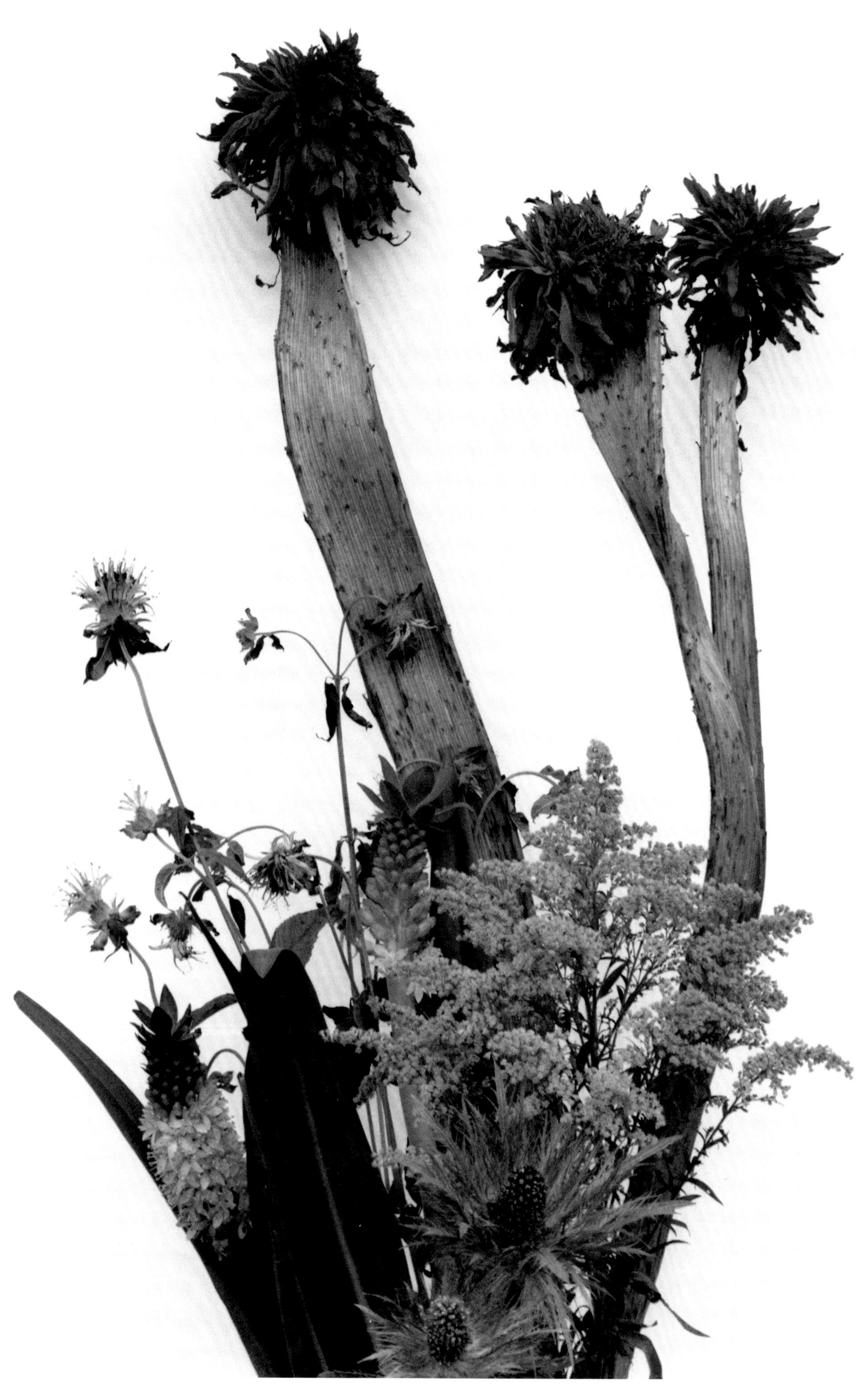

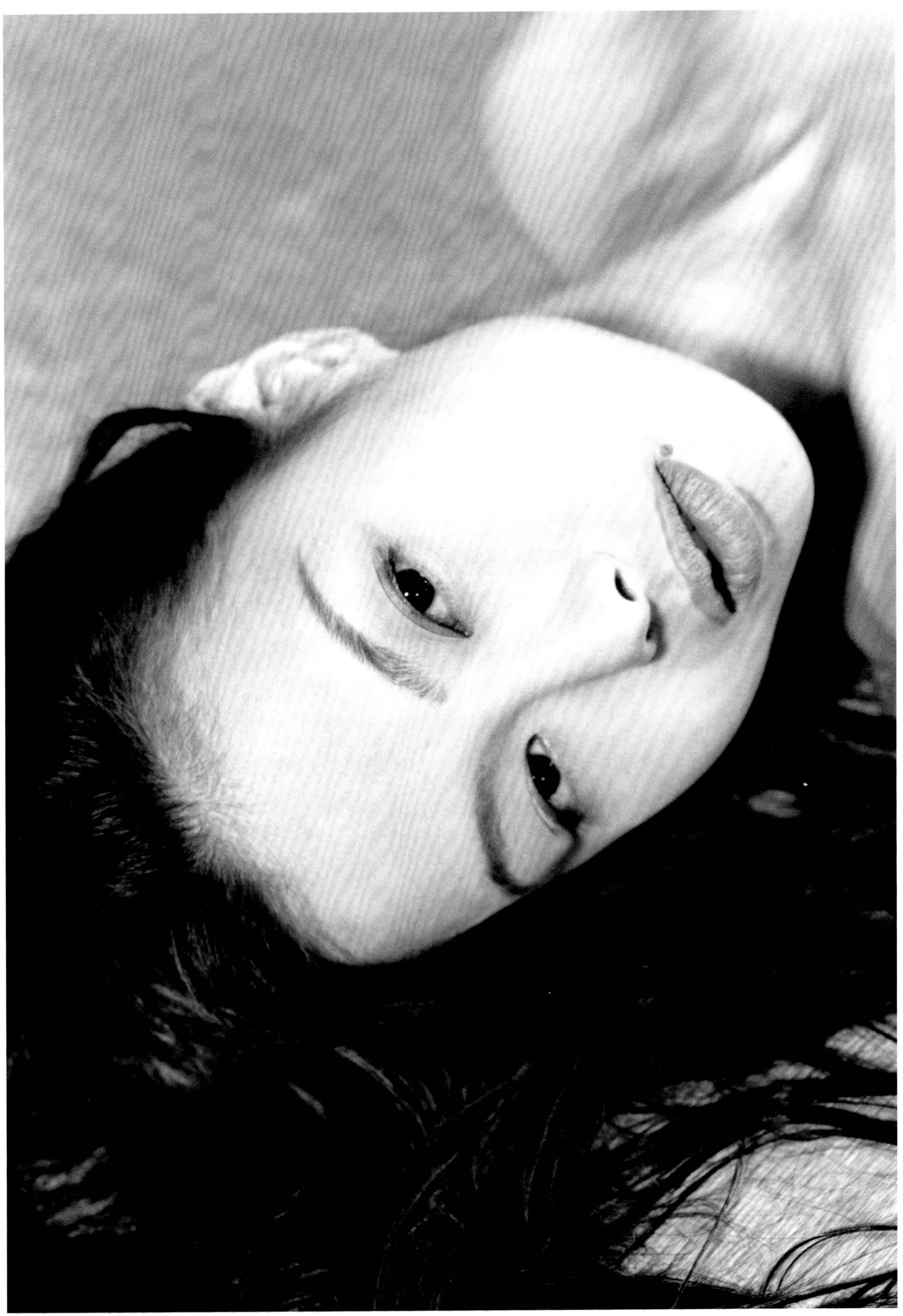

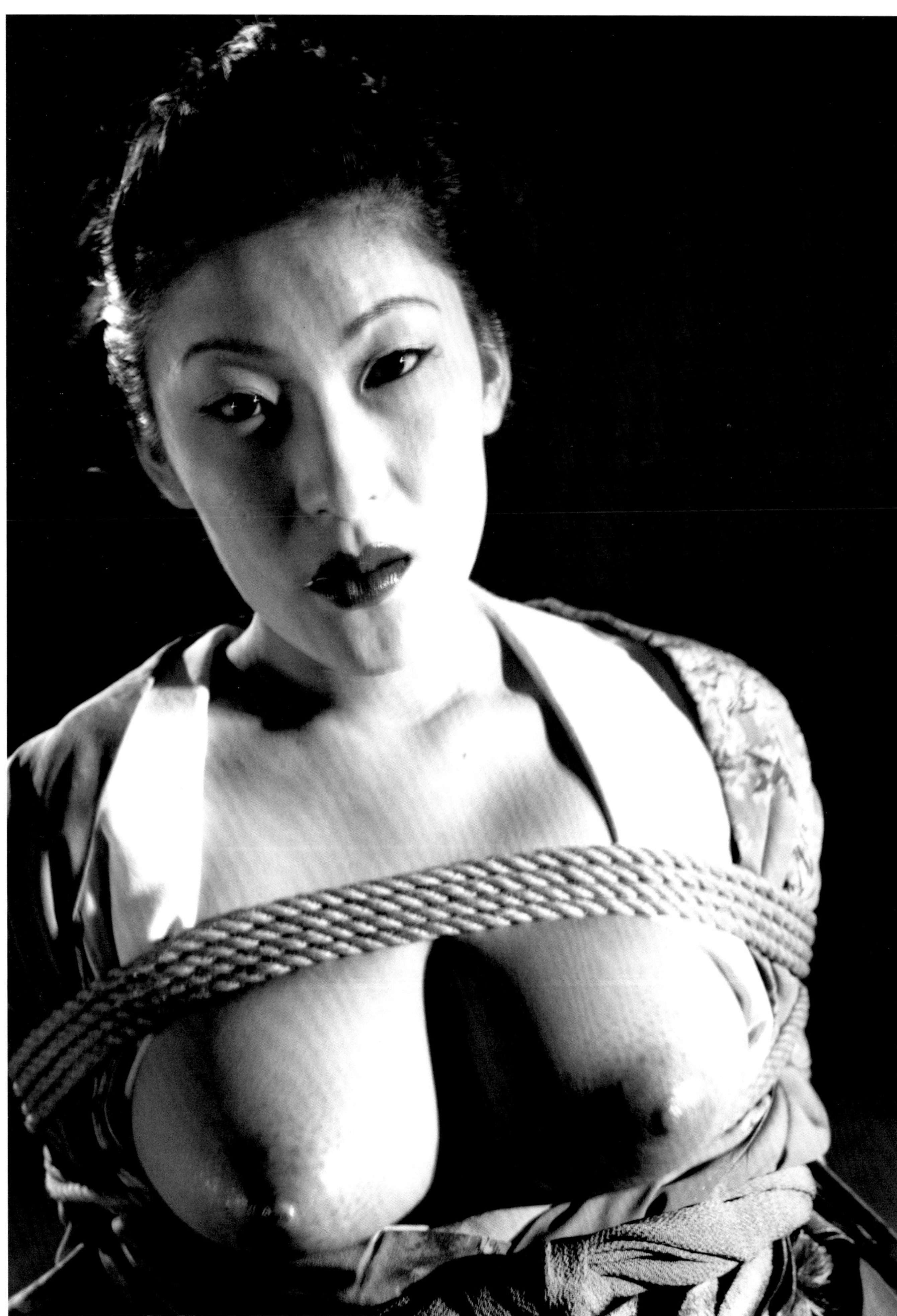

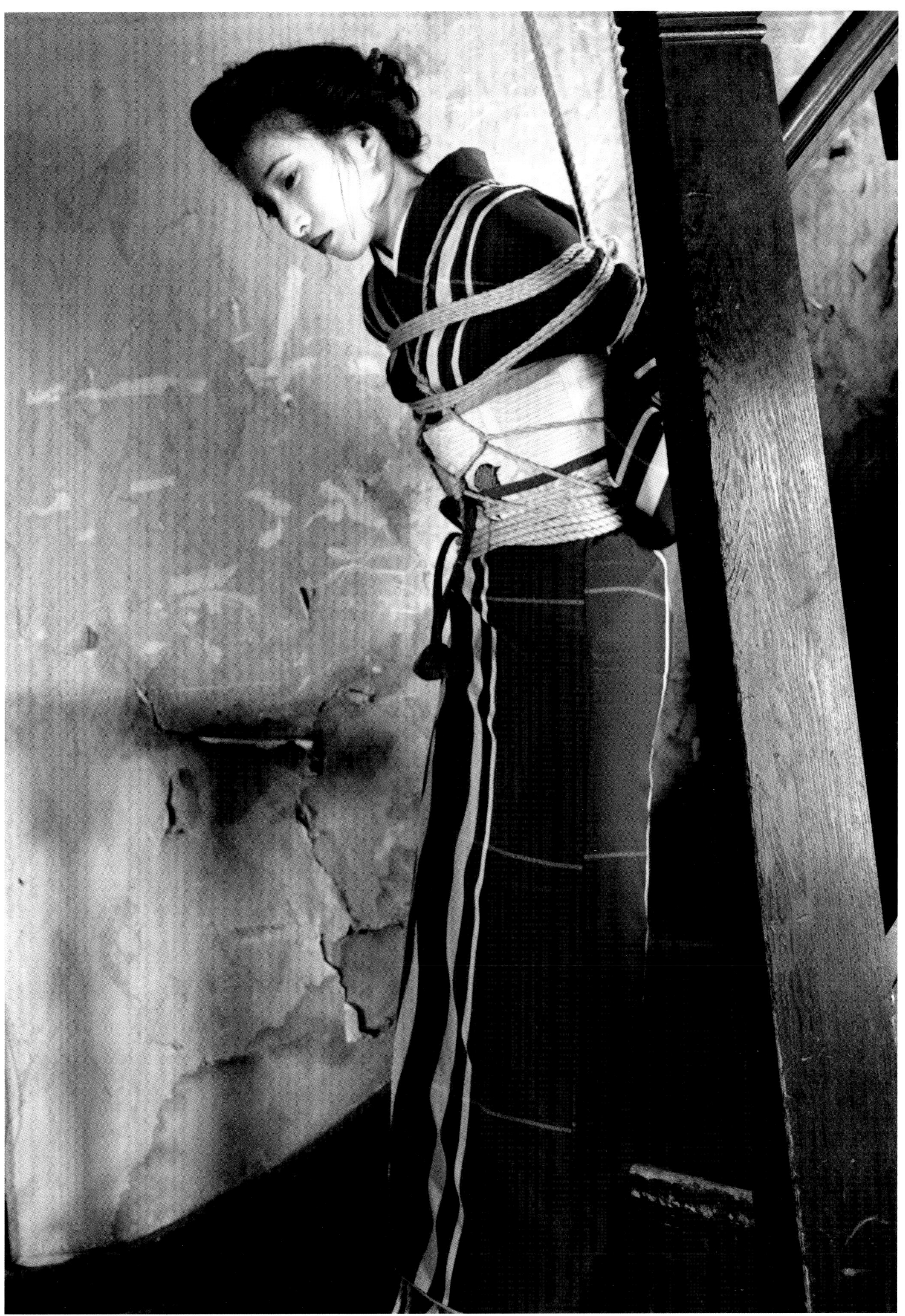

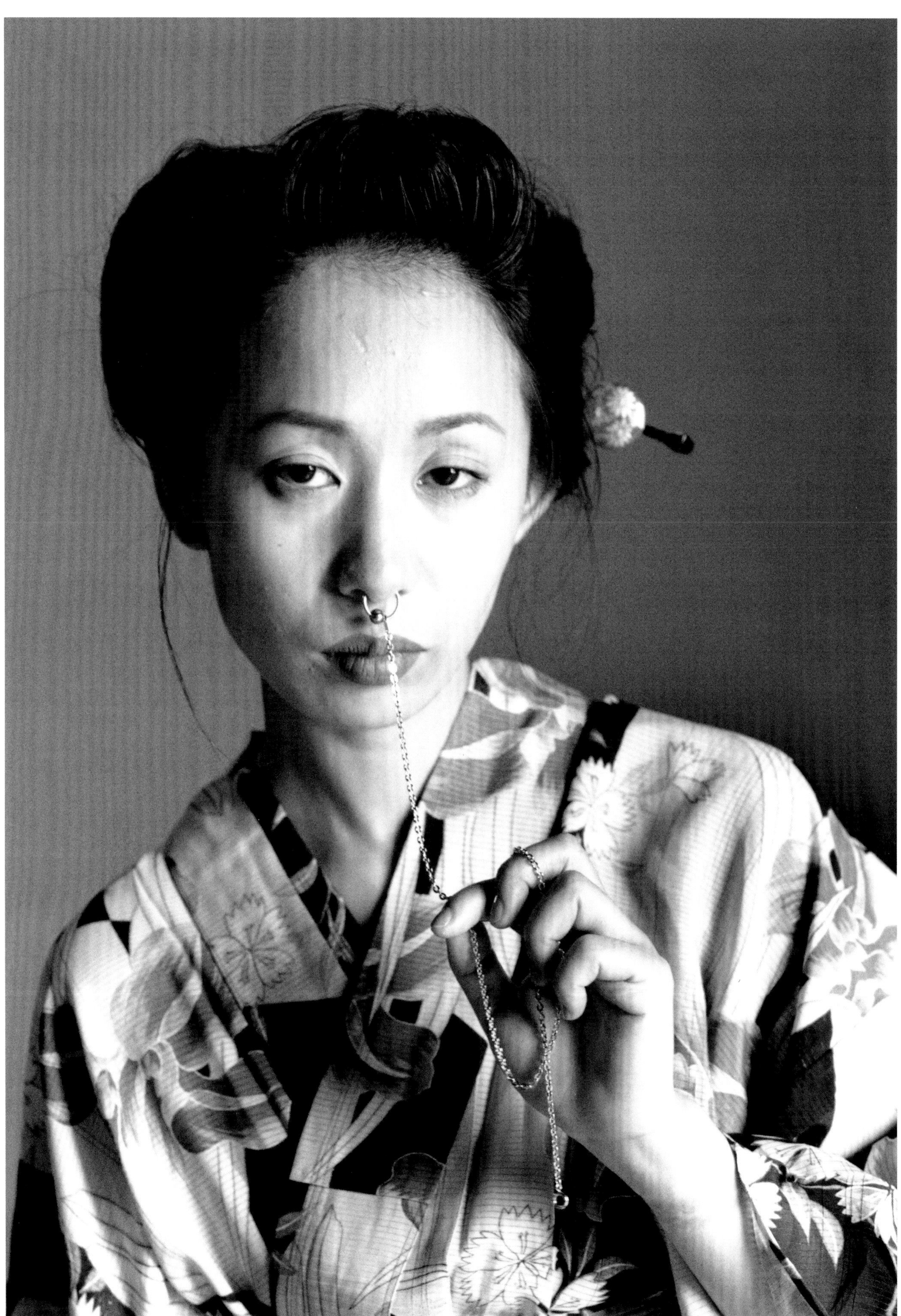

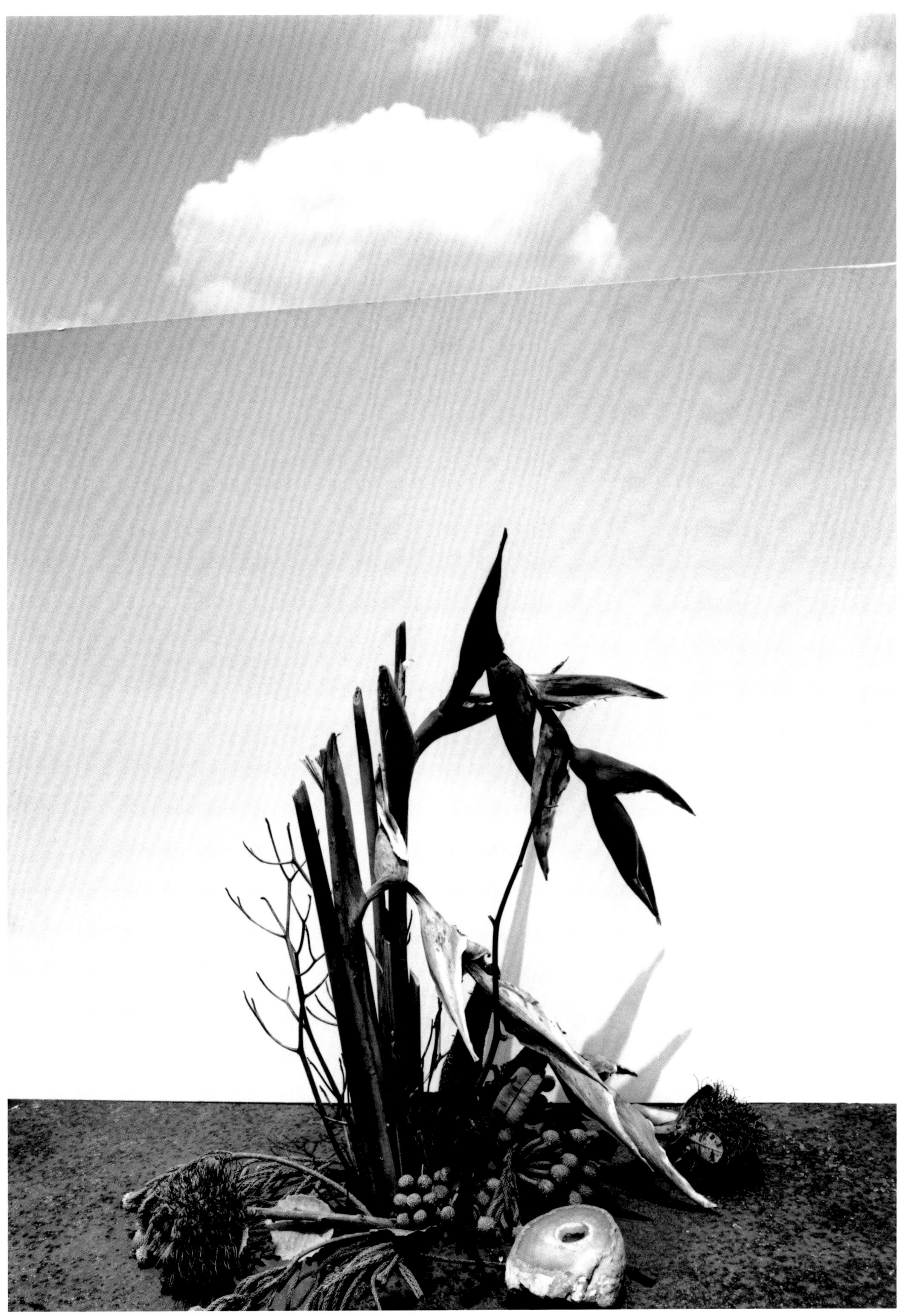

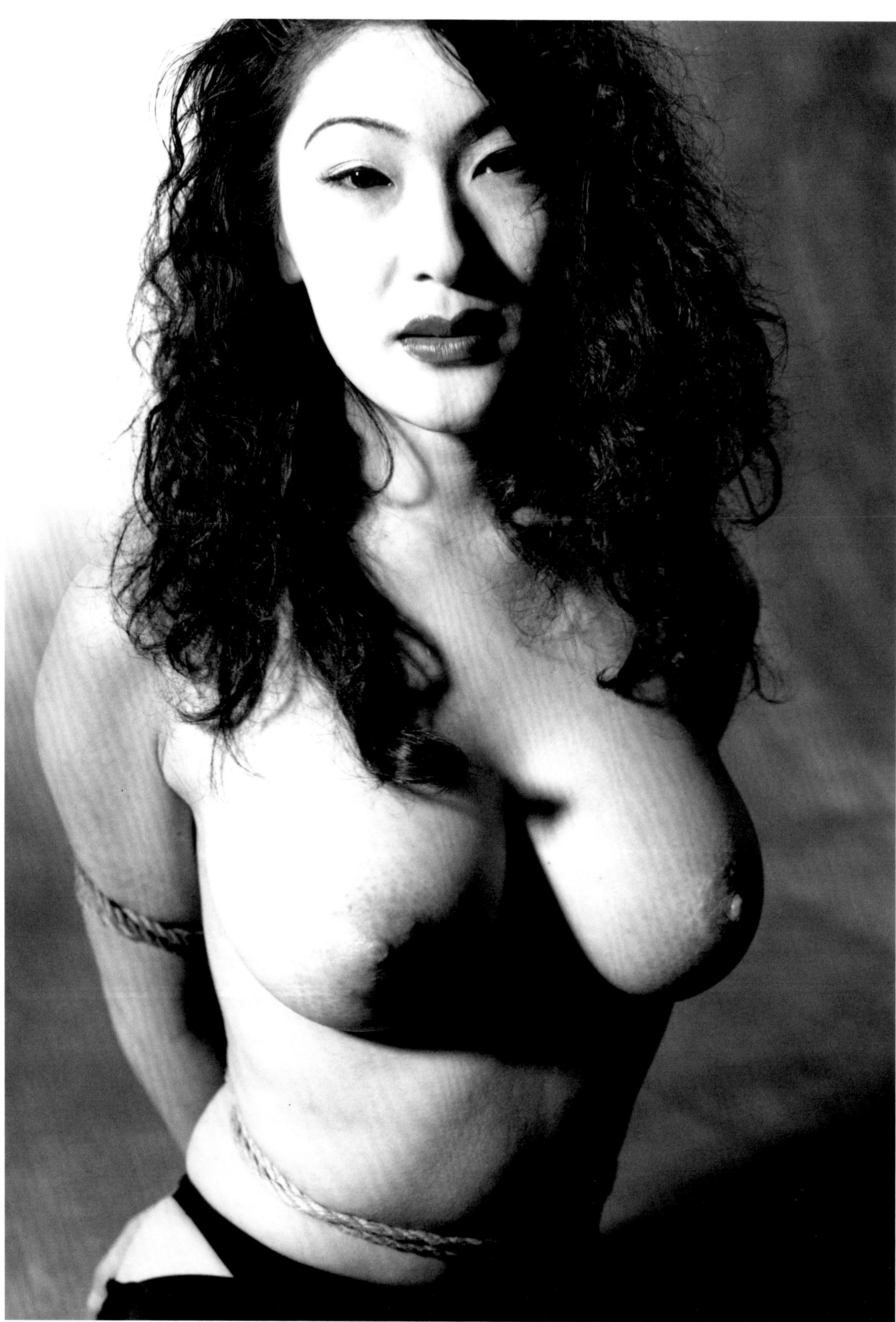

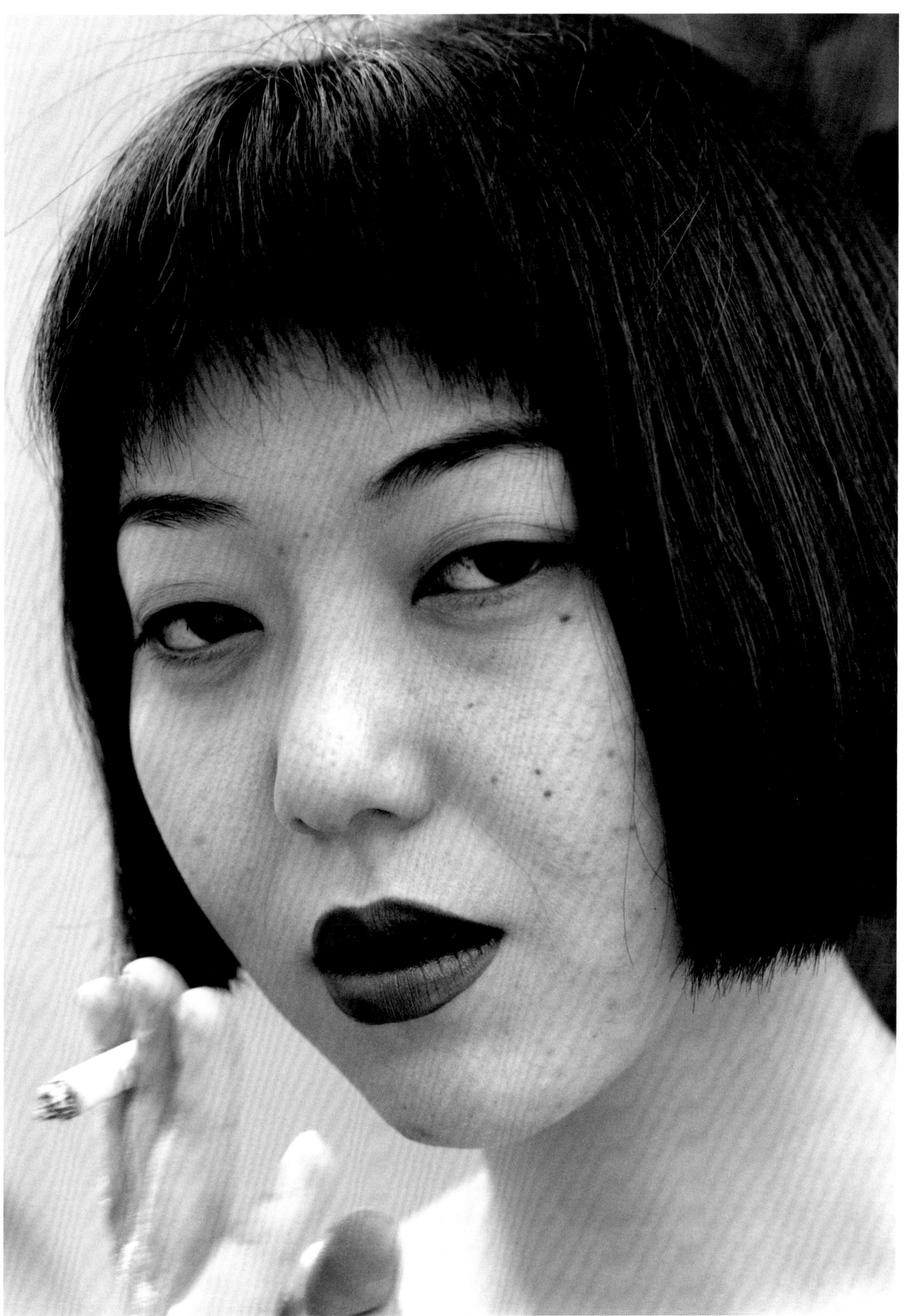

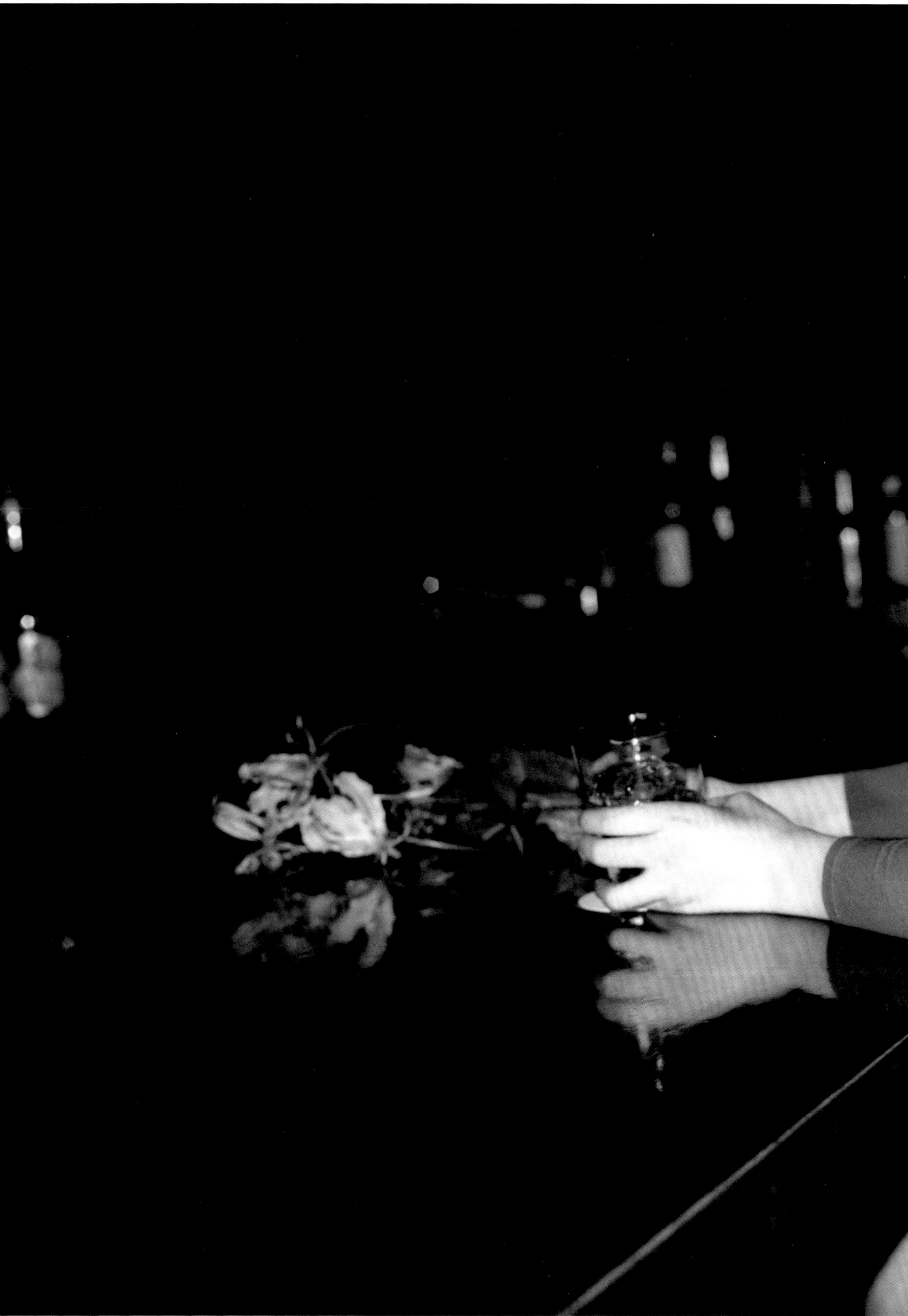

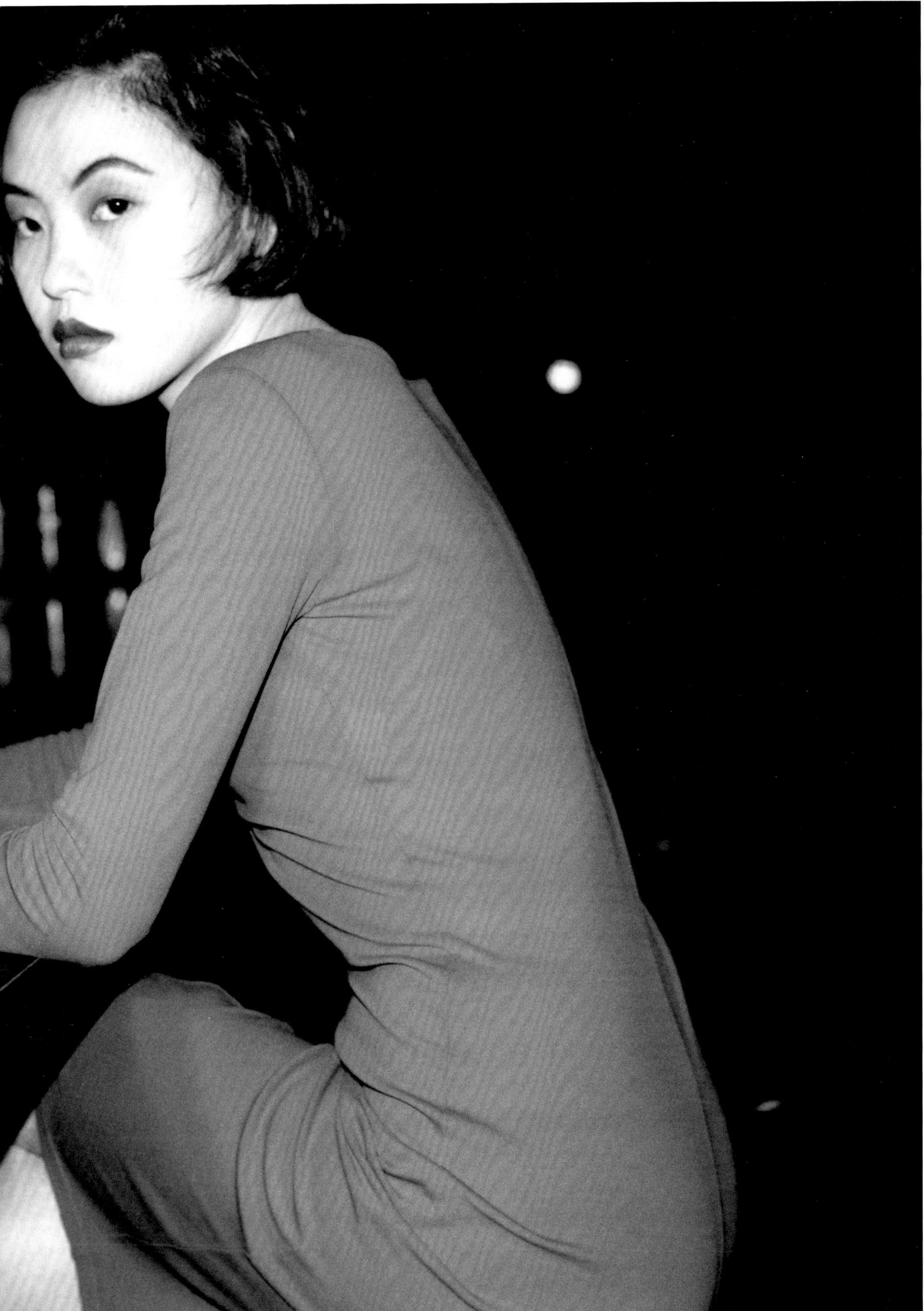

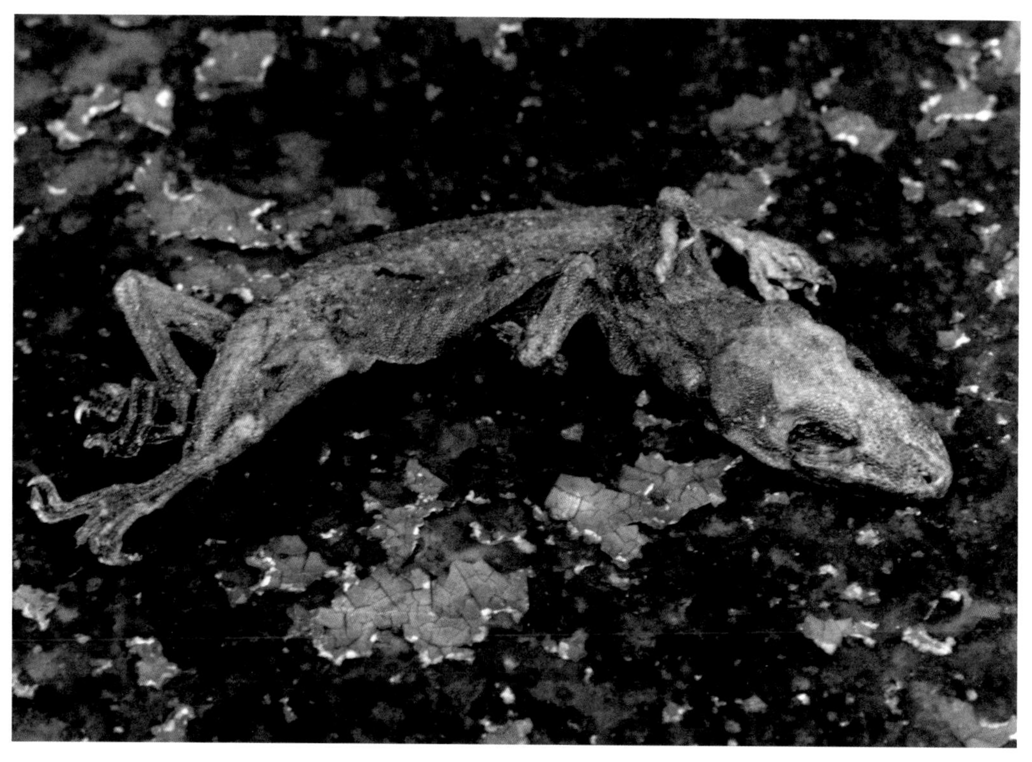

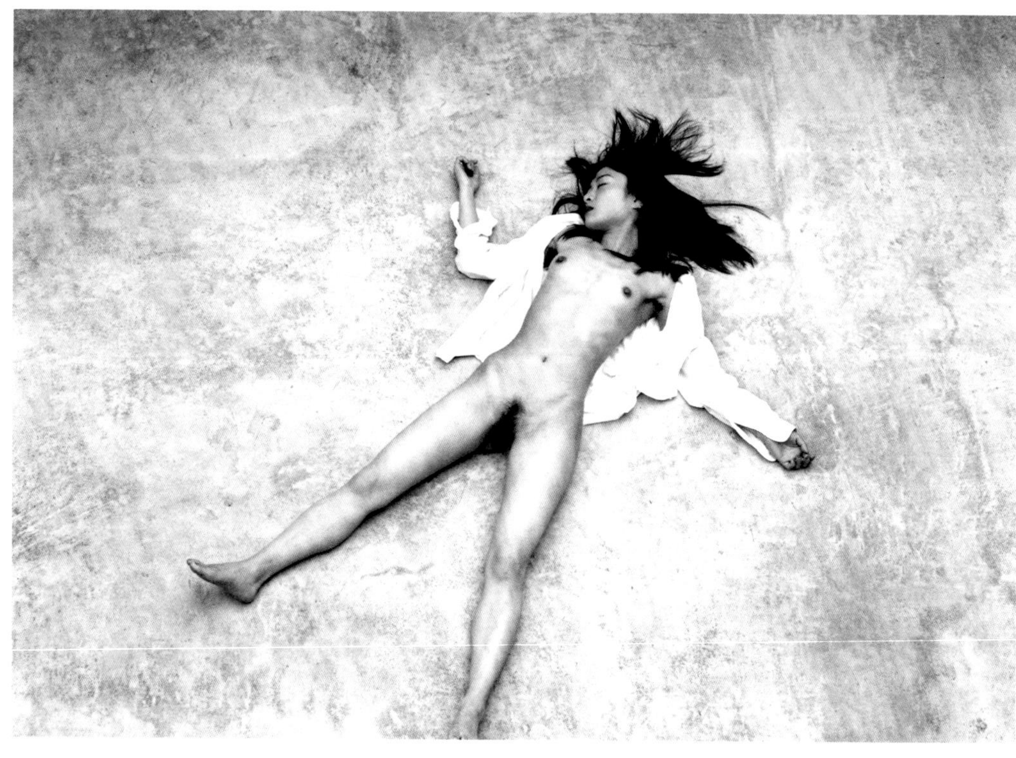

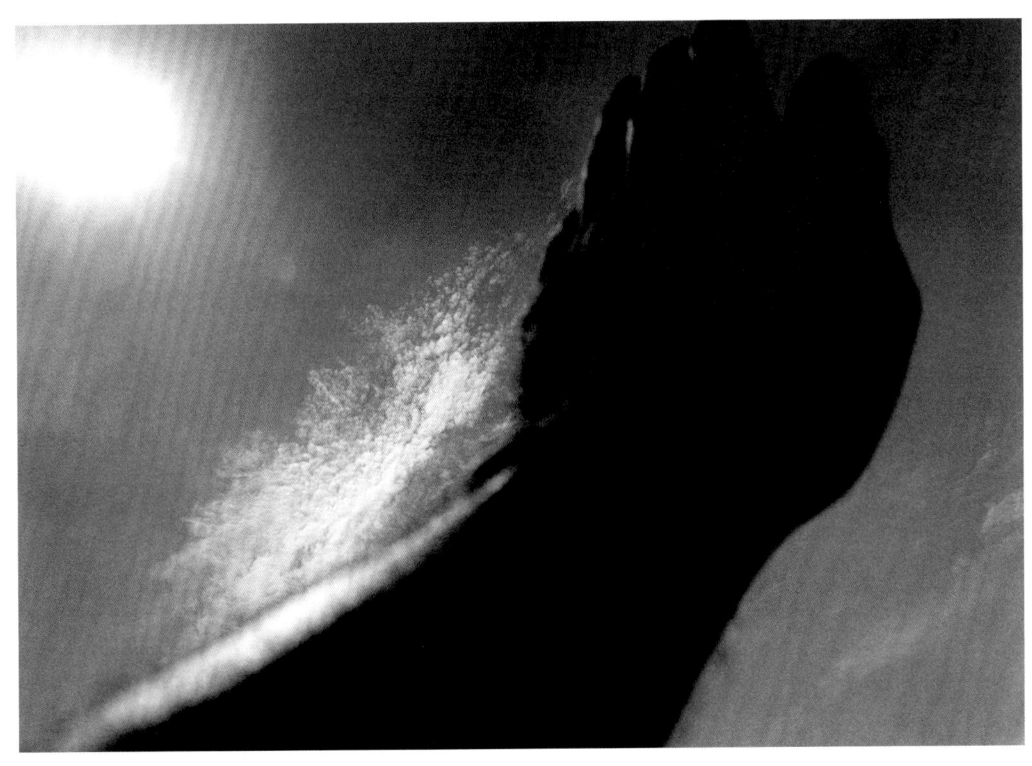

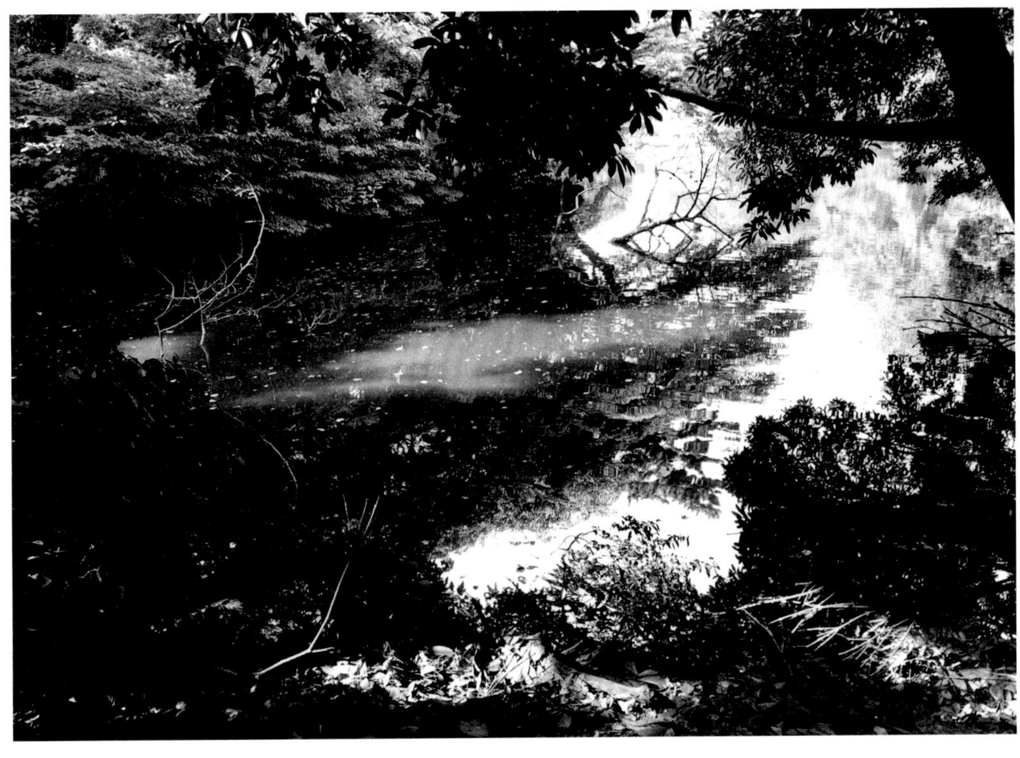

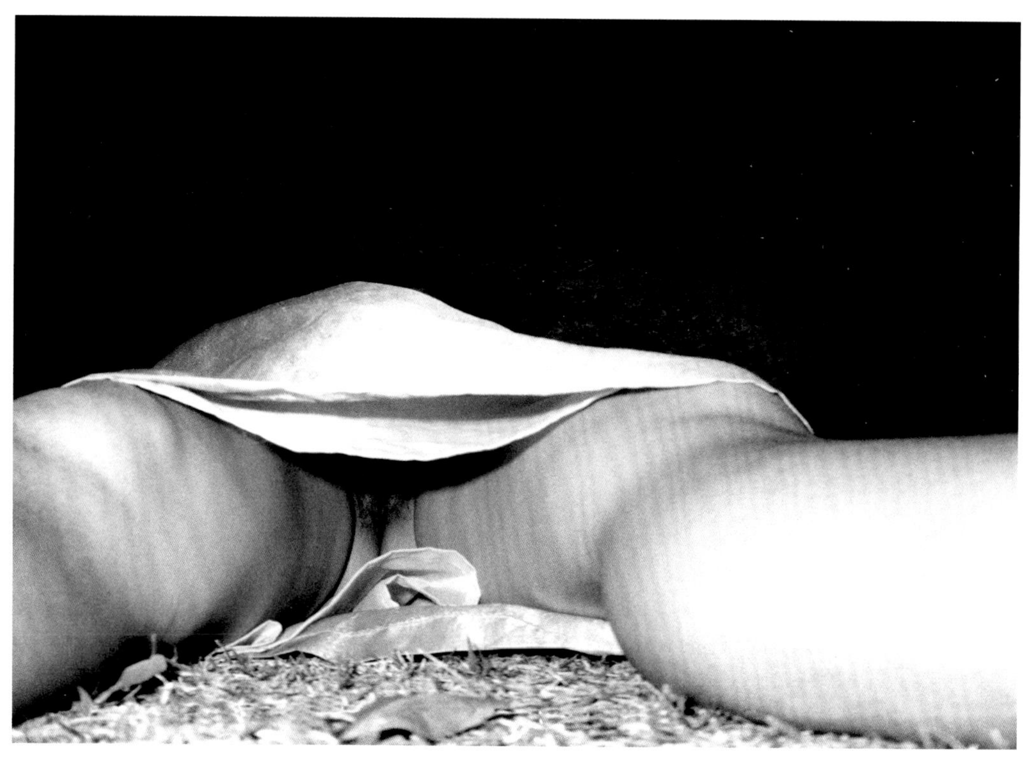

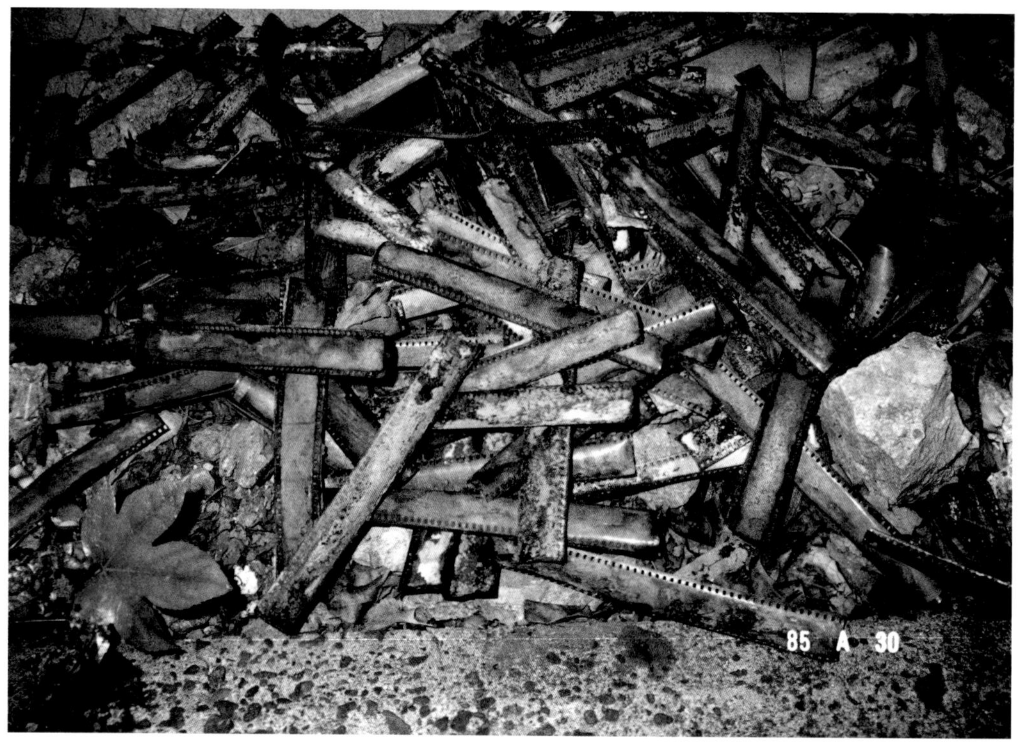
85 A 30

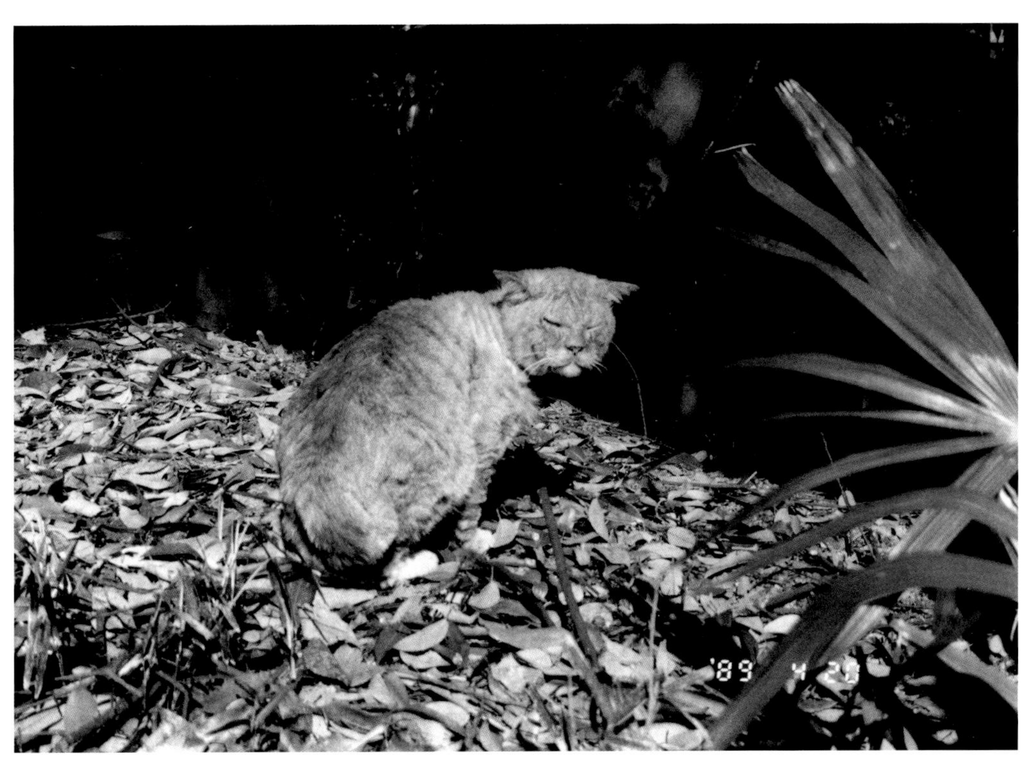
'89 4

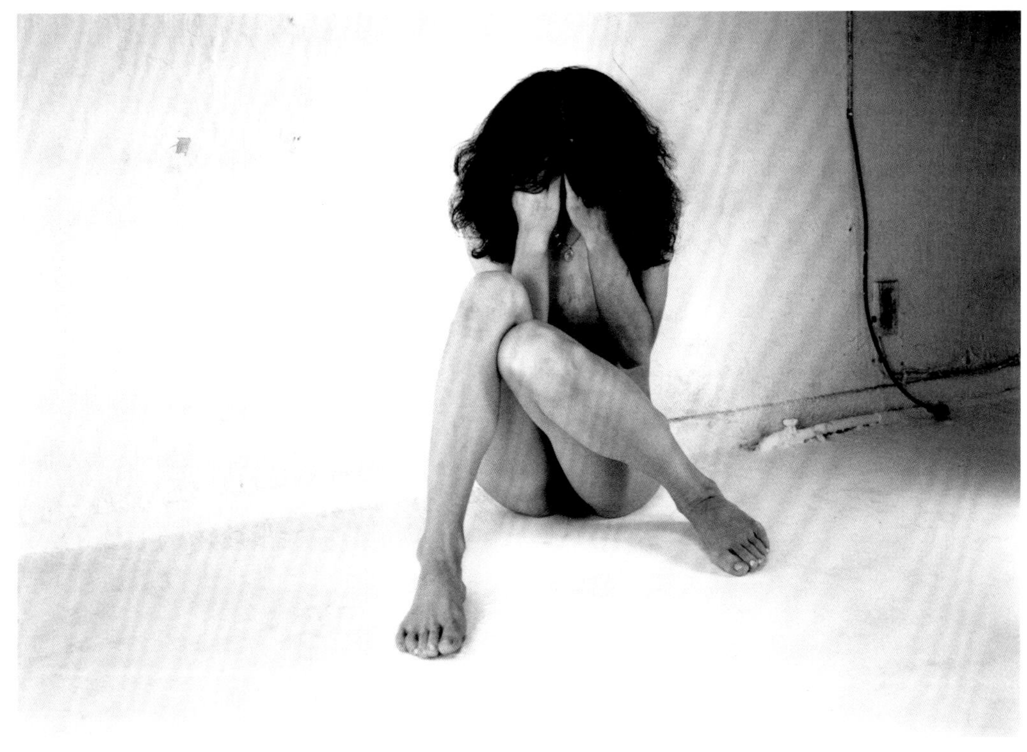

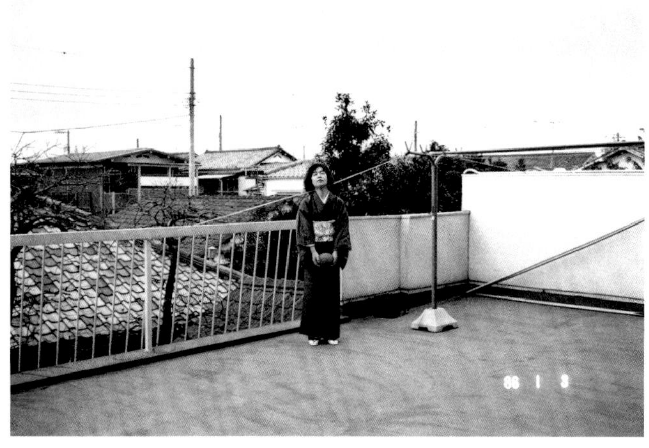

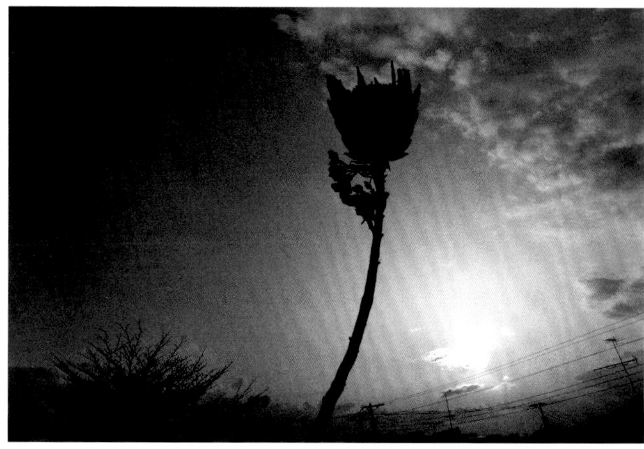

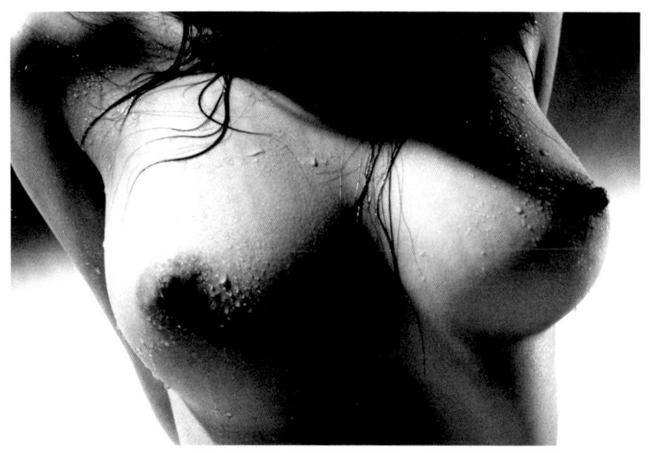

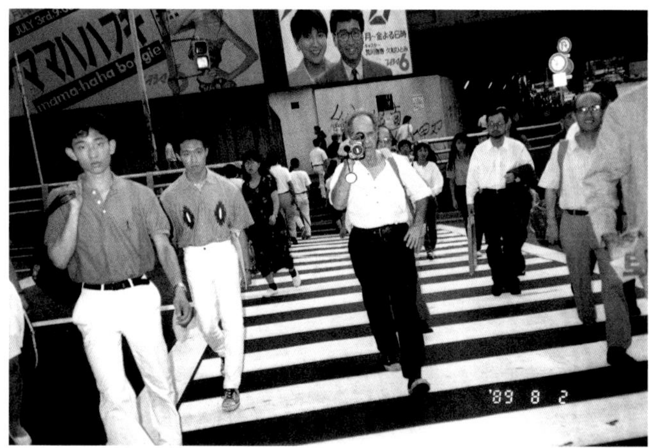
mama-haha boogie
'89 8 2

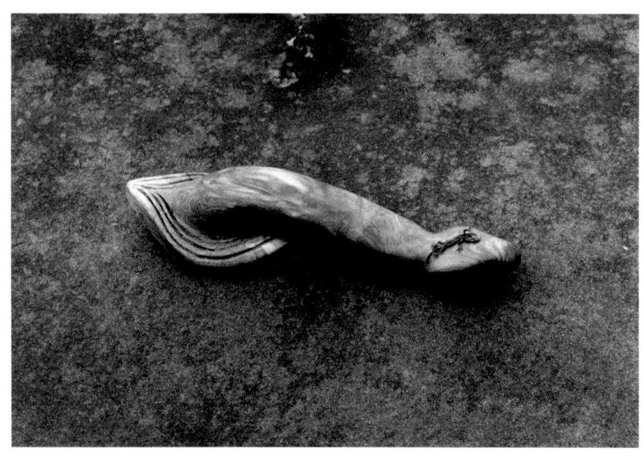

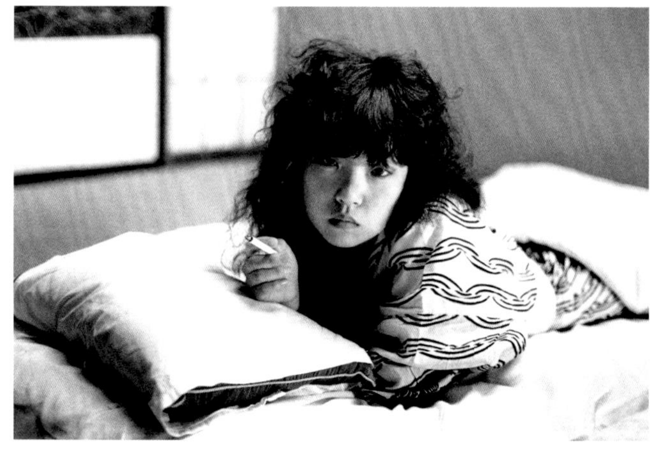

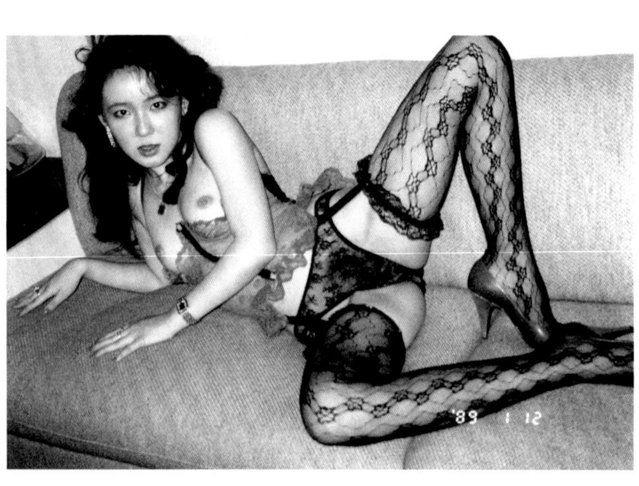
'89 1 12

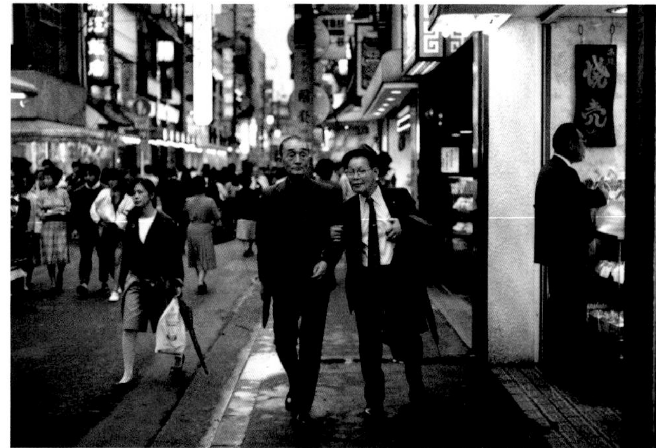

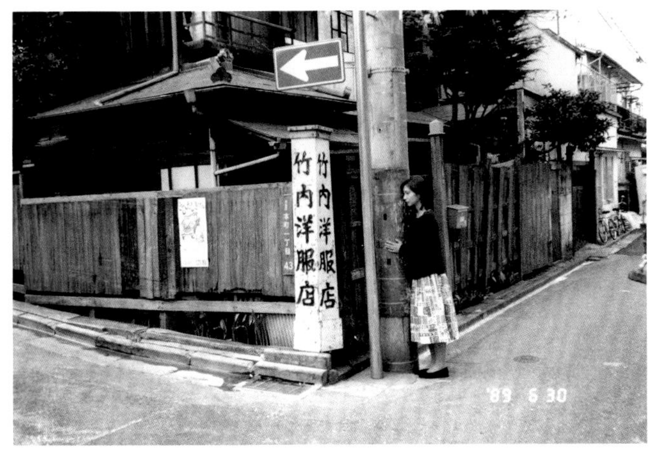
竹内洋服店
竹内洋服店
'89 6 30

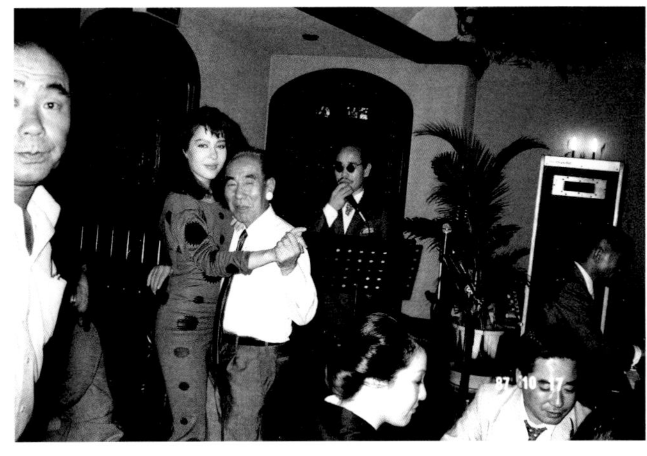

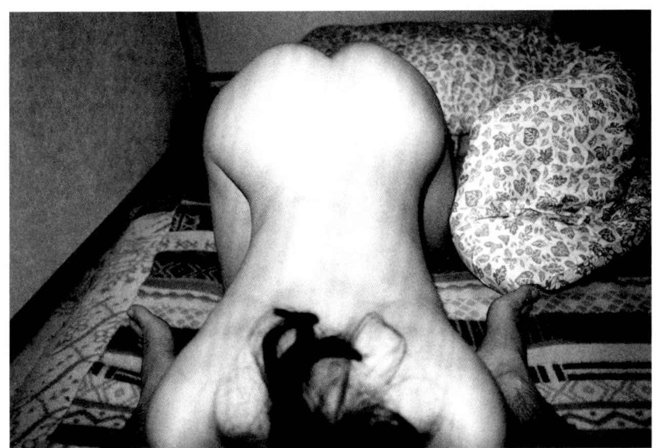

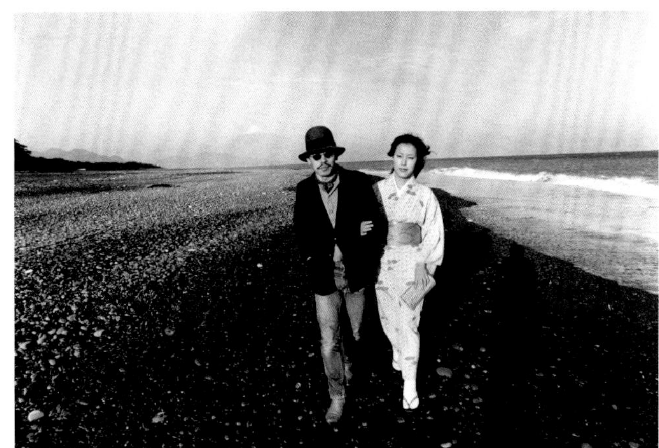

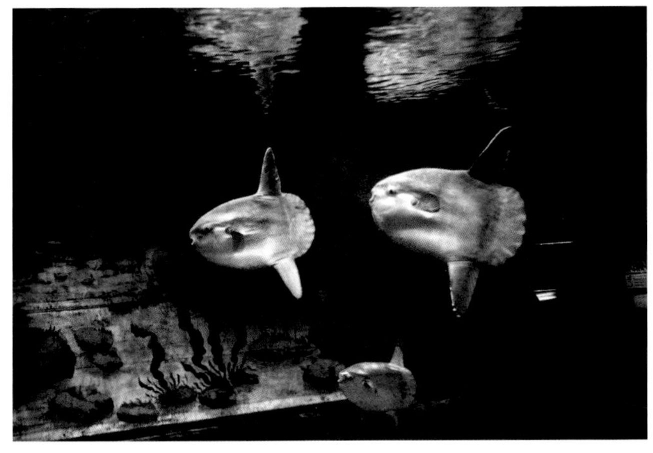

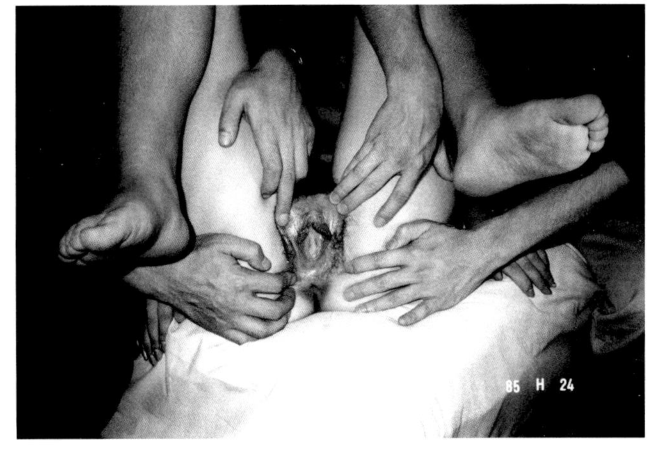
85 H 24

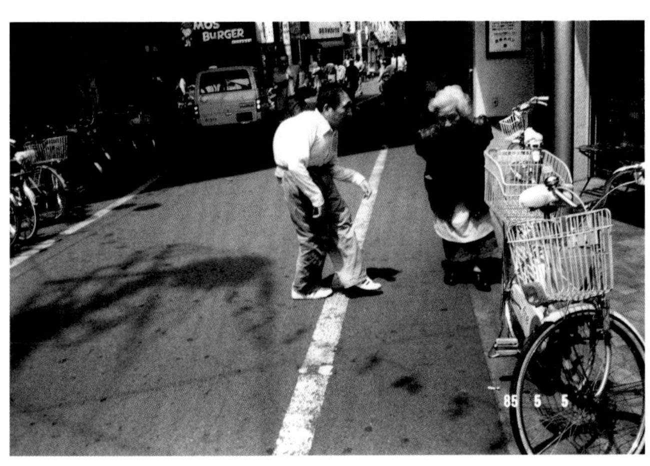
MOS BURGER
85 5 5

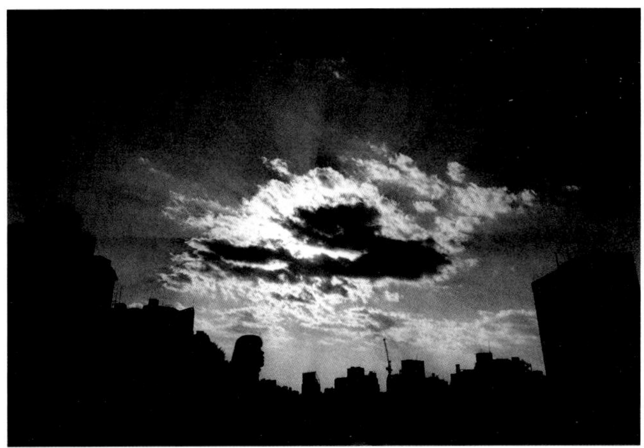

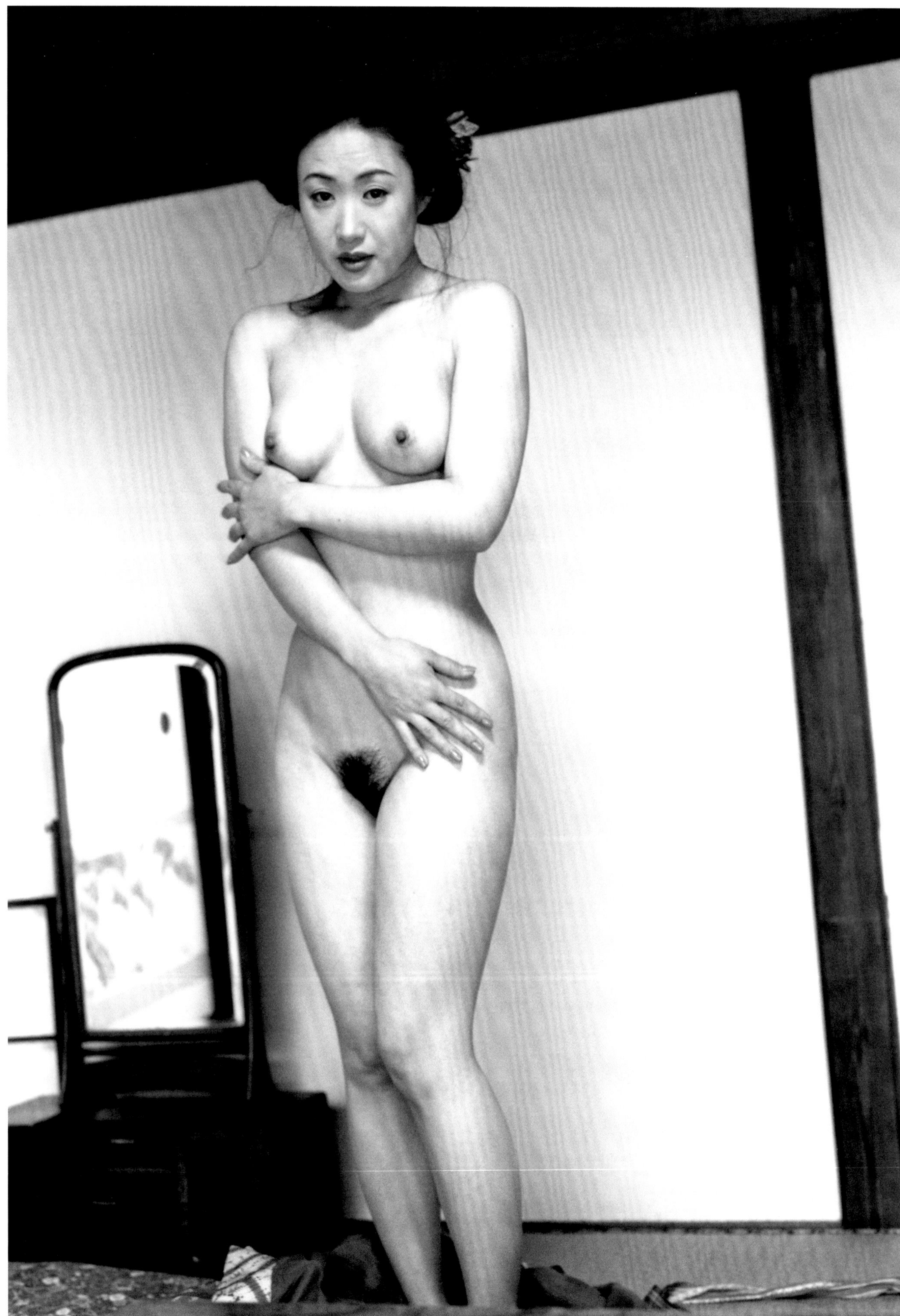

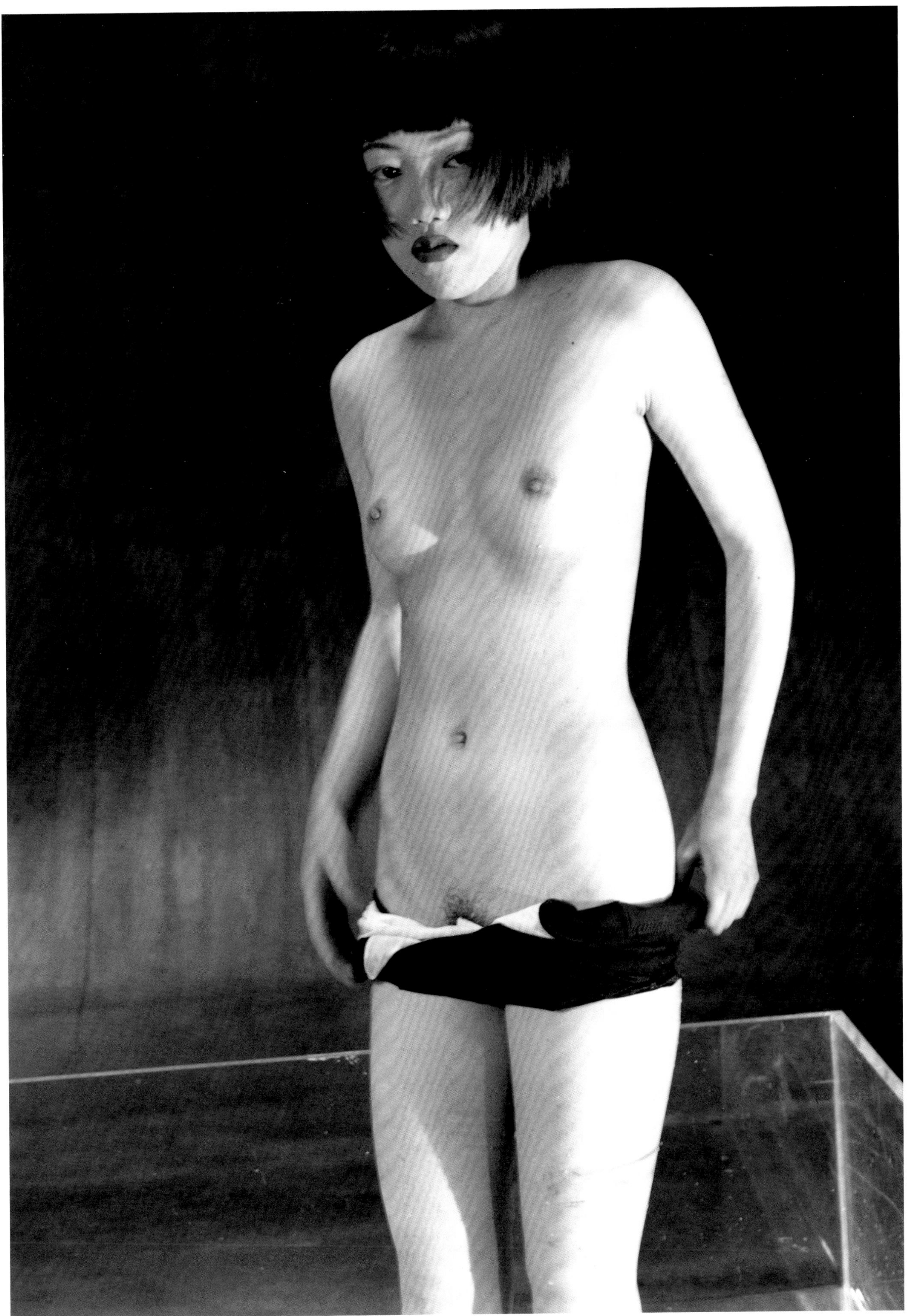

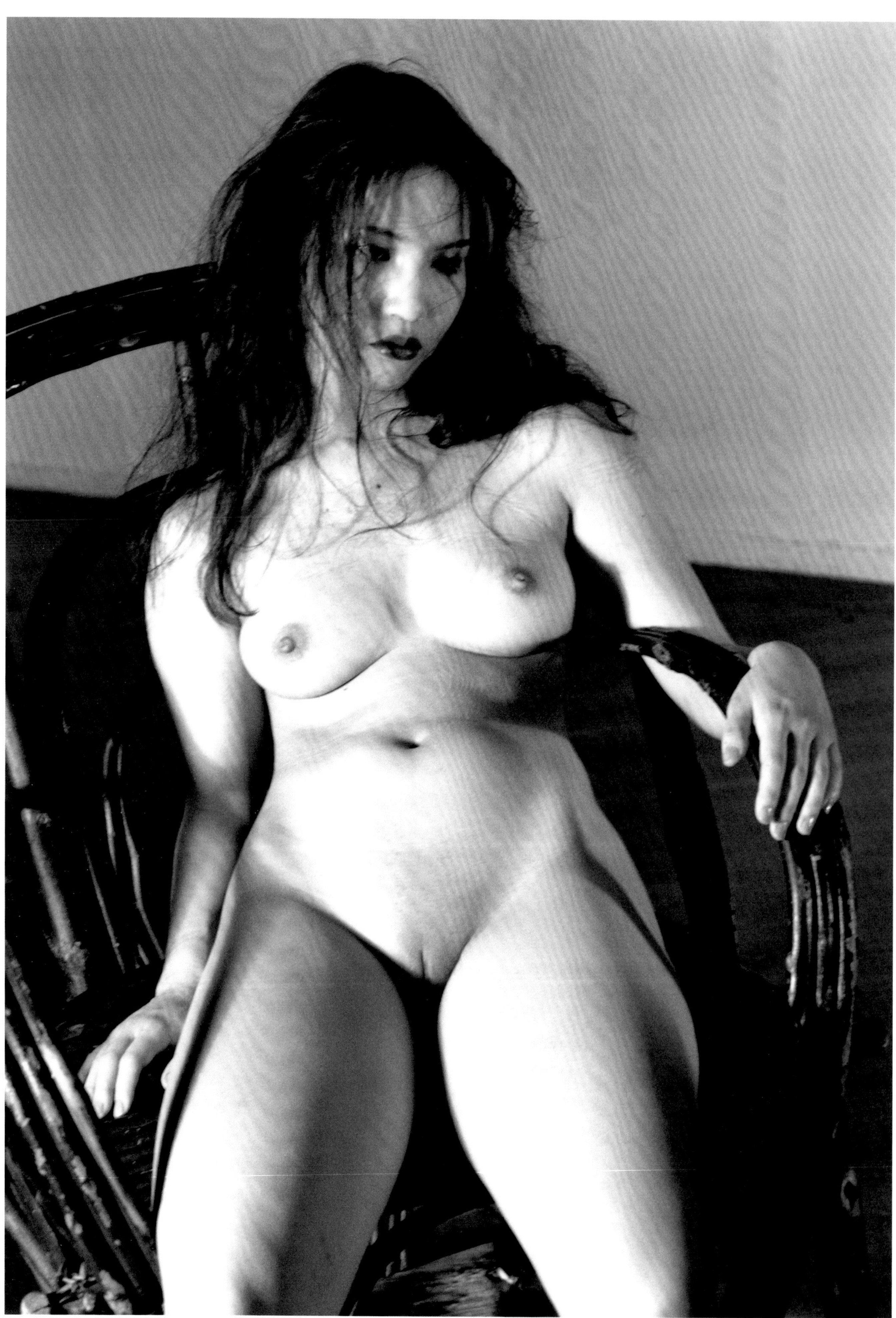

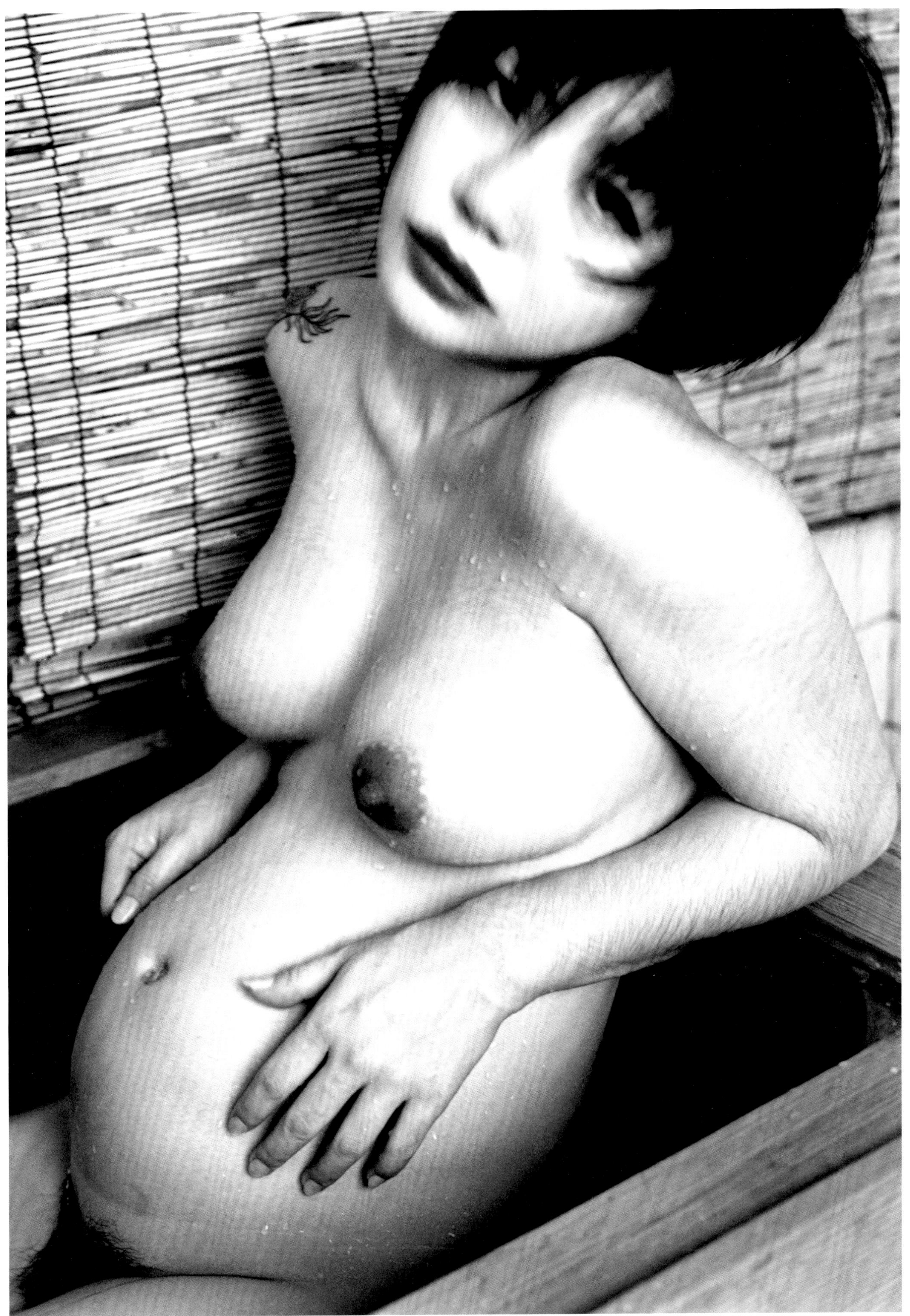

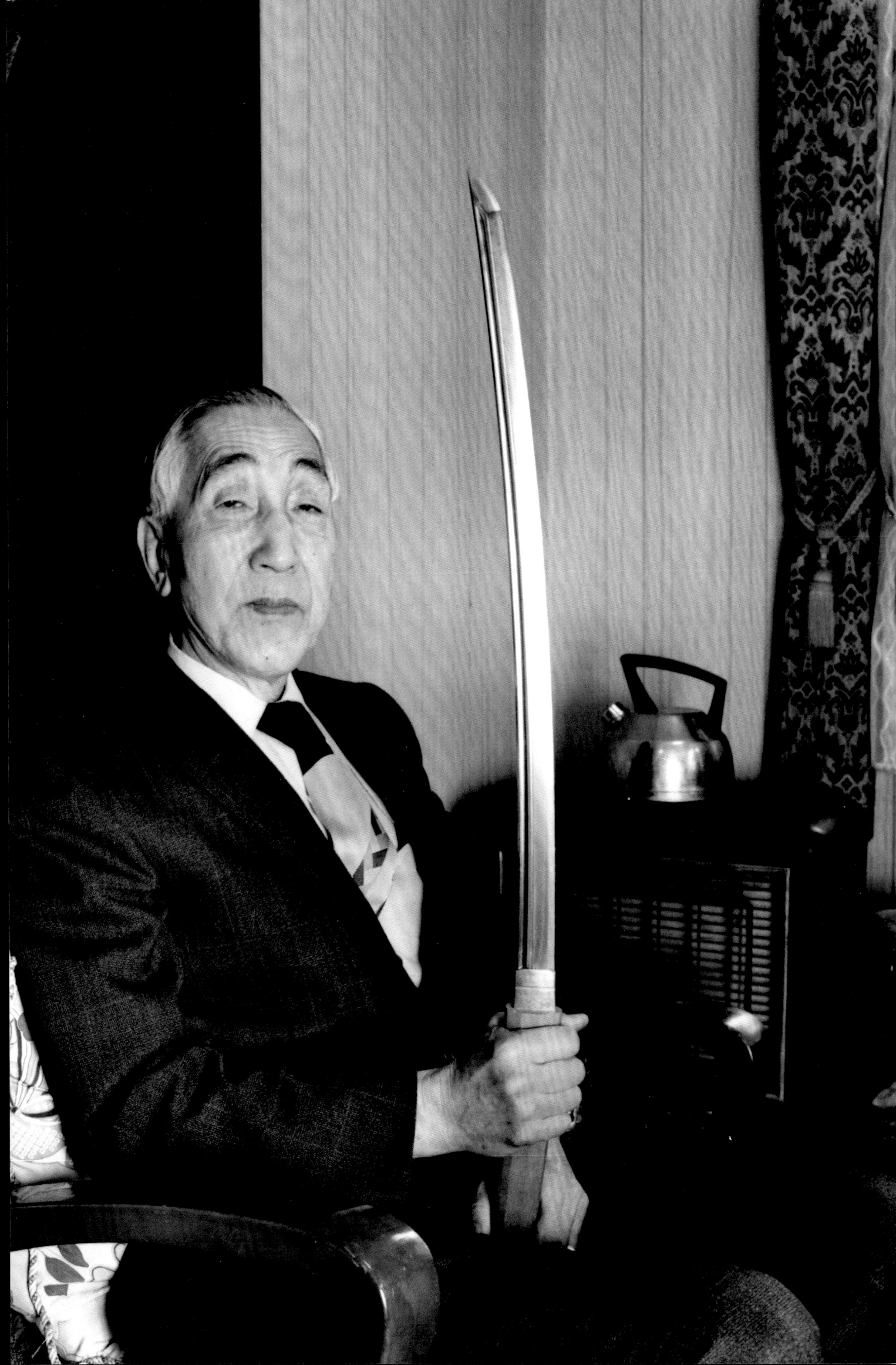

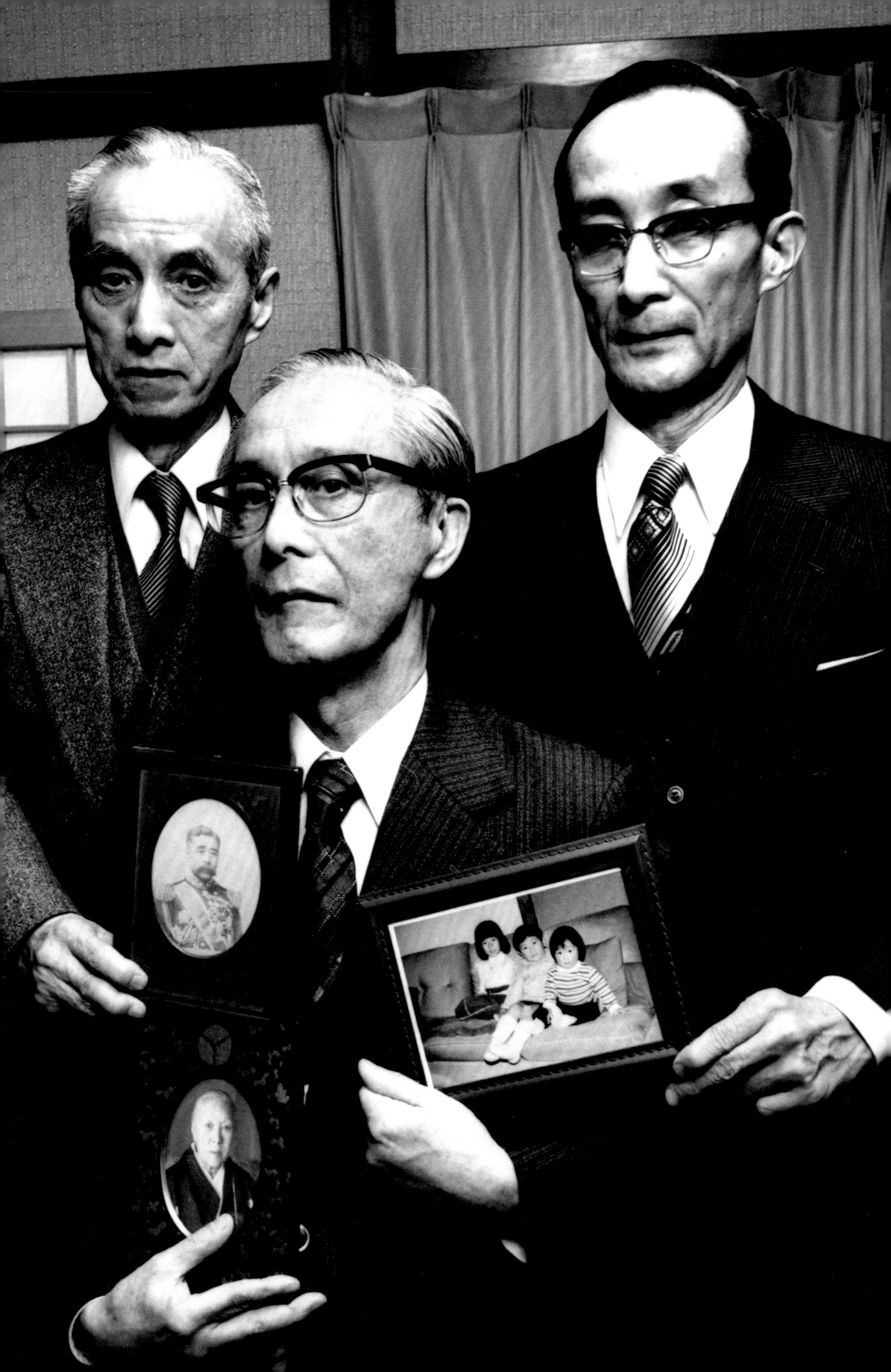

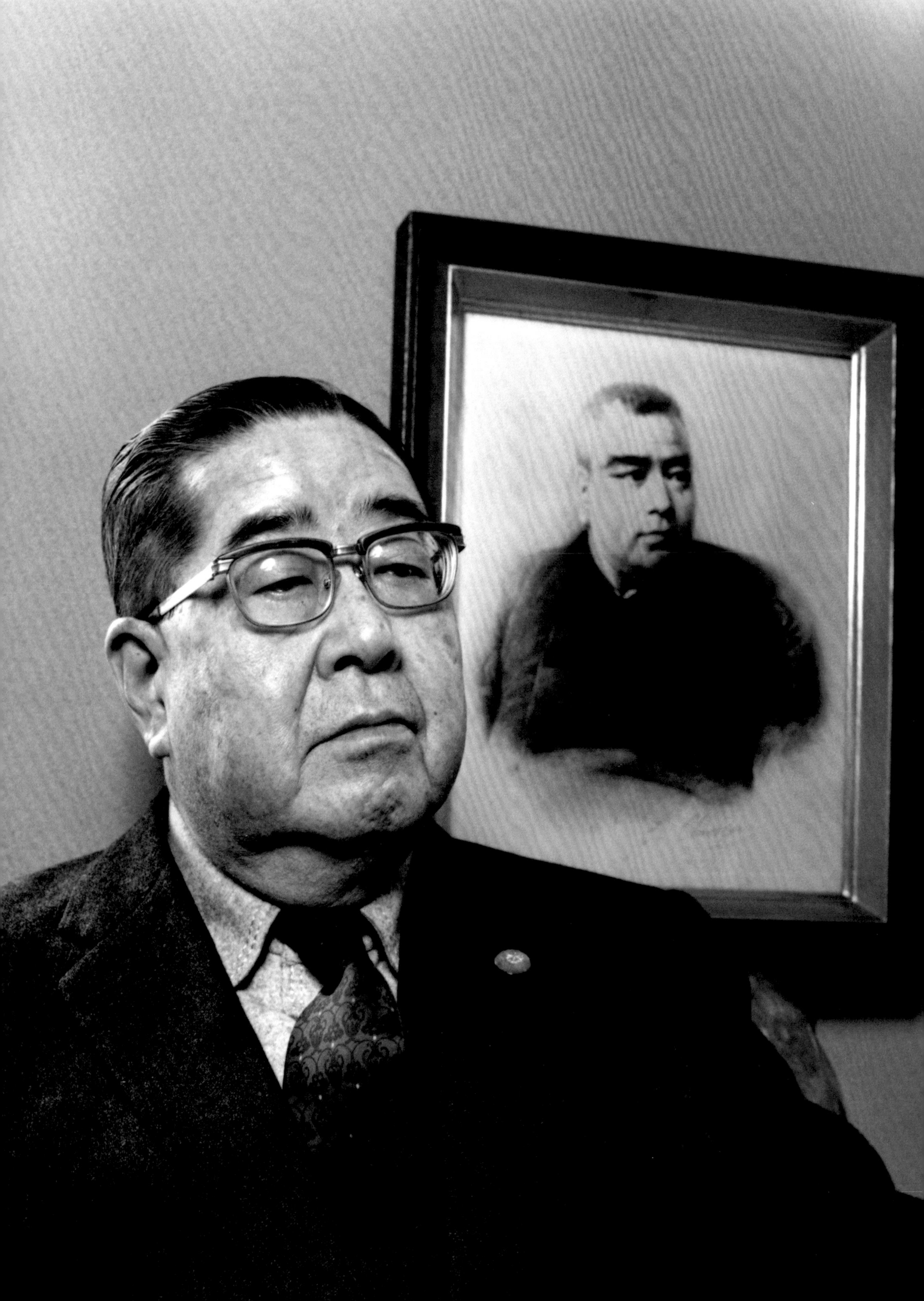

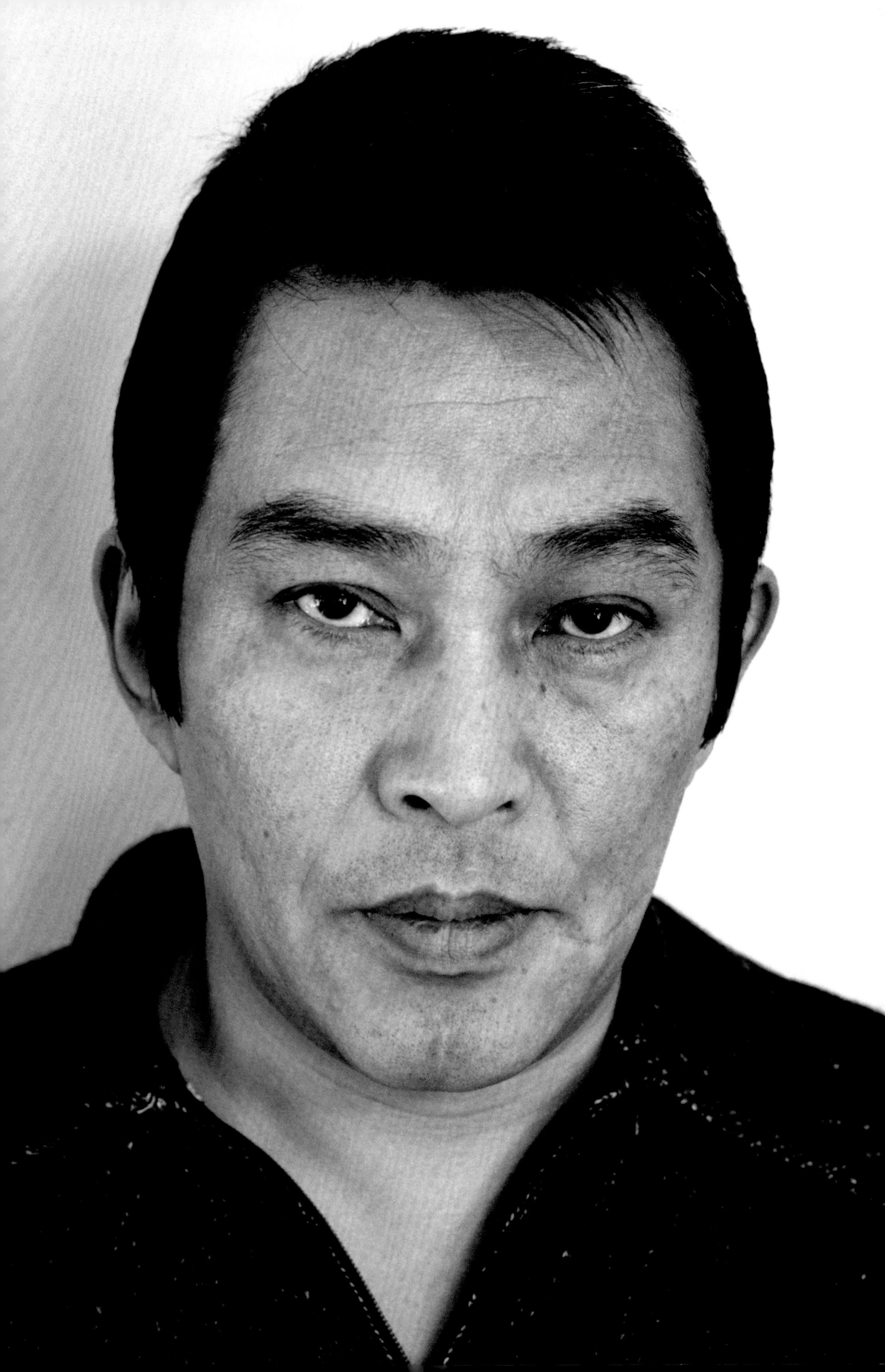

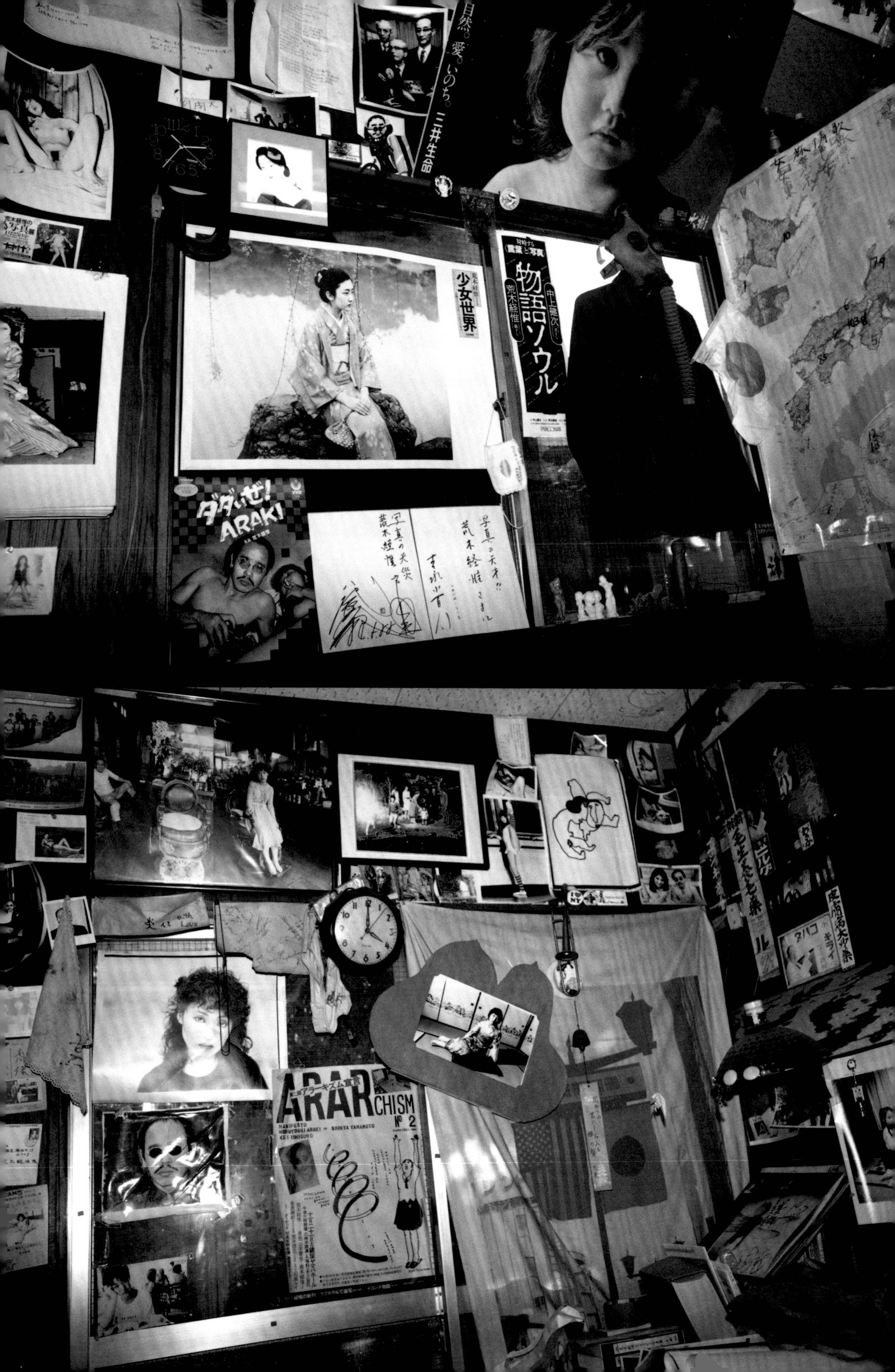

自然。愛。いのち。三井生命
少女世界
物語ソウル
中上健次
荒木経惟
ダダいぜ!
ARAKI
写真の天才!!
荒木経惟さまへ
写真の天災
荒木経惟
ARARCHISM
Nº 2
MANIFESTO NOBUYOSHI ARAKI SHINYA YAMAMOTO
KEI ISHIGURO
with Love
タバコ
キライ

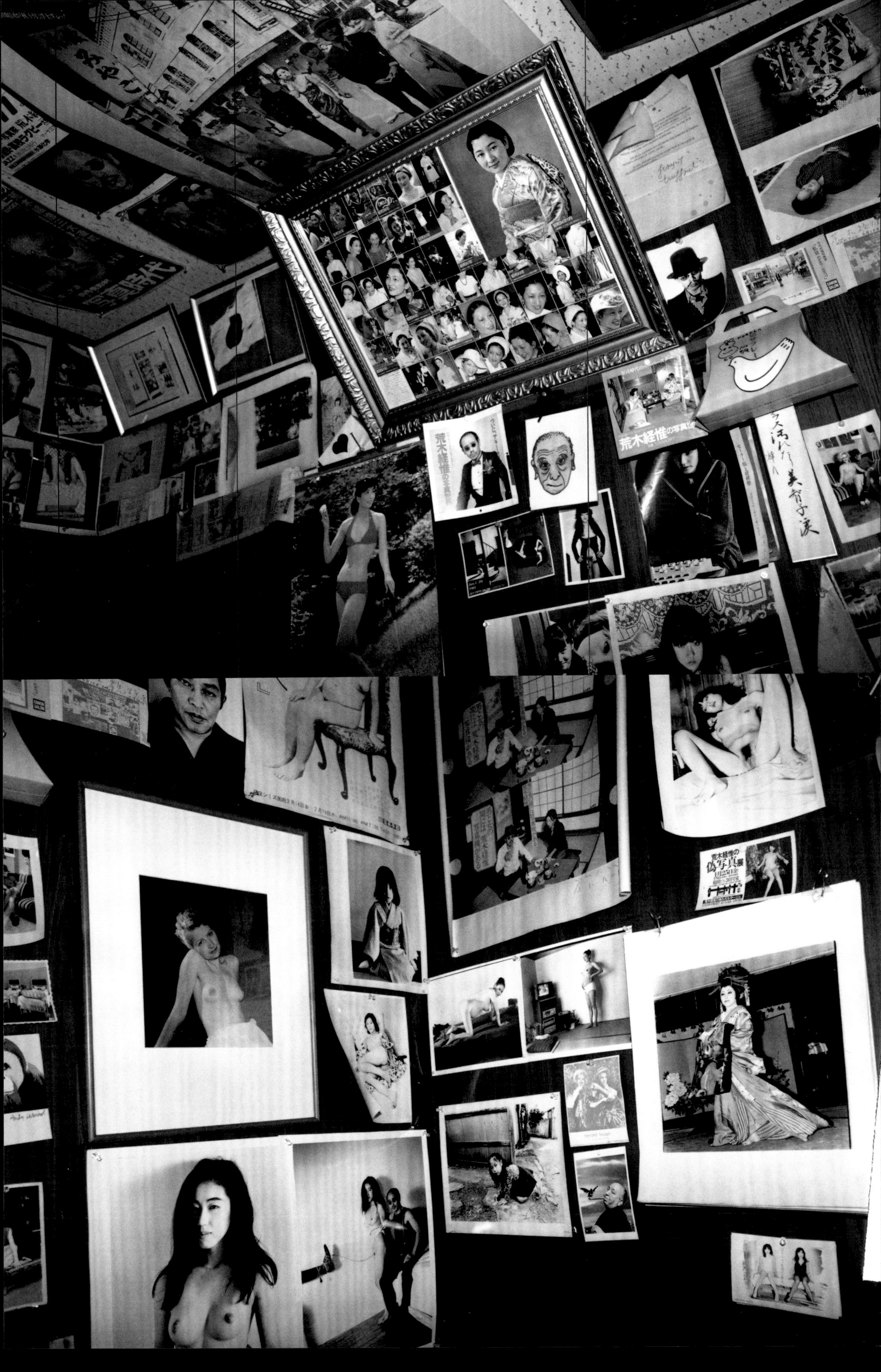
荒木経惟
荒木経惟の写真
荒木経惟の
偽写真展
1月25日金

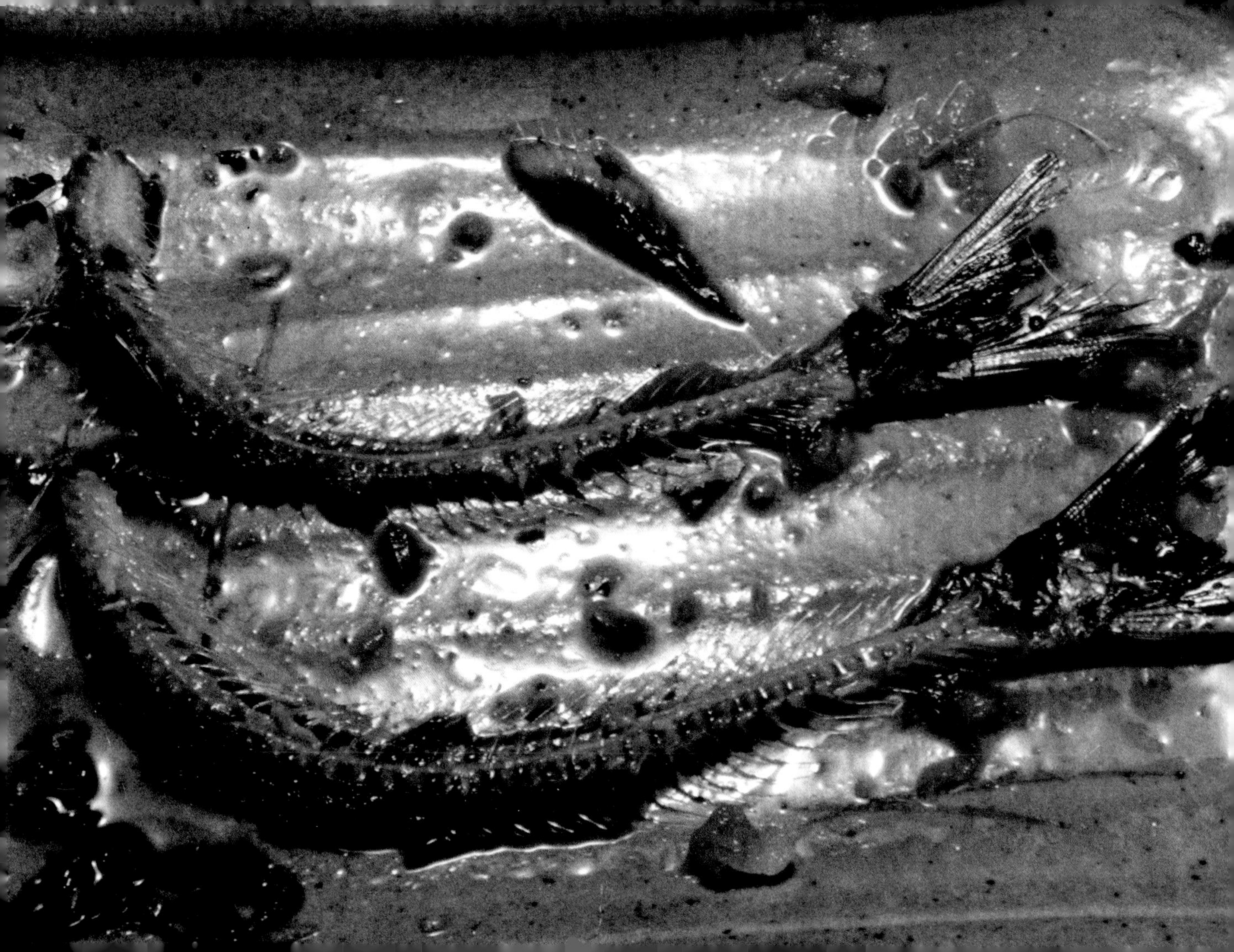

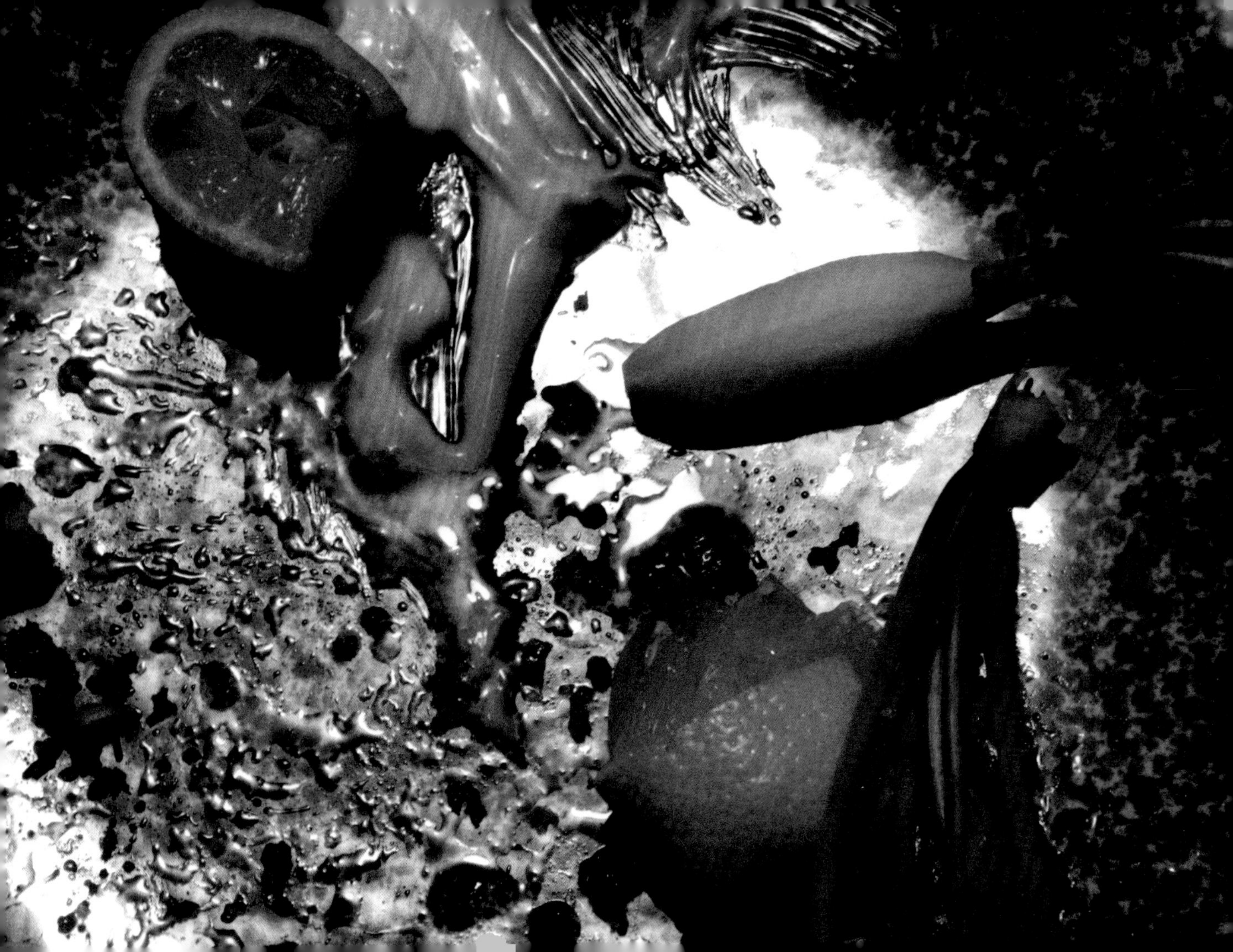

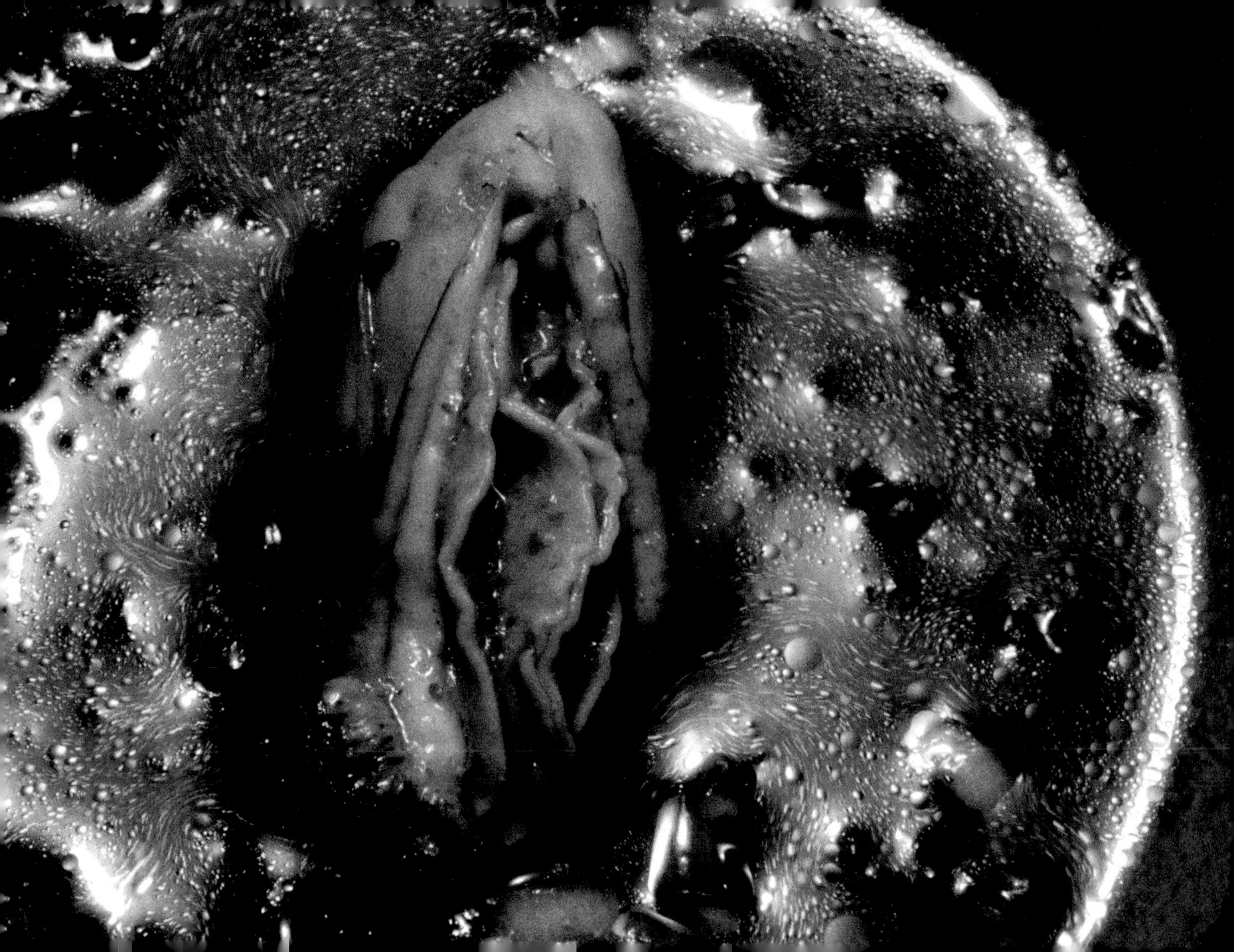

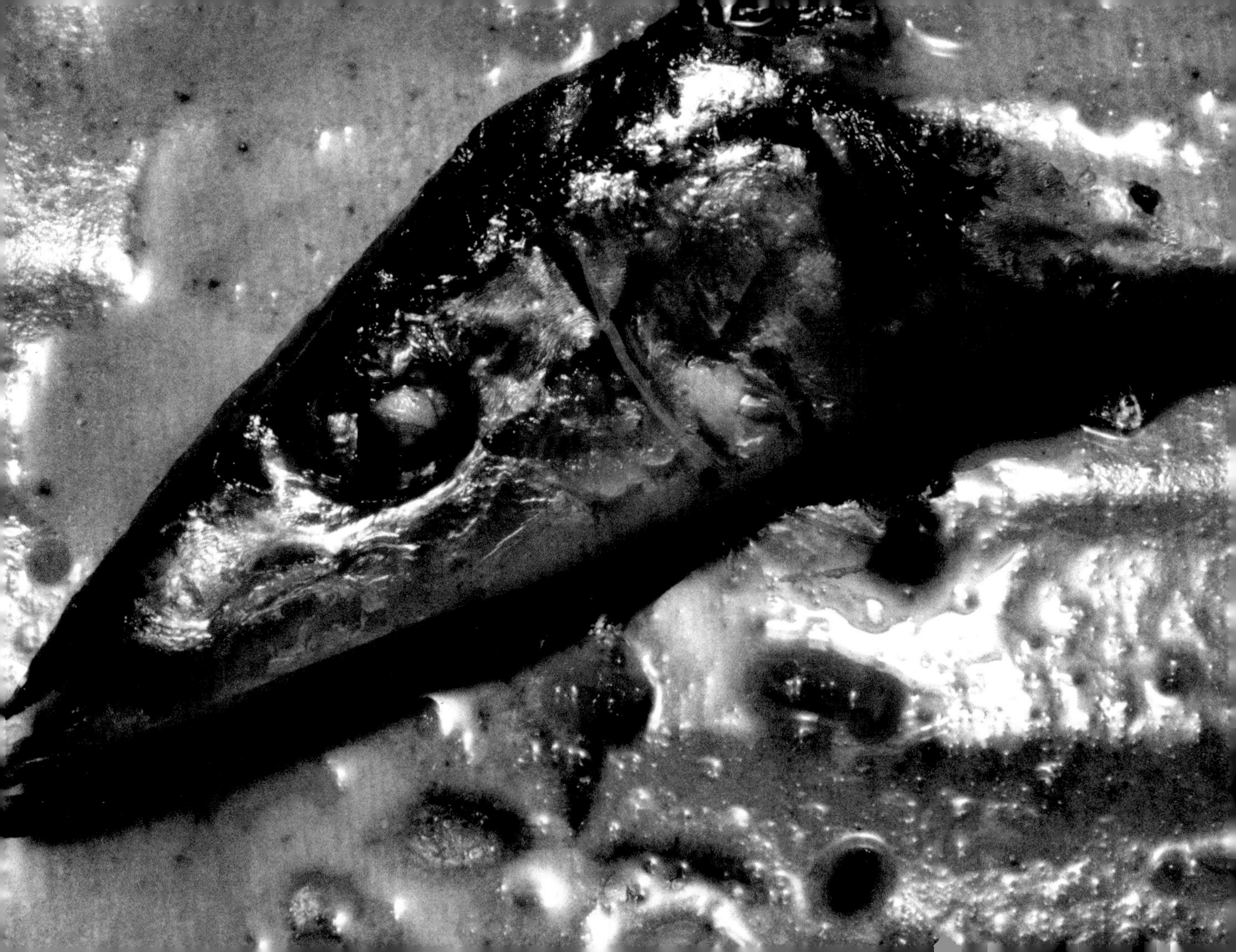

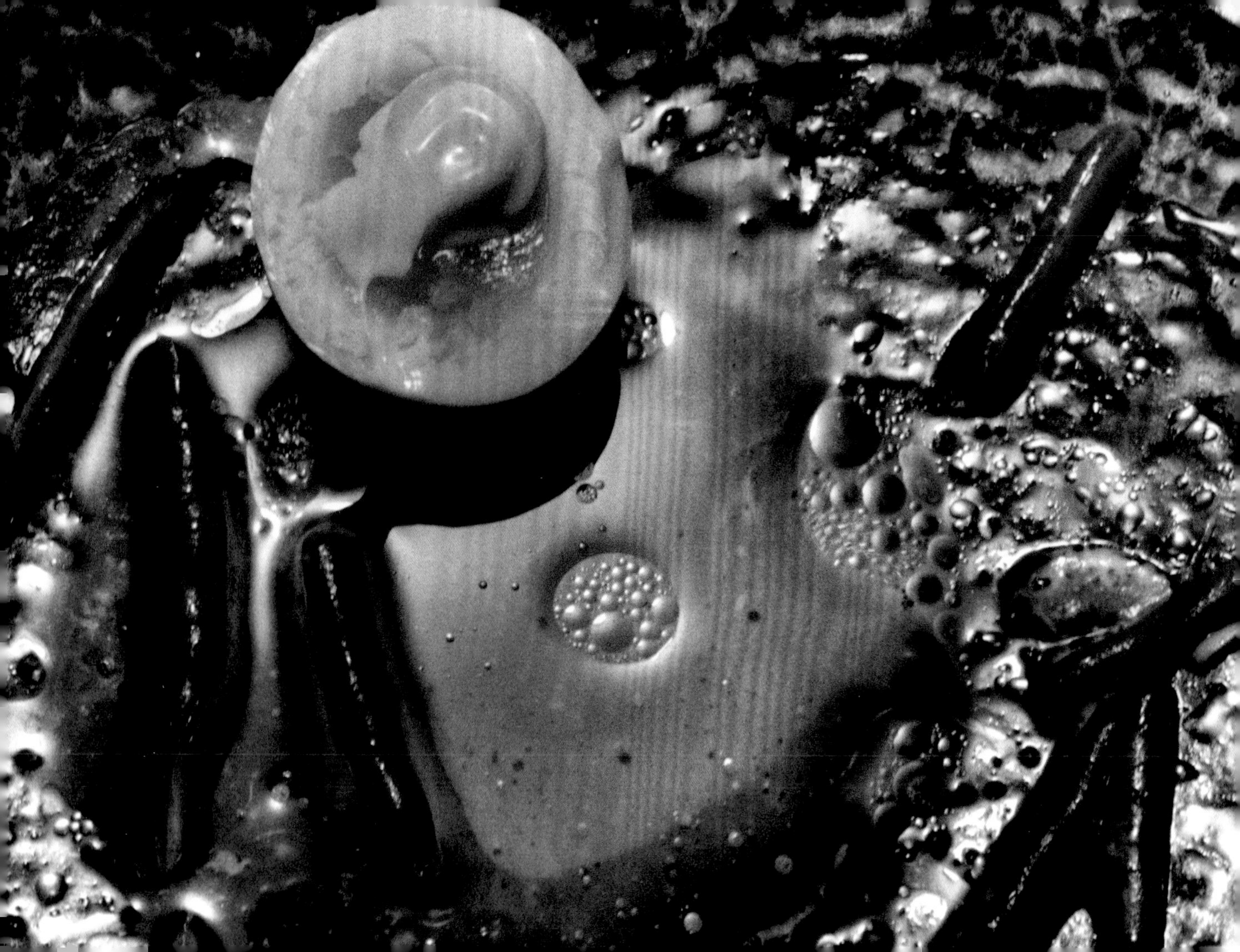

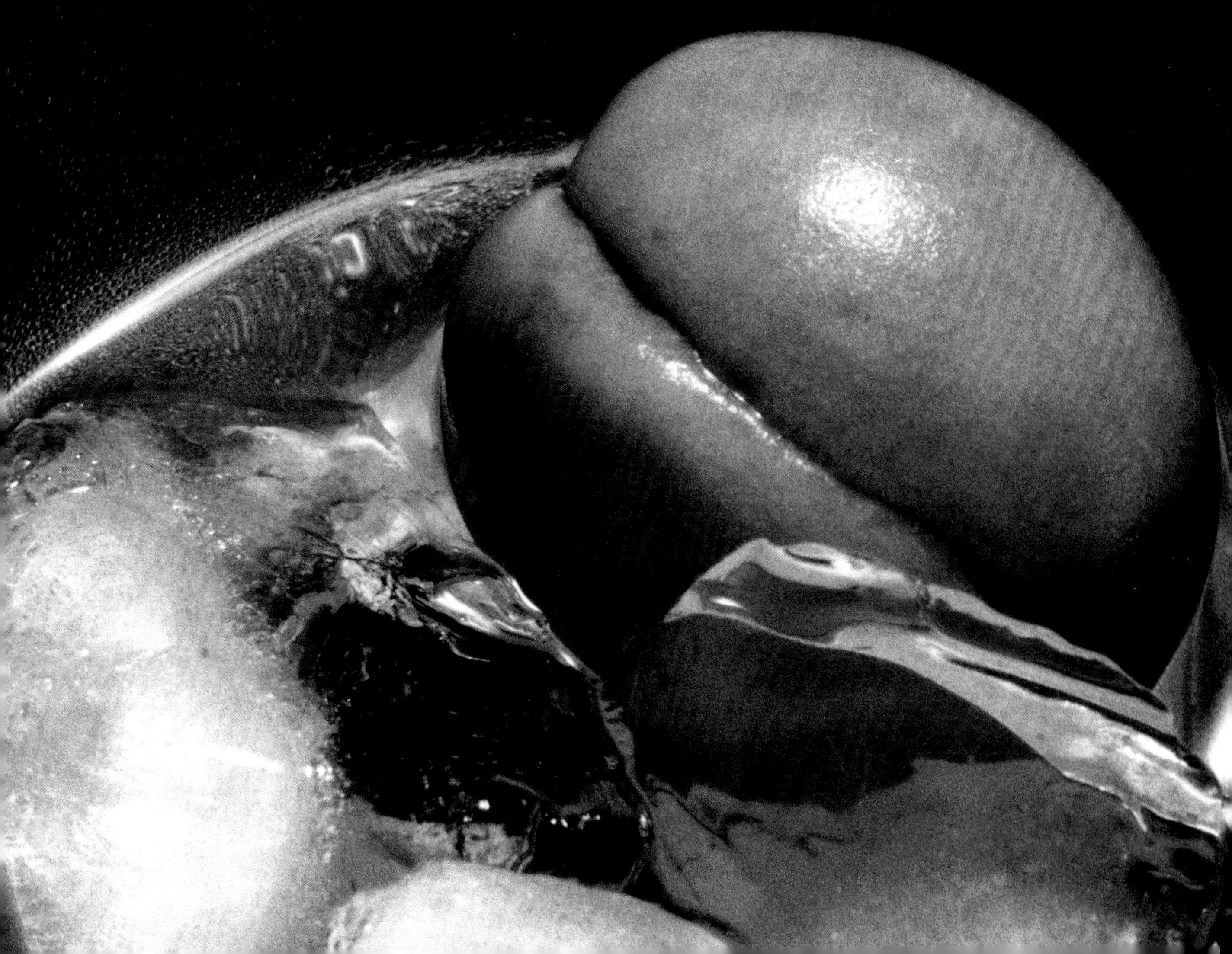

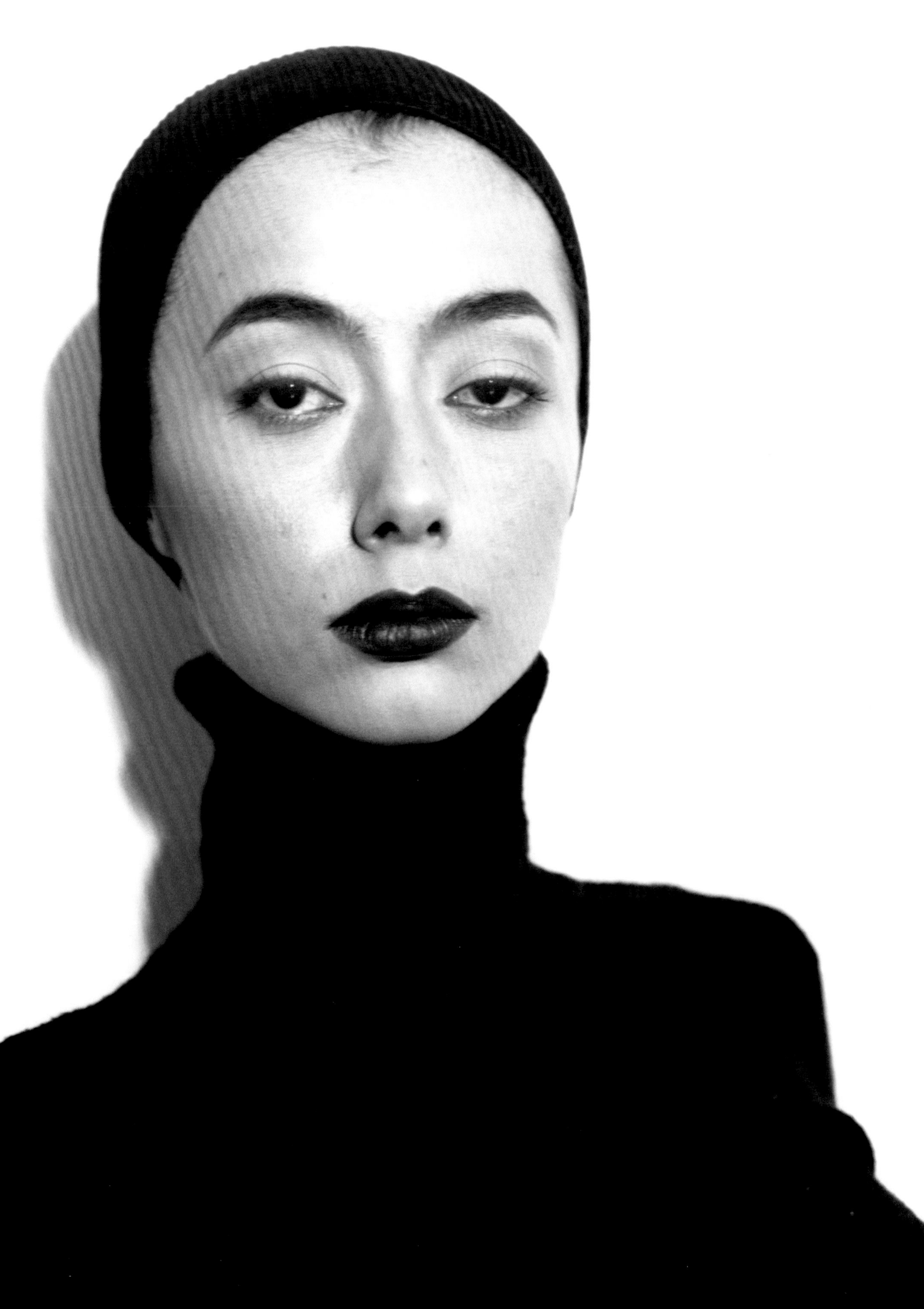

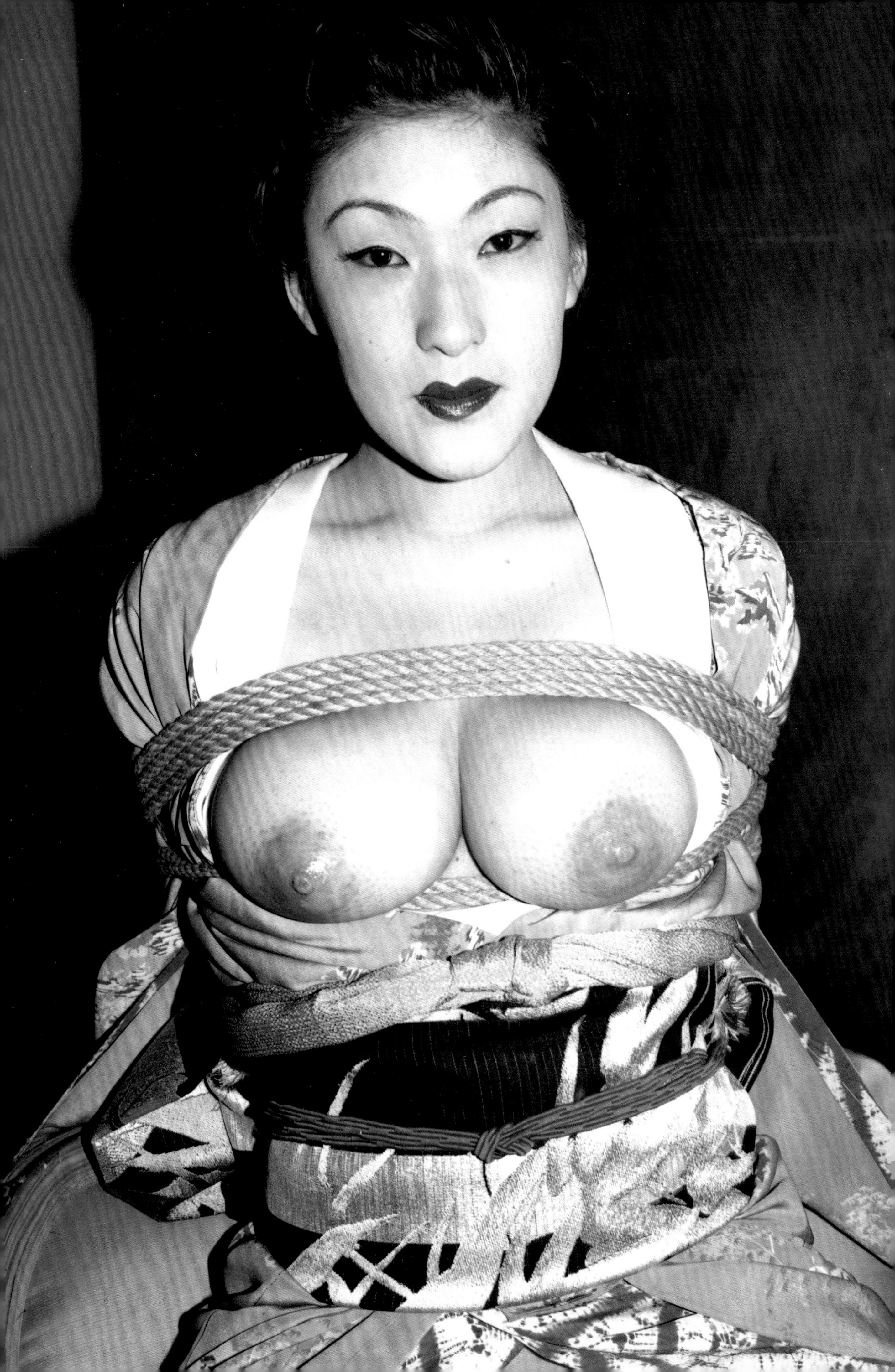

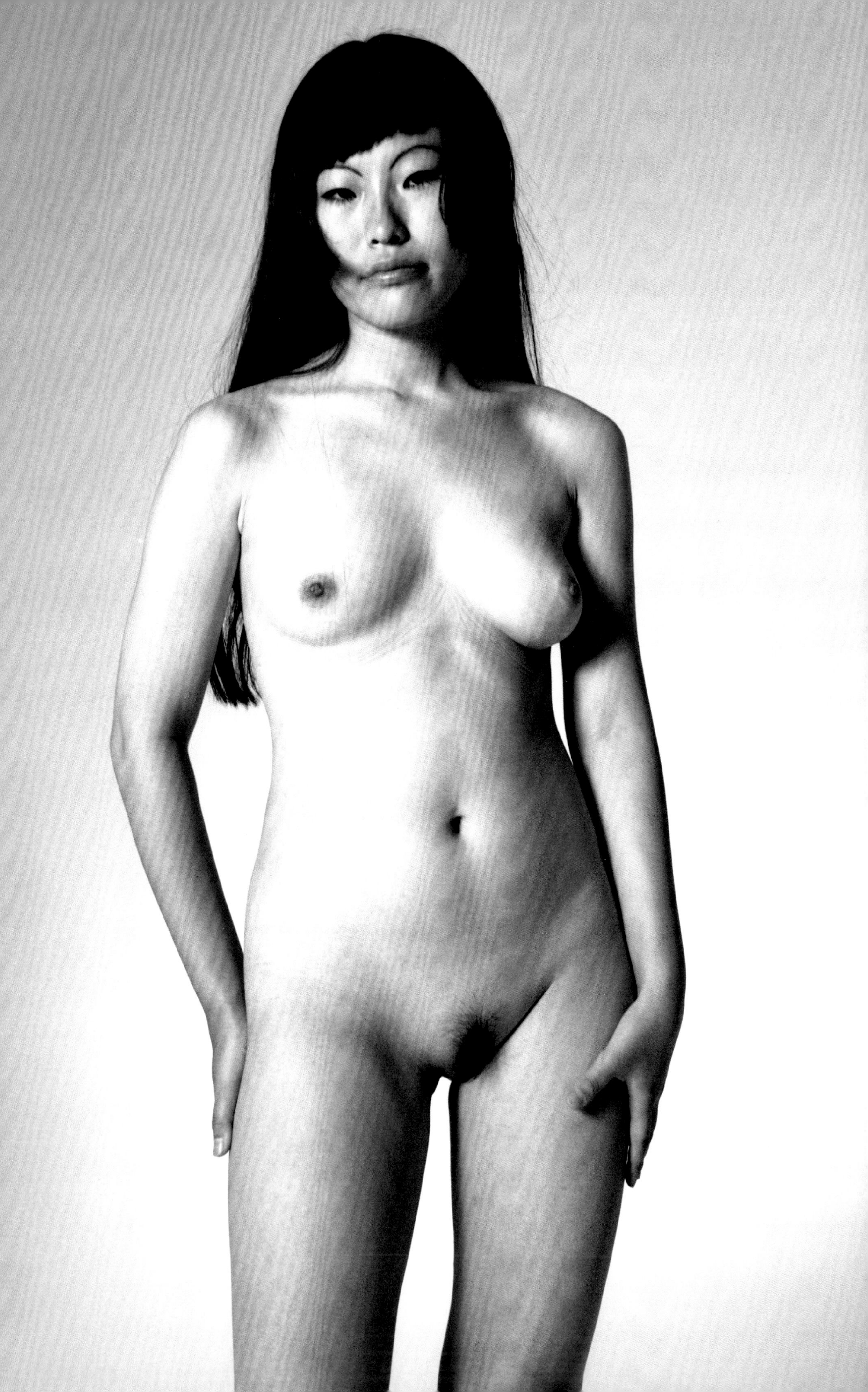

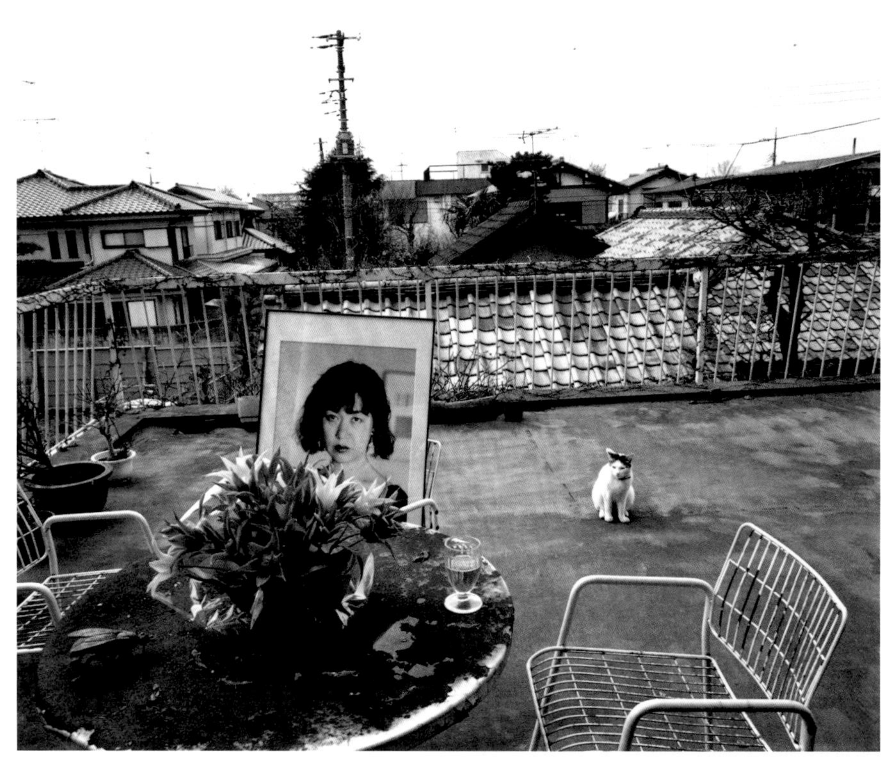

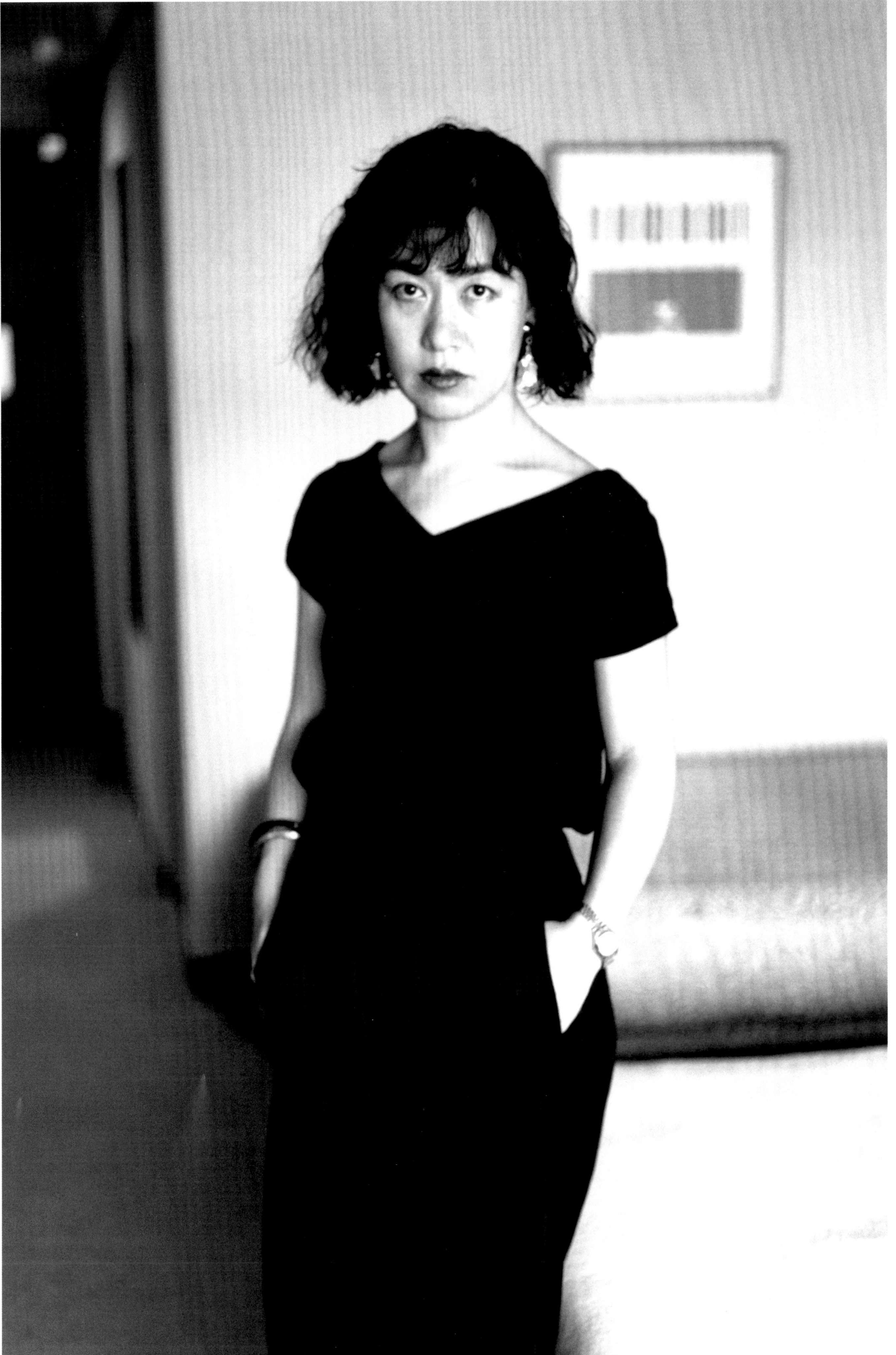

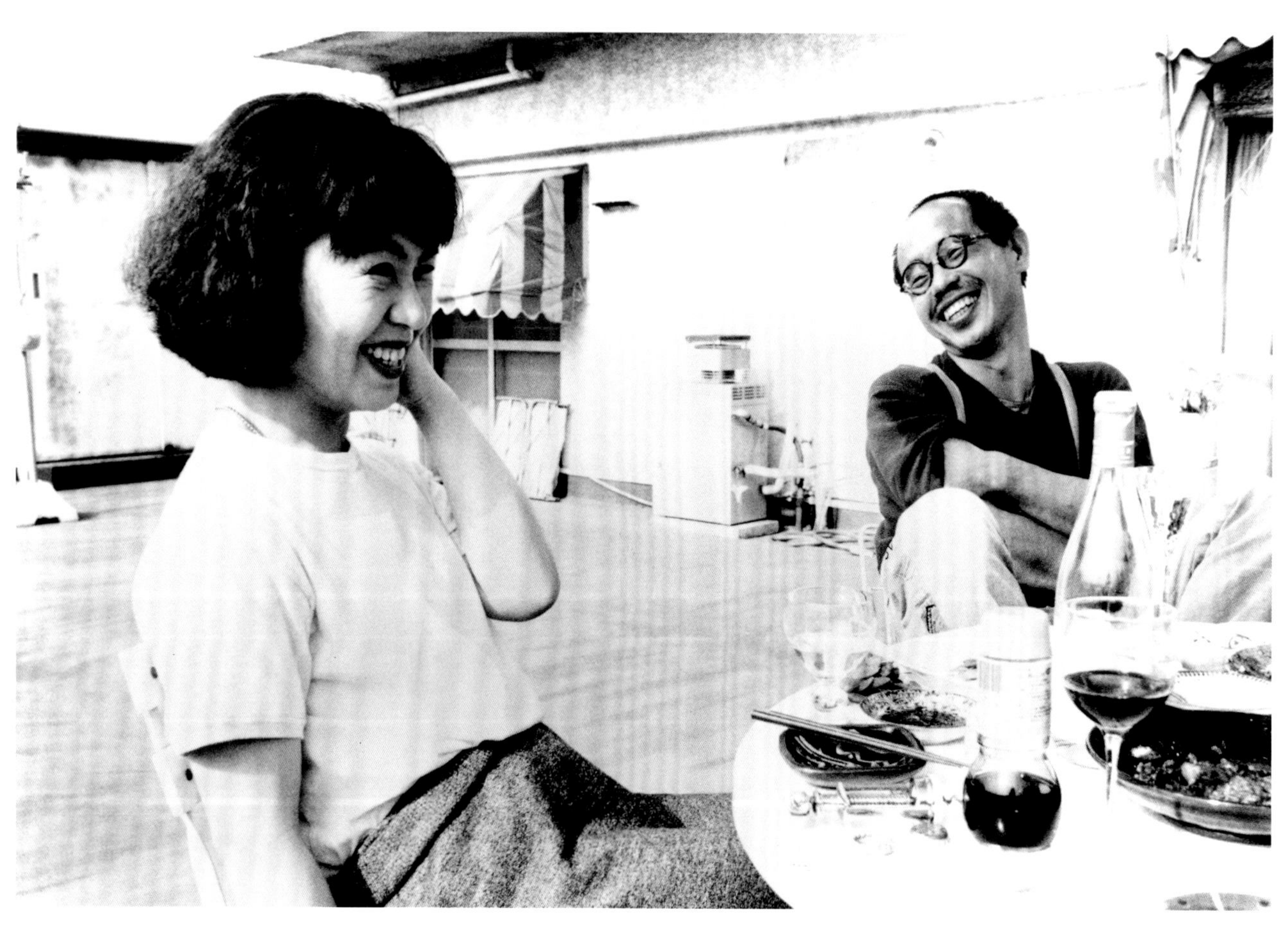

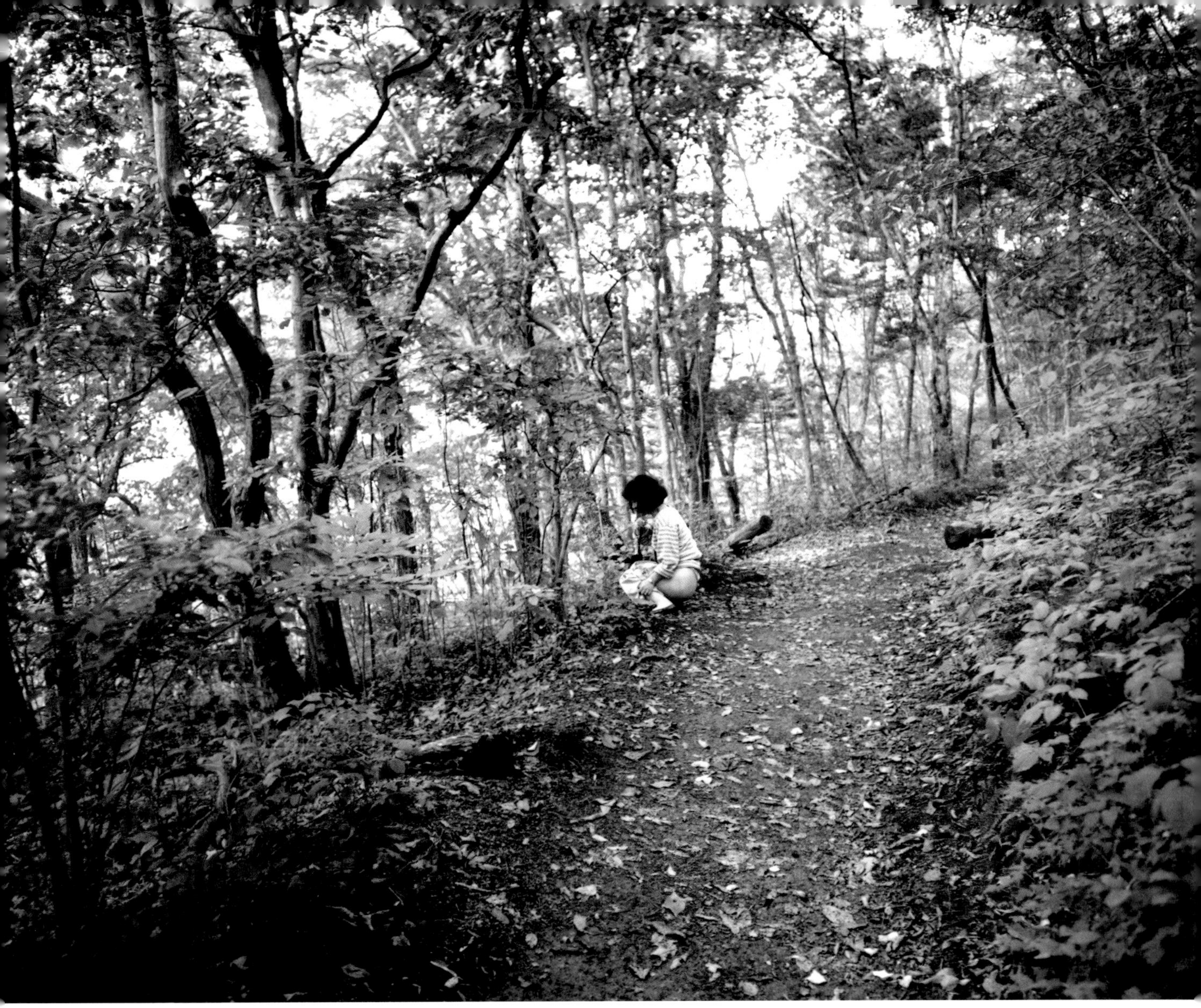

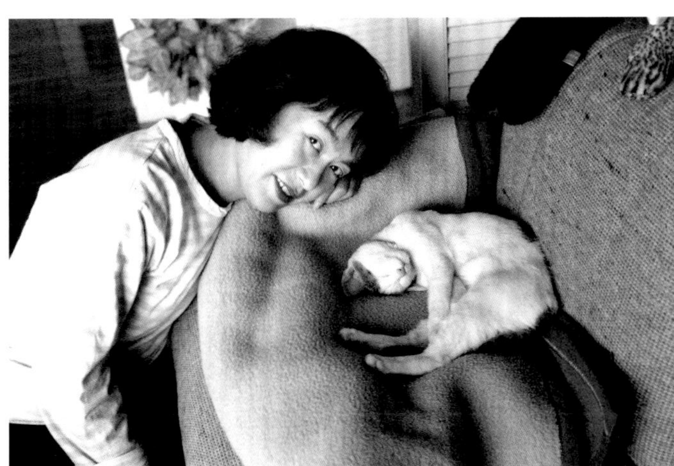

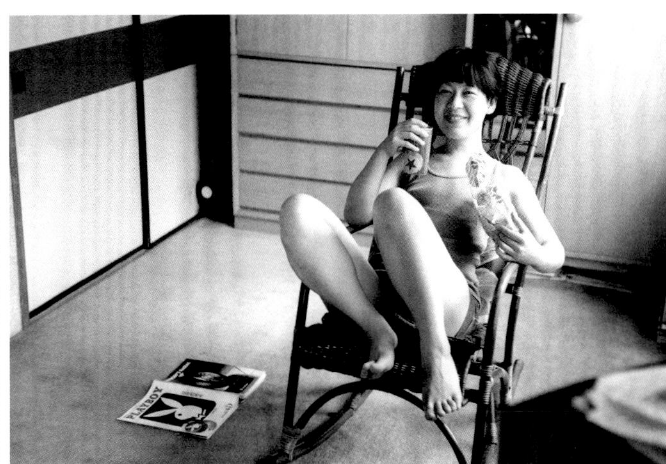

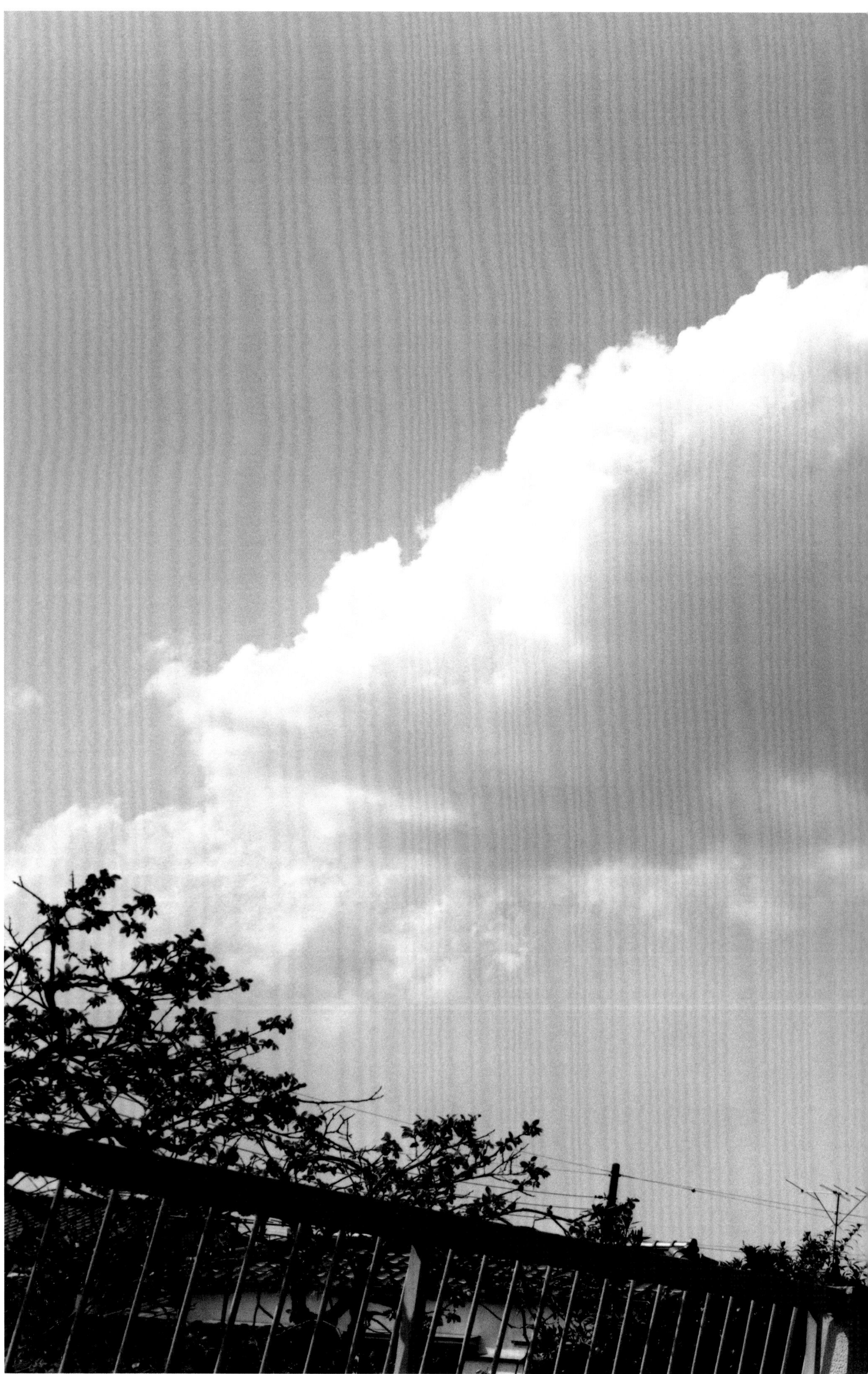

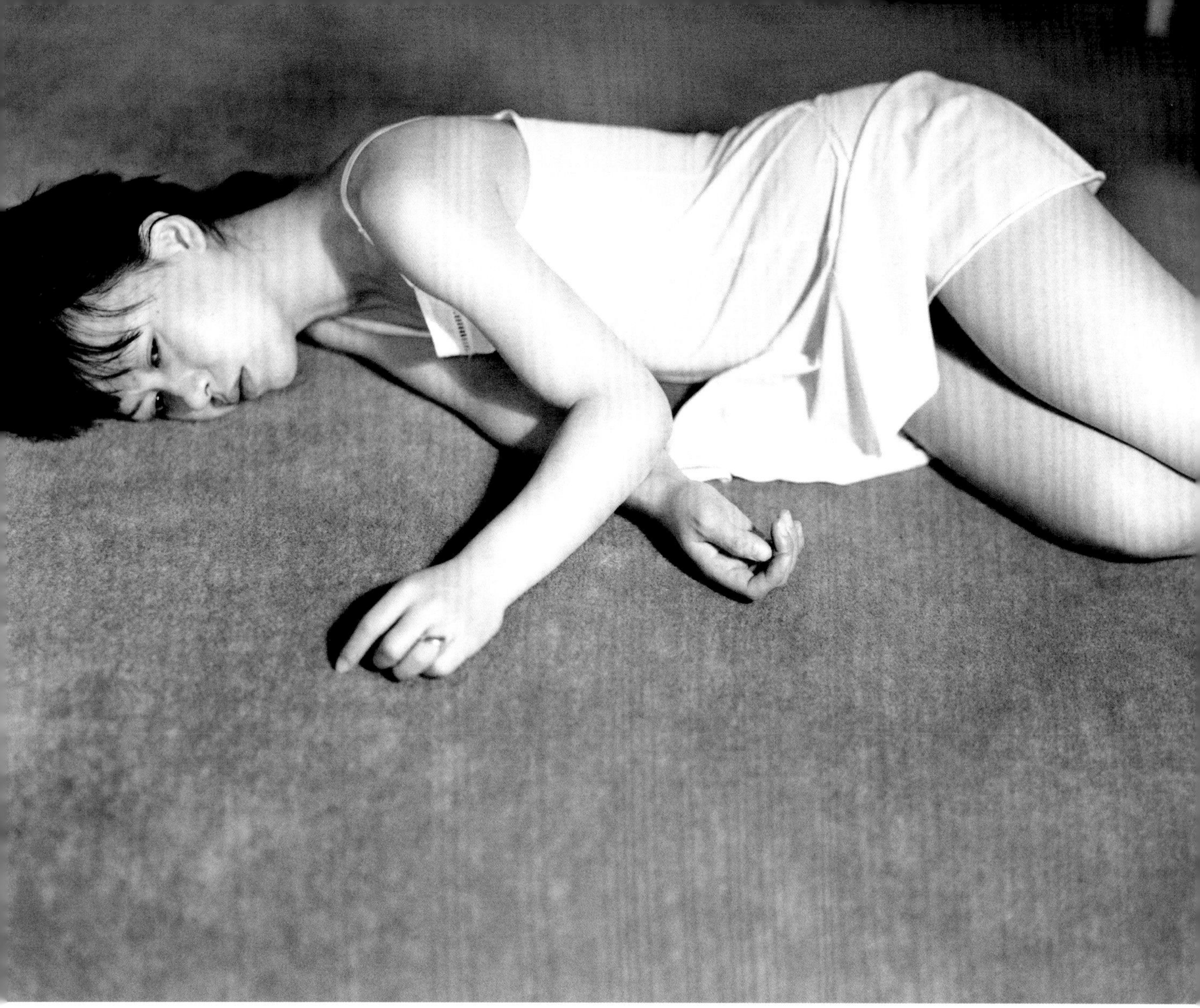

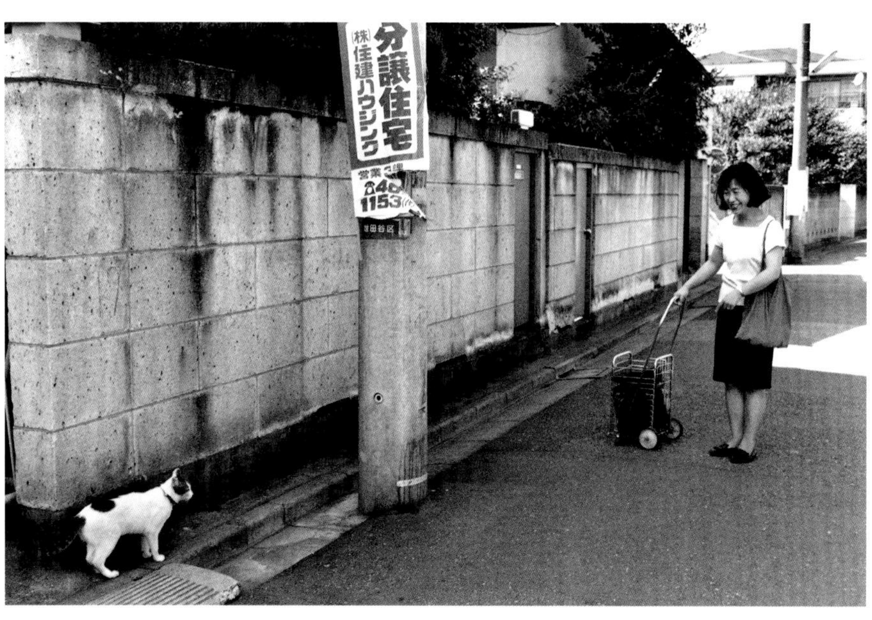
分譲住宅
(株)住建ハウジング
1153
田谷区

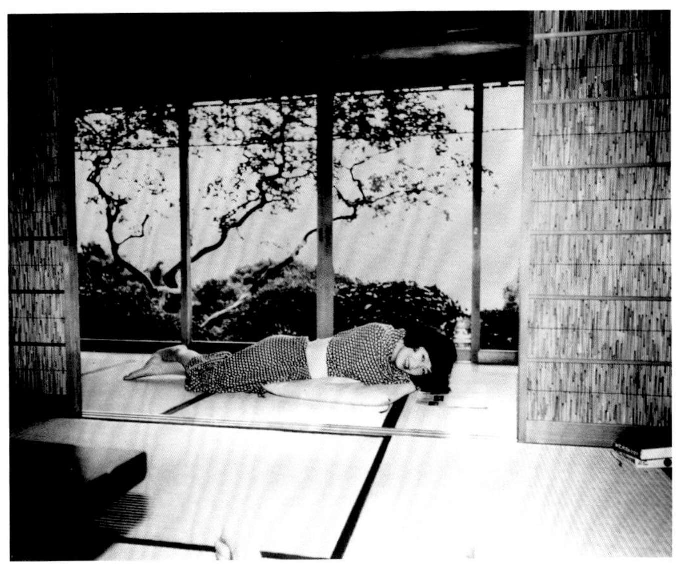

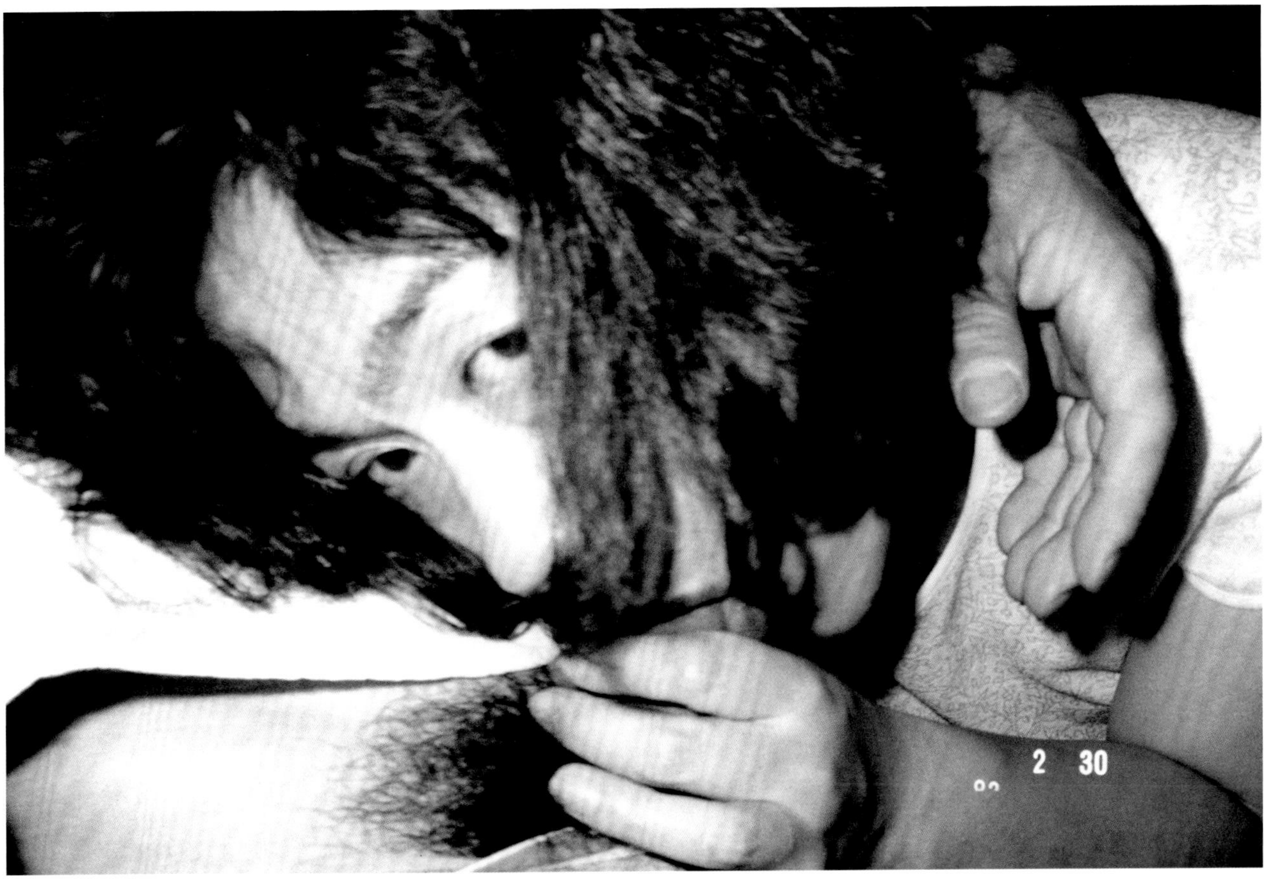

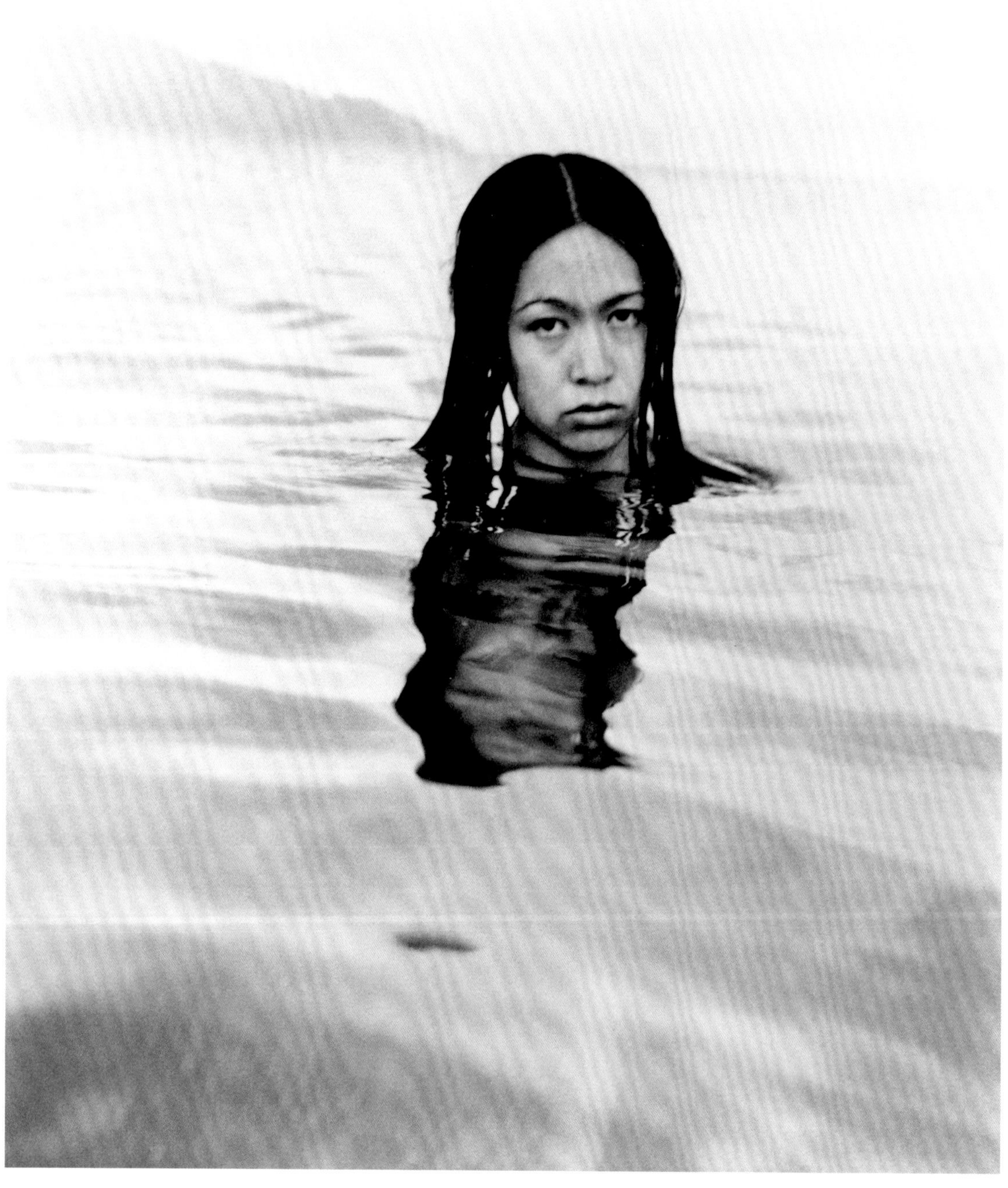

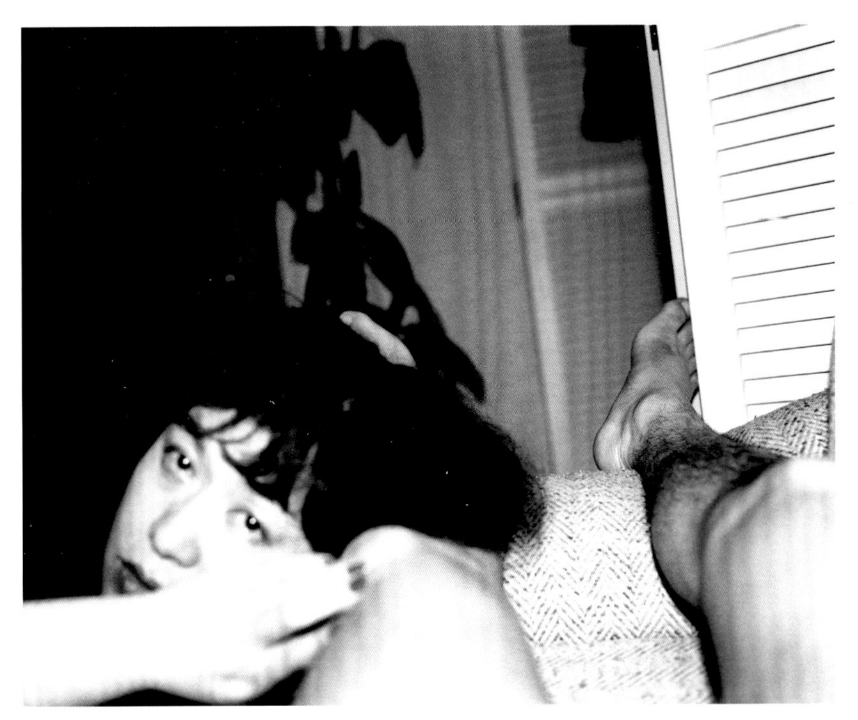

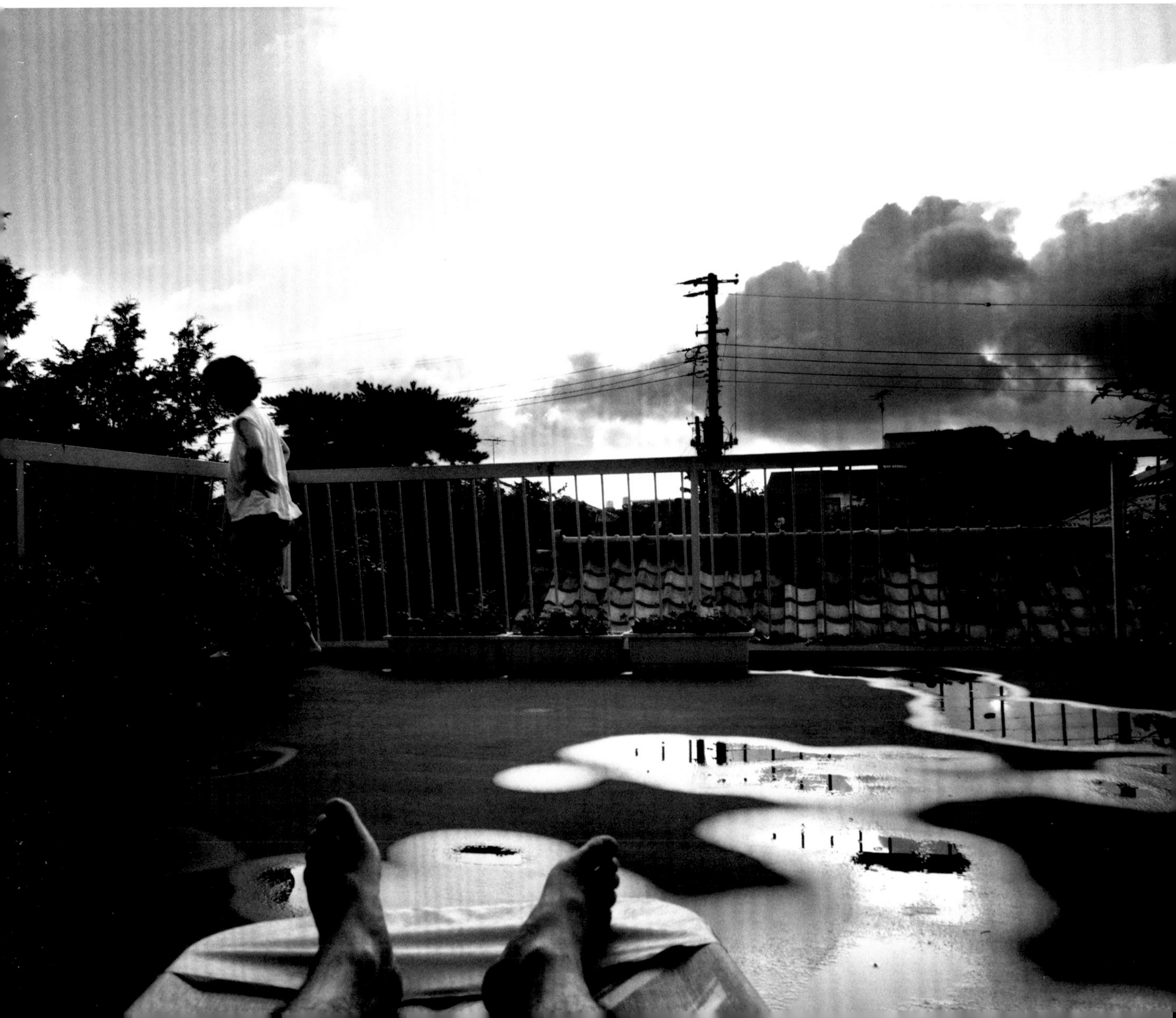

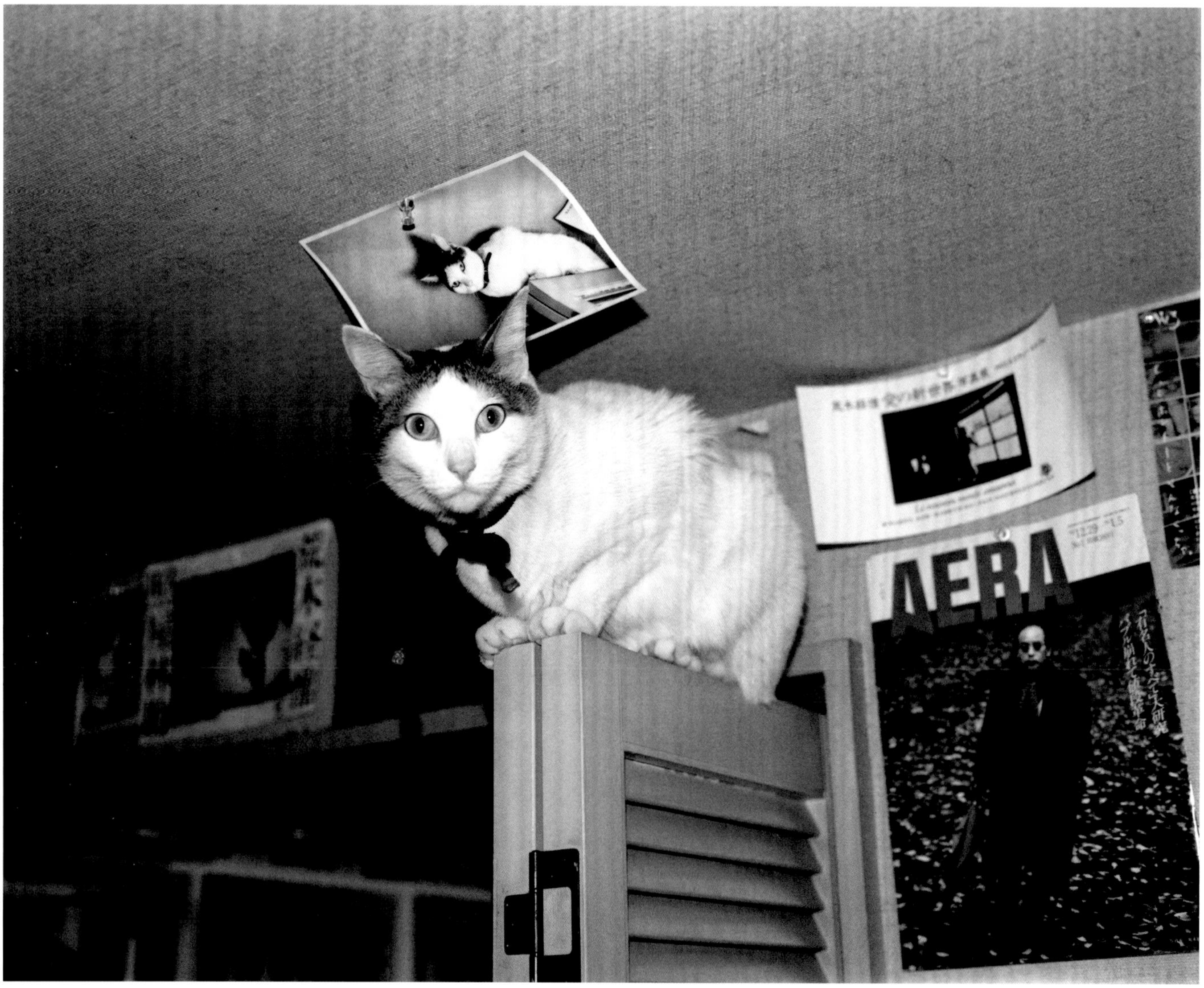

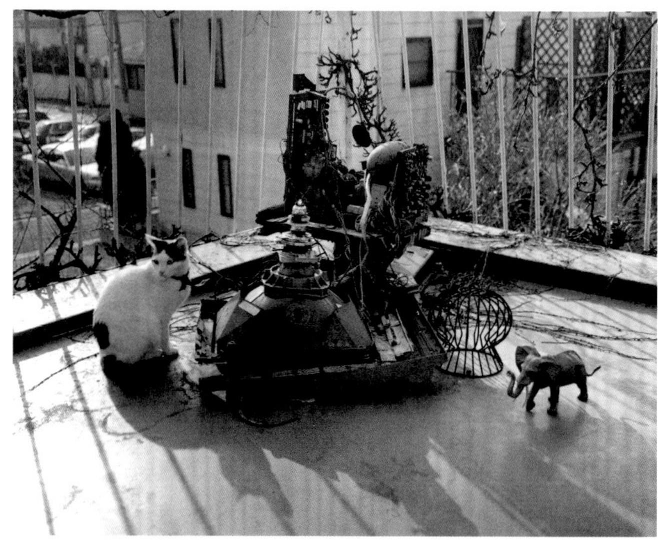

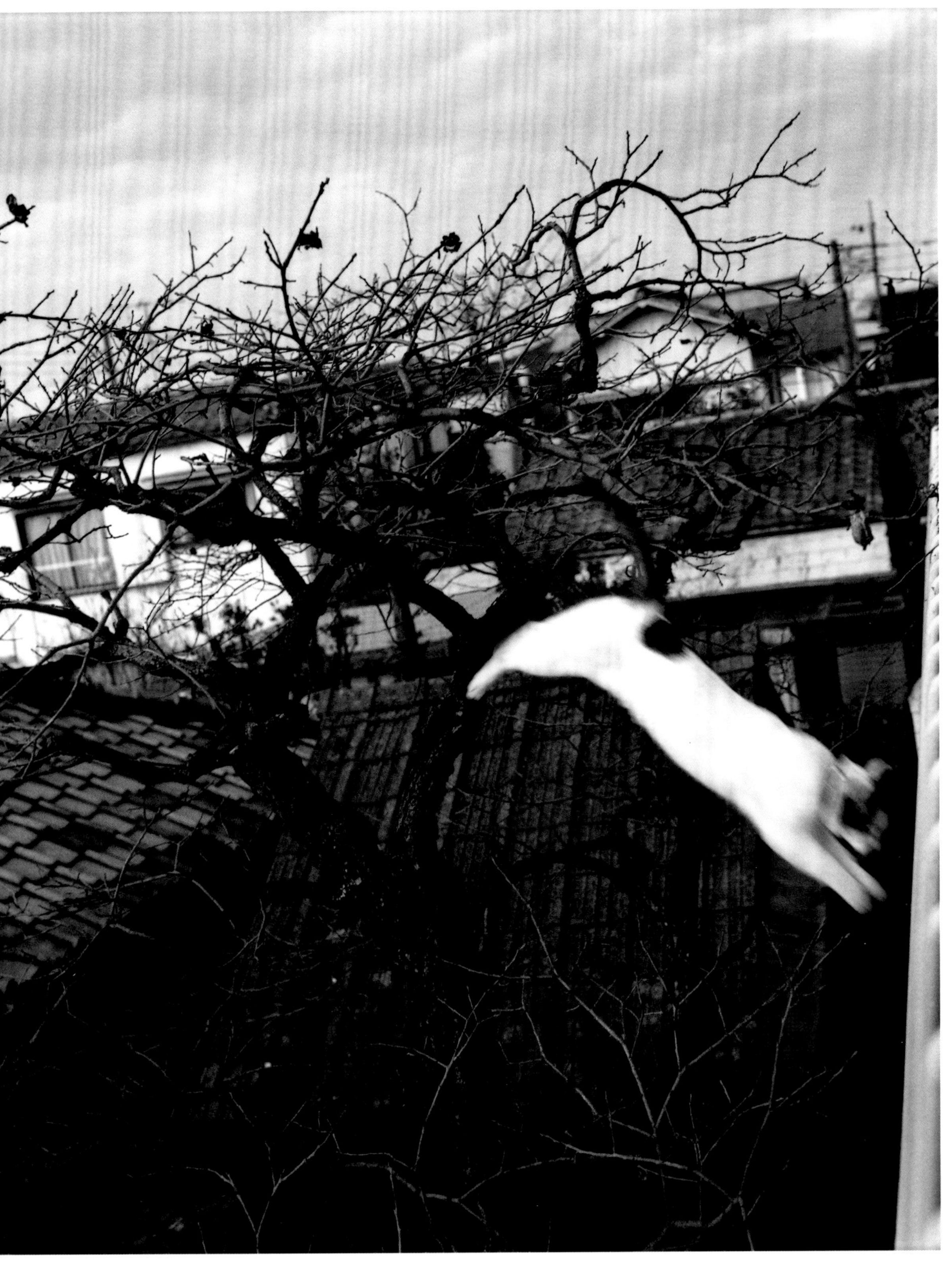

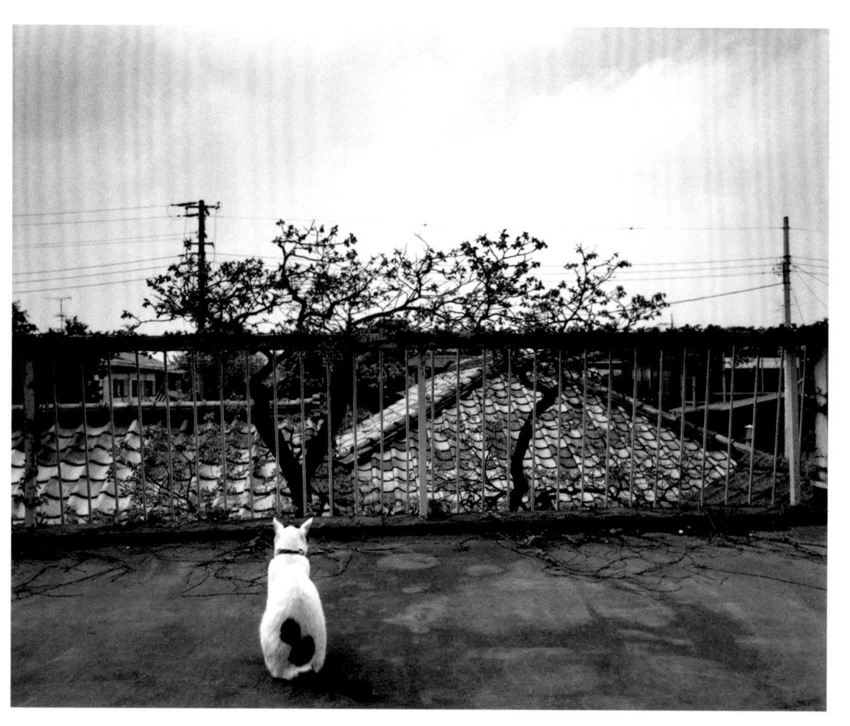

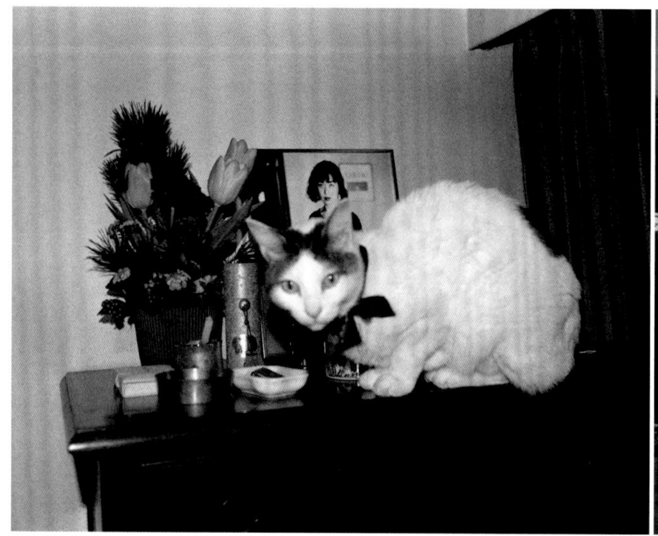

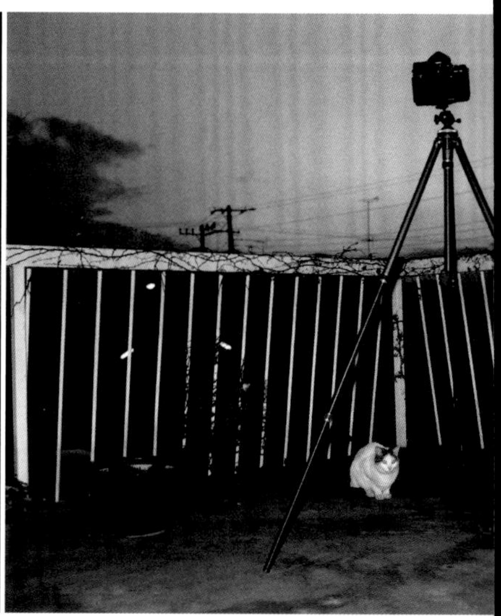

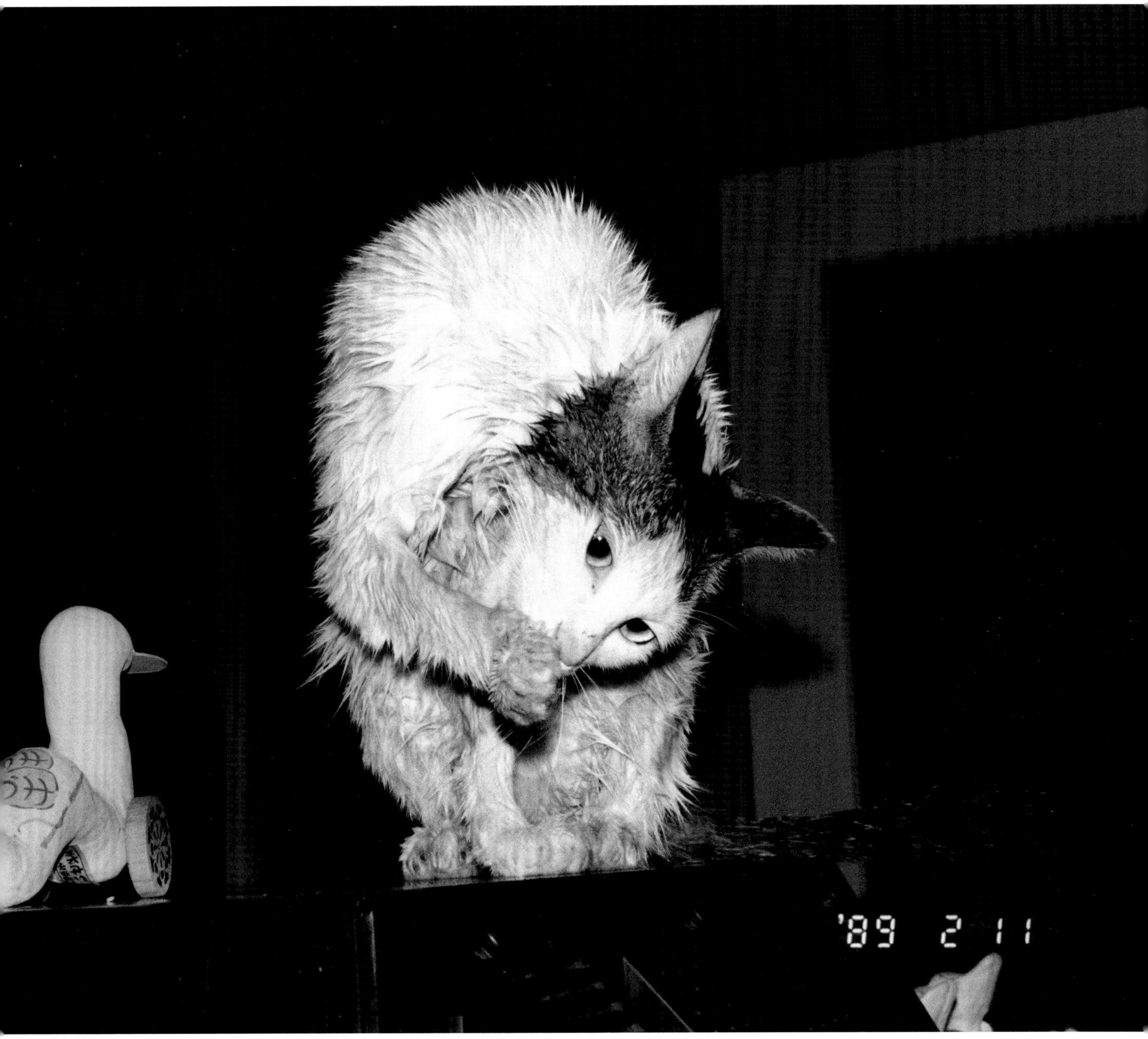

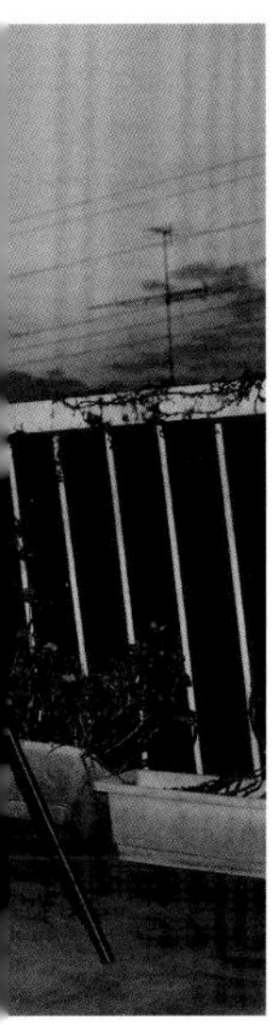

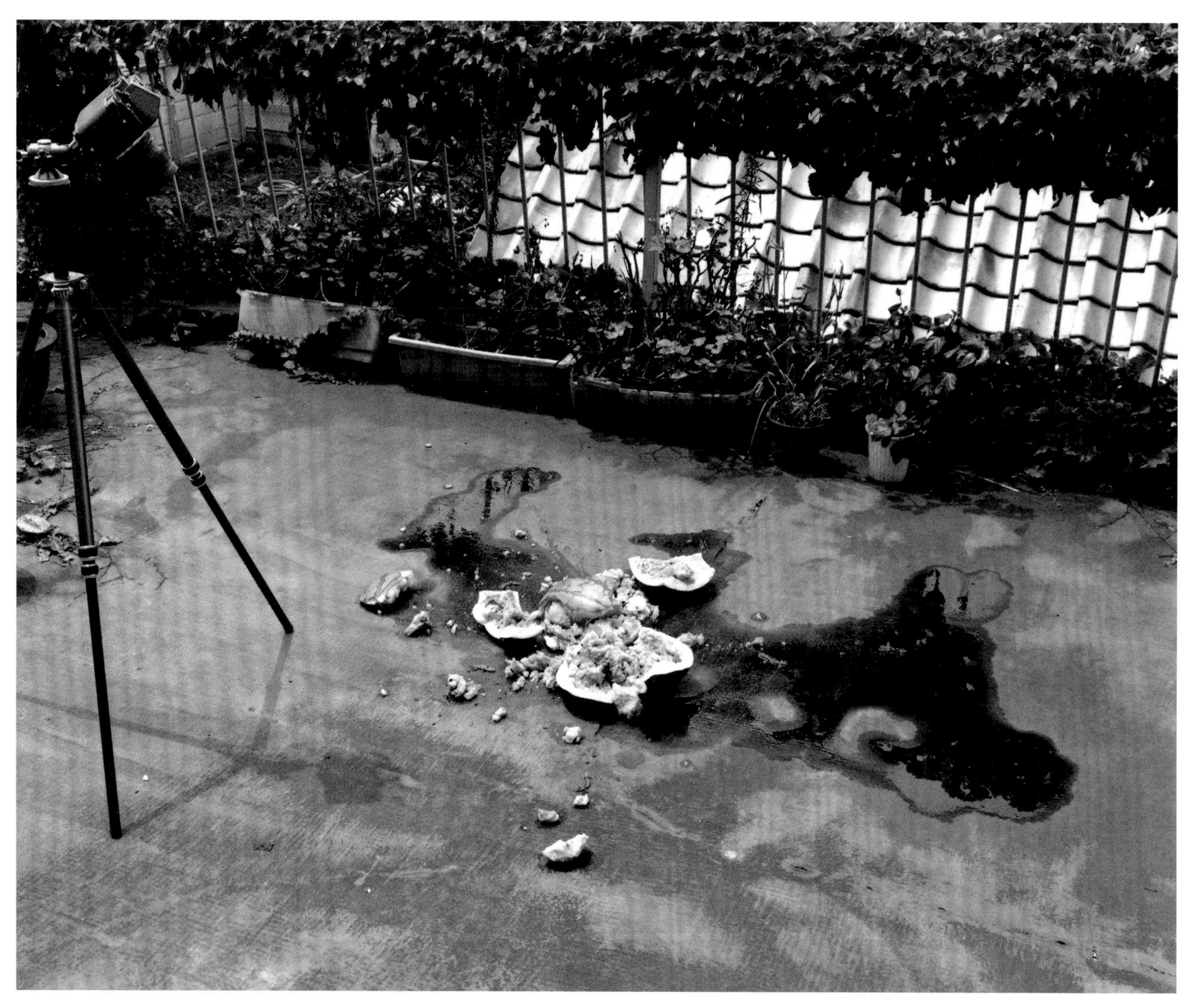

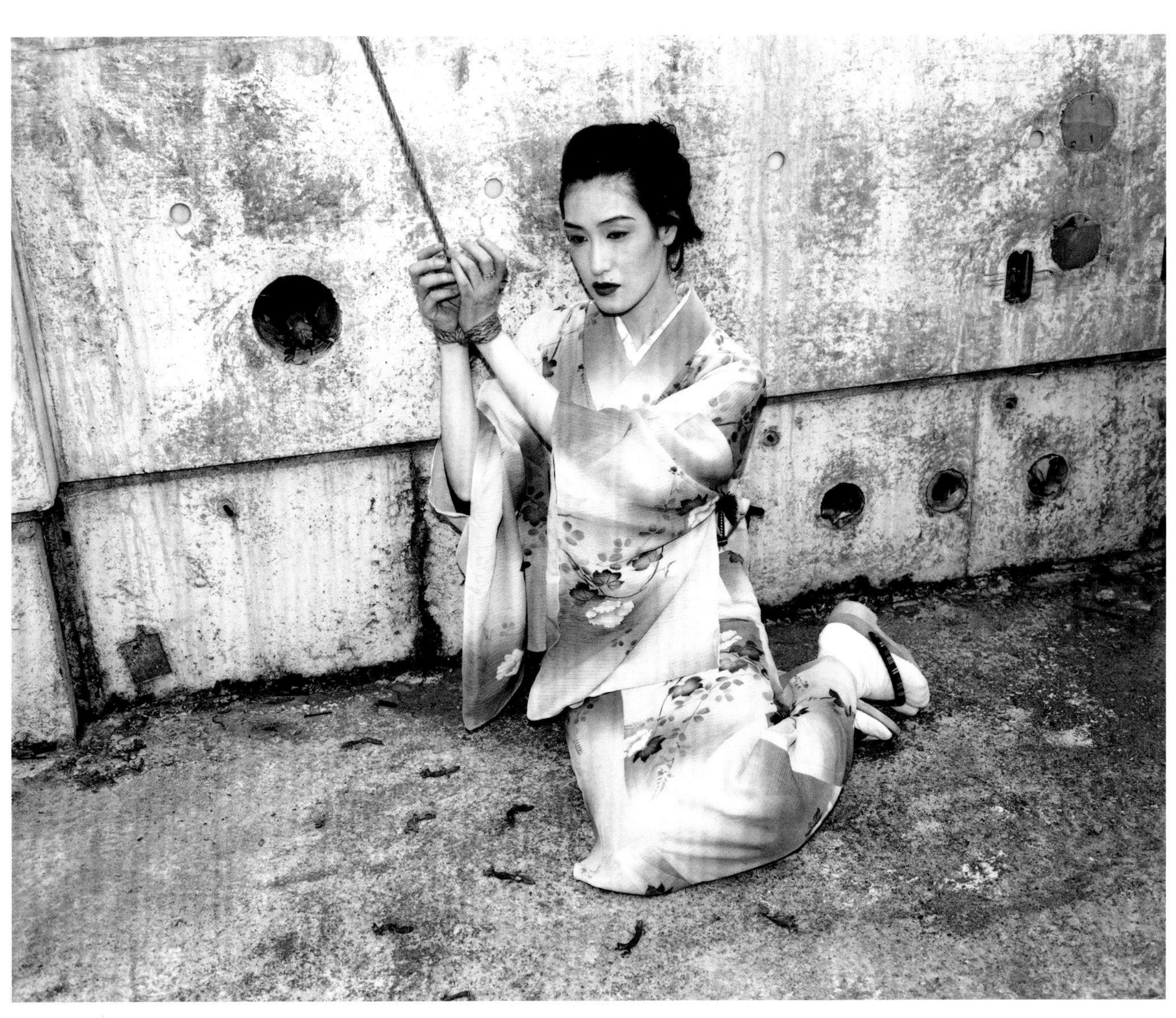

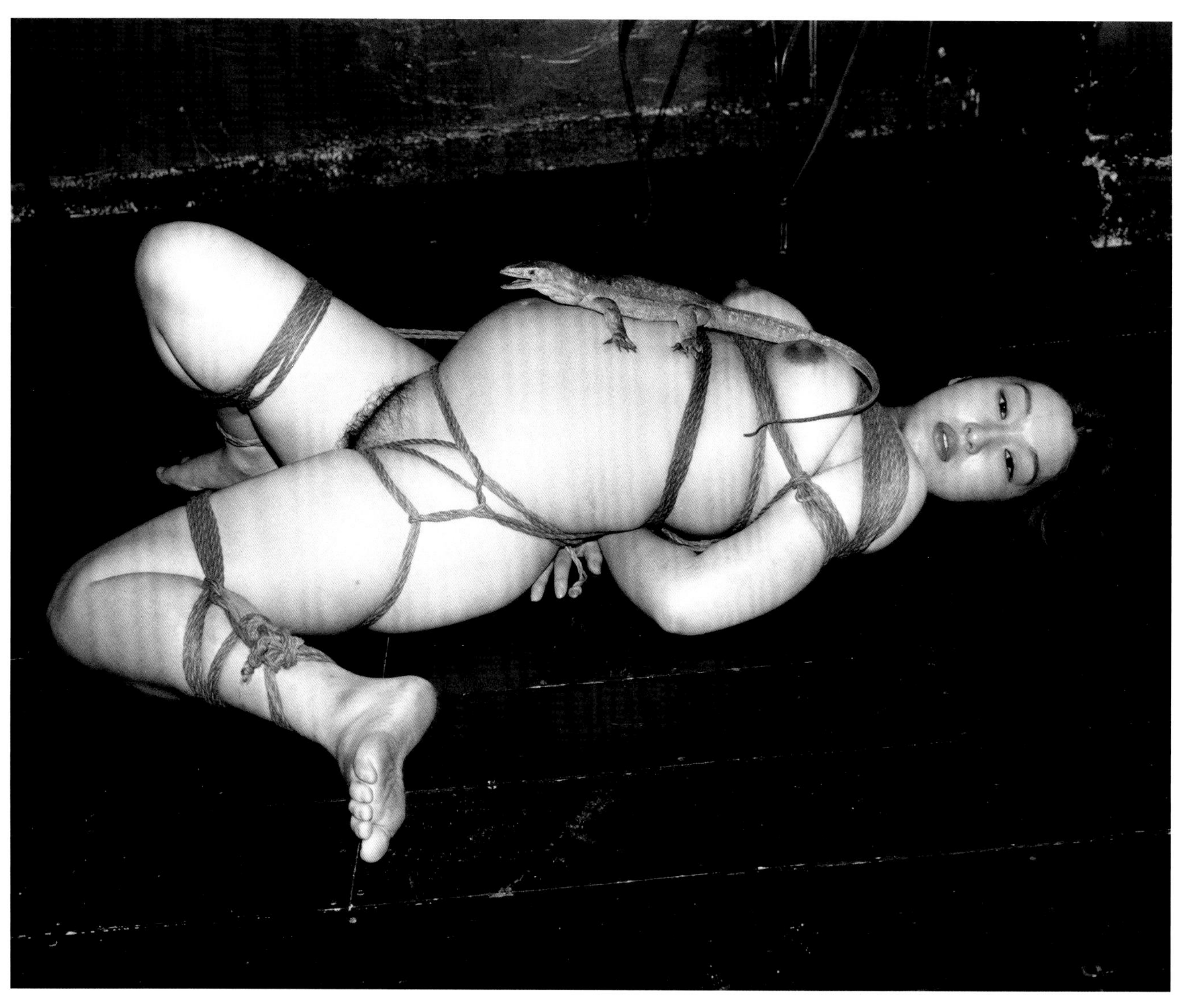

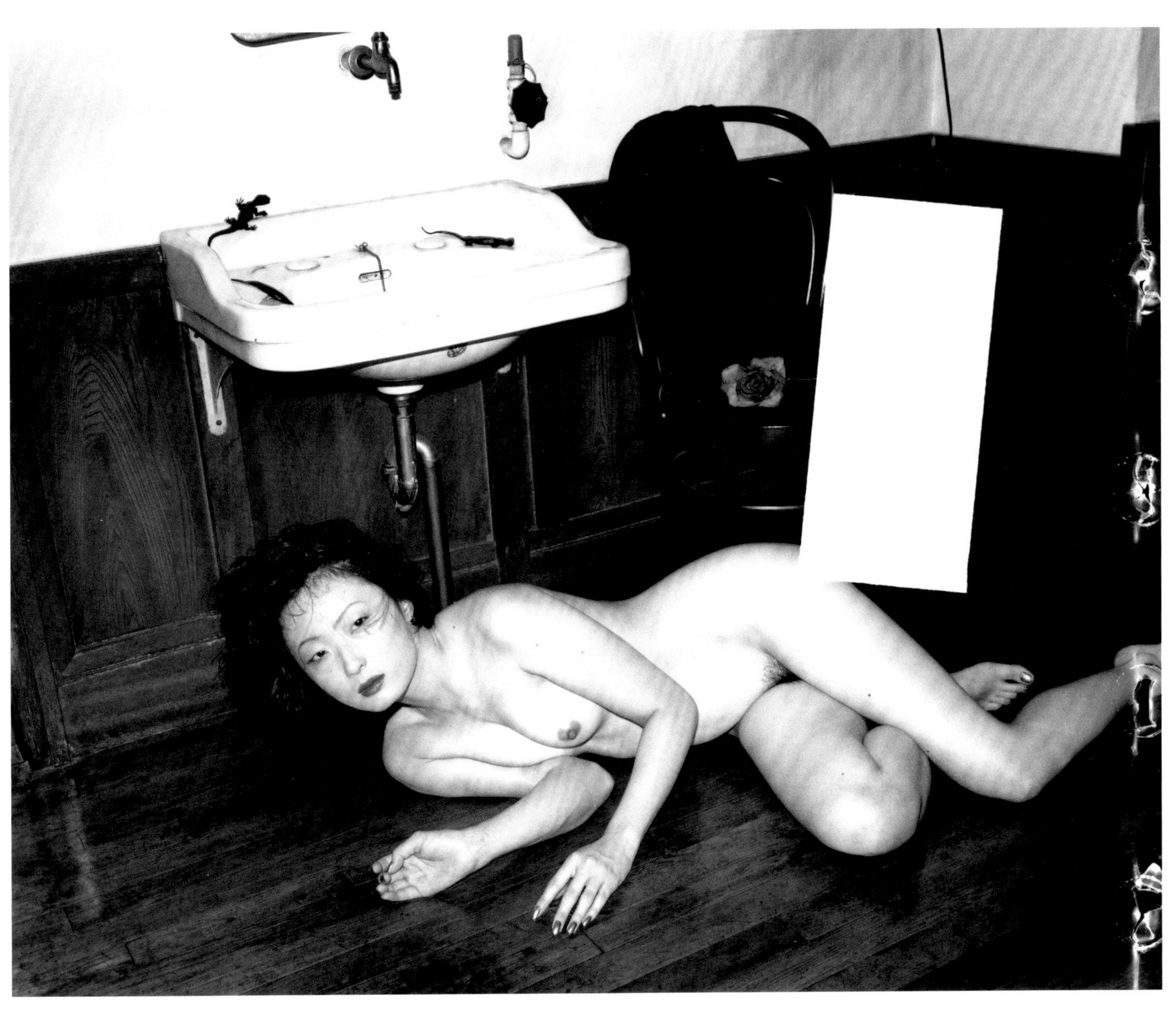

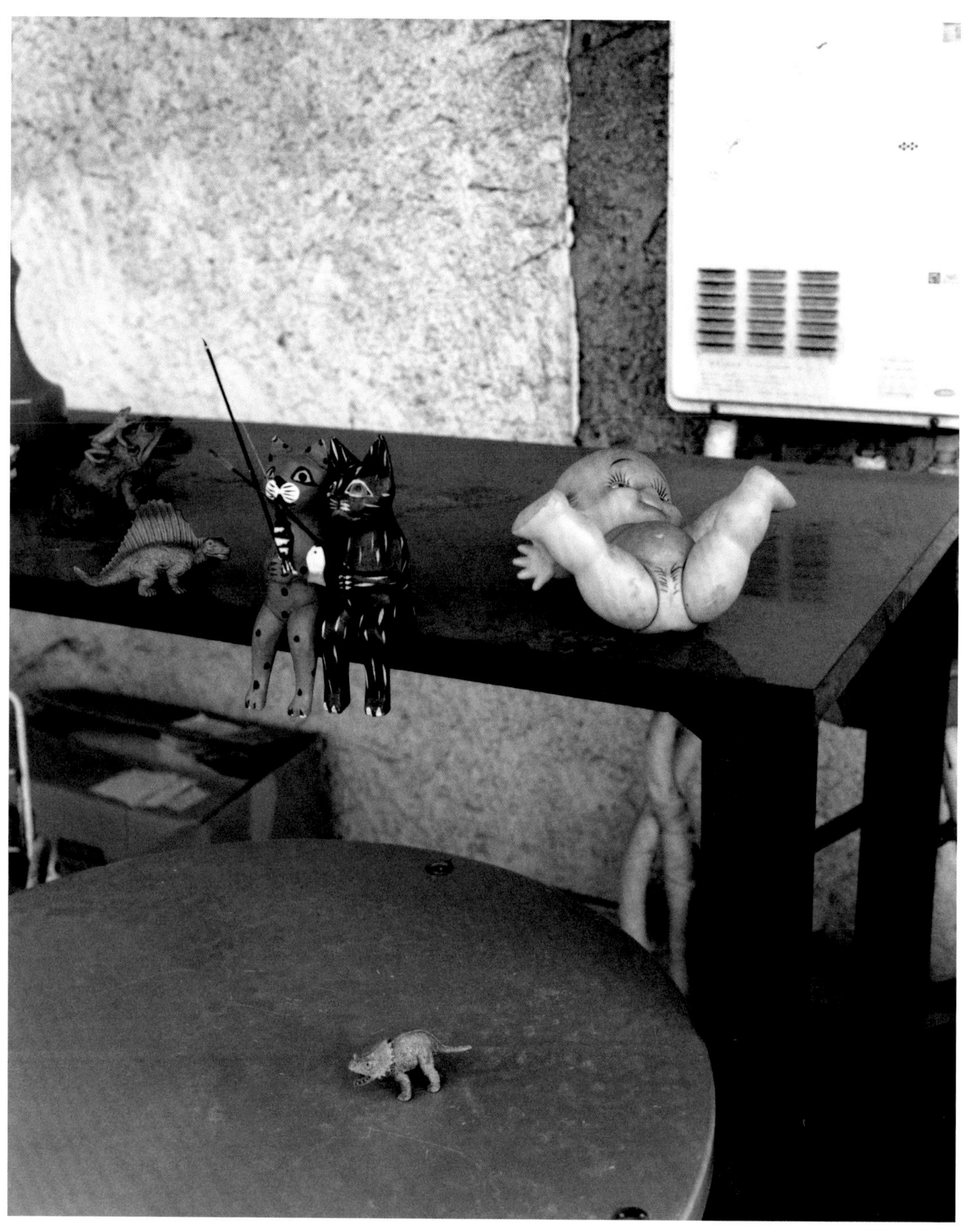

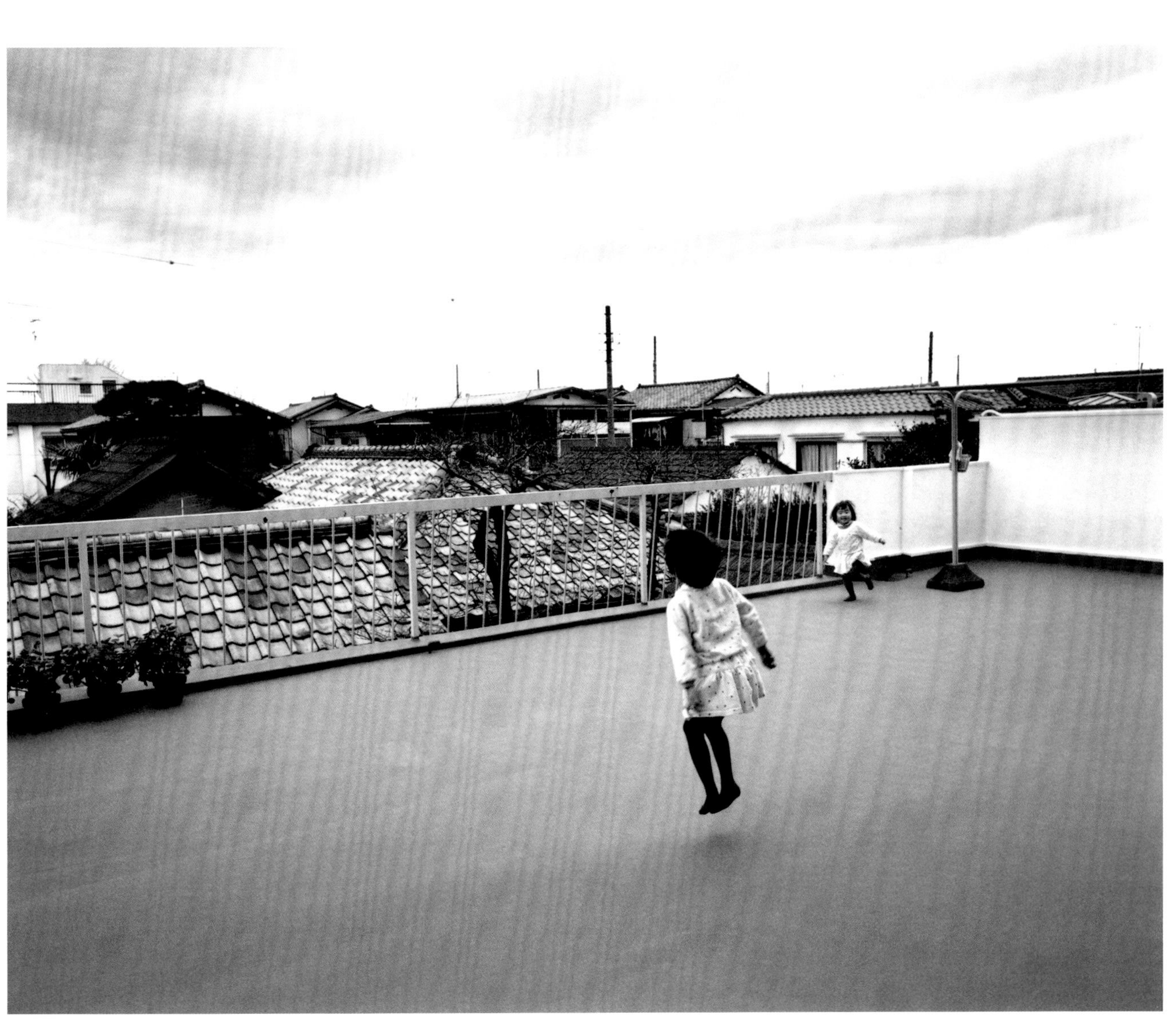

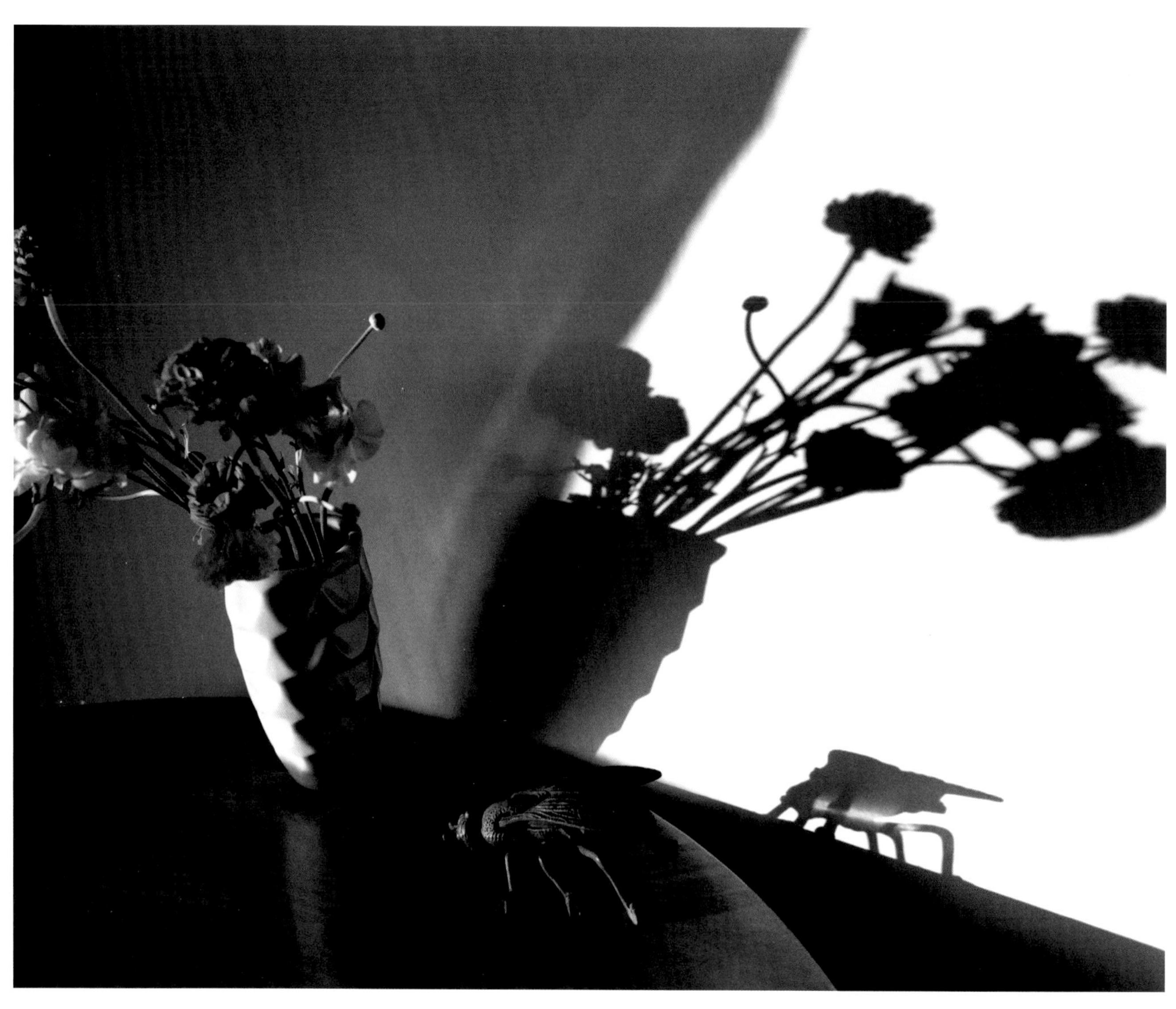

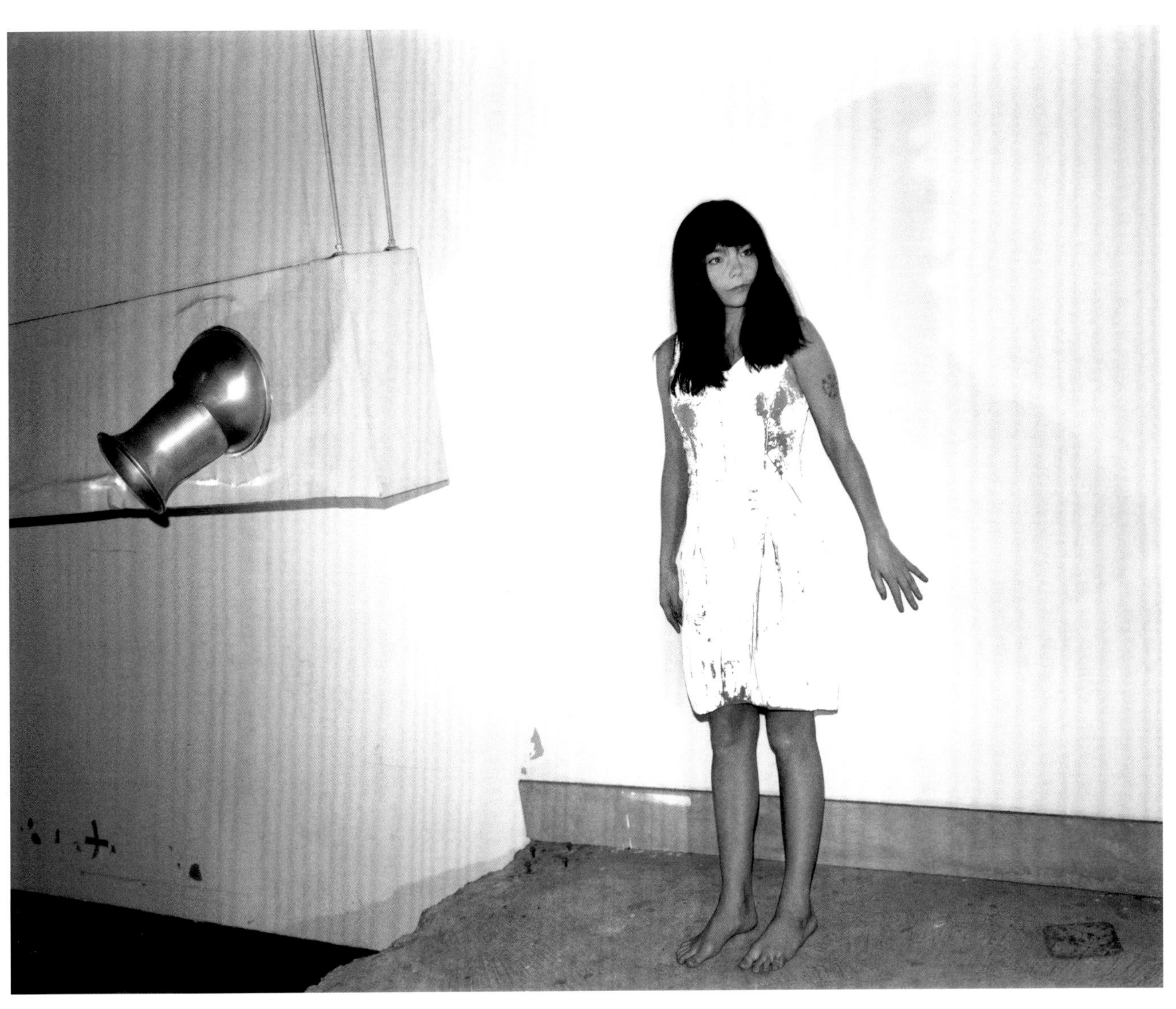

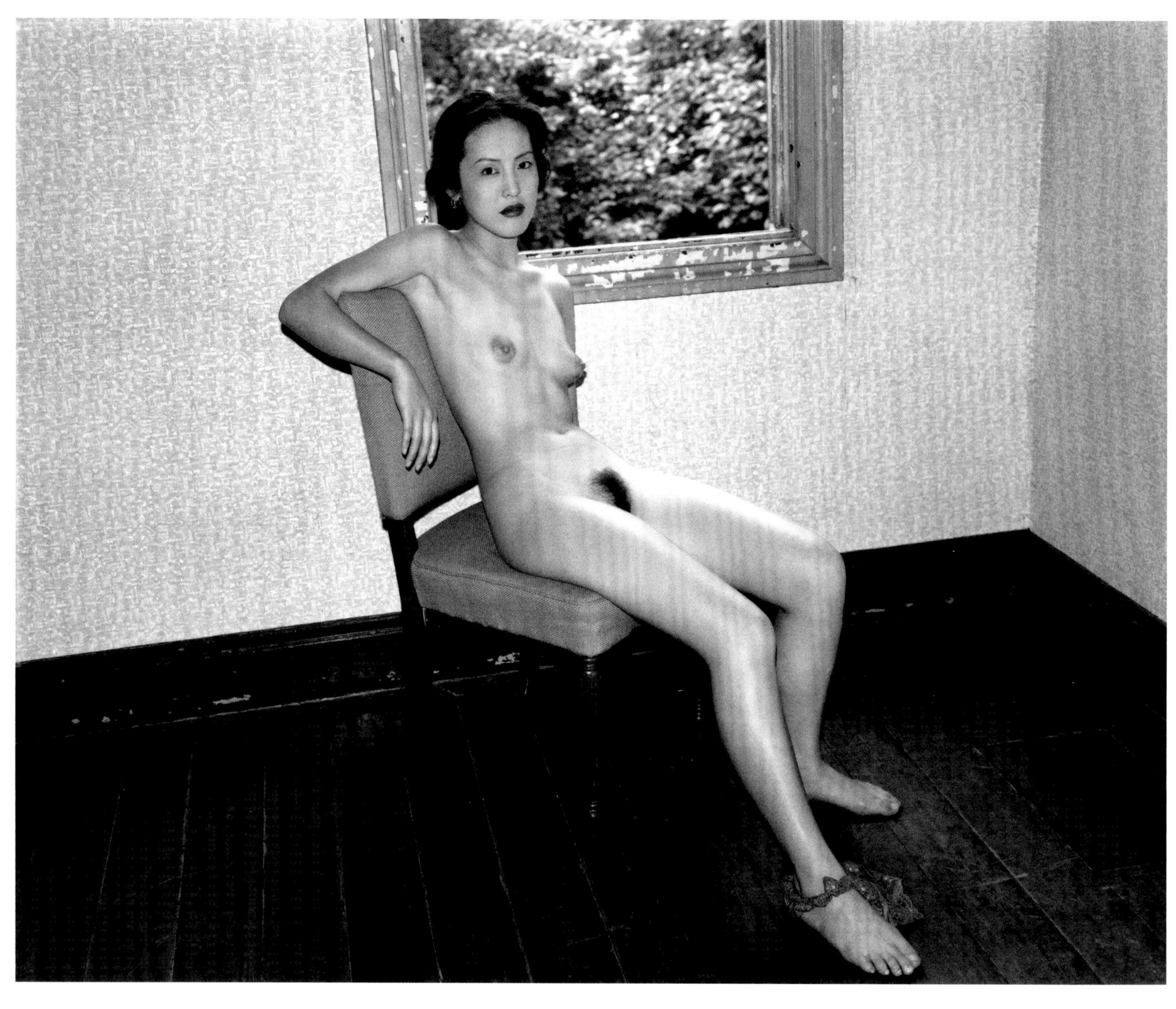

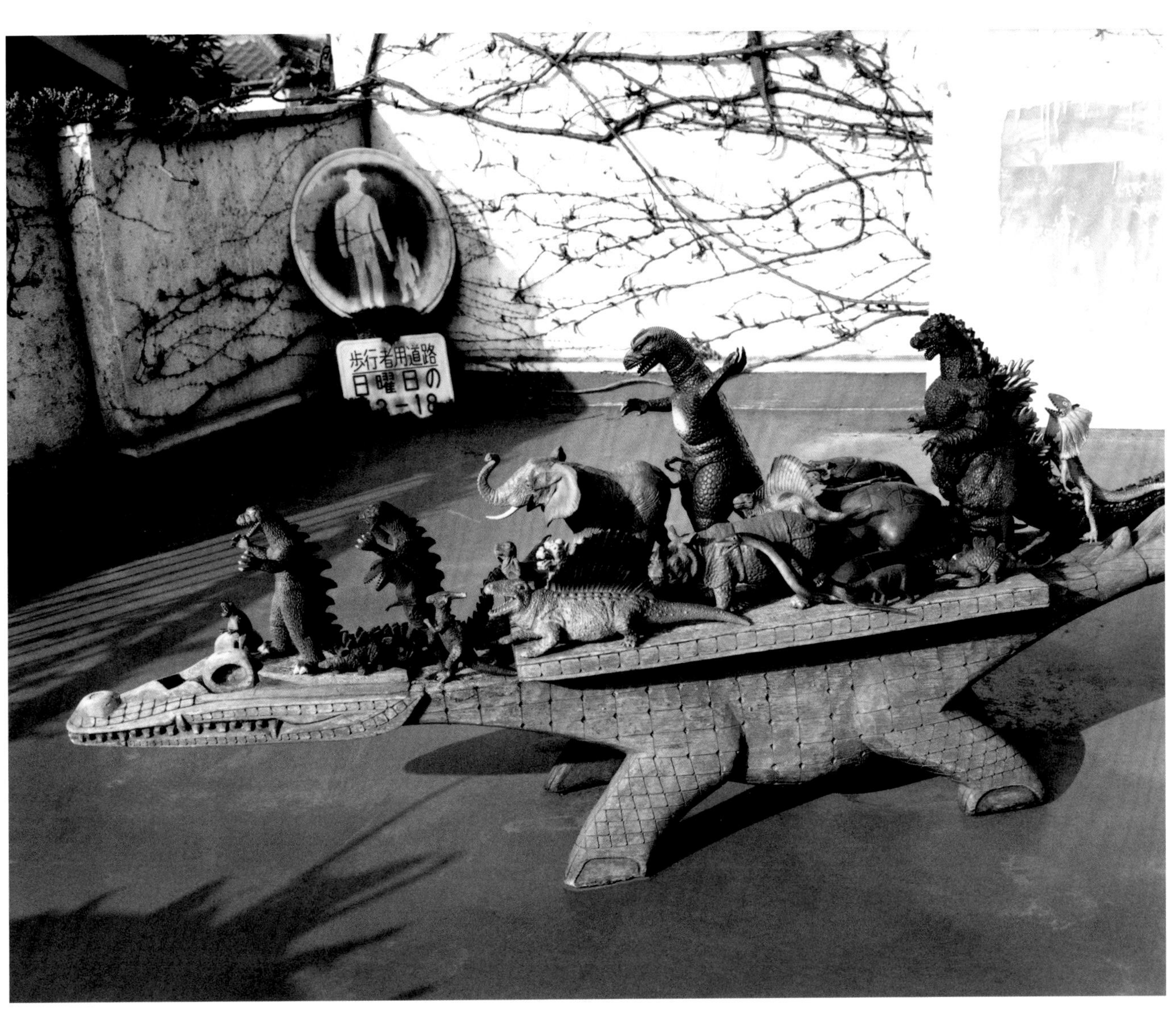
歩行者用道路
日曜日の

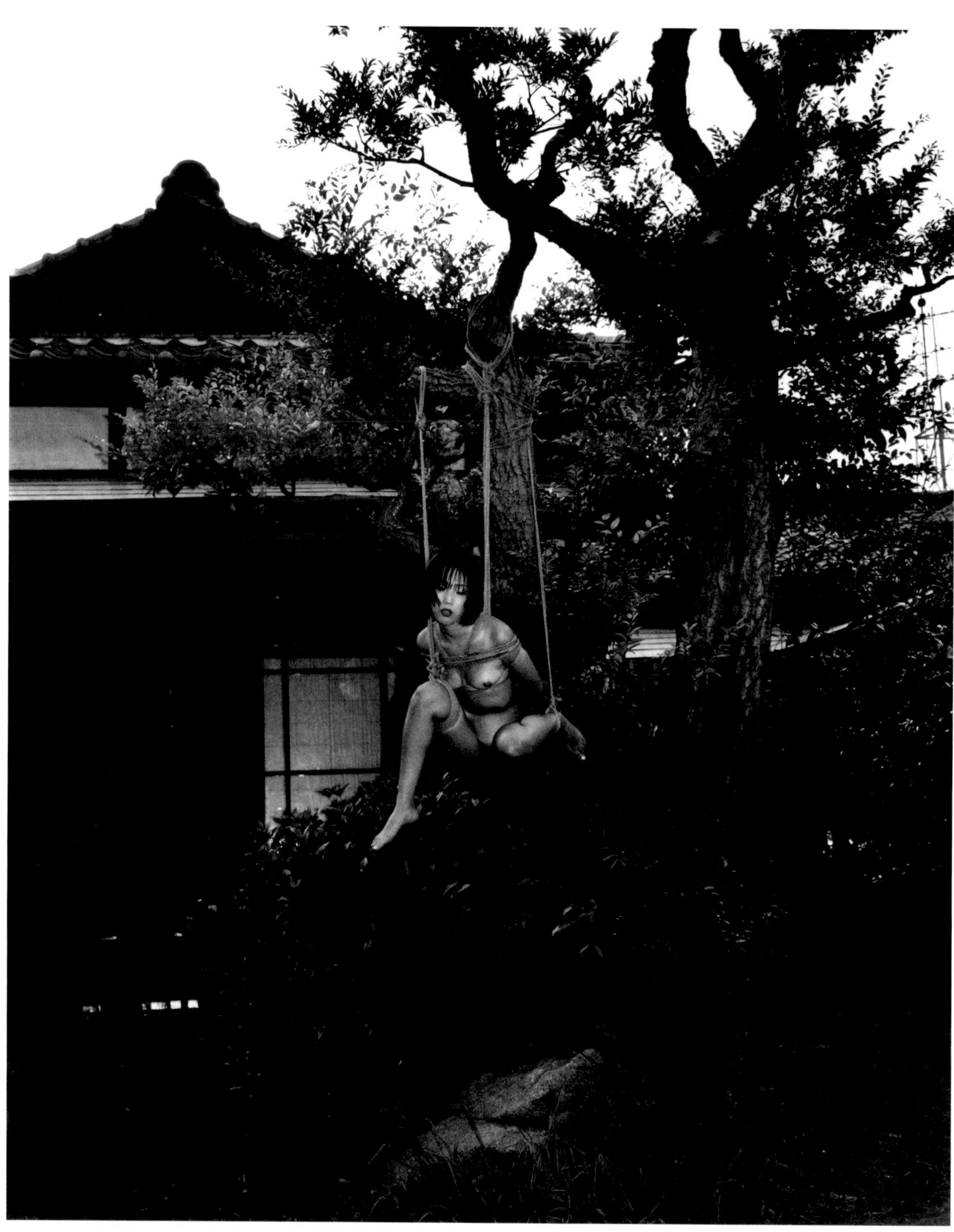

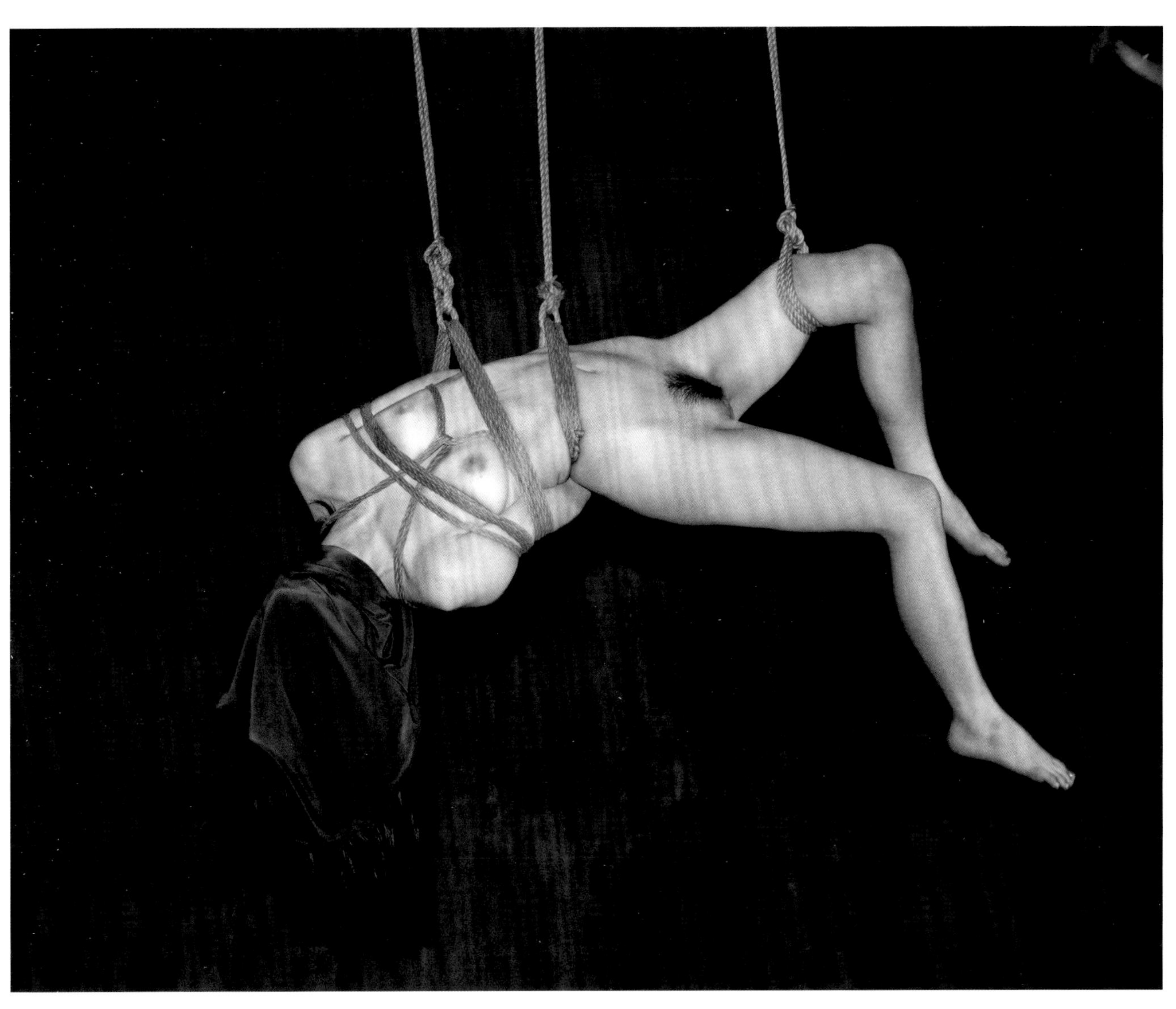

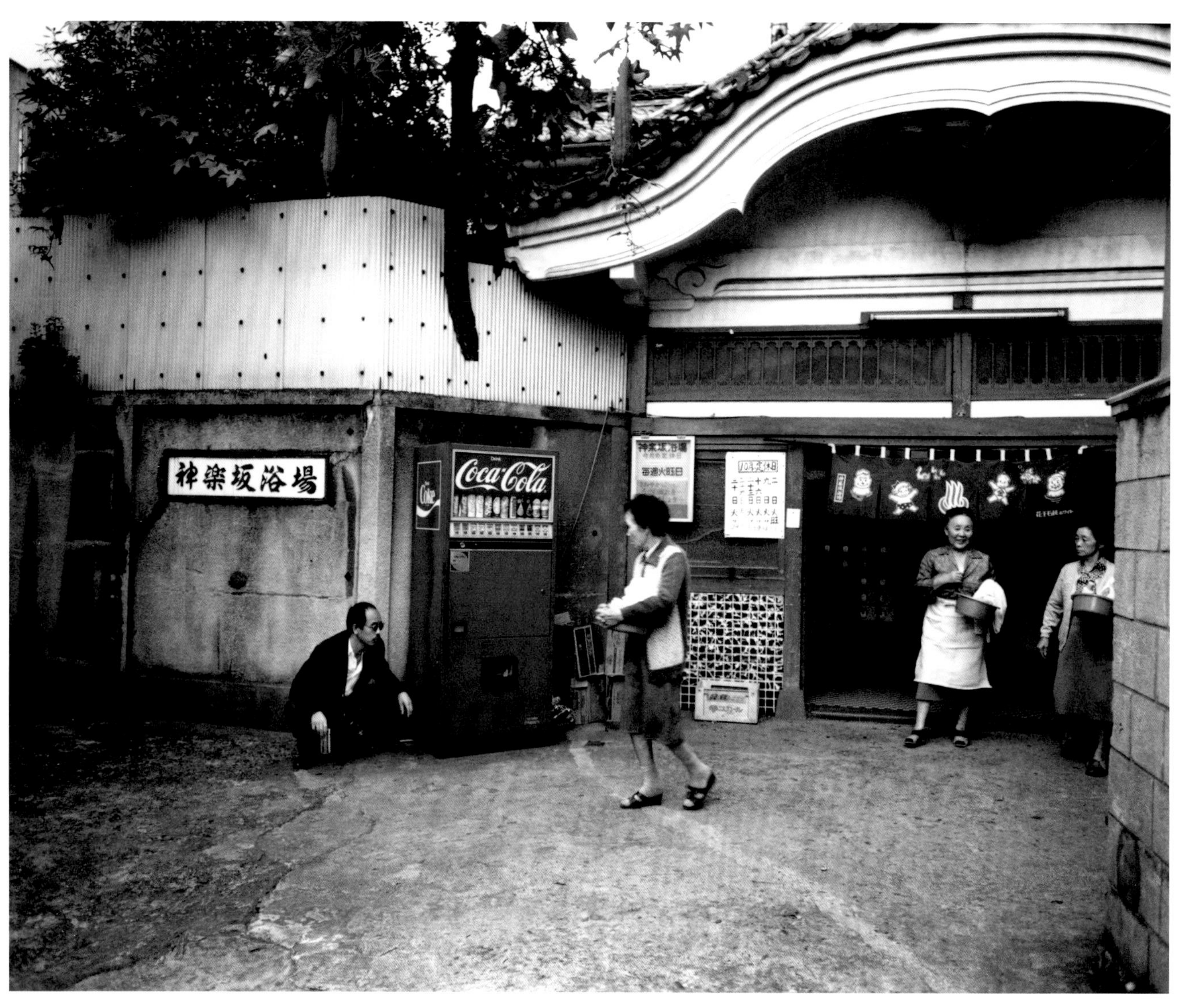
神楽坂浴場
Coca-Cola
Coke

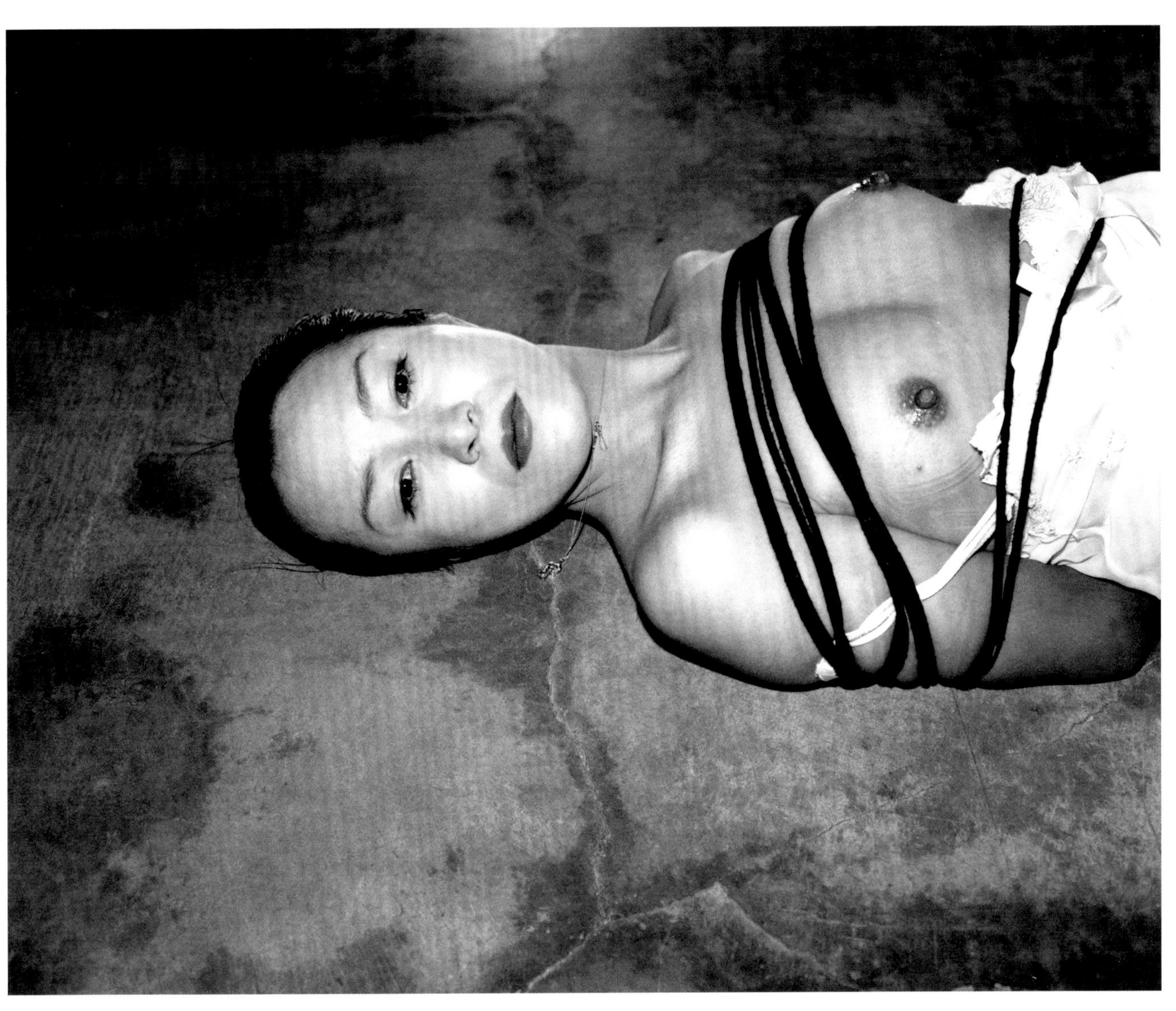

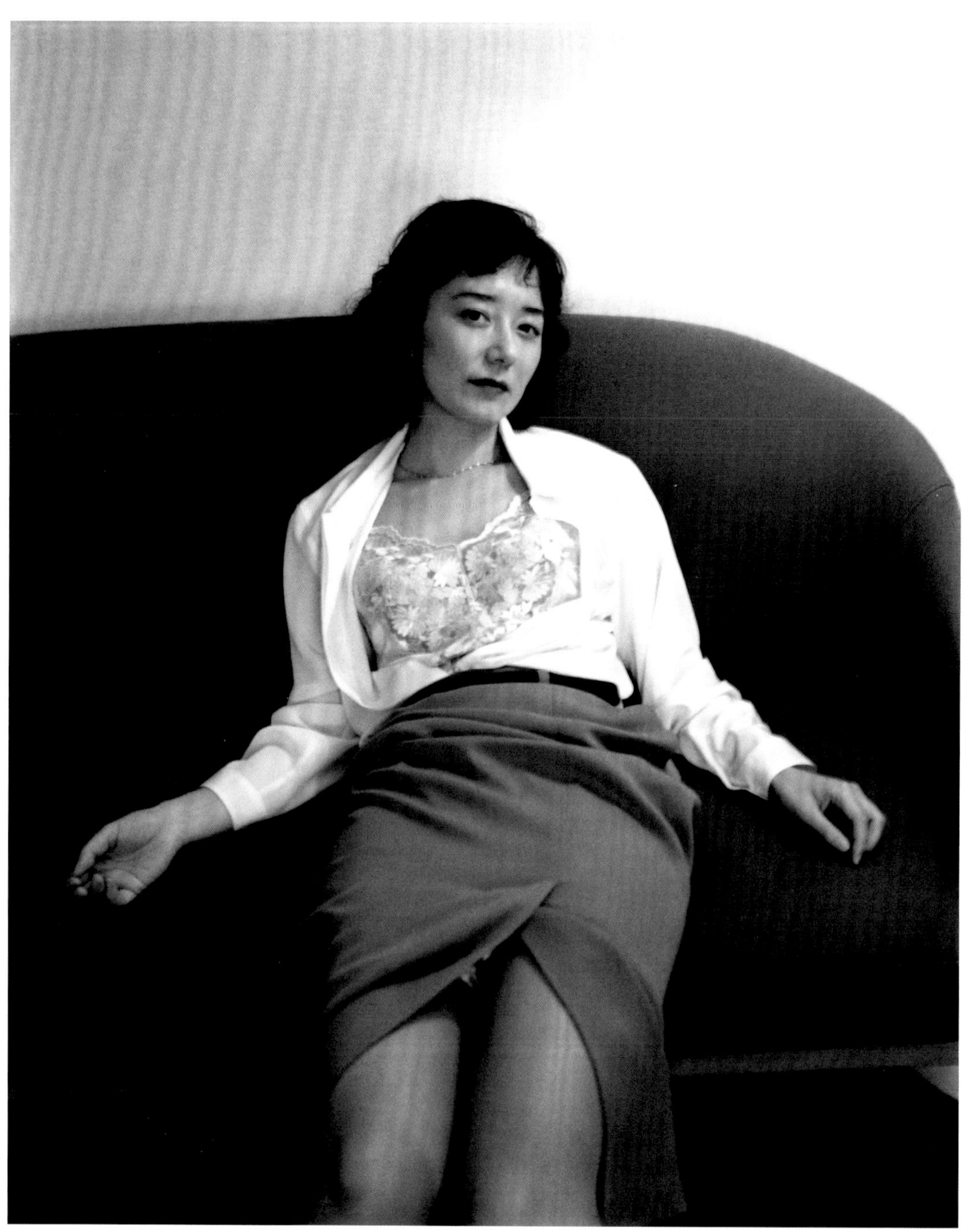

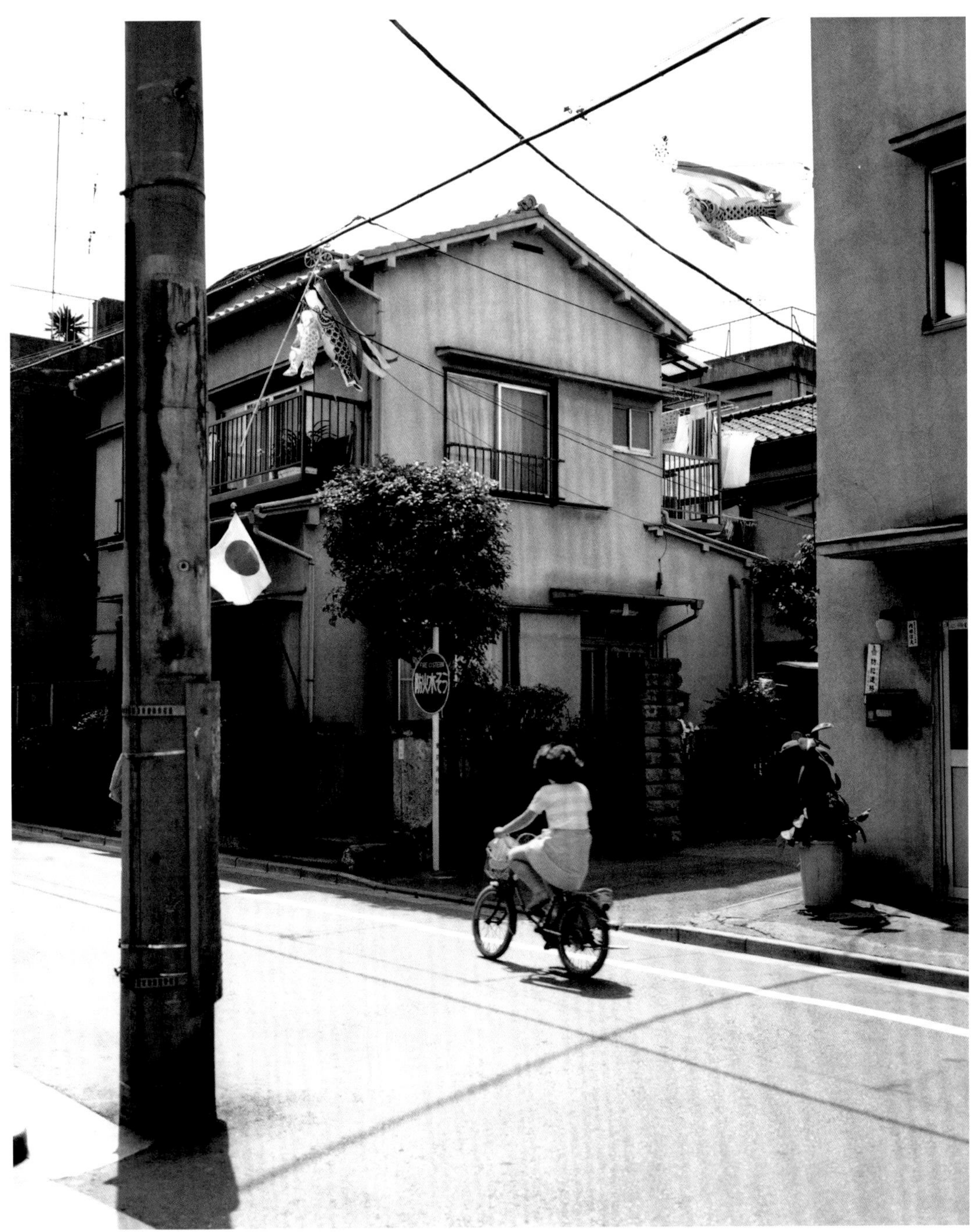

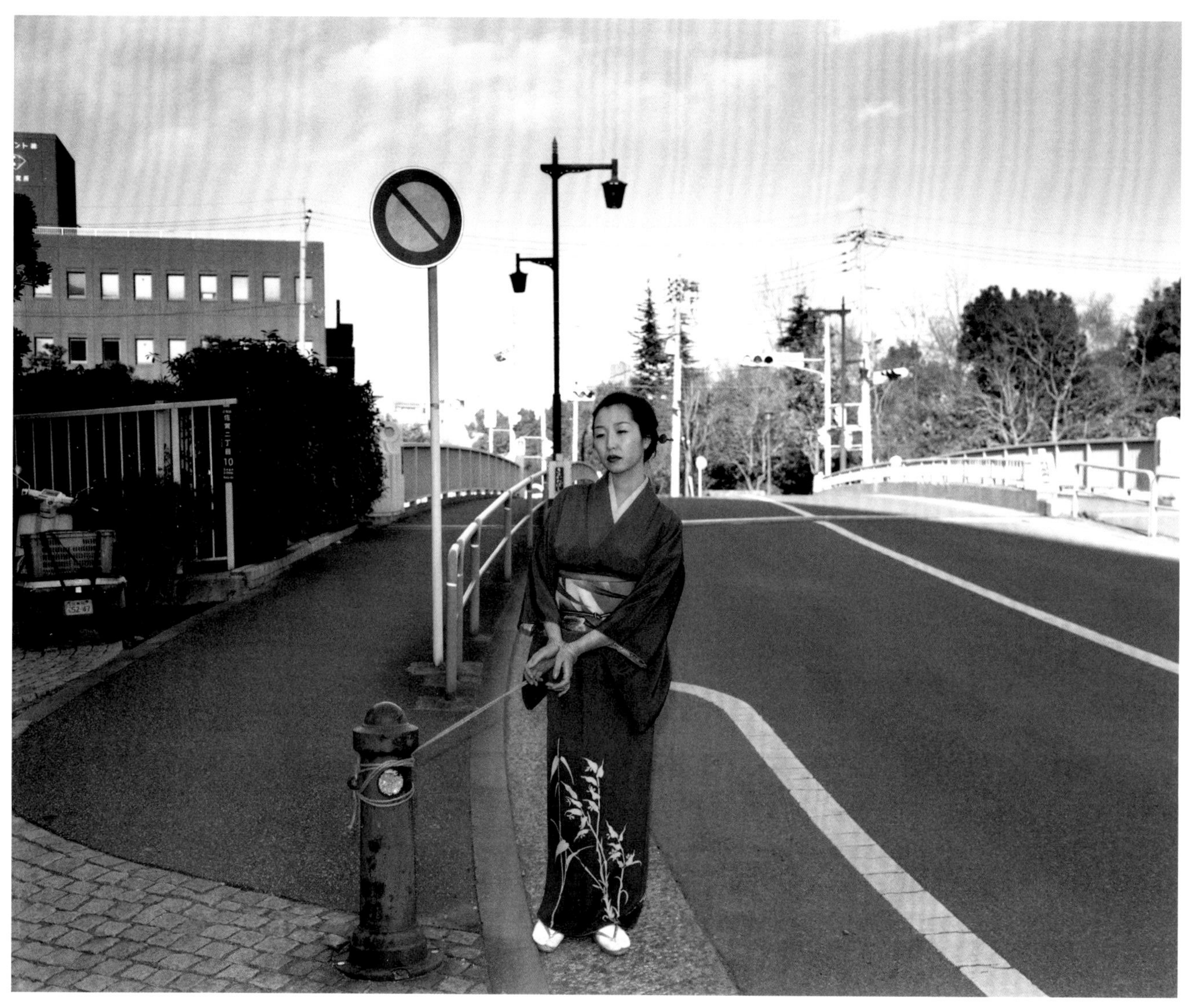

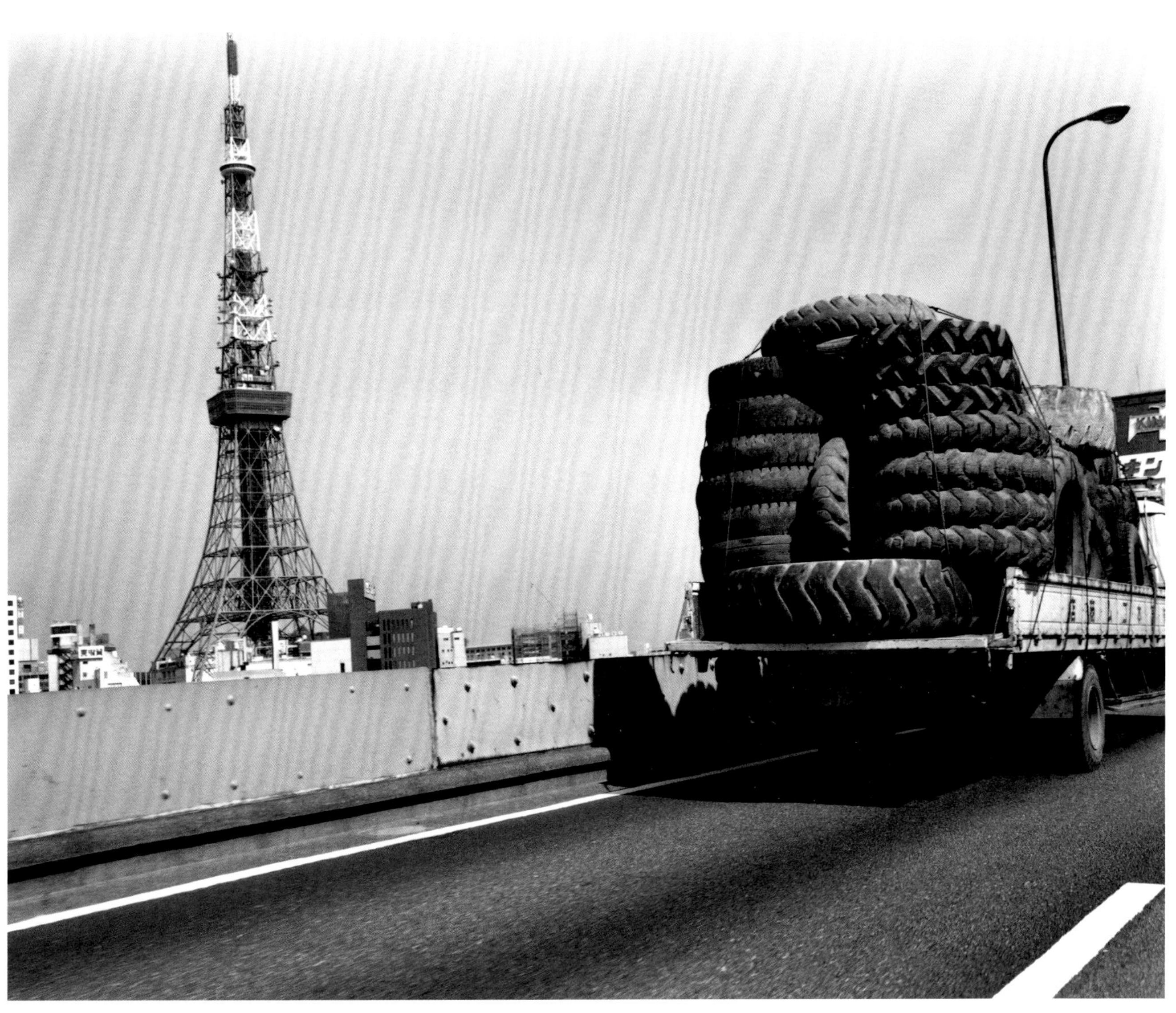

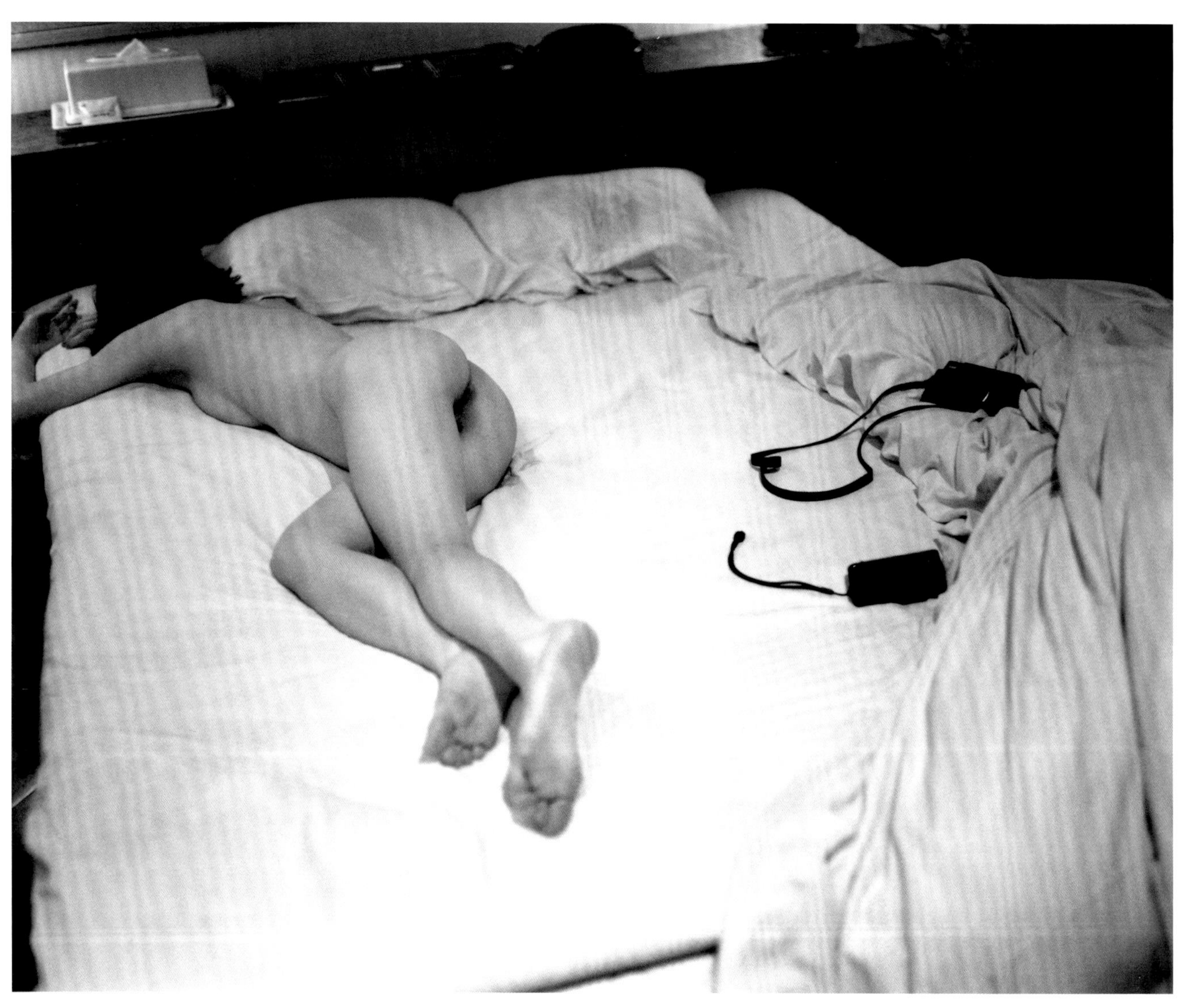

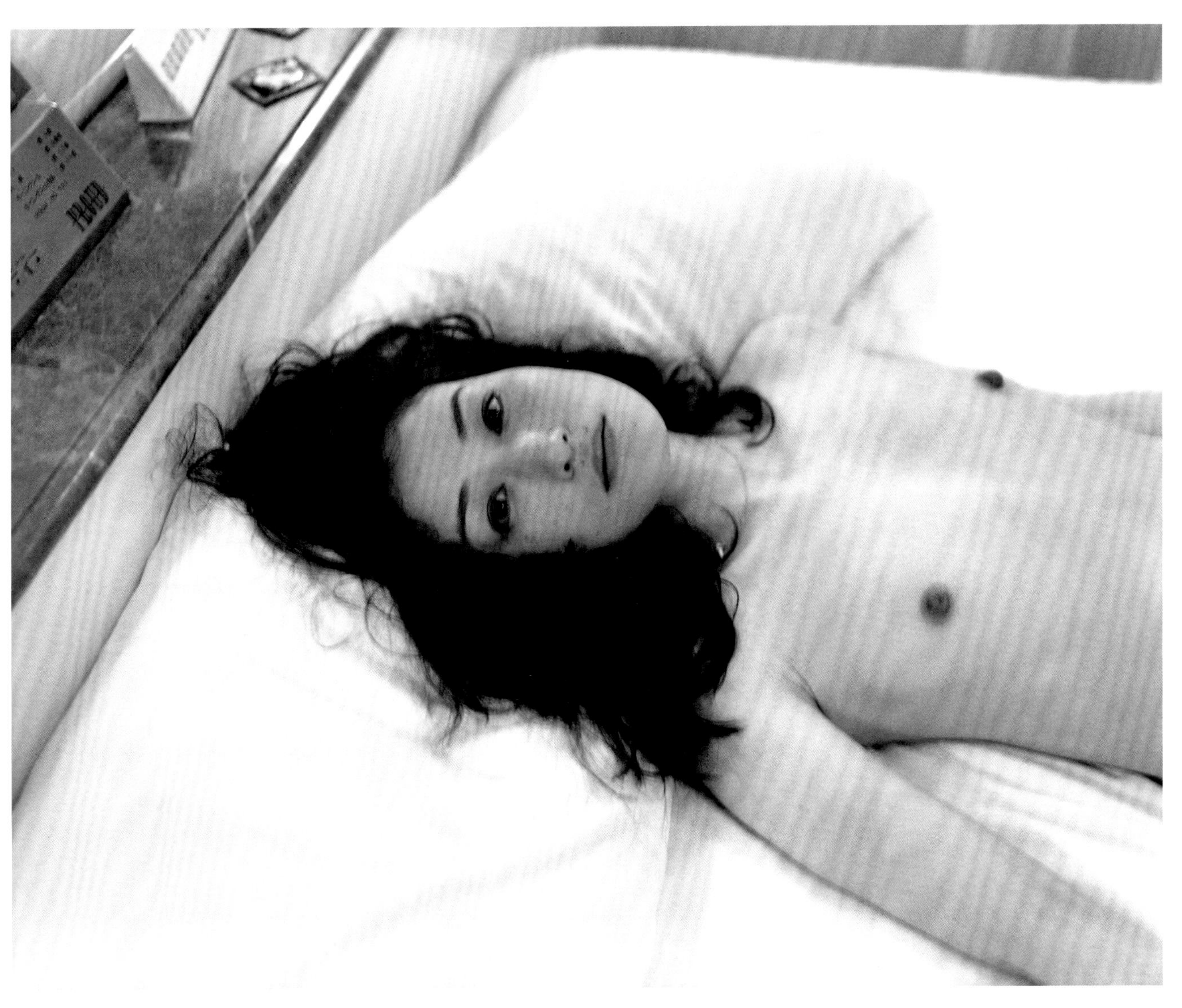

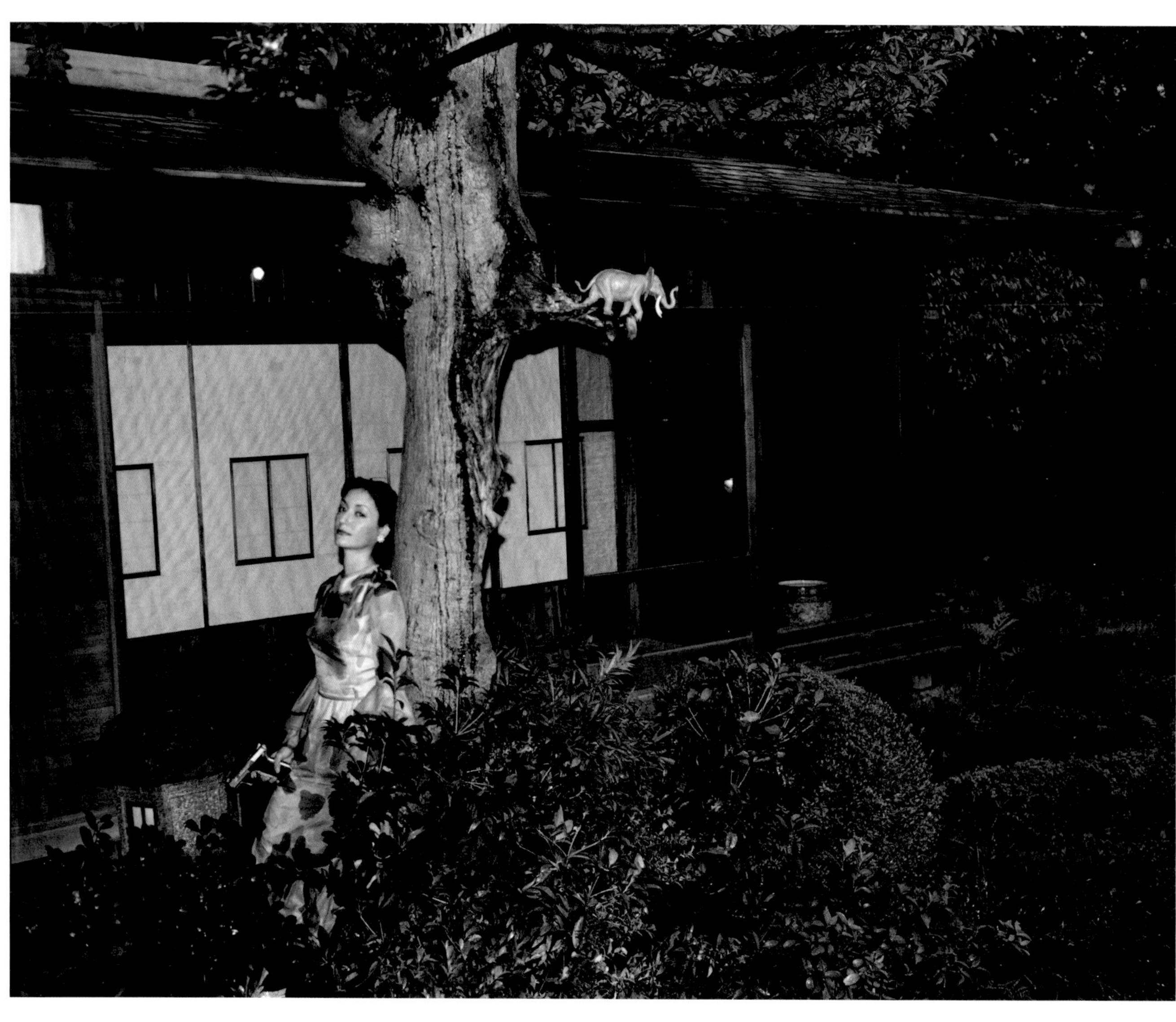

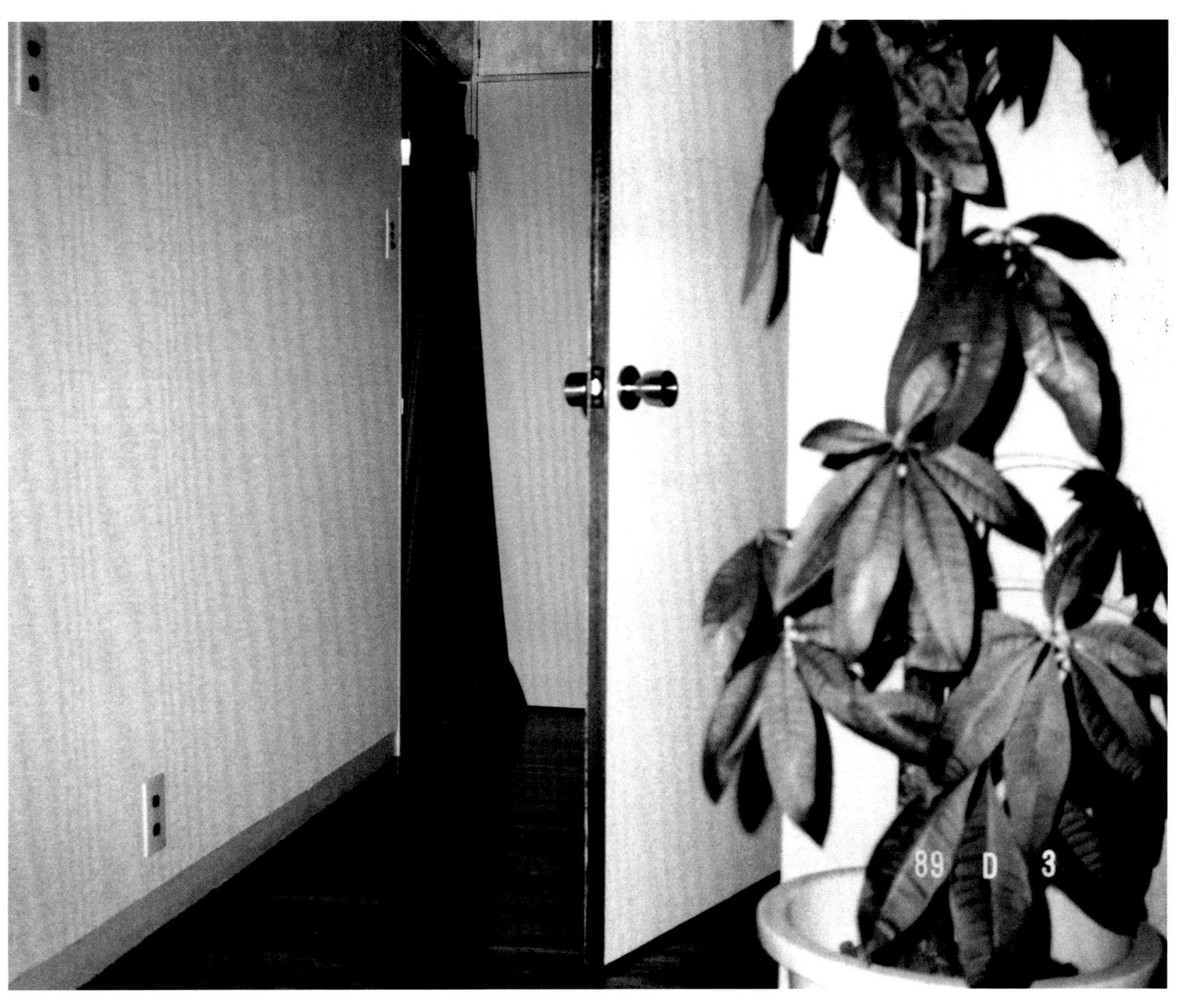
89 D 3

Kyoto White Sentiment

京都白情

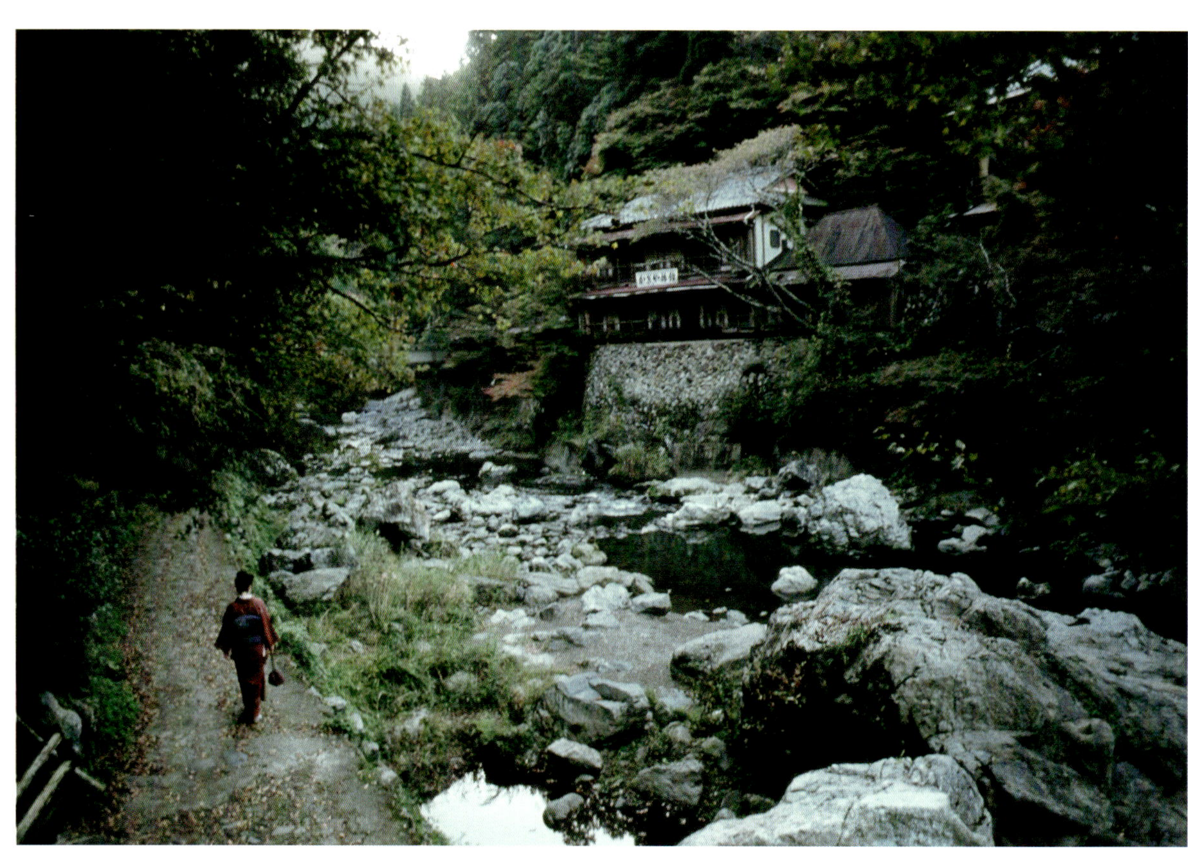

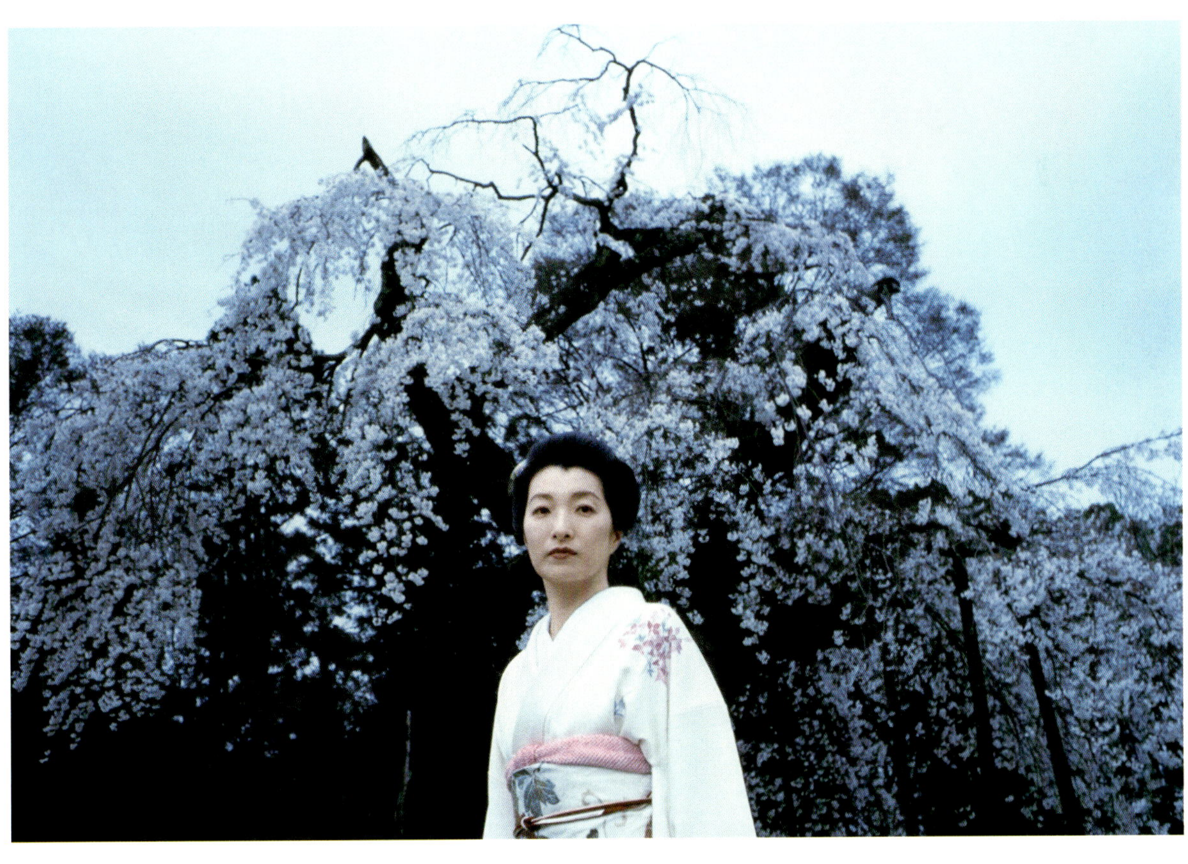

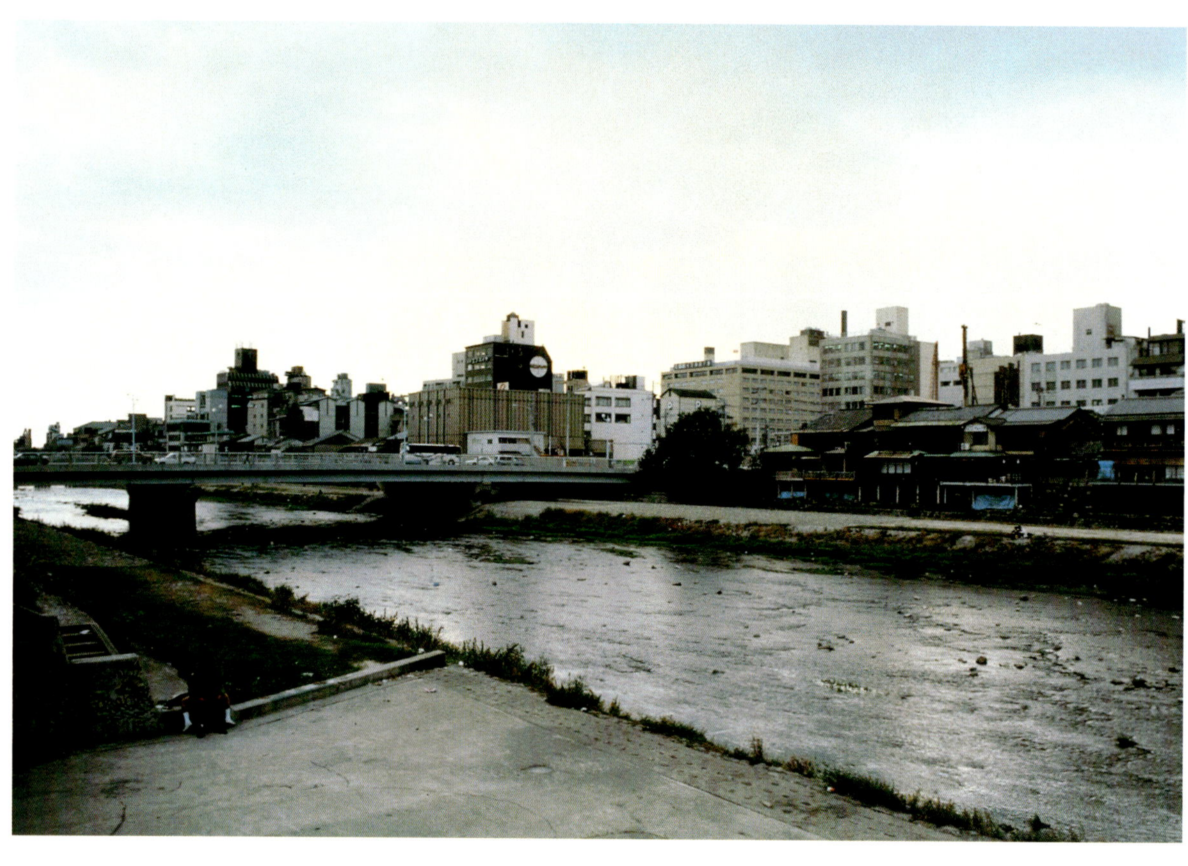

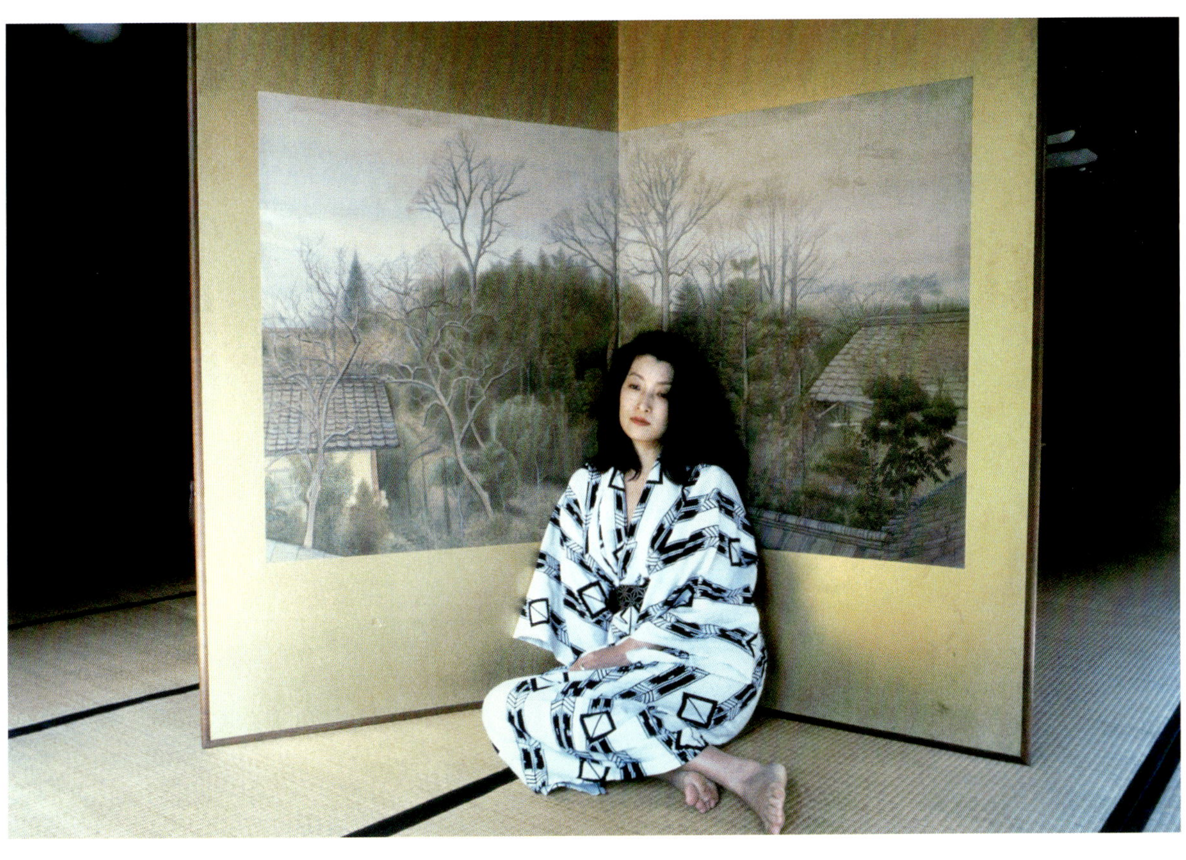

Chiro

チロ

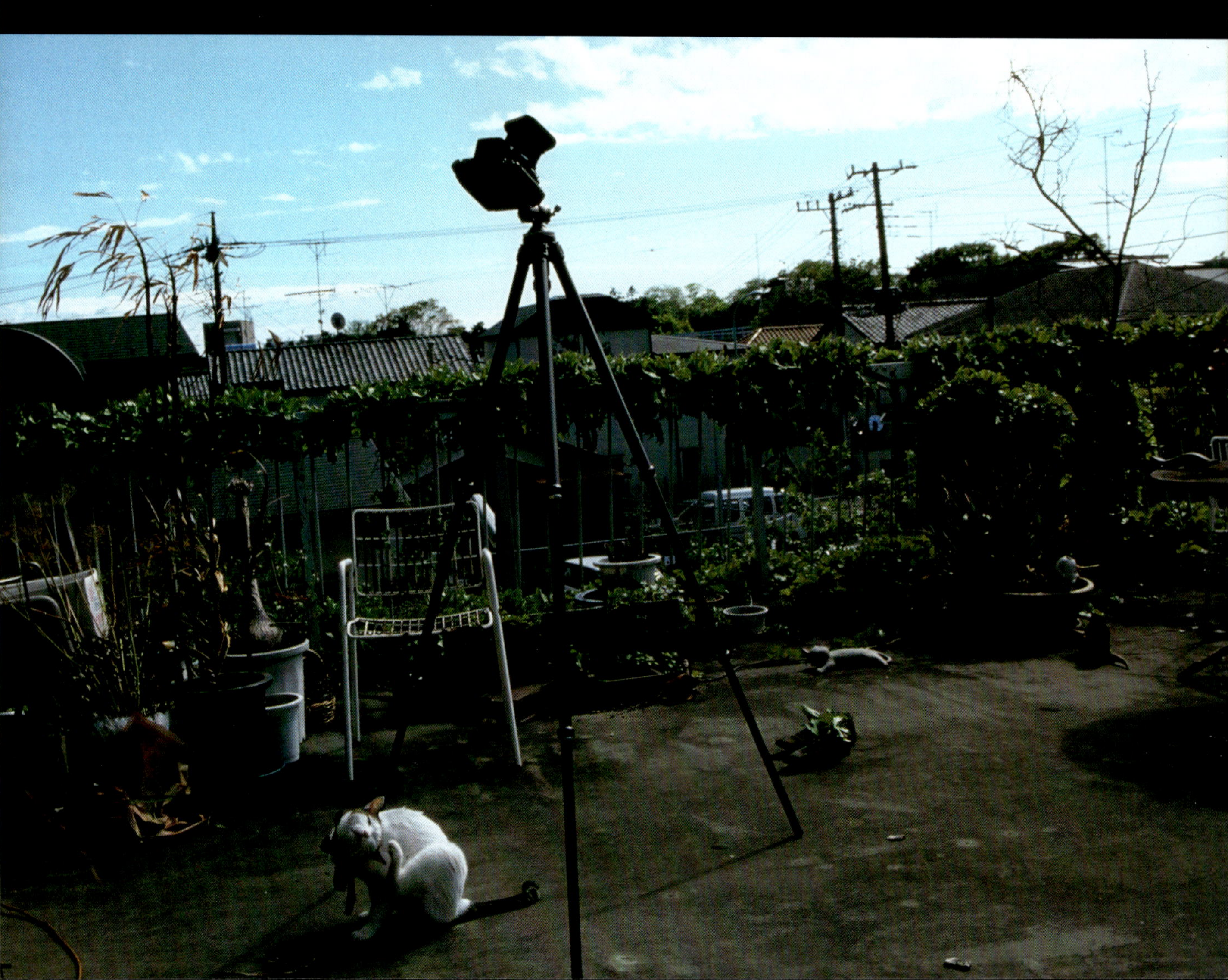

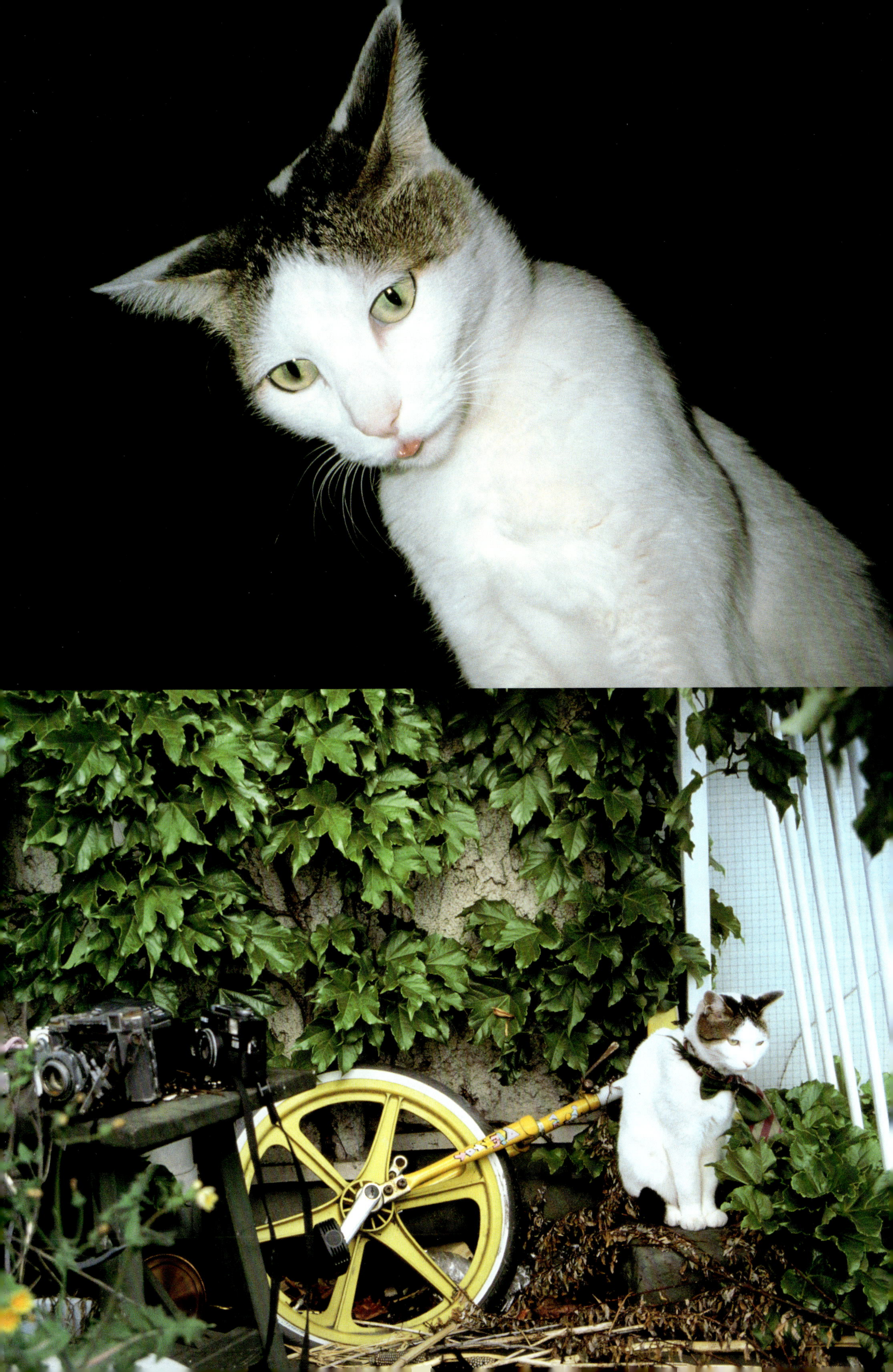

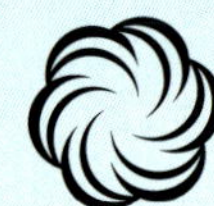

Novel Photography

小説写真

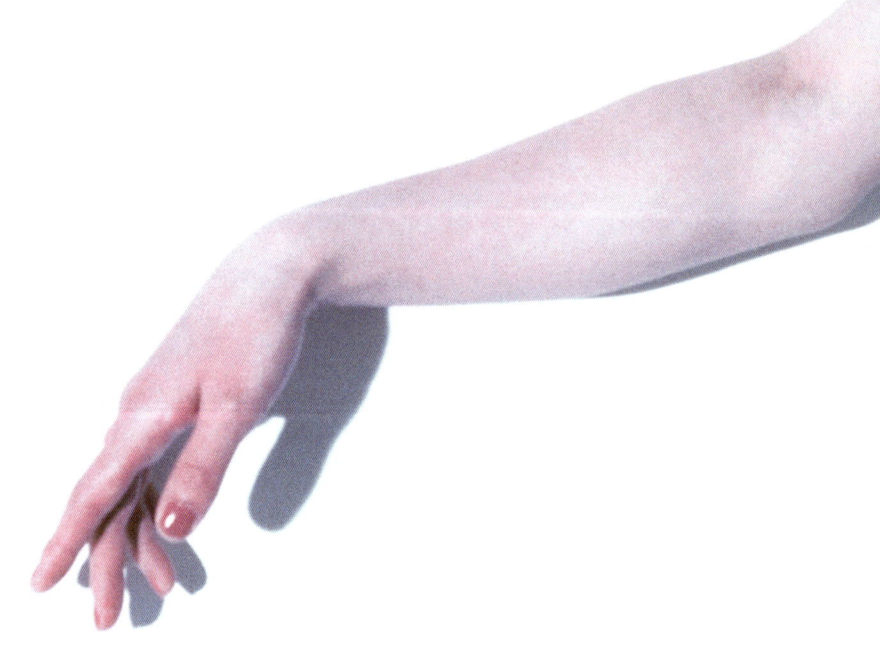

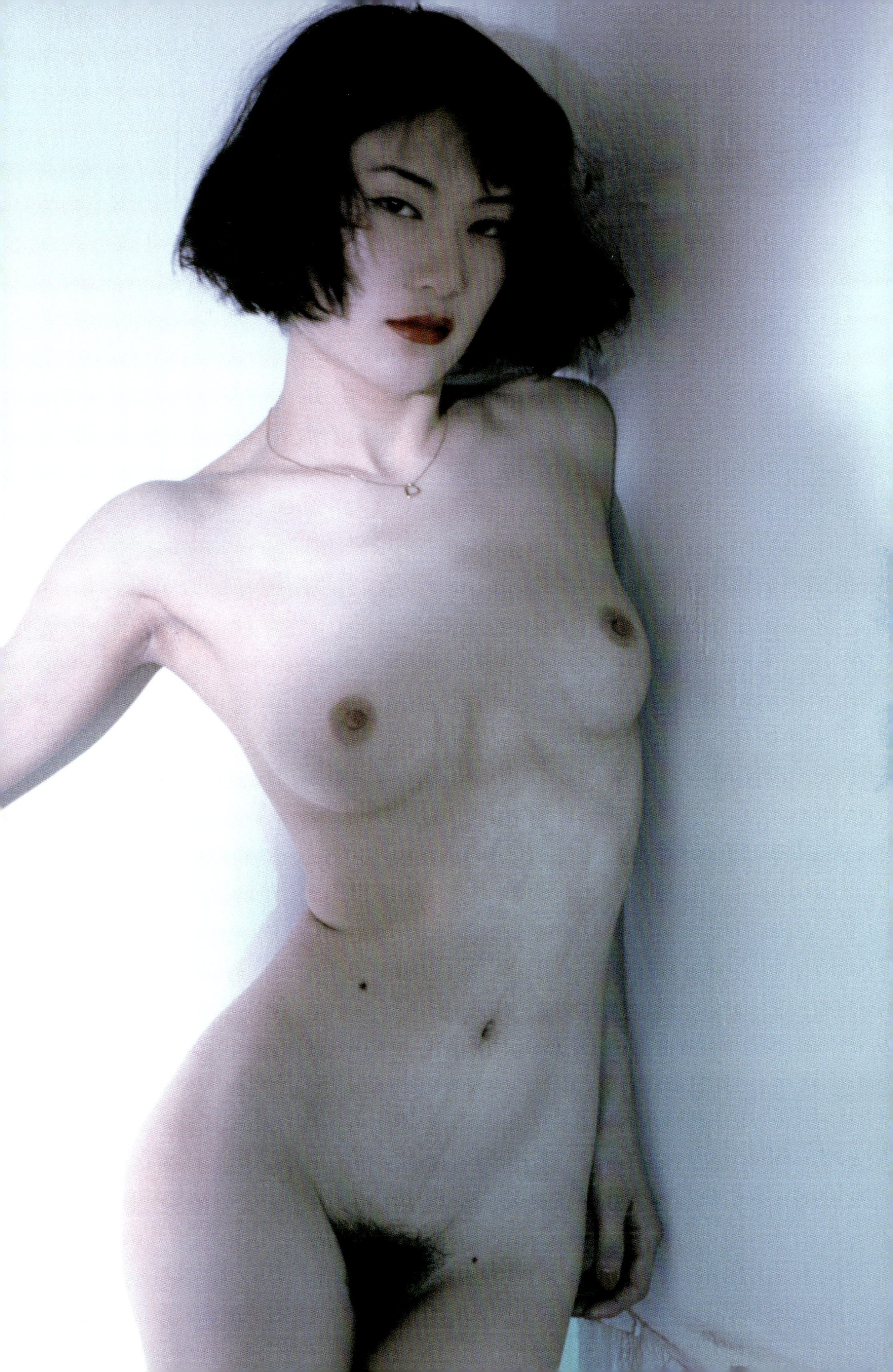

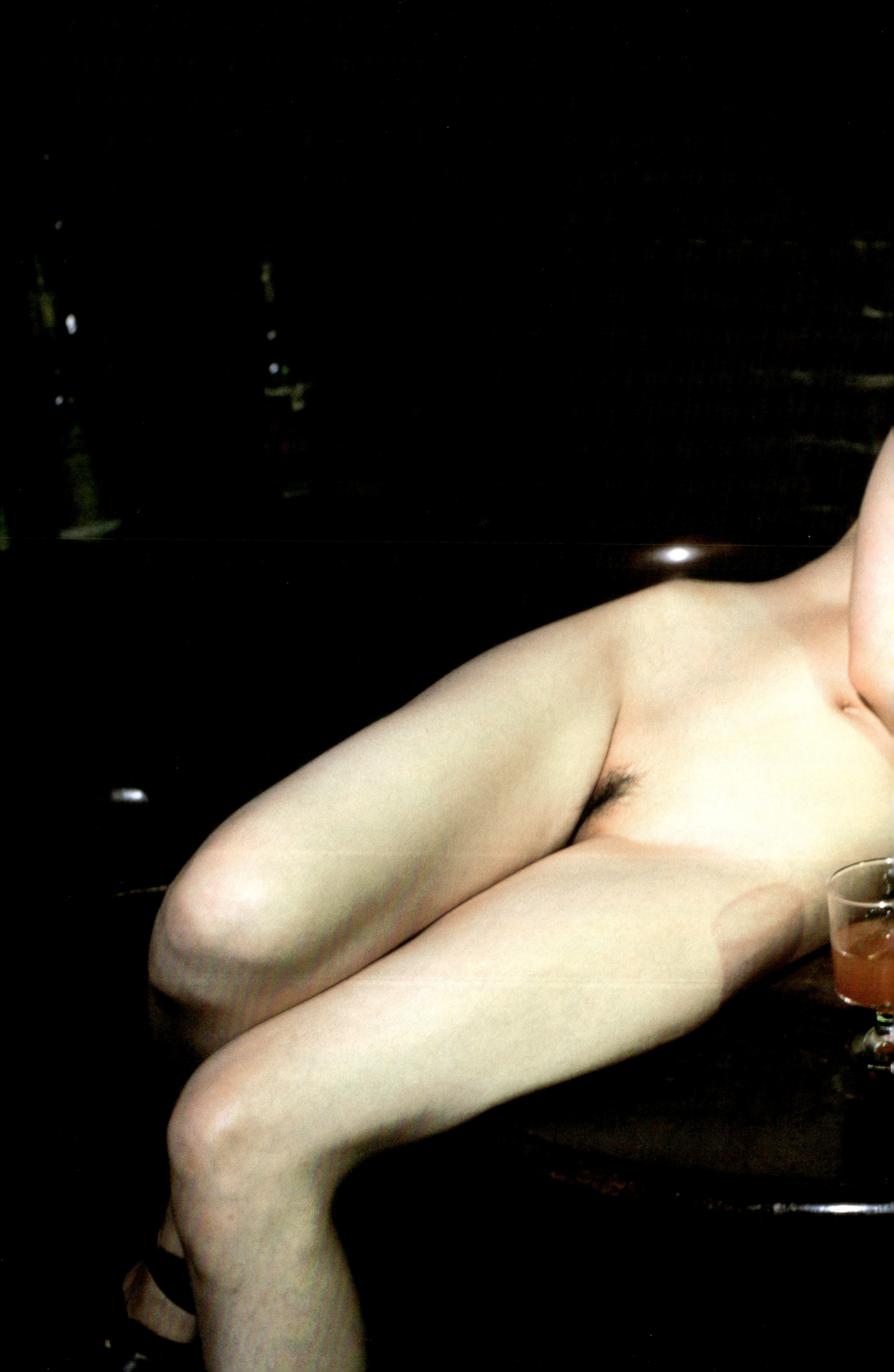

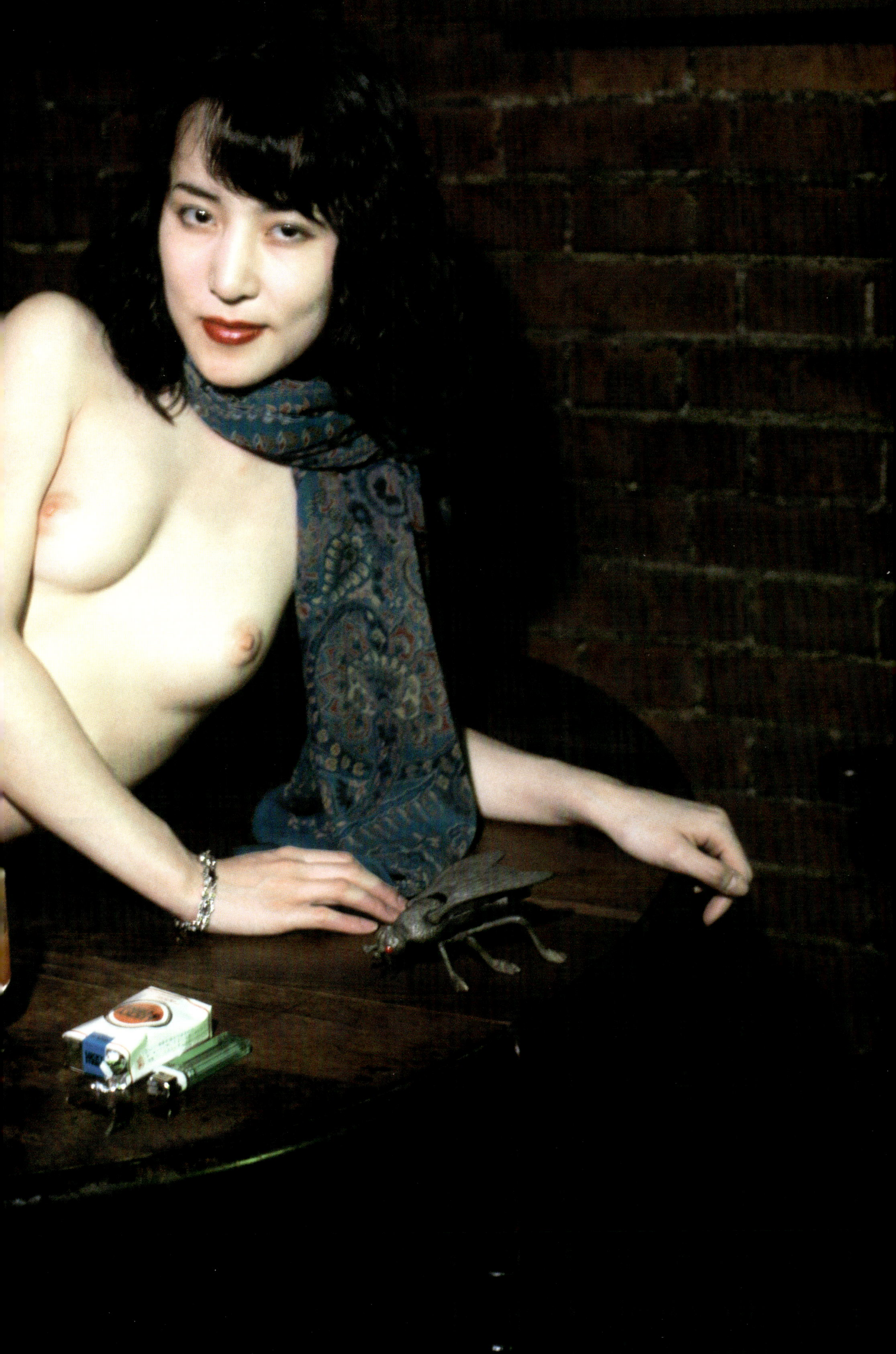

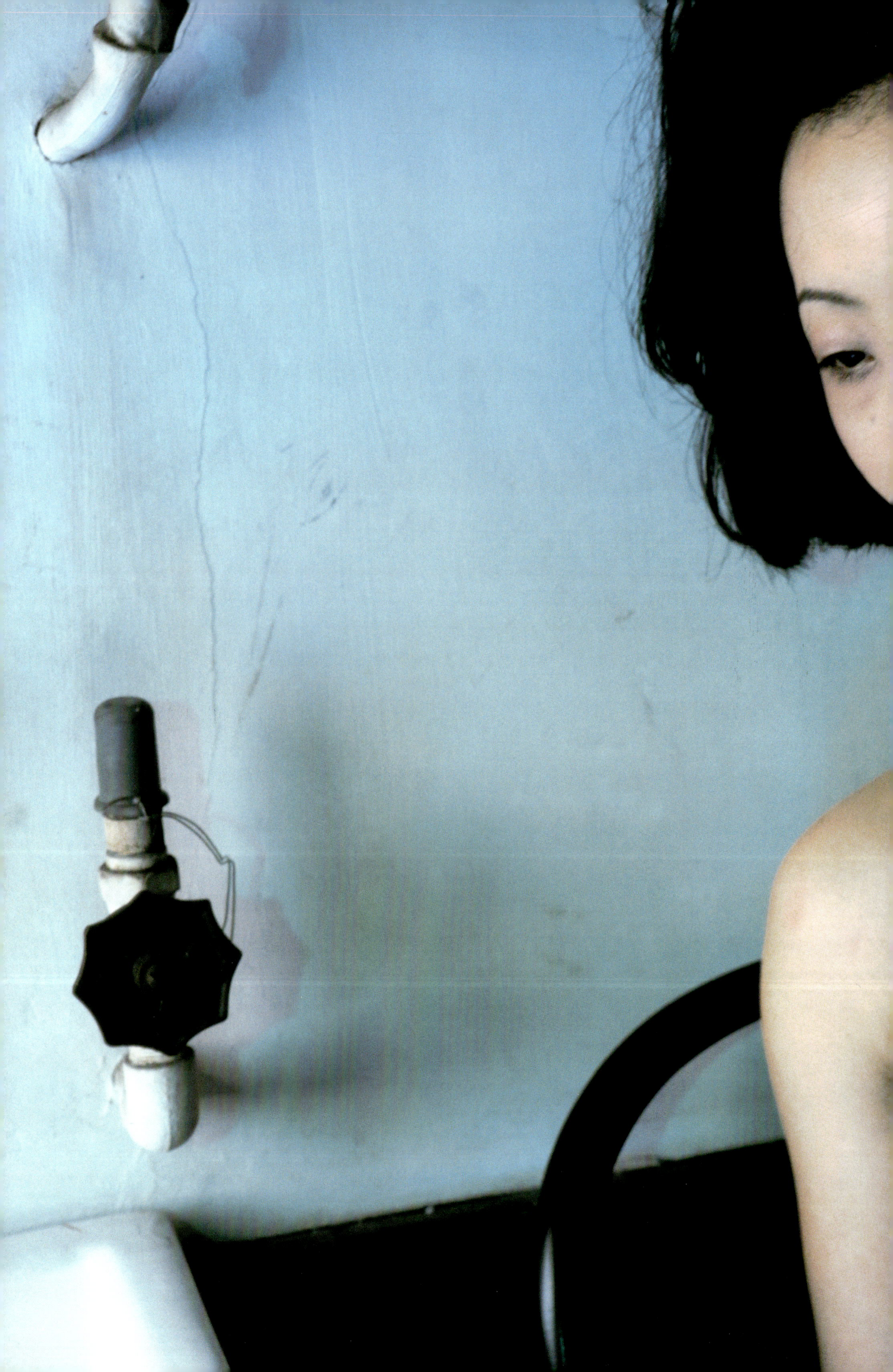

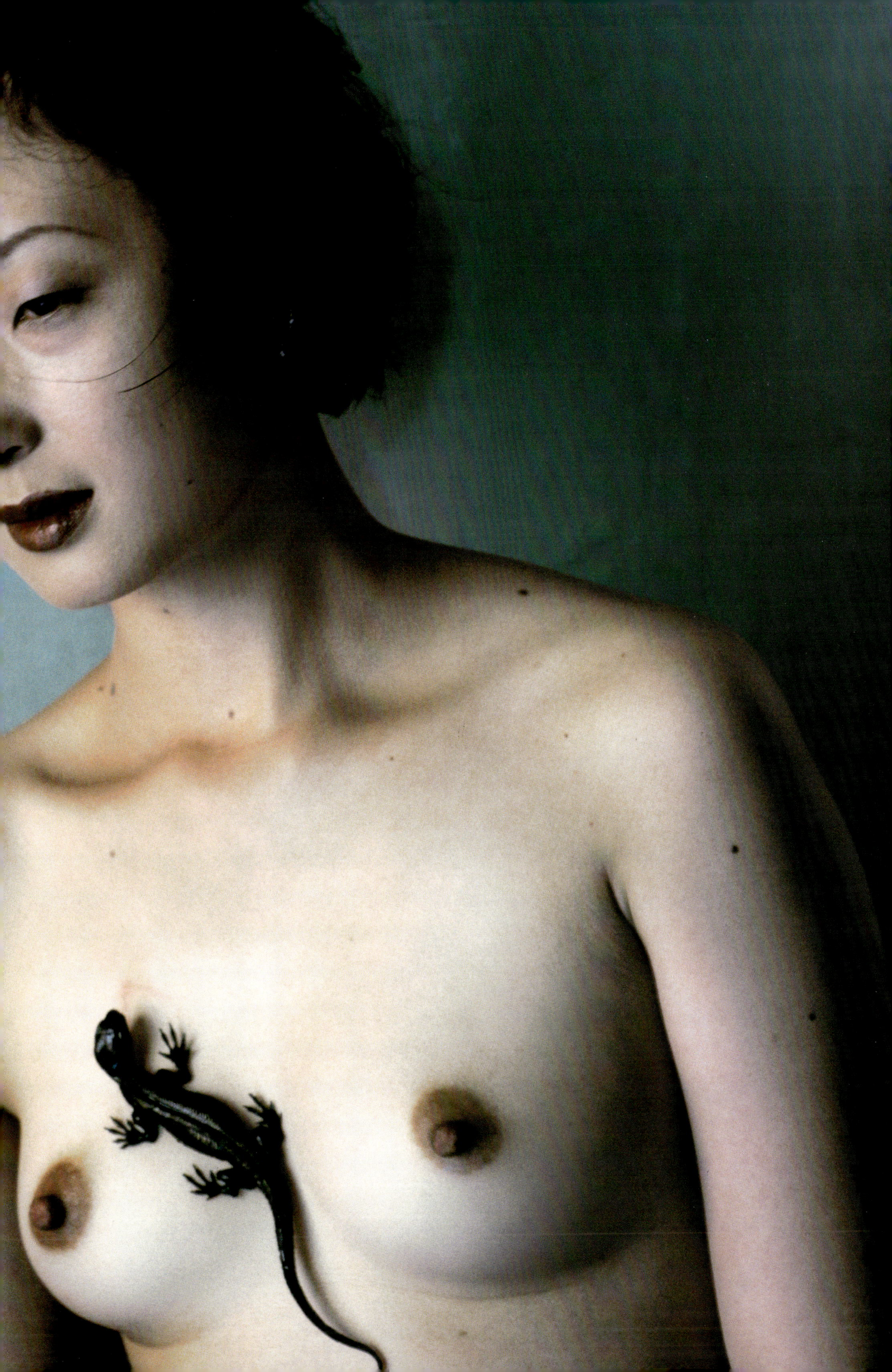

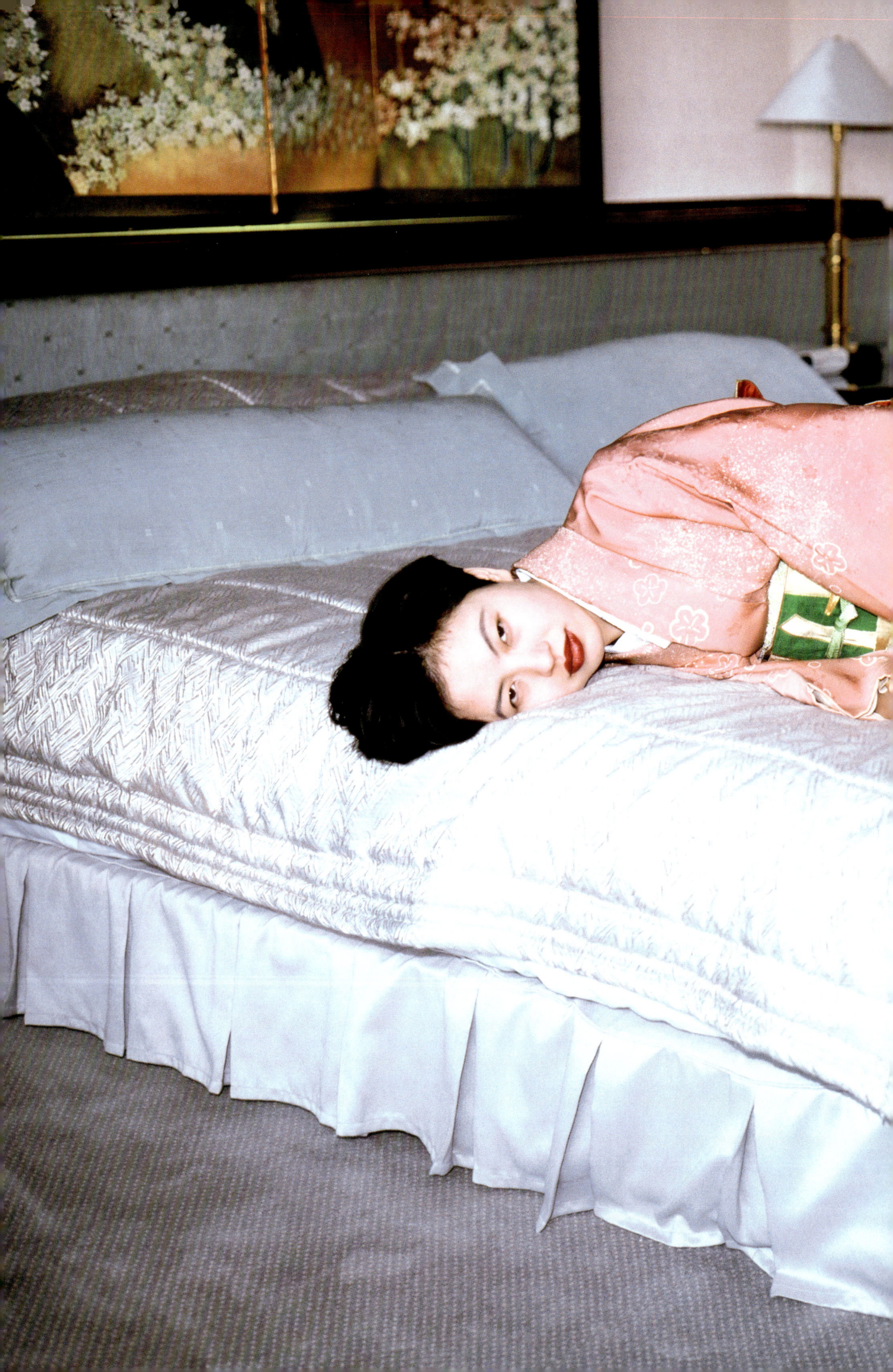

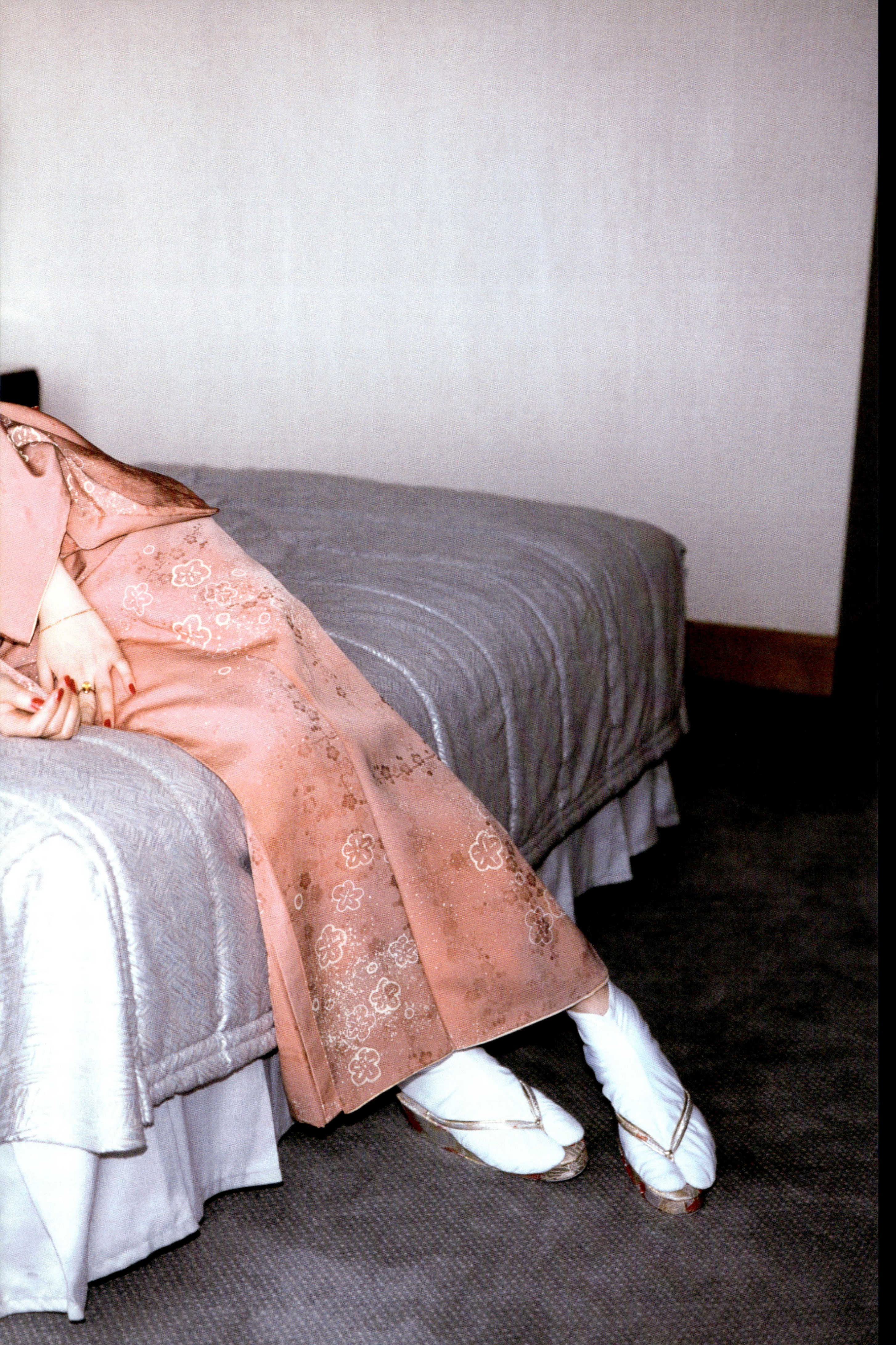

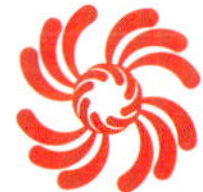

Tokyo Comedy

東京コメディー

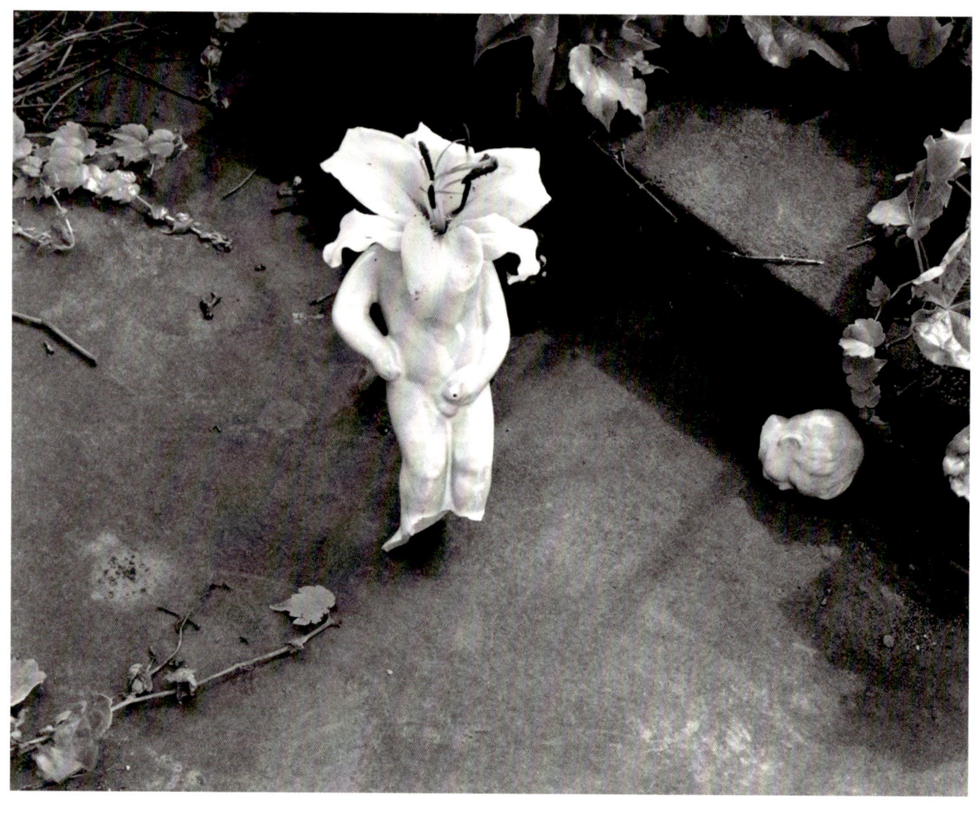

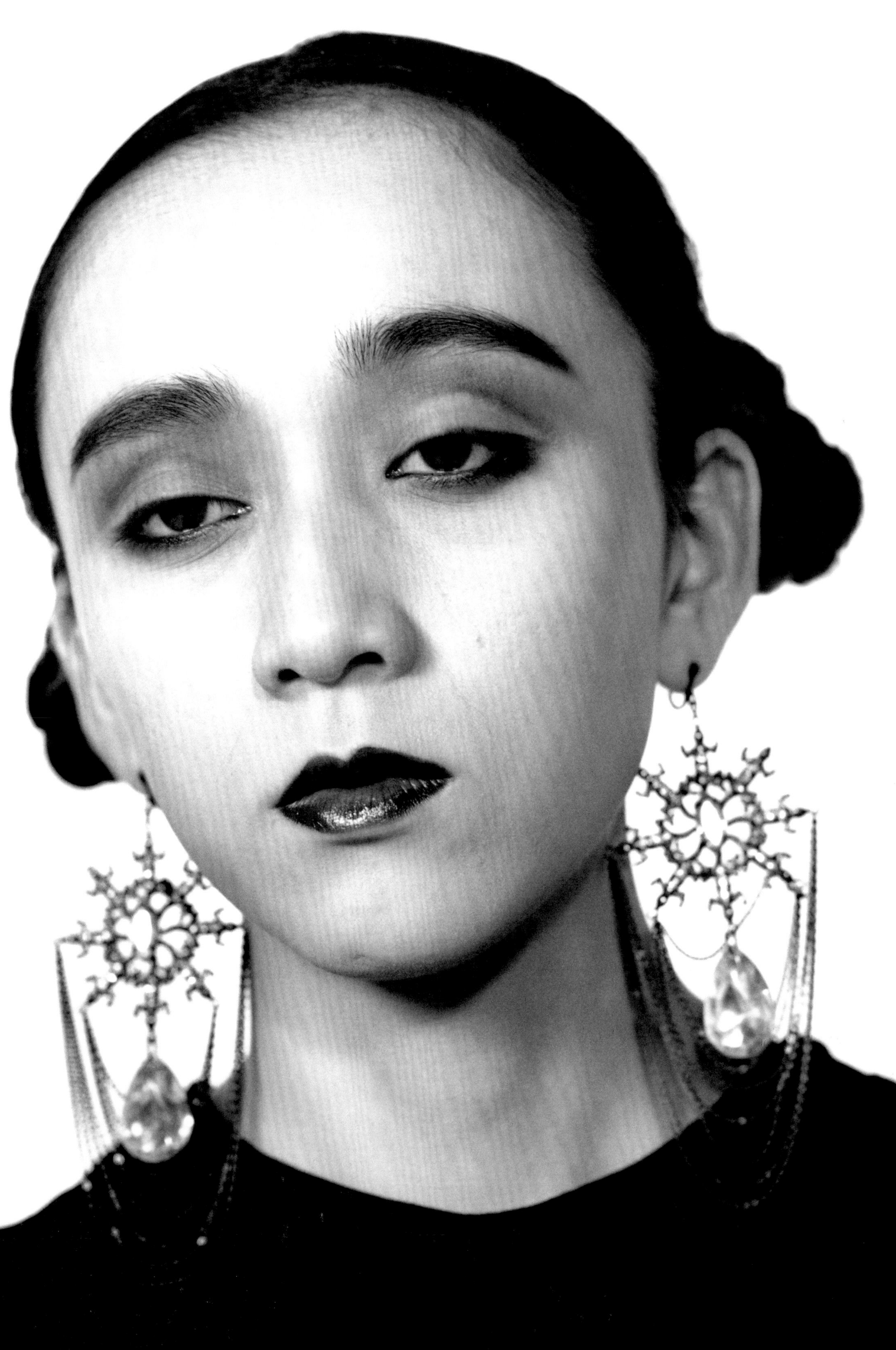

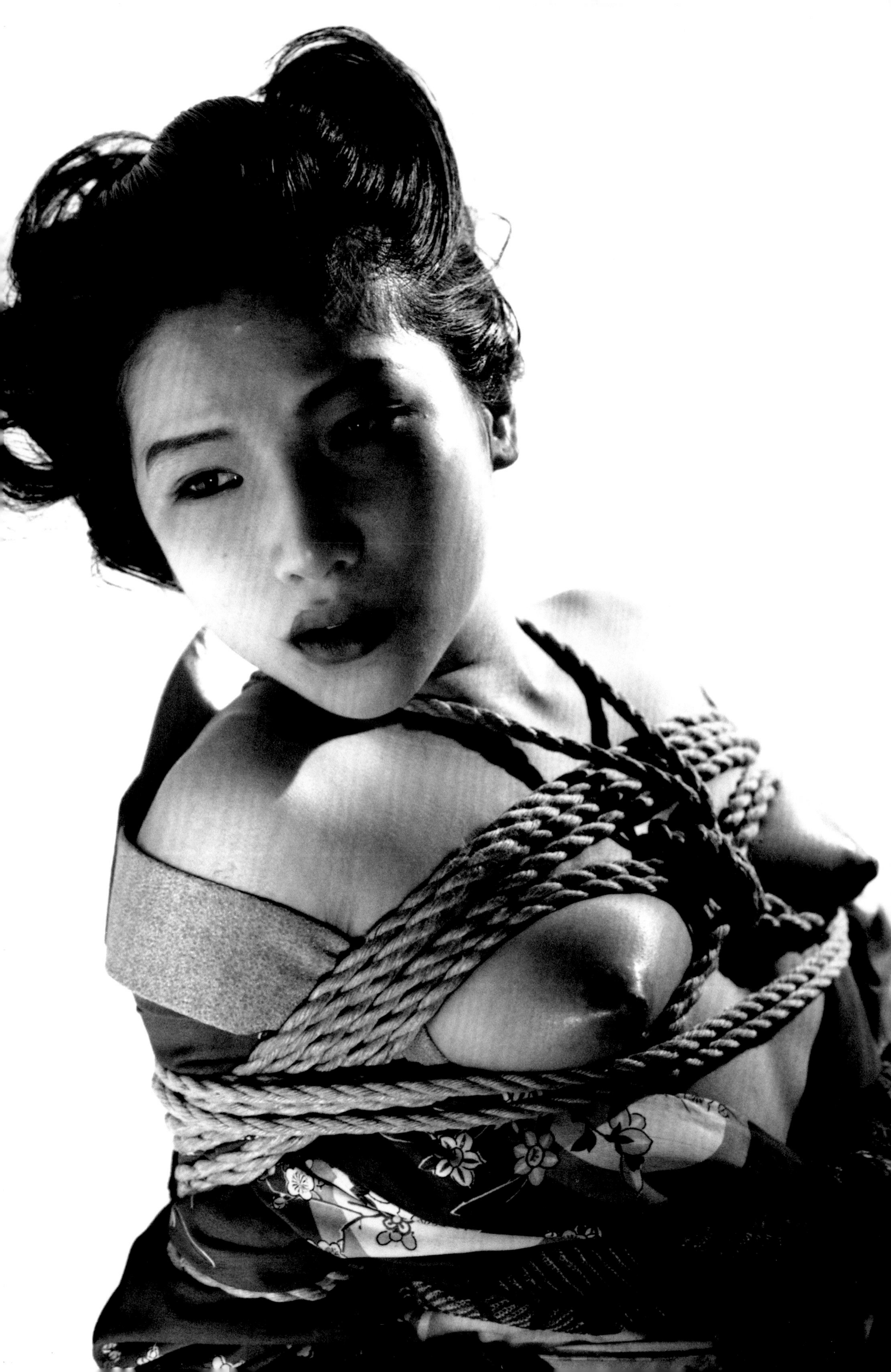

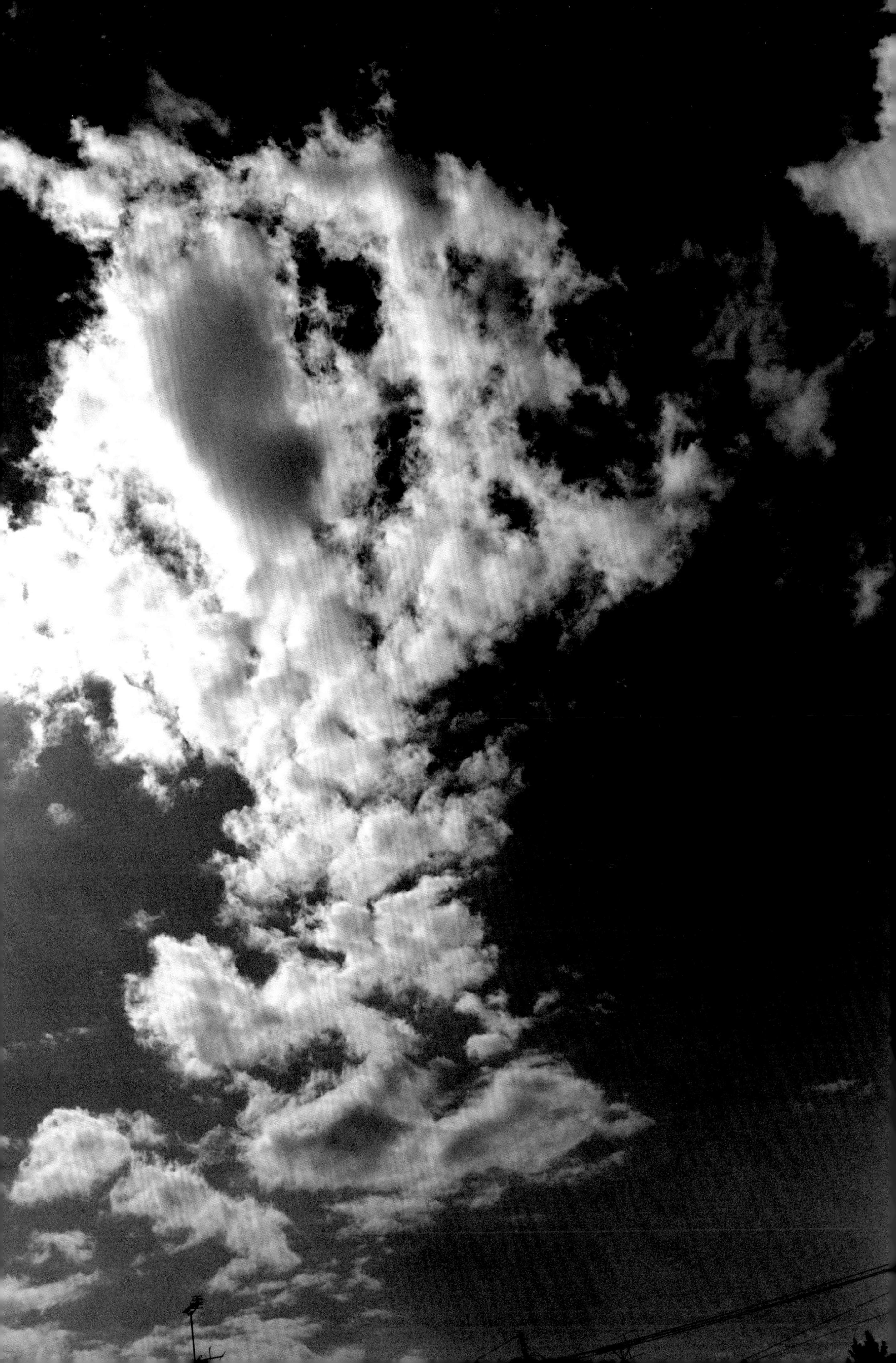

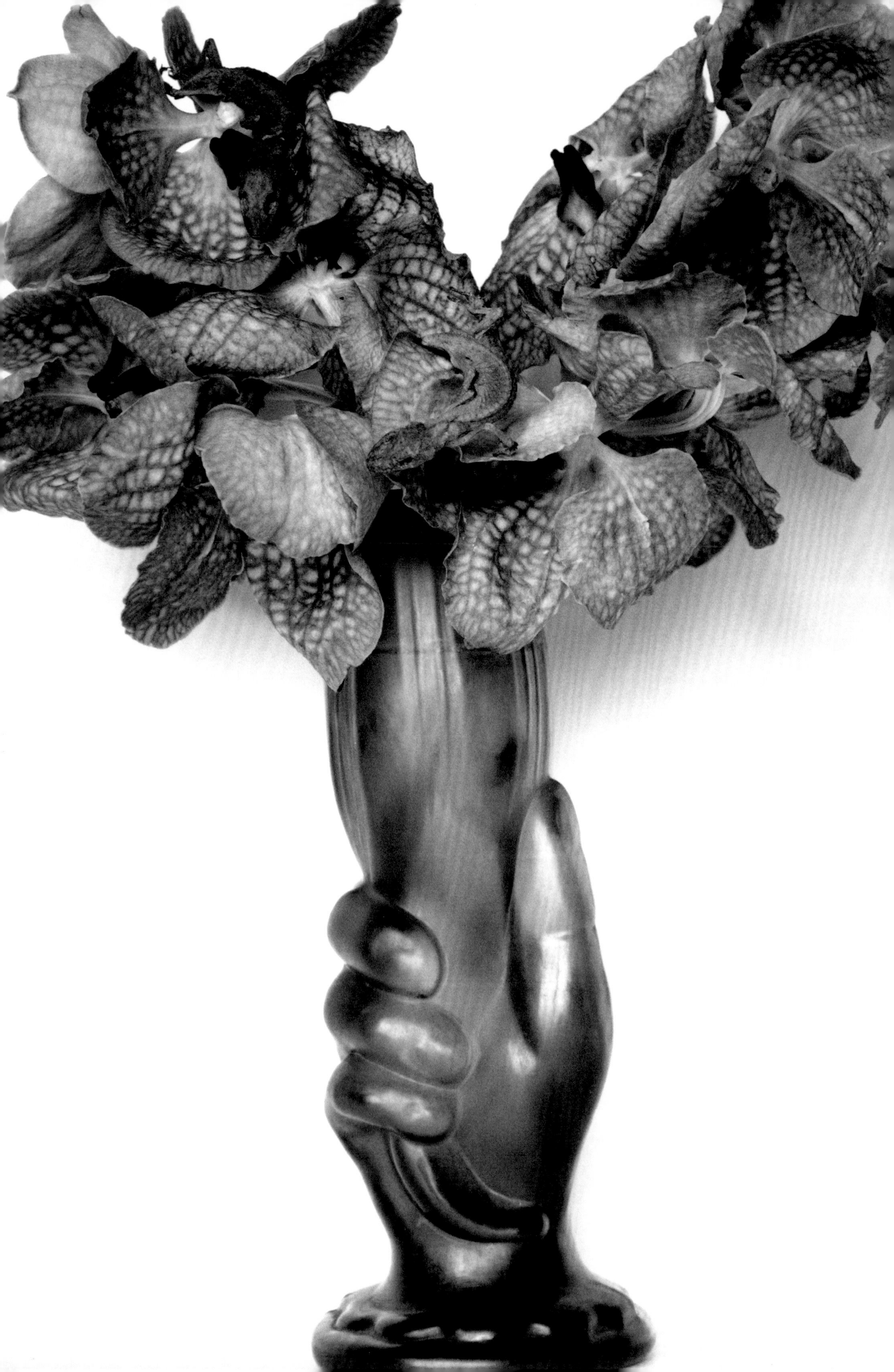

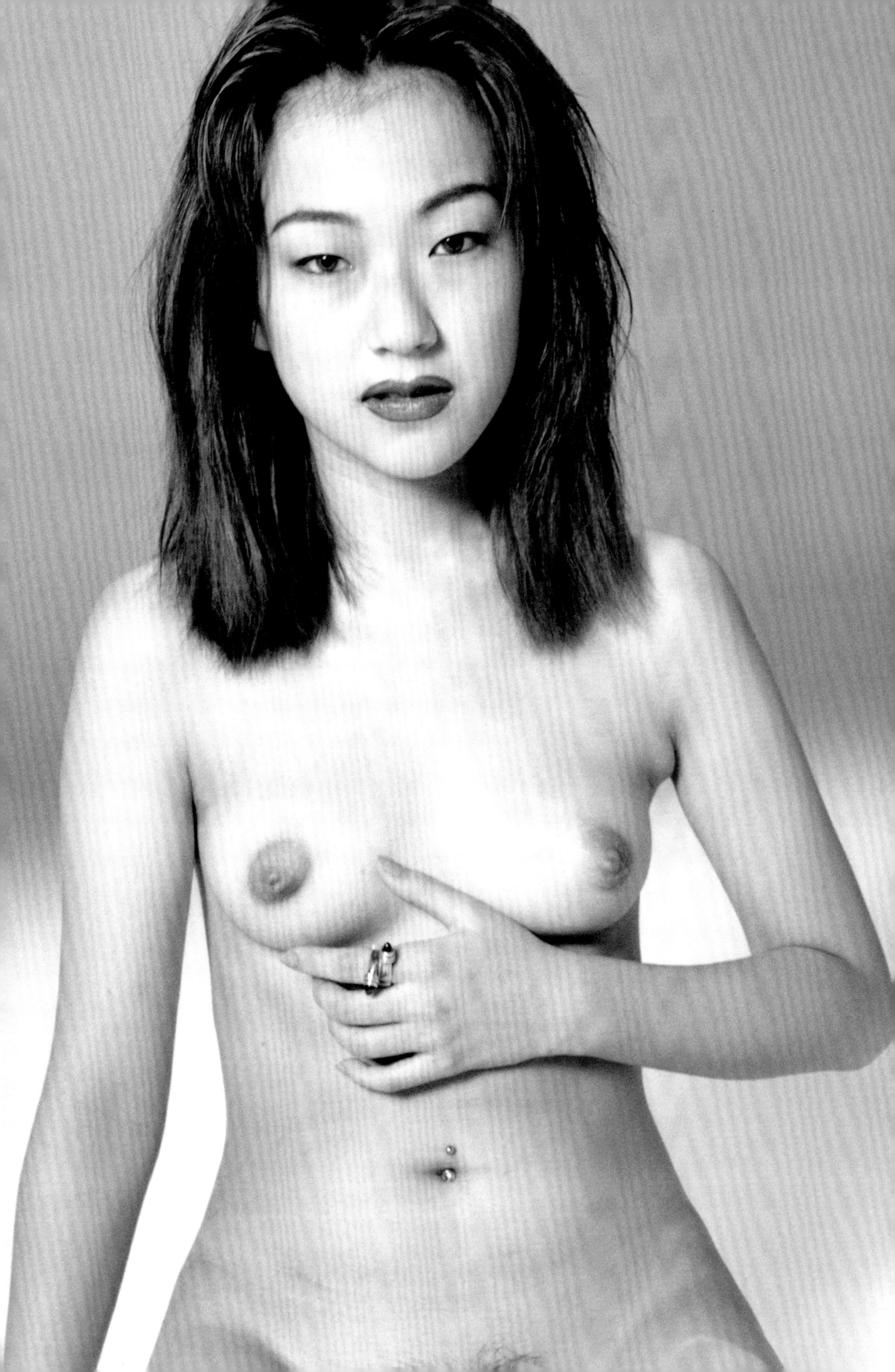

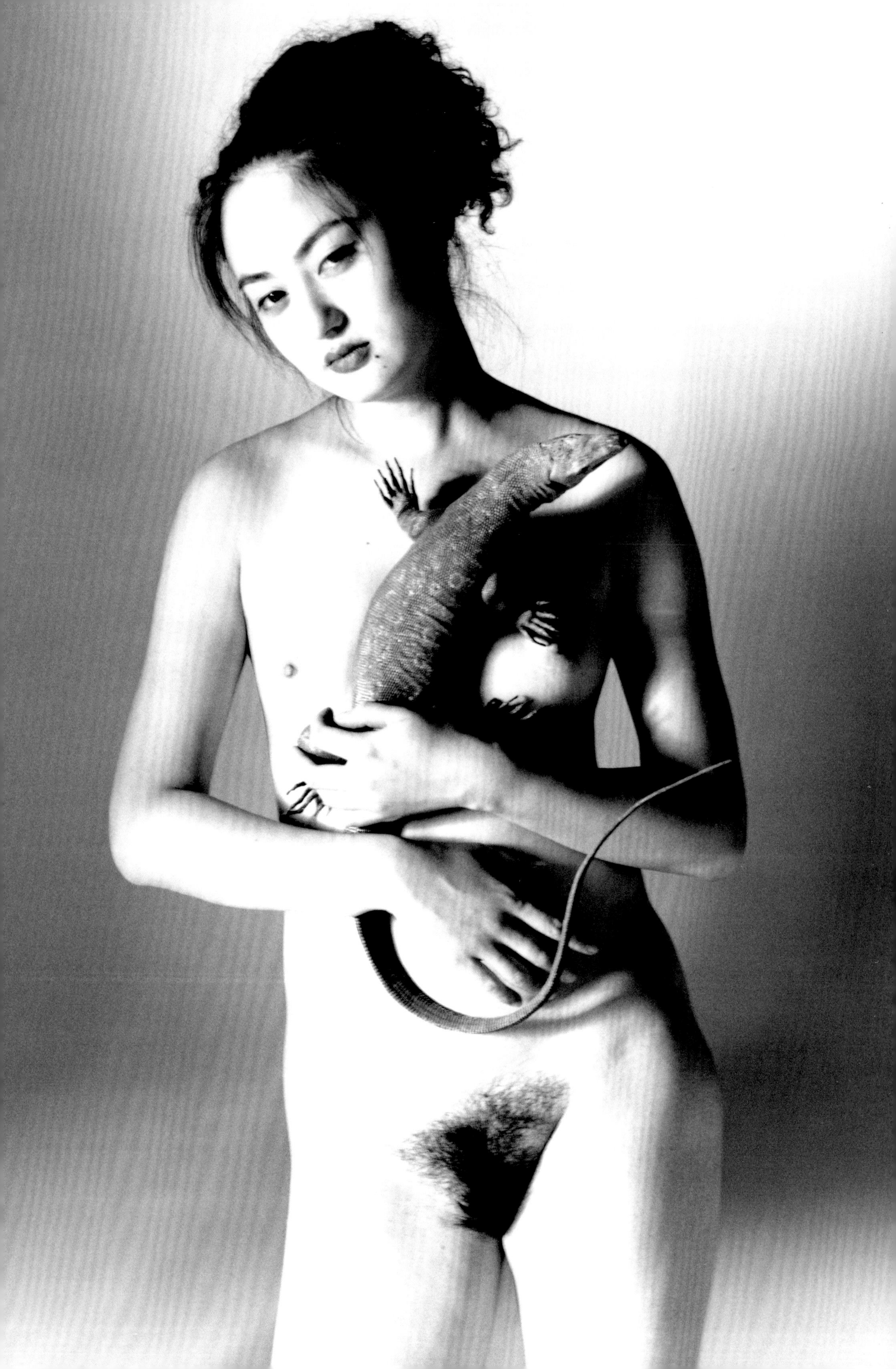

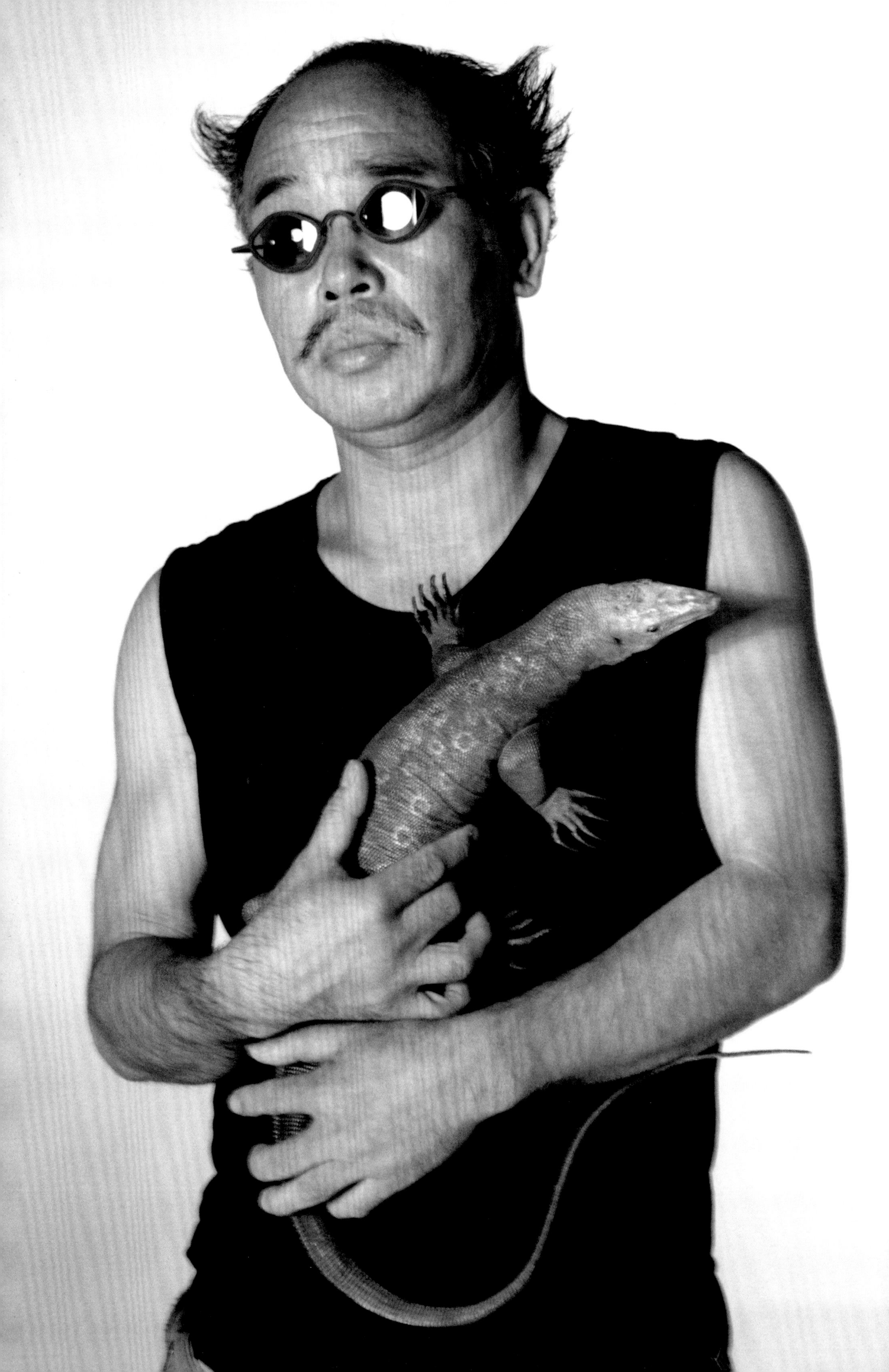

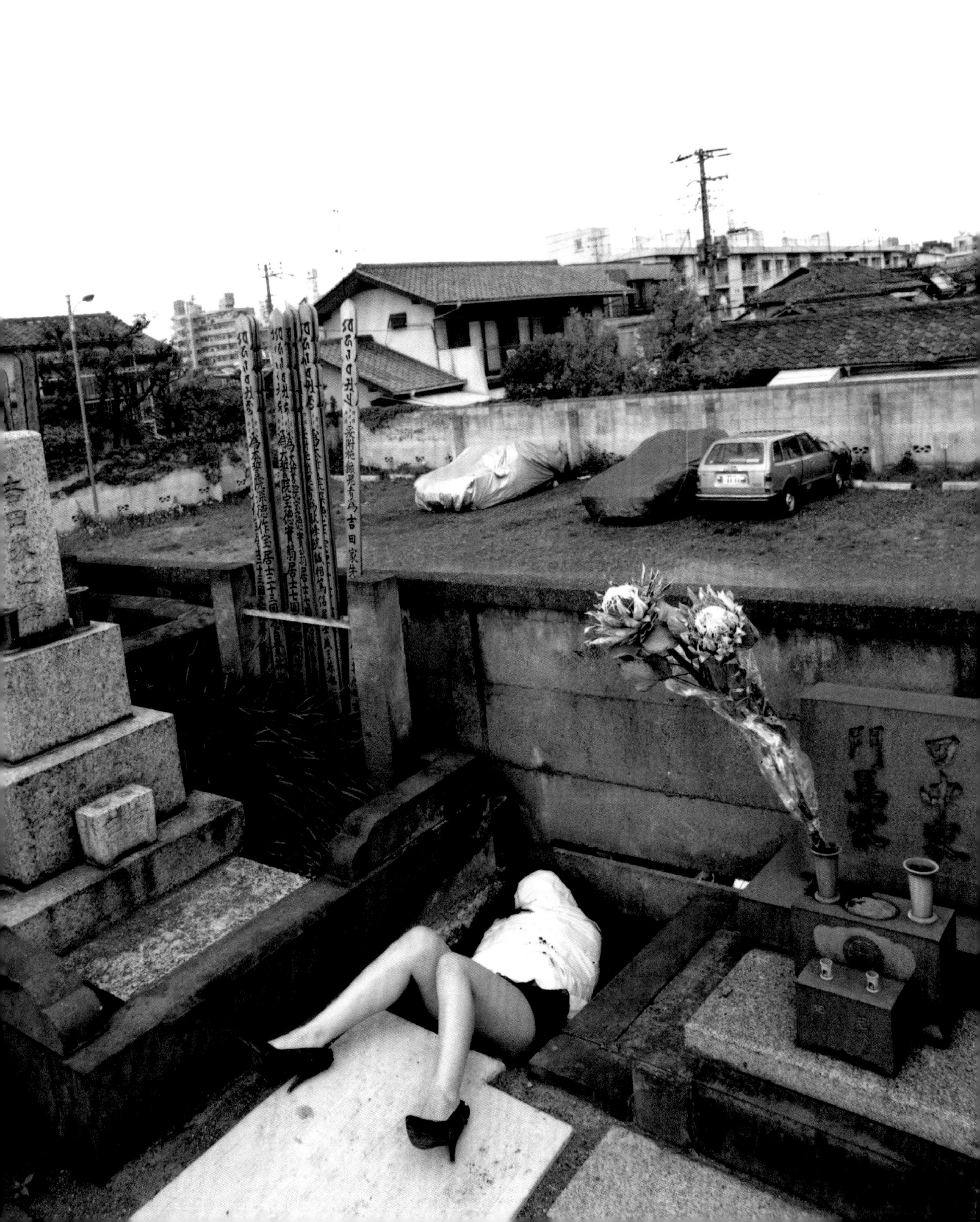

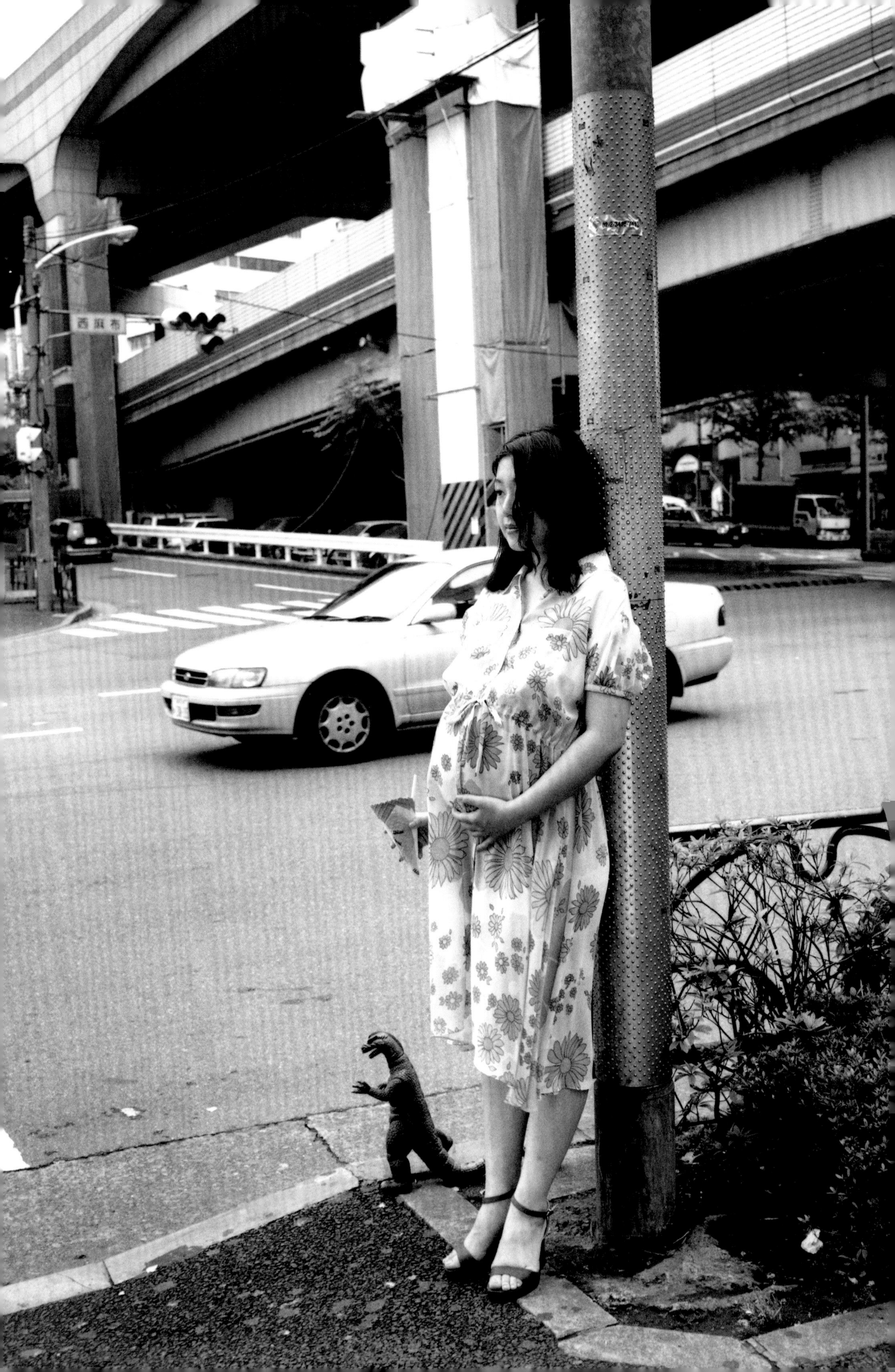

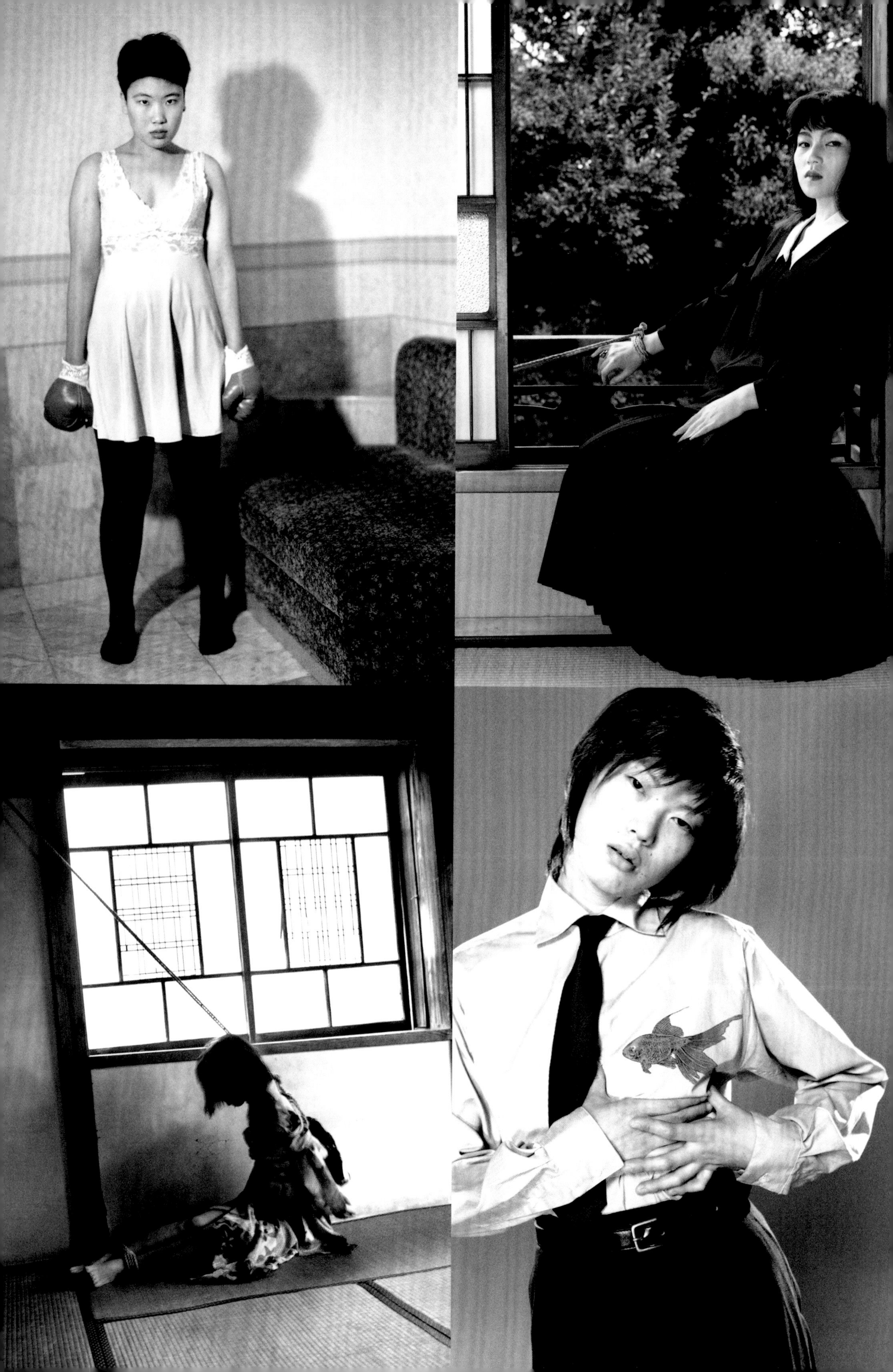

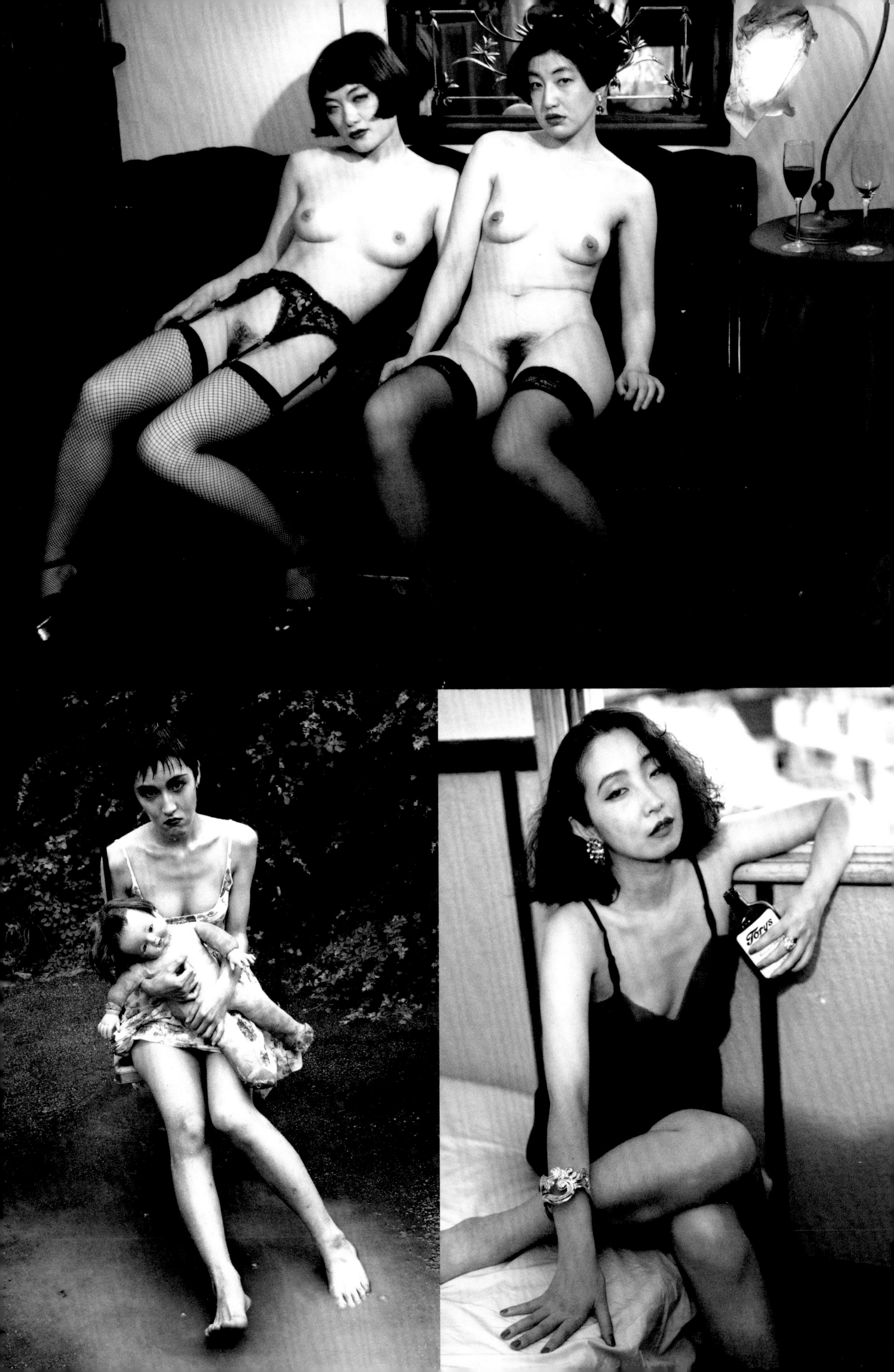
Torys

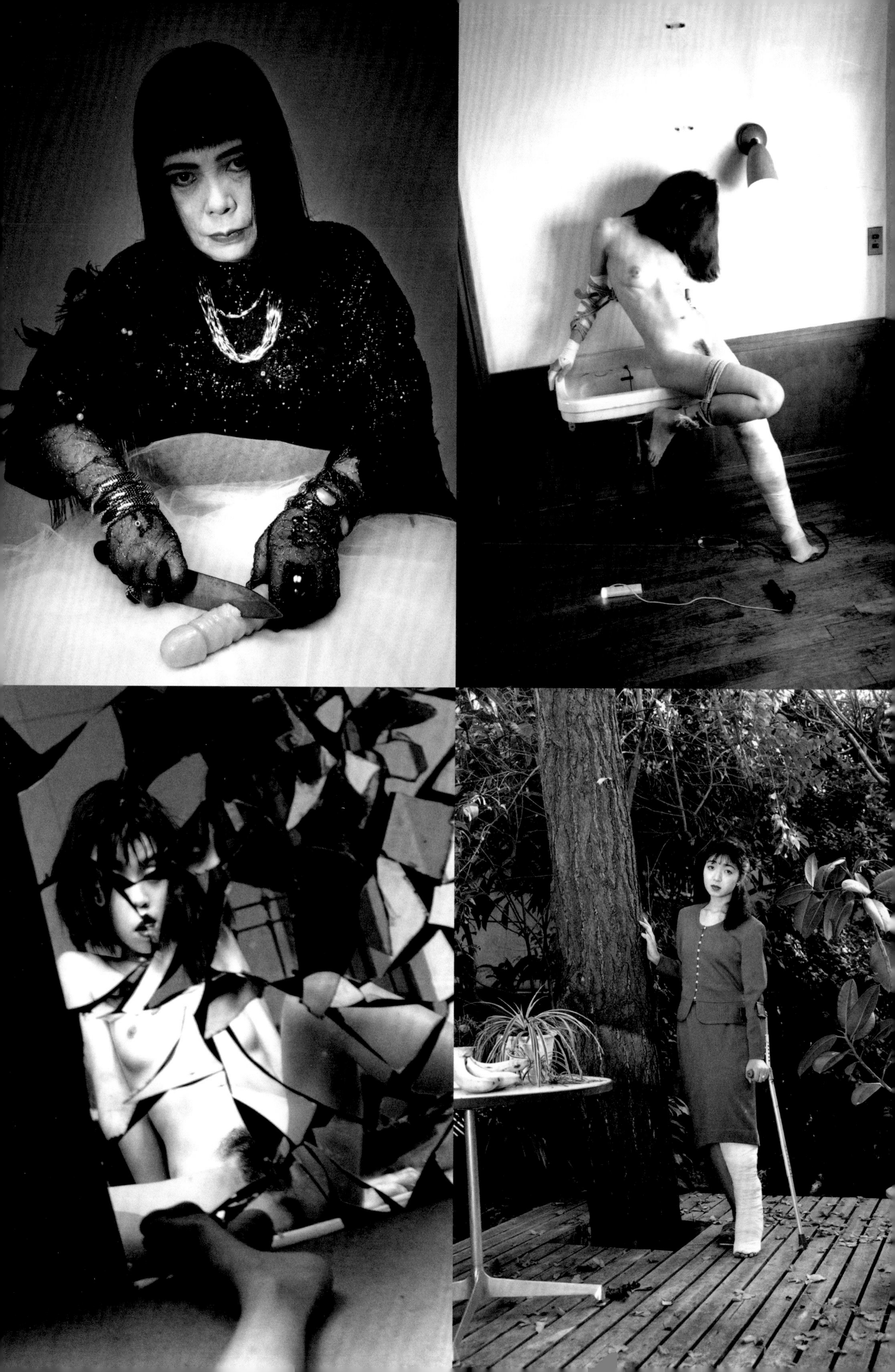

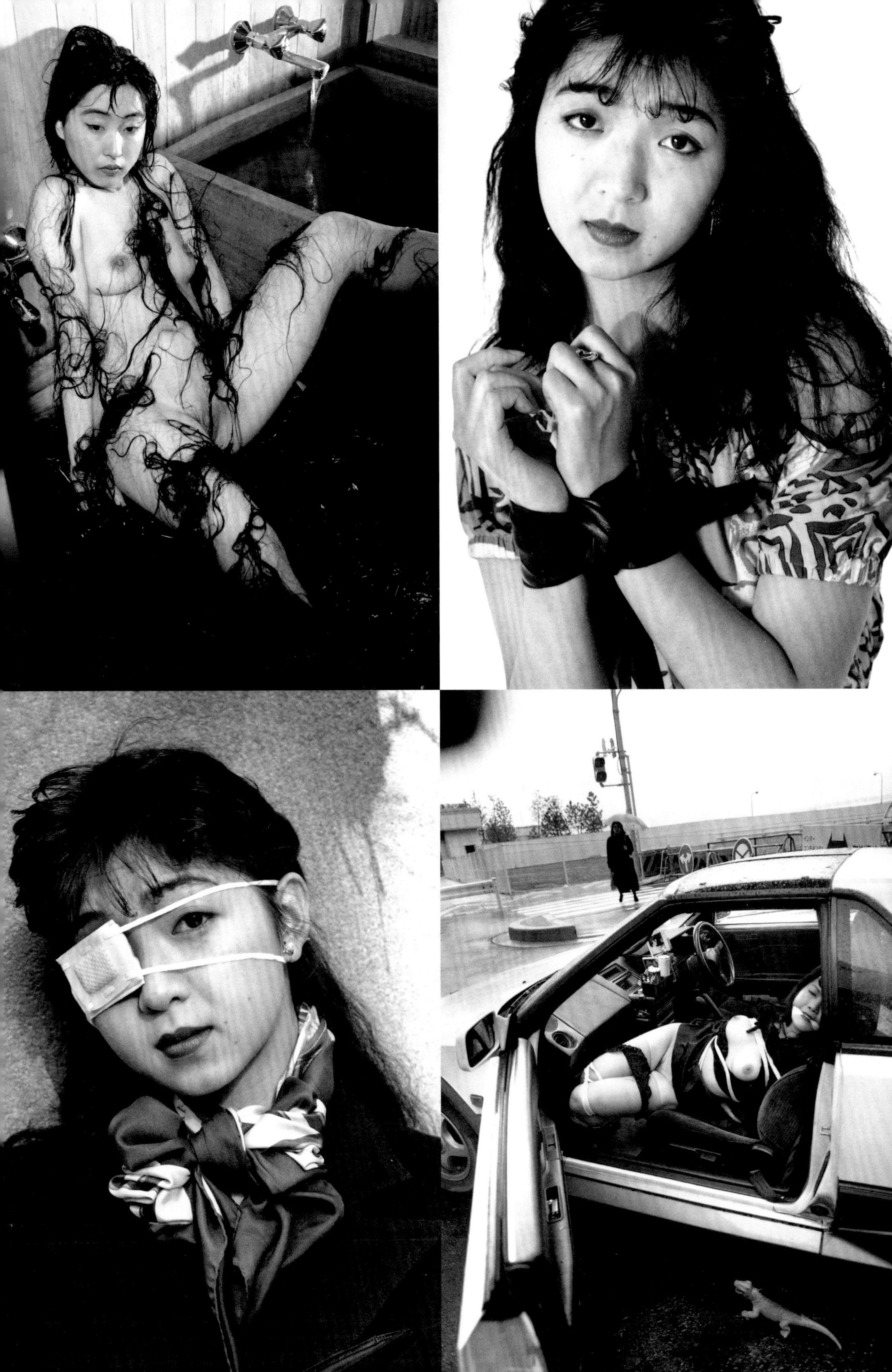

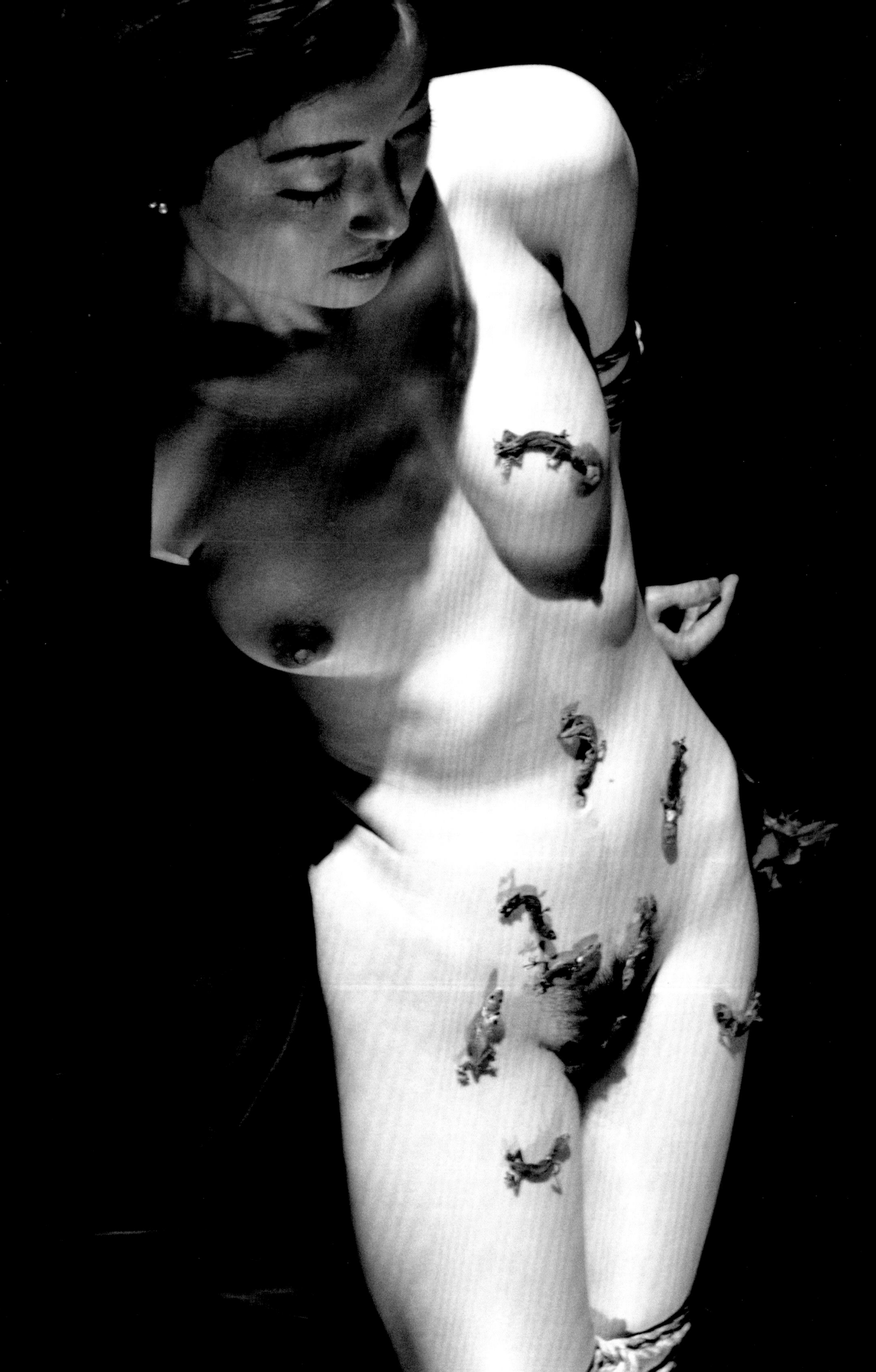

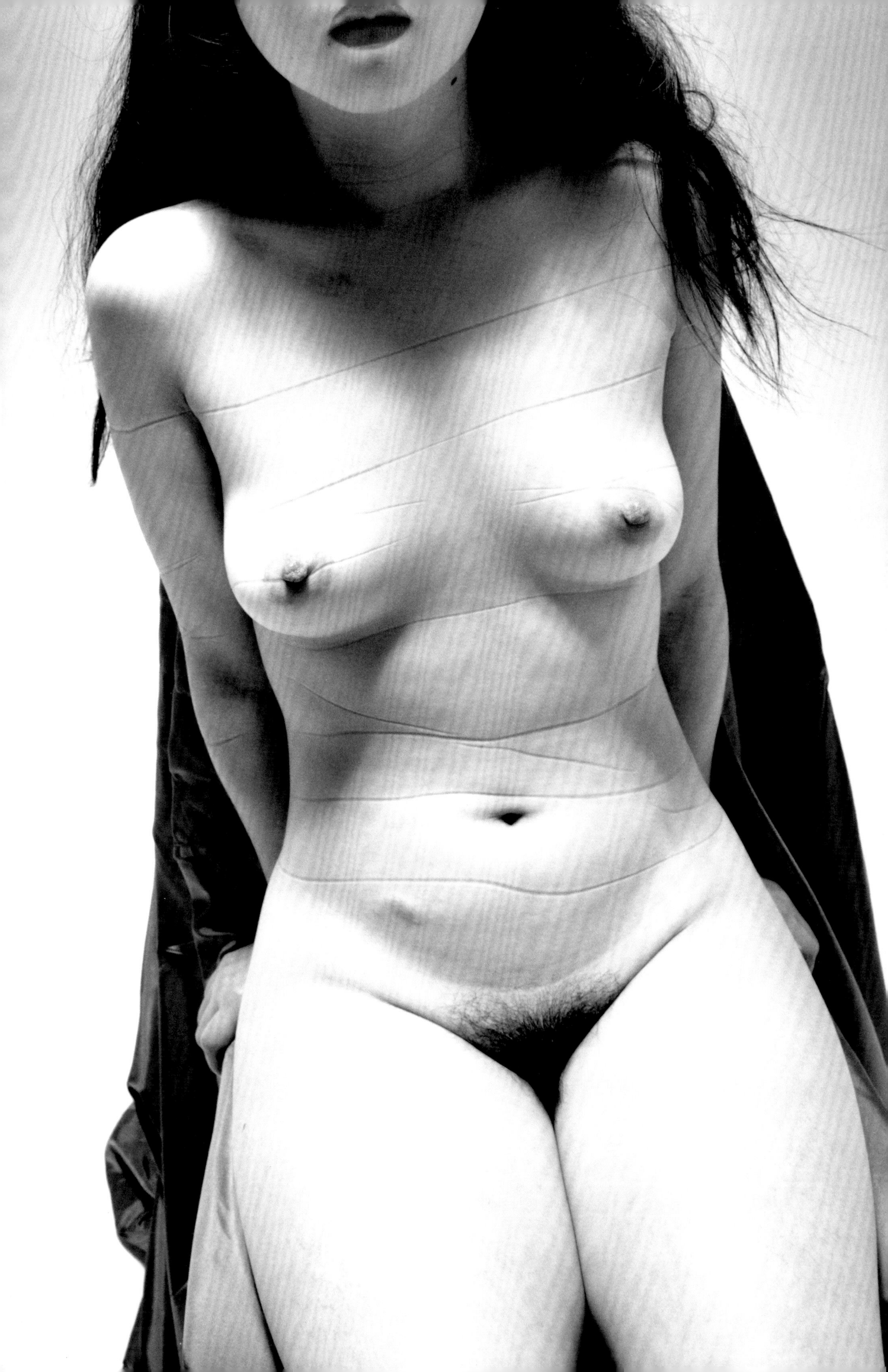

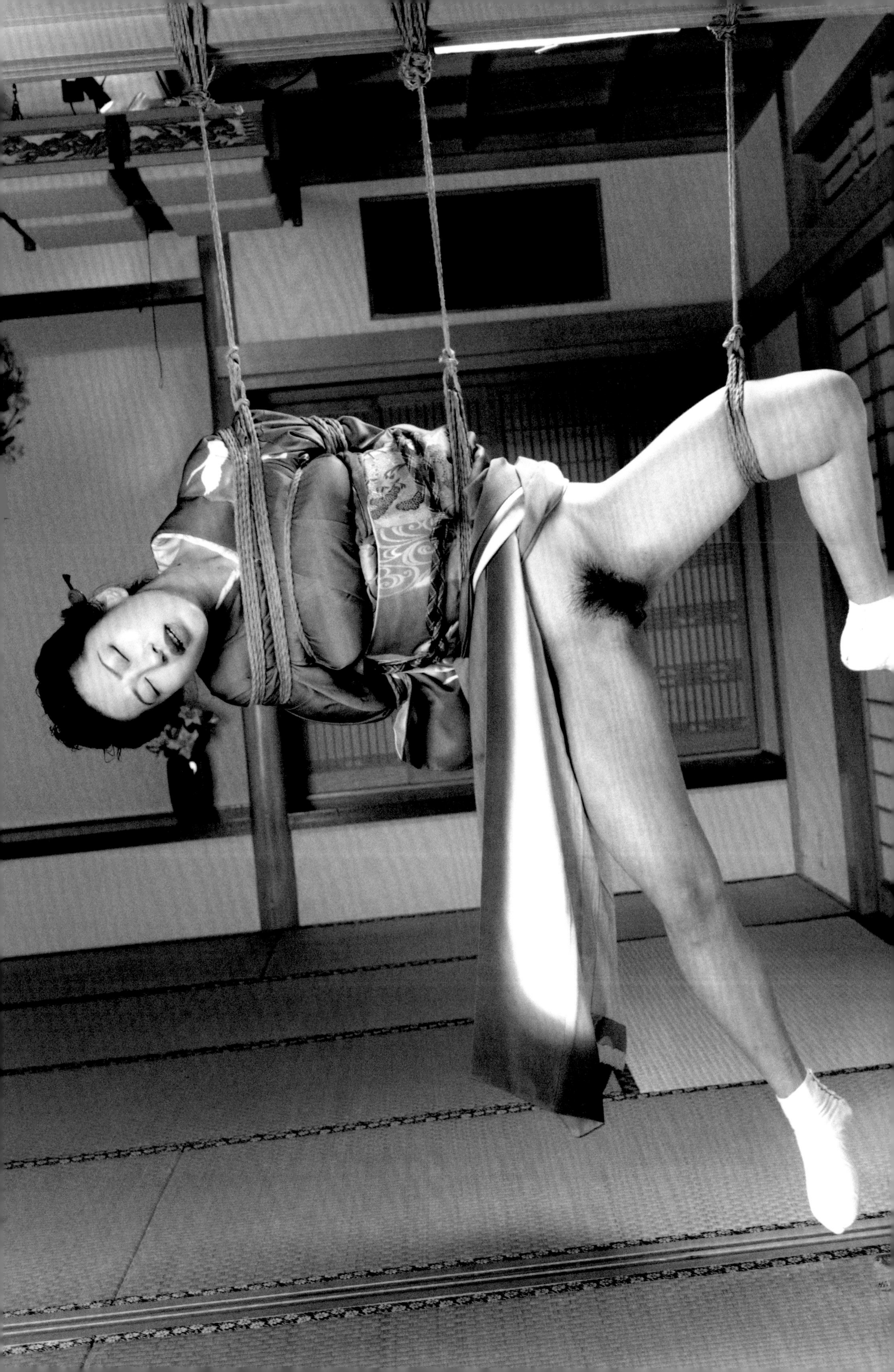

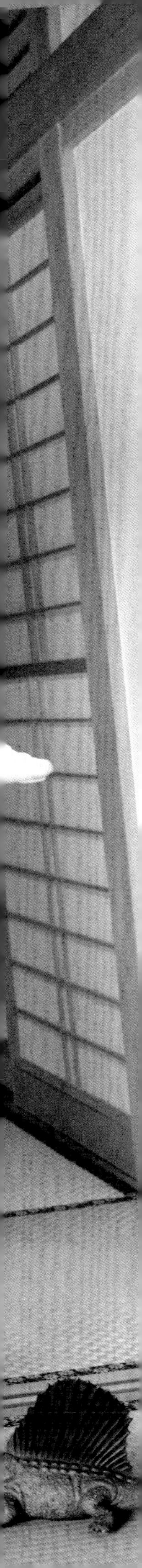

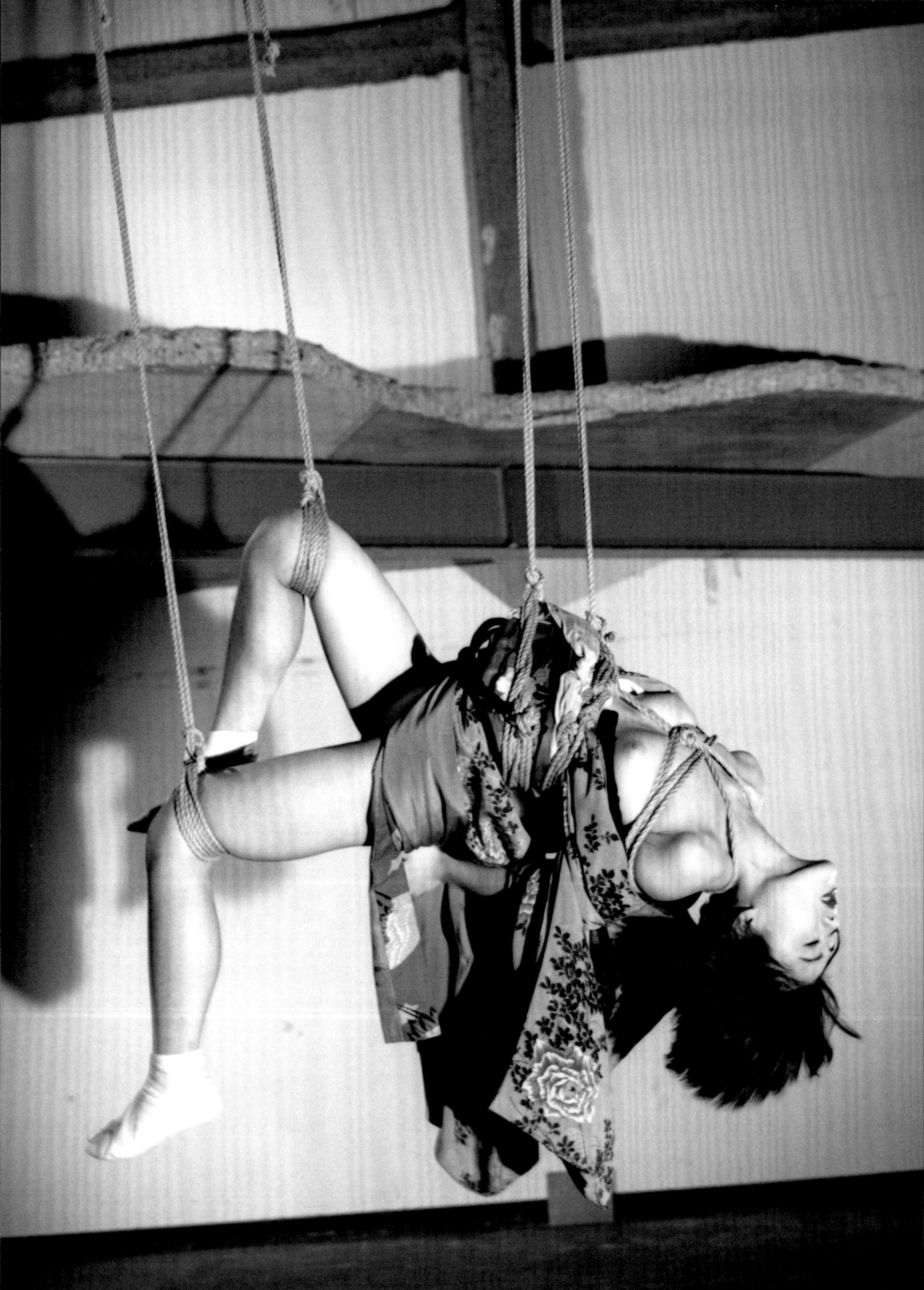

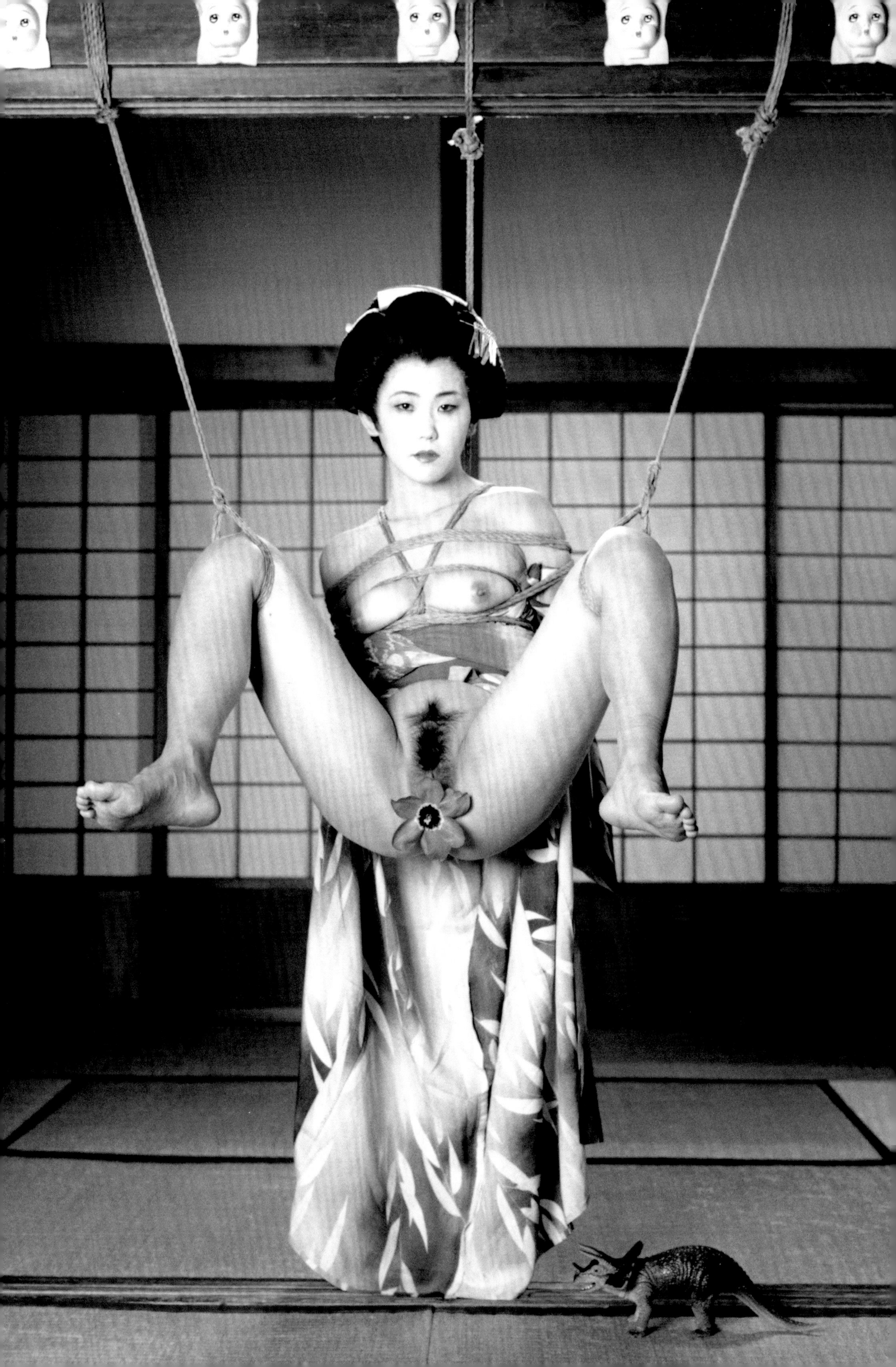

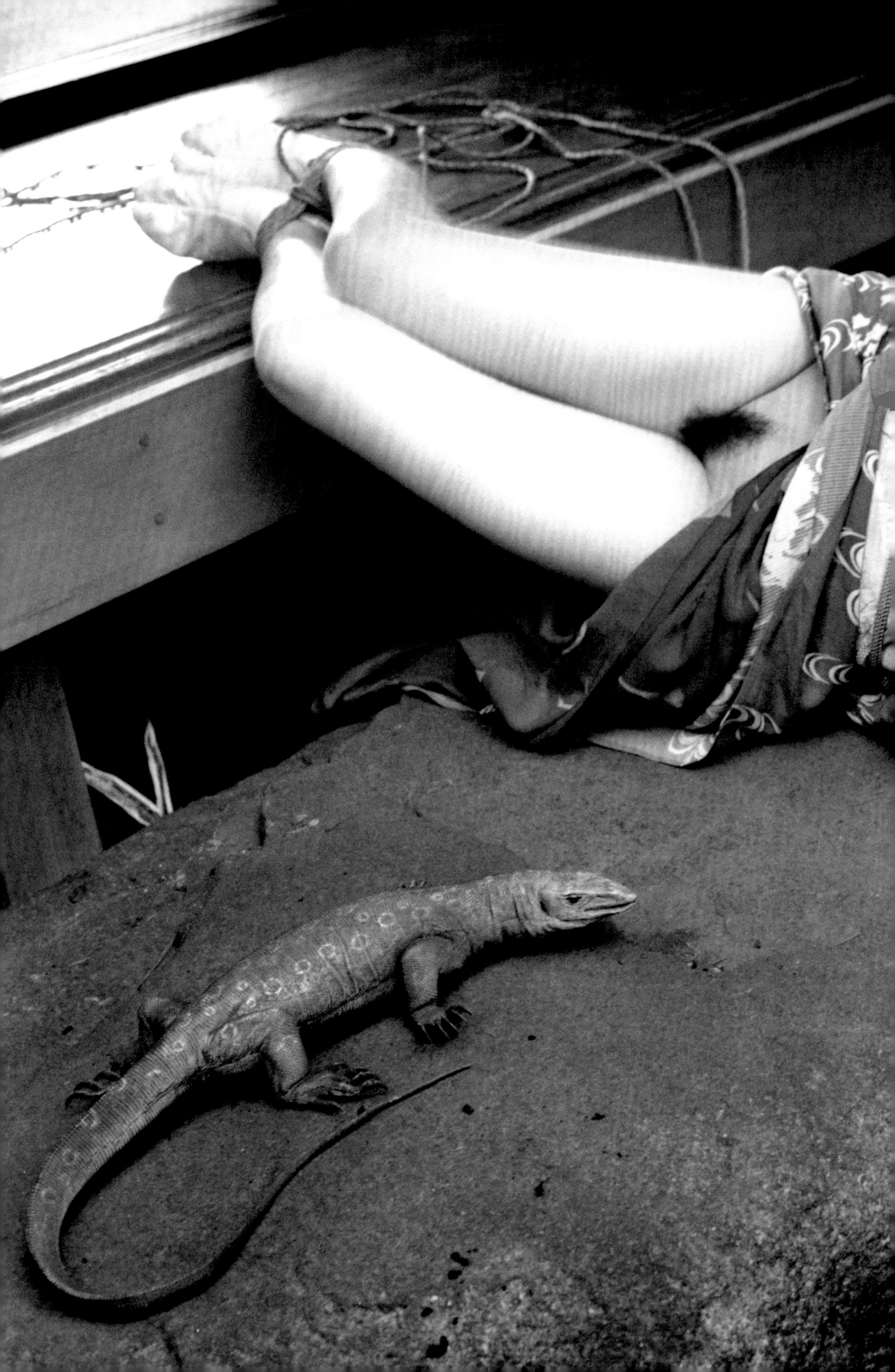

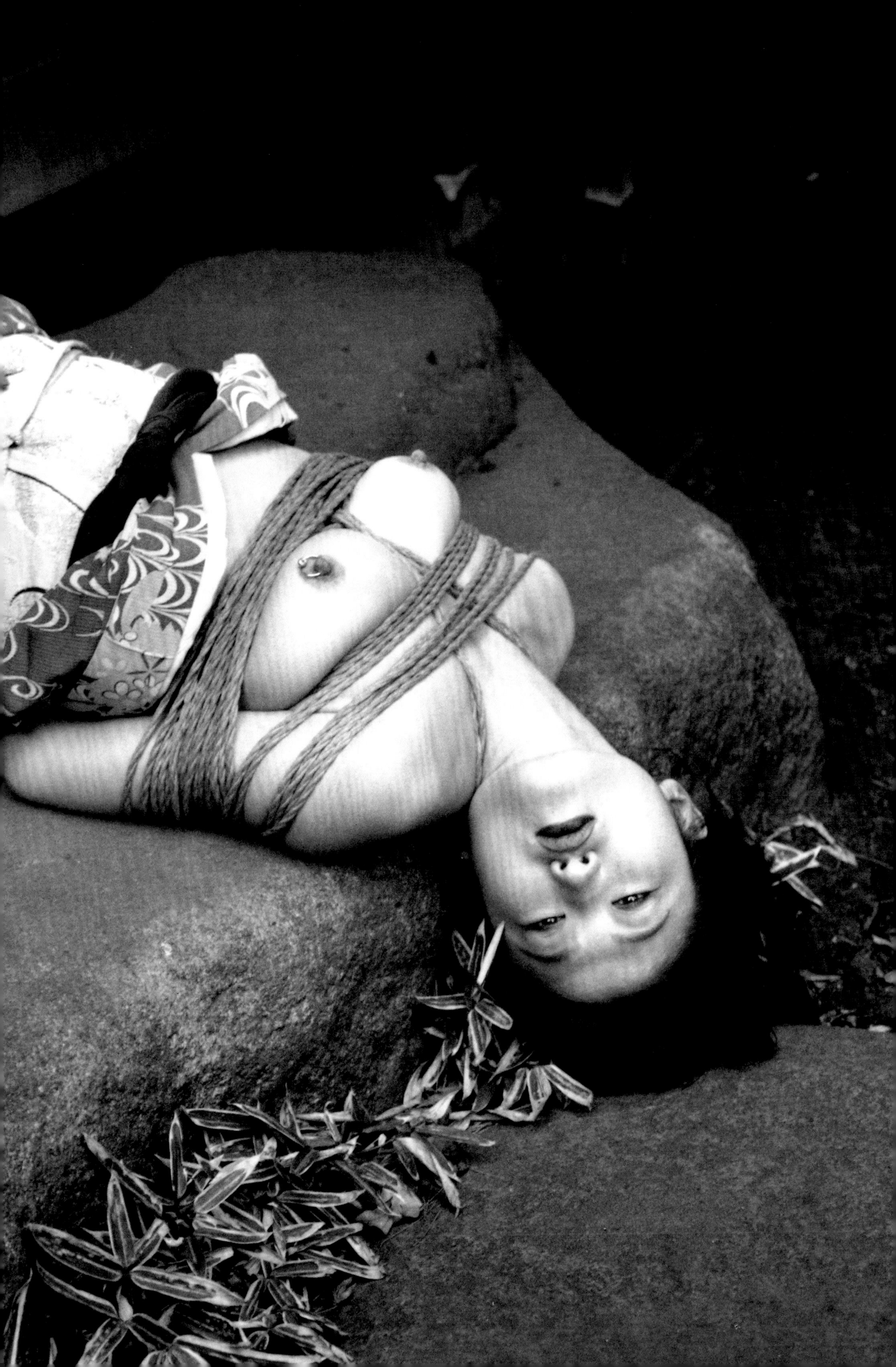

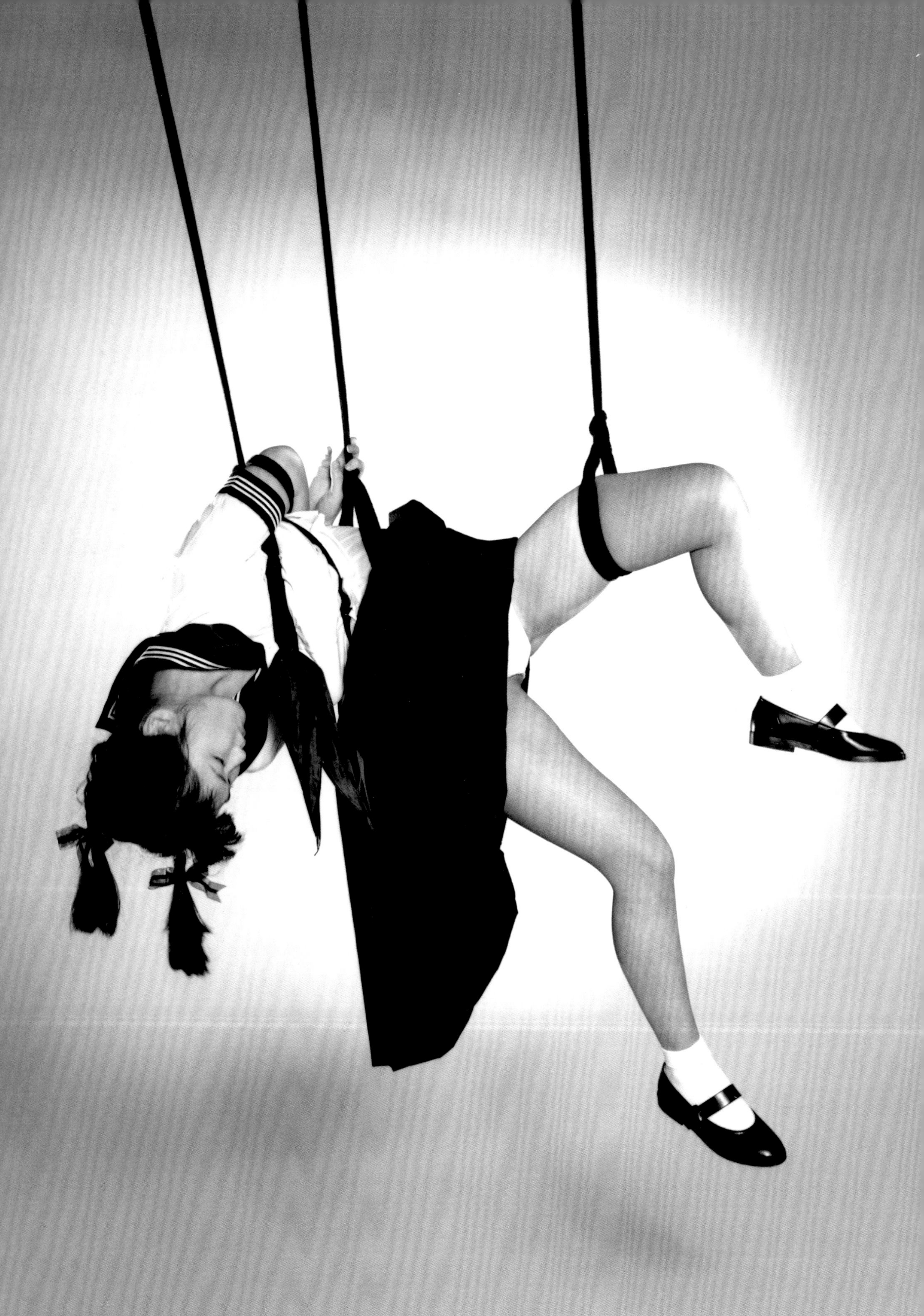

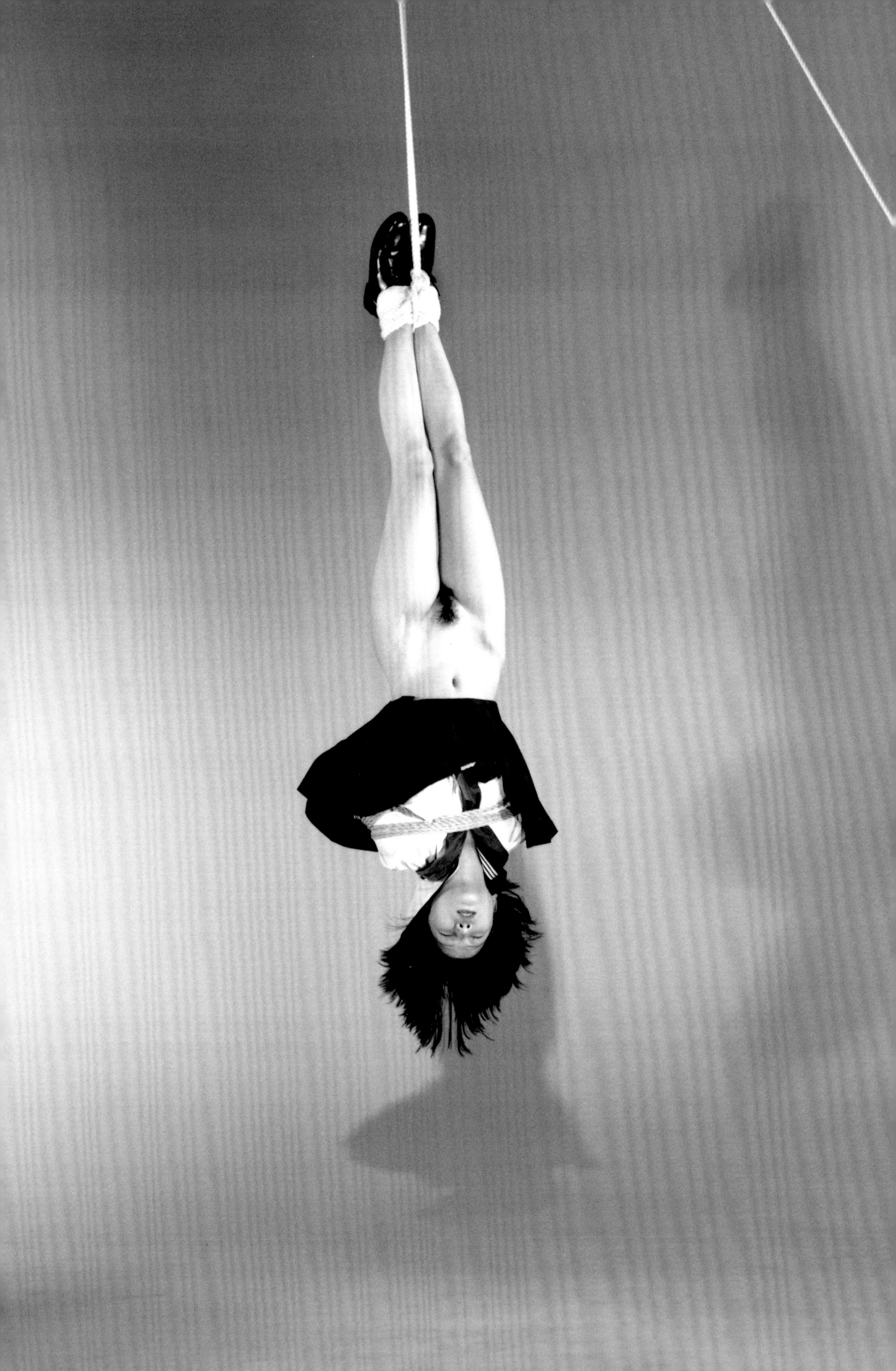

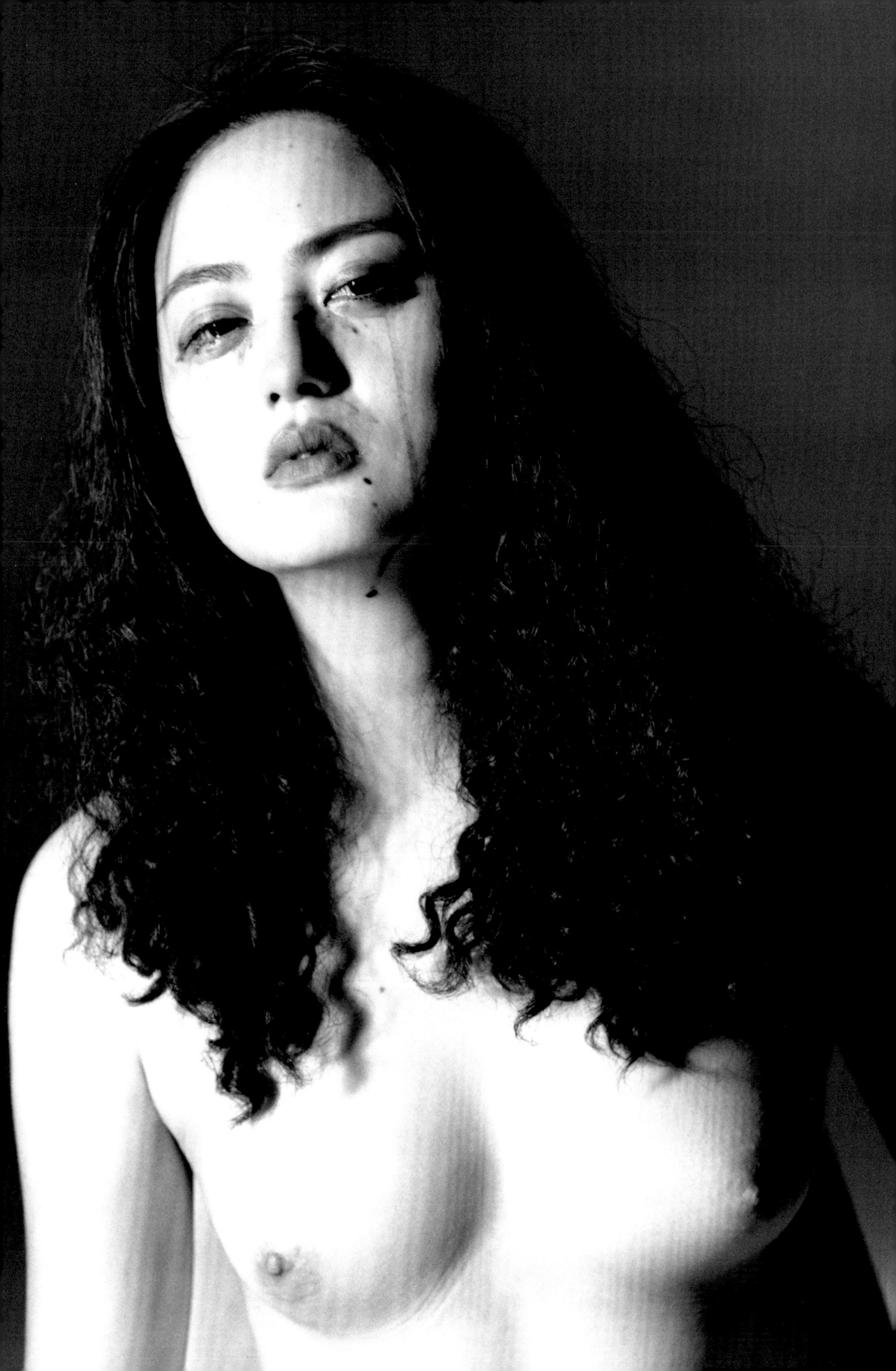

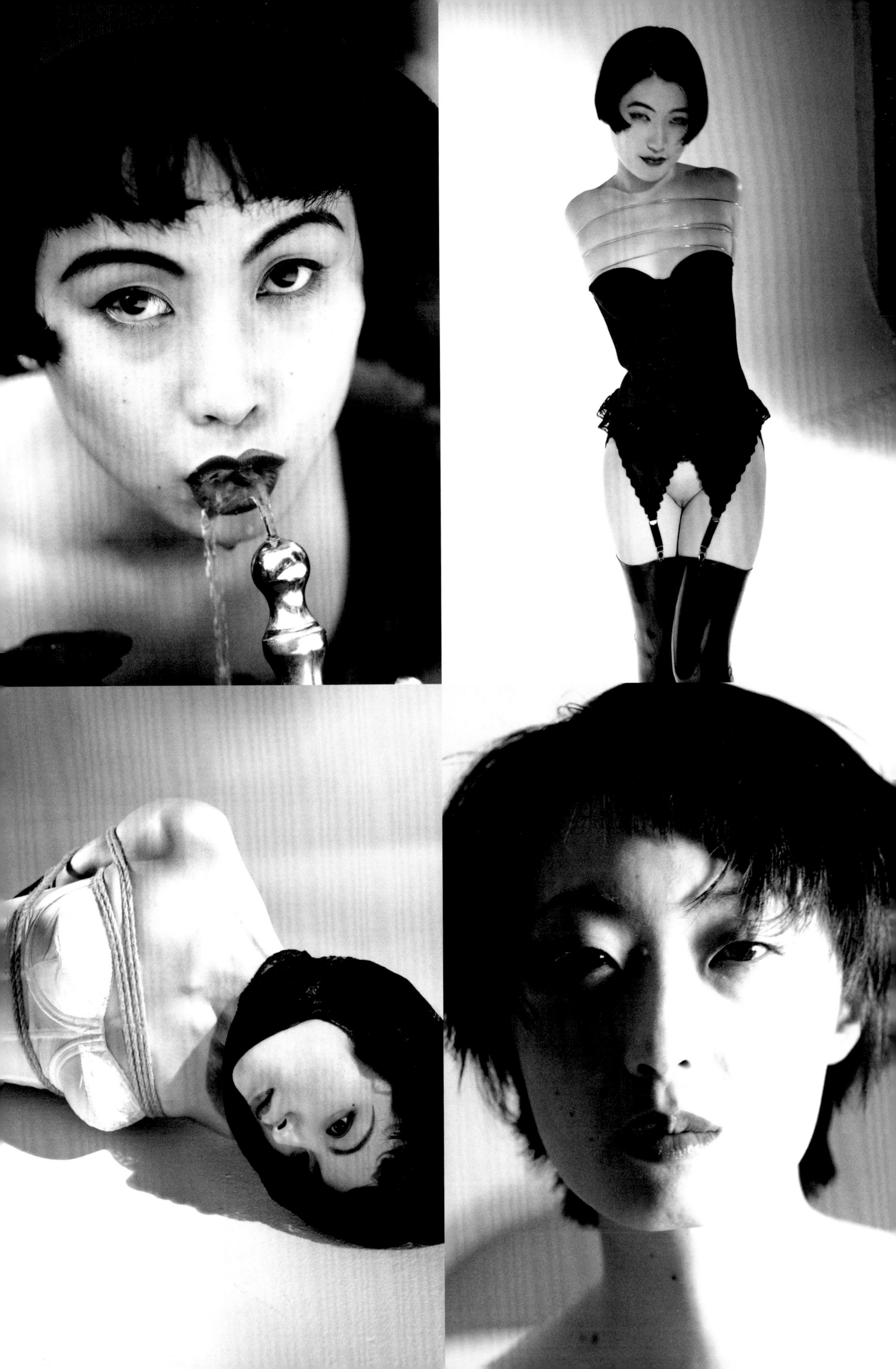

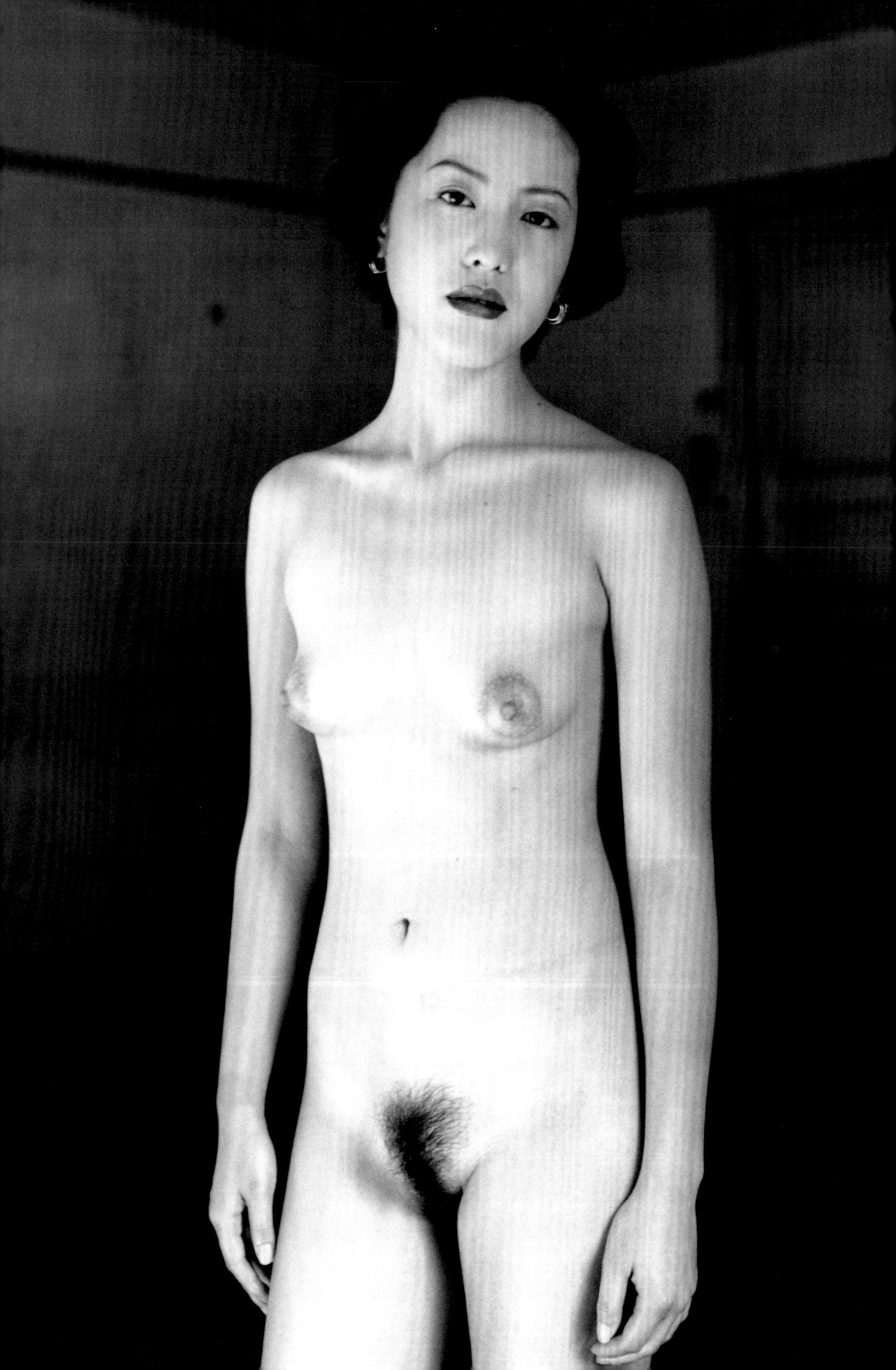

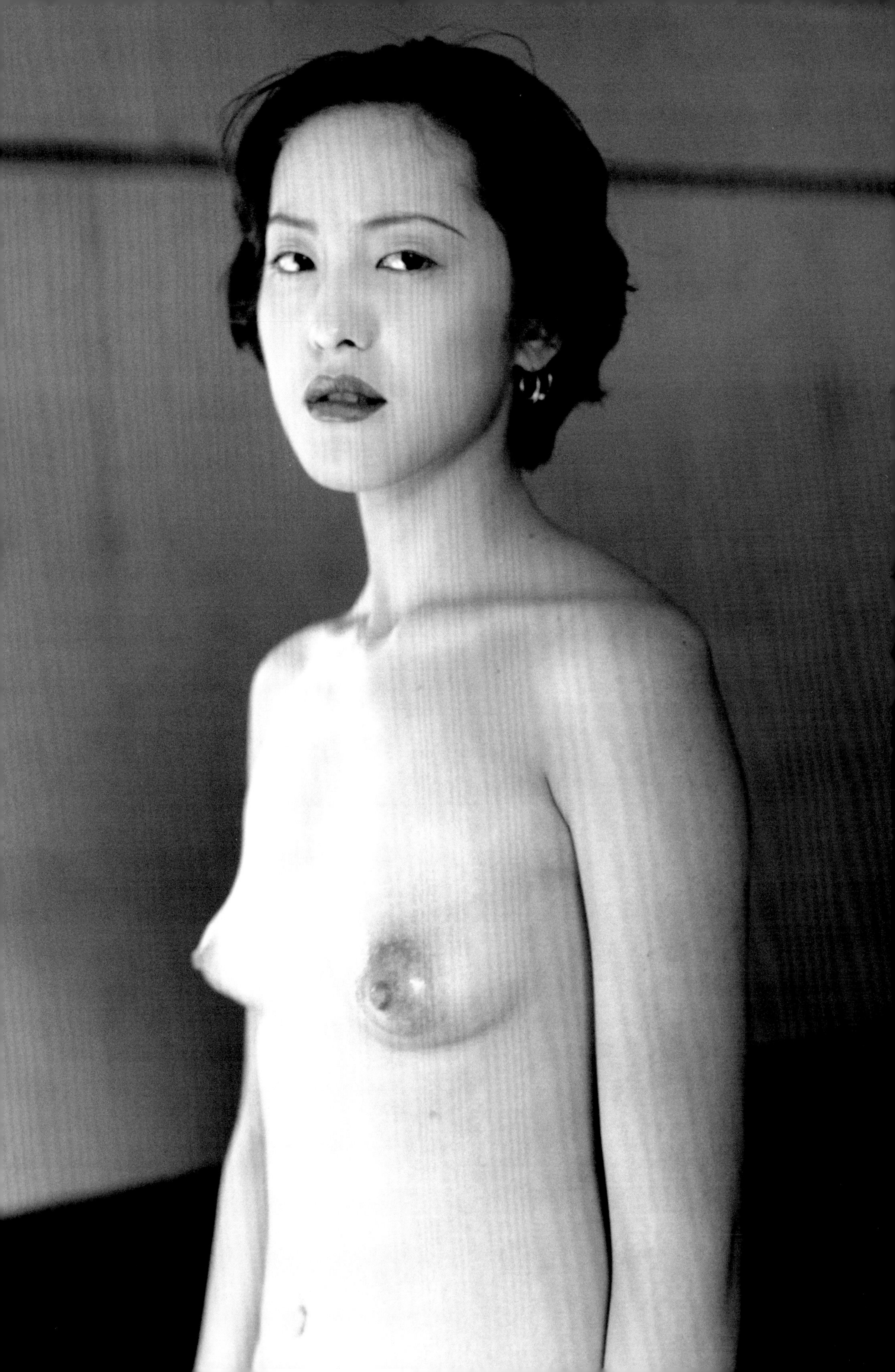

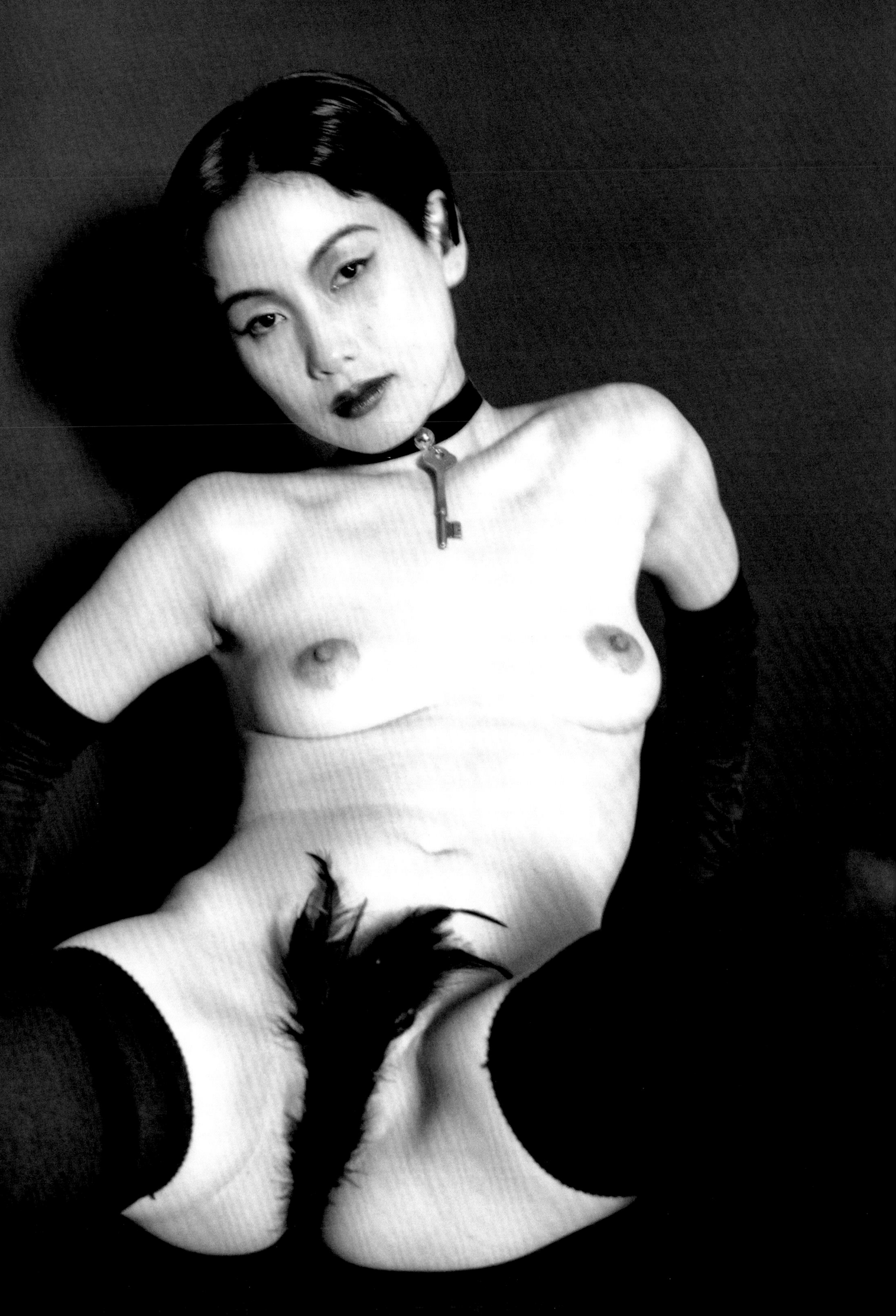

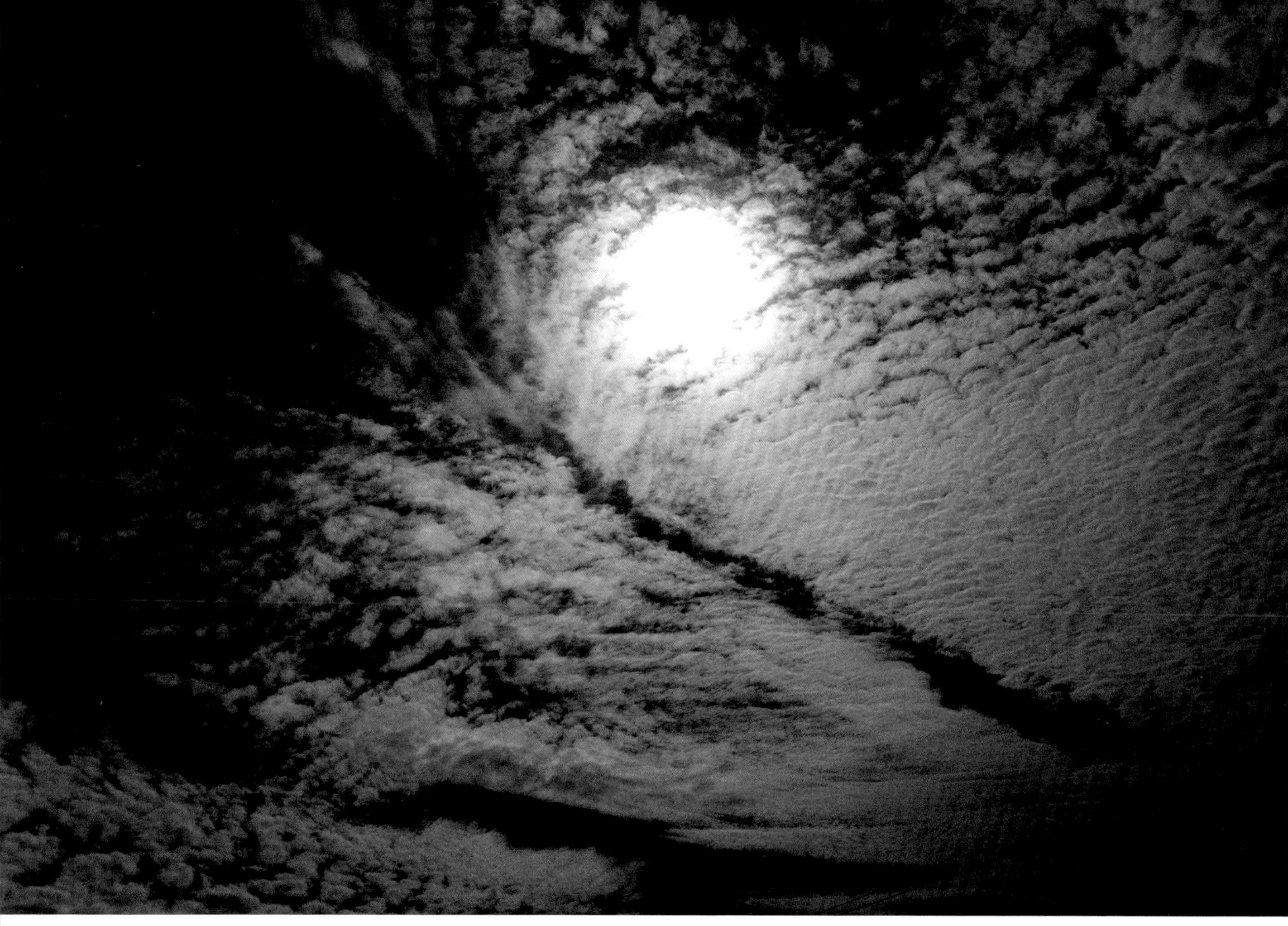

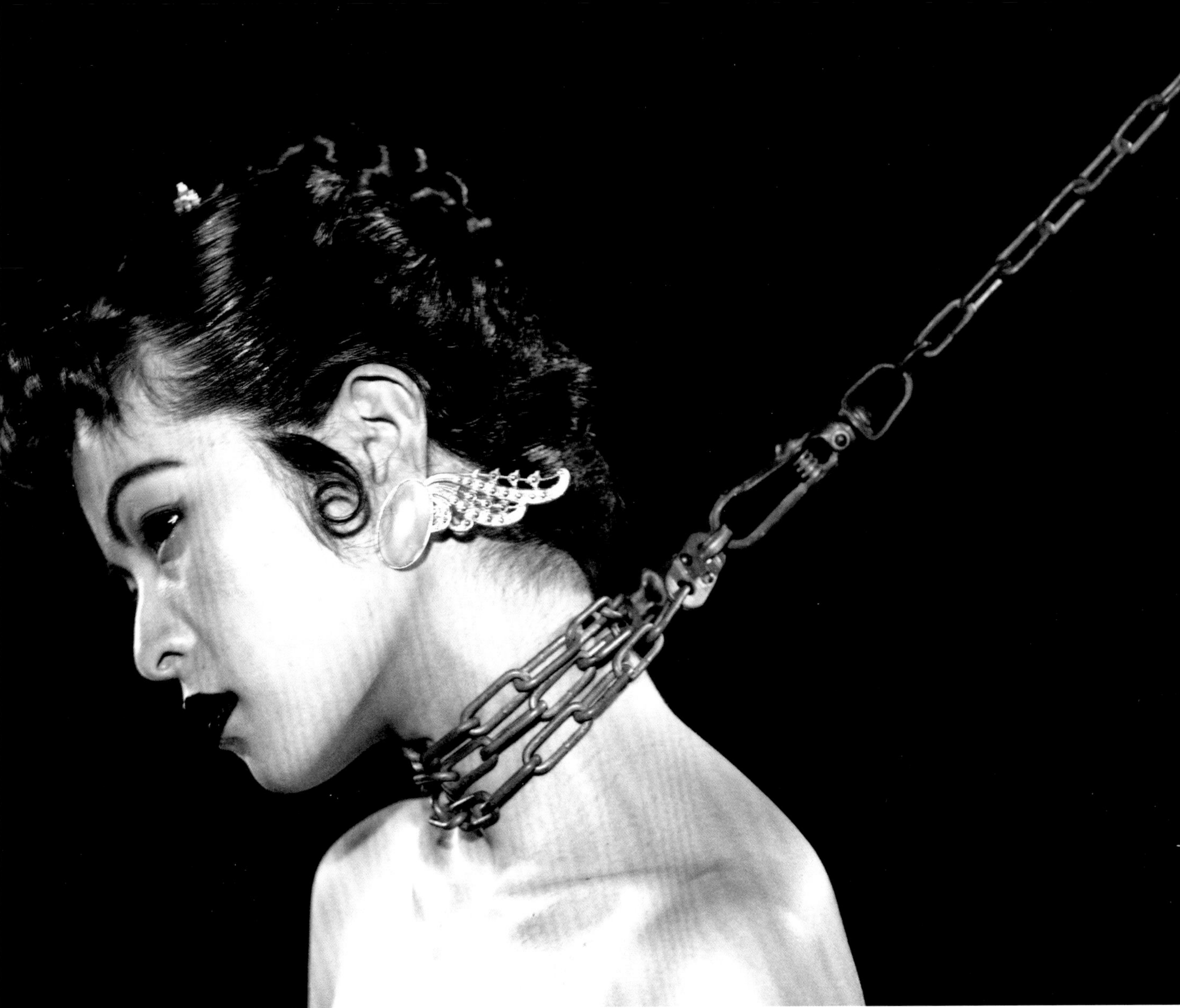

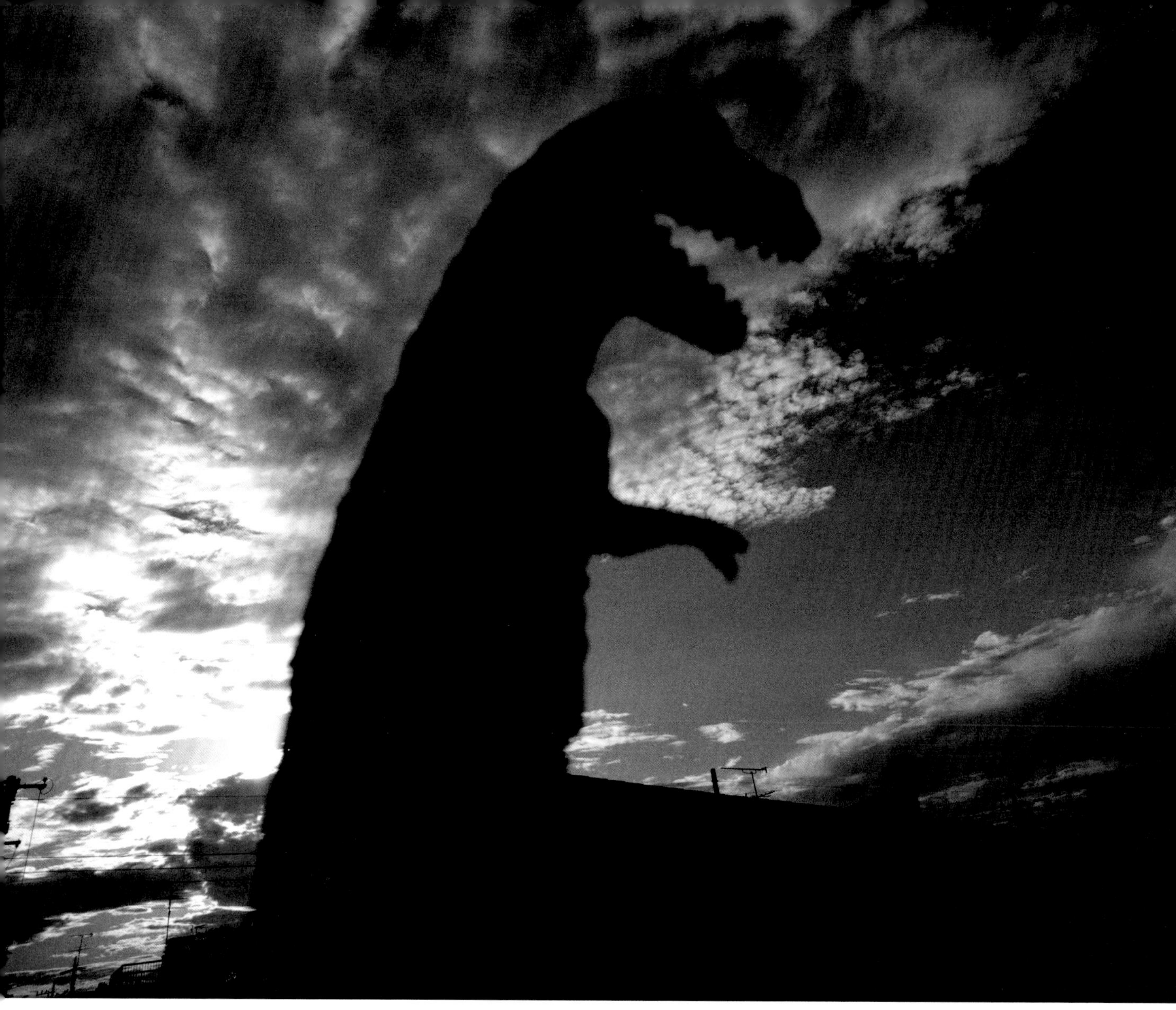

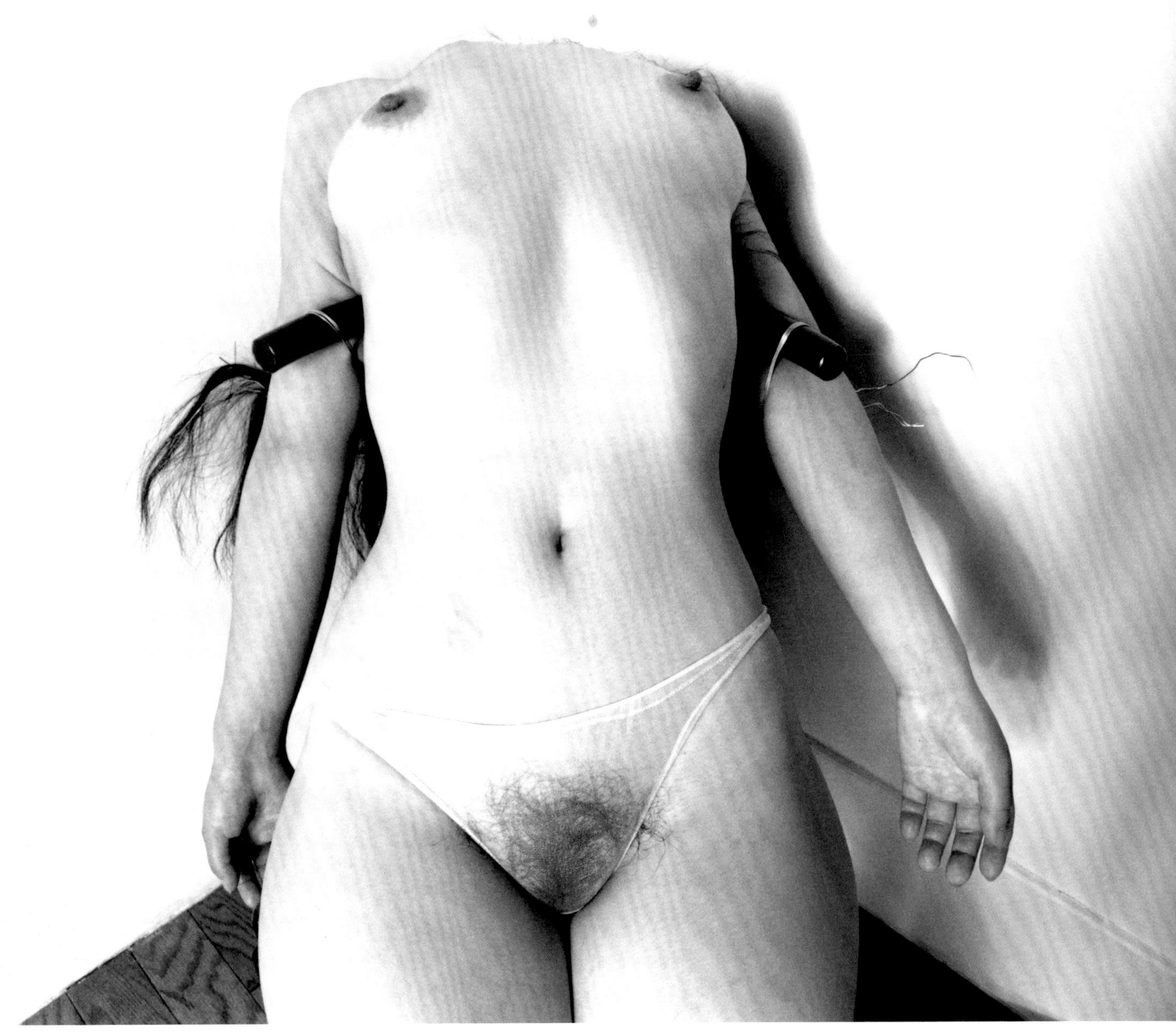

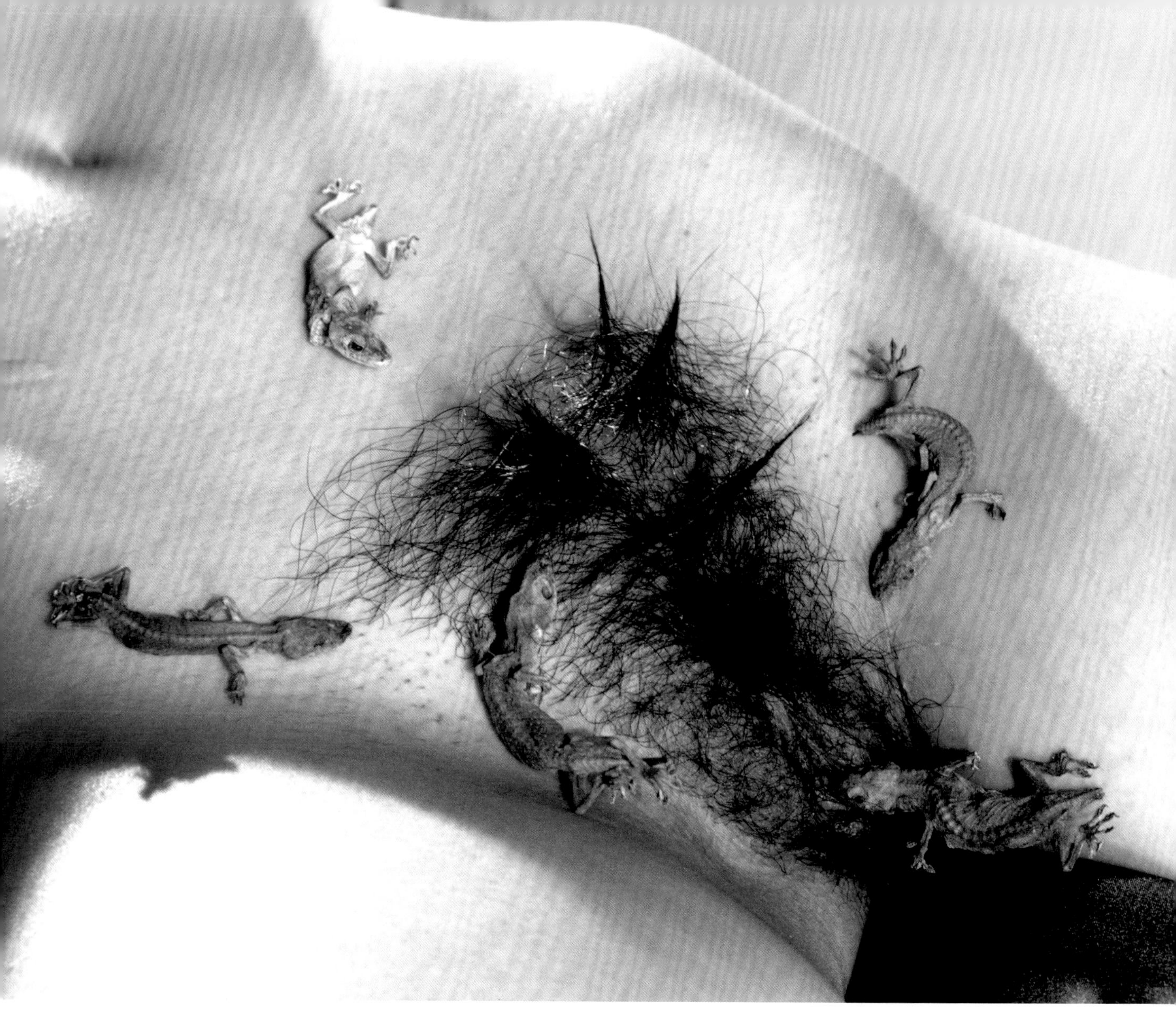

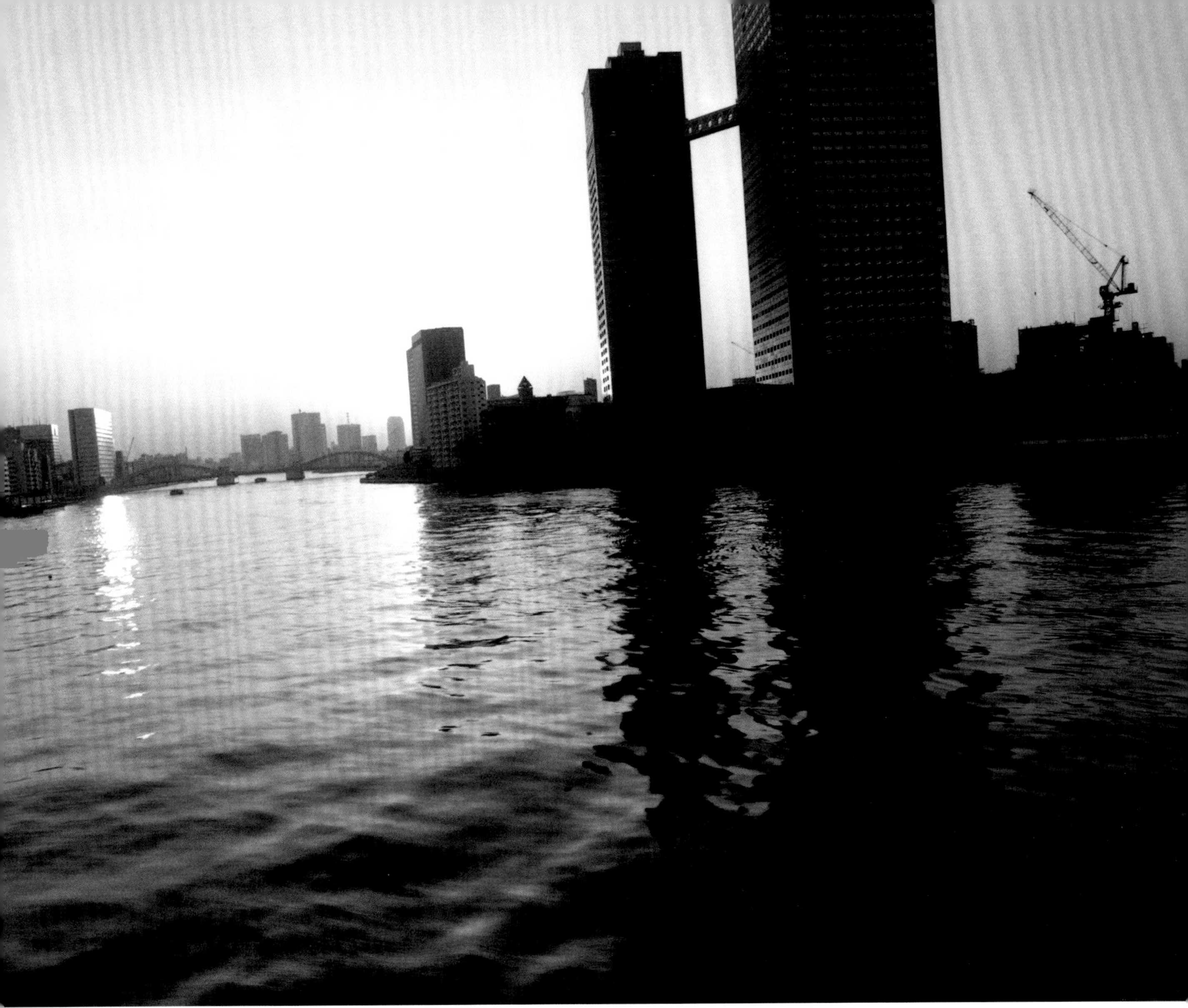

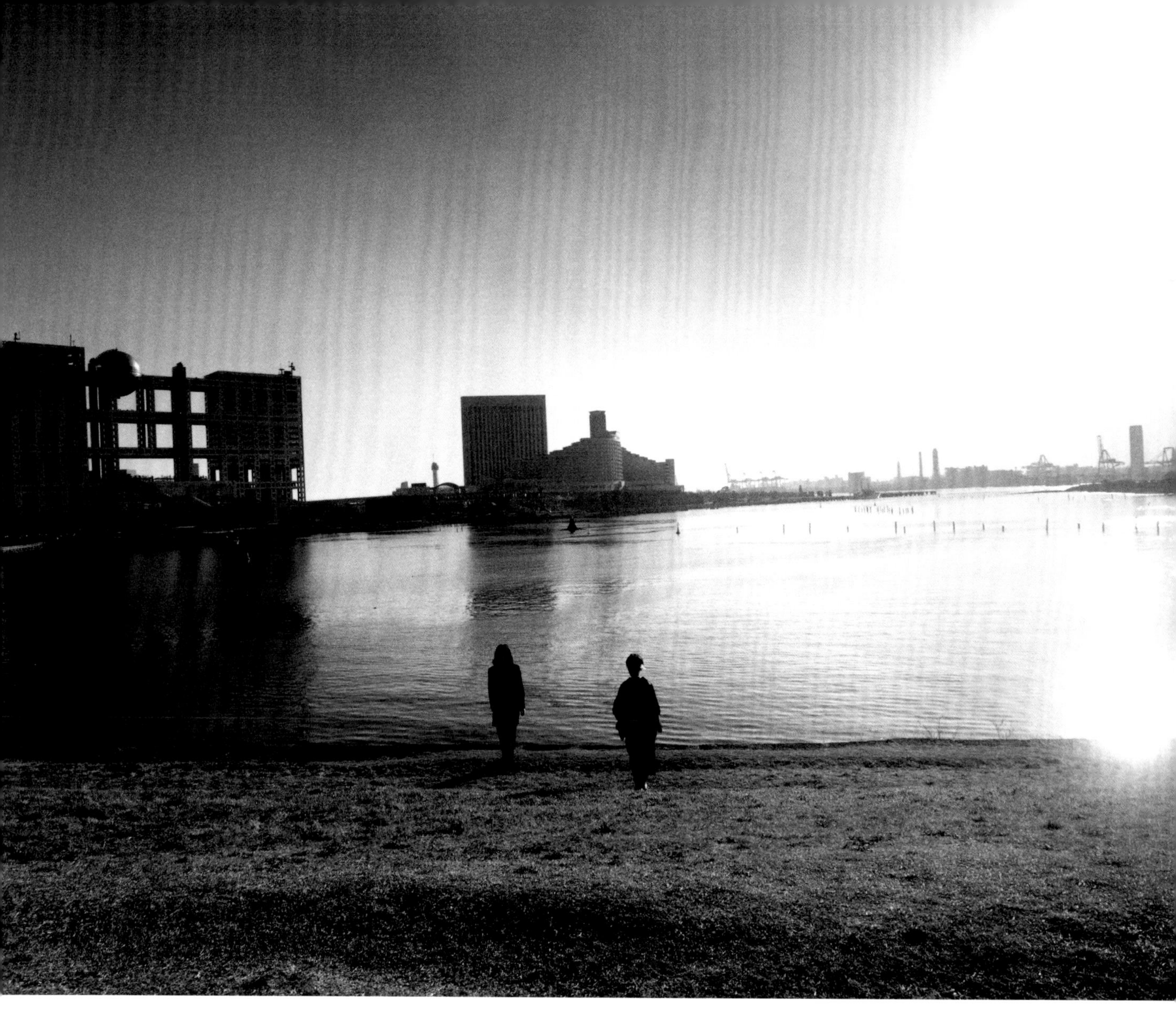

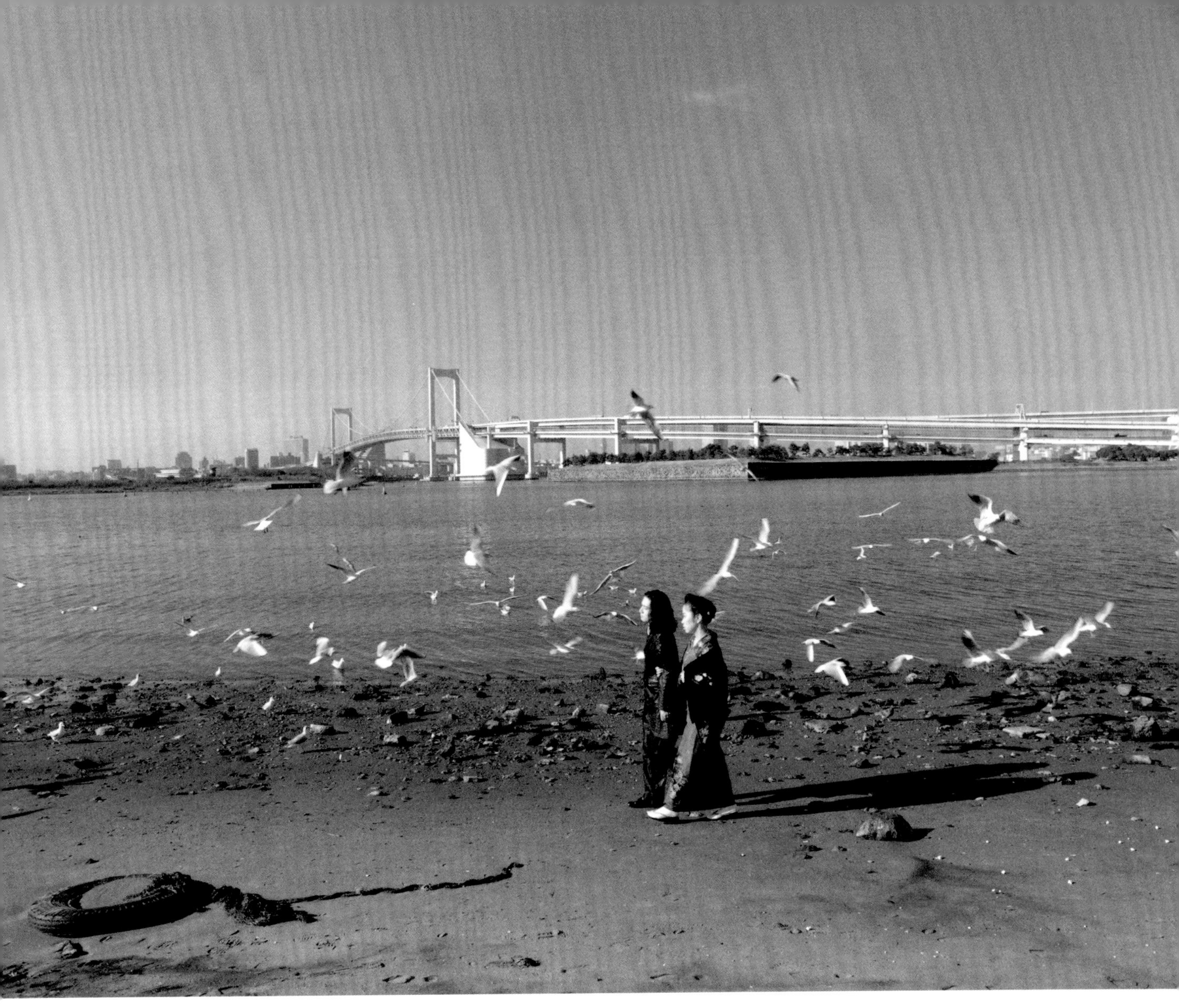

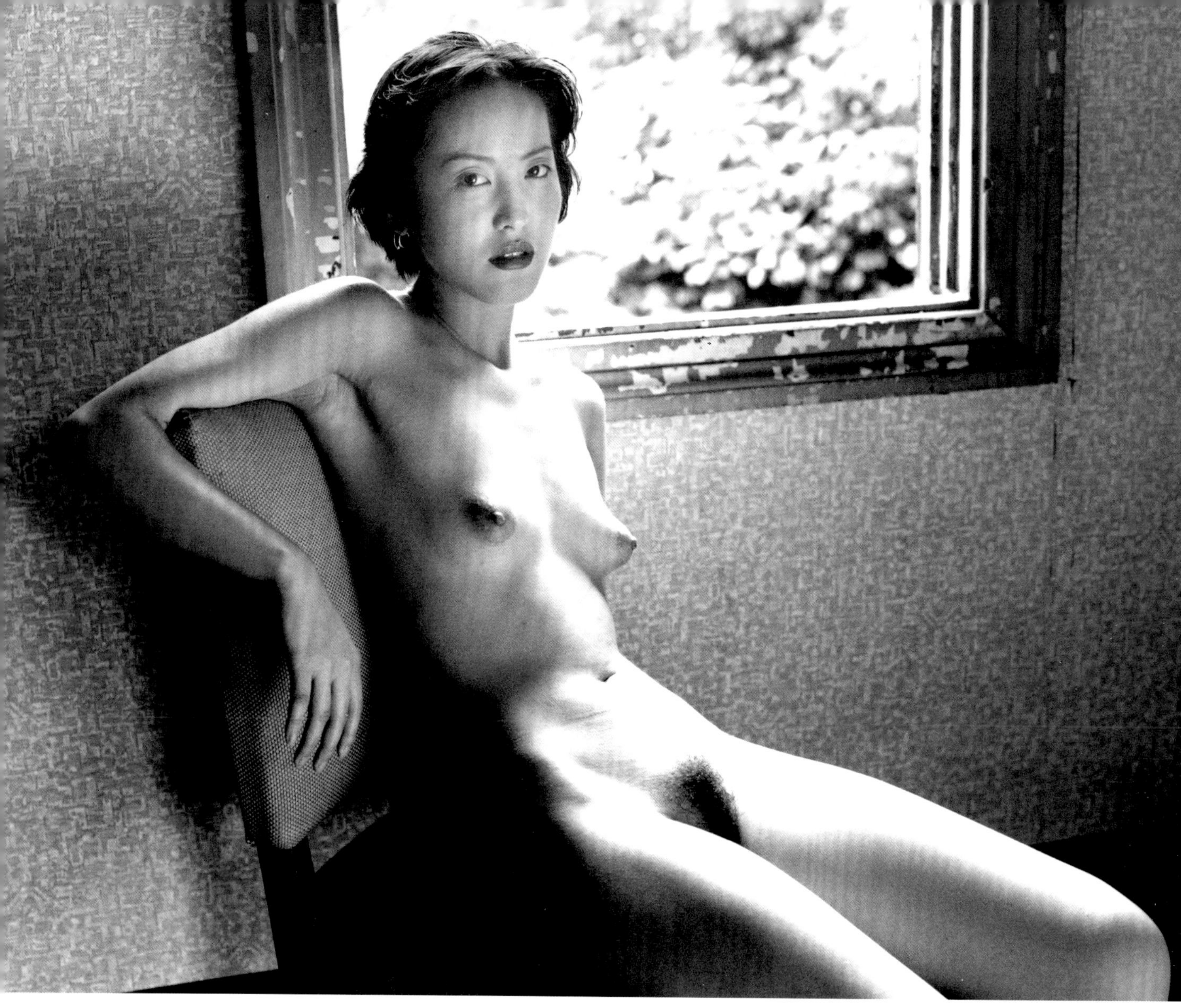

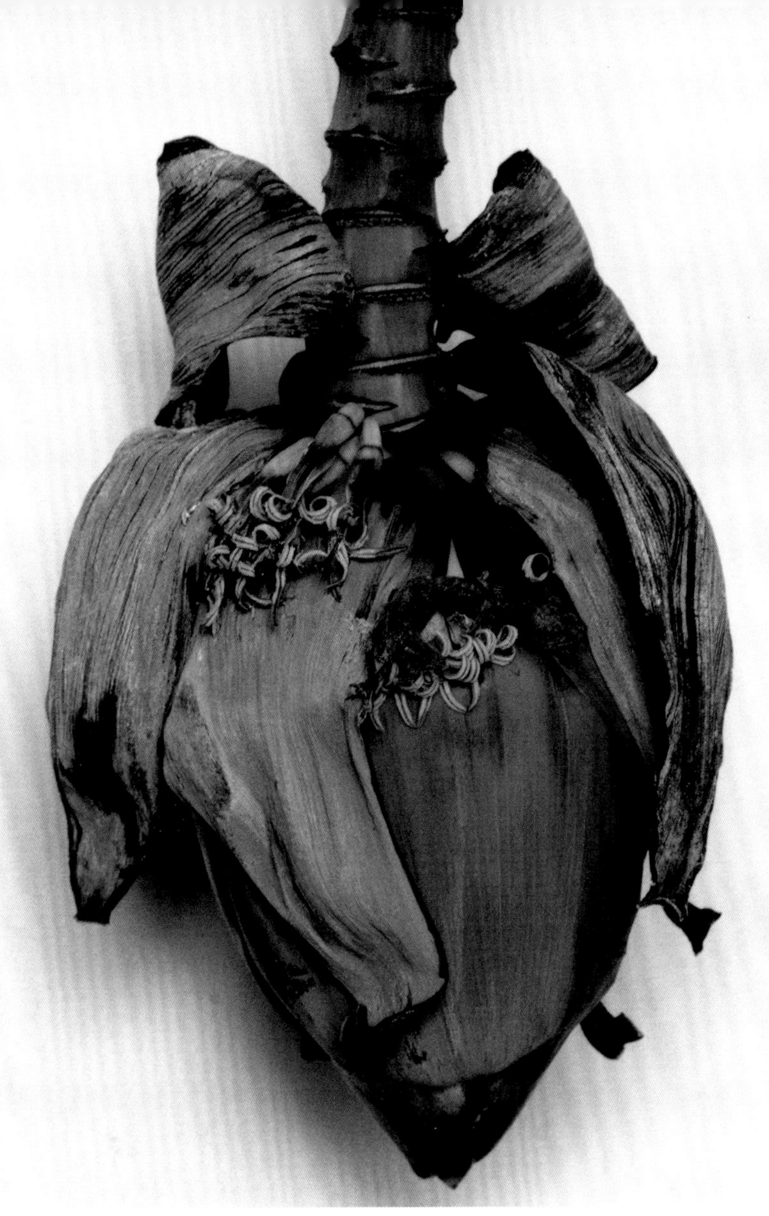

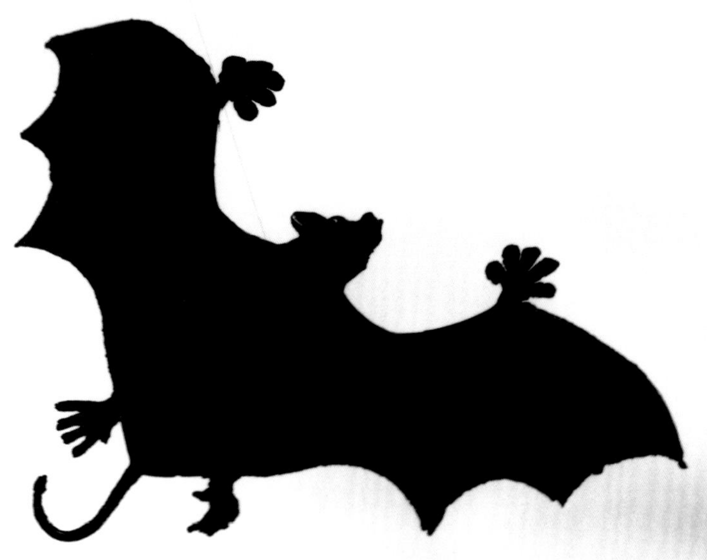

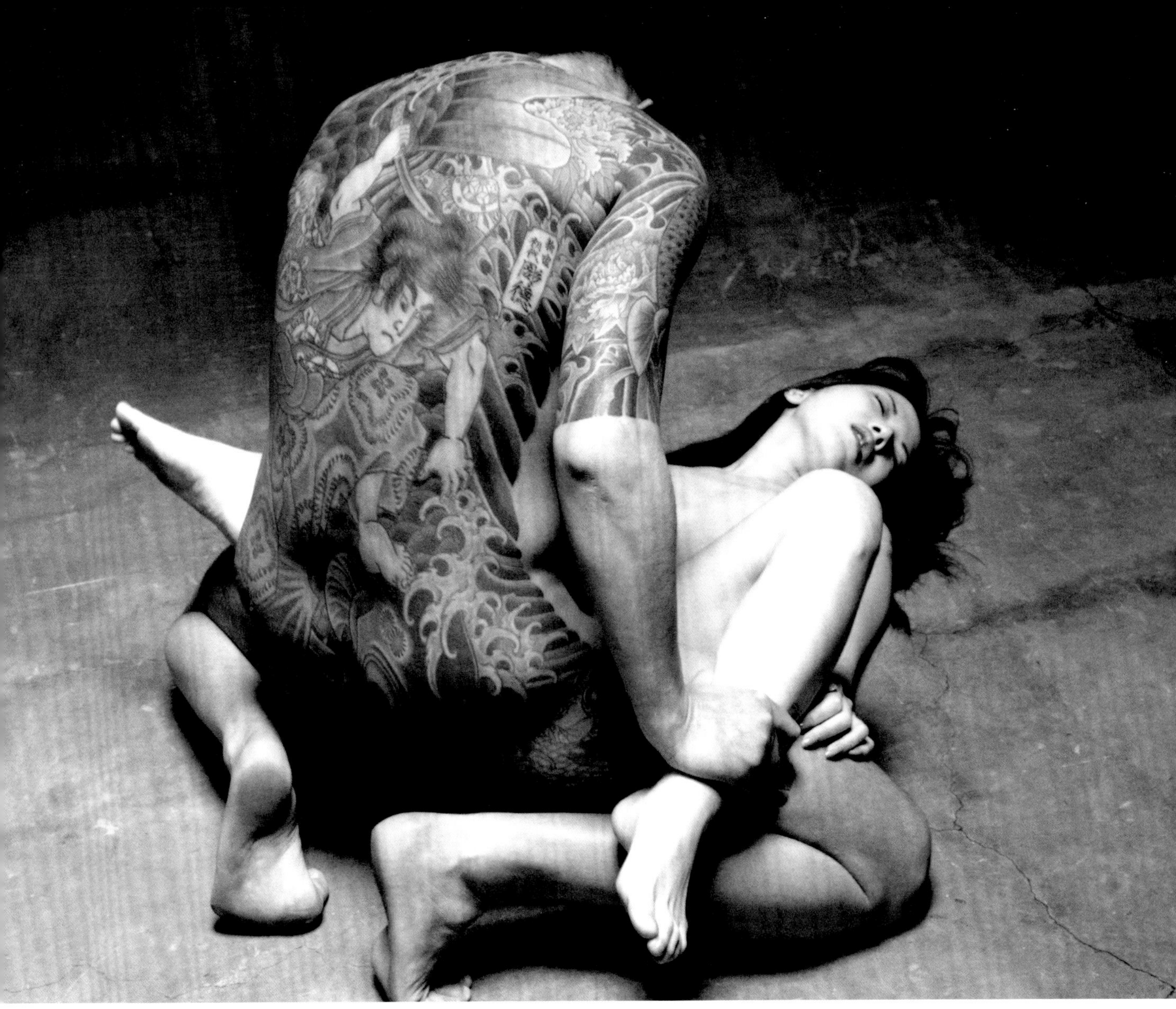

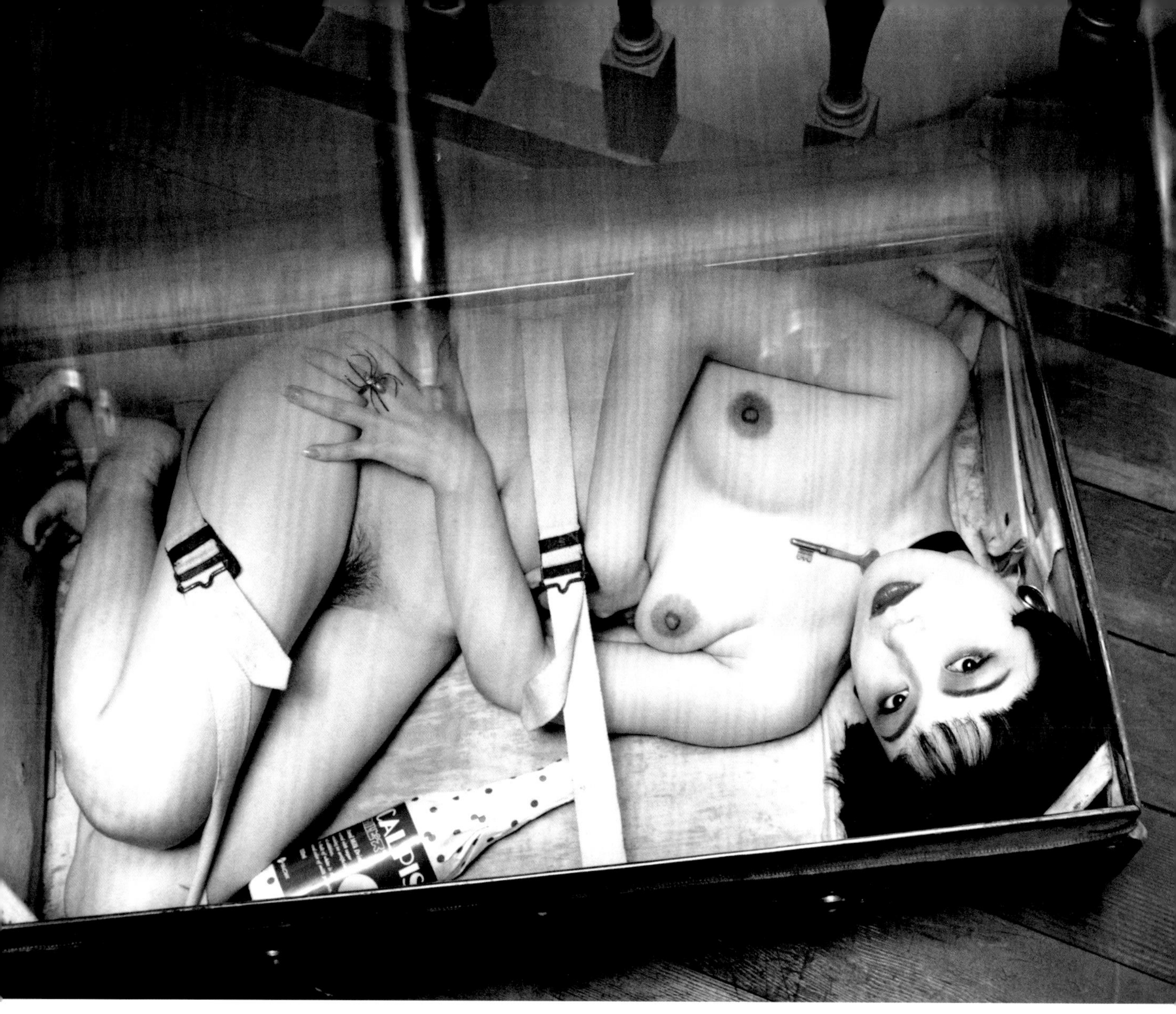
CALPIS

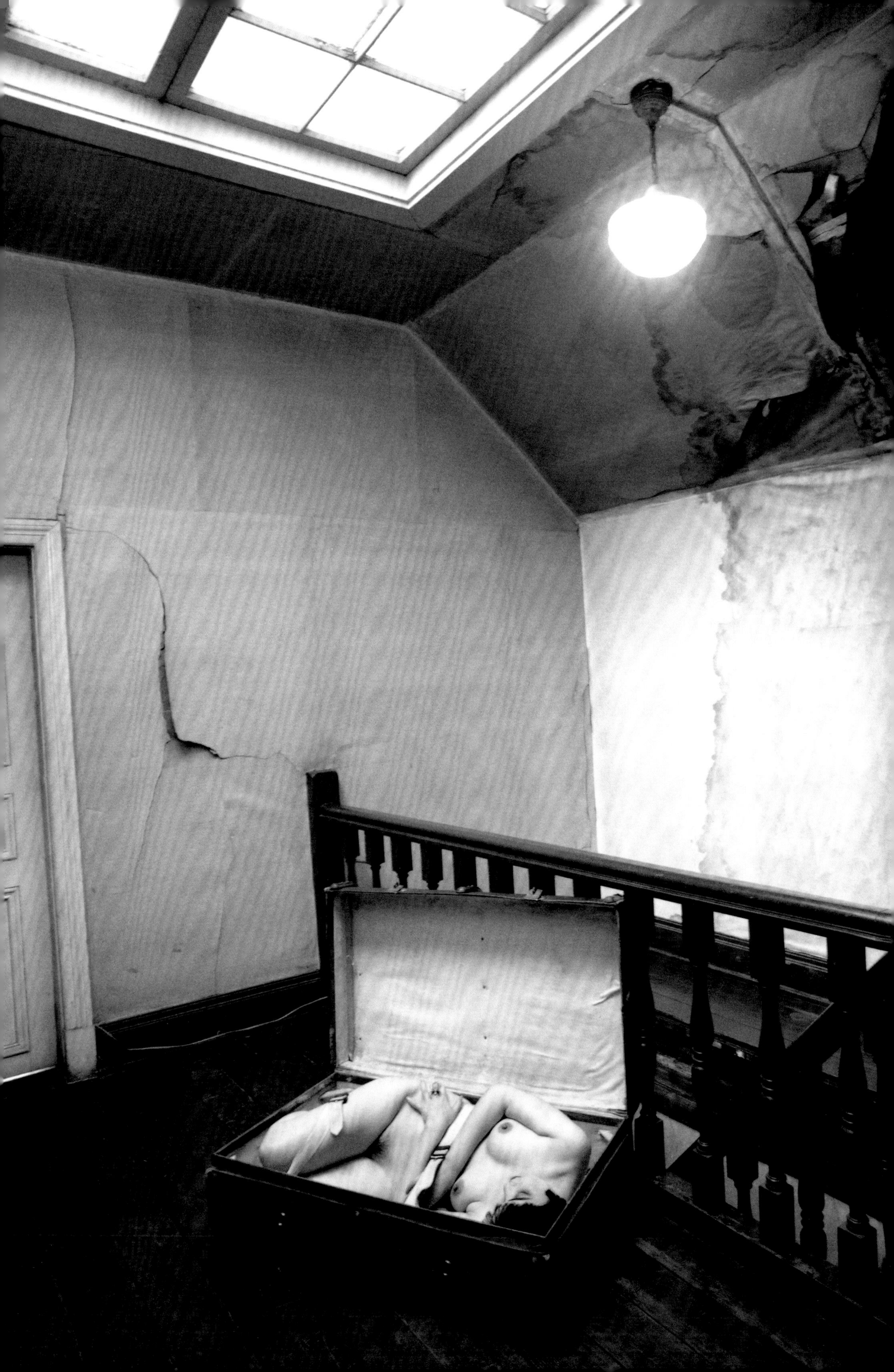

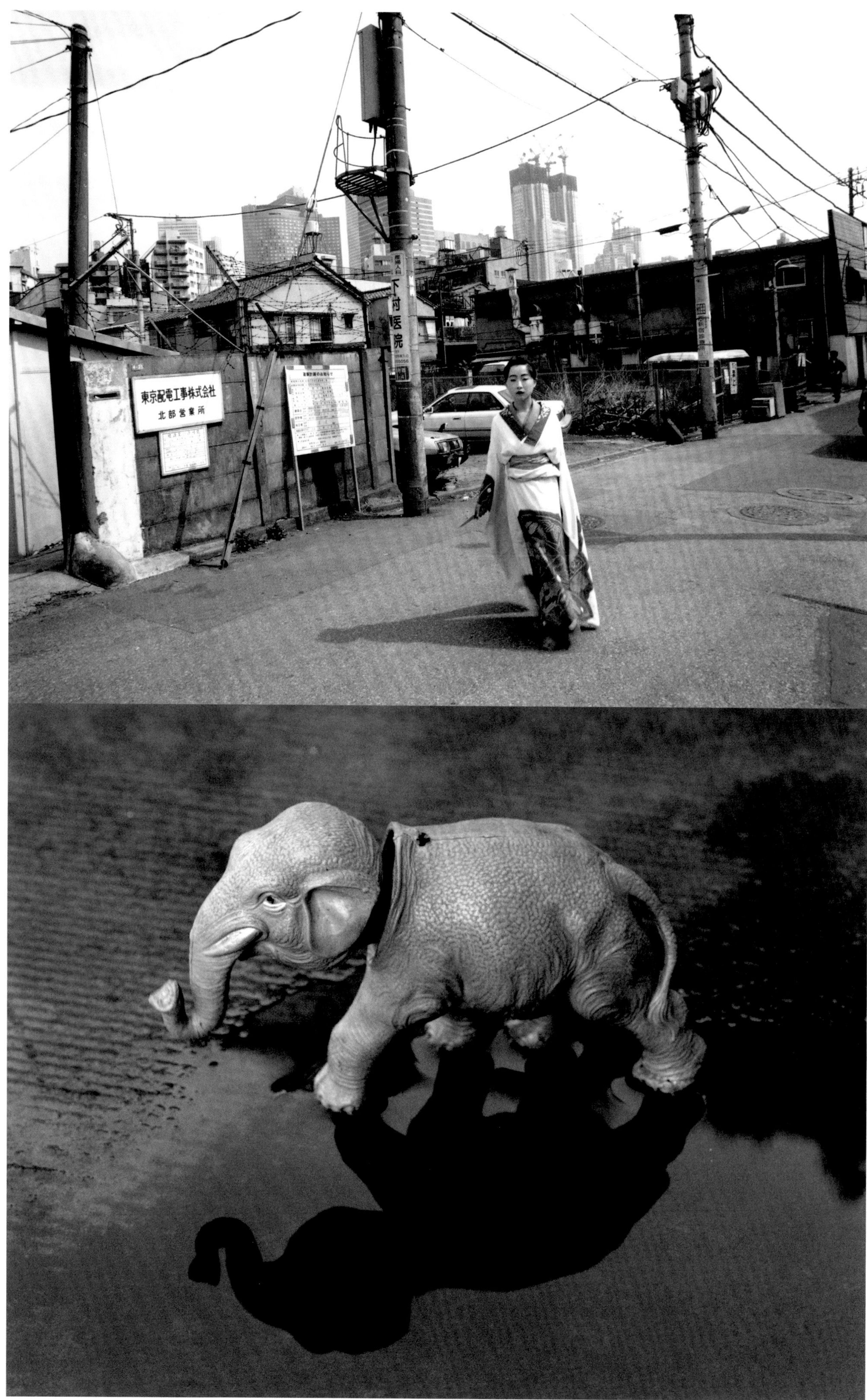
東京配電工事株式会社
北部営業所
下村医院

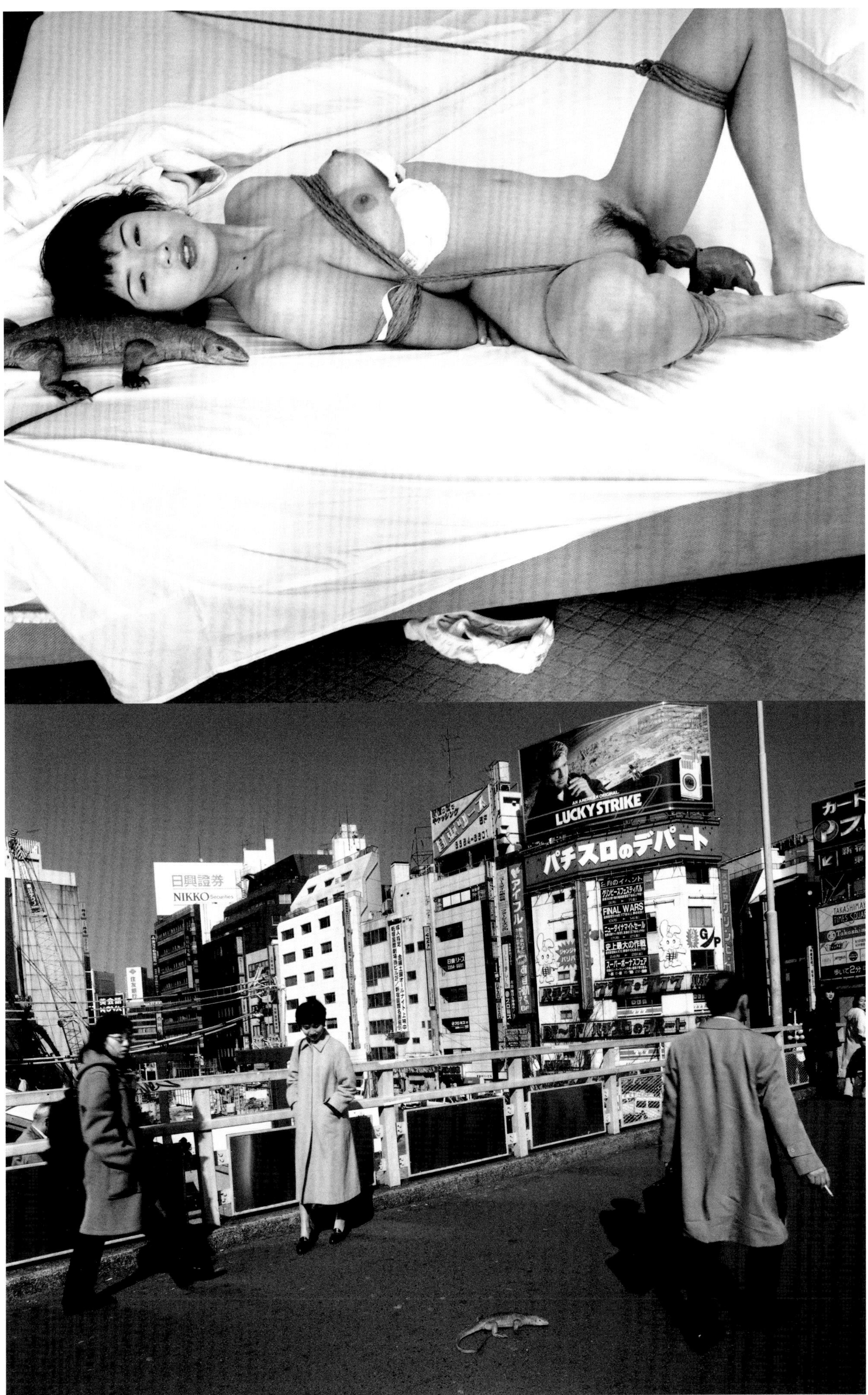
日興證券
NIKKO Securities
LUCKY STRIKE
パチスロのデパート
アイフル
グリンピースフェスティバル
FINAL WARS
ニューダイナマイトセール
史上最大の作戦
スーパーボーナスフェア
カード
TIMES SQUARE
歩いて2分

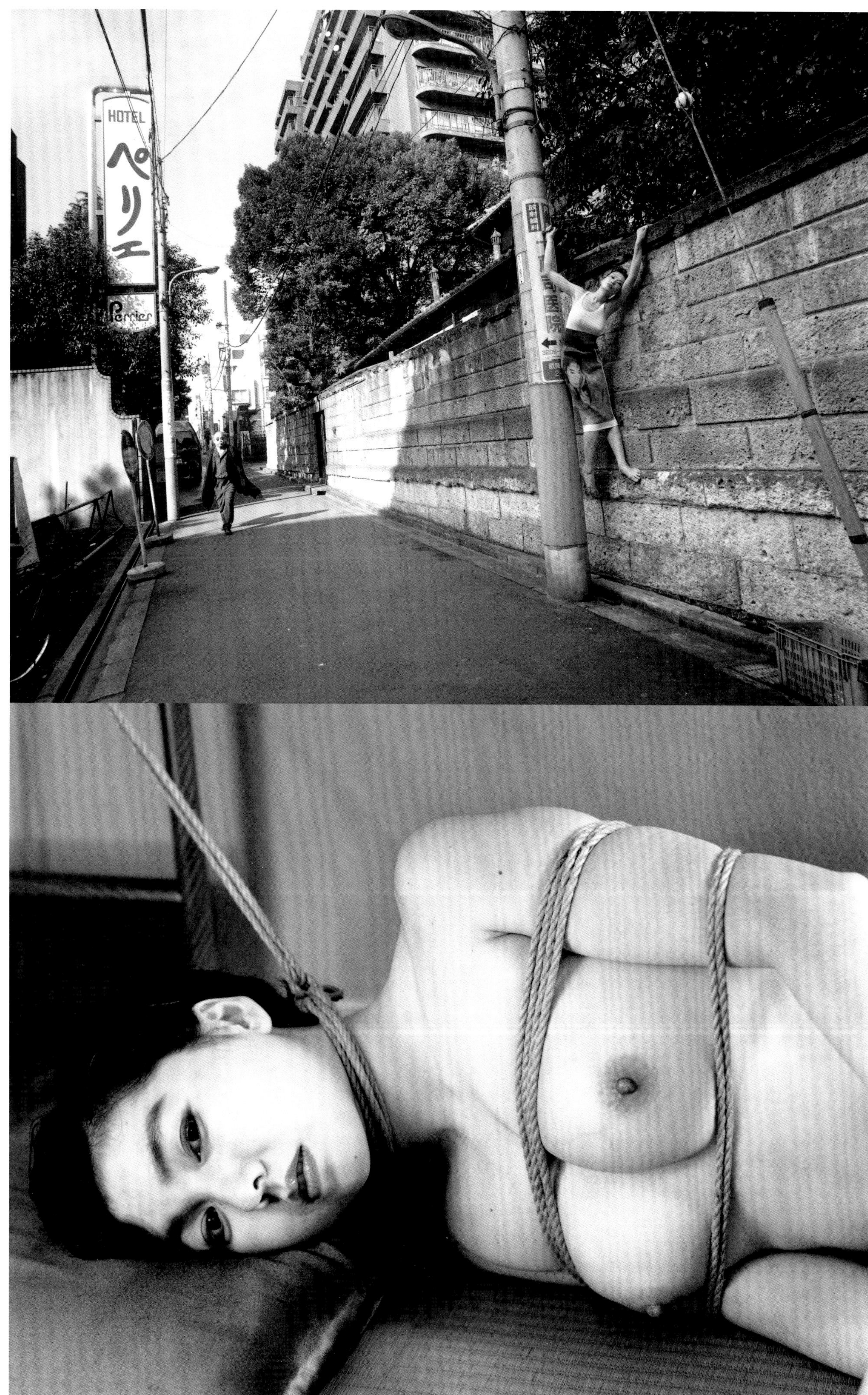
HOTEL
ペリエ
Perrier

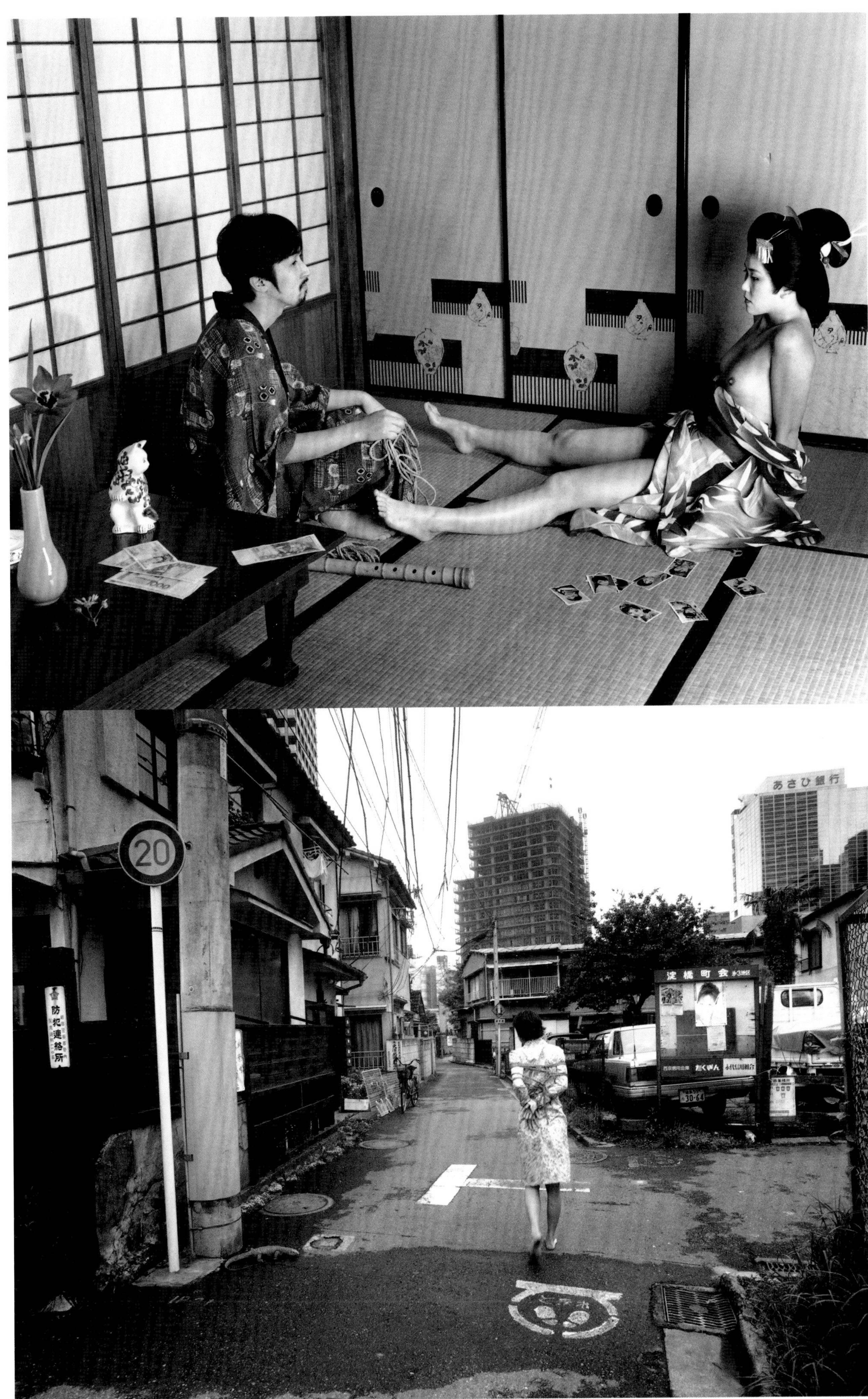

20
防犯連絡所
あさひ銀行
淀橋町会
たくぎん

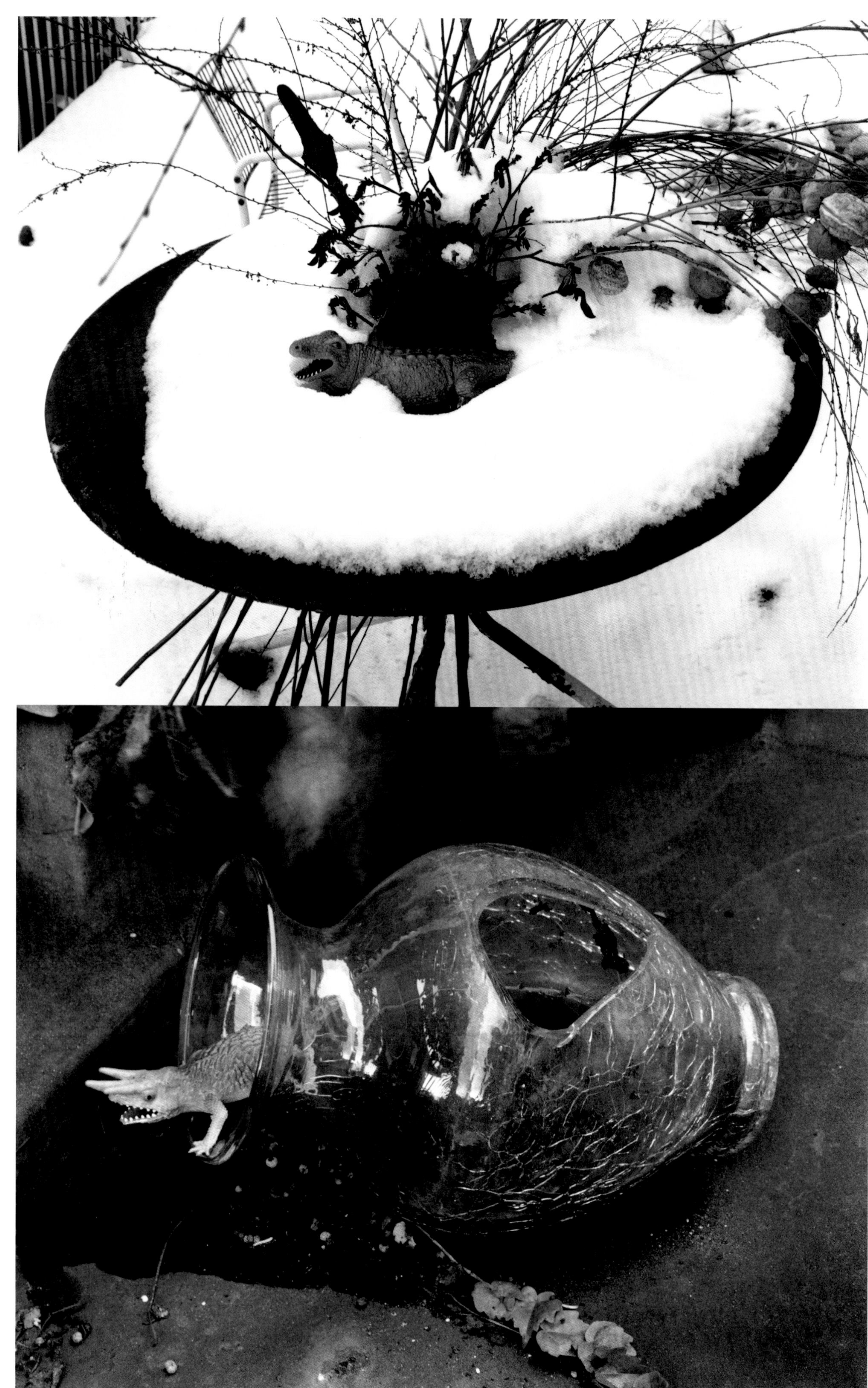

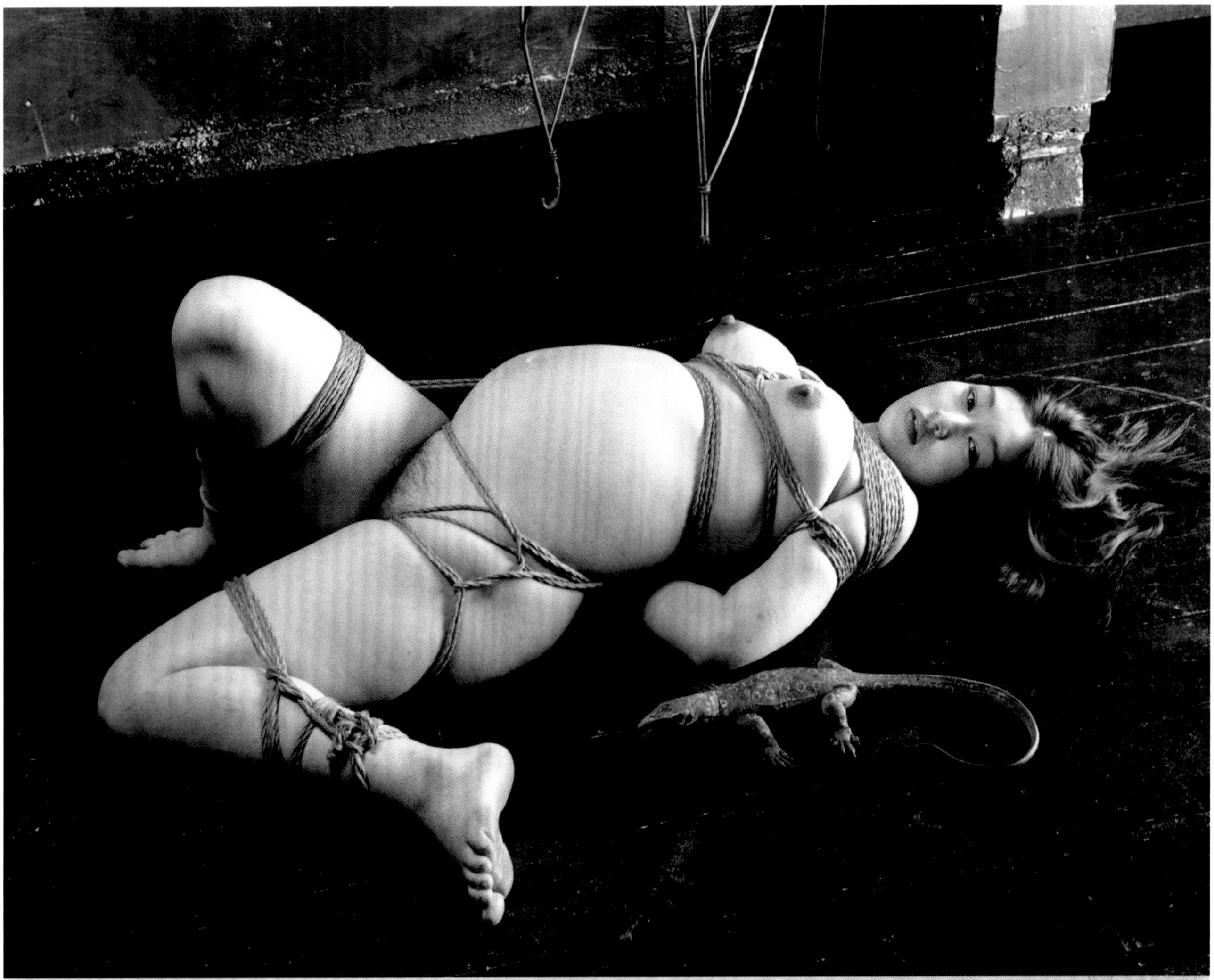

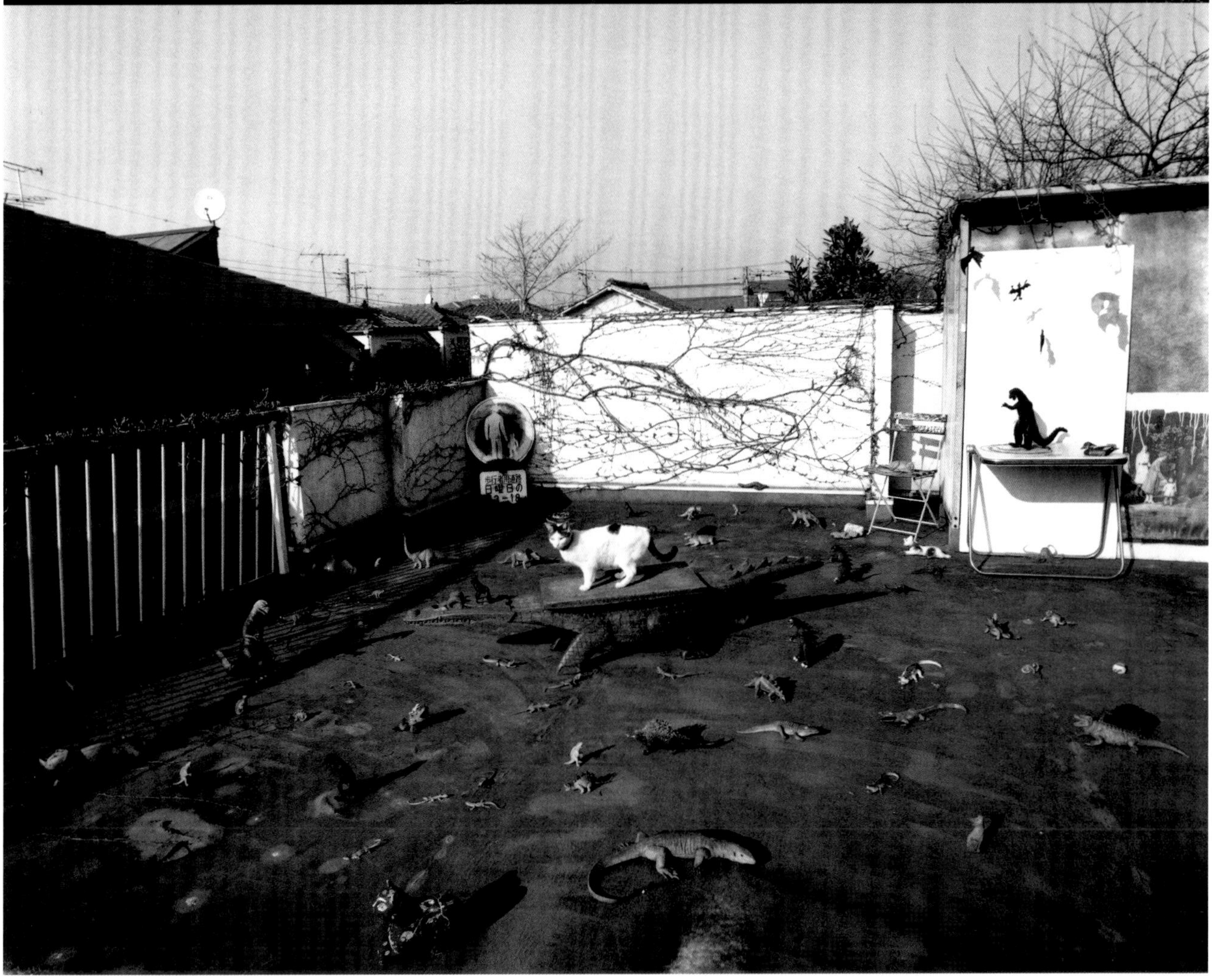

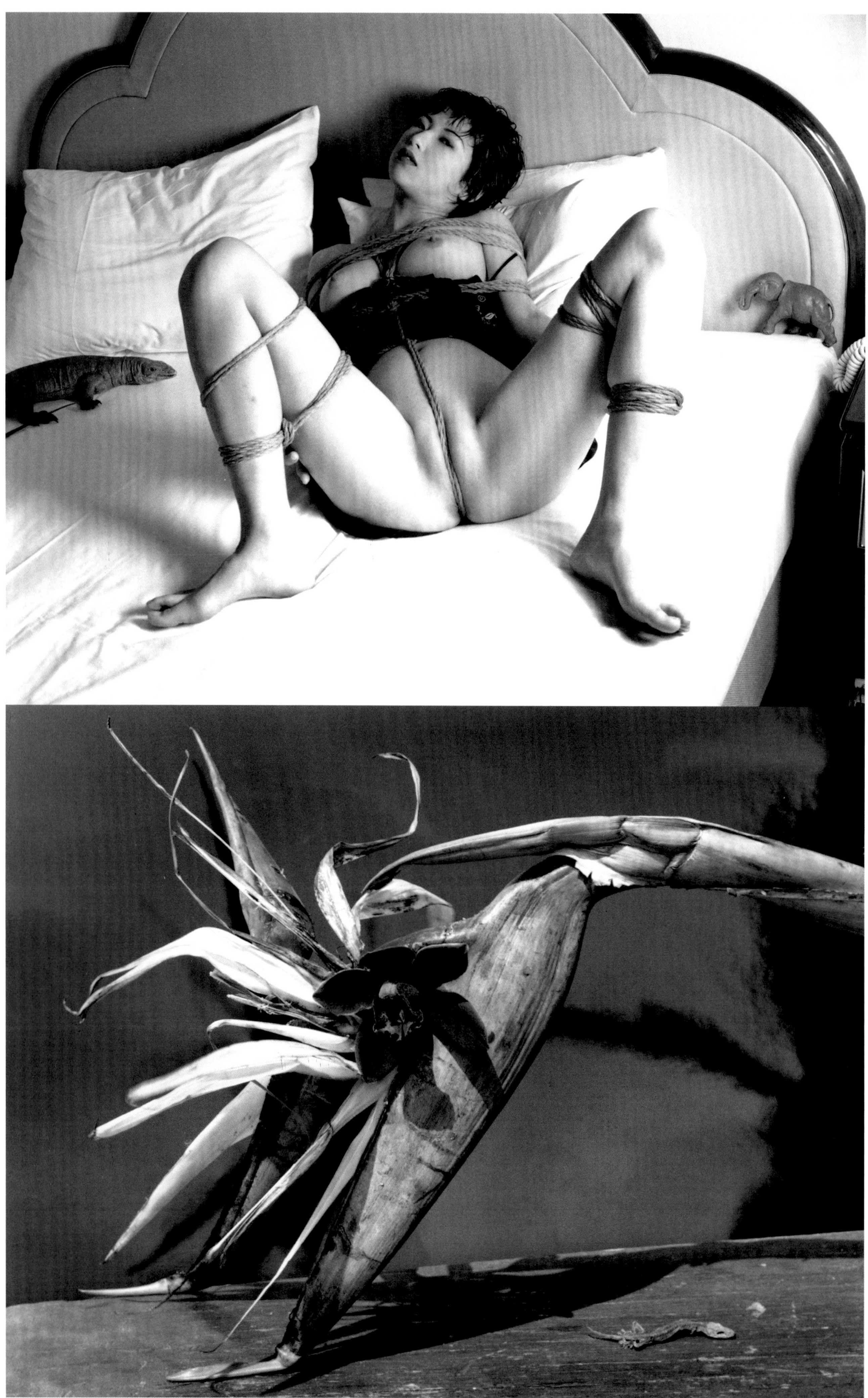

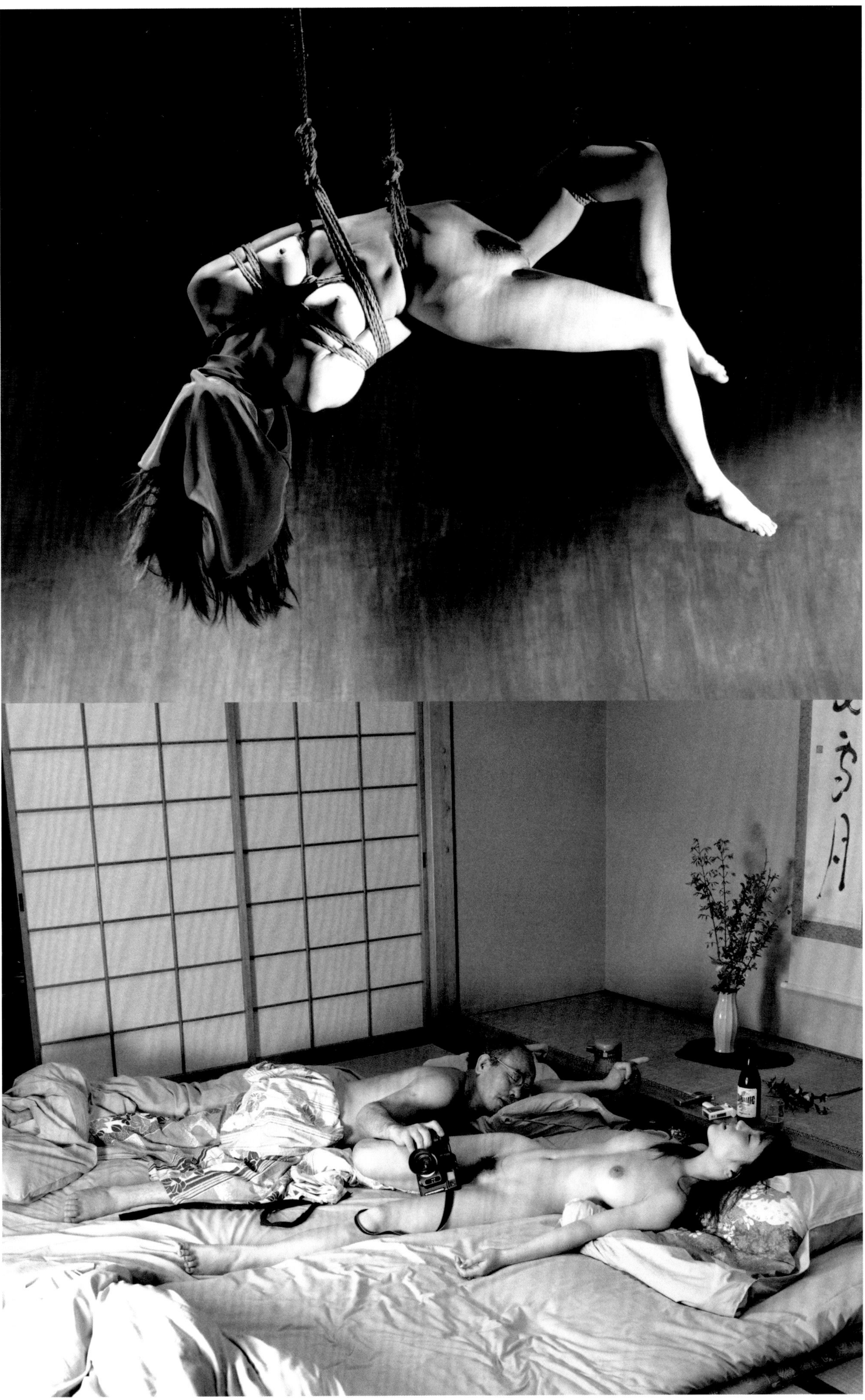

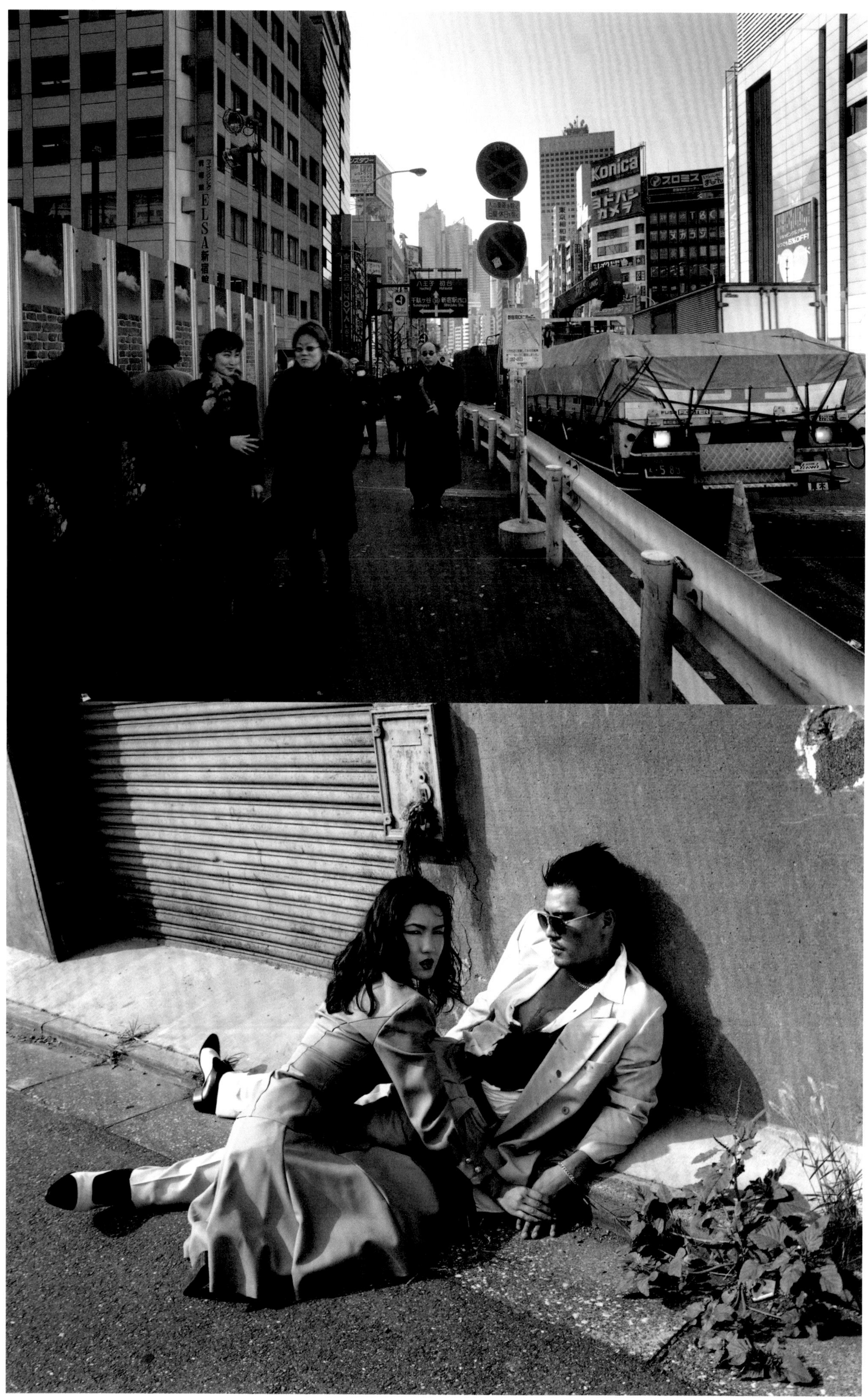
ELSA 新宿館
Konica
ヨドバシ
カメラ
プロミス

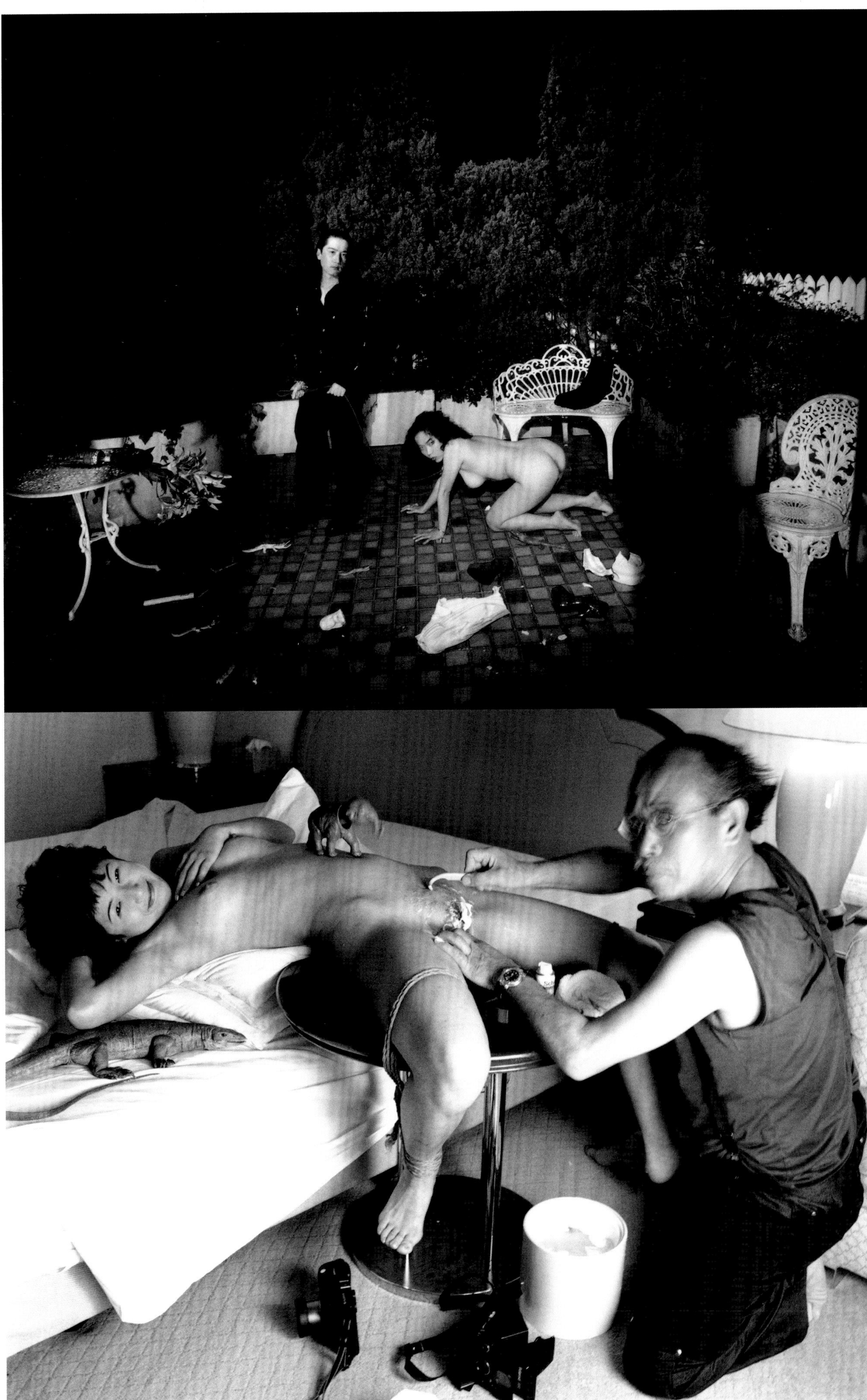

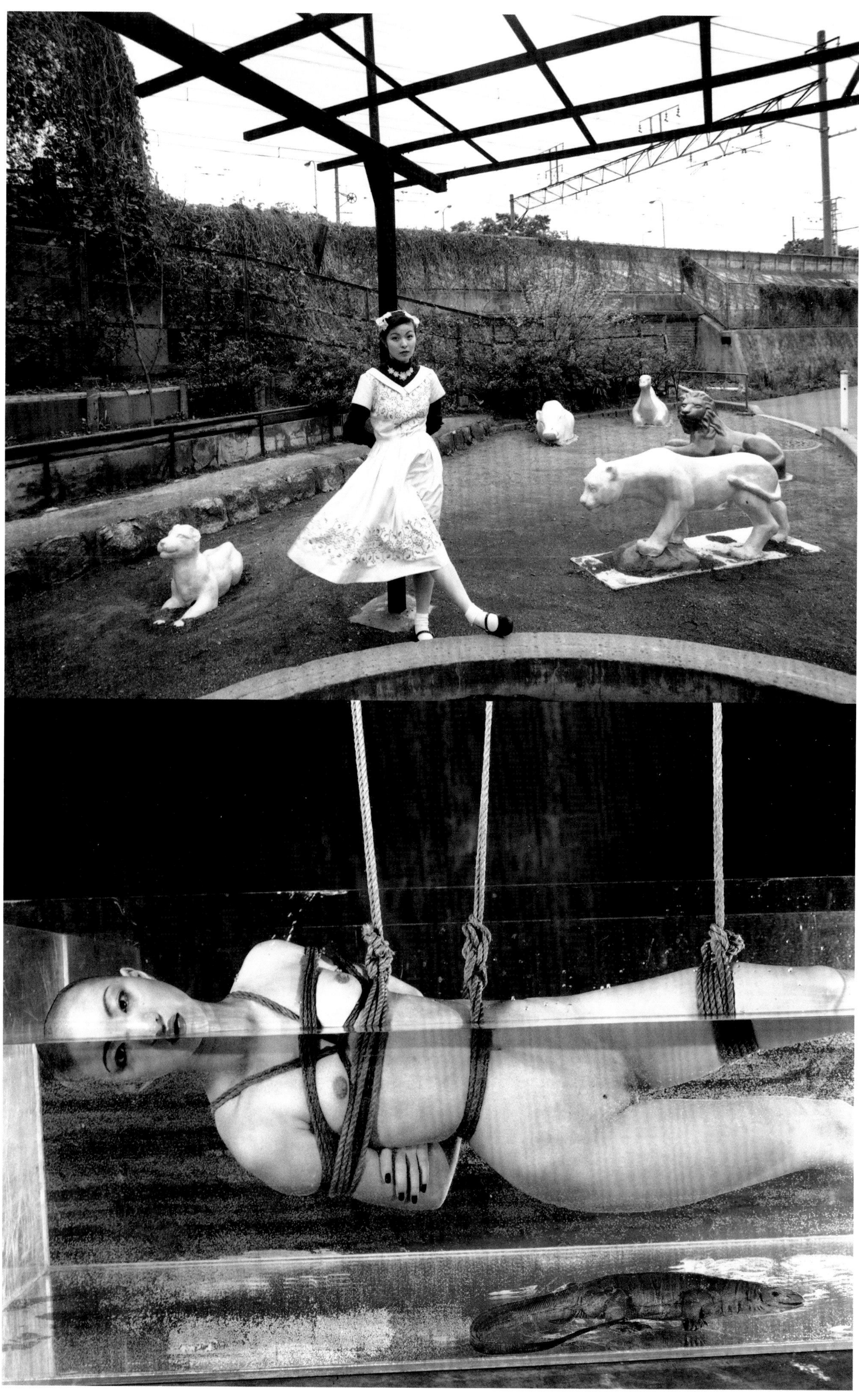

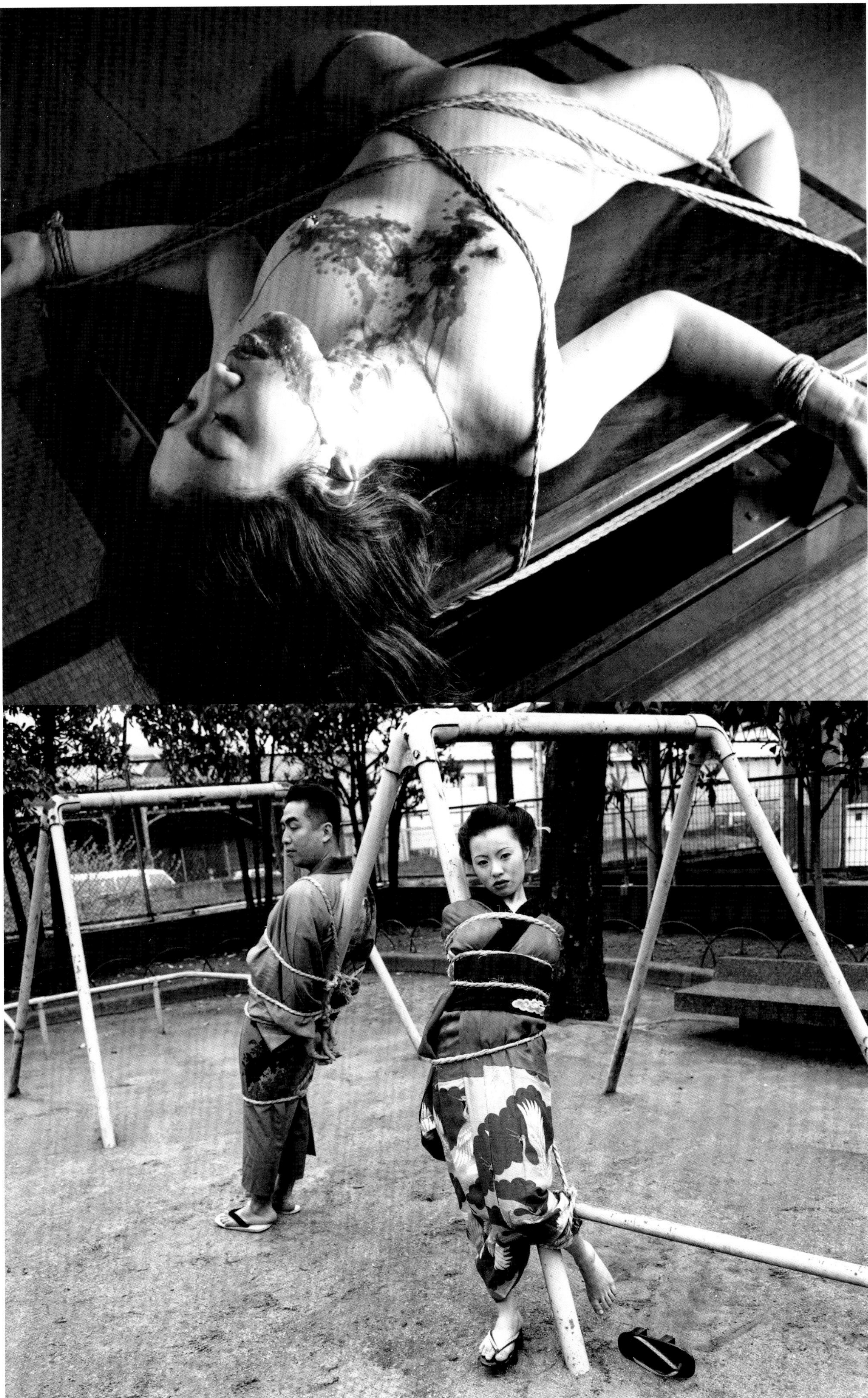

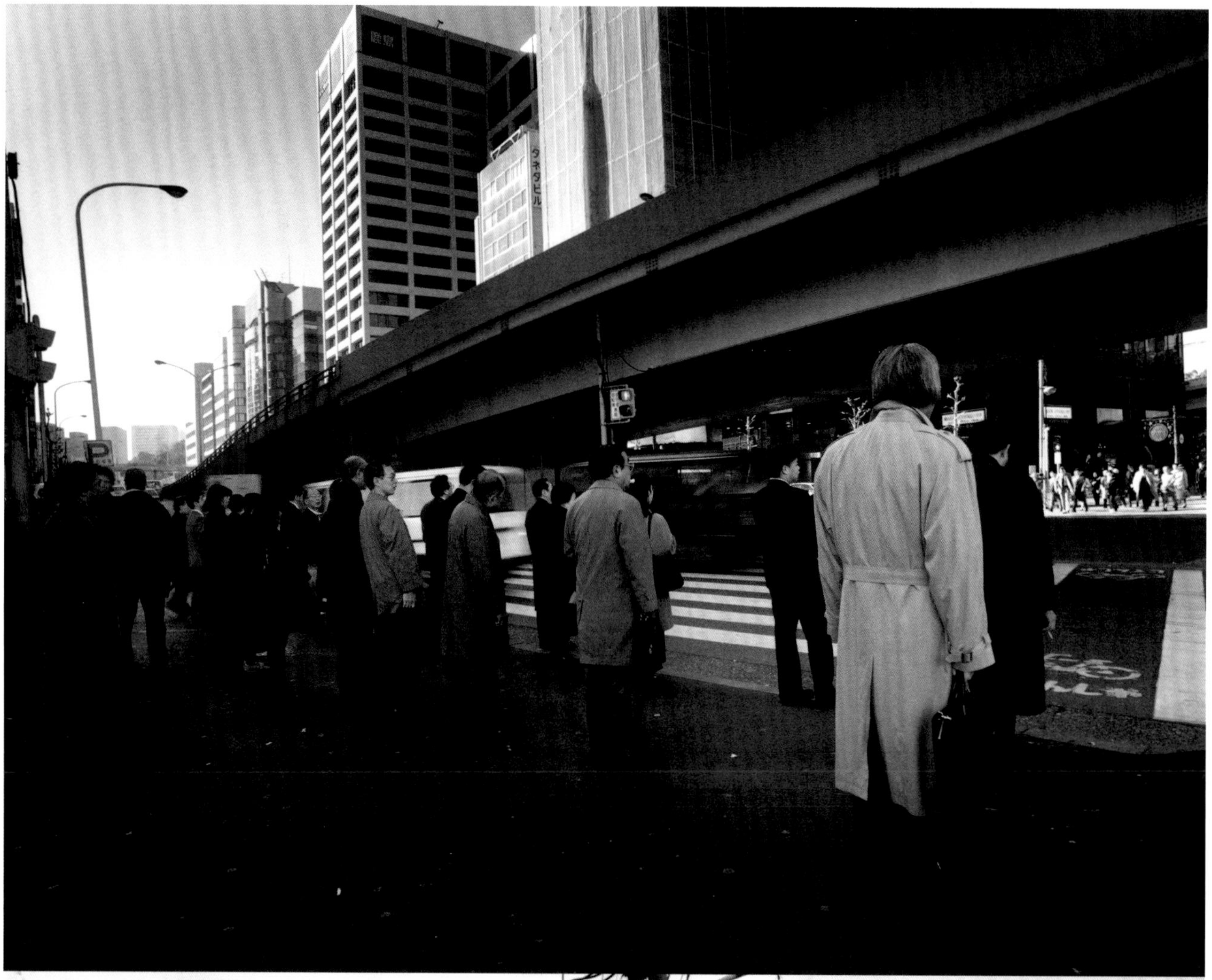

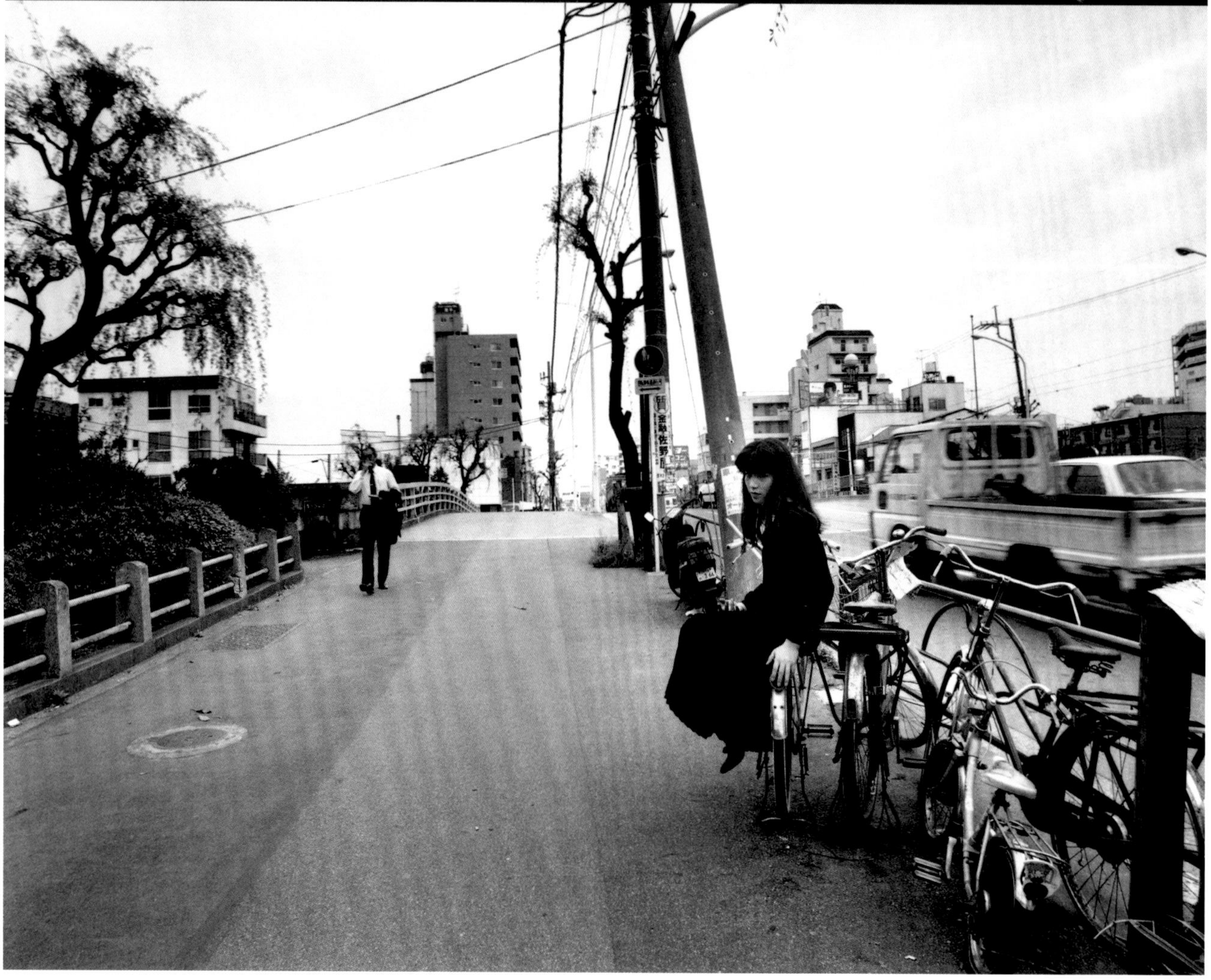

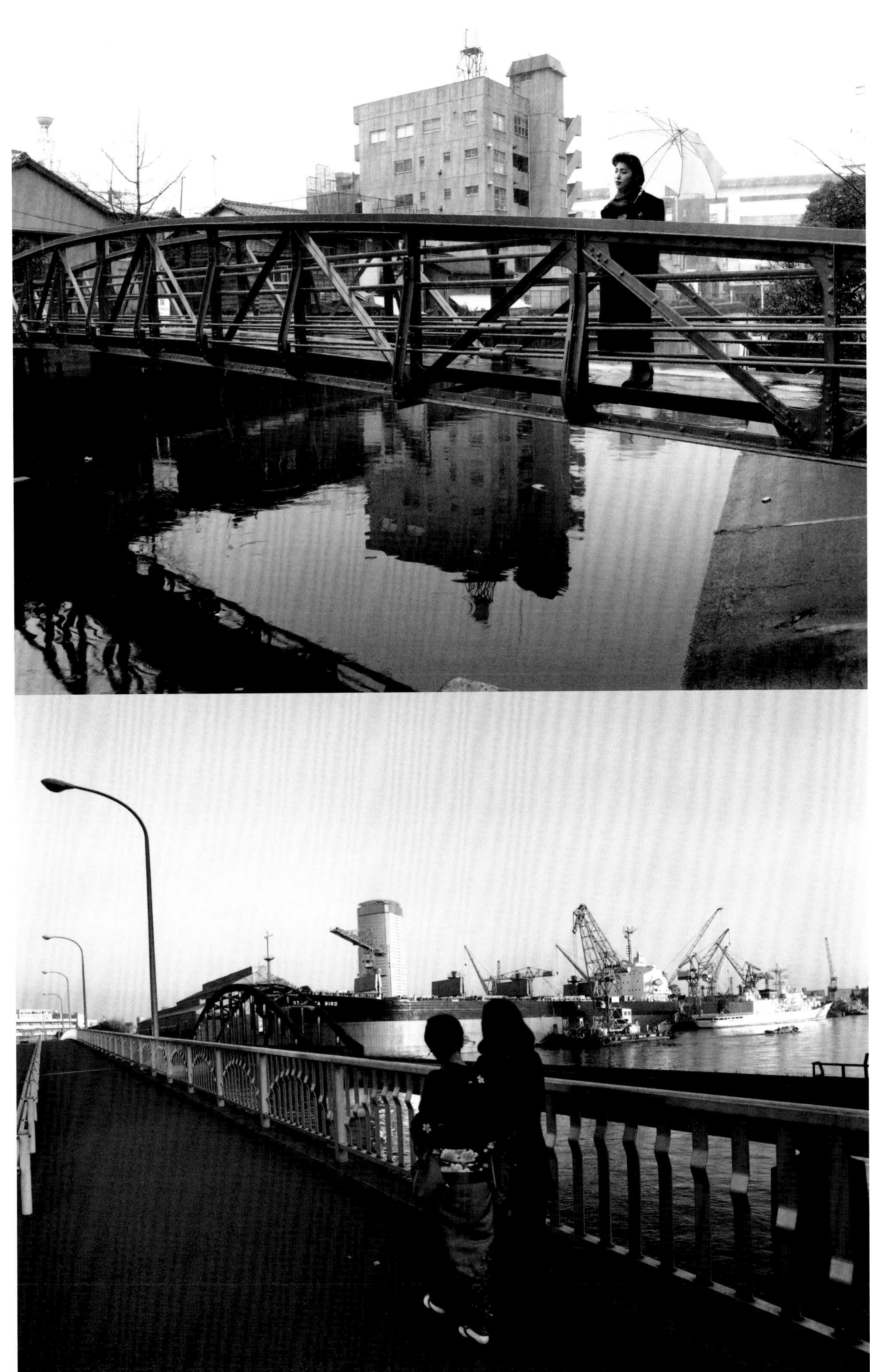

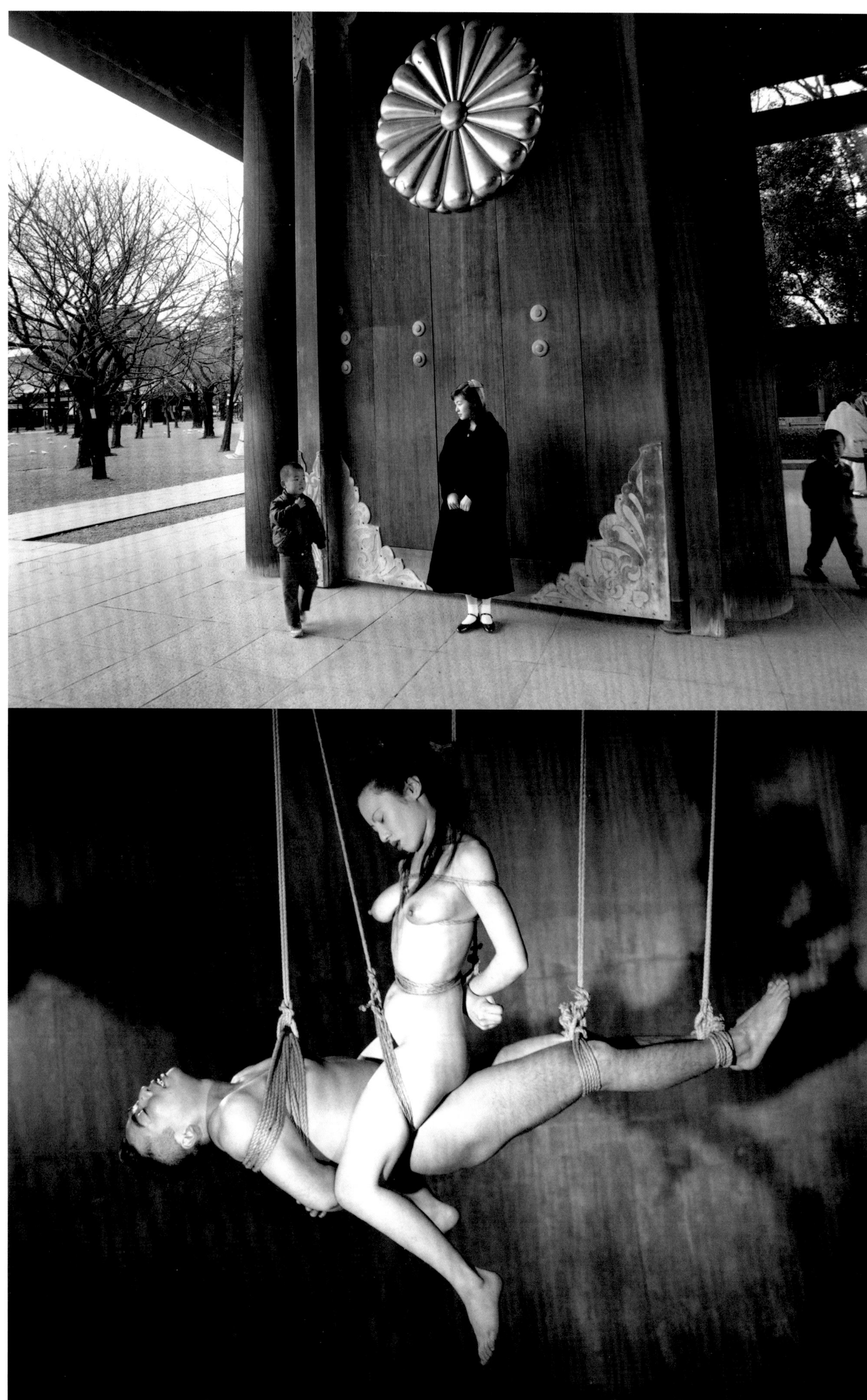

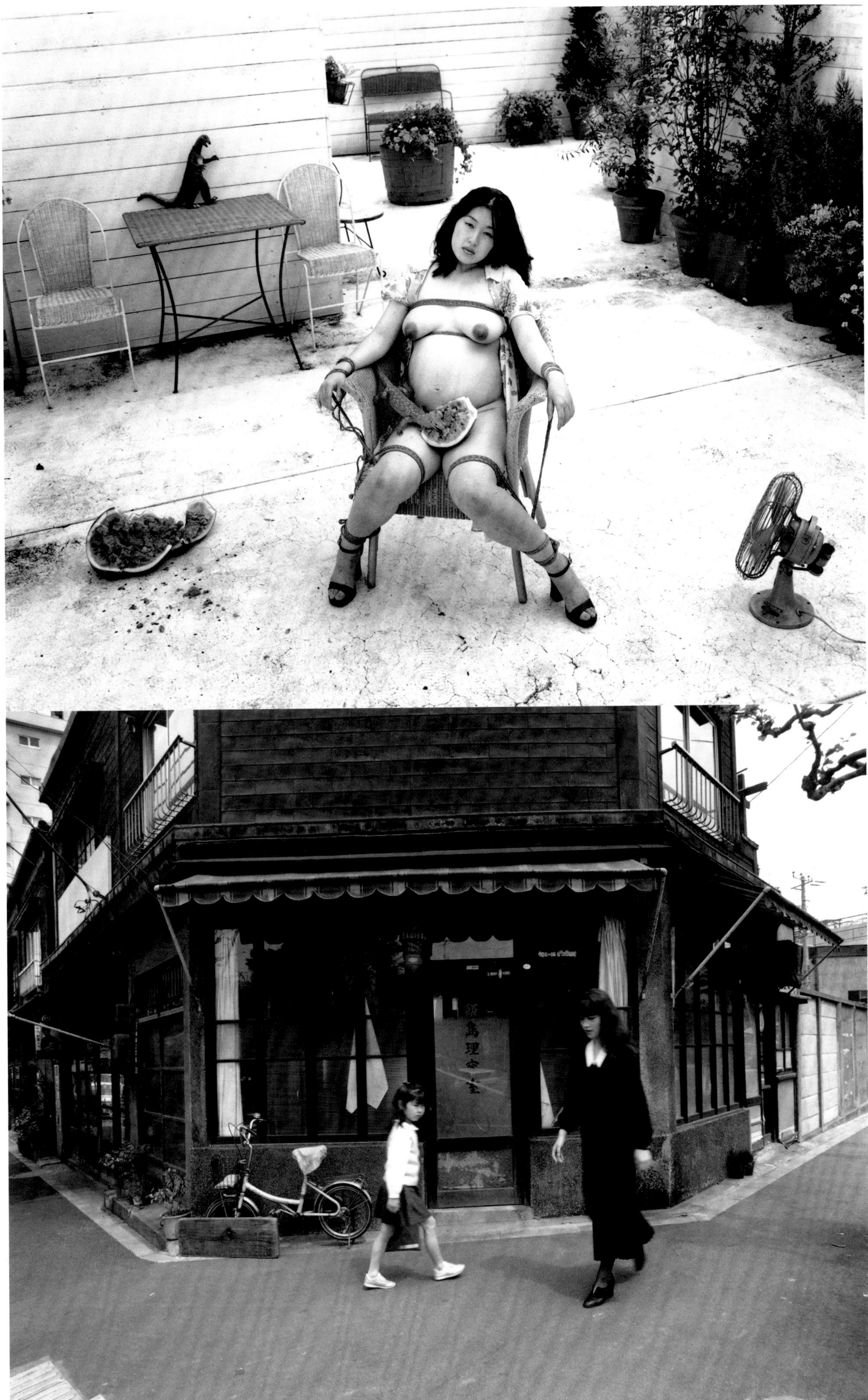

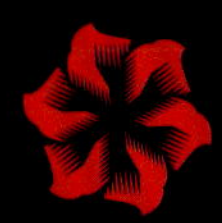

Angel's Festival

天使祭

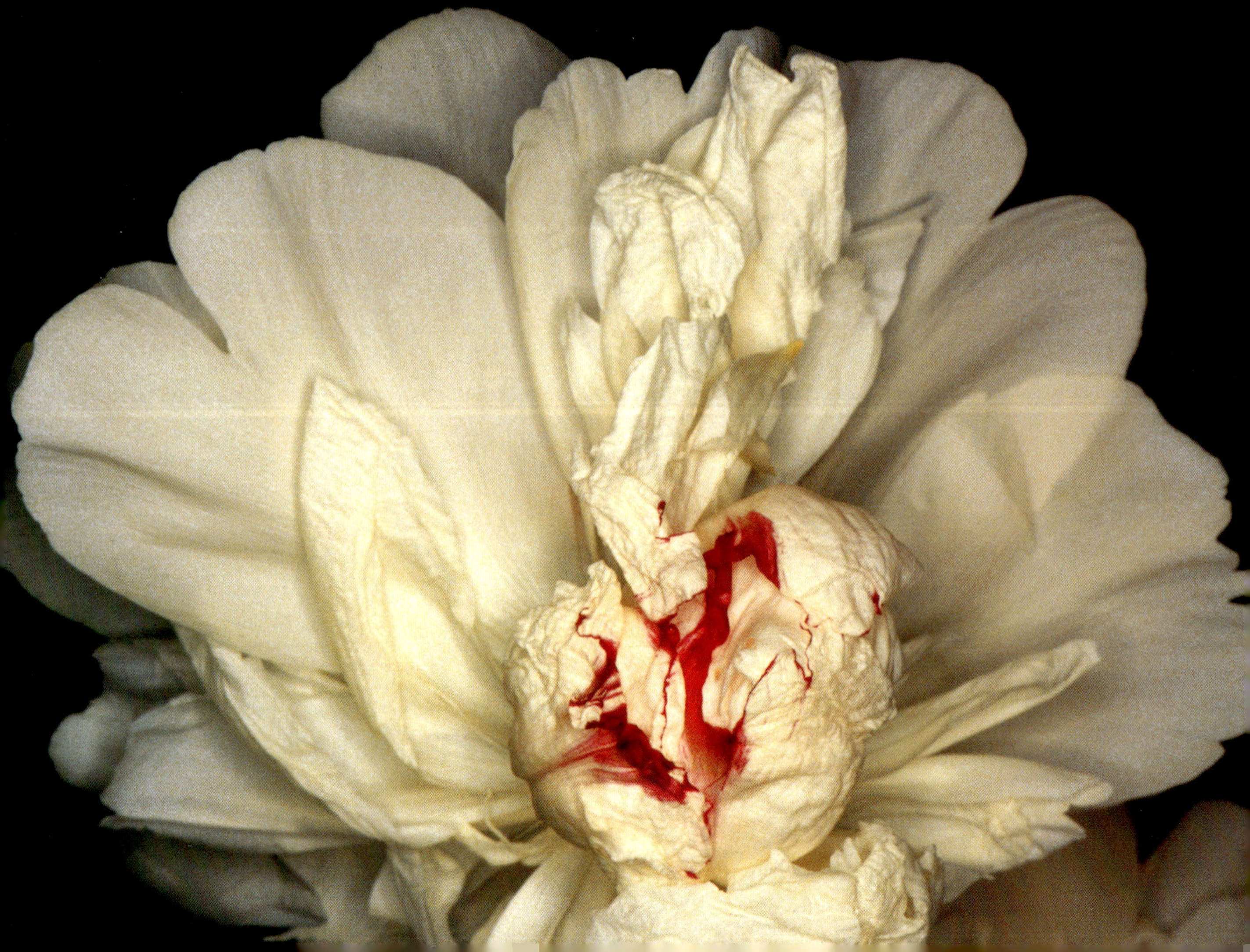

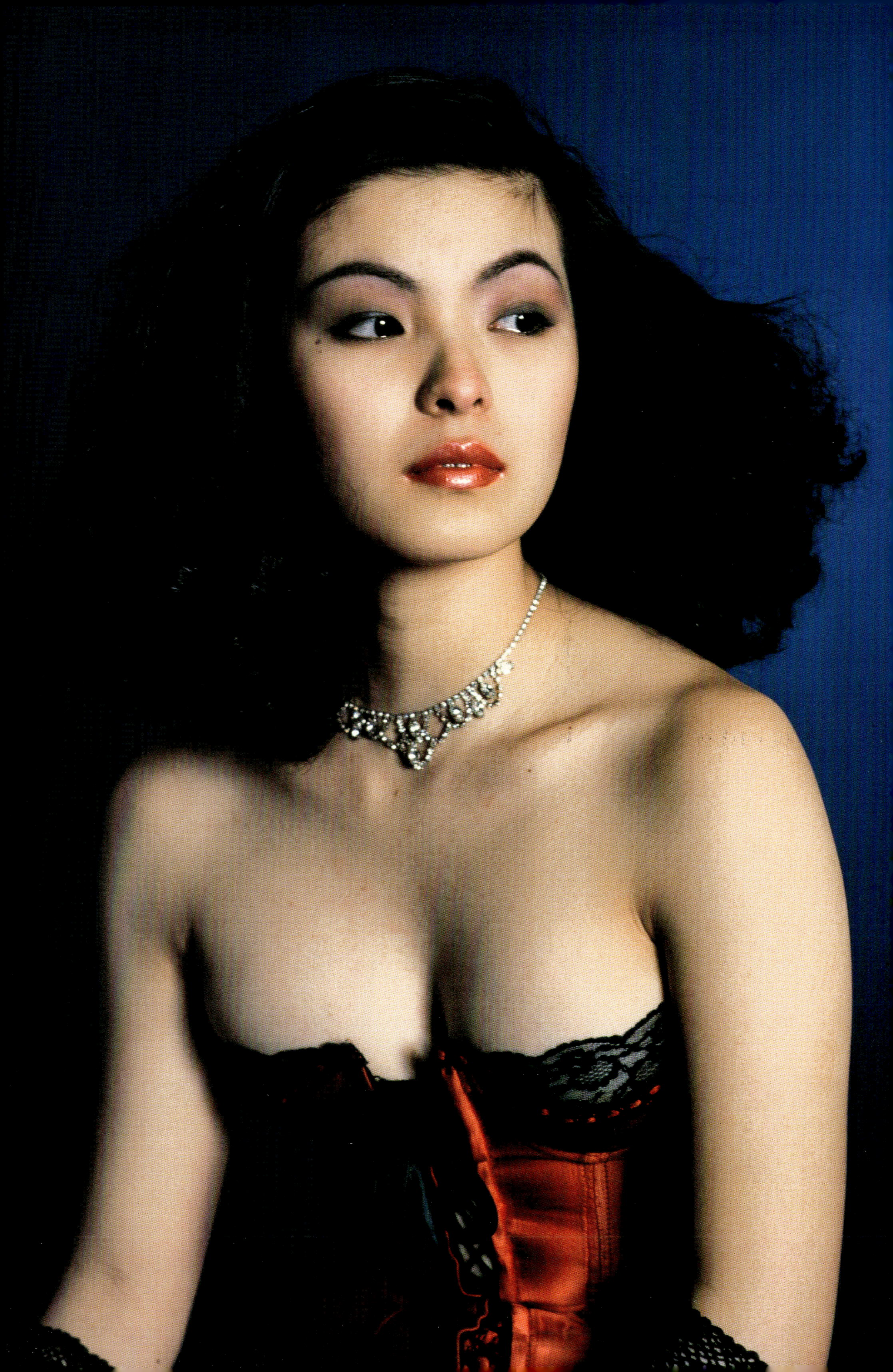

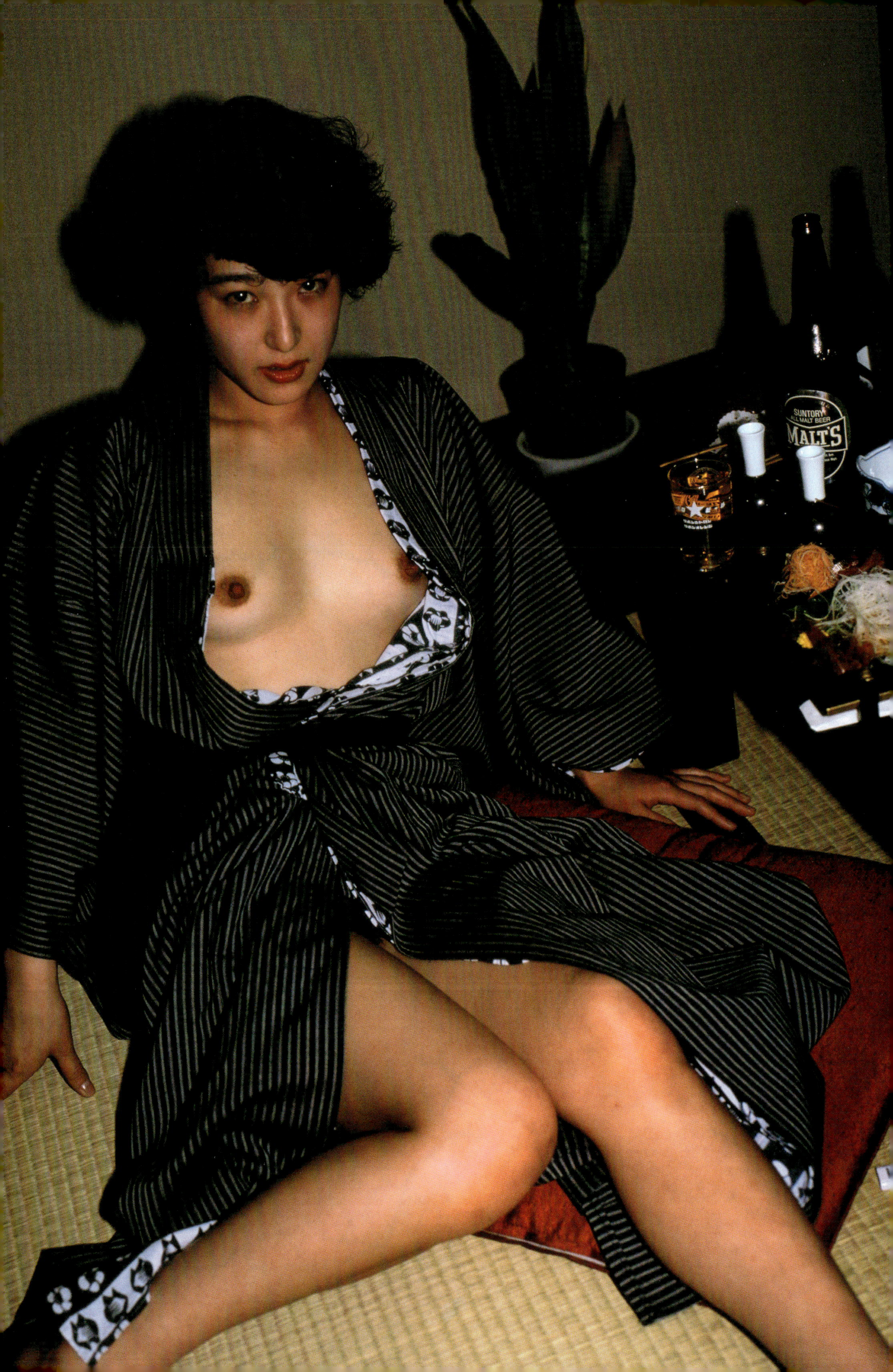
SUNTORY
ALL MALT BEER
MALT'S

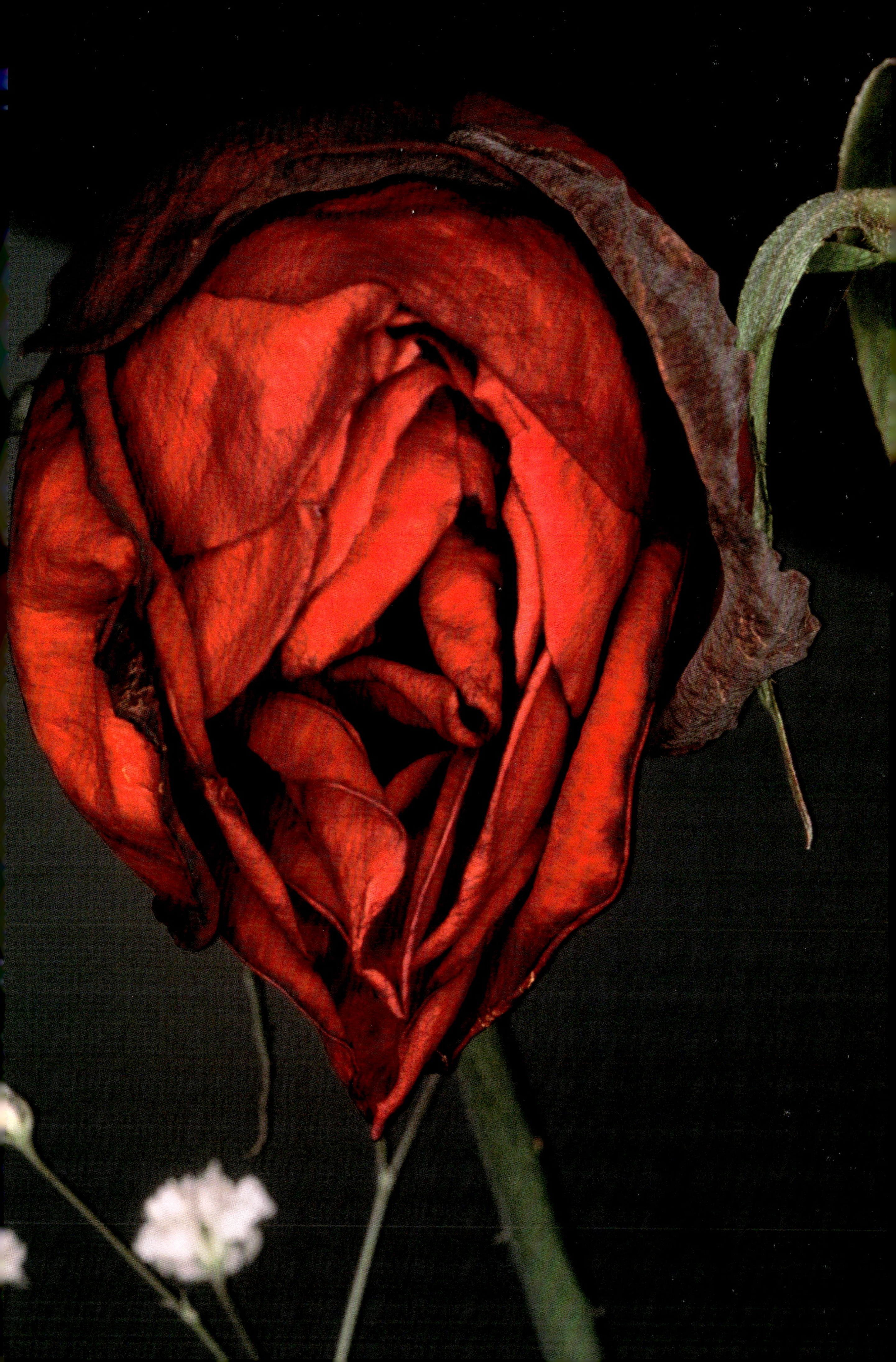

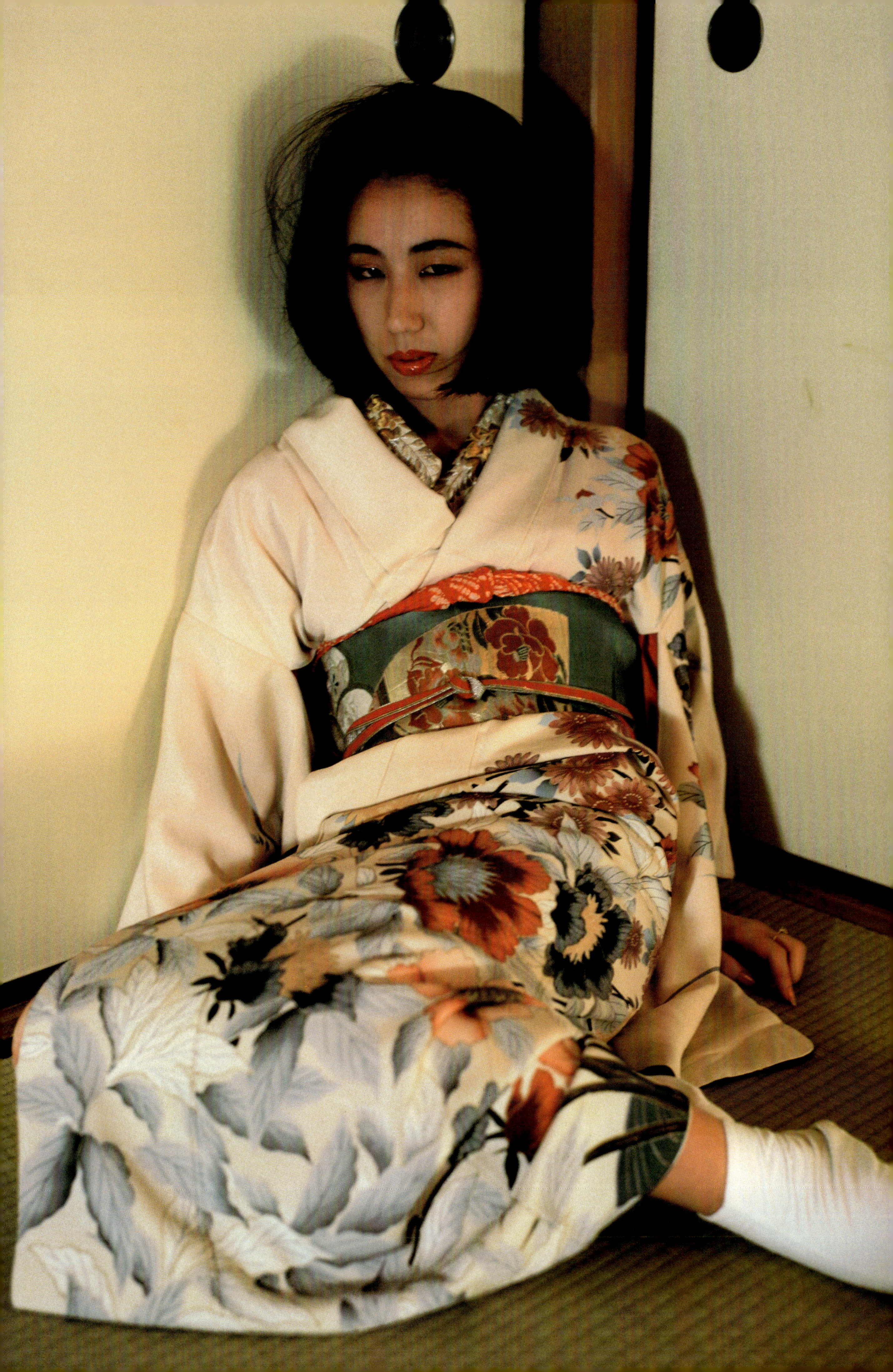

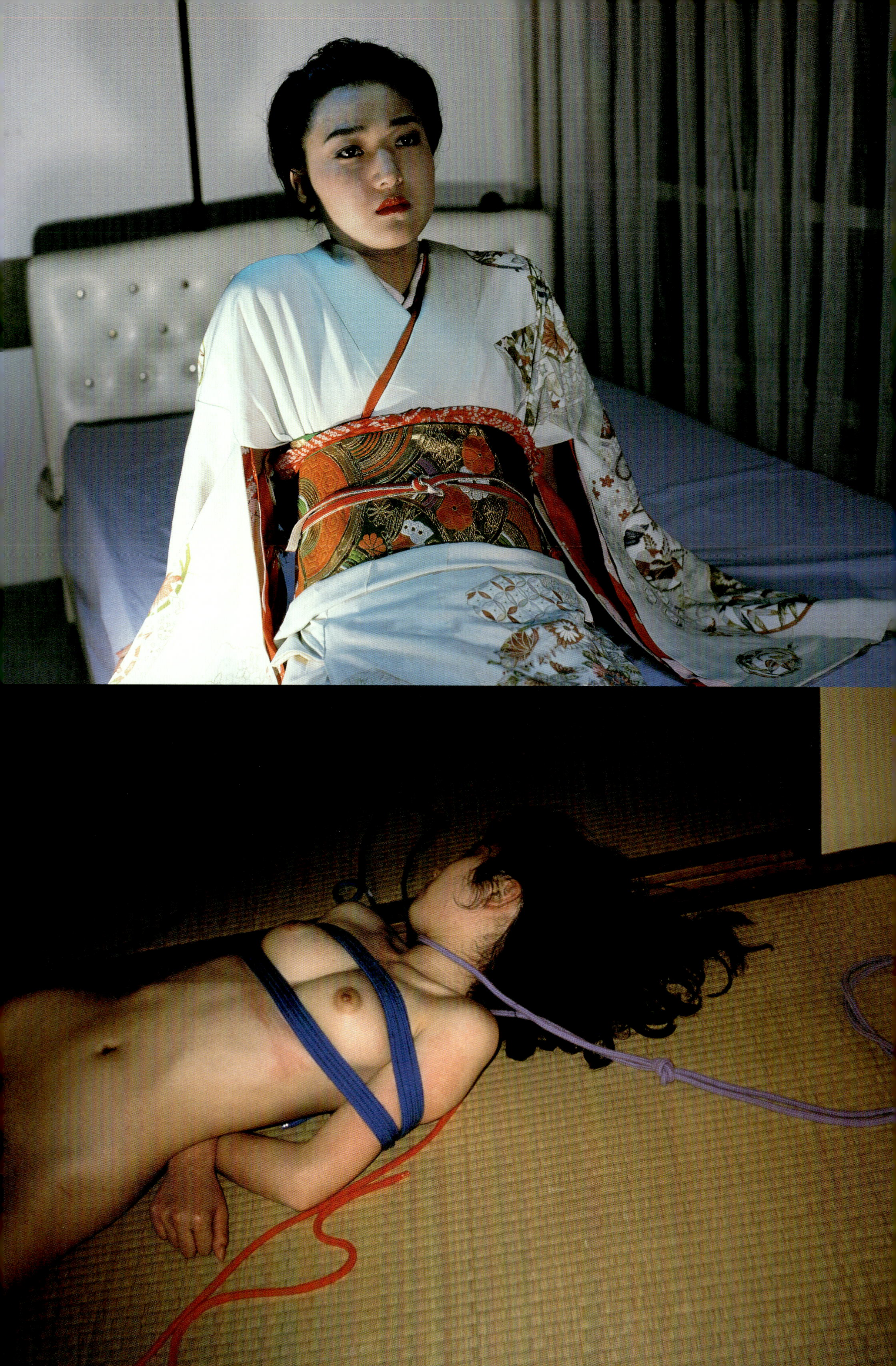

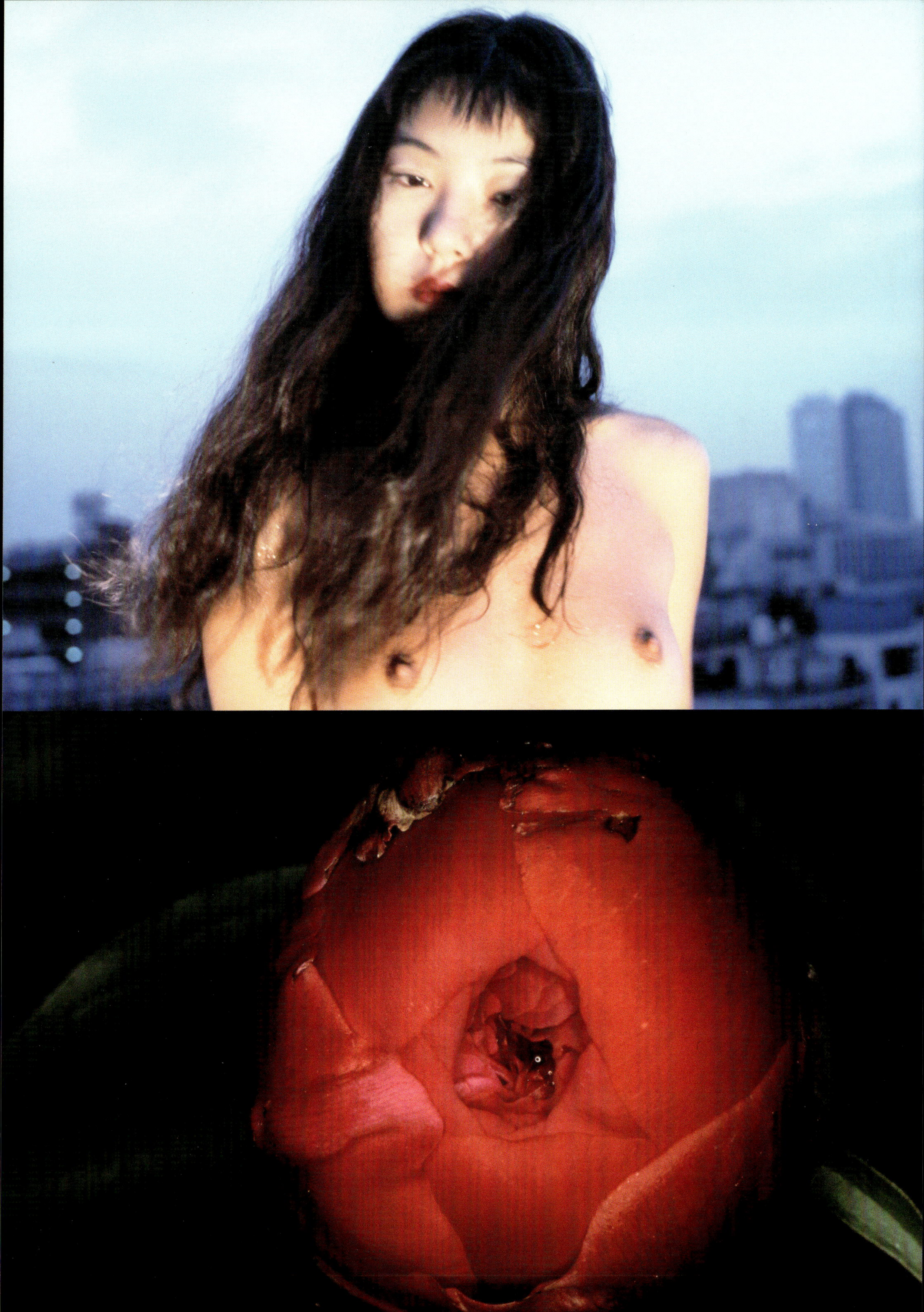

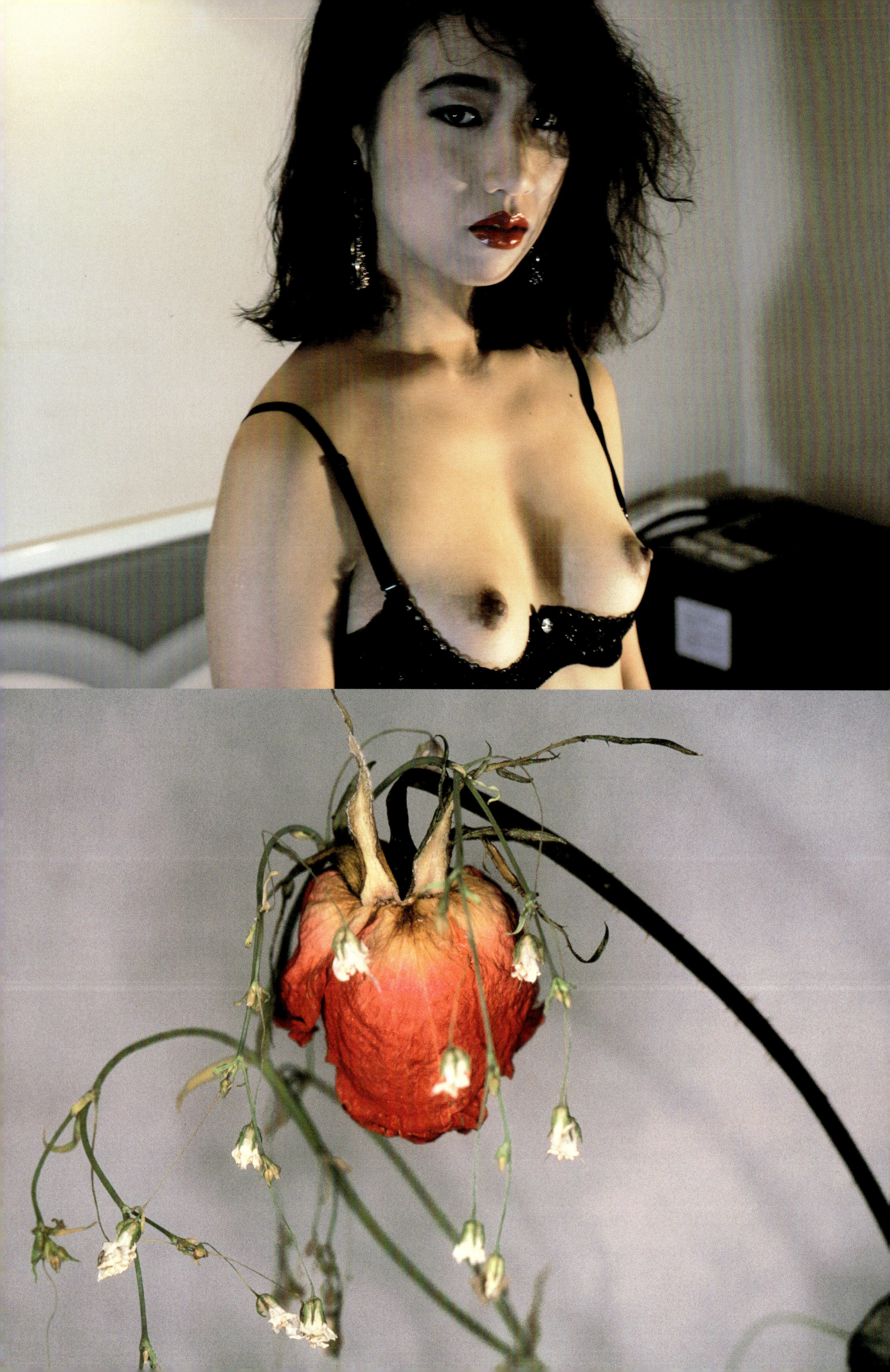

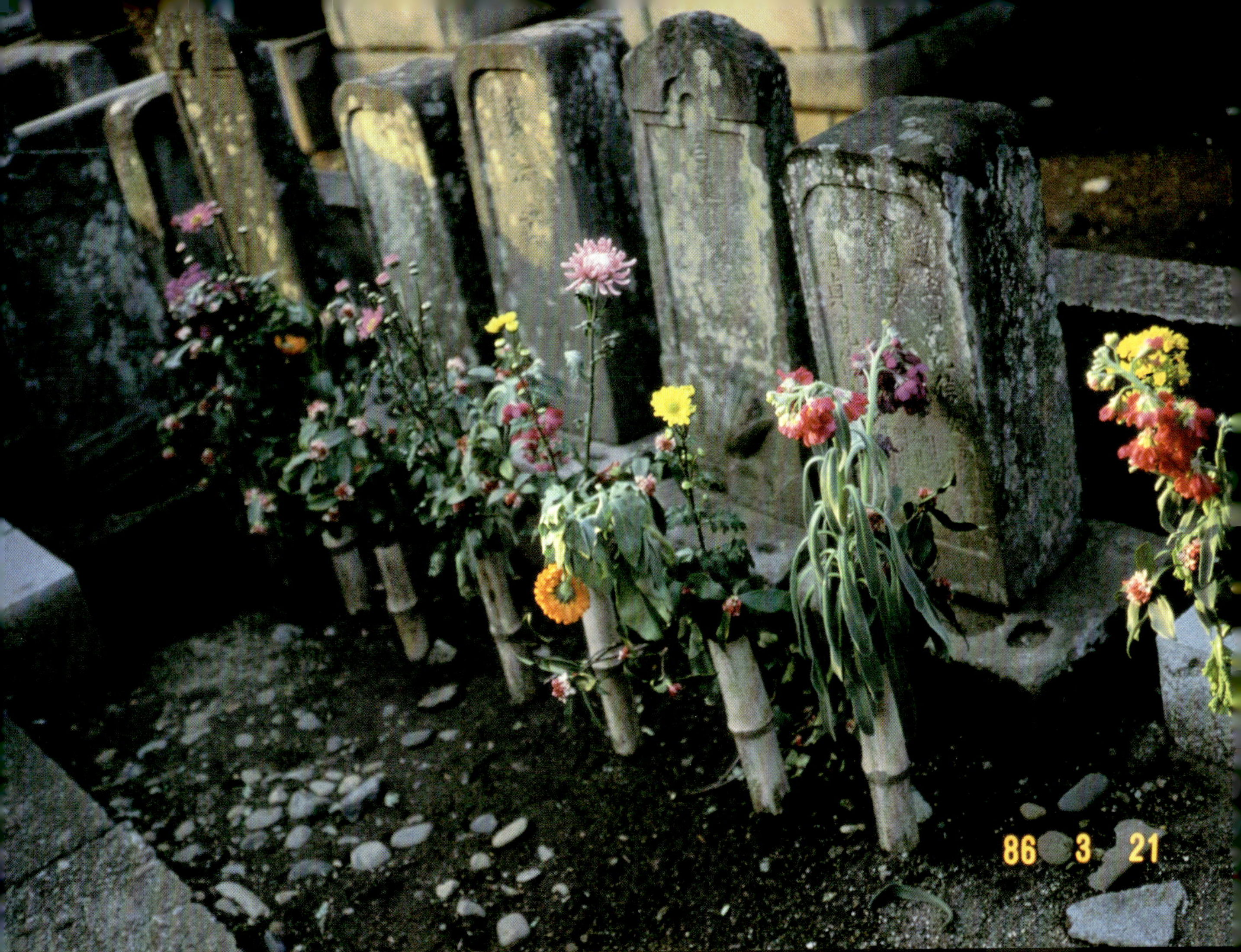

86 3 21

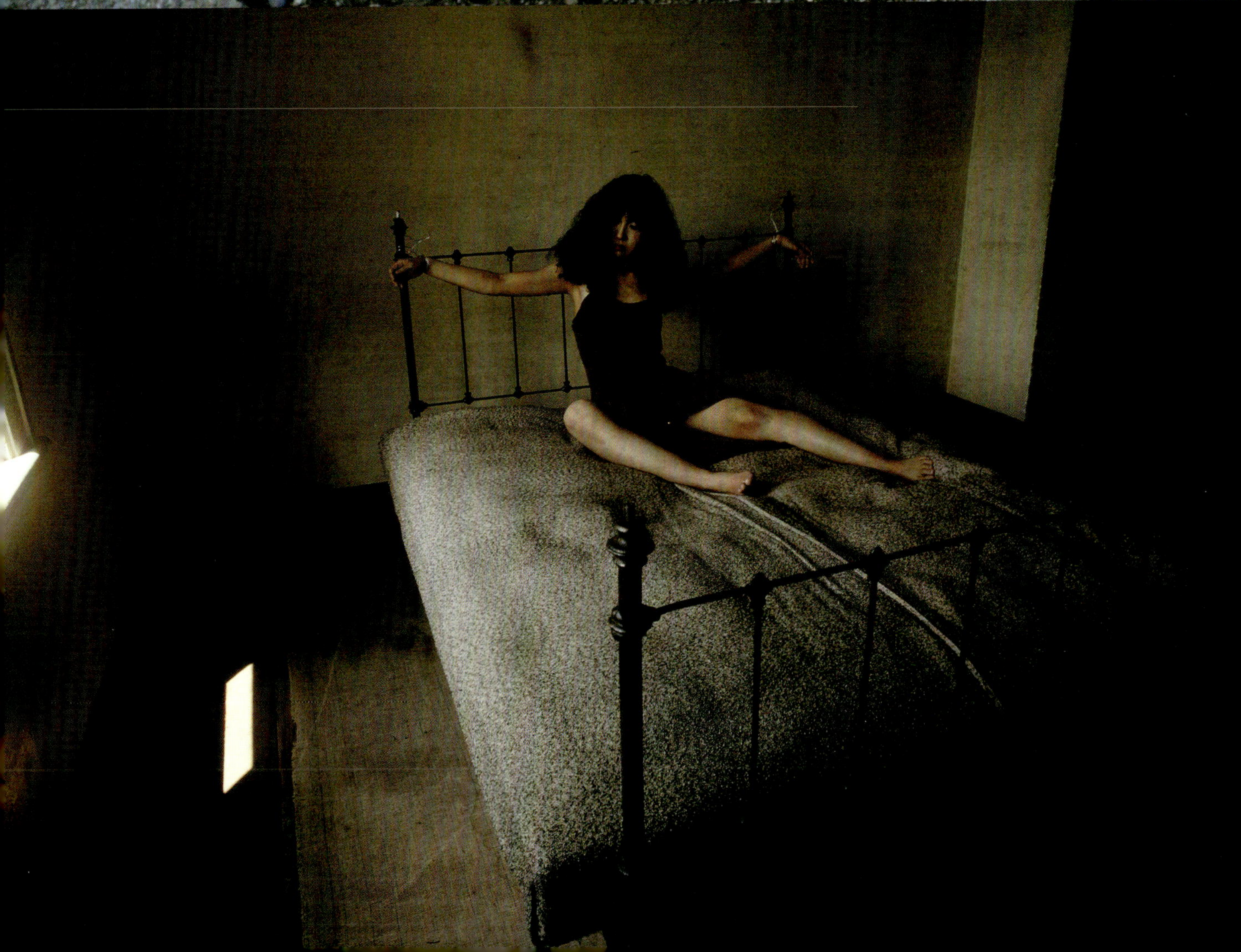

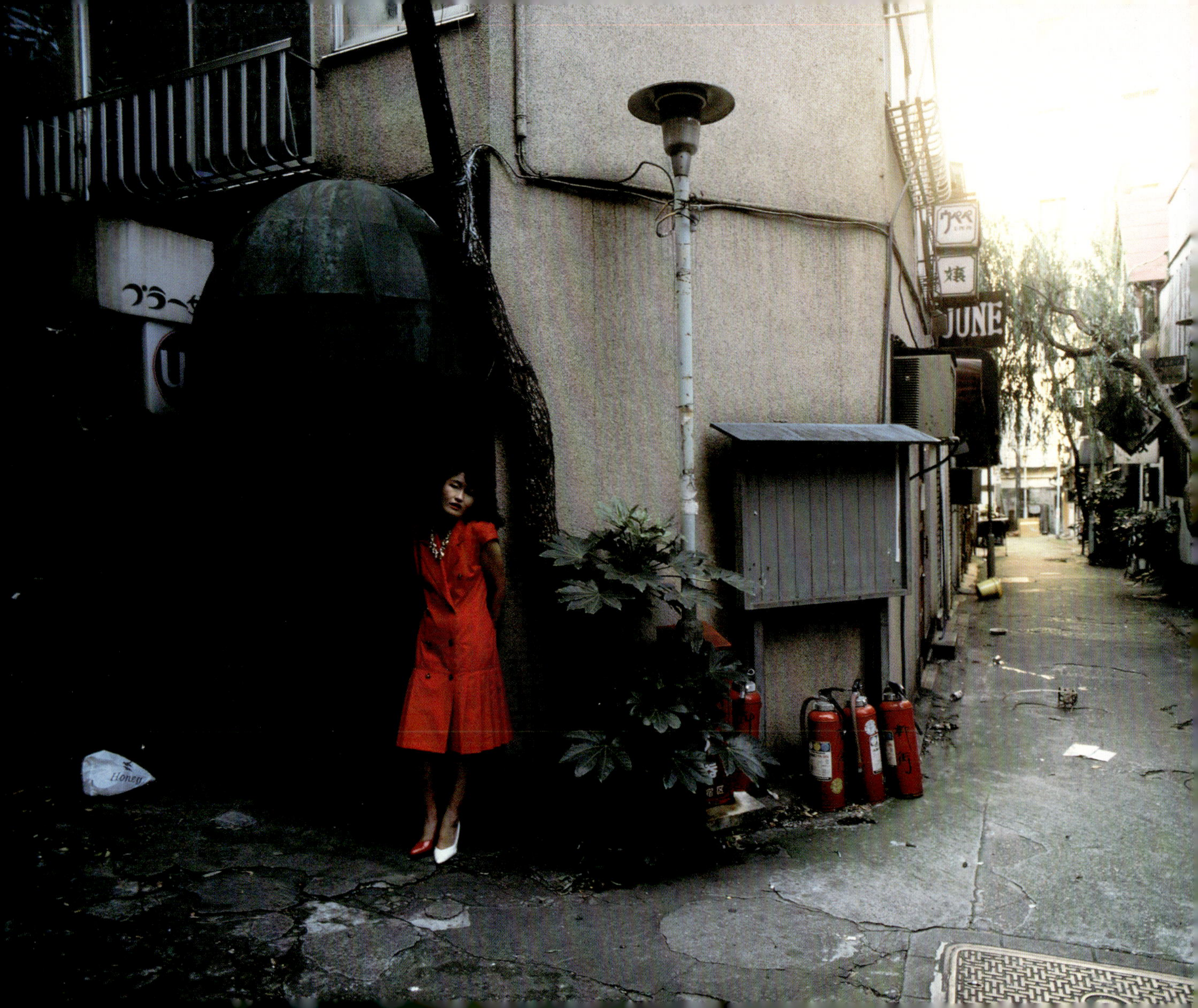
JUNE

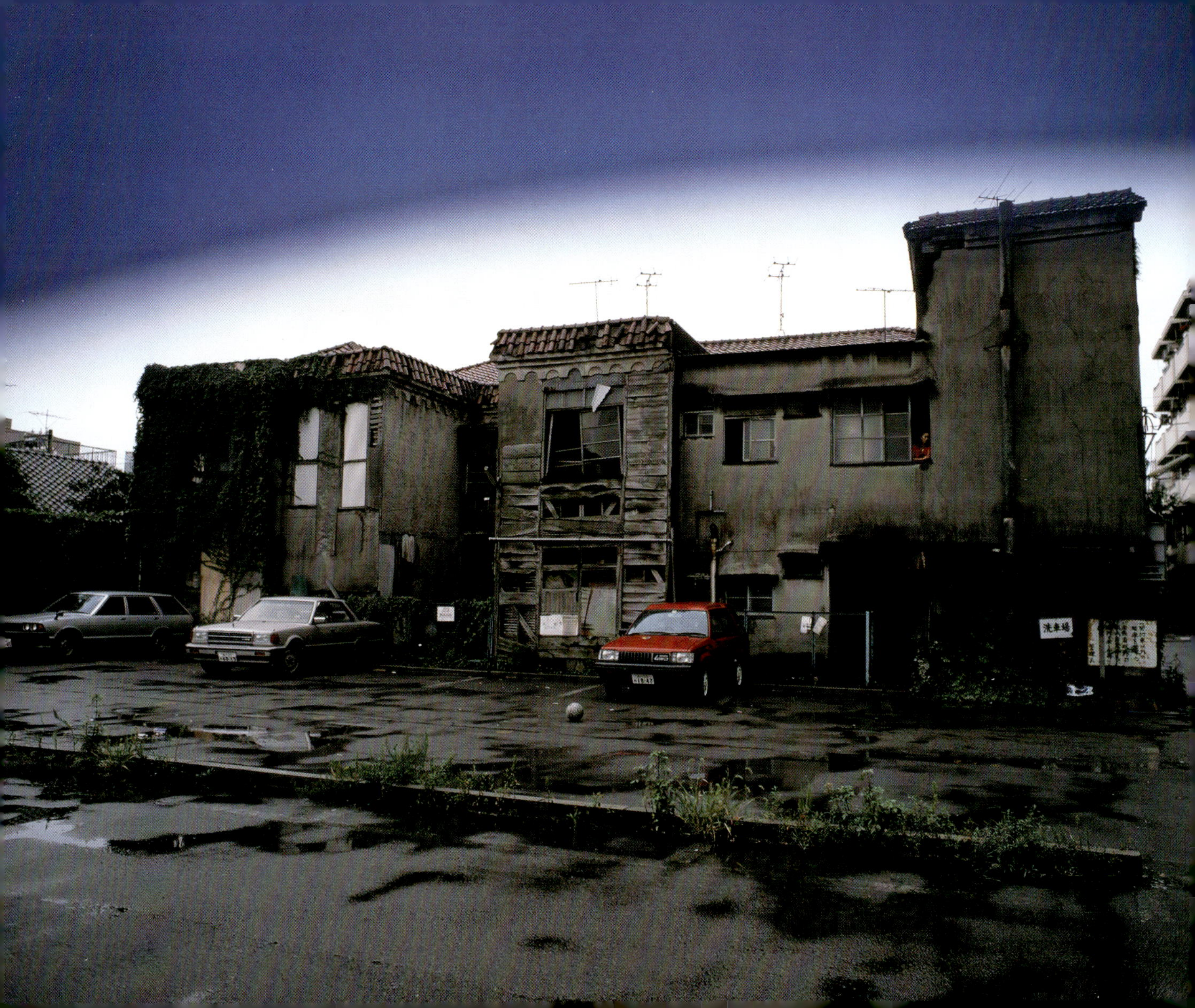
洗車場

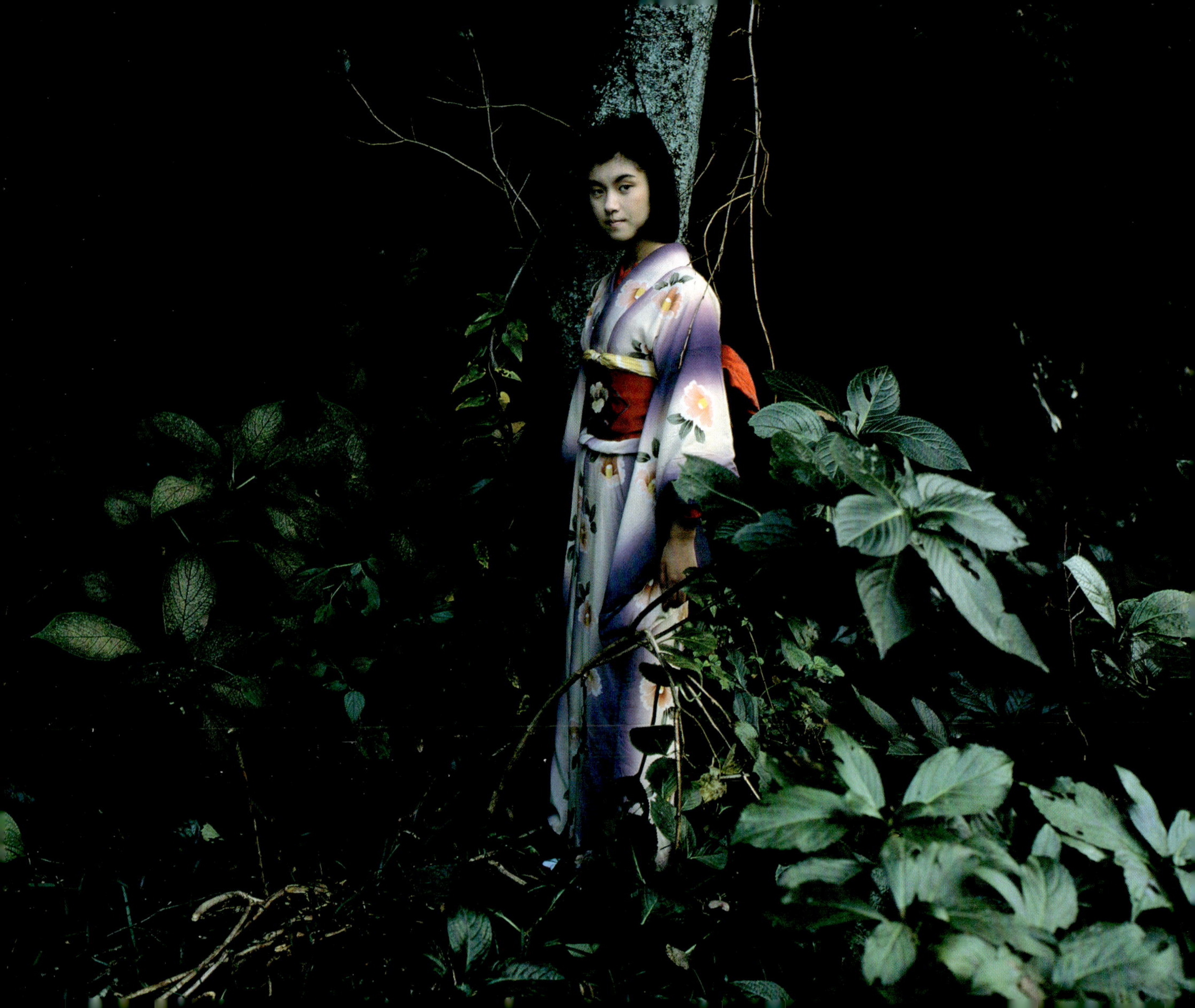

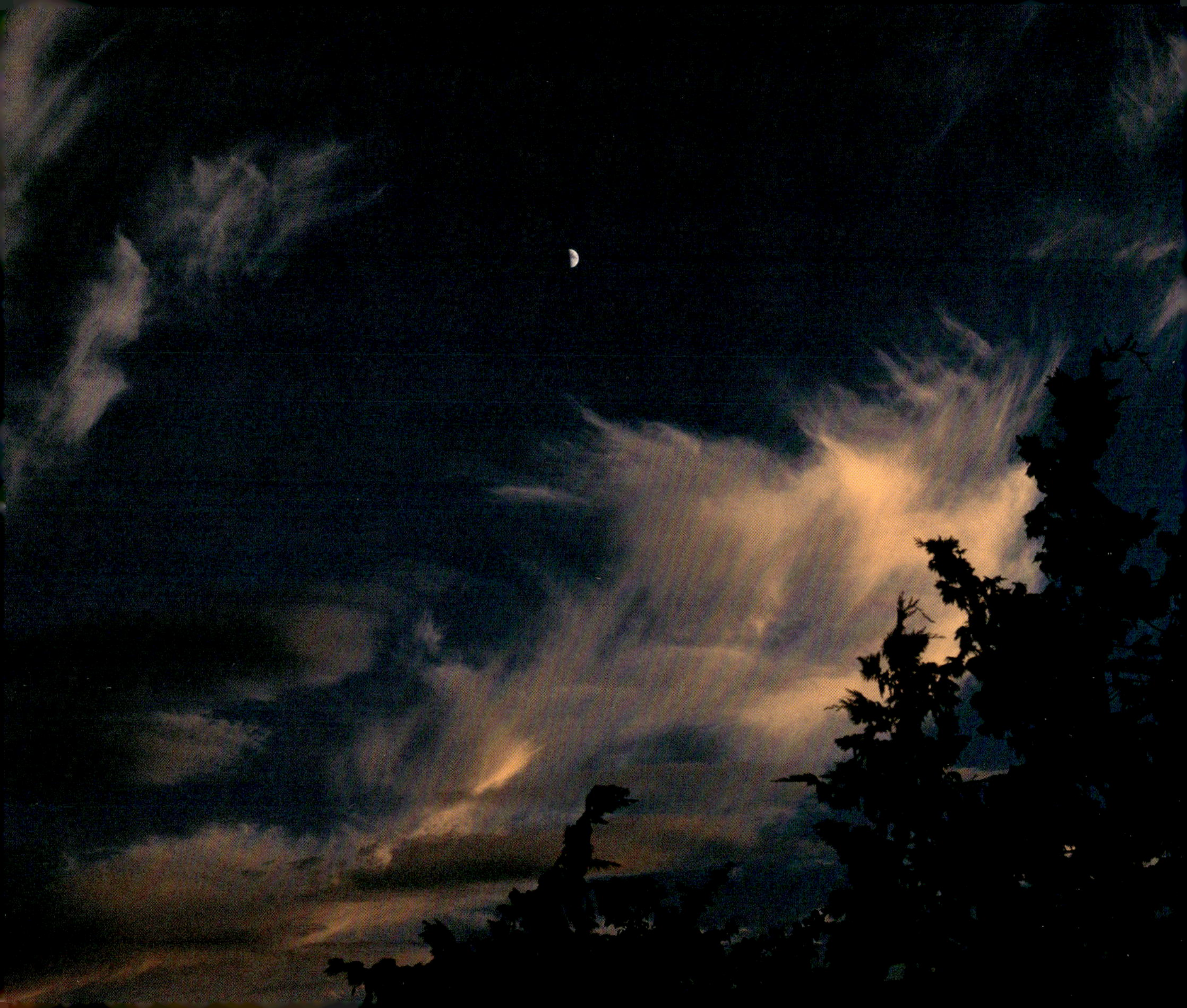

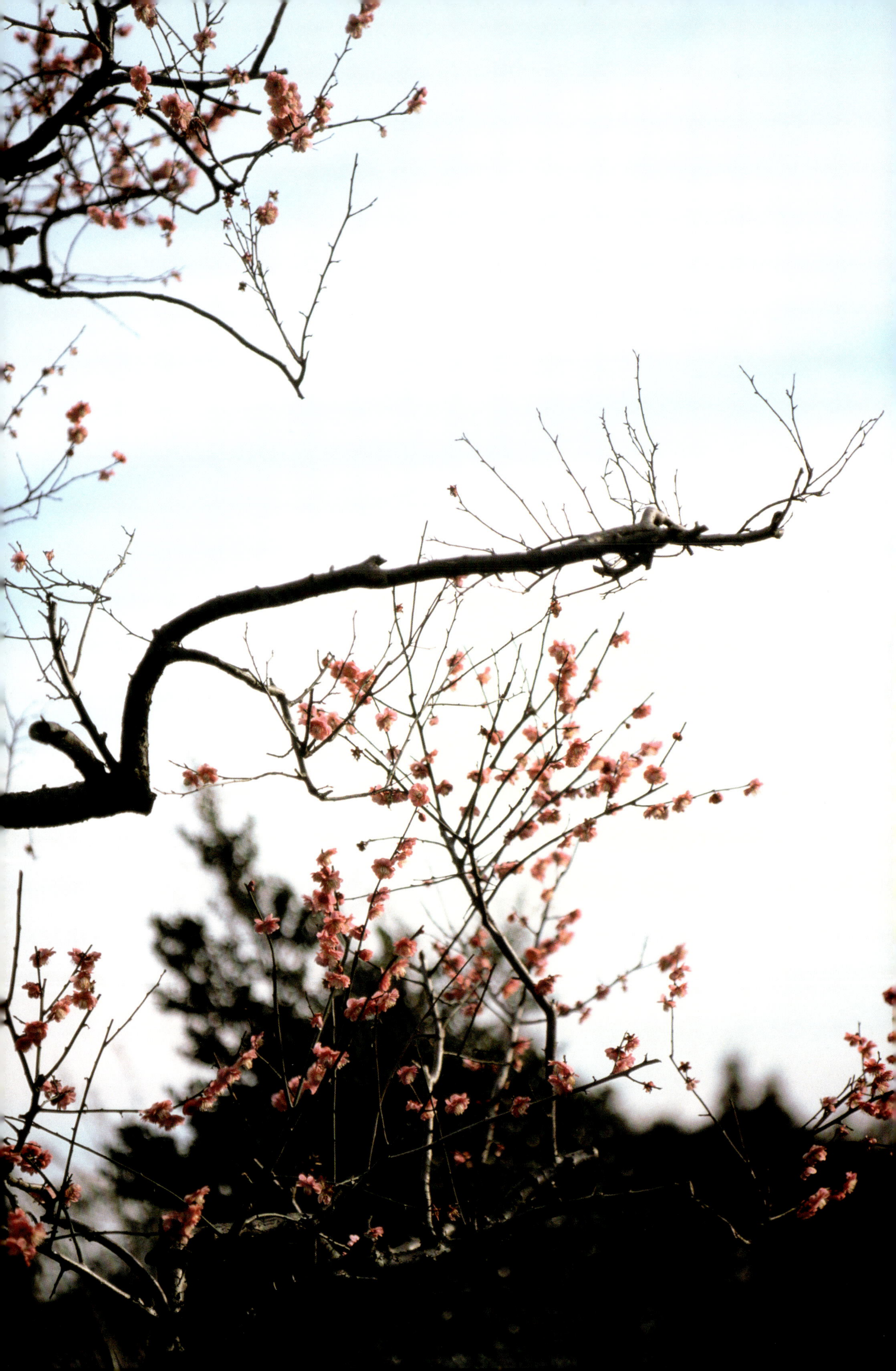

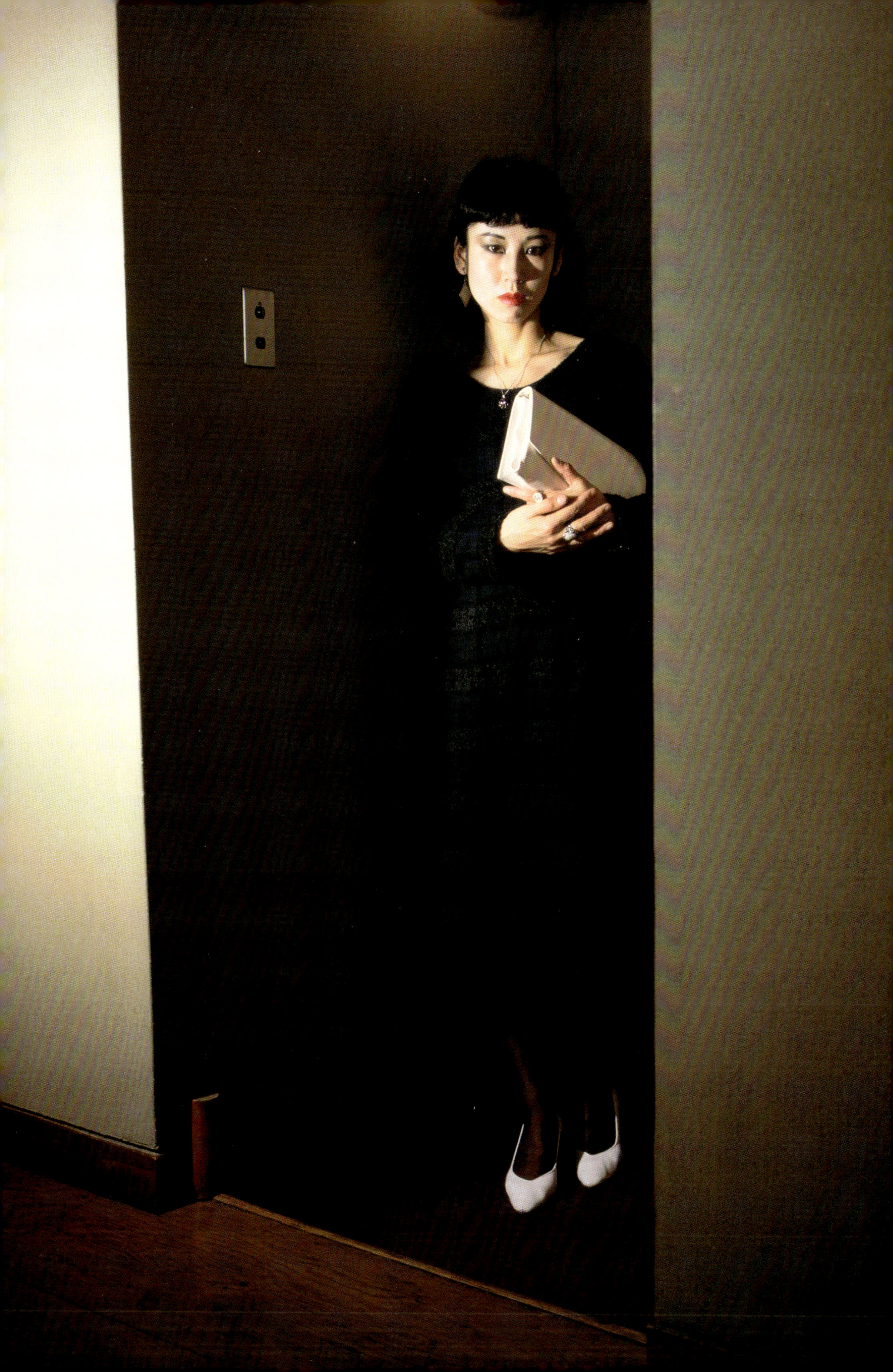

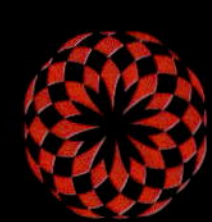

Tokyo Love

トーキョー・ラブ

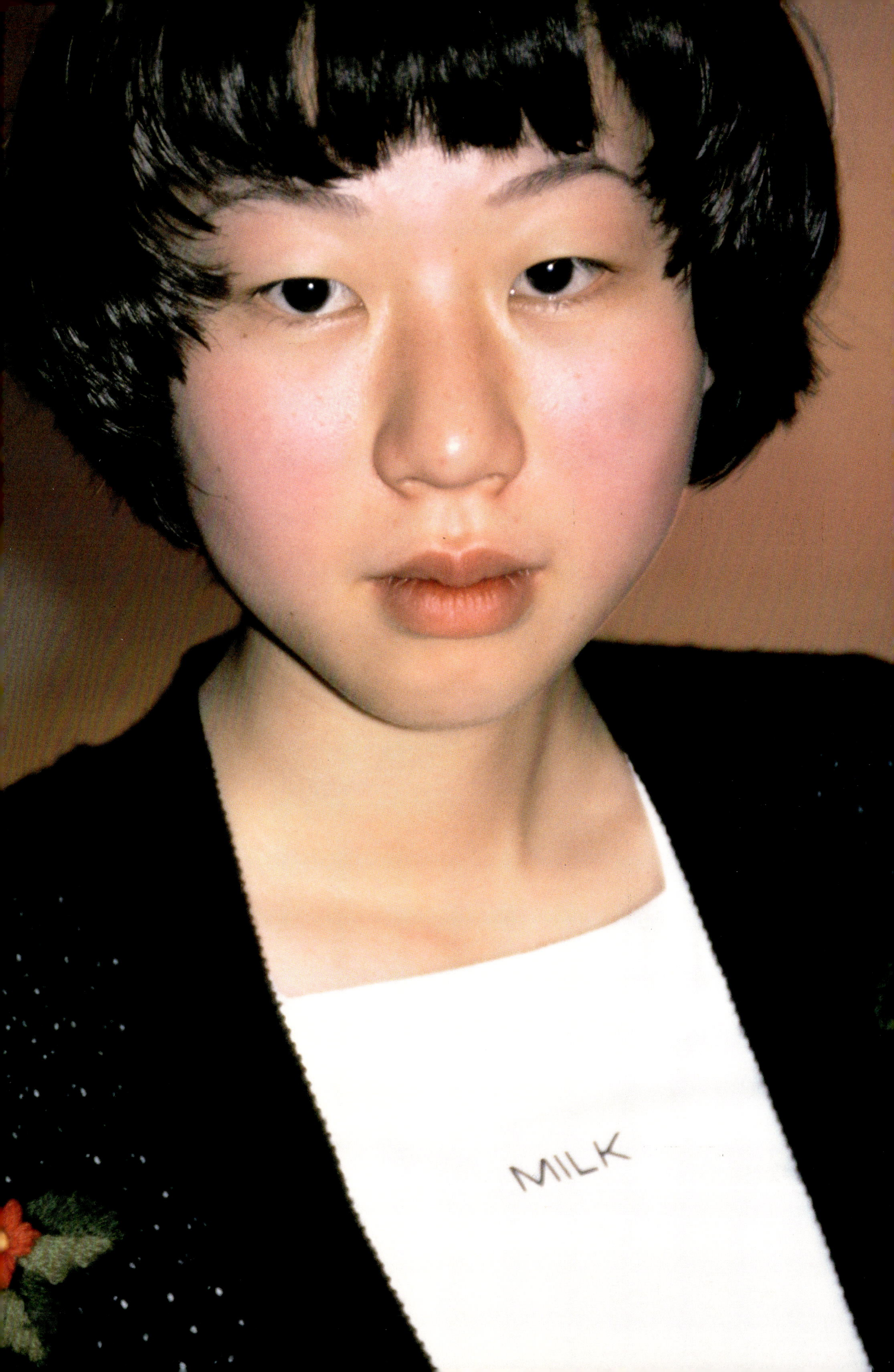
MILK

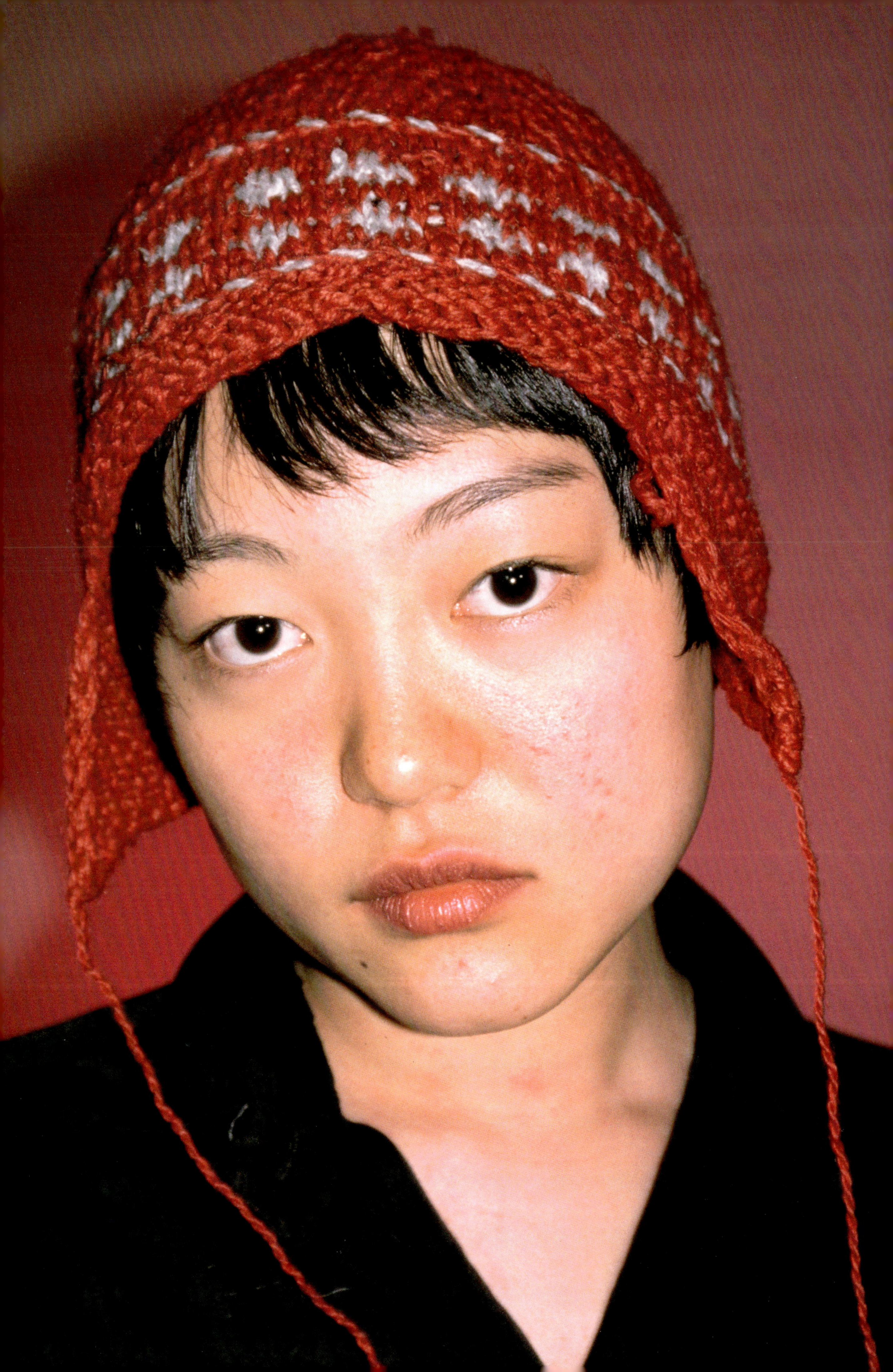

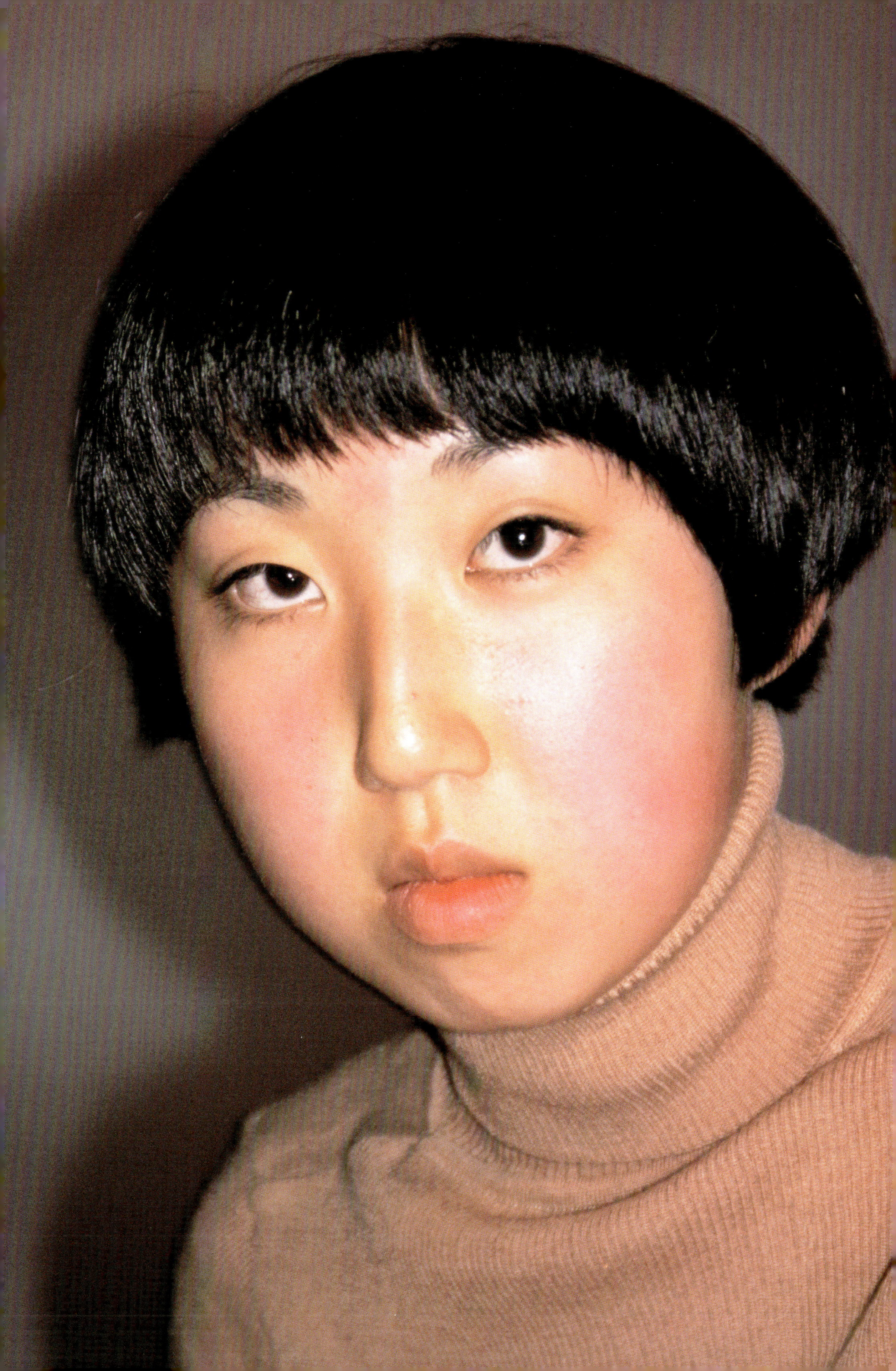

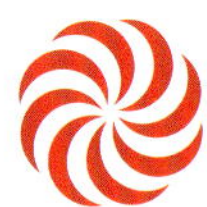

Naked Faces

顔写

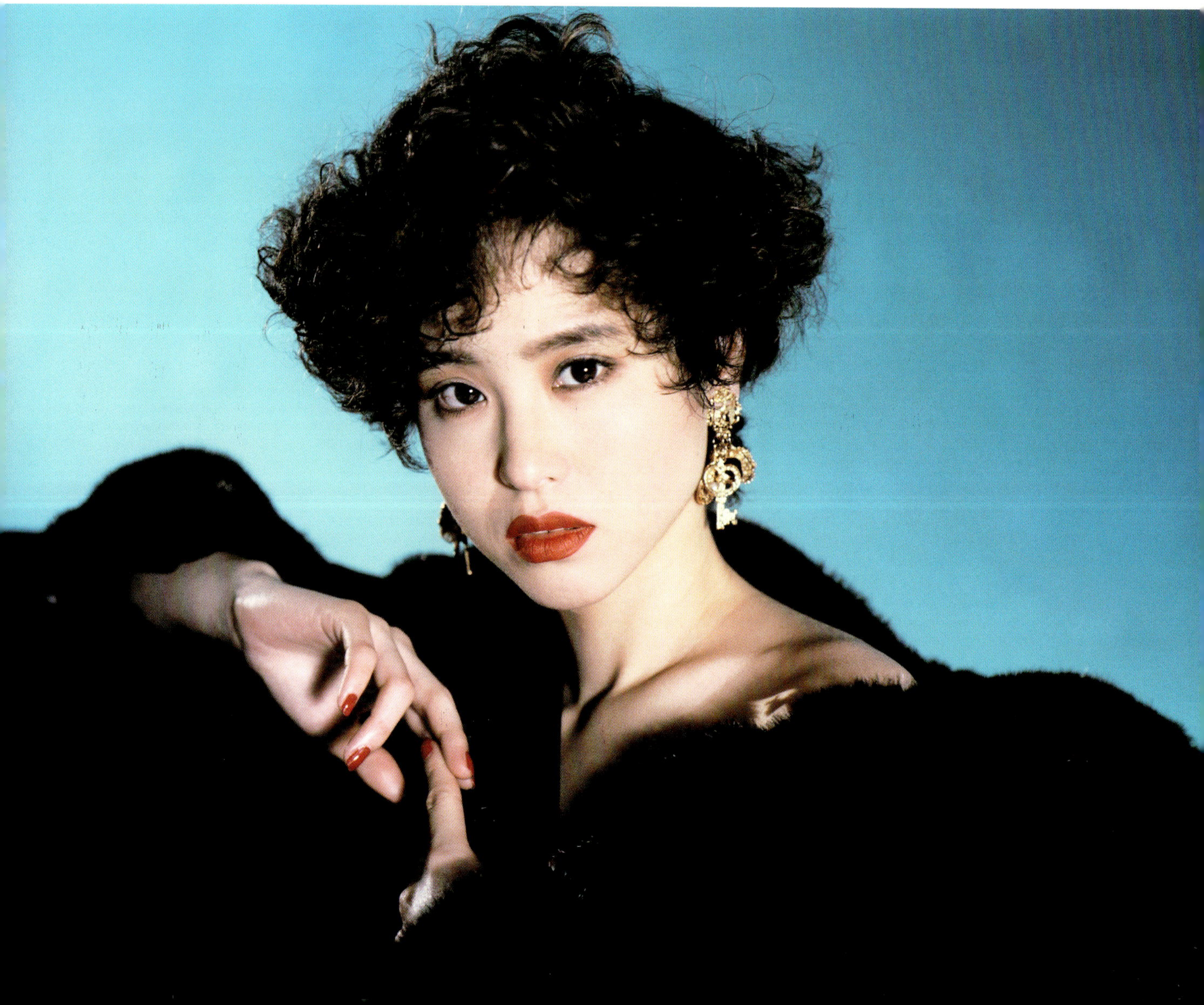

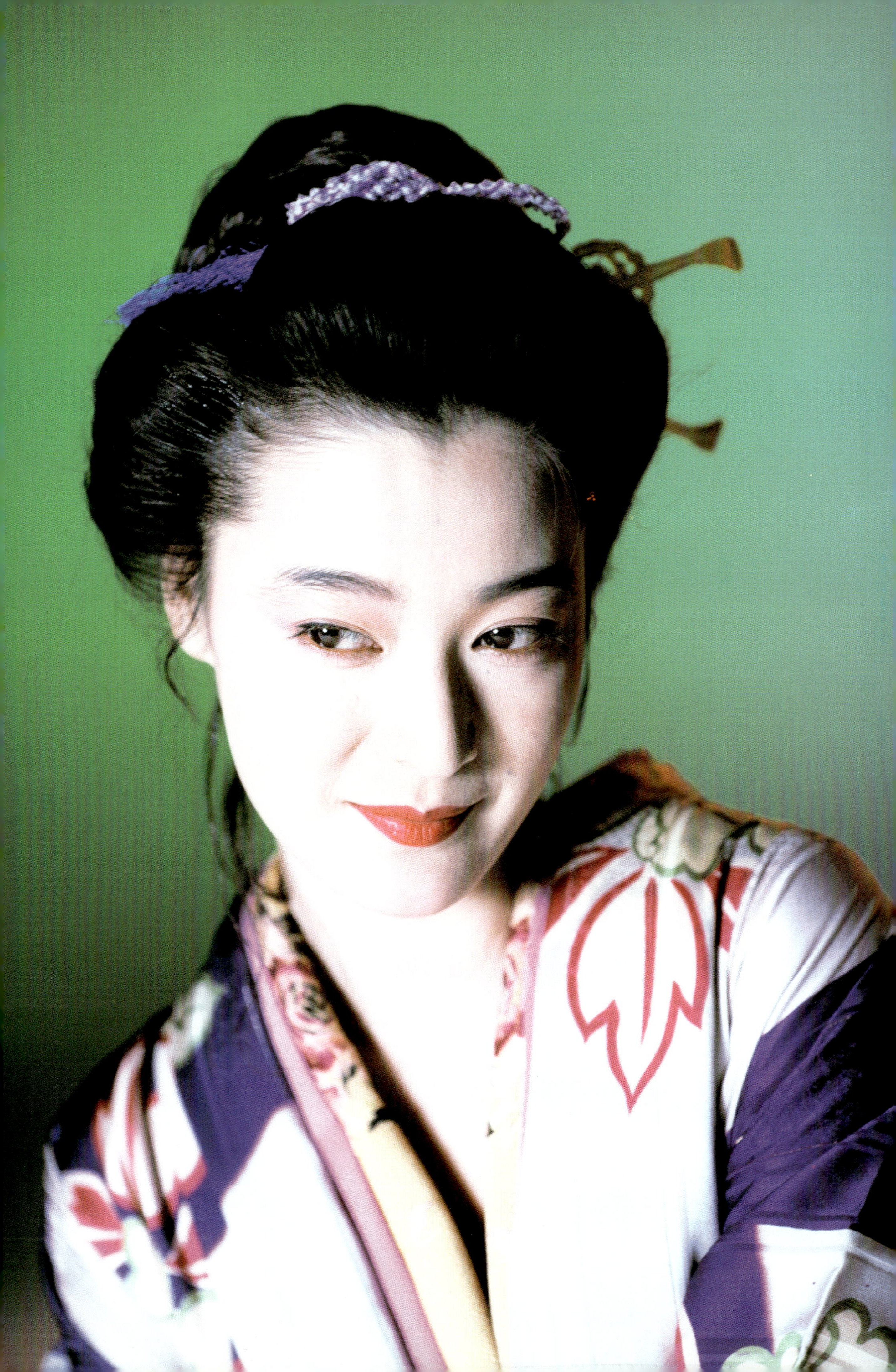

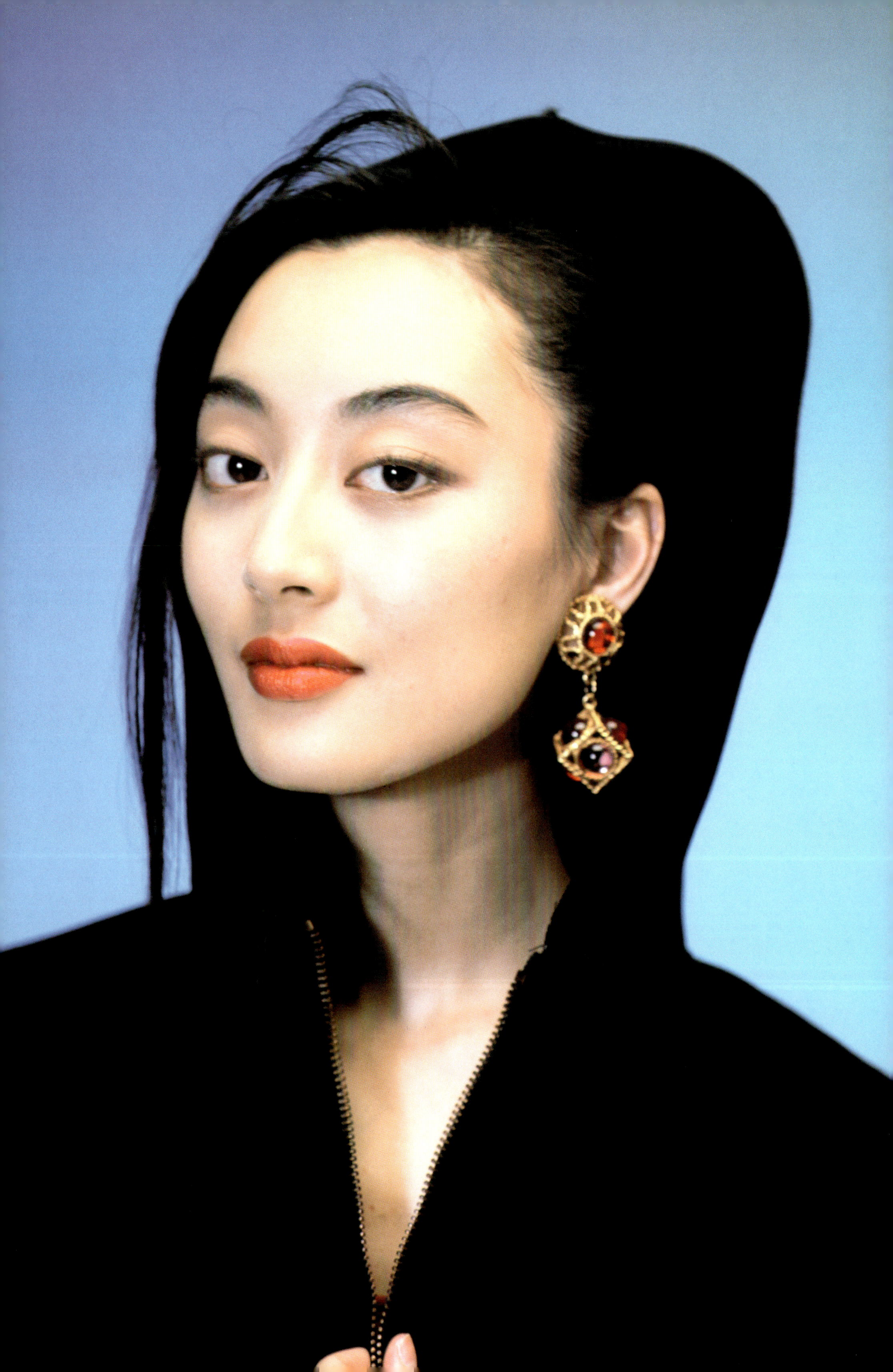

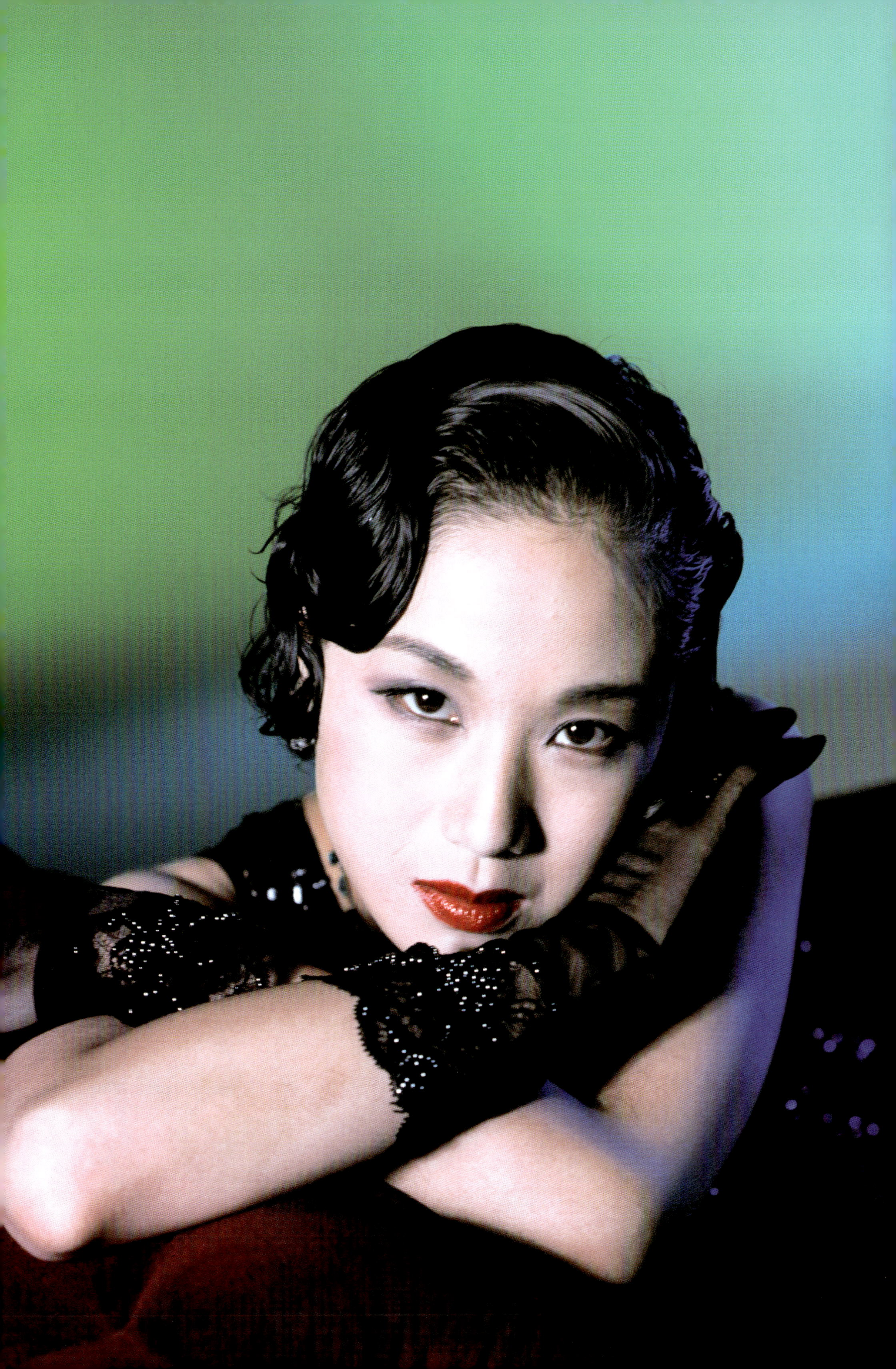

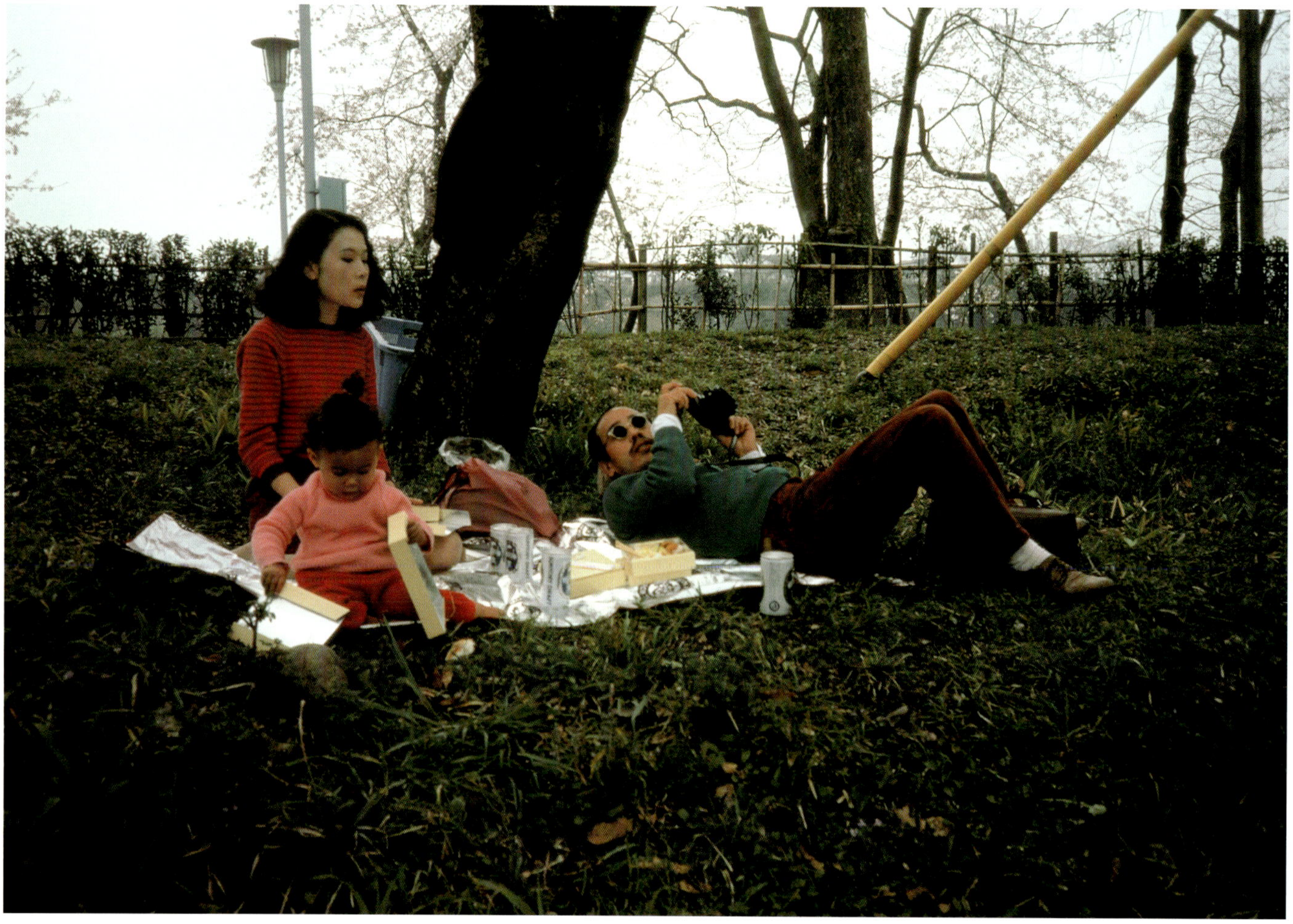

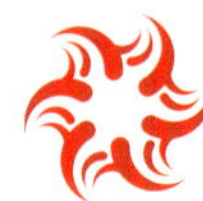

Summer: Retrographs

夏小説

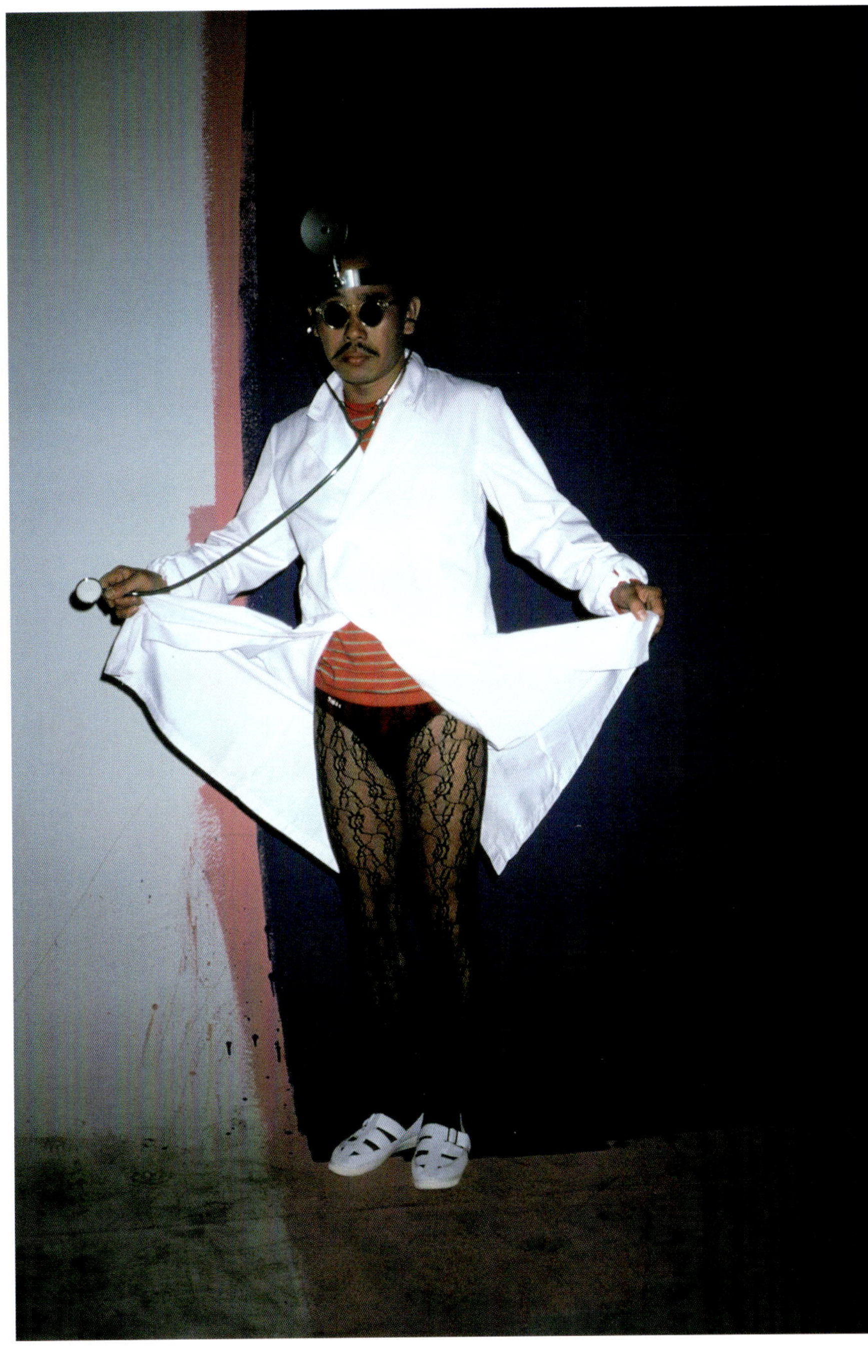

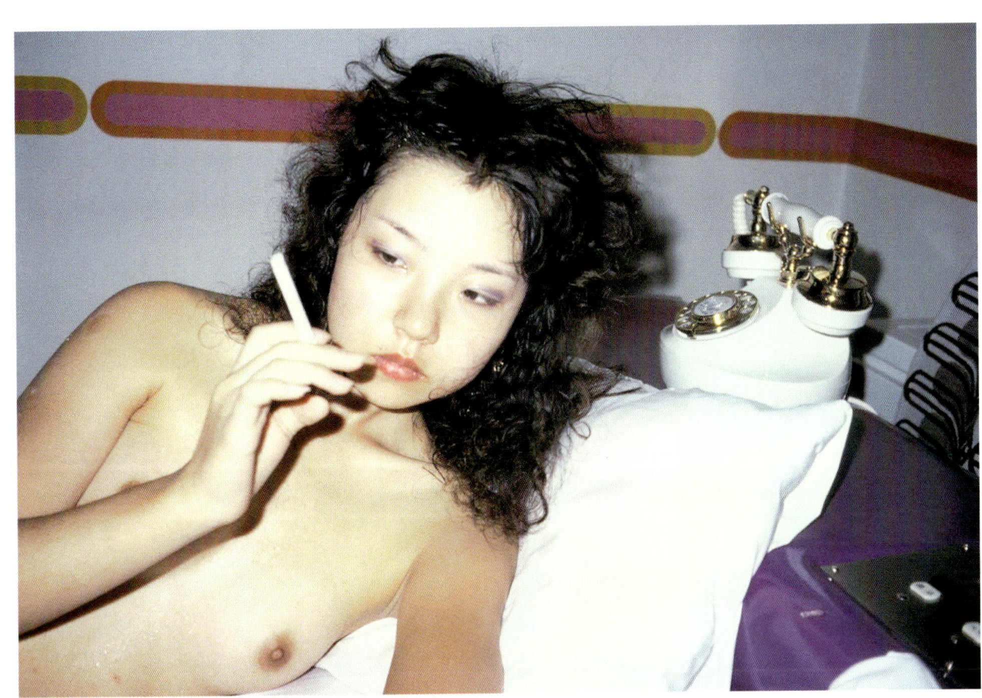

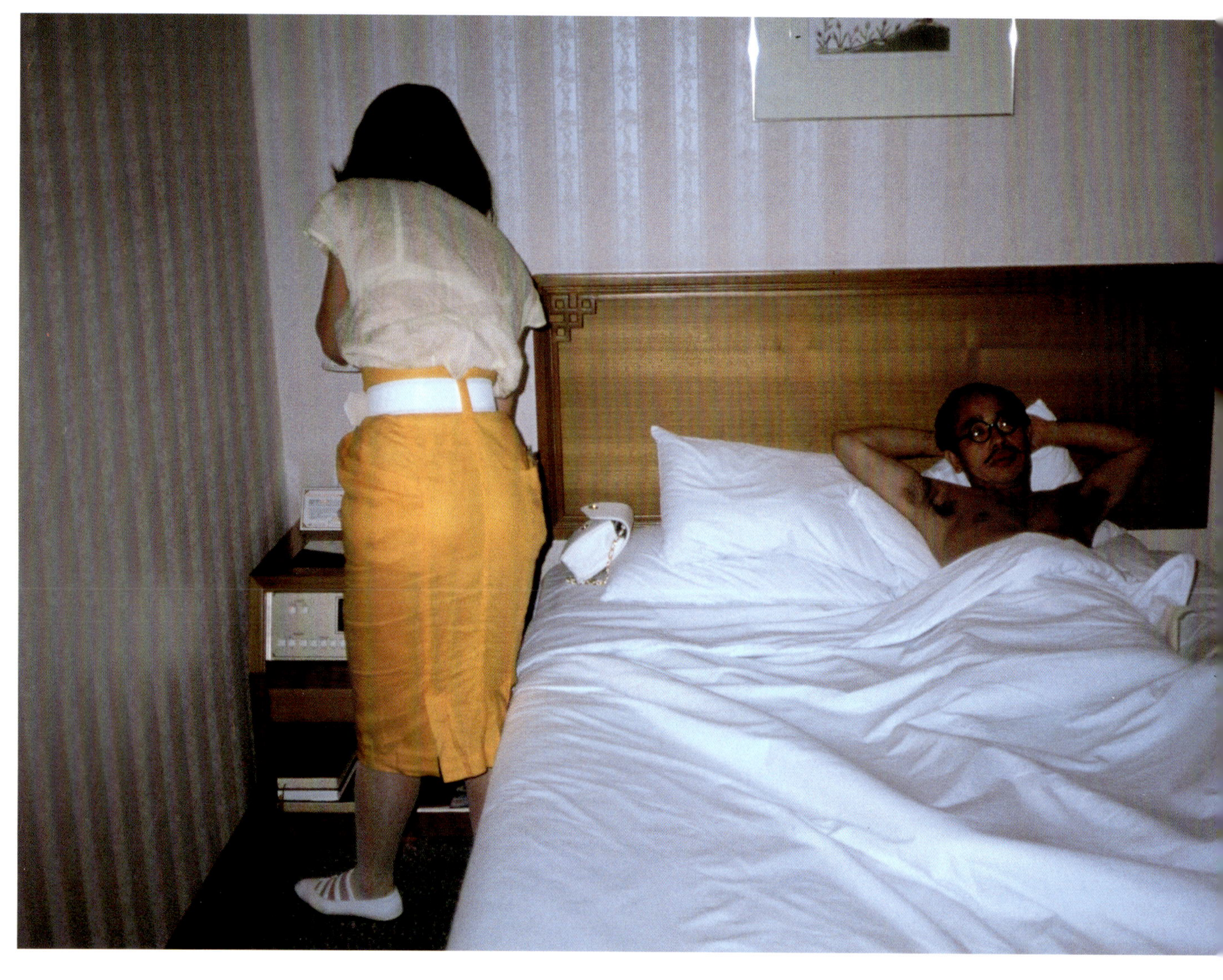

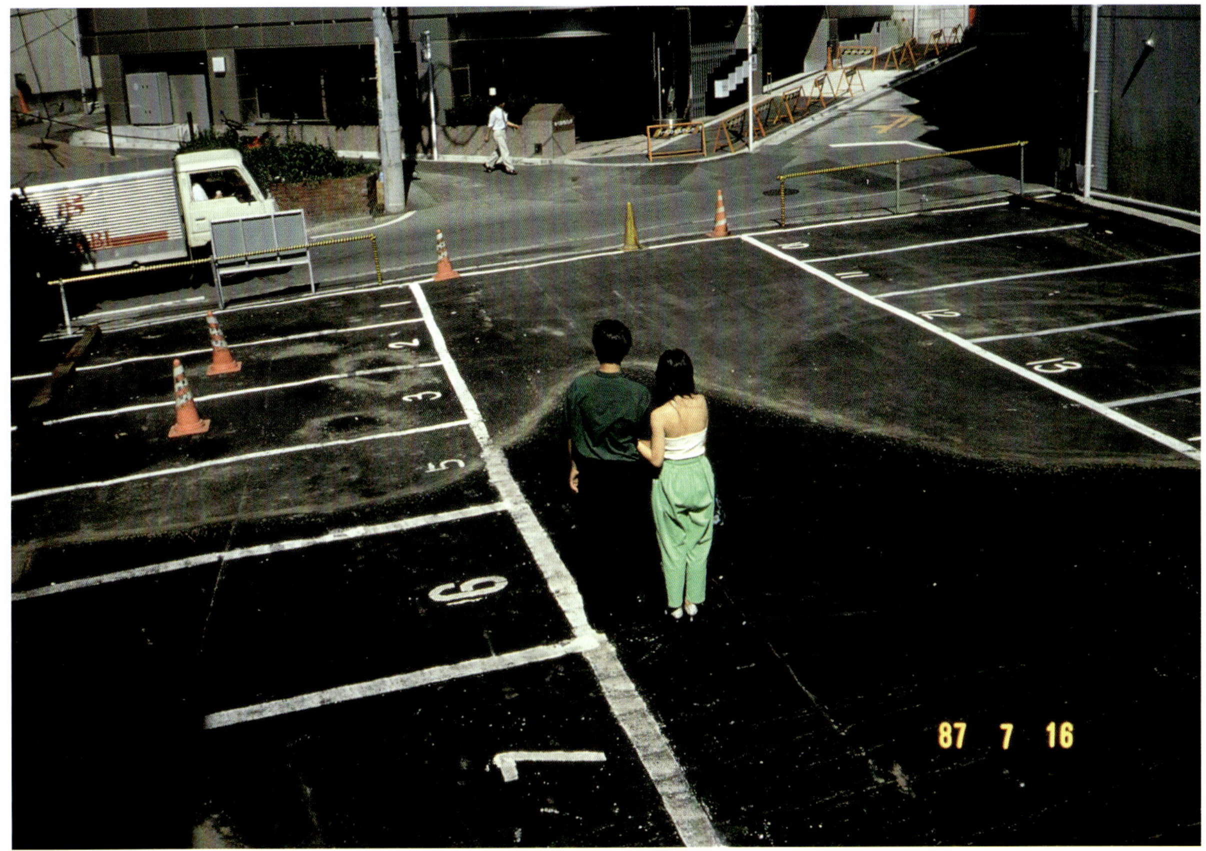
87 7 16

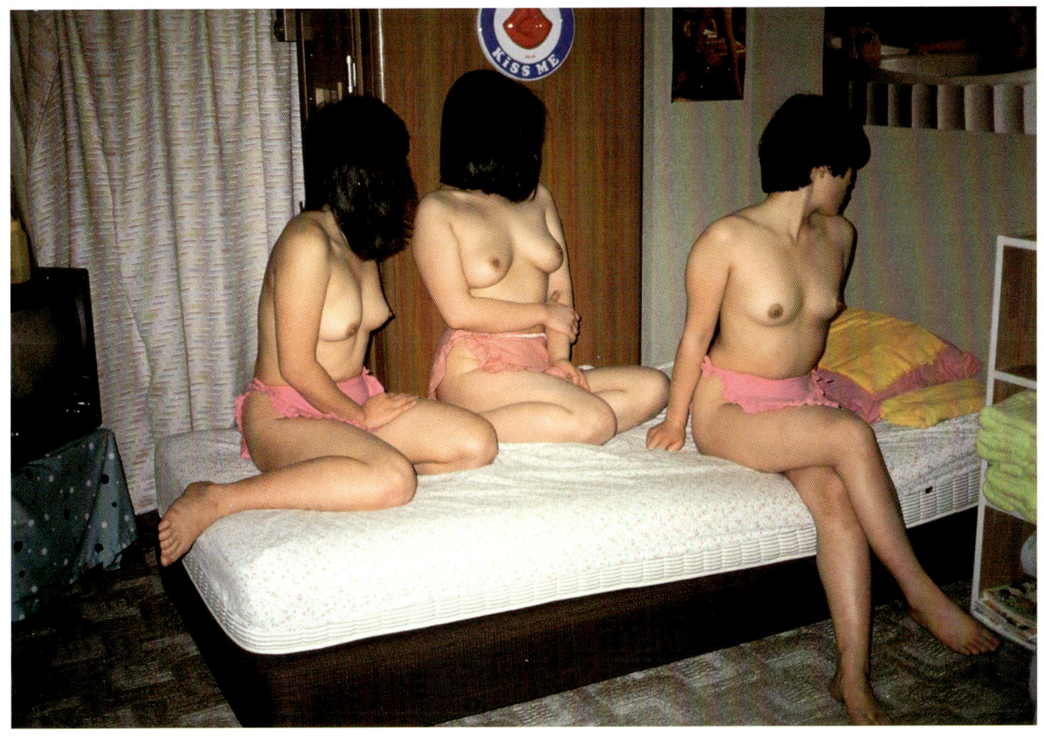
KISS ME

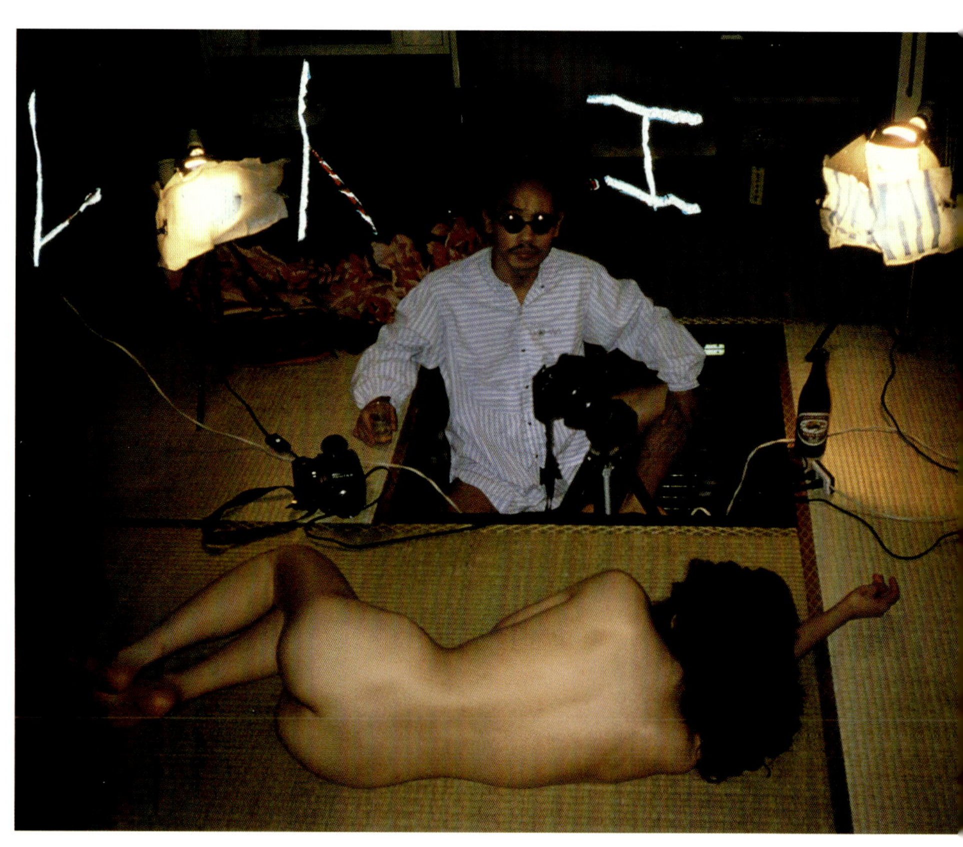

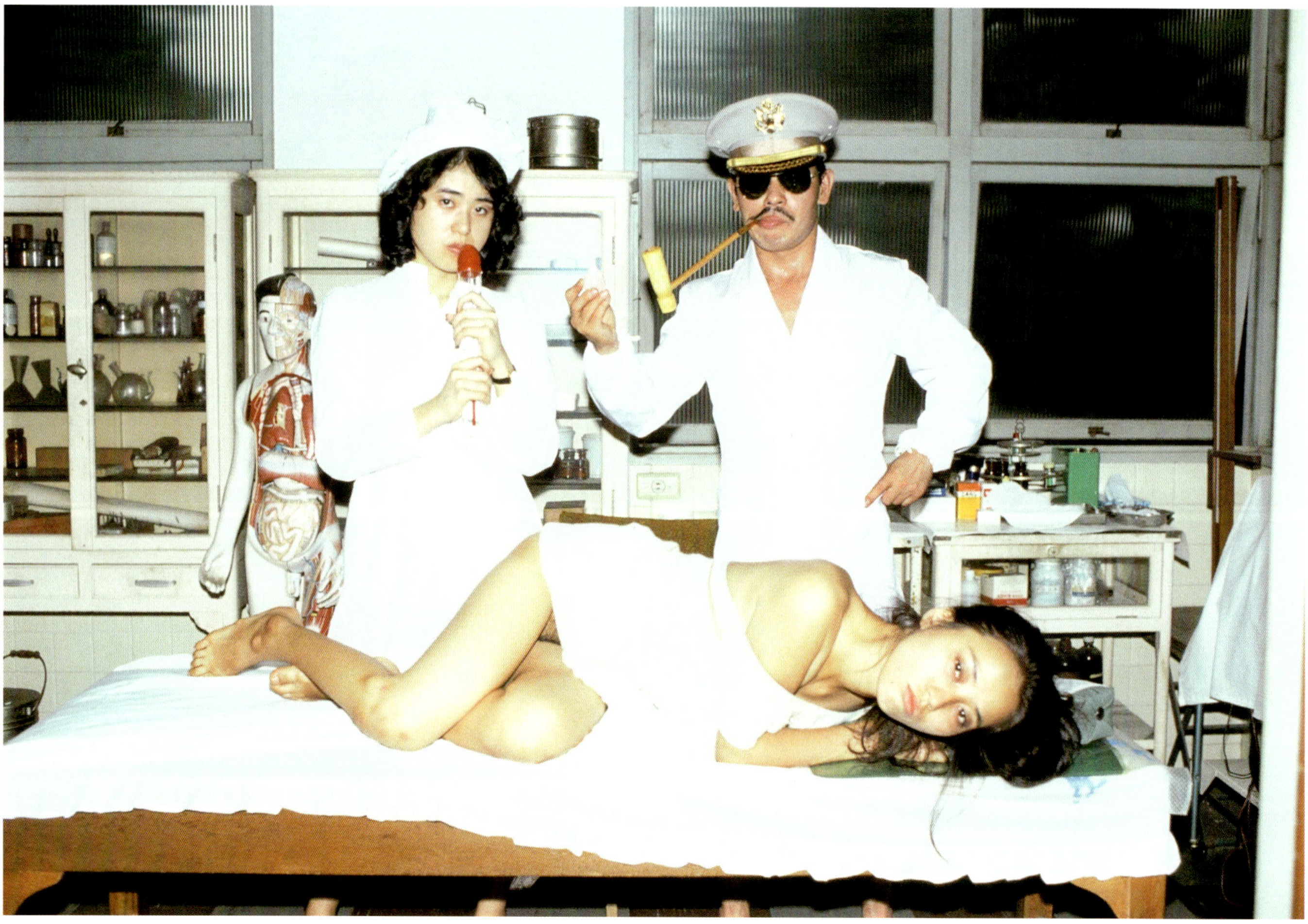

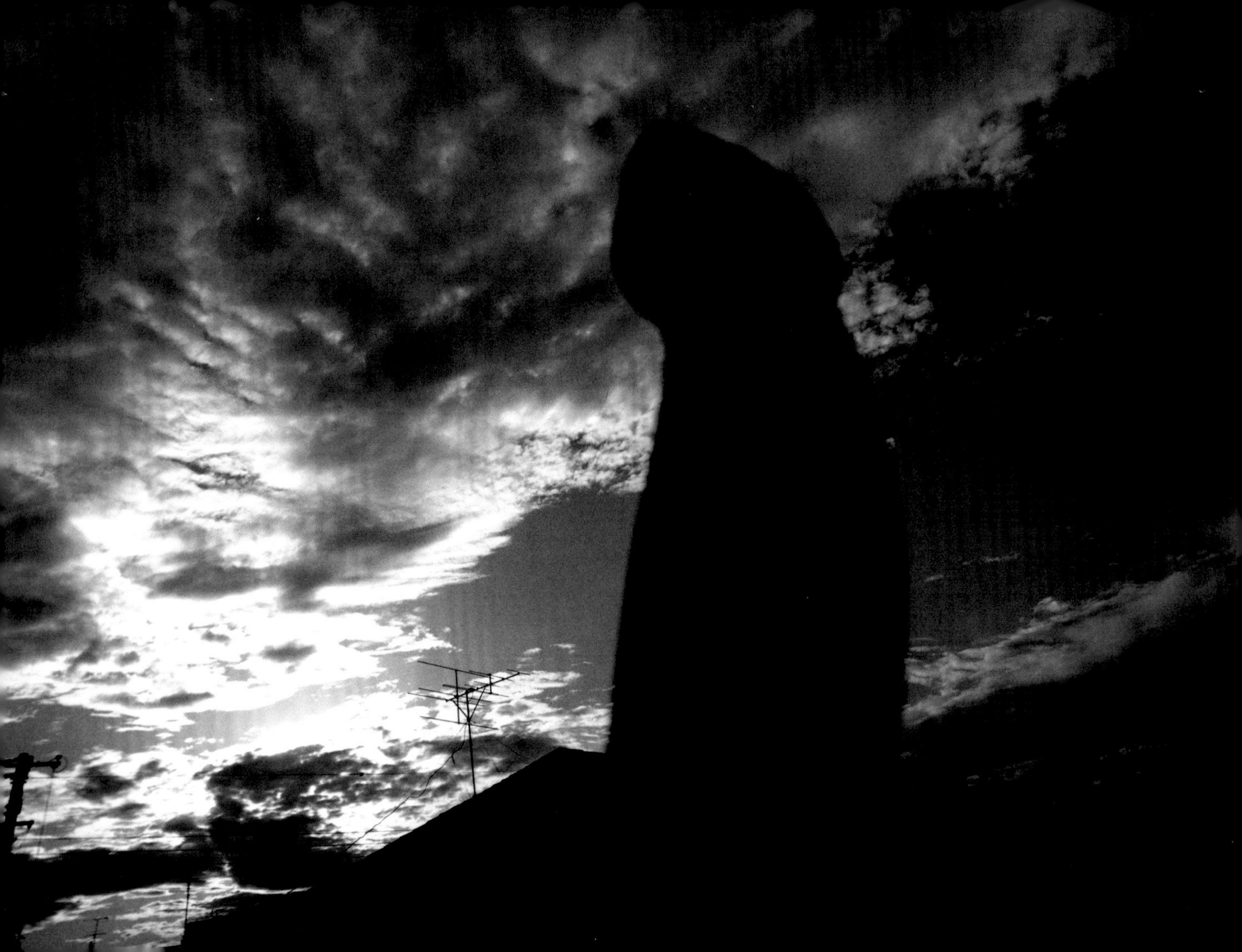

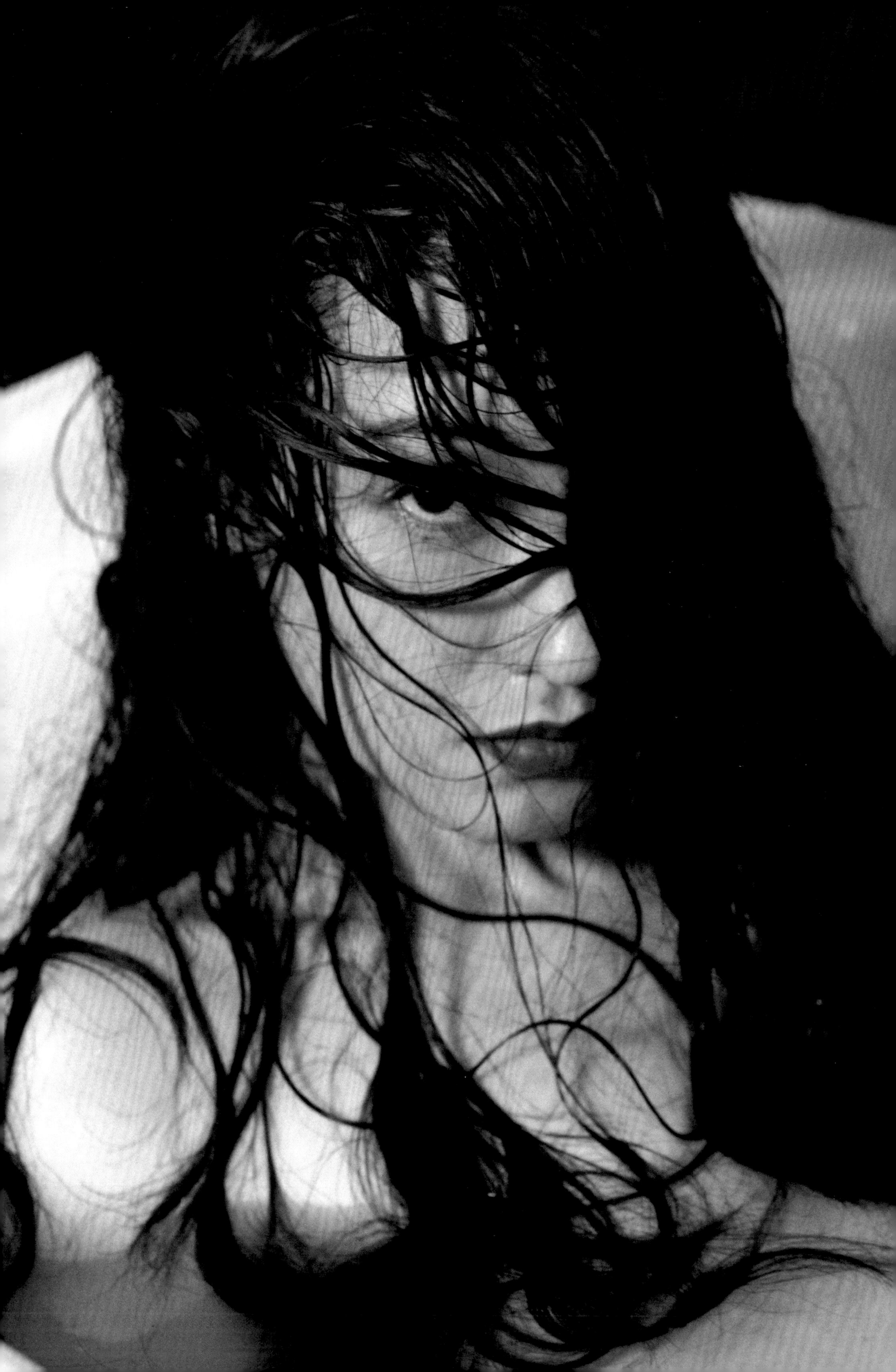

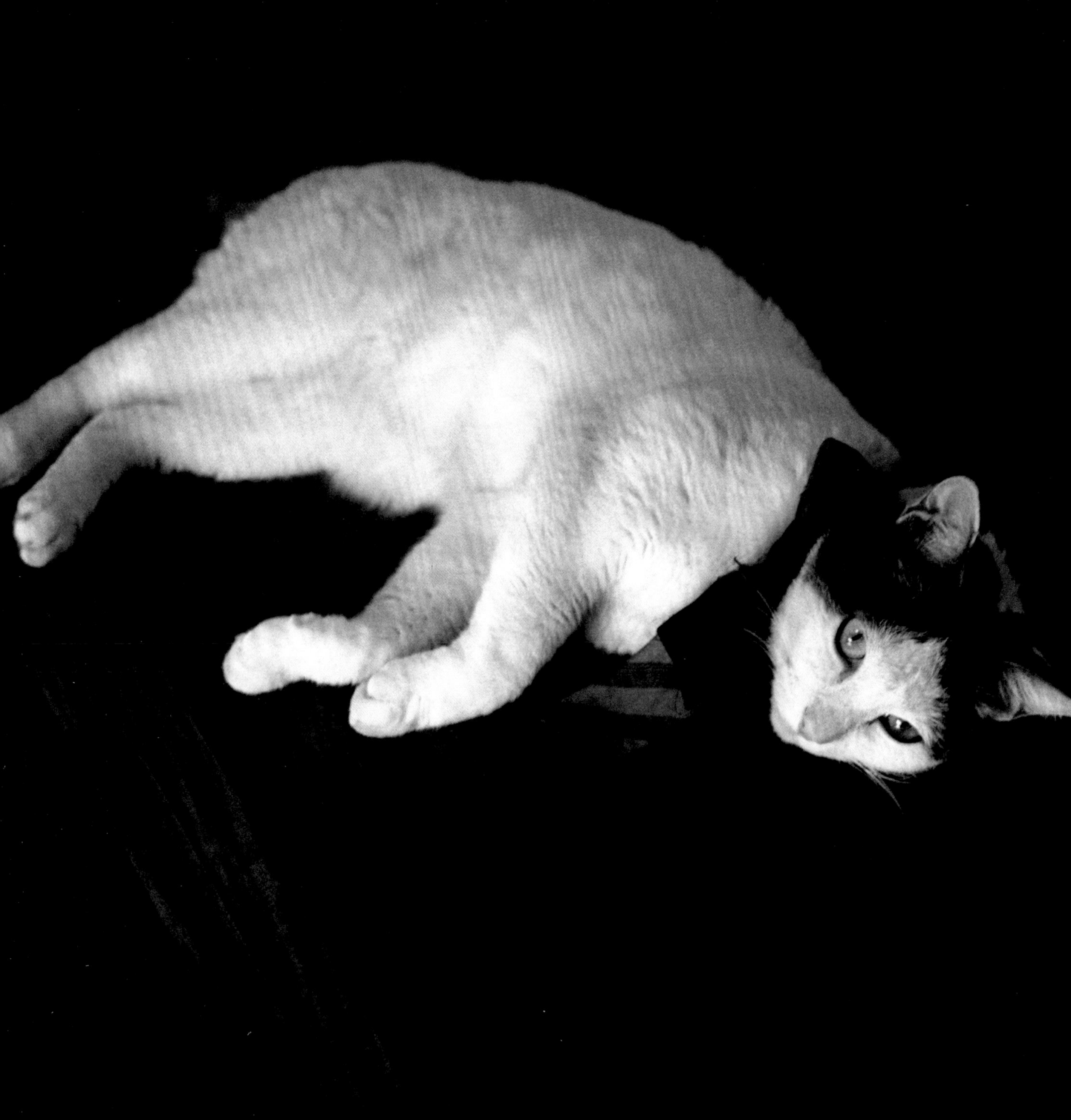

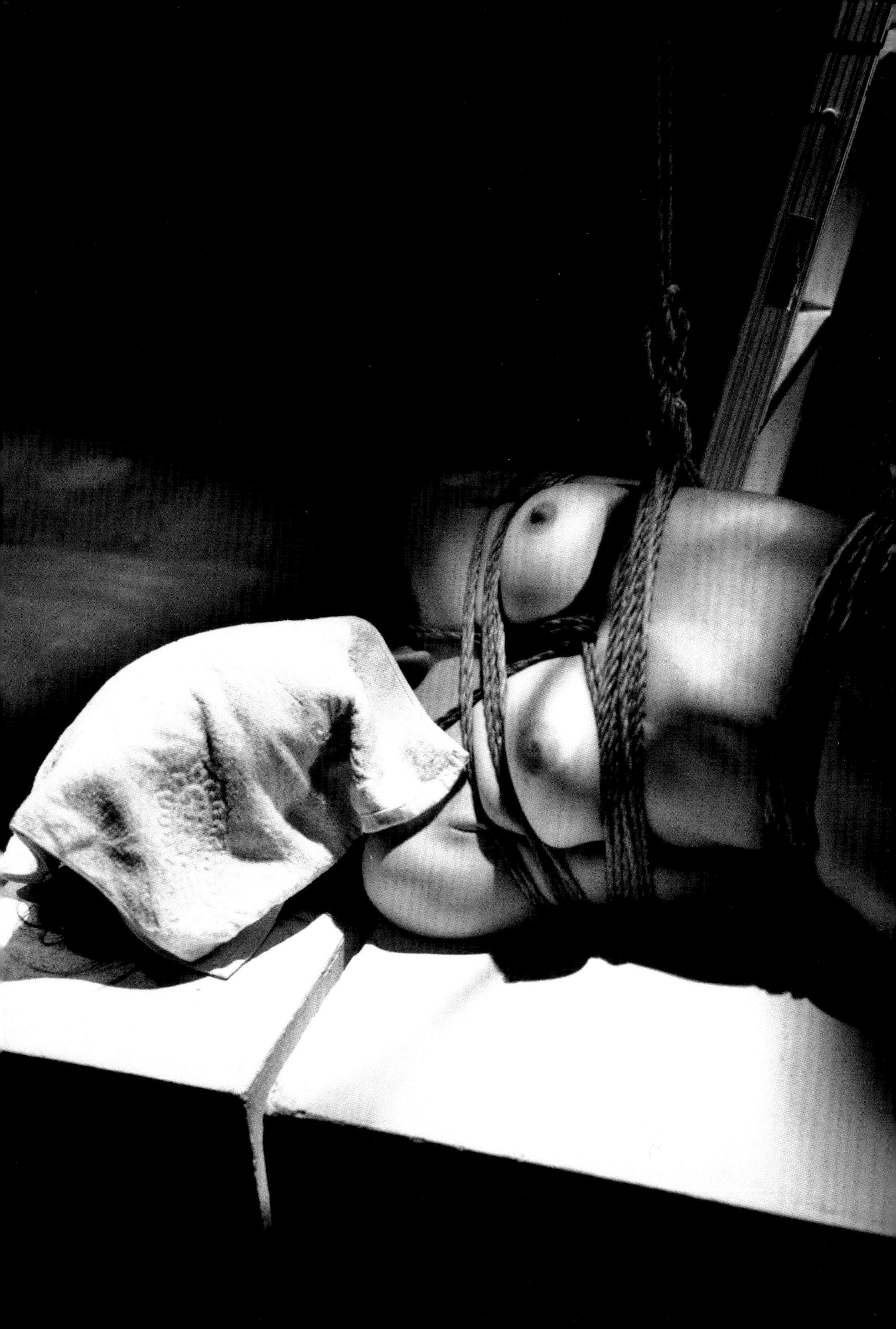

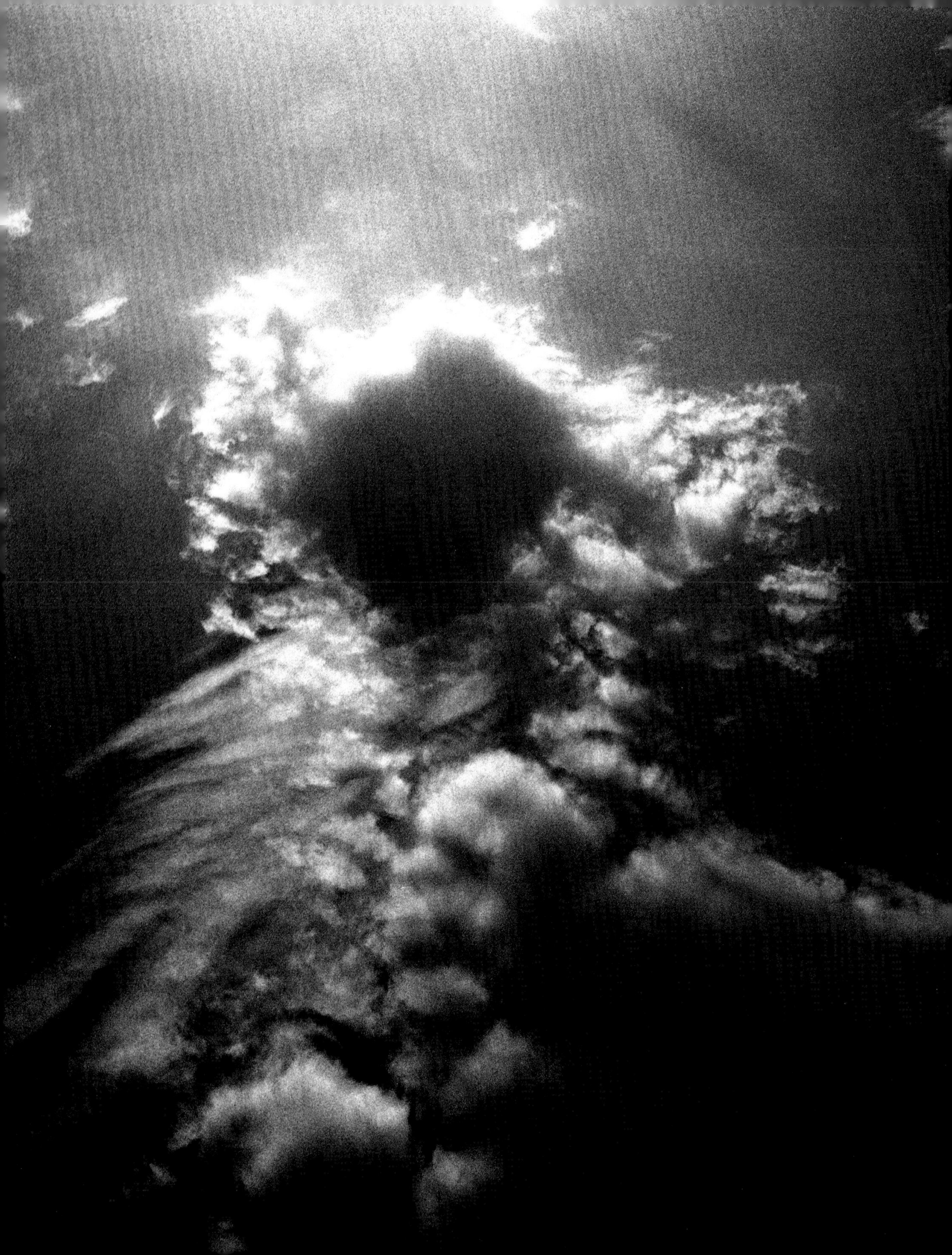

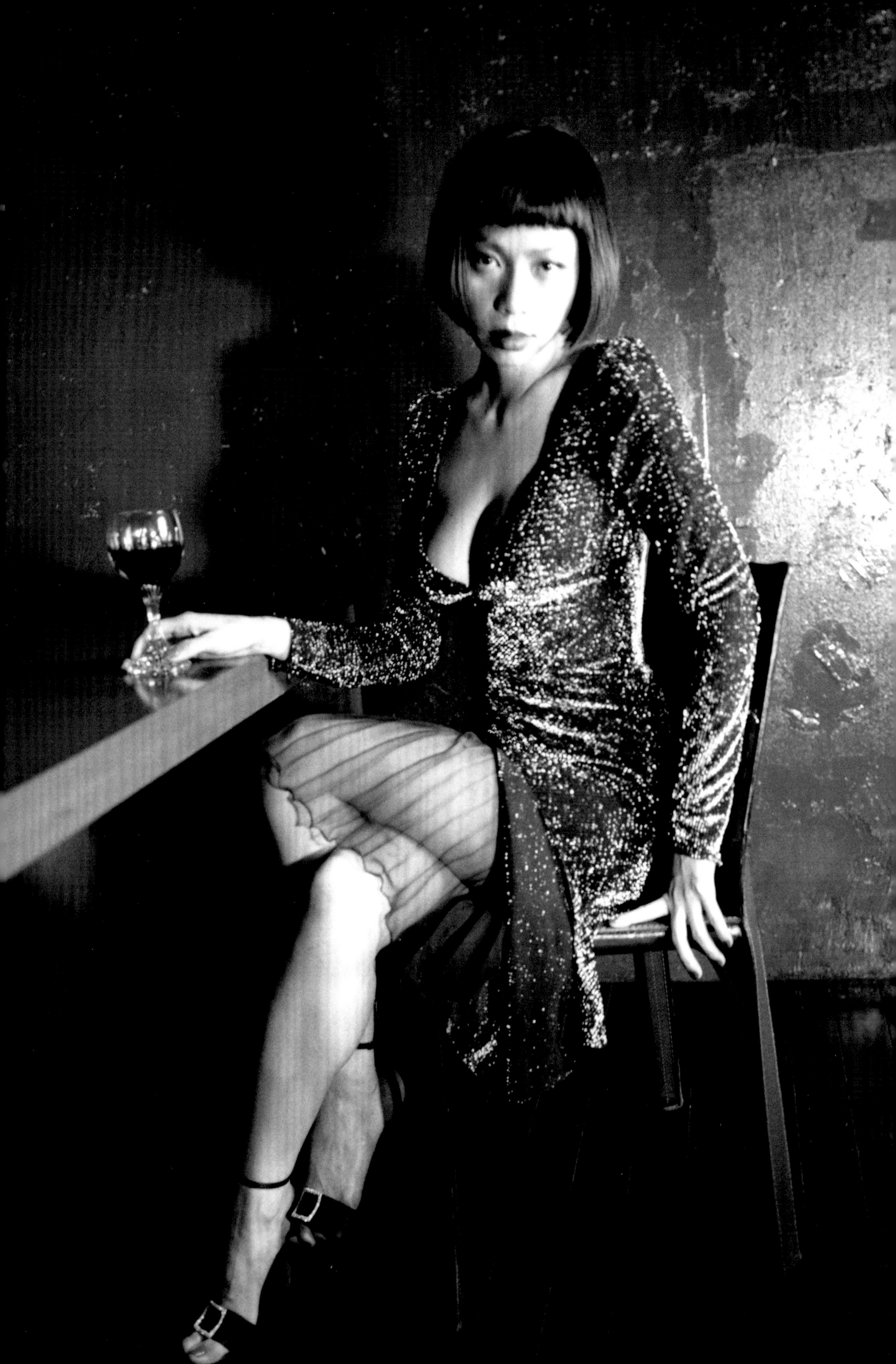

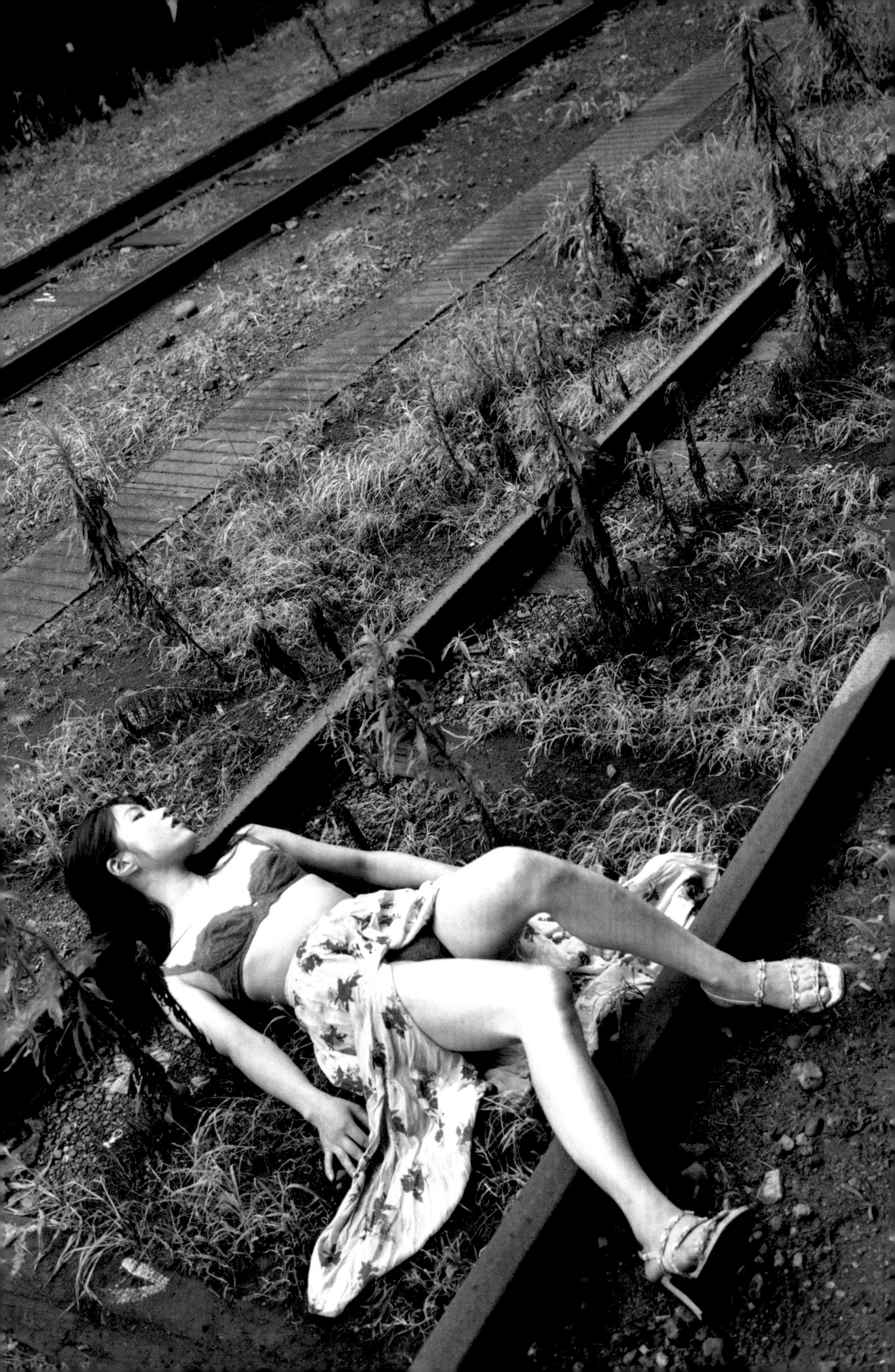

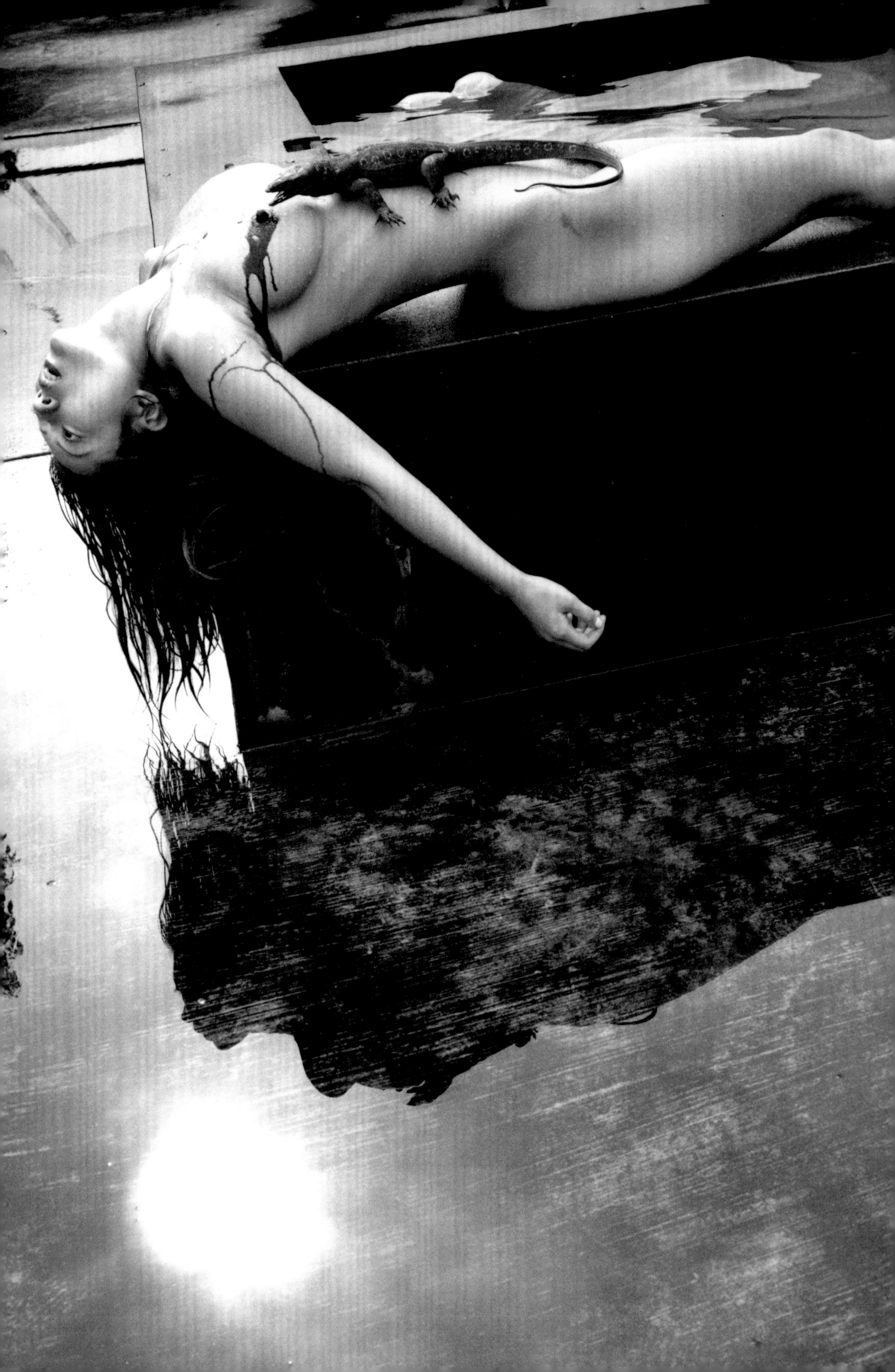

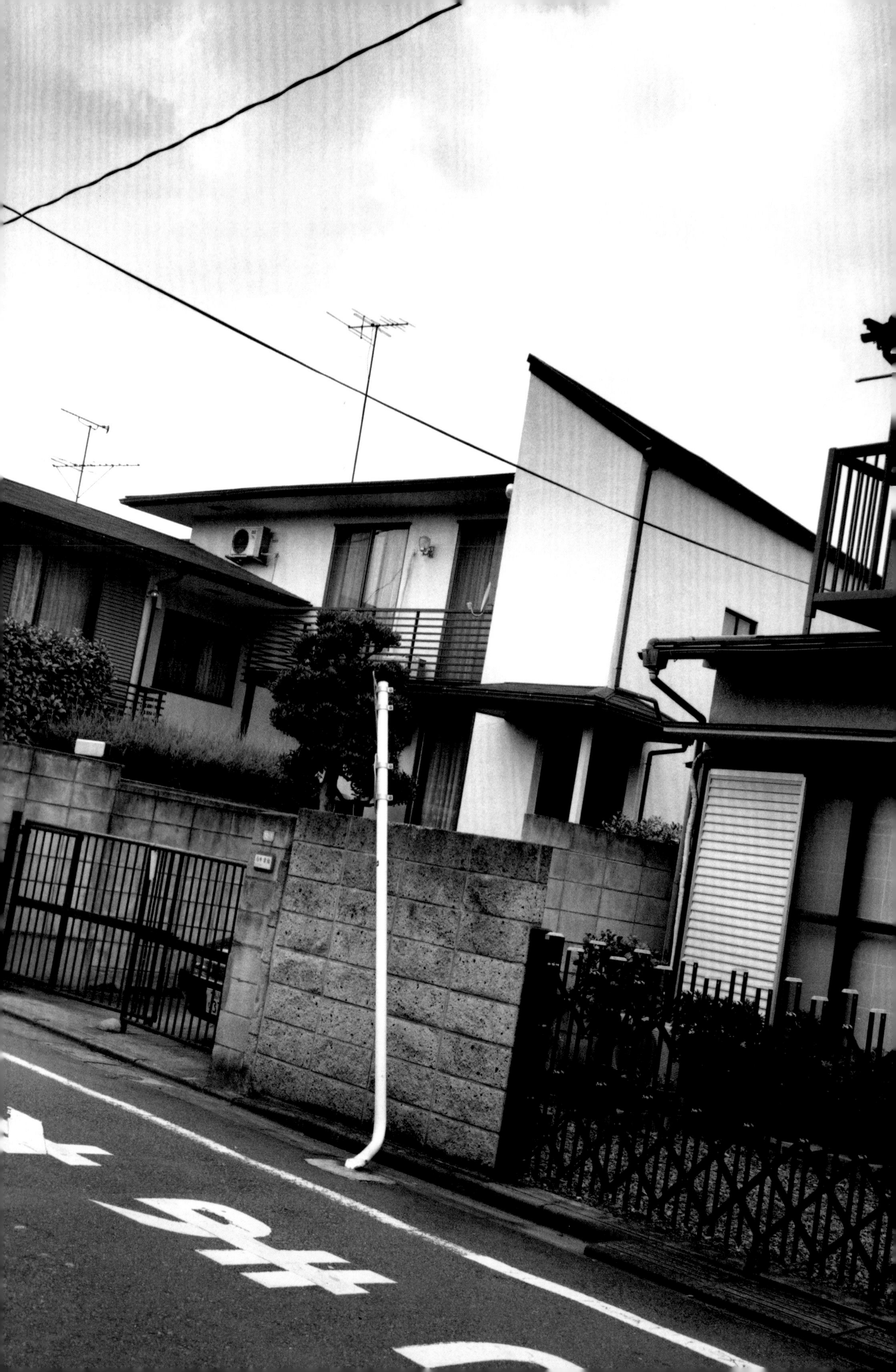

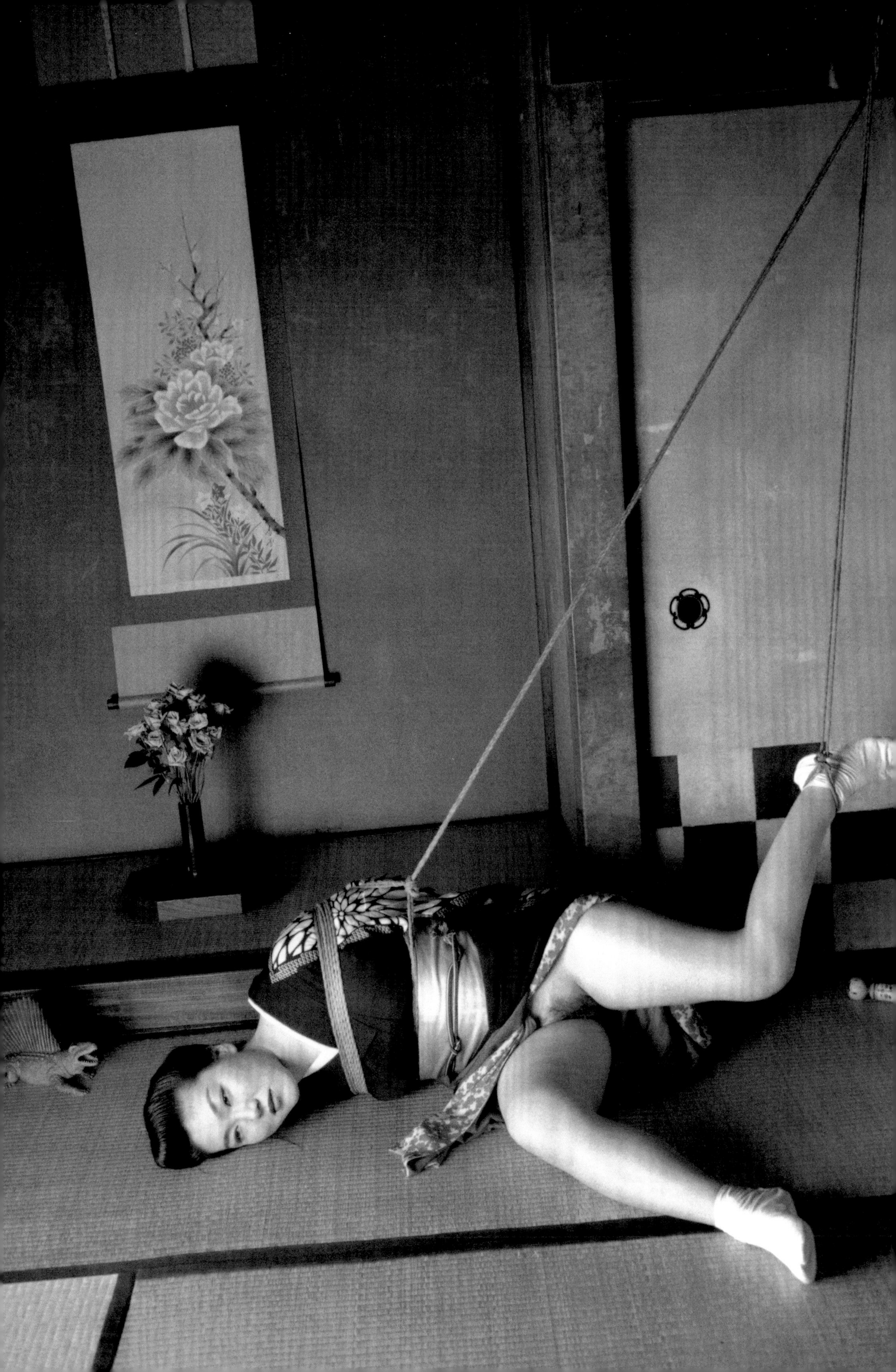

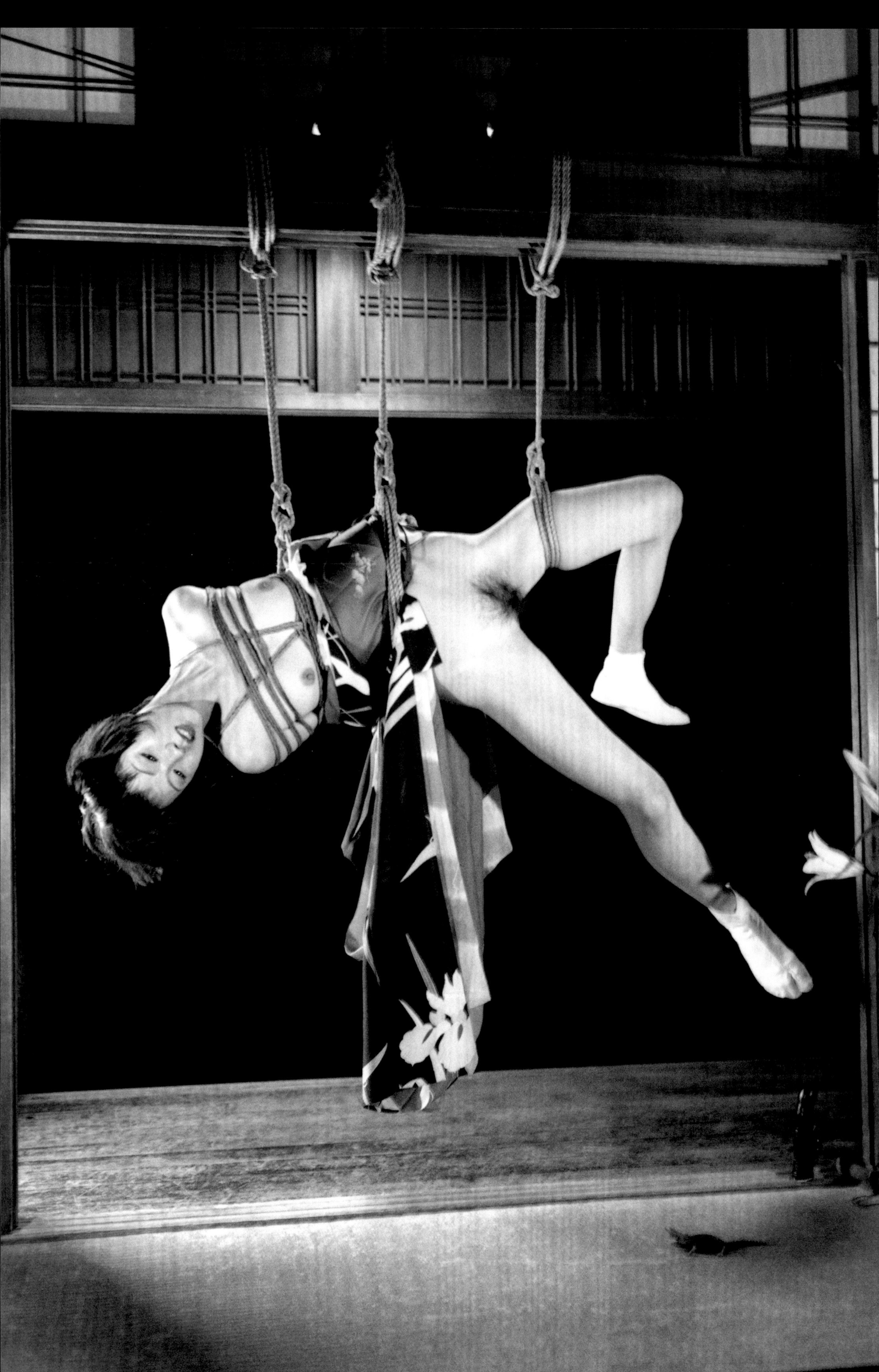

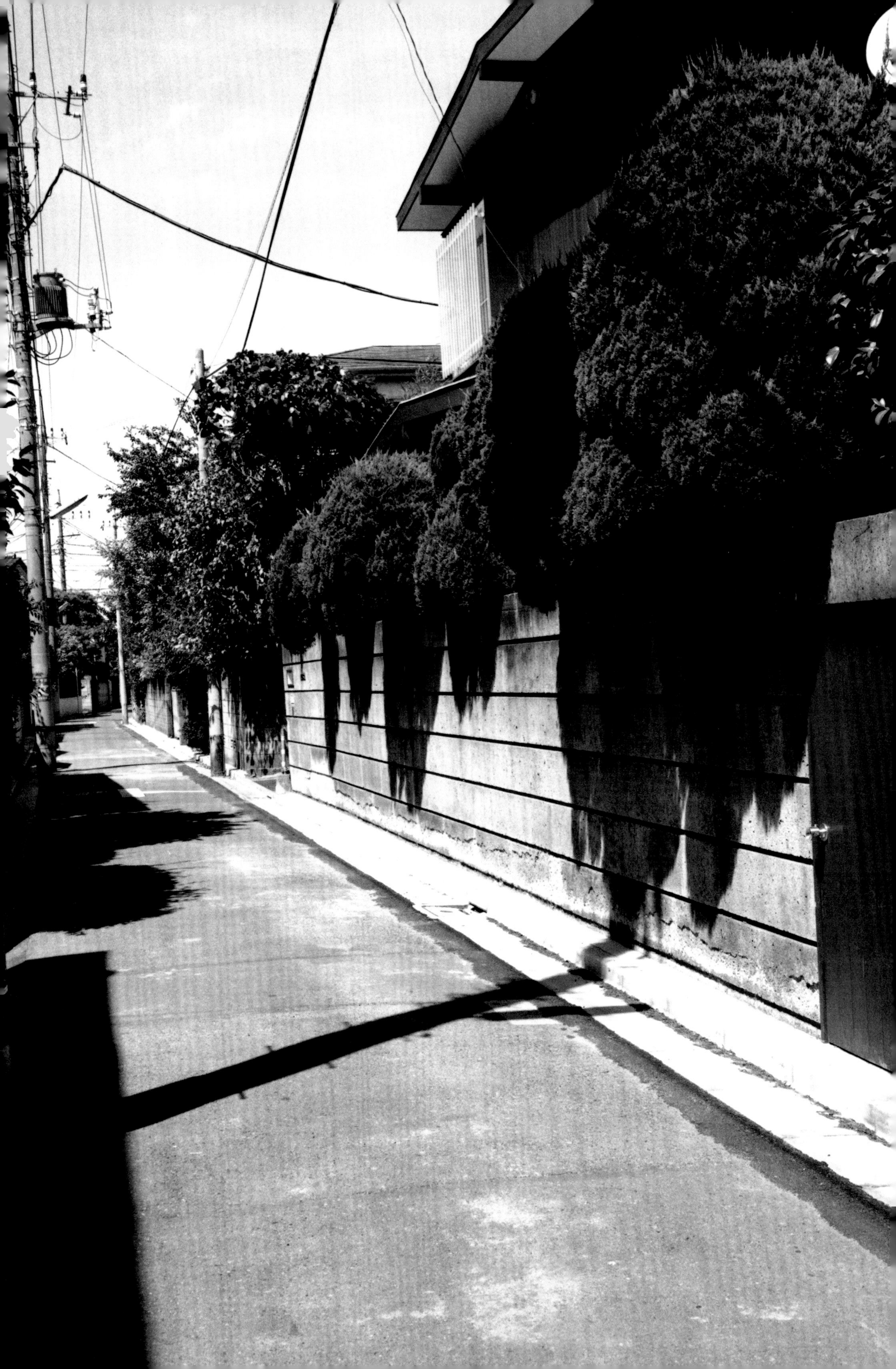

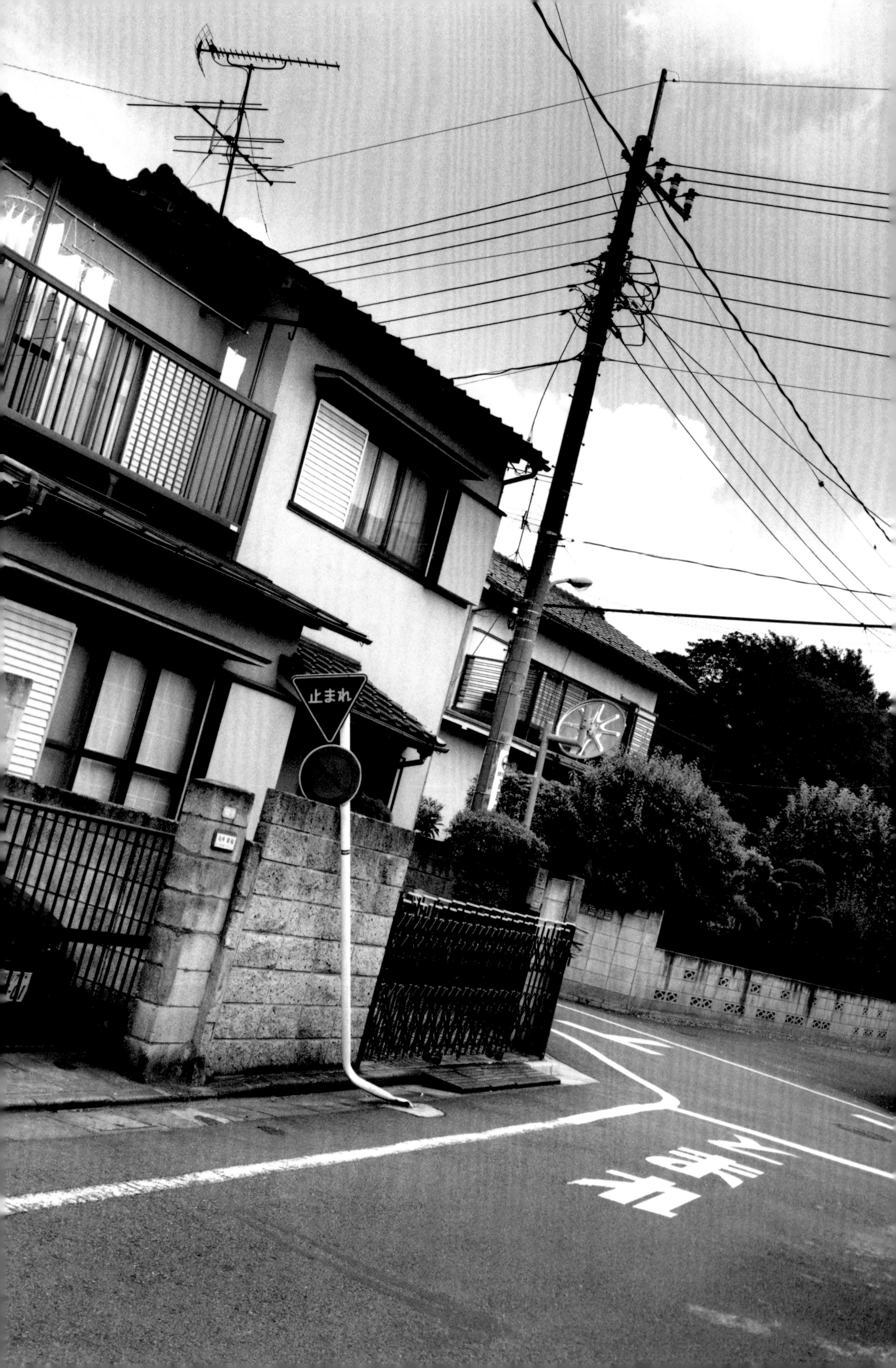
止まれ

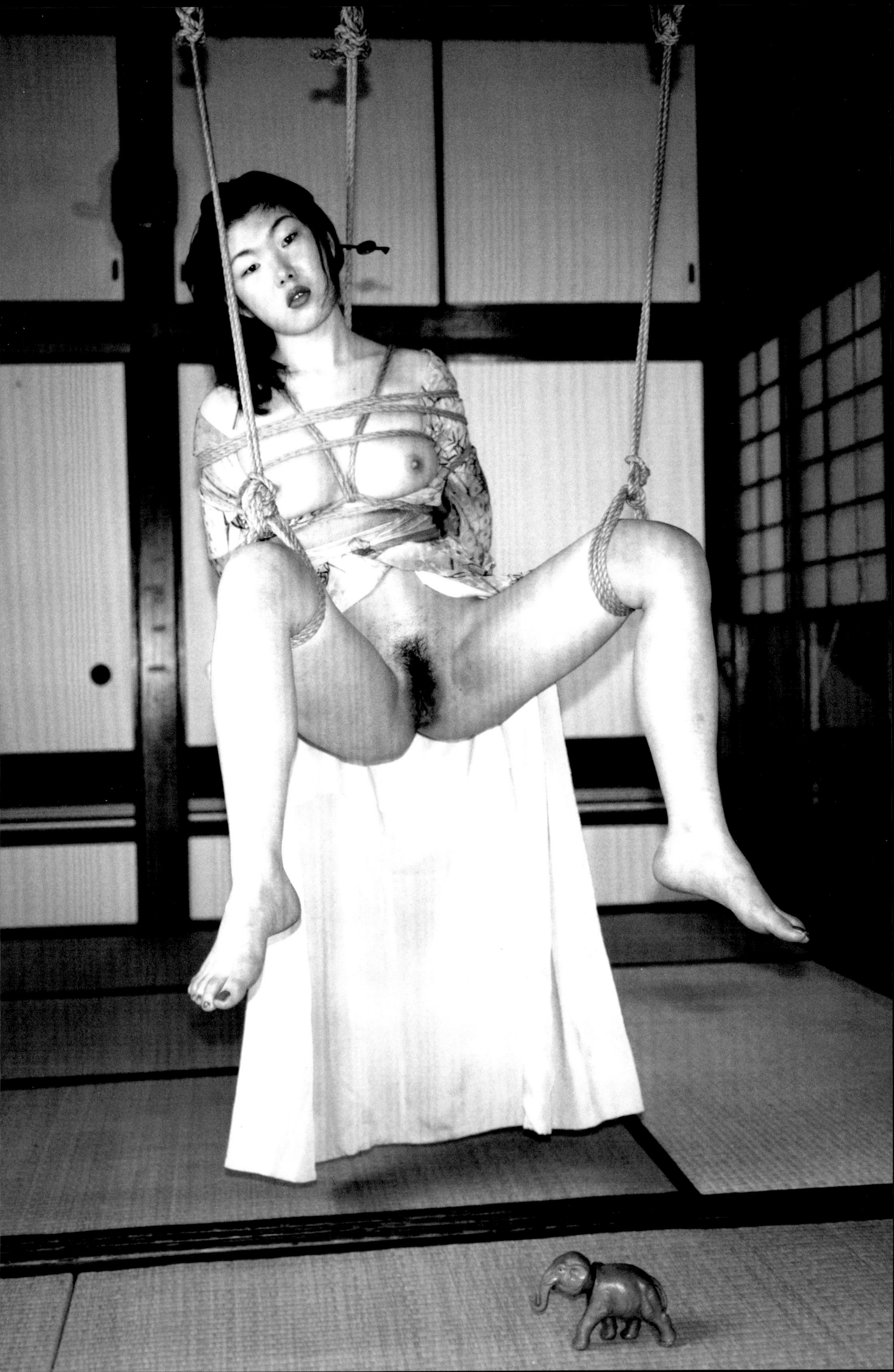

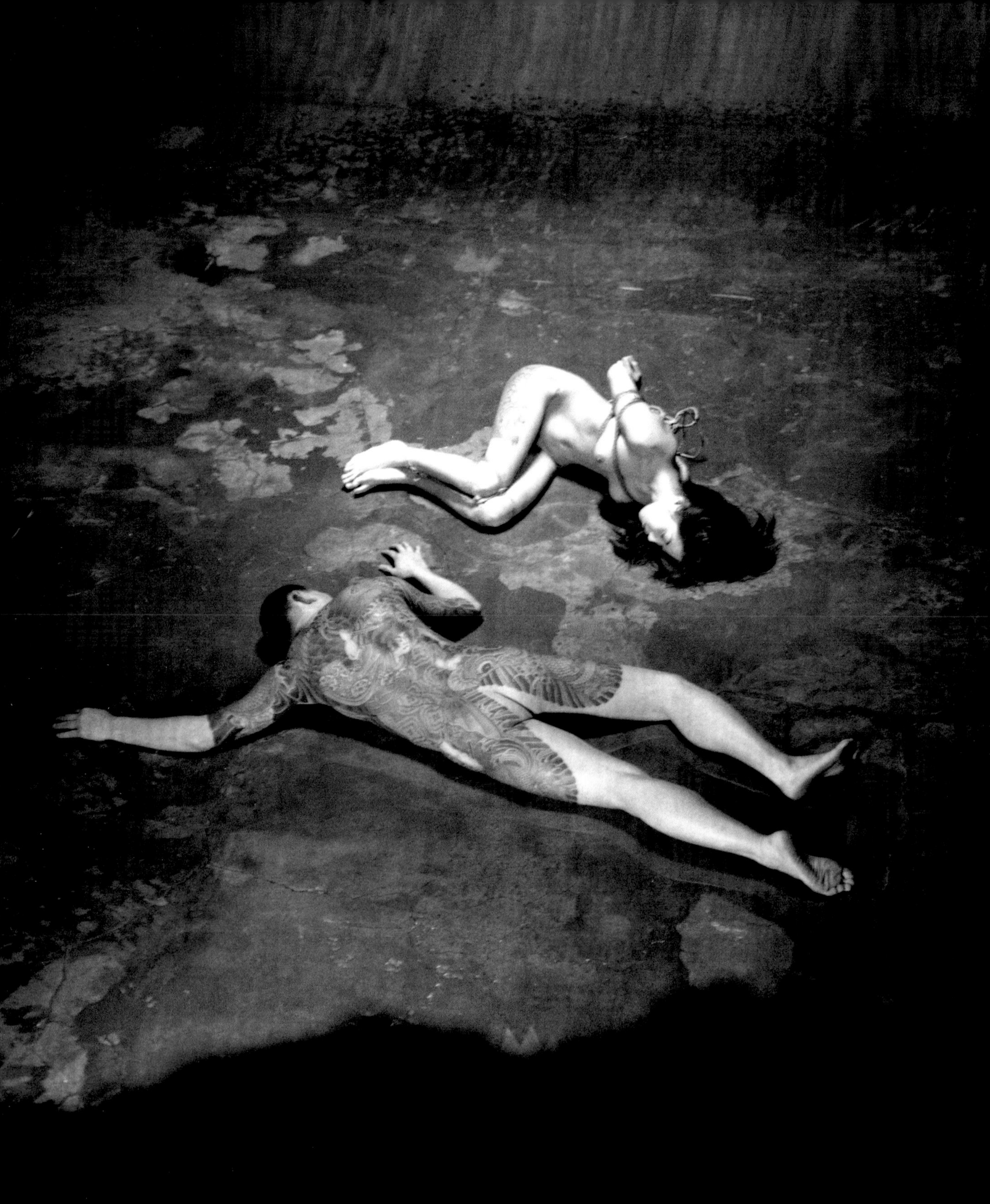

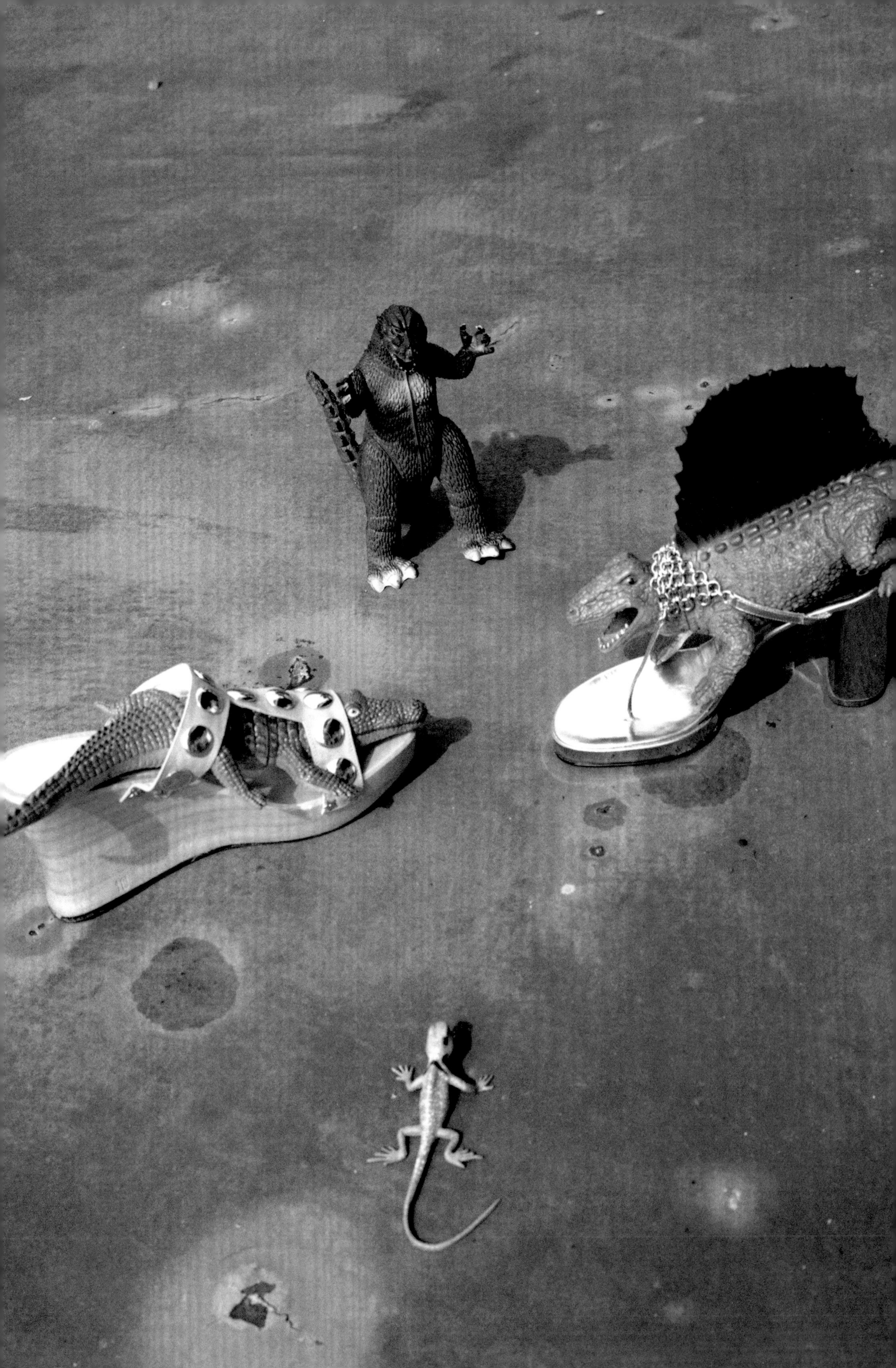

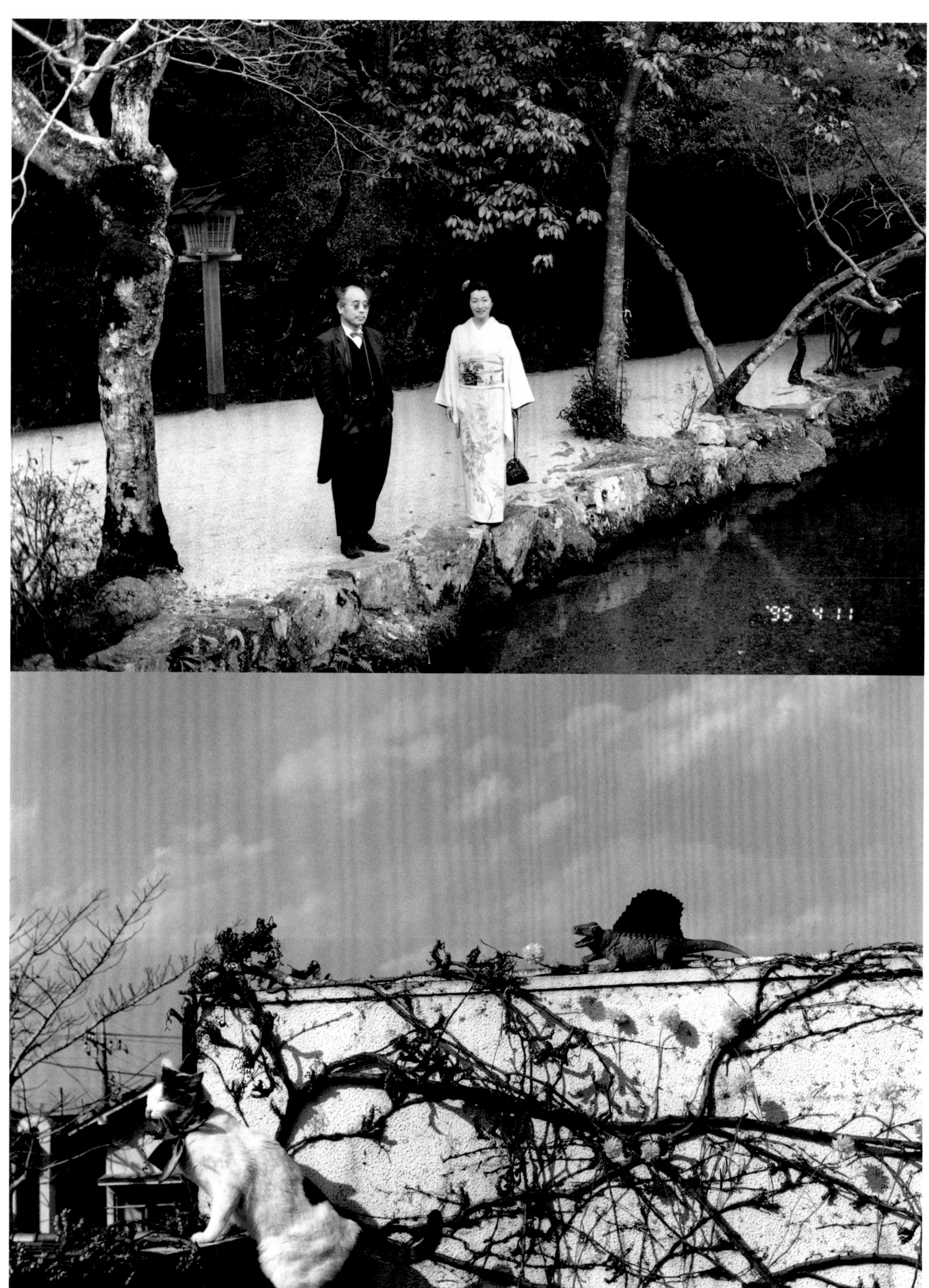
'95 4 11

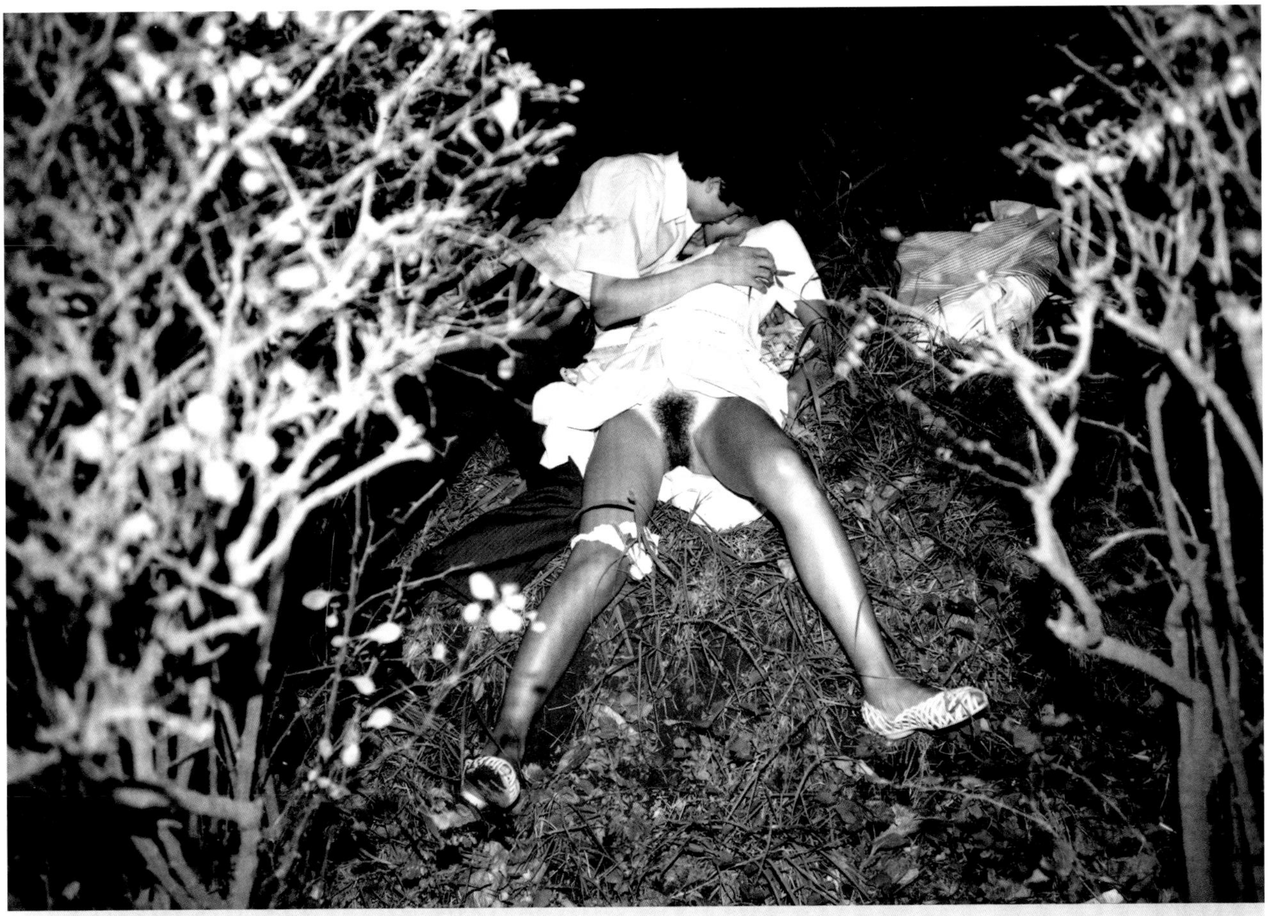

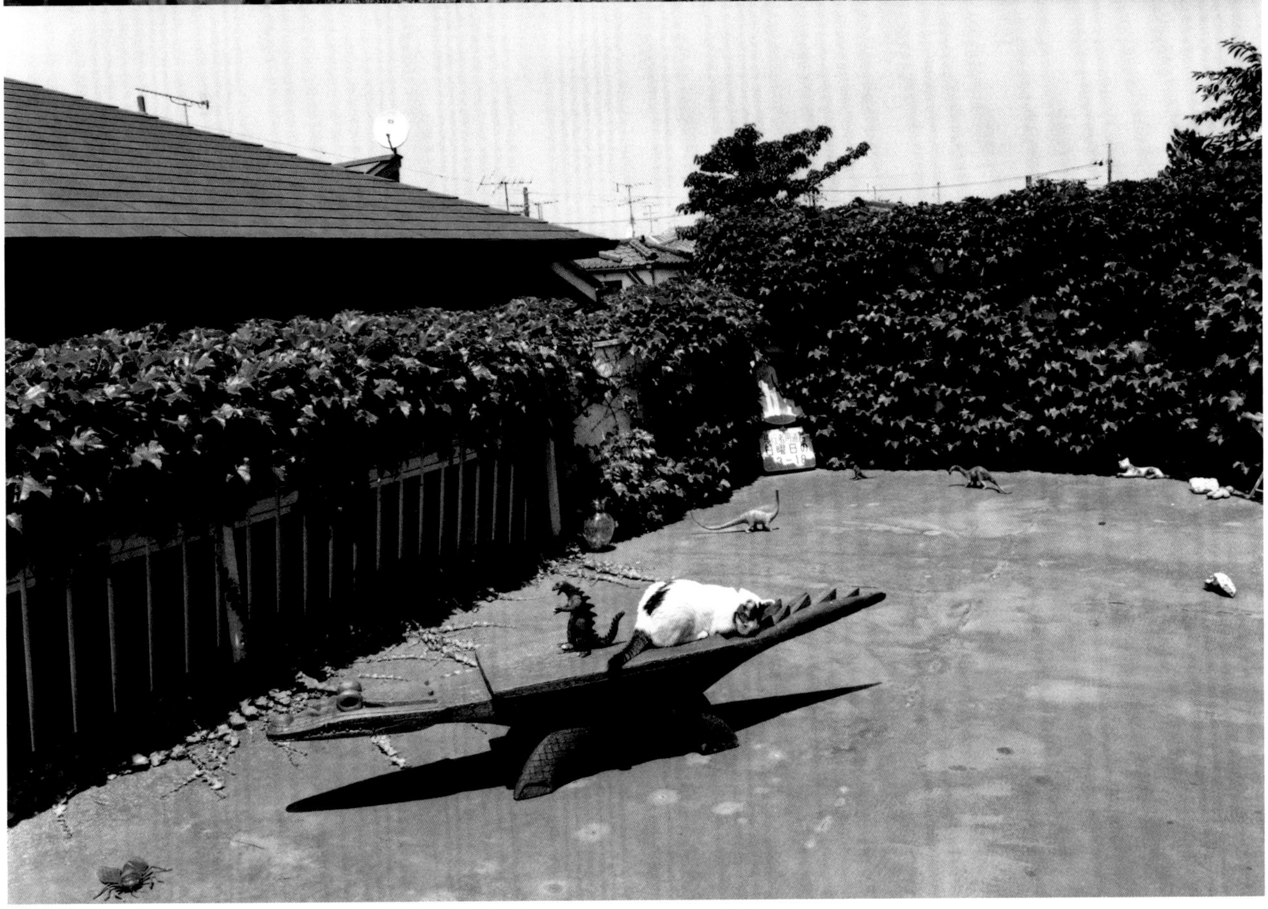

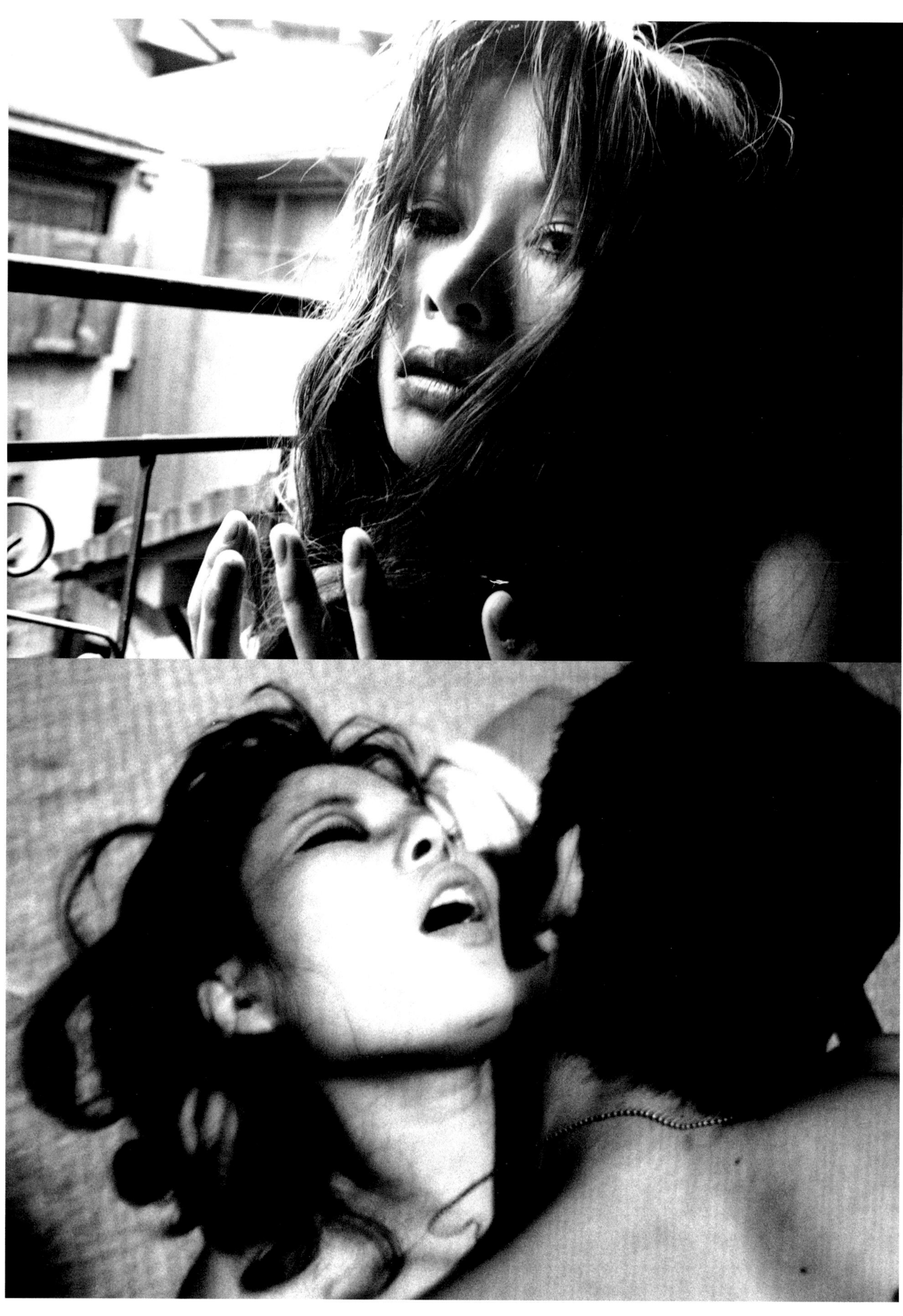

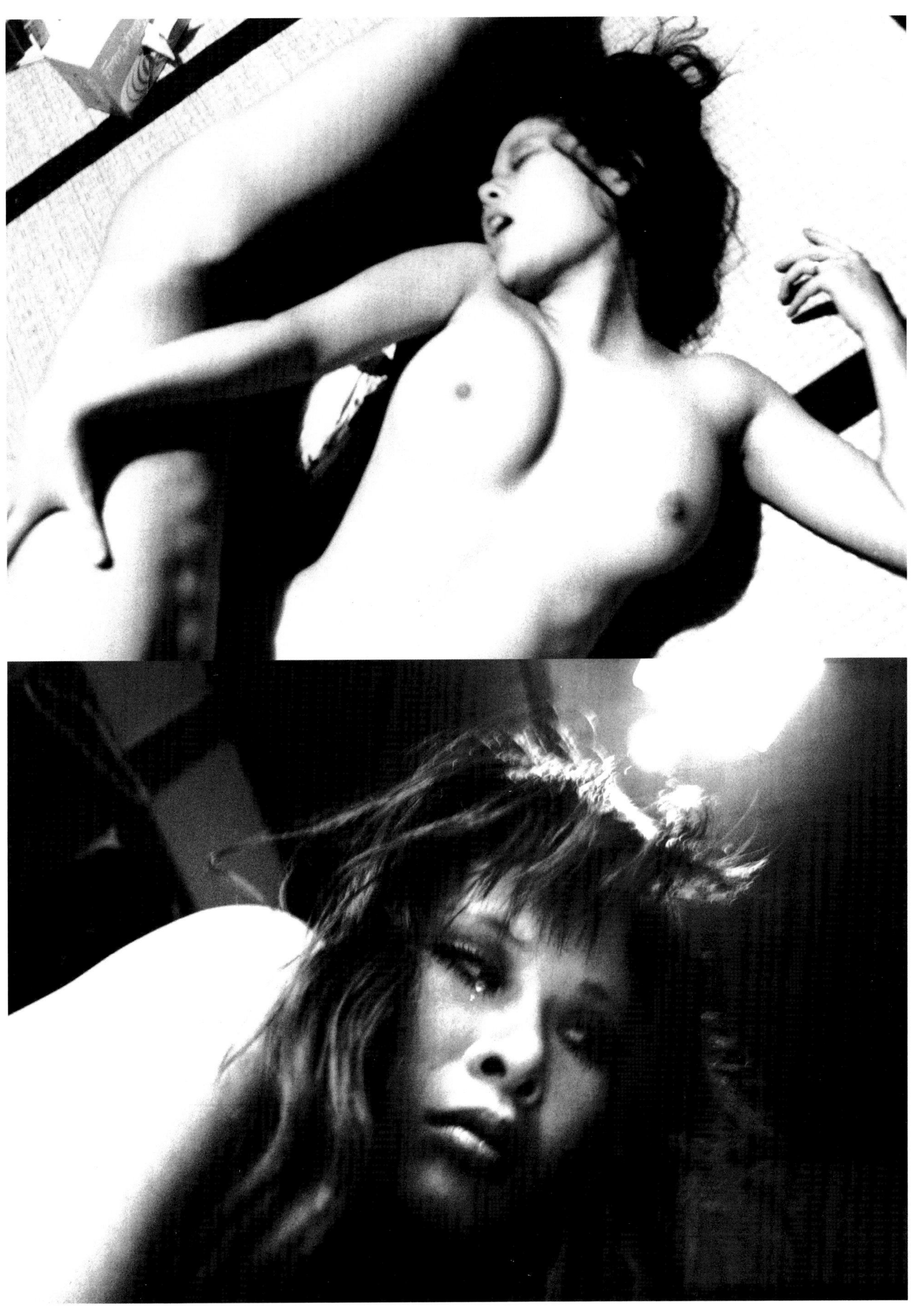

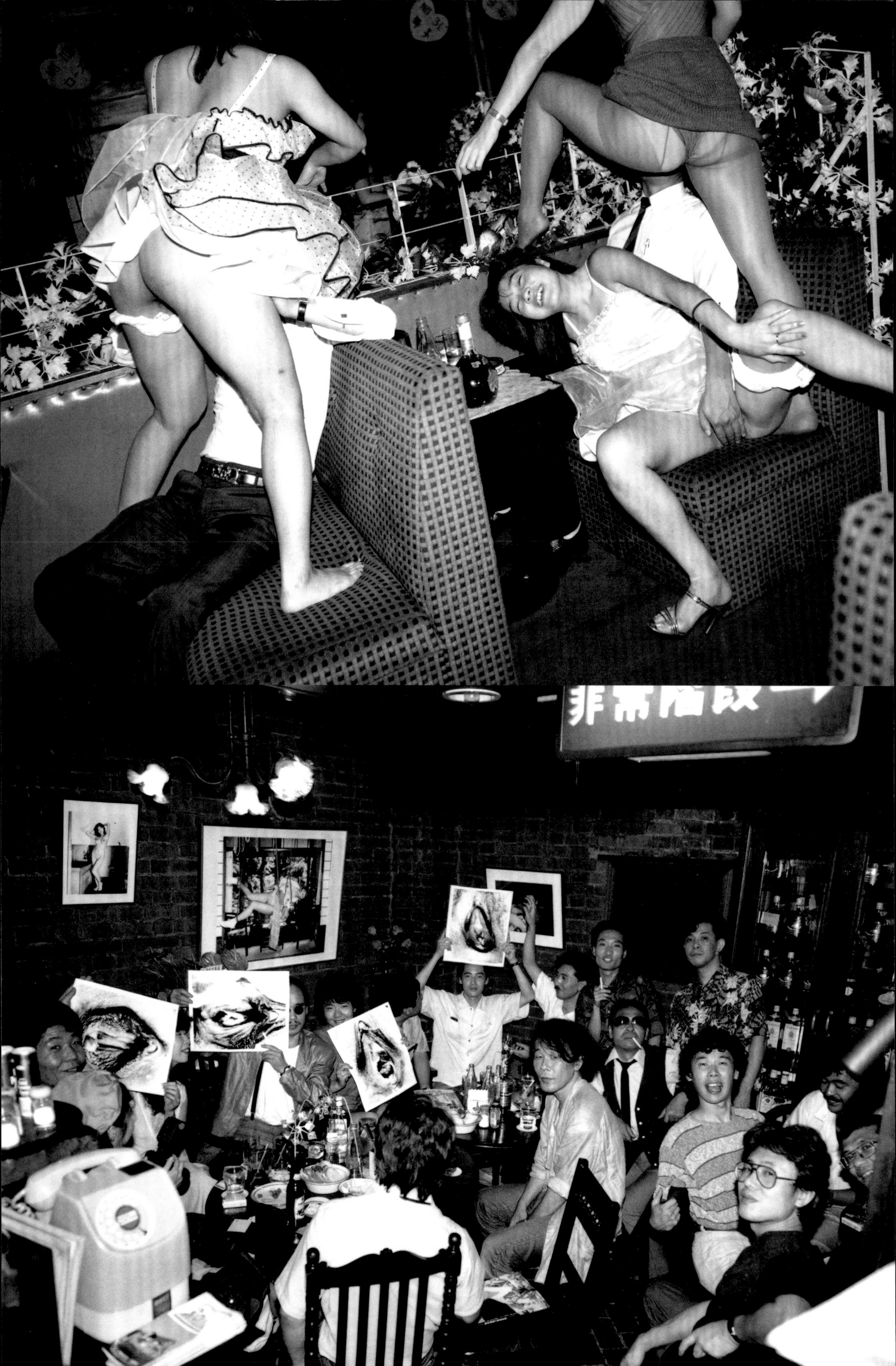

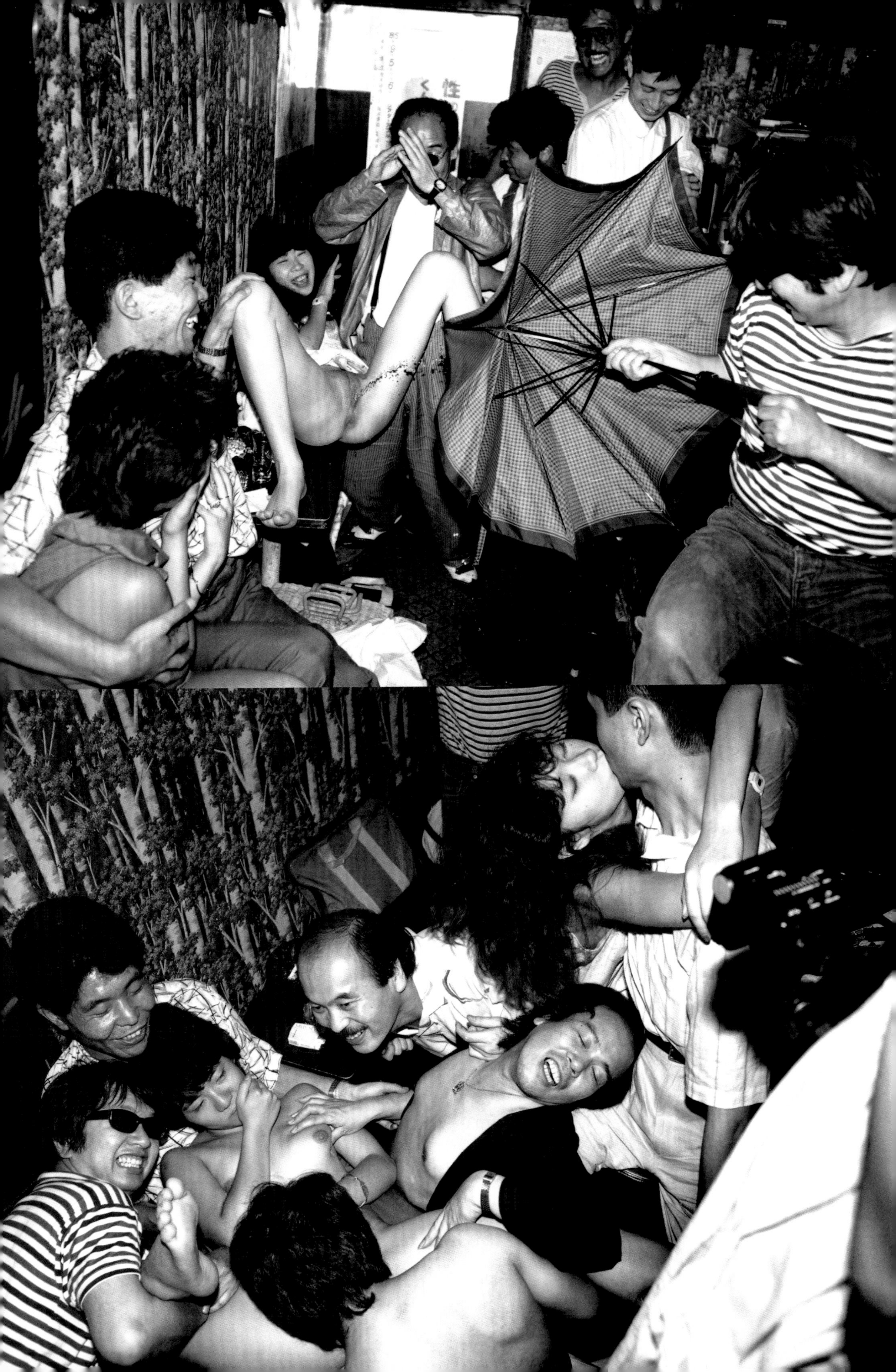

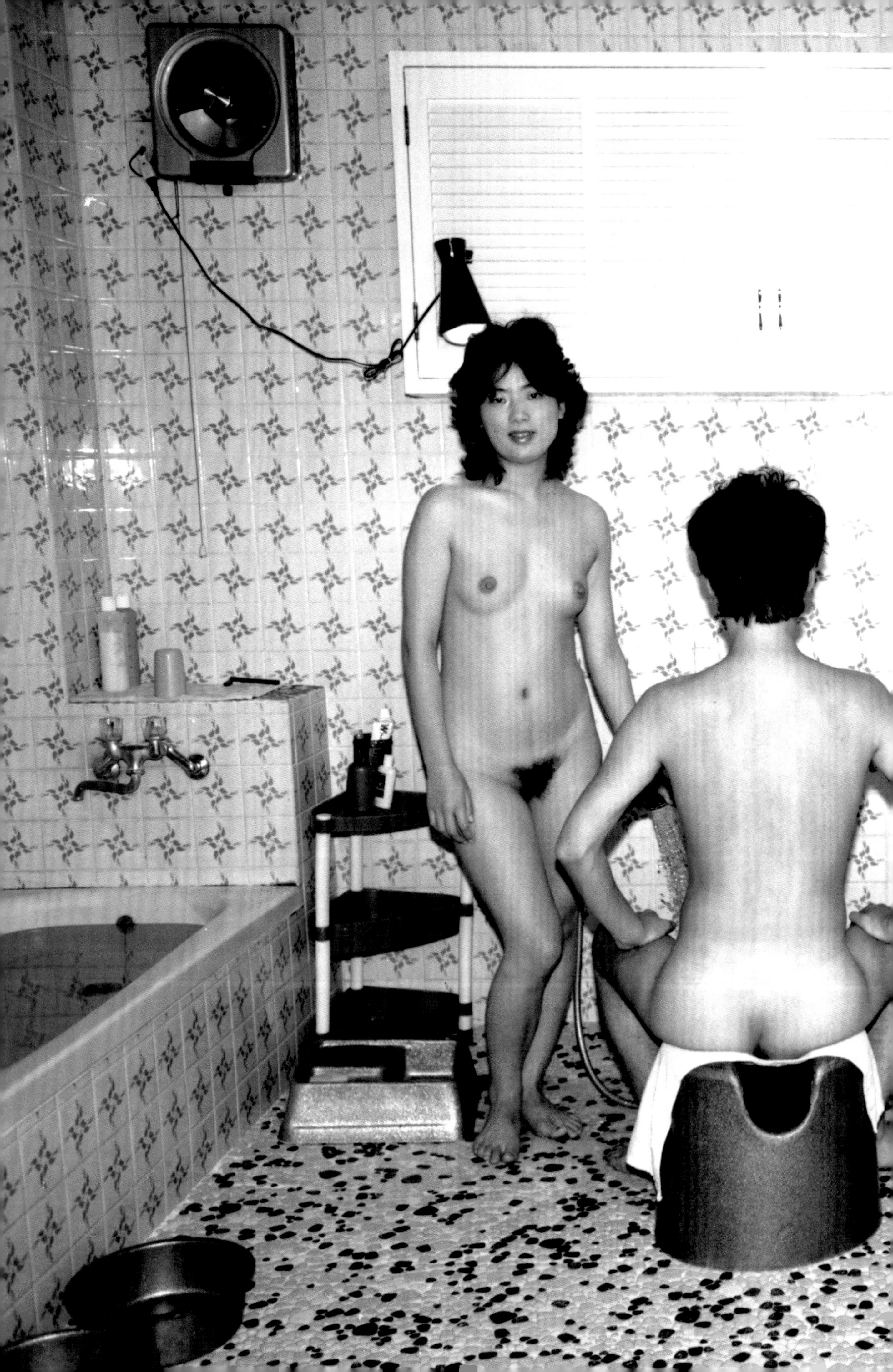

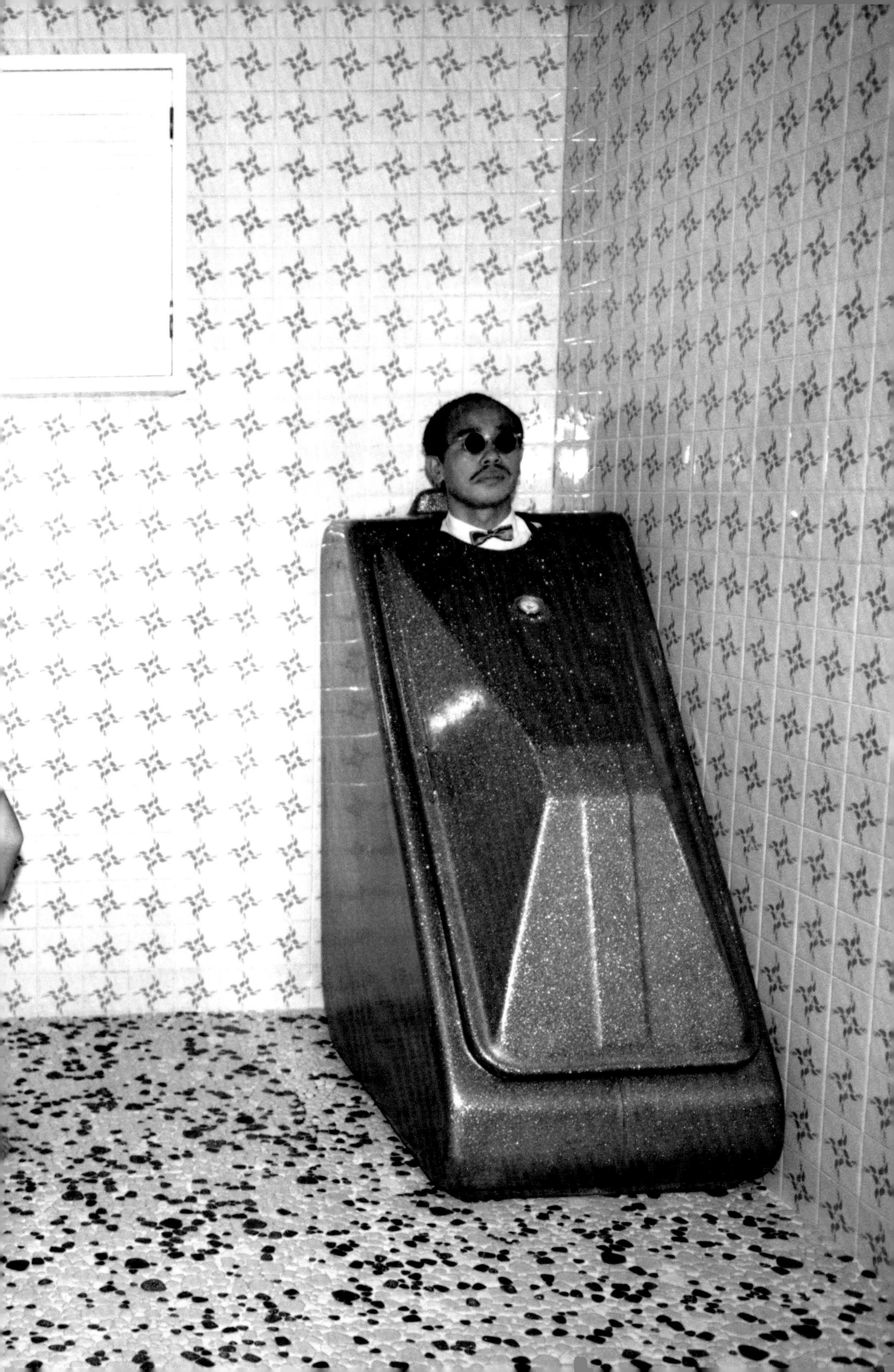

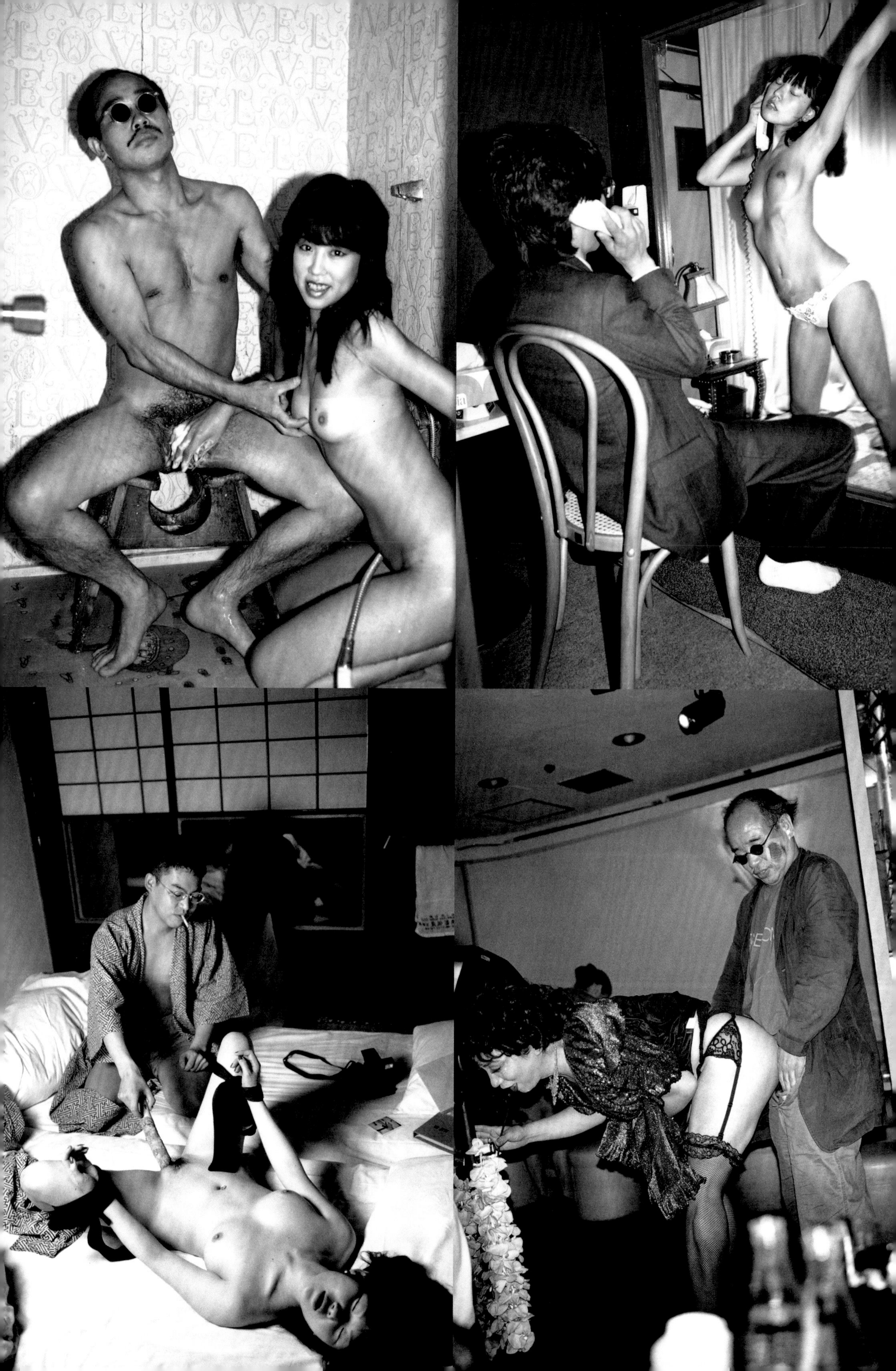

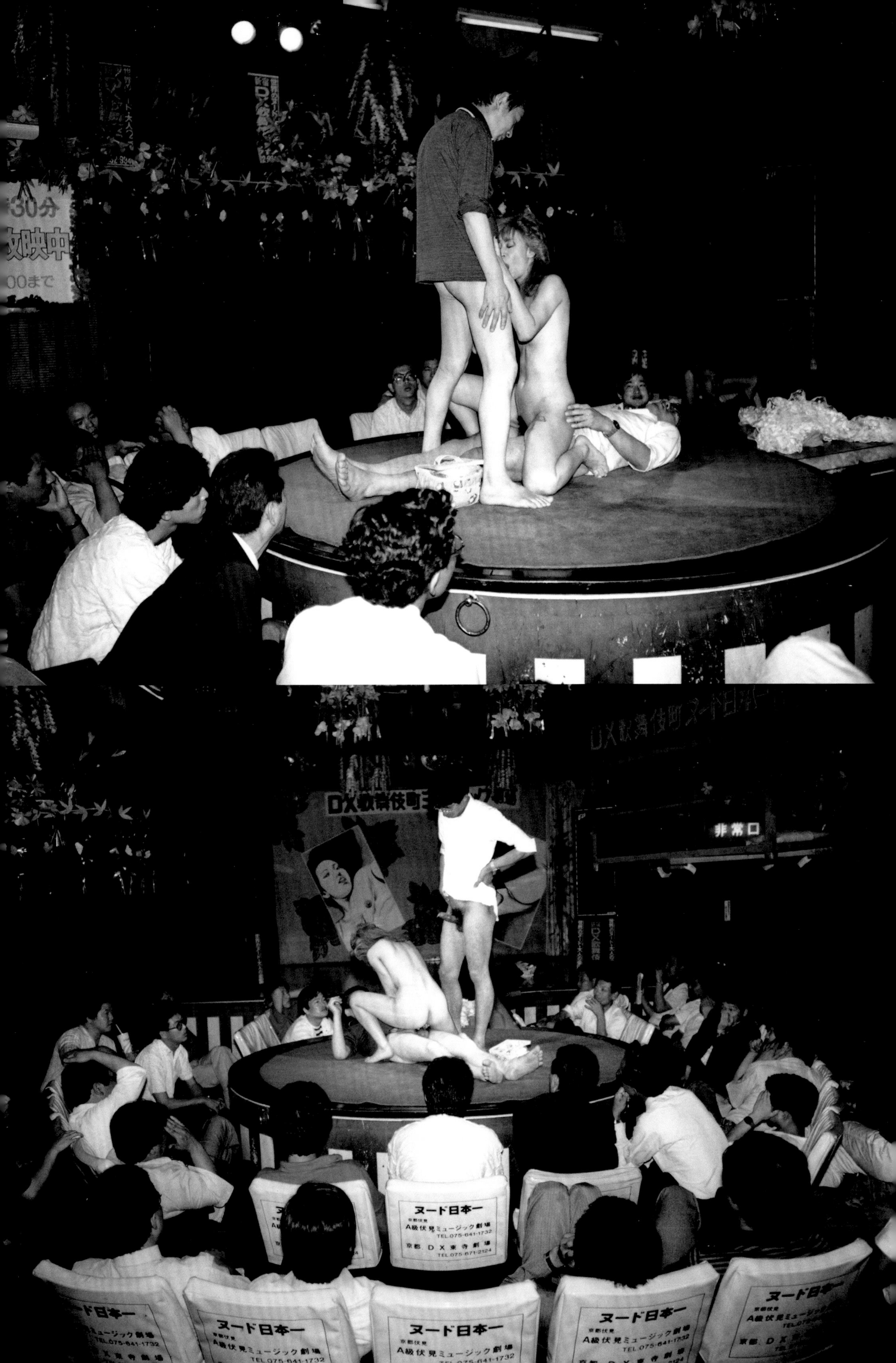

非常口
ヌード日本一
京都伏見
A級伏見ミュージック劇場
TEL.075-641-1732
京都 DX東寺劇場
TEL.075-671-2124

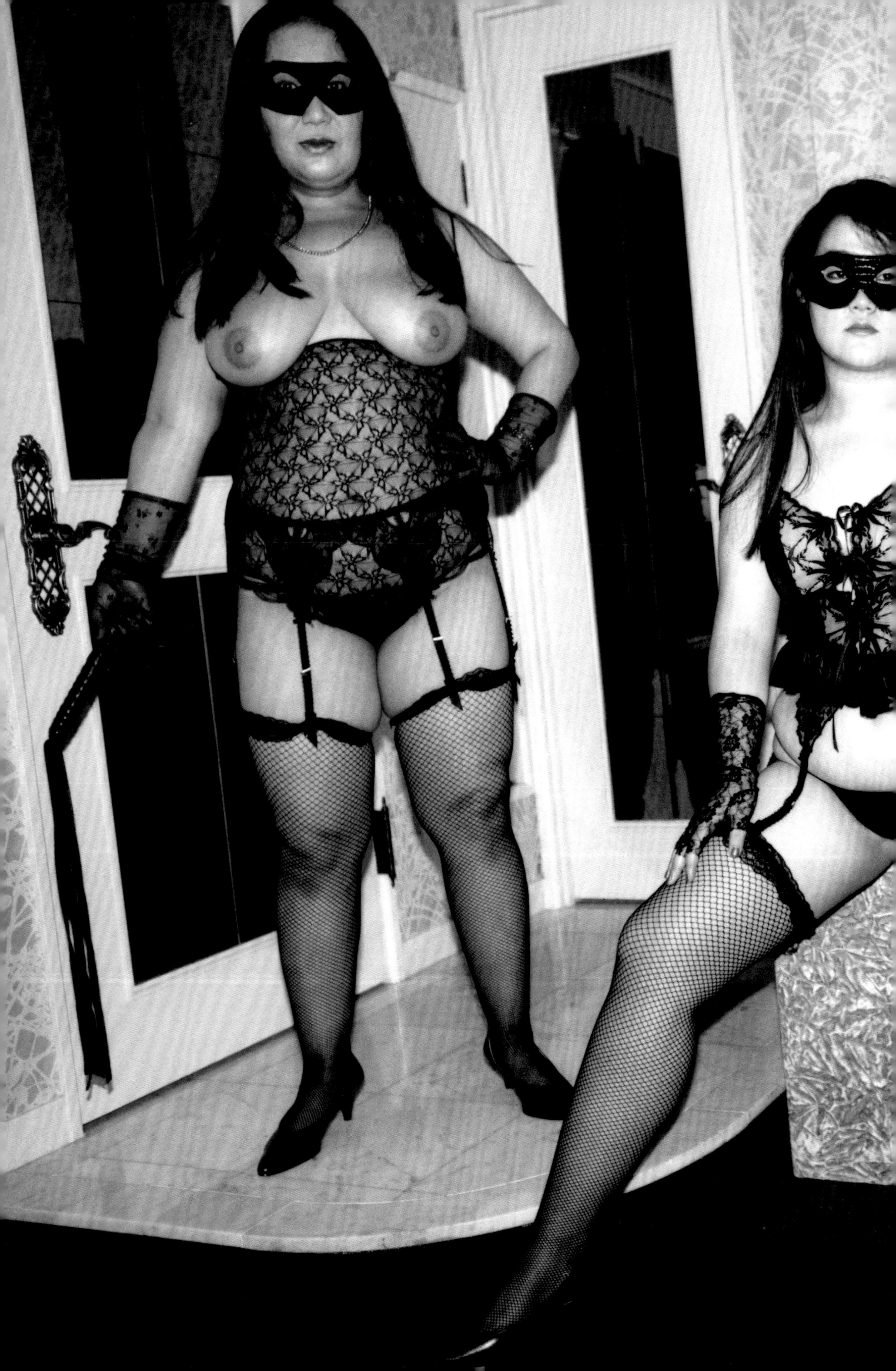

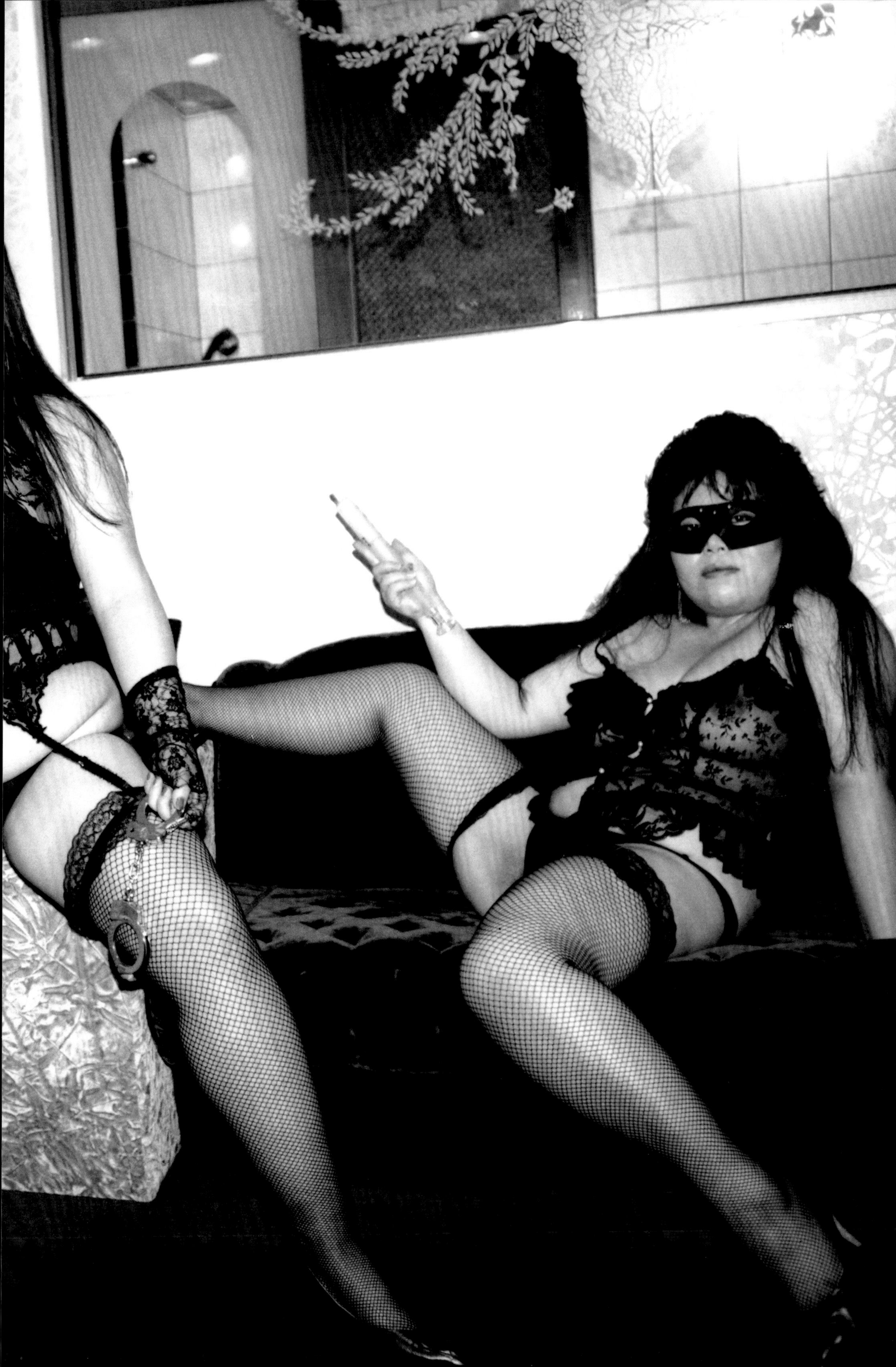

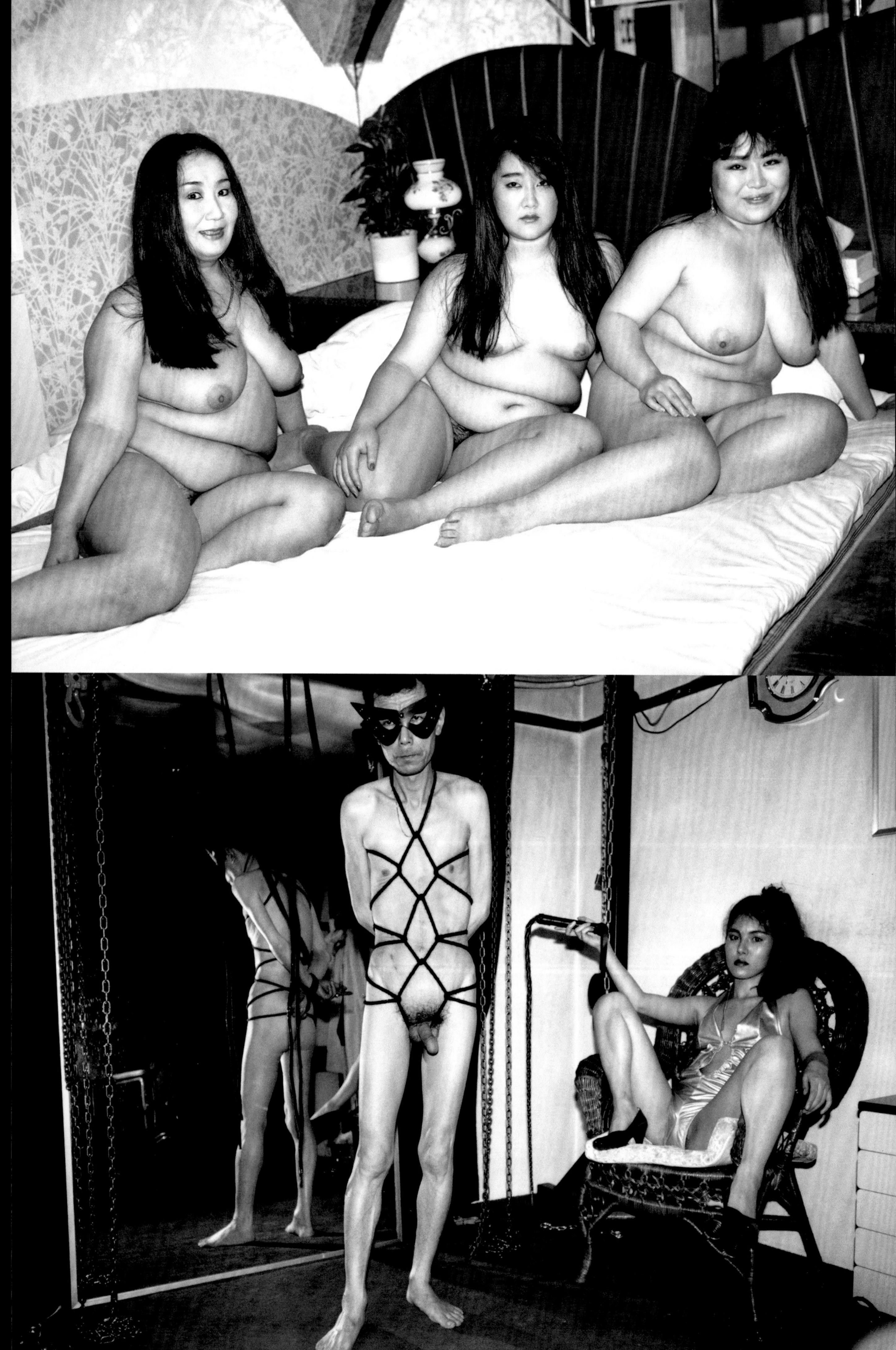

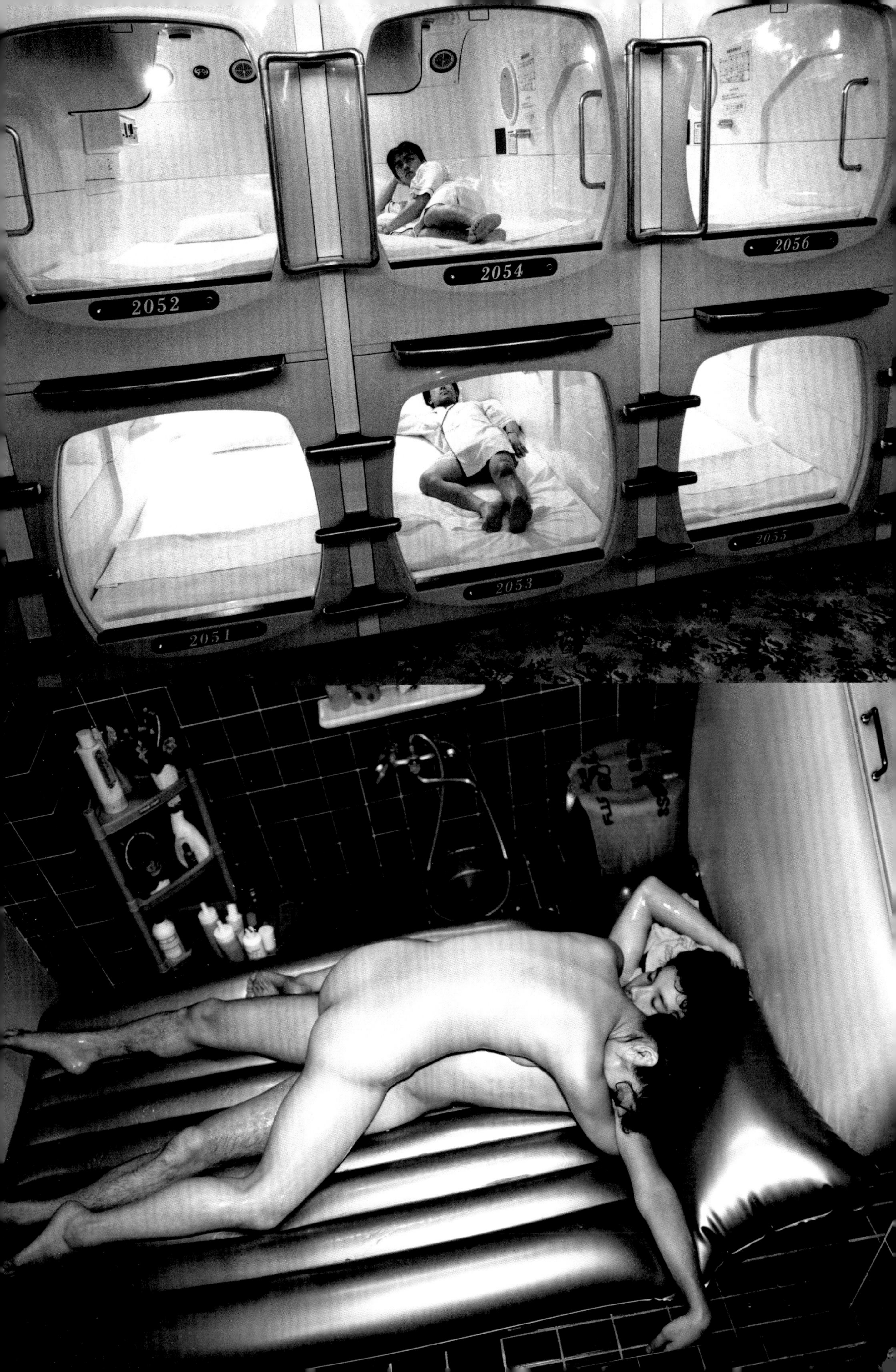
2052
2054
2056
2051
2053
2055

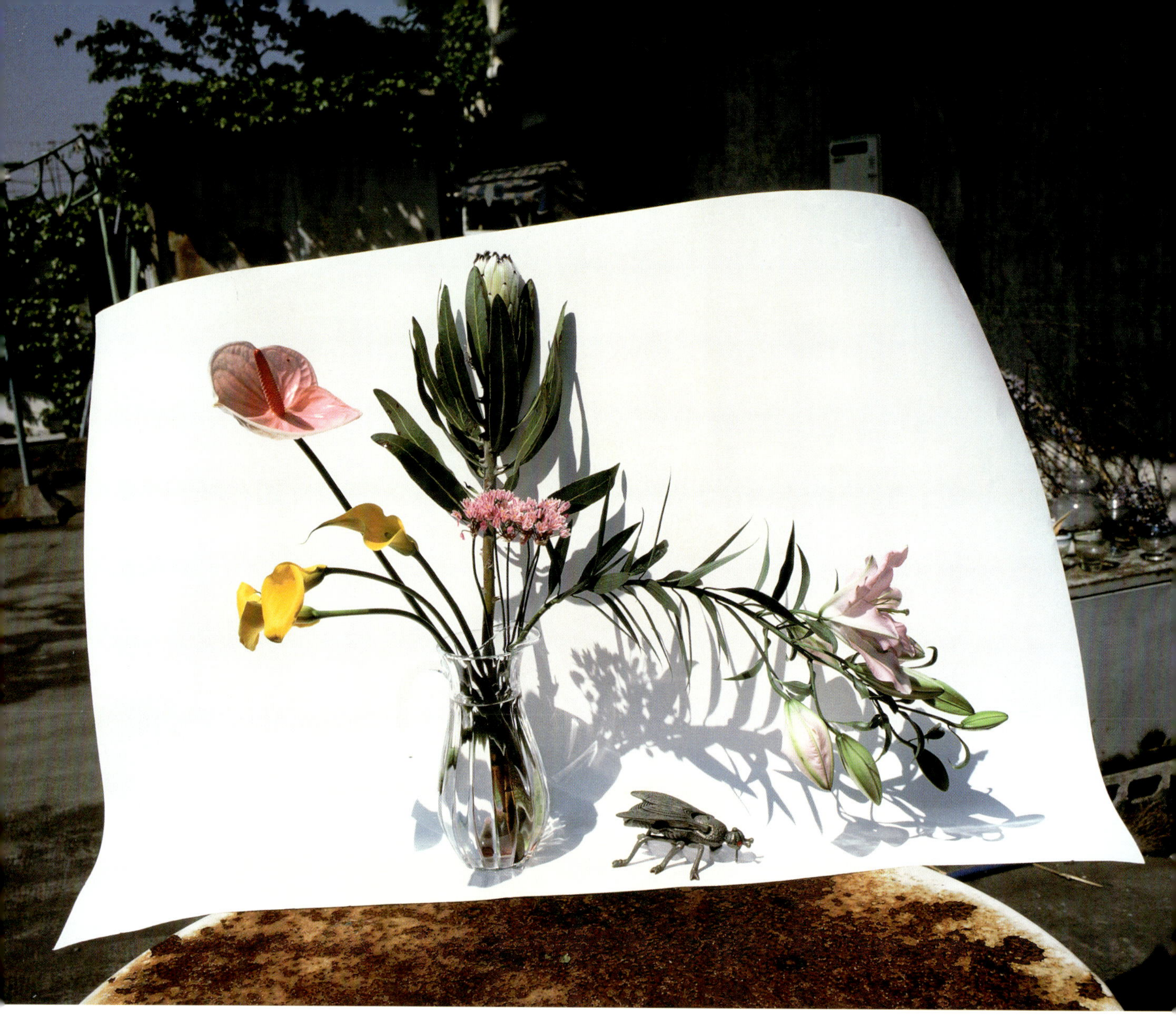

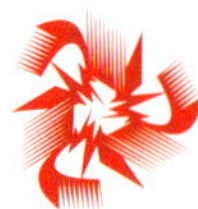

Sensual Flowers

花淫

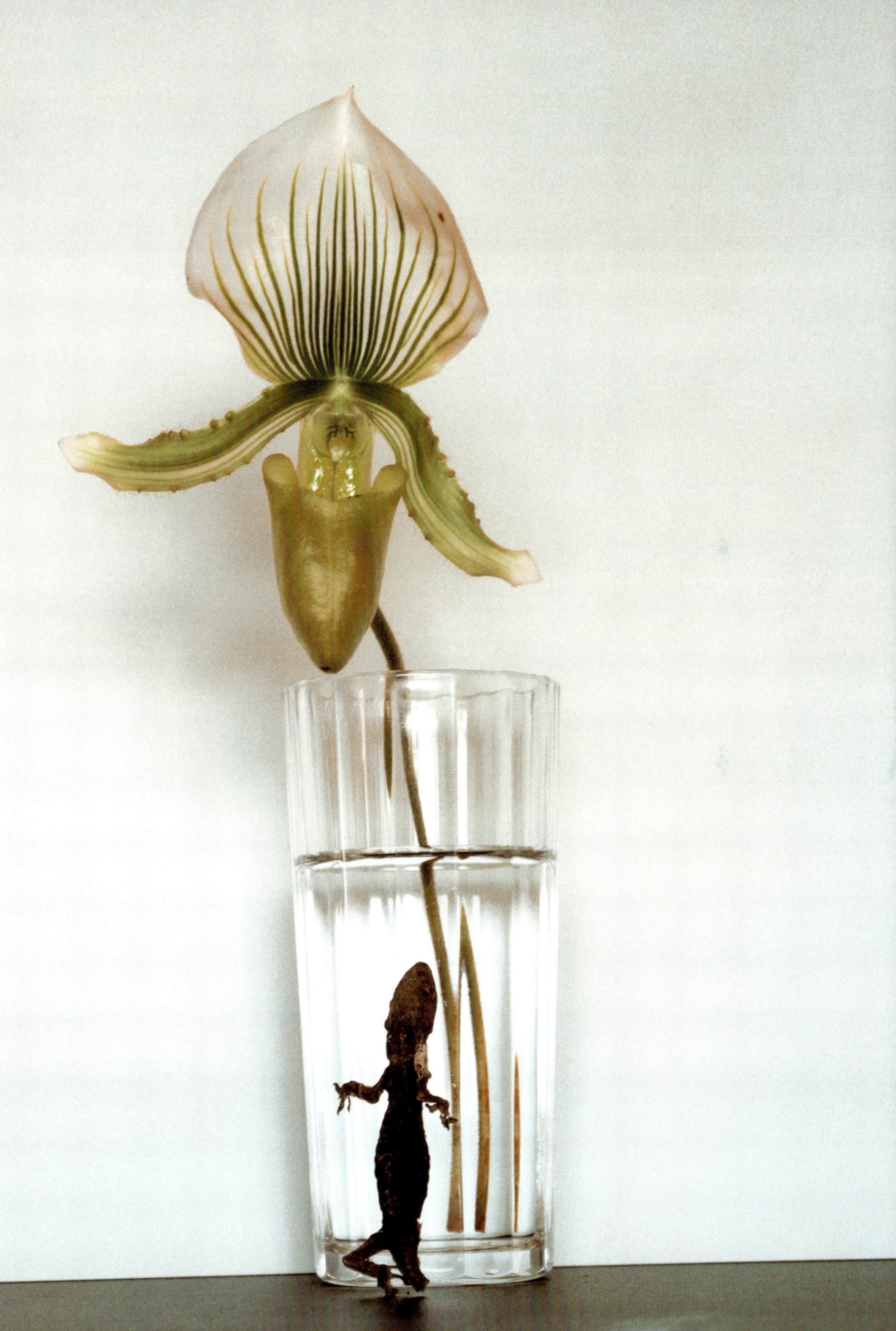

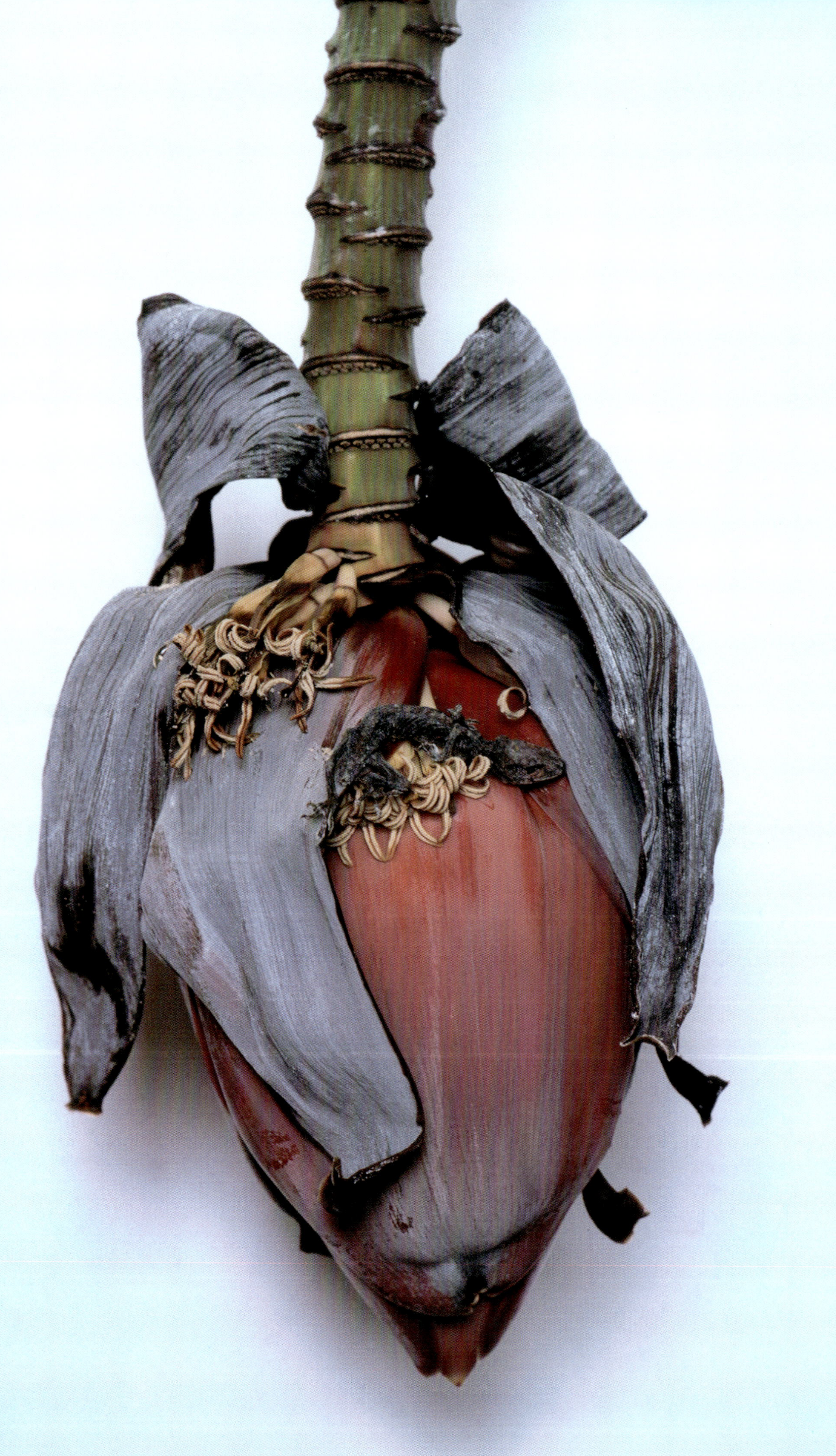

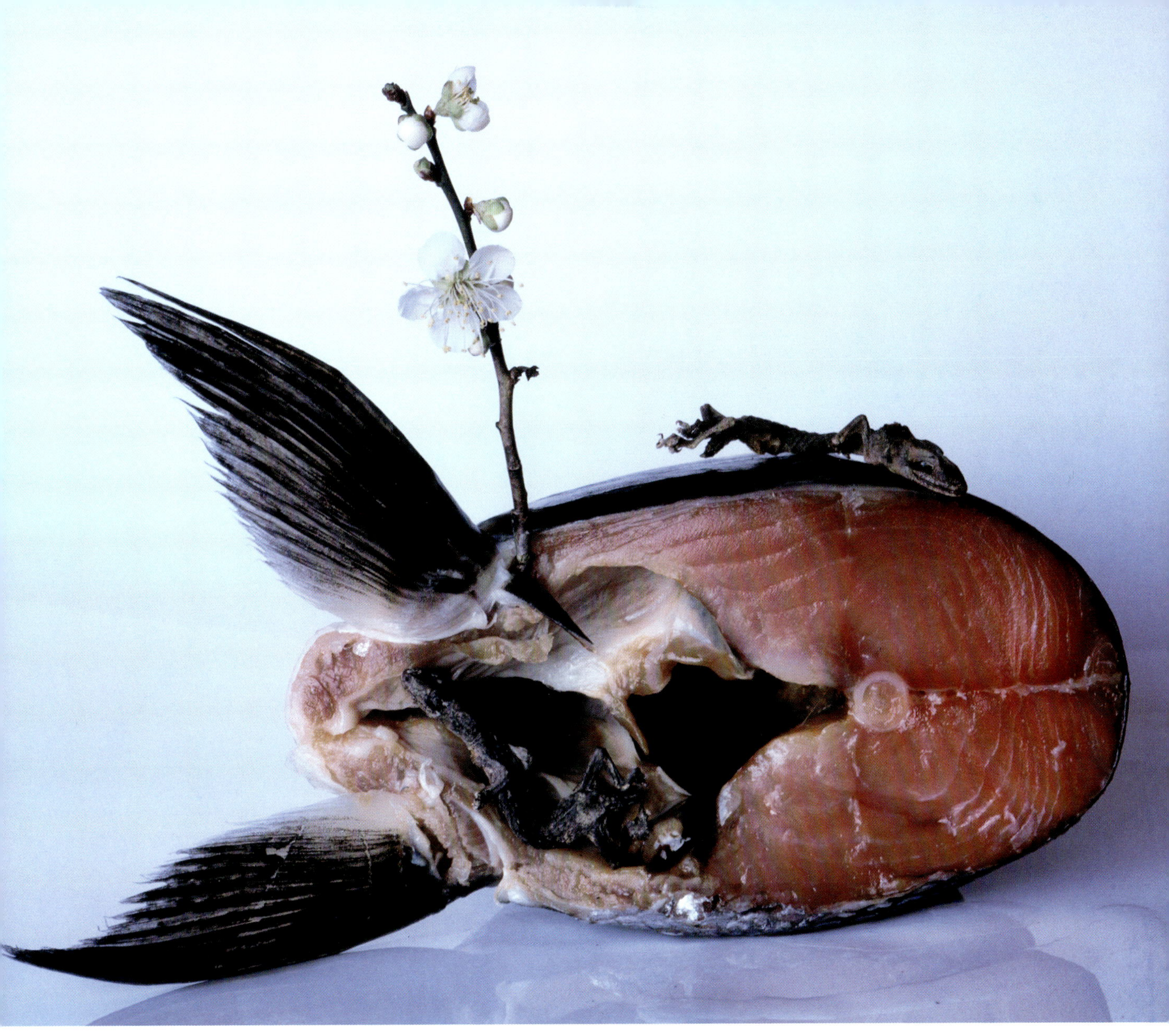

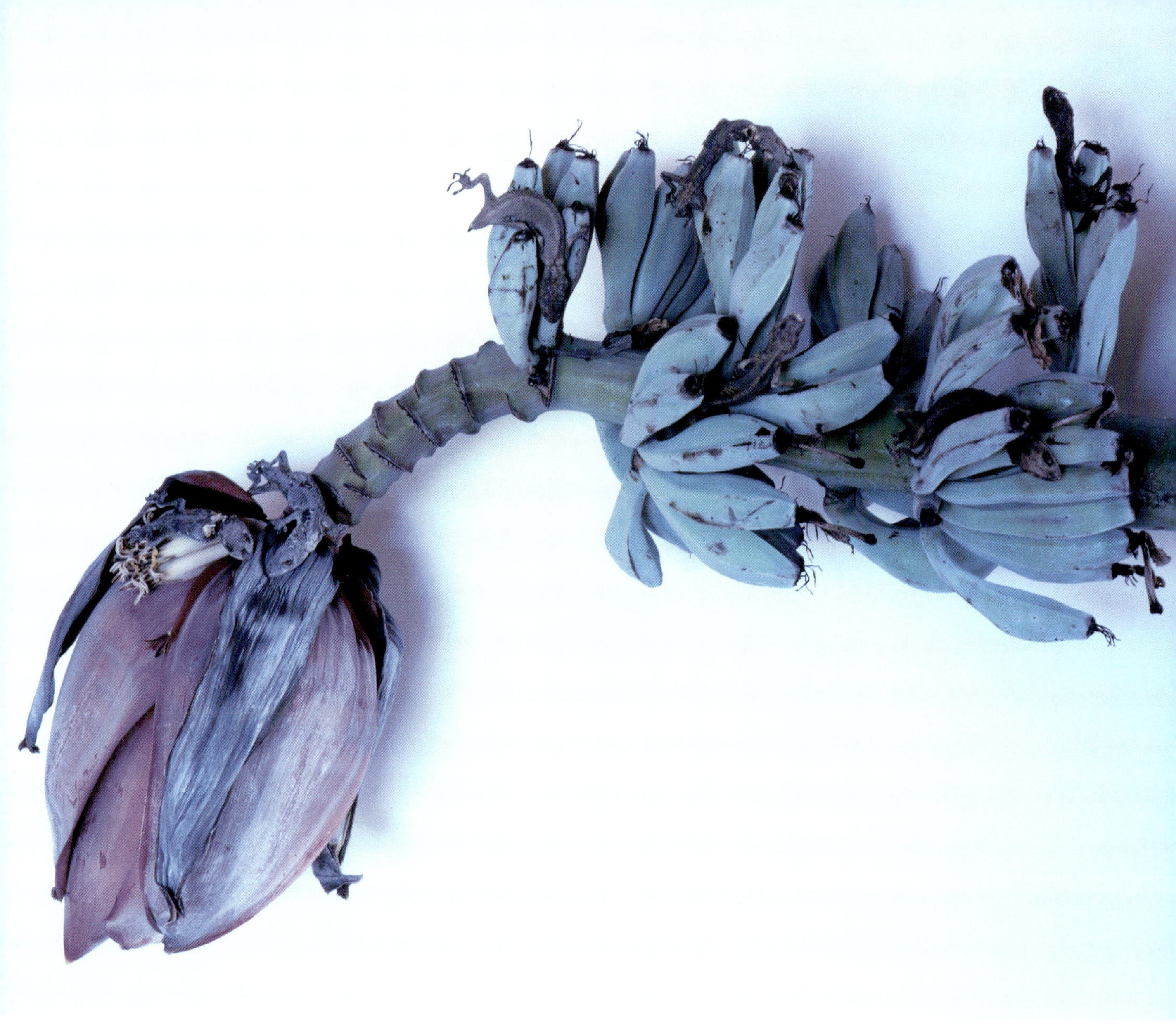

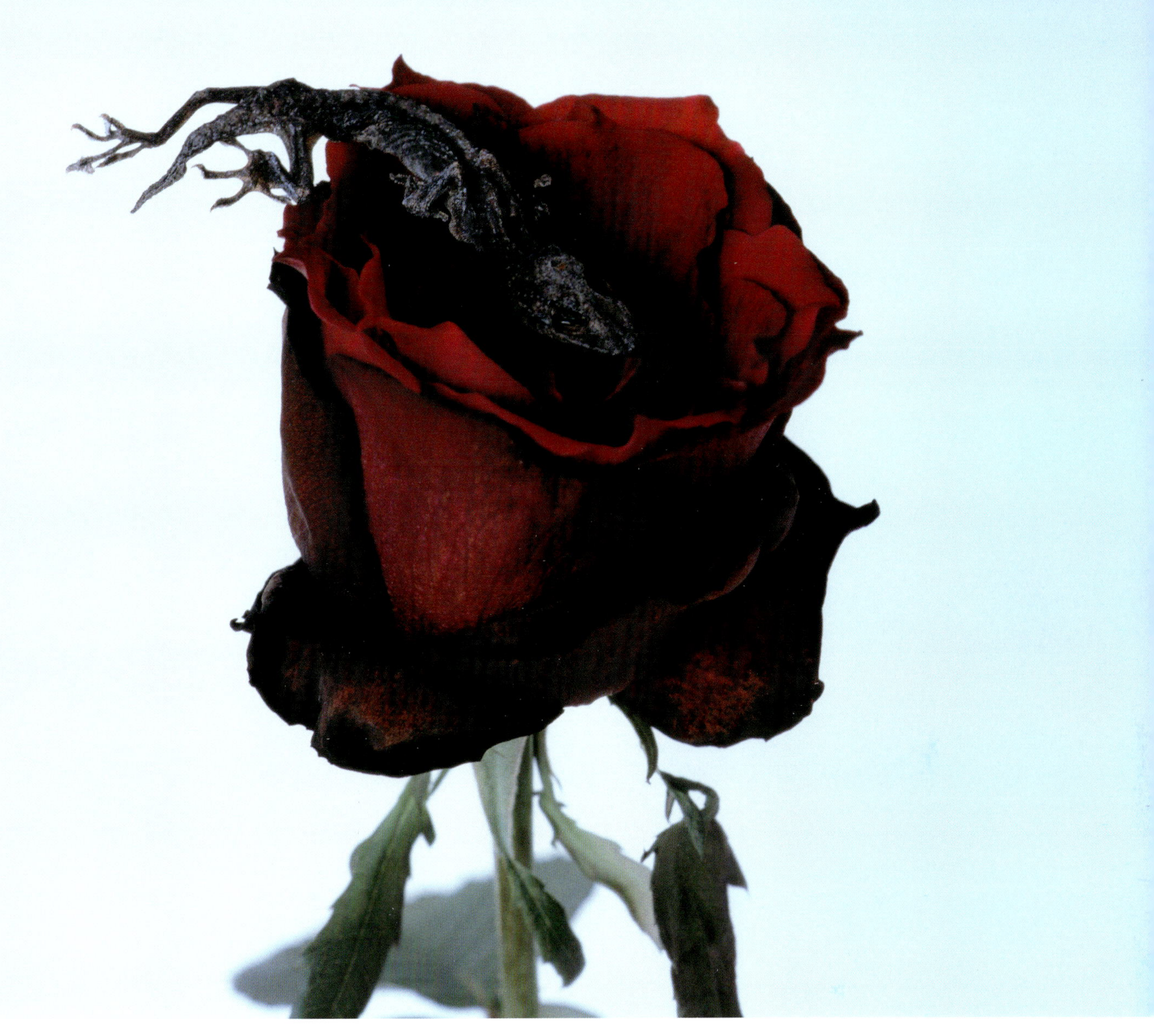

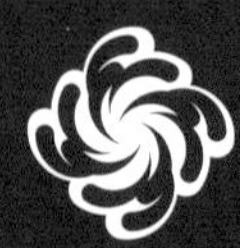

Erotos

エロトス

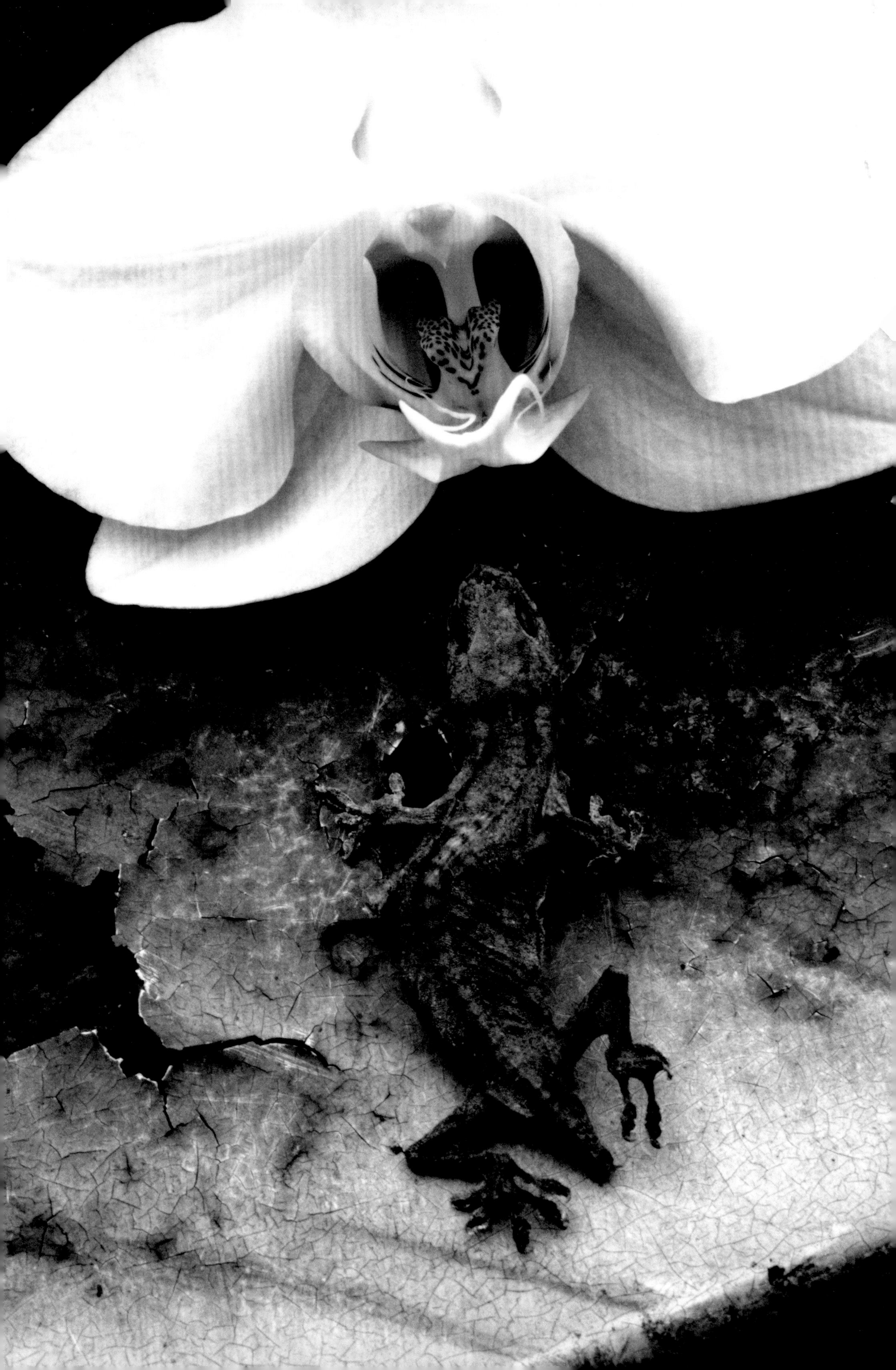

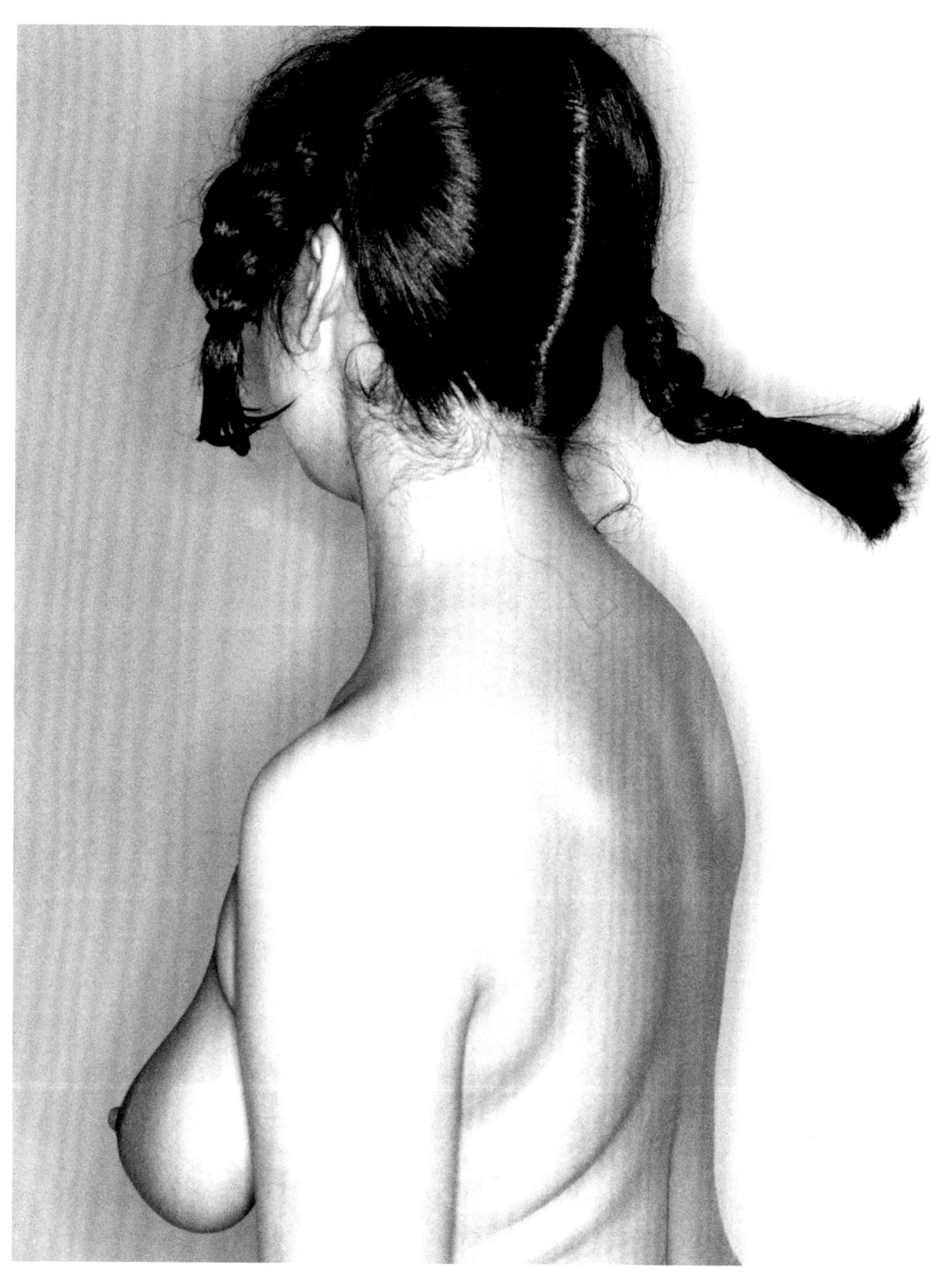

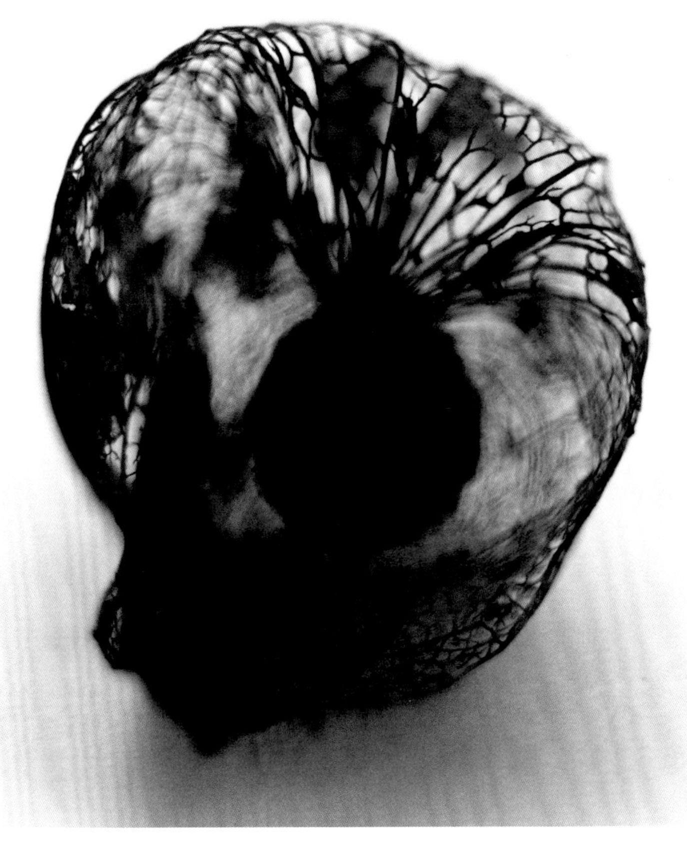

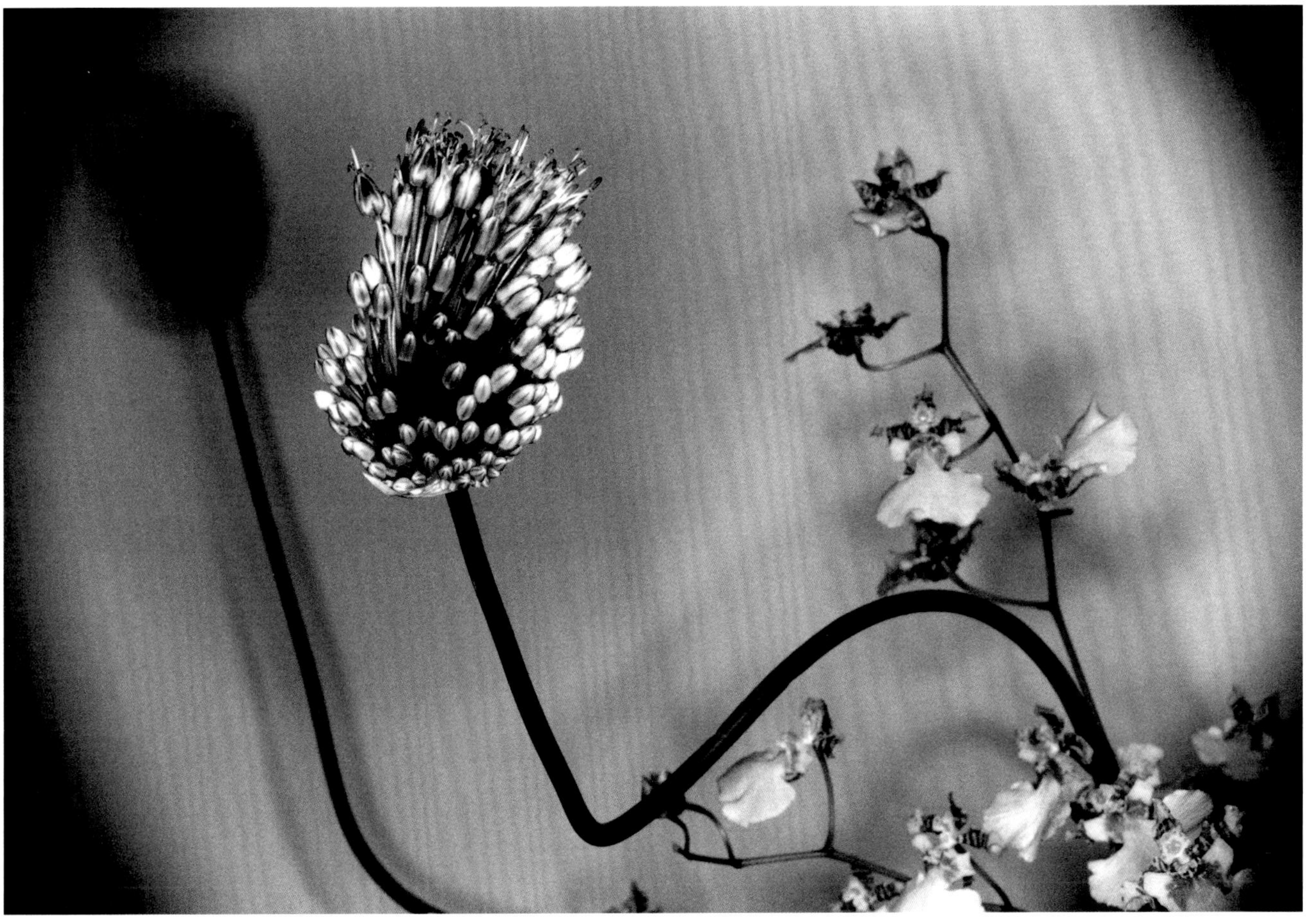

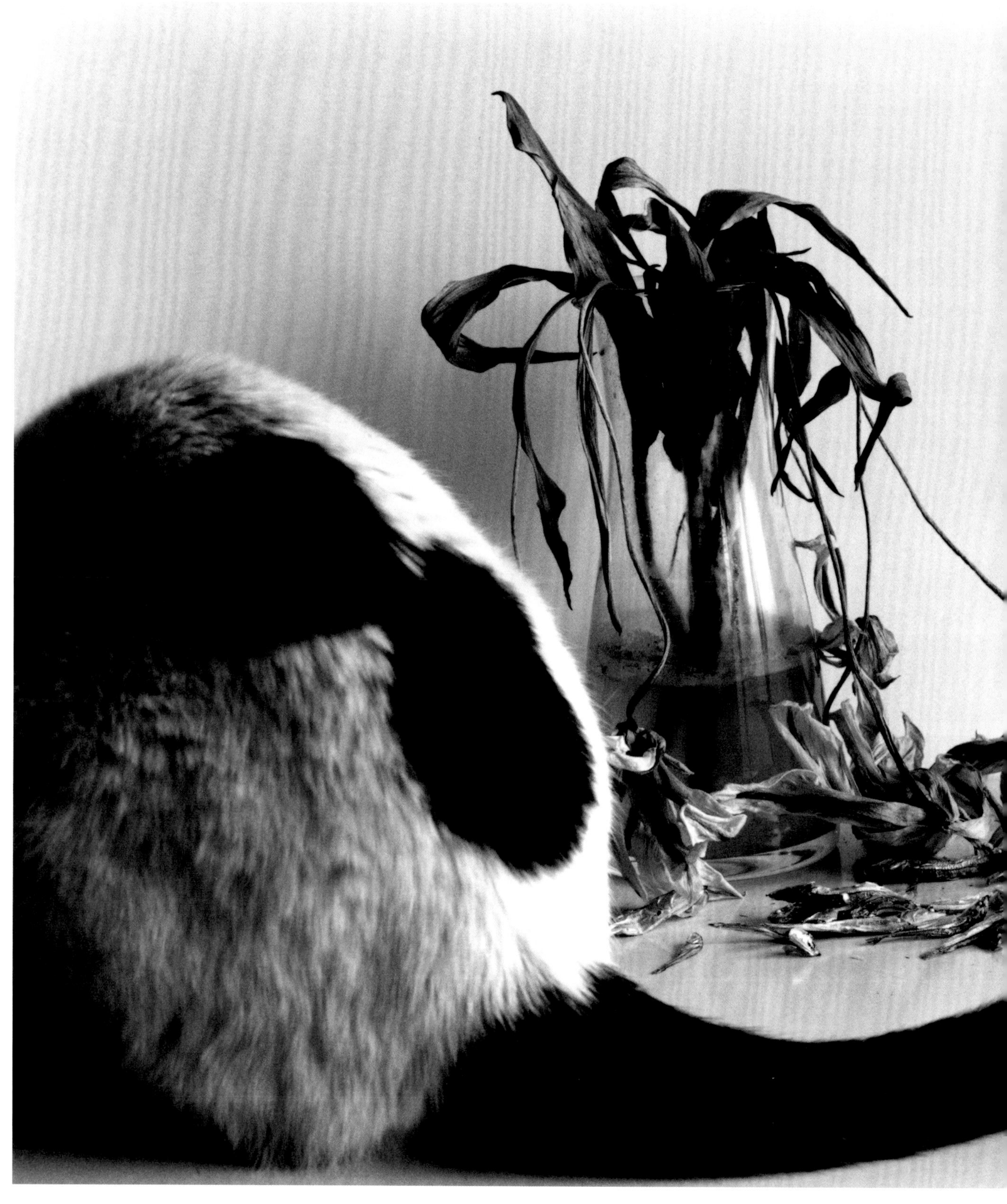

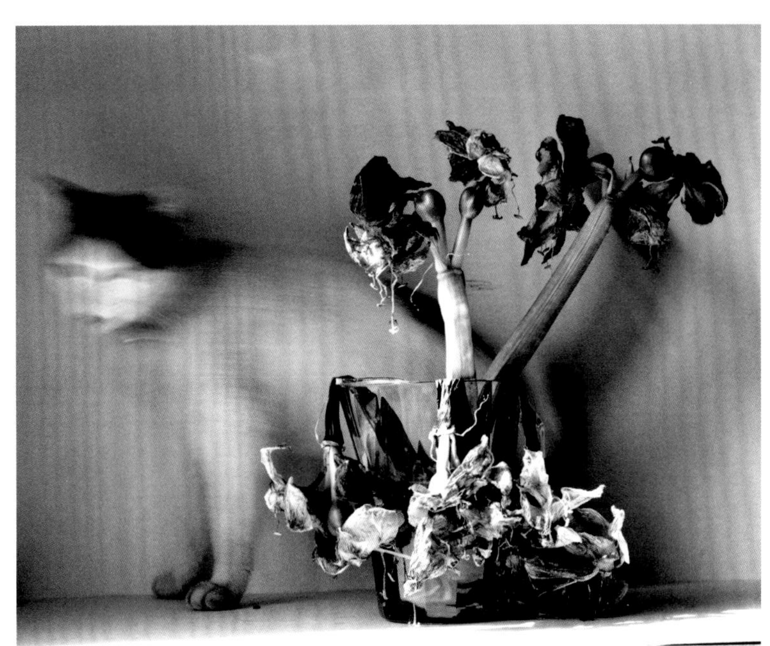

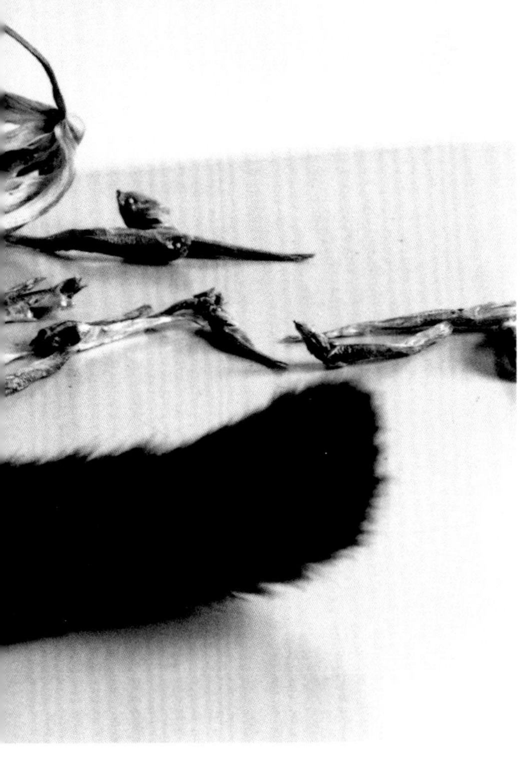

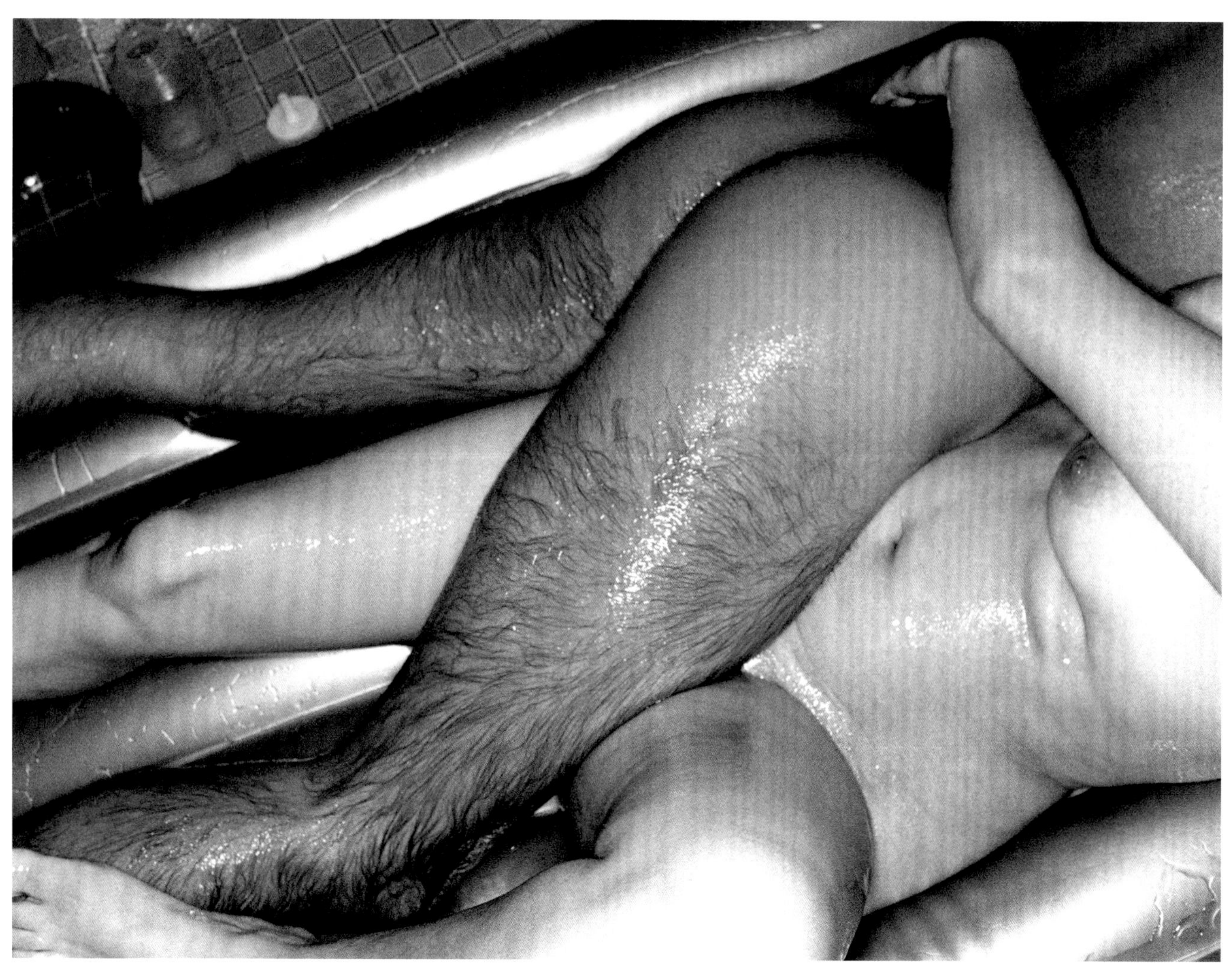

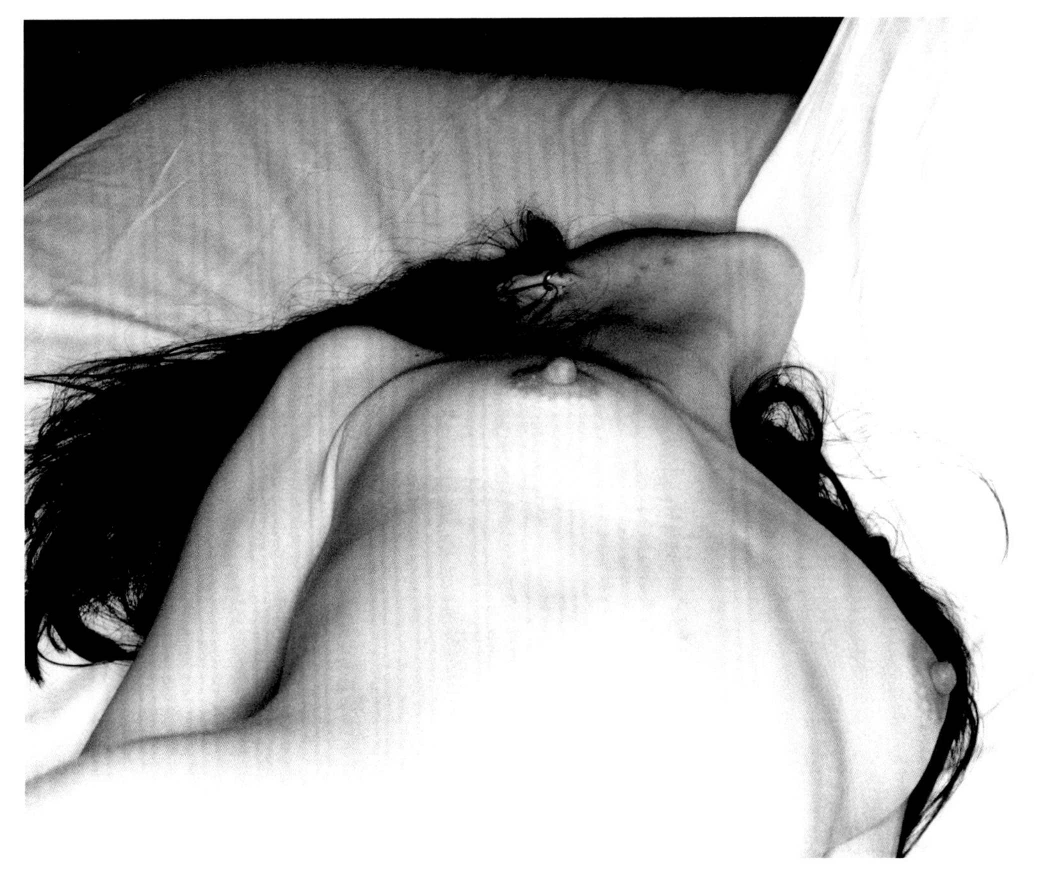

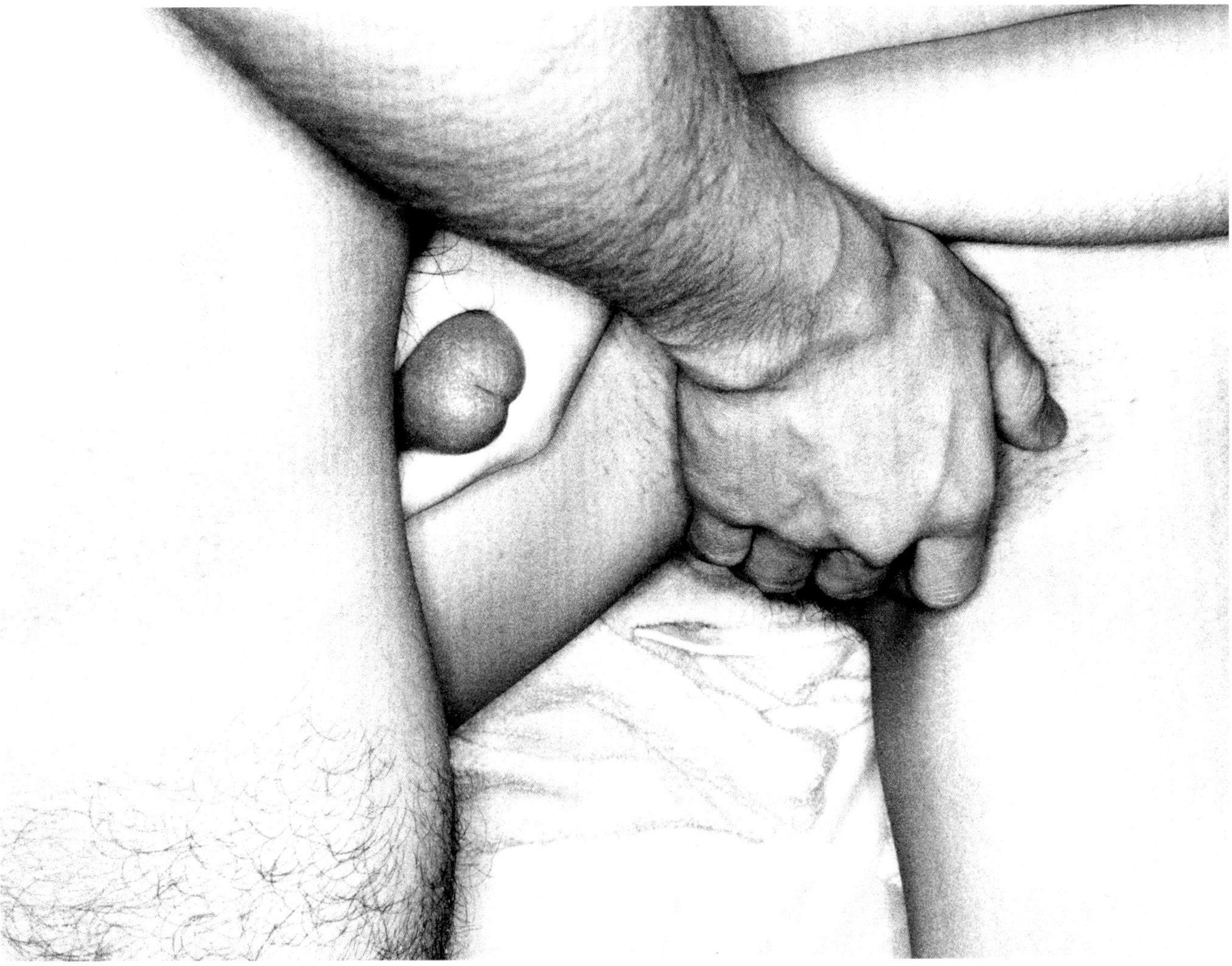

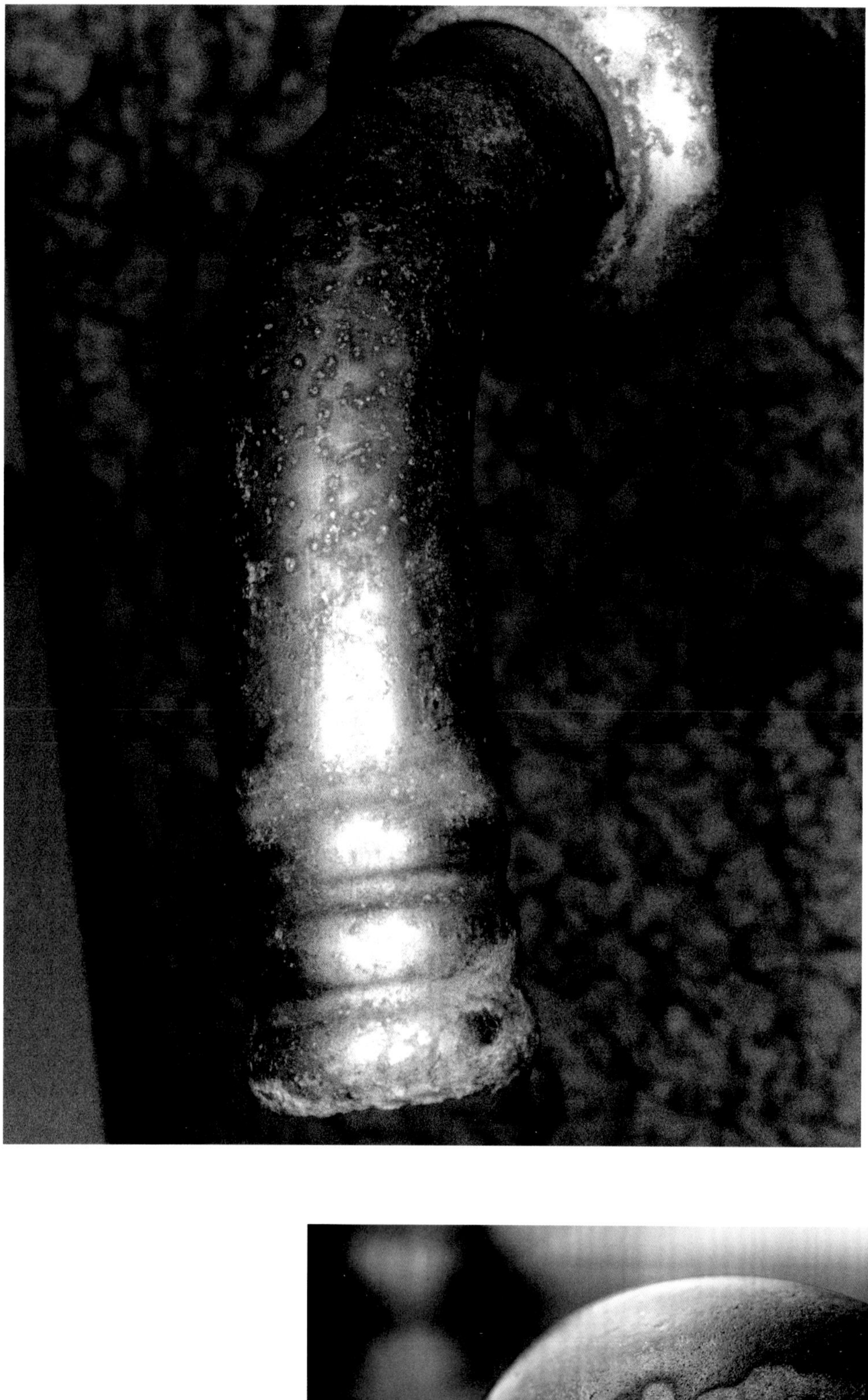

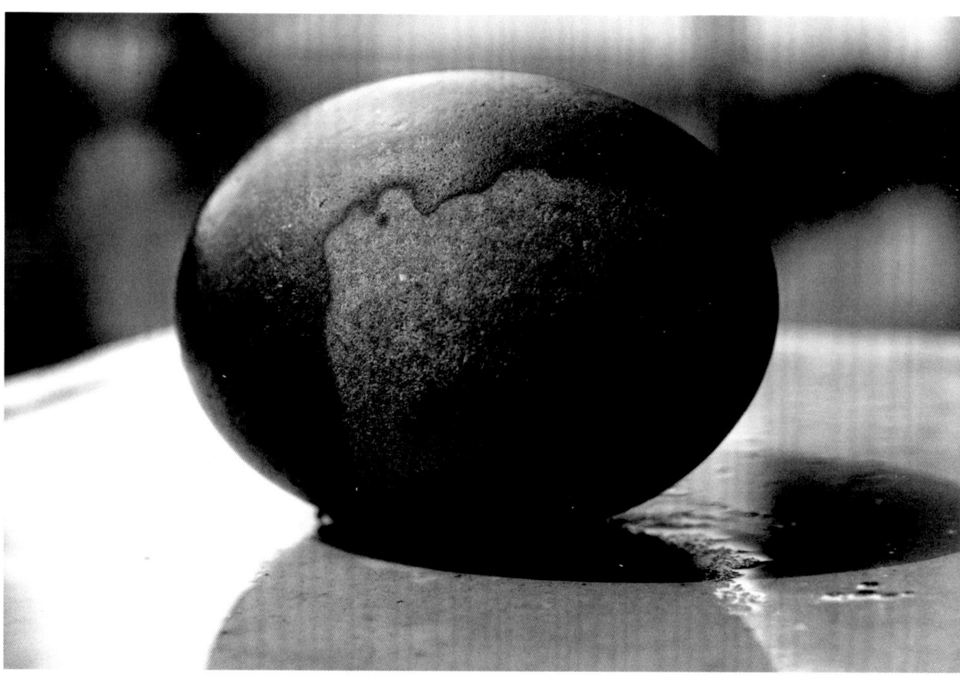

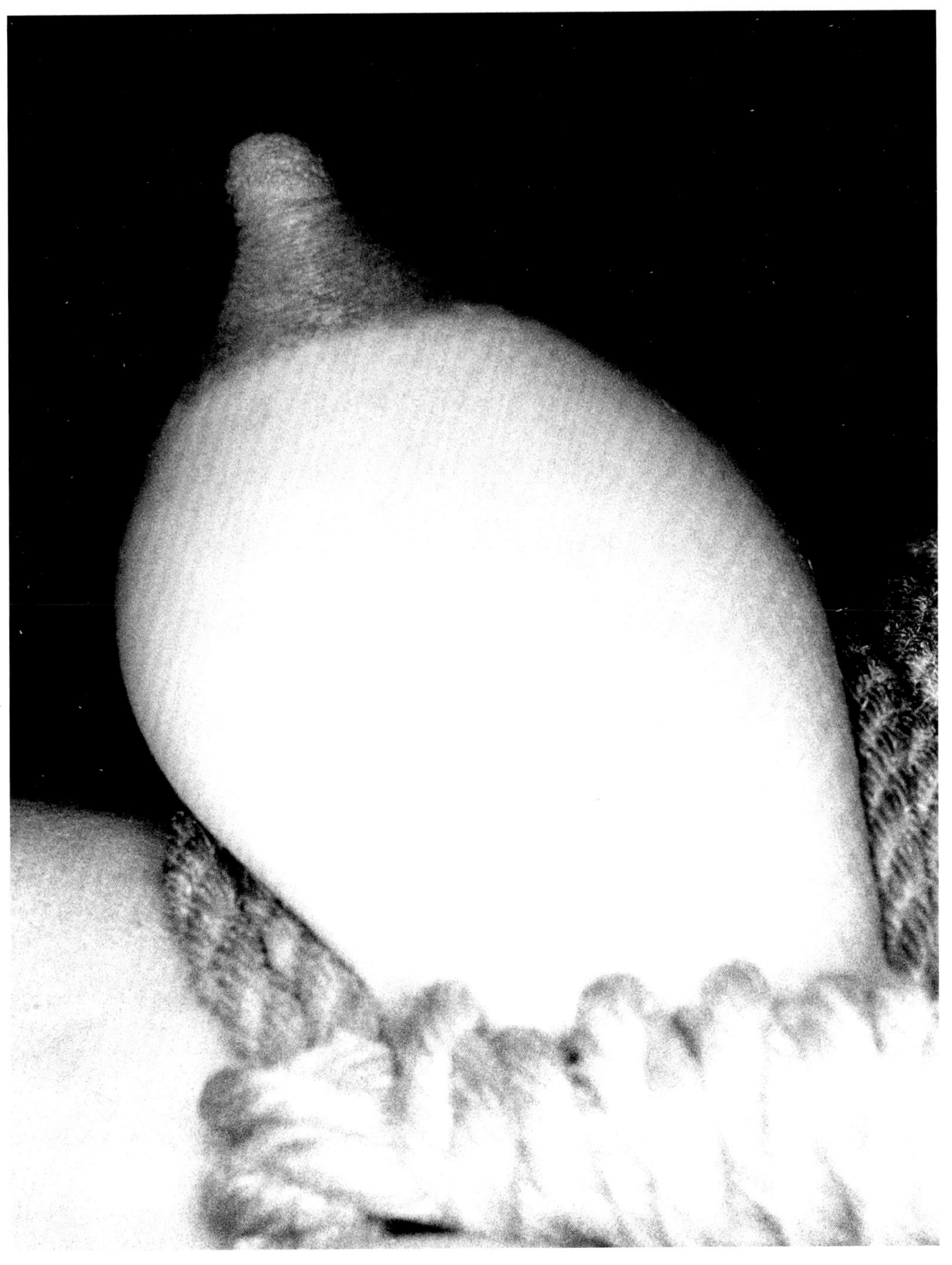

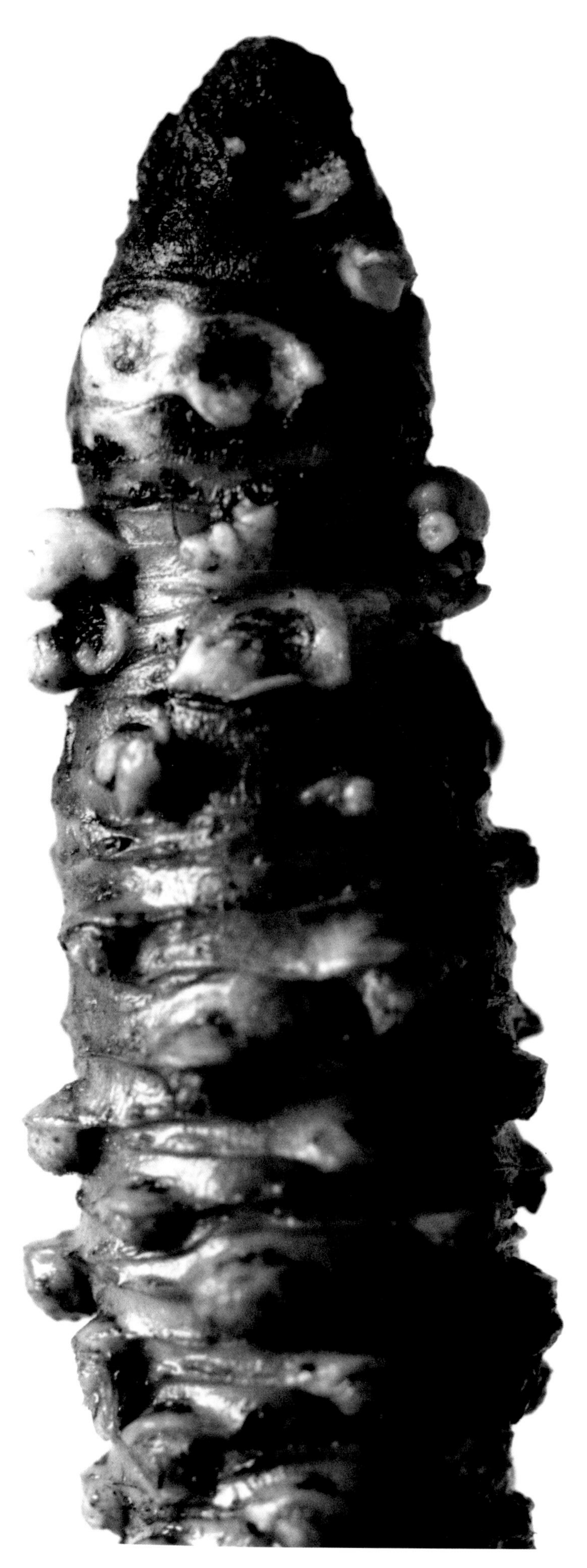

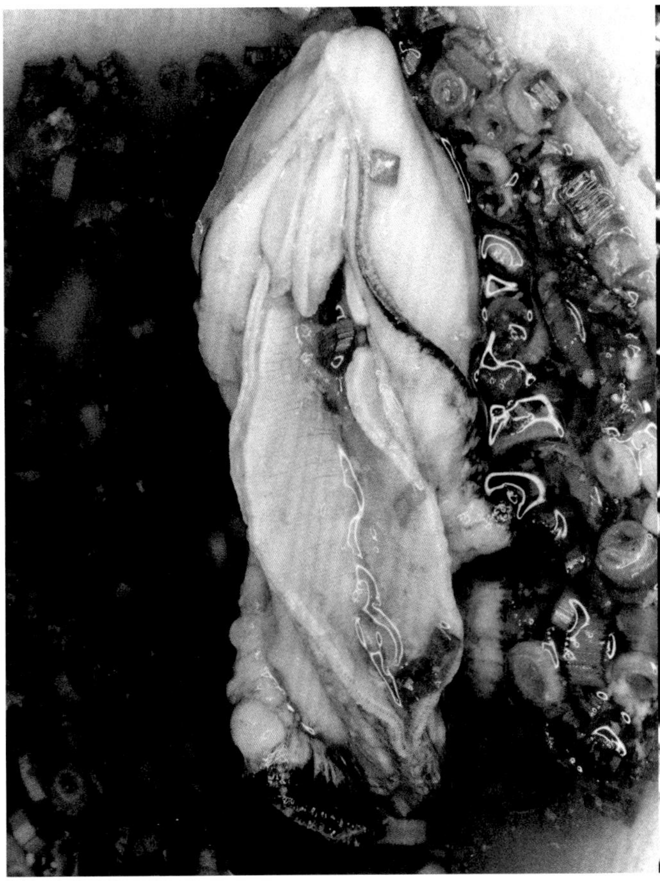

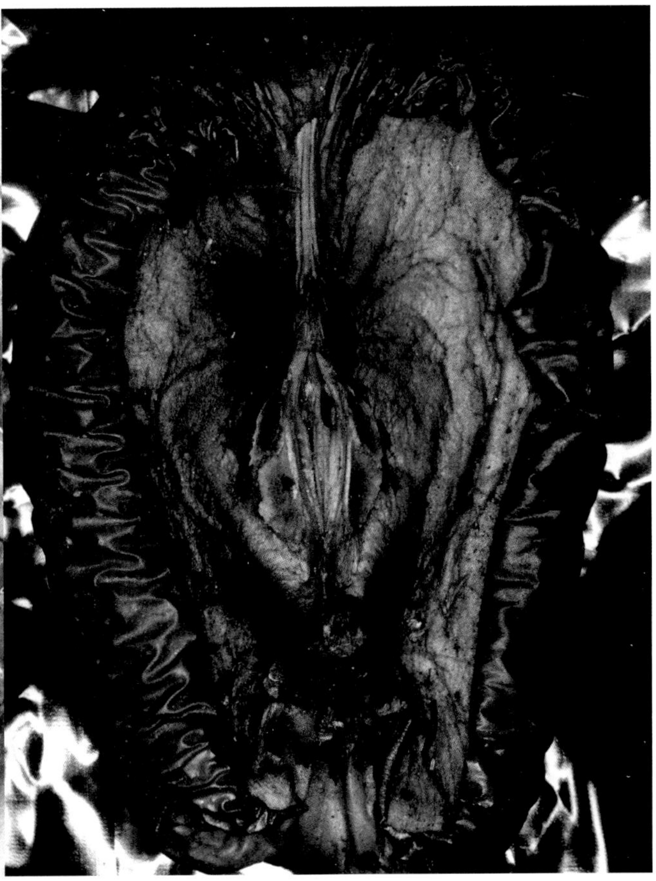

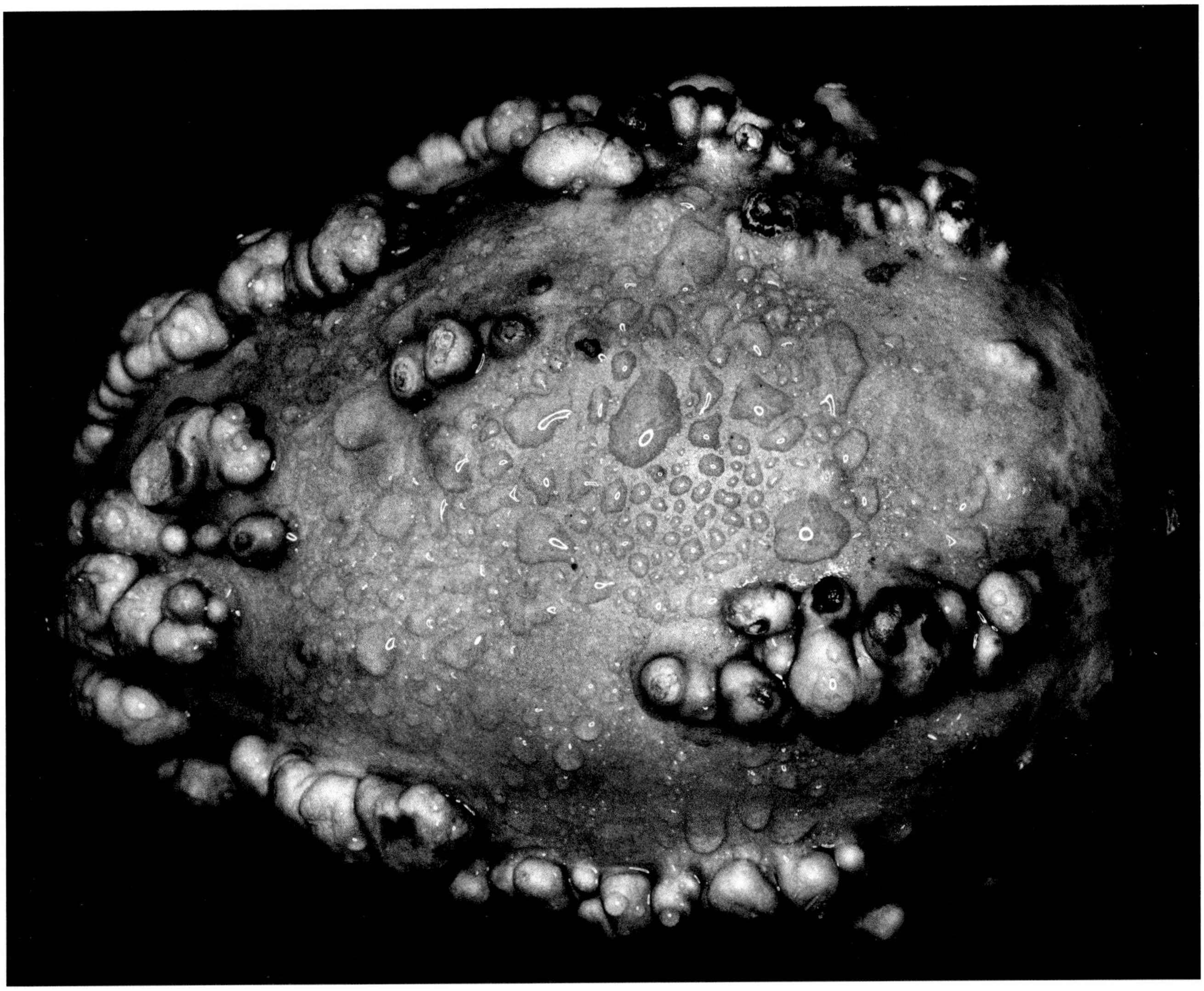

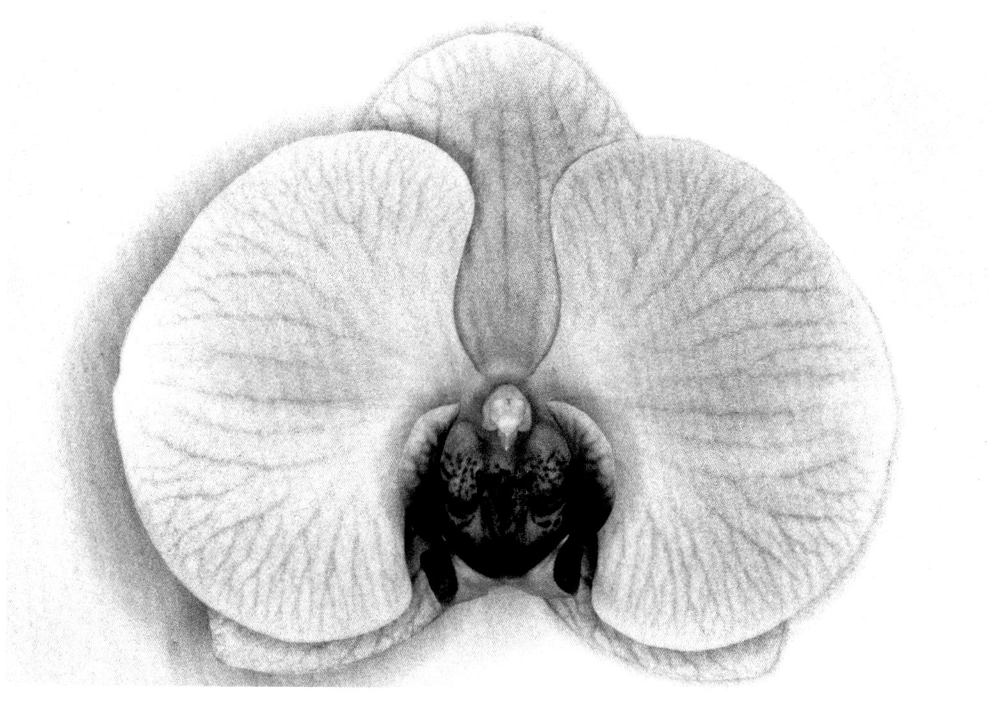

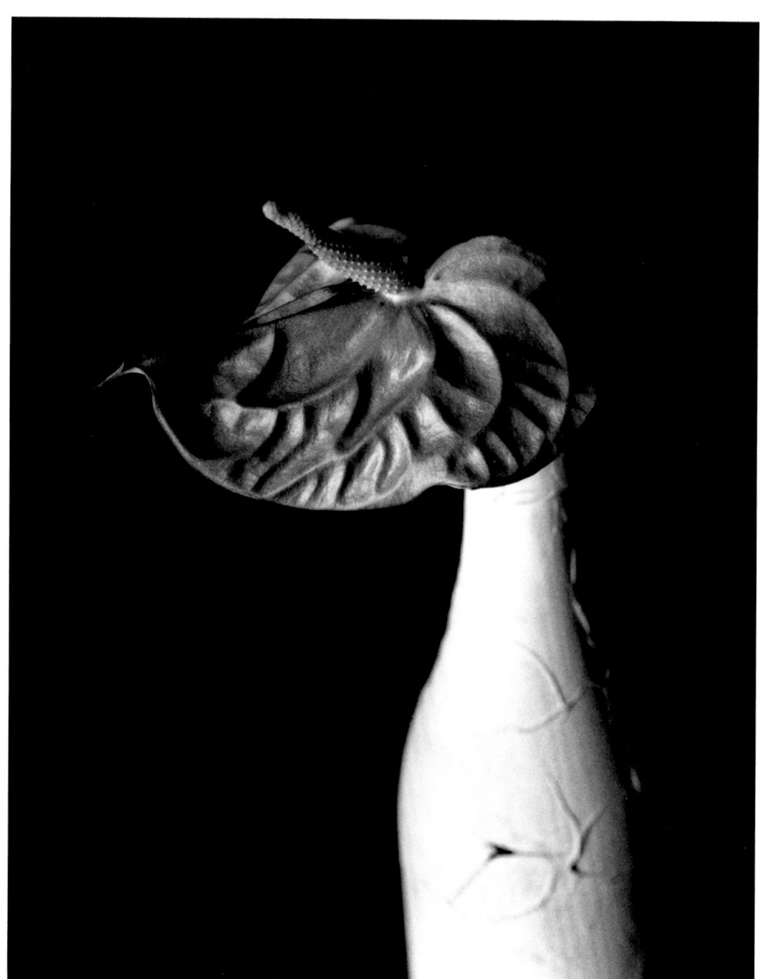

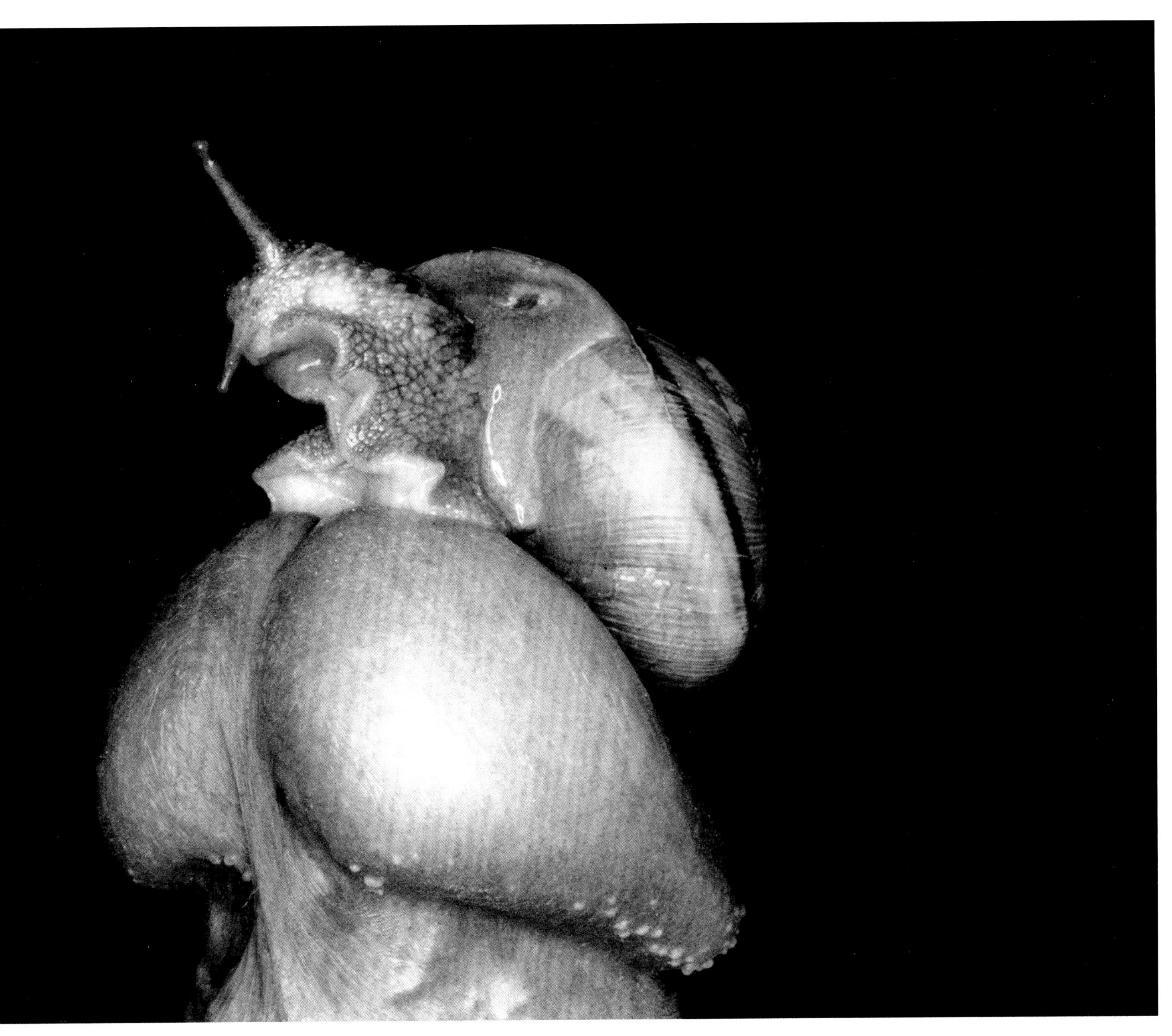

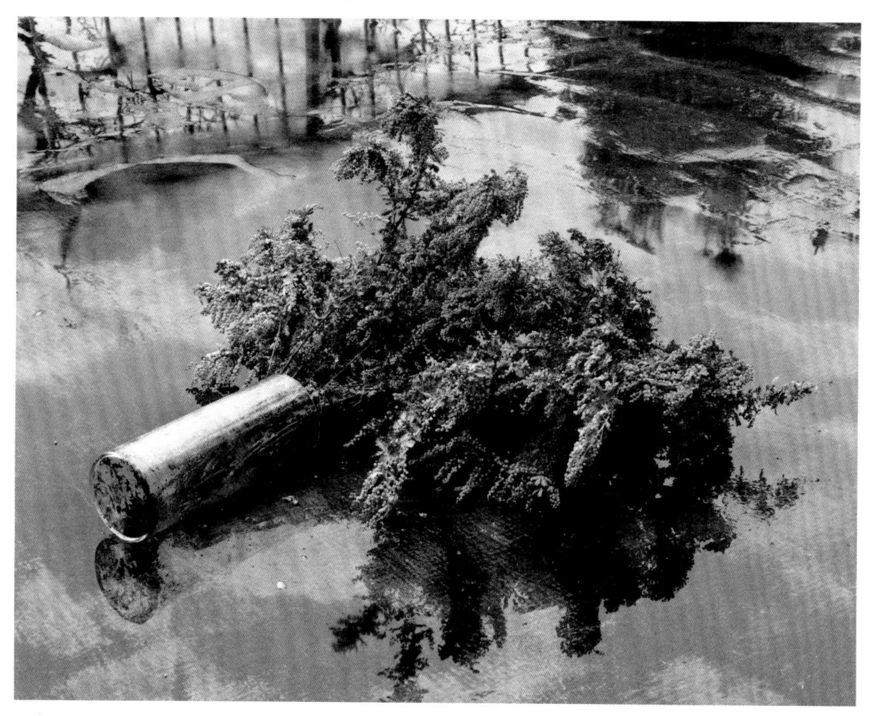

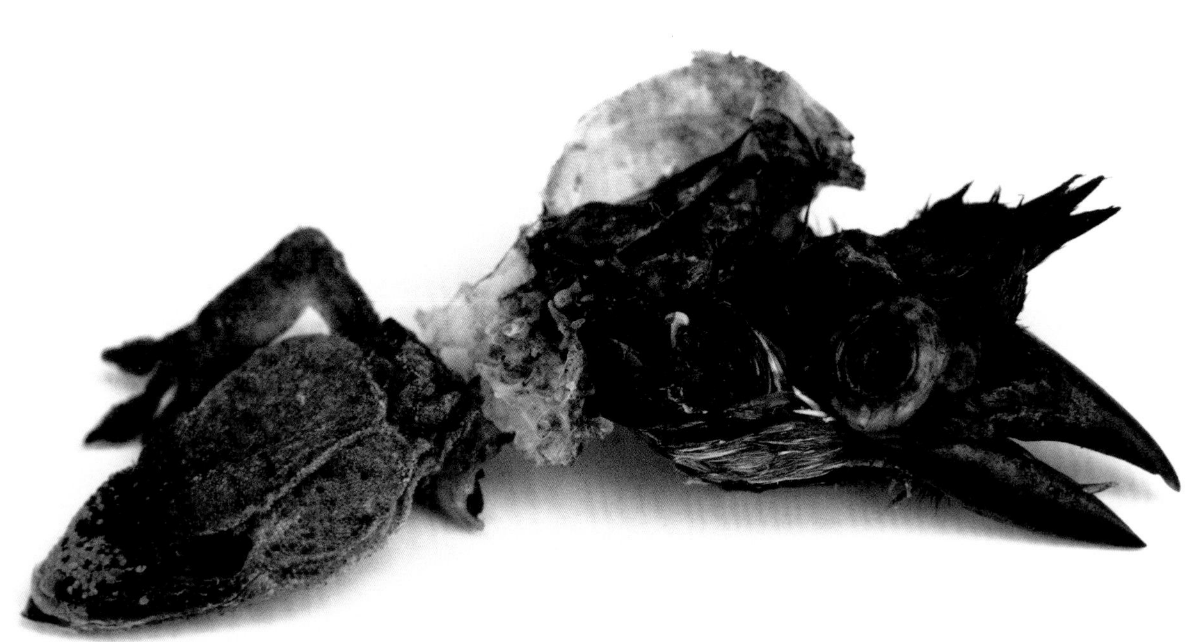

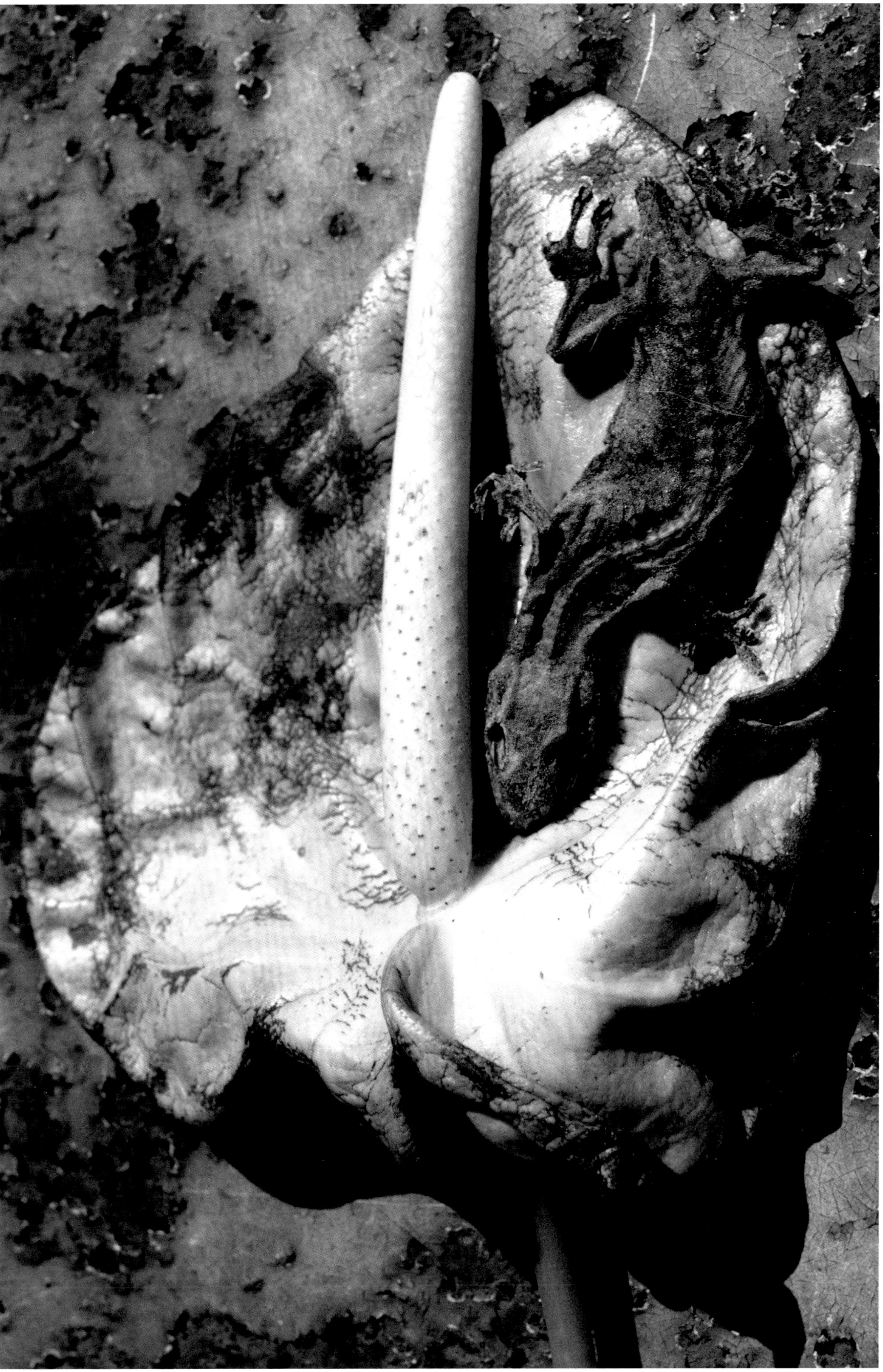

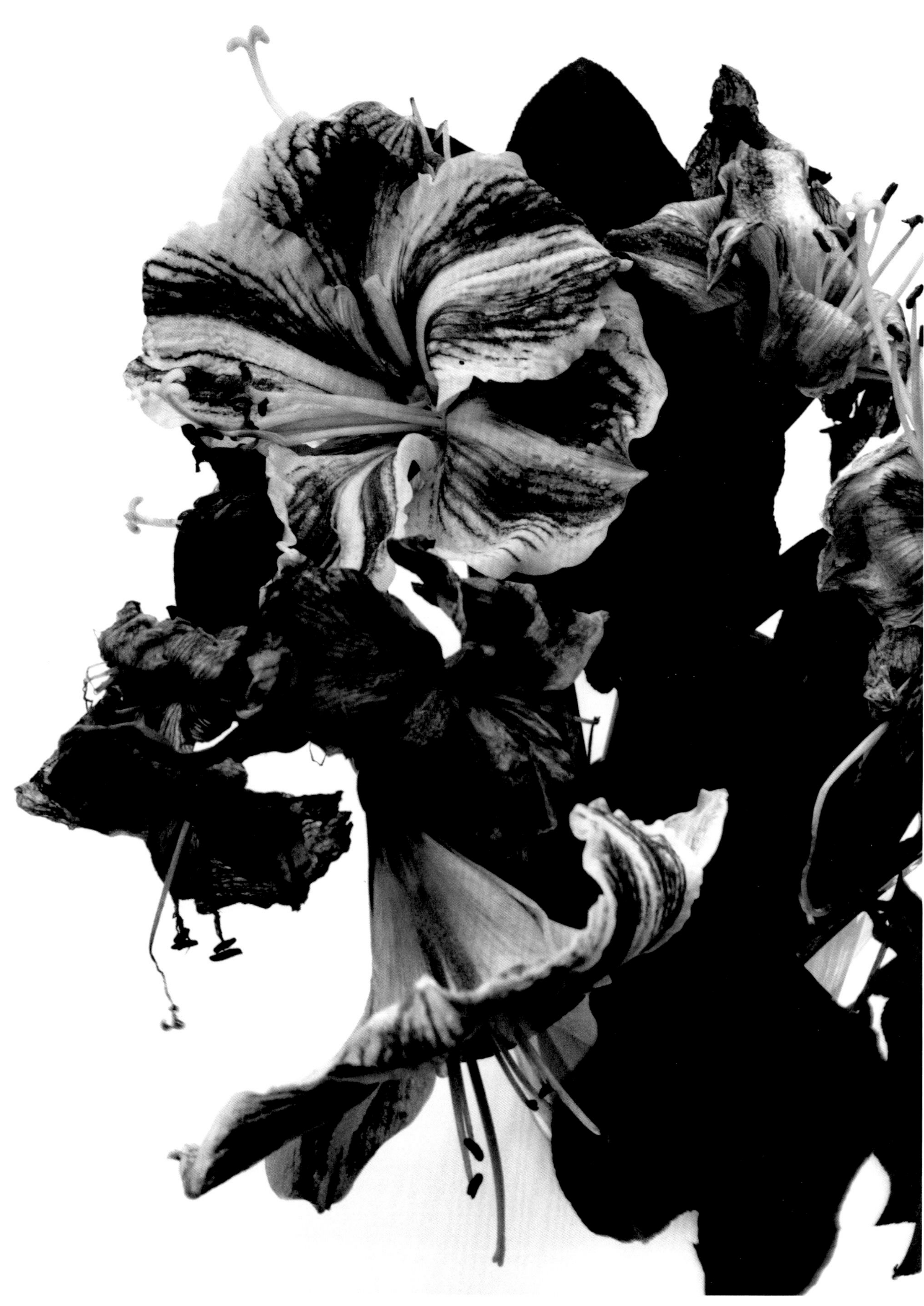

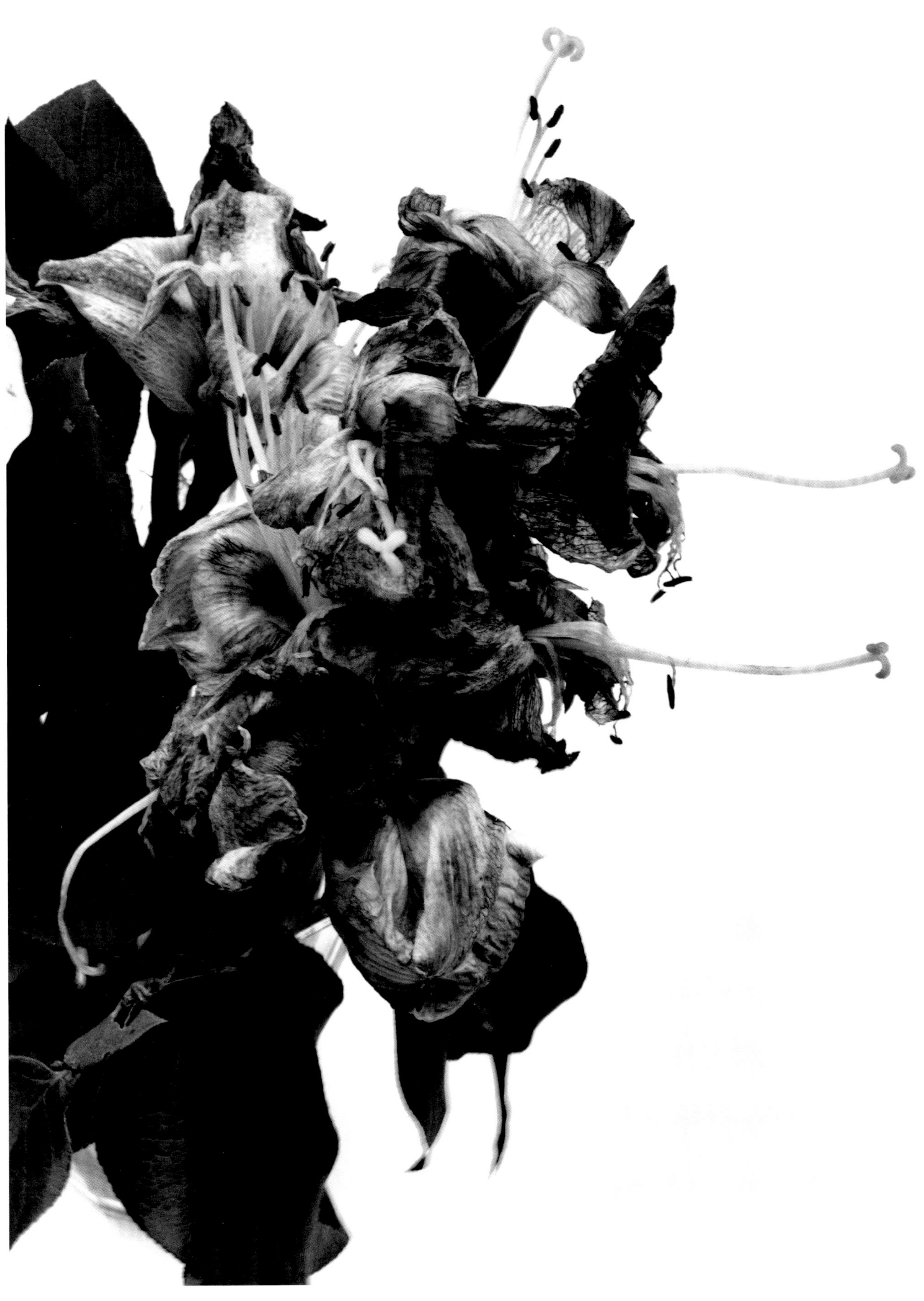

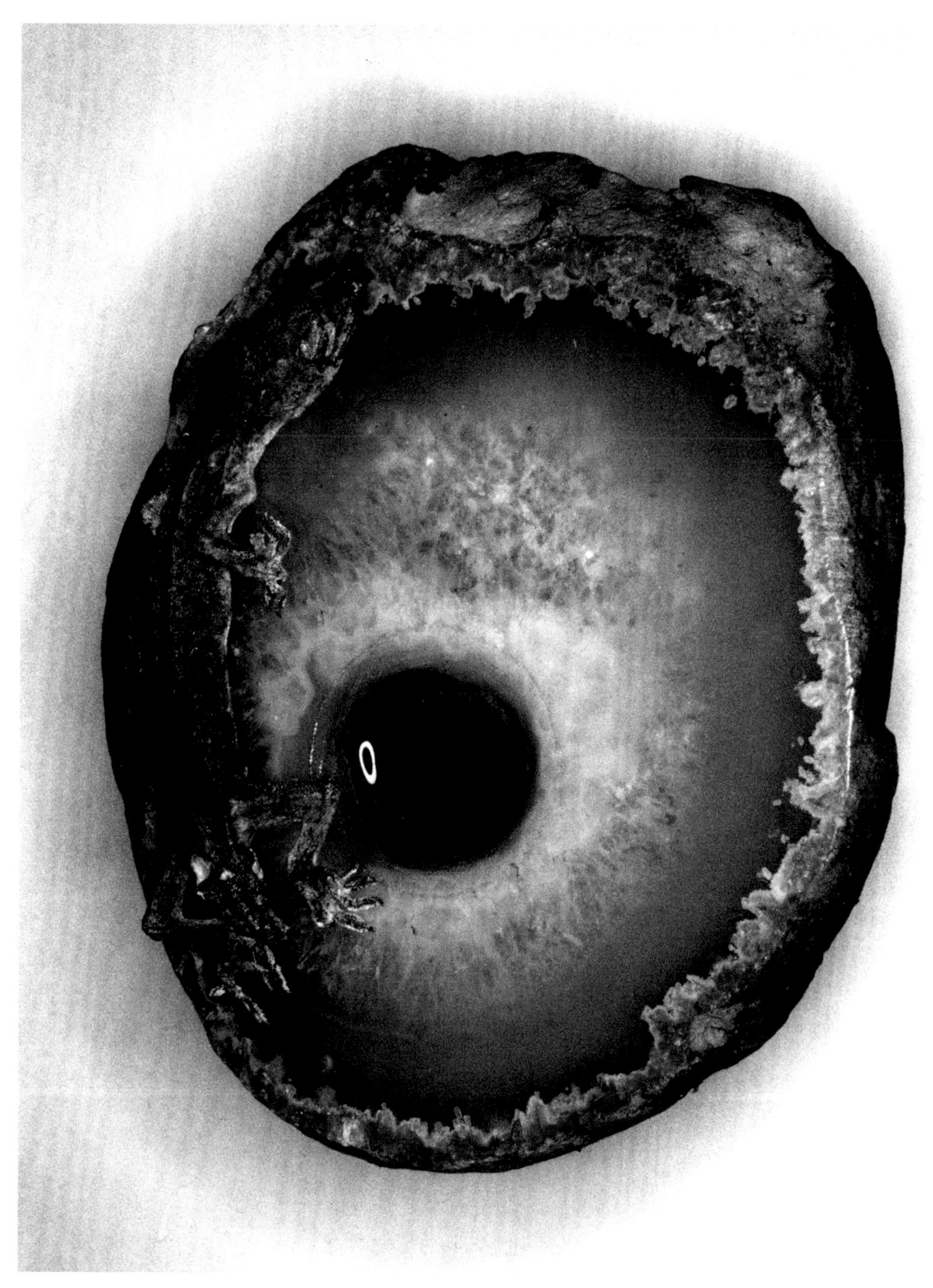

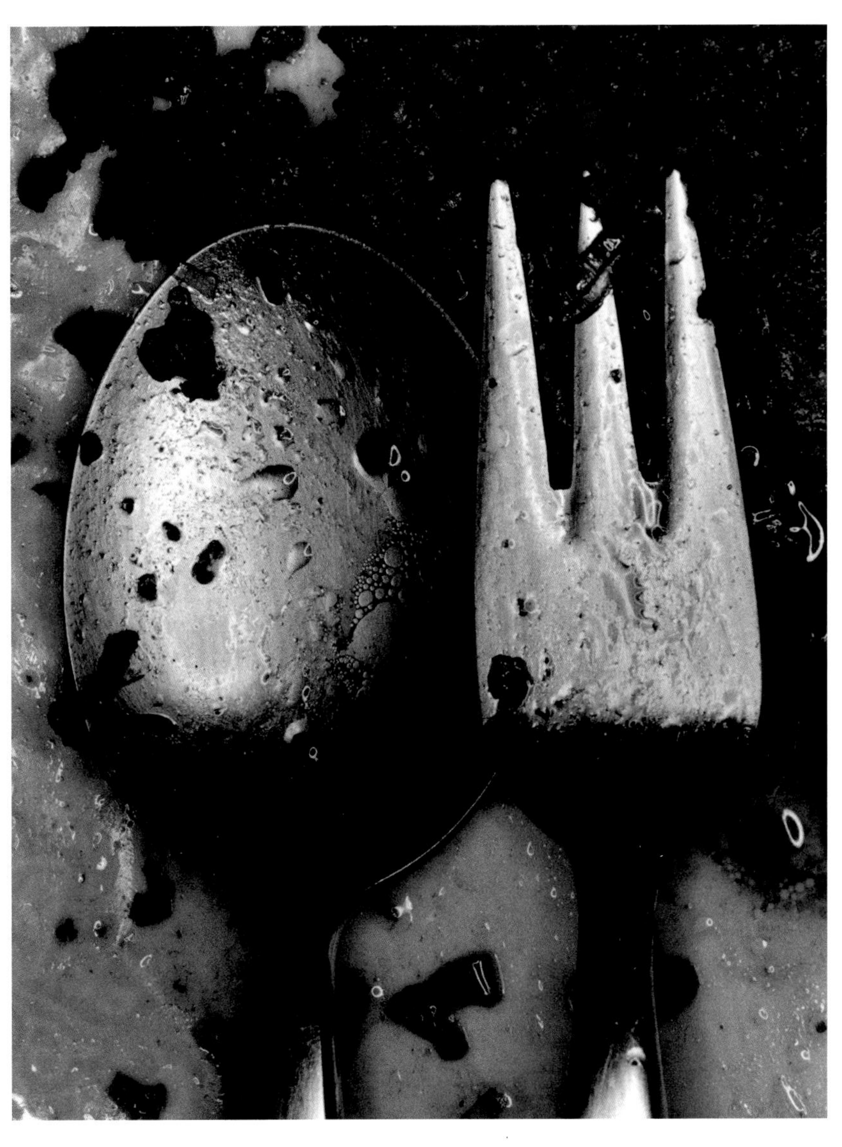

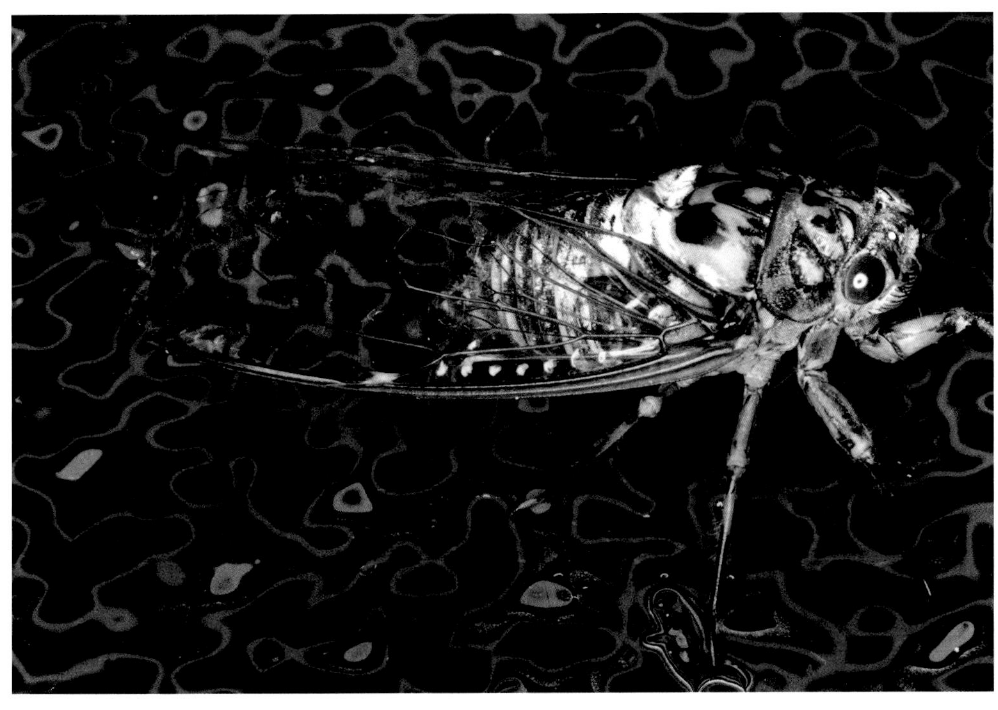

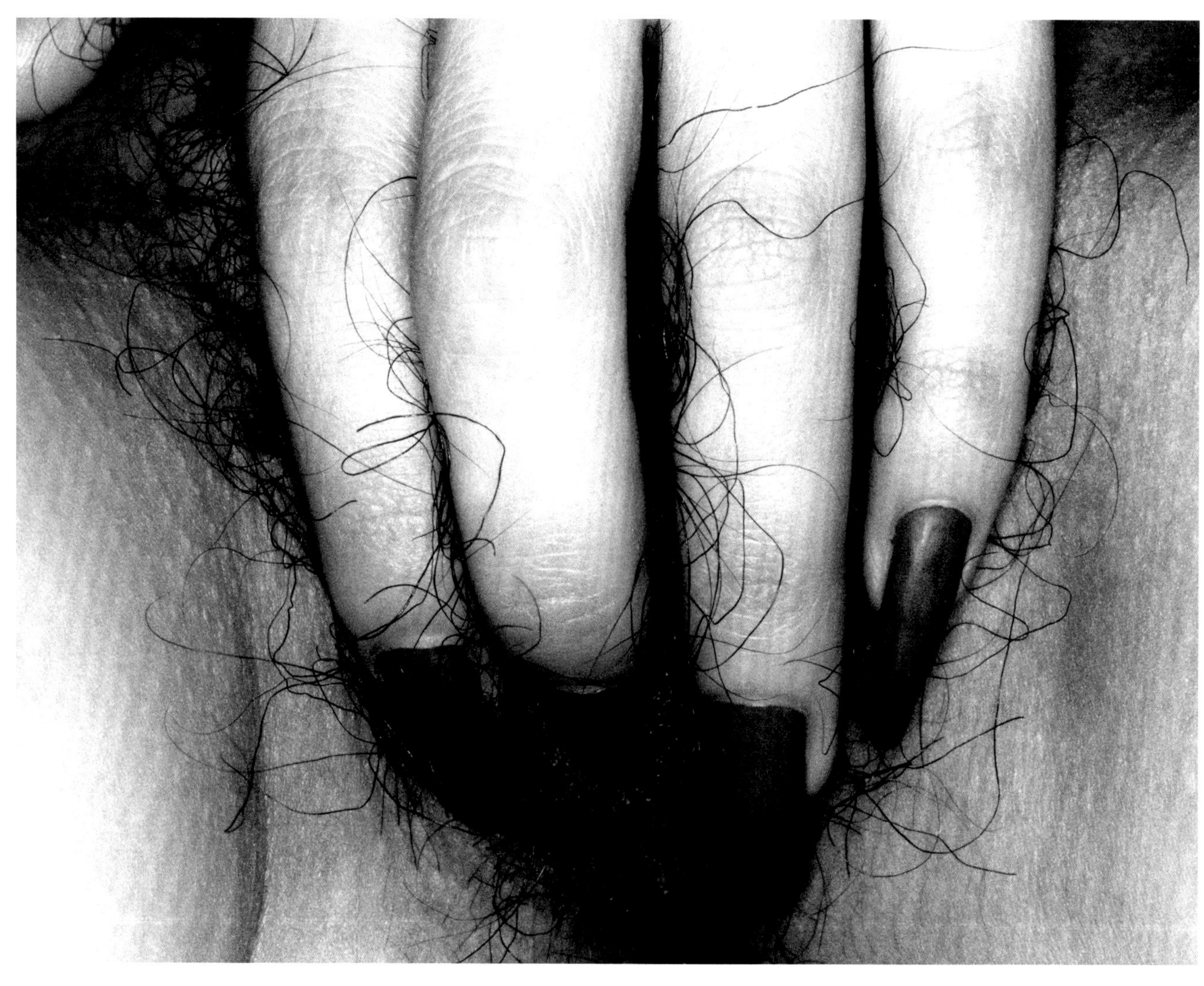

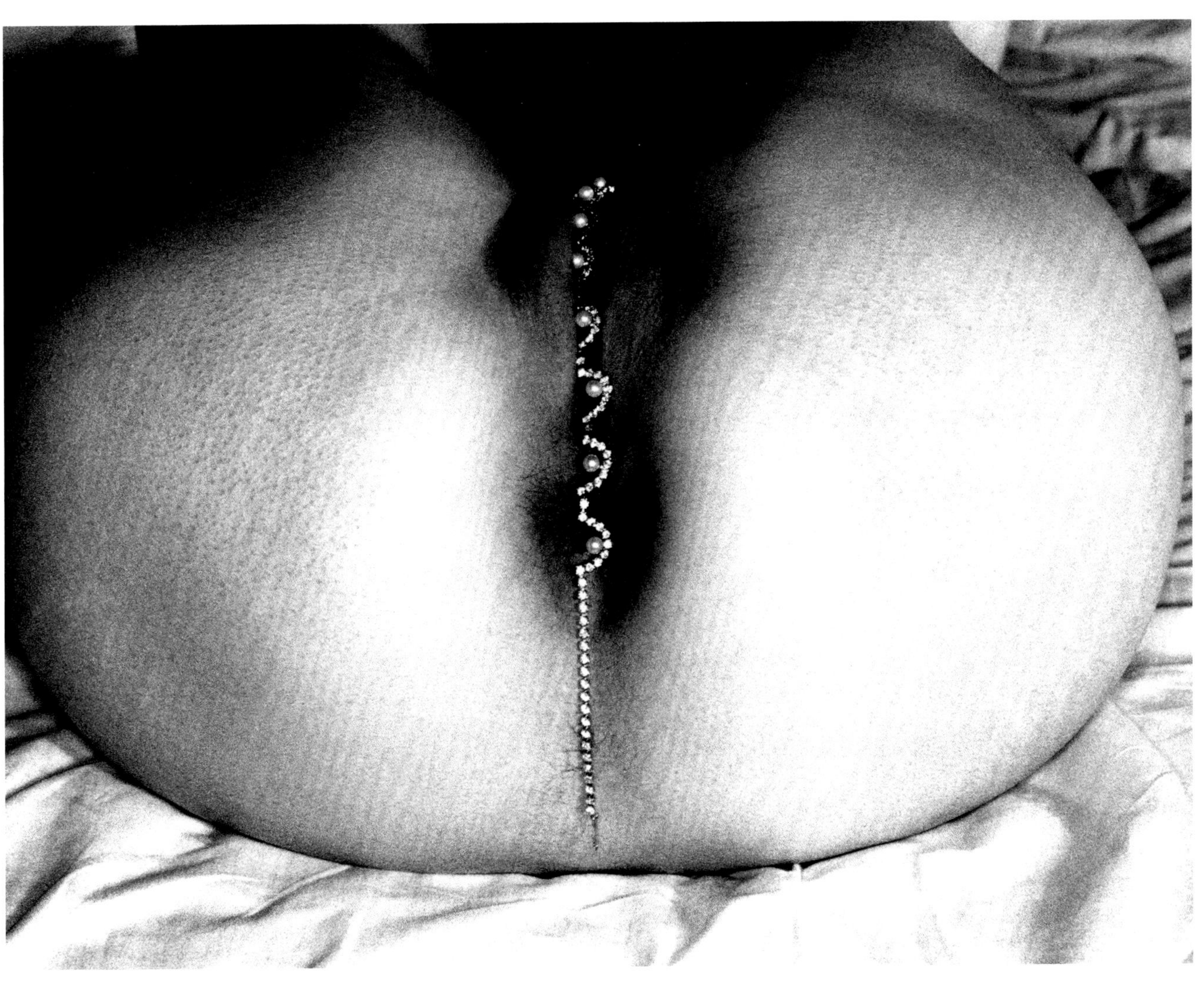

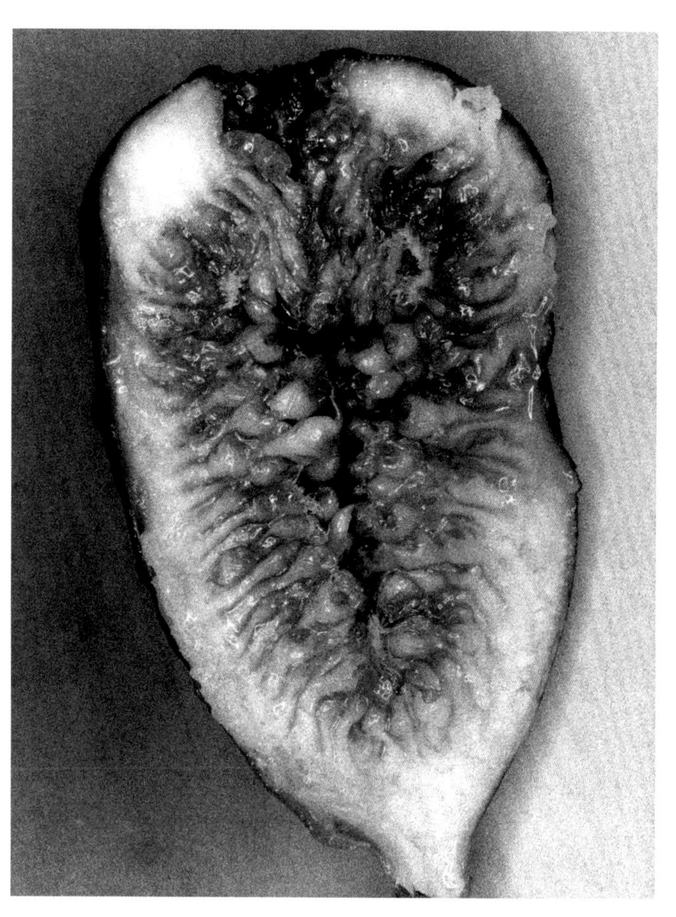

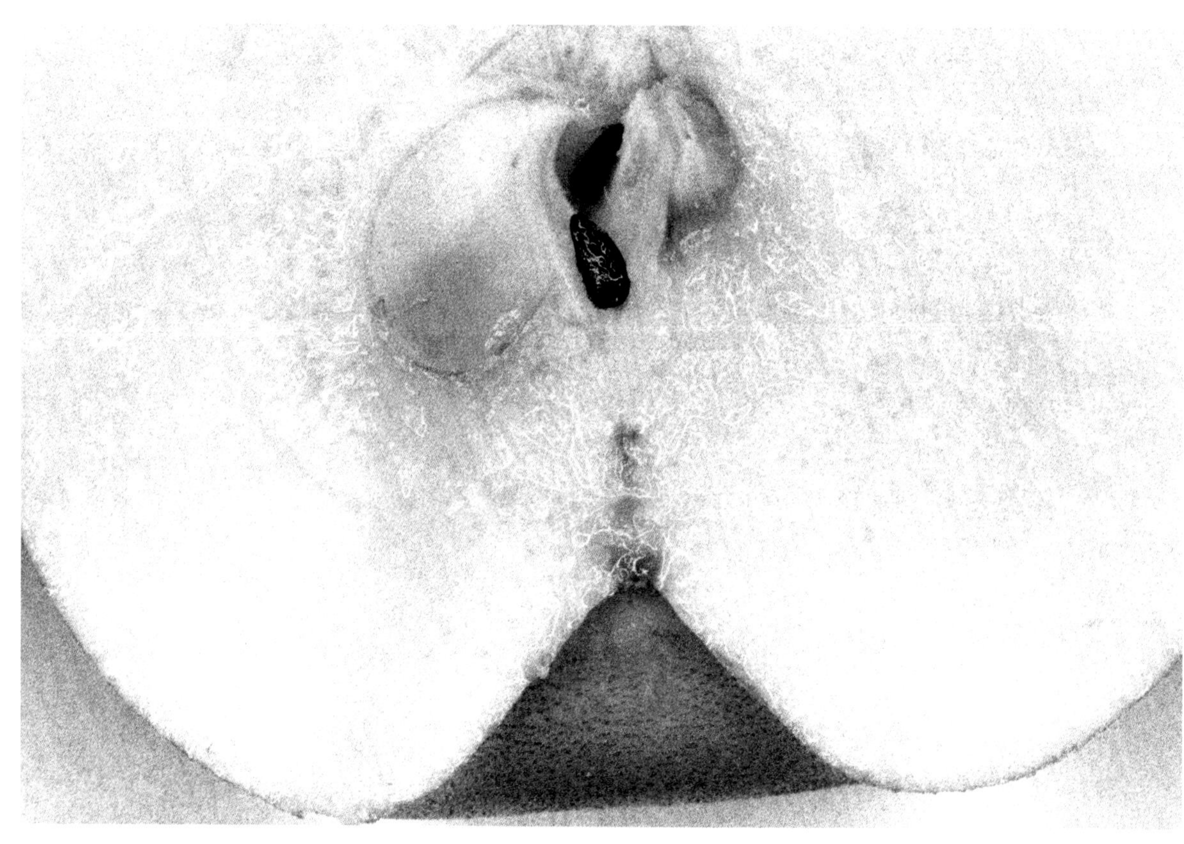

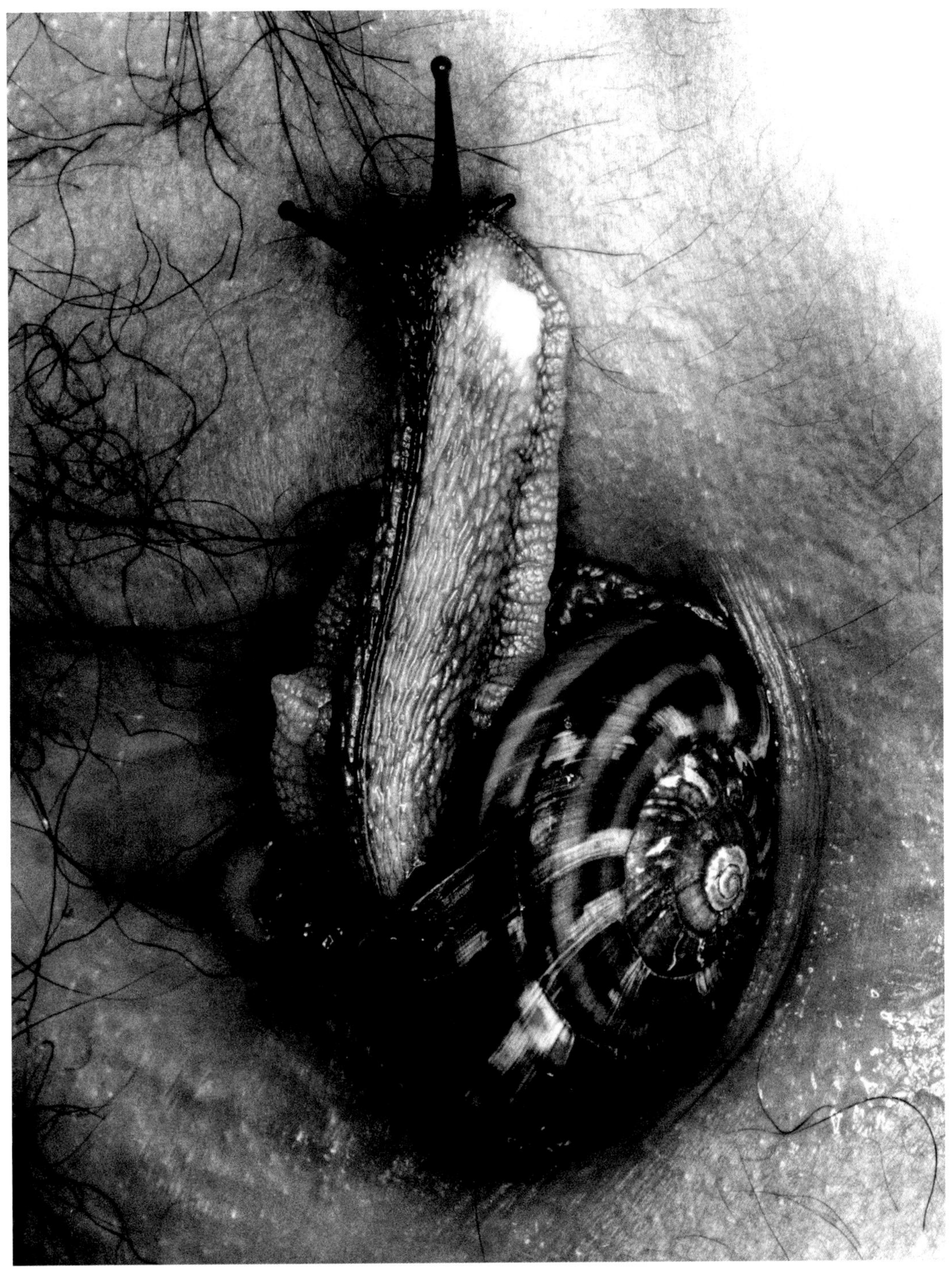

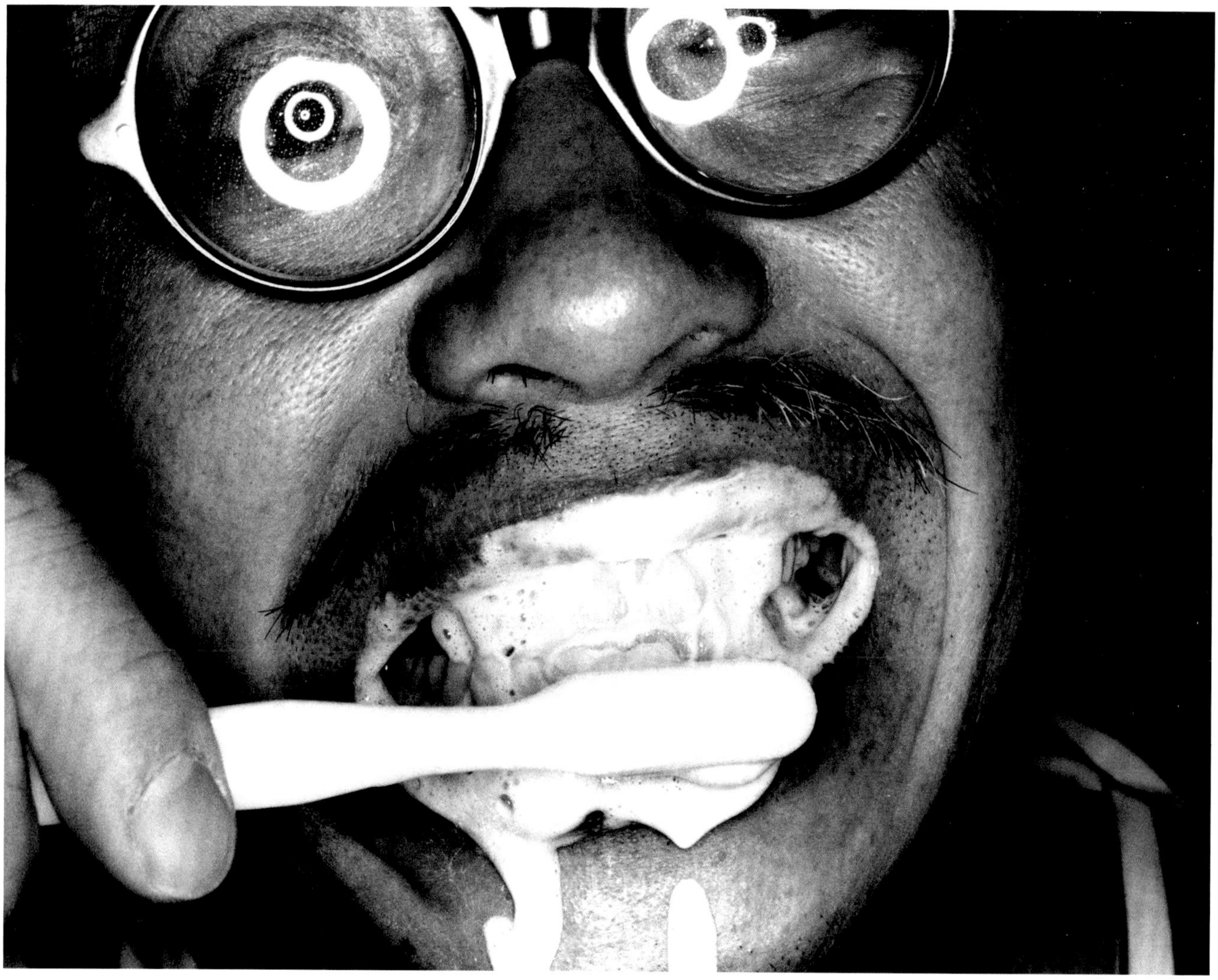

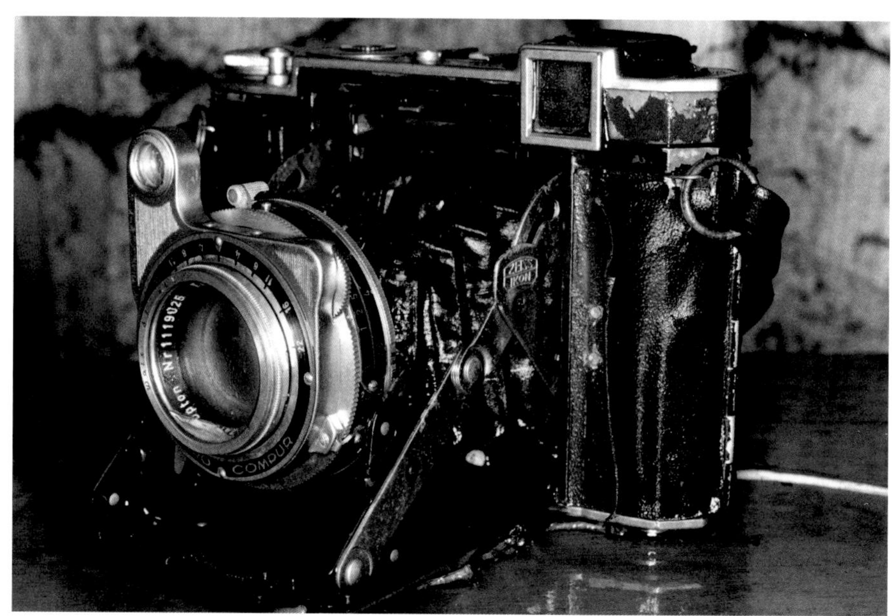
COMPUR

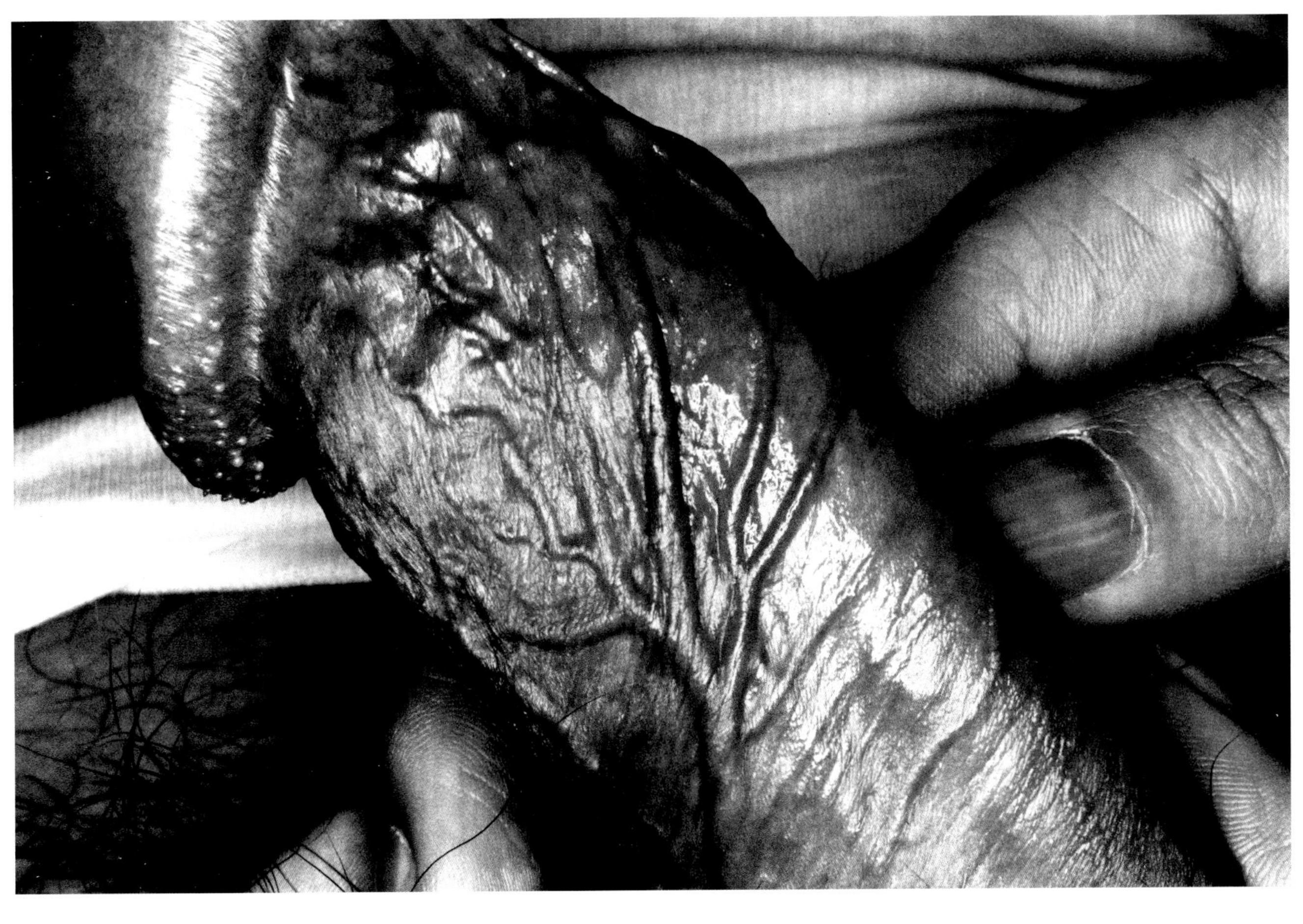

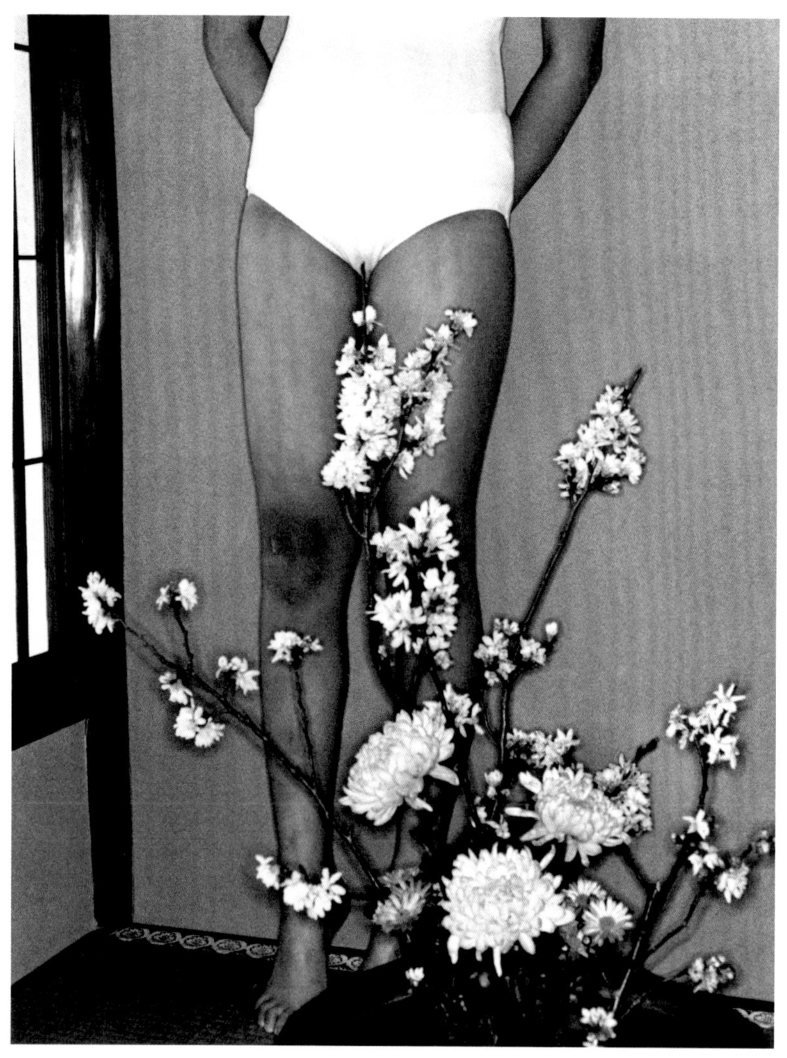

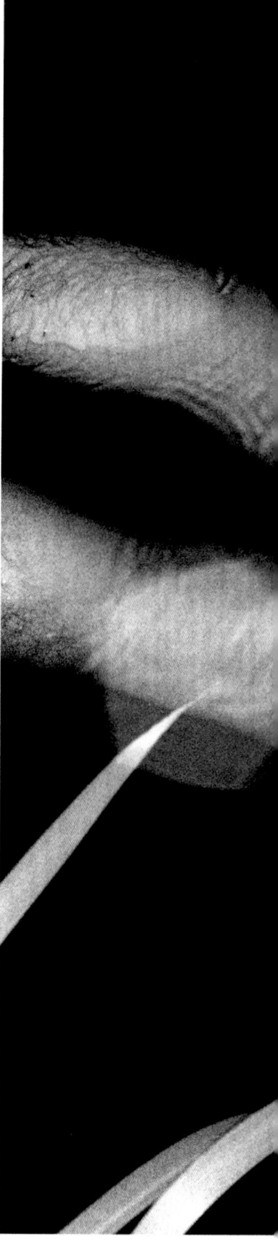

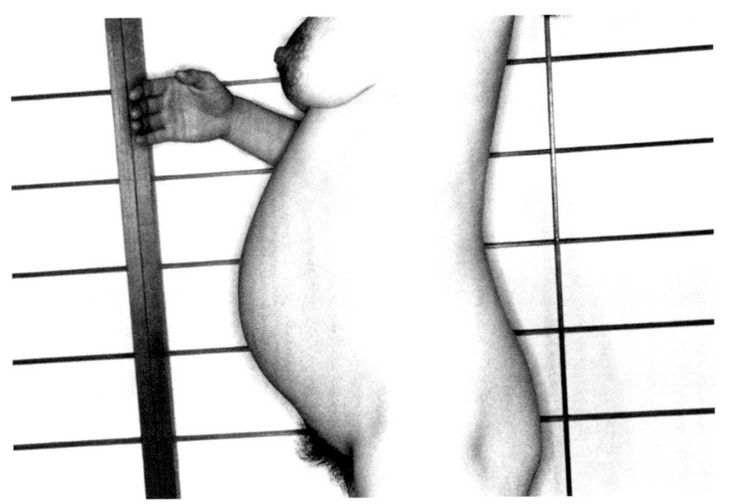

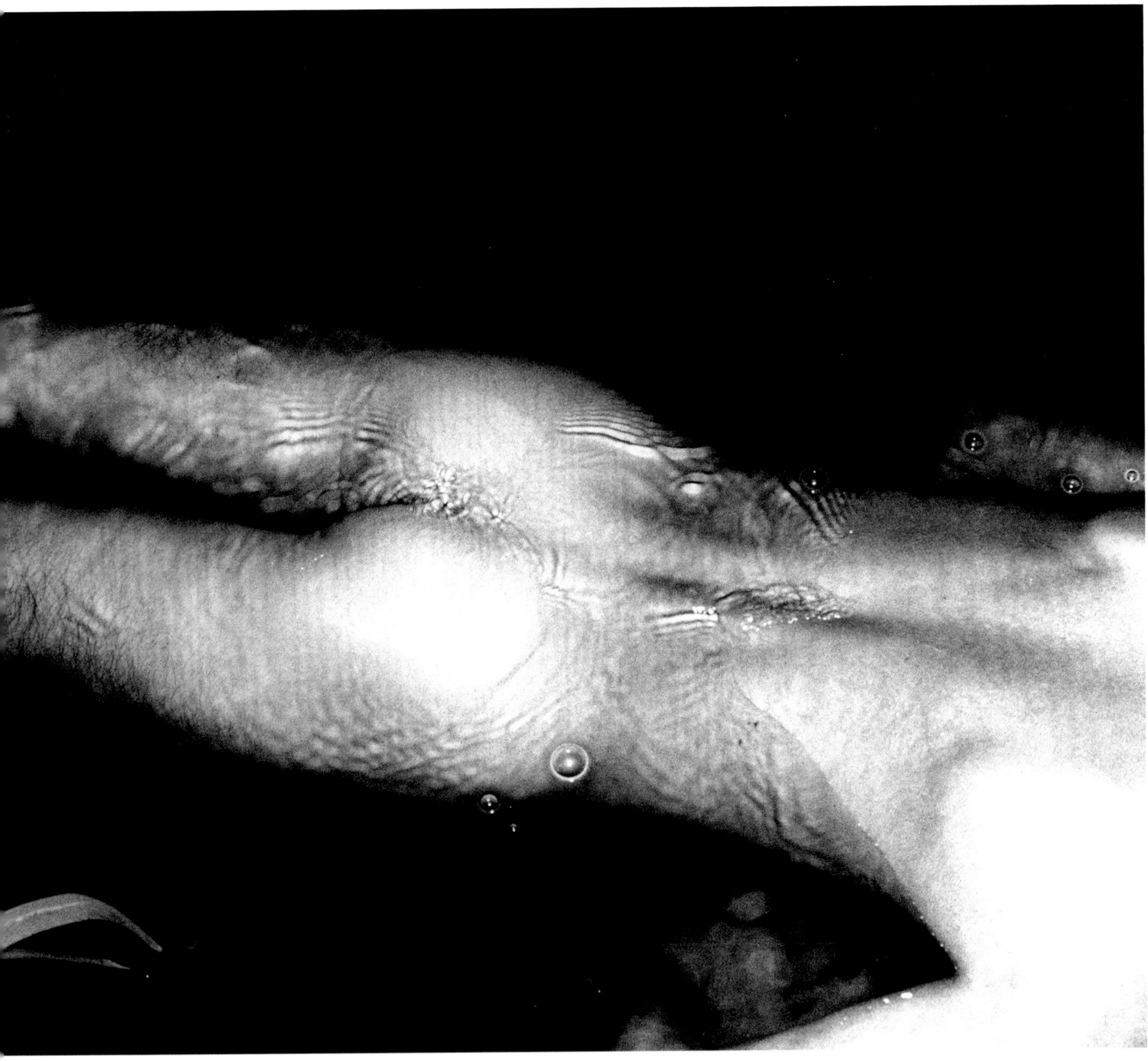

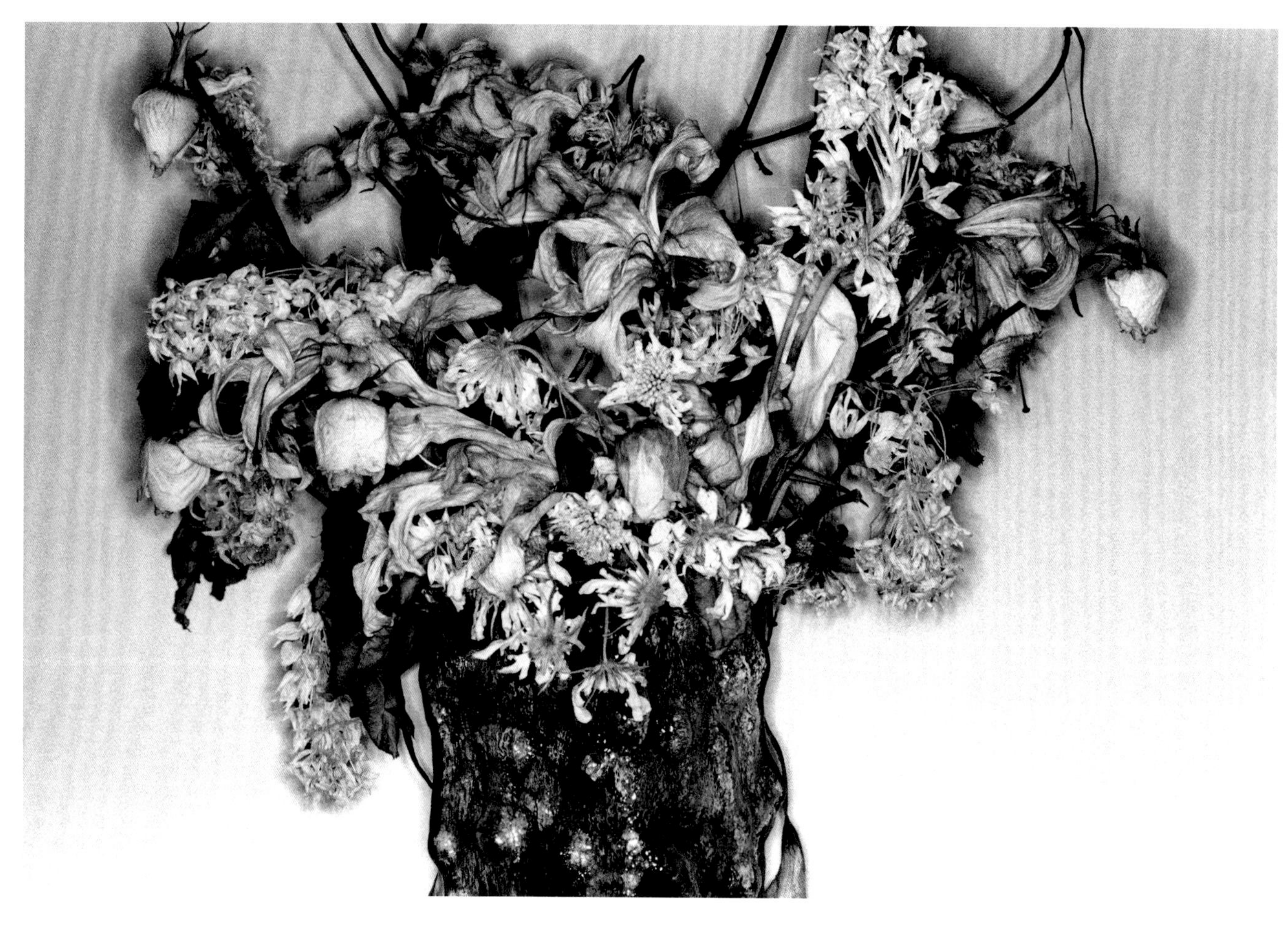

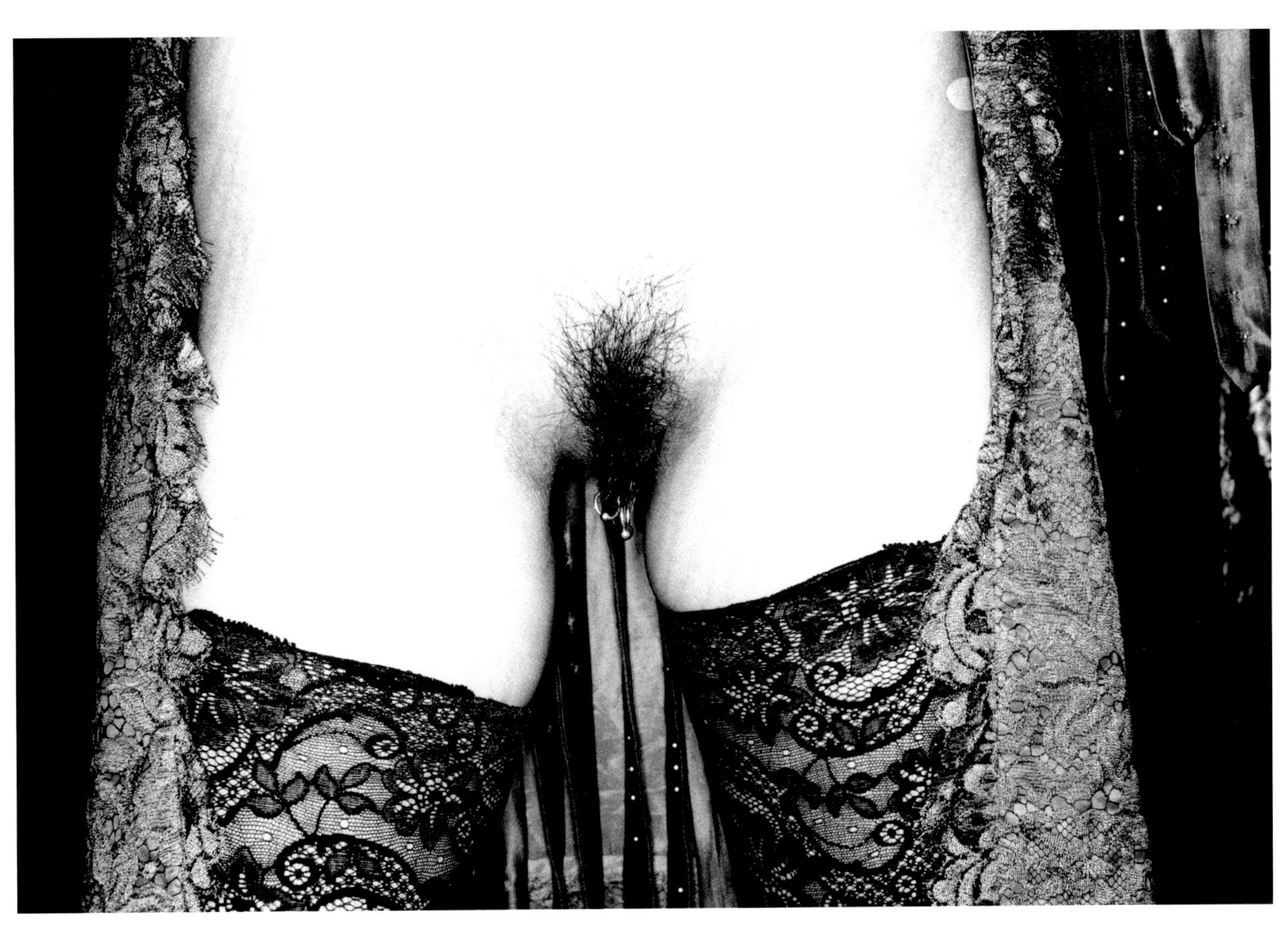

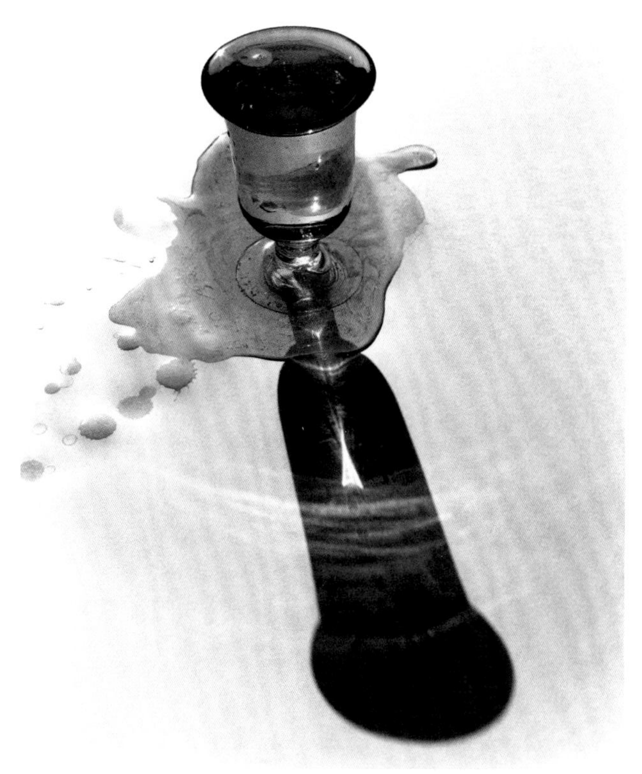

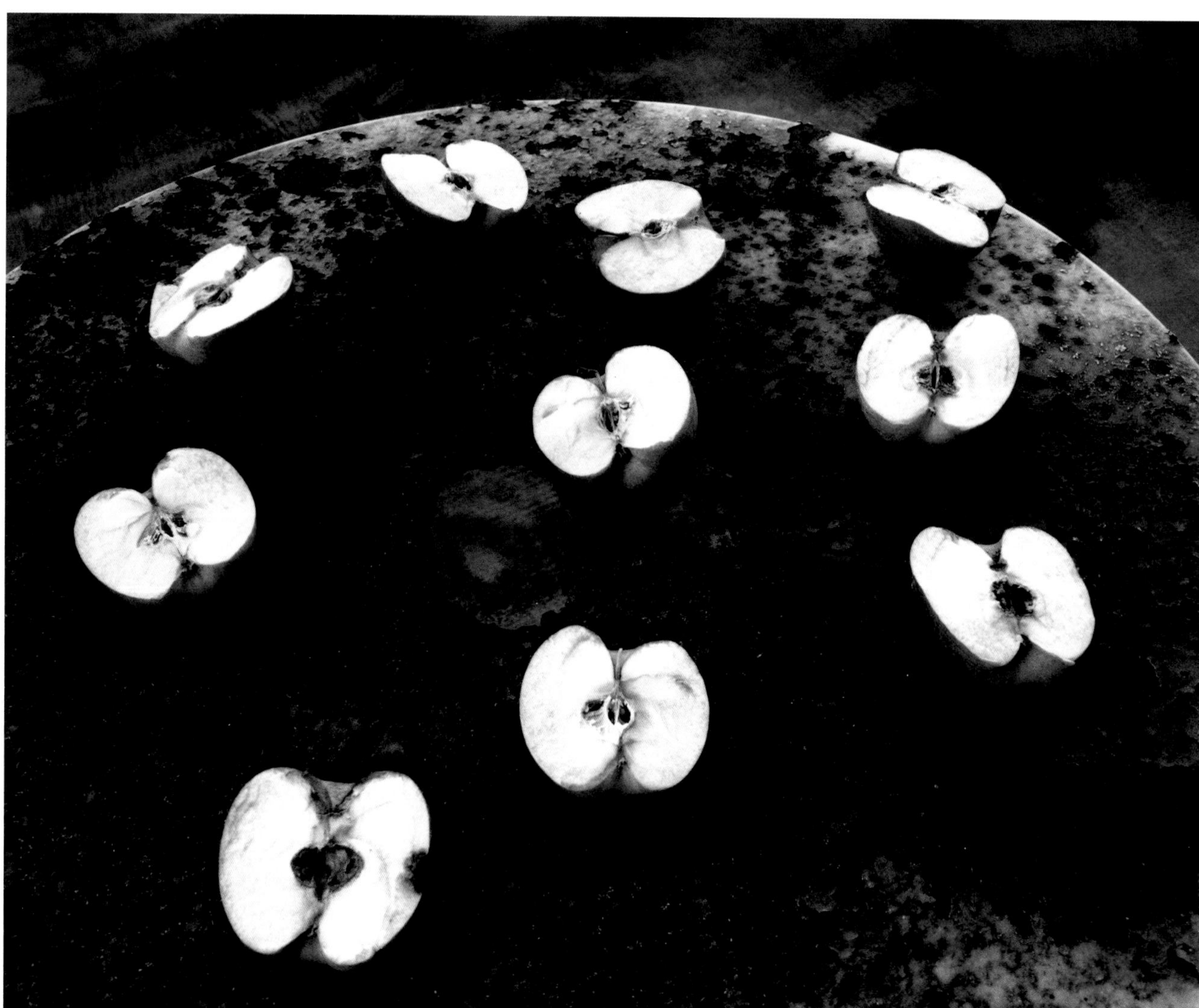

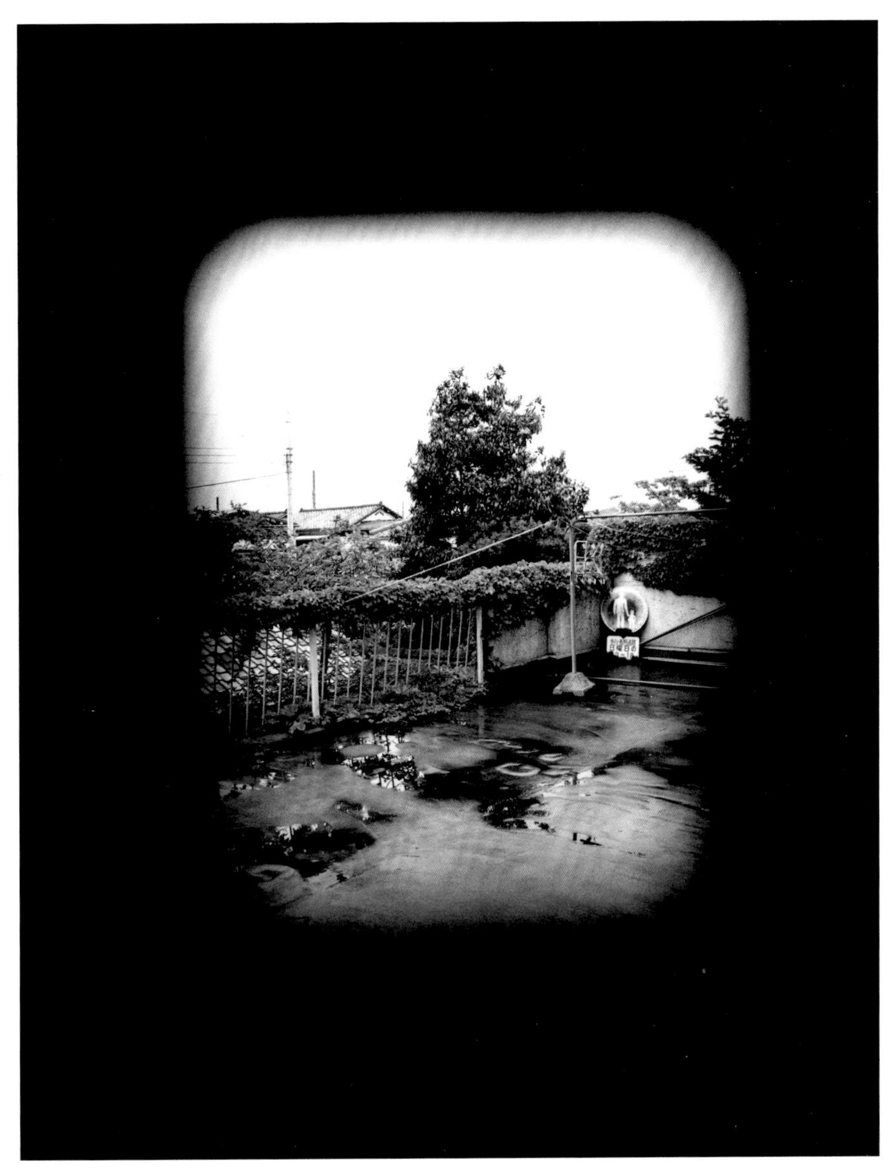

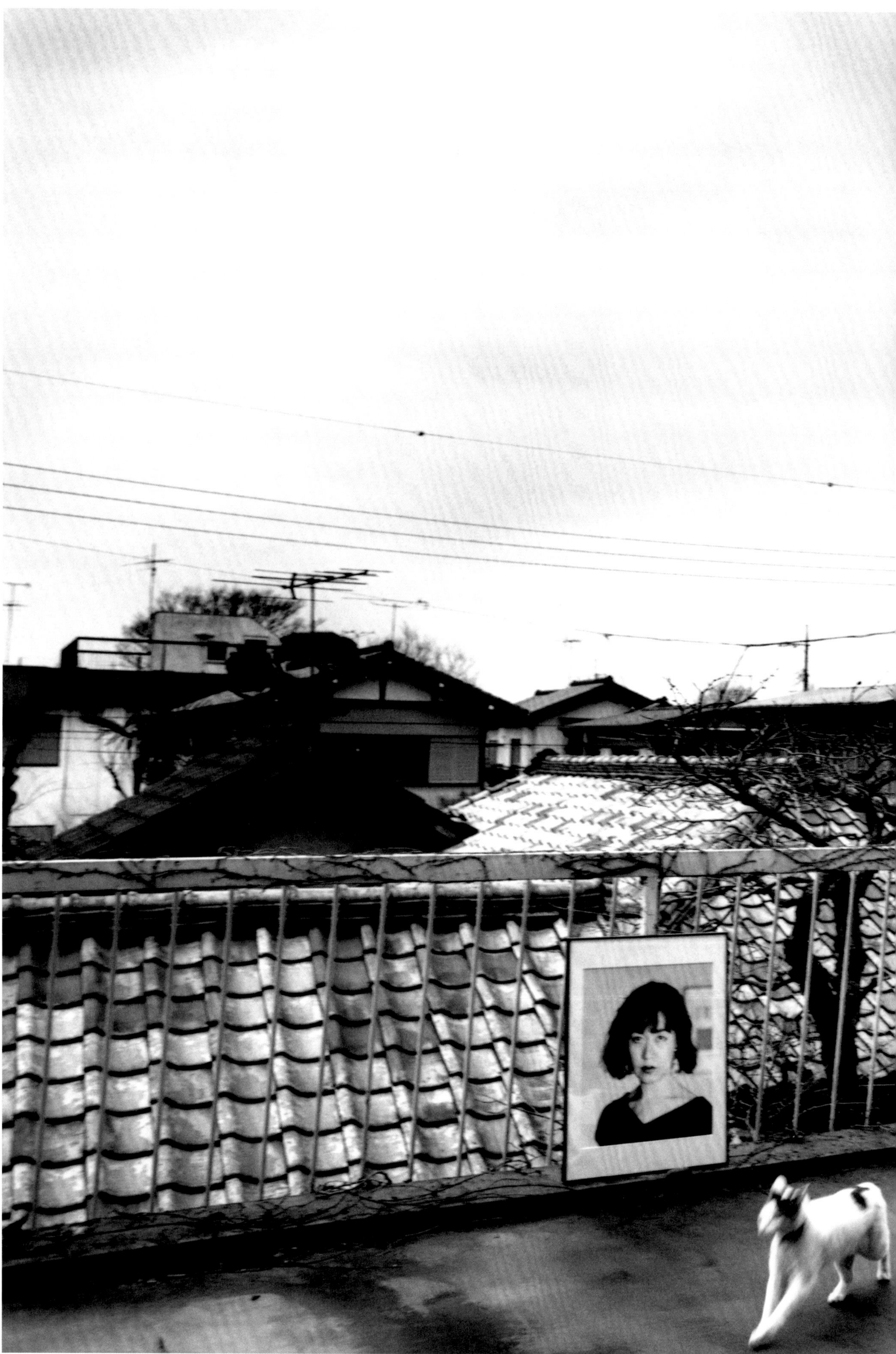

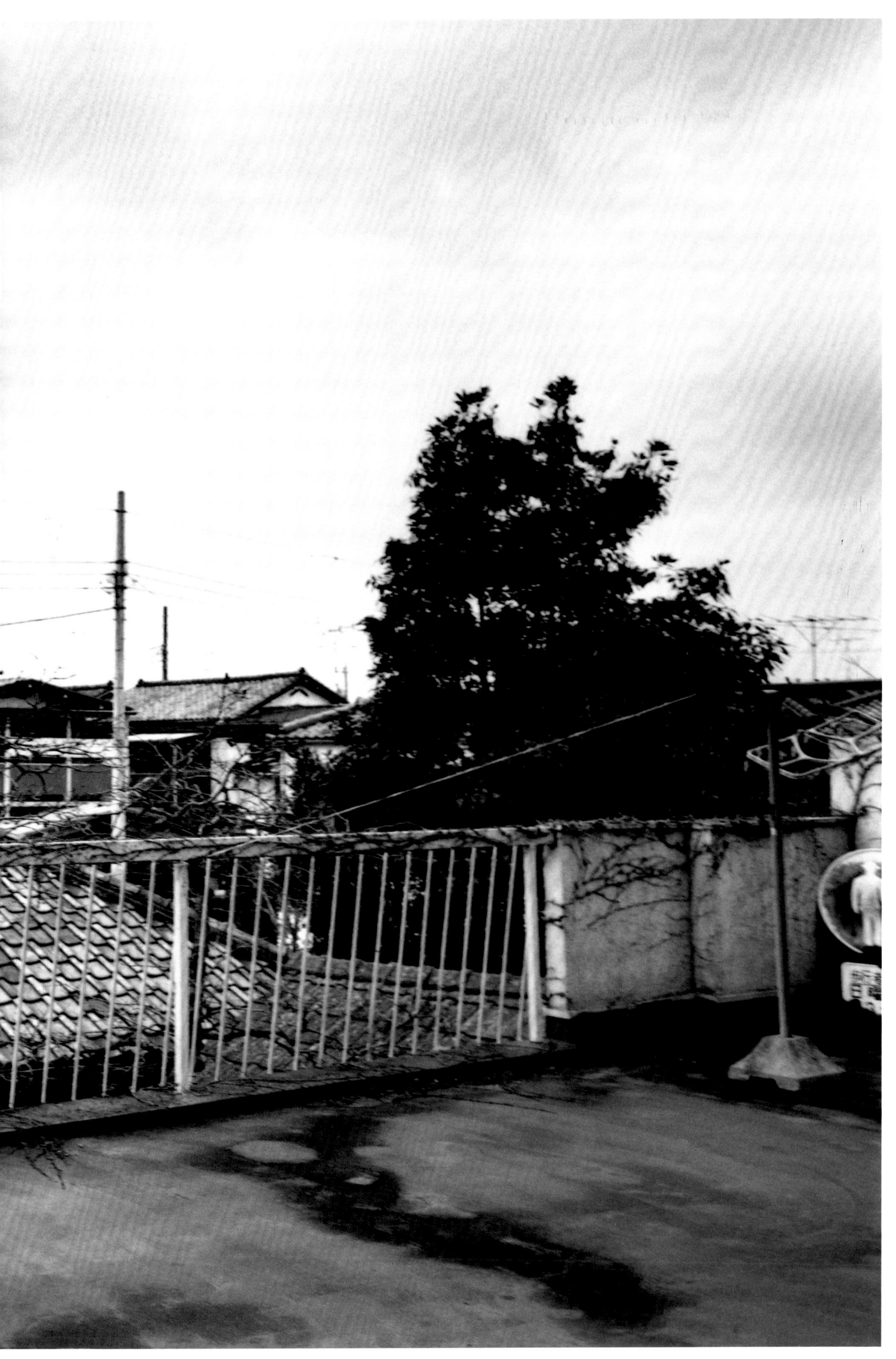

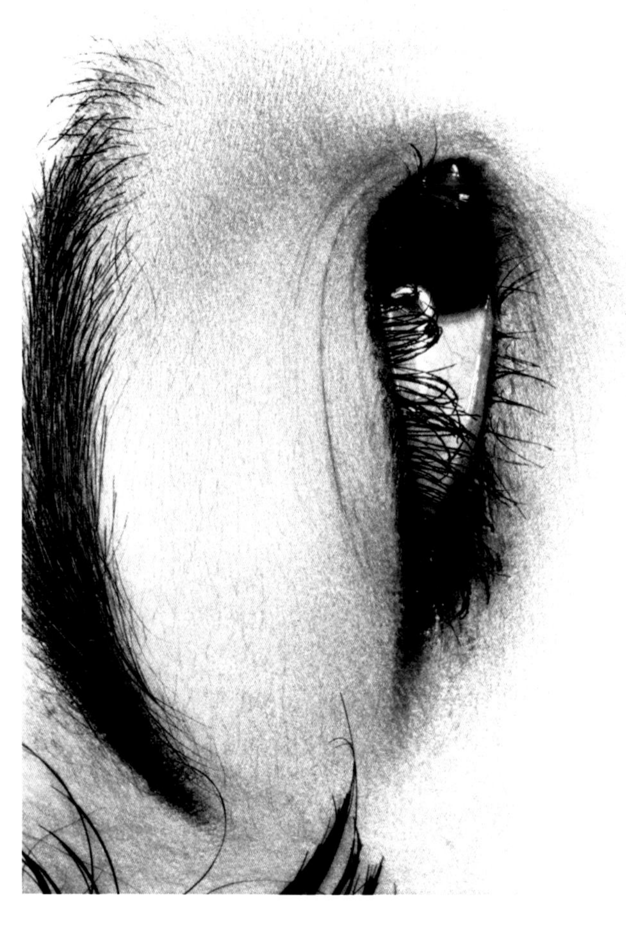

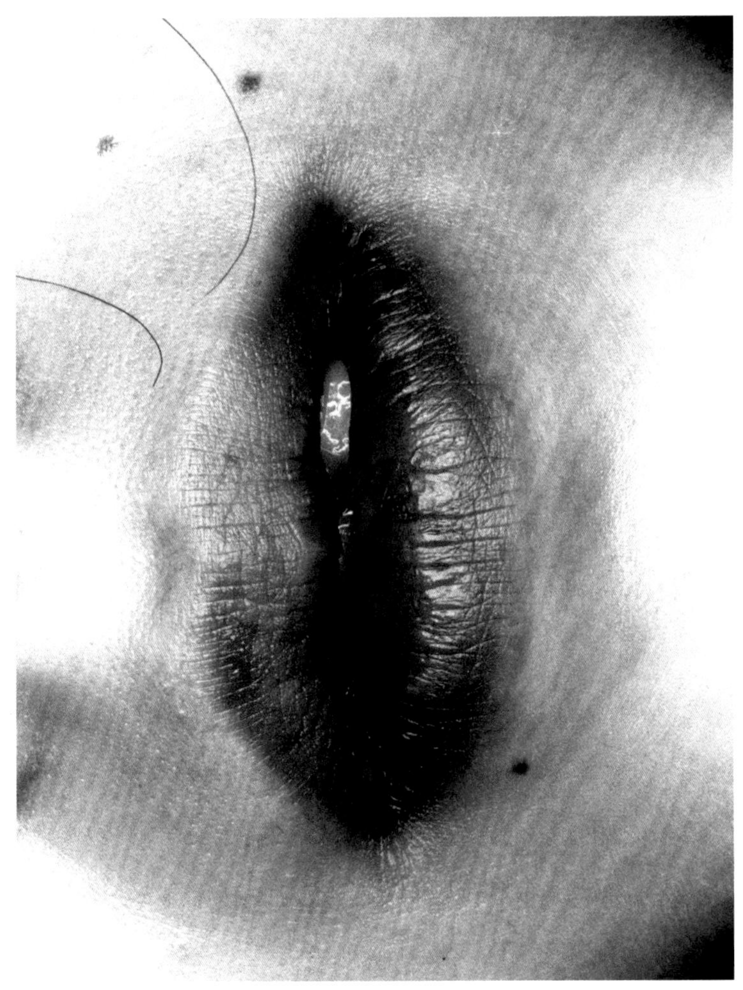

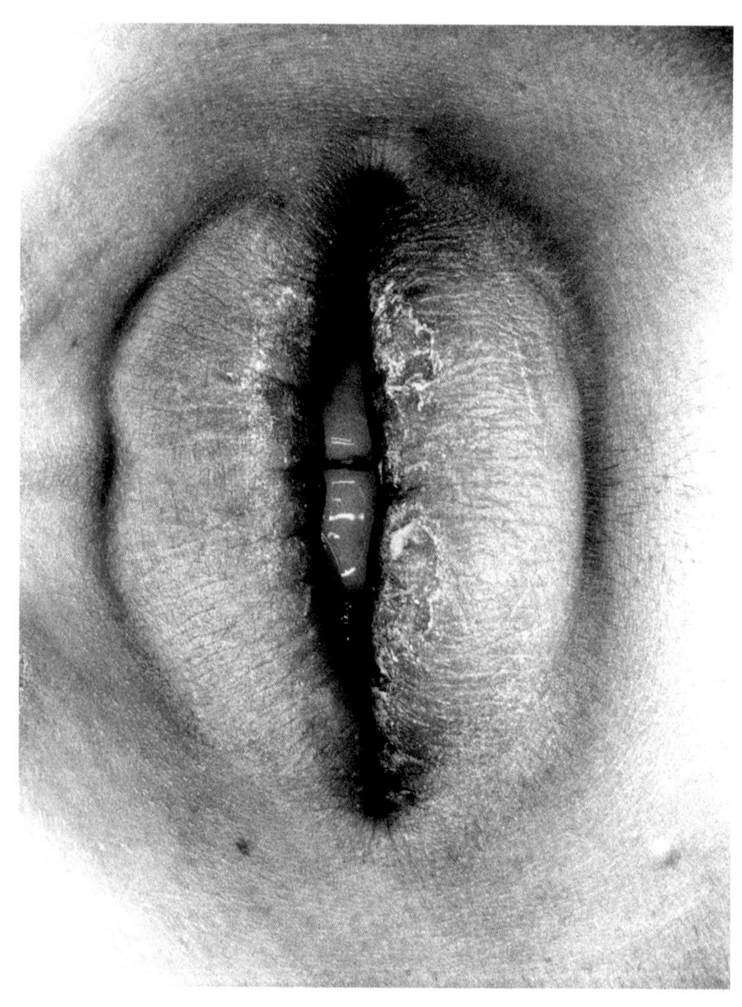

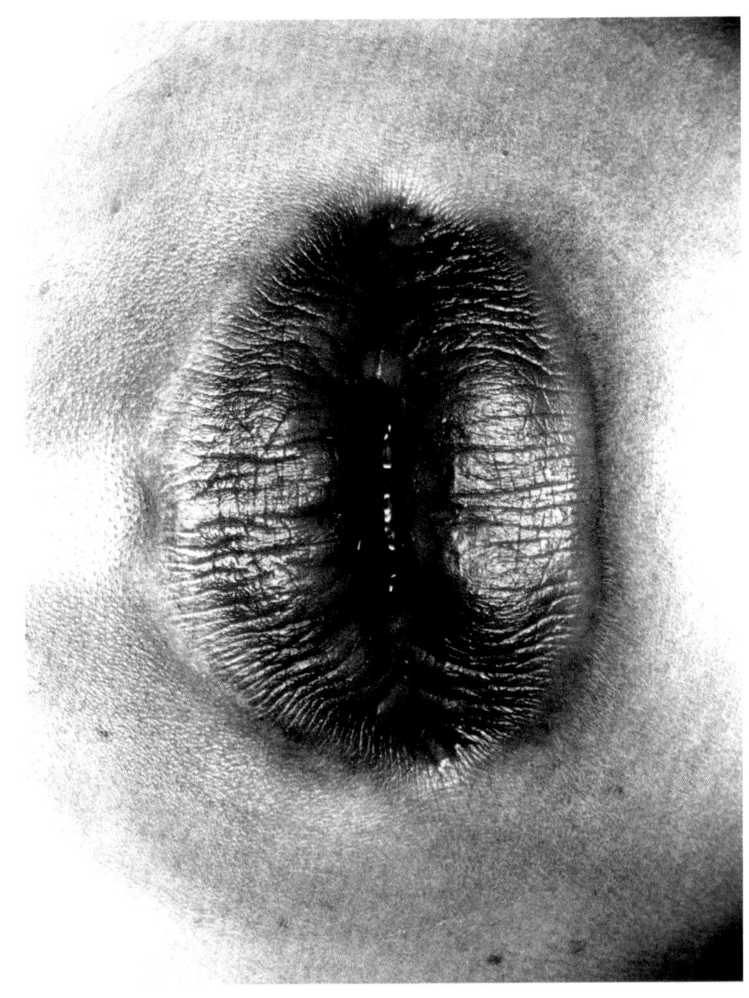

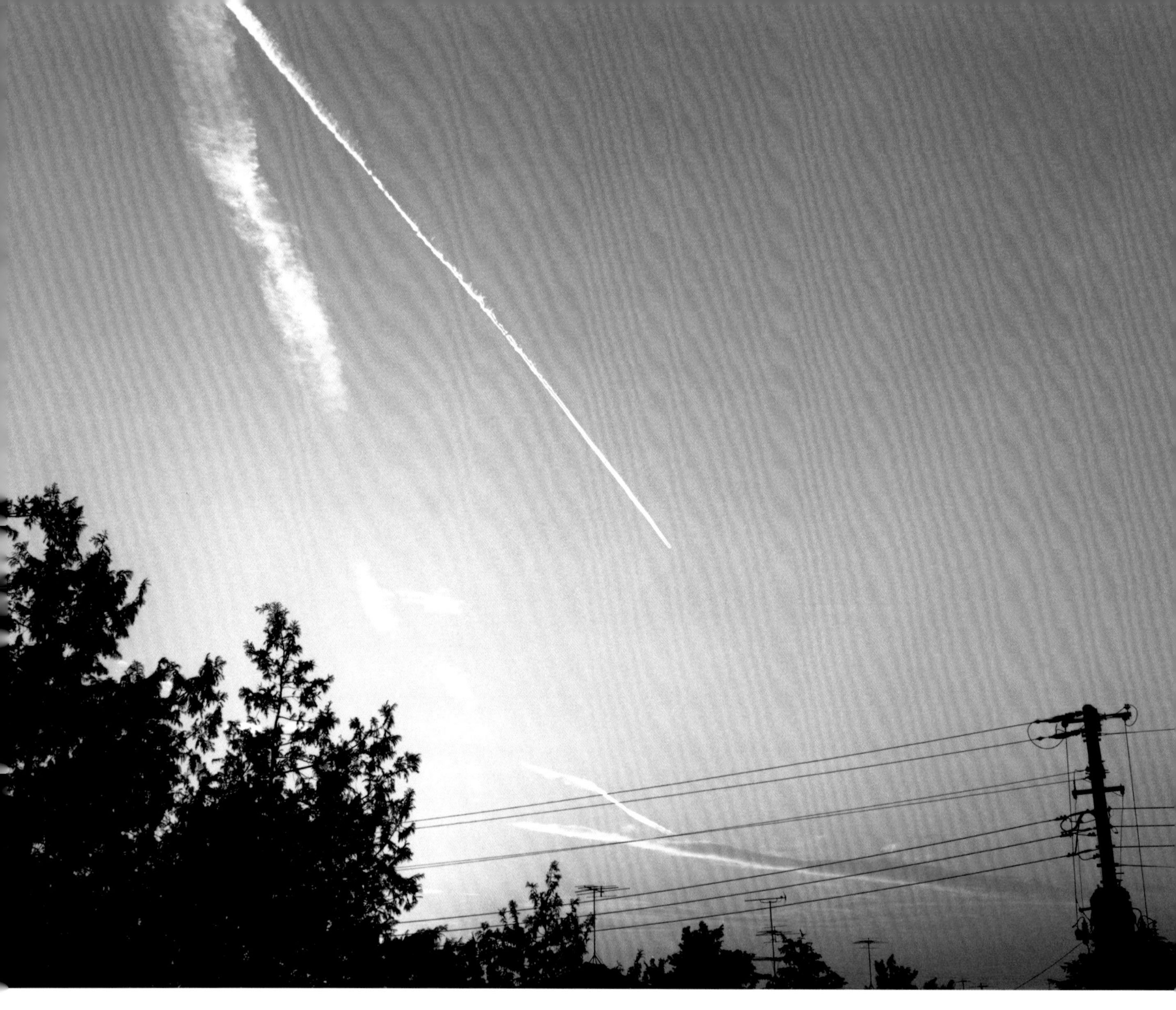

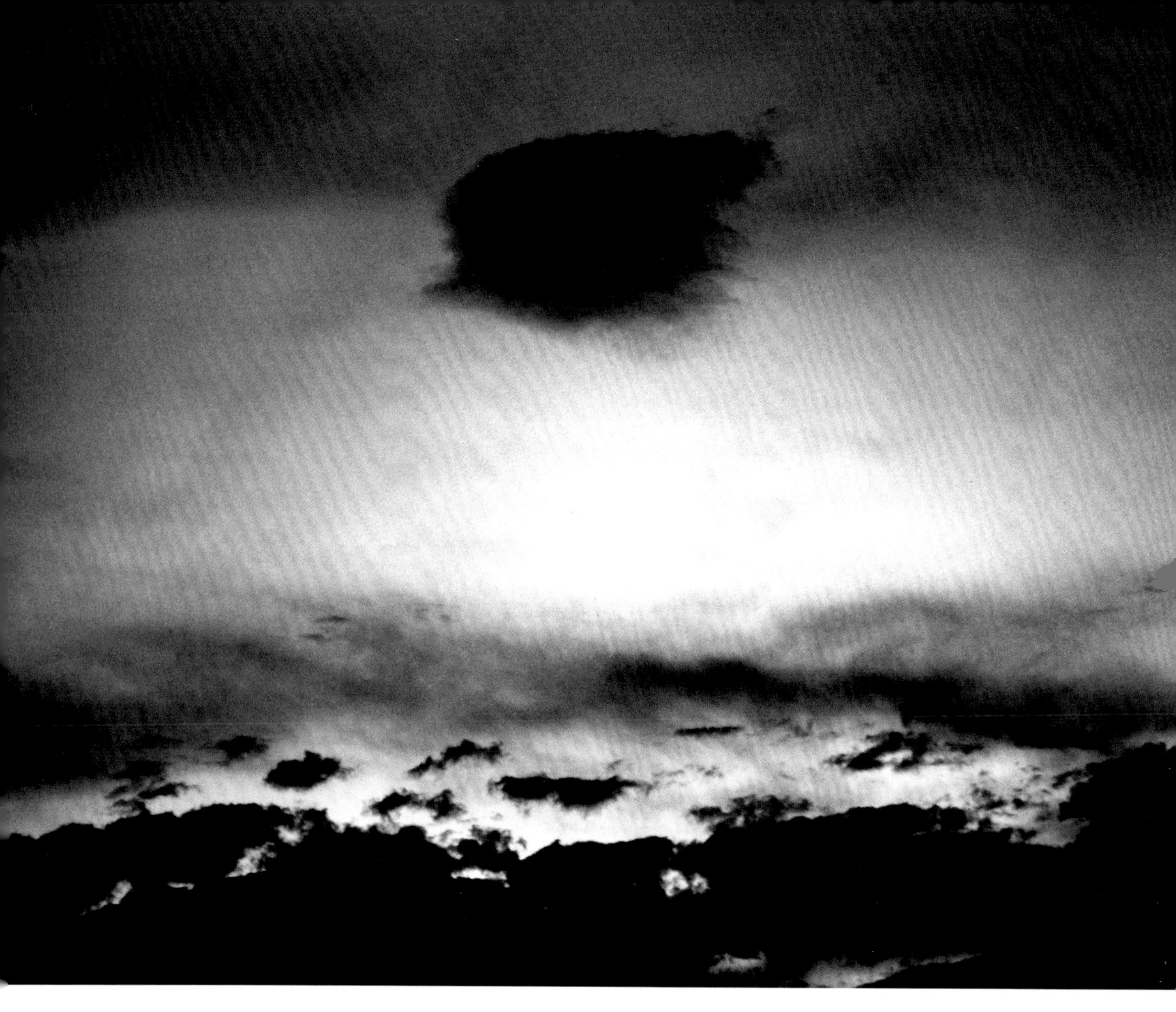

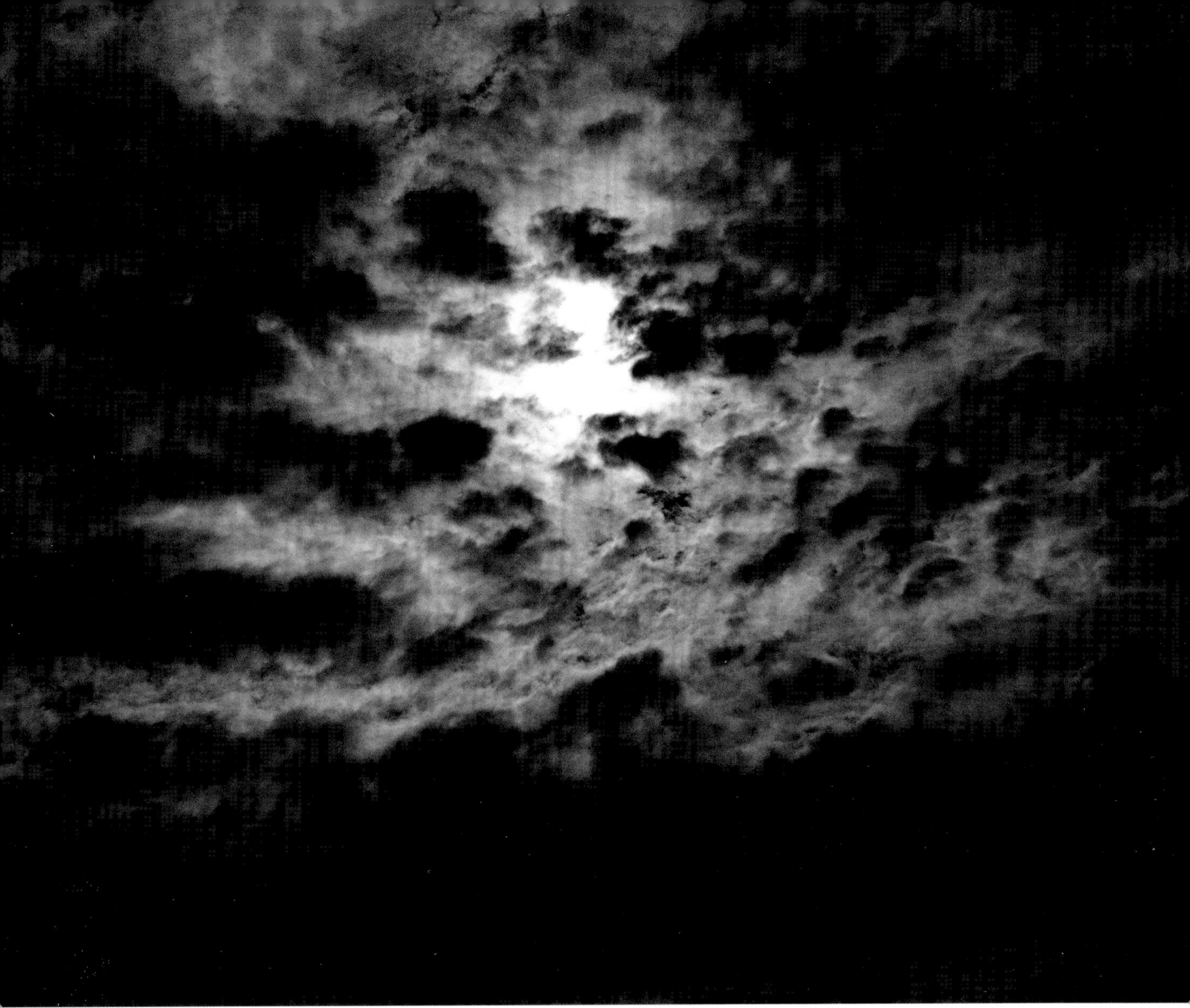

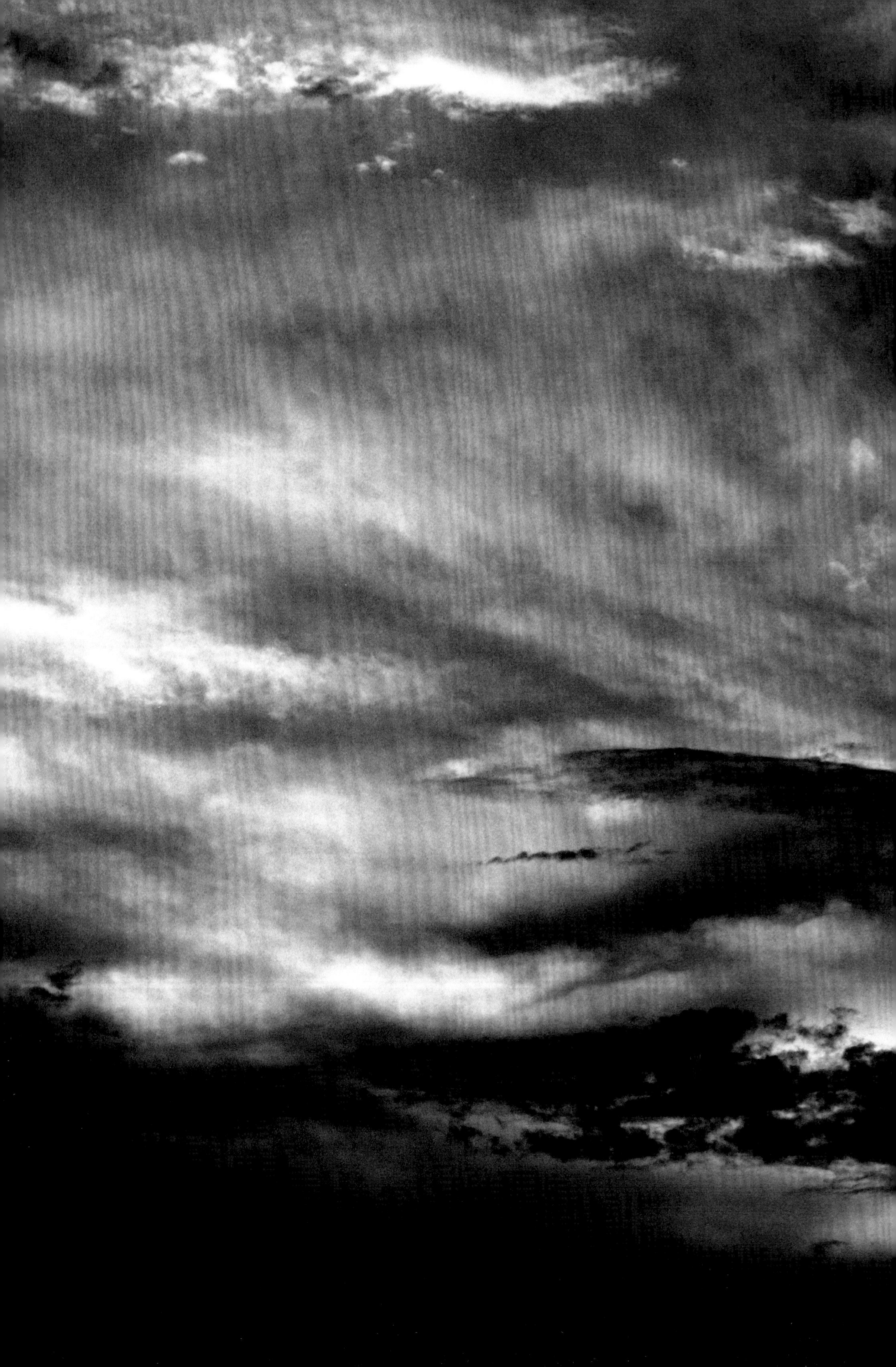

Sexual Desire

色情

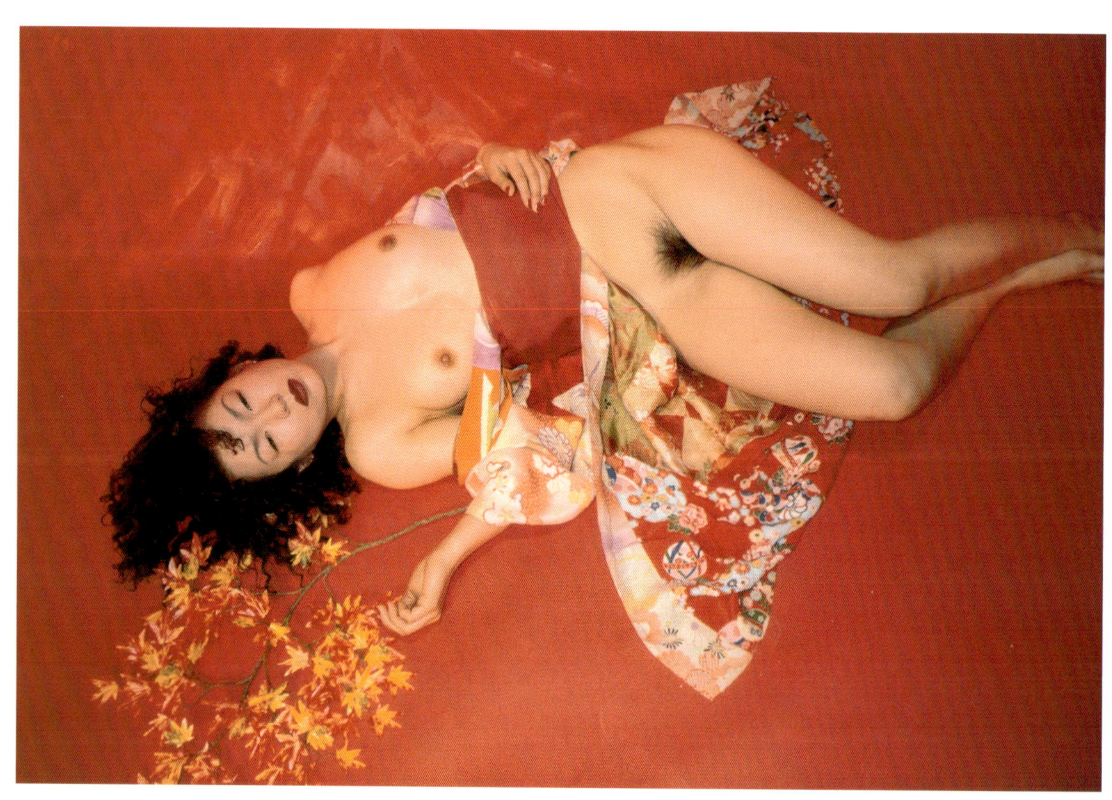

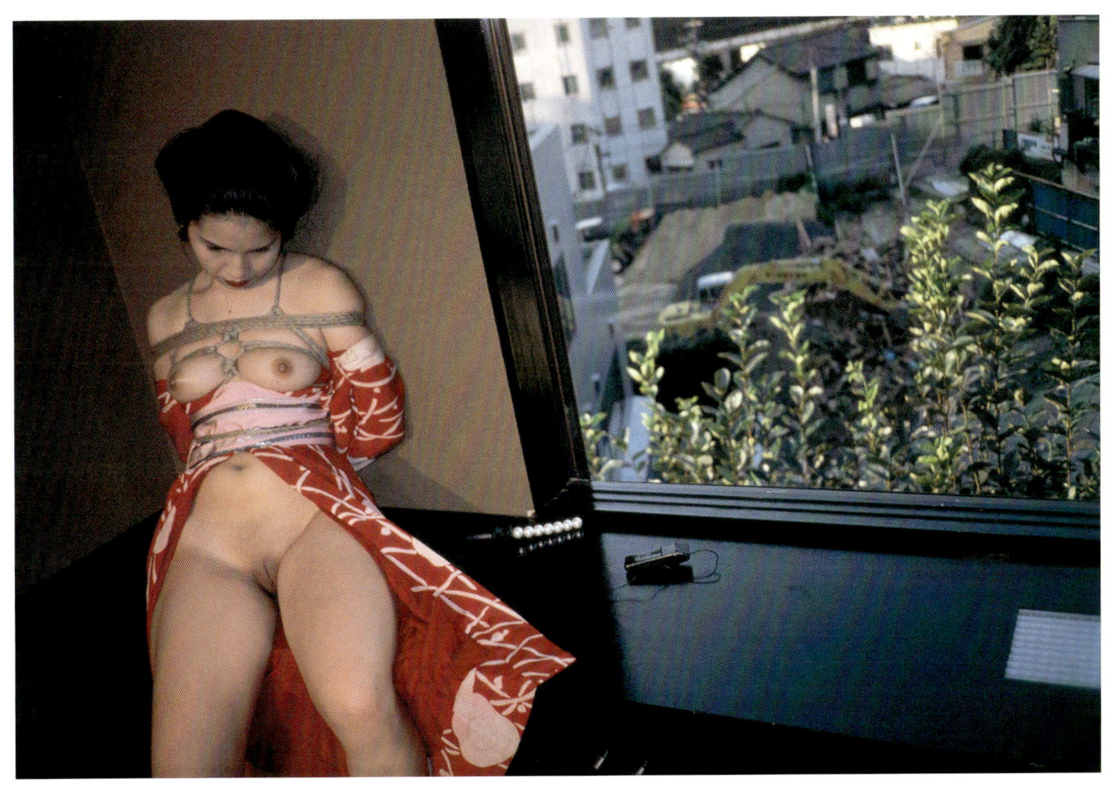

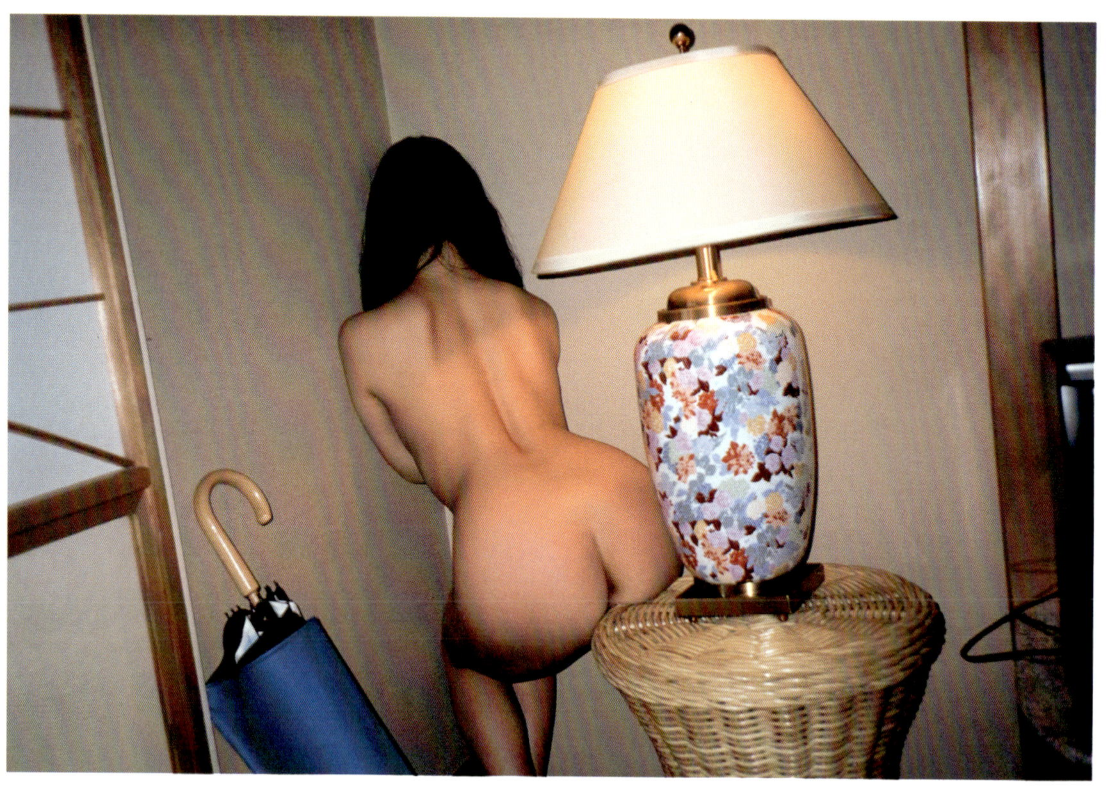

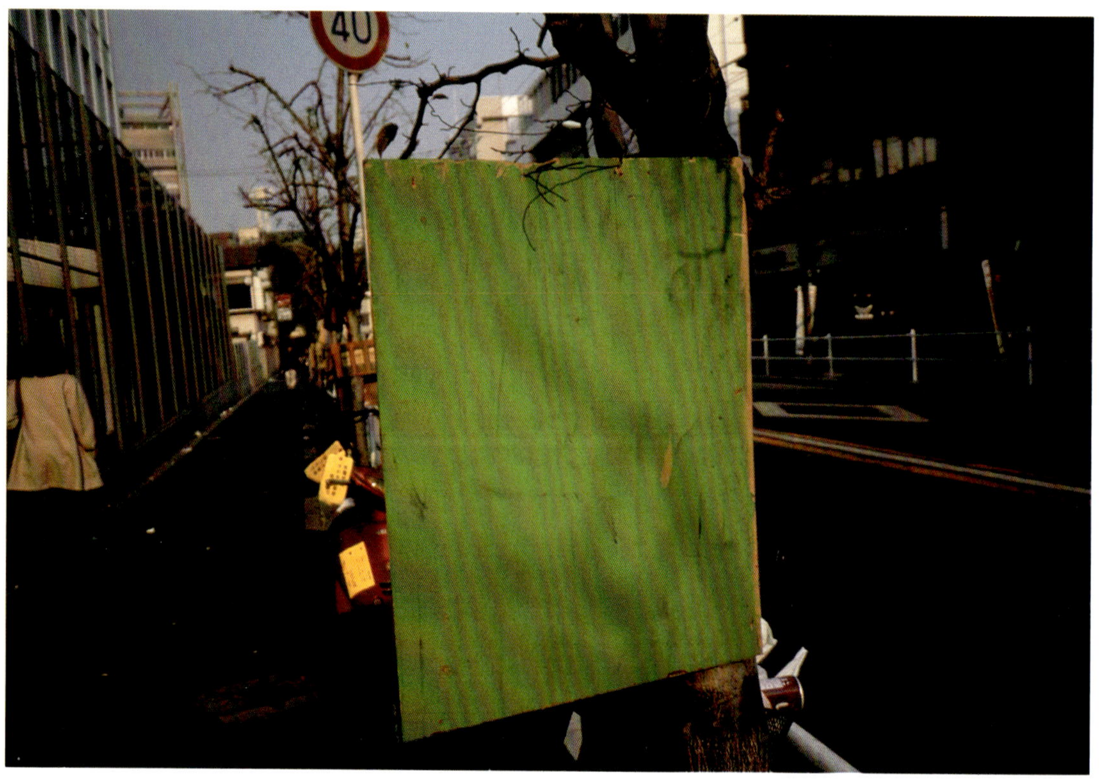
40

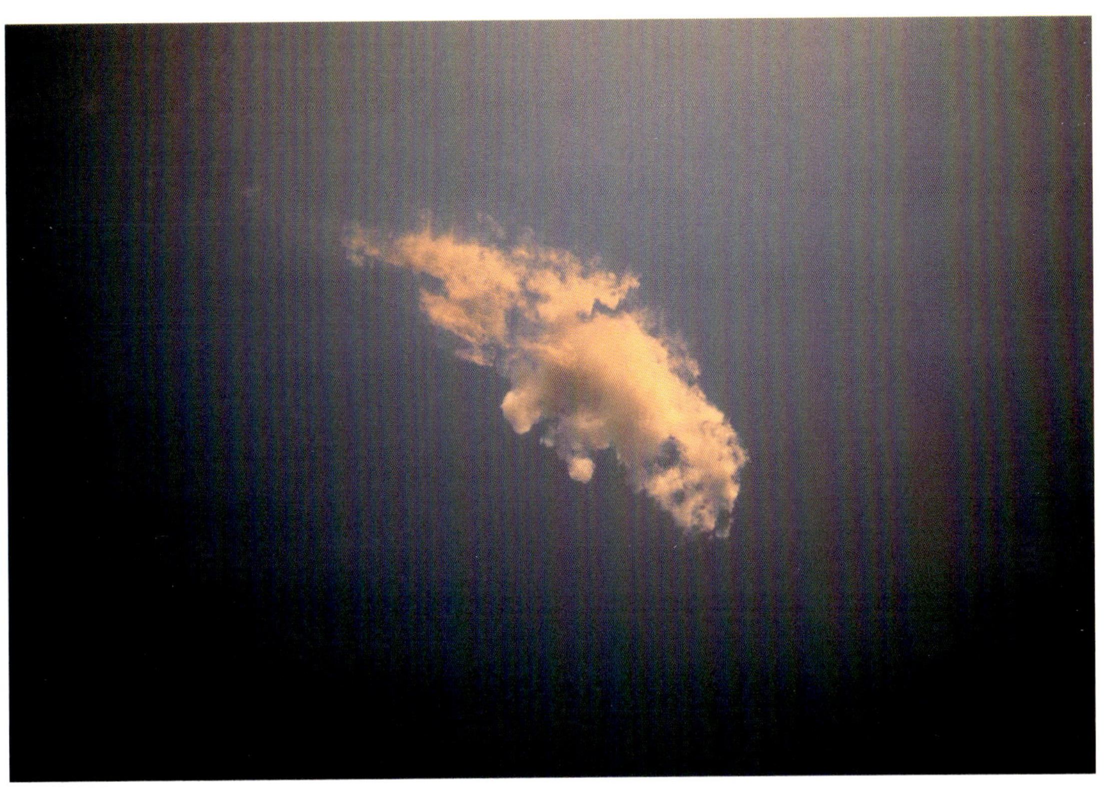

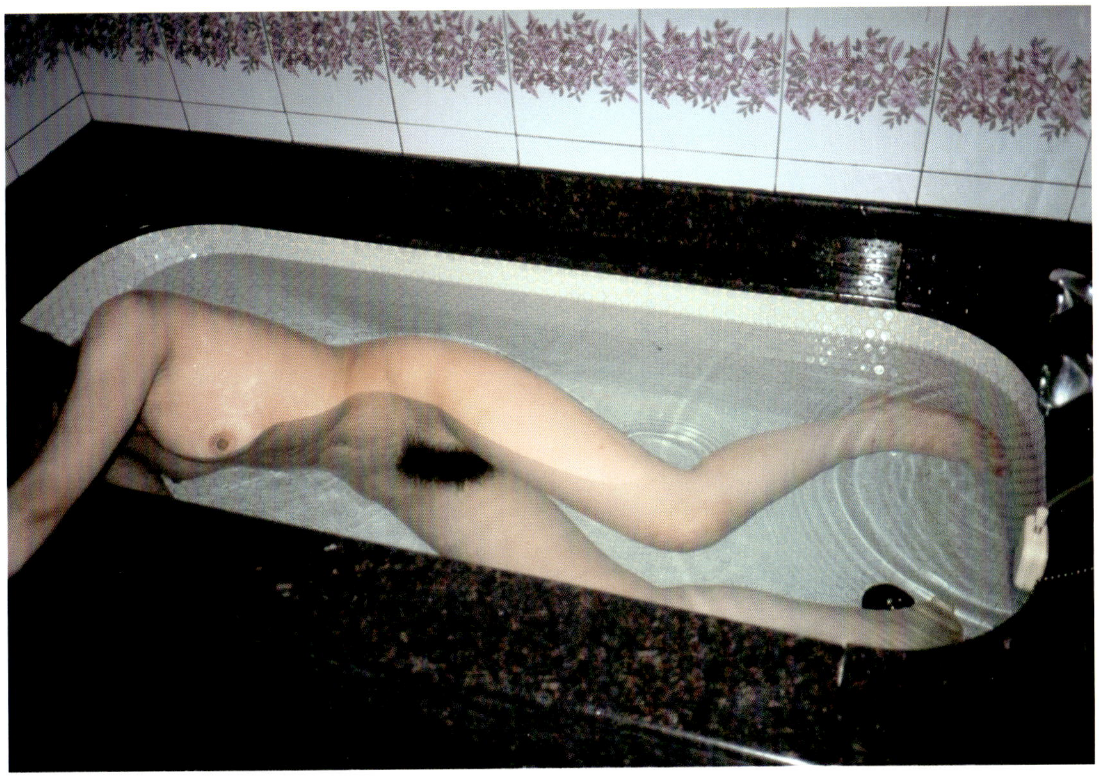

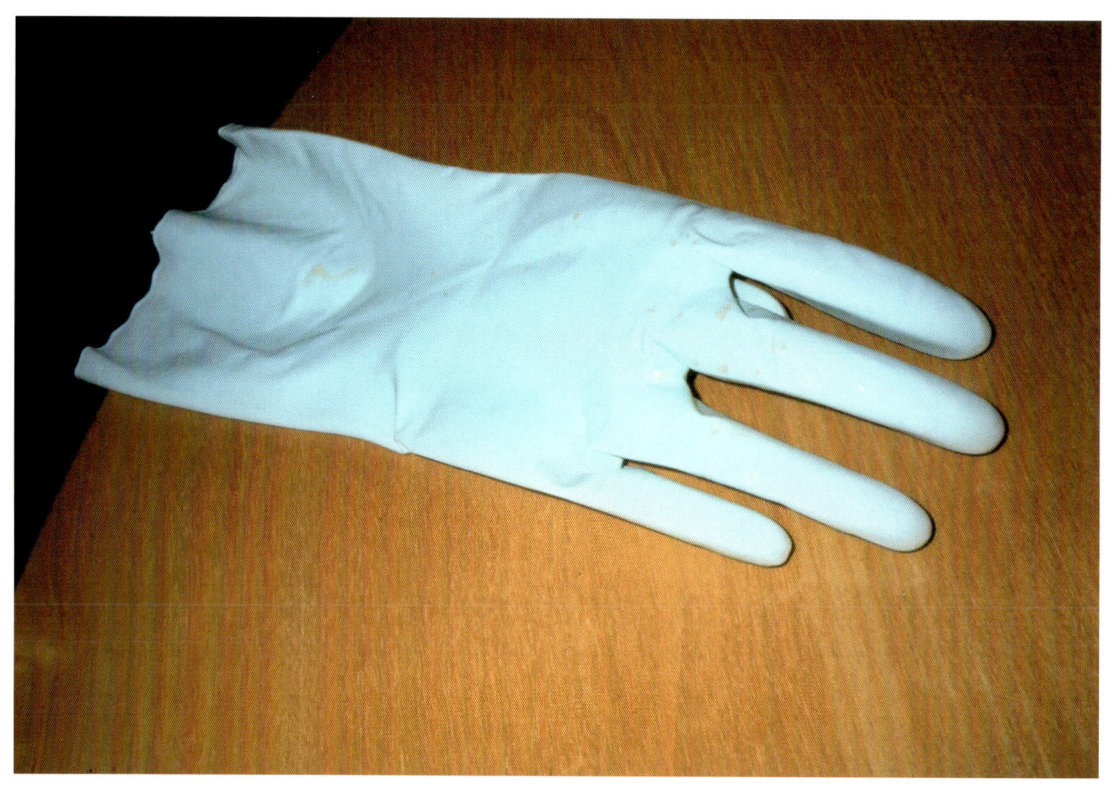

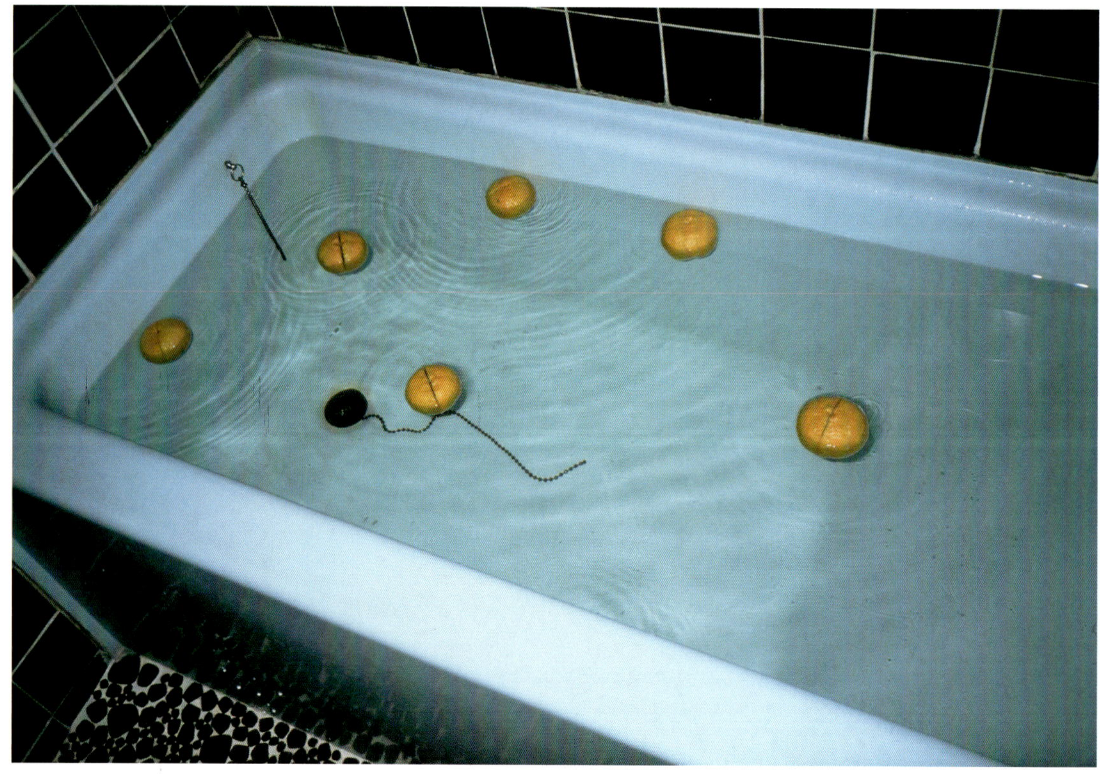

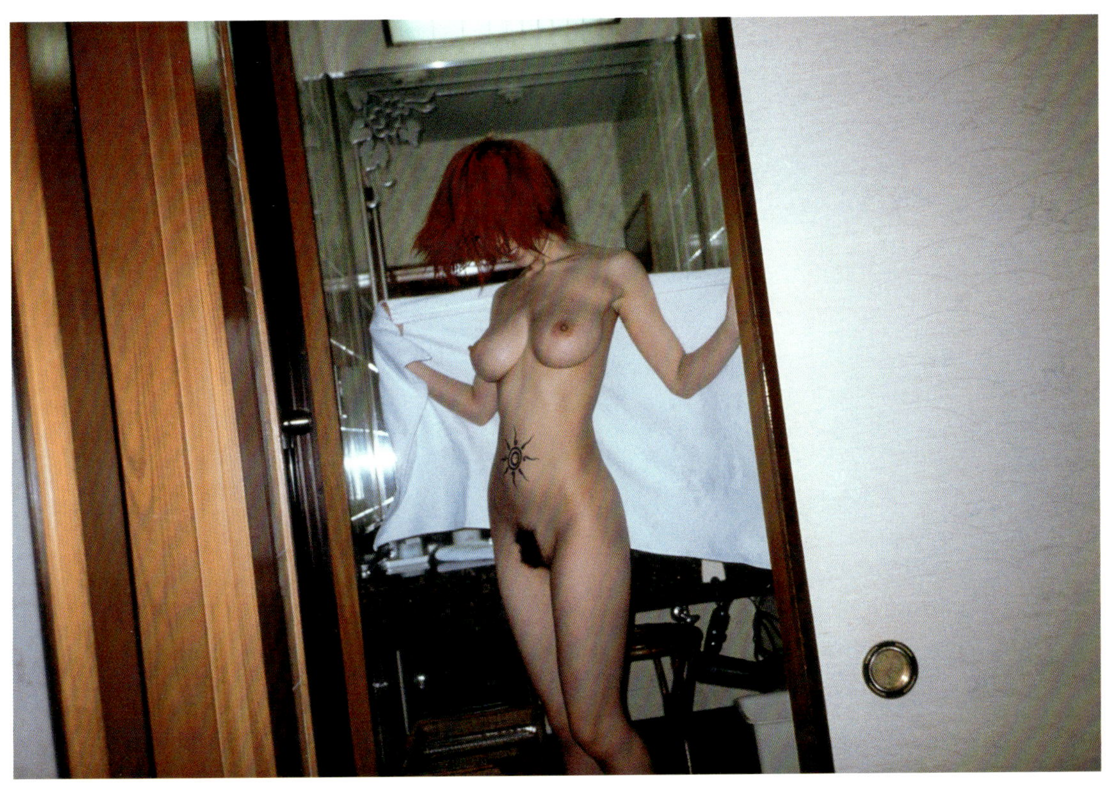

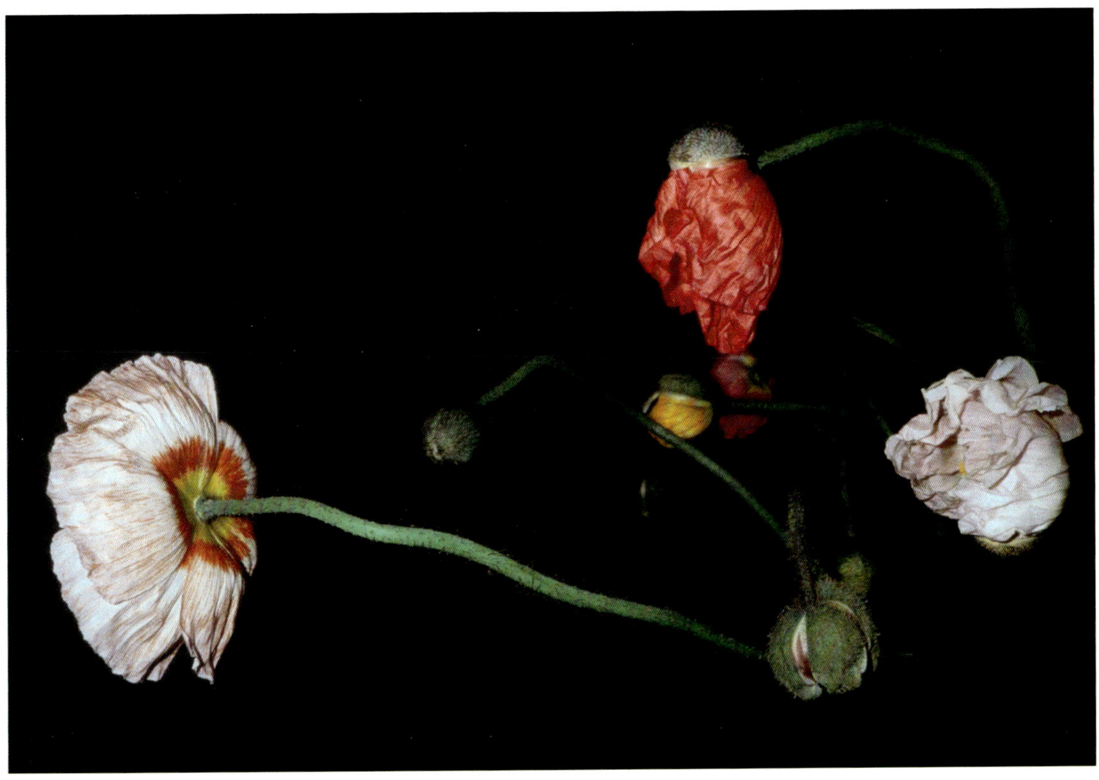

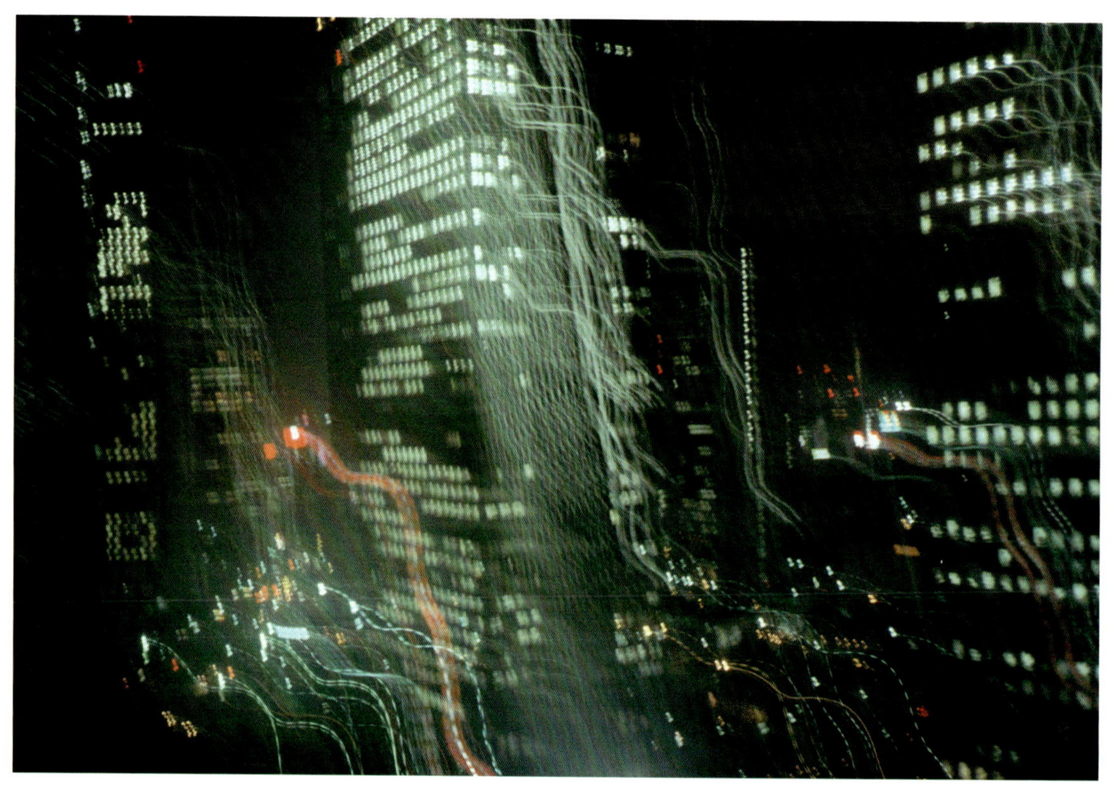

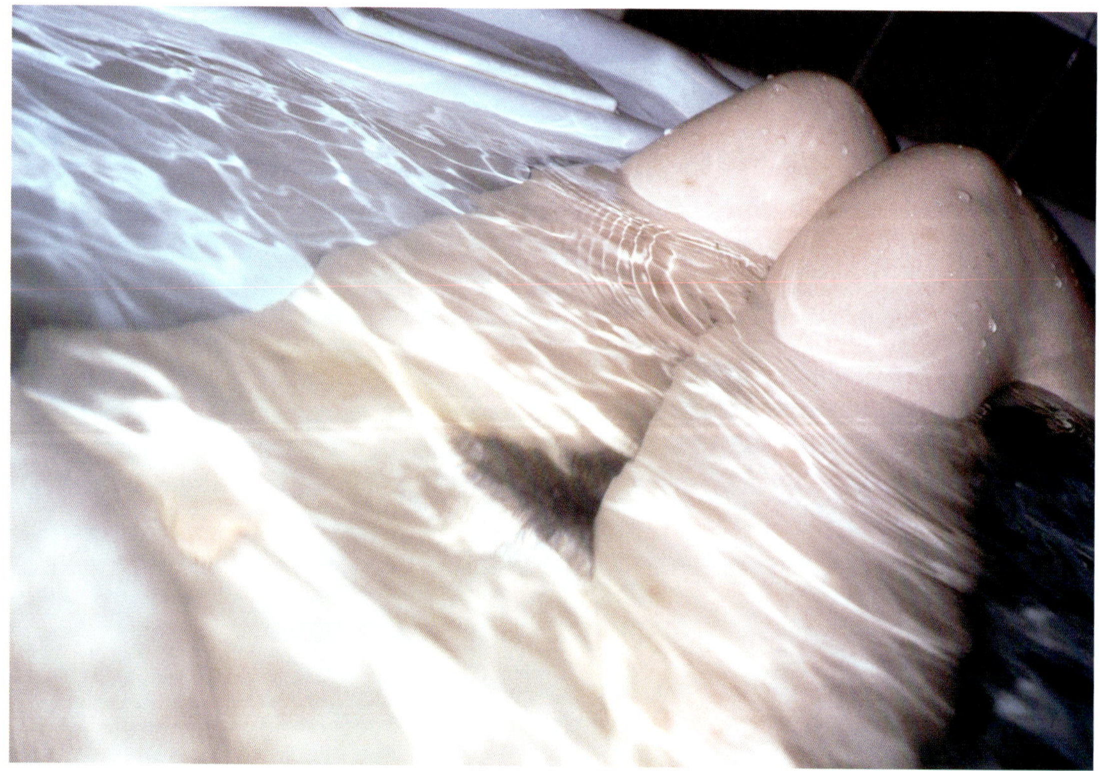

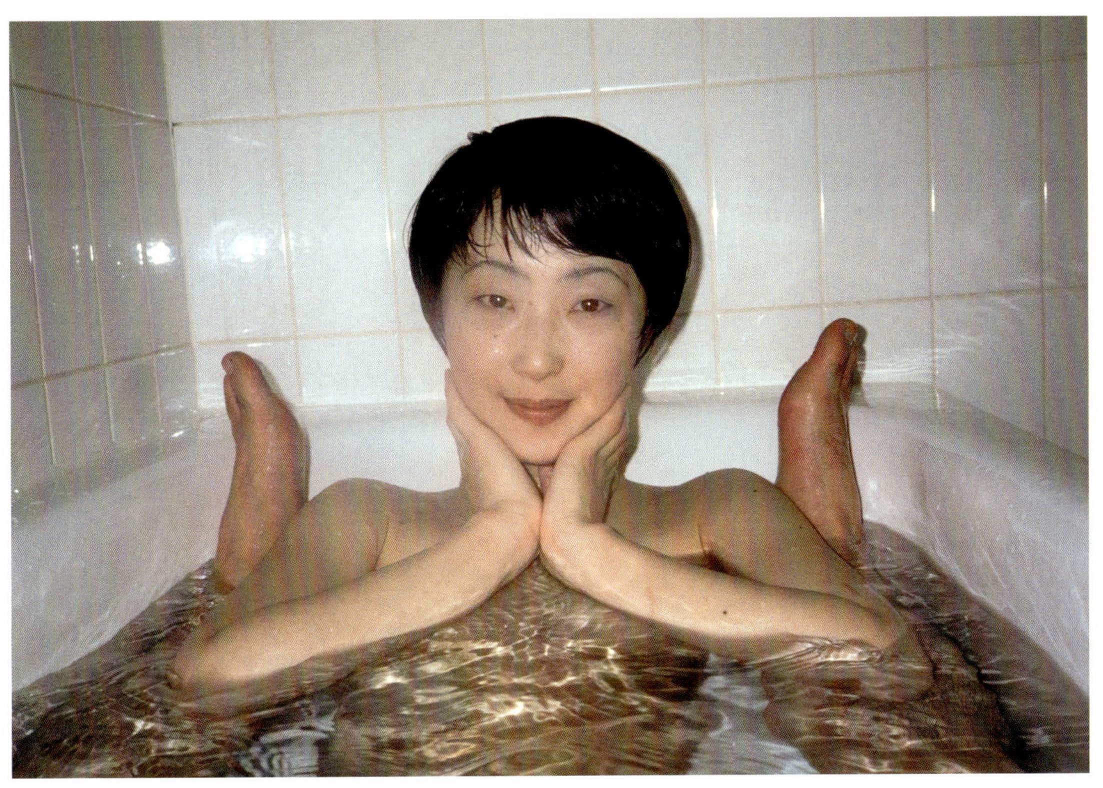

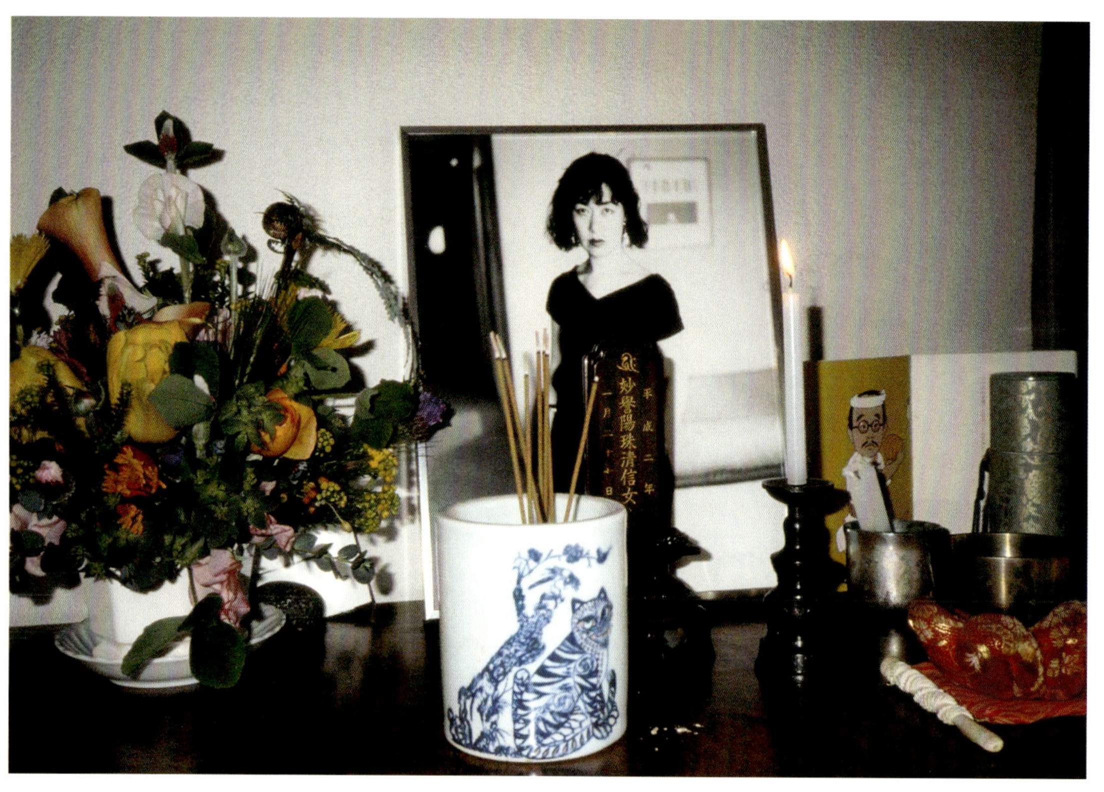
平成二年
妙譽陽珠清信女

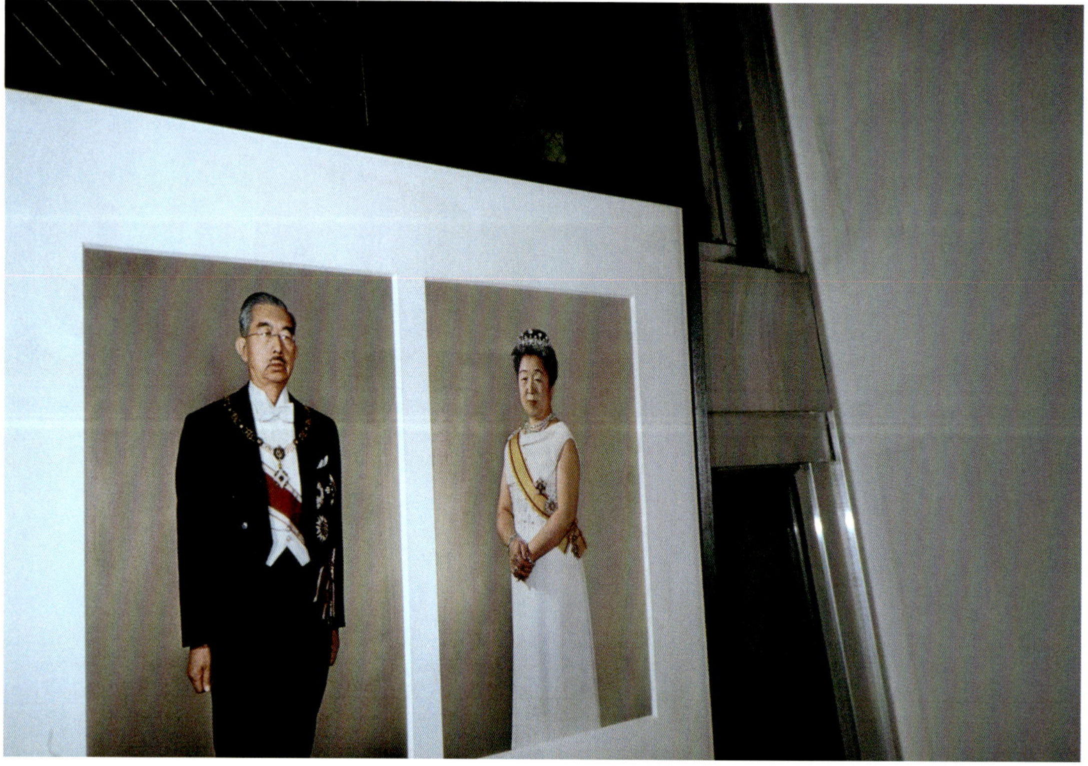

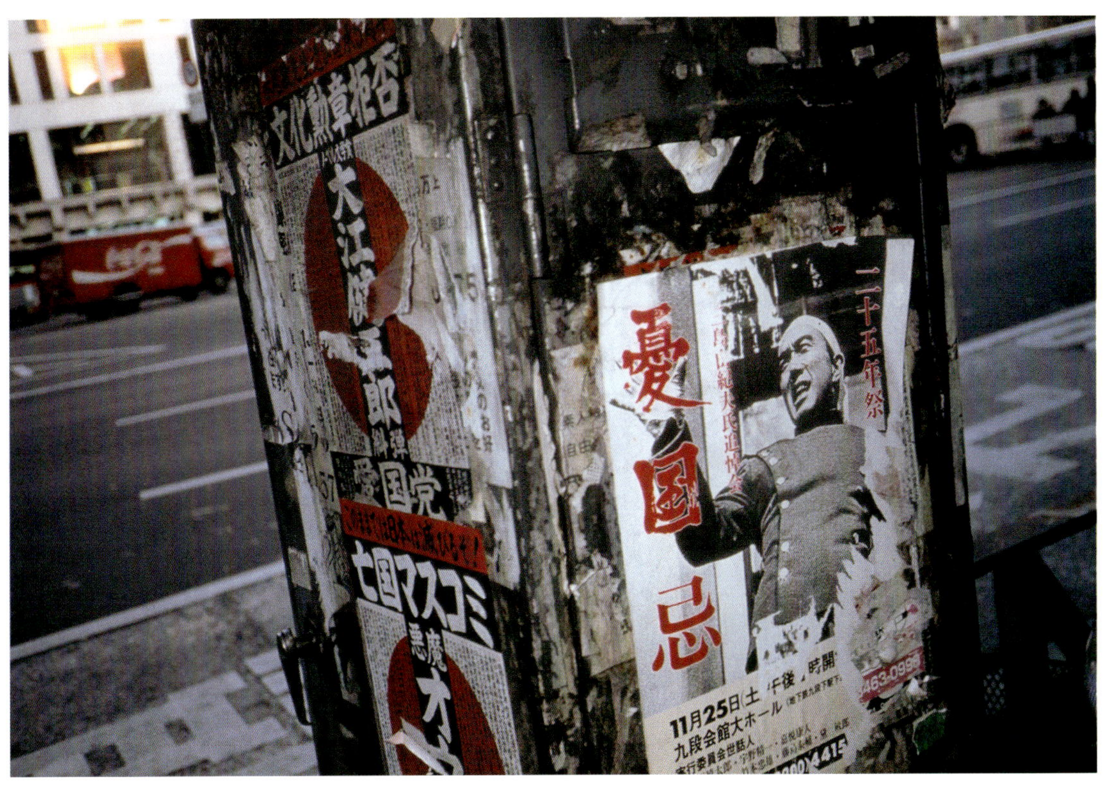
文化勲章拒否
大江健三郎
糾弾
愛国党
亡国マスコミ
悪魔
憂国忌
二十五年祭
11月25日(土
九段会館大ホール
九段会館世話人
463-0996

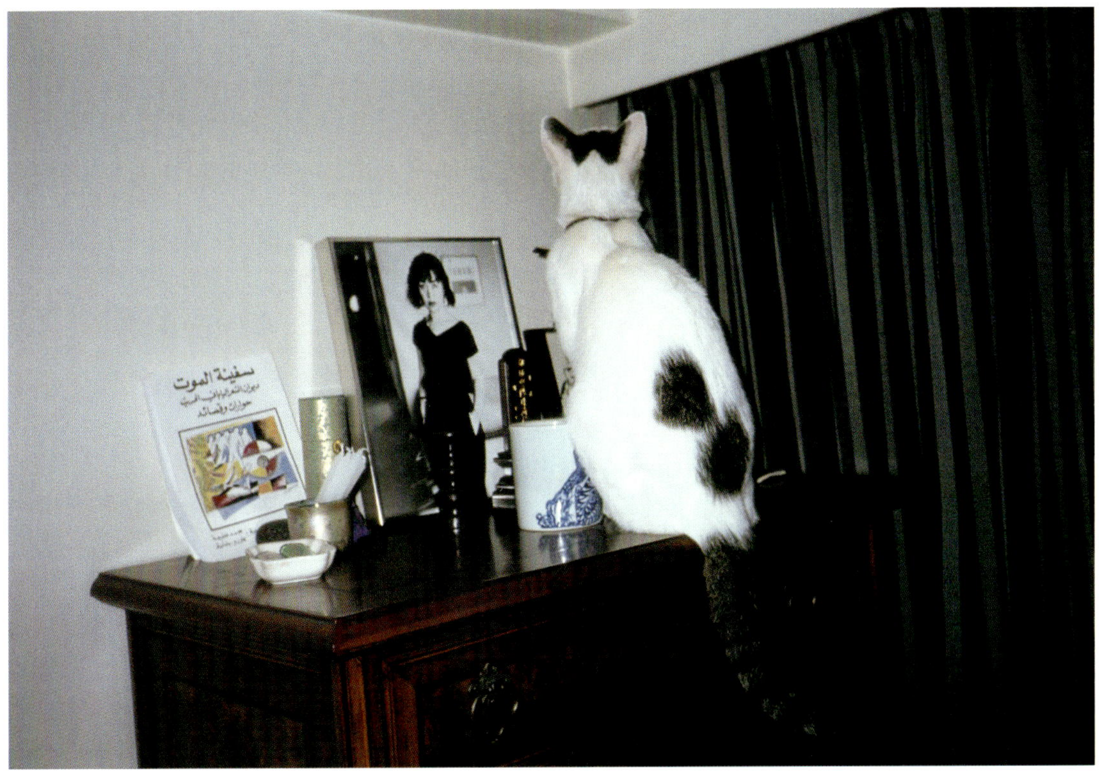
سفينة الموت

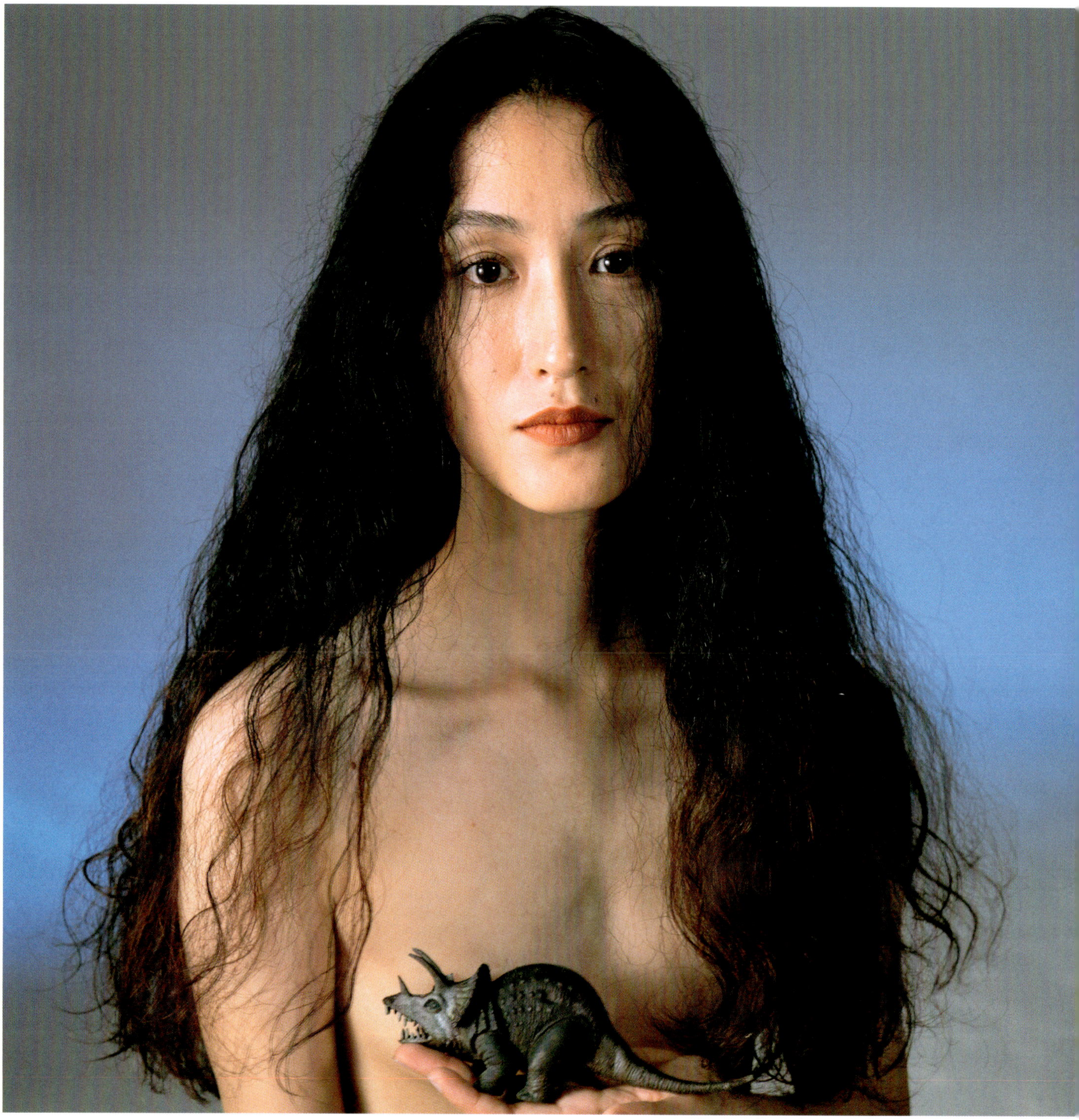

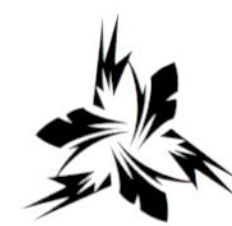

A’s Paradise

Aの楽園

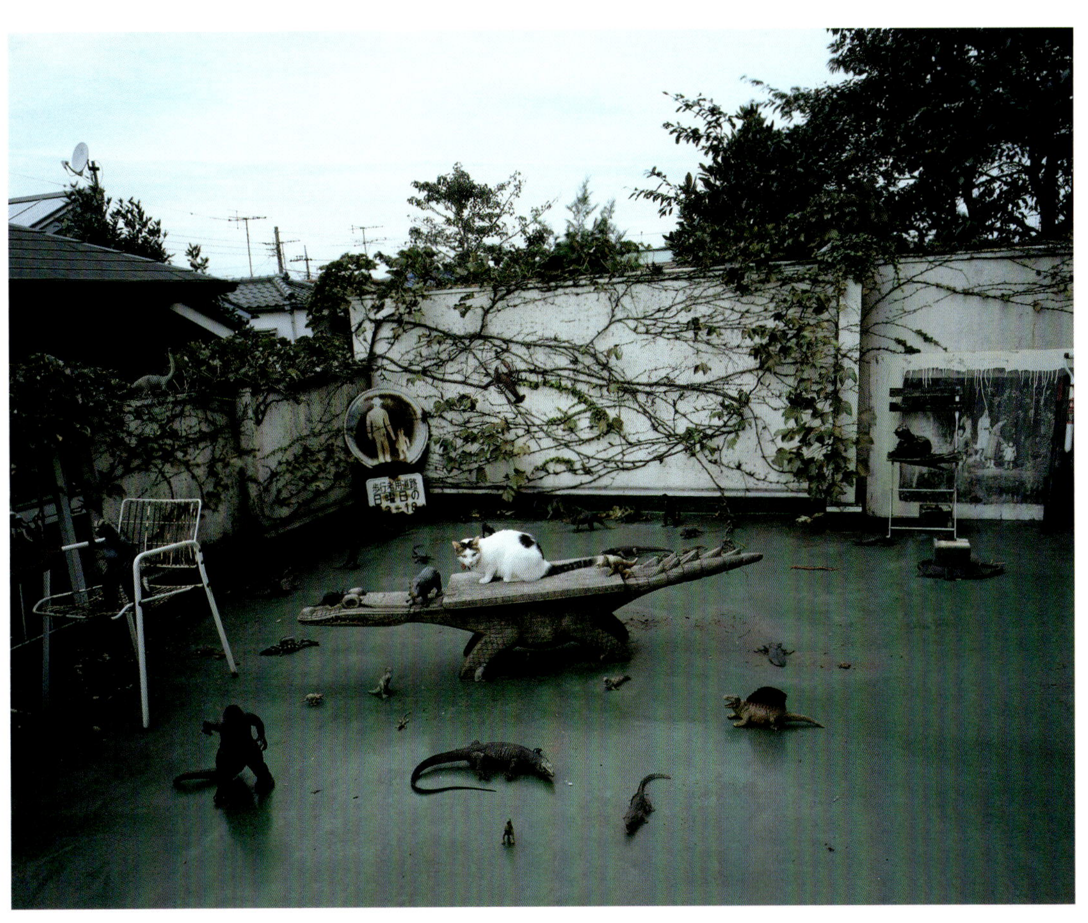

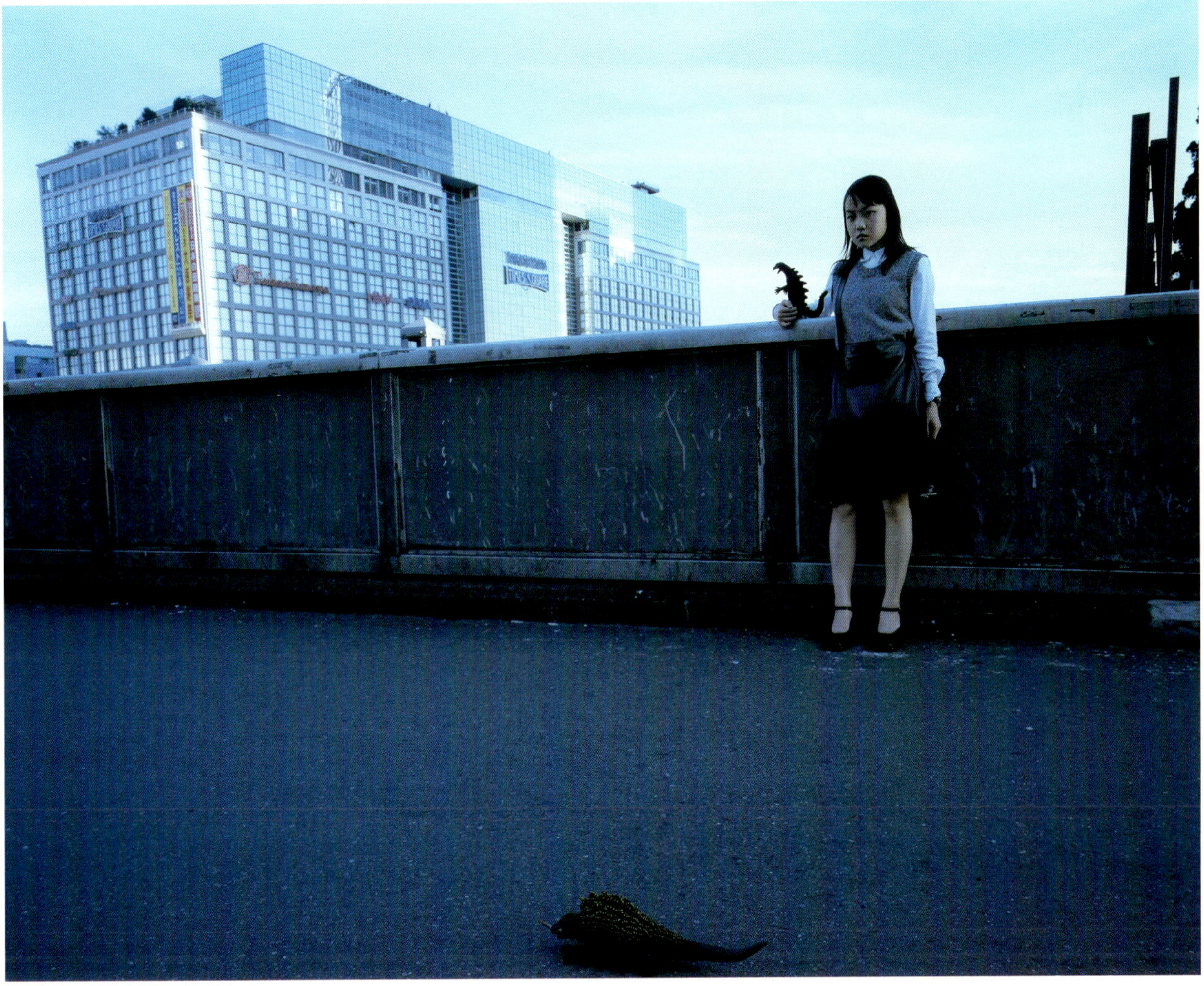

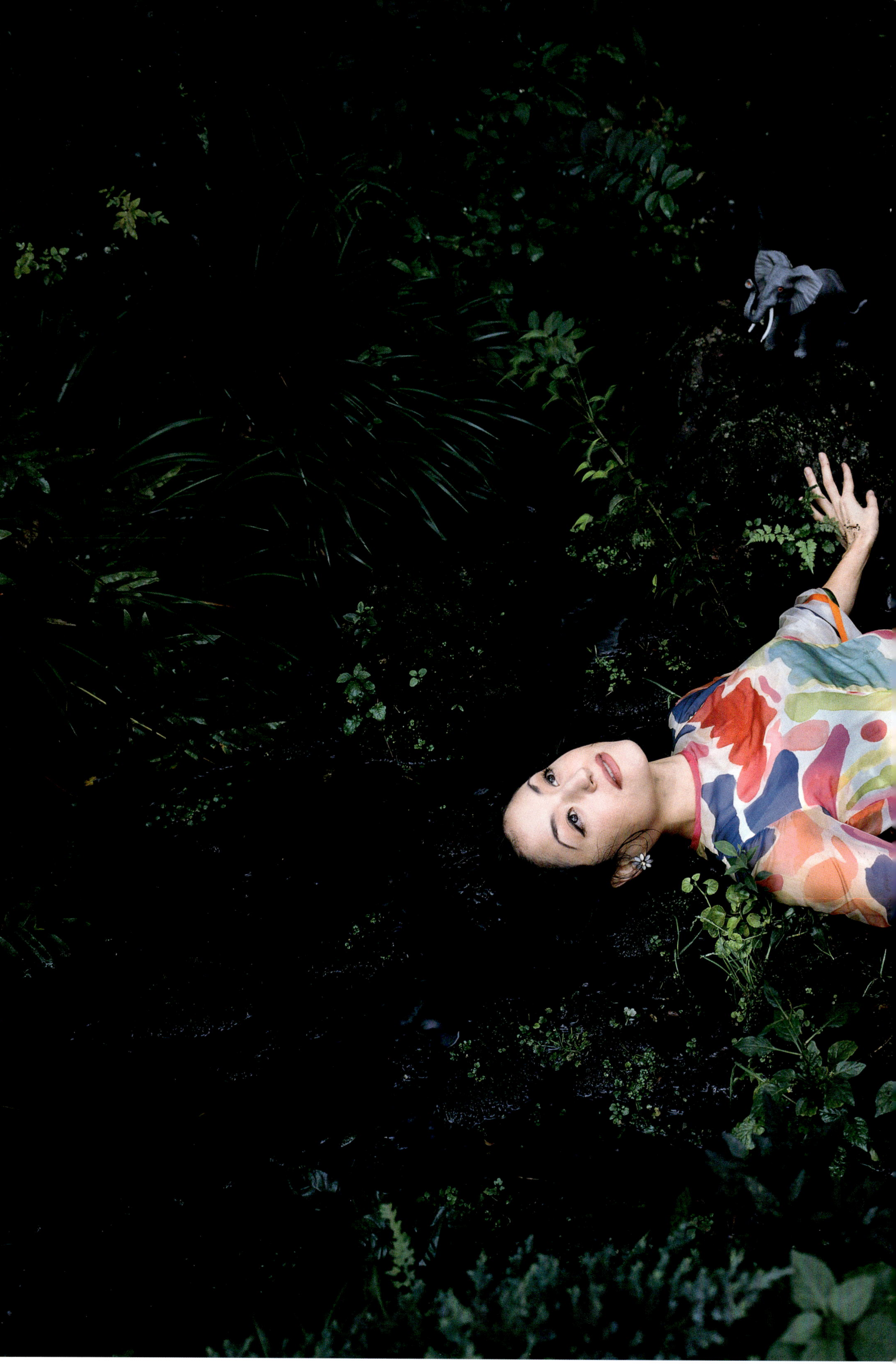

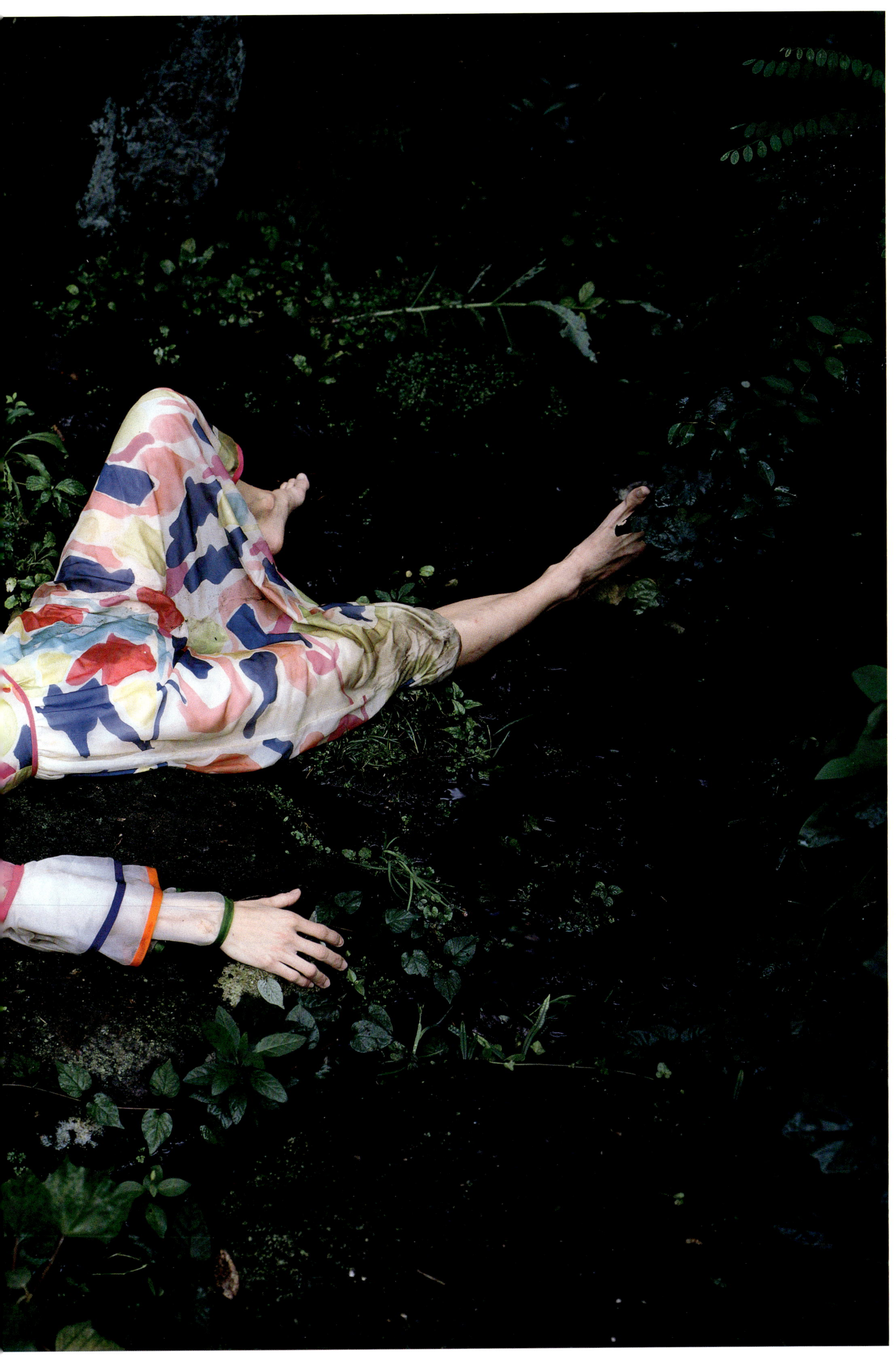

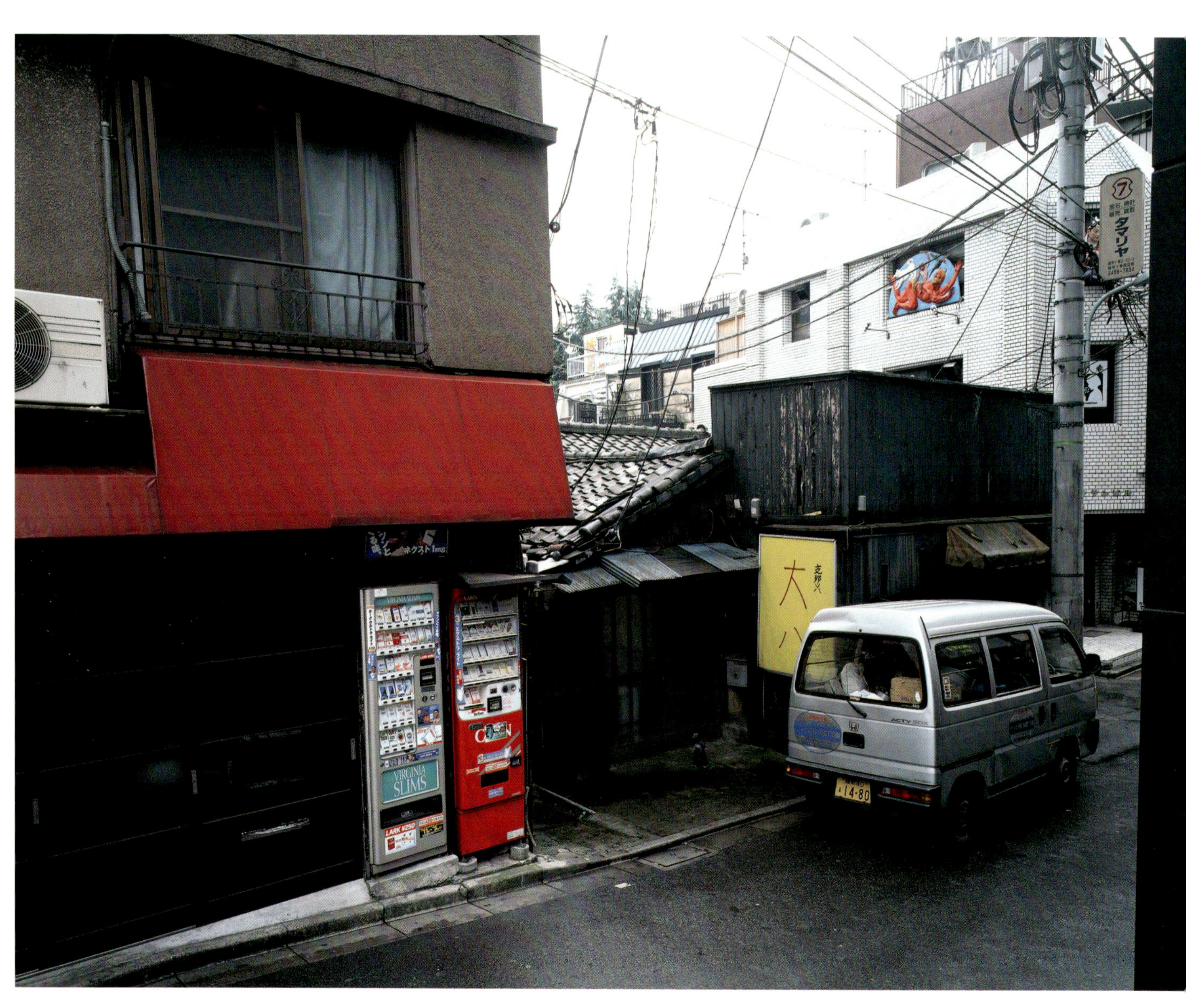
ネクスト 1mg
VIRGINIA SLIMS
LARK ¥250
7
タマリヤ

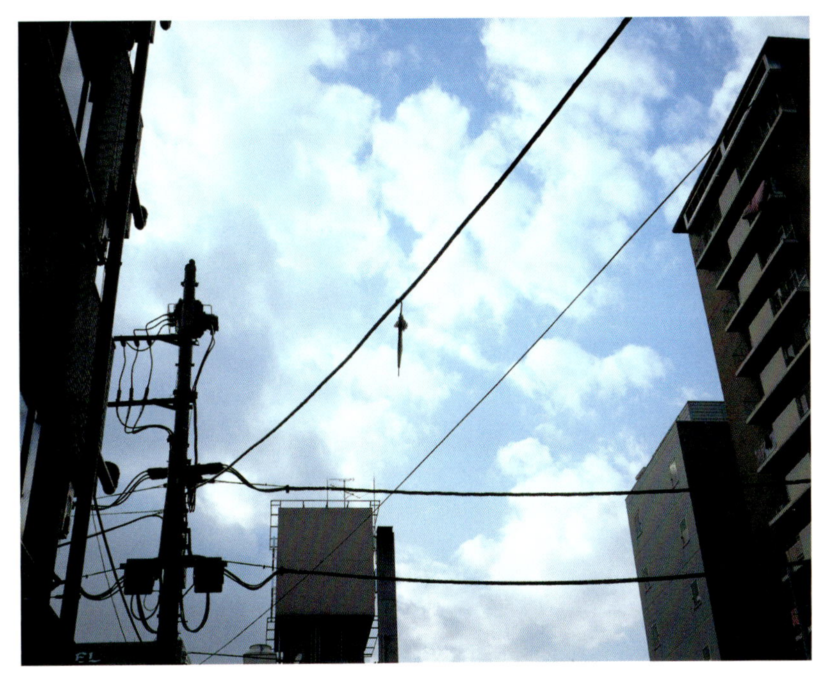

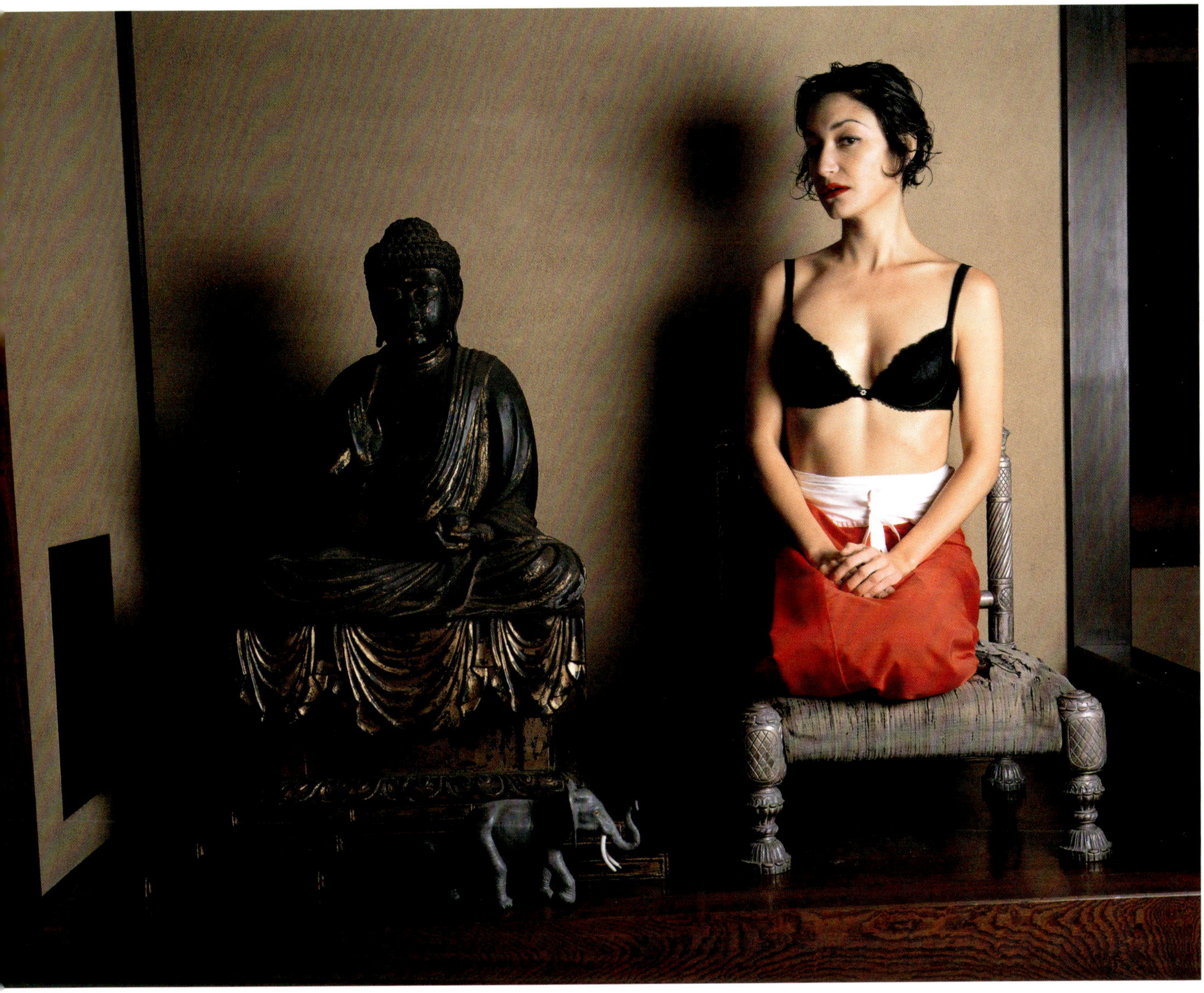

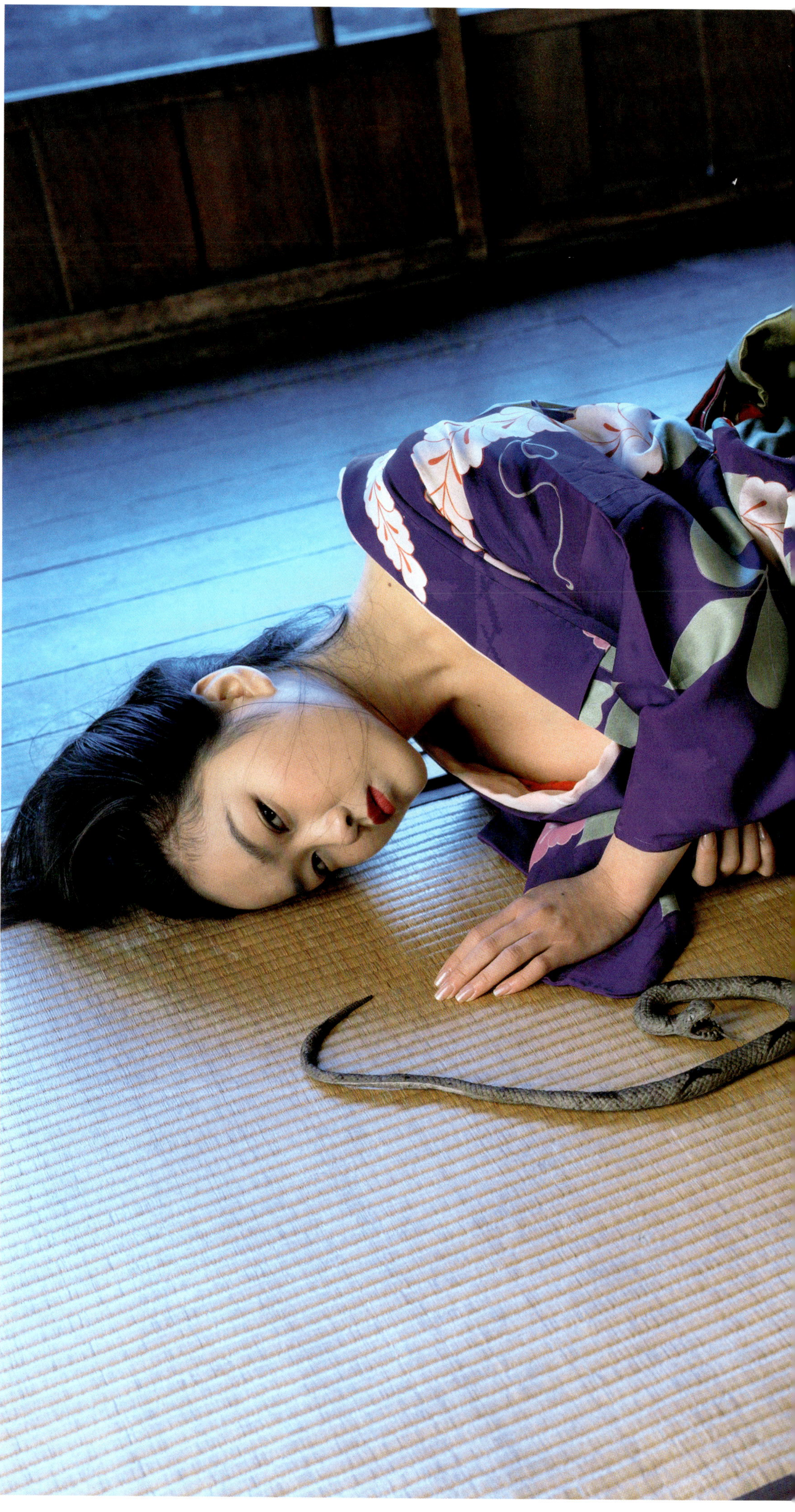

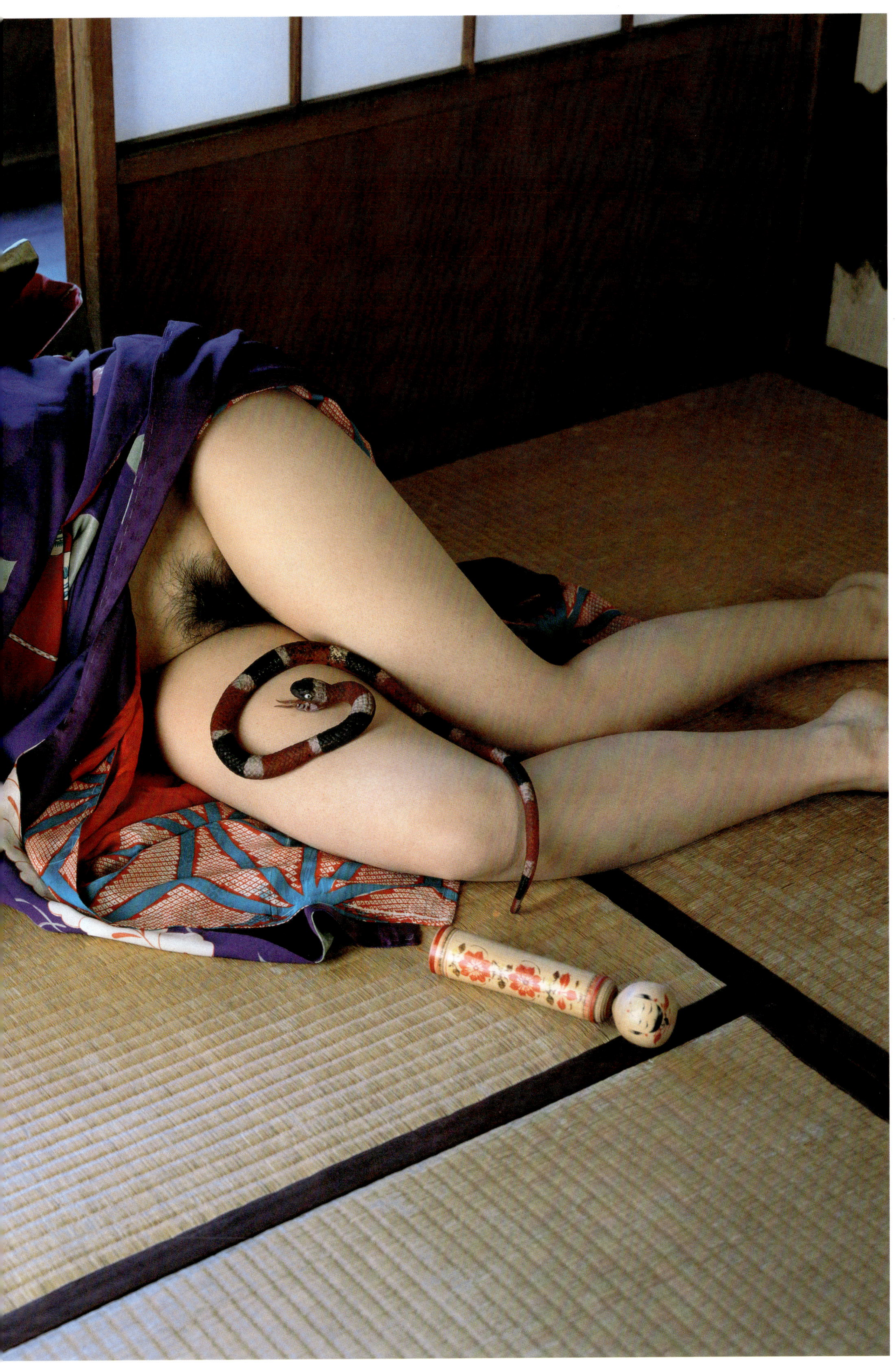

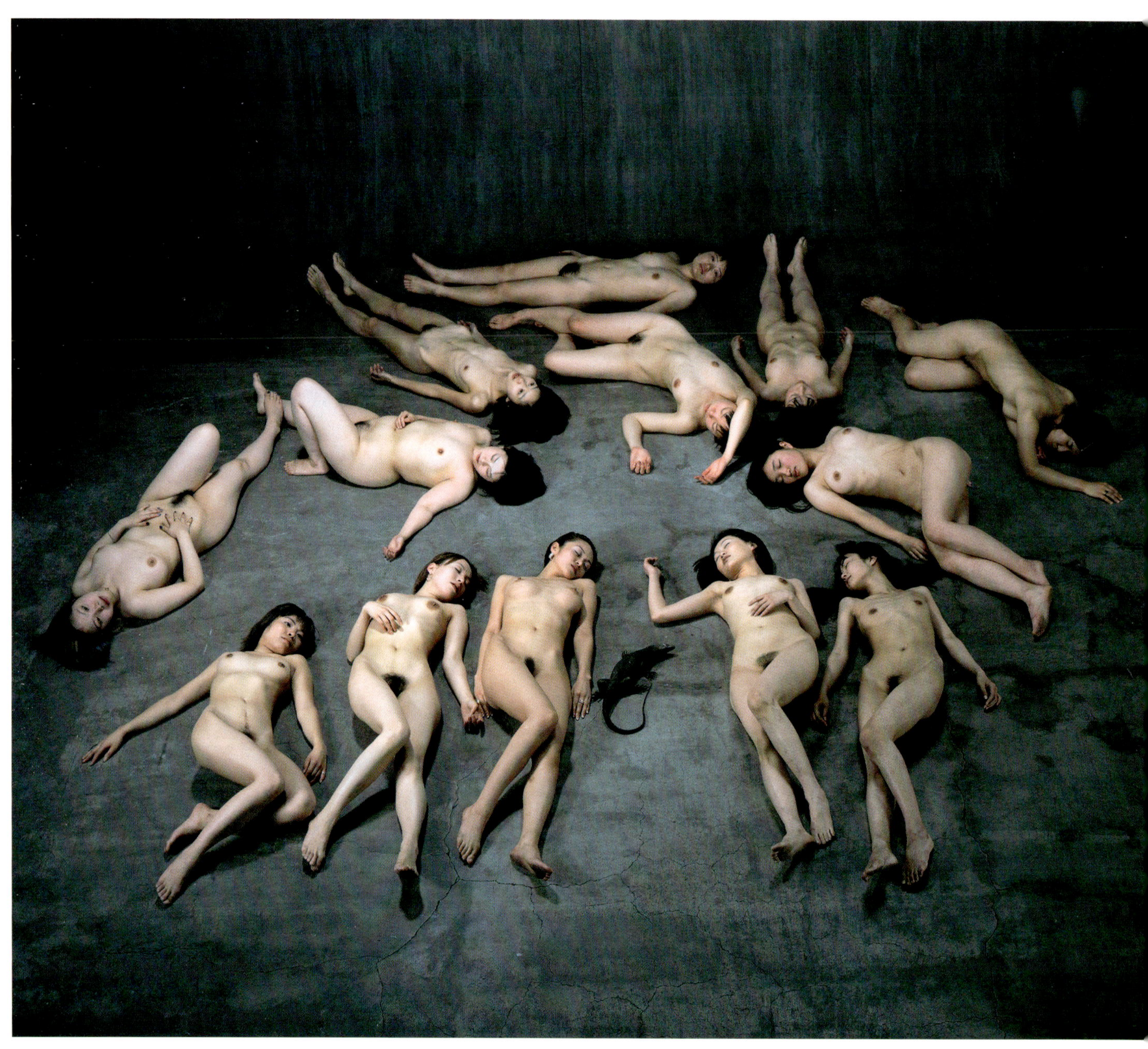

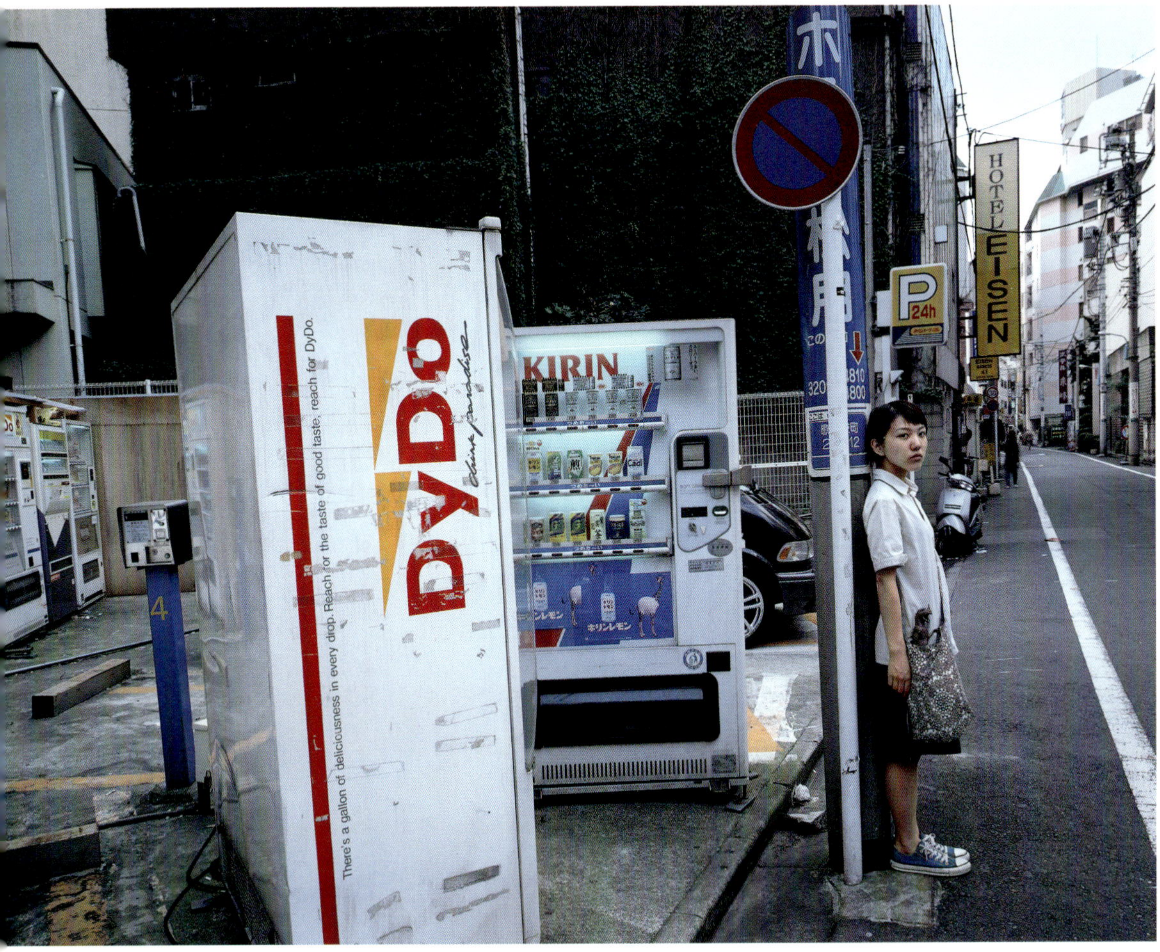

DyDo
There's a gallon of deliciousness in every drop. Reach for the taste of good taste, reach for DyDo.
KIRIN
HOTEL EISEN 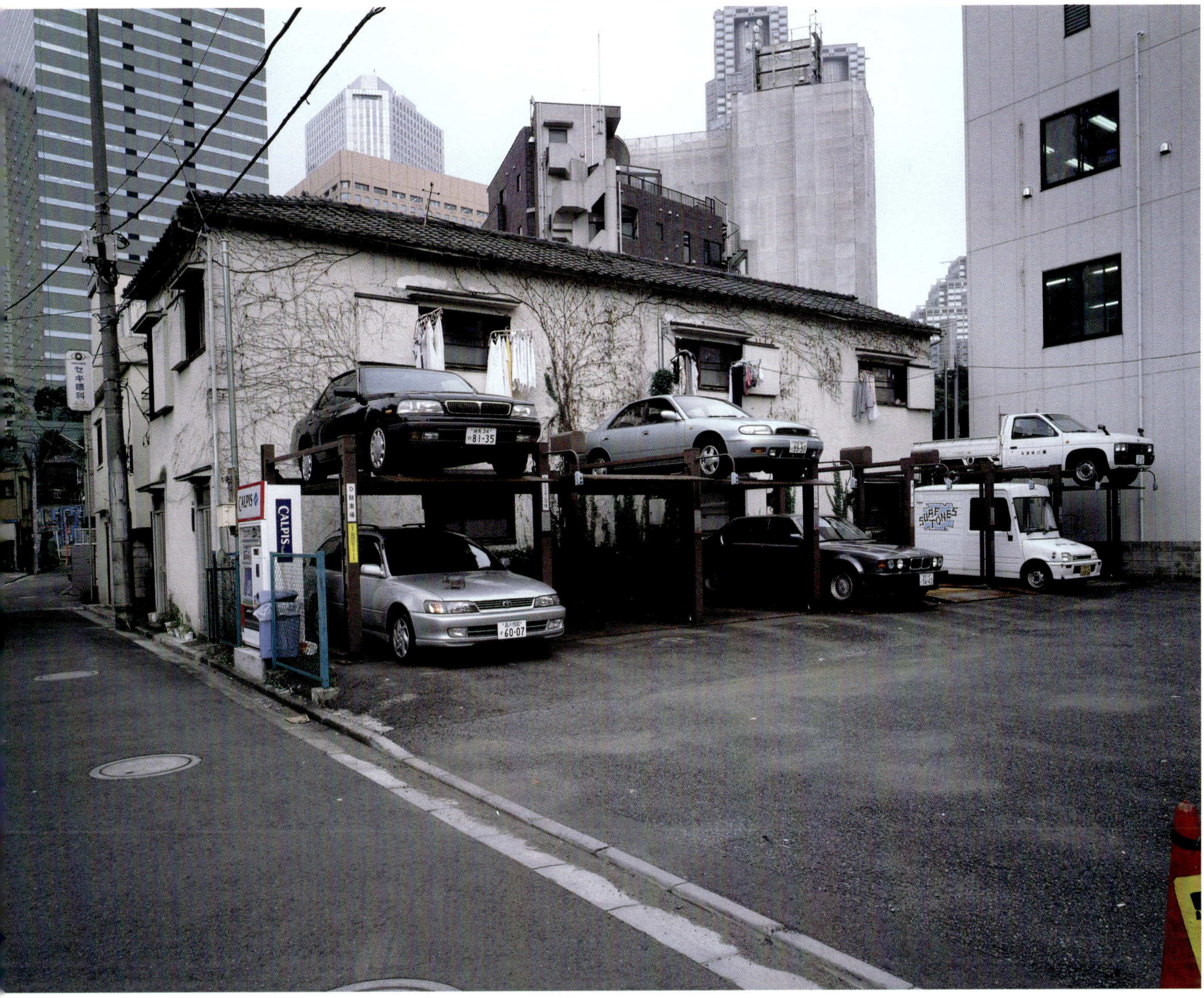
P 24h
CALPIS
CALPIS
SURF TONES

CALPIS
CALPIS
SURF TONES

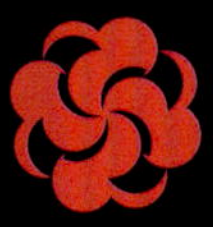

Tokyo Nostalgia

東京ノスタルジー

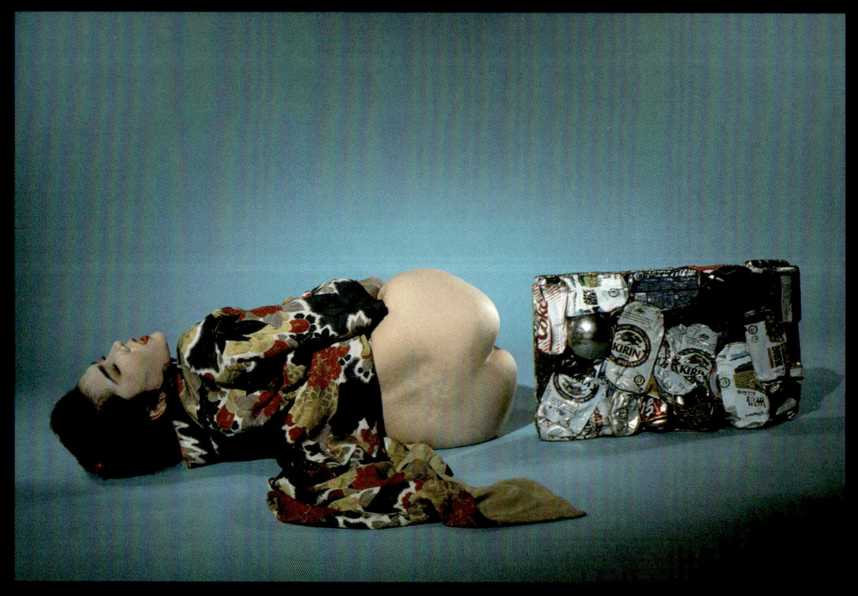

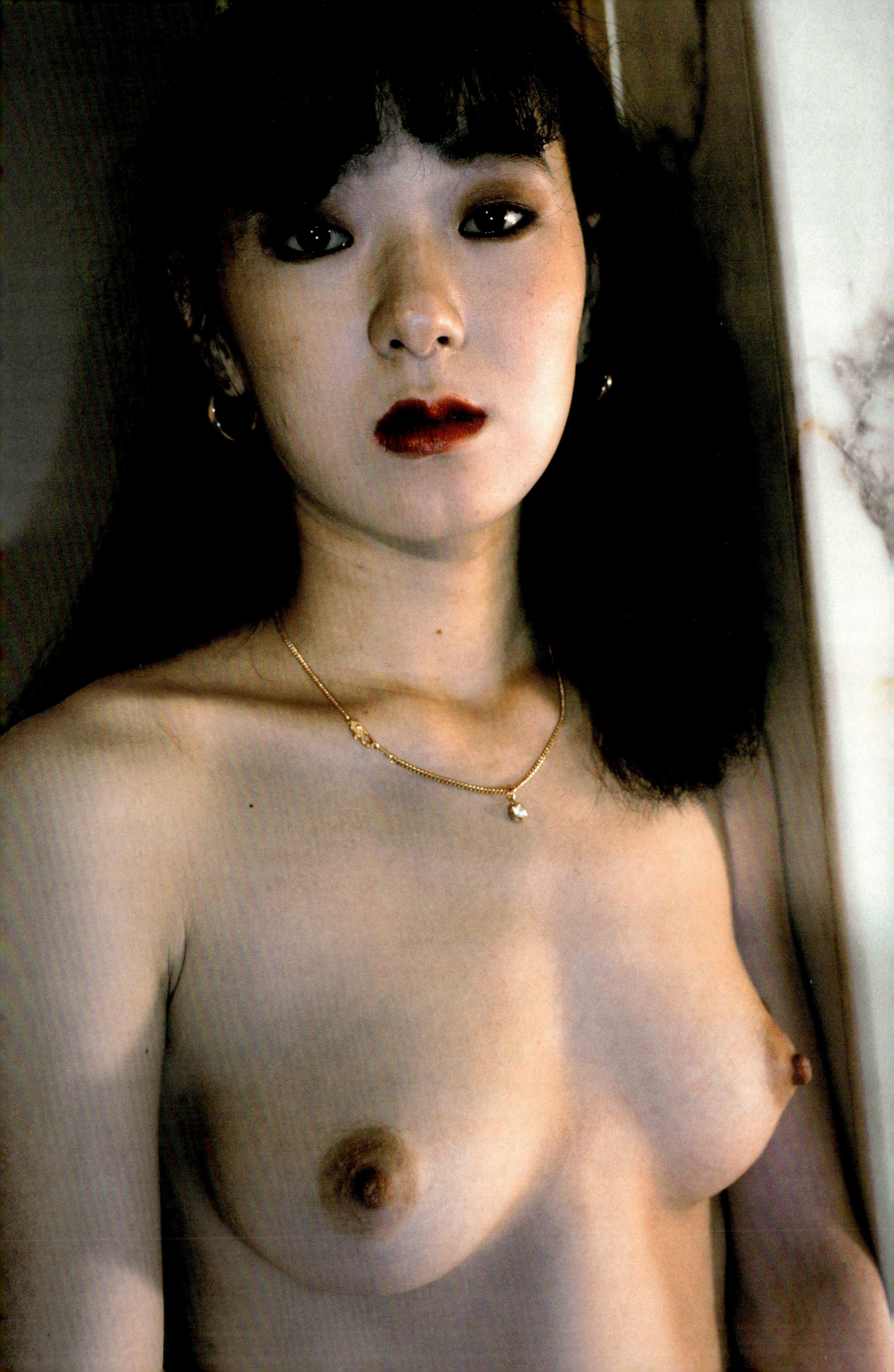

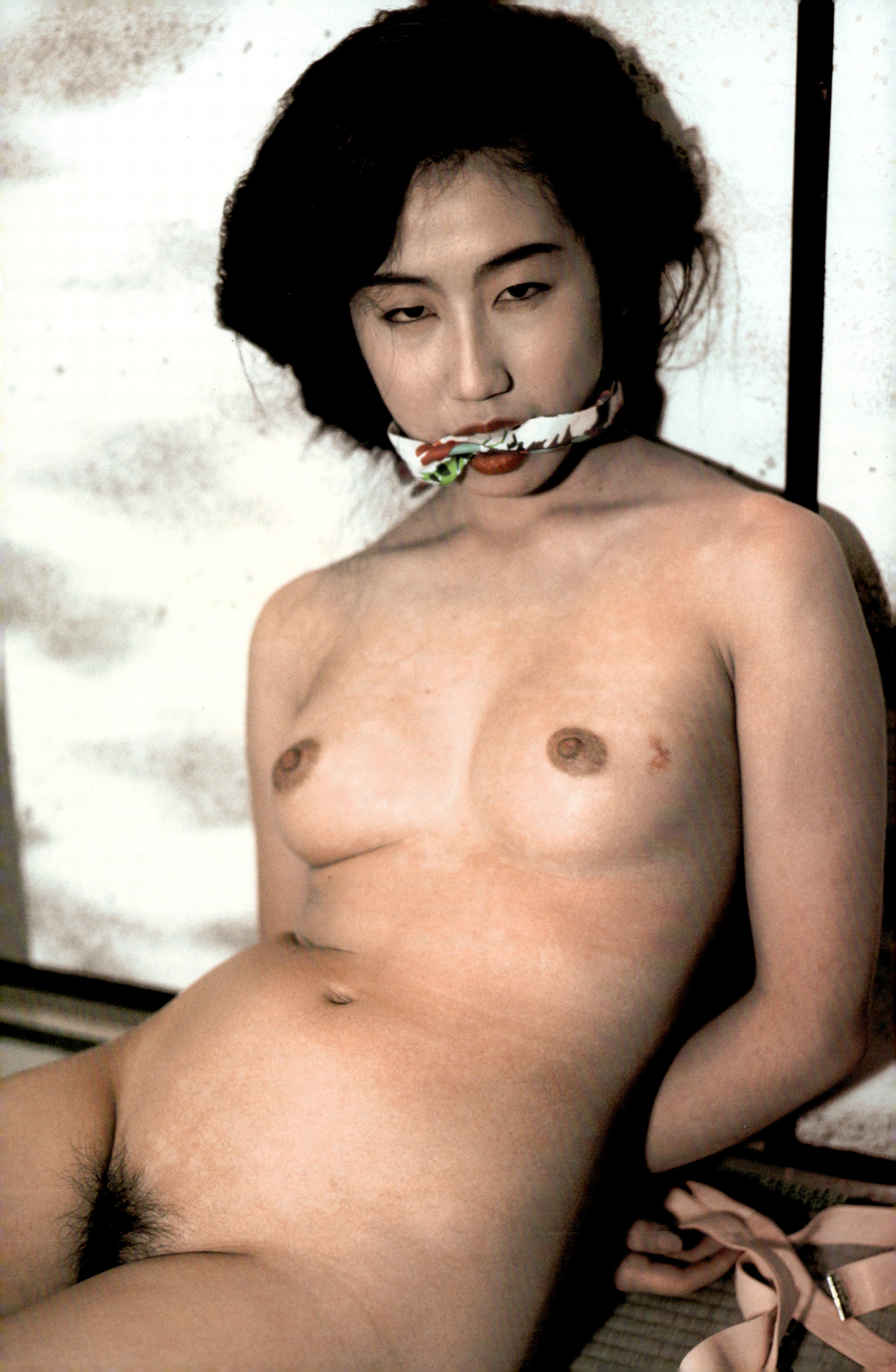

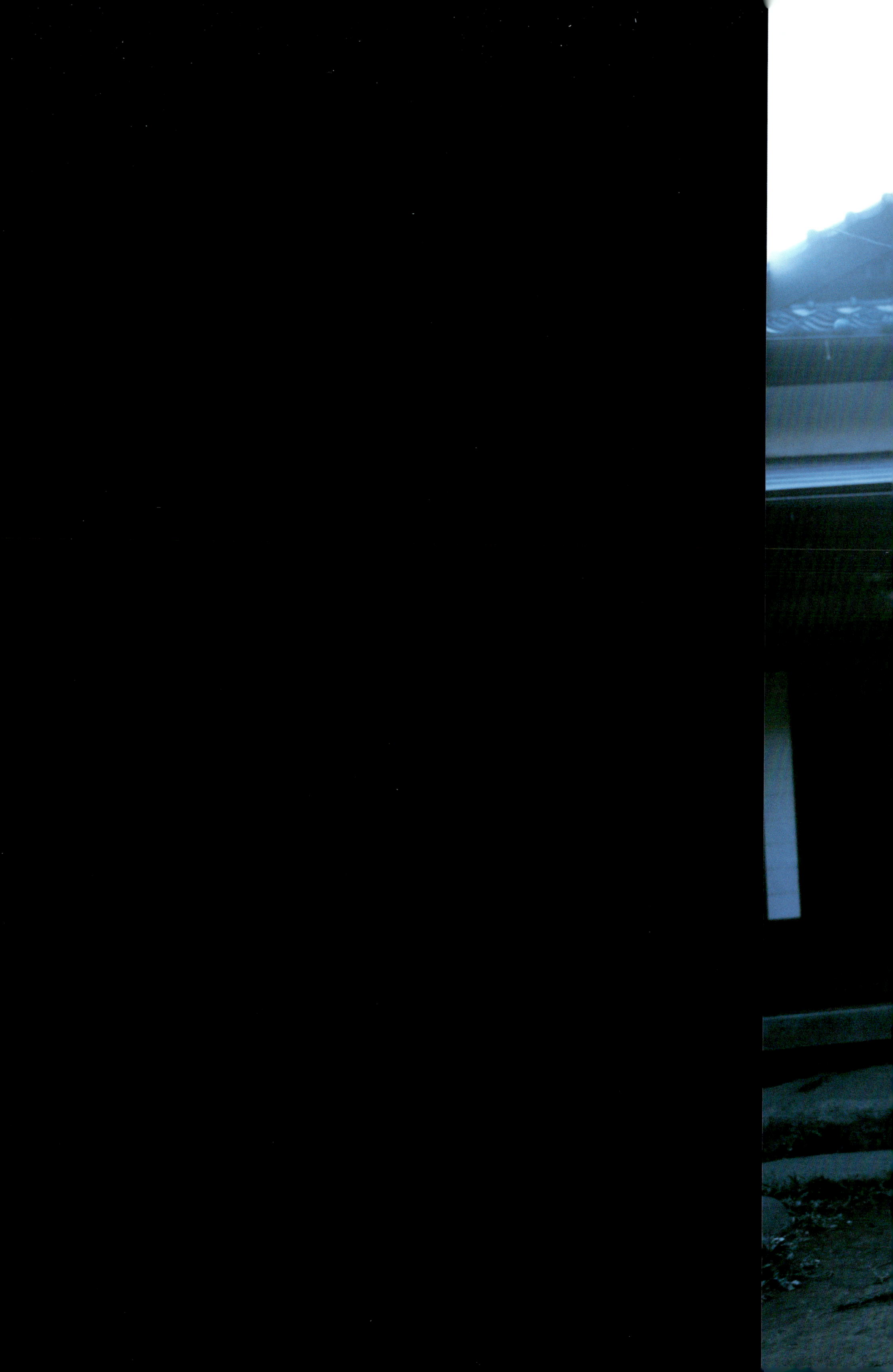

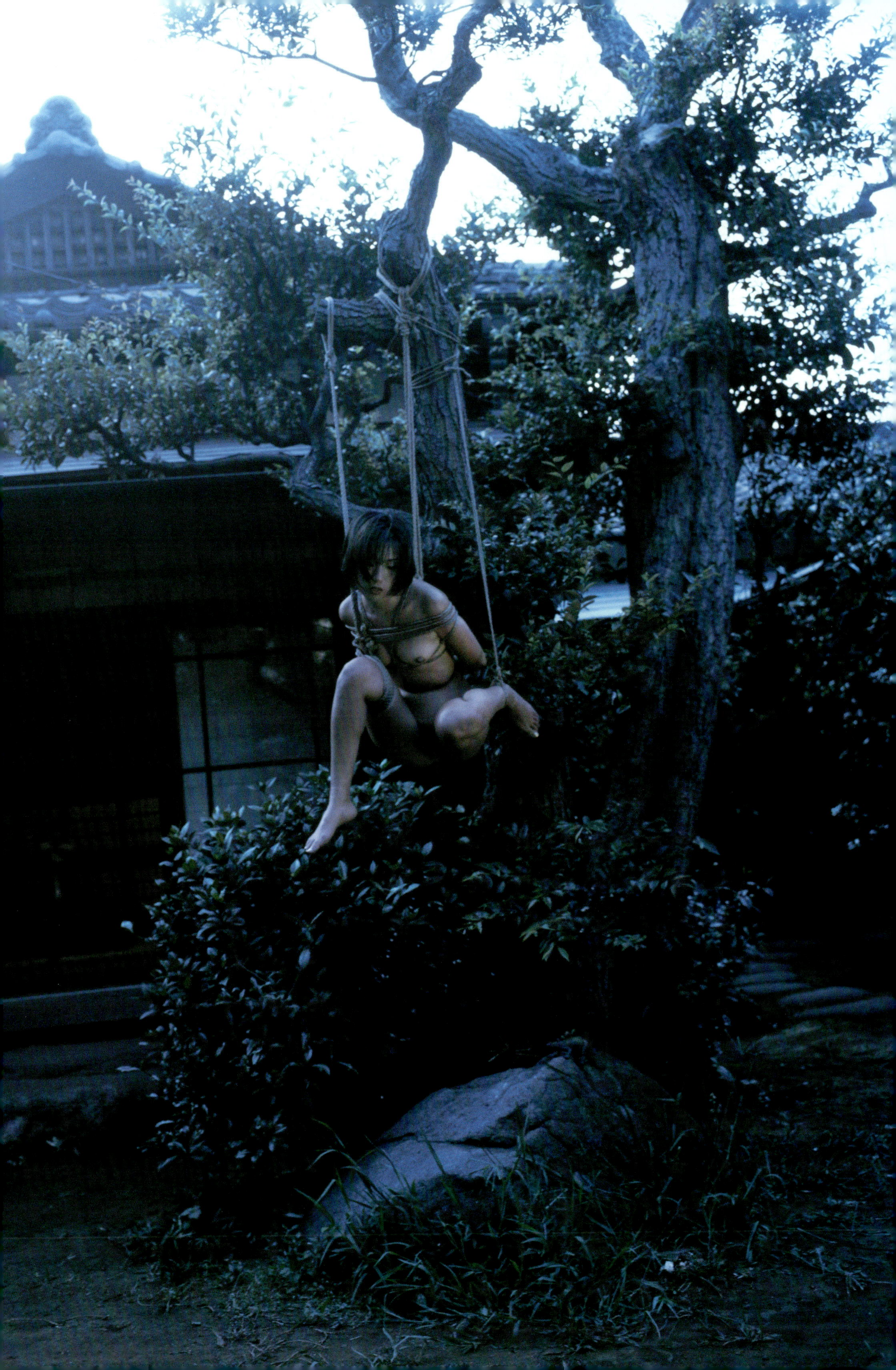

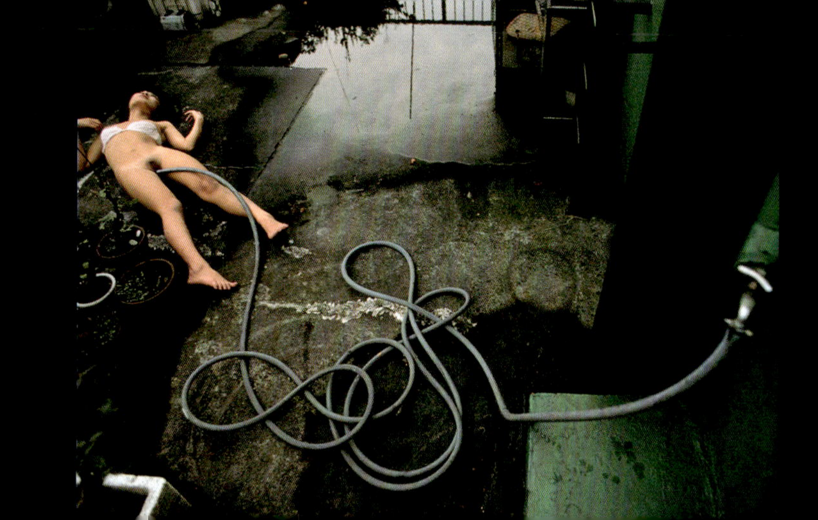

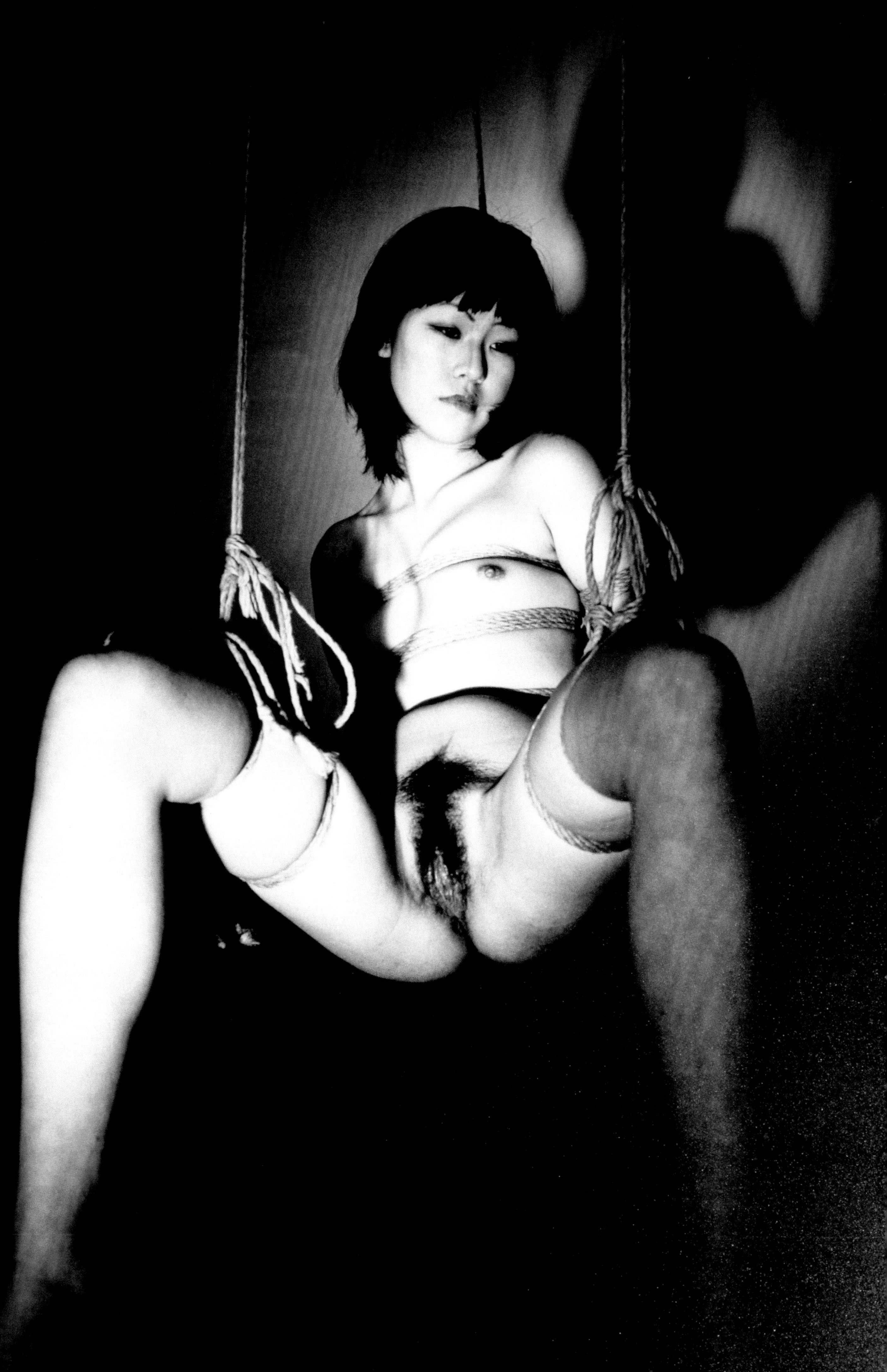

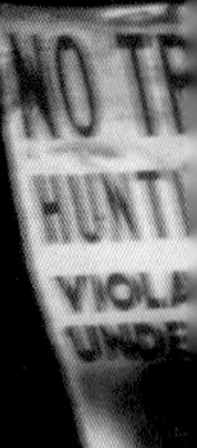
NO TR
HUNTI
VIOLA
UNDE

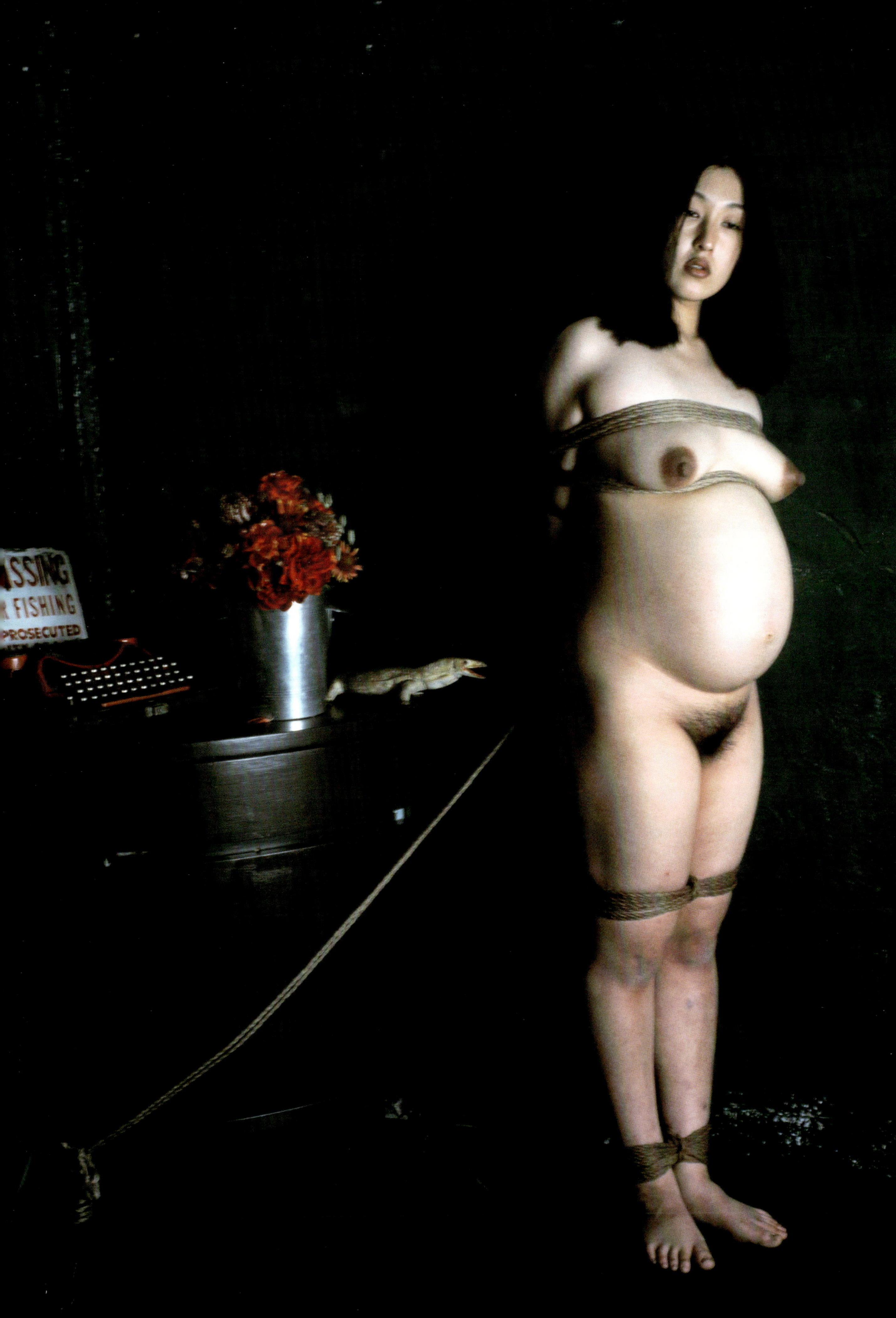
SSING
FISHING
PROSECUTED

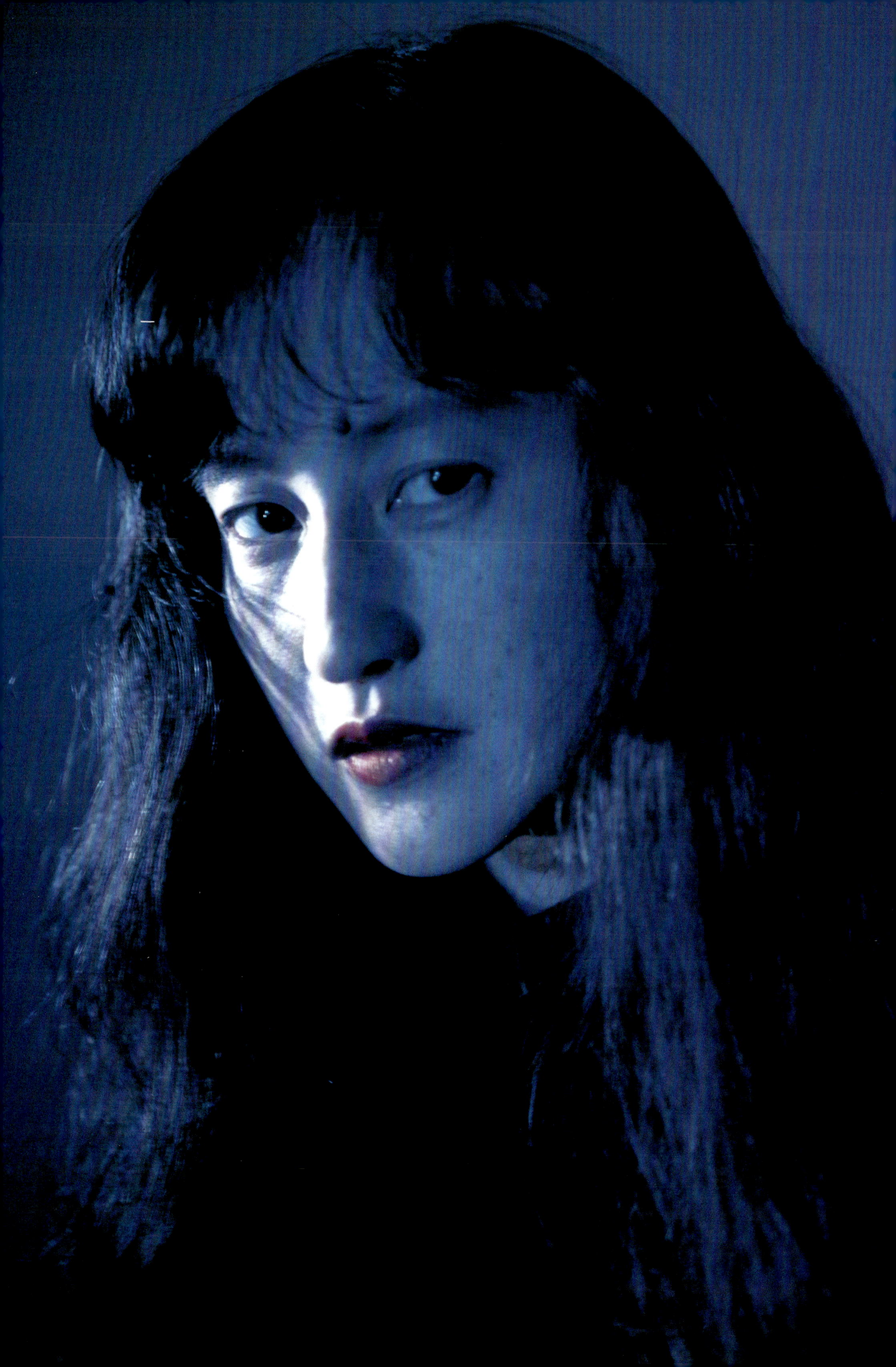

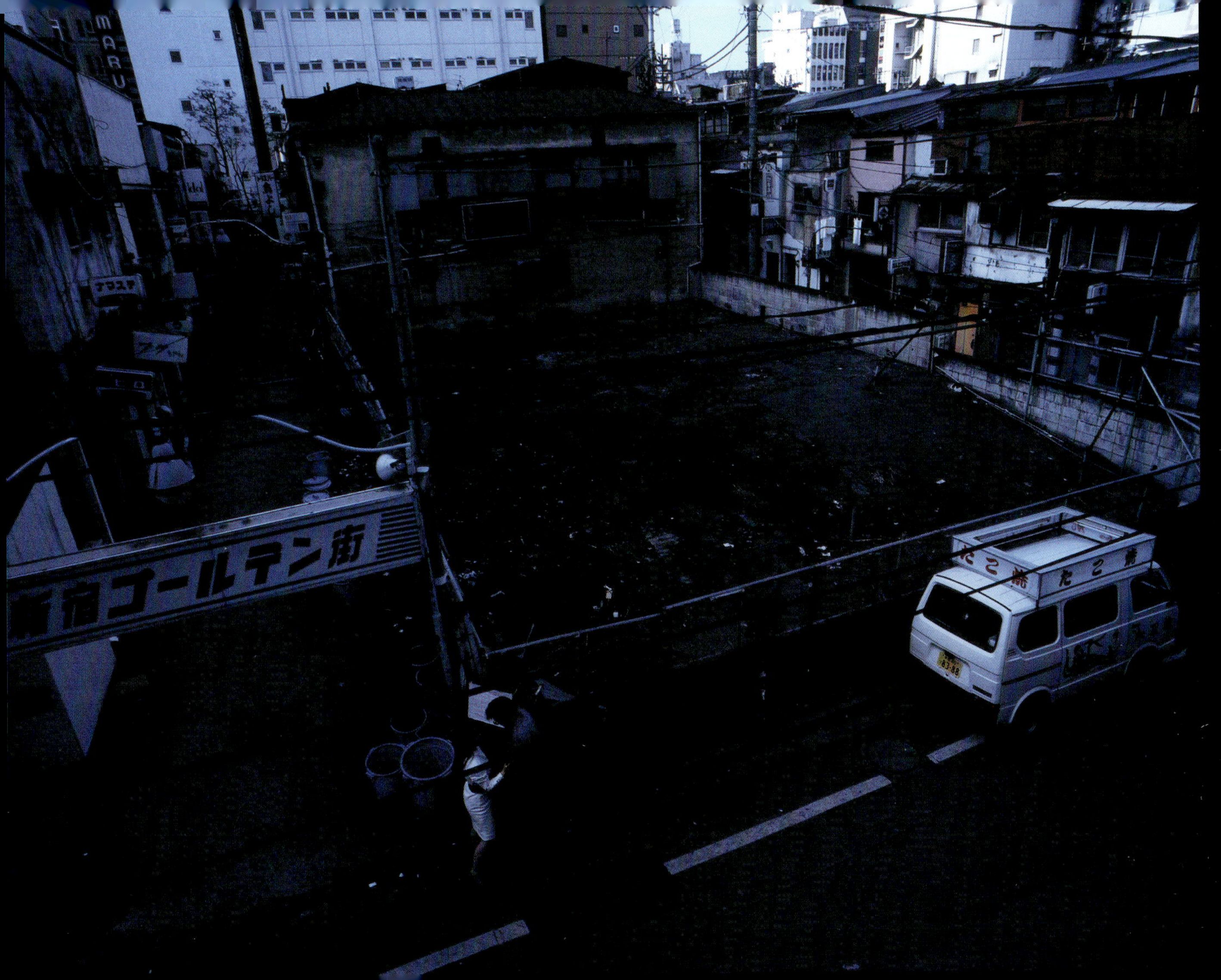
MARU
新宿ゴールデン街

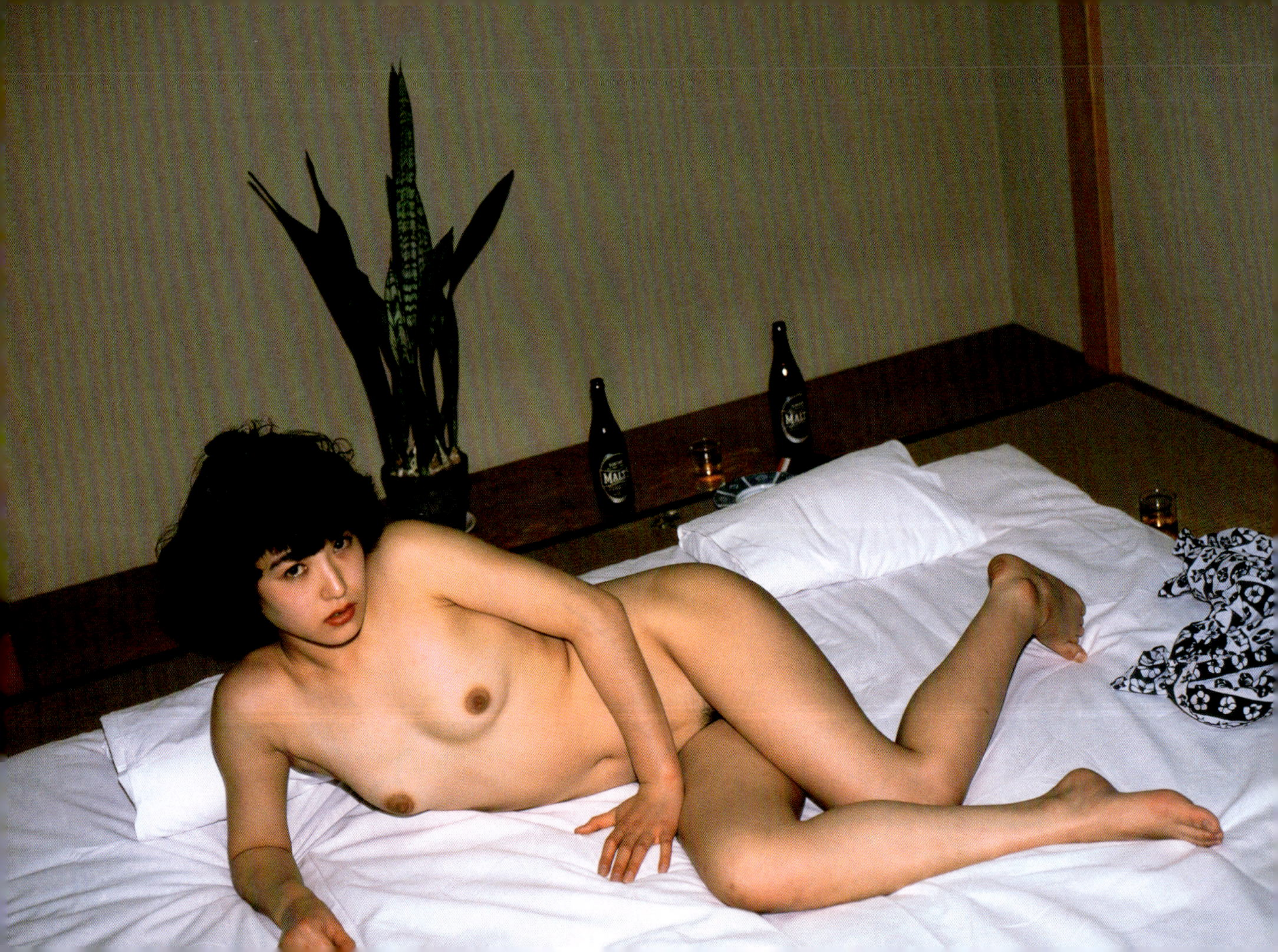
MALTS
MALTS

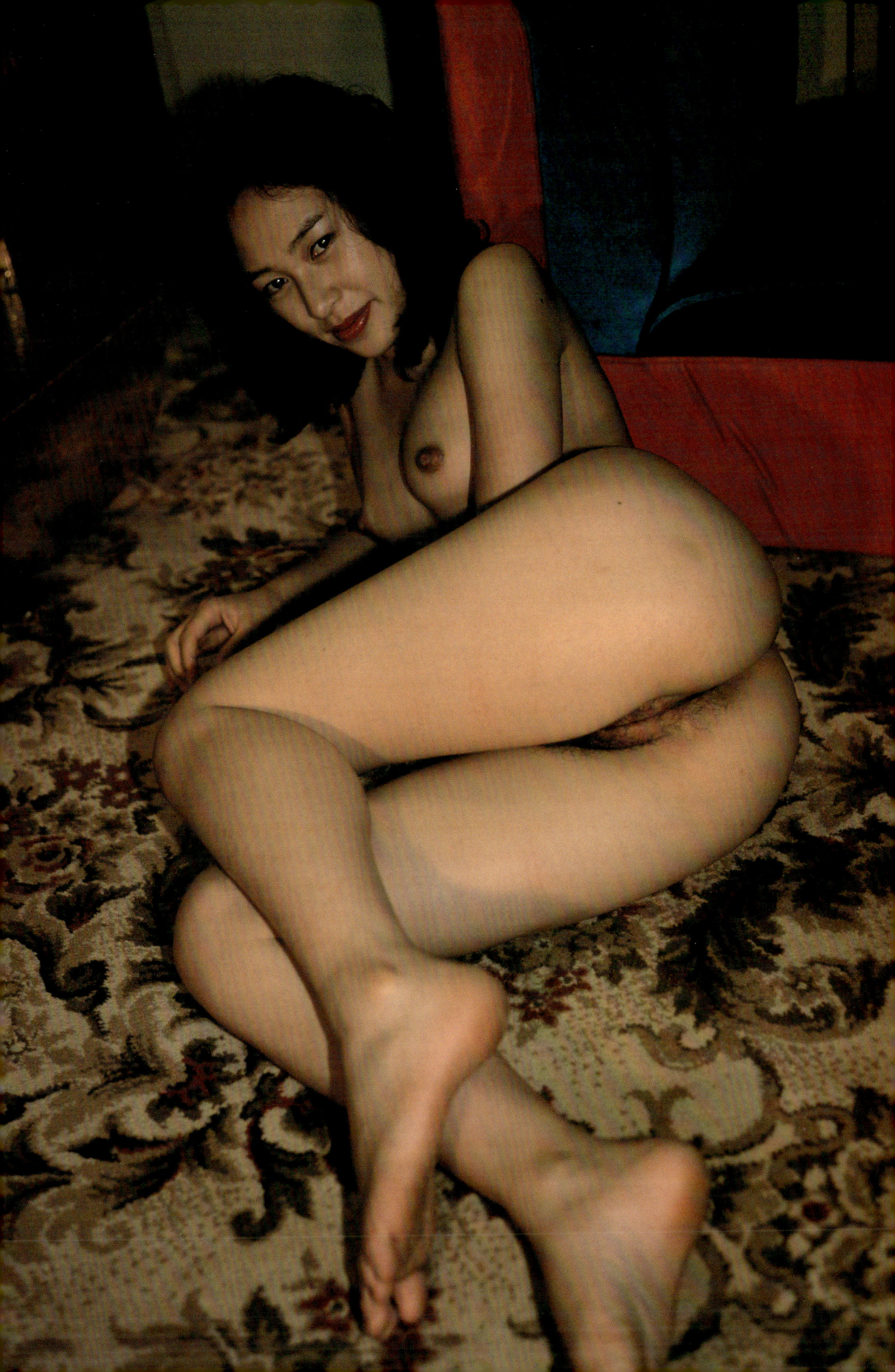

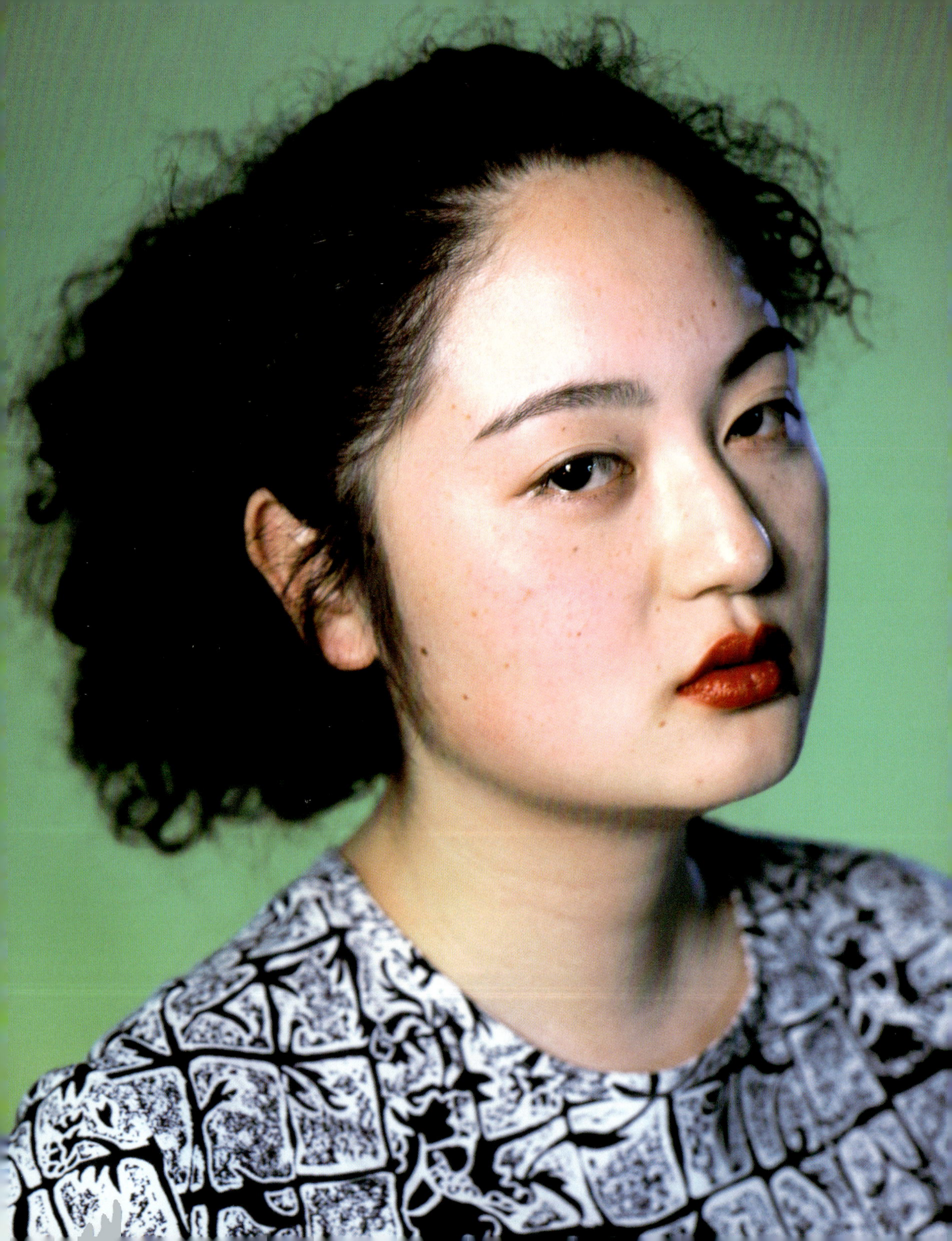

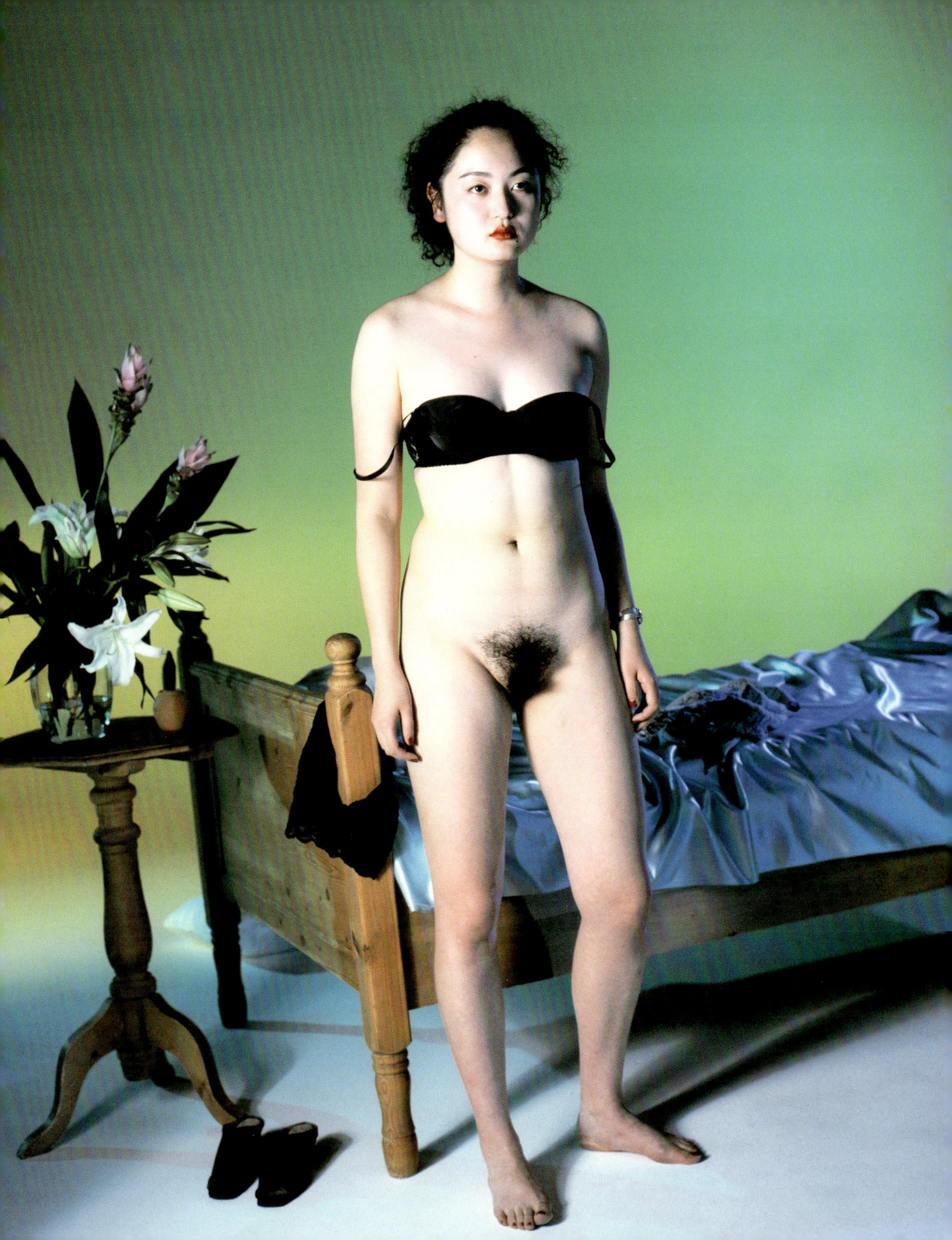

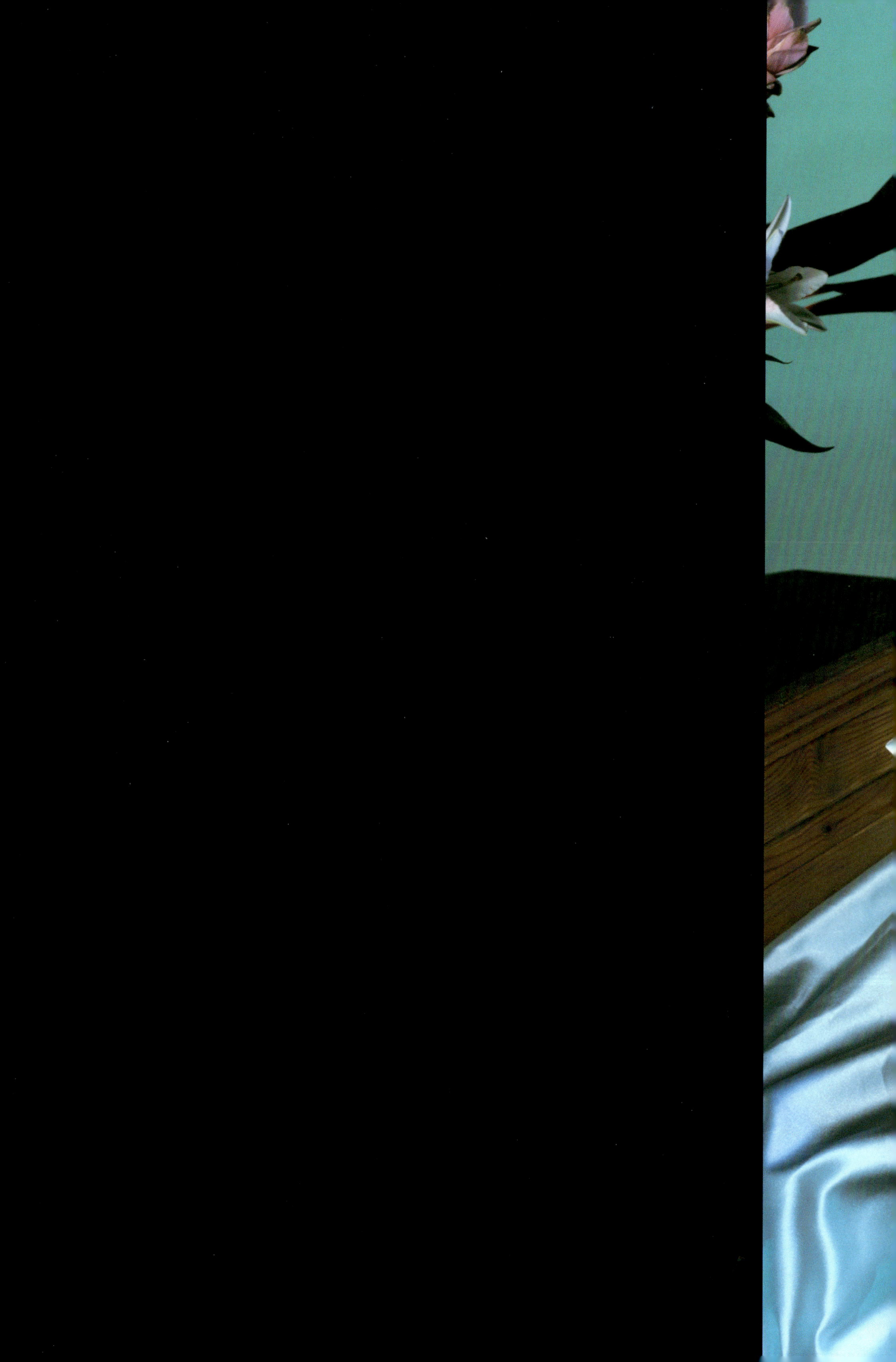

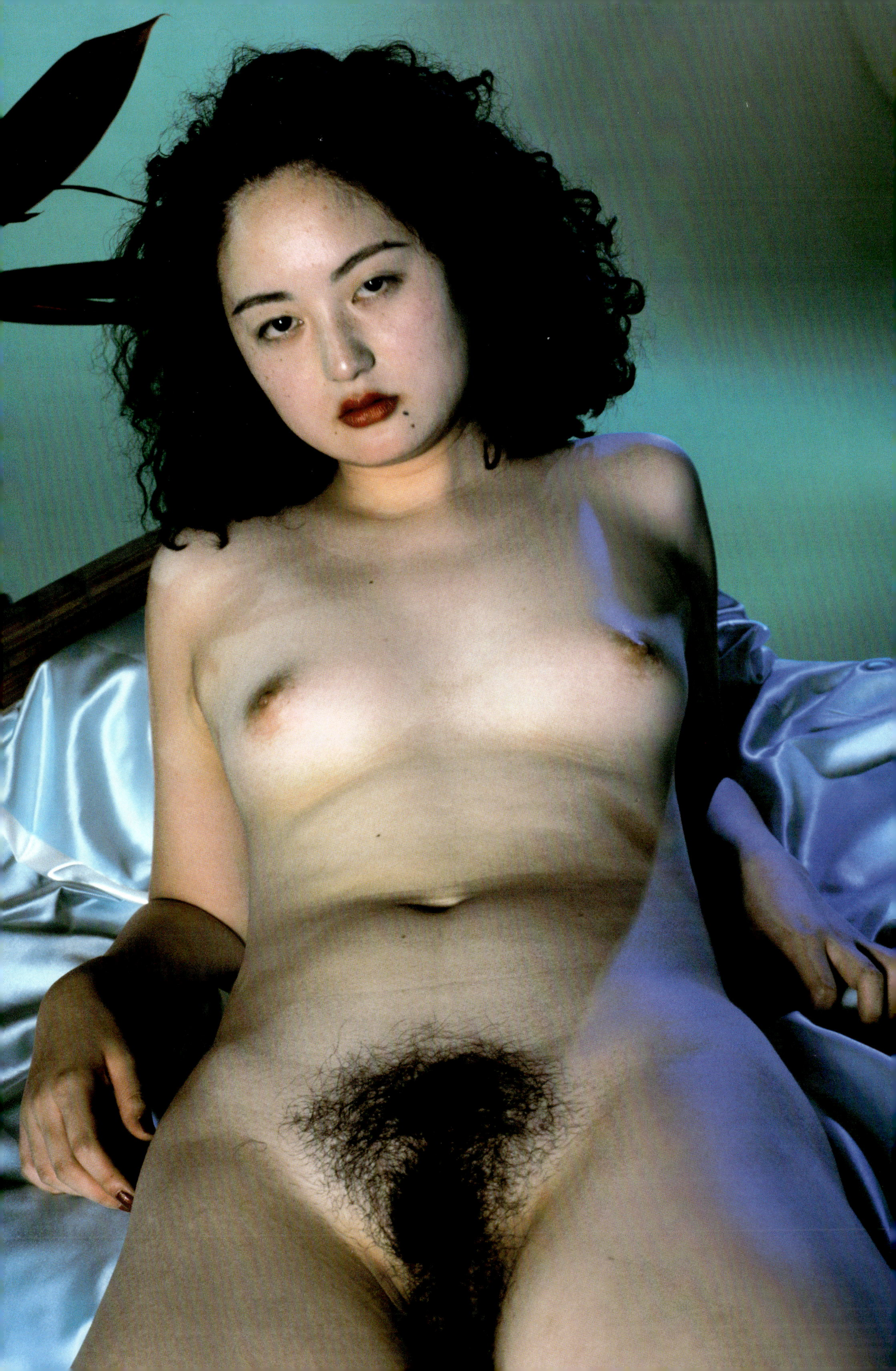

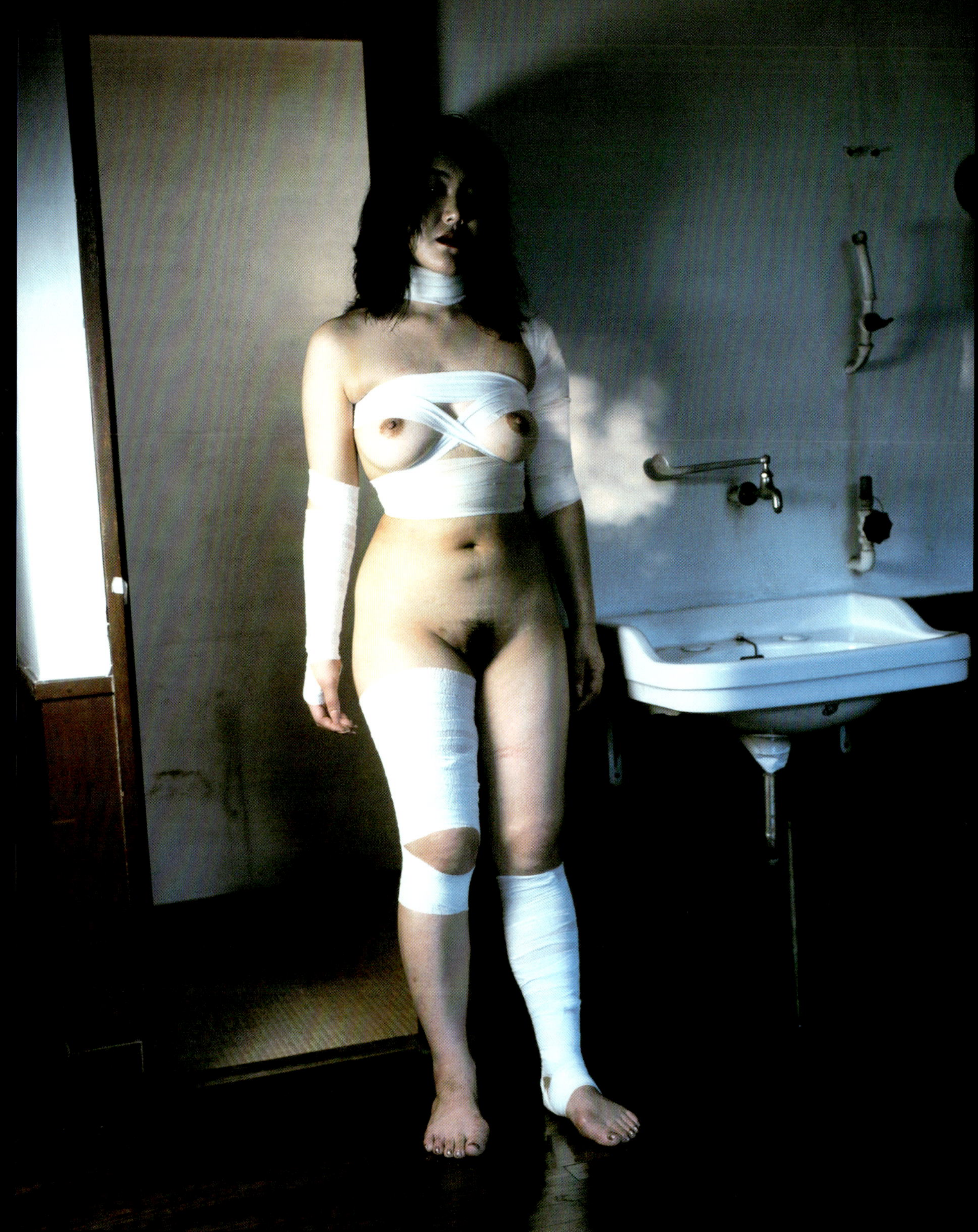

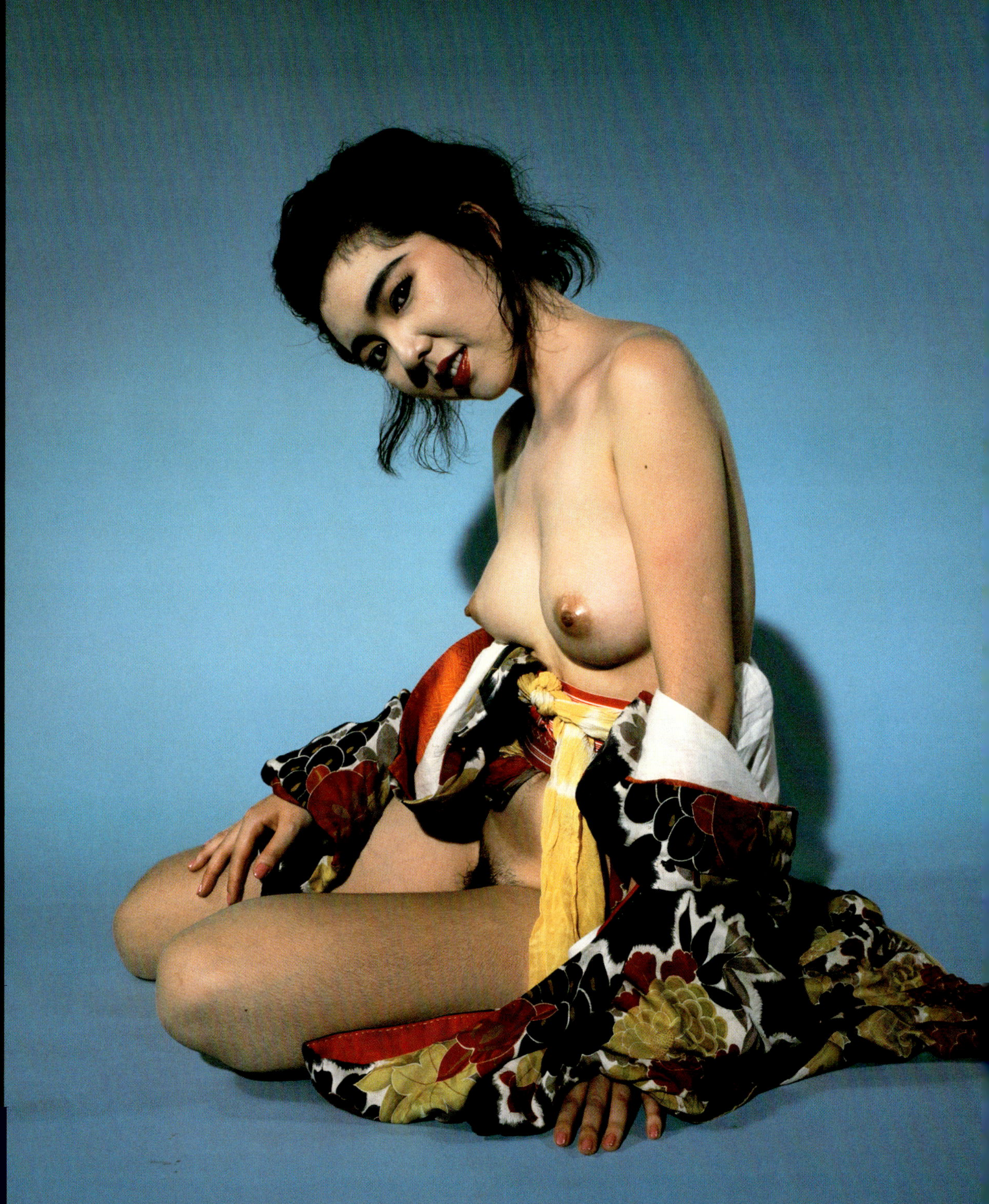

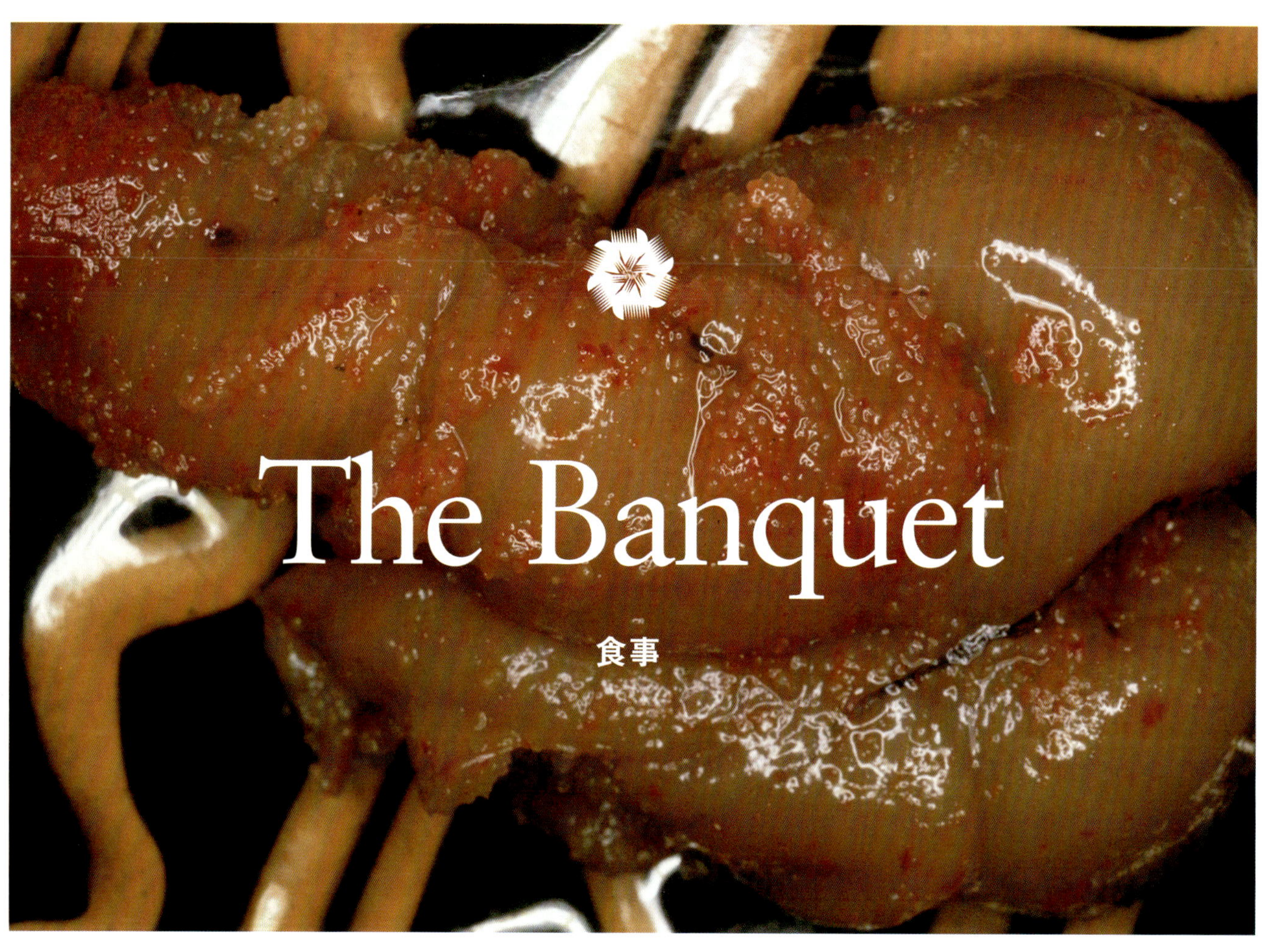

The Banquet

食事

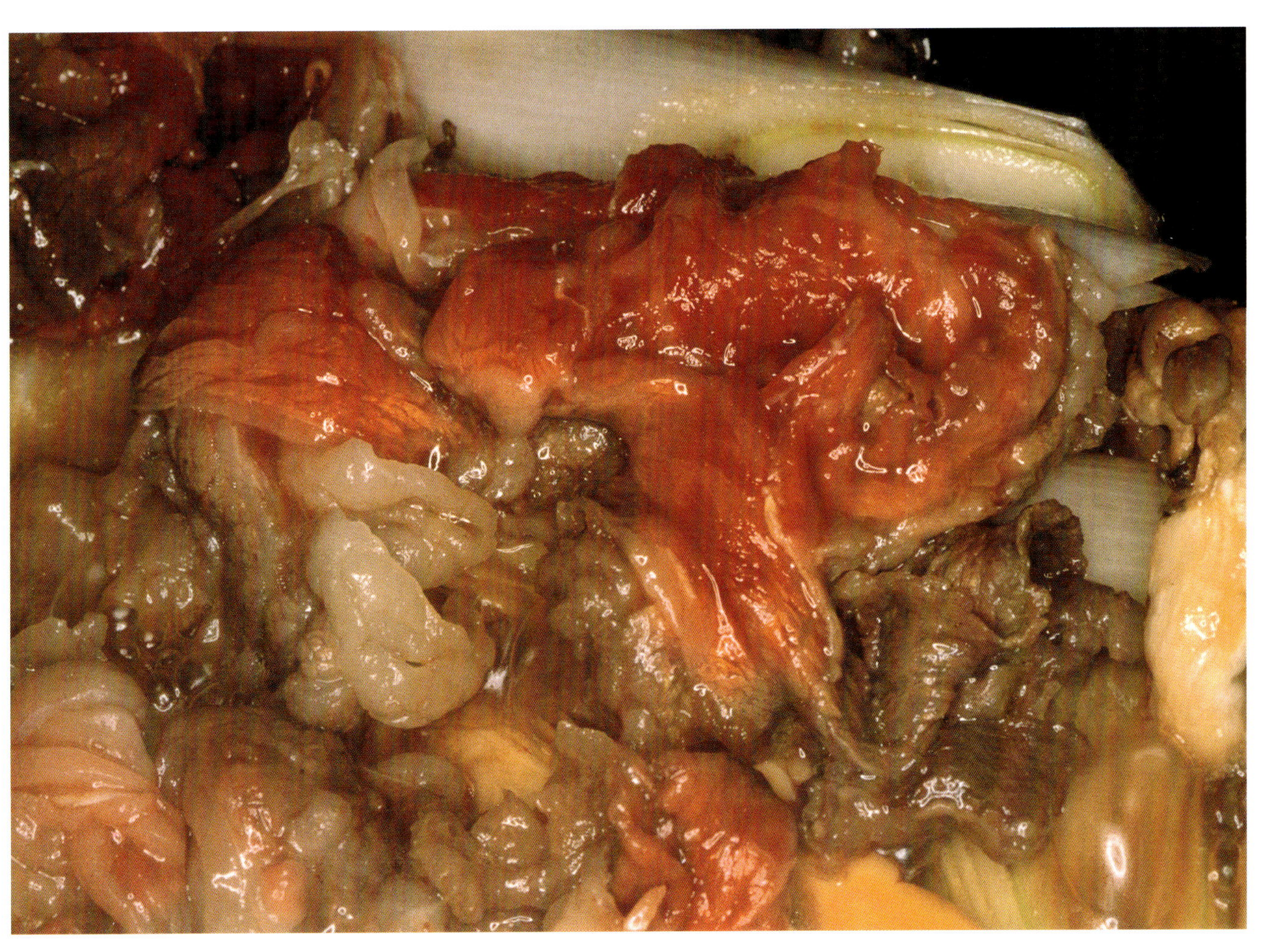

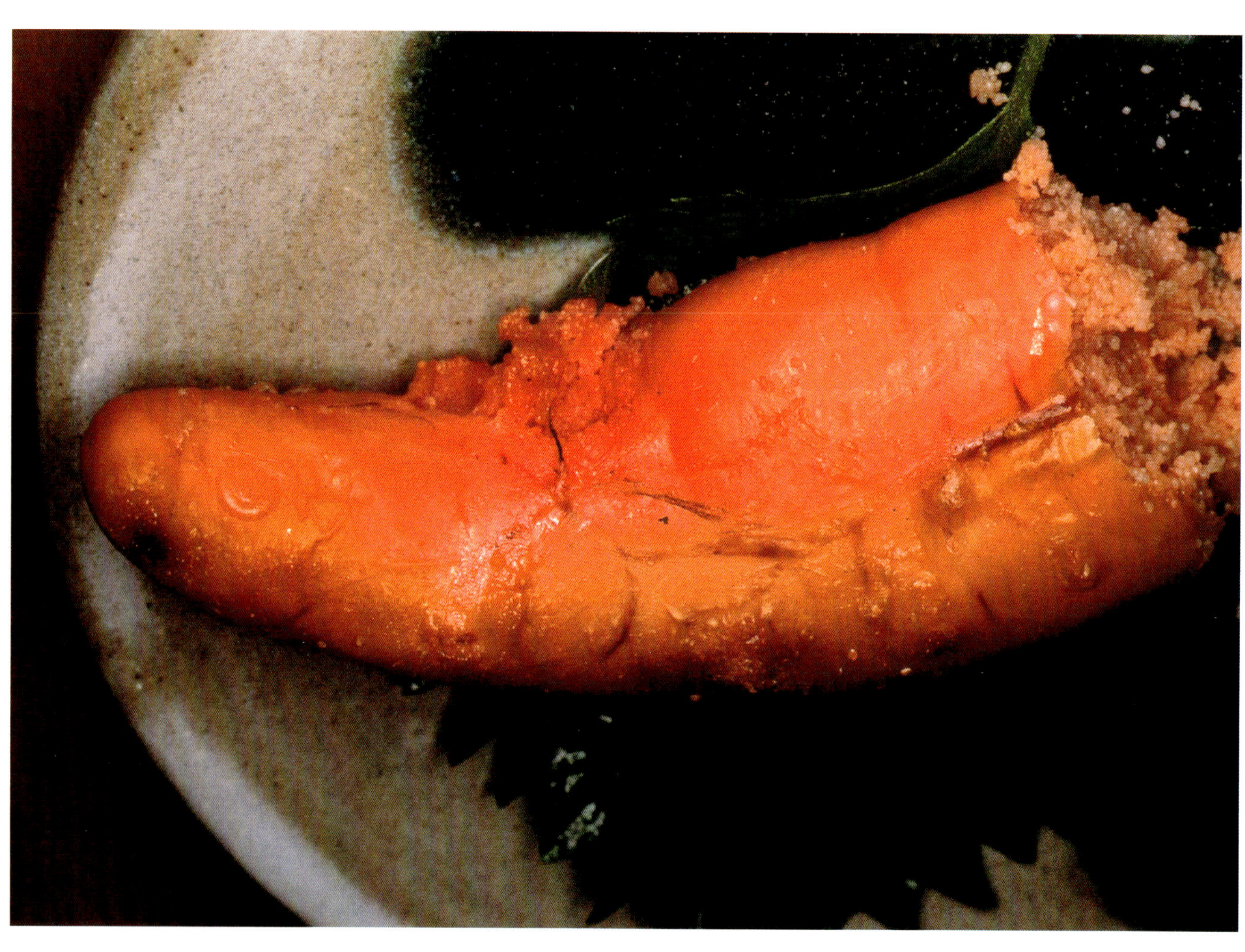

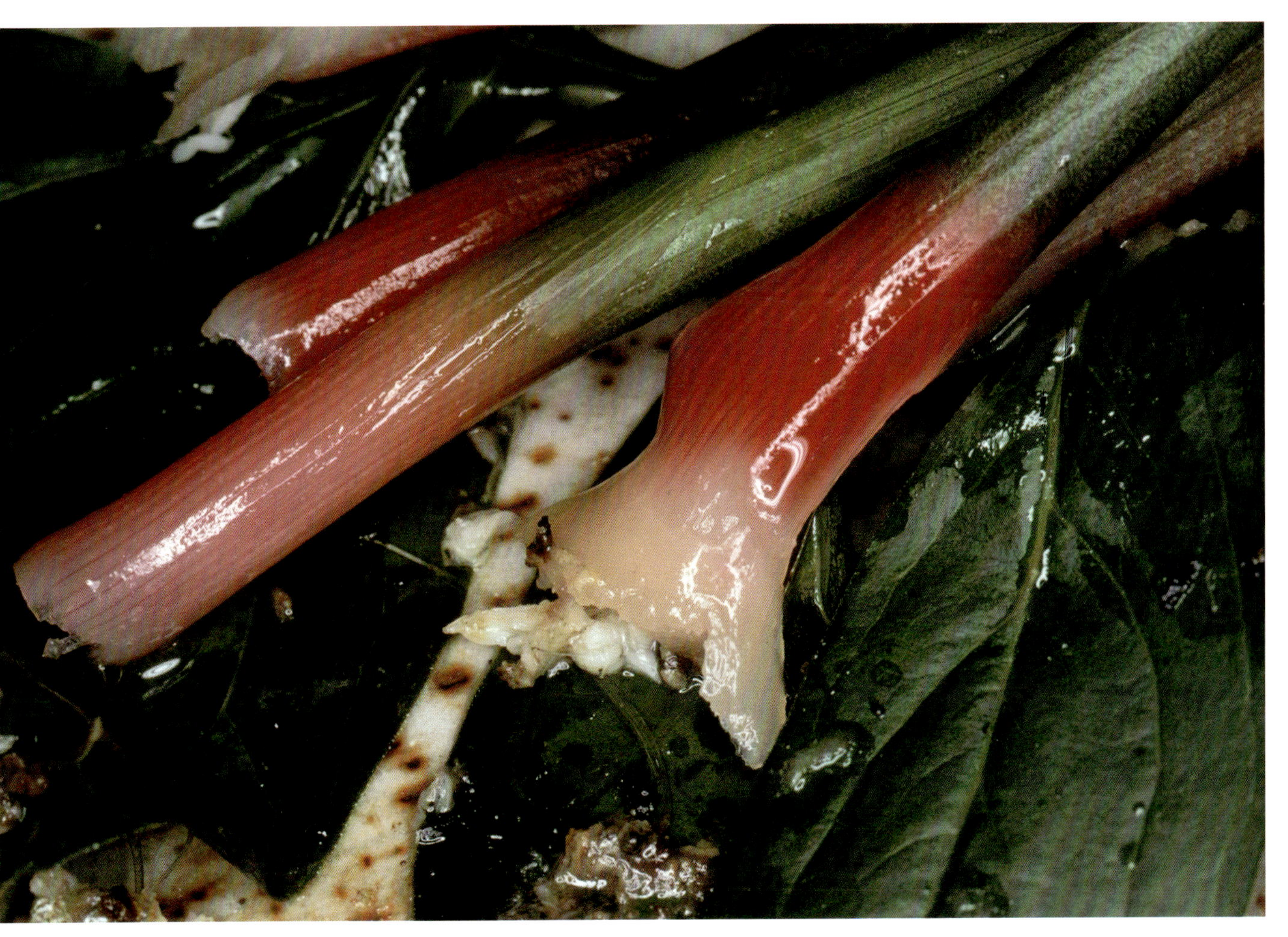

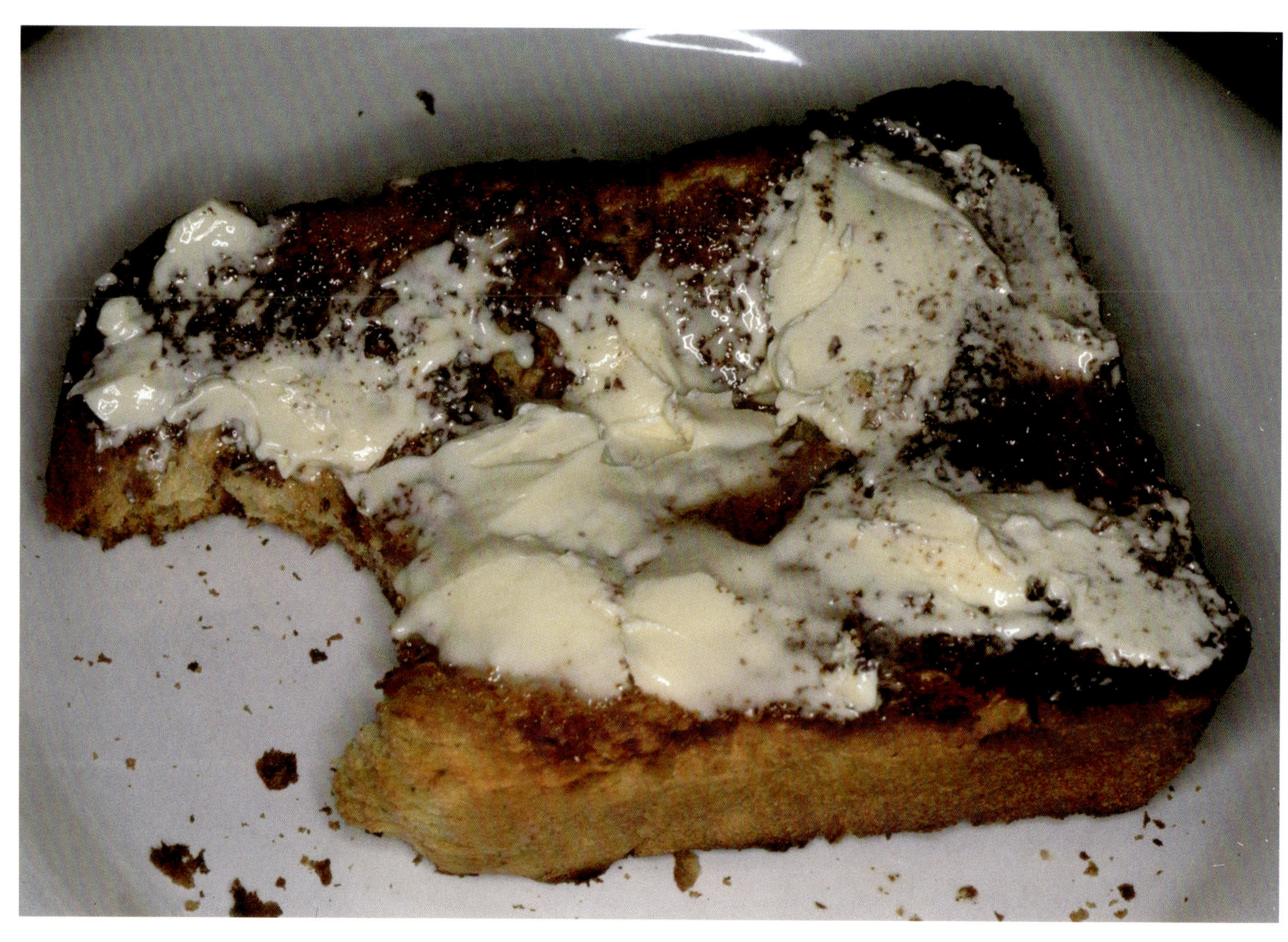

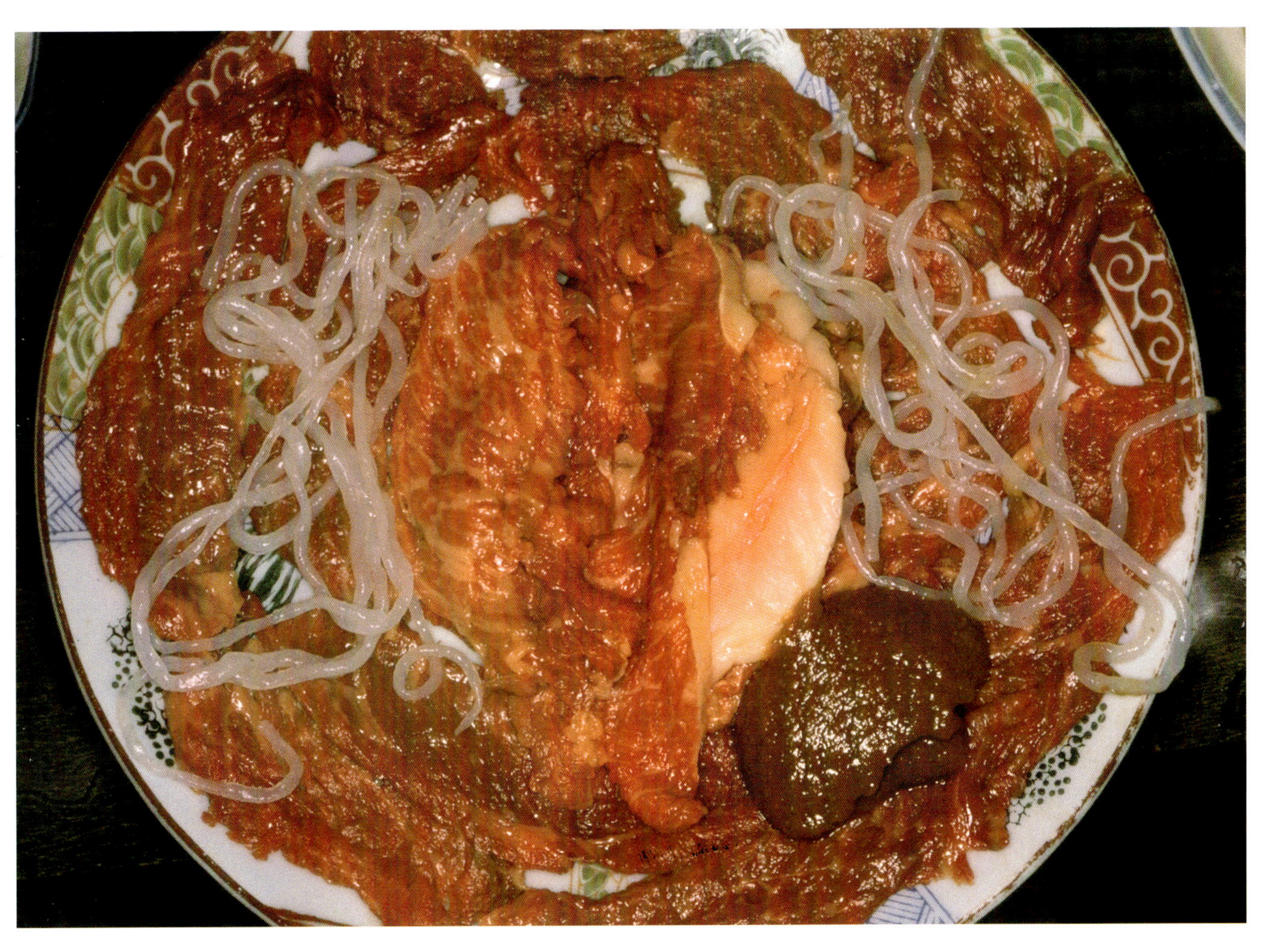

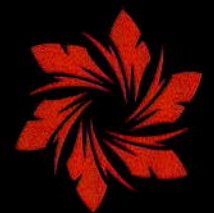

Shino

志乃

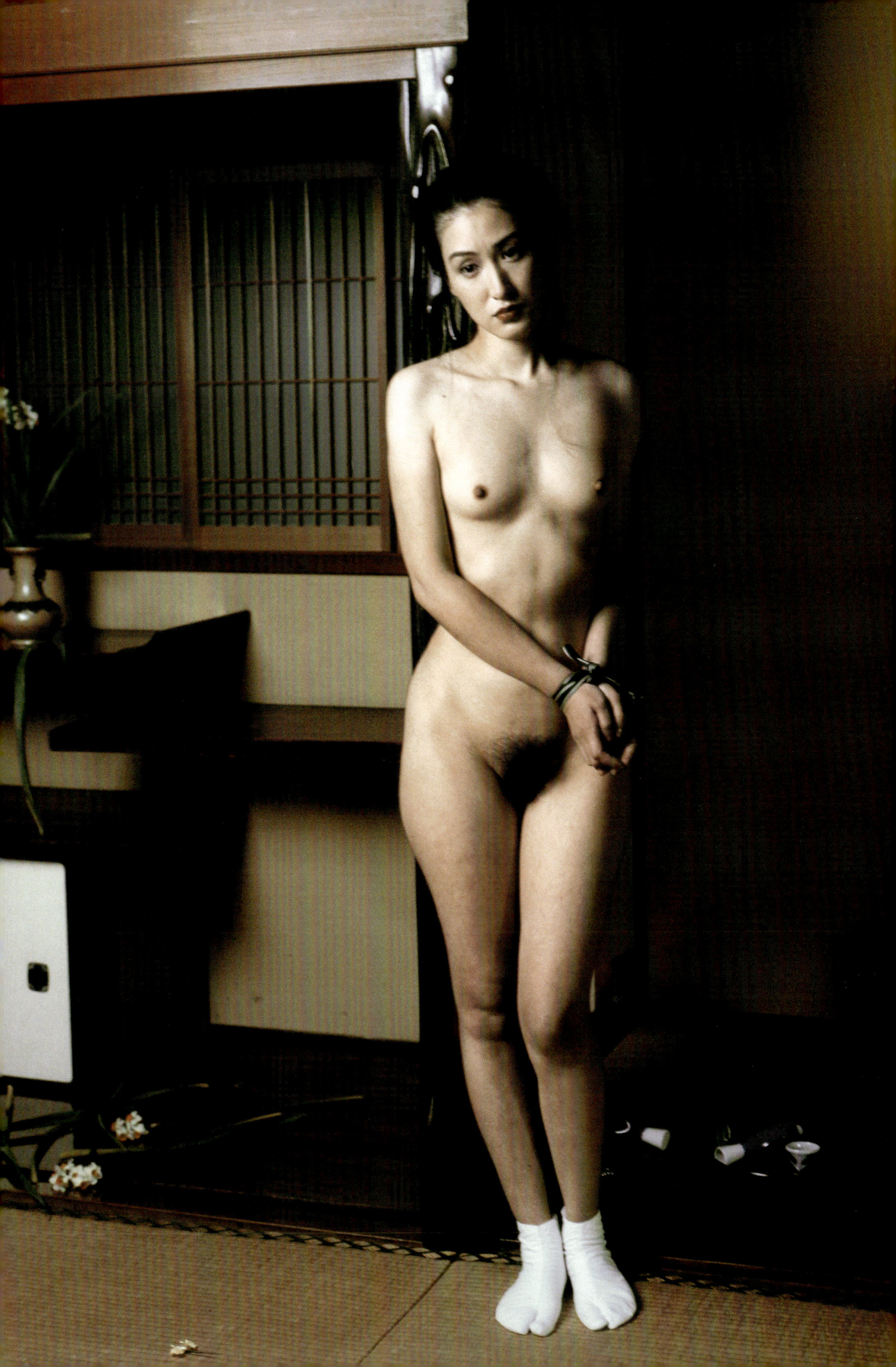

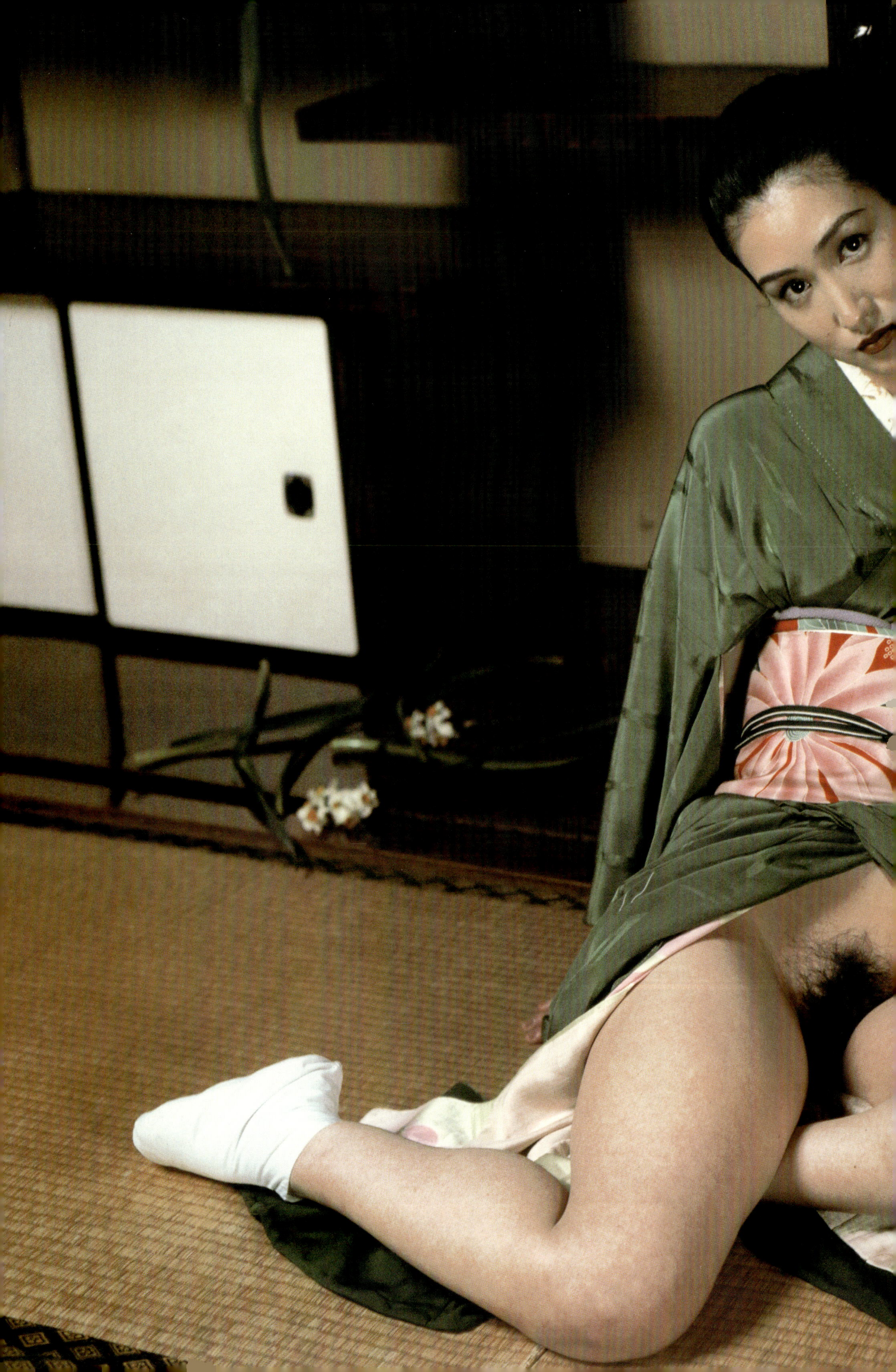

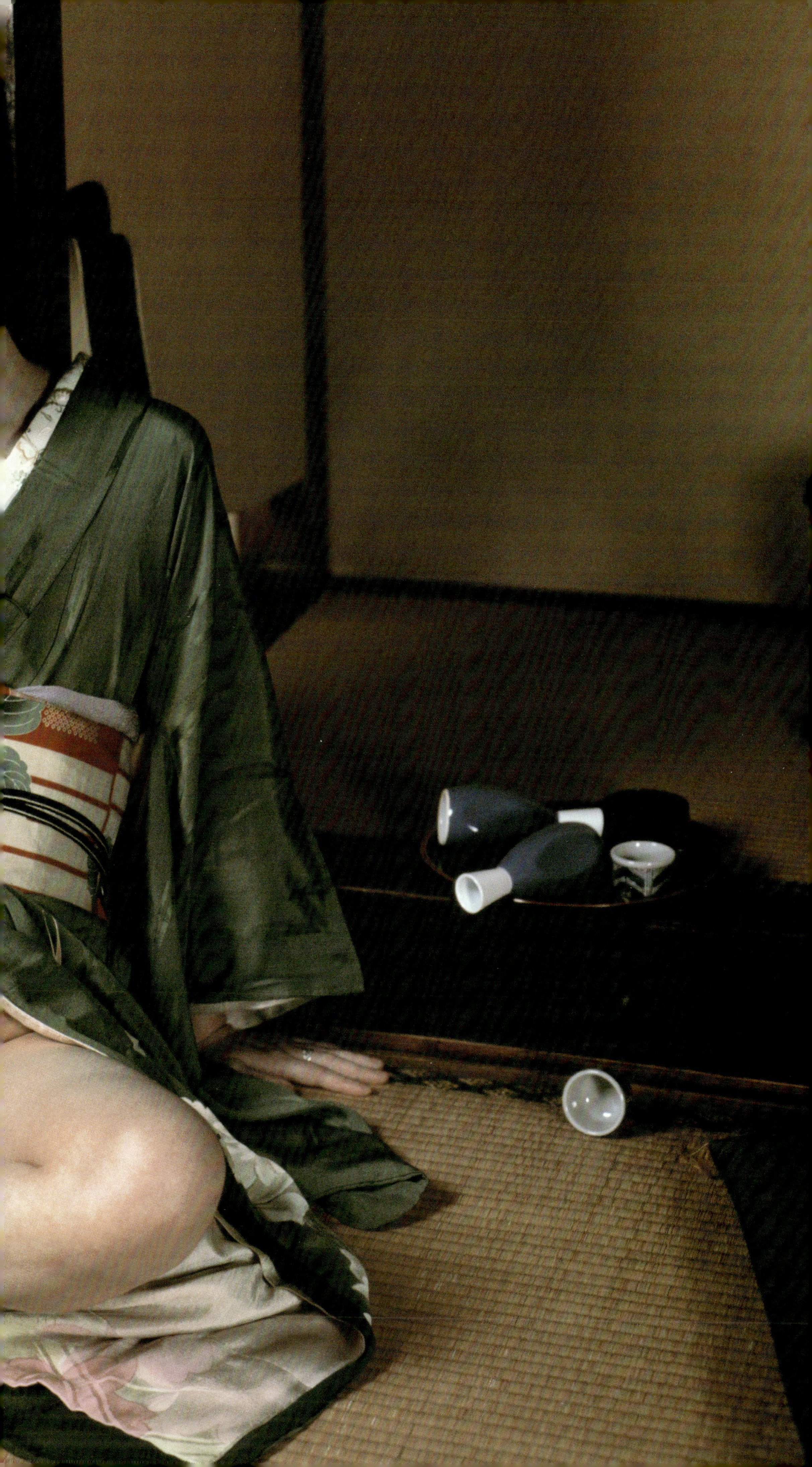

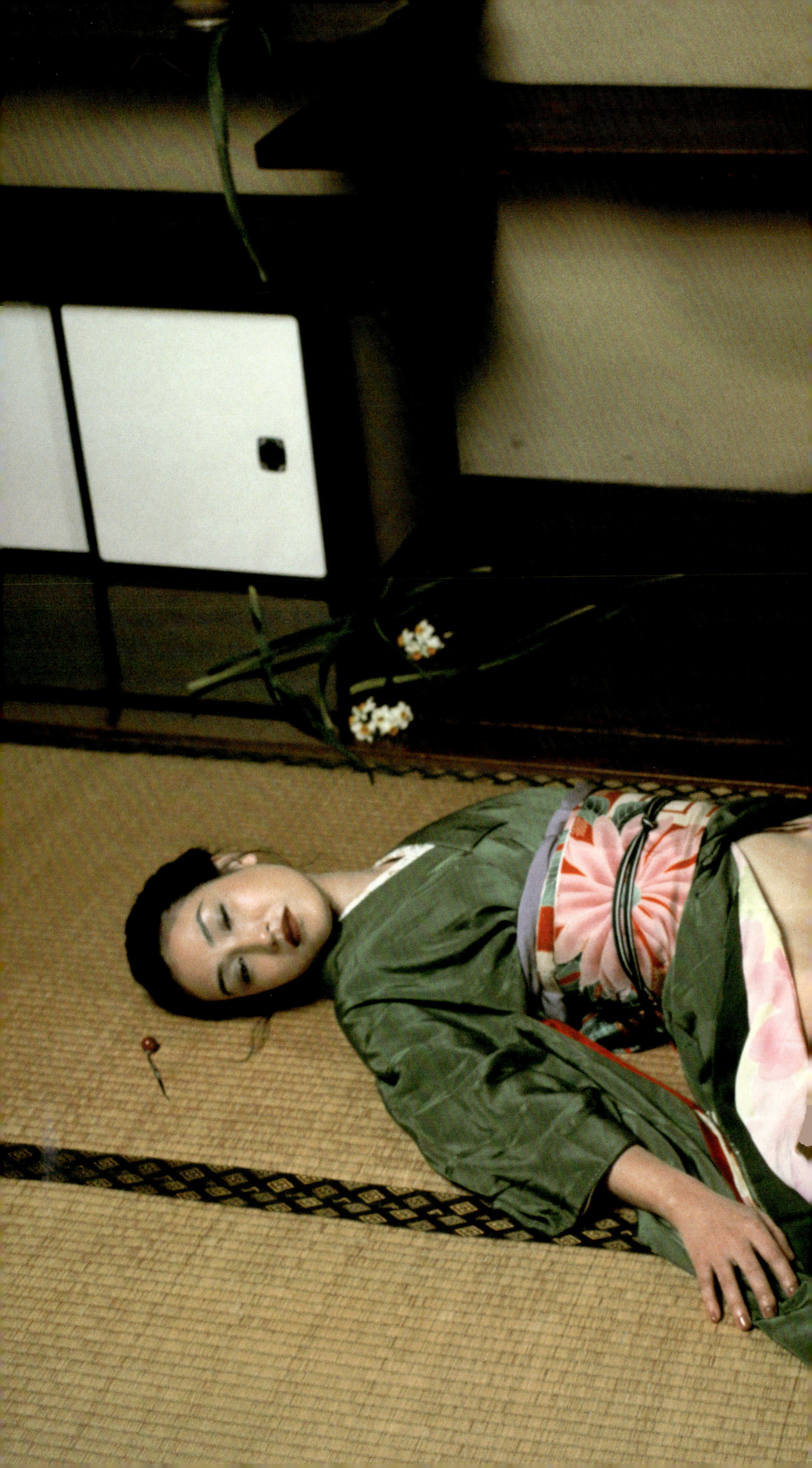

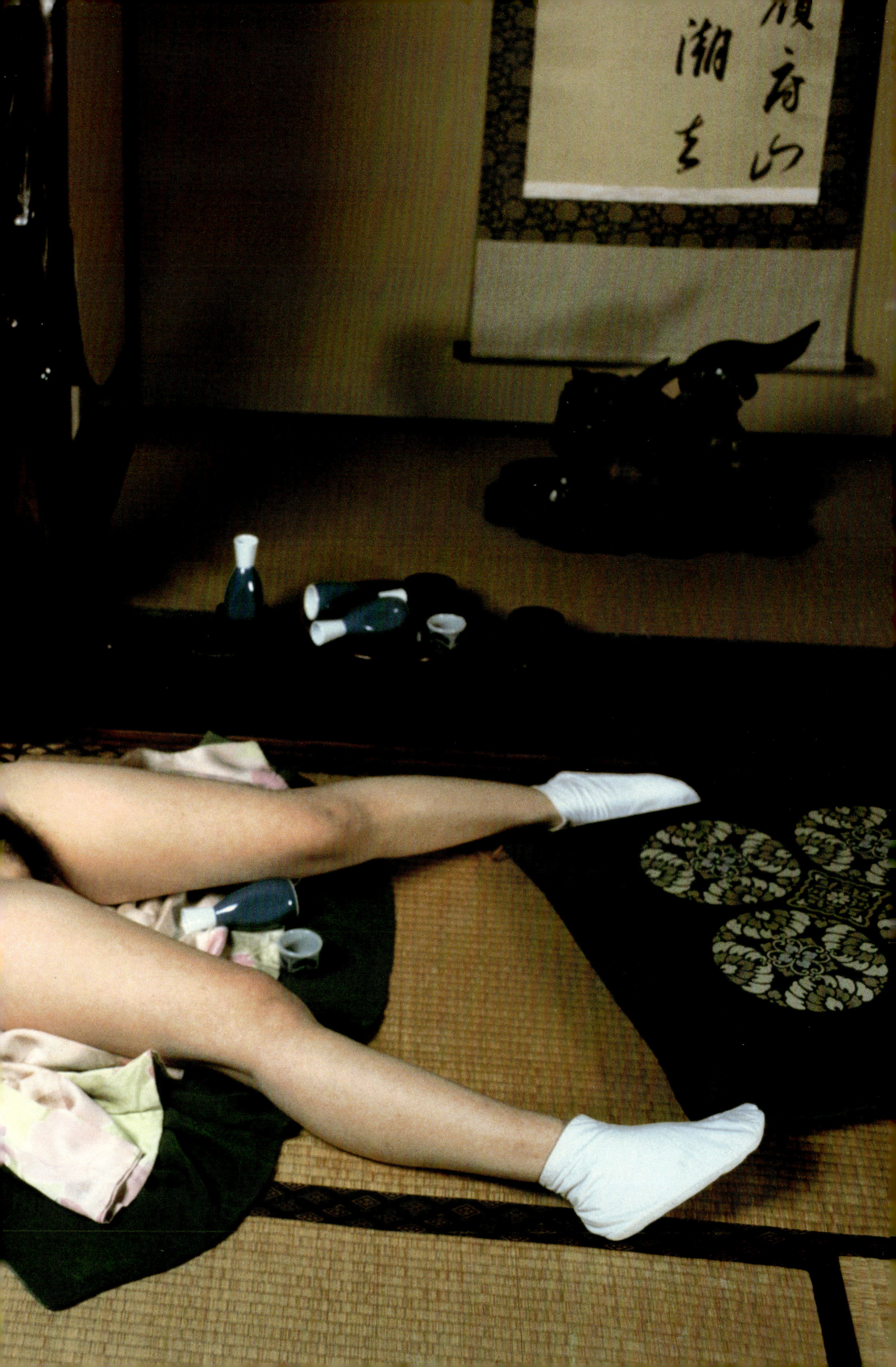

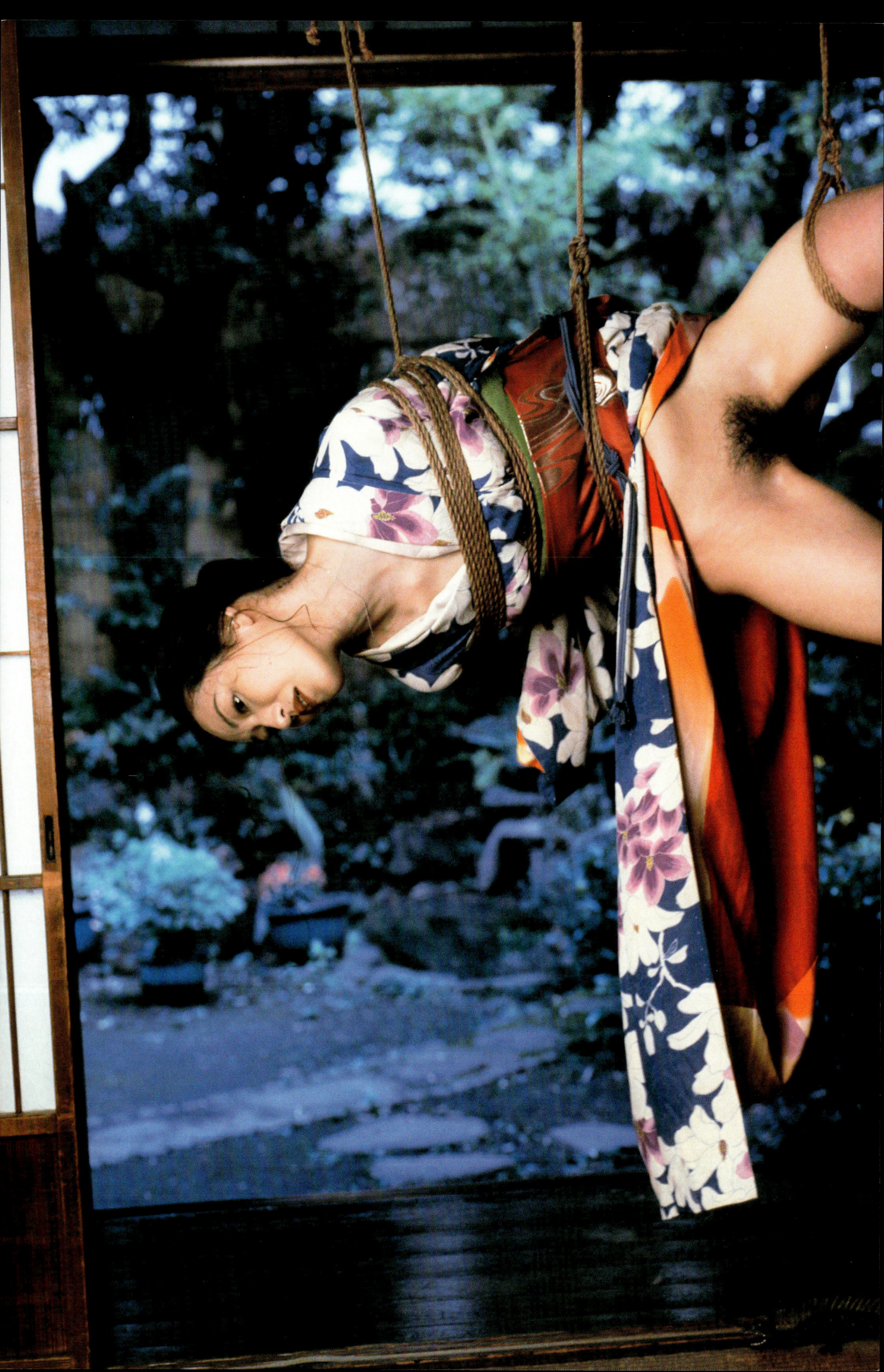

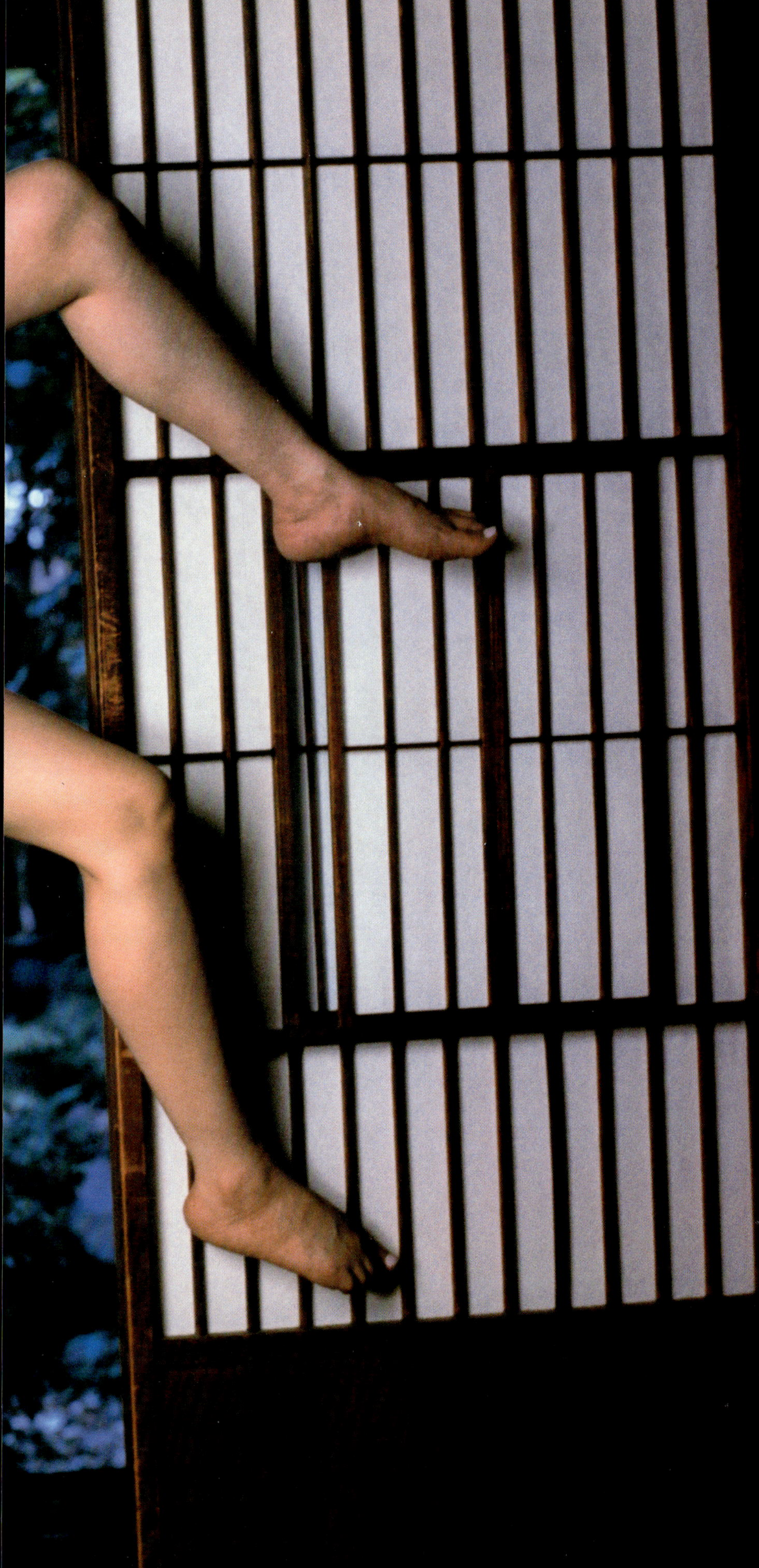

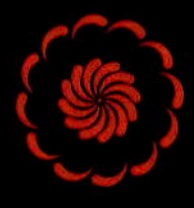

A’s Lovers

Aの愛人

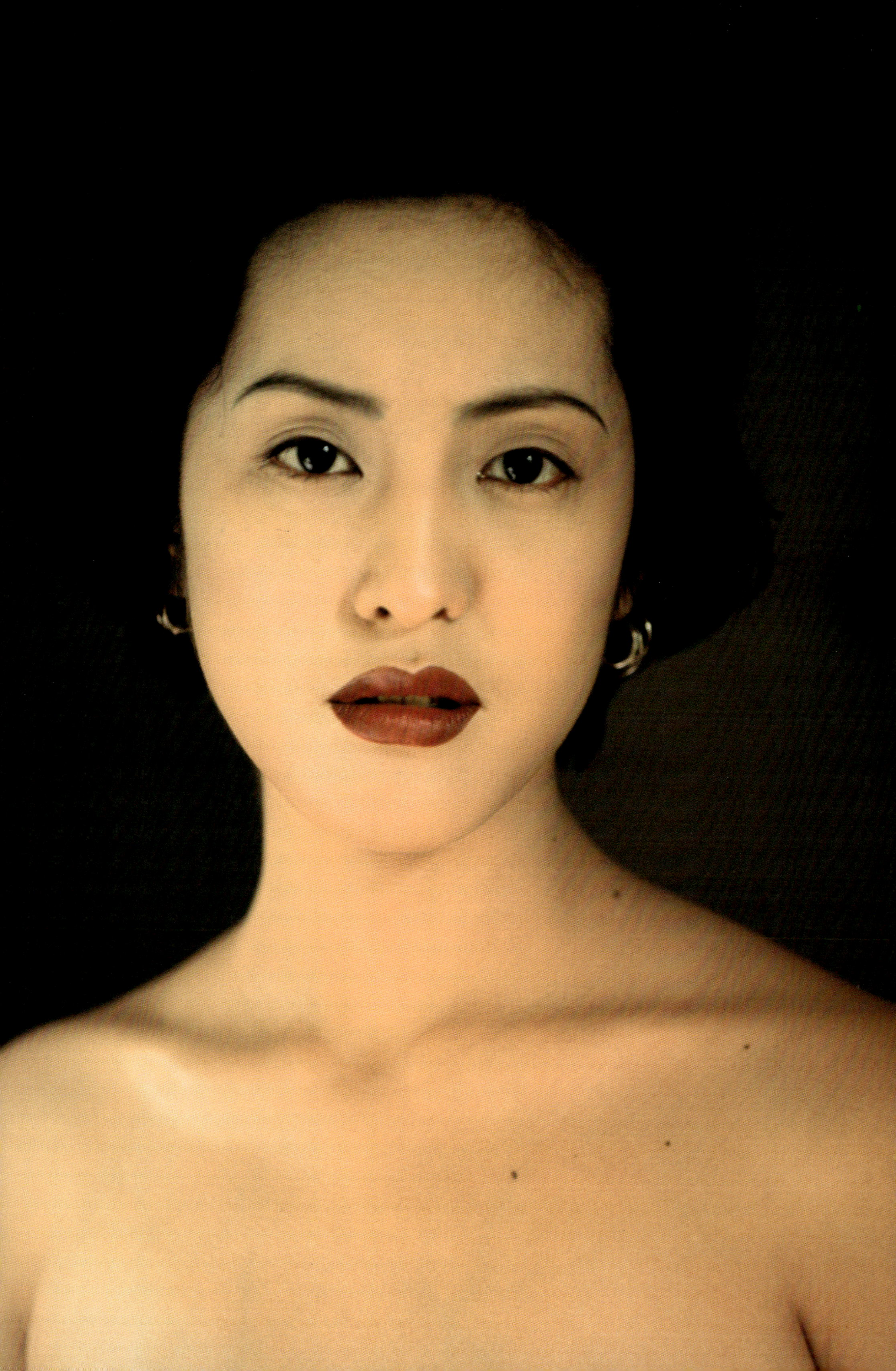

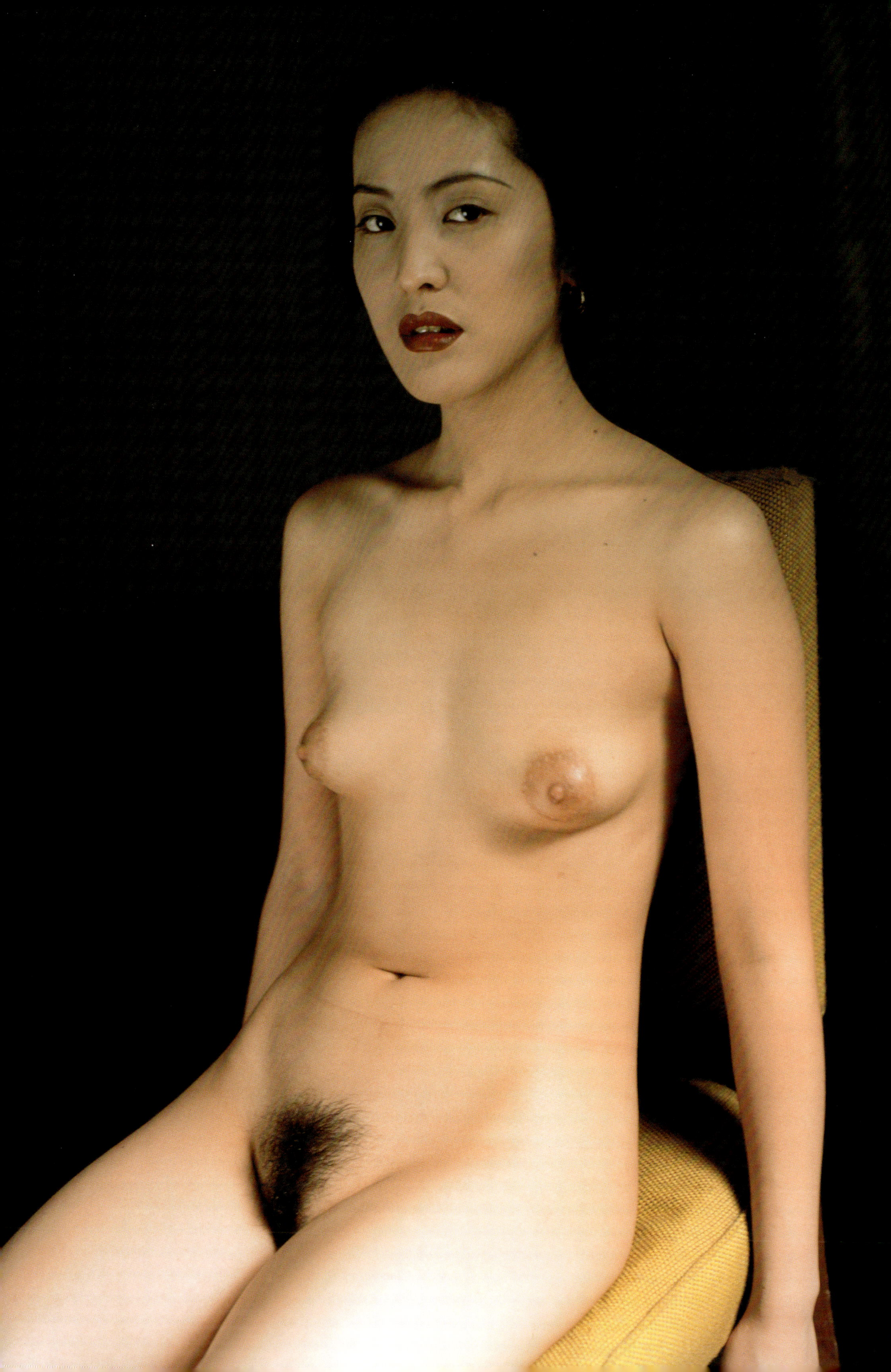

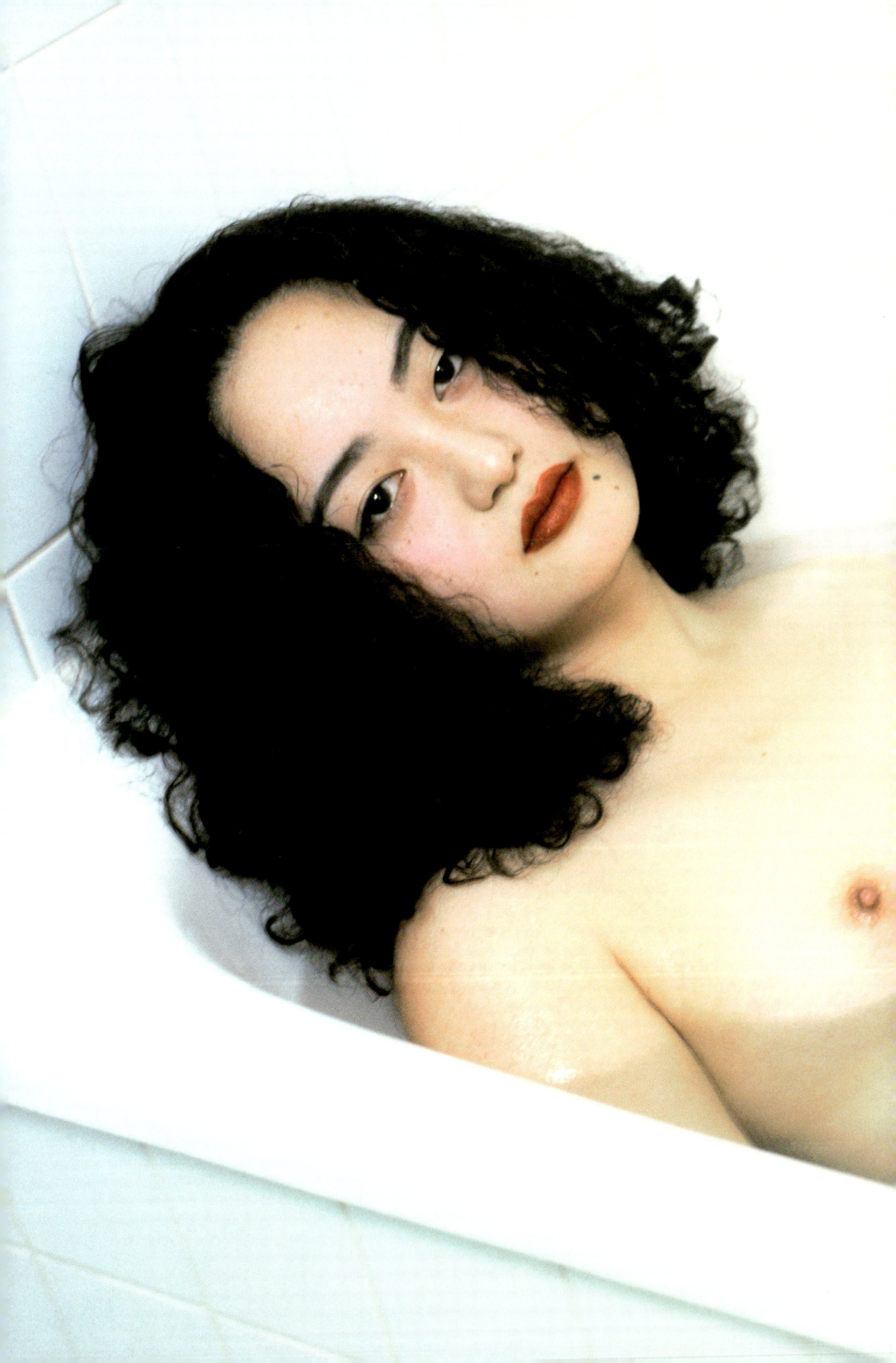

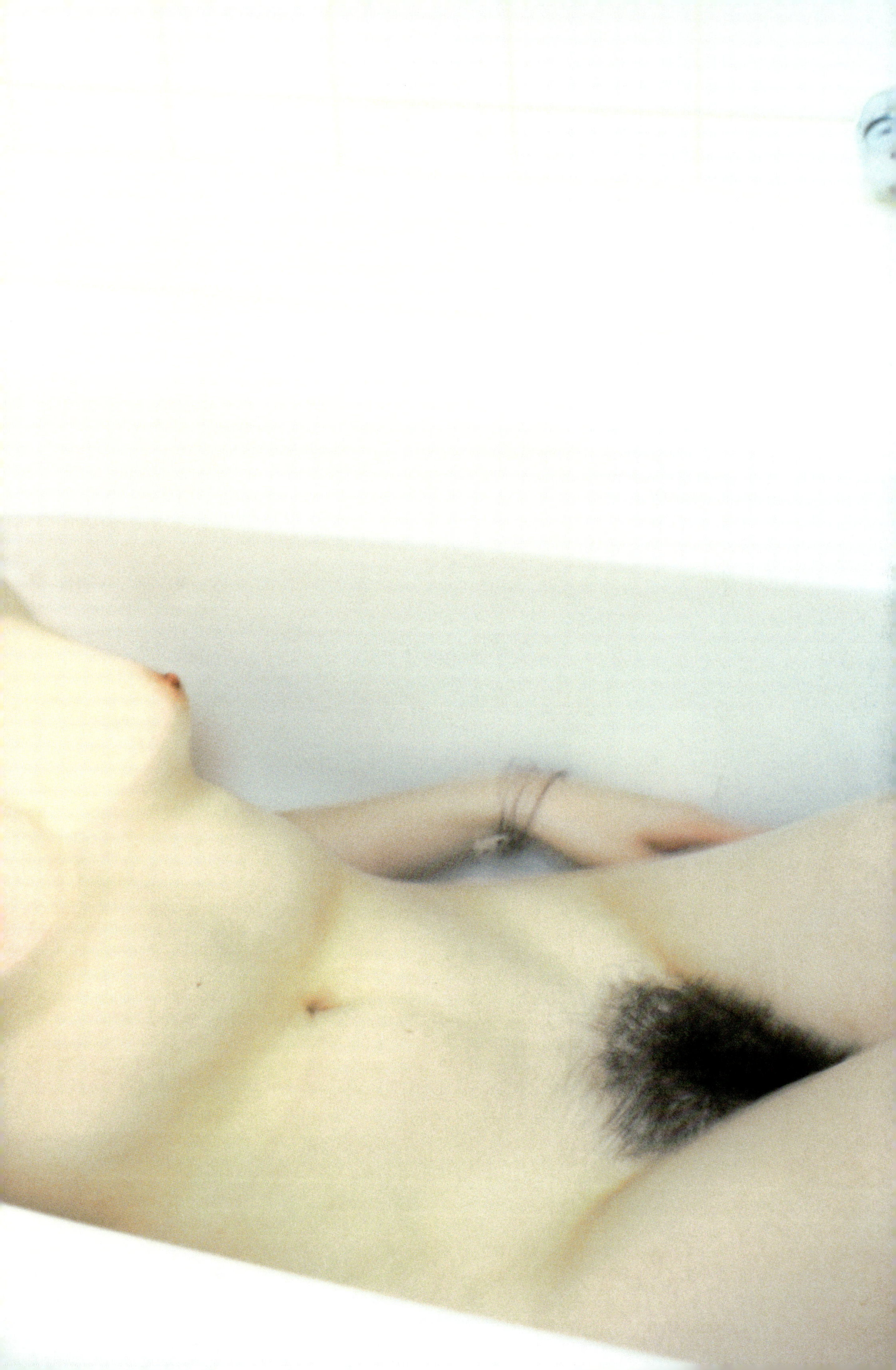

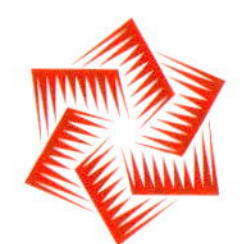

Photo-Maniac Big Diary

写狂人大日記

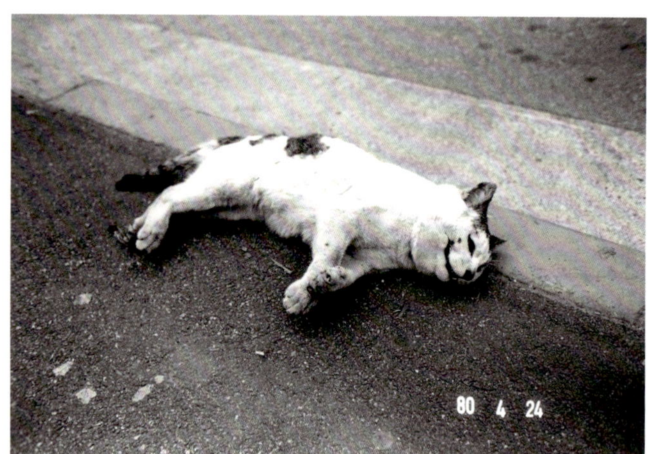

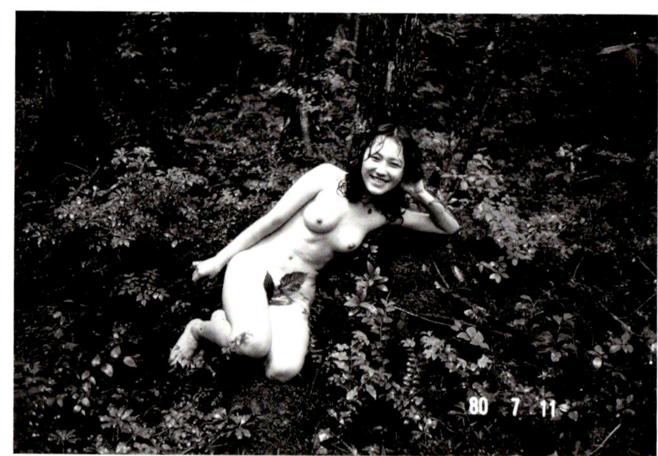

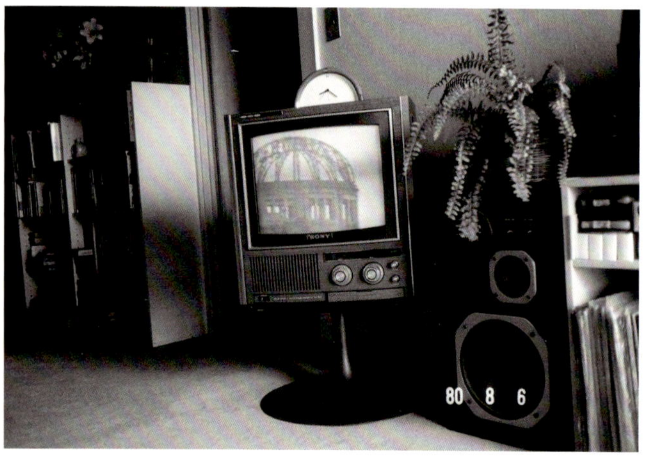

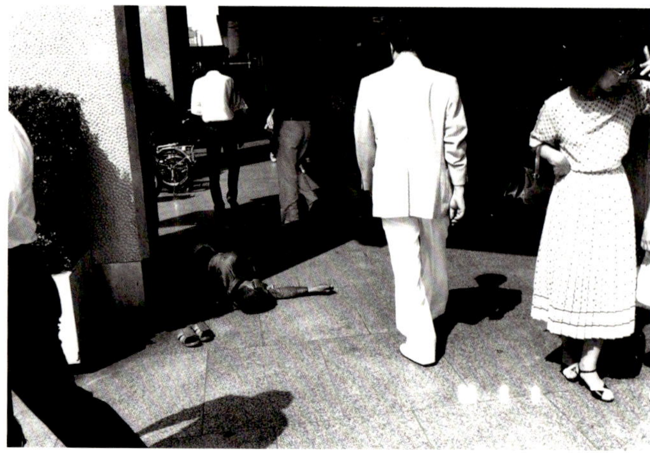

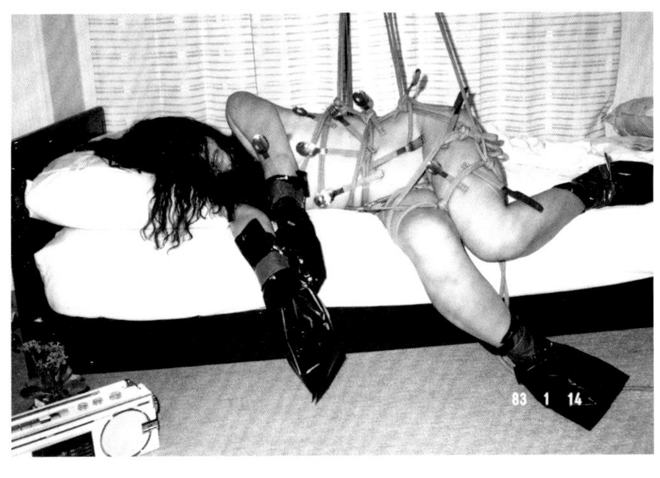
83 1 14

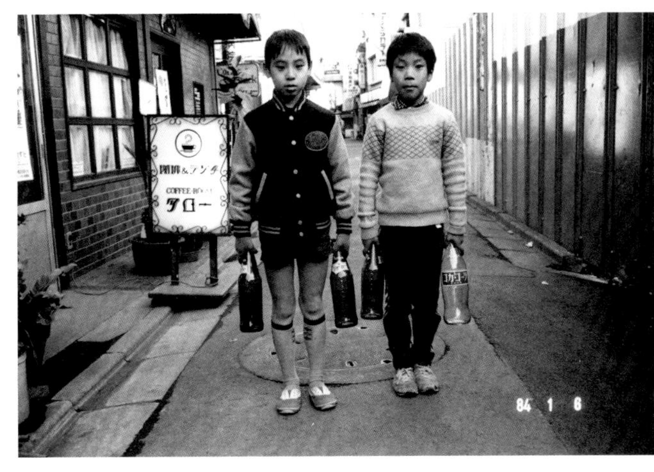
84 1 6

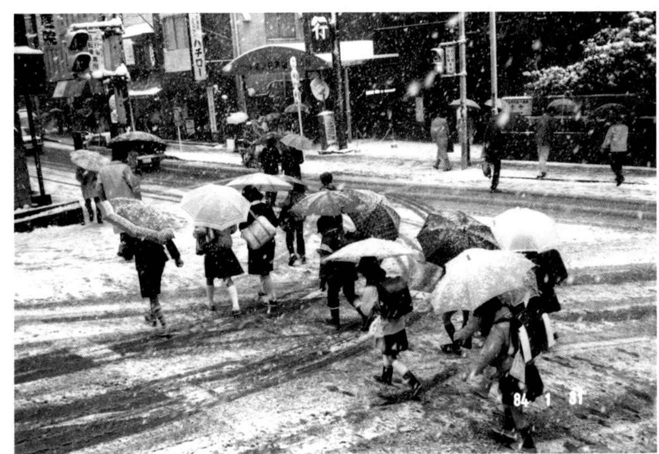
84 1 31

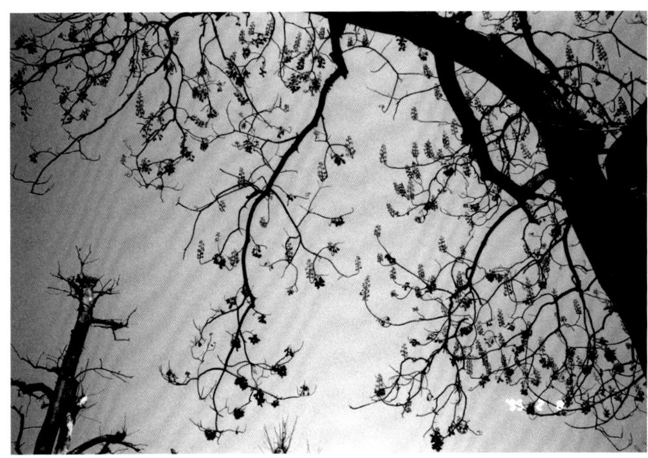

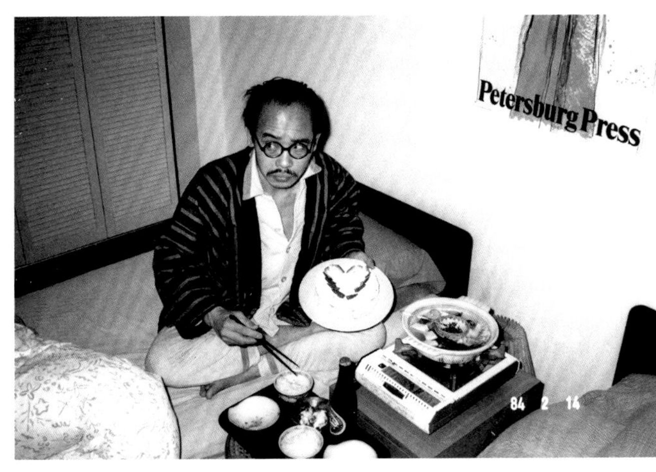
Petersburg Press
84 2 14

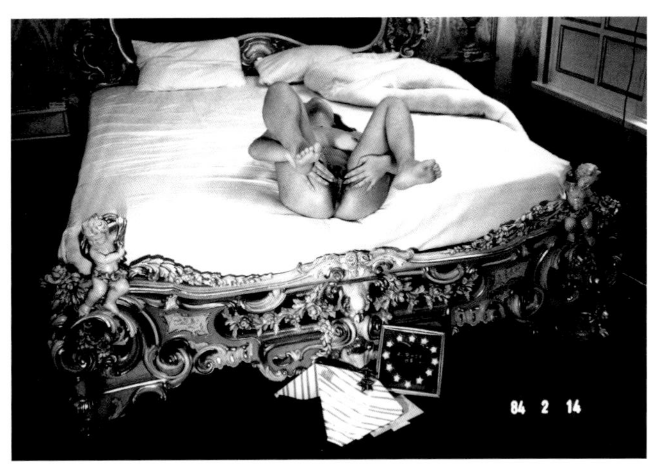
84 2 14

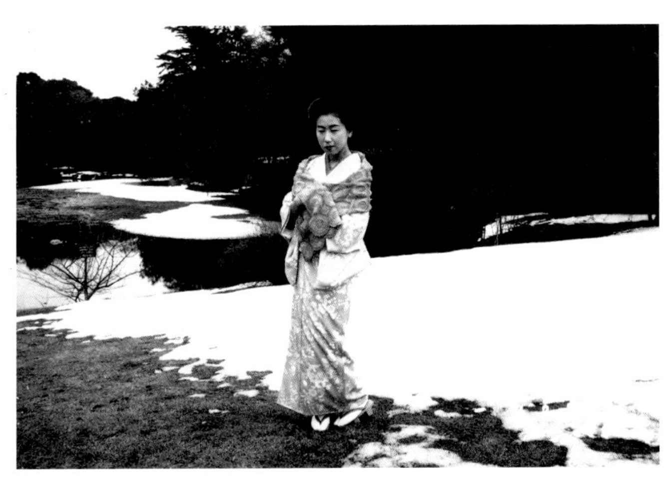

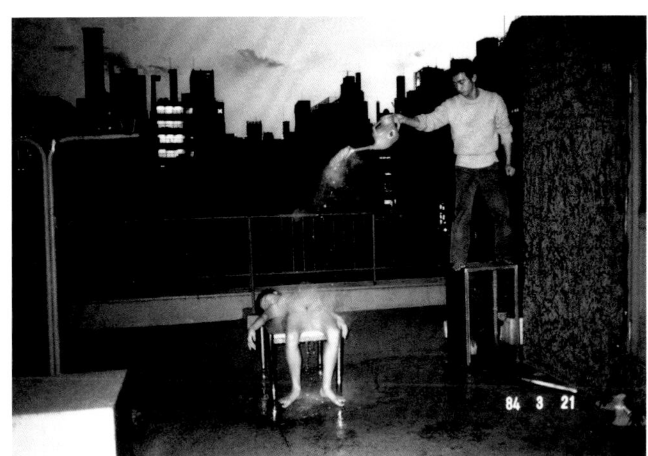
84 3 21

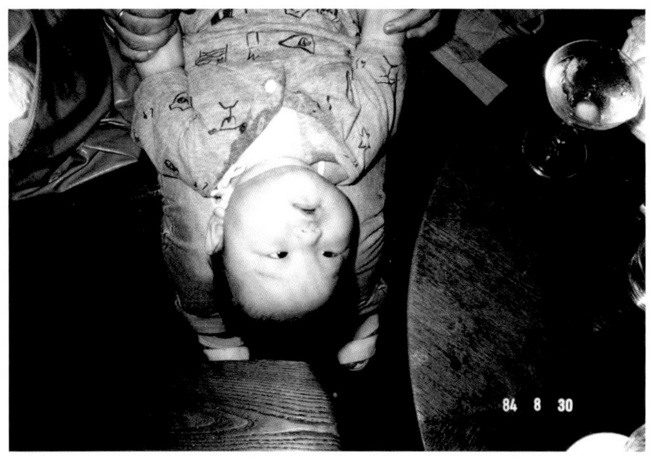
84 8 30

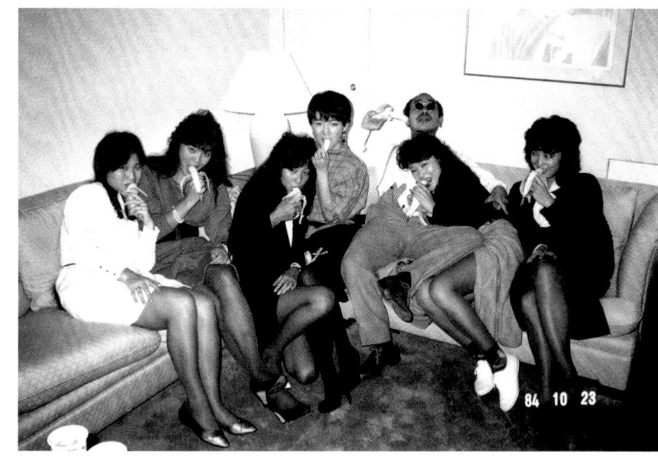
84 10 23

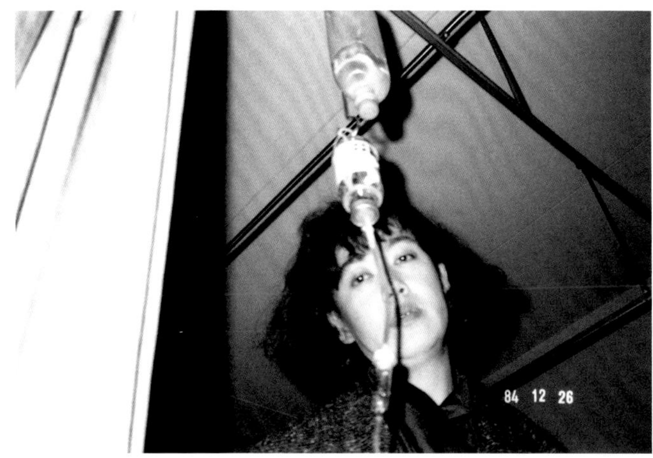
84 12 26

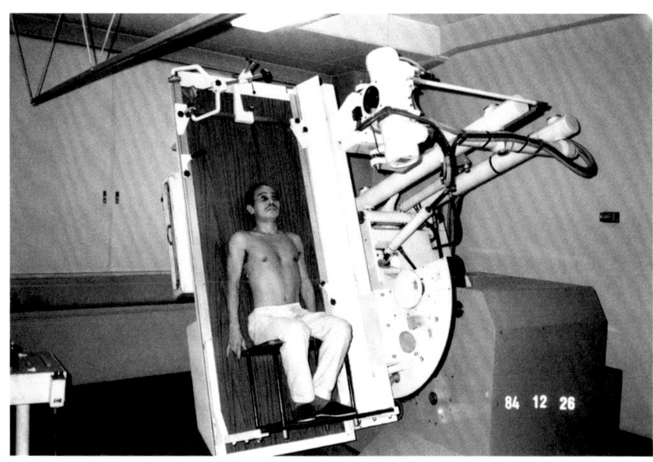
84 12 26

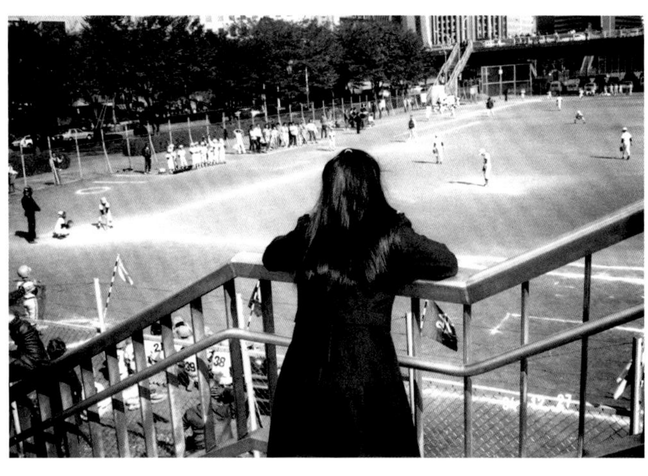

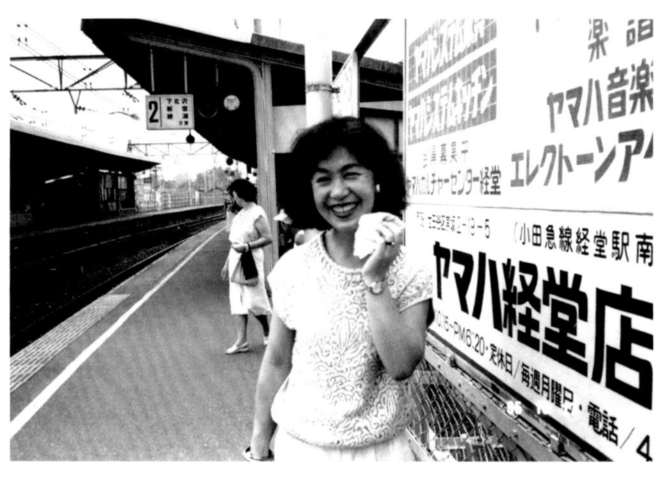
ヤマハ音楽
エレクトーンア
ヤマハカルチャーセンター経堂
(小田急線経堂駅南
ヤマハ経堂店
定休日/毎週月曜日・電話/4

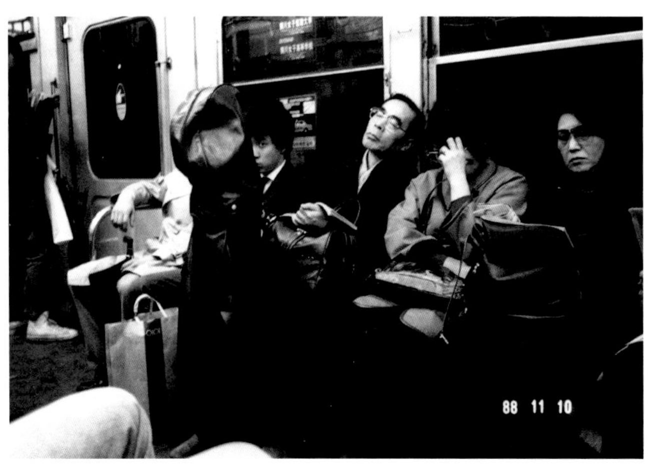
88 11 10

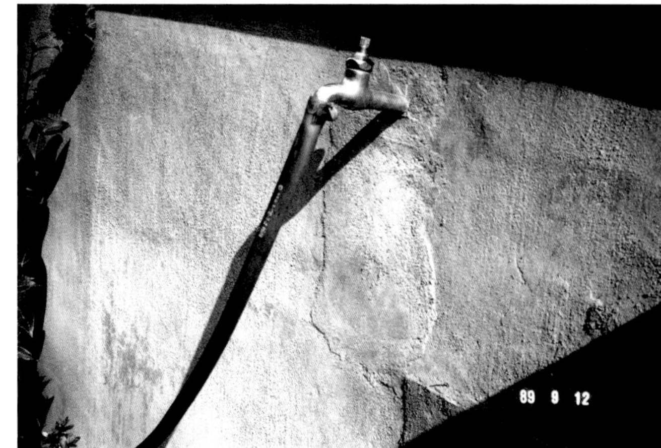
89 9 12

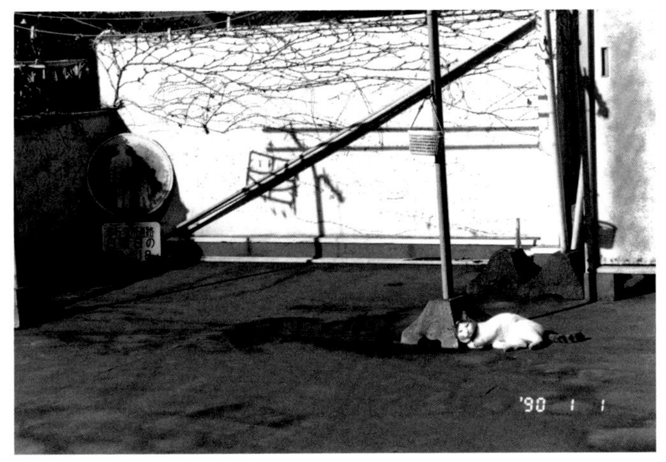
'90 1 1

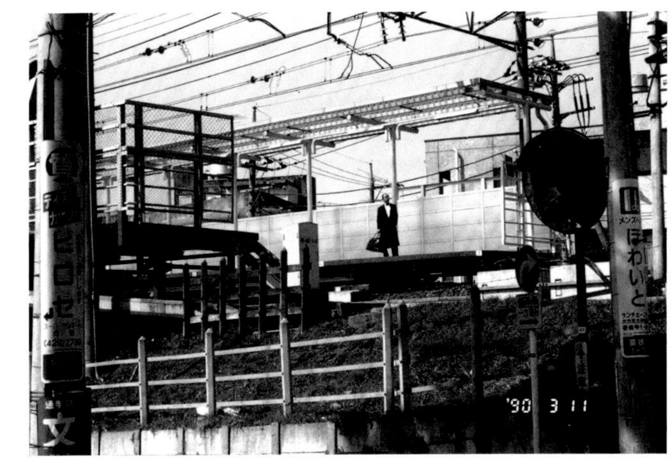
'90 3 11

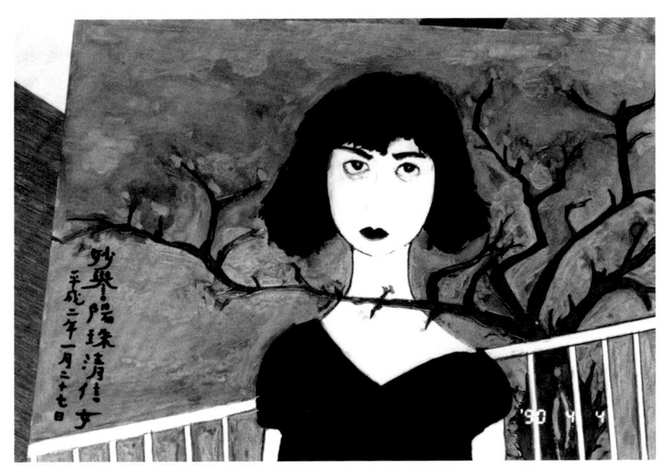

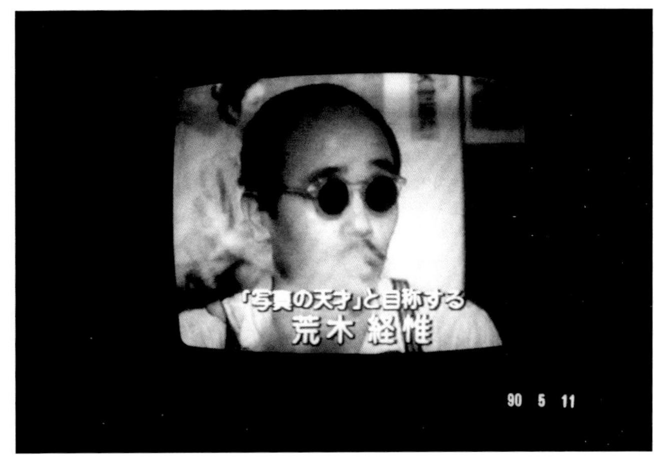
「写真の天才」と自称する
荒木経惟
90 5 11

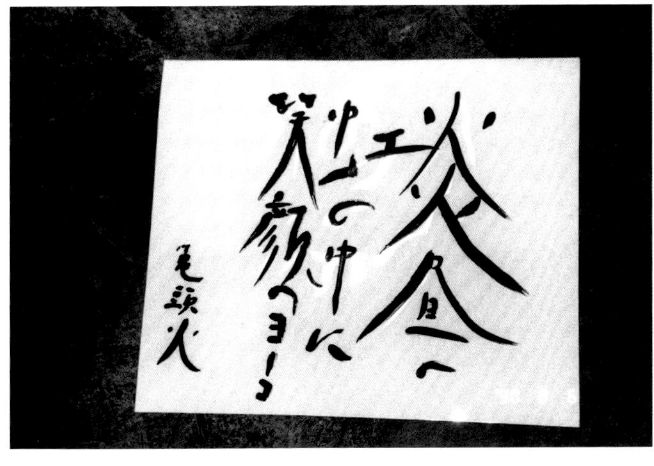

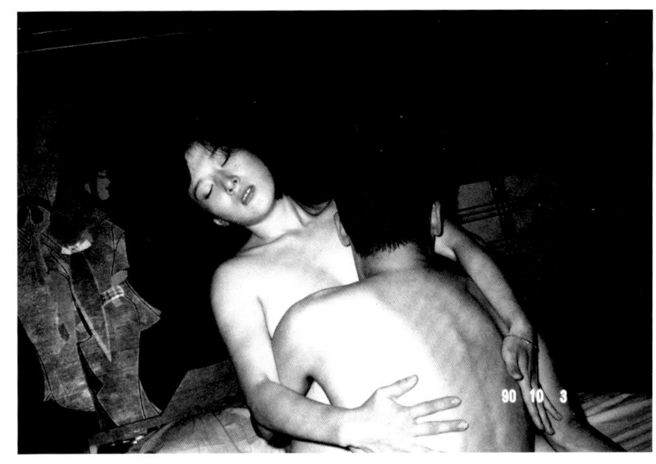
90 10 3

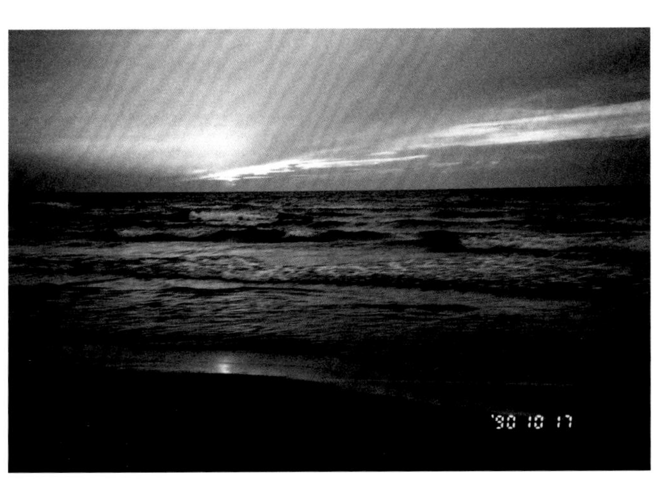
'90 10 17

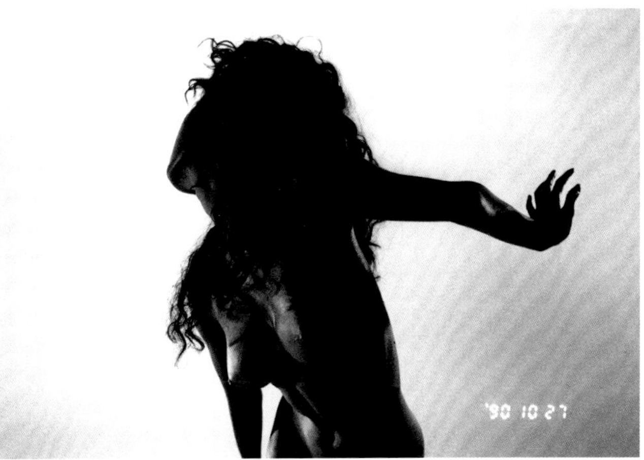
'90 10 27

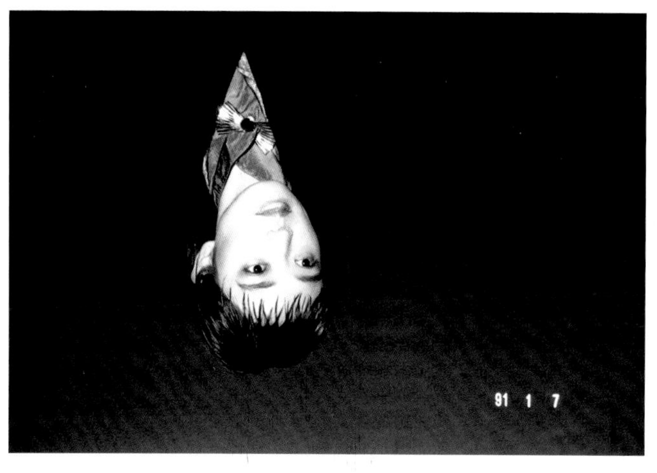
91 1 7

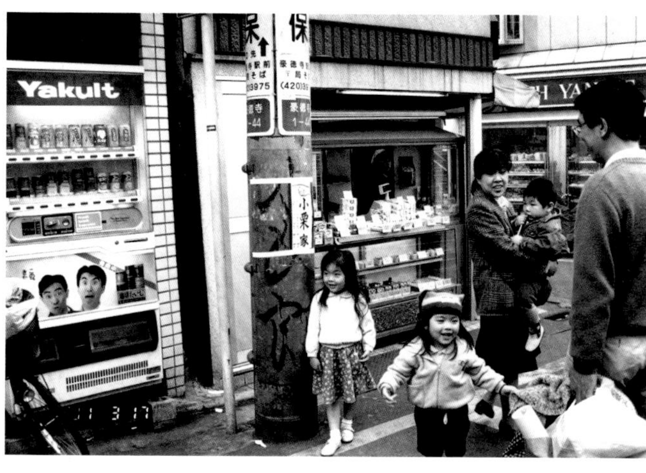
Yakult

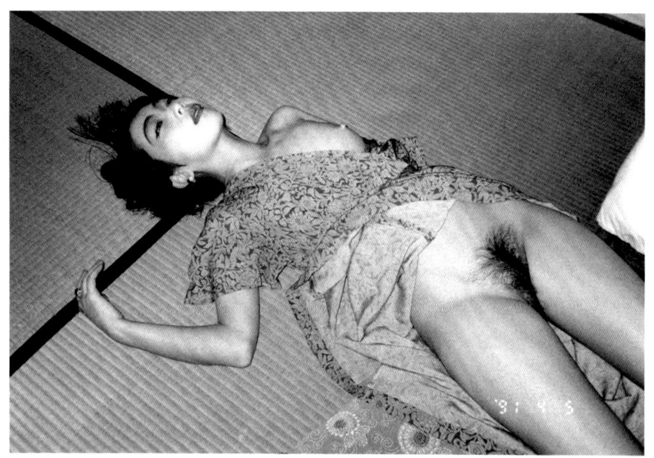
'91 4 5

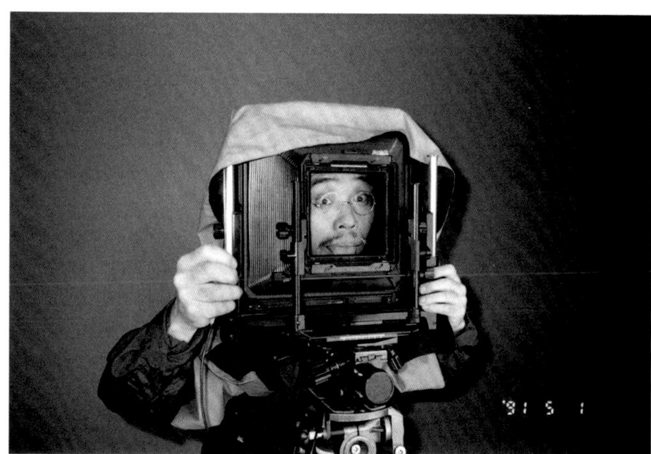
'91 5 1

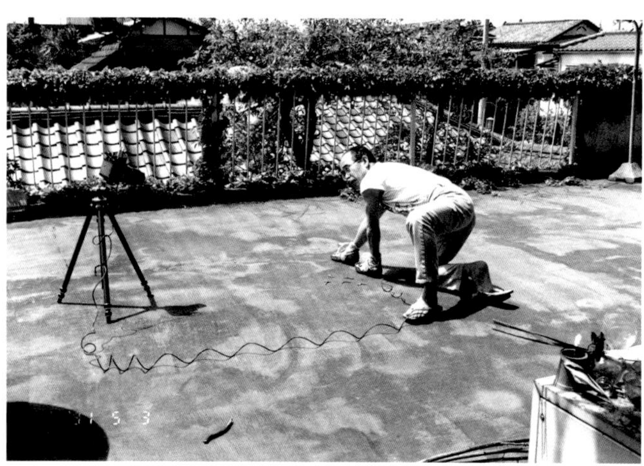

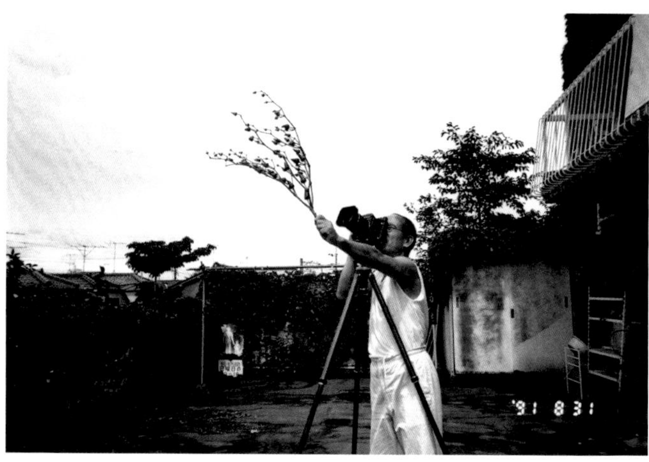
'91 8 31

'92 1 1

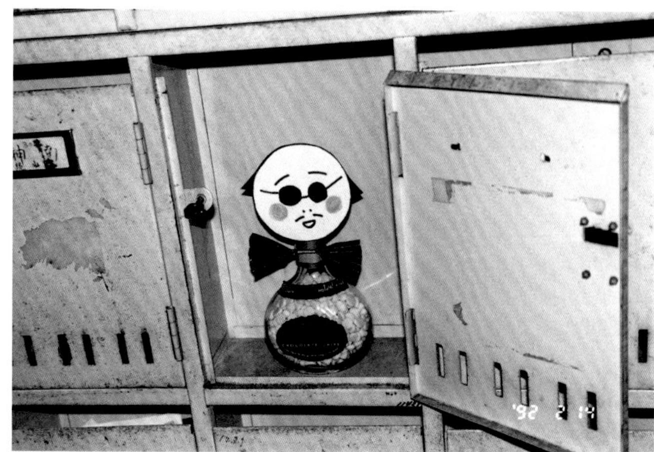

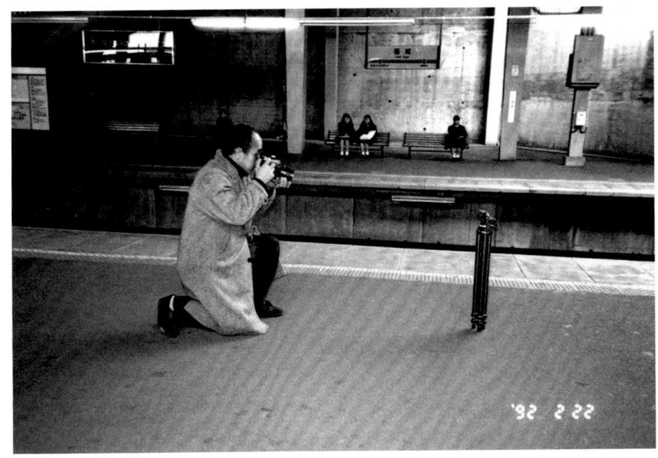
'92 2 22

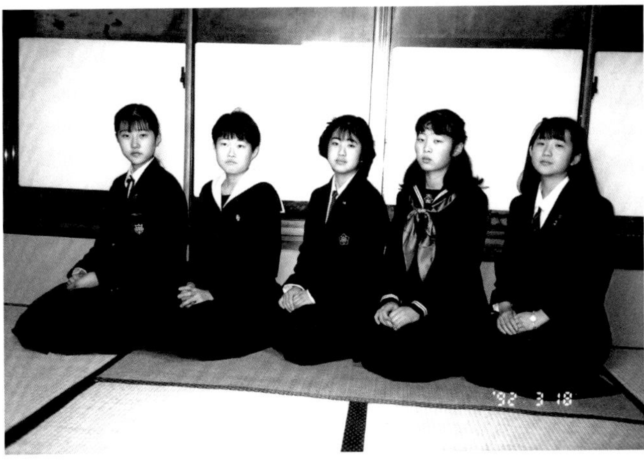
'92 3 18

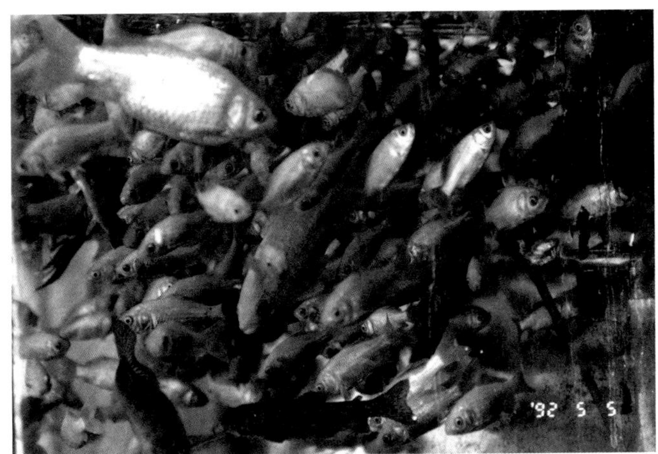
'92 5 5

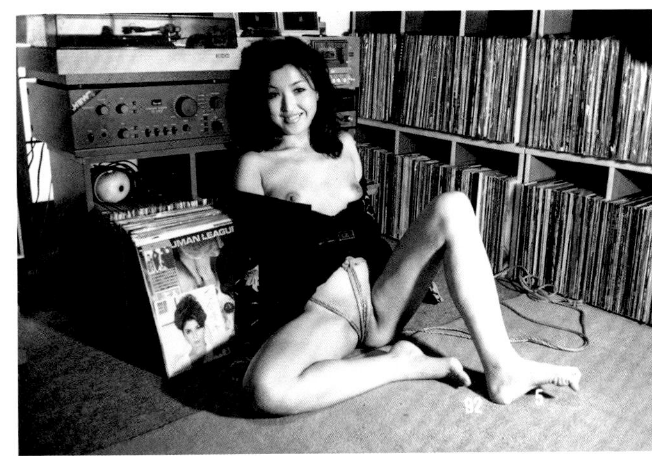

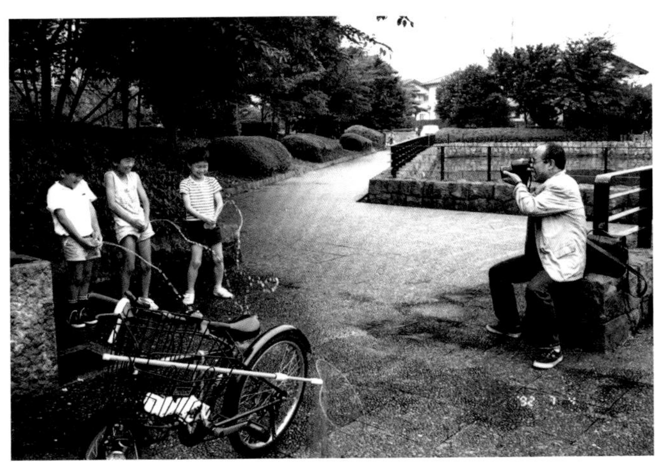

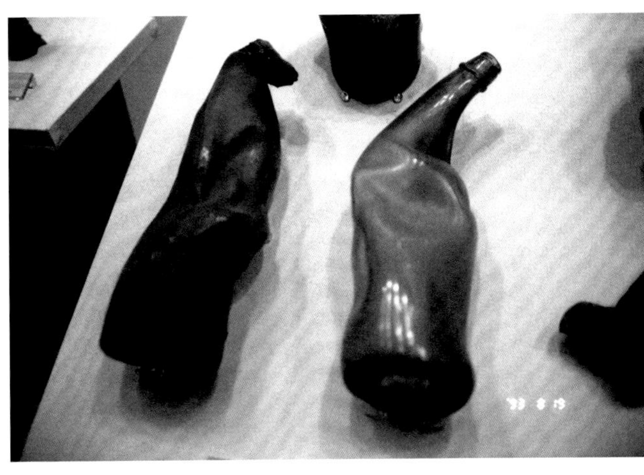

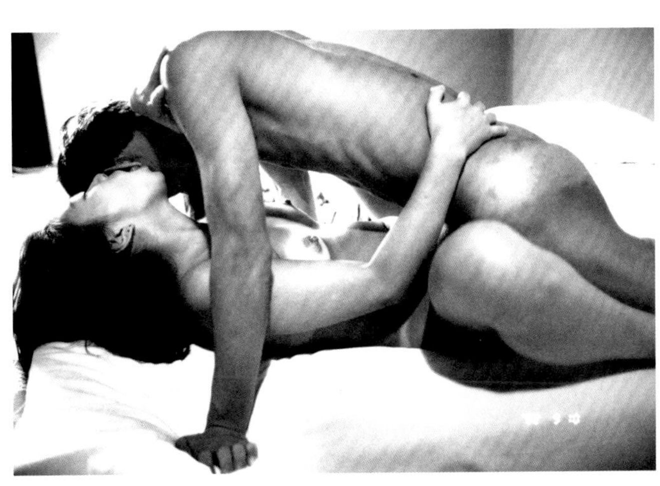

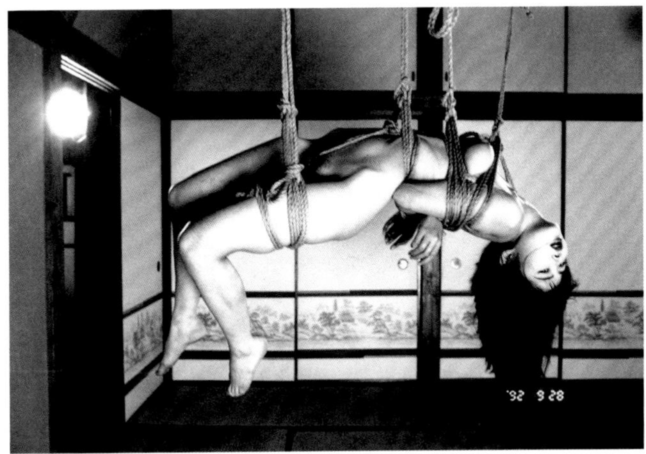
'92 9 28

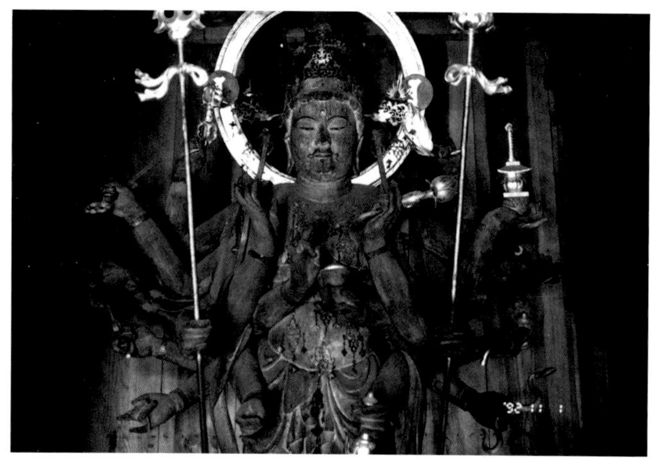
'92 11 1

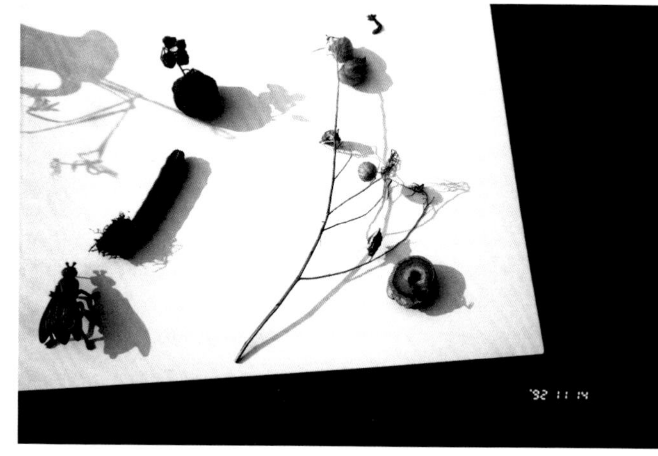
'92 11 14

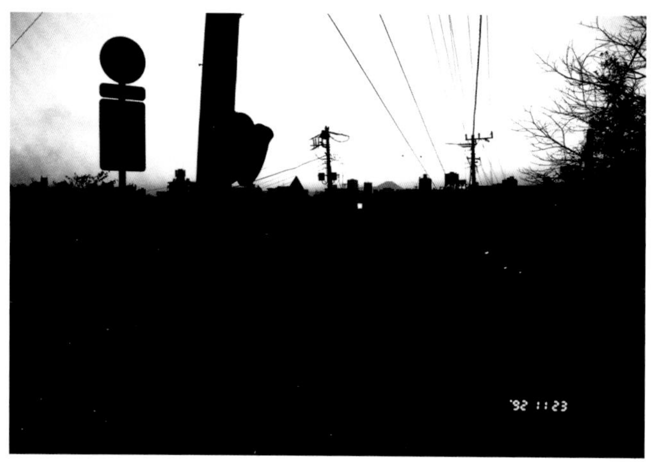
'92 11 23

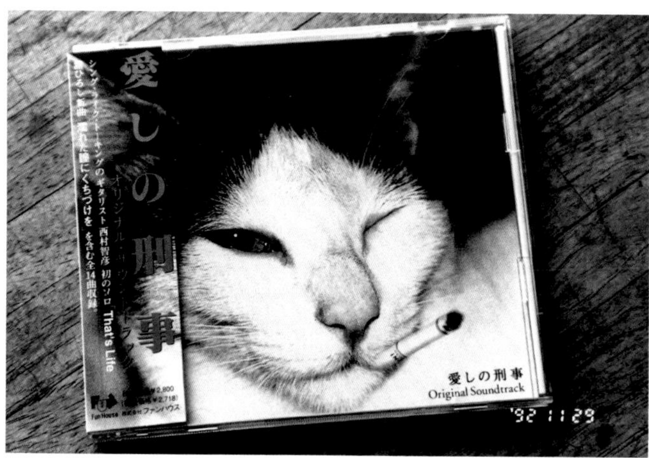
愛しの刑事
That's Life
愛しの刑事
Original Soundtrack
'92 11 29

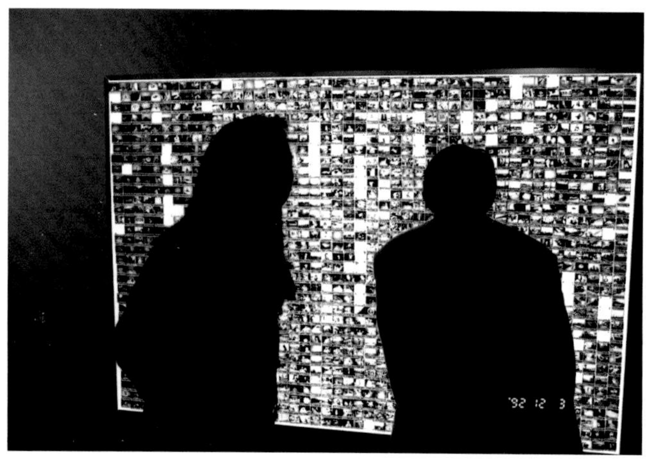
'92 12 3

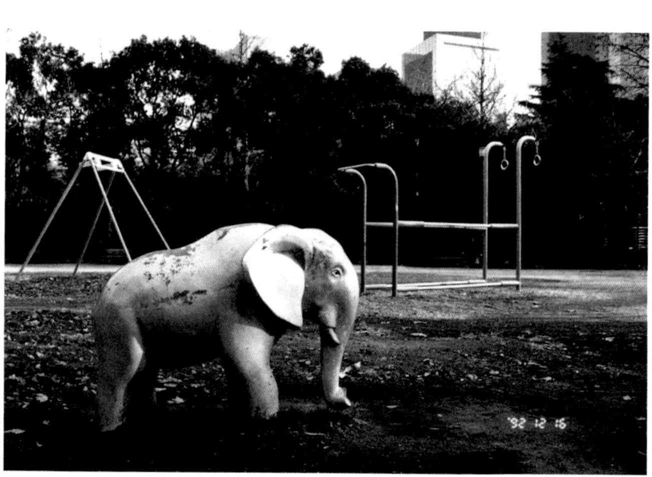
'92 12 16

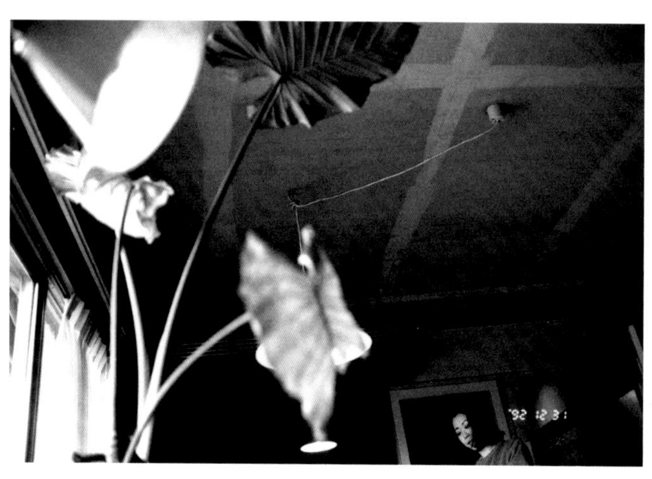
'92 12 31

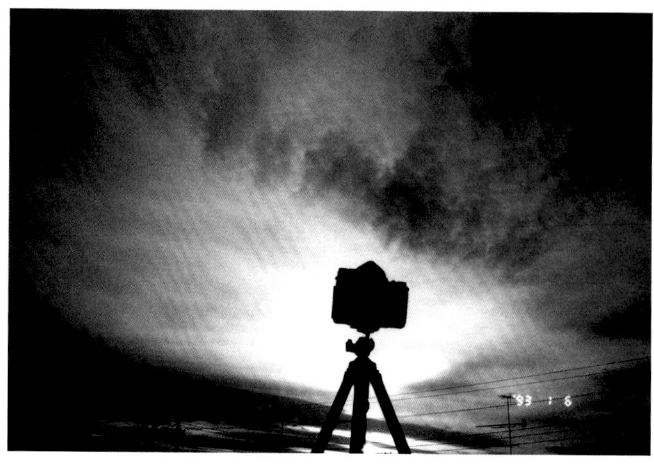
'93 1 6

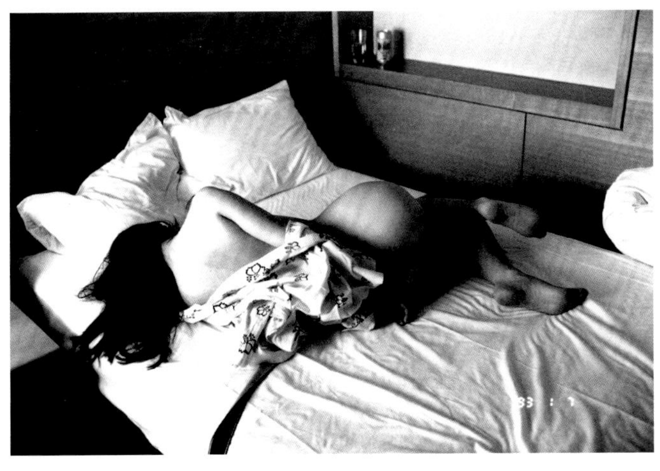
'93 1 7

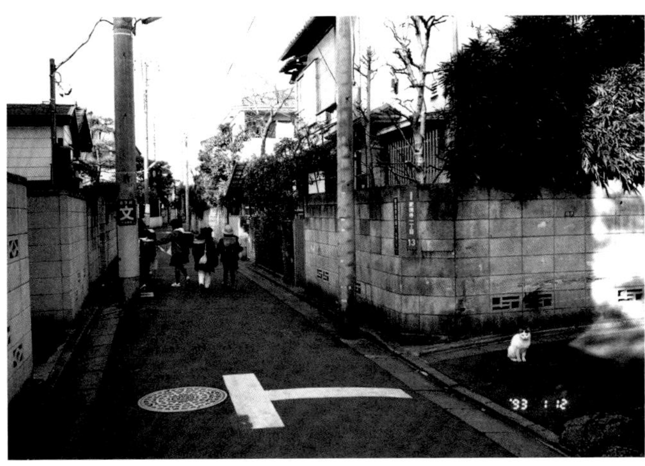
文
'93 1 12

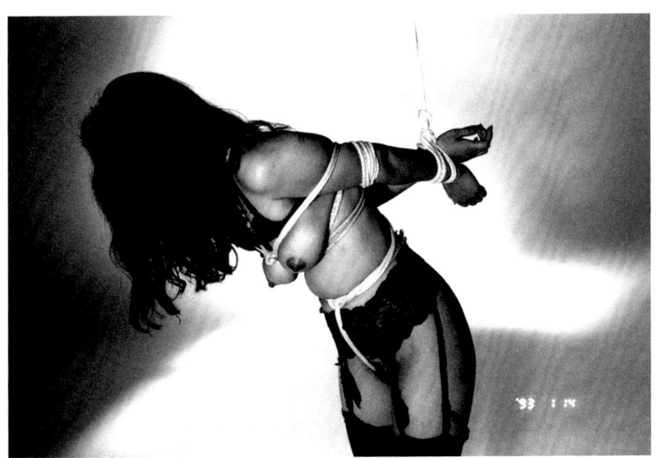
'93 1 14

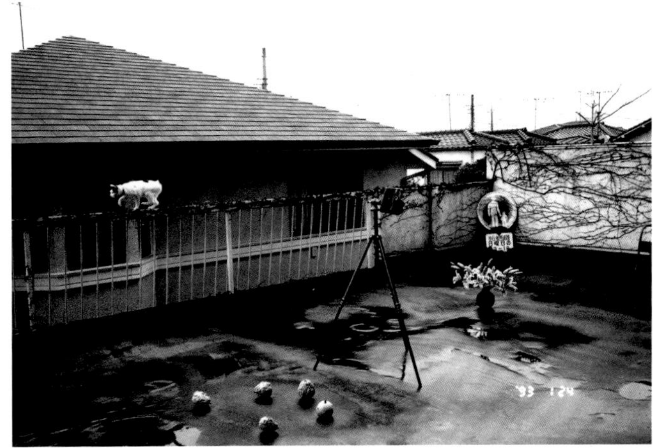
'93 1 24

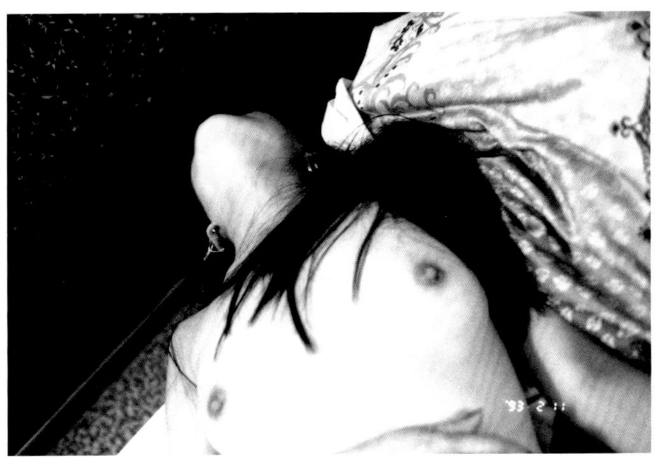
'93 2 1

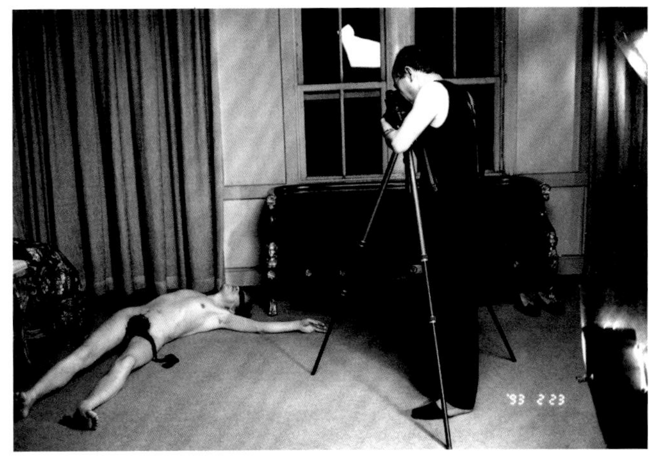
'93 2 23

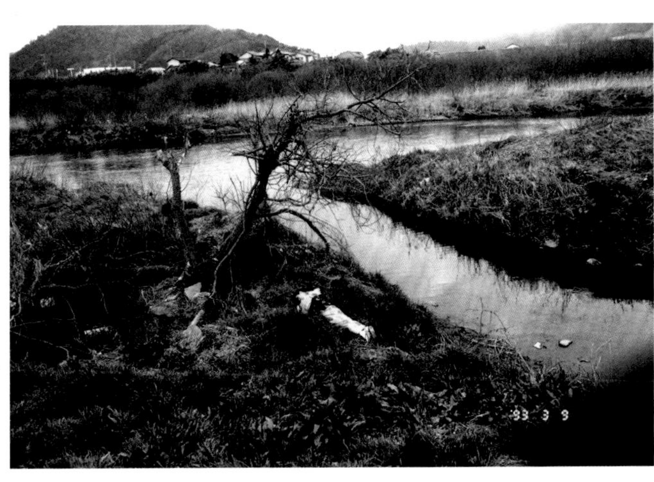
'93 3 9

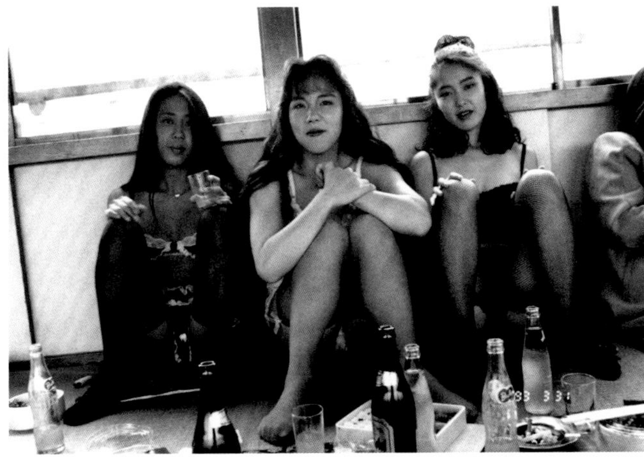

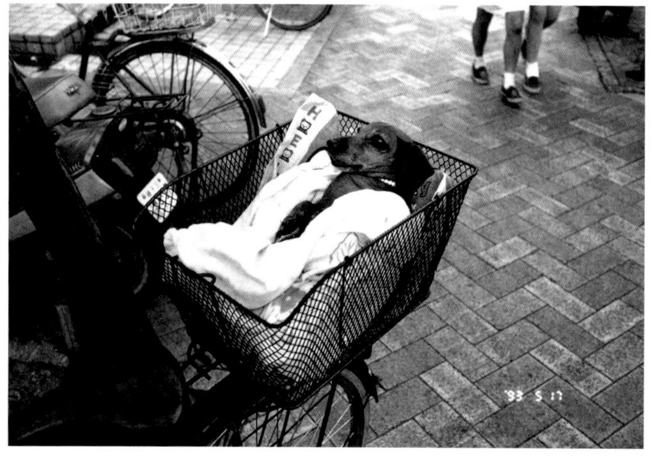
'93 5 17
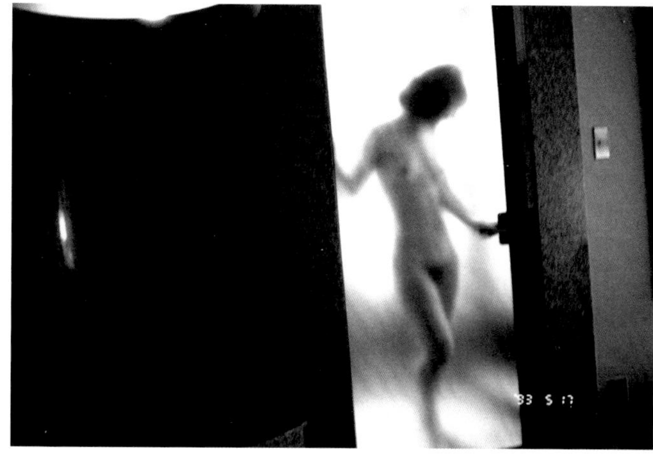
'93 5 17
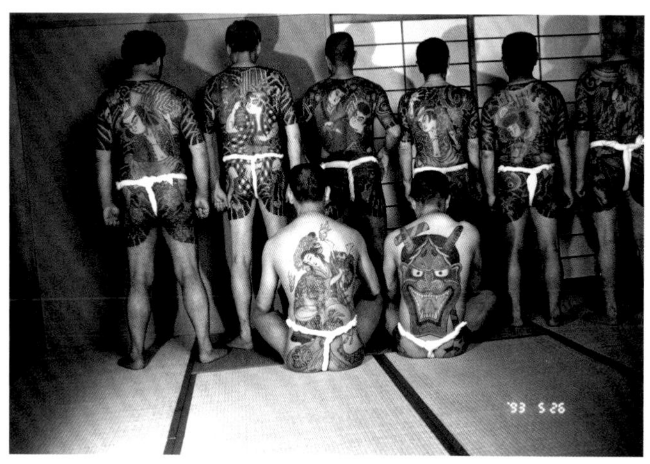
'93 5 26
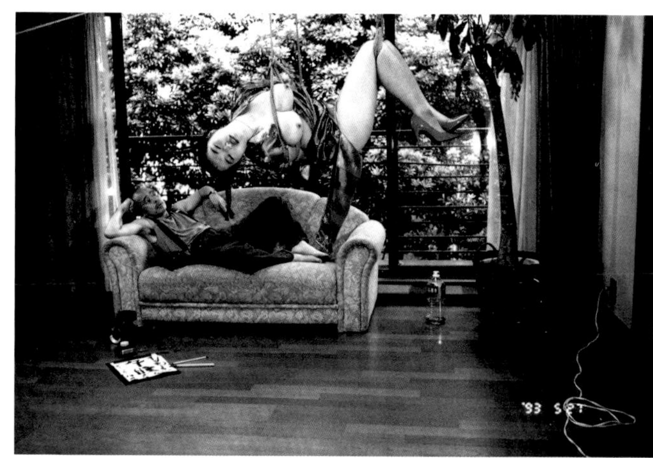

'93 6 28
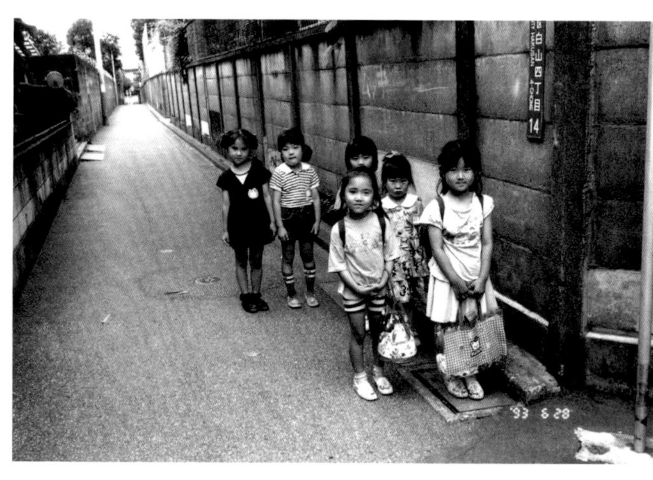
'93 6 28
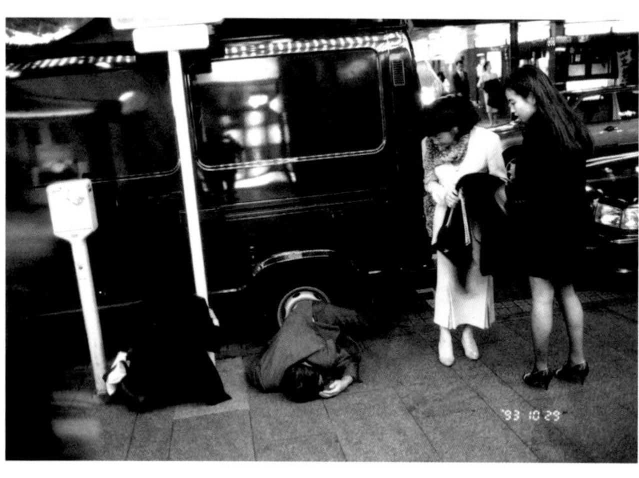
'93 10 29
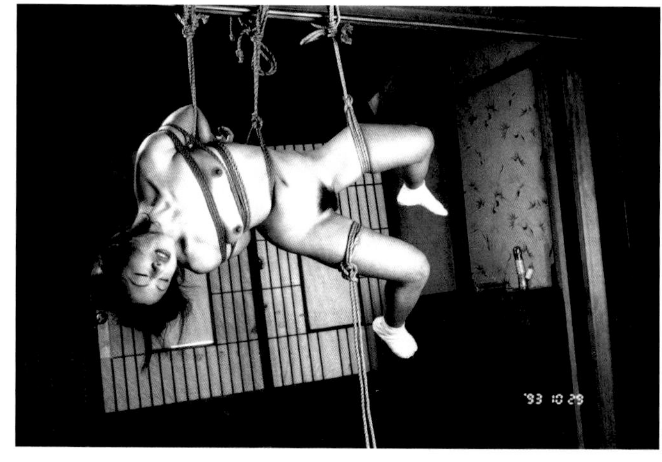
'93 10 29

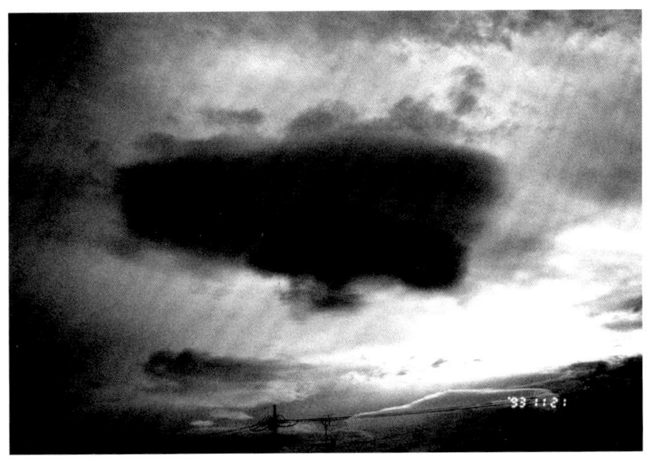
'93 11 21

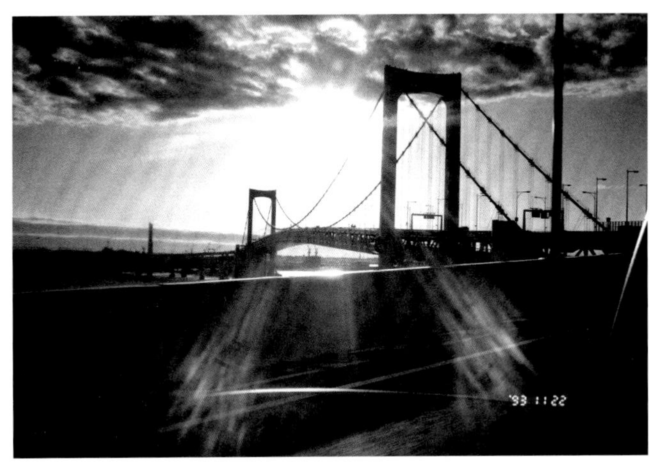
'93 11 22

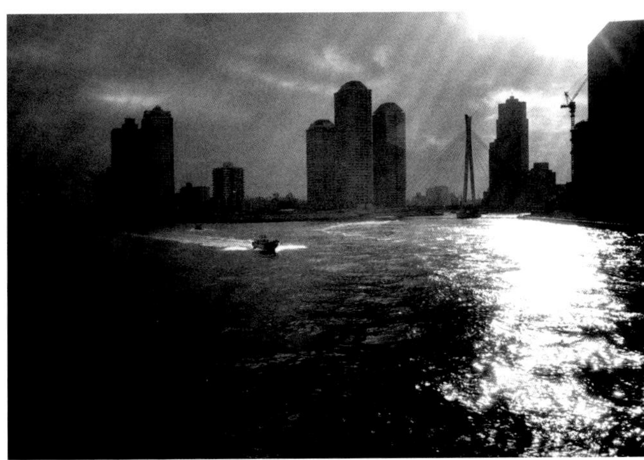

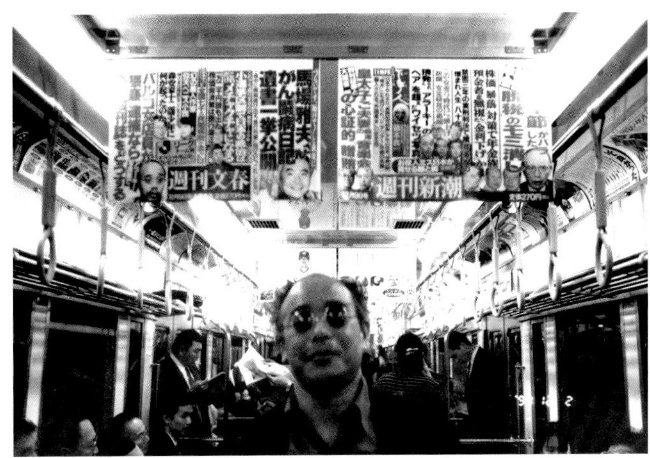
週刊文春
週刊新潮

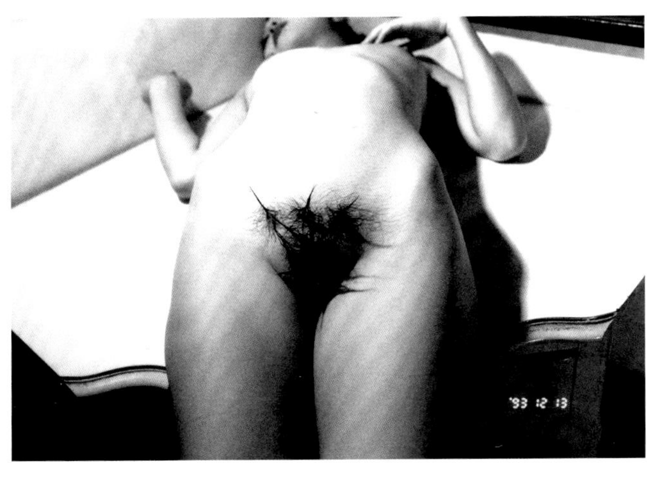
'93 12 13

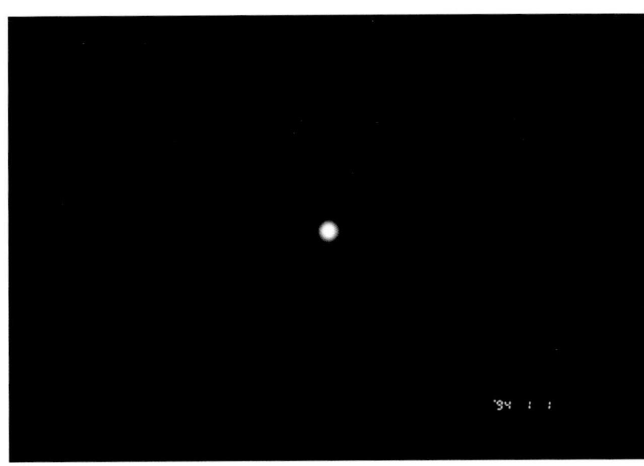
'94 1 1

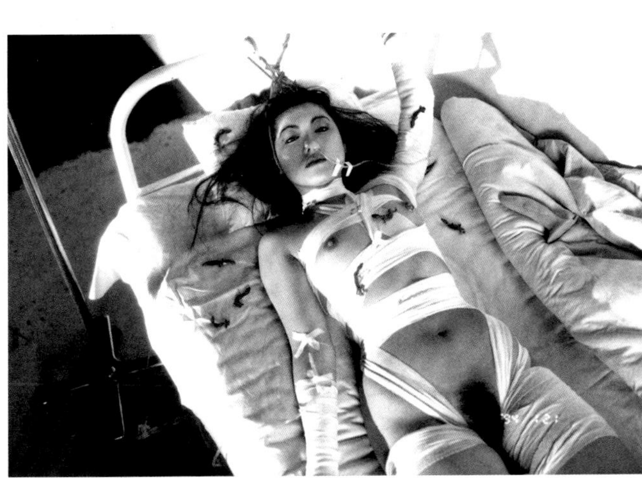
'94 1 21

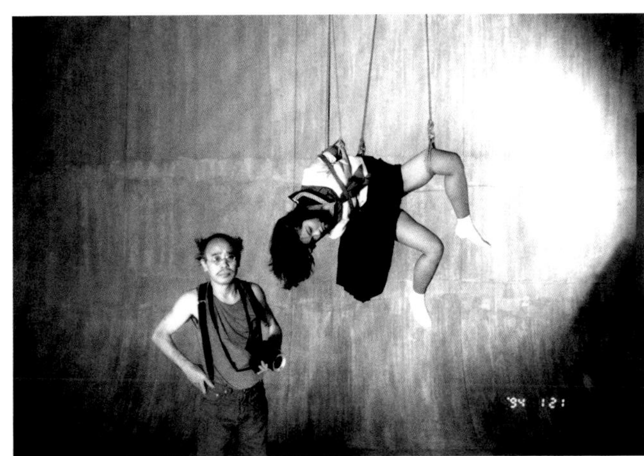
'94 1 21

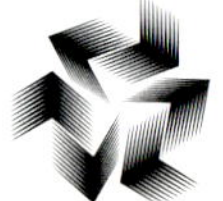

Color Rays

色光線

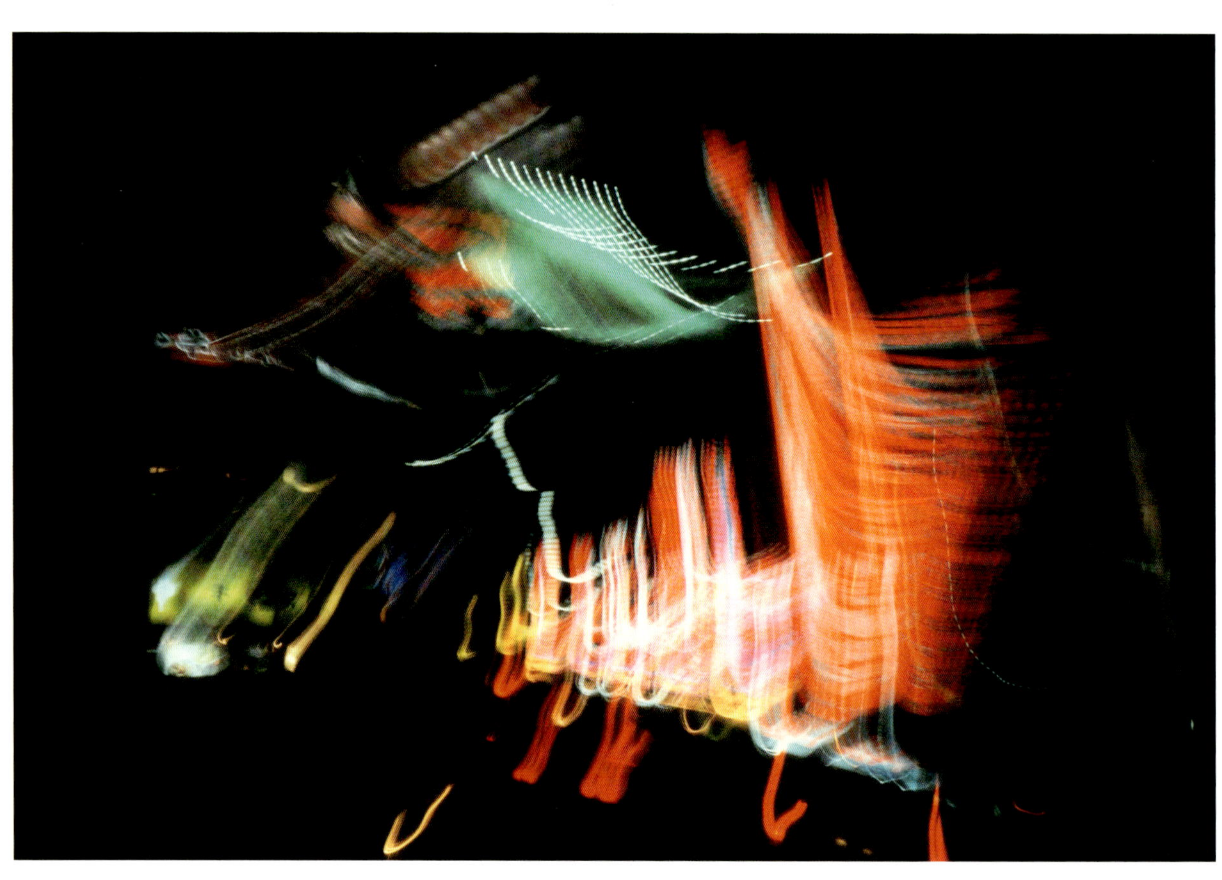

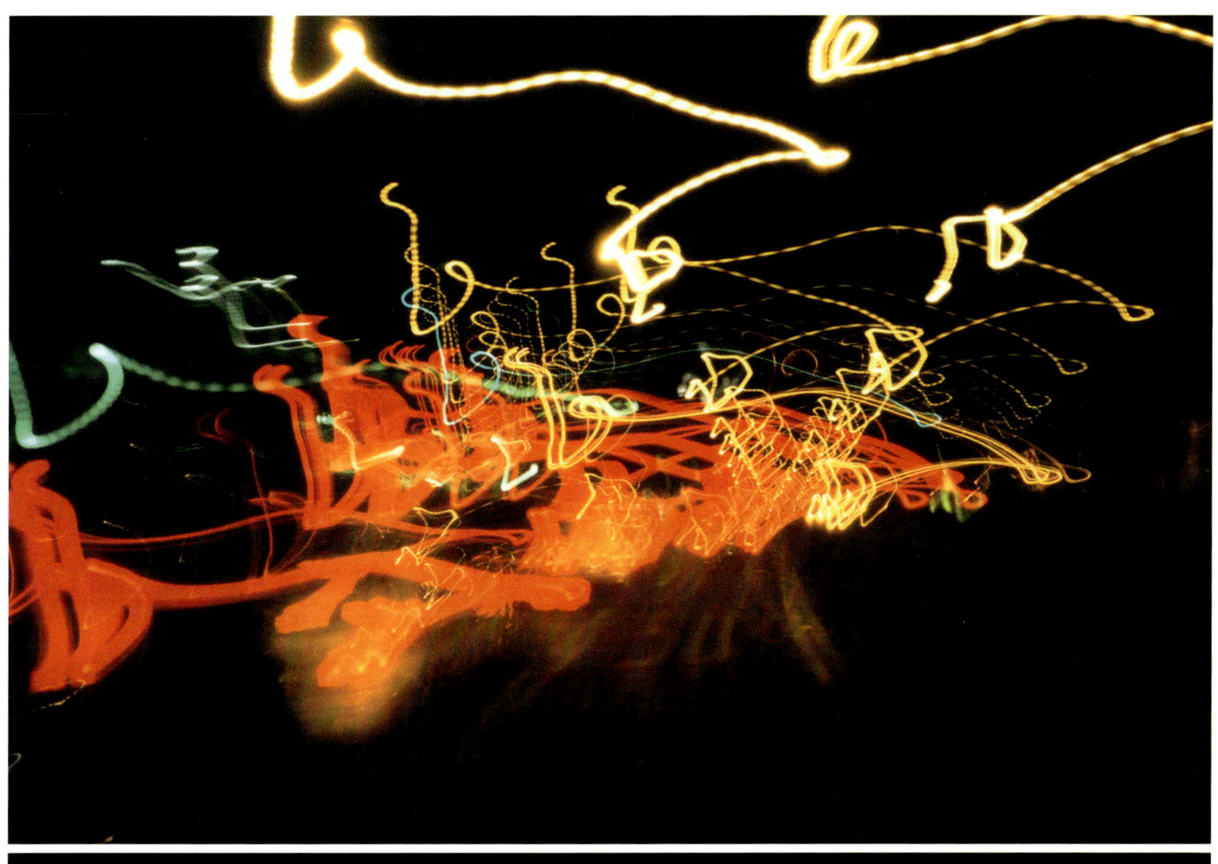

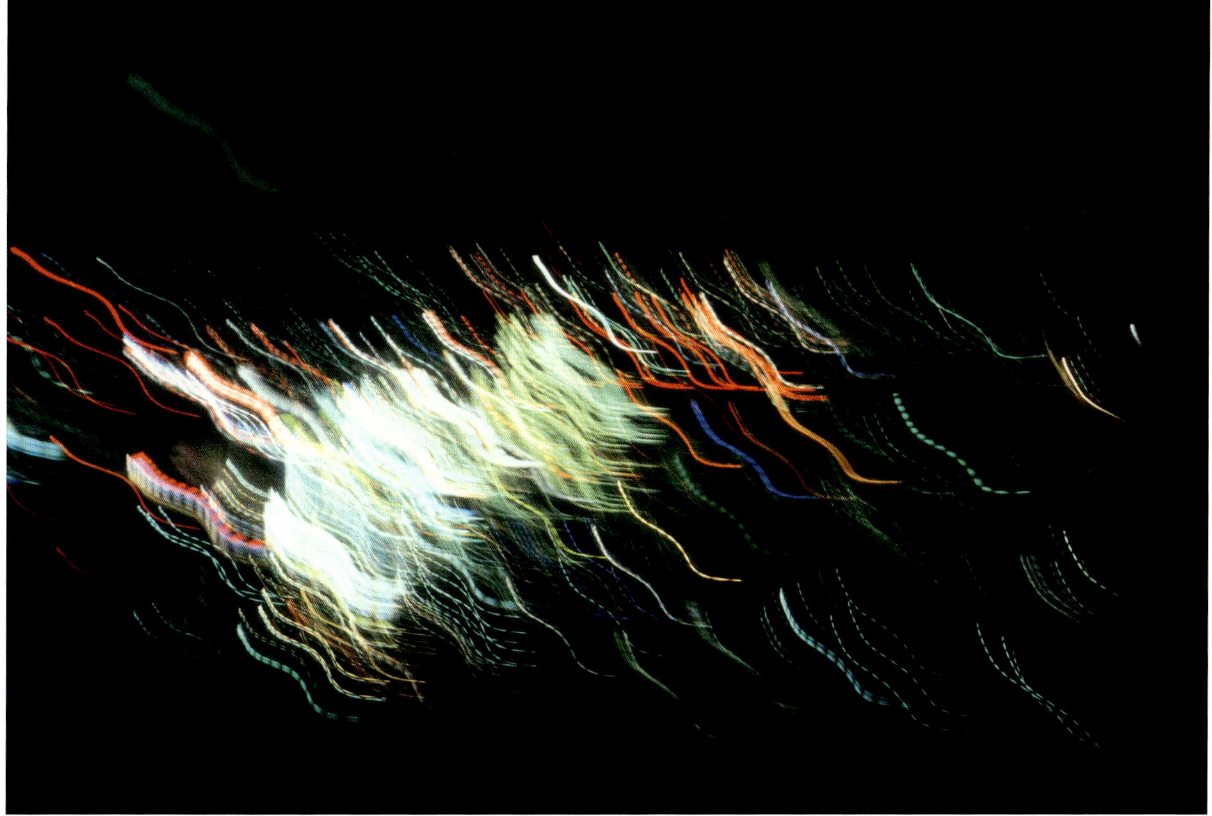

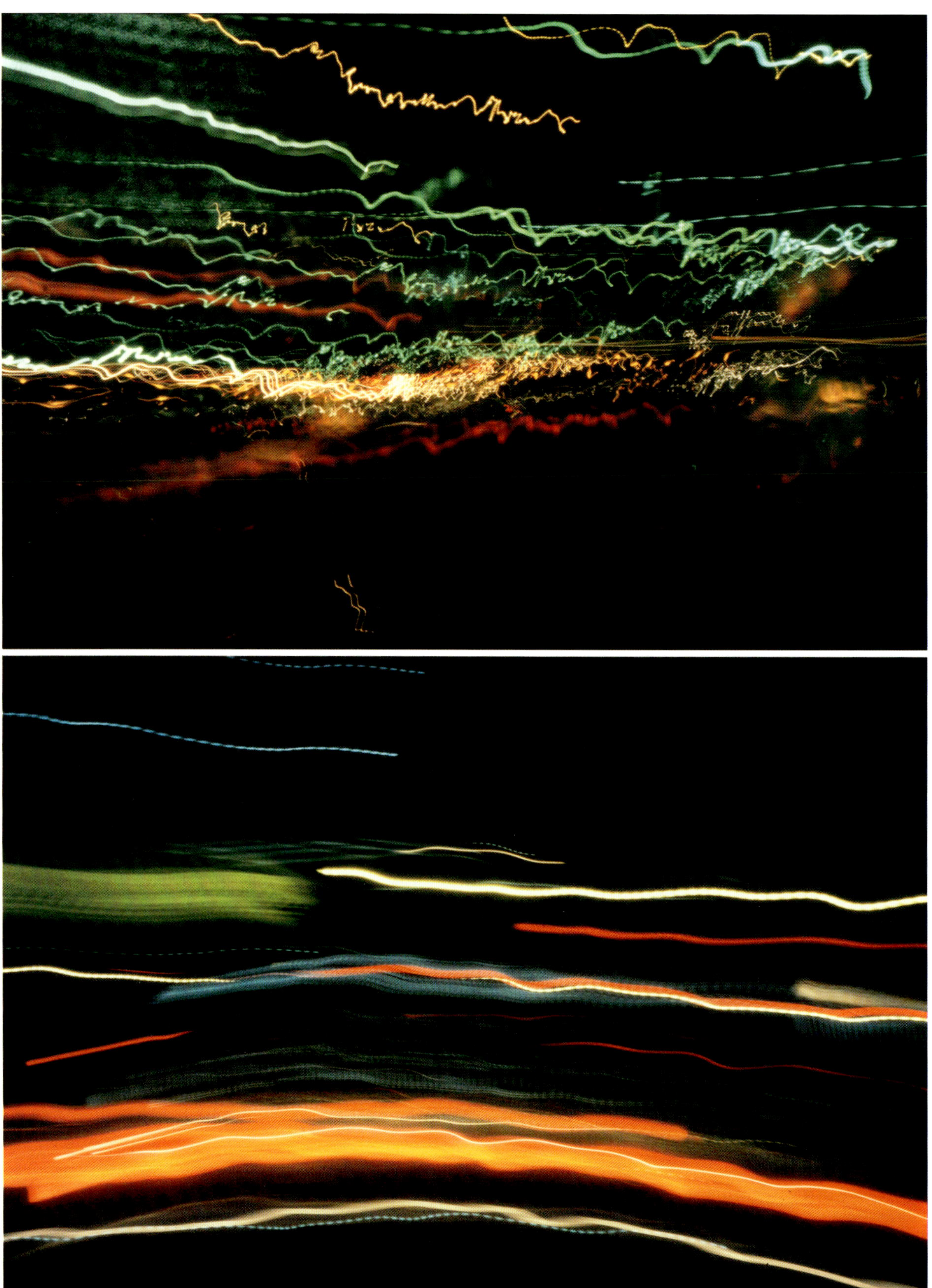

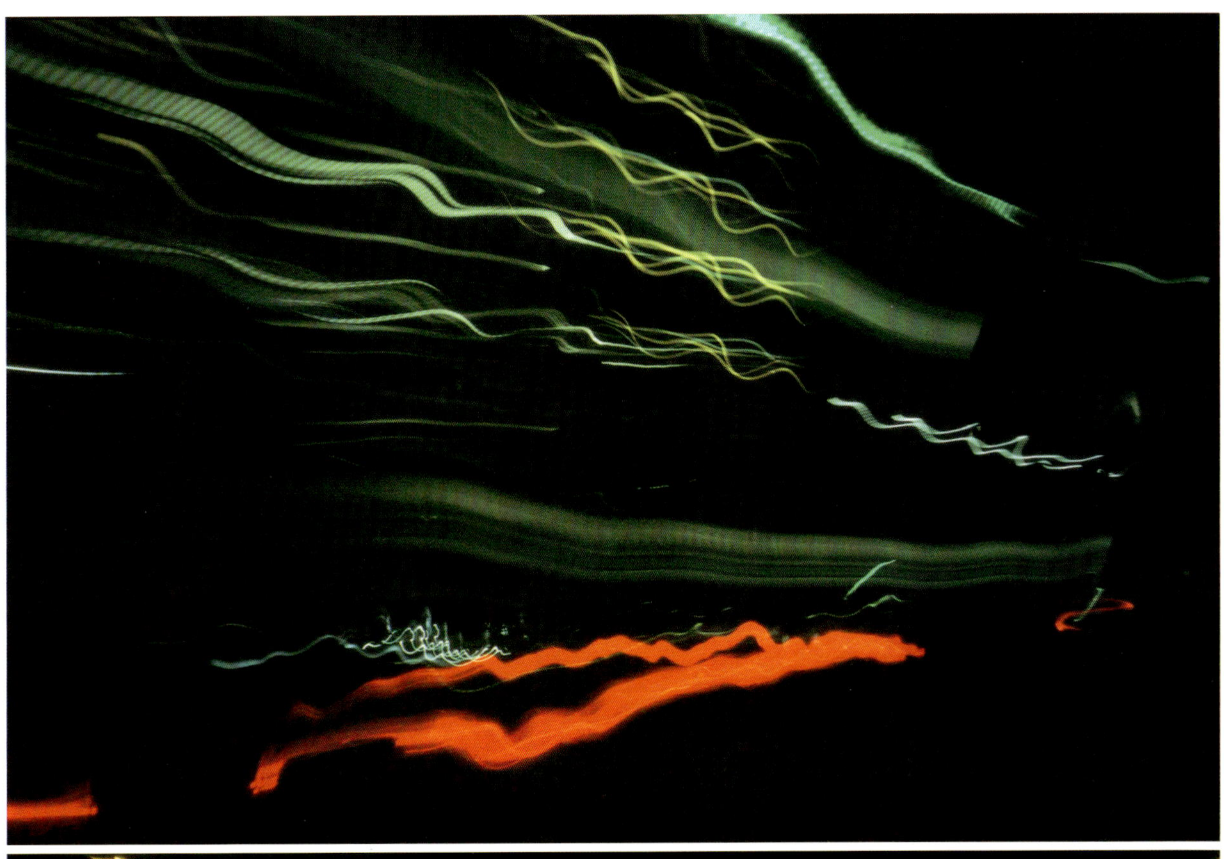

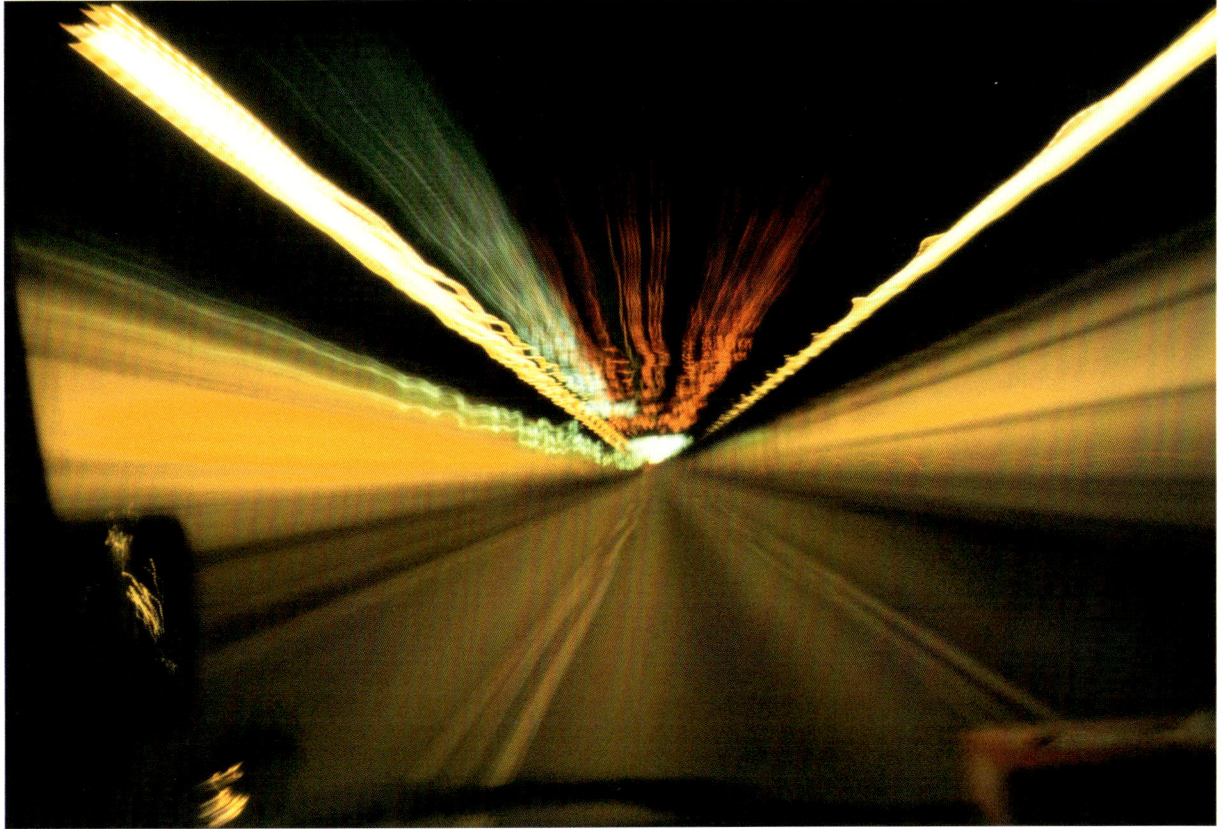

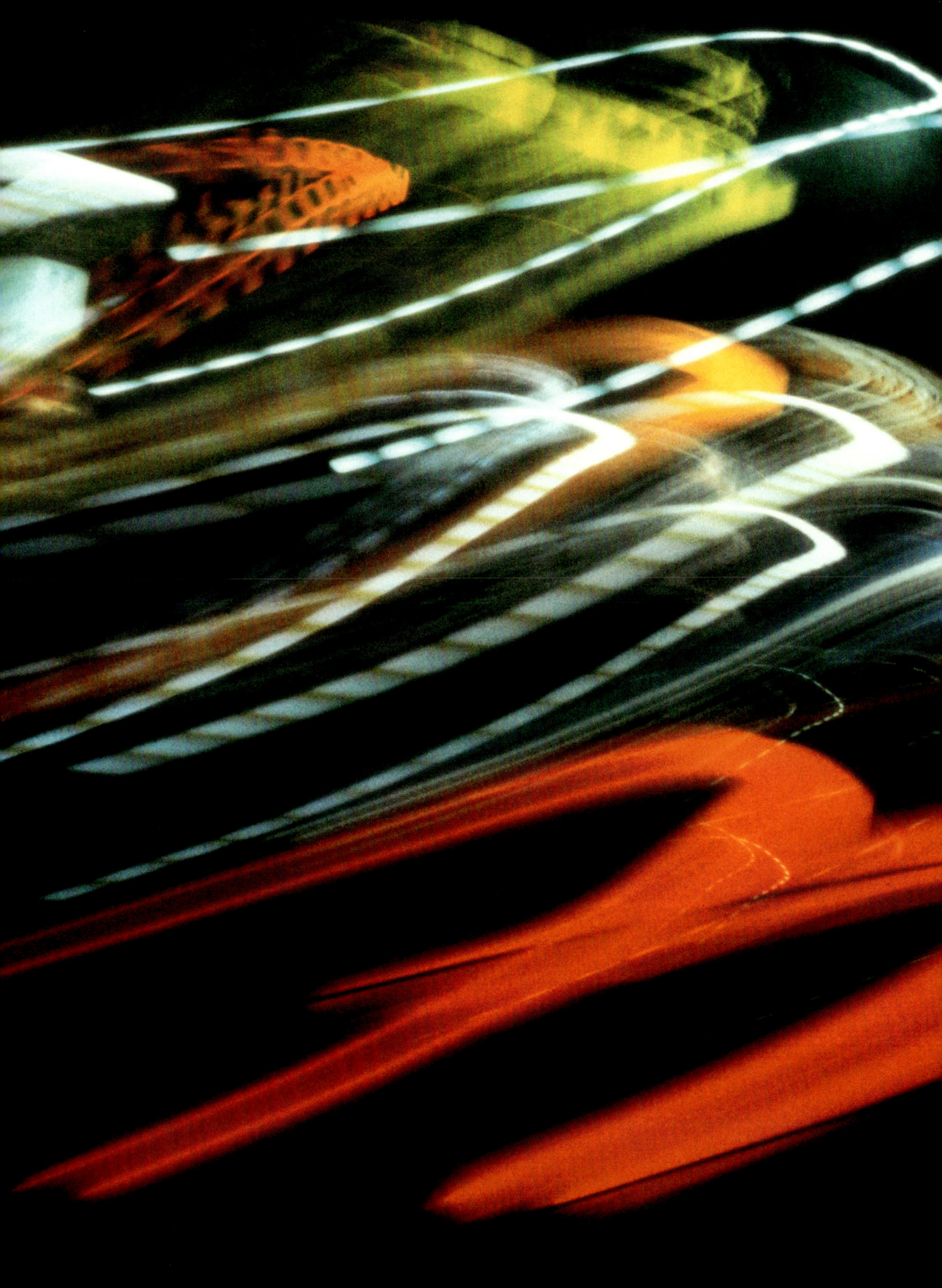

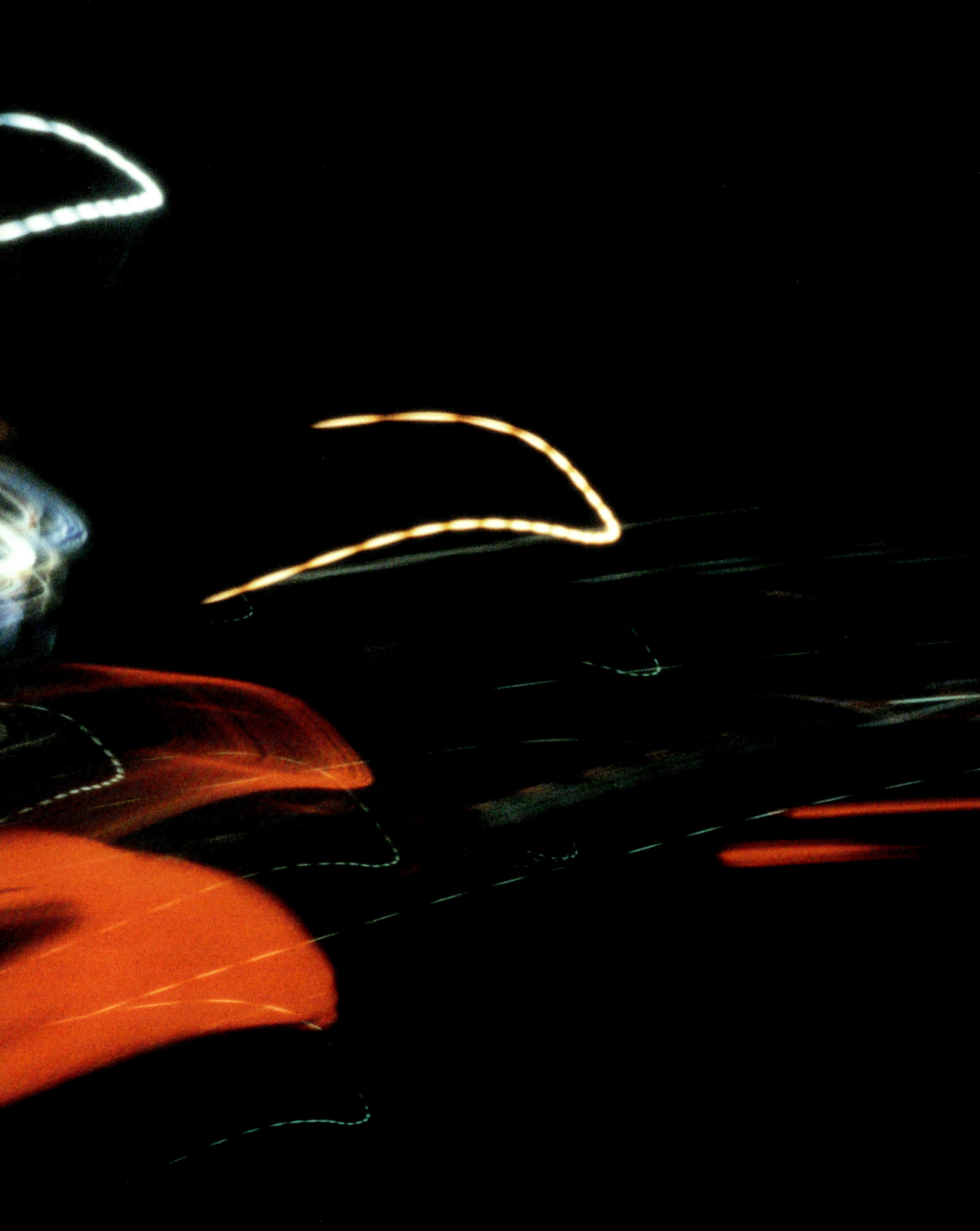

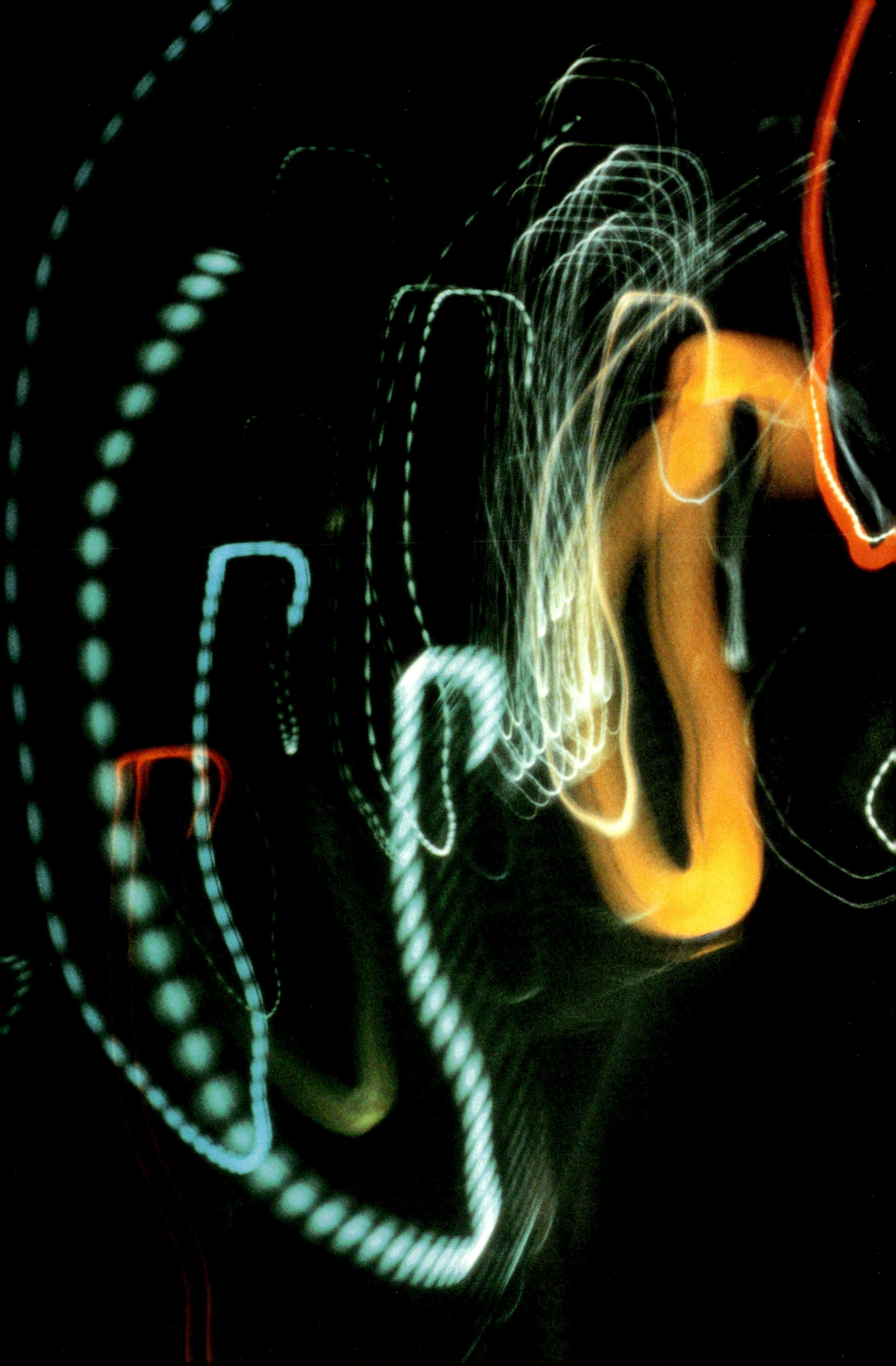

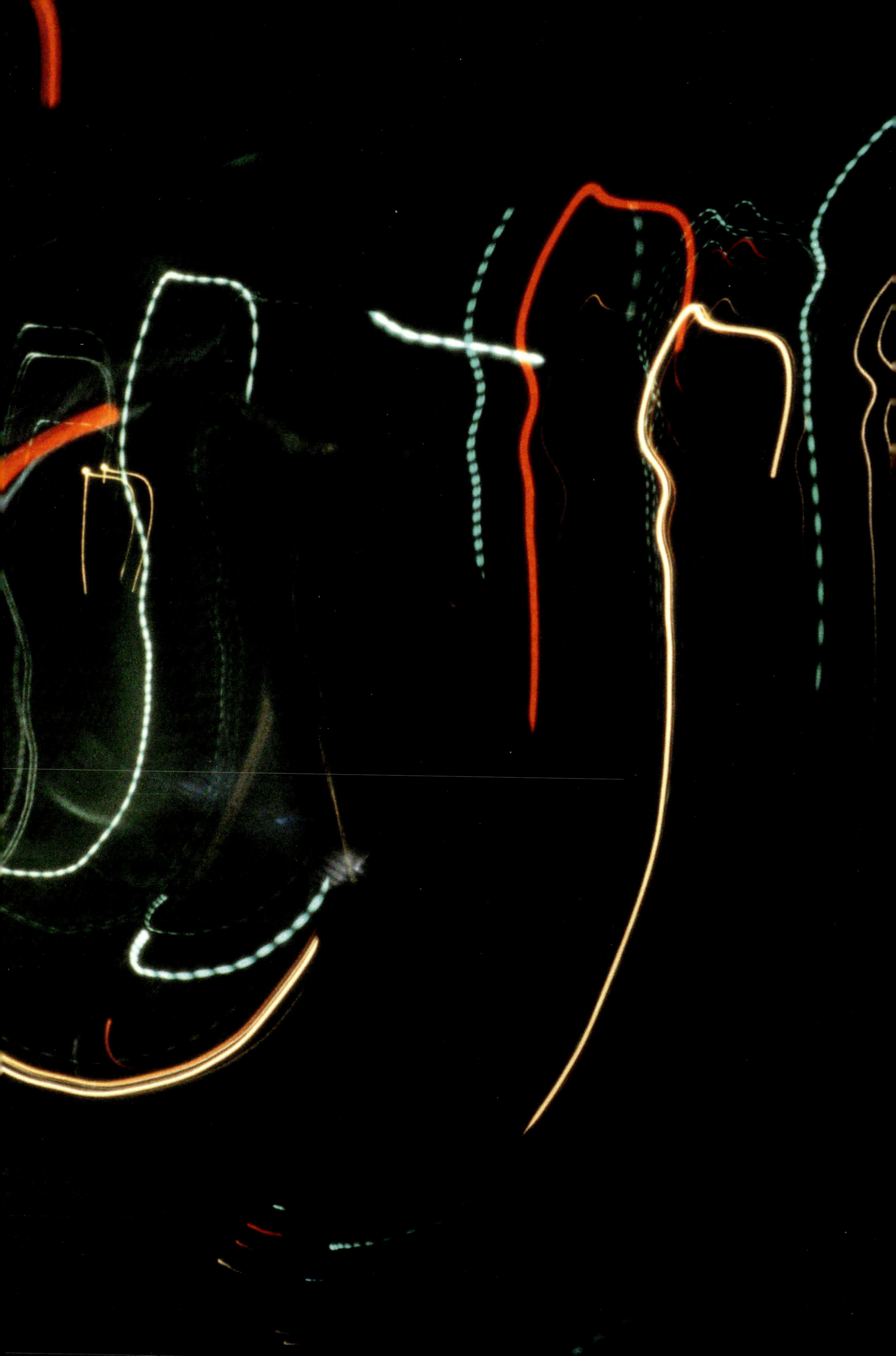

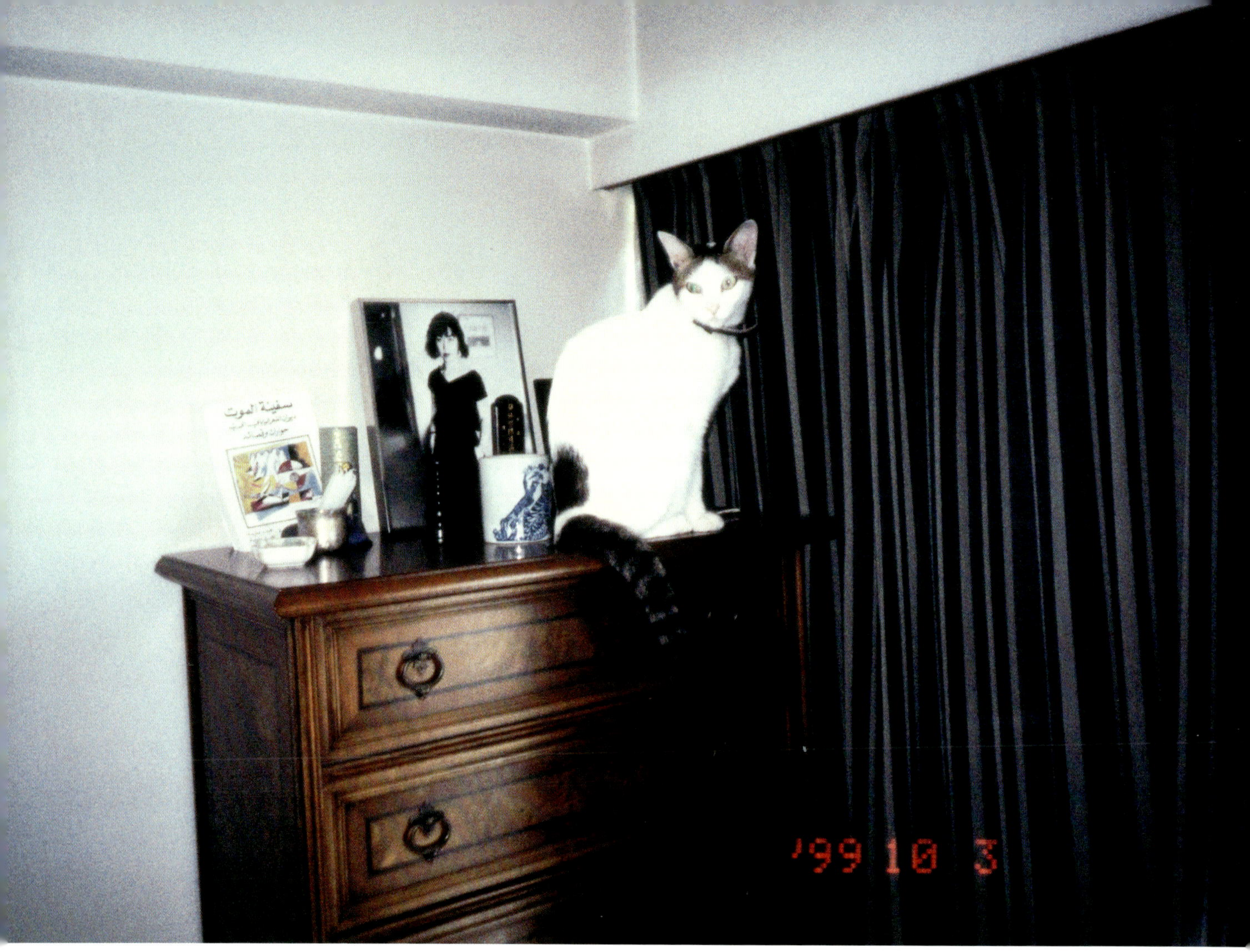

Private Diary

私日記

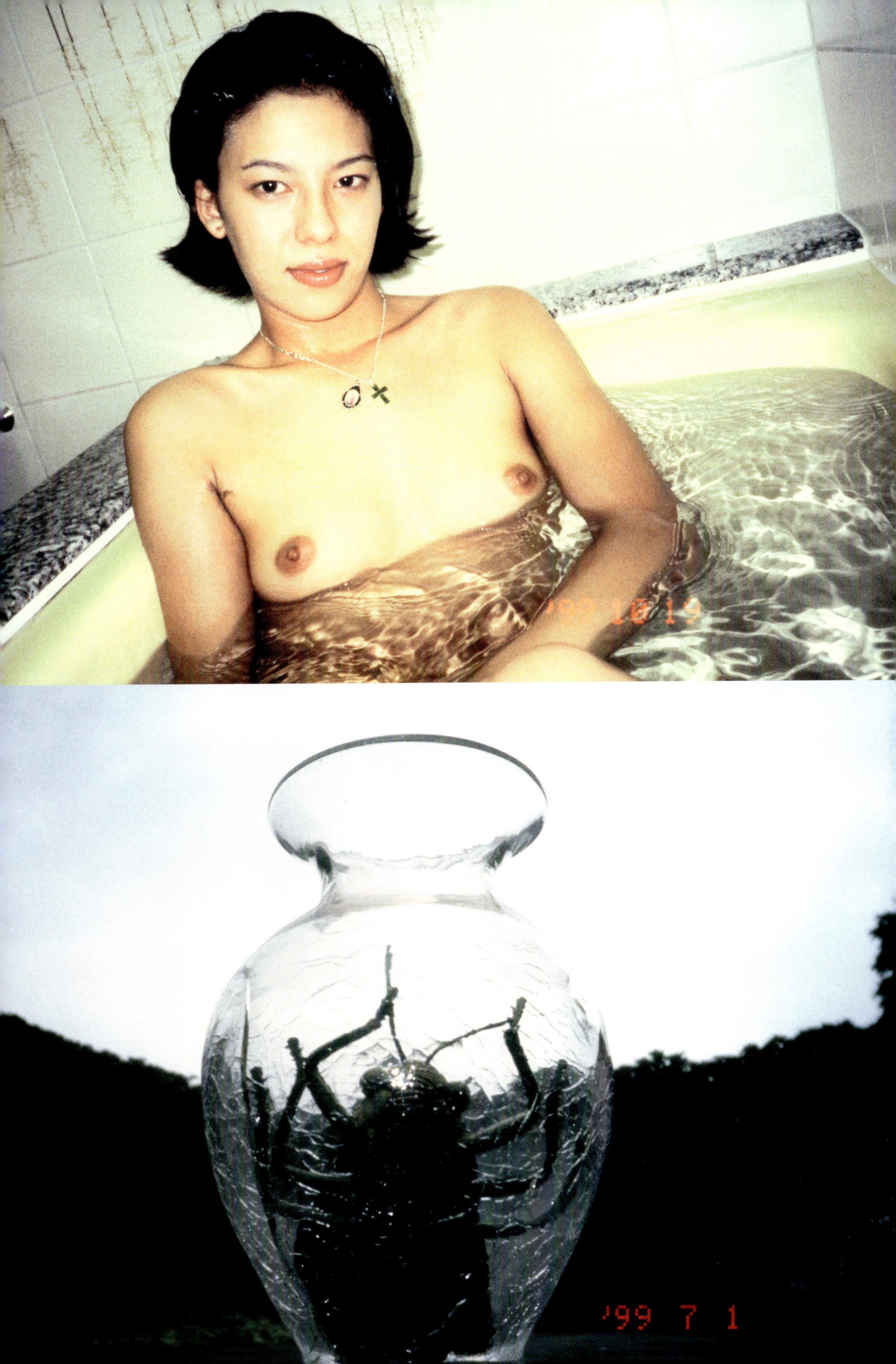
'99 10 19
'99 7 1

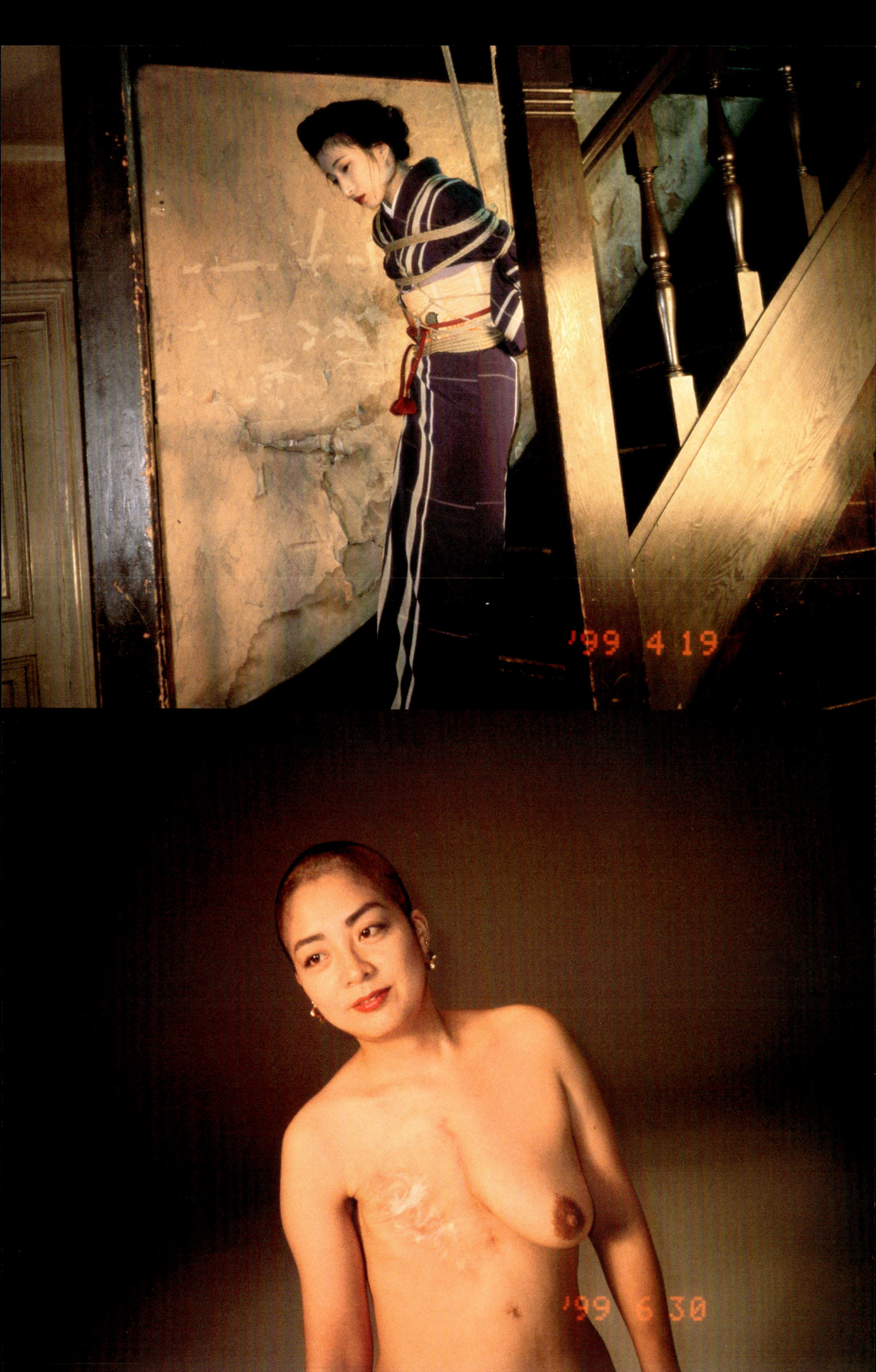
'99 4 19
'99 6 30

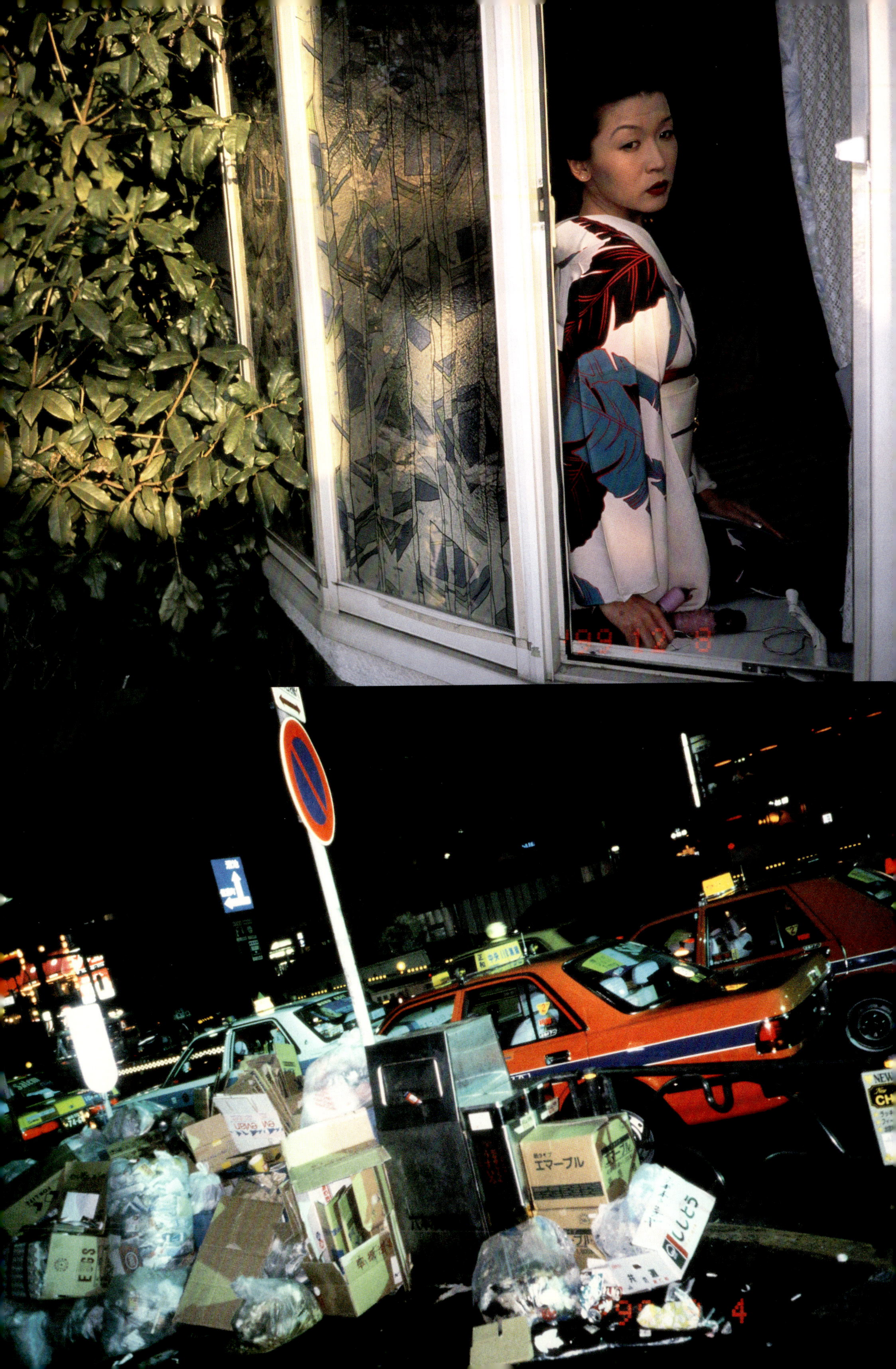
'99 12 8
エマーブル

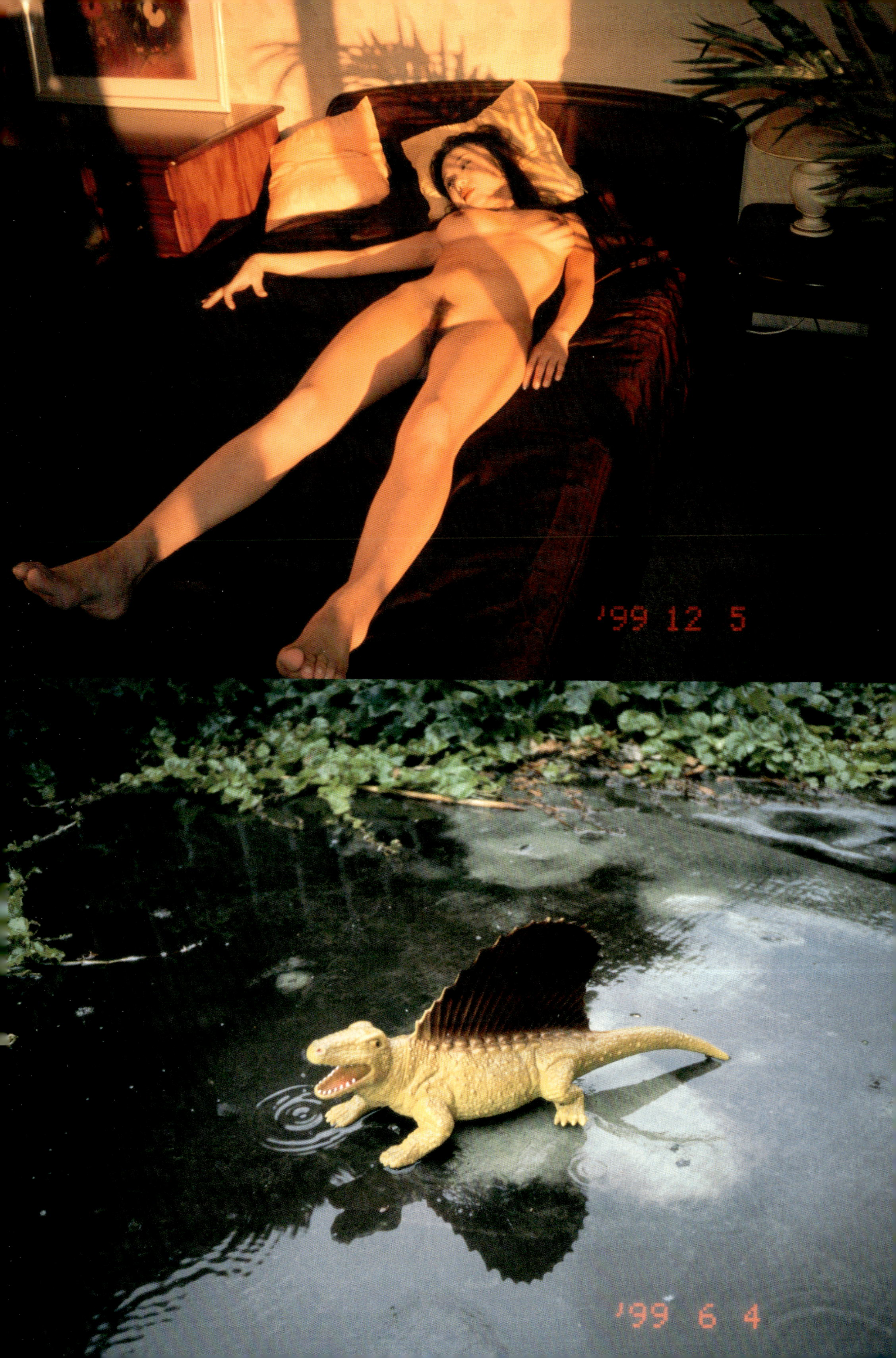
'99 12 5
'99 6 4

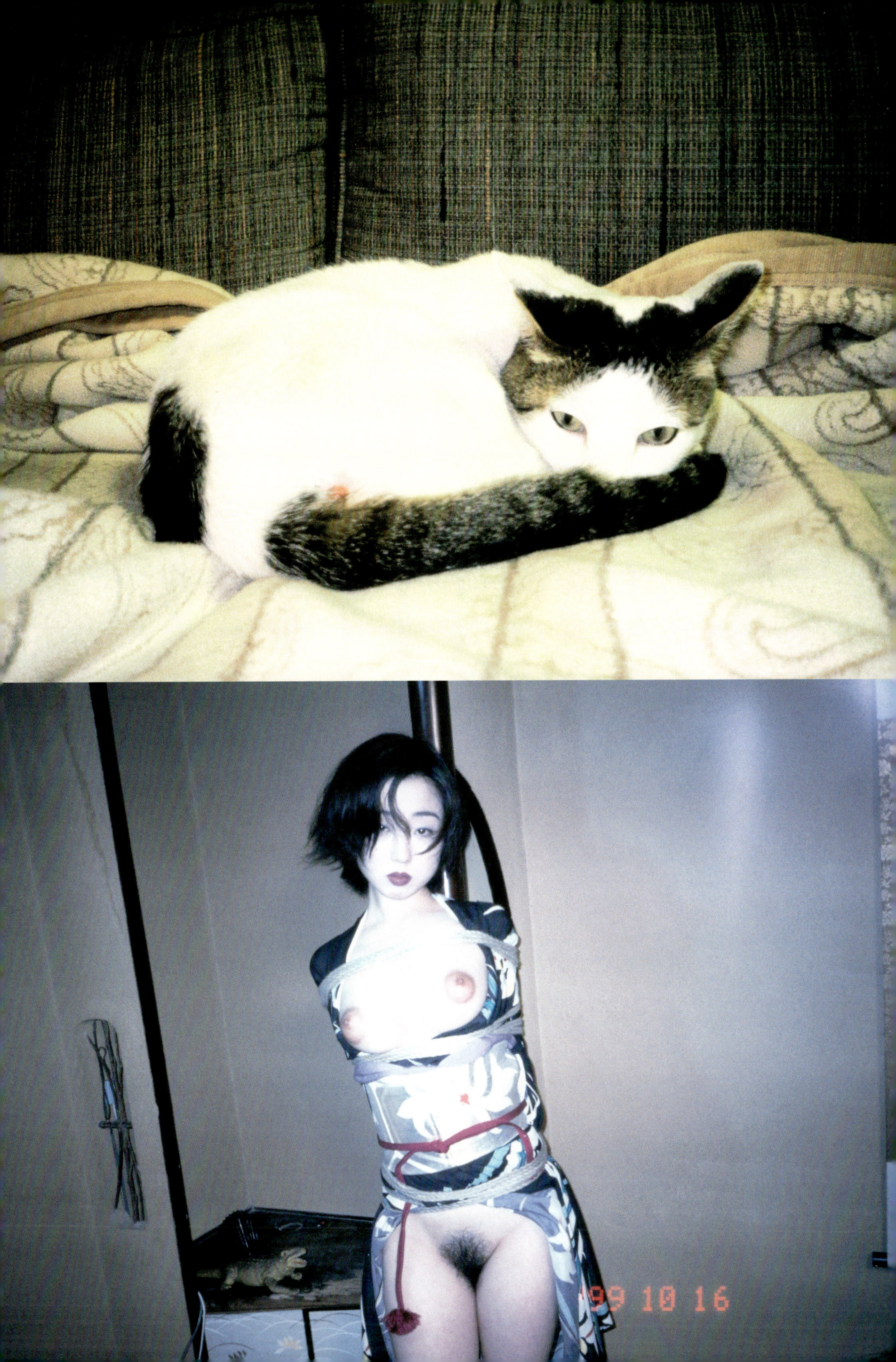
'99 10 16

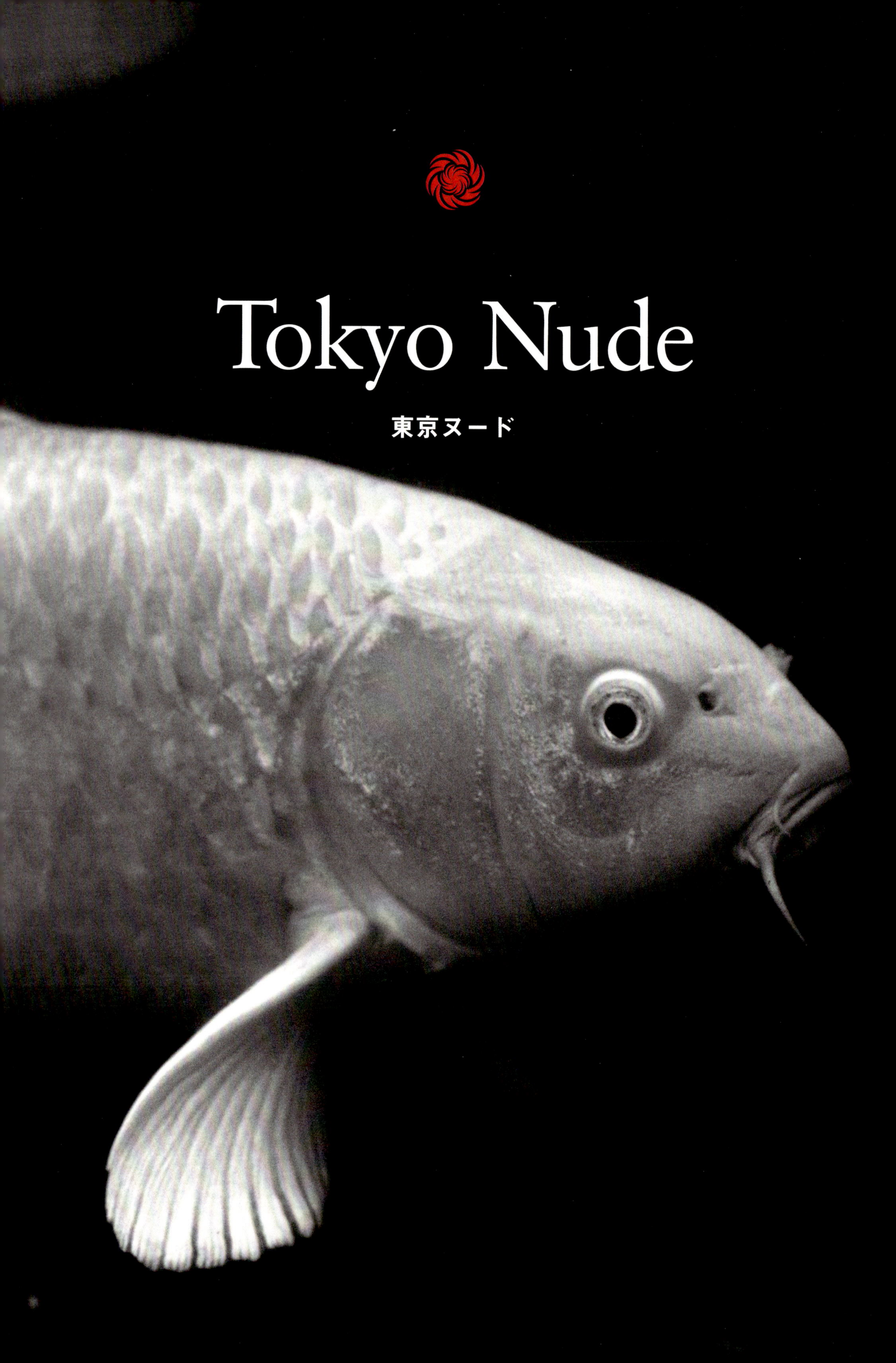

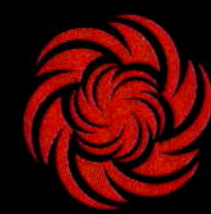

Tokyo Nude

東京ヌード

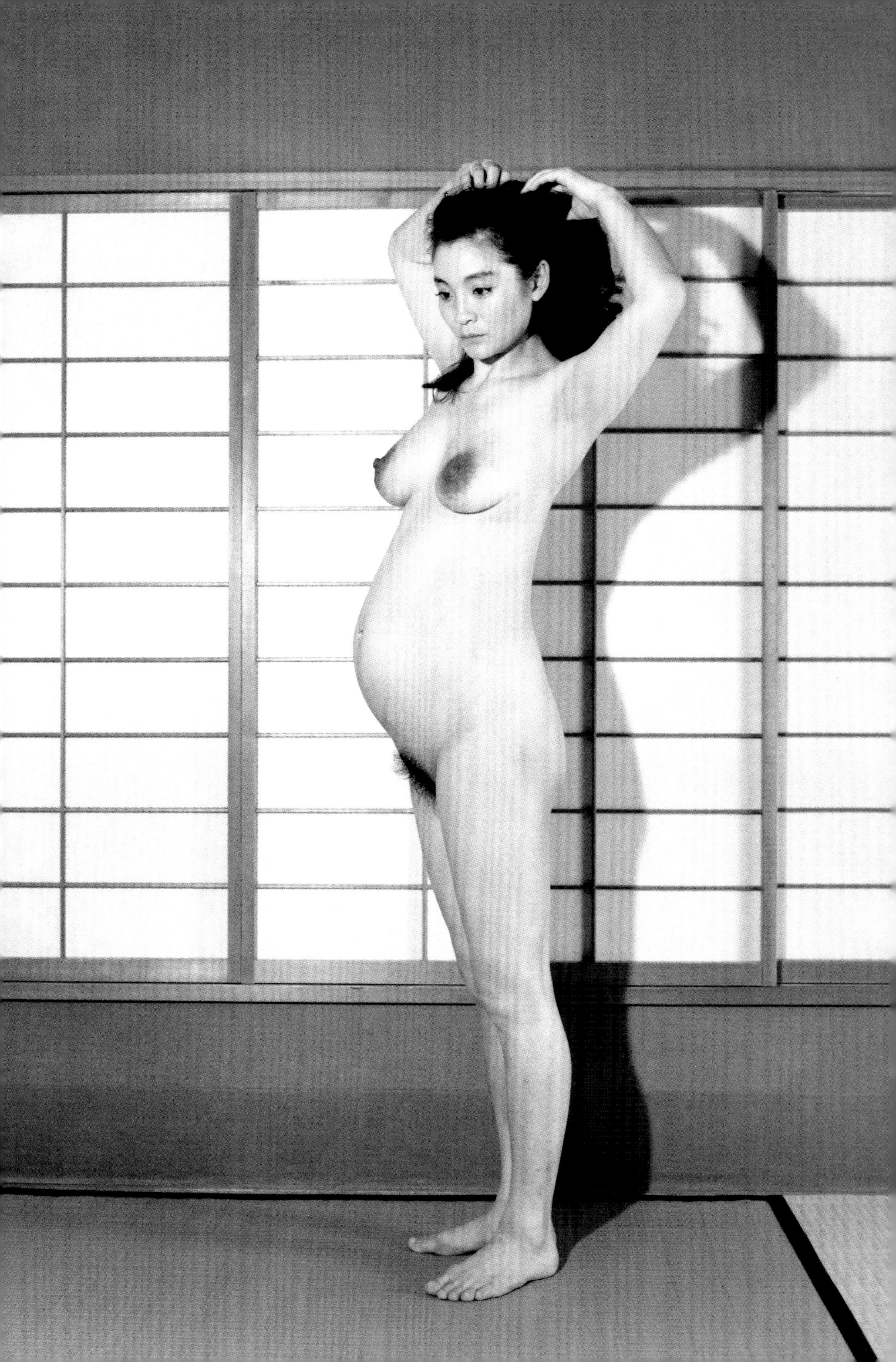

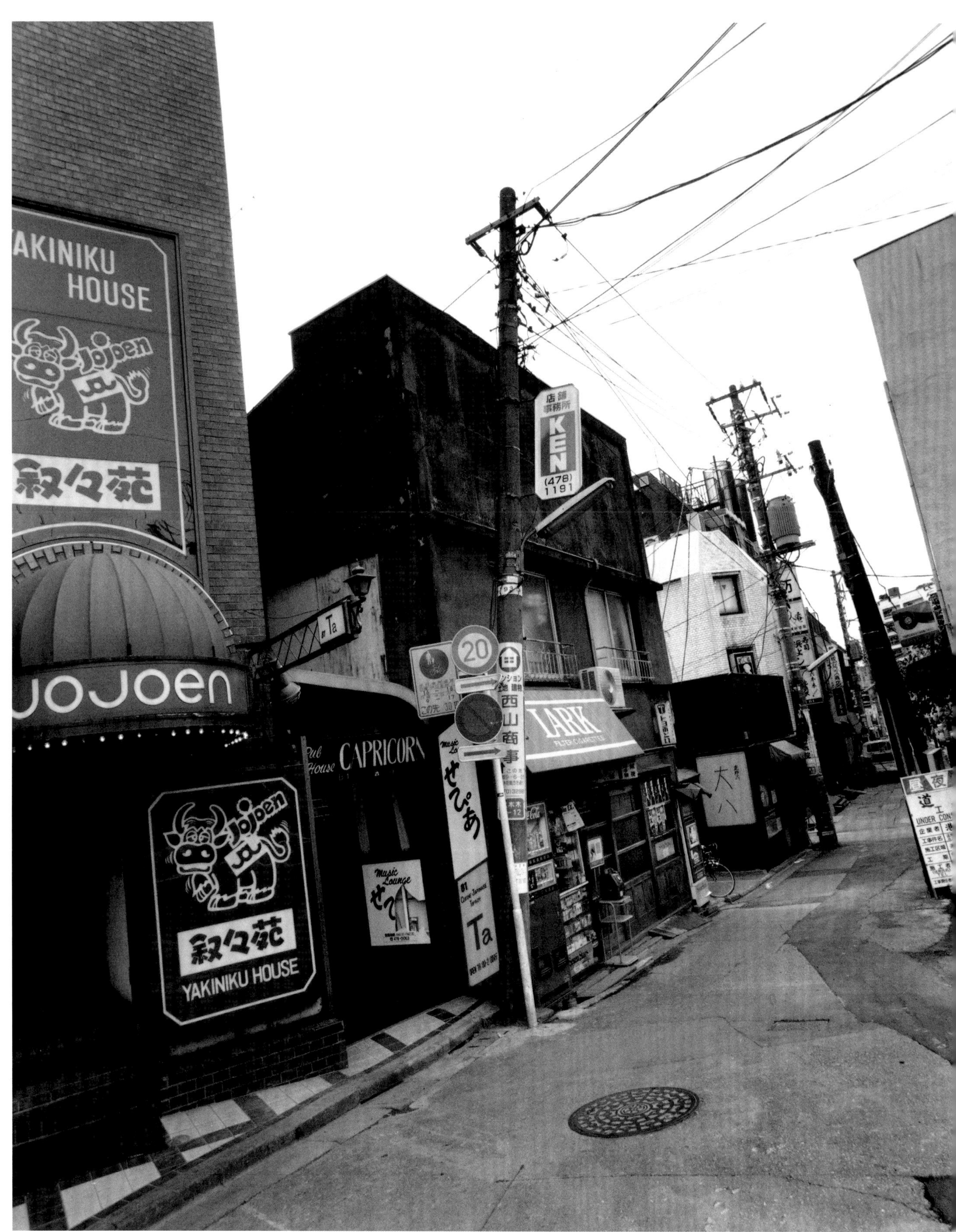
YAKINIKU HOUSE
Jojoen
叙々苑
JOJOEN
Jojoen
叙々苑
YAKINIKU HOUSE
Pub House CAPRICORN
Music Lounge
せぴあ
Ta
20
店舗 事務所
KEN
(478)
1191
西山商事
LARK
大八

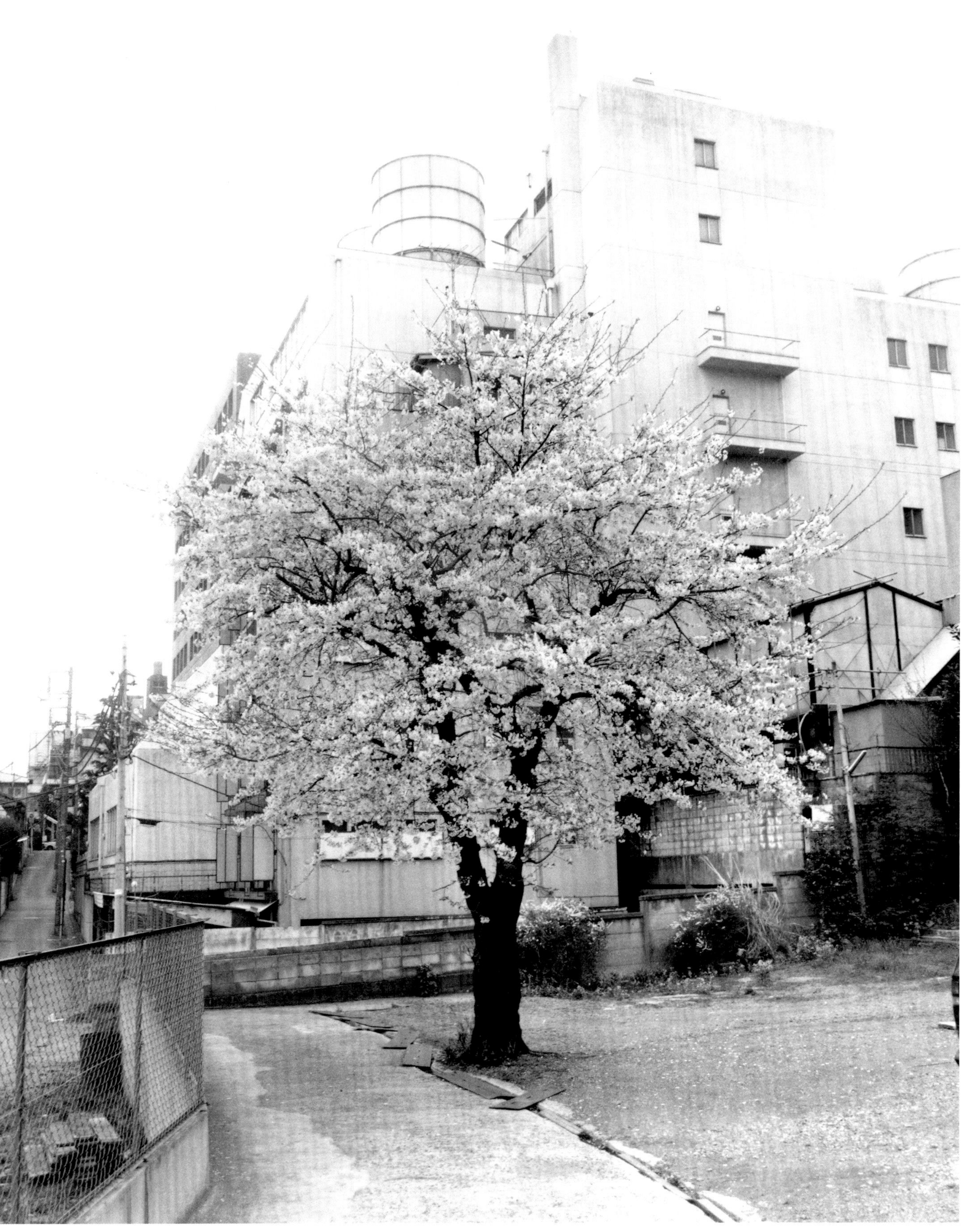

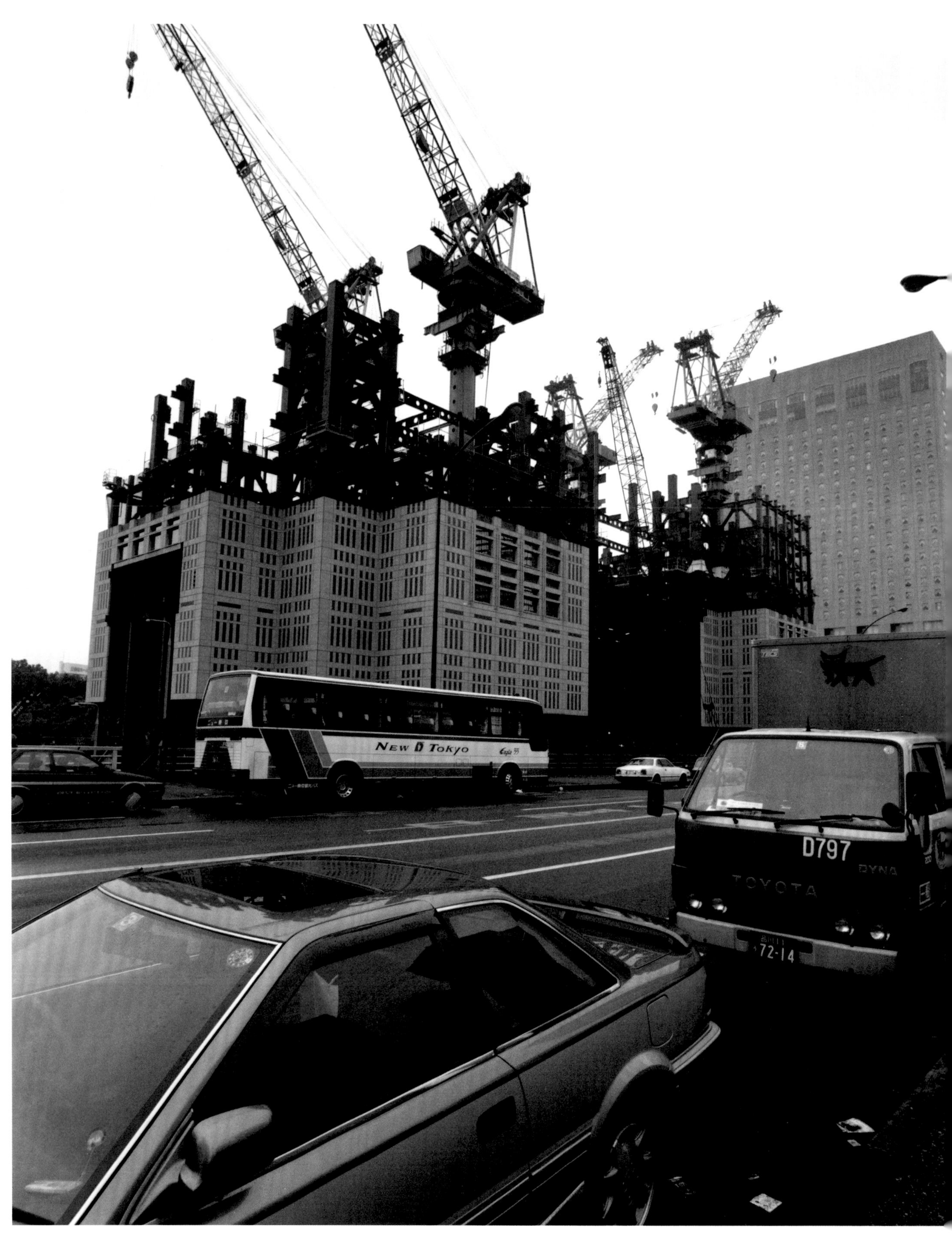
NEW Tokyo
D797
TOYOTA
DYNA
72-14

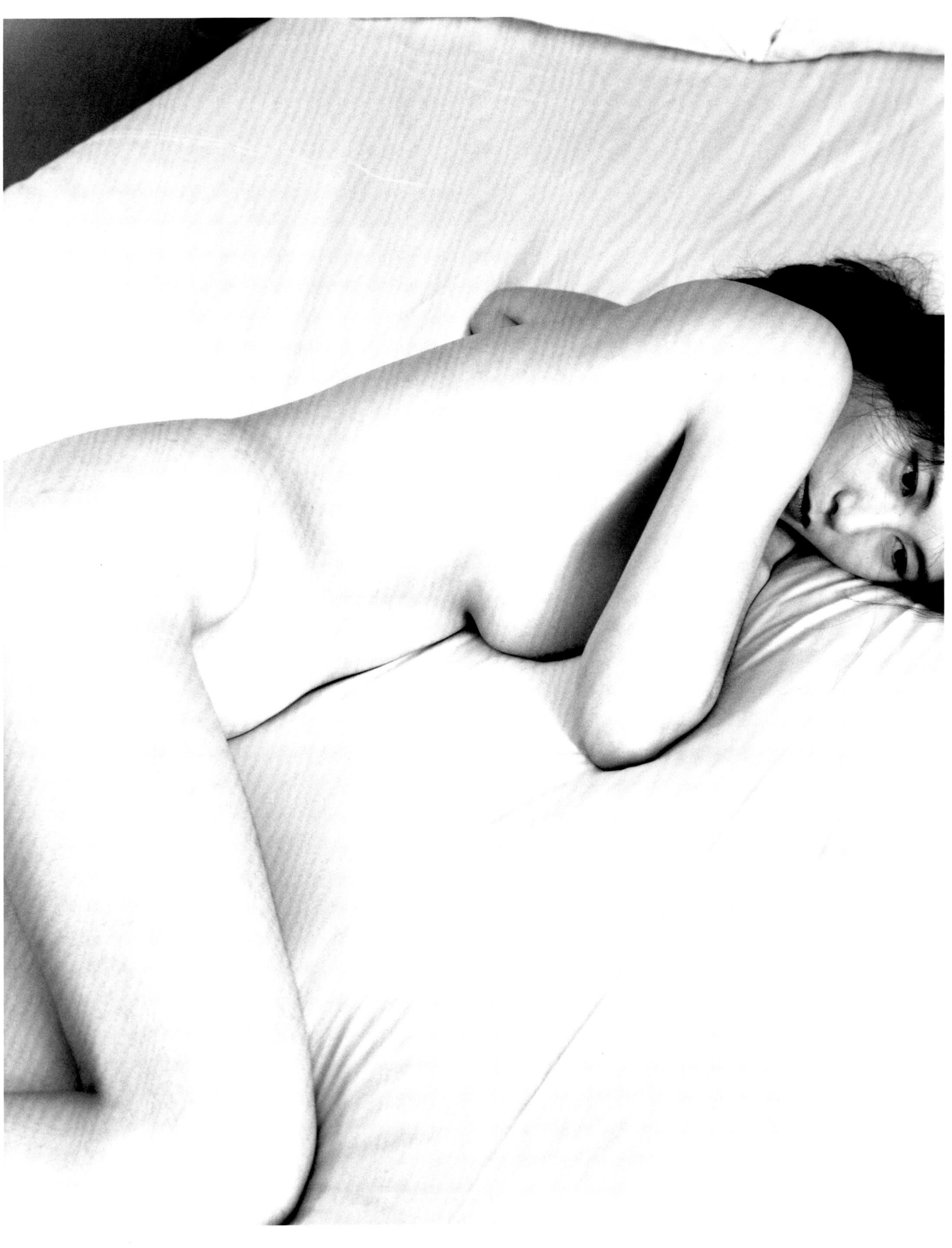

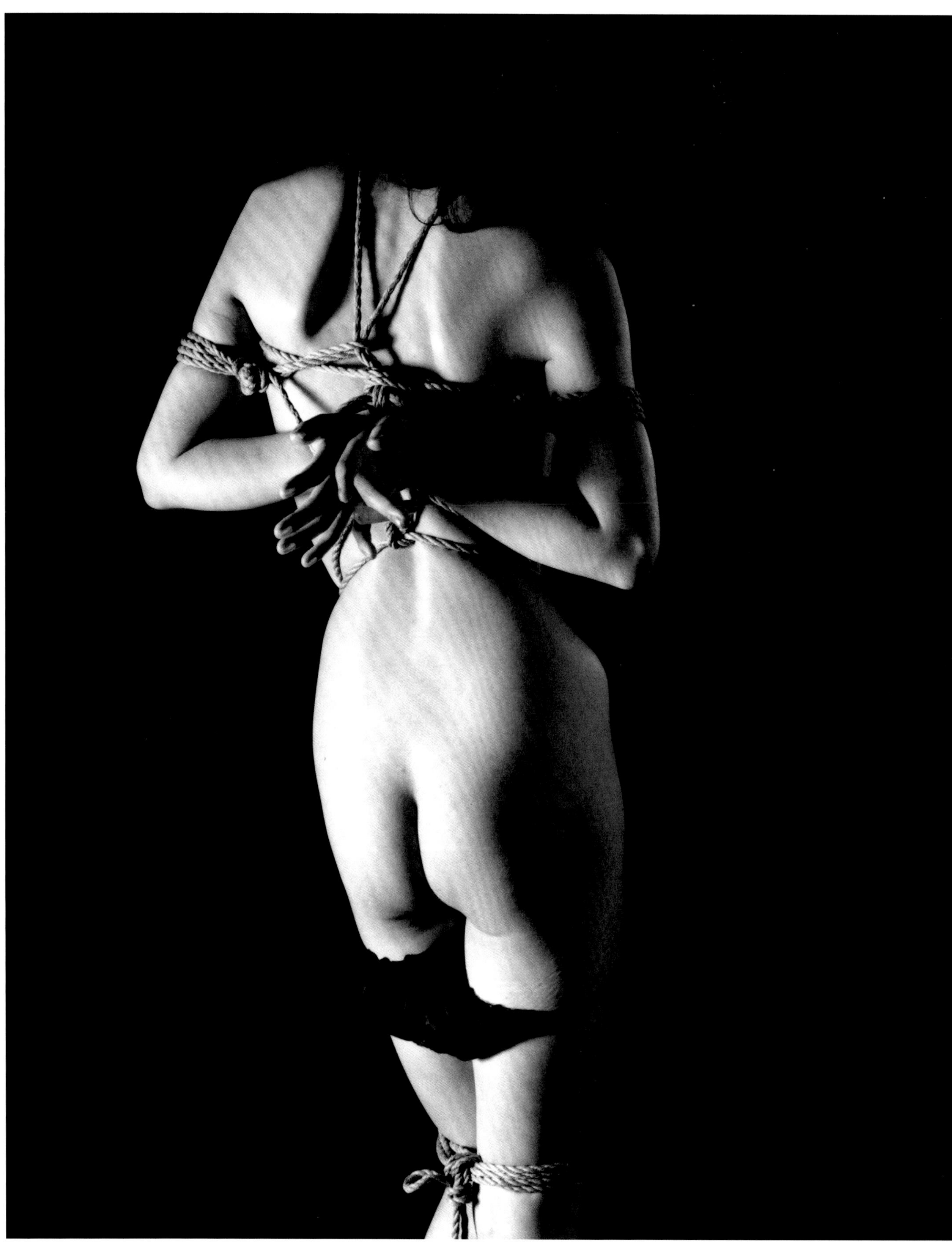

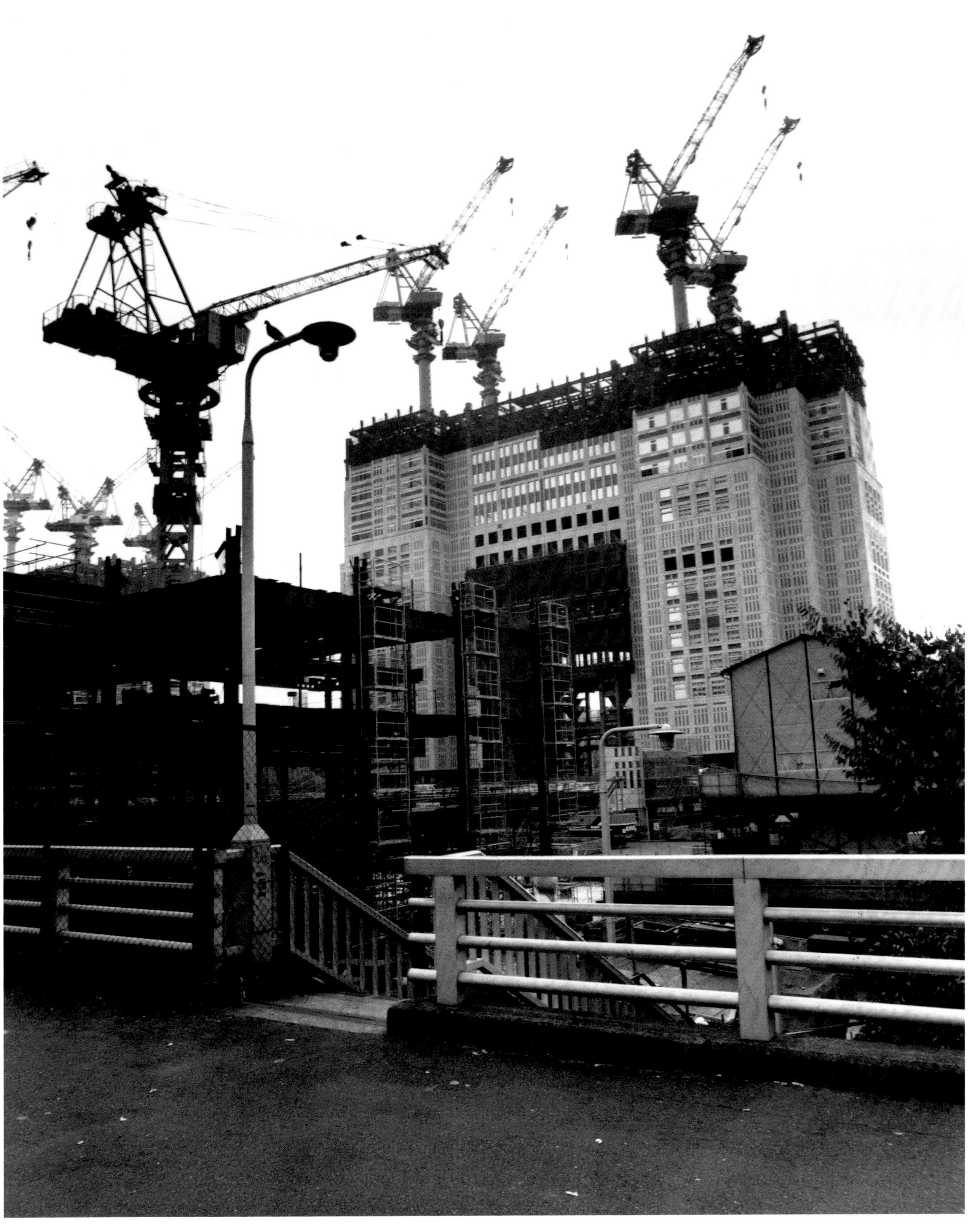

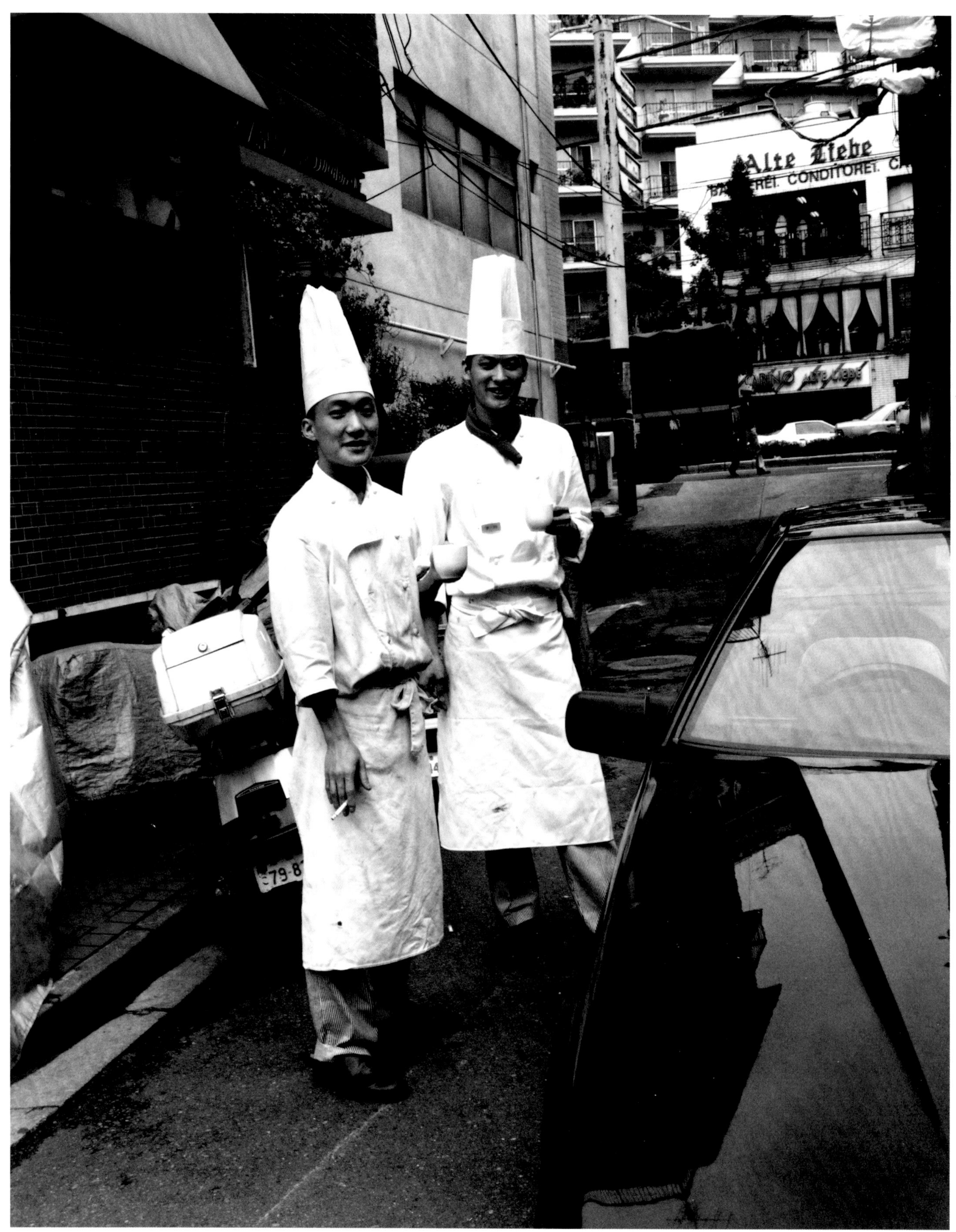
Alte Liebe
CONDITOREI.

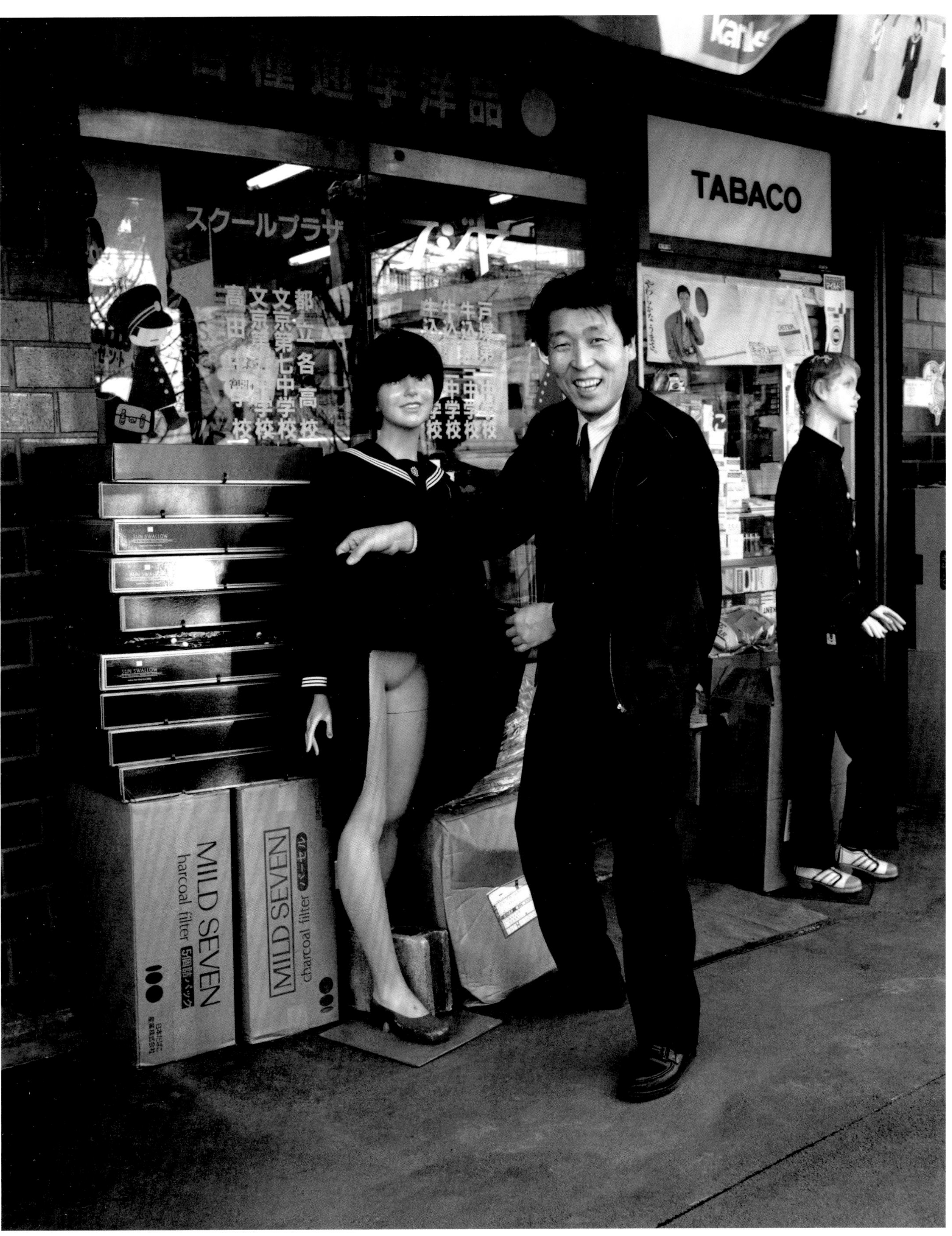
TABACO
スクールプラザ
MILD SEVEN
harcoal filter
MILD SEVEN
charcoal filter

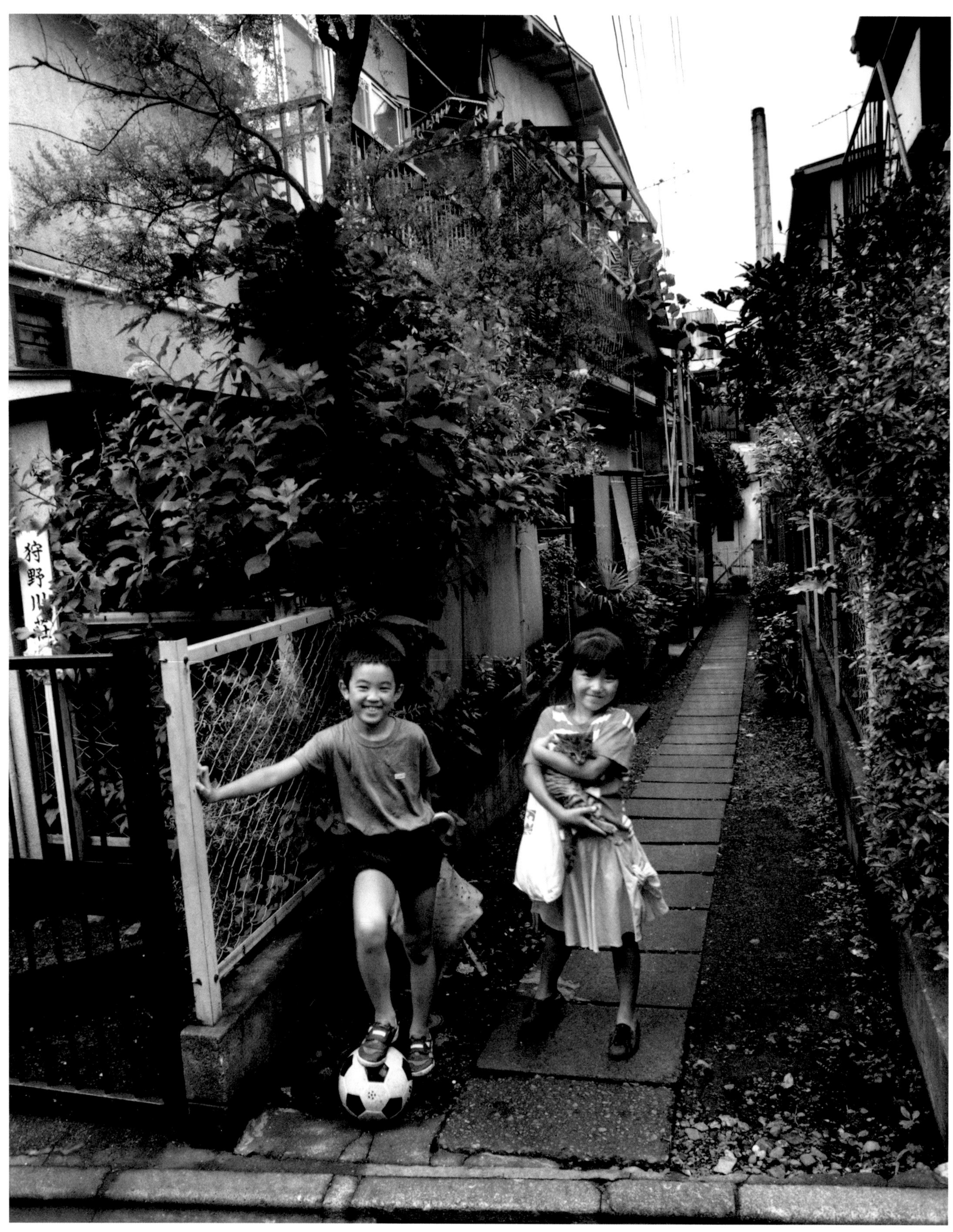
狩野川

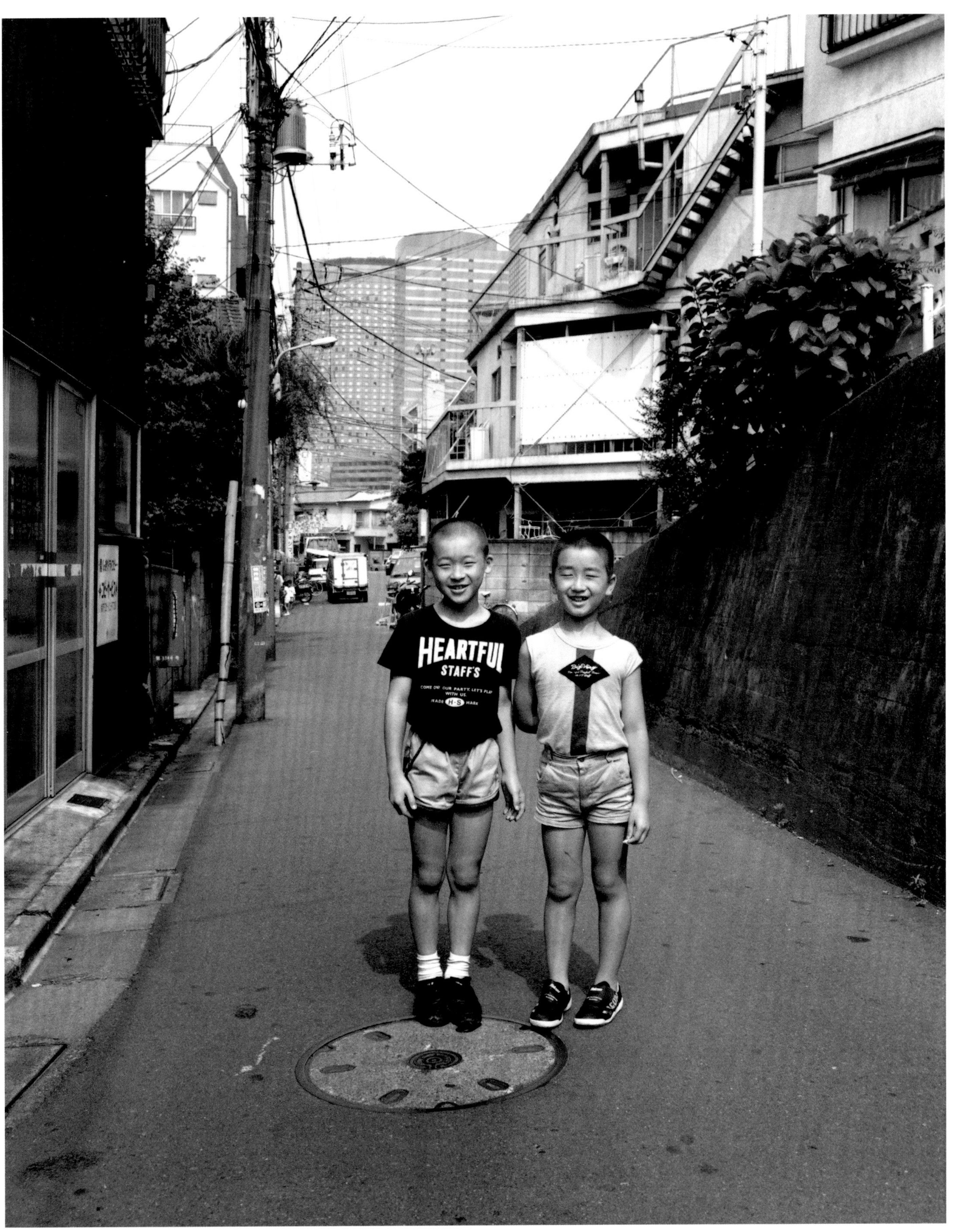
HEARTFUL
STAFF'S

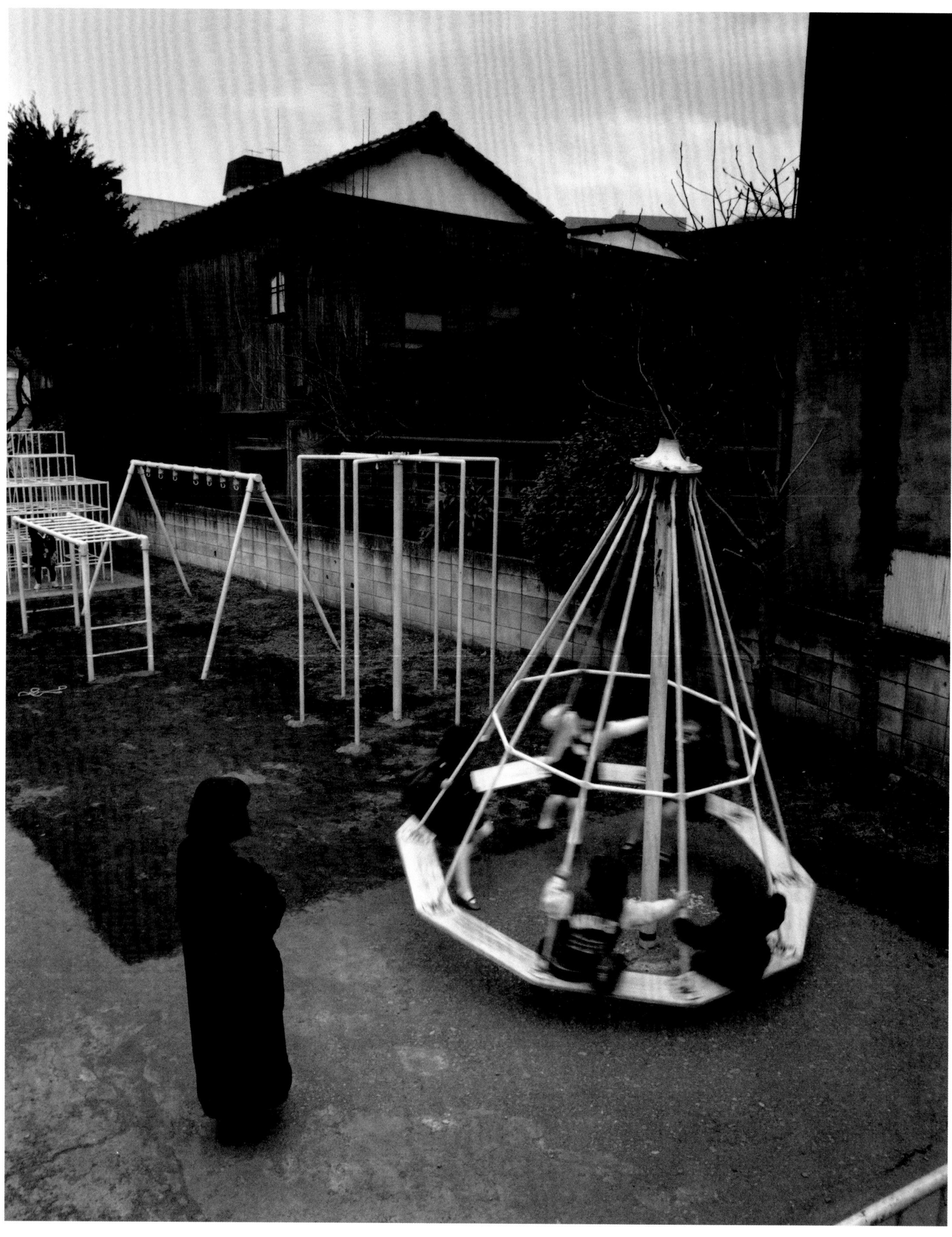

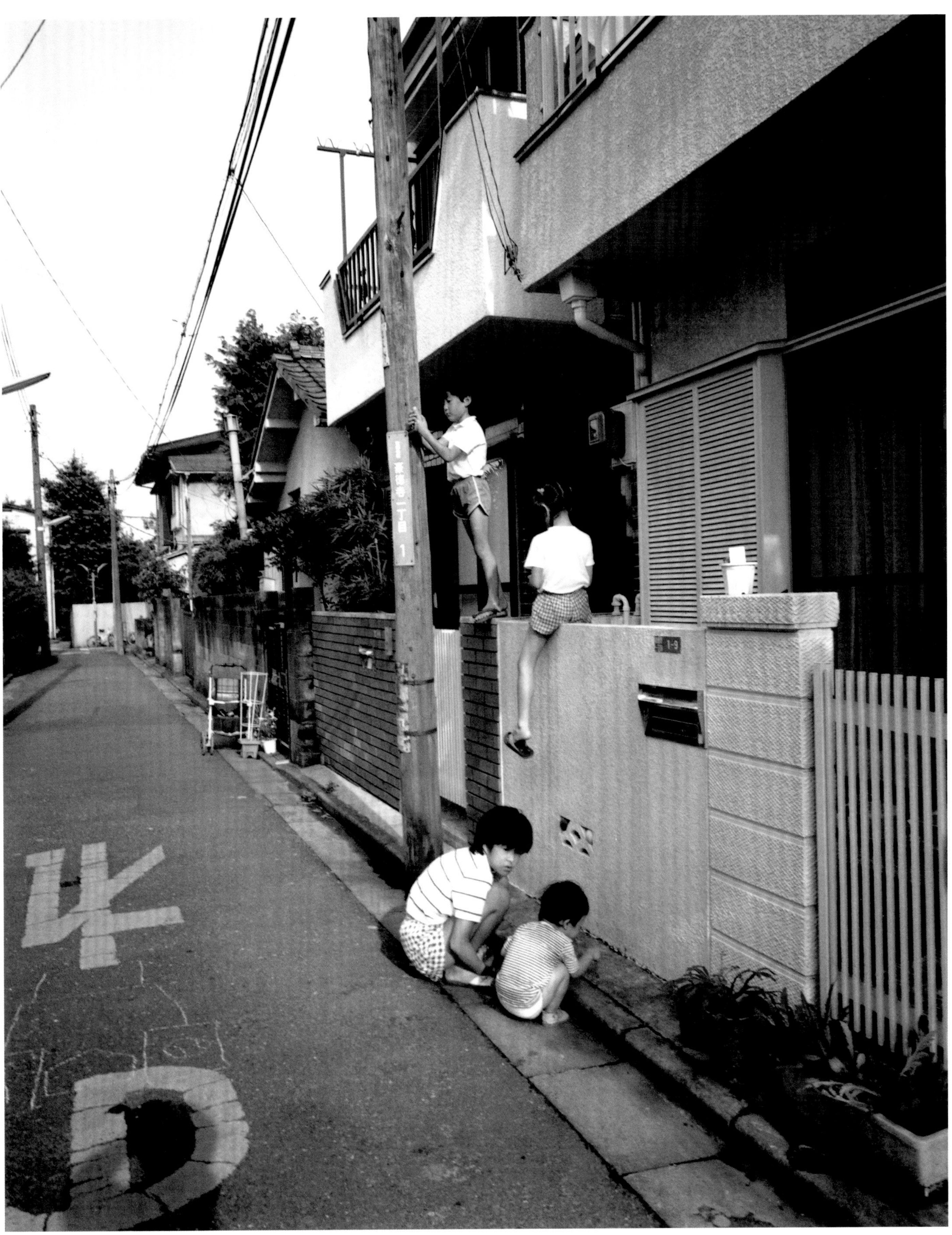

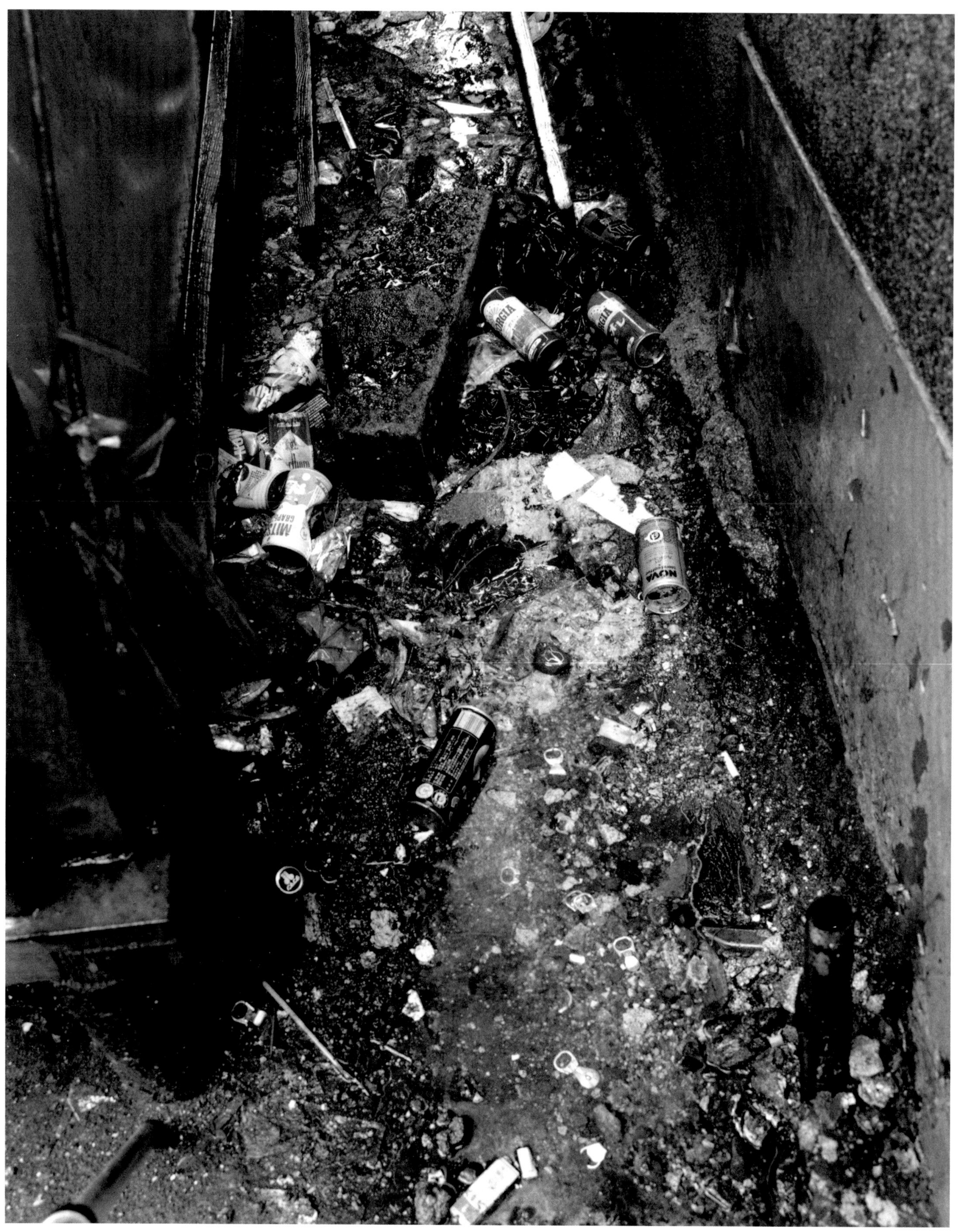

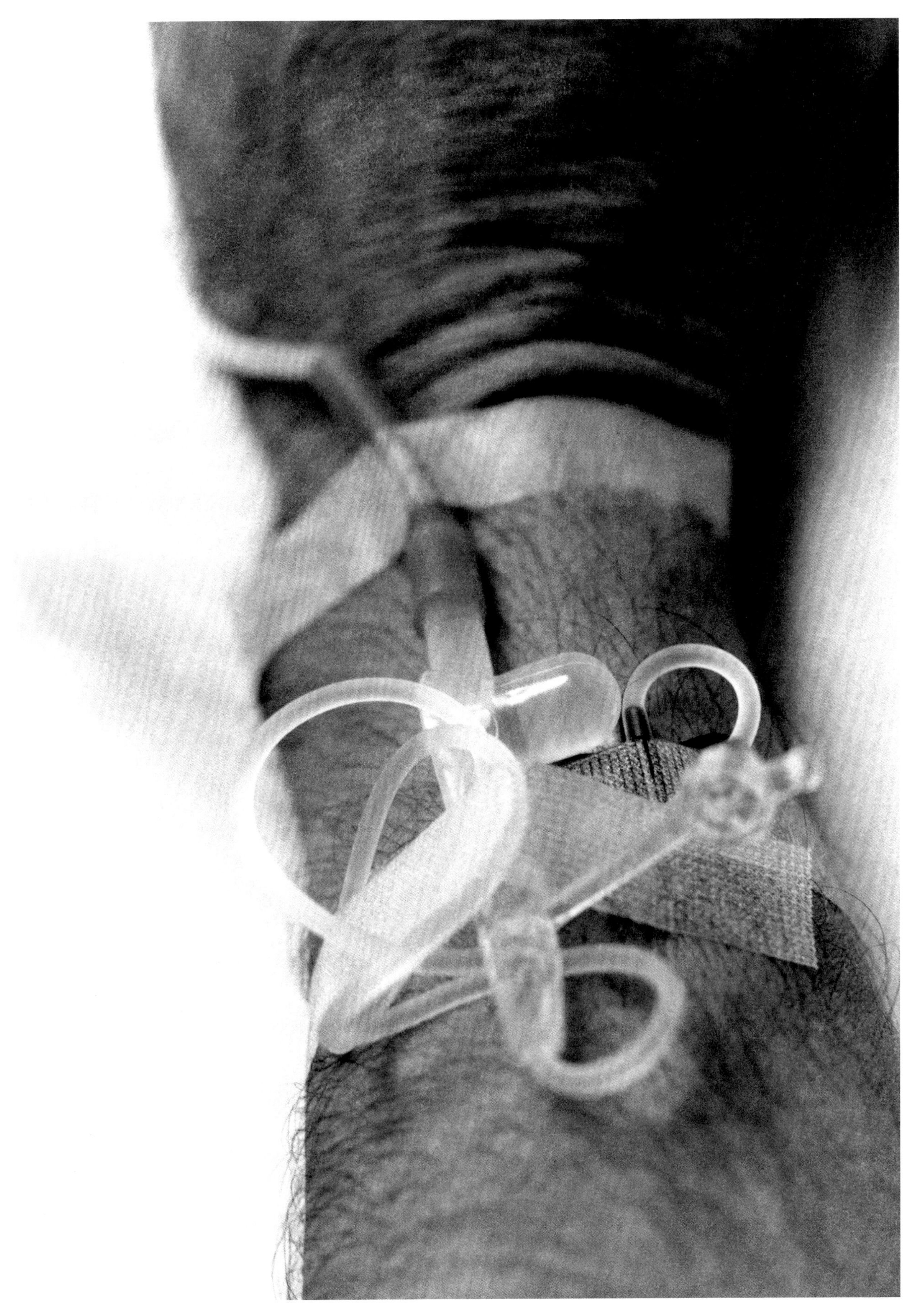

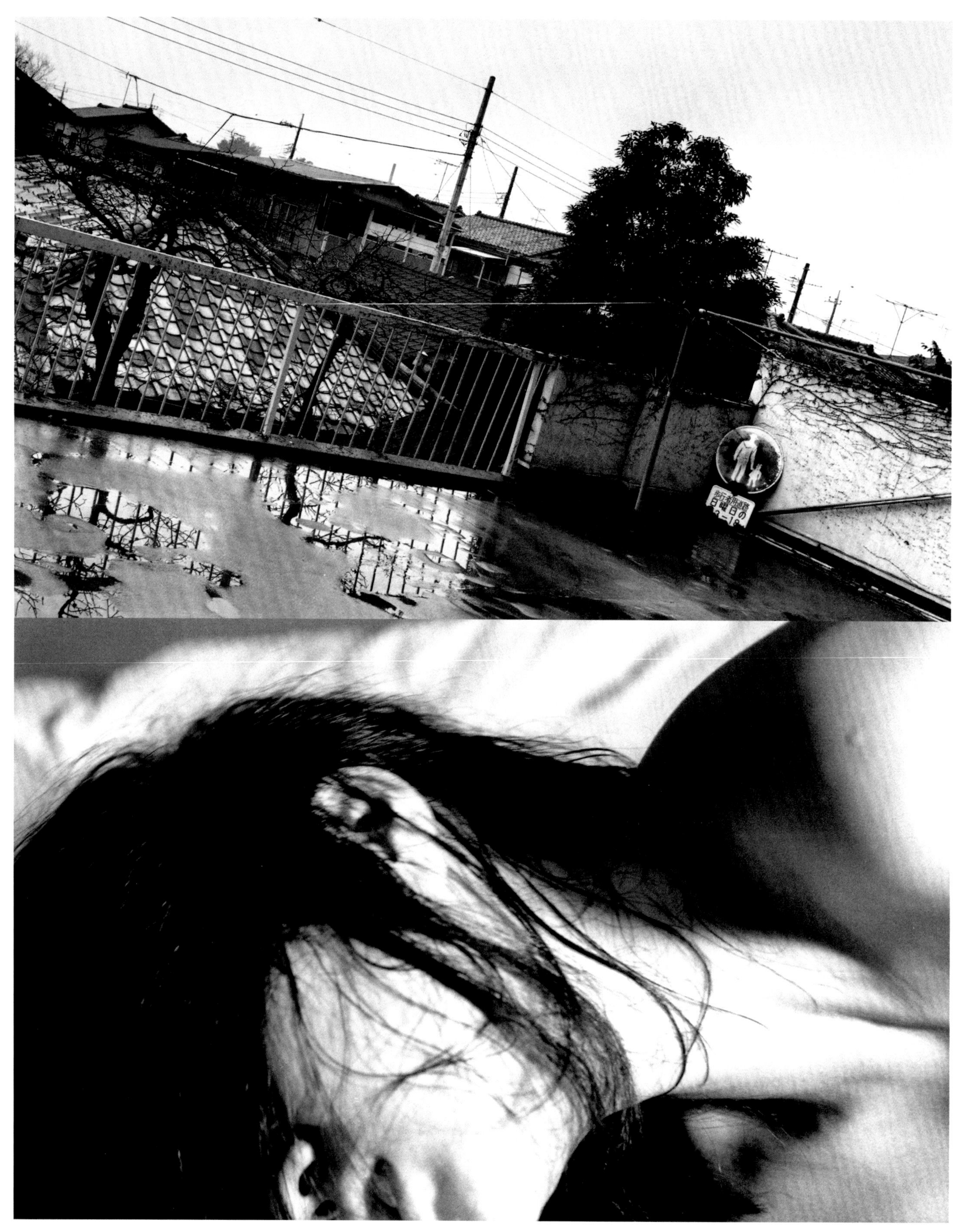
歩行者用道路
日曜日の

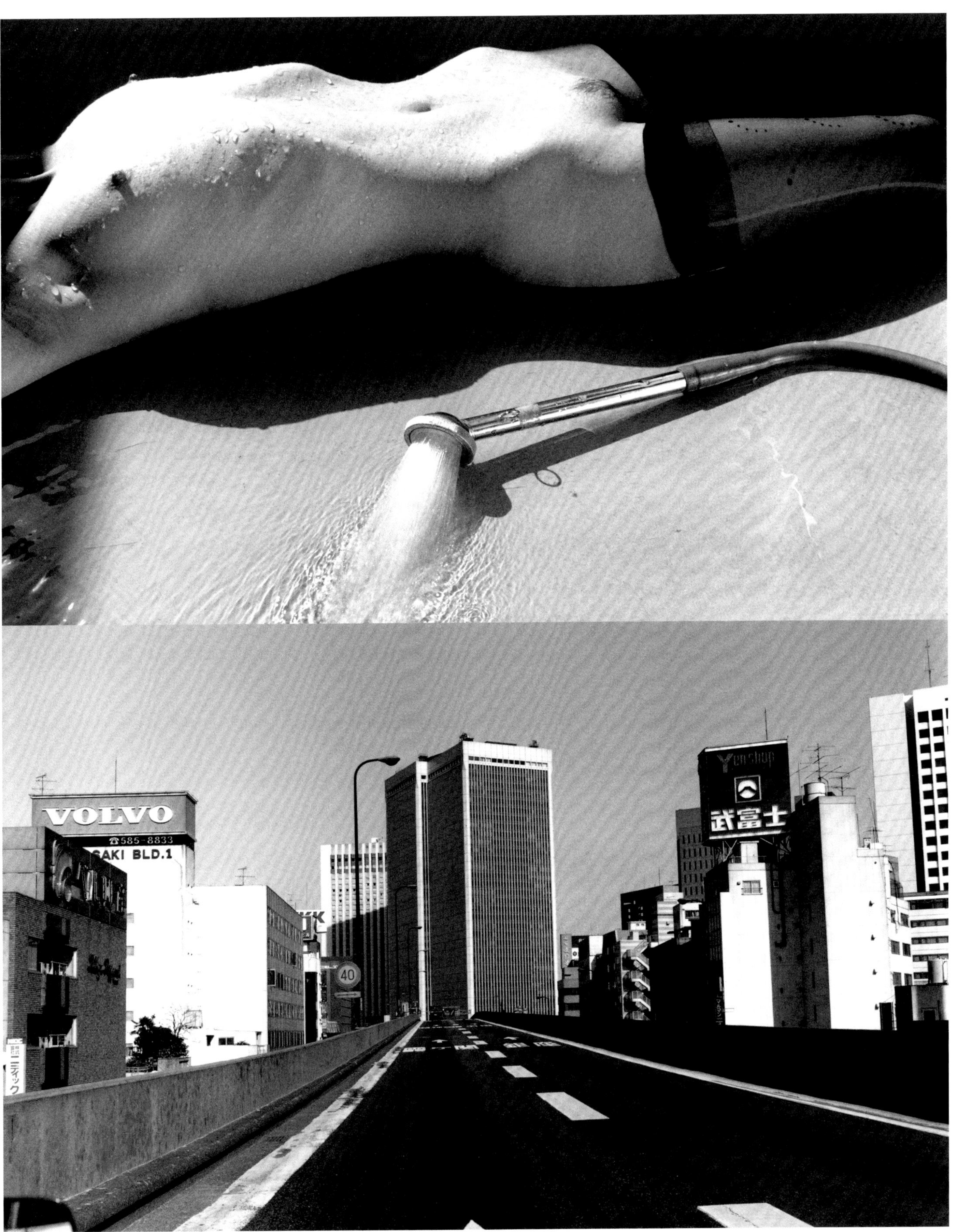
VOLVO
☎585-8833
武富士
40

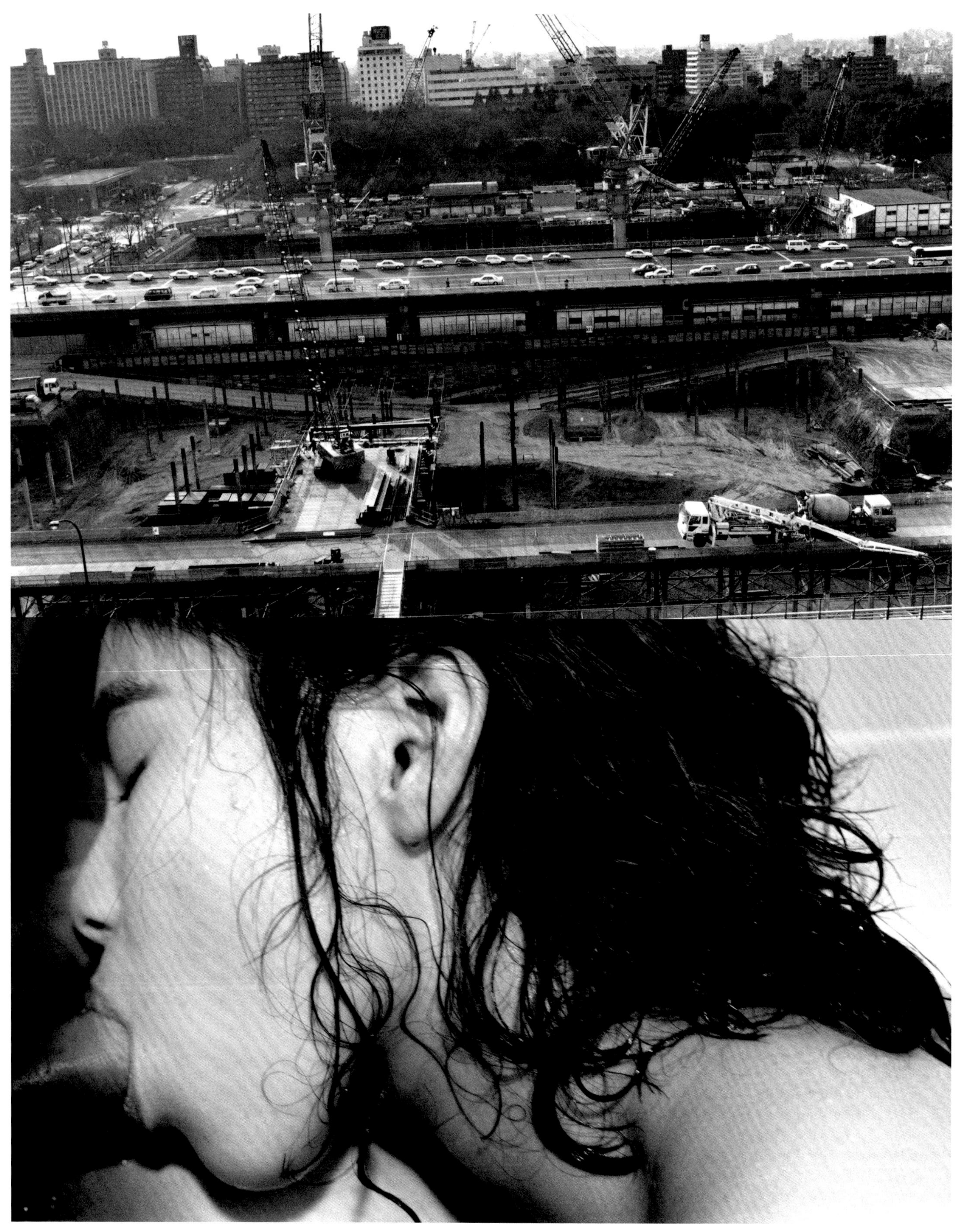

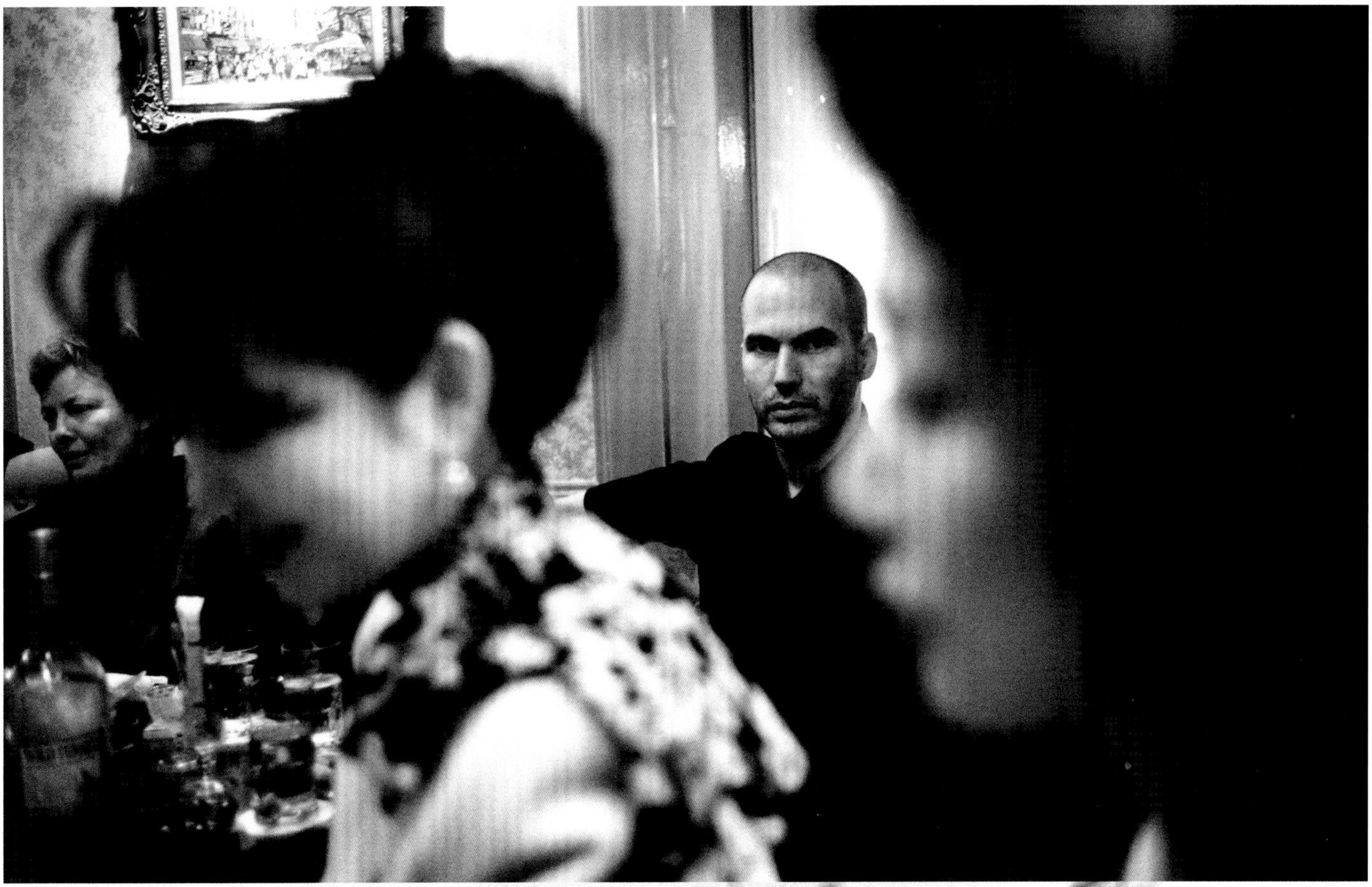

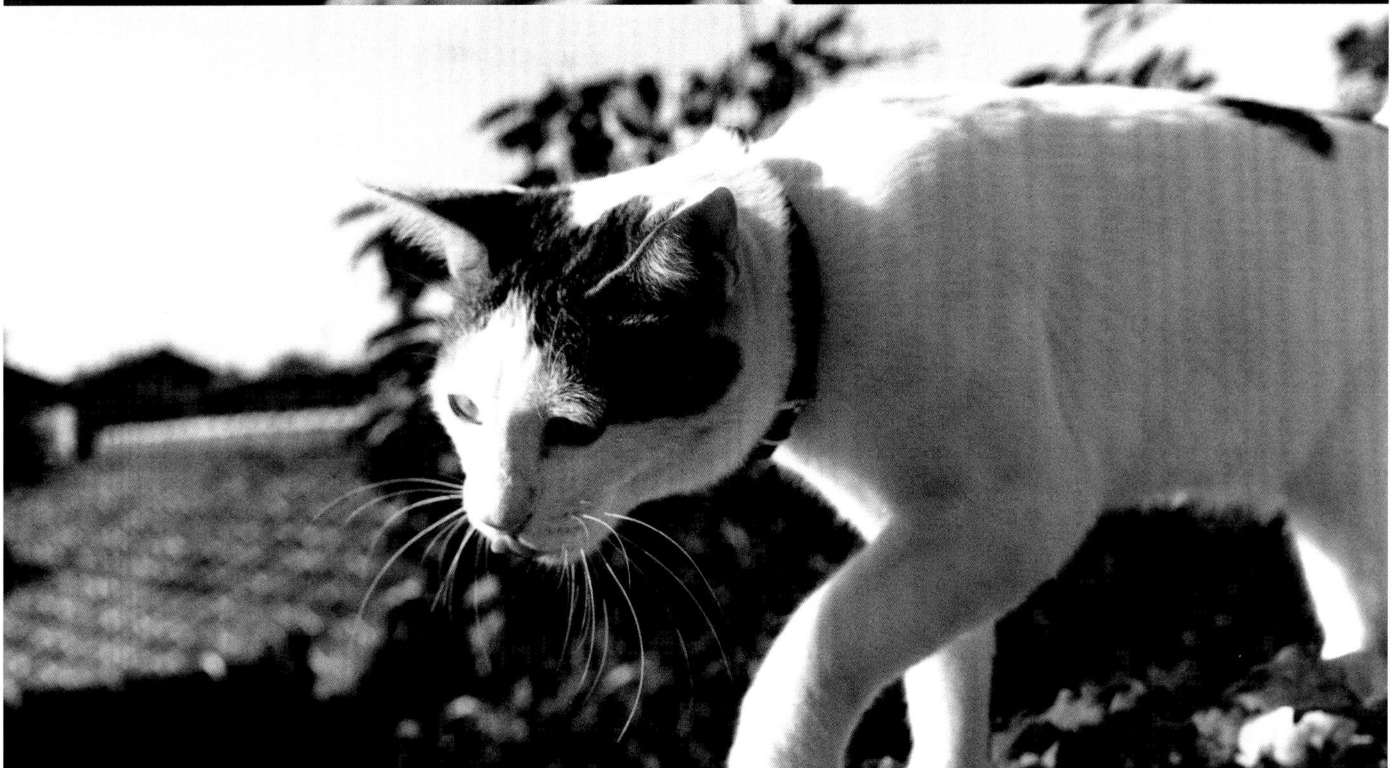

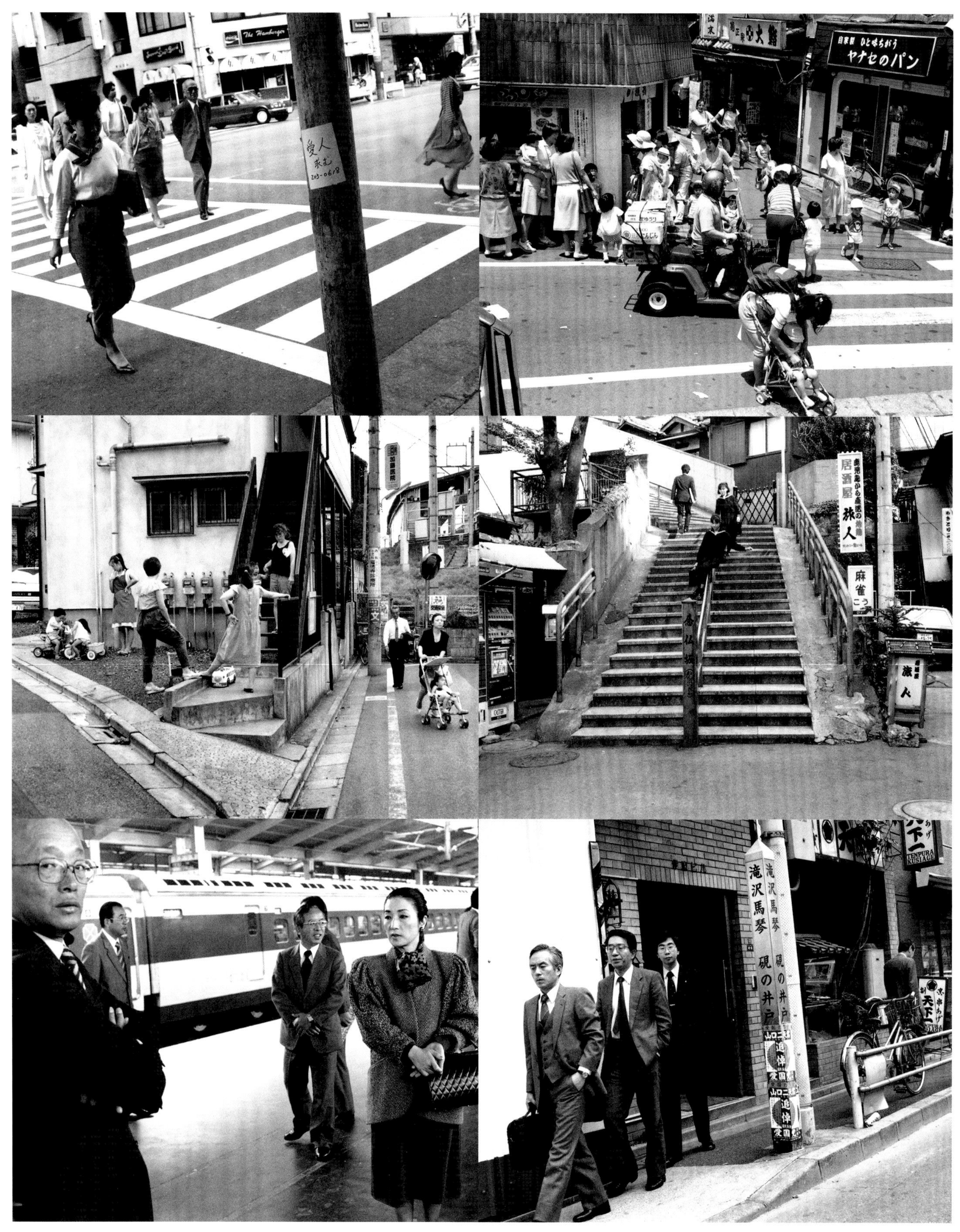

The Hamburger
愛人
ヤナセのパン
居酒屋
旅人
麻雀
滝沢馬琴
硯の井戸
TENPURA KUSHIAGE
天下一

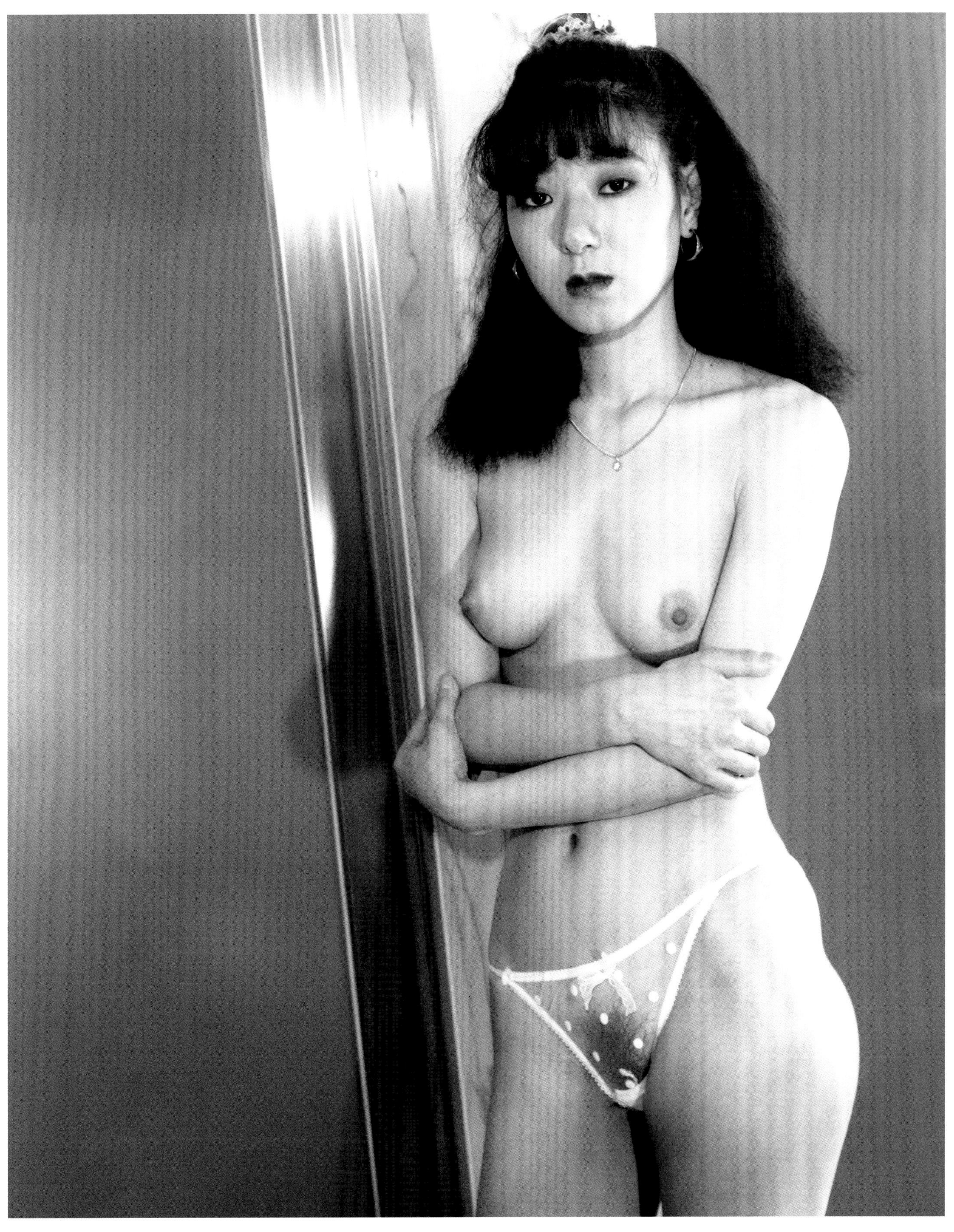

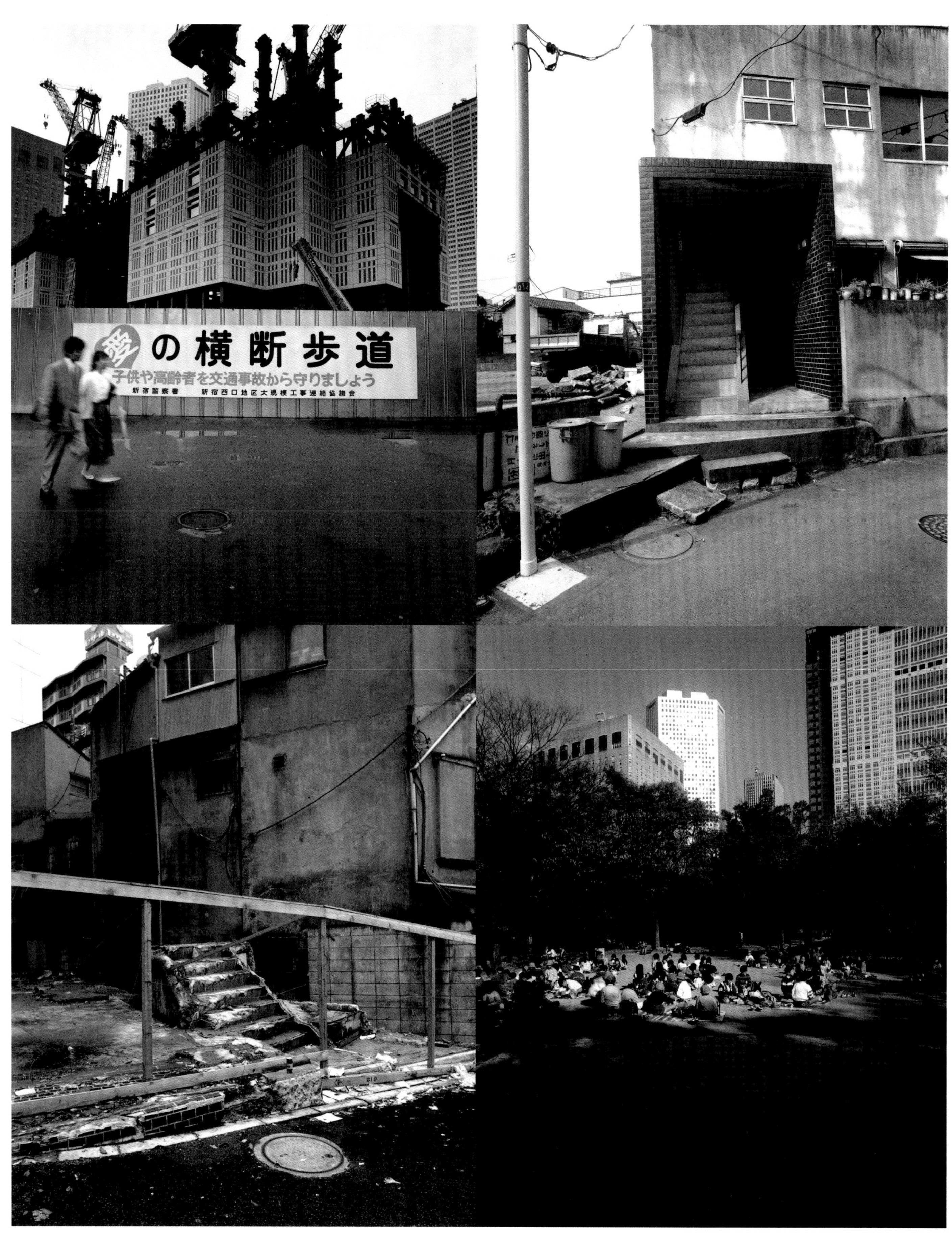
愛の横断歩道
子供や高齢者を交通事故から守りましょう
新宿警察署
新宿西口地区大規模工事連絡協議会

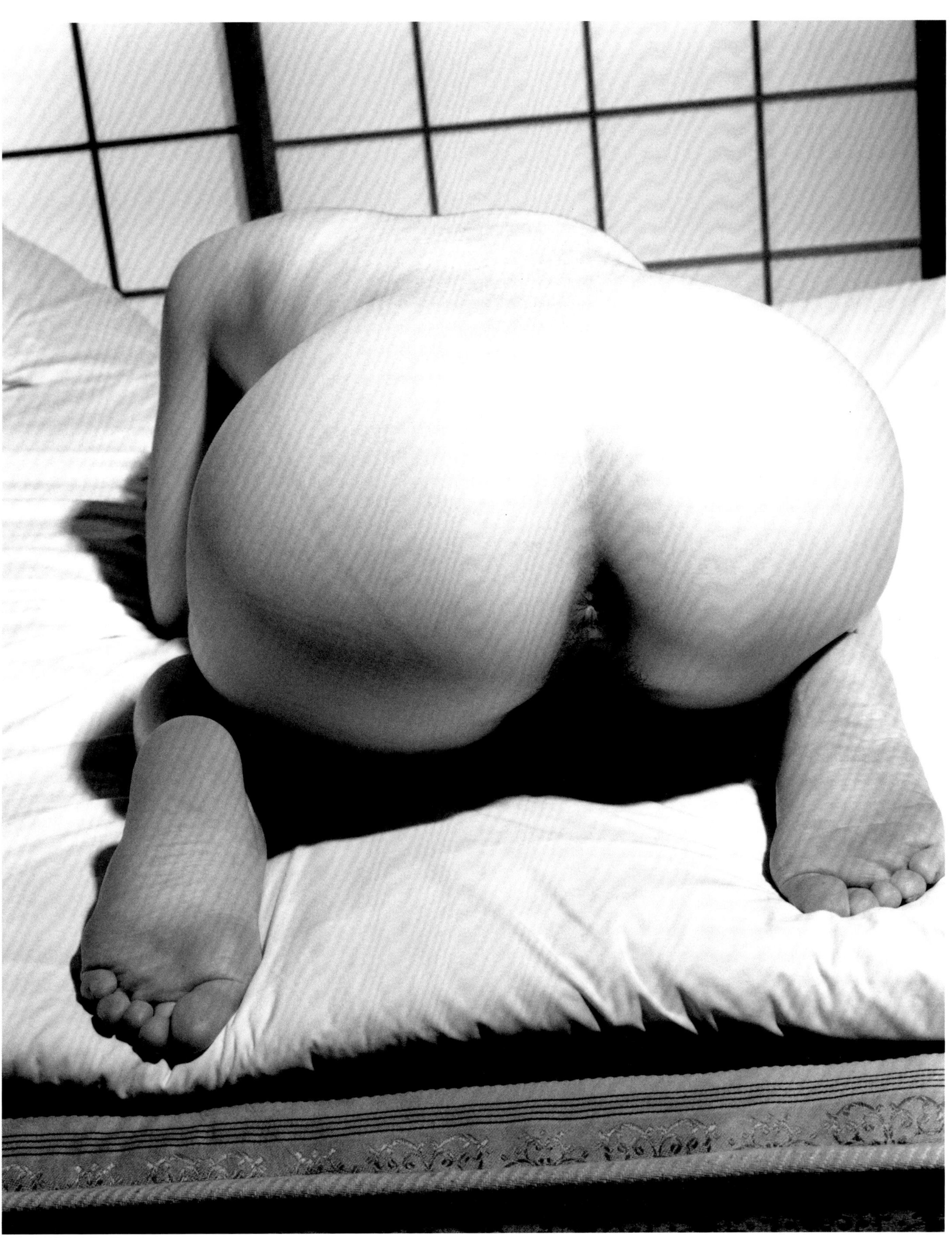

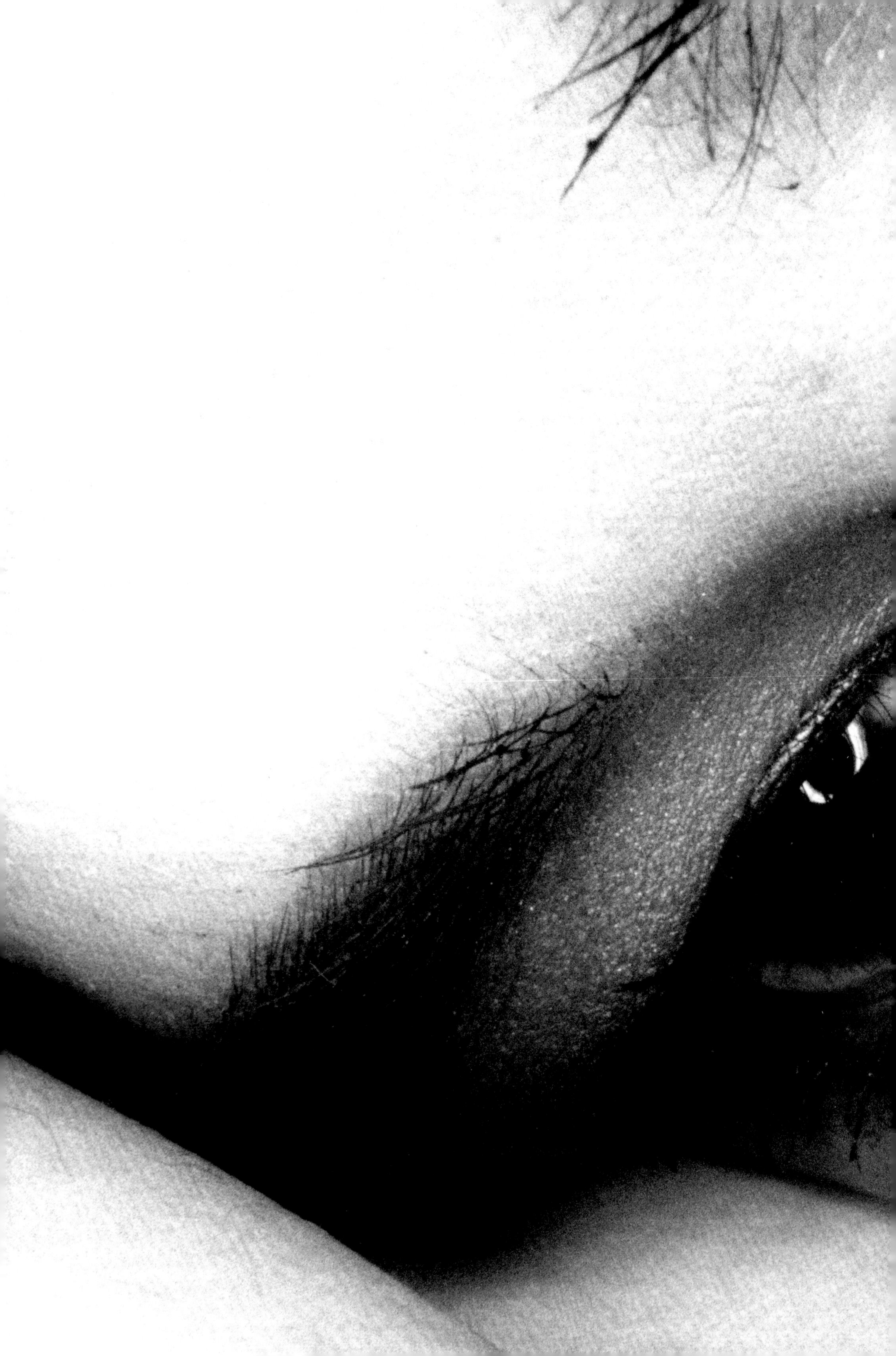

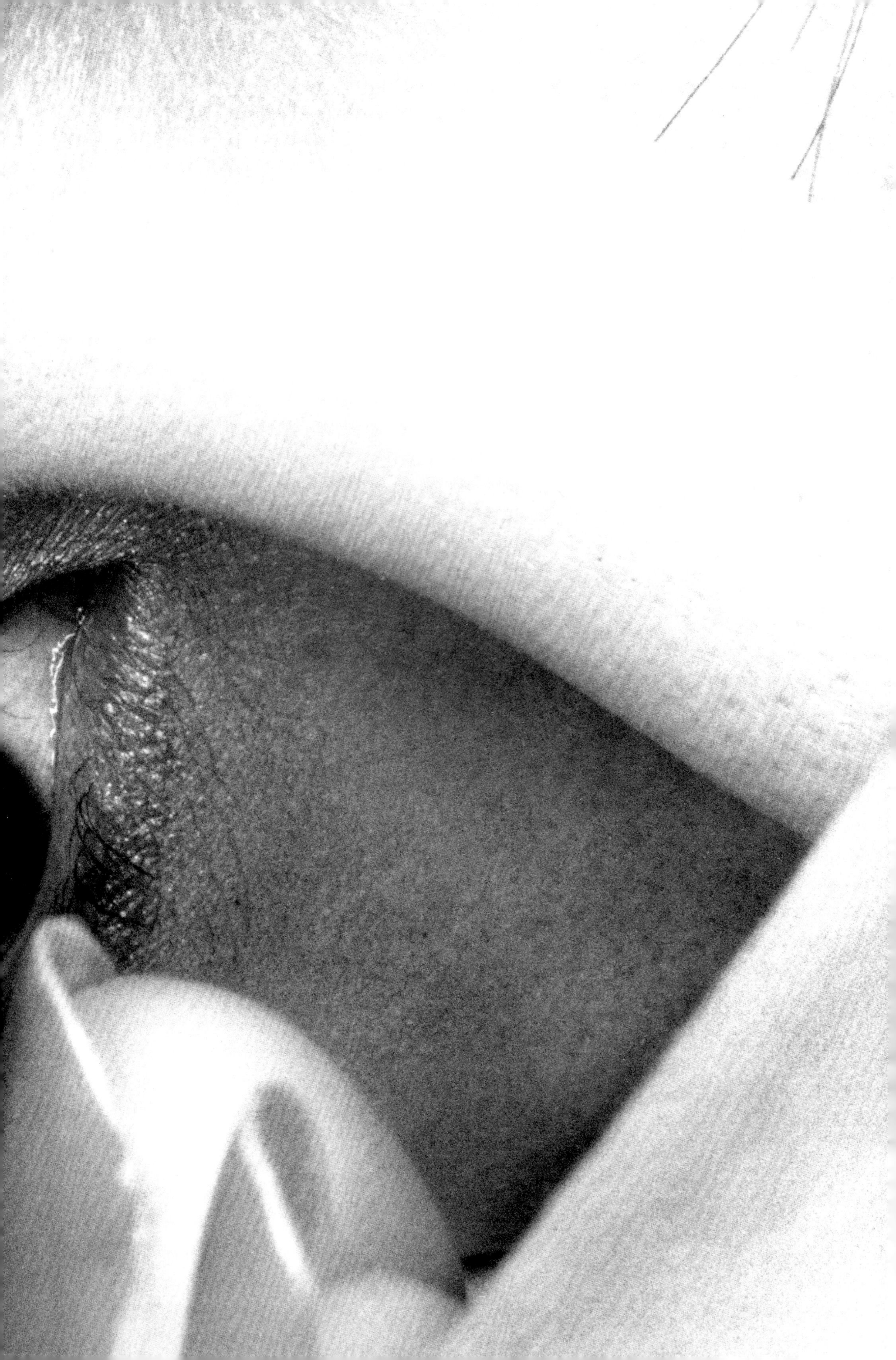

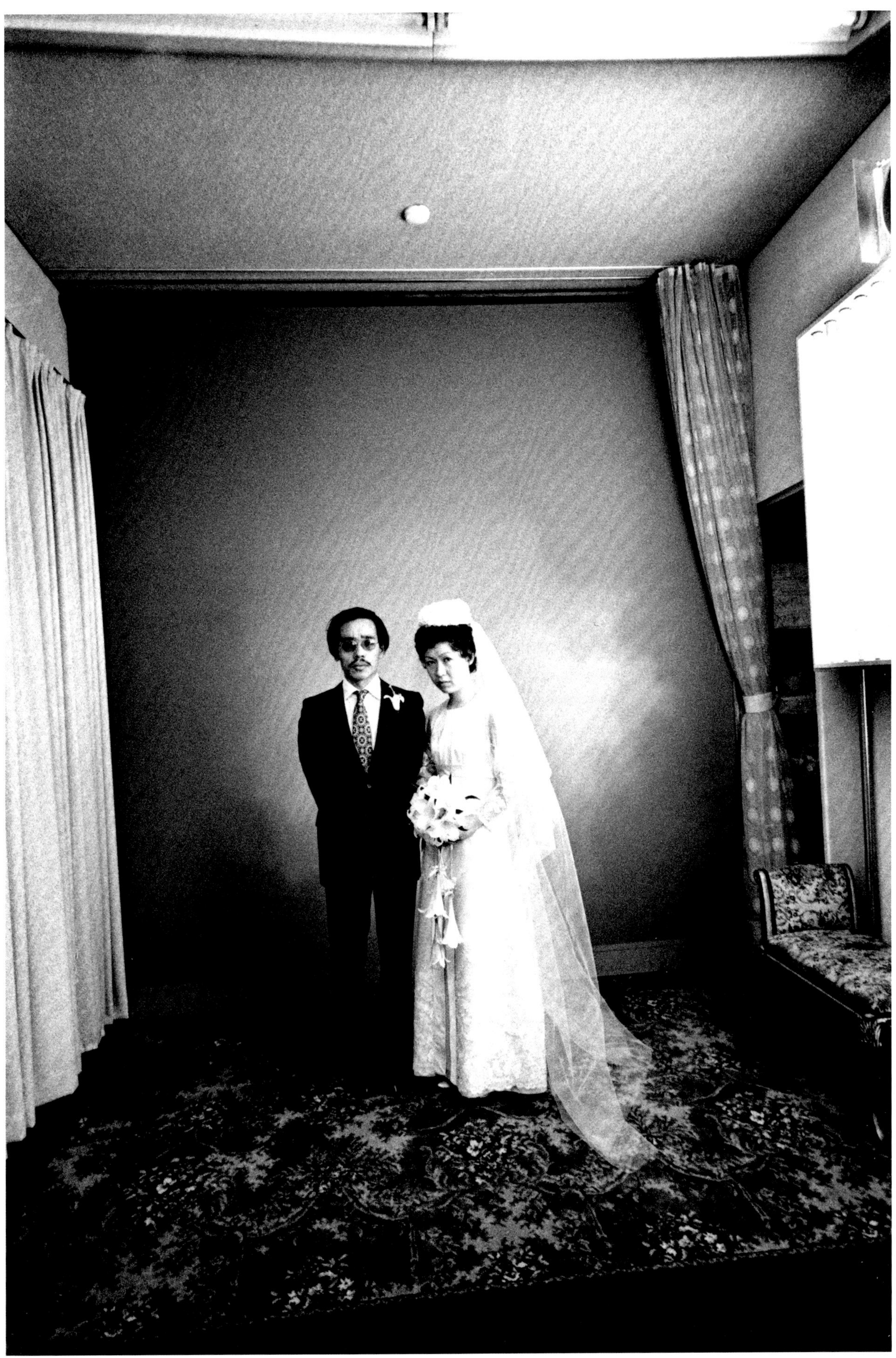

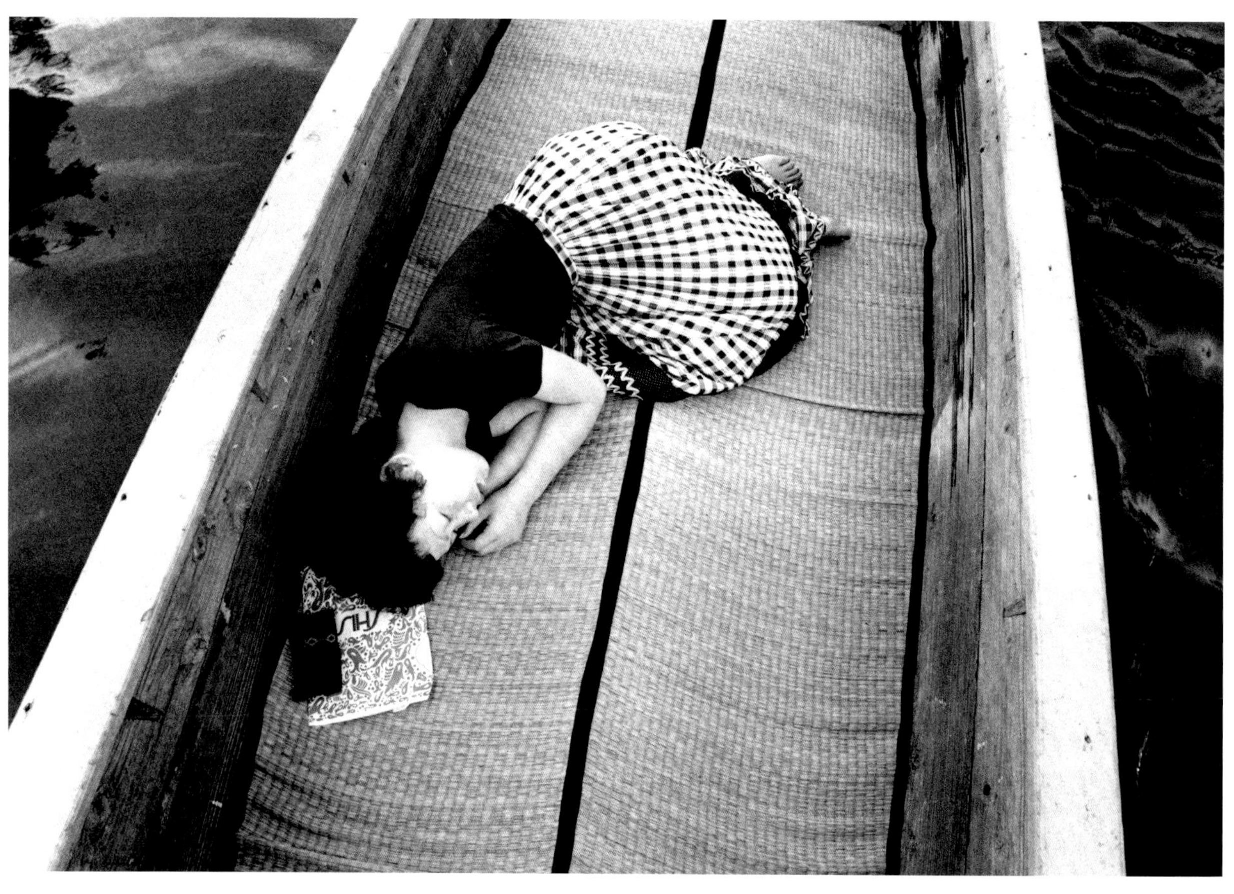

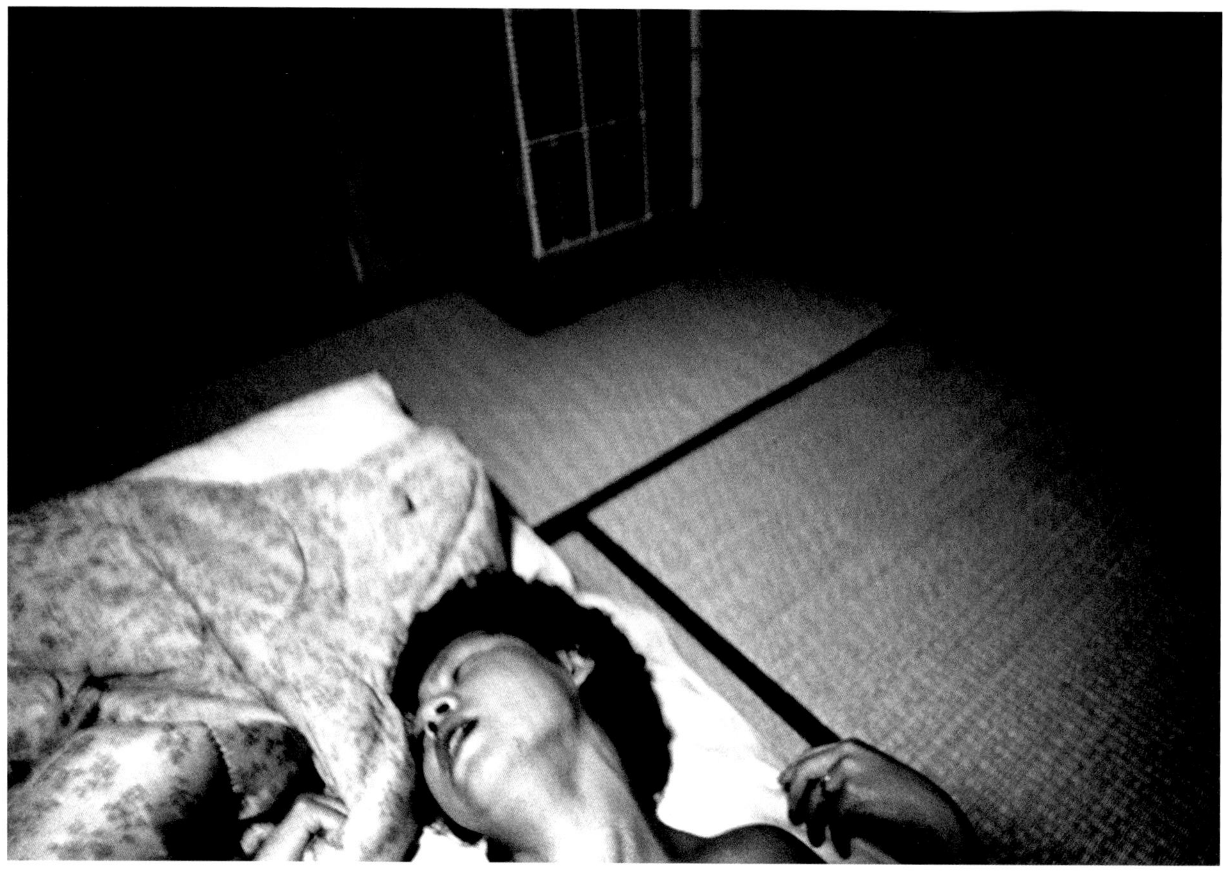

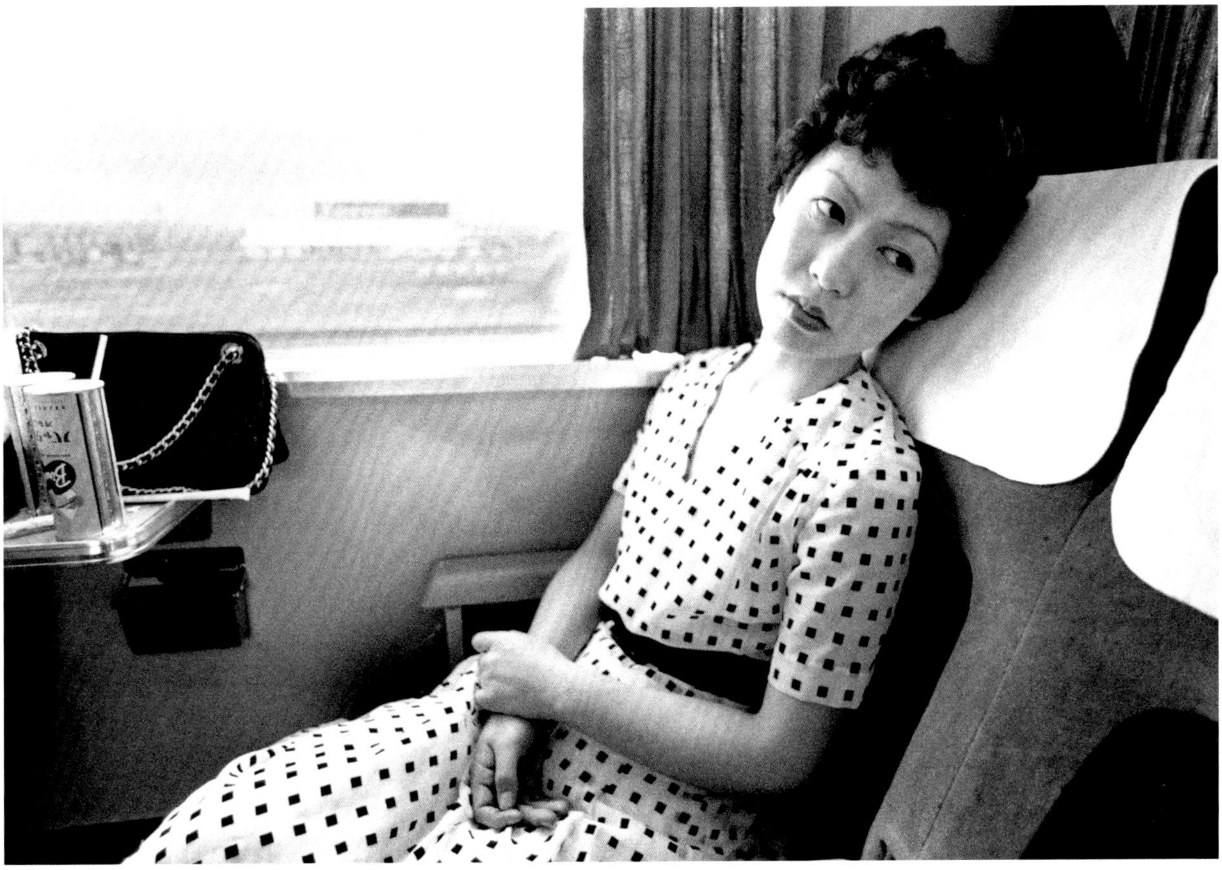

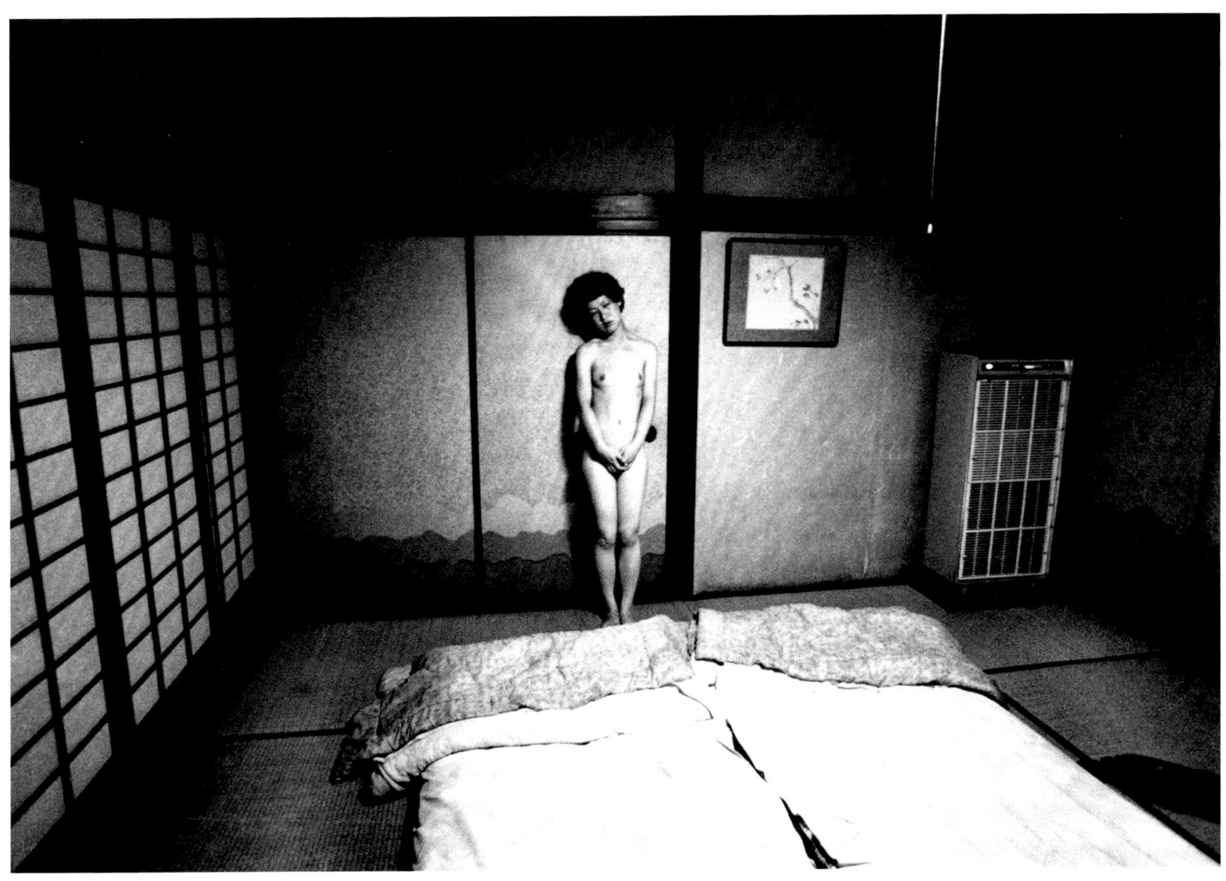

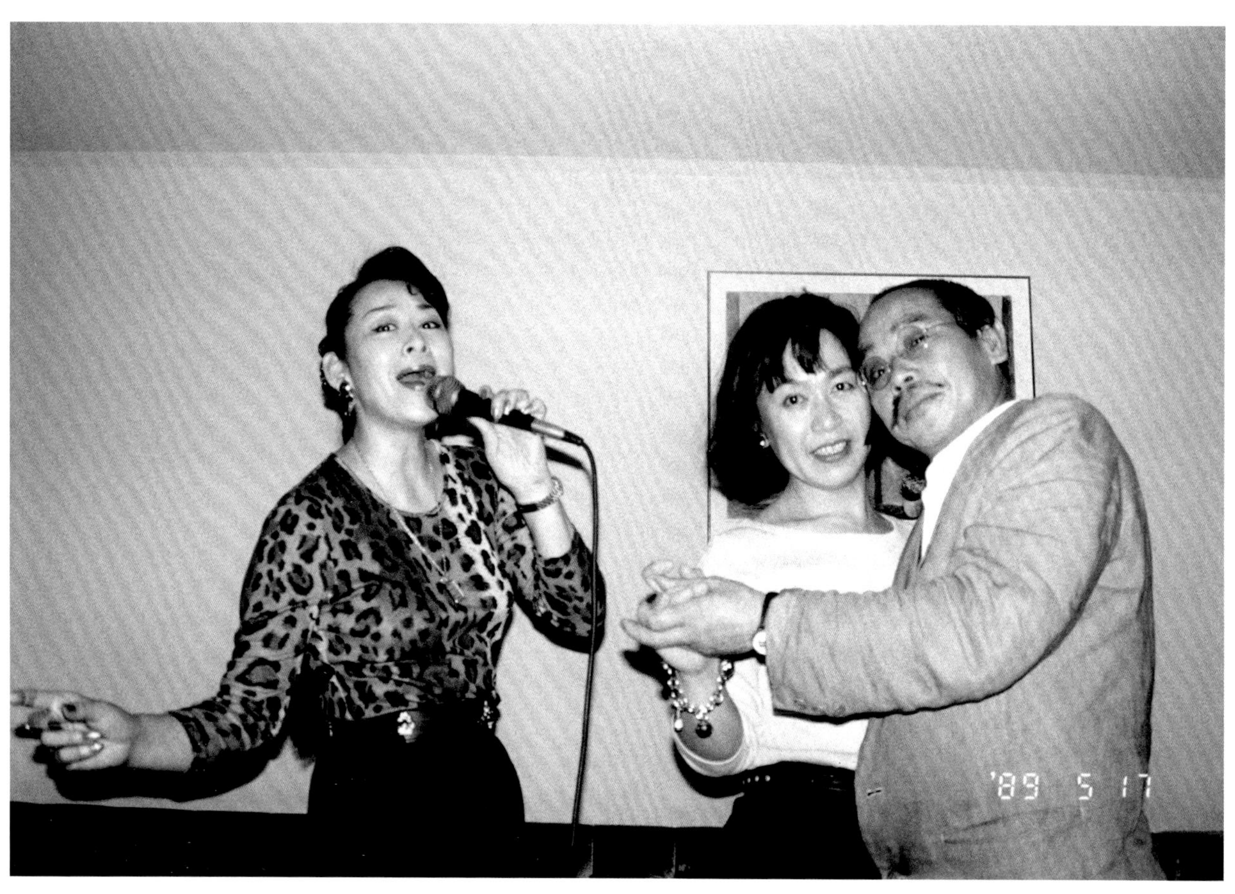
'89 5 17

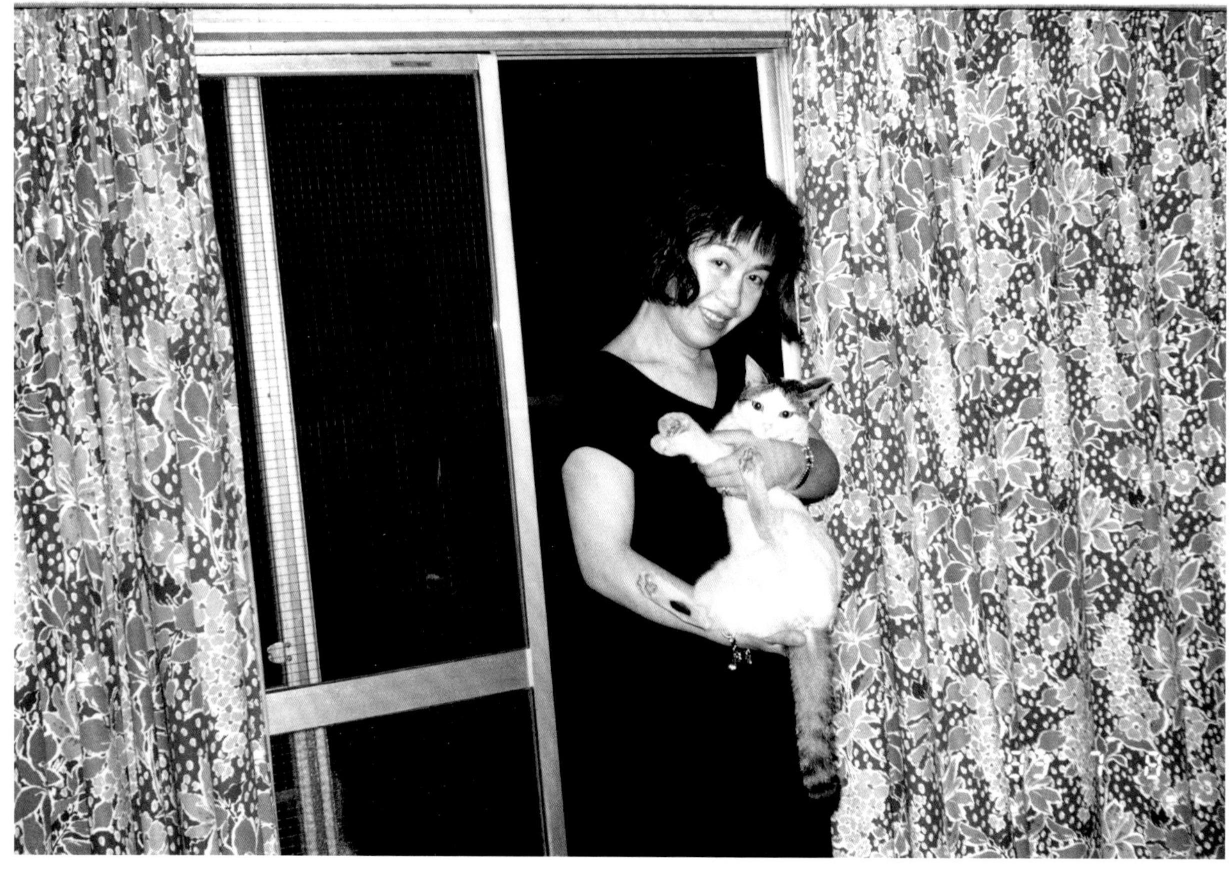

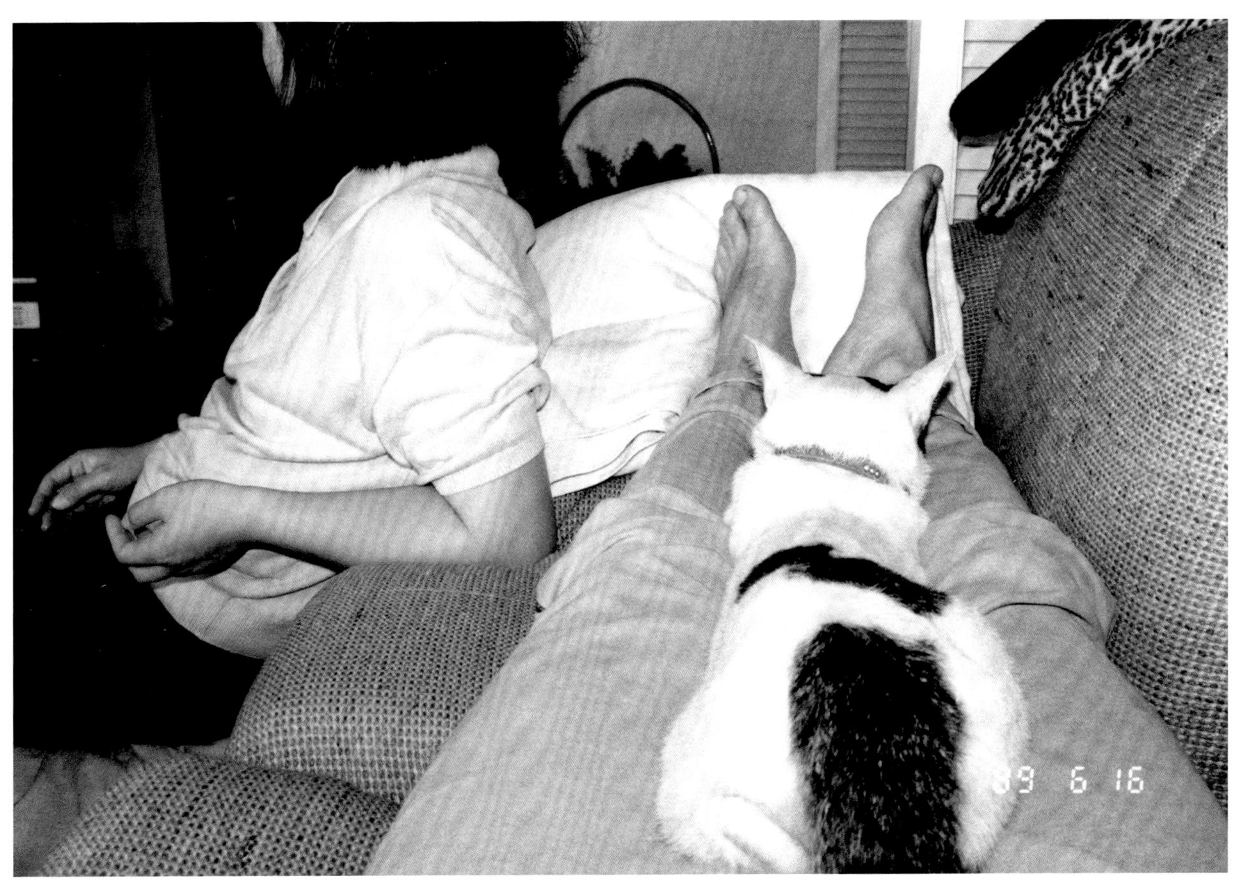
'89 6 16

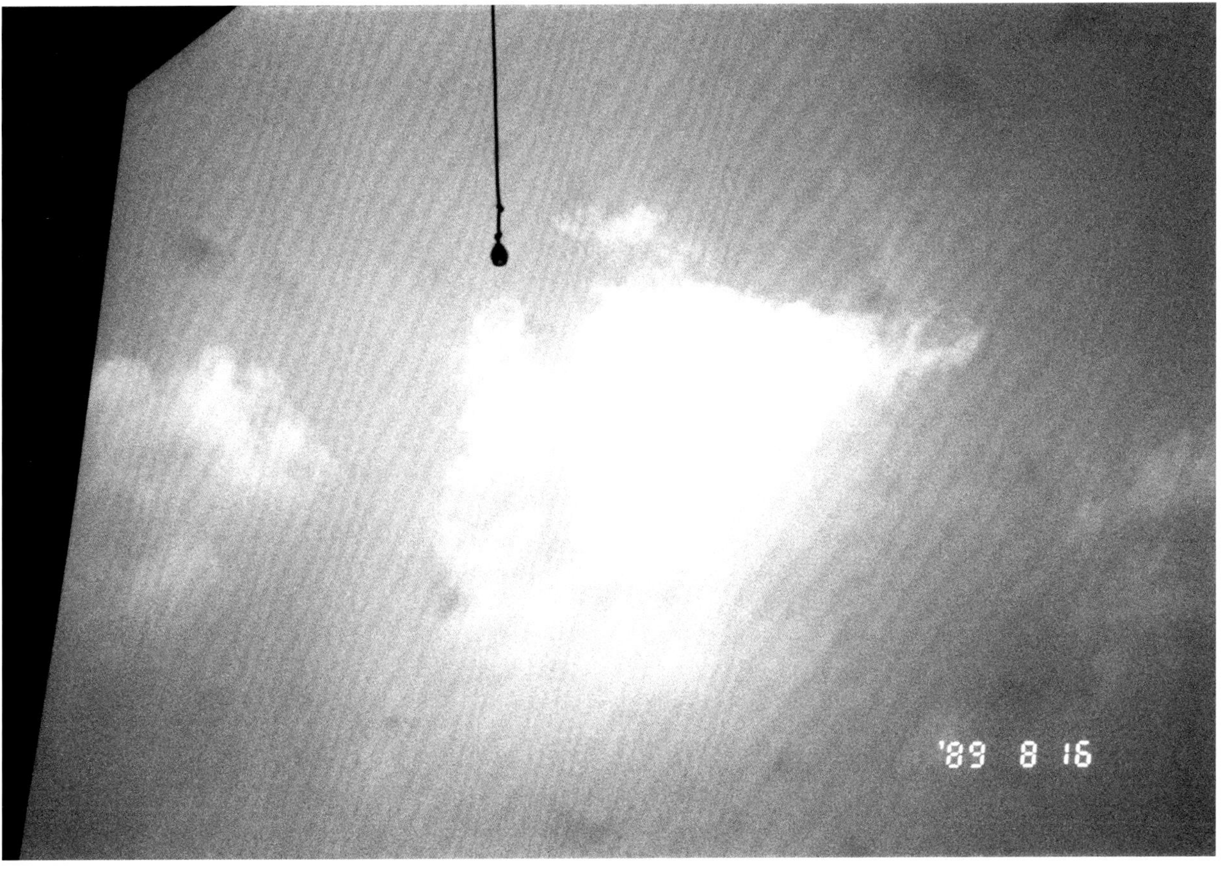
'89 8 16

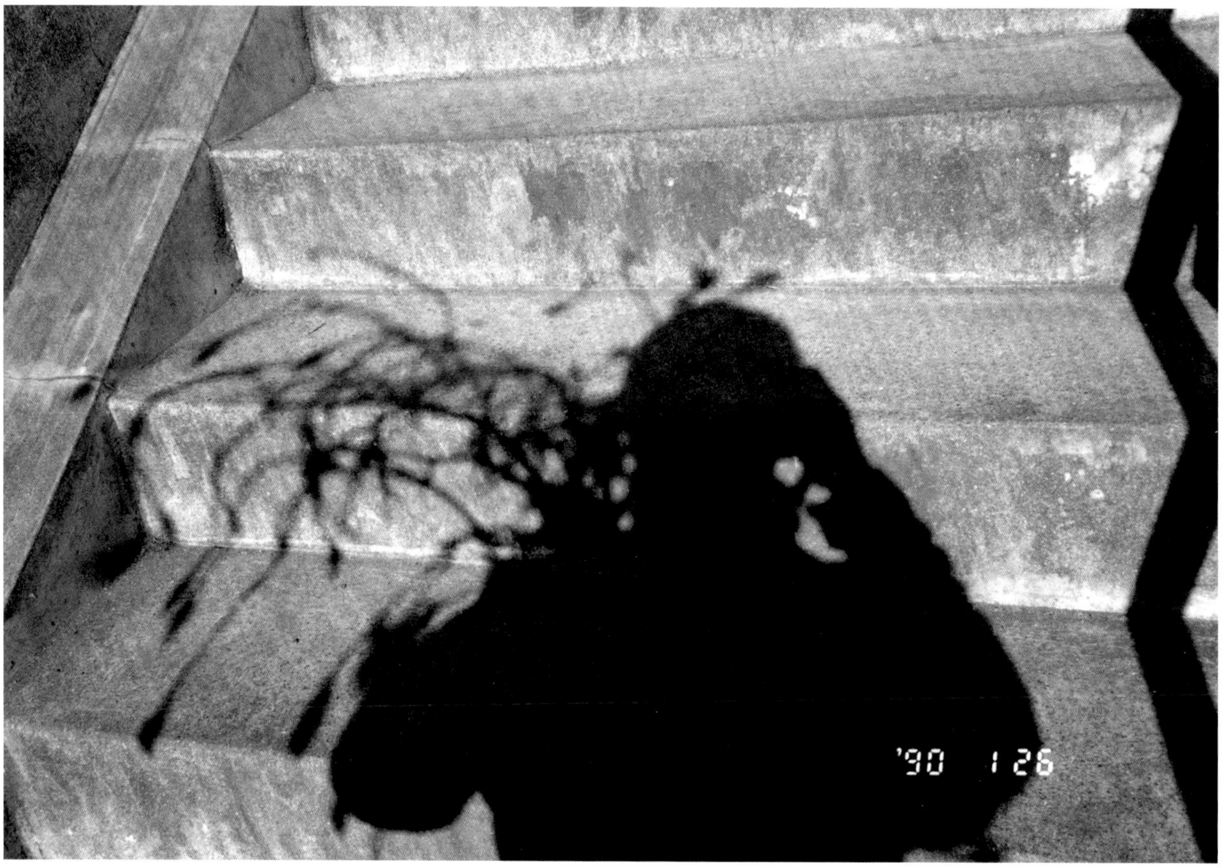

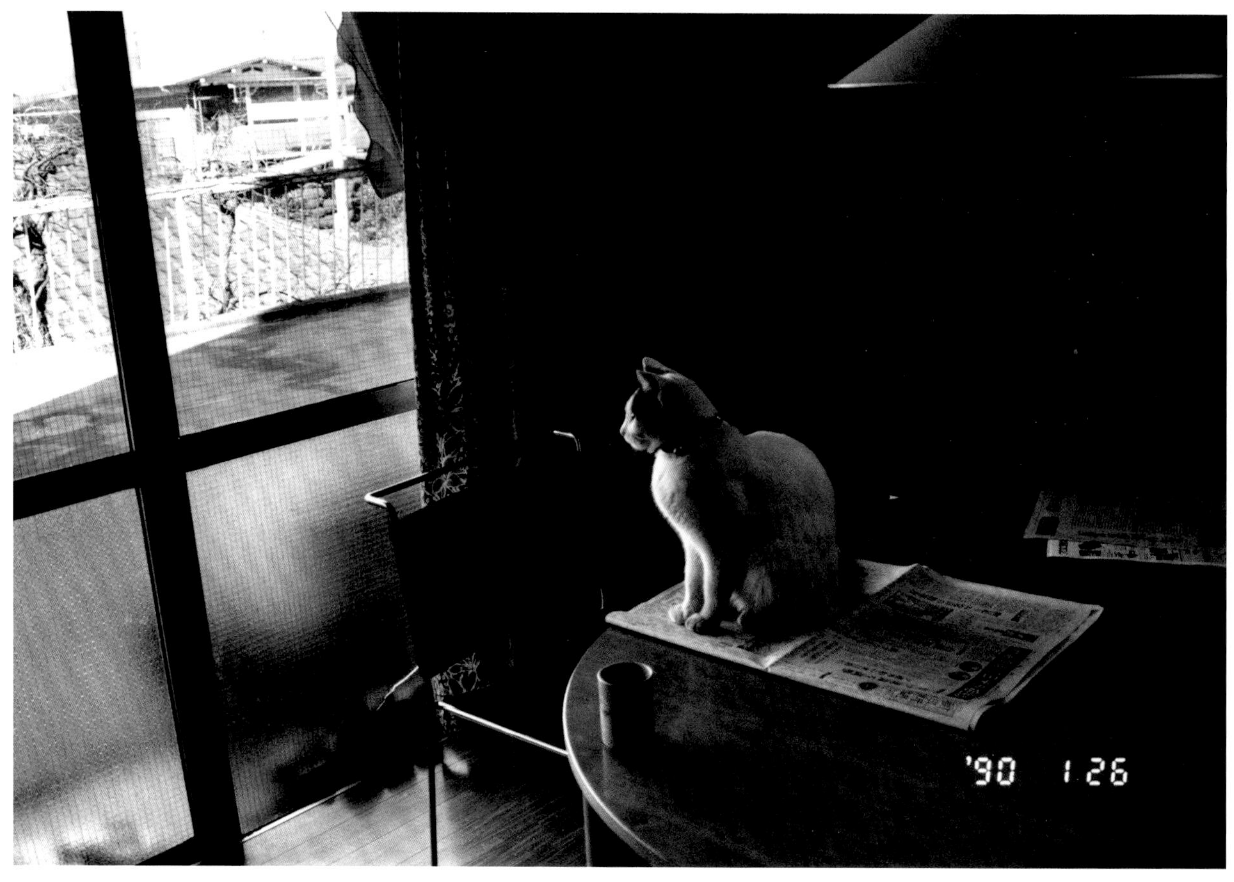
'90 1.26

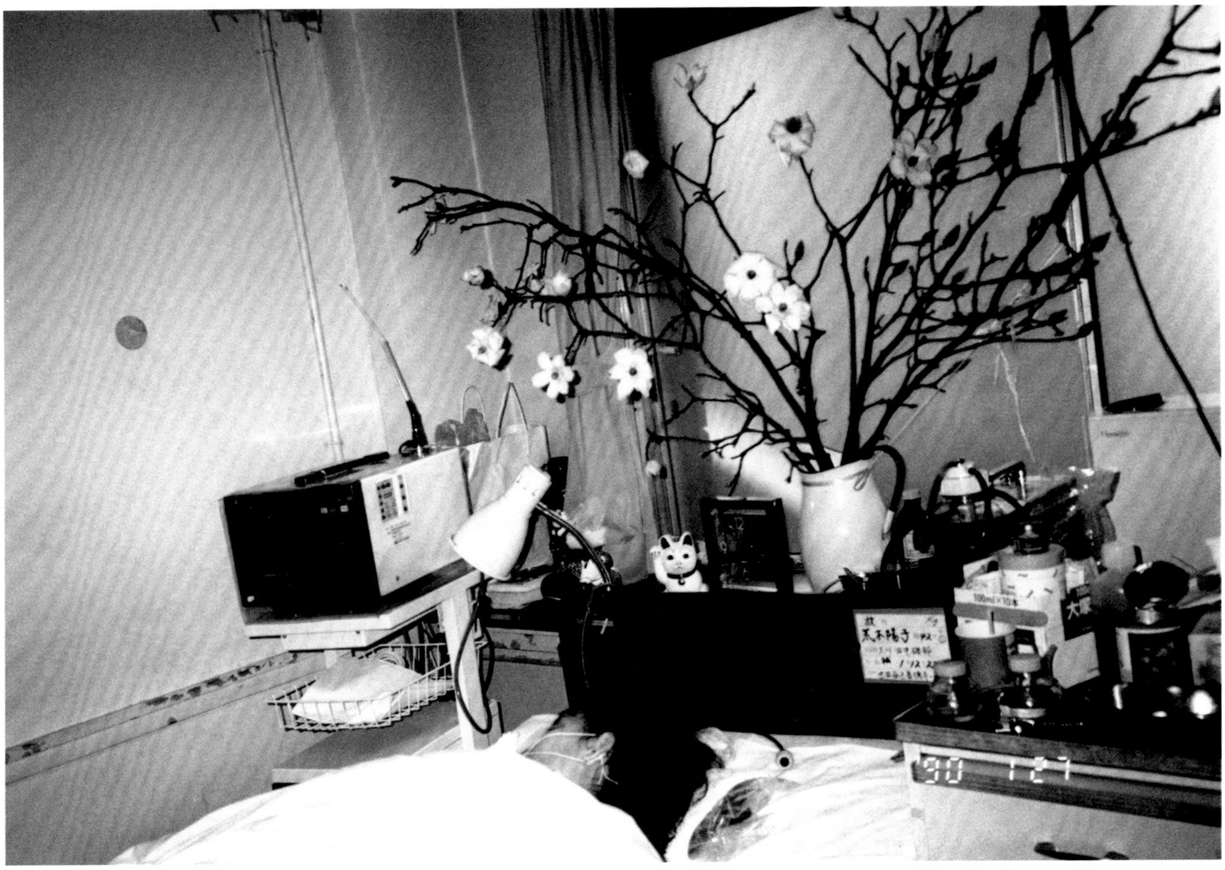

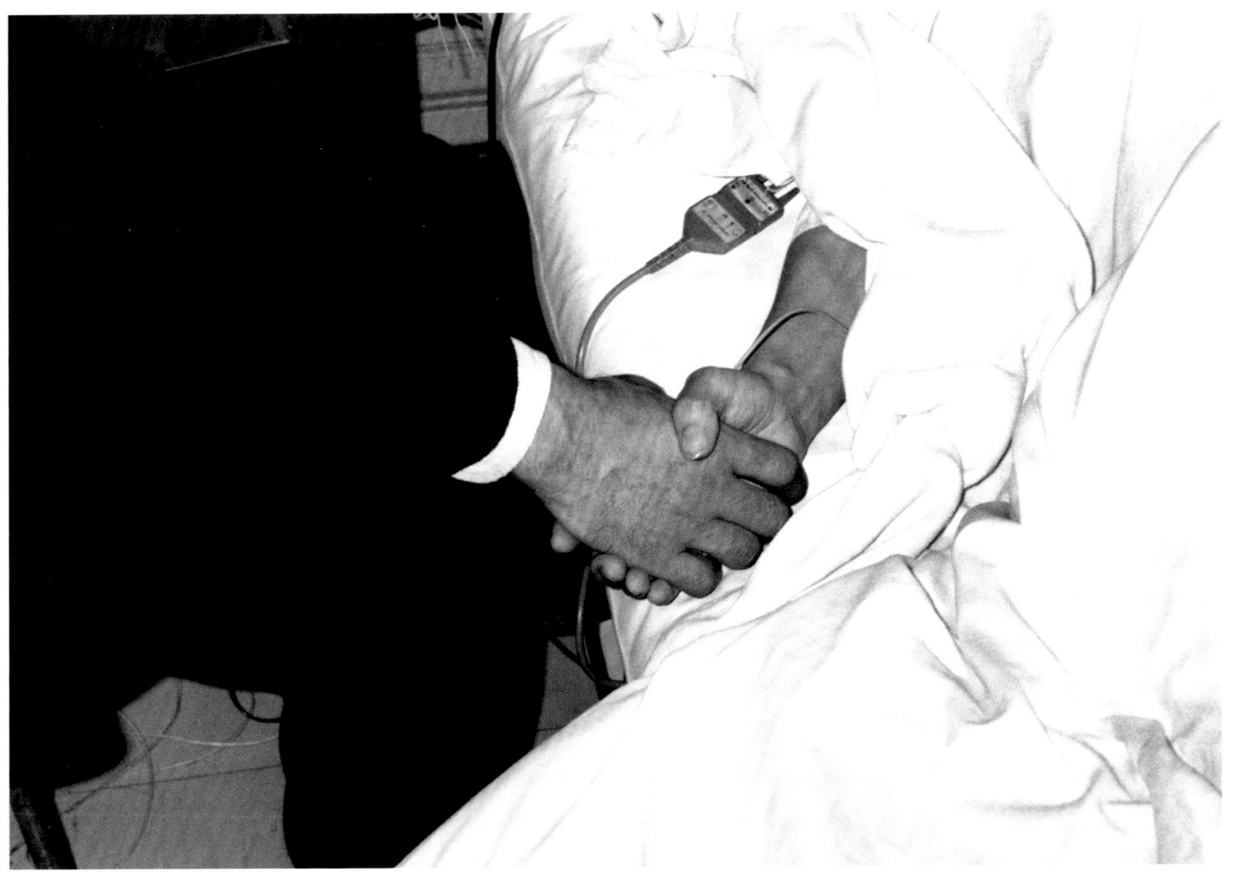

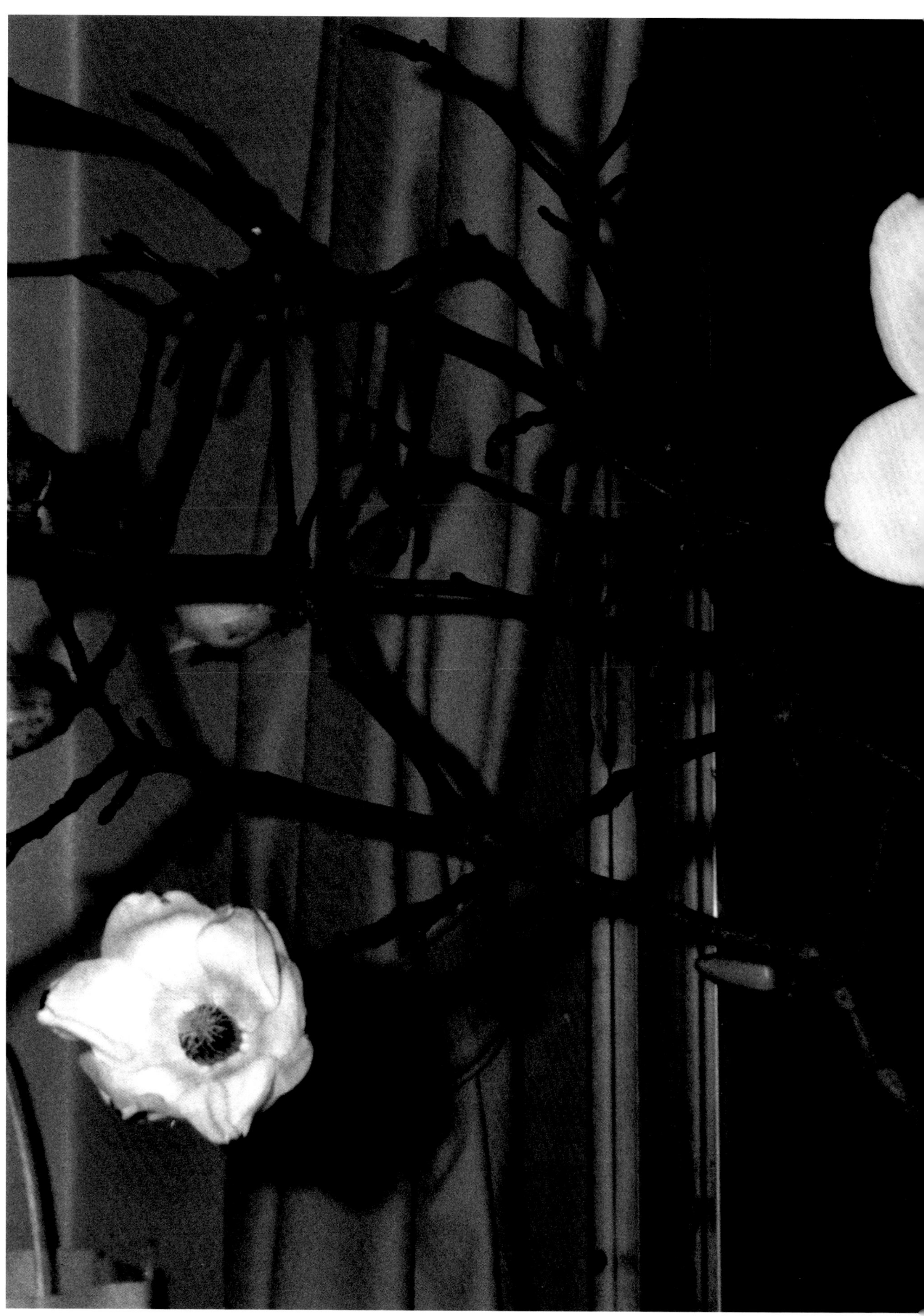

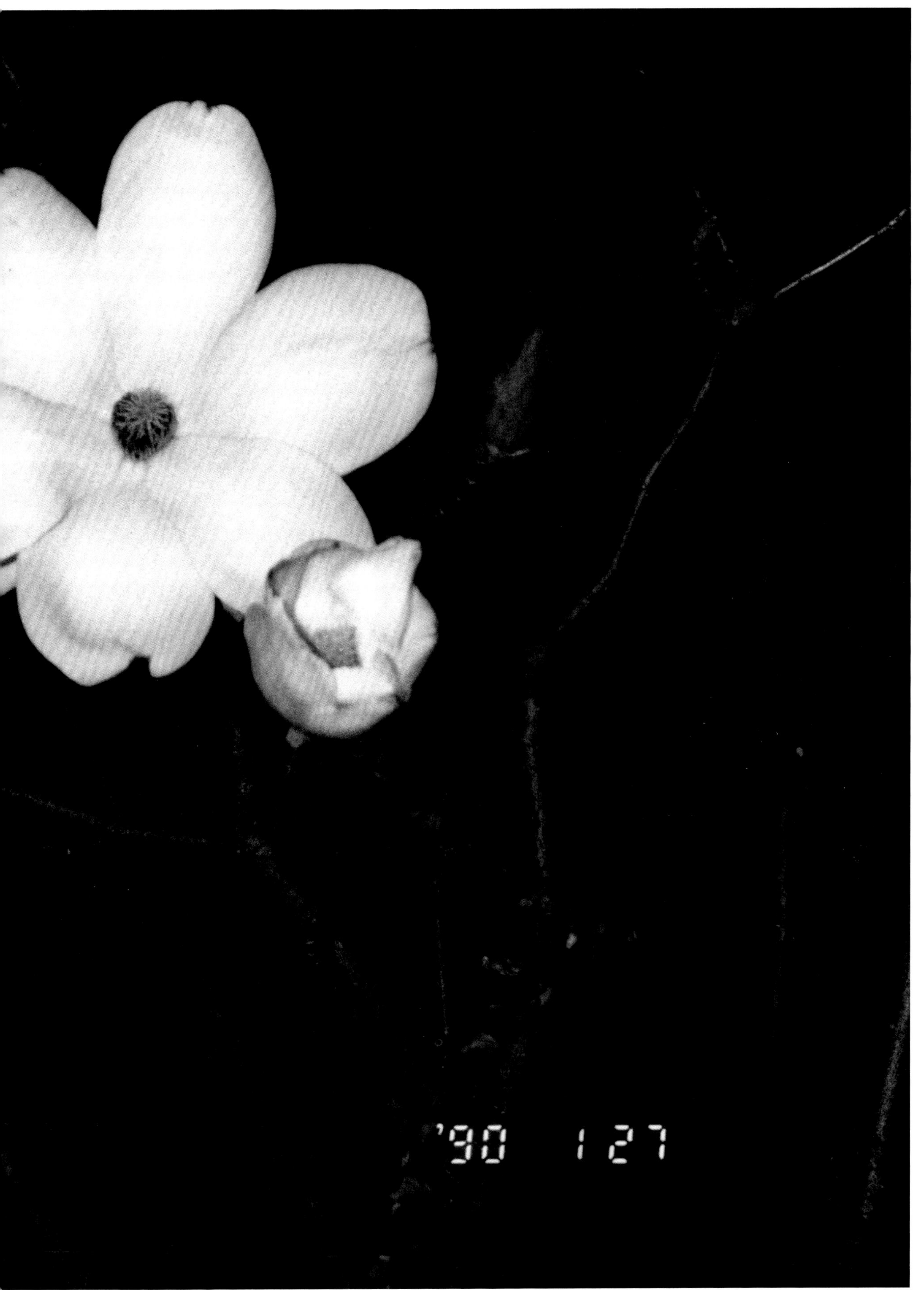
'90 1 27

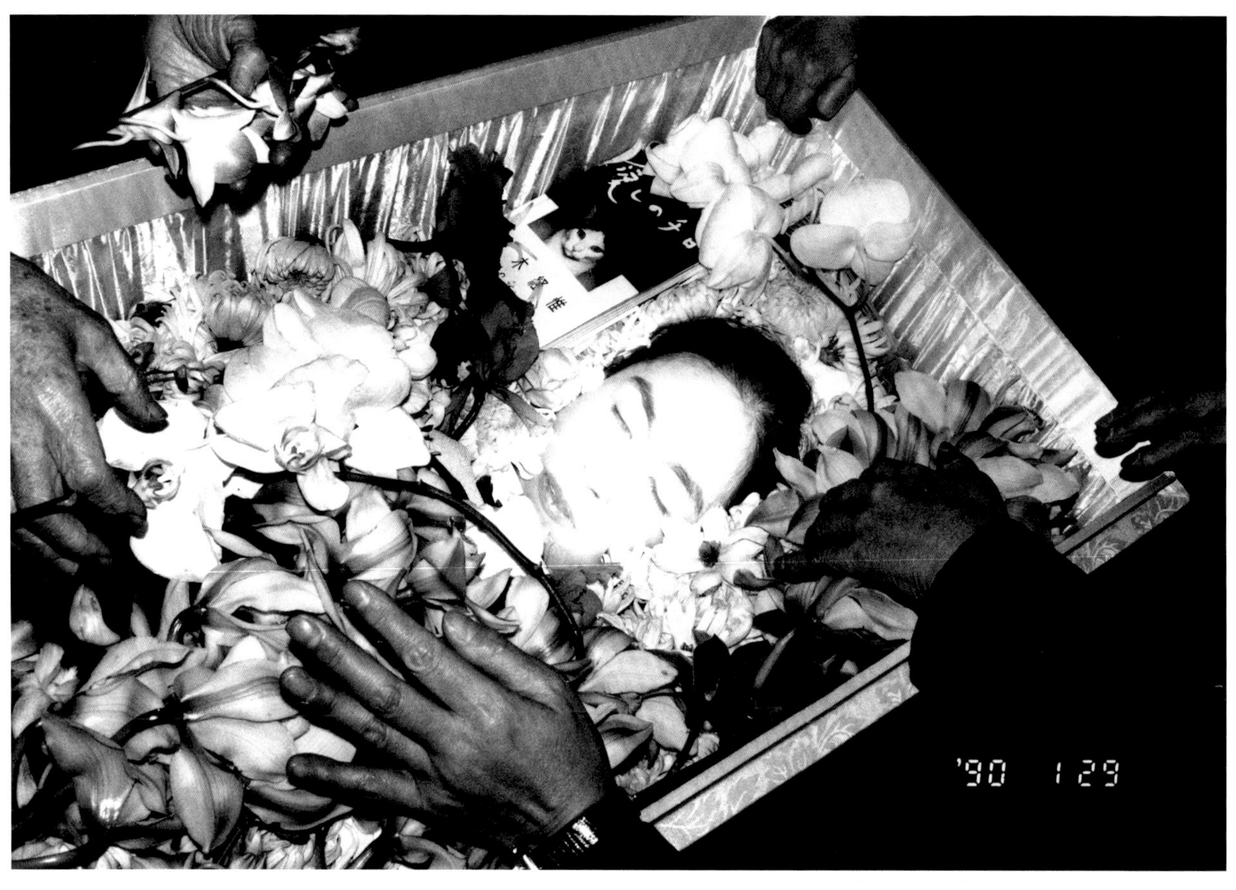
'90 1 29

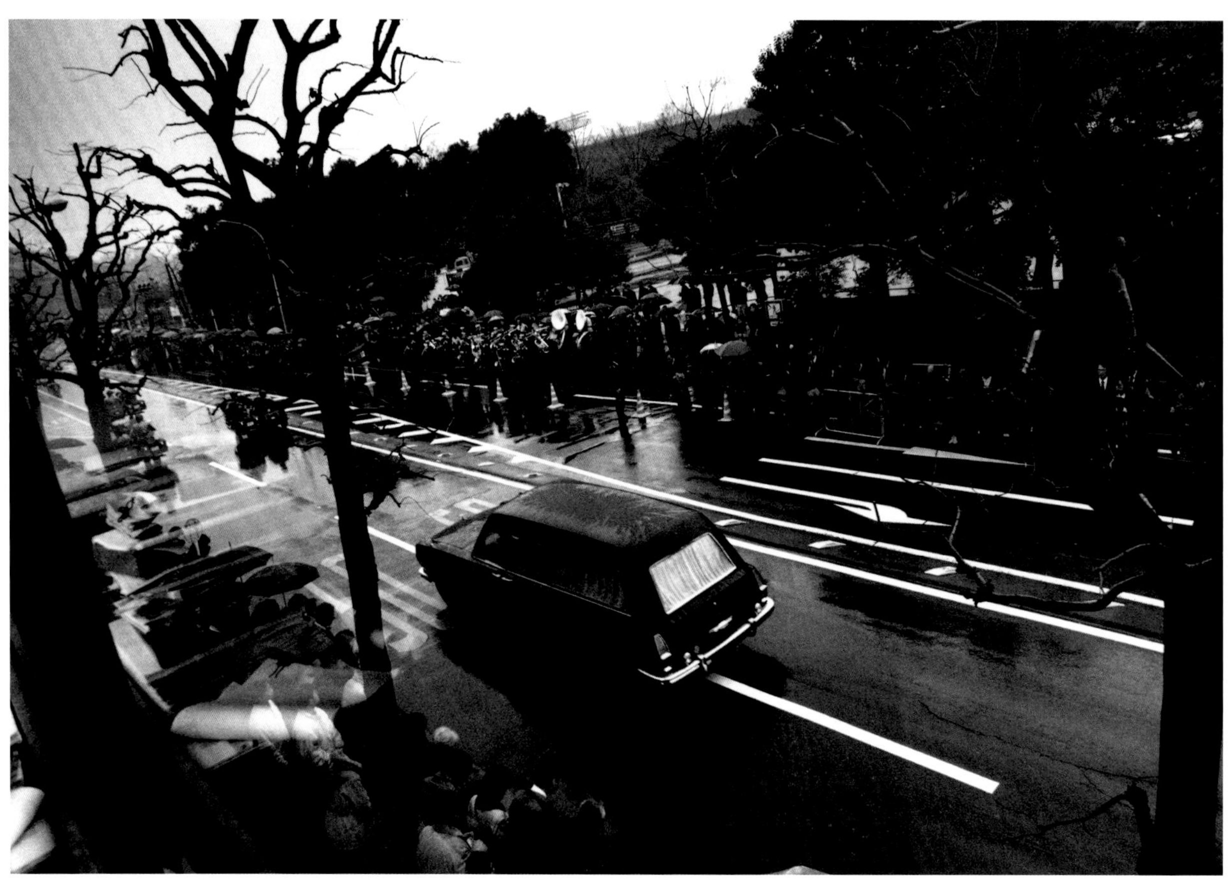

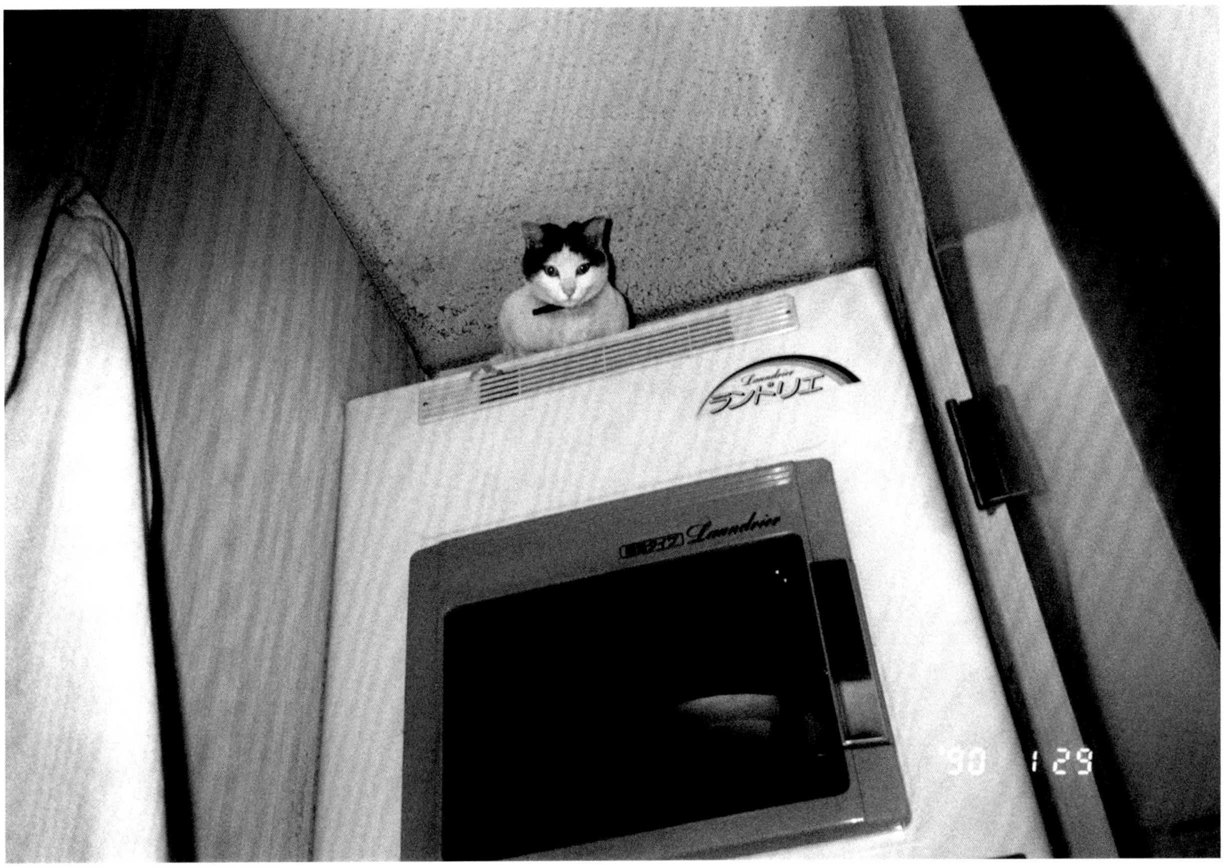

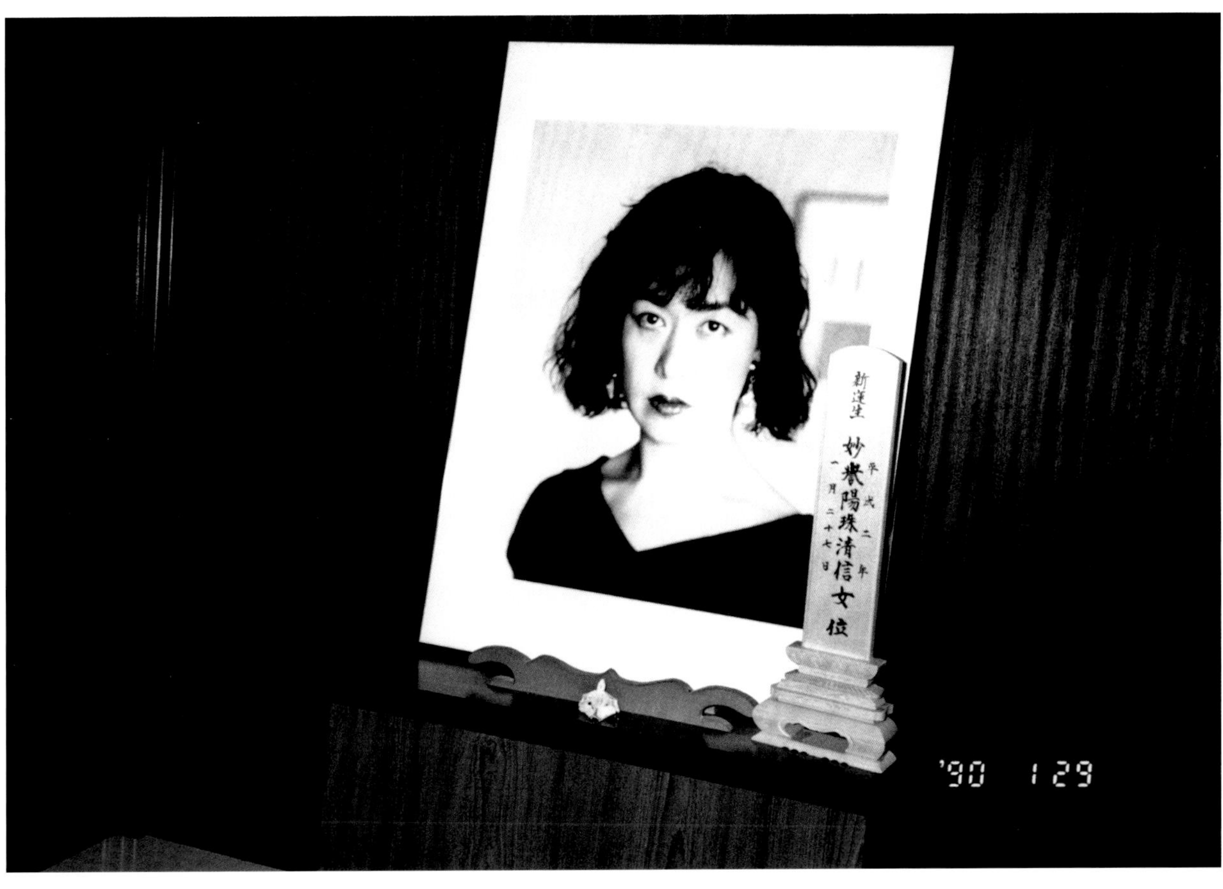
'90 1 29

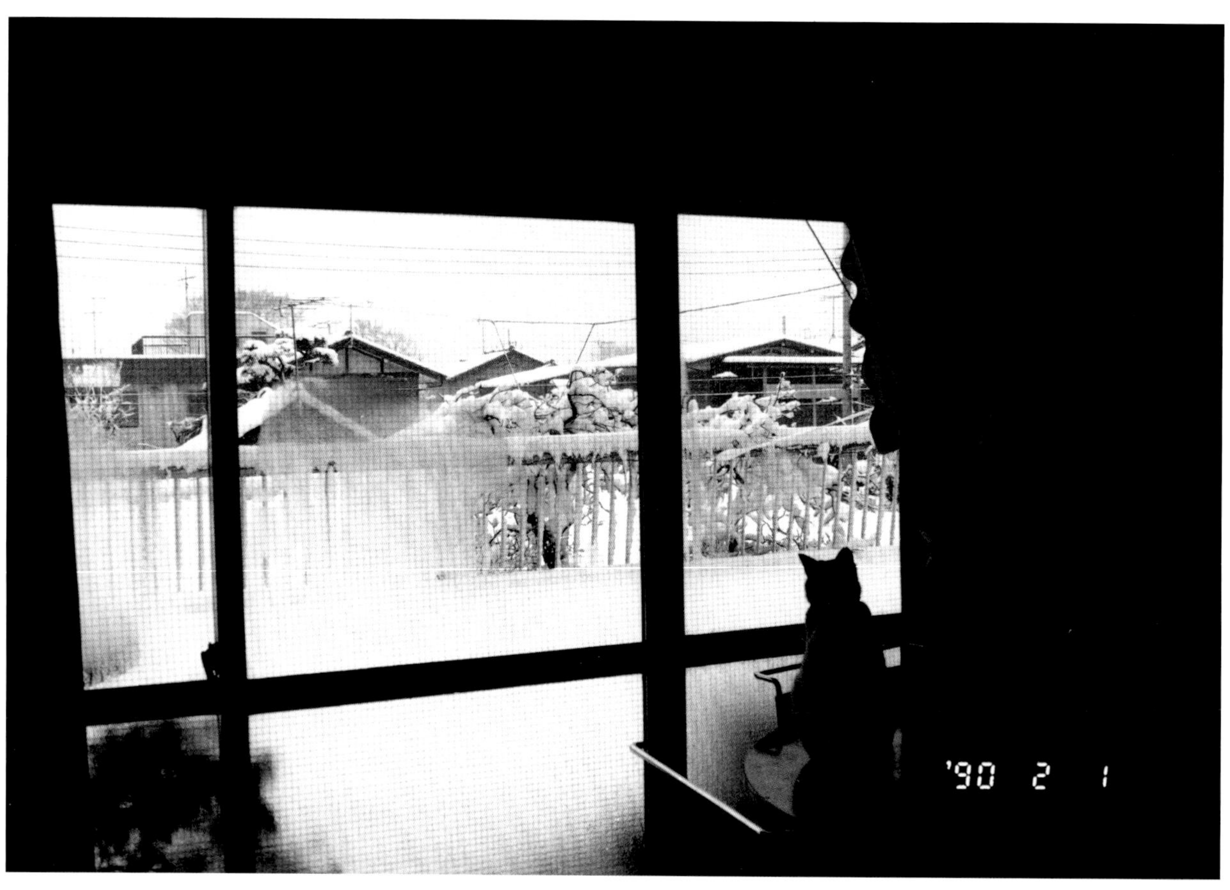
'90 2 1

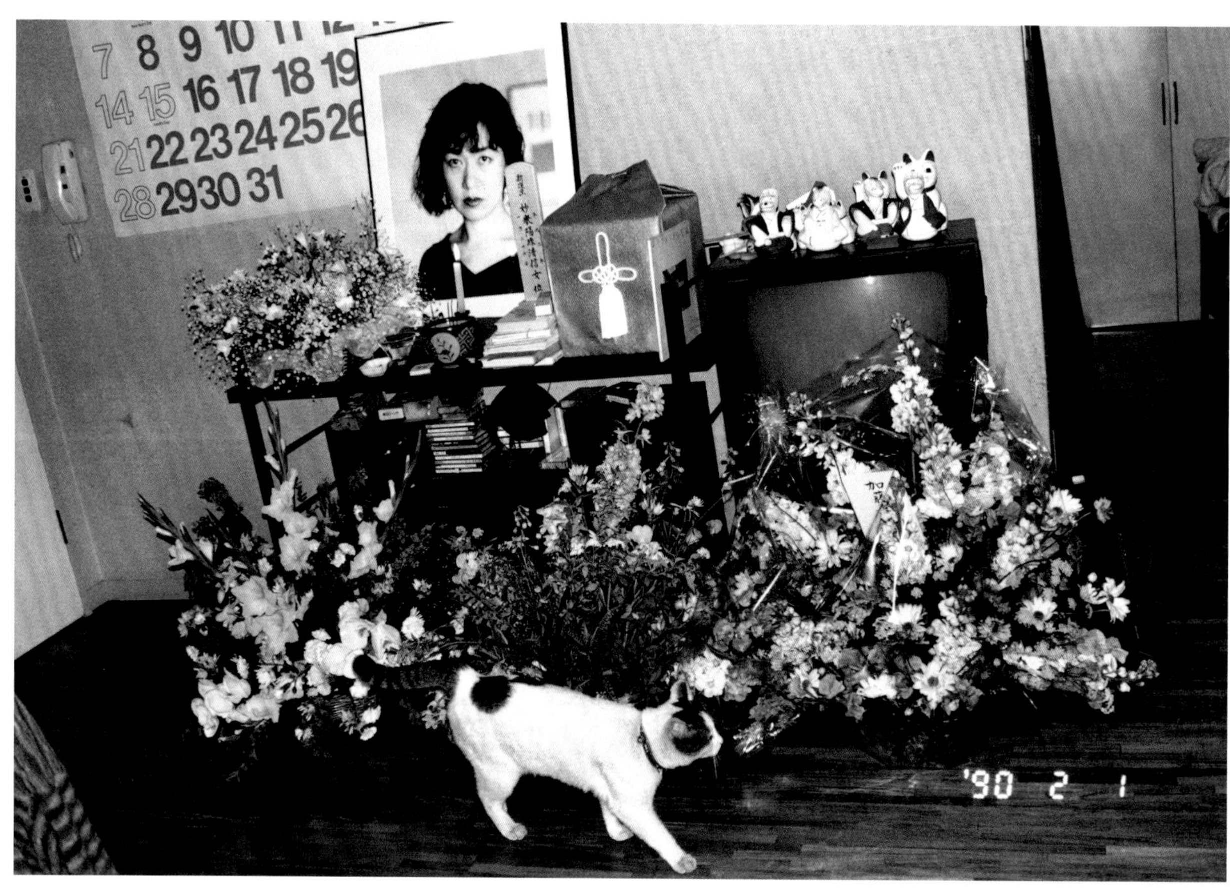
7 8 9 10 11 12
14 15 16 17 18 19
21 22 23 24 25 26
28 29 30 31
'90 2 1

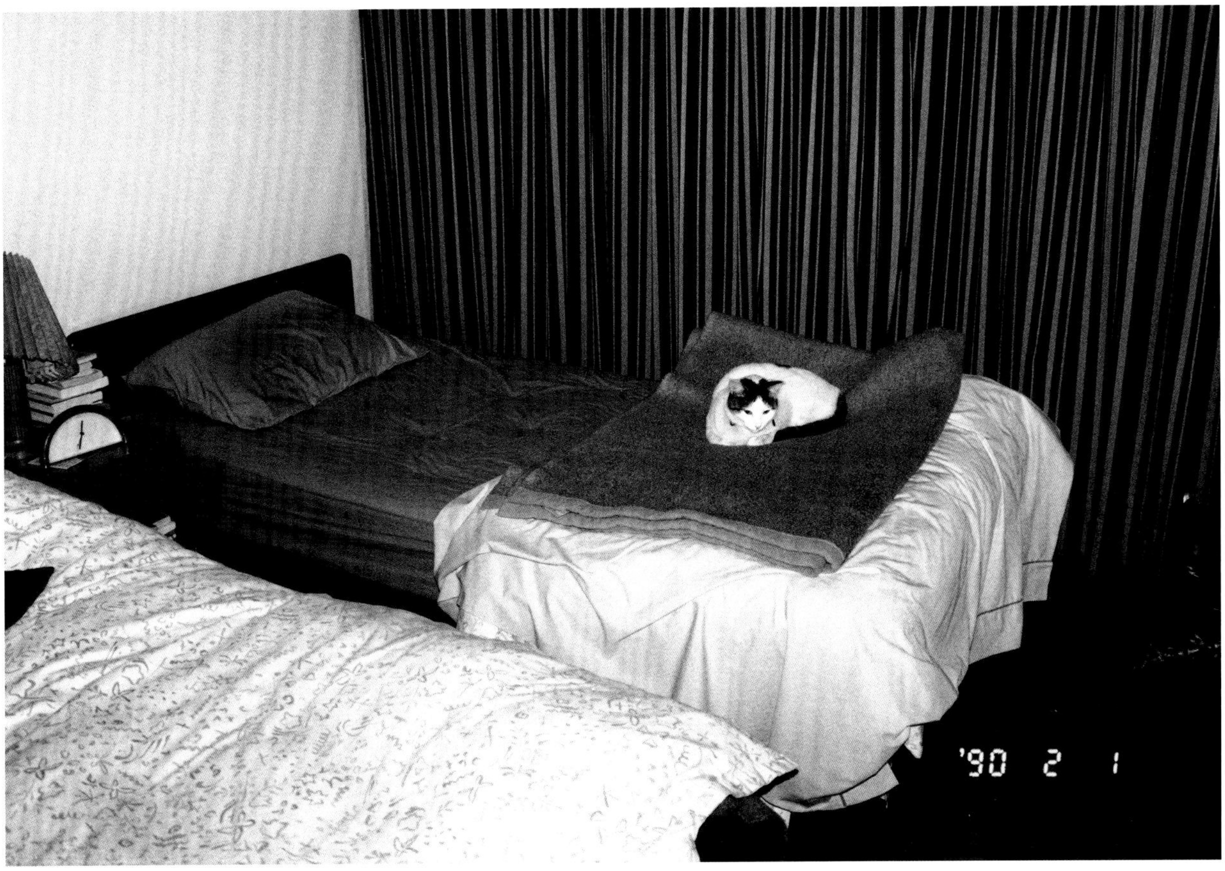

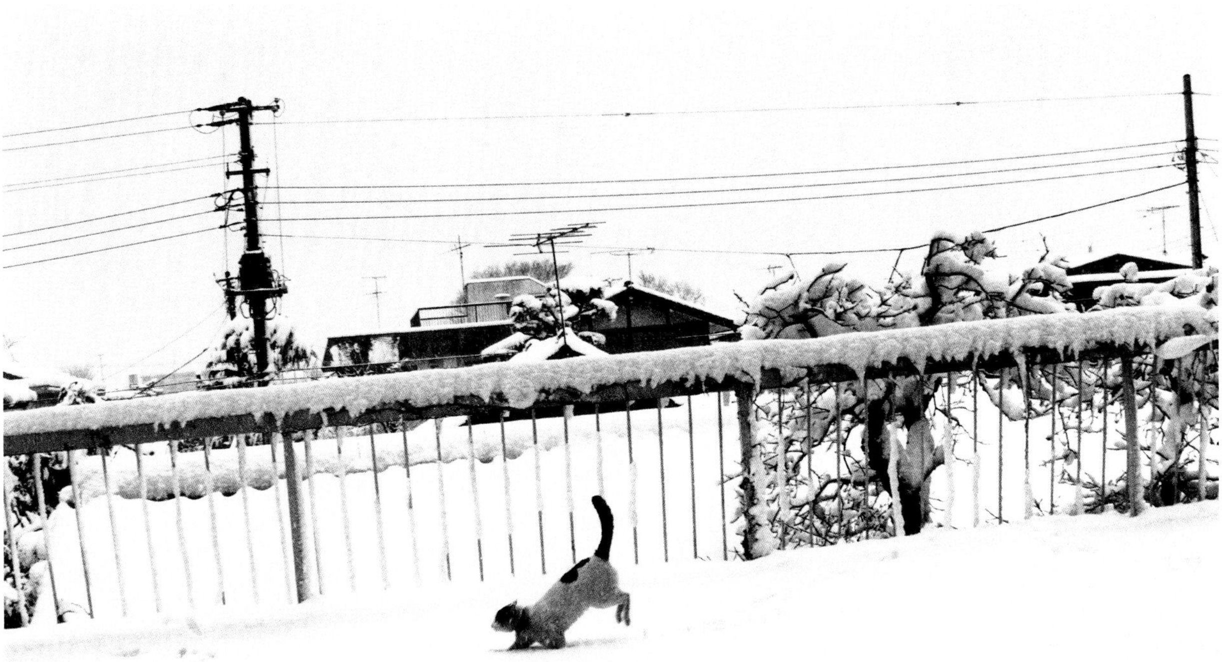

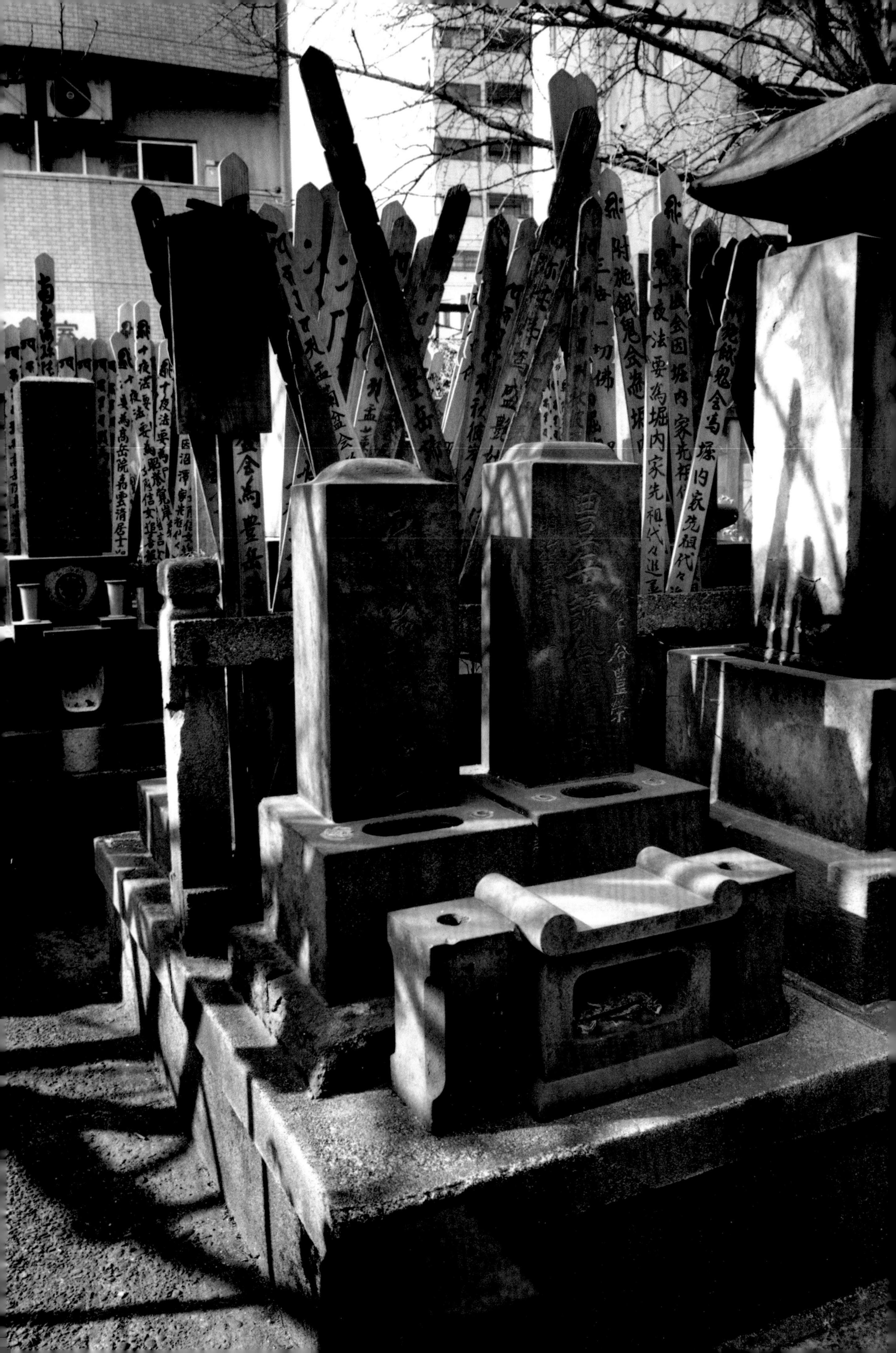
十夜法要為堀内家先祖代々
施餓鬼会為堀内家先祖代々

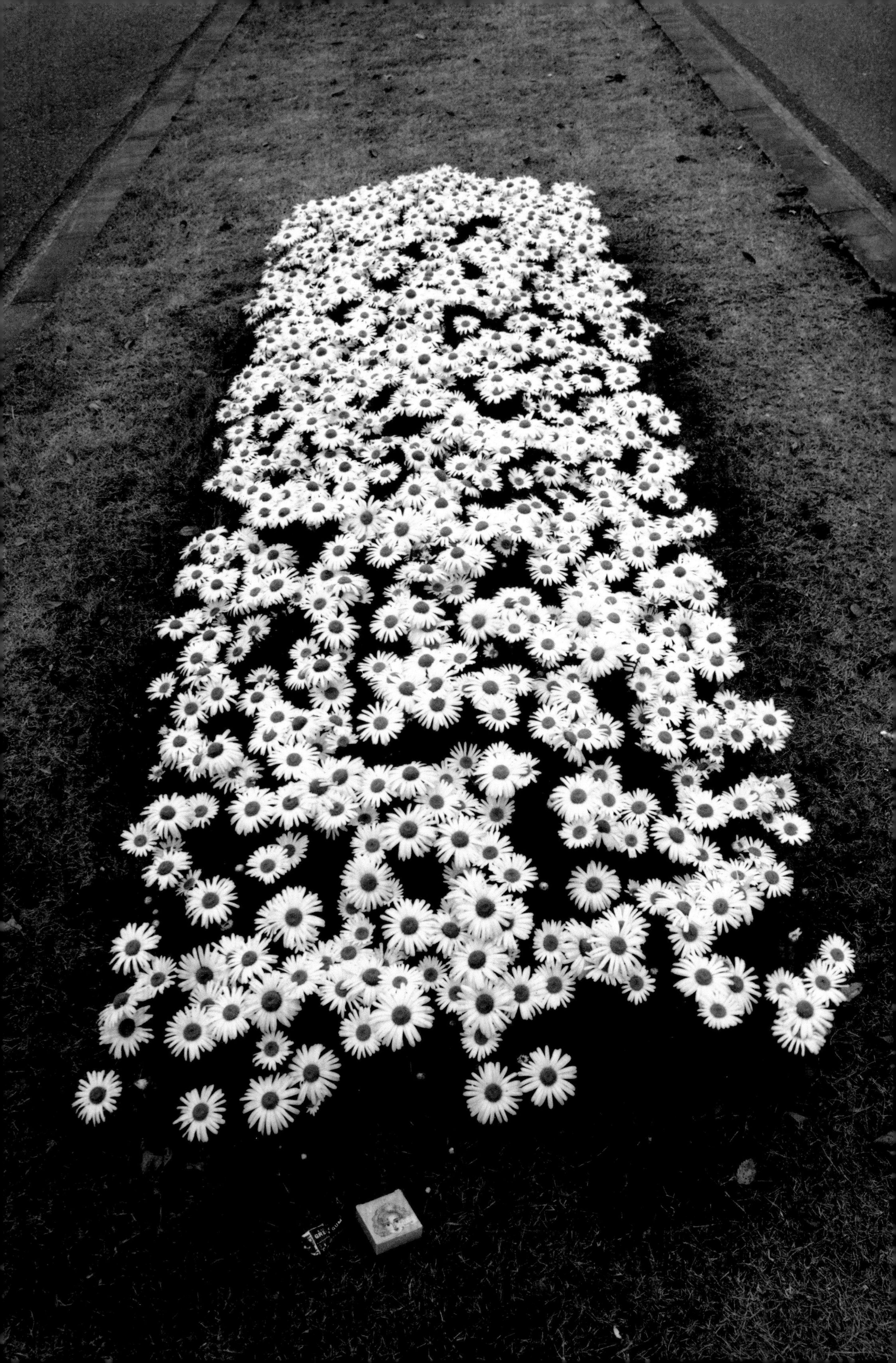

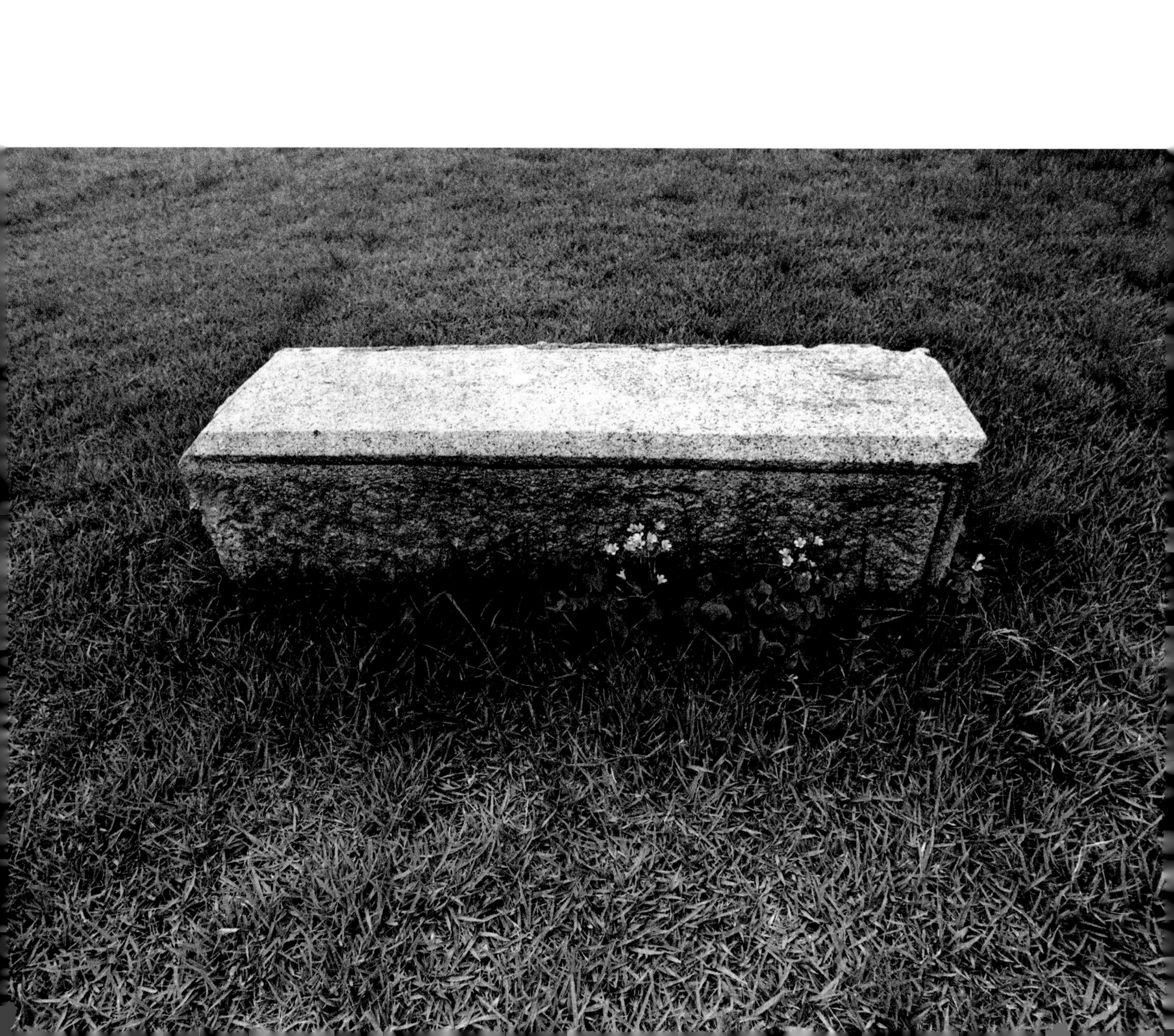

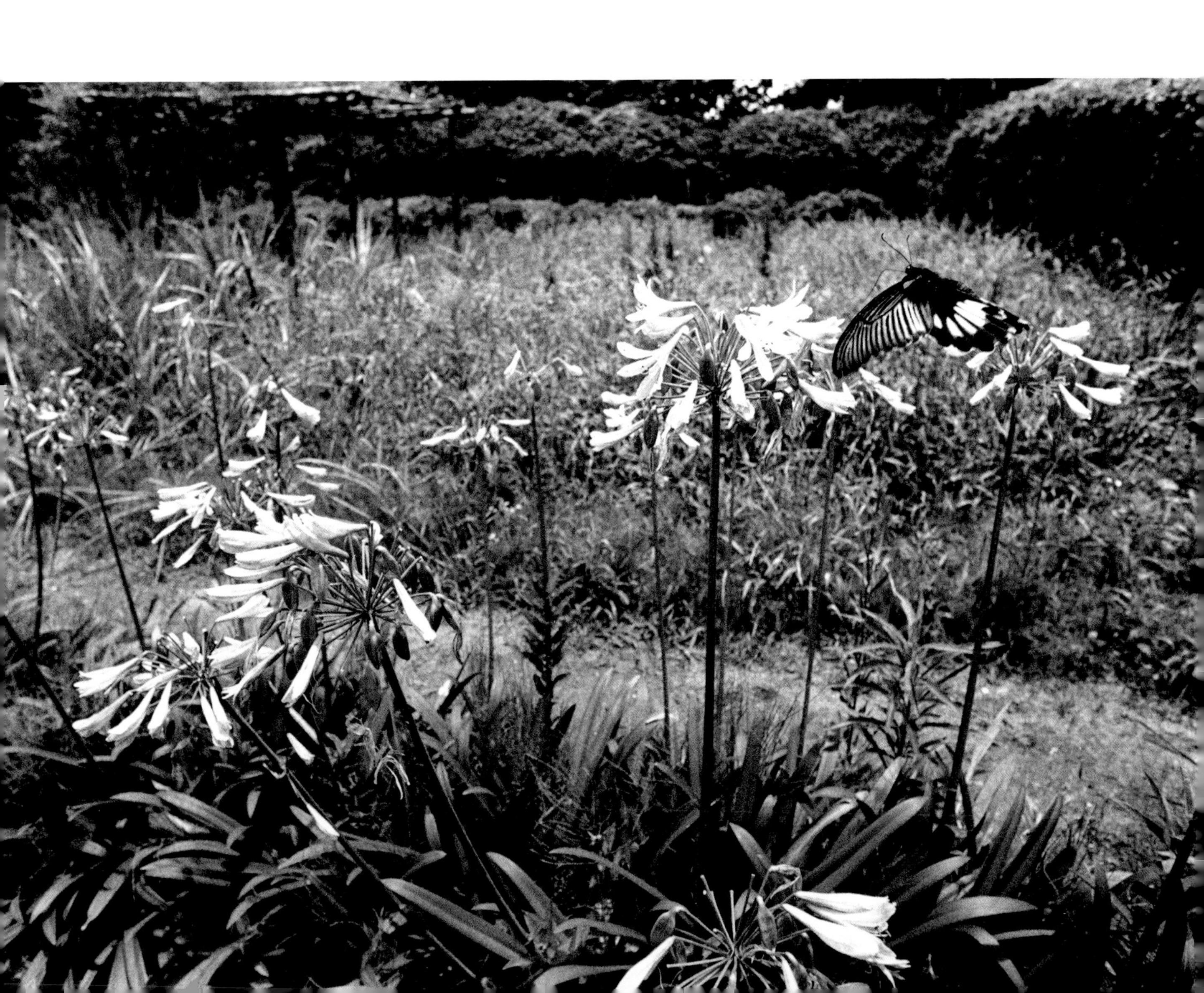

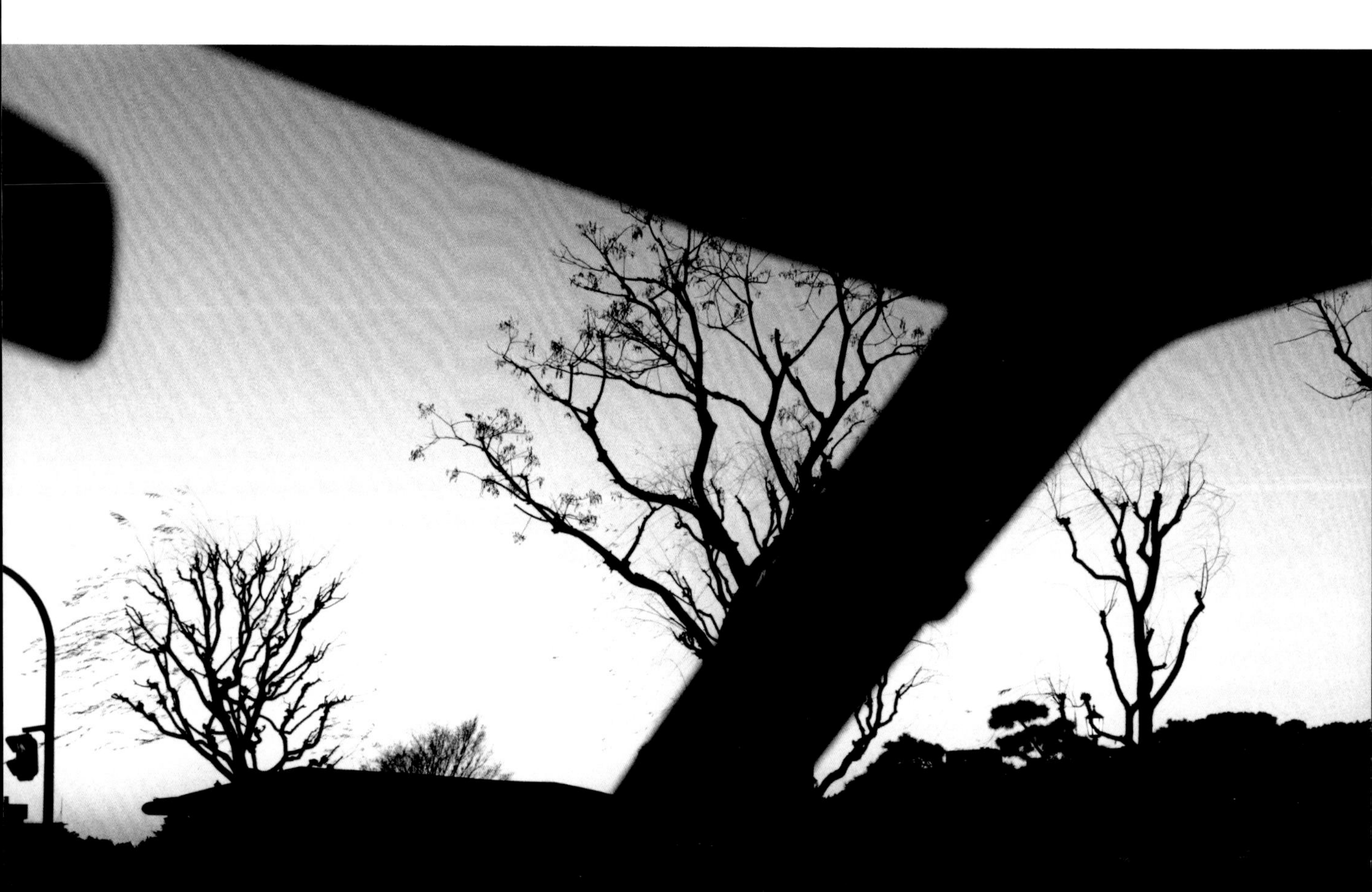

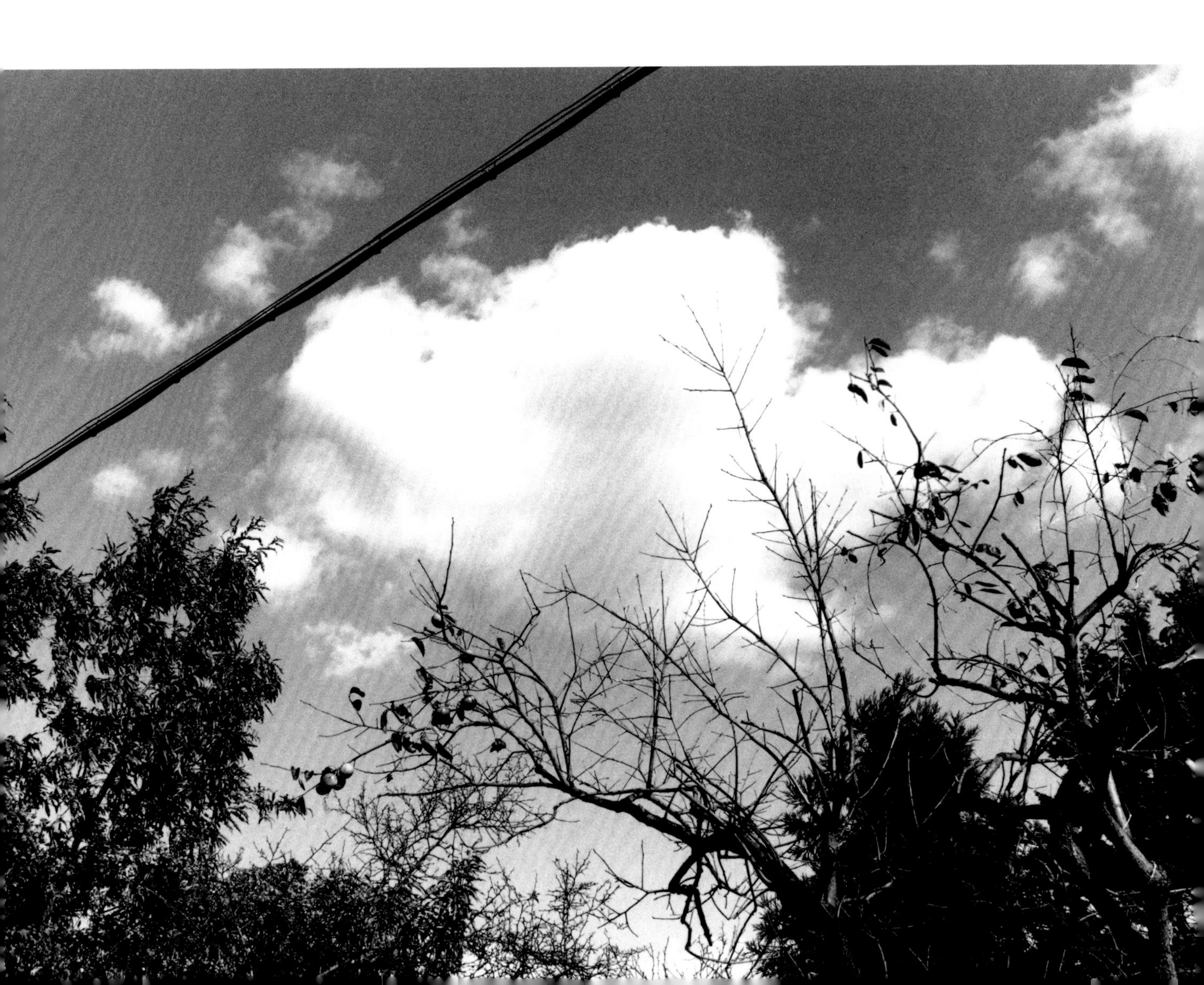

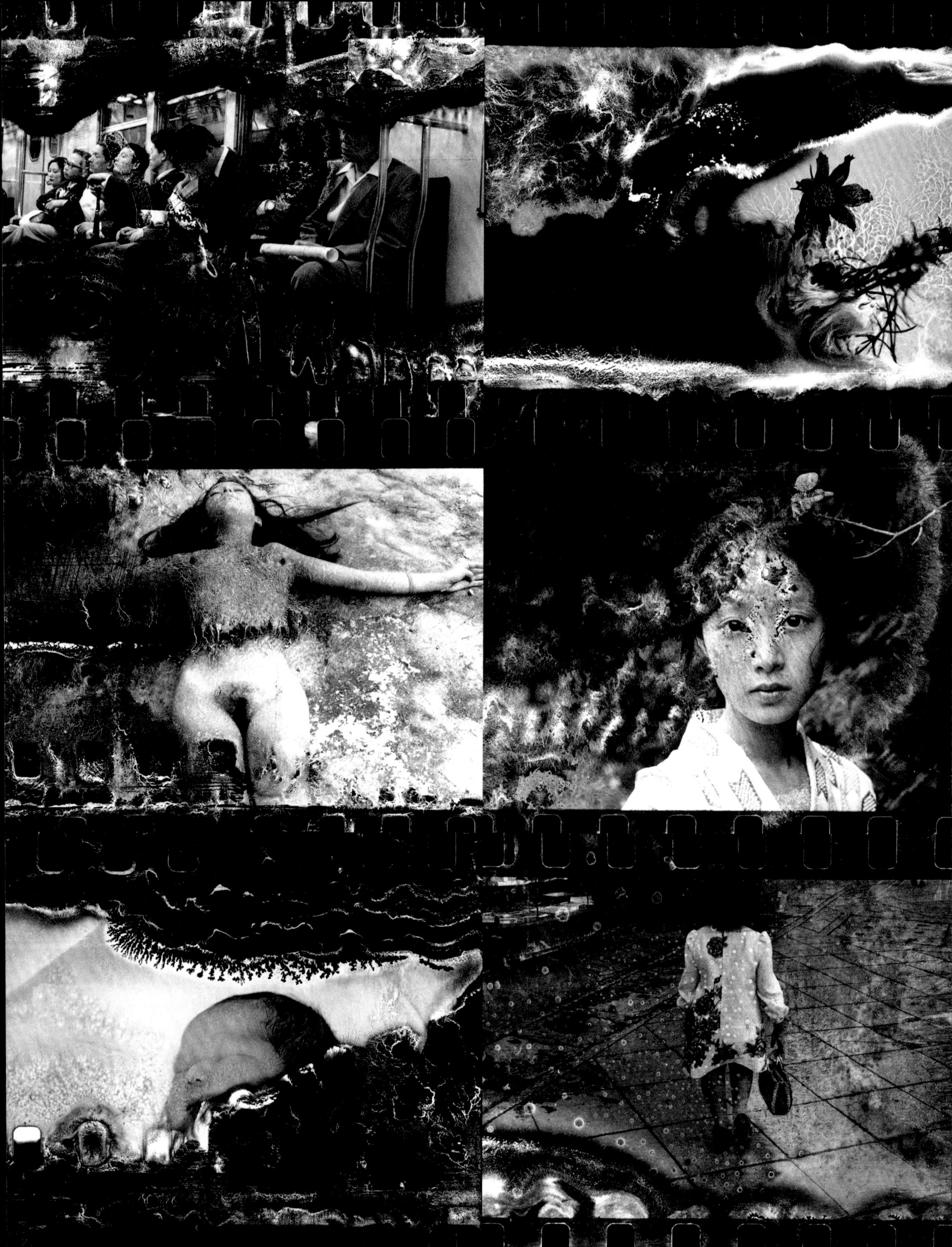

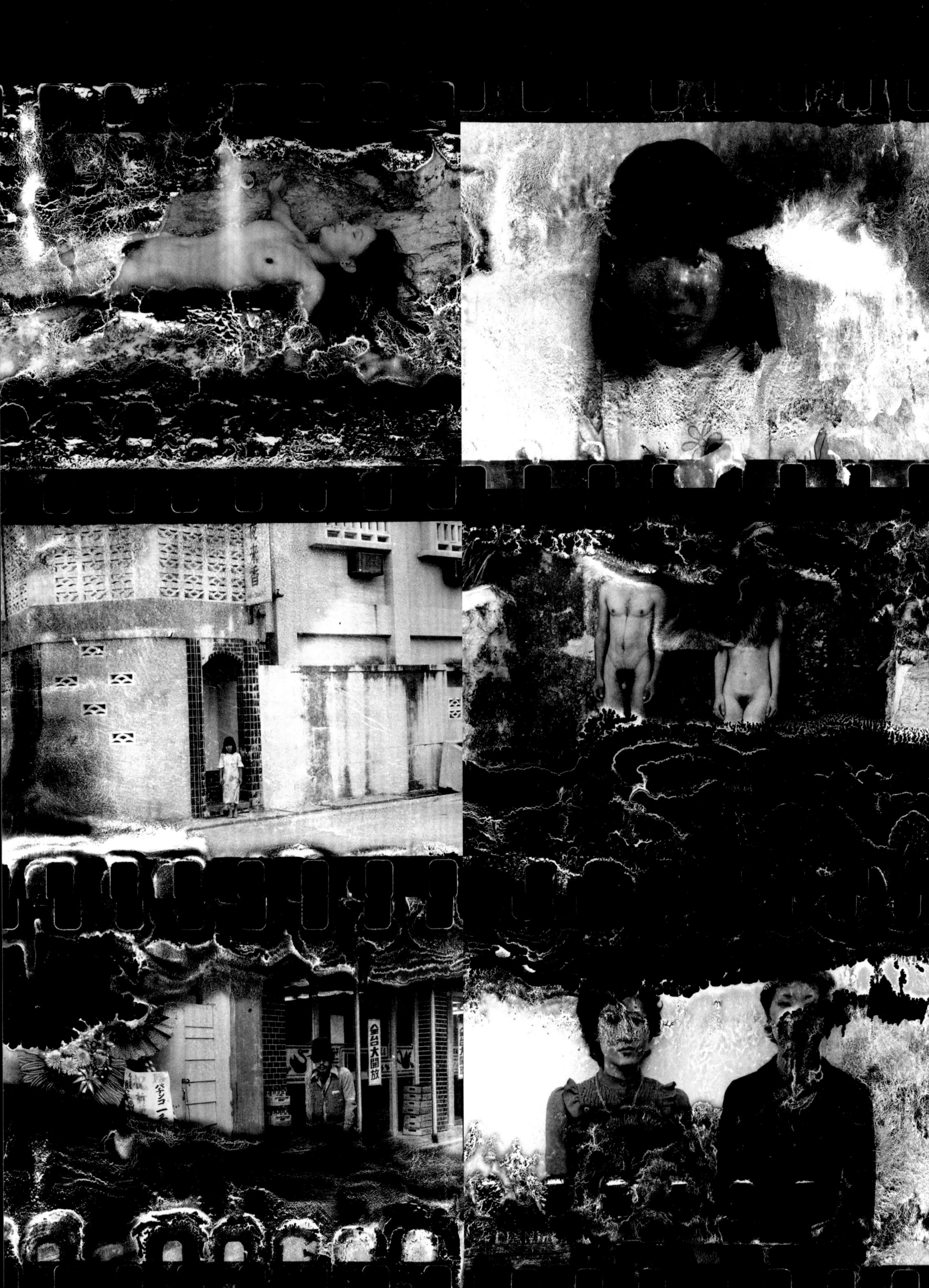
全台大開放

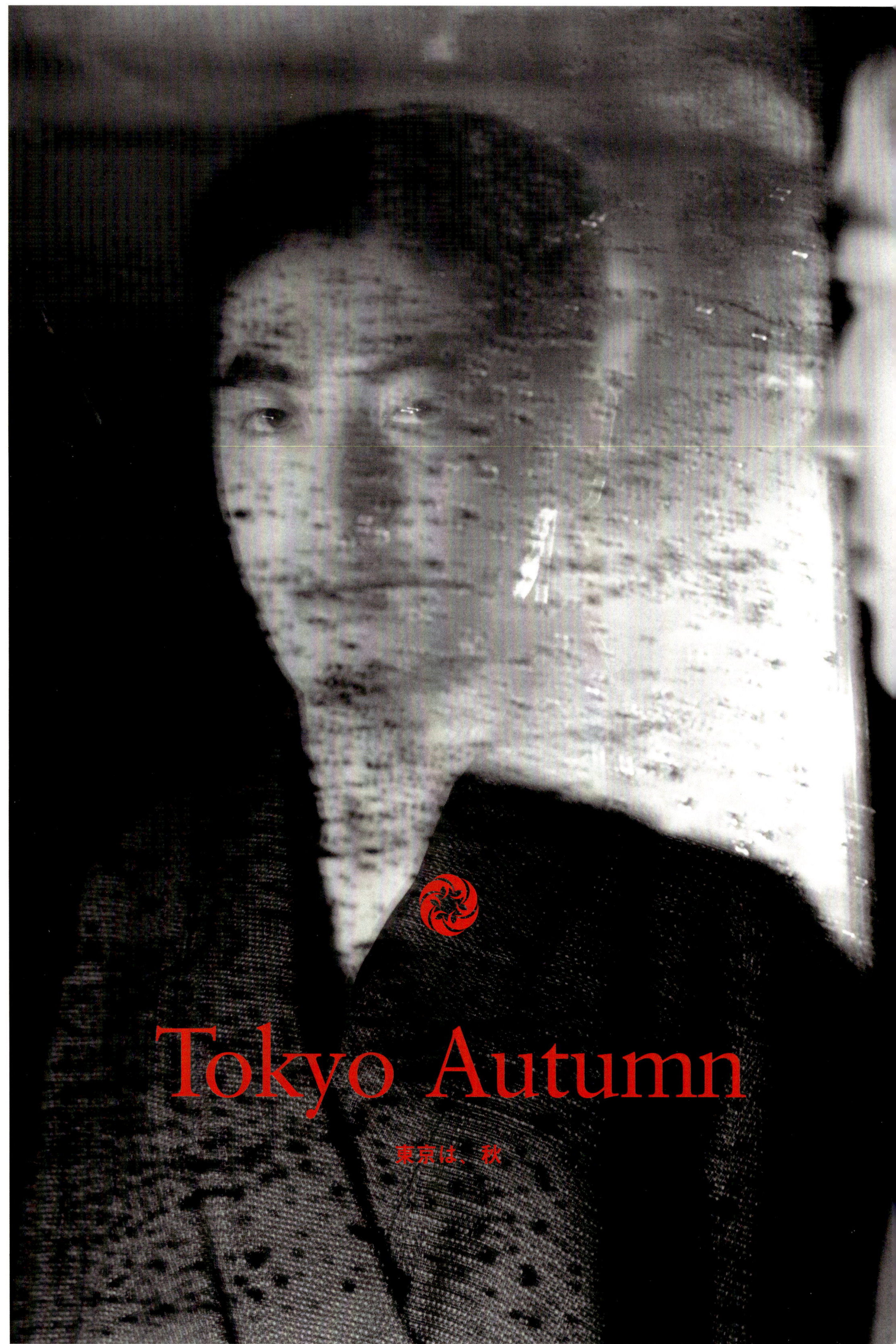
Tokyo Autumn
東京は、秋

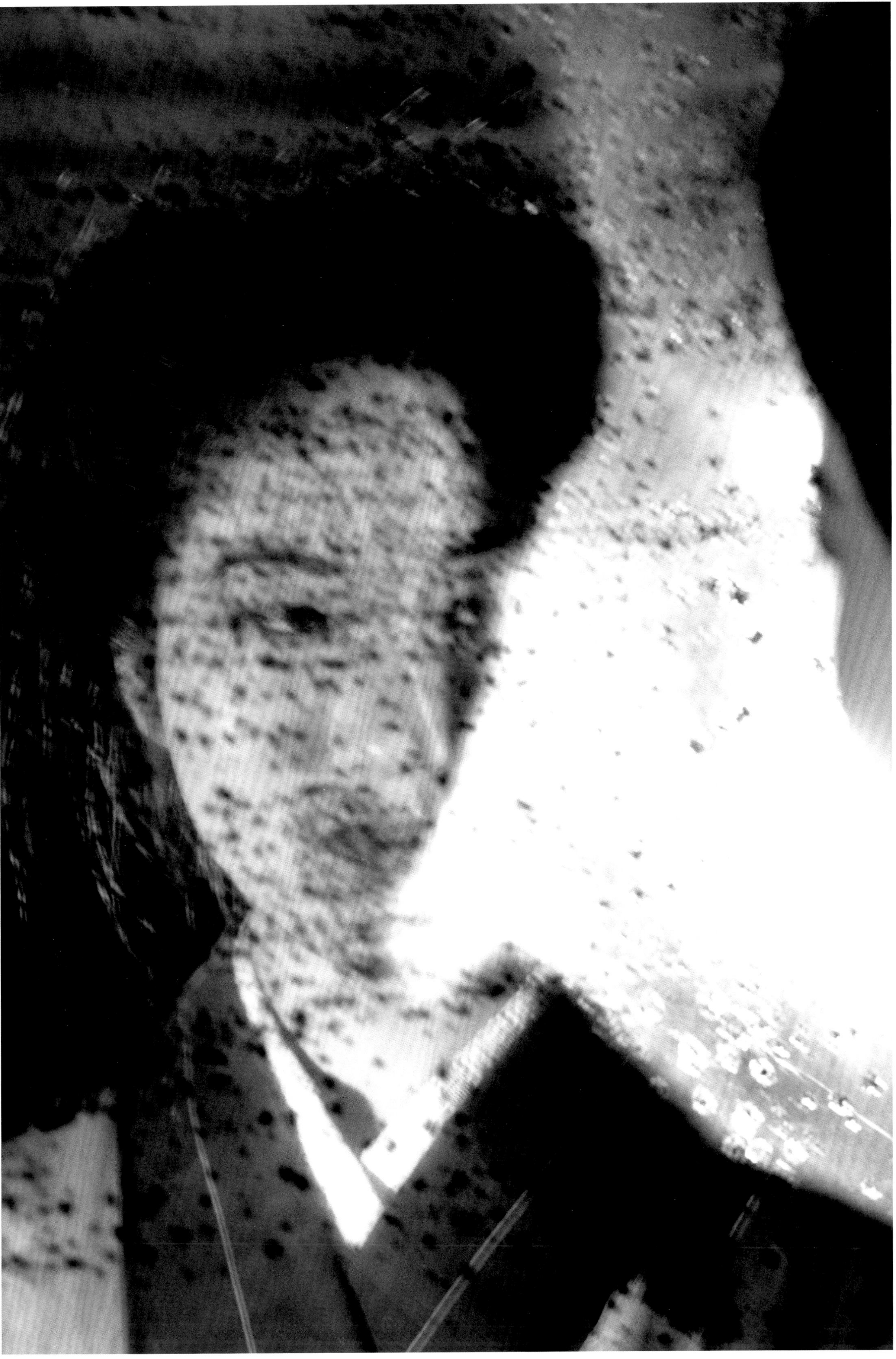

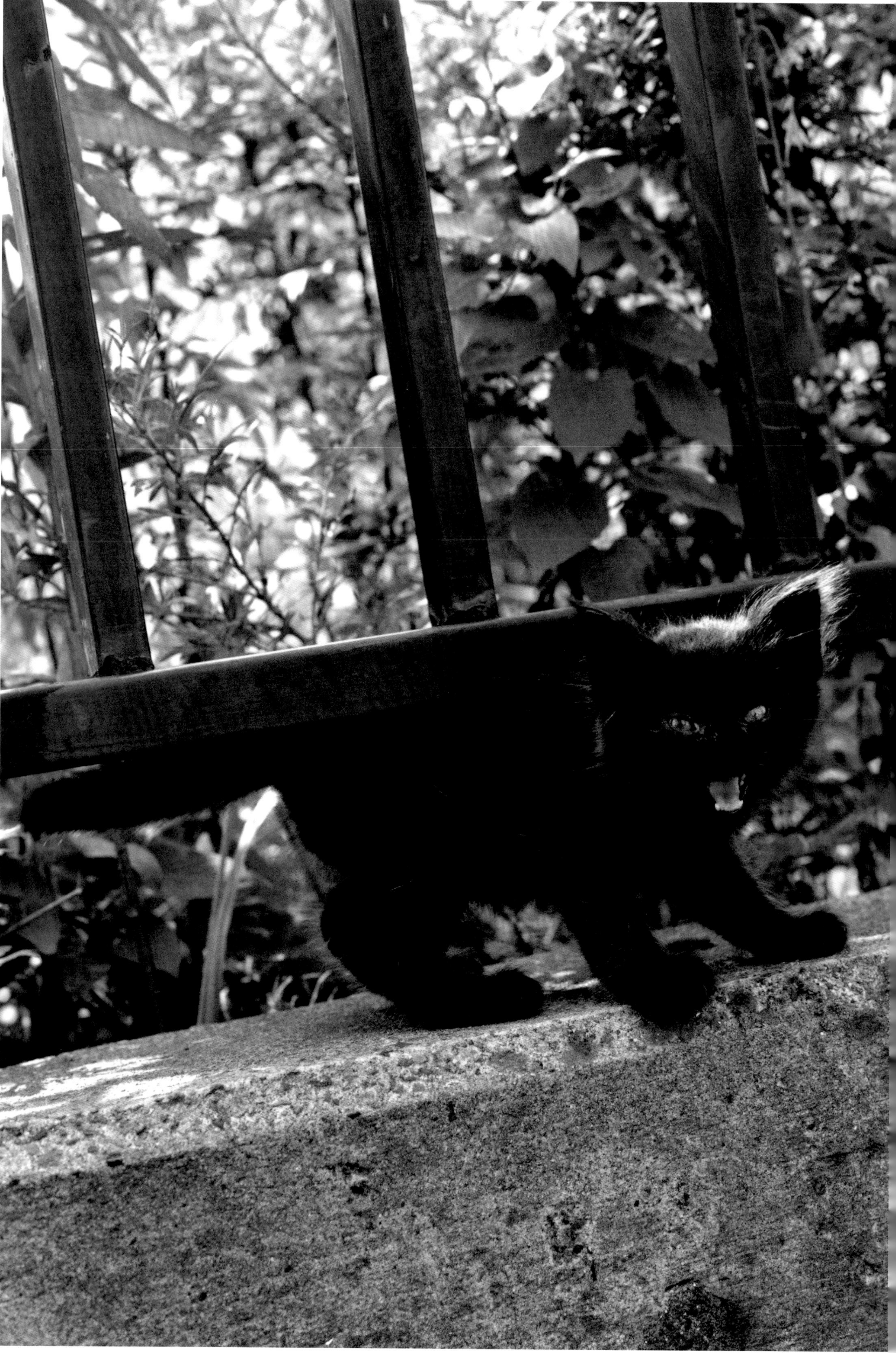

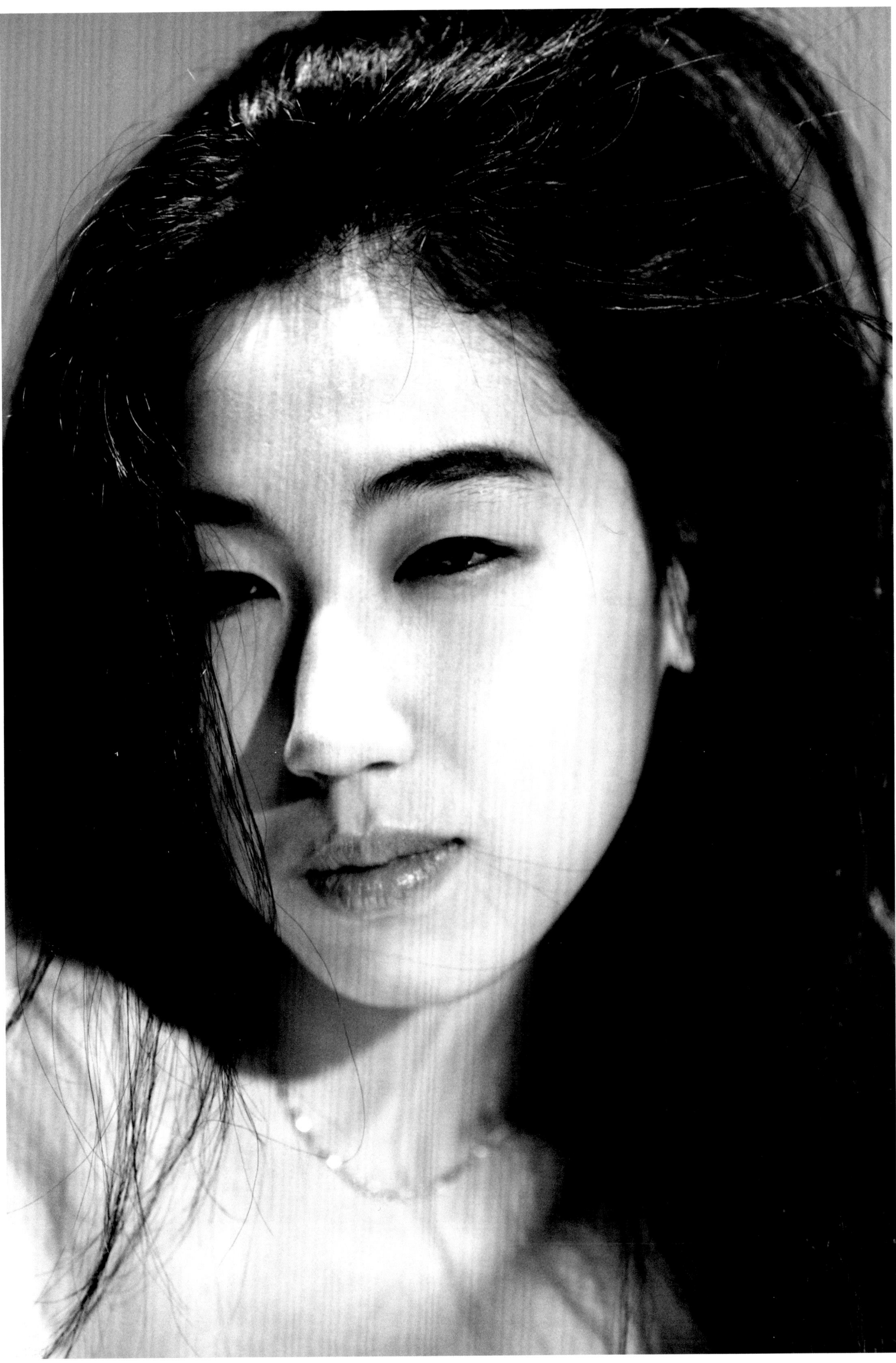

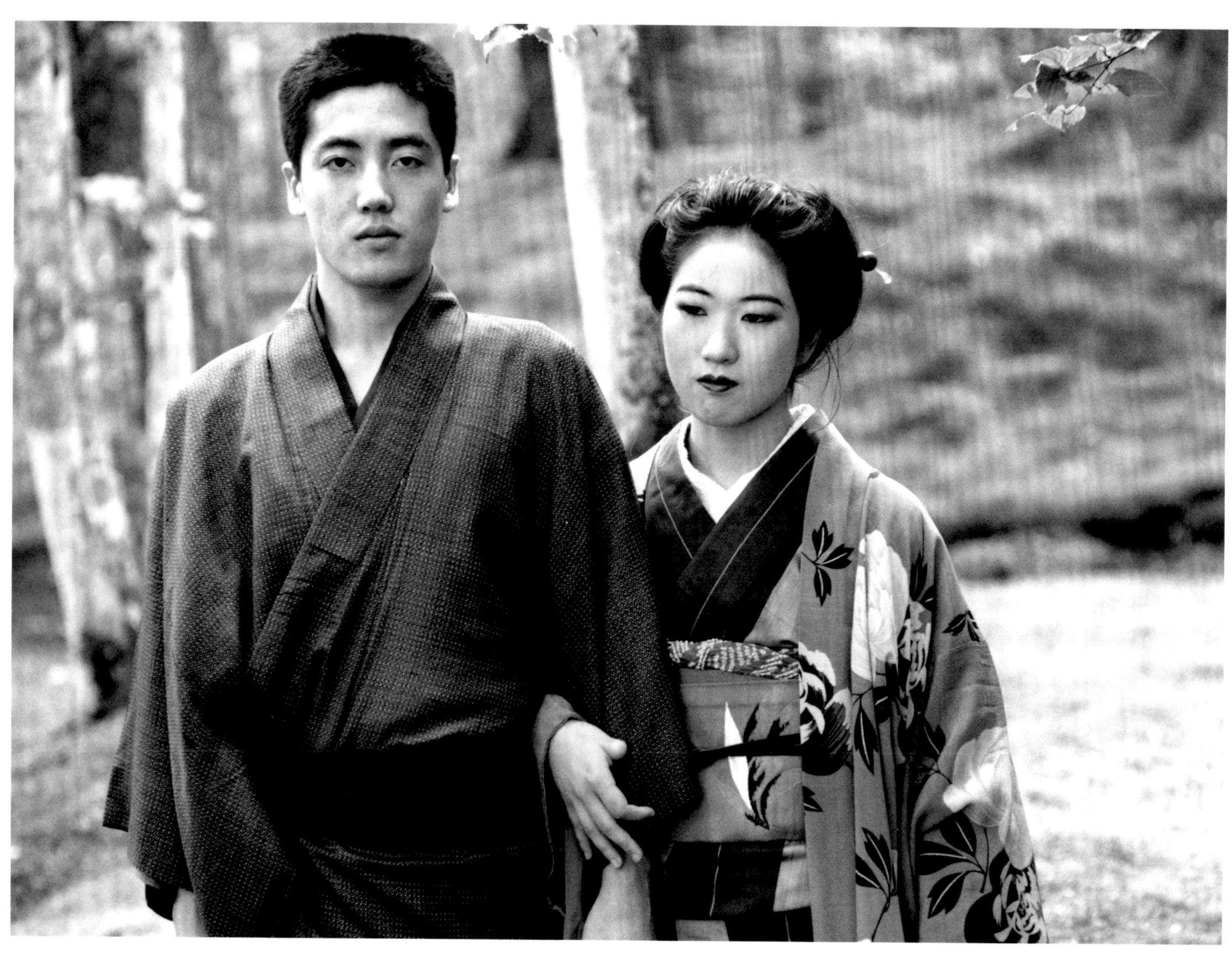

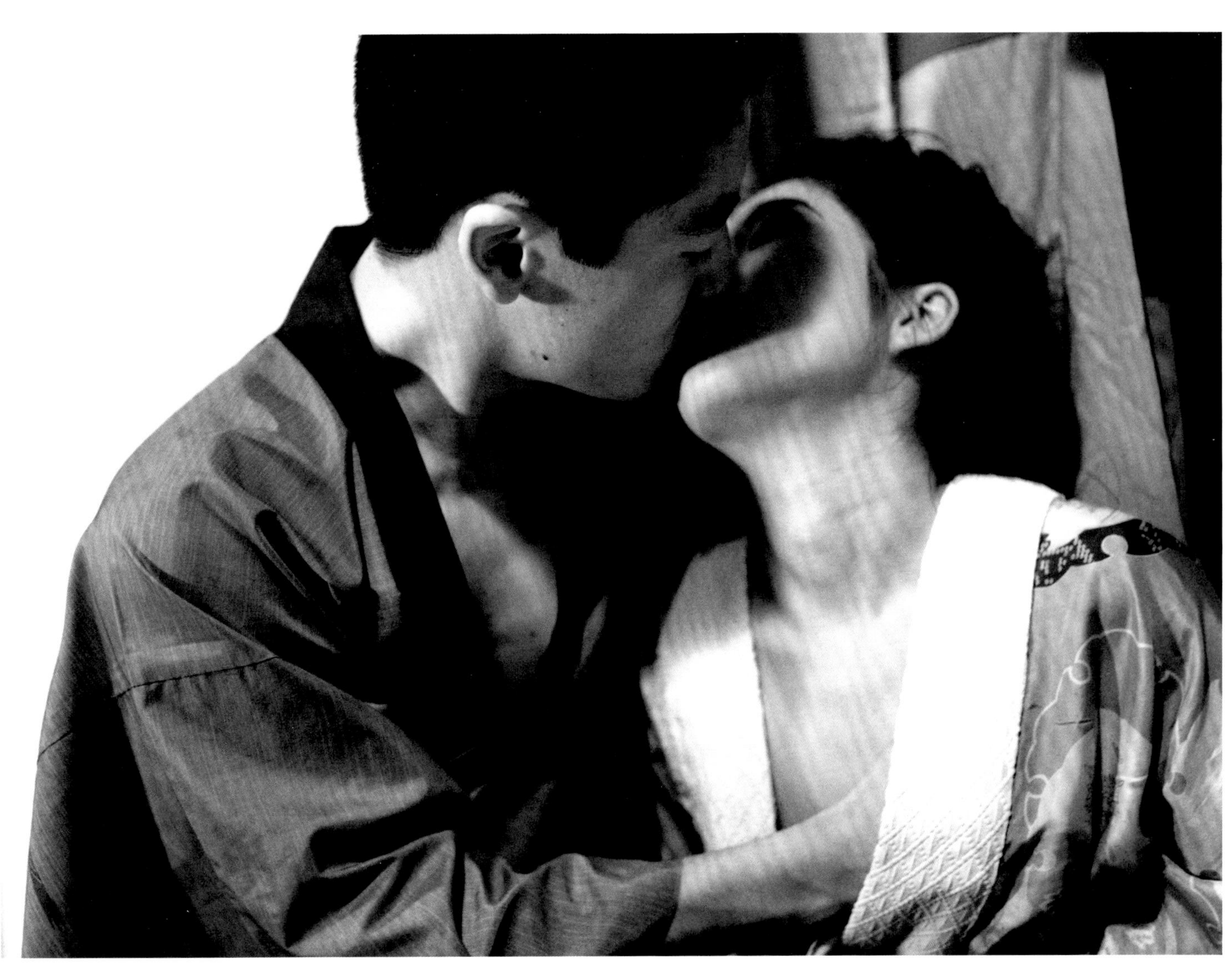

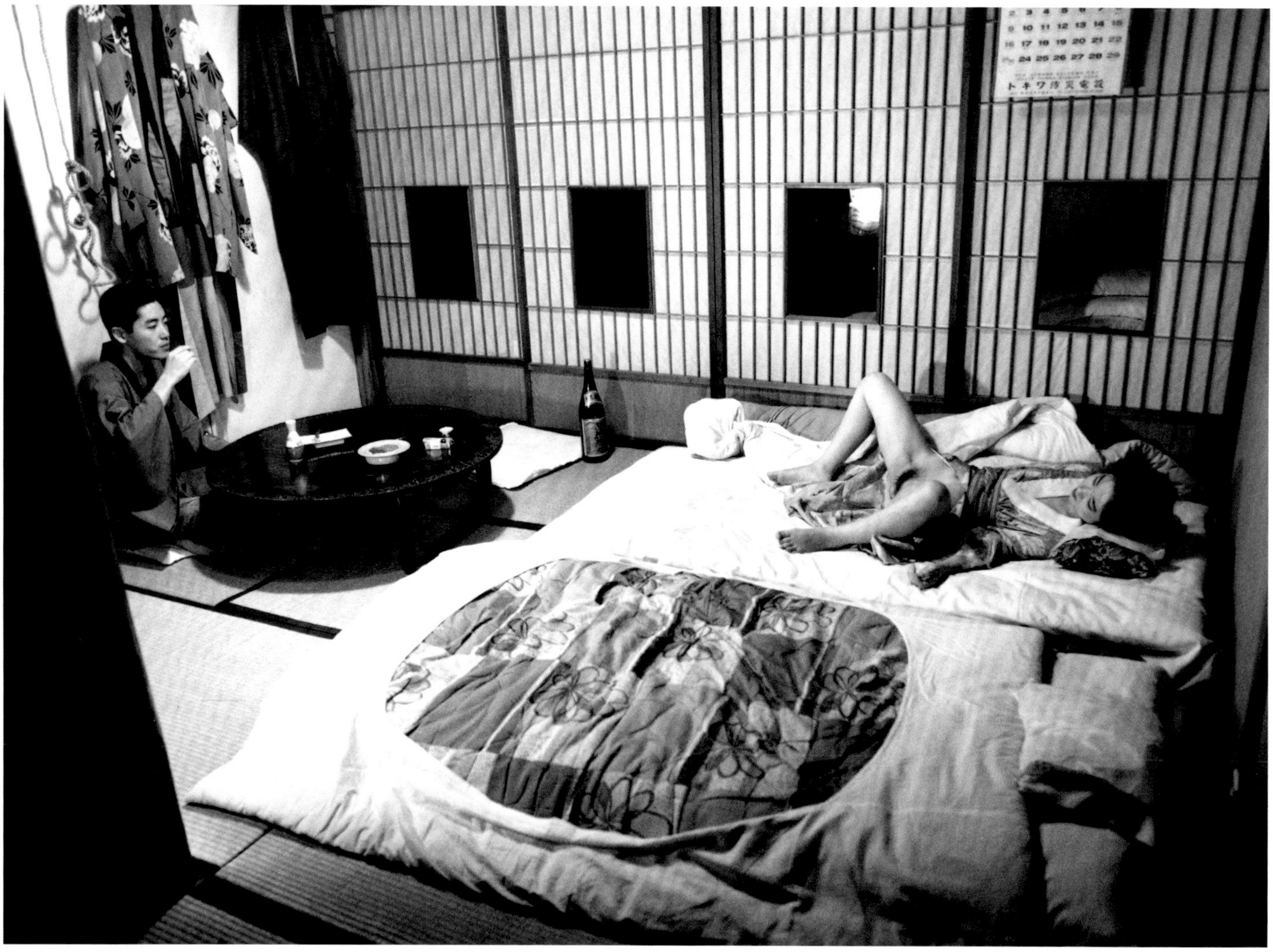
9 10 11 12 13 14 15
17 18 19 20 21
24 25 26 27 28

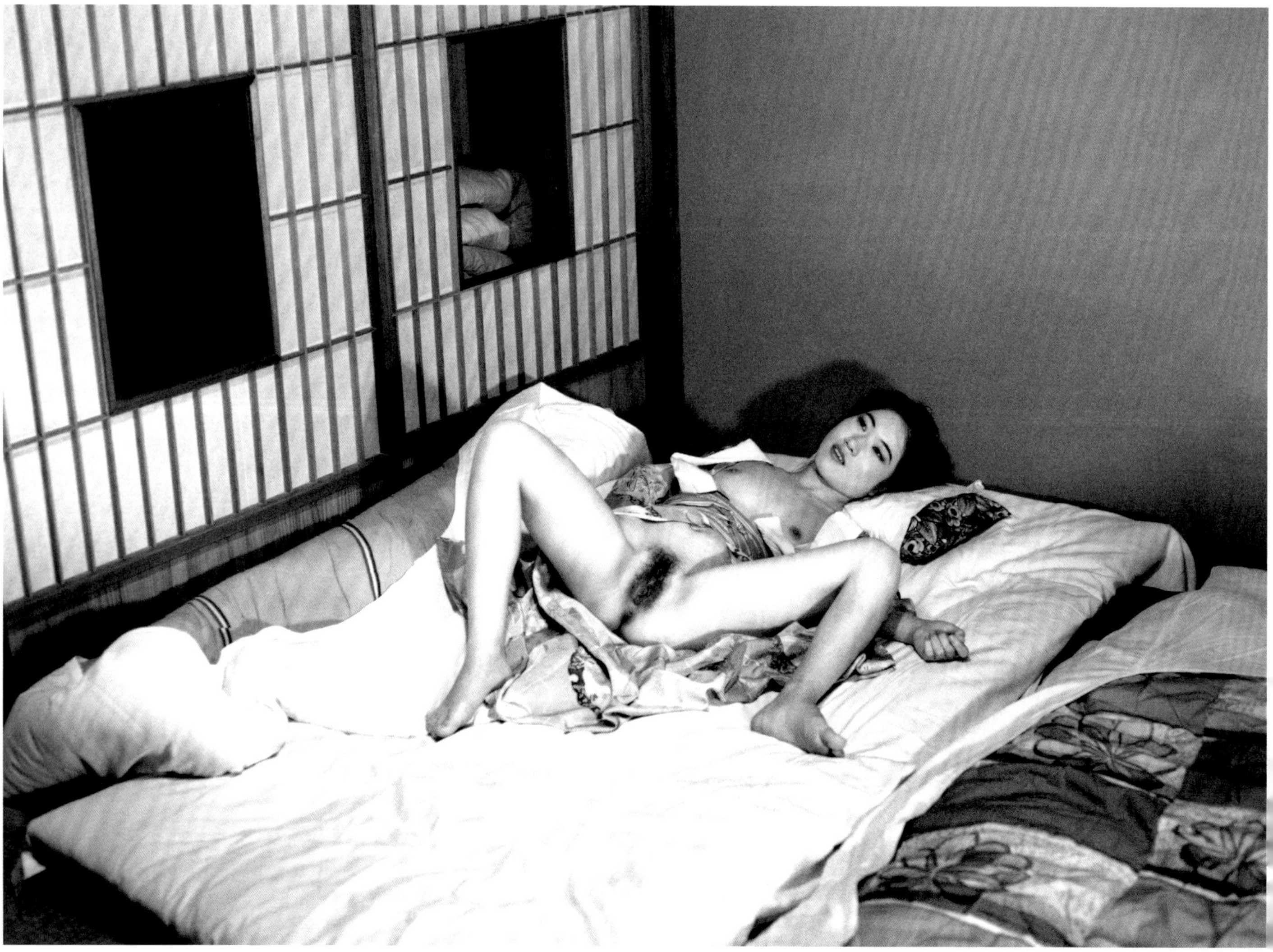

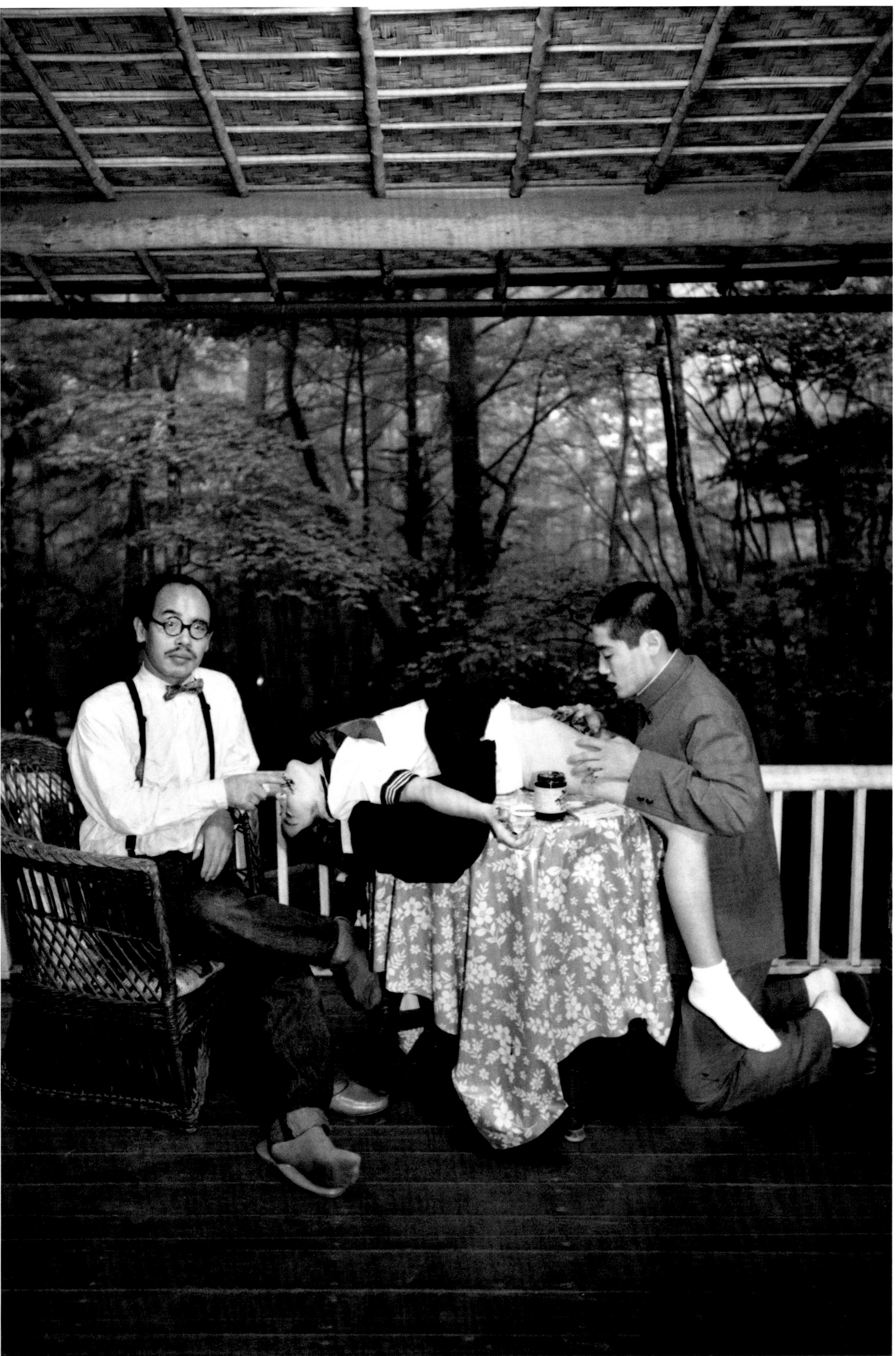

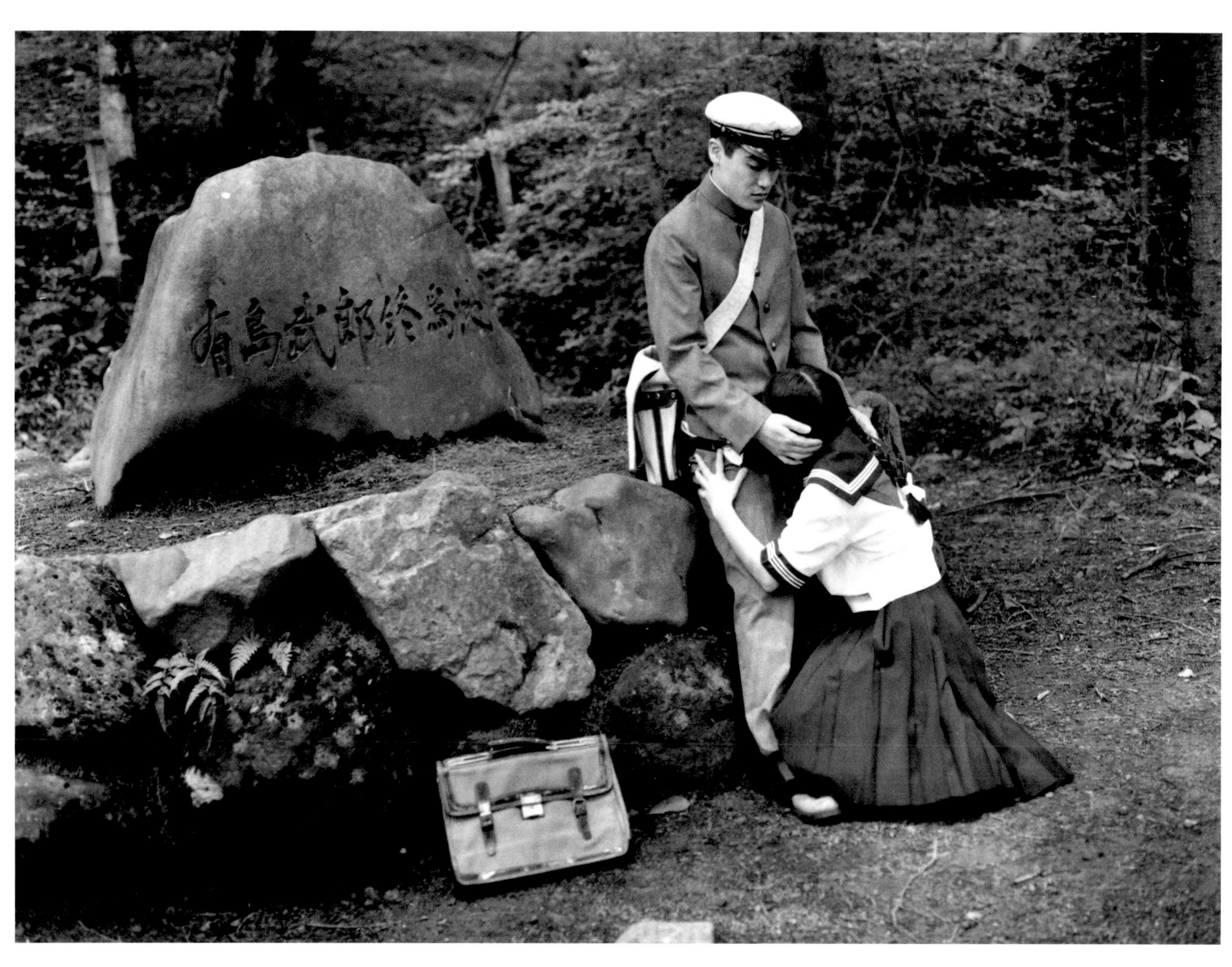
有島武郎終焉地

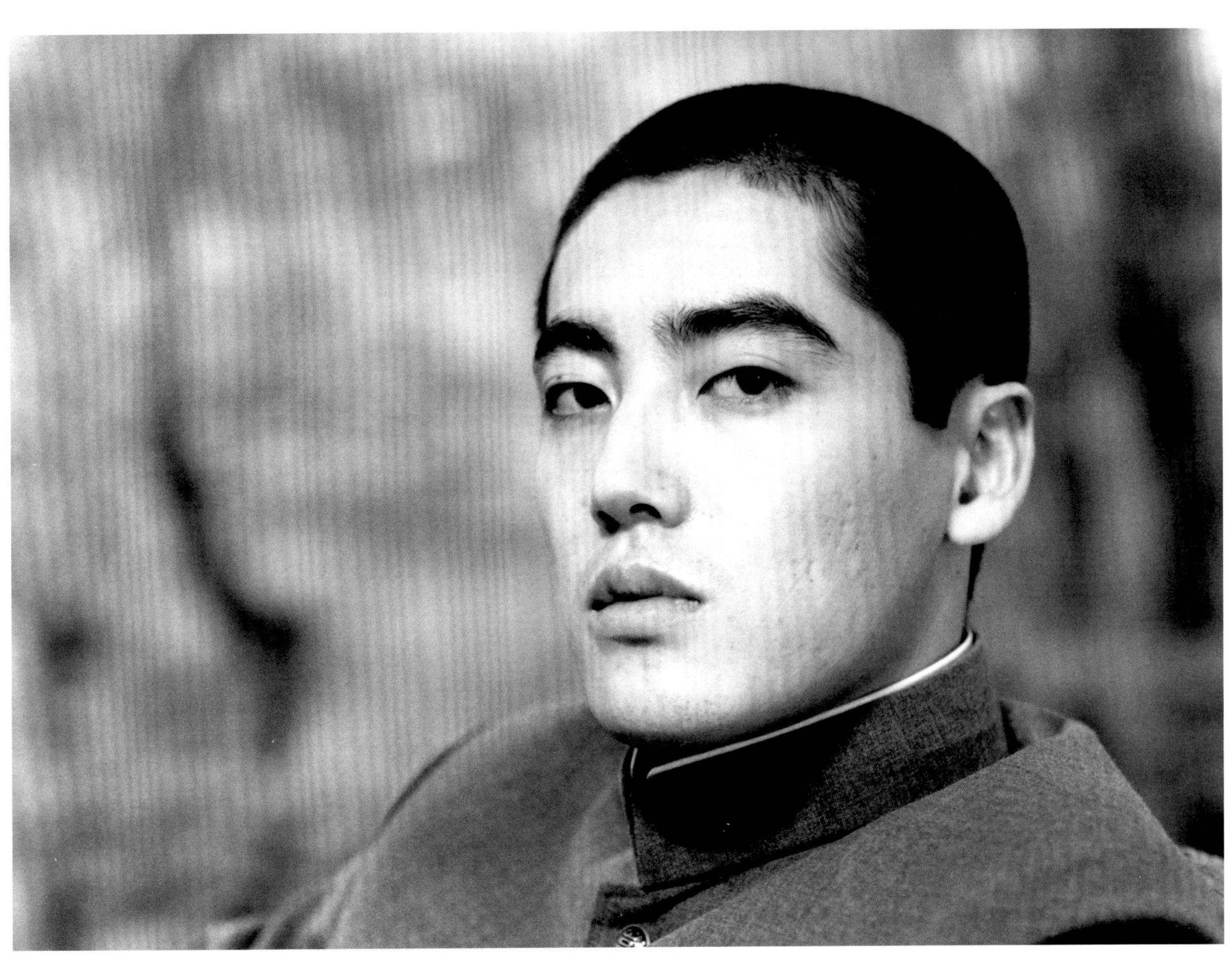

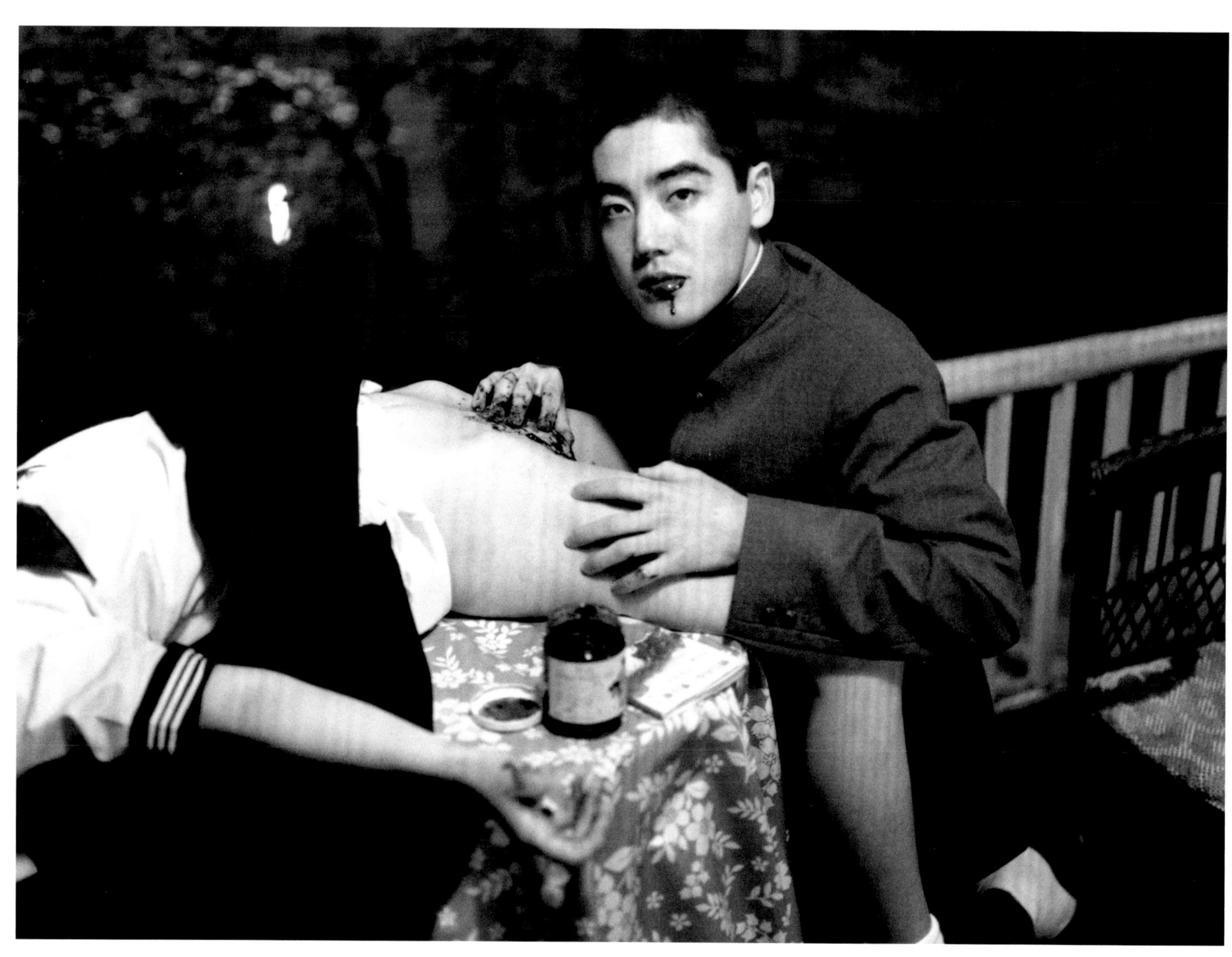

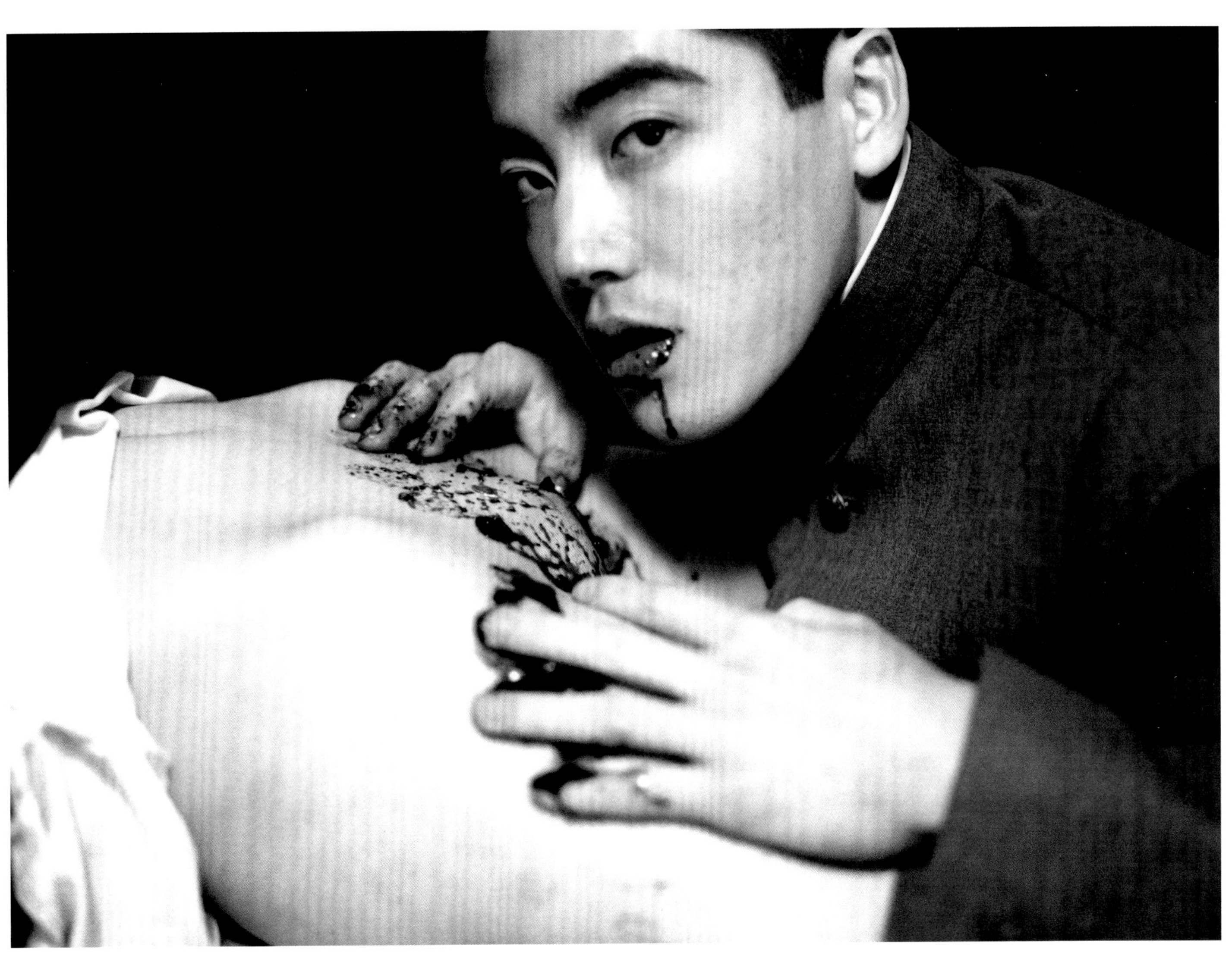

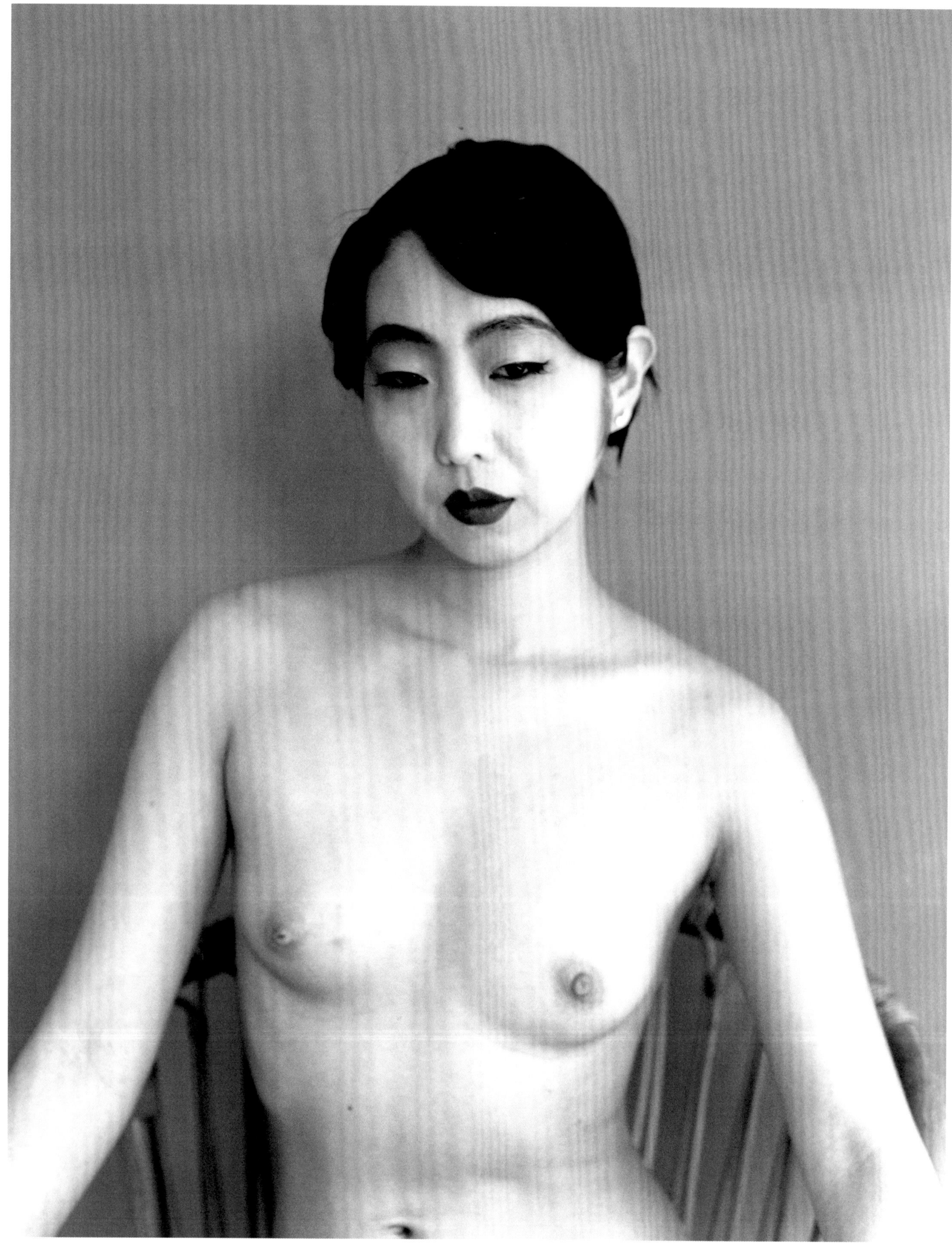

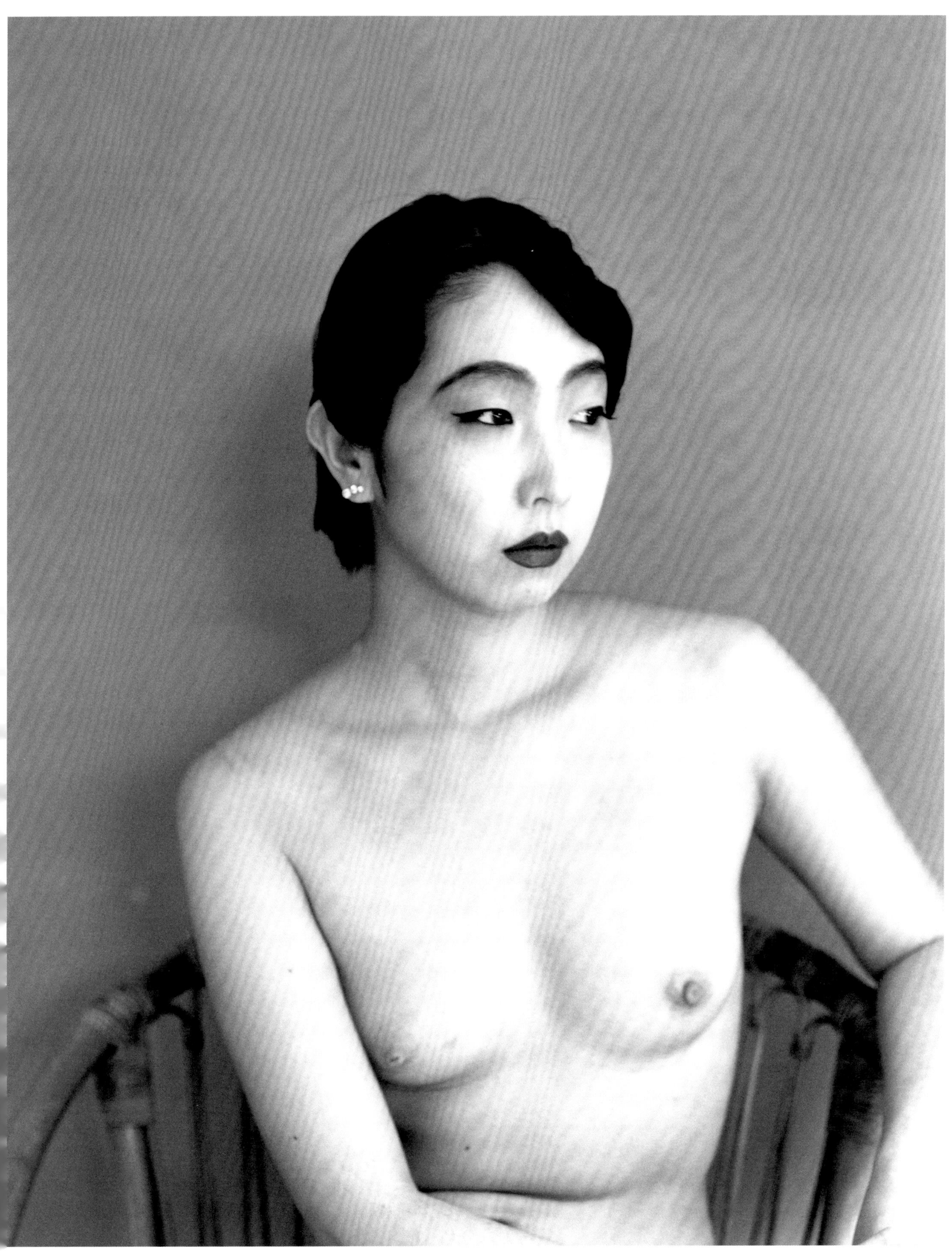

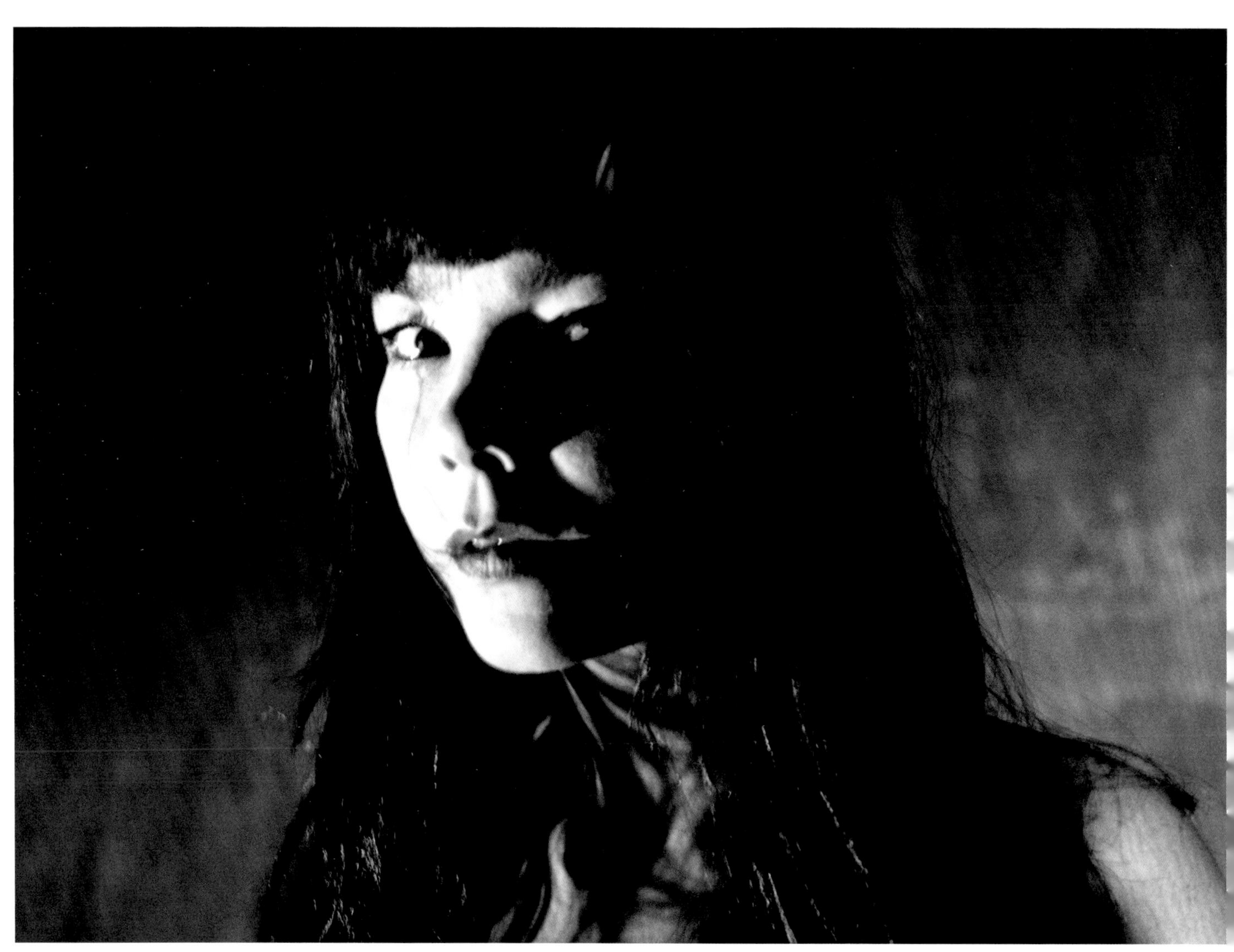

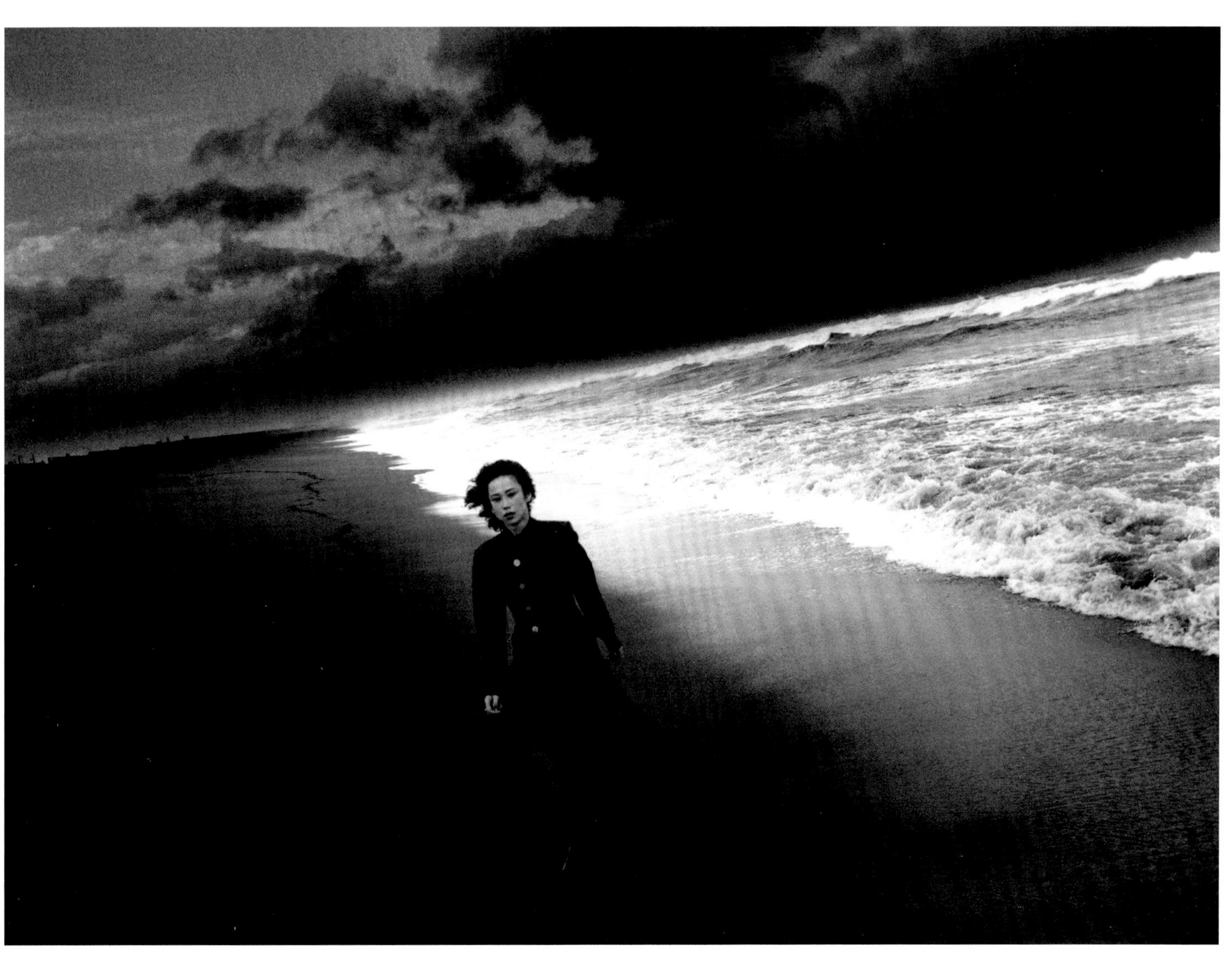

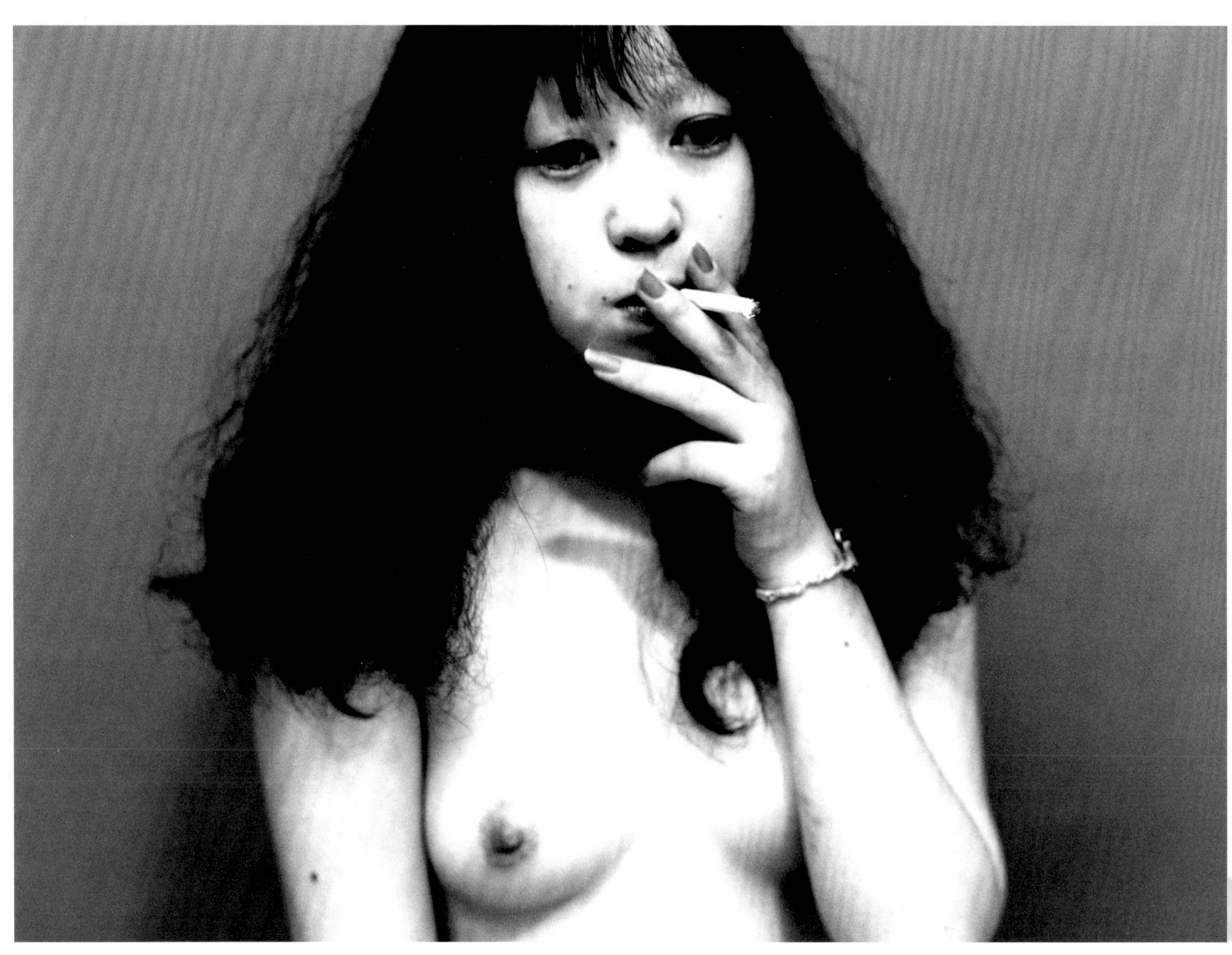

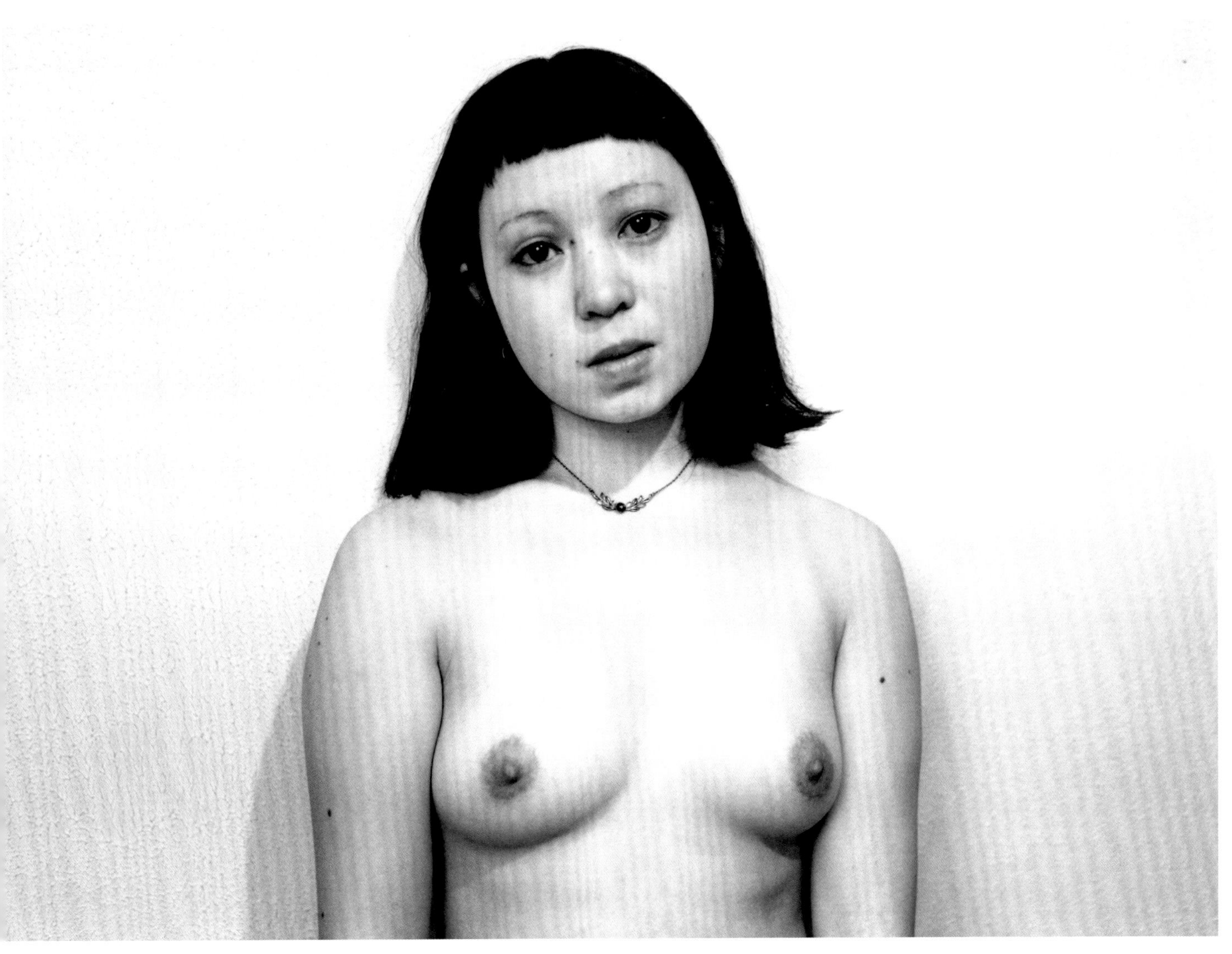

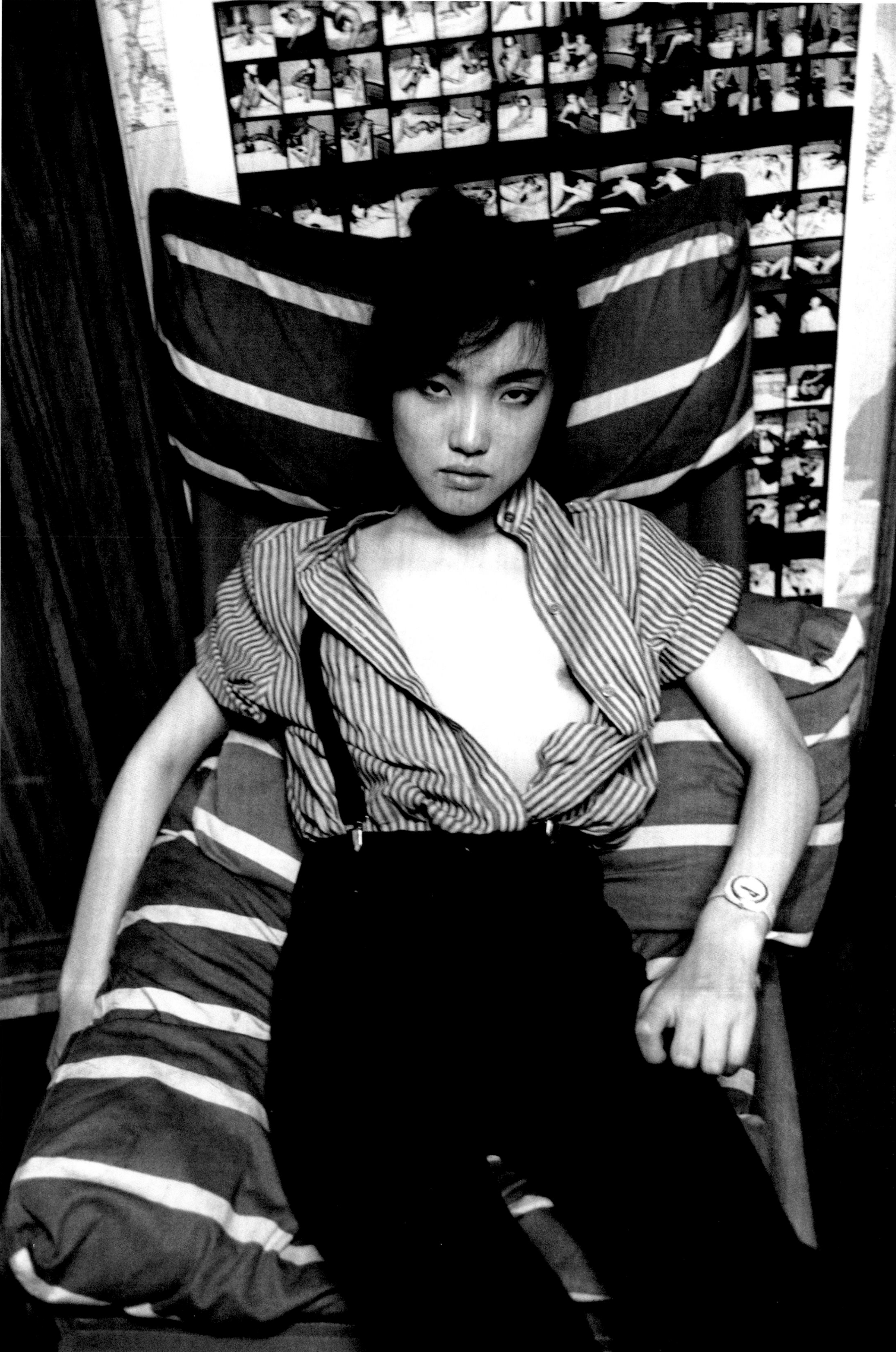

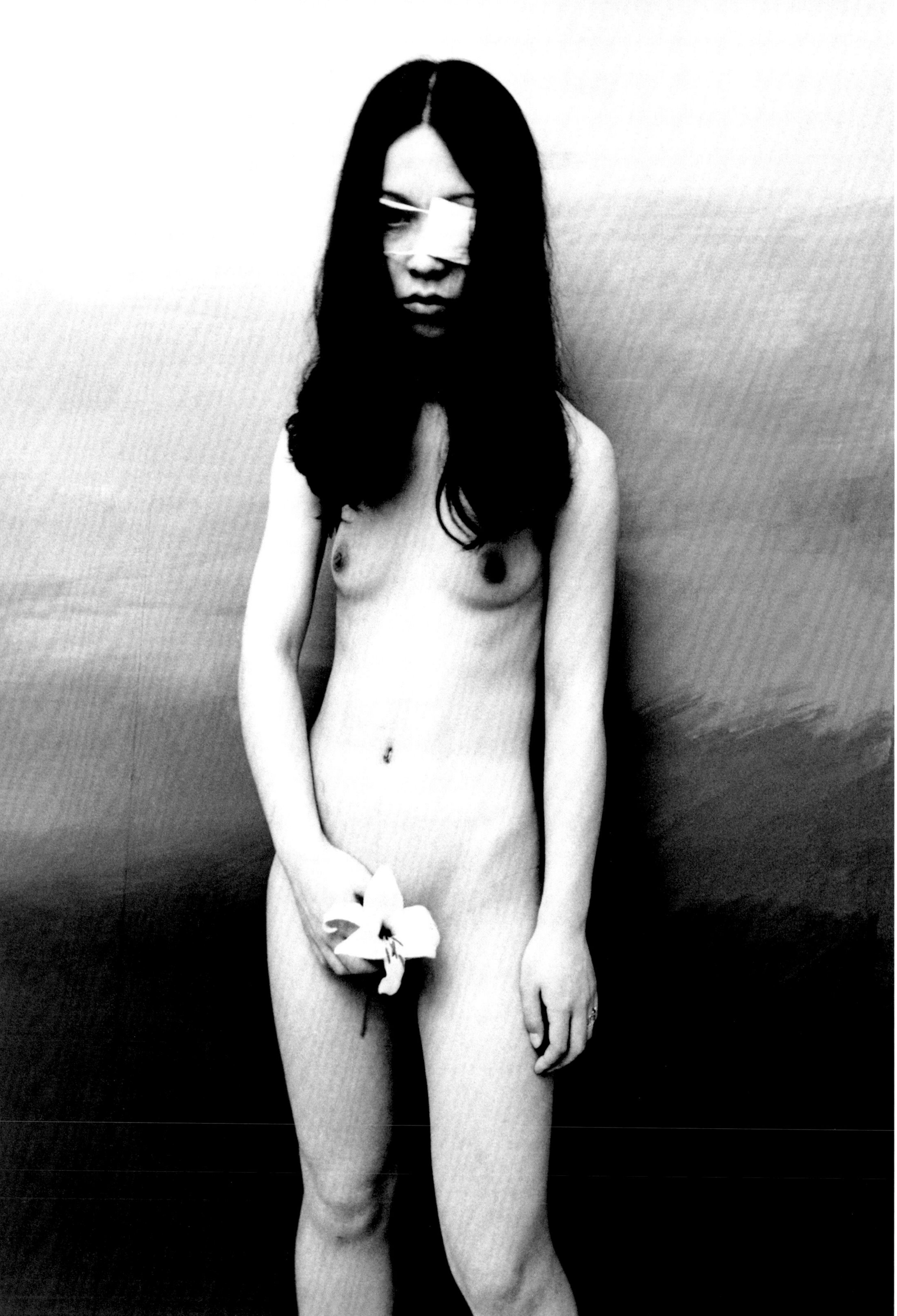

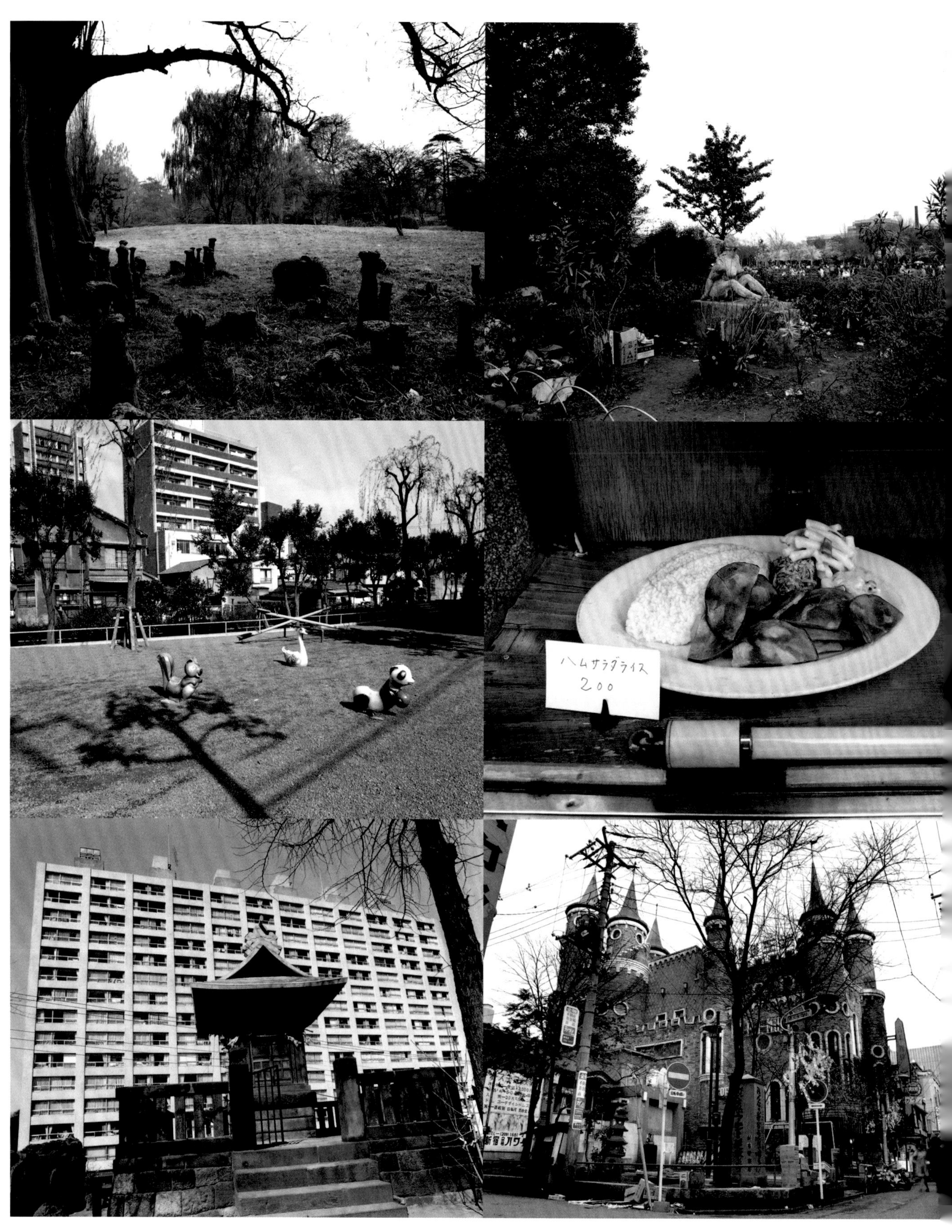
ハムサラダライス
200

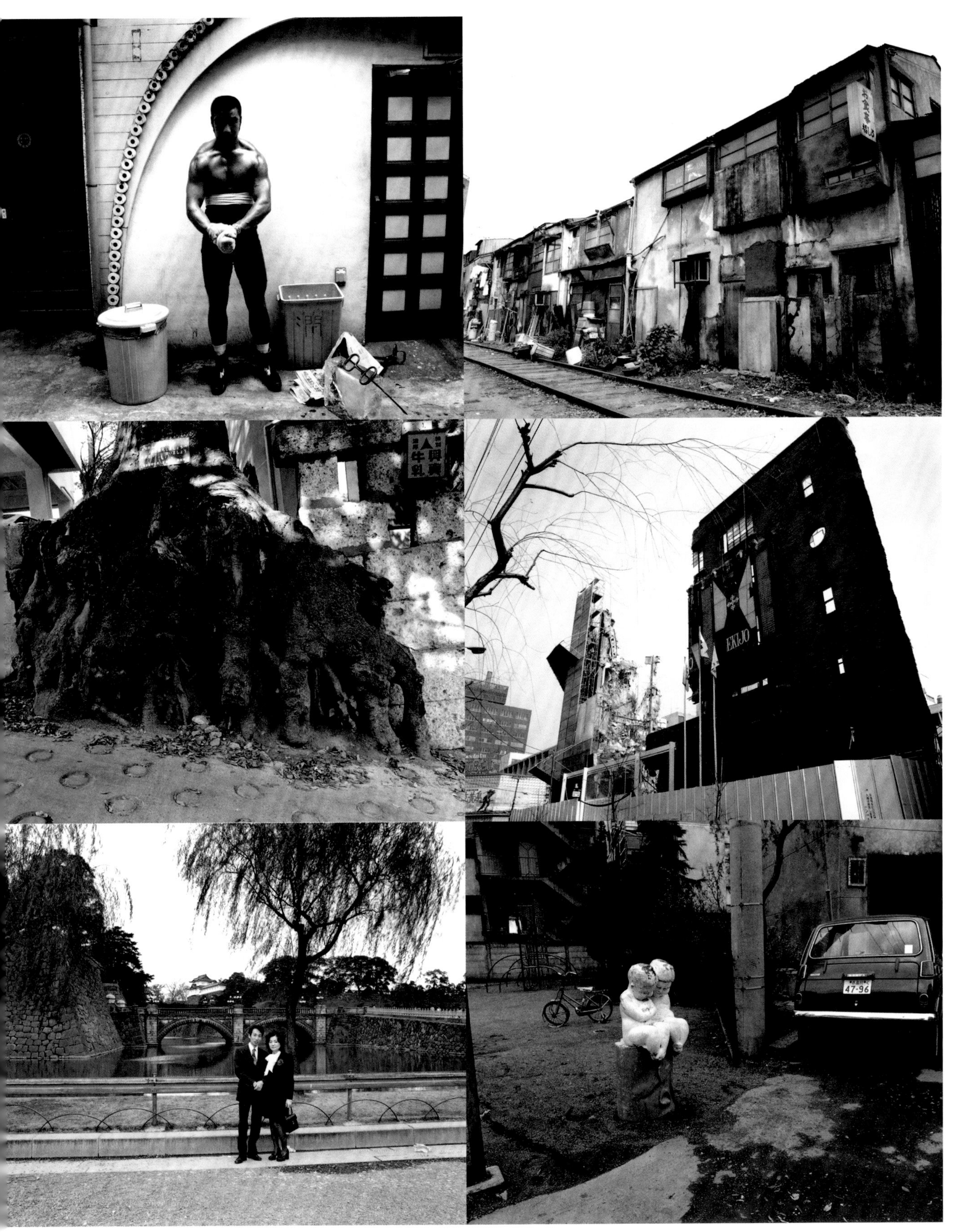
EKIJO
47-96

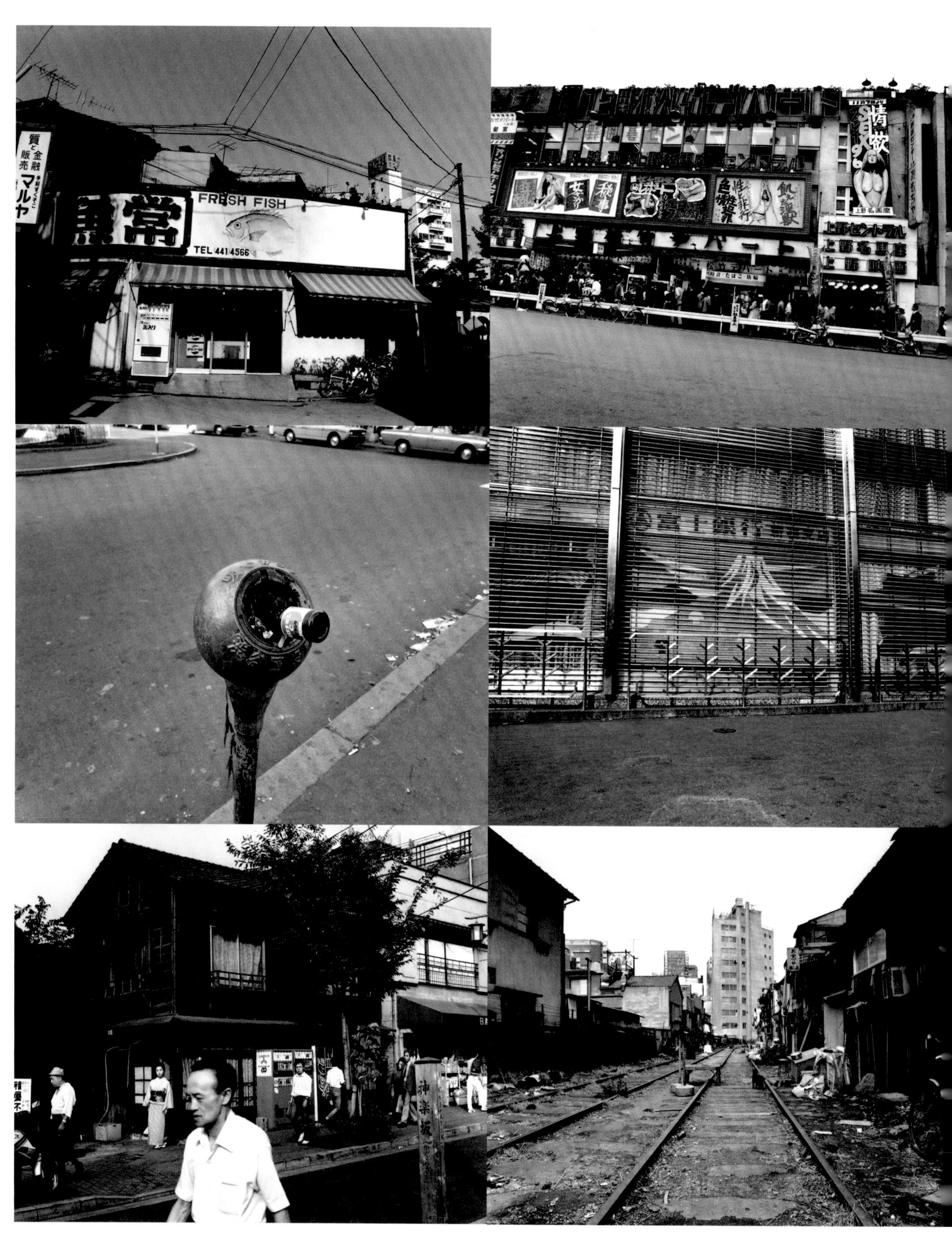
質
金融
販売
マルヤ
常
FRESH FISH
TEL 441 4566
上野セントラル
神楽坂

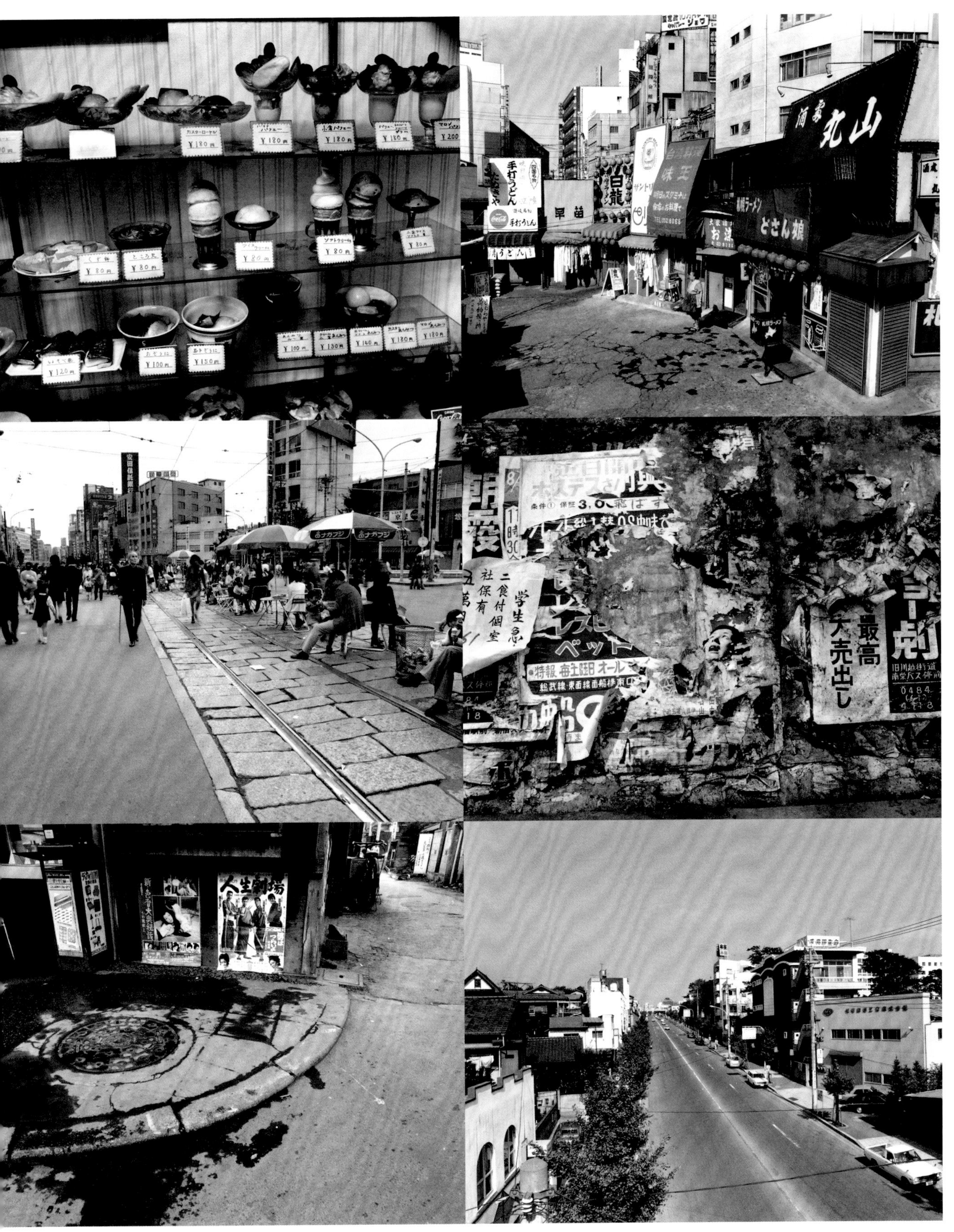

¥180円
¥80円
¥120円
¥100円
¥150円
¥130円
¥140円
酒家 丸山
手打うどん
早苗
白龍
味王
とさん娘
ナカフジ
学生急!
二食付個室
社保有
最高
大売出し
人生劇場

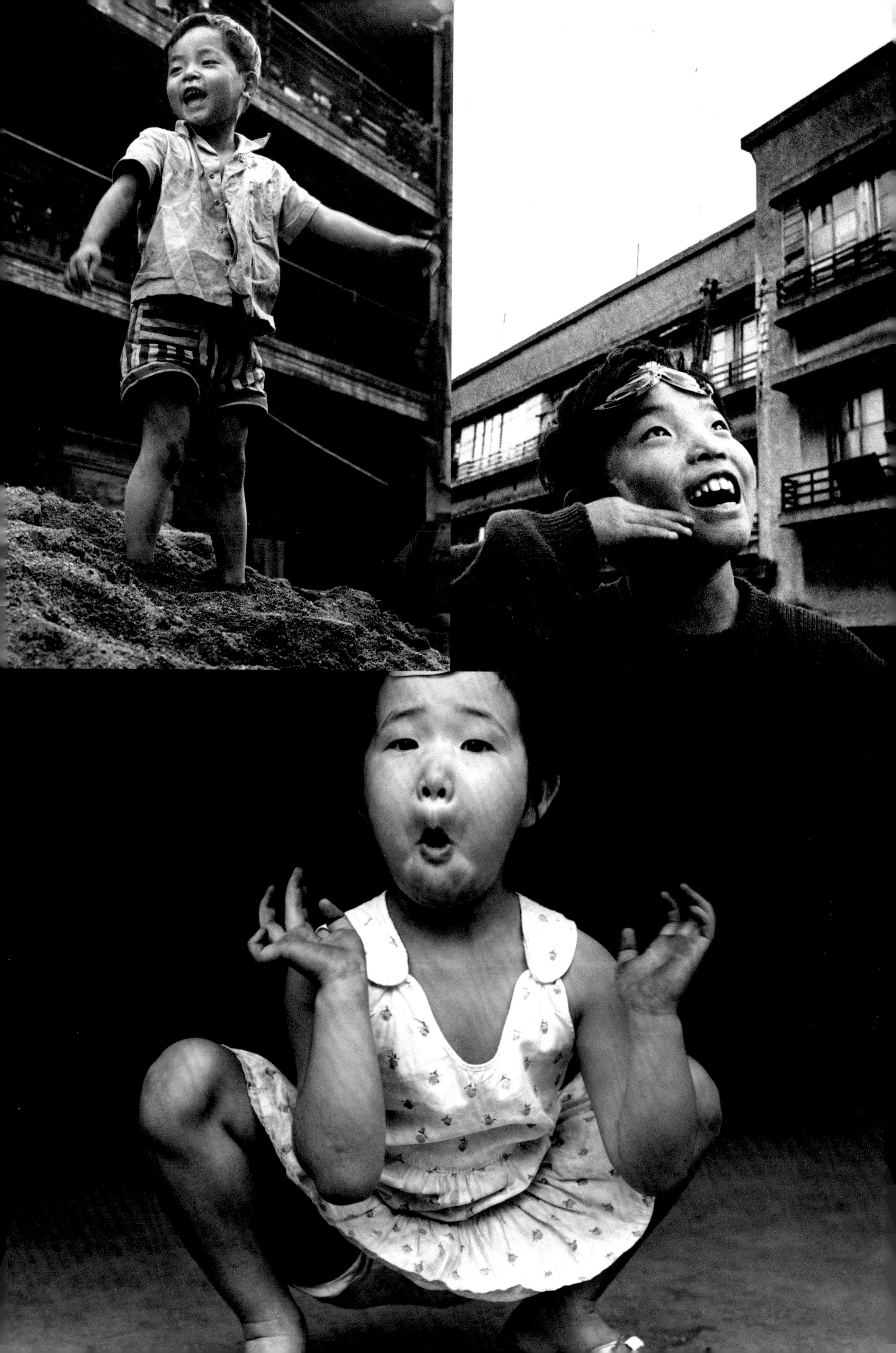

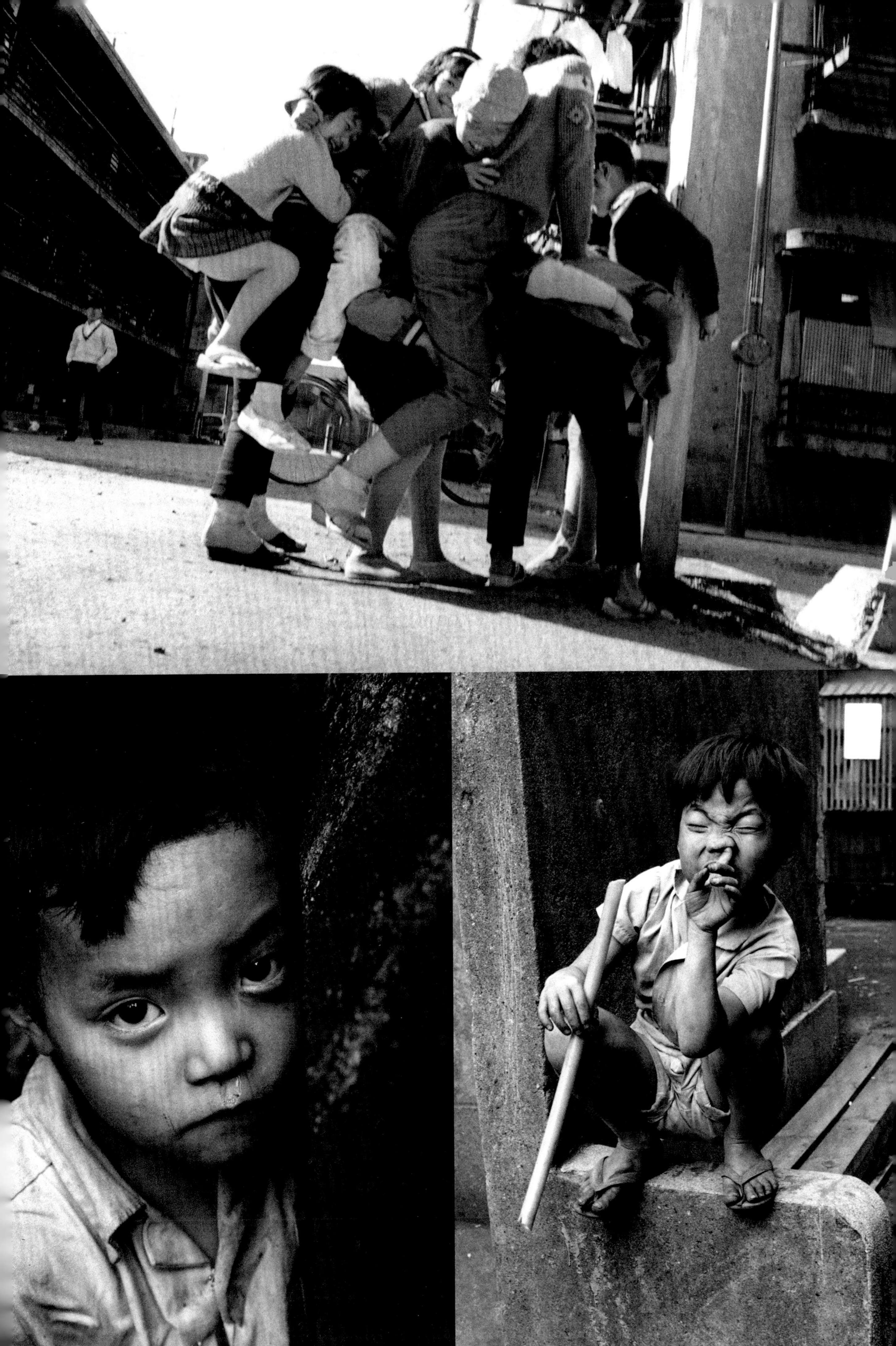

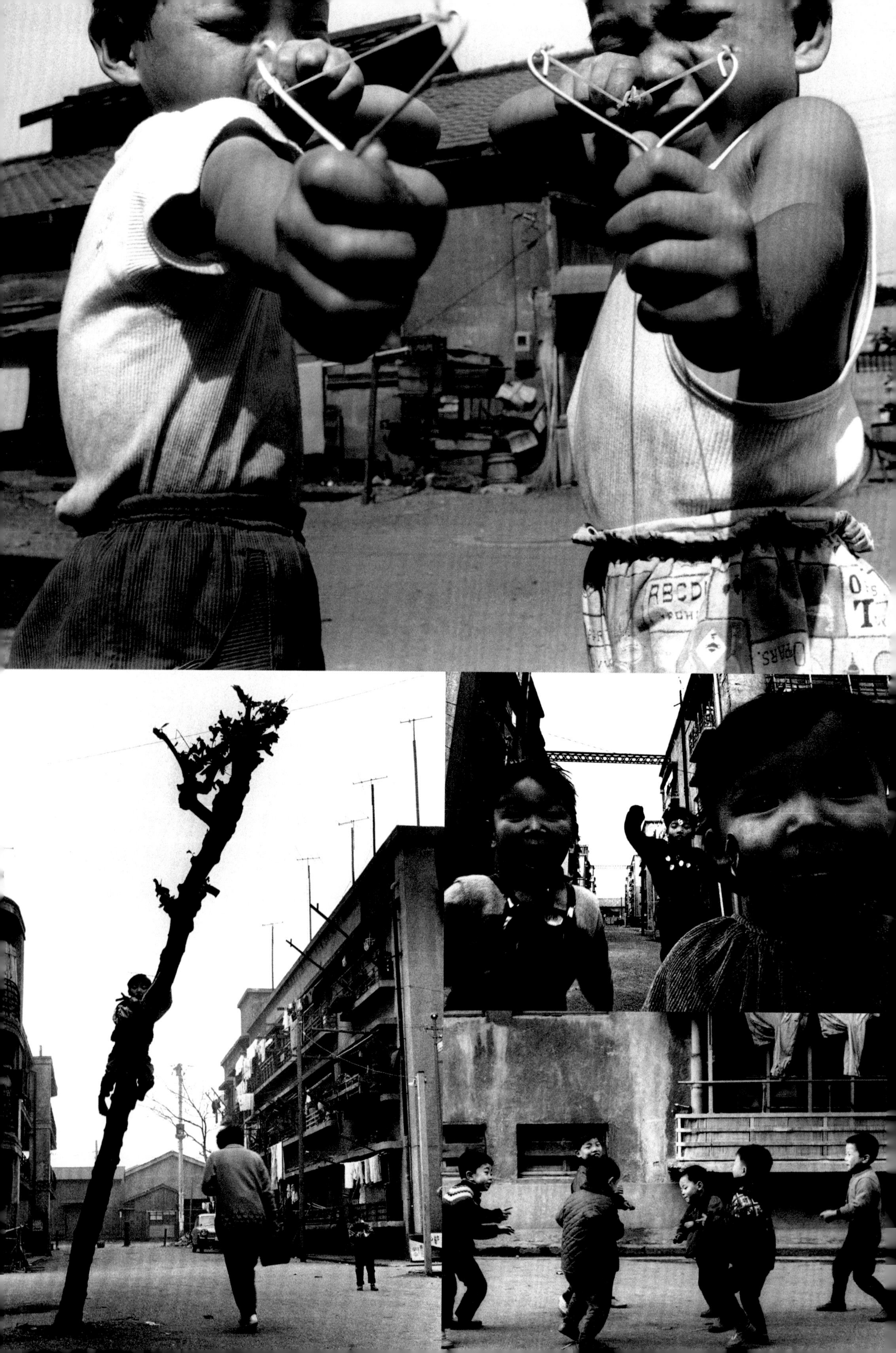
RBCD

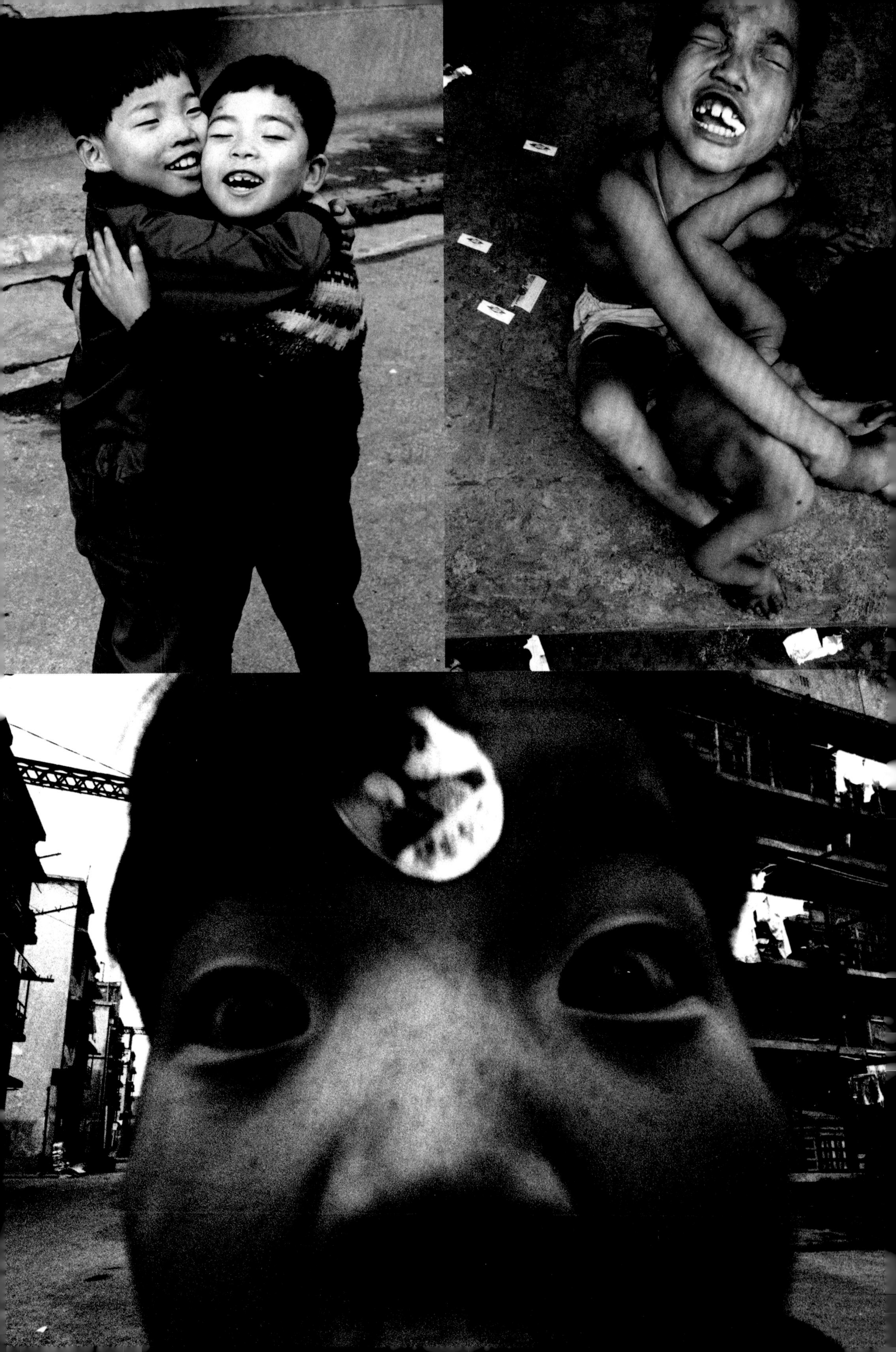

Biography

1940 Born May 25 in the Minowa area of Shitaya Ward (now Taito Ward), Tokyo. His father Chotaro and mother Kin run the Nimbenya *geta* (Japanese clog) shop. Nobuyoshi Araki (NA) is the fifth of seven children, with three brothers and three sisters.

1952 His father, an expert amateur photographer, presents him with a Baby Pearl camera. NA takes his first photos during a school excursion.

1959 Becomes a student at the engineering department of Chiba University, where he majors in photography and film.

1963 Graduates from Chiba University (his thesis is a black and white film called *Children Living in Apartments*), and starts work as a commercial photographer with ad agency Dentsu.

1964 Wins a photography contest organised by *The Sun* magazine with *Satchin*, photos of neighbourhood elementary school boys.

1965 First one-man show, called 'Satchin and His Brother Mabo' (in Tokyo).

1967 NA's father dies.

1970 Creates *Xeroxed Photo Albums* (25 volumes, each in a limited edition of 70 copies) and sends them to friends, art critics and people selected randomly from the telephone book.
Puts on an exhibition called 'Sur-sentimentalist Manifesto No.2: The Truth about Carmen Marie', which serves as his 'photographic manifesto'. The photos consist of enlargements of a woman's genitals.

1971 Marries Yoko Aoki (born 1947), a secretary at Dentsu, and publishes *Sentimental Journey* privately, a record of their honeymoon.
He and four colleagues form a group known as Fukusha-shudan Geribara 5, which asserts that 'photos are copies'.
Visits Okinawa (US territory at the time).

1972 Resigns from Dentsu.

1974 Photo Workshop School formed by NA, Shomei Tomatsu, Daido Moriyama, Eiko Hosoe, Masahisa Fukase and Noriaki Yokosuka.
NA's mother dies.

1976 Edits issue no. 7 of photo magazine *Workshop*, on the subject of 'Women' (Photo Workshop Editions).
Photo Workshop School closes, and Araki's Private Photo School opens with about ten students (lasts until 1977).

1978 Leaves Minowa and moves to an apartment in Komae in the suburbs of Tokyo.

1979 Travels to New York for the opening of the group show 'Japan: A Self-Portrait' held at the International Center of Photography.
First of a series of bondage shots for *SM Sniper* magazine.

1980 Does stills for the Seijun Suzuki film *Zigeunerweisen* (Gypsy Melodies).

1981 Sets up his own limited company (Araki Limited Company).
Akira Suei launches *Shashin Jidai* (Photo Age) magazine, which contains three new series of works by NA.
NA and Yoko celebrate their tenth wedding anniversary with a tour of Paris, Madrid and Buenos Aires.
Works on *Pseudo-Diary of a High-School Girl*, his first film to be released.

1982 Opens a new office called Shashin-shinryojo (Photo Clinic).
Visits South Korea with novelist Kenji Nakagami.
NA and Yoko move to an apartment in Gotokuji, in the Setagaya ward of Tokyo. NA still lives there.

1986 Establishes his own style of slide-shows called 'Arakinema', using two slide projectors operated by his colleagues Shiro Tamiya and Nobuhiko Ansai.

1988 The police order *Shashin Jidai* to withdraw all copies of its April issue on grounds of obscenity. The magazine closes down, and NA is summoned to a police hearing.
Chiro the cat comes to live with the Arakis.
NA, Shiro Tamiya and Nobuhiko Ansai set up the AaT Room imprint.

1990 January 27: Yoko Araki dies at the age of 42.
NA wins the annual awards of both the Japanese Photographers' Society and the 2nd Photography Circle. Does stills for the Seijun Suzuki film *Yumeji*.

1991 Wins the Domestic Photographer's Award at the 7th Higashikawa International Photo Festival.
Sakiko Nomura starts work as assistant to NA.

1992 Police accuse NA of exhibiting obscene photographs in his show 'Photo-Maniac Diary'; he is fined 300,000 yen.
First one-man show in Europe, 'Akt-Tokyo: Nobuyoshi Araki 1971–1991', opens at the Forum Stadtpark in Graz, Austria. The exhibition tours ten European cities (until 1995).

1993 The police declare the exhibition catalogue of 'Akt-Tokyo: Nobuyoshi Araki 1971–1991' obscene and arrest a curator of the Parco Gallery in Tokyo, where the catalogue is being sold at NA's show 'Erotos'. NA is also questioned, and his house and office are searched by police investigators. (In the end, the curator is not prosecuted.)

1994 First one-man show in the USA.
Turns down an offer to exhibit at the Venice Biennale.
Appears in a film version of *New World of Love* (published in 1993), directed by Banmei Takahashi. He plays himself, shooting still photographs.
Directs the joint performance *From the Edge of Nirvana* by Marilia, Gozo Yoshimasu and Kazuo Ohno, together with an Arakinema show.

1995 First one-man show in France, 'Journal intime', is held at the Fondation Cartier pour l'art contemporain, Paris.

1996 First 13 volumes of the 20-volume *Works of Nobuyoshi Araki* published.

1997 NA's biggest one-man show, 'Tokyo Comedy' opens, celebrating the 100th anniversary of the Wiener Secession, Vienna. He attends the opening reception, and shows performance versions of Arakinema abroad for the first time.
Naoto Takenaka makes a film of *Tokyo Biyori* (Tokyo Fine Day), a photo-essay by NA and Yoko published in 1993. Takenaka plays the leading role of a photographer, while NA makes a guest appearance.
First retrospective exhibition in Japan, 'Araki Retrographs', is held at Hara Museum of Contemporary Art, Tokyo.

1998 First seven volumes of the eight-volume *Literary Works of Nobuyoshi Araki* published.
NA visits Shanghai, Taipei and Bangkok to take photos and attend the opening of exhibitions.

1999 First one-man show at a Japanese public museum, 'Araki Nobuyoshi: Sentimental Photography, Sentimental Life', opens at the Museum of Contemporary Art, Tokyo.

2000 'Viaggio Sentimentale', a major exhibition of NA's work at an Italian public museum, opens at the Centro per l'Arte Contemporanea Luigi Pecci – Prato. He stays in Prato for 10 days, taking photographs (mainly portraits). The results are included in the exhibition.

2001 *Photographs from the End of the Century*, *Photographs from the New Century* and *Photography Again* are published under NA's own AaT Room imprint. The three books are planned and edited by NA himself.

プロフィール

1940年　5月25日　東京都下谷区（現在の台東区）に生まれる。父・長太郎と母・きんは、下駄屋「にんべんや履物店」を営む。7人兄弟の5番目に生まれる。

1952年　アマチュア写真家である父からカメラ「ベビーパール」を譲り受ける。修学旅行のとき、生めれて初めて写真を撮る。

1959年　千葉大学工学部写真印刷工学科入学、写真映画を専攻。

1963年　卒業制作は「アパートの子供たち」、株式会社電通に入社、広告写真を撮る。

1964年　小学生を撮った作品『さっちん』で第1回太陽賞受賞。

1965年　東京で初めての個展「さっちんとマー坊」。

1967年　父・長太郎死去。

1970年　『ゼロックス写真帖』（全25巻、限定各70部）を制作。友人、美術評論家、電話帳で勝手に選んだ人に郵送。個展「シュールセンチメンタリズム宣言2：カルメン・マルーの真相」を「写真家の宣言」と公言する。女陰写真を拡大した展示。

1971年　電通OL・青木陽子（1947年生まれ）と結婚。新婚旅行の記録である『センチメンタルな旅』を自費出版。
「写真は複写である」と理念を改めて4人の同僚とともに「複写集団ゲリバラ5」を結成。
返還前に沖縄を旅行。

1972年　電通を退社。

1974年　東松照明、森山大道、細江英公、深瀬昌久、横須賀功光とともに「ワークショップ写真学校」を開校。
母・きん死去。

1976年　『季刊ワークショップ第7号：特集女性写真』（写真ワークショップ編集室）を責任編集。「ワークショップ写真学校」を閉校、10人の生徒ともに「荒木経惟私塾」を開校（1979年まで）。

1978年　三ノ輪から狛江市のアパートに転居。

1979年　インターナショナル・センター・オブ・フォトグラフィでのグループ展『日本：セルフポートレート』のためにニューヨークへ旅行。
『S&Mスナイパー』誌の連載「緊縛写」始まる。

1980年　鈴木清順監督の映画『ツィゴイネルワルゼン』のスティル写真を撮影。

1981年　有限会社アラーキー設立。
末井昭が雑誌『写真時代』を創刊。荒木の3大連載が始まる。
妻・陽子と結婚10年目を記念して、パリ、マドリード、ブエノスアイレスを旅行。
『女高生偽日記』で映画監督に初挑戦。

1982年　事務所「写真診察所」設立。
作家の中上健次と韓国を旅行。
世田谷区豪徳寺のマンションに引っ越す。

1986年　2台のプロジェクターを使ったスライドショー「アラキネマ」を始める。田宮史郎と安齋信彦がプロジェクターを操作する。

1988年　警視庁が『写真時代4月号』を猥褻図画の疑いで押収。これをもって『写真時代』は廃刊になる。荒木は事情聴取を受ける。
チロが荒木家にくる。
田宮史郎と安齋信彦とともに「AaT Room」を設立。

1990年　1月27日妻・陽子死去。享年42歳。
日本写真家協会賞と写真の会賞を受賞。
鈴木清順監督の映画『夢二』のスティル写真を撮影。

1991年　第7回東川国際写真フェスティバルで国内作家賞受賞。
野村佐紀子が荒木のアシスタントになる。

1992年　展覧会「写狂人日記」で猥褻図画公然陳列の疑いで警視庁により30万円の罰金刑を受ける。
オーストリア、グラーツのフォルム・シュタットパルクでヨーロッパで初めての個展「Akt-Tokyo: Nobuyoshi Araki 1971-1991」が開催され、1995年までヨーロッパの10の都市を巡回する。

1993年　パルコギャラリーでの個展「エロトス」の際に販売されたカタログ『Akt-Tokyo: Nobuyoshi Araki 1971-1991』を警視庁が猥褻図画の疑いで押収し、パルコギャラリーのキュレーターを逮捕する。荒木は事情聴取を受け、事務所とアパートが家宅捜査される。（最終的には警視庁はキュレーターに対する訴訟手続を放棄する。）

1994年　アメリカでの初めての個展。
ヴェネツィア・ビエンナーレへの出展を拒否。
髙橋伴明監督が『愛の新世界』を映画化。荒木も出演し、スティル写真を撮影。
荒木のスライドショー「アラキネマ」とともにアリリア、吉増剛造と大野一雄とが計画したパフォーマンス『彼岸から』が実現する。

1995年　フランスで初めての個展「私日記」がパリのカルティエ財団現代美術館で開催される。

1996年　『荒木経惟写真全集』の第1巻が刊行される（全20巻）。

1997年　ウィーンのセセッション会館の創立100周年記念展として荒木にとって最大の個展「Tokyo Comedy」が開催される。オープニング・レセプションに出席し、外国で初めて「アラキネマ」をパフォーマンスする。
竹中直人が、1993年に刊行された荒木と陽子との共著『東京日和』を映画化し、自ら主役の写真家を演じる。荒木もゲスト出演する。
原美術館で初めての回顧展「アラーキーレトログラフス」が開催される。

1998年　『荒木経惟文学全集』の第1巻が刊行される（全8巻）。
展覧会開催のため上海、台北、バンコクを旅行。

1999年　東京都現代美術館で「荒木経惟センチメンタルな写真、人生。」が開催される。荒木の個展が日本の公的美術館で開催されるのは、本展が最初である。

2000年　イタリアで初めての個展「センチメンタルな旅」がプラトーのルイジ・ペッチ現代美術センターで開催される。プラトーに10日間滞在し、主に肖像写真を中心に撮影する。これらの作品も展覧会で展示される。

2001年　荒木自ら企画・編集する『世紀末ノ写真』、『新世紀ノ写真』と『再び写真へ』がRoomより刊行される。

Biografie

1940 Am 25. Mai wird Nobuyoshi Araki (NA) in Minowa im Bezirk Shitaya (heute Taito-Bezirk) in Tokio geboren. Sein Vater Chotaro und seine Mutter Kin betreiben den Nimbenya-Holzschuh-Laden („geta"). NA ist das fünfte von sieben Kindern und wächst gemeinsam mit drei Brüdern und drei Schwestern auf.

1952 Sein Vater, ein fachkundiger Amateurfotograf, schenkt ihm eine „Baby Pearl"-Kamera. Auf einem Schulausflug macht NA seine ersten Fotos.

1959 Nimmt in der ingenieurwissenschaftlichen Abteilung der Chiba-Universität das Studium auf und belegt die Fächer Fotografie und Film.

1963 Dreht als Abschlussarbeit an der Chiba-Universität den Schwarzweißfilm *Children Living in Apartments* und arbeitet dann als professioneller Fotograf für die Werbeagentur Dentsu.

1964 Gewinnt mit der Fotoserie *Satchin*, auf der kleine Schuljungen abgebildet sind, den Fotowettbewerb des Magazins *The Sun*.

1965 Erste Einzelausstellung unter dem Titel „Satchin and His Brother Mabo" (in Tokio)

1967 Tod von NAs Vater

1970 Kreiert die *Xeroxed Photo Albums* (25 Fotobände; Auflage je 70 Exemplare) und schickt sie an Freunde, Kunstkritiker und willkürlich aus dem Telefonbuch ausgewählte Menschen.
Erklärt die Ausstellung „Sur-sentimentalist Manifesto No. 2: The Truth about Carmen Marie" zu seinem „fotografischen Manifest". Bei den Fotos handelt es sich um Vergrößerungen weiblicher Genitalien.

1971 Heiratet Yoko Aoki (*1947), eine Sekretärin bei Dentsu, und publiziert im Selbstverlag unter dem Titel *Sentimental Journey* einen Bericht über ihre Hochzeitsreise.
Gründet zusammen mit vier Kollegen die Gruppe Fukusha-shudan Geribara 5, die behauptet, dass „Fotos Kopien sind".
Besucht Okinawa, das damals noch unter US-Hoheit steht.

1972 Kündigt bei Dentsu.

1974 Gründet gemeinsam mit Shomei Tomatsu, Daido Moriyama, Eiko Hosoe, Masahisa Fukase und Noriaki Yokosuka die Photo Workshop School.
Tod von NAs Mutter

1976 Fungiert als Herausgeber der Nummer 7 des Fotomagazins *Workshop* und stellt das Heft unter das Motto „Women" (Photo Workshop Editions).
Schließung der Photo Workshop School; NA eröffnet mit rund zehn Studenten Araki's Private Photo School (bis 1977).

1978 Zieht aus Minowa in eine Wohnung in der Tokioter Vorstadt Komae.

1979 Reist zur Eröffnung der Gruppenausstellung „Japan: A Self-Portrait" im International Center of Photography nach New York.
Beginnt für das Magazin *SM Sniper* eine Serie mit Fotos gefesselter Menschen.

1980 Wirkt als Standfotograf an dem Seijun-Suzuki-Film *Zigeunerweisen* mit.

1981 Gründet die Araki Limited Company.
Akira Suei beginnt mit der Publikation des Magazins *Shashin Jidai* (Foto-Ära): Darin sind auch drei neue NA-Fotoserien abgedruckt.
NA und Yoko reisen anlässlich ihres zehnten Hochzeitstags nach Paris, Madrid und Buenos Aires.
Arbeitet an *Pseudo-Diary of a High-School Girl*, seinem ersten Film, der einen Verleih findet.

1982 Eröffnet unter dem Namen Shashin-shinryojo (Foto-Klinik) ein neues Büro.
Reist gemeinsam mit dem Romancier Kenji Nakagami nach Südkorea.
NA bezieht mit Yoko in Gotokuji im Tokioter Bezirk Setagaya die Wohnung, in der er bis heute lebt.

1986 Etabliert unter dem Namen „Arakinema" eine eigene Art von Diavorführungen mit zwei Projektoren, die von seinen Kollegen Shiro Tamiya und Nobuhiko Ansai bedient werden.

1988 Die Polizei fordert *Shashin Jidai* auf, sämtliche Hefte der Aprilausgabe wegen Unzüchtigkeit zurückzuziehen. Das Magazin stellt sein Erscheinen ein; NA wird von der Polizei verhört.
Die Arakis legen sich die Katze Chiro zu.
NA gründet gemeinsam mit Shiro Tamiya und Nobuhiko Ansai den AaT Room-Verlag.

1990 Am 27. Januar stirbt Yoko Araki mit 42 Jahren.
NA gewinnt die jährlich verliehenen Preise der Japan Photographers' Society und des 2nd Photography Circle. Wirkt als Standfotograf an dem Seijun-Suzuki-Film *Yumeji* mit.

1991 Wird auf dem 7. Higashikawa International Photo Festival mit dem Domestic Photographer's Award ausgezeichnet. Sakiko Nomura wird NAs Assistentin.

1992 Die Polizei bezichtigt NA der Präsentation unzüchtiger Fotografien in der Ausstellung „Photo-Maniac Diary"; er muss ein Bußgeld von 300 000 Yen zahlen.
Im österreichischen Graz findet unter dem Titel „Akt-Tokyo: Nobuyoshi Araki 1971–1991" im Rahmen des Forums Stadtpark NAs erste Einzelausstellung in Europa statt; sie wird bis 1995 in zehn europäischen Städten gezeigt.

1993 Die Polizei bewertet den Katalog der Ausstellung „Akt-Tokyo: Nobuyoshi Araki 1971–1991" als unzüchtig und nimmt den Kurator der Tokioter Parco Gallery fest, die die Kataloge im Rahmen der Ausstellung „Erotos" vertreibt. NA wird ebenfalls vernommen; die Polizei durchsucht außerdem seine Wohnung und sein Büro. (Am Ende verzichten die Behörden auf ein Verfahren gegen den Kurator.)

1994 NAs erste Einzelausstellung in den USA. Lehnt das Angebot einer Teilnahme an der Biennale in Venedig ab.
Stellt sich in der Verfilmung des Buchs *New World of Love* (1993) durch Banmei Takahashi selbst dar und fungiert zugleich als Standfotograf.
Leitet die von Marilia, Gozo Yoshimasu und Kazuo Ohno konzipierte Performance *From the Edge of Nirvana*, die zusammen mit einer Arakinema-Diashow gezeigt wird.

1995 Präsentiert unter dem Titel „Journal intime" in der Fondation Cartier pour l'art contemporain in Paris seine erste Einzelausstellung in Frankreich.

1996 Die ersten 13 der auf 20 Bände angelegten Reihe *The Works of Nobuyoshi Araki* erscheinen.

1997 Unter dem Titel „Tokyo Comedy" präsentiert NA anlässlich des 100. Gründungstags der Wiener Secession seine bis dahin größte Einzelausstellung. Beim Eröffnungsempfang ist er persönlich zugegen und zeigt erstmals im Ausland einige Performance-Versionen seiner Arakinema-Diavorführungen.
Naoto Takenaka kreiert eine Filmversion von *Tokyo Biyori* (Tokyo Fine Day), einem 1993 publizierten Foto-Essay von NA und Yoko, und spielt darin die Hauptrolle: einen Fotografen. NA hat in dem Film einen Gastauftritt.
Unter dem Titel „Araki Retrographs" veranstaltet das Tokioter Hara Museum of Contemporary Art NAs erste Retrospektive in Japan.

1998 Die ersten sieben der auf acht Bände angelegten Ausgabe der *Literary Works of Nobuyoshi Araki* erscheinen.
NA besucht Shanghai, Taipei und Bangkok, macht dort Fotoaufnahmen und eröffnet Ausstellungen.

1999 Das Museum of Contemporary Art in Tokio zeigt unter dem Titel „Araki Nobuyoshi: Sentimental Photography, Sentimental Life" NAs erste Einzelausstellung in einem öffentlichen japanischen Museum.

2000 Das Centro per l'Arte Contemporanea Luigi Pecci – Prato präsentiert unter dem Titel „Viaggio Sentimentale" NAs erste große Werkschau in Italien. Er bleibt zehn Tage in Prato und macht dort Fotoaufnahmen, vor allem Porträts. Diese Arbeiten werden in die Ausstellung mit aufgenommen.

2001 Konzipiert und publiziert im Selbstverlag (AaT Room) die drei Bücher *Photographs from the End of the Century*, *Photographs from the New Century* und *Photography Again*.

Biographie

1940 Naît le 25 mai dans le quartier Minowa du Shitaya Ward (aujourd'hui Taito Ward), à Tokyo. Son père Chotaro et sa mère Kin dirigent la boutique de sabots (« geta ») Nimbenya. Cinquième enfant d'une famille qui en comptera sept, Nobuyoshi Araki (NA) grandit parmi trois frères et trois sœurs.

1952 Son père, un photographe amateur hautement qualifié, lui offre un appareil photo « Baby Pearl ». NA prend ses premières photos lors d'une excursion scolaire.

1959 S'inscrit dans le département d'ingénierie de l'université Chiba, où il se spécialise dans la photographie et le cinéma.

1963 Obtient son diplôme de l'université Chiba (son sujet de thèse : un film en noir et blanc intitulé *Children Living in Apartments*) et est engagé comme photographe publicitaire par l'agence de publicité Dentsu.

1964 Remporte le concours de photographie du magazine *The Sun*, pour *Satchin*, des photos des garçons de l'école primaire communale.

1965 Première exposition individuelle, intitulée : « Satchin and His Brother Mabo » (à Tokyo).

1967 Mort du père de NA.

1970 Crée *Xeroxed Photo Albums* (25 volumes, chacun limité à 70 exemplaires) et les envoie à des amis, des critiques d'art et des personnes sélectionnées au hasard dans l'annuaire téléphonique. Présente une exposition intitulée « Sur-sentimentalist Manifesto No. 2 : The Truth about Carmen Marie », qui lui sert de « Manifeste photographique ». Ses images consistent en vues agrandies d'organes génitaux féminins.

1971 Épouse Yoko Aoki (née en 1947), secrétaire chez Dentsu, et publie à titre privé *Sentimental Journey*, un journal intime de leur lune de miel.
Avec quatre collègues, il fonde le groupe connu sous le nom de « Fukusha-shudan Geribara 5 », qui affirme que « toutes les photos sont des copies ».
Visite Okinawa qui, à l'époque, était un territoire des États-Unis.

1972 Démissionne de chez Dentsu.

1974 Fondation de l'école Photo Workshop avec Shomei Tomatsu, Daido Moriyama, Eiko Hosoe, Masahisa Fukase et Noriaki Yokosuka. Mort de la mère de NA.

1976 Travaille comme rédacteur en chef pour le numéro 7 de la revue photographique *Workshop*, présentant « Femmes » (Photo Workshop Editions).
L'école Photo Workshop ferme ses portes. NA ouvre sa Private Photo School avec environ dix étudiants (jusqu'en 1977).

1978 Quitte Minowa et emménage dans un appartement à Komae, dans la banlieue de Tokyo.

1979 Se rend à New York pour l'inauguration de l'exposition collective « Japan : A Self-Portrait » organisée à l'International Center of Photography.
Commence une série de photos de bondage pour le magazine *SM Sniper*.

1980 Travaille comme photographe de plateau sur le film de Seijun Suzuki, *Zigeunerweisen* (Mélodies bohémiennes).

1981 Fonde la Araki Limited Company.
Akira Suei commence la publication du magazine *Shashin Jidai* (Photo Age) : il contient trois nouvelles séries d'images de NA. NA et Yoko fêtent leur dixième anniversaire de mariage avec un voyage à Paris, Madrid et Buenos Aires.
Travaille sur son premier film à sortir, *Pseudo-Diary of a High-School Girl*.

1982 Ouvre un nouveau bureau : Shashin-shinryojo (Clinique de la photo).
Se rend en Corée du Sud avec le romancier Kenji Nakagami. Avec Yoko, ils emménagent dans un appartement à Gotokuji dans le Setagaya Ward de Tokyo, où NA vit encore aujourd'hui.

1986 Établit son propre style de diaporama intitulé « Arakinema », utilisant deux projecteurs de diapositives actionnés par ses collègues Shiro Tamiya et Nobuhiko Ansai.

1988 La police ordonne à *Shashin Jidai* de retirer de la vente tous ses exemplaires du numéro d'avril, jugé obscène. Le magazine cesse de paraître et NA est interrogé par la police.
La chatte Chiro vient vivre avec les Araki.
Ouvre la maison d'édition AaT Room avec Shiro Tamiya et Nobuhiko Ansai.

1990 27 janvier, Yoko Araki meurt à l'âge de 42 ans.
NA remporte le prix annuel de l'Association des photographes japonais et celui du 2e Cercle Photographique. Travaille comme photographe de plateau sur le film de Seijun Suzuki, *Yumeji*.

1991 Remporte le Prix National de la Photographie au 7e Festival International de la Photo de Higashikawa. Sakiko Nomura commence à travailler comme son assistante.

1992 La police l'accuse d'exposer des photographies obscènes lors de l'exposition, « Photo-Maniac Diary » ; il est condamné à verser une amende de 300 000 yens.
Sa première exposition individuelle en Europe, « Akt-Tokyo : Nobuyoshi Araki 1971–1991 », se tient au Forum Stadtpark de Graz, en Autriche. L'exposition tourne ensuite dans dix villes européennes jusqu'en 1995.

1993 La police juge obscène le catalogue de l'exposition « Akt-Tokyo : Nobuyoshi Araki 1971–1991 » et arrête un conservateur de la galerie Parco à Tokyo, où se tient une autre exposition de NA, « Erotos », pour avoir vendu le dit catalogue. NA est interrogé, sa maison et son bureau sont perquisitionnés par les enquêteurs de police. (Finalement, le conservateur ne sera pas poursuivi).

1994 Première exposition individuelle aux États-Unis. Rejette une offre de participer à la biennale de Venise.
Apparaît dans une adaptation cinématographique du *New World of Love* (publié en 1993), réalisé par Banmei Takahashi, dans lequel il joue son propre rôle en tant que photographe de plateau.
Dirige la performance collective *From the Edge of Nirvana*, de Marilia, Gozo Yoshimasu et Kazuo Ohno, qui se déroule parallèlement à une projection d'Arakinema.

1995 À Paris, la Fondation Cartier pour l'art contemporain présente « Journal intime », sa première exposition individuelle en France.

1996 Publication des treize premiers volumes de *The Works of Nobuyoshi Araki* (20 volumes).

1997 La plus grande exposition individuelle de NA, « Tokyo Comedy », s'ouvre à Vienne à l'occasion du centenaire de la Wiener Secession. Il assiste au vernissage et présente l'Arakinema sous forme de performance pour la première fois à l'étranger. Naoto Takenaka adapte à l'écran *Tokyo Biyori* (Tokyo Fine Day), un essai photographique de NA et Yoko publié en 1993, où il interprète le rôle principal, celui d'un photographe ; NA y fait une apparition.
Première rétrospective au Japon, « Araki Retrographs » au Hara Museum of Contemporary Art de Tokyo.

1998 Publication des sept premiers volumes de *The Literary Works of Nobuyoshi Araki* (8 volumes).
NA se rend à Shanghai, à Taipeh et à Bangkok pour des prises de vue et des inaugurations de ses expositions.

1999 Inauguration de la première exposition individuelle de NA dans un musée d'État japonais, « Araki Nobuyoshi : Sentimental Photography, Sentimental Life », au Museum of Contemporary Art de Tokyo.

2000 « Viaggio Sentimentale », une grande exposition des œuvres de NA, s'ouvre dans un musée d'État italien, le Centro per l'Arte Contemporanea Luigi Pecci – Prato. Il séjourne à Prato pendant dix jours, prenant des photographies (principalement des portraits). Le résultat est intégré à l'exposition.

2001 Publication de *Photographs from the End of the Century, Photographs from the New Century* et de *Photography Again* par AaT Room, la maison d'édition de NA. Les trois livres sont conçus et réalisés par NA lui-même.

Bibliography

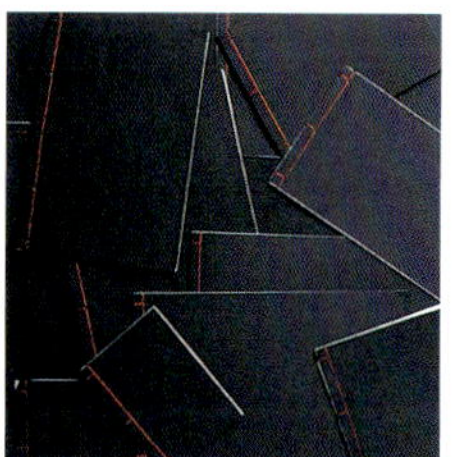
1970 Xeroxed Photo Albums
privately published
(25 vols., ltd. edns. of 70 each)

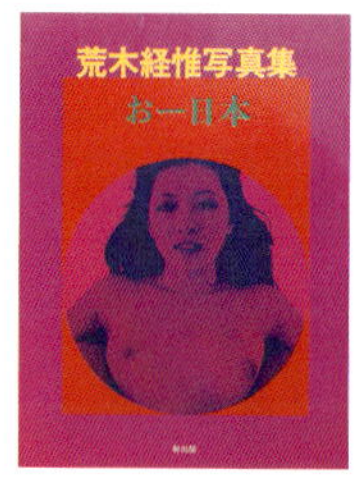

1971 Oh, Japan!
Miki Shuppan, Tokyo

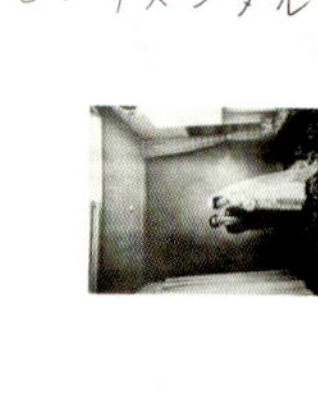

1971 Sentimental Journey
privately published
(ltd. edn. of 1,000)

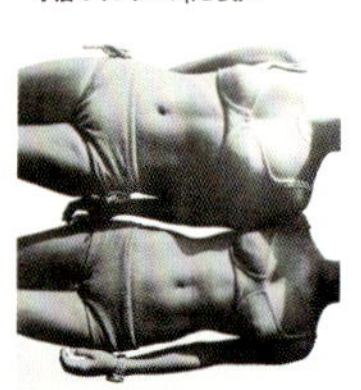

1971 Bathing Beauties
Fukusha-shudan Geribara 5, Tokyo
(ltd. edn. of 1,000)

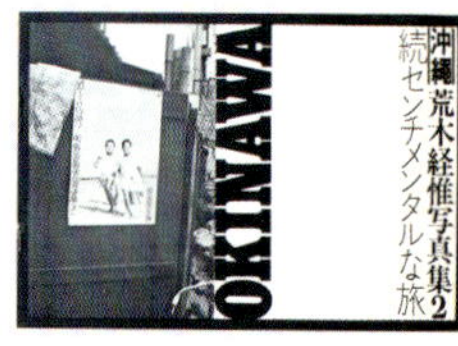

1971 Sentimental Journey: Okinawa Sequel
privately published
(ltd. edn. of 1,000)

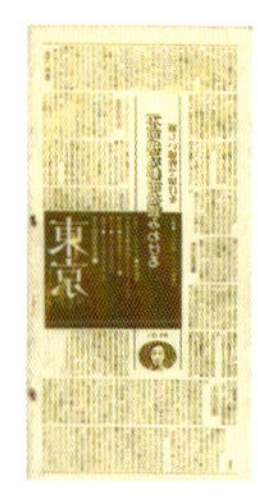

1973 Tokyo
Fukusha-shudan Geribara 5, Tokyo

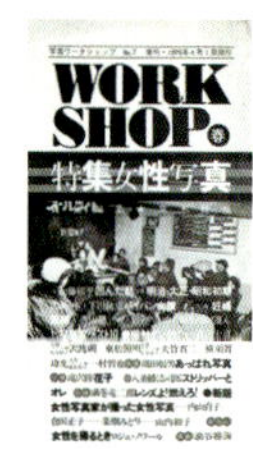

1976 Women
(issue no. 7 of *Photo Workshop*)
Photo Workshop Edition, Tokyo

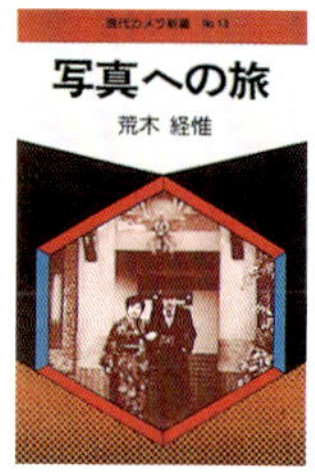

1976 Journey to Photography
Asahi Sonorama, Tokyo

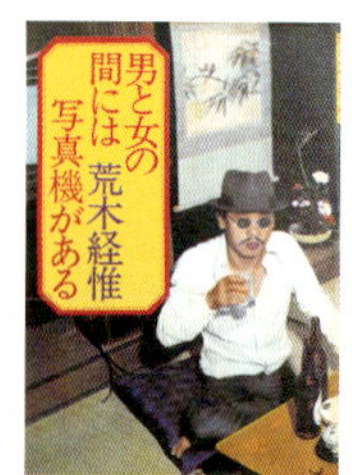

1978 The Camera between a Man and a Woman
Byakuya Shobo, Tokyo

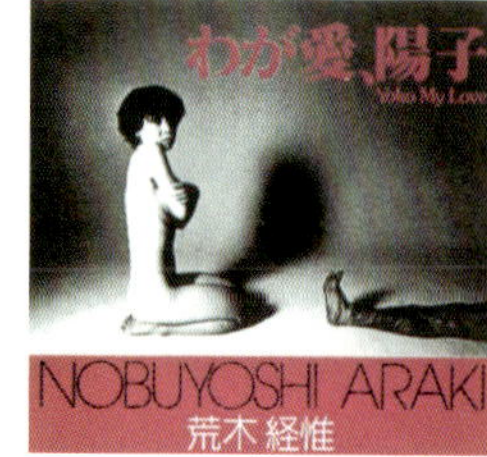

1978 Yoko My Love
Asahi Sonorama, Tokyo

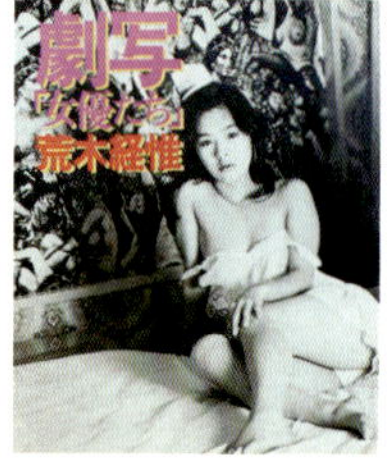

1978 Dramatic Shooting: Actresses
Byakuya Shobo, Tokyo

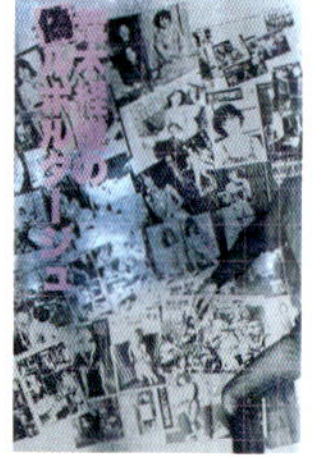
1980 Nobuyoshi Araki's Pseudo-Reportage
Byakuya Shobo, Tokyo

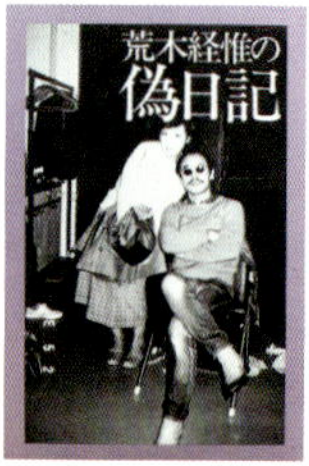

1980 Nobuyoshi Araki's Pseudo-Diary
Byakuya Shobo, Tokyo

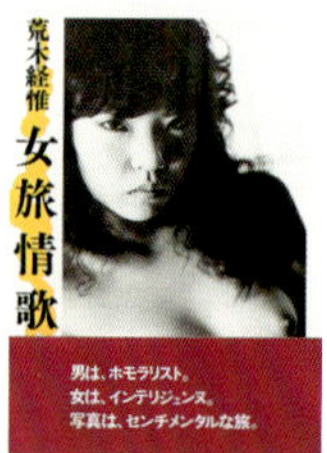

1981 A Romantic Journey in Pursuit of Women
Hokueisha, Tokyo

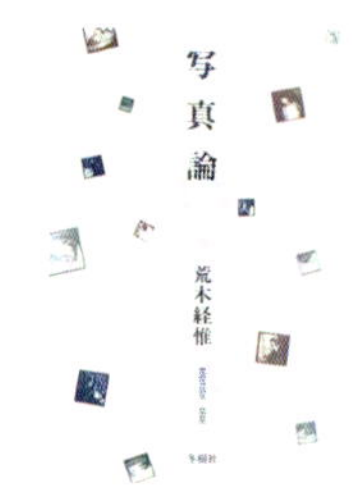

1981 Theory of Photography
Tojusha, Tokyo

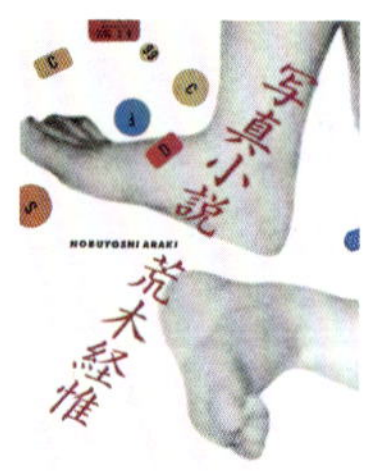

1981 Photo-Novel: A Senti-Roman
Shueisha, Tokyo

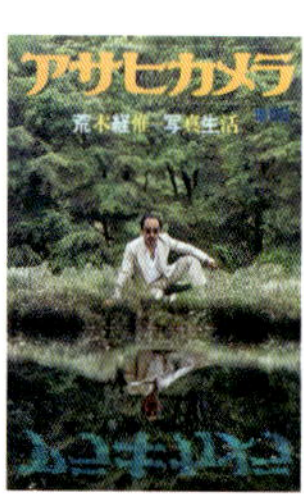

1981 Nobuyoshi Araki: Photo-Life
(special August issue of
Asahi Camera)
Asahi Shimbun, Tokyo

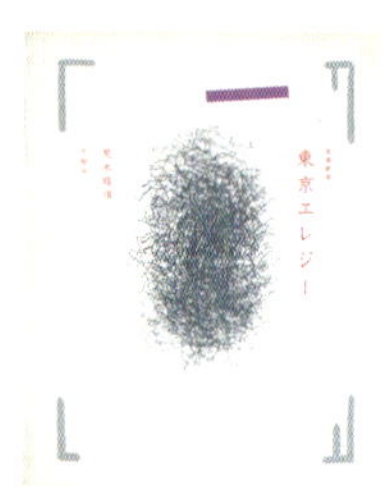
1981 Photo-Theater: Tokyo Elegy
Tojusha, Tokyo

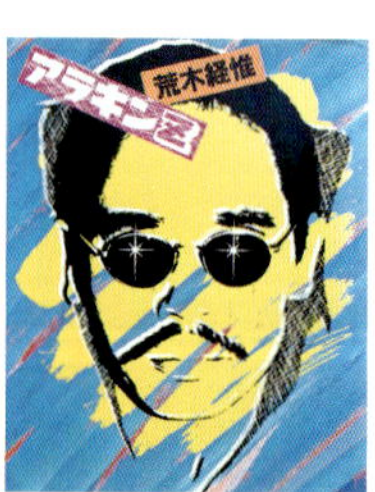

1981 Arakin-Z
Mirion Shuppan, Tokyo

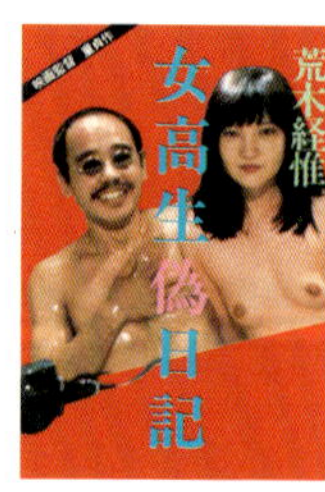

1981 Pseudo-Diary of a High-School Girl
Hachiyosha, Tokyo

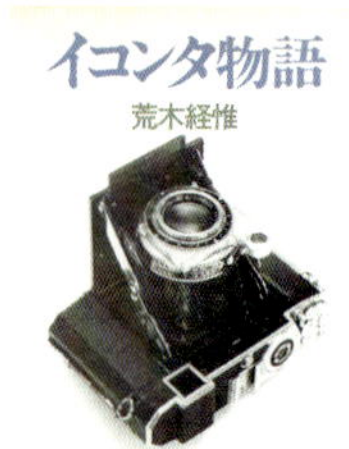

1981 Ikonta Story
Byakuya Shobo, Tokyo

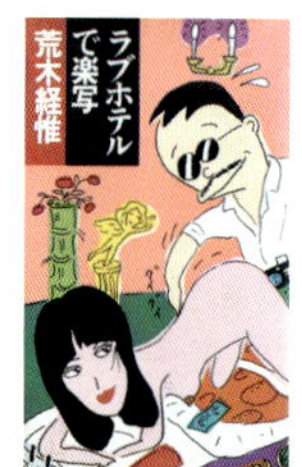

1981 The Joy of Taking Photos in Love Hotels
Byakuya Shobo, Tokyo

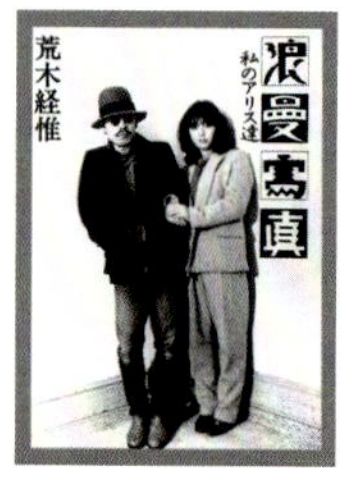

1981 Romantic Images: Araki's Alices
Seirindo, Tokyo

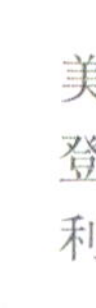

1982 Midori
Tankisha, Tokyo

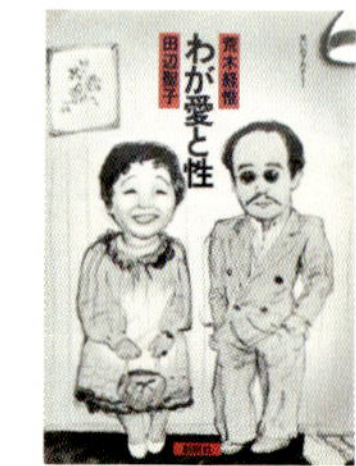

1982 My Love Life, My Sex Life
(a dialogue with Seiko Tanabe)
Sojusha, Tokyo

1970 – 1987

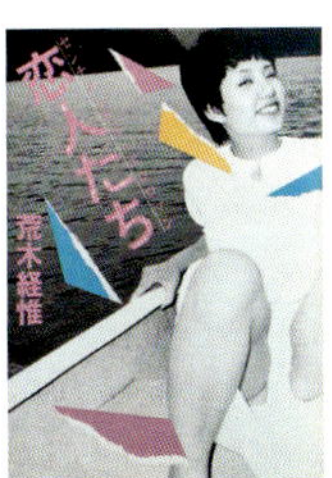

1982 Lovers:
A Sentimental Ero-Roman
Byakuya Shobo, Tokyo

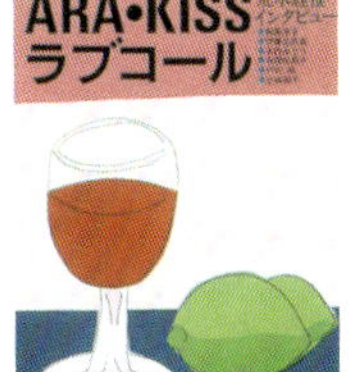

1982 Ara-Kiss Love Call
(dialogues with six women)
Parco Shuppan, Tokyo

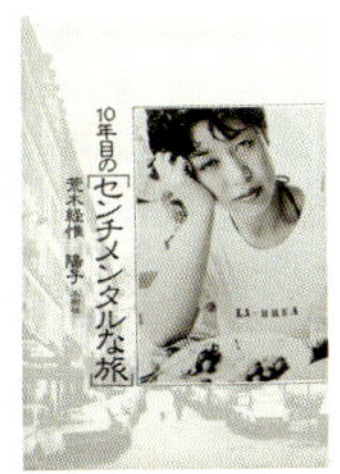

1982 A Ten-Year
Sentimental Journey
(with Yoko Araki)
Tojusha, Tokyo

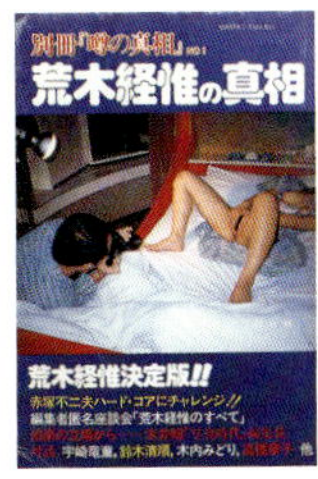

1982 The Truth about
Nobuyoshi Araki
(special July issue of
The Truth Behind the Gossip)
Uwasa no Shinso

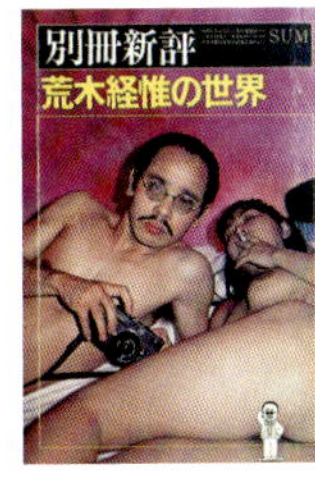

1982 The World of Nobuyoshi Araki
(special Summer issue
of *New Critique*)
Shimpyosha, Tokyo

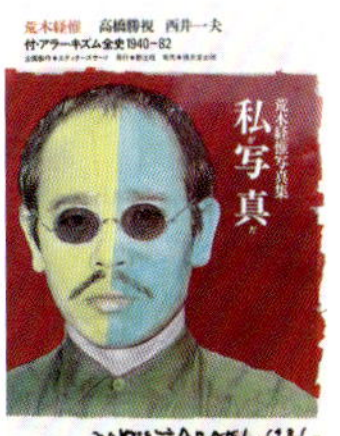

1982 I am Photography
Mure Shuppan, Tokyo

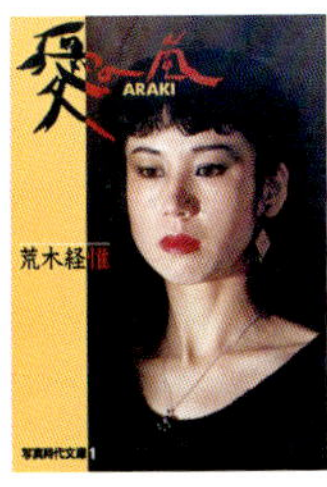

1982 Araki's Storm of Love
Byakuya Shobo, Tokyo

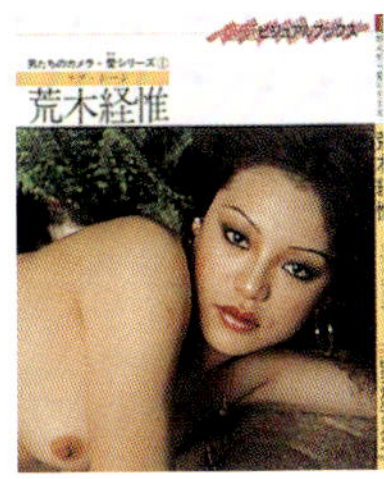

1983 Love Scenes
Keibunsha, Tokyo

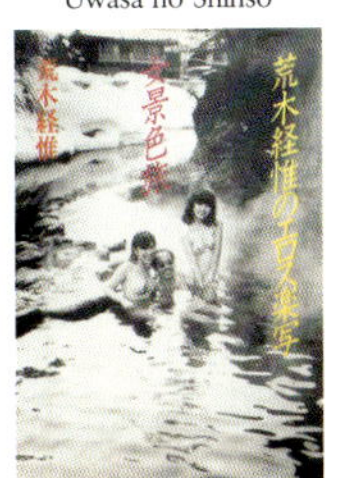

1983 Travels in the Womenscape:
Nobuyoshi Araki's Joy of Erotic
Photography
Kodansha, Tokyo

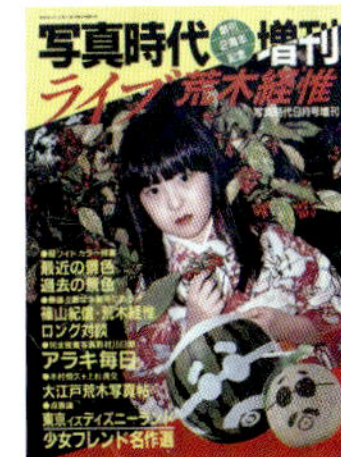

1983 Araki Live!
(special September issue
of *Photo Age*)
Byakuya Shobo, Tokyo

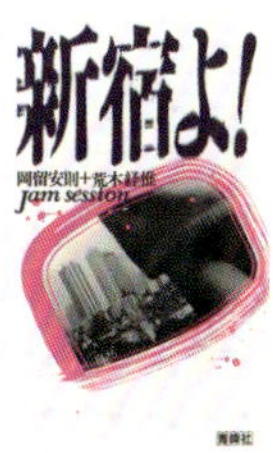

1984 Oh, Shinjuku!
(with Yasunori Okadome)
Seihosha, Tokyo

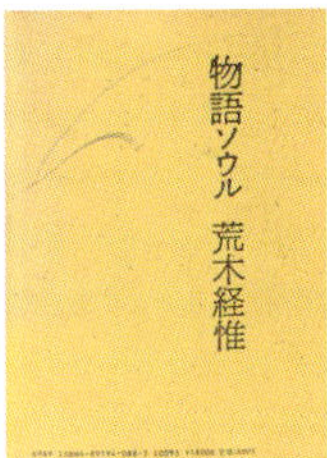

1984 Seoul Story
(with Kenji Nakagami)
Parco Shuppan, Tokyo

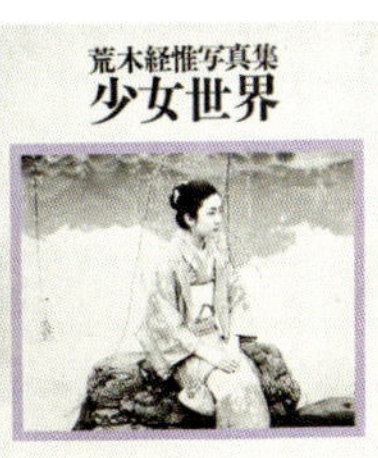

1984 A World of Girls
Byakuya Shobo, Tokyo

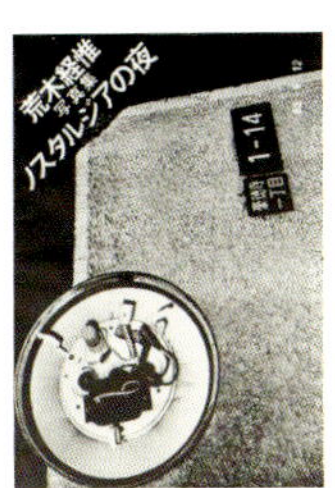

1984 A Night of Nostalghia
Byakuya Shobo, Tokyo
(ltd. edn. of 1,000)

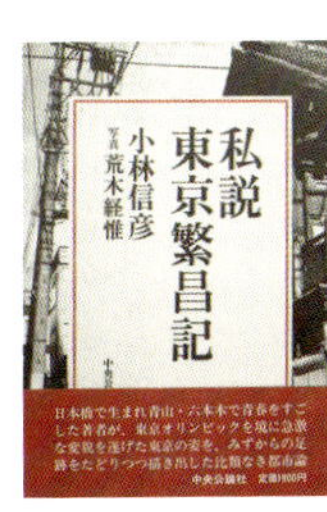

1984 Tokyo: Private Opinions
on a Flourishing Document
(with Nobuhiko Kobayashi)
Chuokoronsha, Tokyo

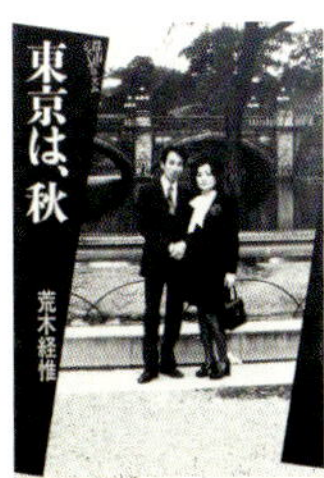

1984 Tokyo Autumn
Sanseido, Tokyo

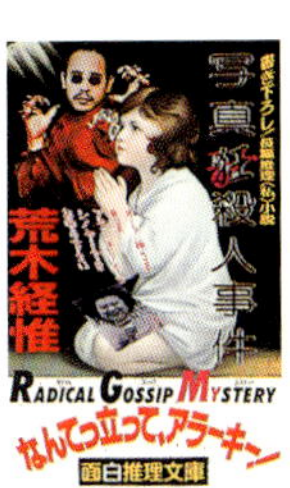

1984 Photomania Murder
Sakuhinsha, Tokyo

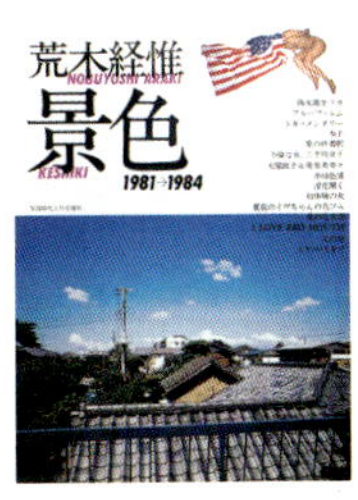

1985 Landscapes: 1981–1984
(special March issue of *Photo Age*)
Byakuya Shobo, Tokyo

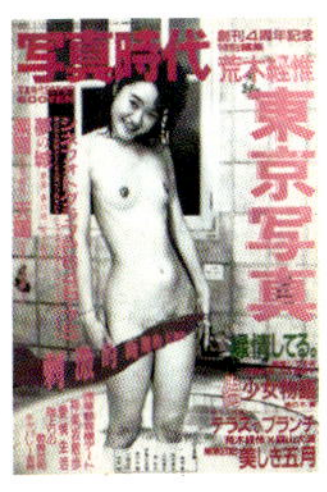

1985 Tokyo Photos
(special September issue
of *Photo Age*)
Byakuya Shobo, Tokyo

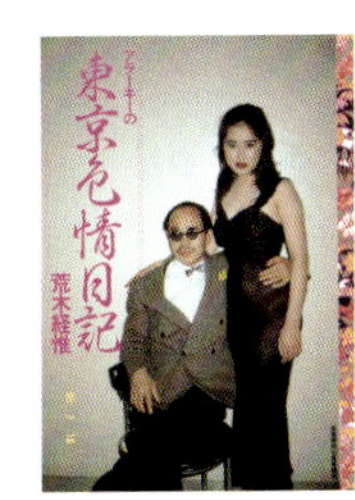

1986 Araki's Tokyo Erotomania Diary
(special July issue of *Photo Age*)
Byakuya Shobo, Tokyo

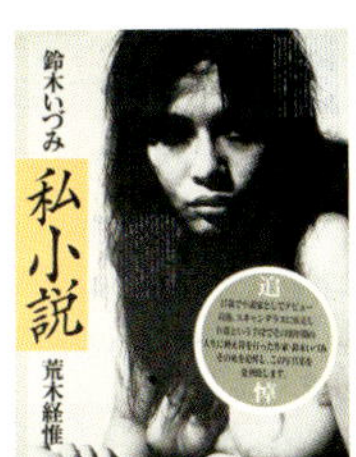

1986 I-Novel
(with Izumi Suzuki)
Byakuya Shobo, Tokyo

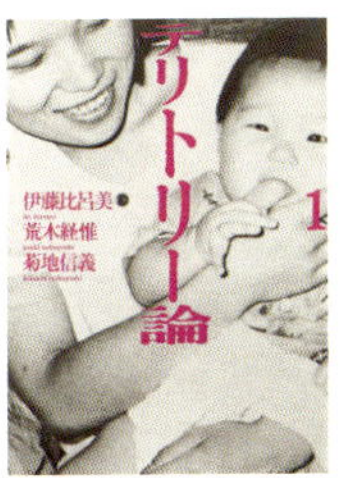

1987 On Territory 1
(with Hiromi Ito)
Shinchosha, Tokyo

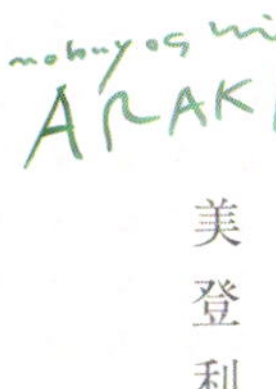

1987 Midori
Tankisha, Tokyo
(rev. edn.)

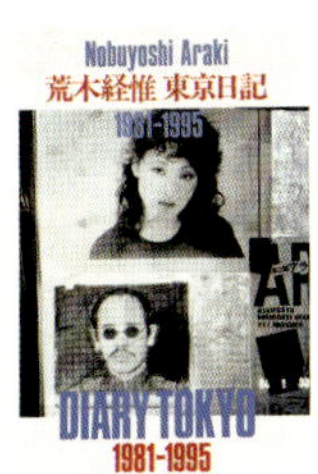

1987 Tokyo Diary: 1981–1995
(special May issue of *Photo Age*)
Byakuya Shobo, Tokyo

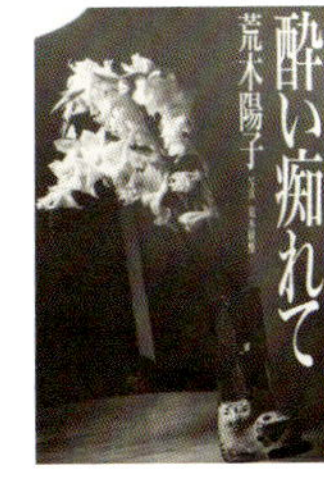

1987 In Raptures
(with Yoko Araki)
Byakuya Shobo, Tokyo

1988 – 1991

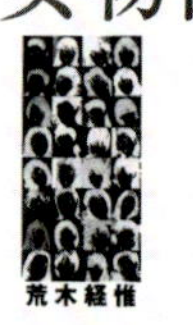

1988 Girls' Story
Mother Brain, Tokyo

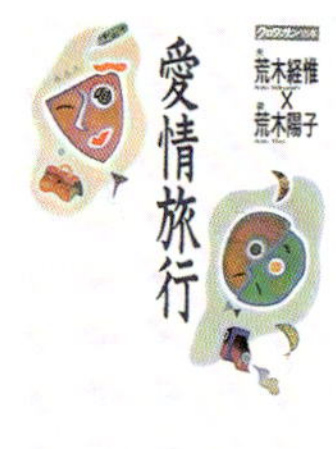

1989 Our Journeys of Love
(with Yoko Araki)
Magazine House, Tokyo

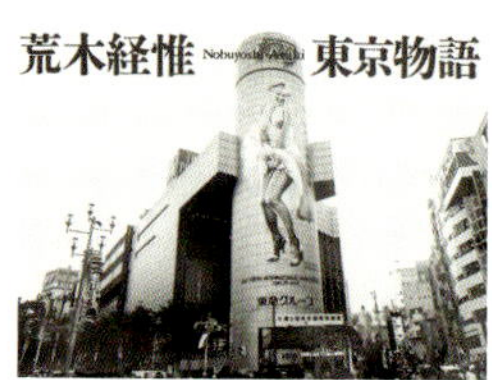

1989 Tokyo Story
Heibonsha, Tokyo

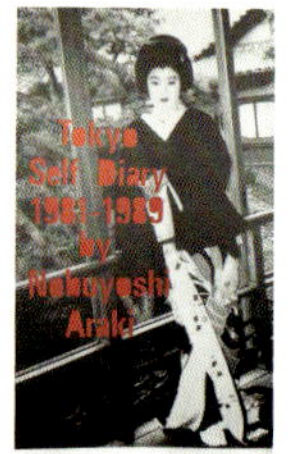

1989 Tokyo Self Diary: 1981–1989
Fiction Inc., Tokyo

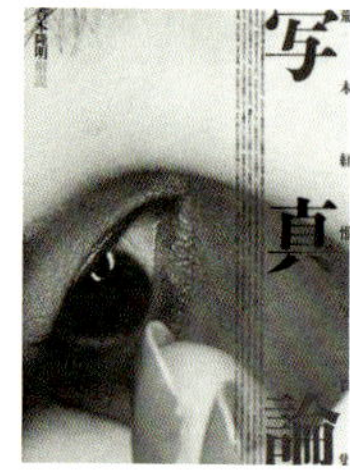

1989 Theory of Photography
Kawade Shobo Shinsha,
Tokyo

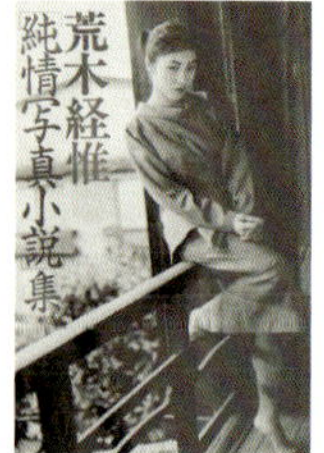

1989 Pure Heart/Photo Stories
Mirion Shuppan, Tokyo

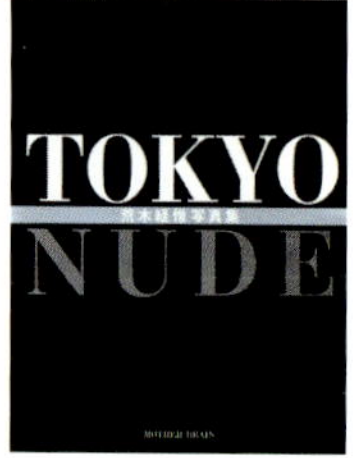

1989 Tokyo Nude
Mother Brain, Tokyo

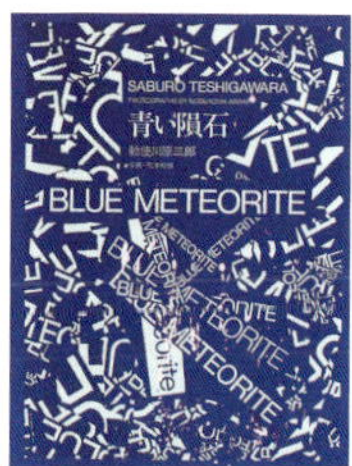

1989 Blue Meteorite
(with Saburo Teshigawara)
Kyuryudo, Tokyo

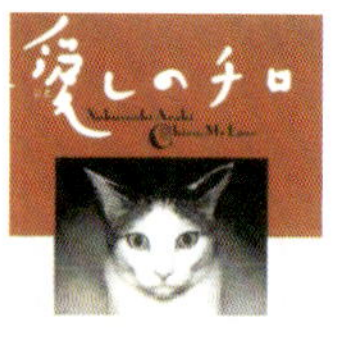

1990 Chiro, My Love
Heibonsha, Tokyo

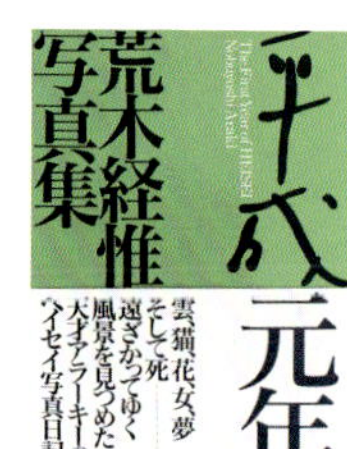

1990 The First Year of Heisei
IPC, Tokyo

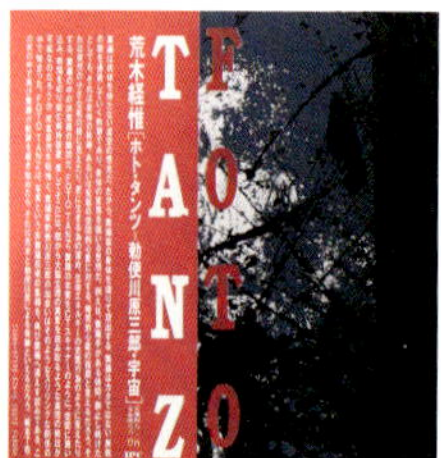

1990 Foto Tanz
IPC, Tokyo

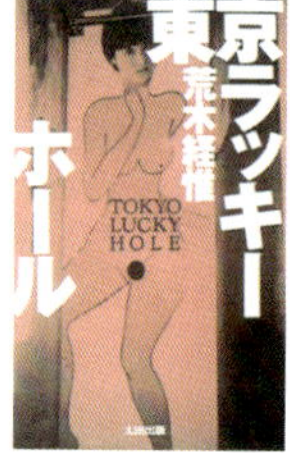

1990 Tokyo Lucky Hole
Ohta Shuppan, Tokyo

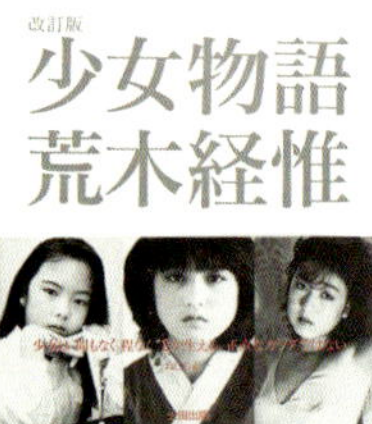

1990 Girls' Story
Mother Brain, Tokyo
(rev. edn.)

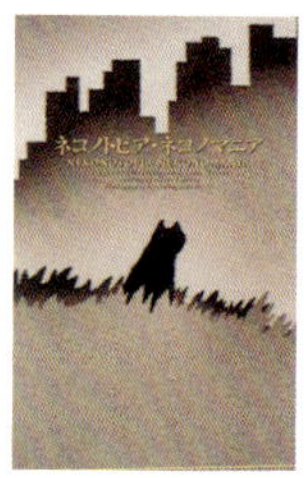

1990 Catopia, Catmania
(with Akira Tamura)
Ohta Shuppan, Tokyo

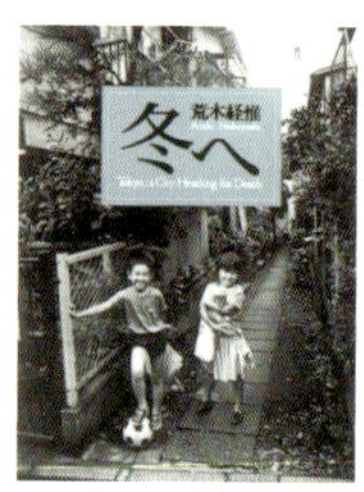

1990 Towards Winter: Tokyo,
A City Heading for Death
Magazine House, Tokyo

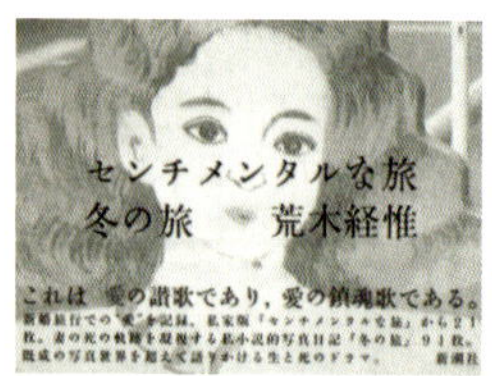

1991 Sentimental Journey/
Winter Journey
Shinchosha, Tokyo

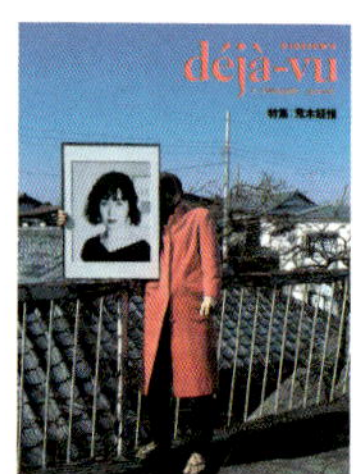

1991 Araki
(issue no. 4 of *Déjà-Vu*, April)
Photo-Planète, Tokyo

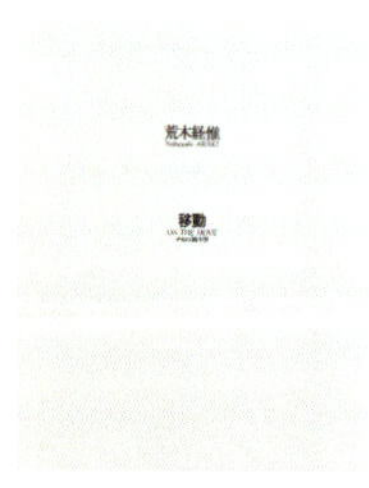

1991 On the Move: The Sky
where Butterflies Flitter Around
Switch Corporation, Tokyo

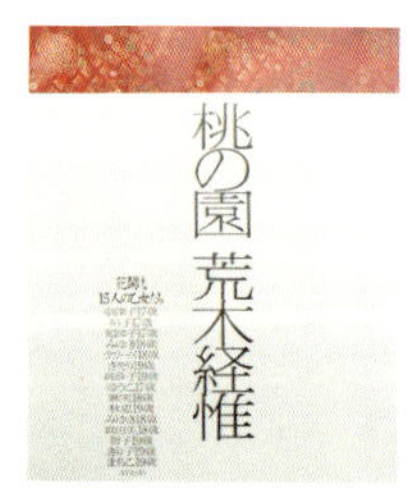

1991 Peach Garden
Mother Brain, Tokyo

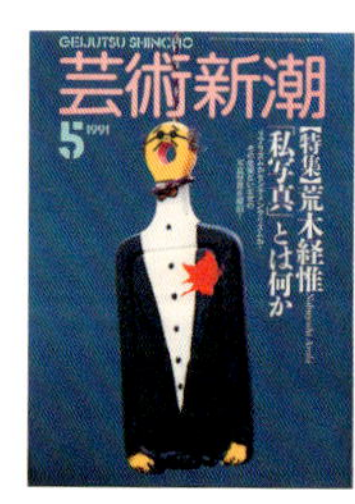

1991 What is the I-Photography?
(May issue of *Geijutsu Shincho*)
Shinchosha, Tokyo

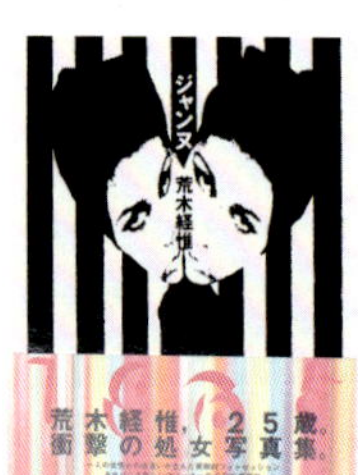

1991 Jeanne
Shinchosha, Tokyo

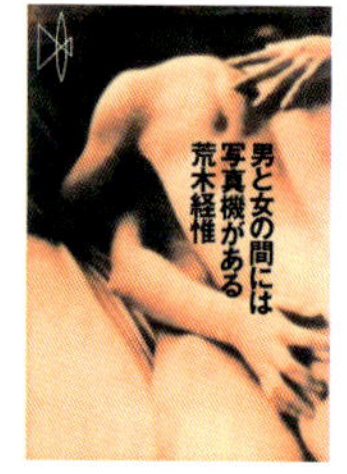

1991 The Camera
between a Man and a Woman
Ohta Shuppan, Tokyo
(rev. edn.)

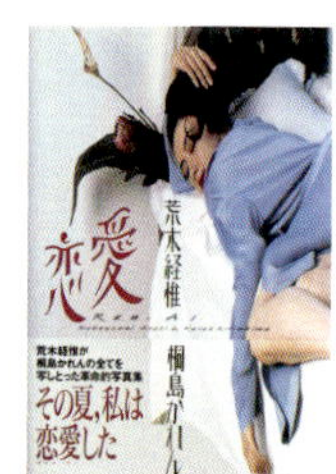

1991 Love
Fusosha, Tokyo

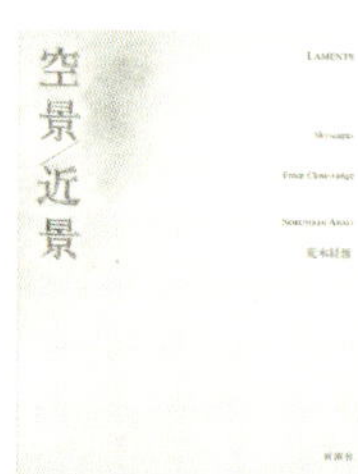

1991 Laments: Skyscapes/
From Close-Range
(2 vols.)
Shinchosha, Tokyo

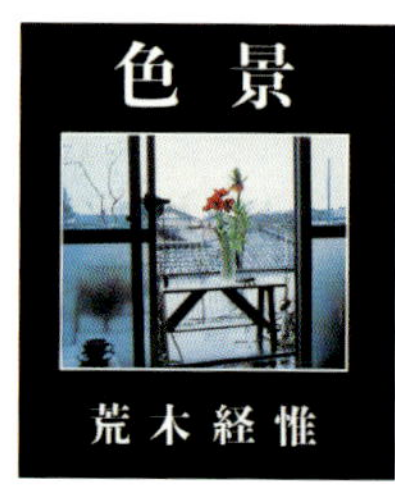

1991 Colorscapes
Magazine House, Tokyo

1992 – 1994

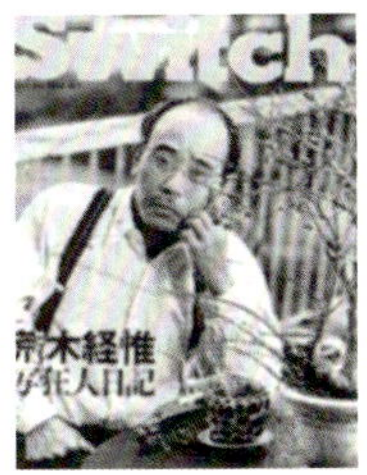

1992 Photo-Maniac Diary
(March issue of *Switch*)
Switch Corporation, Tokyo

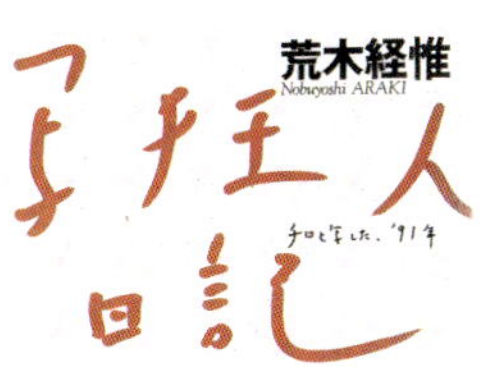

1992 Photo-Maniac Diary
Switch Corporation, Tokyo

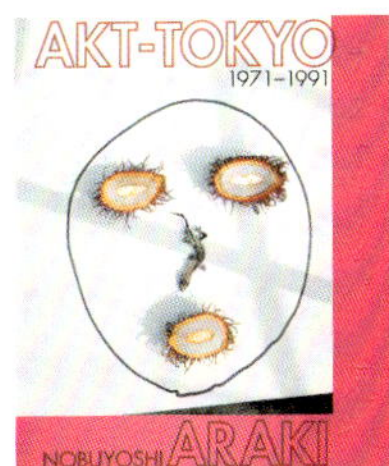

1992 Akt-Tokyo:
Nobuyoshi Araki 1971–1991
exhibition catalogue
Edition Camera Austria, Graz

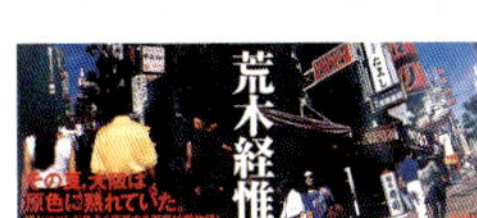

1992 City in Primary Colors
Shinchosha, Tokyo

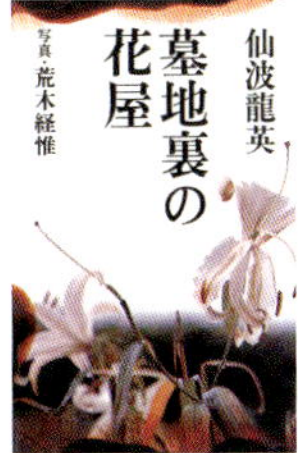

1992 The Flower Shop
Behind the Cemetery
(with Ryuei Semba)
Magazine House, Tokyo

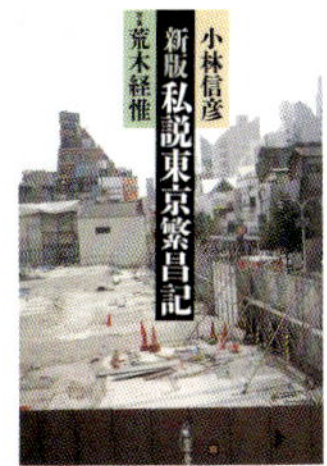

1992 Tokyo: Private Opinions
on a Flourishing Document
(with Nobuhiko Kobayashi)
Chikuma Shobo, Tokyo (rev. edn.)

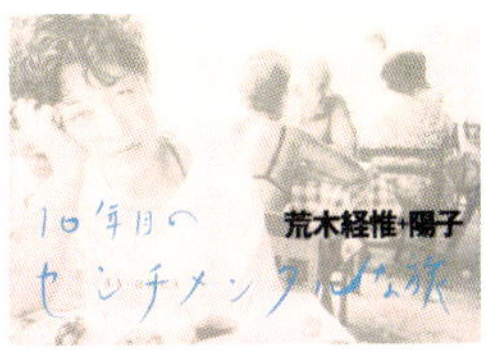

1992 A Ten-Year
Sentimental Journey
(with Yoko Araki), Chikuma Shobo,
Tokyo (rev. edn.)

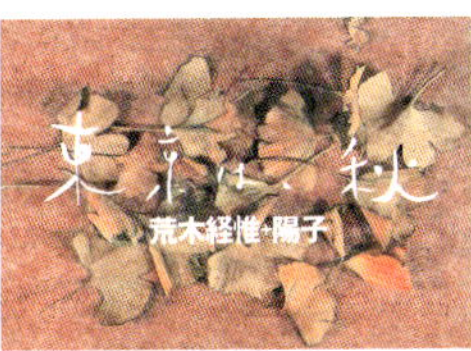

1992 Tokyo Autumn
Chikuma Shobo, Tokyo
(rev. edn.)

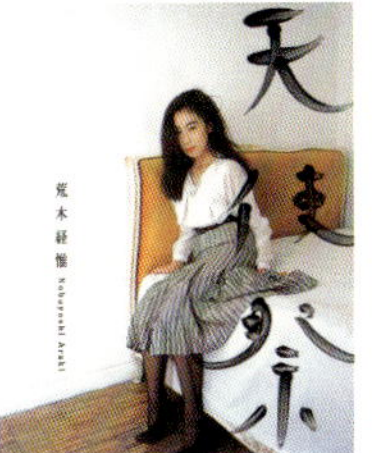

1992 Angel's Festival
Taiyo Shuppan, Tokyo

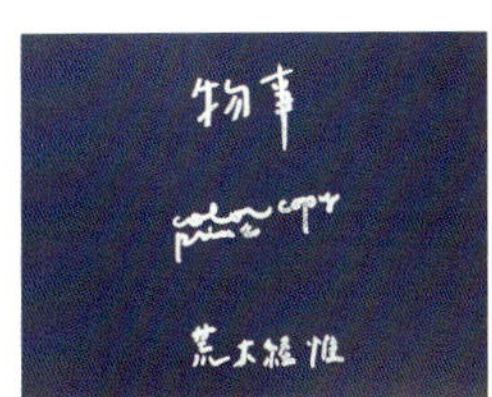

1992 The State of Things
privately published
(ltd. edn. of 1)

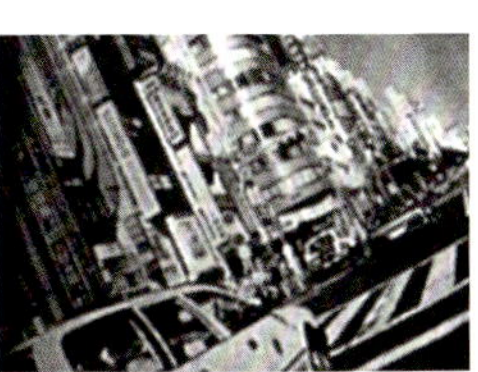

1992 Car Photographs, Tokyo
Switch Corporation, Tokyo
(dedicated to Robert Frank,
ltd. edn. of 1)

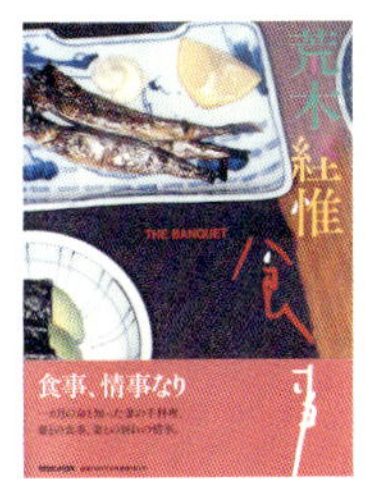

1993 The Banquet
Magazine House, Tokyo

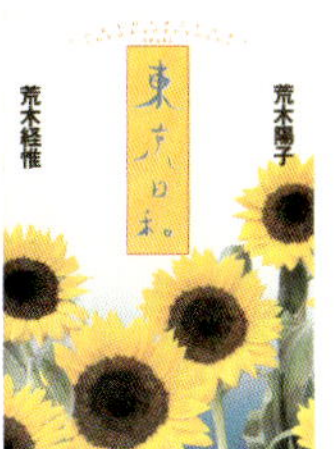

1993 Tokyo Fine Day
(with Yoko Araki)
Chikuma Shobo, Tokyo

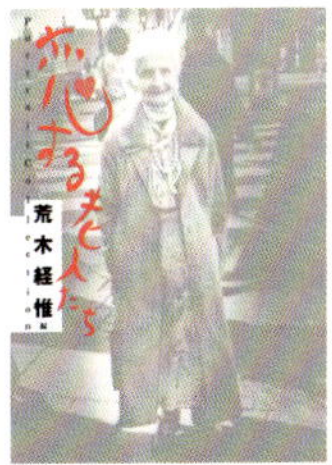

1993 Old People in Love
Chikuma Shobo, Tokyo

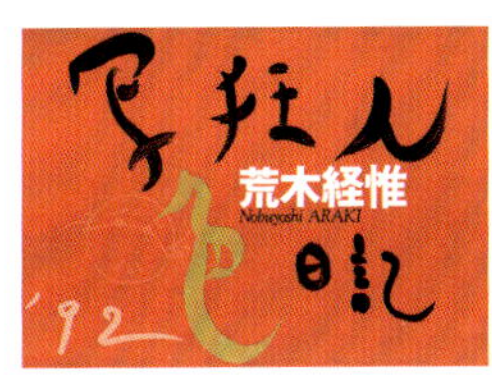

1993 Photo-Maniac Diary in Color
Switch Corporation, Tokyo

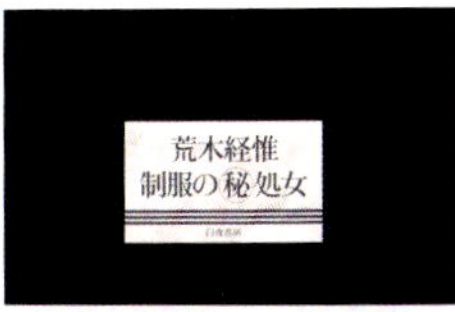

1993 Anti/Secret-Virgins
in School Uniform
Byakuya Shobo, Tokyo

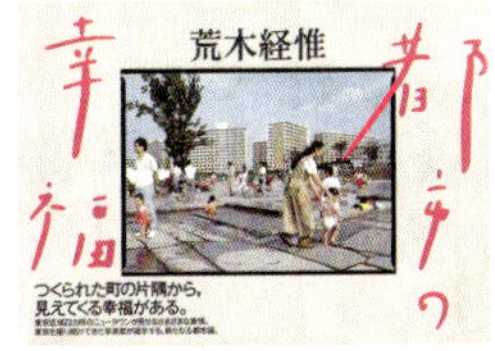

1993 The Happiness of the City
Magazine House, Tokyo

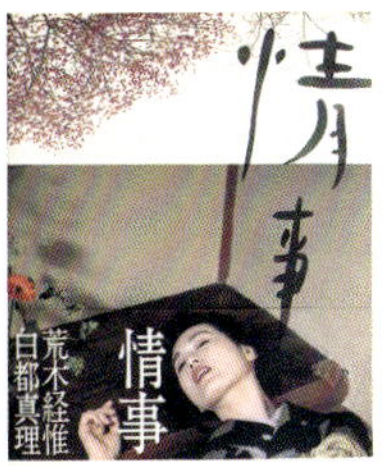

1993 Love Affair
KK Bestsellers, Tokyo

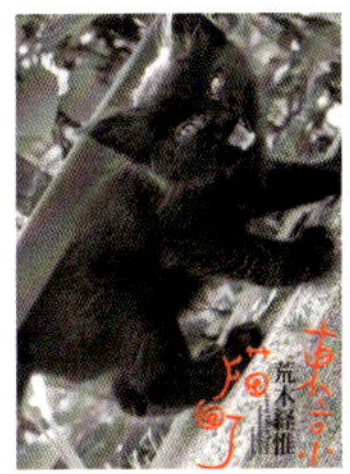

1993 Living Cats in Tokyo
Heibonsha, Tokyo

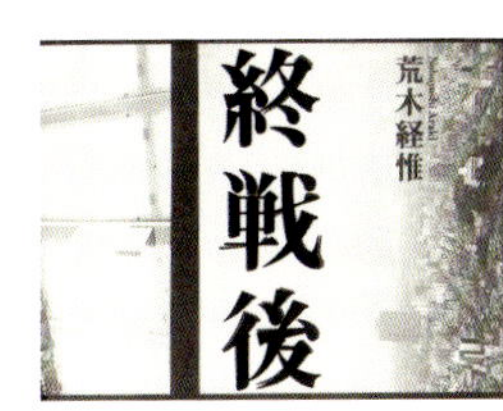

1993 Post-War Japan
AaT Room, Tokyo
(ltd. edn. of 1,000)

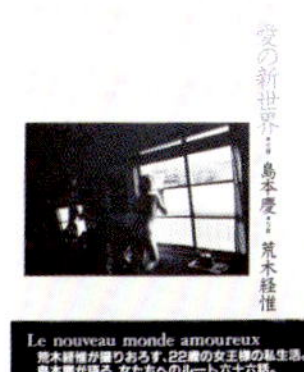

1993 New World of Love
(with Kei Shimamoto)
Tokyo Sanseisha, Tokyo

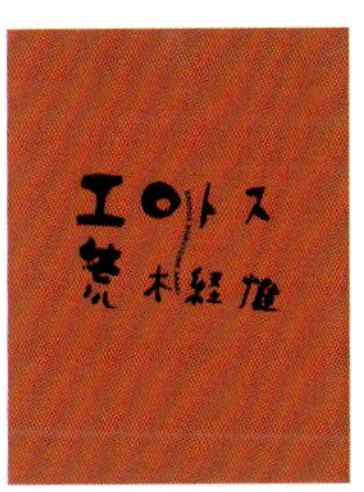

1993 Erotos
Libro Port, Tokyo

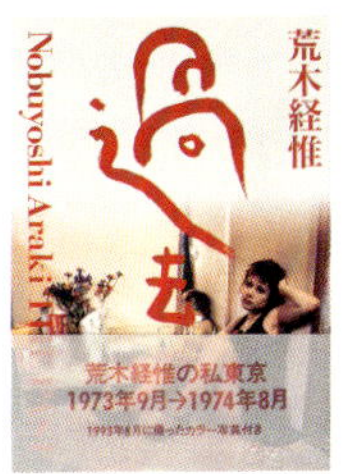

1993 The Past
Byakuya Shobo, Tokyo

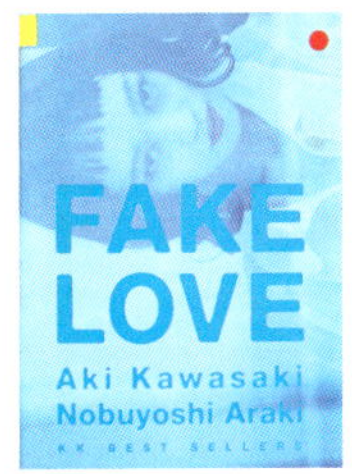

1994 Fake Love
KK Bestsellers, Tokyo

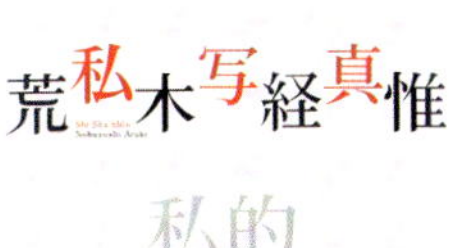

1994 Private Photographs
Asahi Shimbun, Tokyo

1994 – 1995

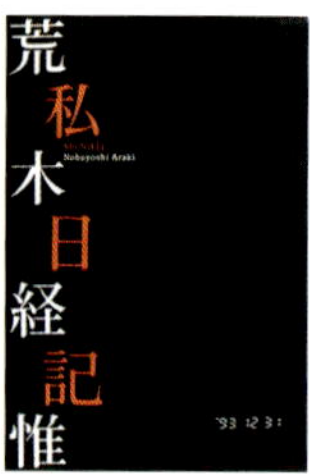

1994 Private Diary
AaT Room, Tokyo
(ltd. edn. of 1,000)

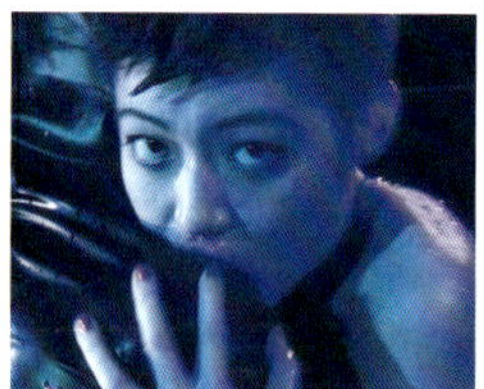

1994 Arakitronics
Fuga Shobo, Tokyo

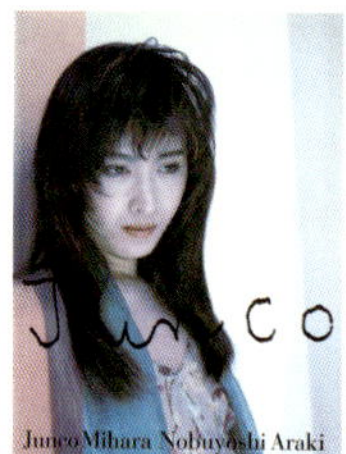

1994 Junco
KK Bestsellers, Tokyo

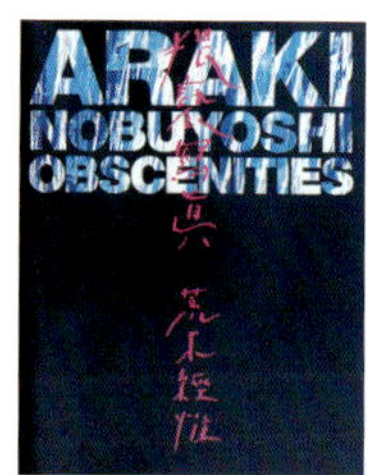

1994 Obscenities
(special August issue of *Déjà-Vu*)
Photo-Planète, Tokyo

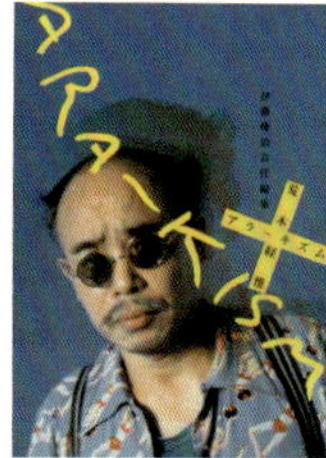

1994 Arakism
(compiled by Toshiharu Ito)
Sakuhinsha, Tokyo

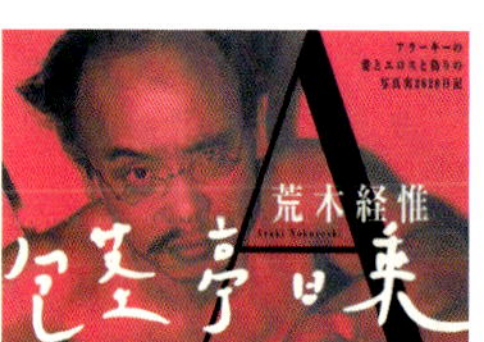

1994 Hokeitei Diary
East Press, Tokyo

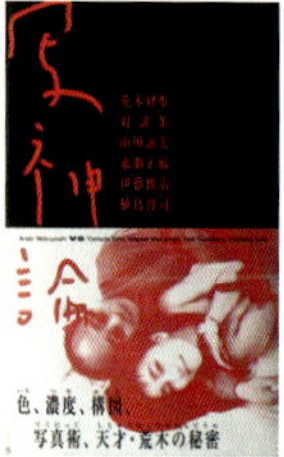

1994 The Theory
of the Photo-Divine
(with other authors)
Libro Port, Tokyo

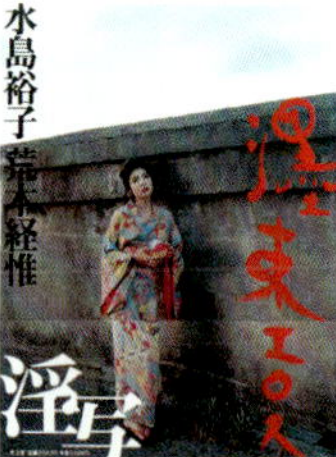

1994 Eros of the East Side
of the Sumida River
Kobunsha, Tokyo

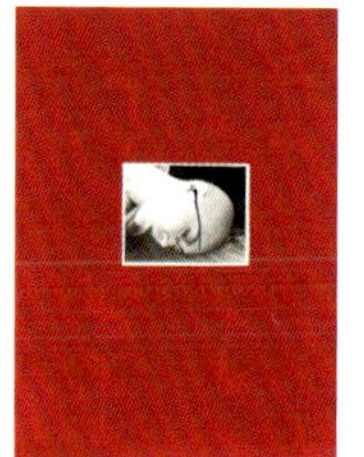

1994 Strange Black Ink Stories
AaT Room, Tokyo
(ltd. edn. of 1,000)

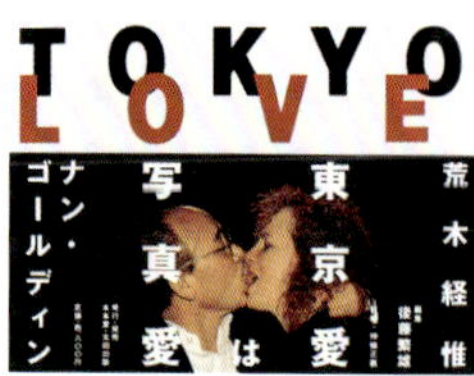

1994 Tokyo Love
(with Nan Goldin)
Ohta Shuppan, Tokyo (international
edn.: Scalo, Zurich, 1995)

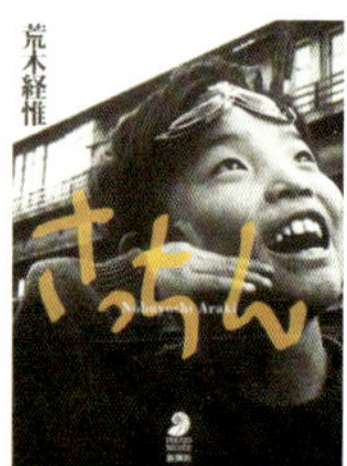

1994 Satchin
Shinchosha, Tokyo

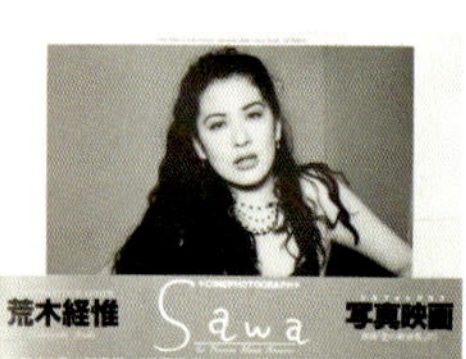

1994 Sawa:
Le nouveau monde amoureux
KK Bestsellers, Tokyo

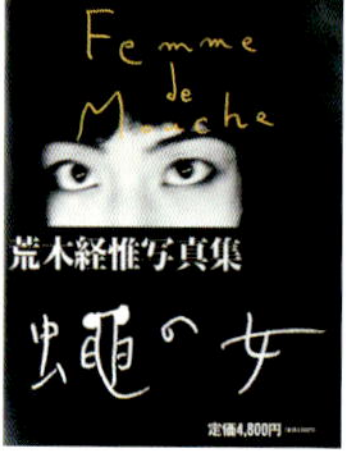

1994 Femme de mouche
Mizuki, Tokyo

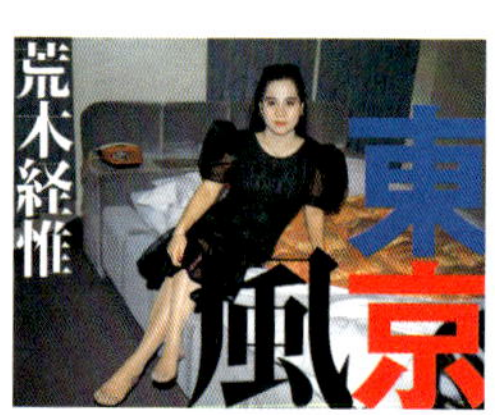

1995 Tokyo Air
Byakuya Shobo, Tokyo

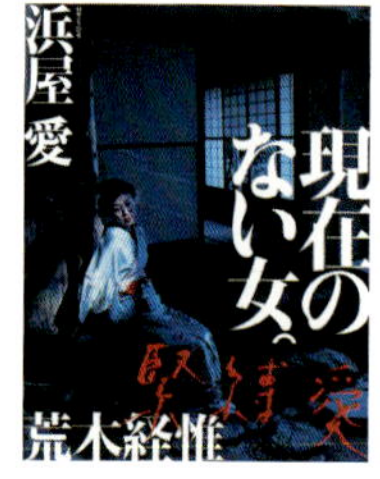

1995 A Woman without a Present
KK Bestsellers, Tokyo

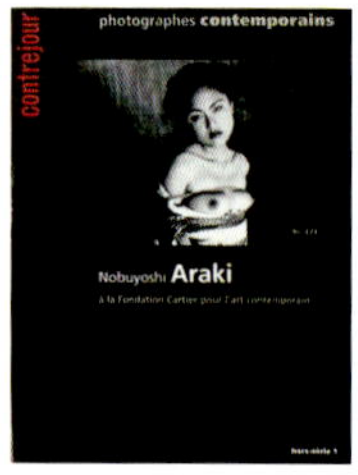

1995 Nobuyoshi Araki à la Fondation
Cartier pour l'art contemporain exhibition catalogue, Fondation Cartier pour
l'art contemporain/Contrejour, Paris

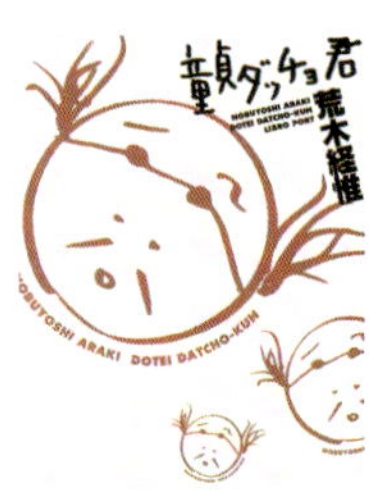

1995 Datcho-kun, A Virgin Boy
Libro Port, Tokyo

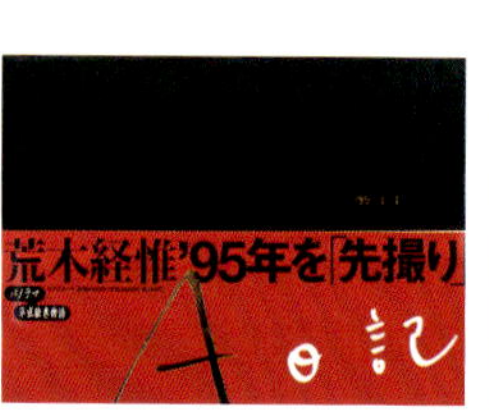

1995 A-Diary
Libro Port, Tokyo

1995 Children's Day: Their Dads
The Committee of the
Exhibition 'Satchin in Summer'
(ltd. edn. of 1,000)

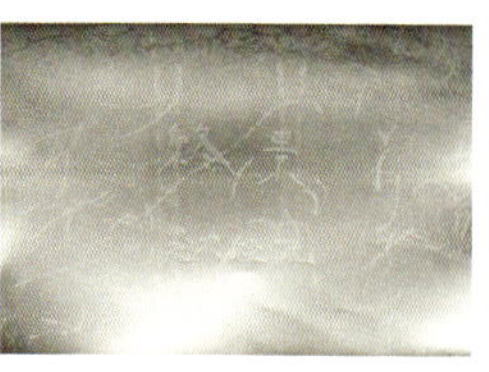

1995 Endscapes
AaT Room, Tokyo
(ltd. edn. of 1,000)

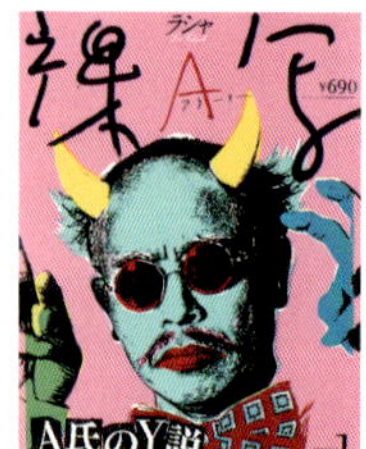

1995 Araki's Naked Shooting
(issue no. 1)
Take Shobo, Tokyo

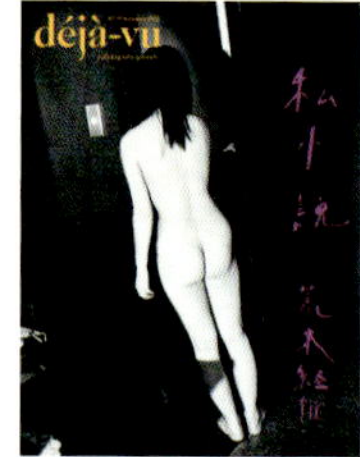

1995 I-Novel
(issue no. 20 of *Déjà-Vu*)
Photo-Planète, Tokyo

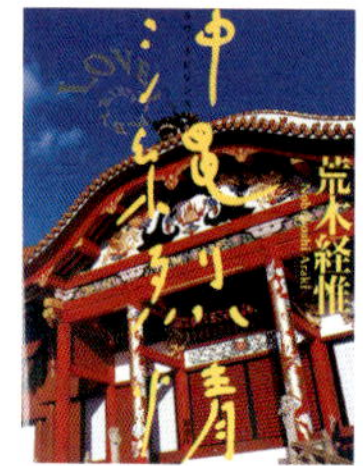

1995 Love Labyrinth:
Passion in Okinawa
Shinchosha, Tokyo

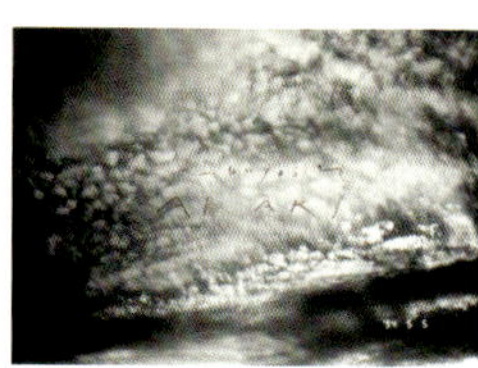

1995 Nobuyoshi Araki
exhibition catalogue
Encontros de Fotografia, Coimbra

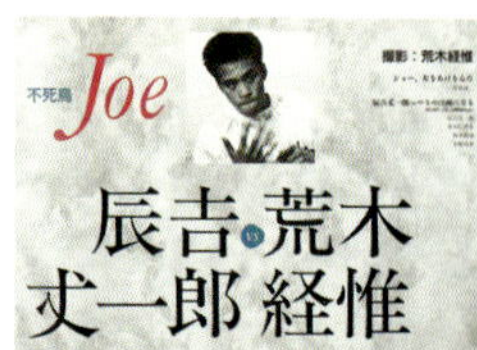

1995 Phoenix Joe
KK Bestsellers, Tokyo

1995 – 1996

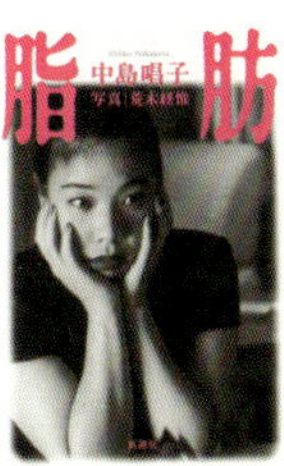

1995 Fat
(with Shoko Nakajima)
Shinchosha, Tokyo

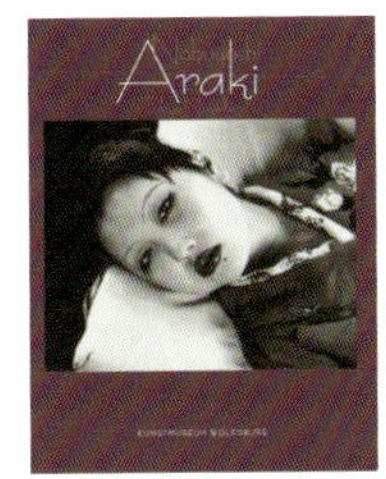

1995 Tokyo Novelle
exhibition catalogue, Kunstmuseum Wolfsburg (trade edn.: Cantz Verlag, Ostfildern, 1997)

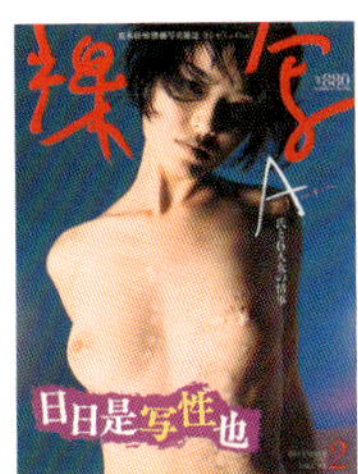

1995 Araki's Naked Shooting
(issue no. 2)
Take Shobo, Tokyo

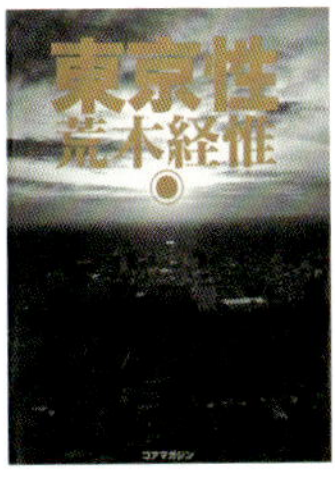

1995 Tokyo Sex
Core Magazine, Tokyo

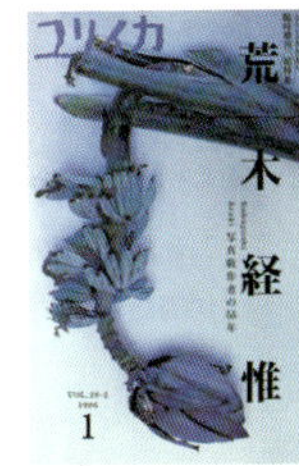

1996 Nobuyoshi Araki
(special January issue of *Eureka*)
Seidosha, Tokyo

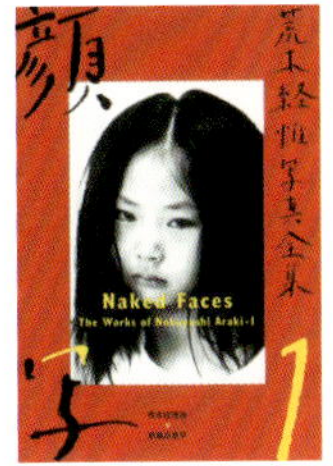

1996 The Works of Nobuyoshi Araki – 1, Naked Faces
Heibonsha, Tokyo

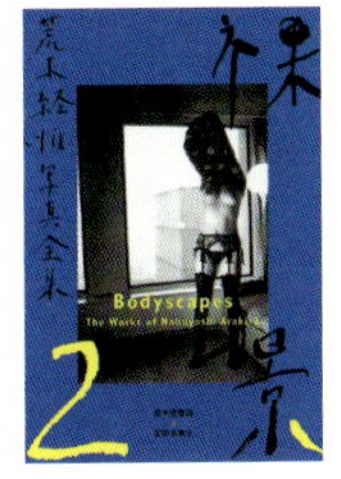

1996 The Works of Nobuyoshi Araki – 2, Bodyscapes
Heibonsha, Tokyo

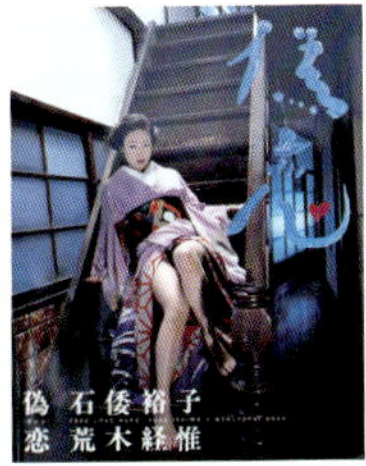

1996 Pseudo-Love
Take Shobo, Tokyo

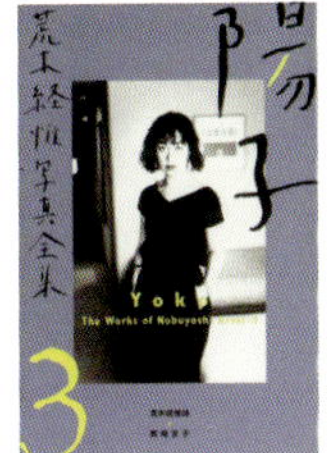

1996 The Works of Nobuyoshi Araki – 3, Yoko
Heibonsha, Tokyo

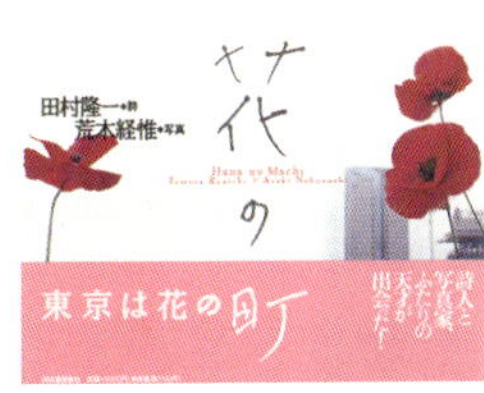

1996 Town of Flowers
(with Ryuichi Tamura)
Kawade Shobo Shinsha, Tokyo

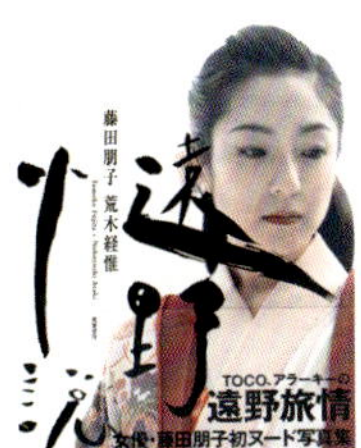

1996 Tono Novel
Fuga Shobo, Tokyo

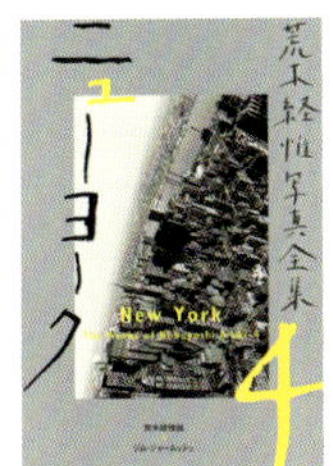

1996 The Works of Nobuyoshi Araki – 4, New York
Heibonsha, Tokyo

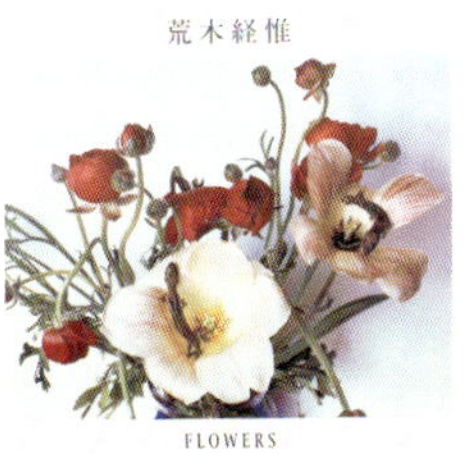

1996 Flowers: Life and Death
exhibition catalogue
Nishimura Gallery, Tokyo

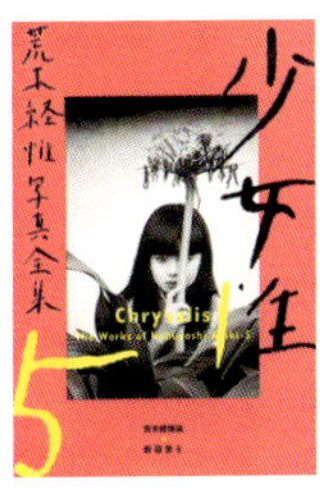

1996 The Works of Nobuyoshi Araki – 5, Chrysalis
Heibonsha, Tokyo

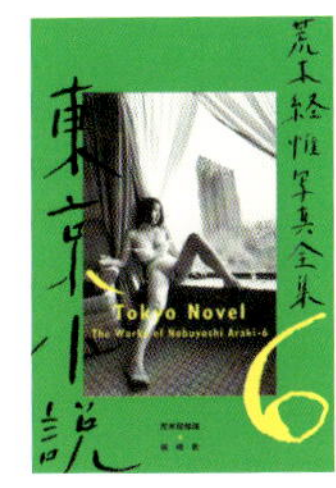

1996 The Works of Nobuyoshi Araki – 6, Tokyo Novel
Heibonsha, Tokyo

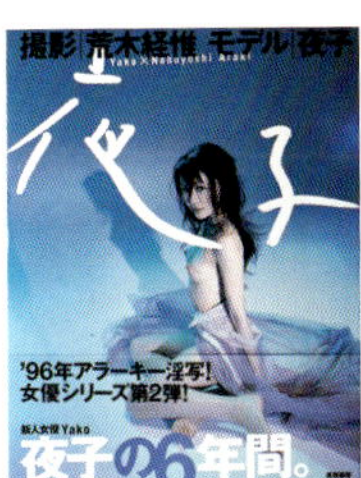

1996 Yako
Fuga Shobo, Tokyo

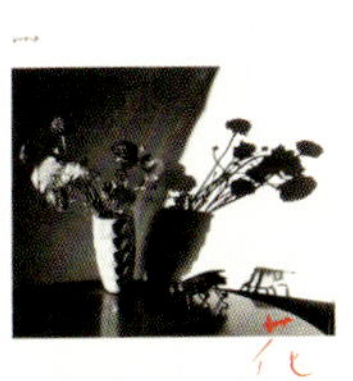

1996 Shadows of Flowers
Jatec Shuppan, Tokyo

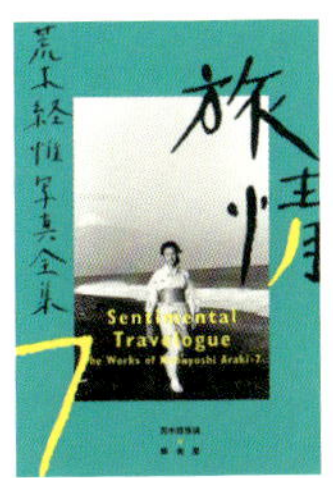

1996 The Works of Nobuyoshi Araki – 7, Sentimental Travelogue
Heibonsha, Tokyo

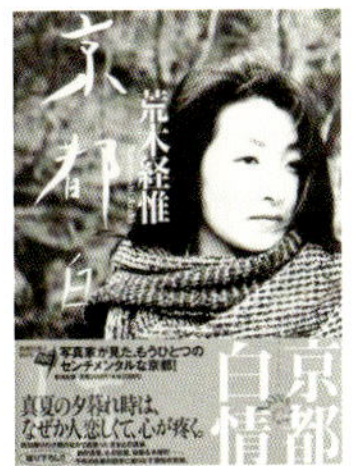

1996 Love Labyrinth: Kyoto White Sentiment
Shinchosha, Tokyo

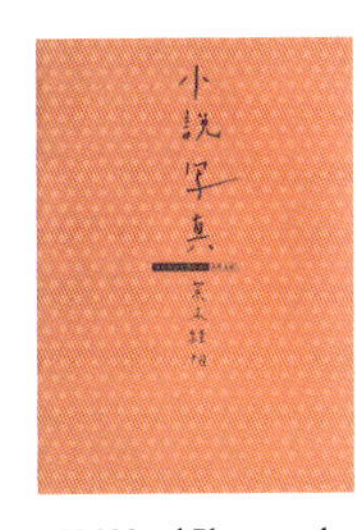

1996 Novel Photography
Recruit, Tokyo

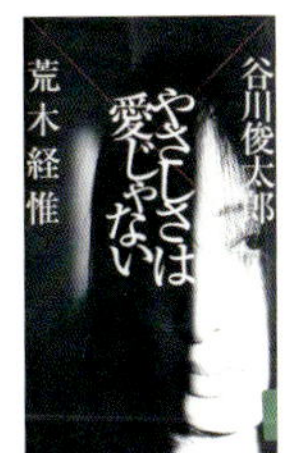

1996 There is a Distance between Niceness and Love
(with Shuntaro Tanikawa)
Gentosha, Tokyo

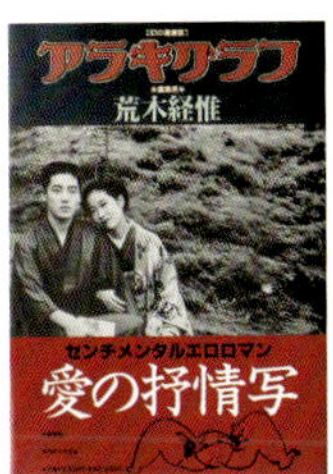

1996 Arakigraph
Kobunsha, Tokyo

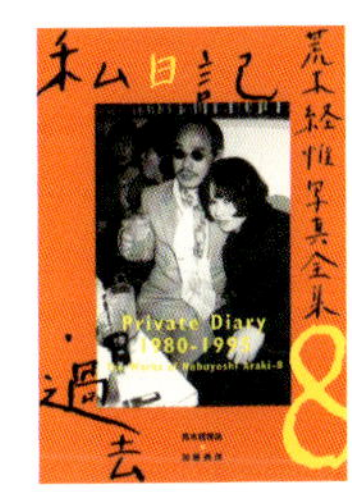

1996 The Works of Nobuyoshi Araki – 8, Private Diary 1980–1995
Heibonsha, Tokyo

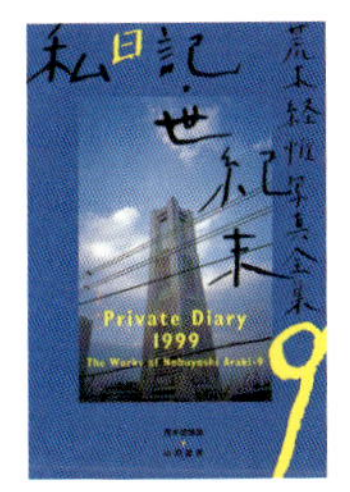

1996 The Works of Nobuyoshi Araki – 9, Private Diary 1999
Heibonsha, Tokyo

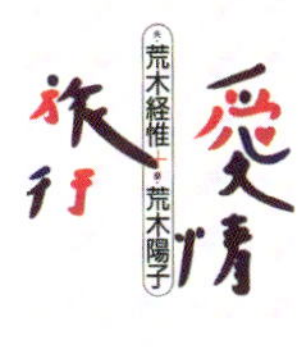

1996 Our Journeys of Love
(with Yoko Araki)
Magazine House, Tokyo
(rev. edn.)

1996 – 1998

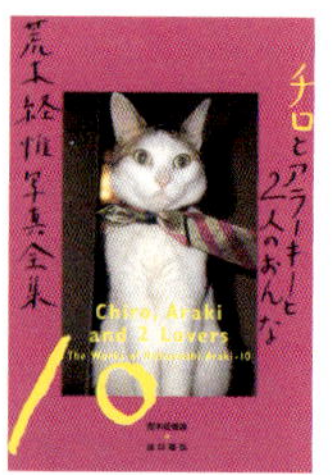

1996 The Works of Nobuyoshi Araki – 10, Chiro, Araki and 2 Lovers
Heibonsha, Tokyo

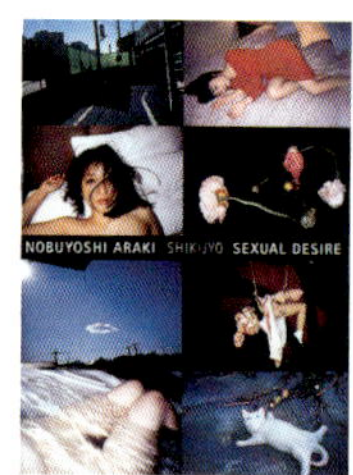

1996 Shikijyo: Sexual Desire
Edition Stemmle, Zurich
(Japanese edn.: Tuttle Vista, 1997)

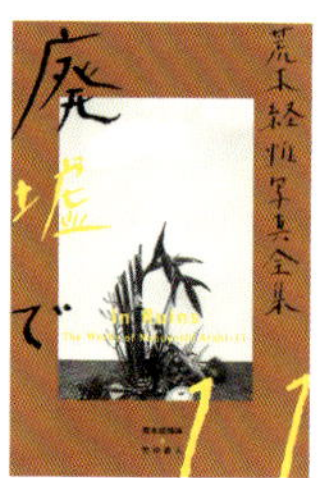

1996 The Works of Nobuyoshi Araki – 11, In Ruins
Heibonsha, Tokyo

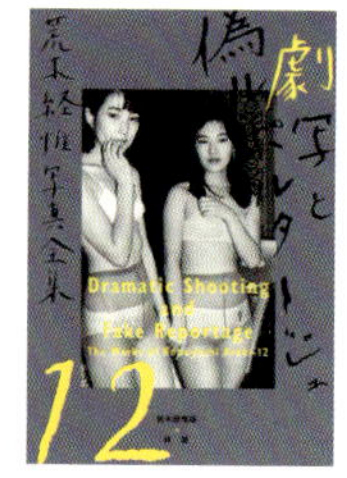

1996 The Works of Nobuyoshi Araki – 12, Dramatic Shooting and Fake Reportage
Heibonsha, Tokyo

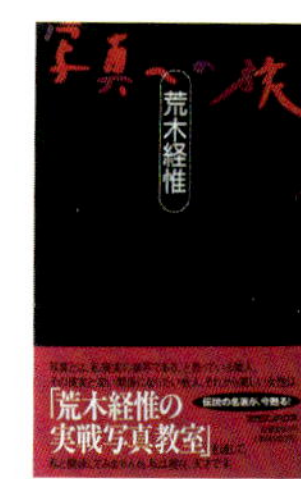

1996 Journey to Photography
Magazine House, Tokyo
(rev. edn.)

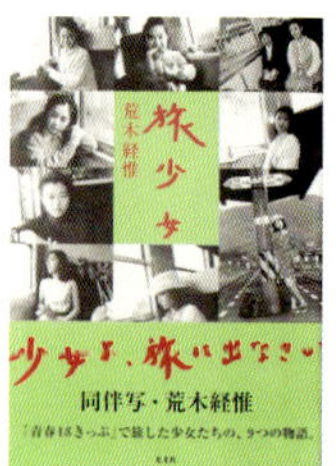

1996 Girls on Journeys
Kobunsha, Tokyo

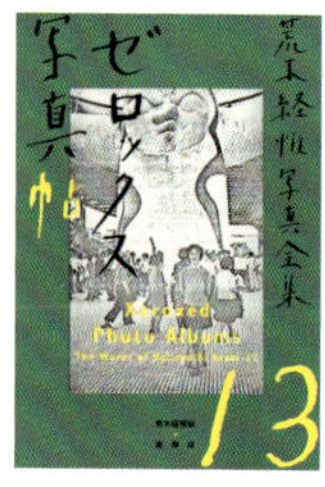

1996 The Works of Nobuyoshi Araki – 13, Xeroxed Photo Albums
Heibonsha, Tokyo

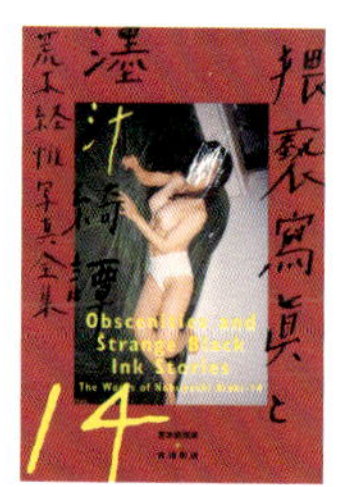

1997 The Works of Nobuyoshi Araki – 14, Obscenities and Strange Black Ink Stories
Heibonsha, Tokyo

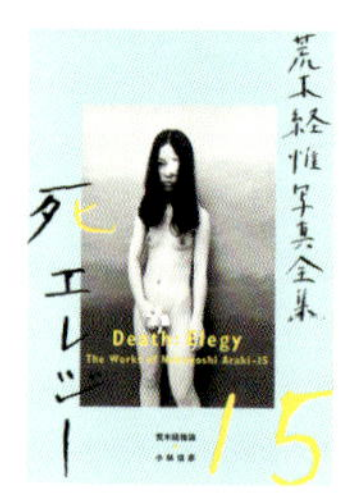

1997 The Works of Nobuyoshi Araki – 15, Death: Elegy
Heibonsha, Tokyo

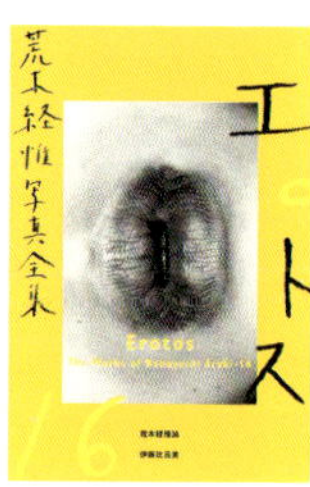

1997 The Works of Nobuyoshi Araki – 16, Erotos
Heibonsha, Tokyo

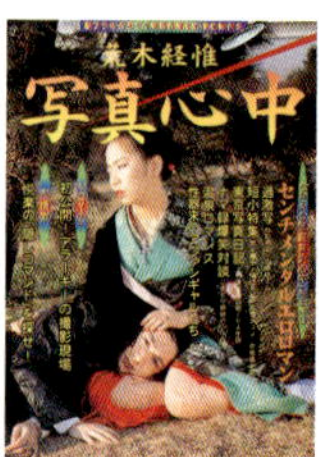

1997 Double Suicide with Photography
Kobunsha, Tokyo
(with CD-ROM)

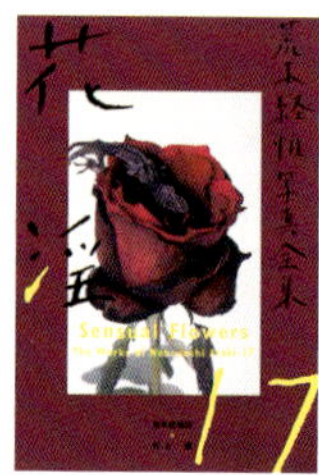

1997 The Works of Nobuyoshi Araki – 17, Sensual Flowers
Heibonsha, Tokyo

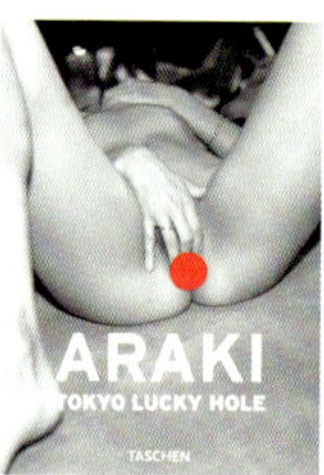

1997 Tokyo Lucky Hole
Taschen, Cologne

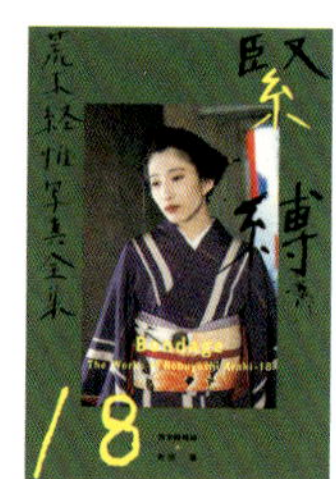

1997 The Works of Nobuyoshi Araki – 18, Bondage
Heibonsha, Tokyo

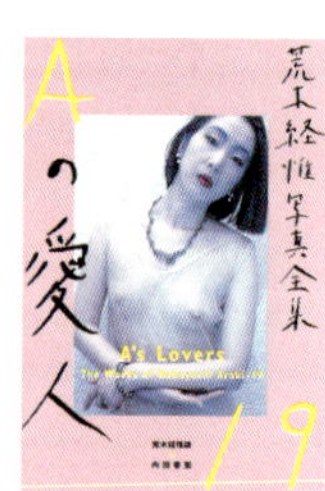

1997 The Works of Nobuyoshi Araki – 19, A's Lovers
Heibonsha, Tokyo

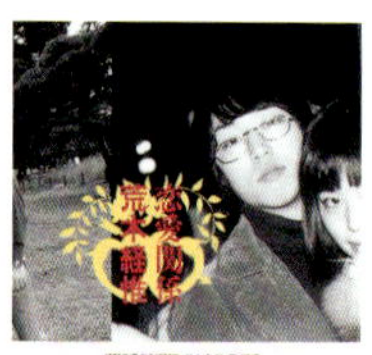

1997 Love Relations
Kawade Shobo Shinsha, Tokyo

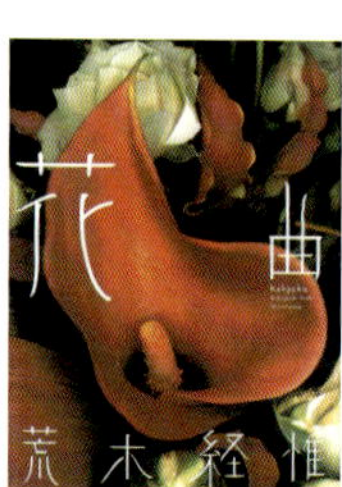

1997 Flower Rondo
Shinchosha, Tokyo

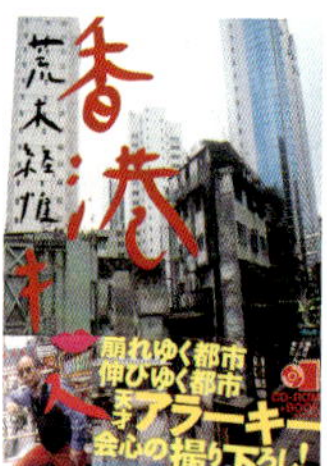

1997 Hong Kong Kiss
Just System, Tokyo
(with CD-ROM)

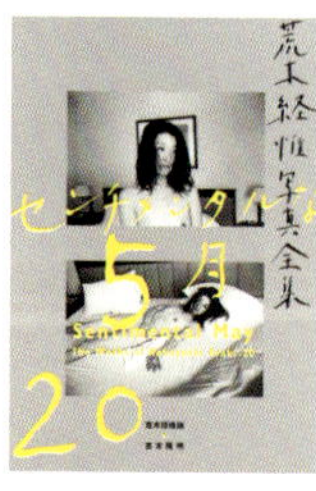

1997 The Works of Nobuyoshi Araki – 20, Sentimental May
Heibonsha, Tokyo

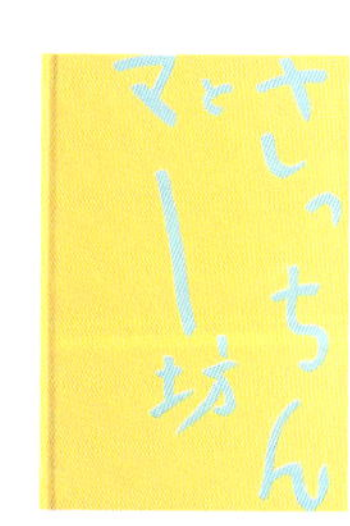

1997 The Works of Nobuyoshi Araki – Limited Edition, Satchin and His Brother Mabo
Heibonsha, Tokyo

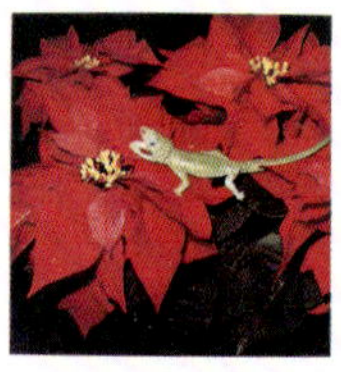

1997 Polaeroid
Oktagon Verlag, Cologne
(ltd. edn. of 800)

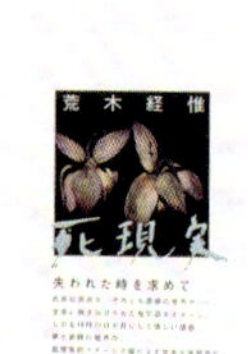

1997 Death Reality
Seidosha, Tokyo

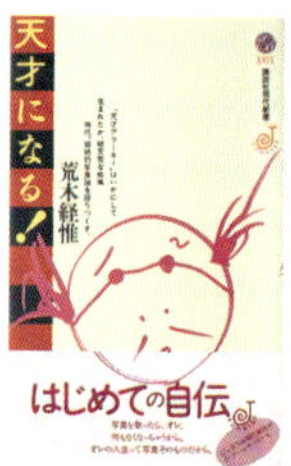

1997 Becoming a Genius!
(with Kohtaro Iizawa)
Kodansha, Tokyo

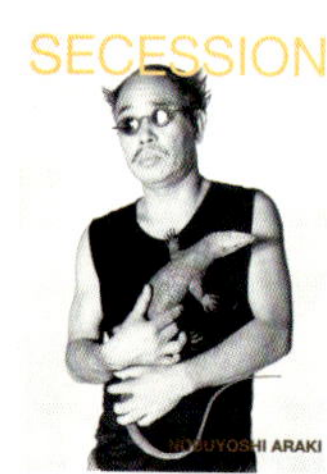

1997 Tokyo Comedy
exhibition catalogue, Wiener Secession, Vienna (Japanese edn.: Korinsha Press, Kyoto, 1997)

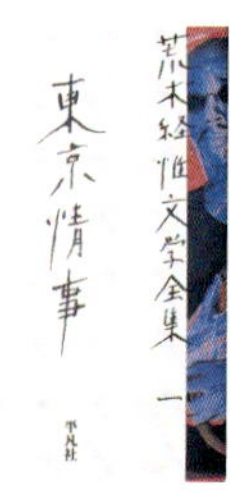

1998 The Literary Works of Nobuyoshi Araki – 1, Tokyo Love Affairs
Heibonsha, Tokyo

1998

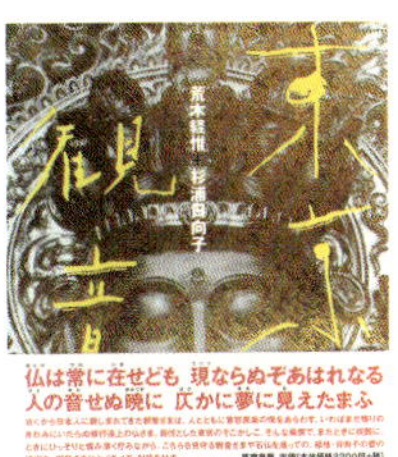

1998 Tokyo Kannon
(with Hinako Sugiura)
Chikuma Shobo, Tokyo

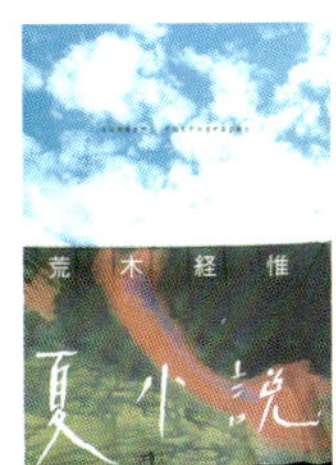

1998 Summer: Retrographs
Heibonsha, Tokyo

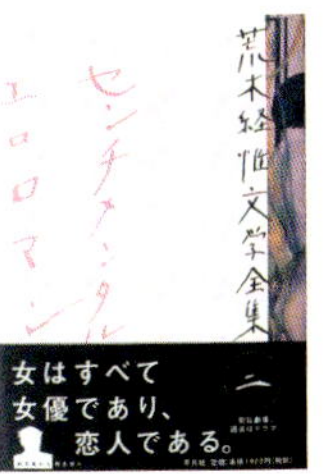

1998 The Literary Works of
Nobuyoshi Araki – 2,
Sentimental Ero-Roman
Heibonsha, Tokyo

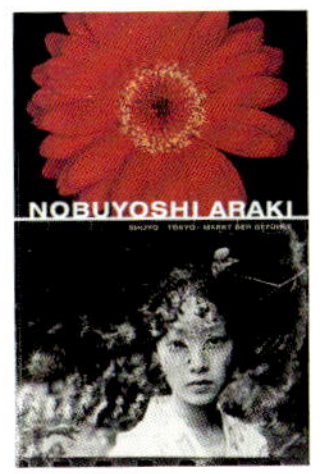

1998 Shijyo: Tokyo – Marketplace
of Emotions, exhibition catalogue
Edition Stemmle, Thalwil/
Deichtorhallen Hamburg

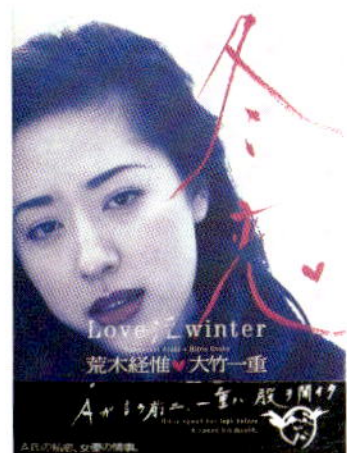

1998 Love in Winter
Bunkasha, Tokyo

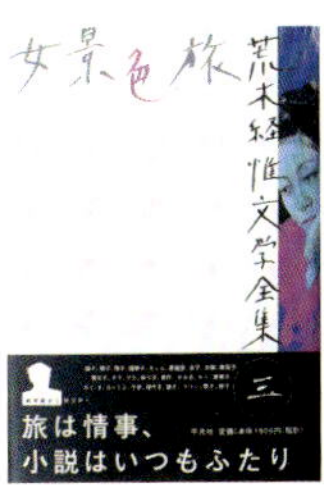

1998 The Literary works of
Nobuyoshi Araki – 3,
Travels in the Womenscape
Heibonsha, Tokyo

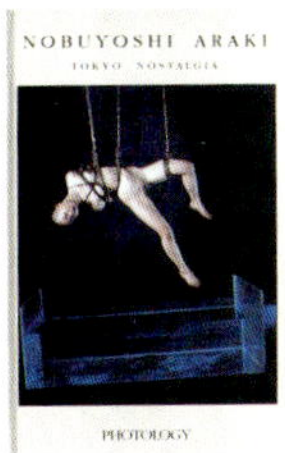

1998 Tokyo Nostalgia
Galleria Photology/
Photology, Milan

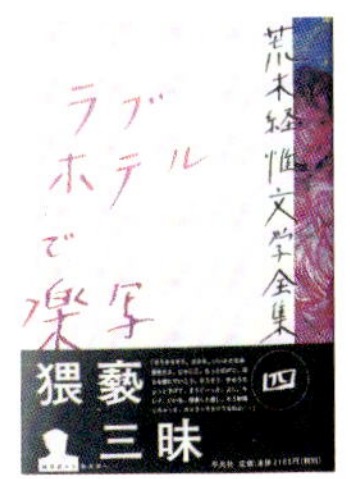

1998 The Literary Works of
Nobuyoshi Araki – 4, The Joy of
Taking Photos in Love Hotels
Heibonsha, Tokyo

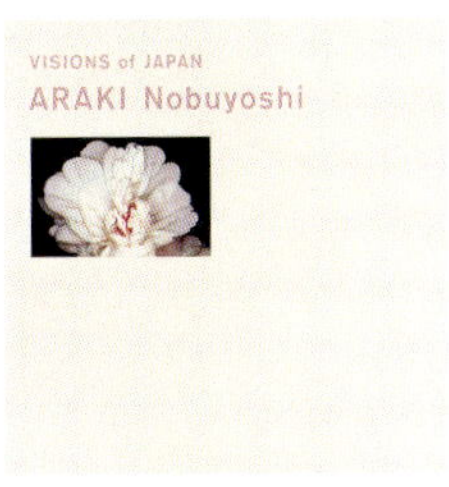

1998 Visions of Japan
Korinsha Press, Kyoto

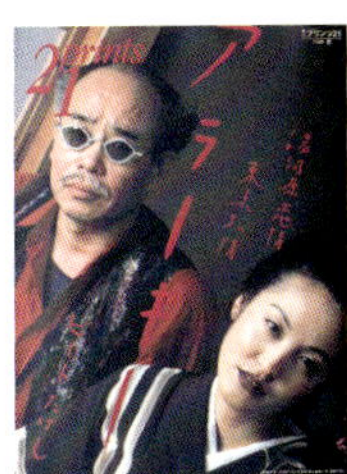

1998 Araky
(special May issue of *Prints 21*)
Prints 21, Tokyo

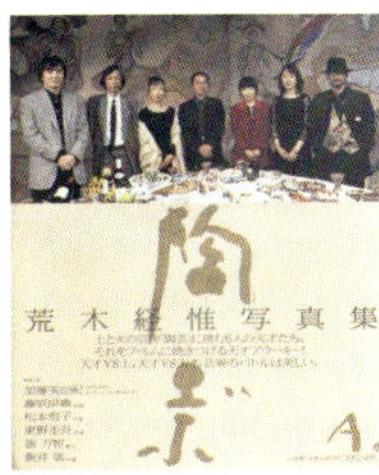

1998 Ceramic Landscapes
Shogakukan, Tokyo

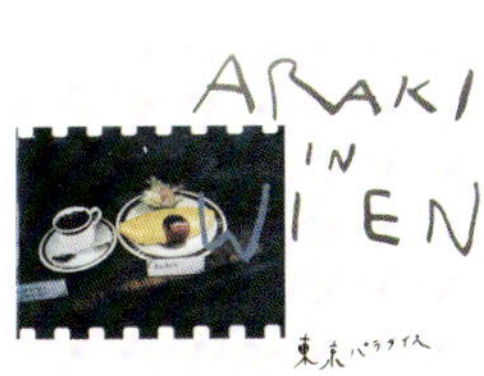

1998 Araki in Wien:
Tokyo Paradise
(Vol. 1 of 2)
Korinsha Press, Kyoto

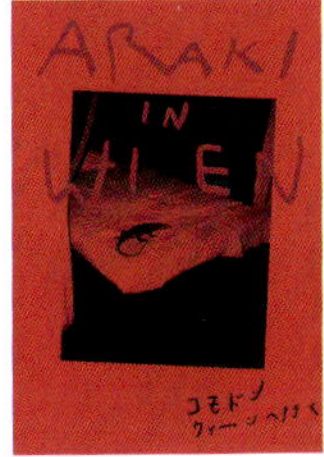

1998 Araki in Wien:
Komodon Goes to Wien
(Vol. 2 of 2)
Korinsha Press, Kyoto

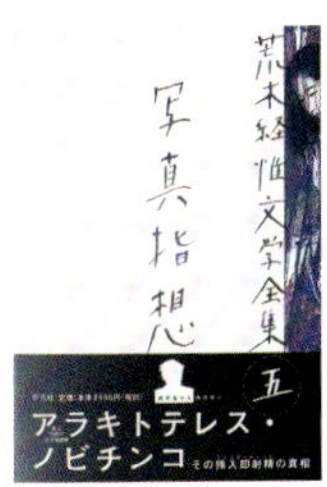

1998 The Literary Works of
Nobuyoshi Araki – 5,
Fingering Thoughts on Photography
Heibonsha, Tokyo

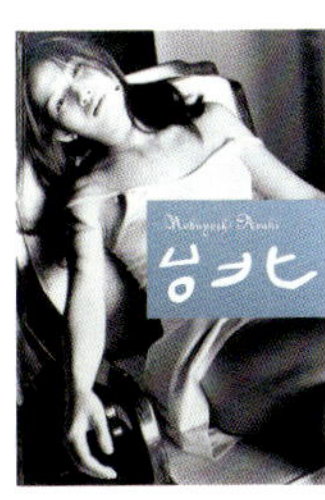

1998 Taipei
Korinsha Press, Kyoto

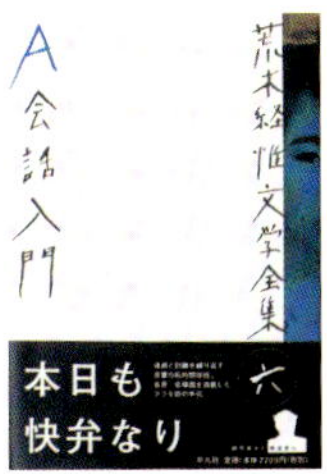

1998 The Literary Works of
Nobuyoshi Araki – 6,
An Introduction to A-Conversation
Heibonsha, Tokyo

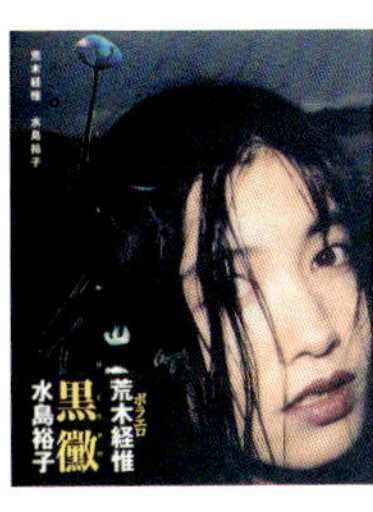

1998 Pola-Ero: Black Mold
Bunkasha, Tokyo

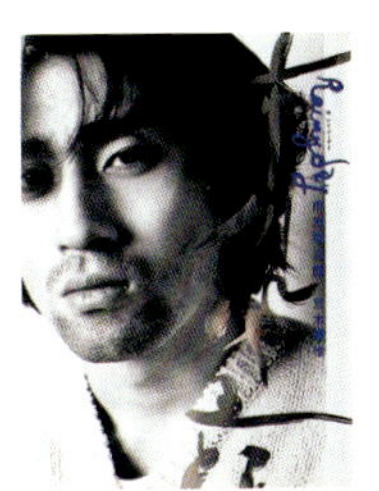

1998 Rainy Day: Somegoro Ichikawa
(with Somegoro Ichikawa)
Media Factory, Tokyo

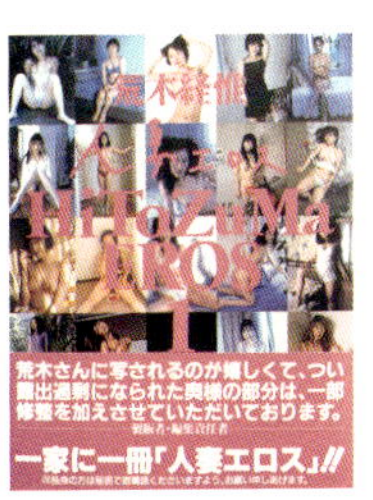

1998 Eros of Married Women, 1/X
Futabasha, Tokyo

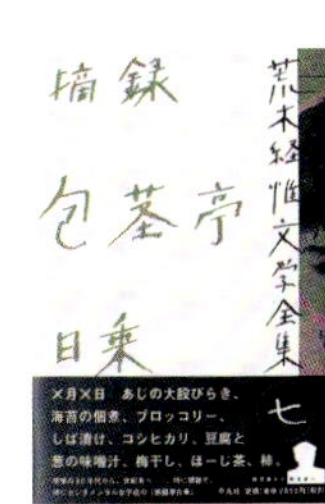

1998 The Literary Works of
Nobuyoshi Araki – 7,
A Selection from Hokeitei Diary
Heibonsha, Tokyo

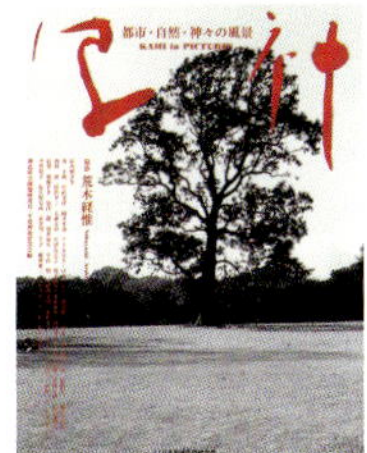

1998 Kami in Pictures
(with other authors)
Japan Institute for Community
Affairs, Tokyo

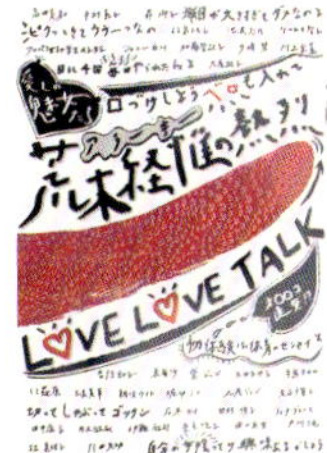

1998 Nobuyoshi Araki's
Passionate Love Love Talk
Futabasha, Tokyo

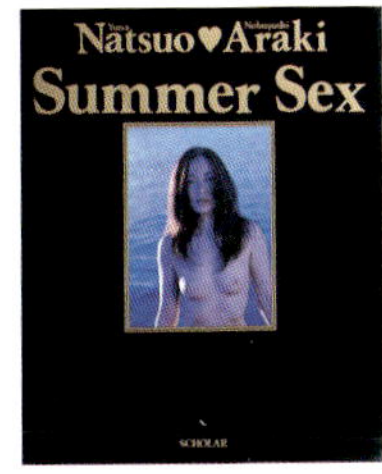

1998 Summer Sex
Scholar, Tokyo

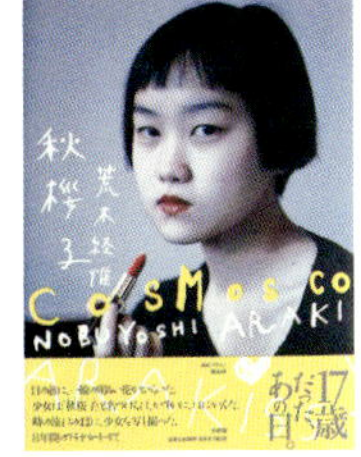

1998 Cosmosco
Shogakukan, Tokyo

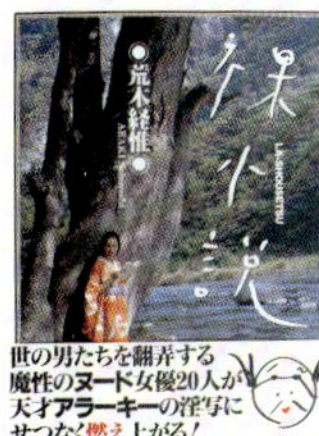

1998 Naked Novel
KK Bestsellers, Tokyo

1998 – 2000

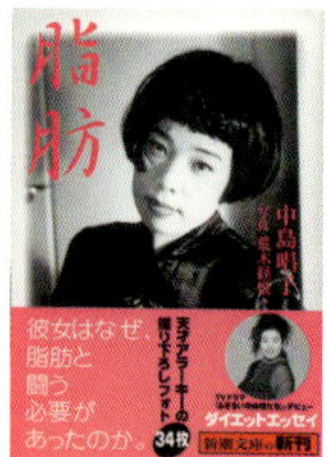

1998 Fat
Shinchosha, Tokyo
(rev. edn.)

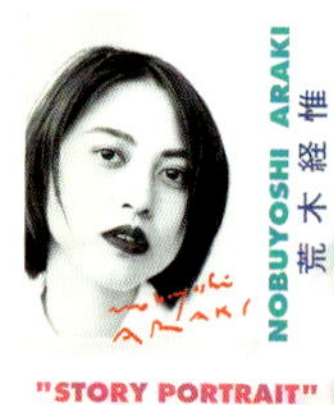

1998 Story Portrait
exhibition catalogue
Chulalongkorn University, Bangkok

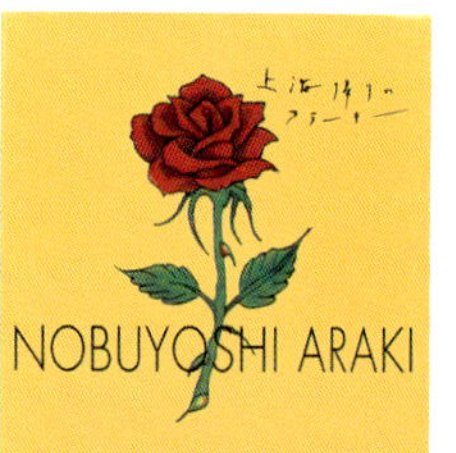

1998 Araki Coming Back
from Shanghai
Korinsha Press, Kyoto
(with music disc)

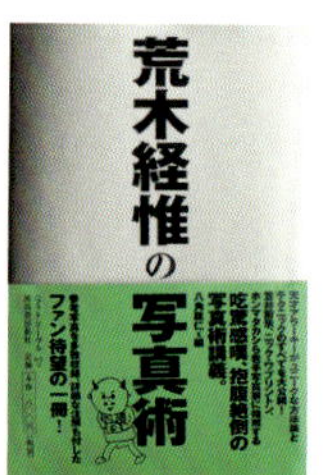

1998 Nobuyoshi Araki's
Photo Technique
Photo-Planète, Tokyo

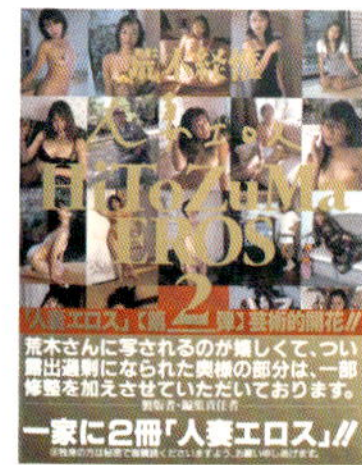

1999 Eros of Married Women, 2/X
Futabasha, Tokyo

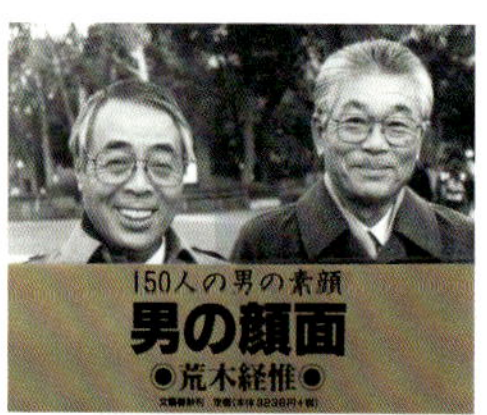

1999 The Face of Men
Bungei Shunju, Tokyo

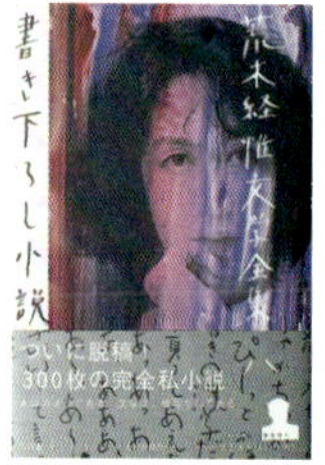
1999 The Literary Works of
Nobuyoshi Araki – 8,
Newly Written Works
Heibonsha, Tokyo

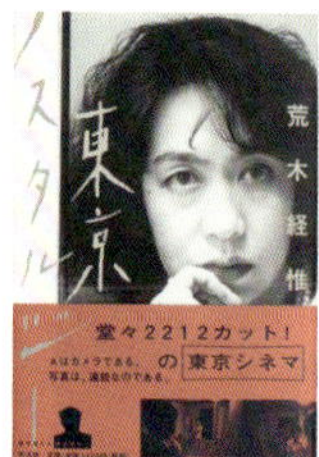

1999 Tokyo Nostalgy
Heibonsha, Tokyo

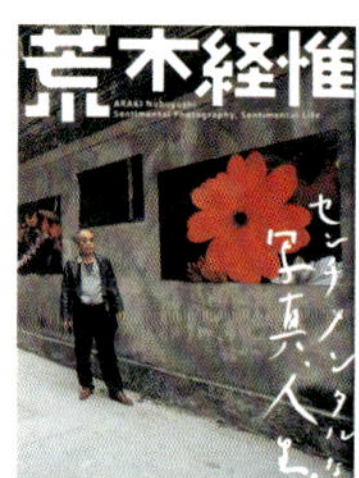

1999 Sentimental Photography,
Sentimental Life, exhibition catalogue
Museum of Contemporary Art/
Asahi Shimbun, Tokyo

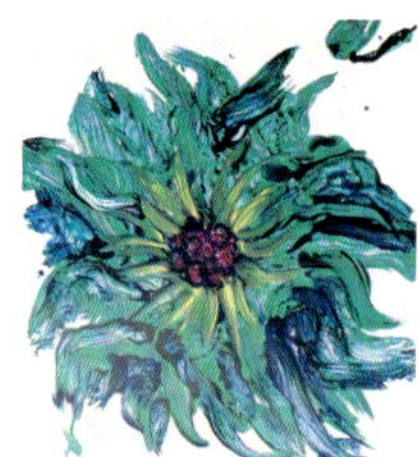
1999 Flowing Stones
Hysteric Glamour, Tokyo
(ltd. edn. of 1,000)

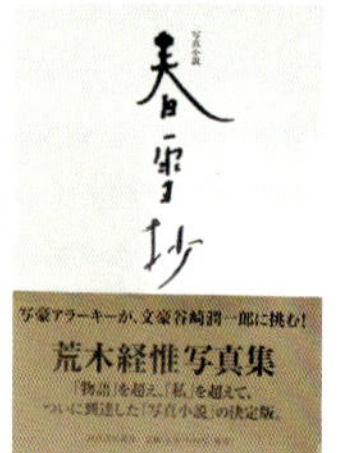

1999 Photo-Novel: Blind Love
Photo-Planète, Tokyo

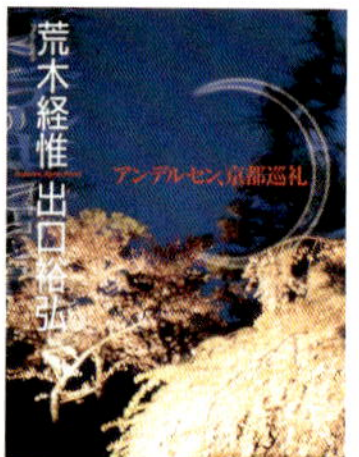

1999 Andersen, Pilgrimage to Kyoto
(with Yuko Deguchi)
Media Factory, Tokyo

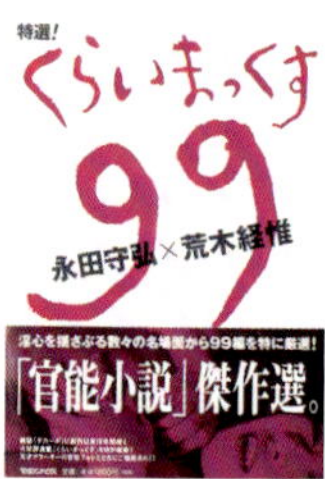

1999 Climax 99
(with Morihiro Nagata)
Magazine House, Tokyo

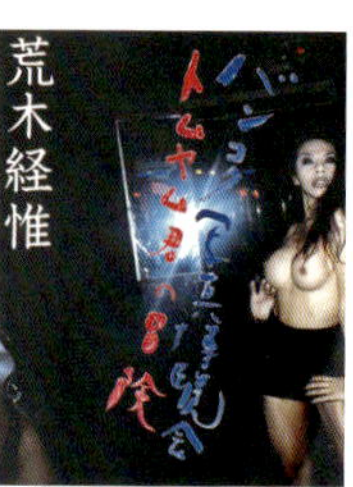

1999 The Adventures of
TomYamKun:
World Photo Expo in Bangkok
Shodensha, Tokyo

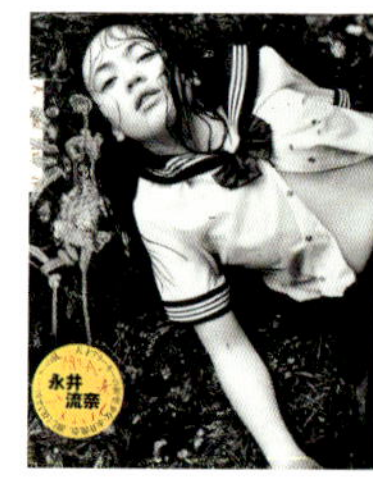
1999 Rena: Sensual Affairs in Amagi
Bunkasha, Tokyo

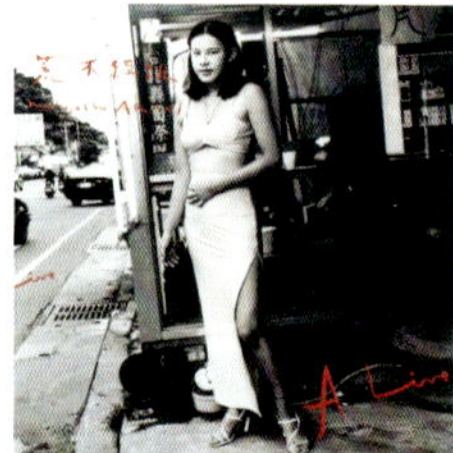
1999 ALive
exhibition catalogue
Taipei Fine Arts Museum, Taipei

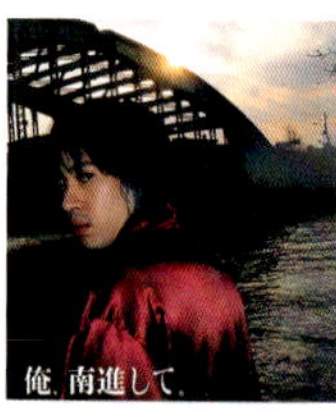

1999 I Advance Southward
(with Ko Machida)
Shinchosha, Tokyo

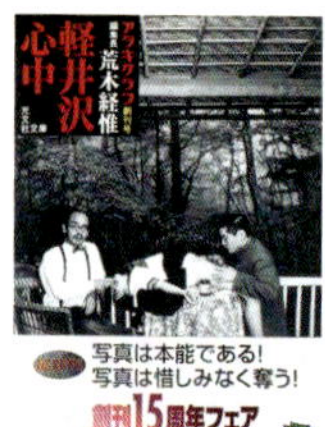

1999 Double Suicide in Karuizawa,
Araki Graph No. 1
Kobunsha, Tokyo

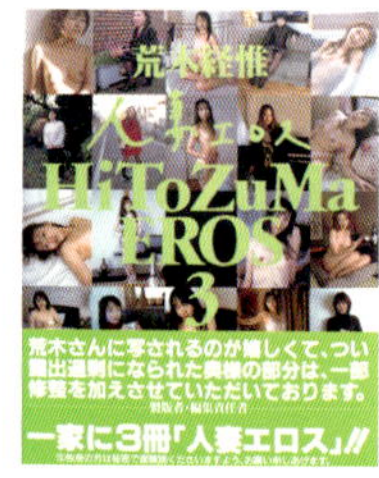

1999 Eros of Married Women, 3/X
Futabasha, Tokyo

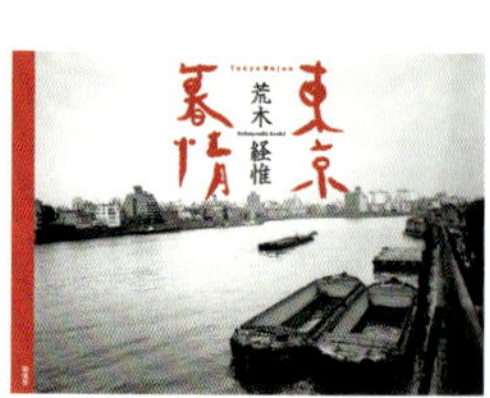

1999 Longing for Tokyo
Shinpusha, Tokyo

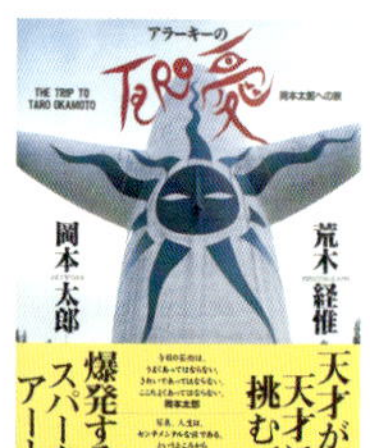

1999 Araki's Taro-Love:
The Trip to Taro Okamoto
Kobunsha, Tokyo

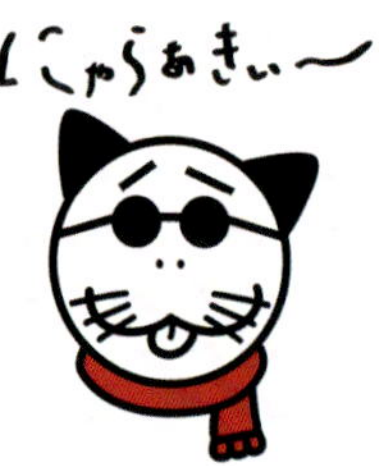

1999 Nyaraky
Shimamoto Kei Inner Project, Tokyo

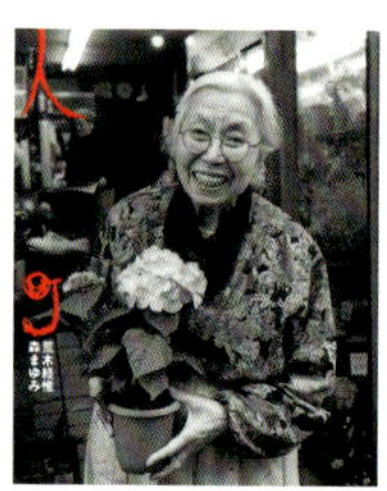
1999 People Town
(with Mayumi Mori)
Junposha, Tokyo

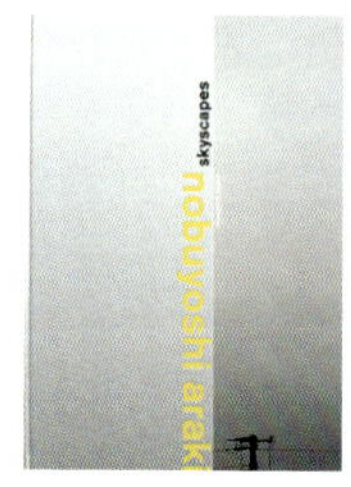

1999 Skyscapes
Codax Publisher, Zurich

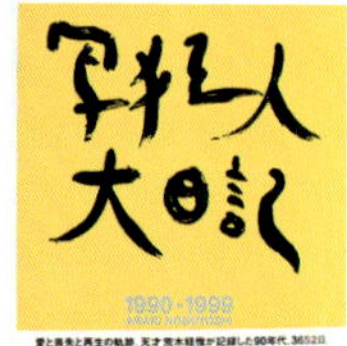

2000 Photo-Maniac Big Diary 1990–
1999
Switch Publishing, Tokyo

2000 – 2001

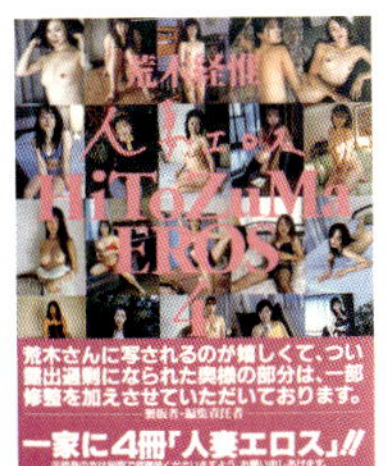

2000 Eros of Married Women, 4/X
Futabasha, Tokyo

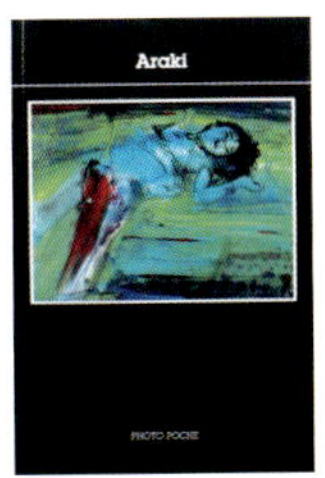

2000 Araki
Nathan, Paris

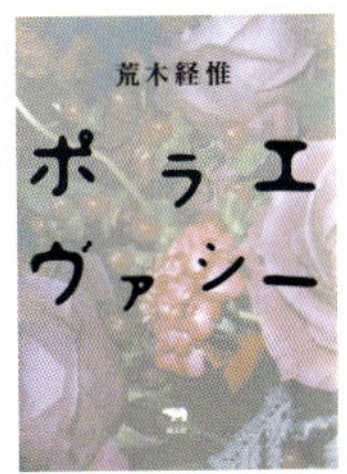

2000 Polaevacy
Shobunsha, Tokyo

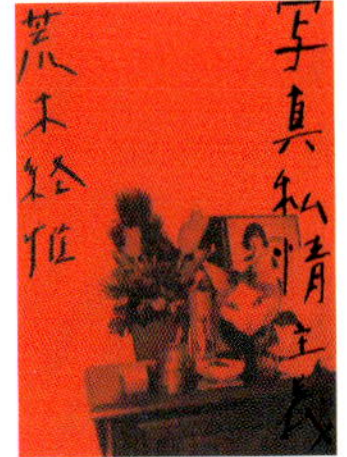

2000 Photography: Supreme Sentimentalism
Heibonsha, Tokyo

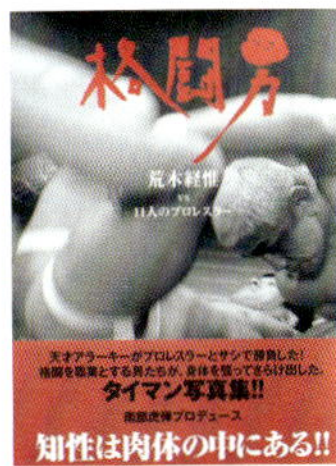

2000 Fighting Men
Wani Magazine, Tokyo

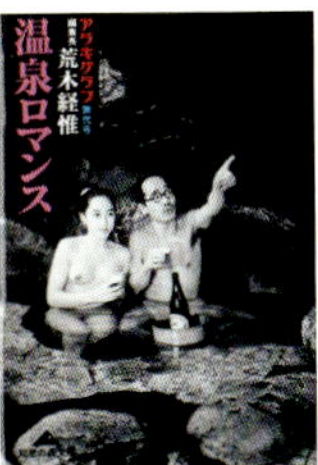

2000 Hot Spring Romance, Araki Graph No. 2
Kobunsha, Tokyo

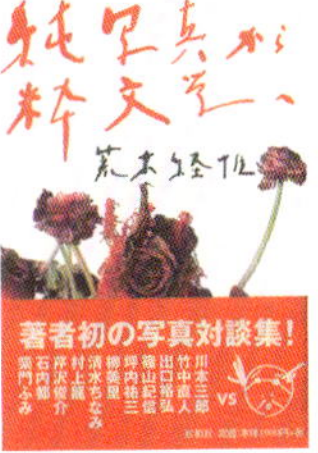

2000 From Pure Photography to Smart Literature
Shohakusha, Tokyo

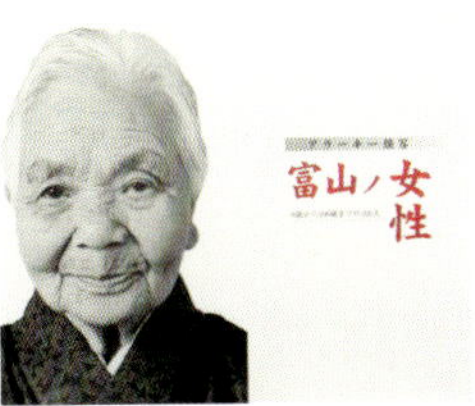

2000 Women of Toyama
exhibition catalogue
Fukuoka Camera Museum, Fukuoka

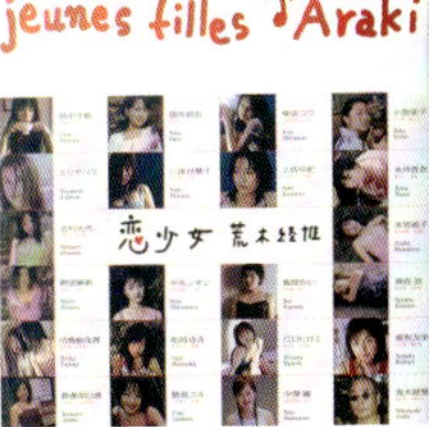

2000 Jeunes filles d'Araki
Magazine House, Tokyo

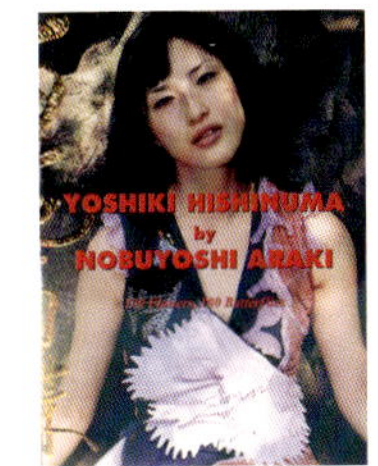

2000 100 Flowers, 100 Butterflies
(with Yoshiki Hishinuma)
Kodansha International, Tokyo

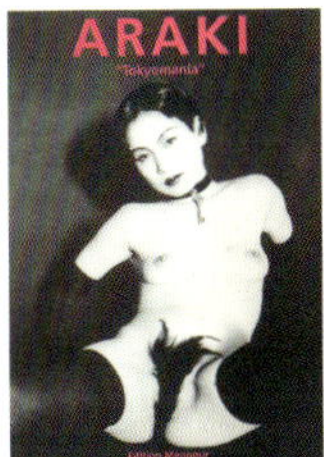

2000 Tokyomania
exhibition catalogue
Galerie Kamel Mennour/Edition Mennour, Paris (ltd. edn. of 1,500)

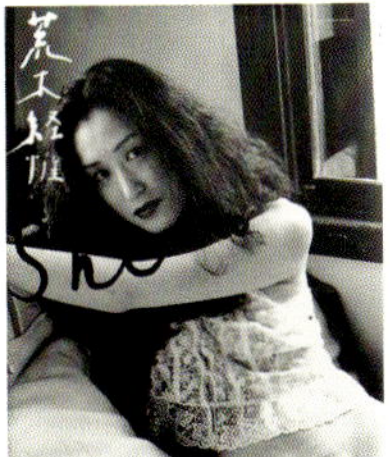

2000 Shino
Graphic Sha, Tokyo

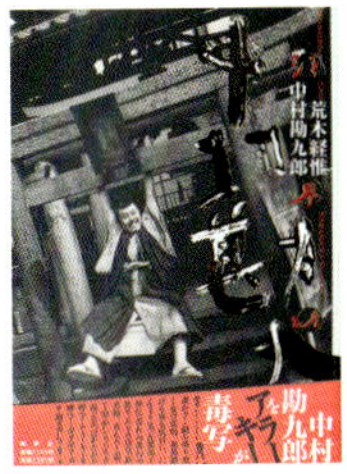

2000 Kankuro Nakamura: An Apostate Priest
Homusha, Tokyo

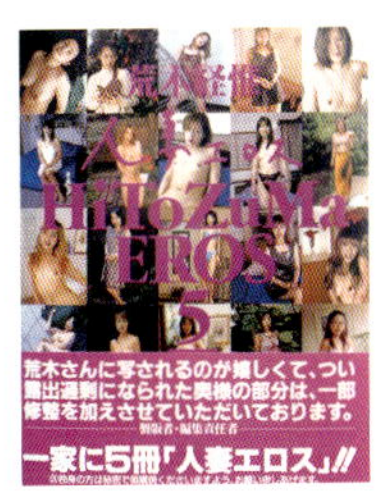

2000 Eros of Married Women, 5/X
Futabasha, Tokyo

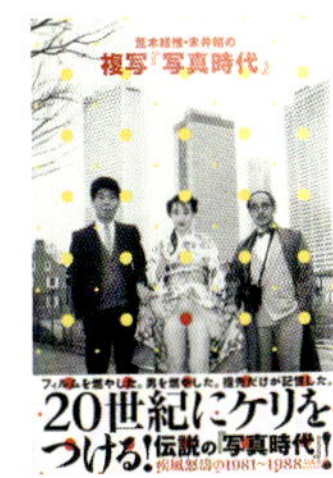

2000 Reproduced from Photo Age Magazine
(with Akira Suei)
Bunkasha, Tokyo

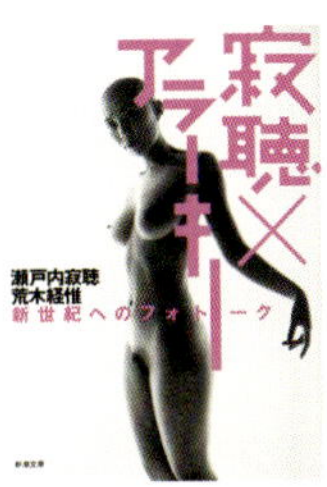

2000 Photo-Talk
(with Jakucho Setouchi)
Shinchosha, Tokyo

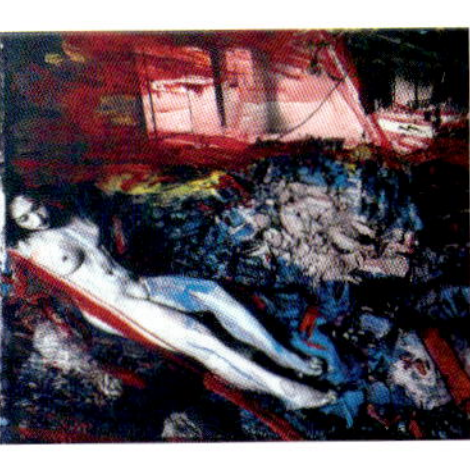

2001 Photographs from the End of the Century
AaT Room, Tokyo
(ltd. edn. of 2,000)

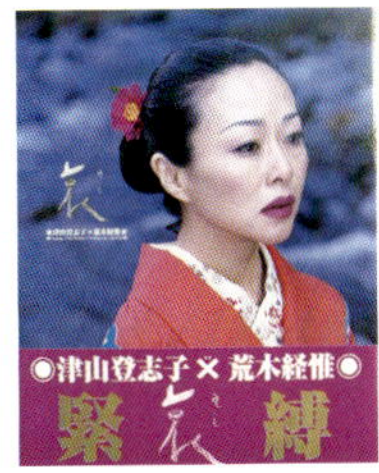

2001 Sorrow
Futabasha, Tokyo

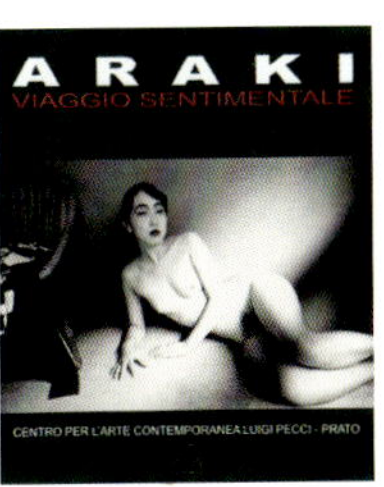

2001 Viaggio Sentimentale
exhibition catalogue
Centro per l'arte contemporanea Luigi Pecci, Prato/Gli Ori

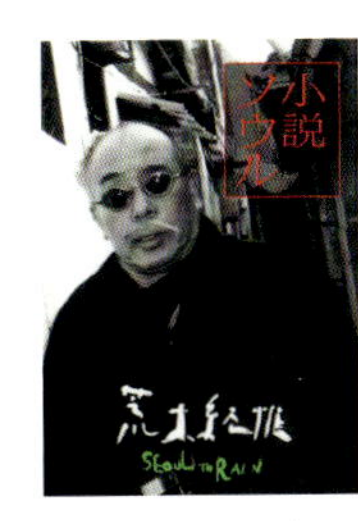

2001 Seoul Story: Seoul to Rain
Switch Publishing, Tokyo

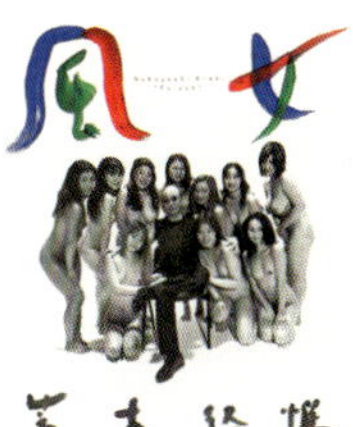

2001 Massage Parlour Girls
Bauhaus, Tokyo

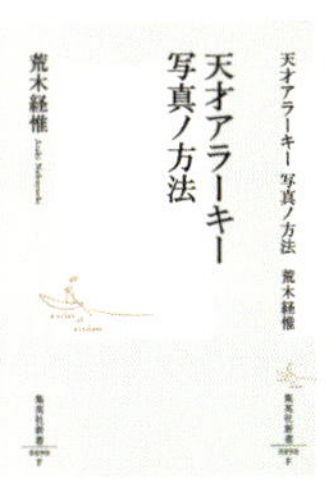

2001 Genius Araky – How to Photograph
Shueisha, Tokyo

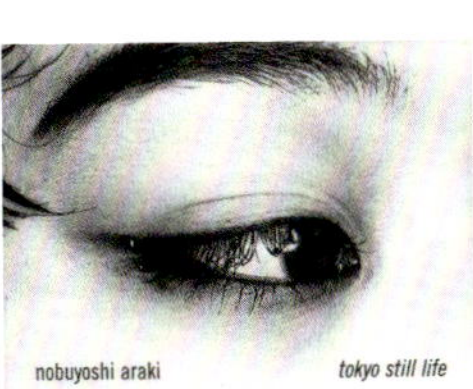

2001 Tokyo Still Life
exhibition catalogue
Ikon Gallery, Birmingham

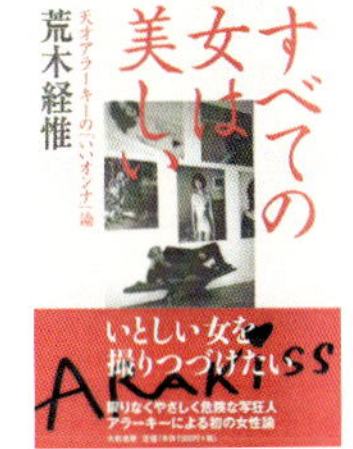

2001 Every Woman is Beautiful
Daiwa Shobo, Tokyo

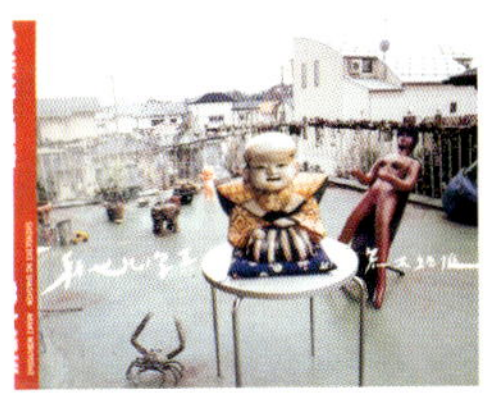

2001 Photographs from the New Century
AaT Room, Tokyo
(ltd. edn. of 2,001)

2001 – 2002

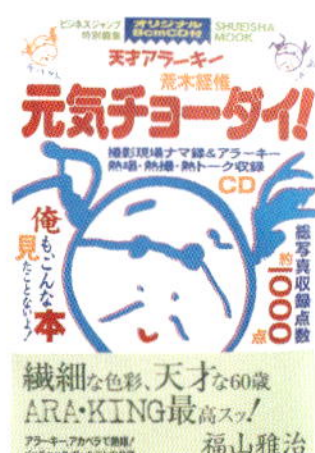

2001 Genius Araky –
Please Give Us Energy
Shueisha, Tokyo
(with mini disc)

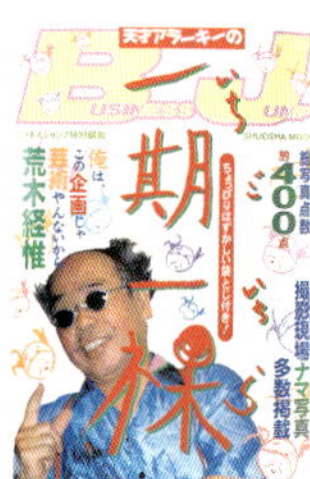

2001 Every Meeting is
Naked Treasure
(*Business Jump* magazine)
Shueisha, Tokyo

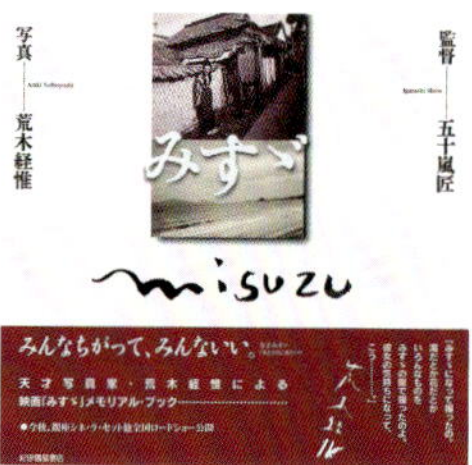

2001 Misuzu
Kinokuniya, Tokyo

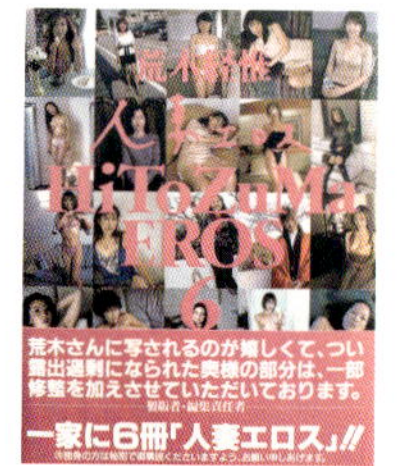

2001 Eros of Married Women, 6/X
Futabasha, Tokyo

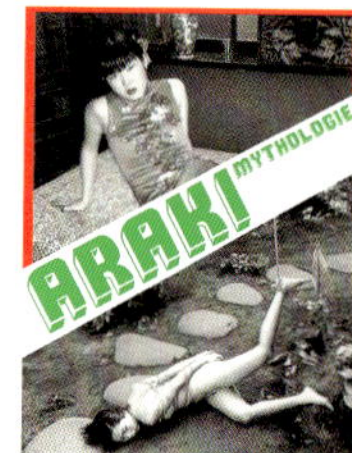

2001 Araki Mythology
Editions Images Modernes, Paris

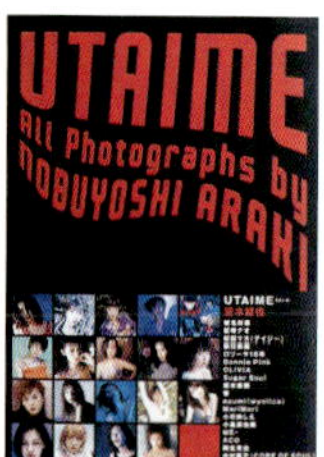

2001 Female Singers
Bauhaus, Tokyo

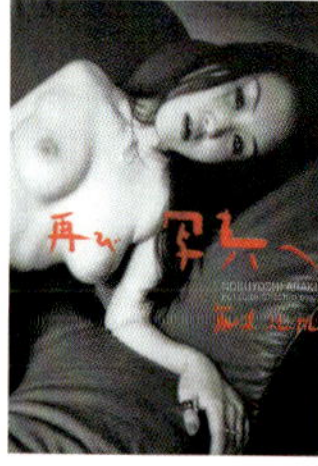

2001 Photography Again
AaT Room, Tokyo
(ltd. edn. of 1,000)

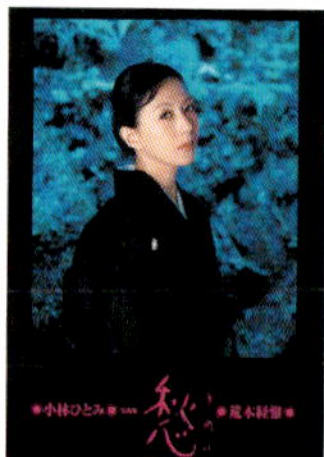

2001 Sorrow
Futabasha, Tokyo

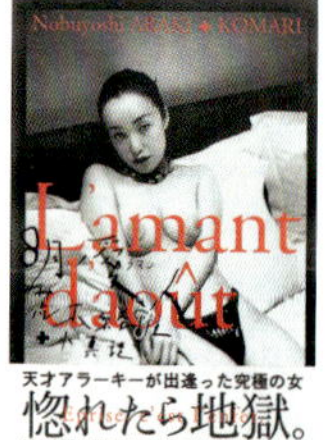

2001 L'amant d'août
Shogakukan, Tokyo

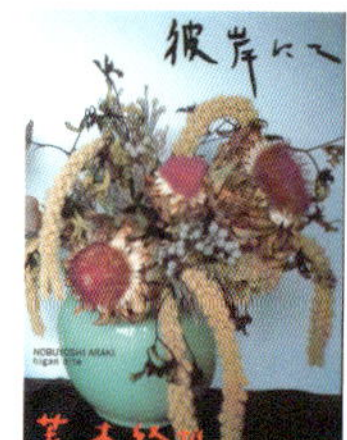

2001 At the Edge of Nirvana
AaT Room, Tokyo
(ltd. edn. of 1,000)

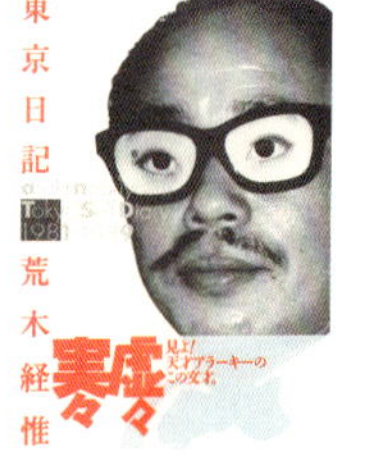

2002 Tokyo Self Diary: 1981–1989
Demadosha, Tokyo
(rev. edn.)

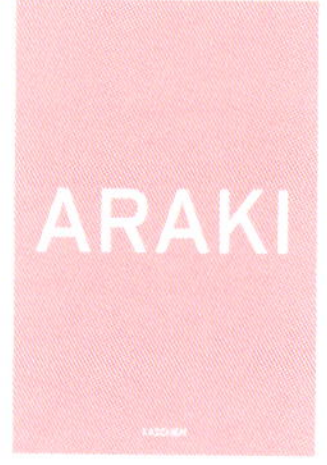

2002 Araki
Taschen, Cologne
(ltd. edn. of 2,500)

Multimedia

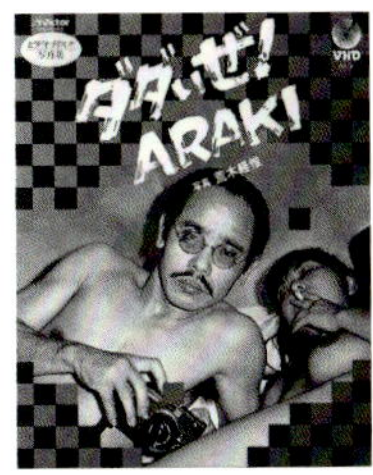

1982 Dadaish Araki!
Pony Video, Tokyo
(video)

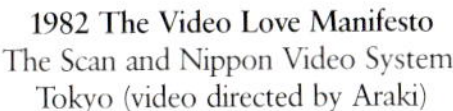

1982 The Video Love Manifesto
The Scan and Nippon Video System,
Tokyo (video directed by Araki)

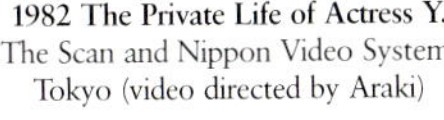

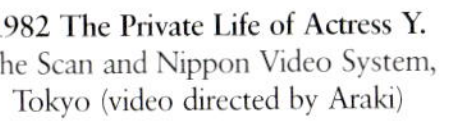

1982 The Private Life of Actress Y.
The Scan and Nippon Video System,
Tokyo (video directed by Araki)

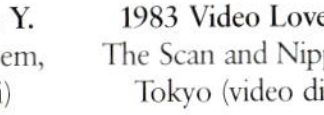

1983 Video Love Magazine No. 1
The Scan and Nippon Video System,
Tokyo (video directed by Araki)

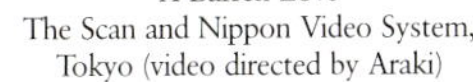

1983 Video Love Magazine No. 2:
A Barren Love
The Scan and Nippon Video System,
Tokyo (video directed by Araki)

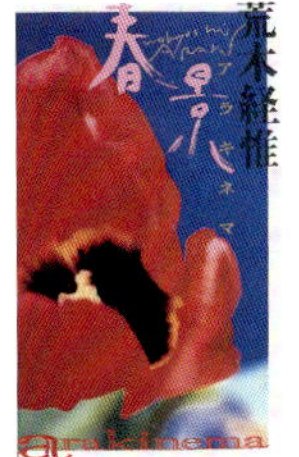

1991 Arakinema: Springscapes
Quest, Tokyo (video)

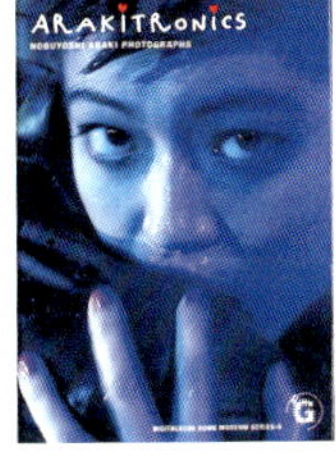

1994 Arakitronics
Digitalogue, Tokyo (CD-ROM)

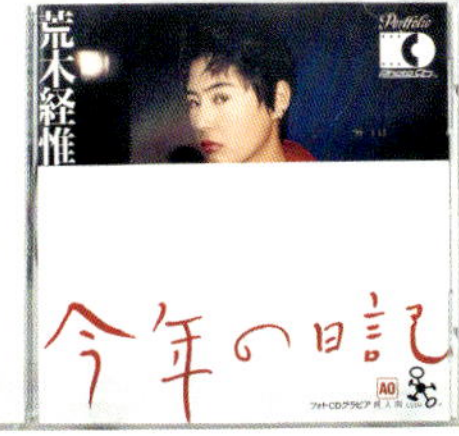

1995 This Year's Diary
Inner Brain, Tokyo (Photo CD)

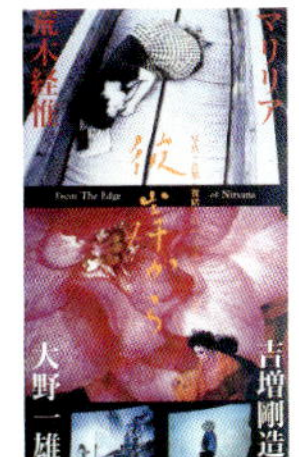

1995 From the Edge of Nirvana
(with Marilia, Gozo Yoshimasu,
Kazuo Ohno), Quest,
Tokyo (video)

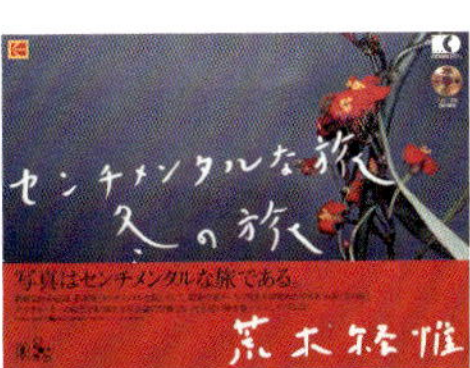

1995 Sentimental Journey/
Winter Journey
Inner Brain, Tokyo (Photo CD)

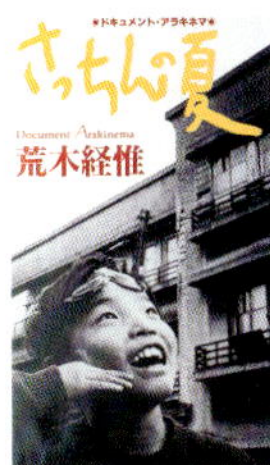

1995 Arakinema:
Satchin in Summer
Quest, Tokyo (video)

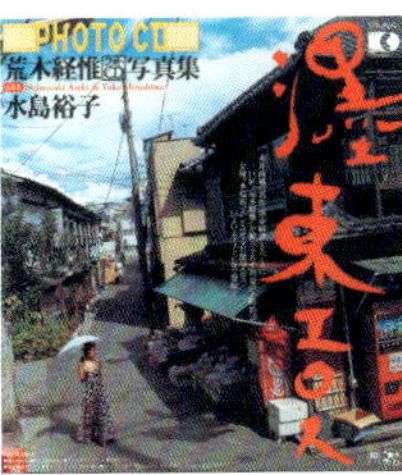

1995 Eros of the East Side
of the Sumida River
Kobunsha, Tokyo (Photo CD)

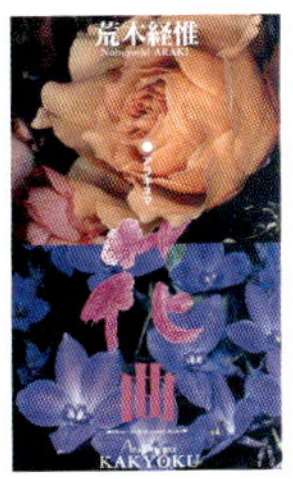

1996 Arakinema: Flower Rondo
Quest, Tokyo (video)

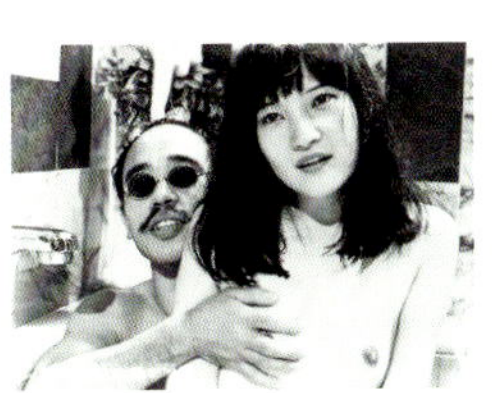

1996 Pseudo-Diary of
a High-School Girl
Nikkatsu, Tokyo (video of 1981
film directed by Araki)

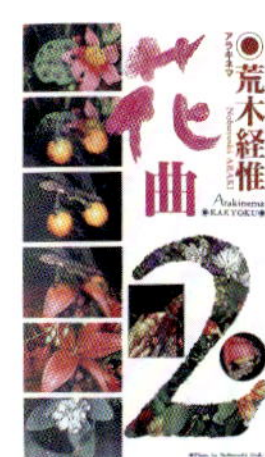

1996 Arakinema: Flower Rondo 2
Quest, Tokyo (video)

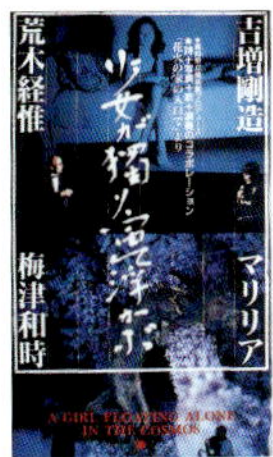

1997 A Girl Floating Alone
in the Cosmos (with Marilia, Gozo
Yoshimasu, Kazutoki Umezu)
Quest, Tokyo (video)

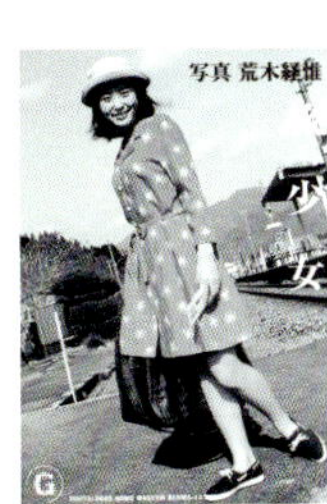

1997 Girls on Journeys
Digitalogue, Tokyo (CD-ROM)

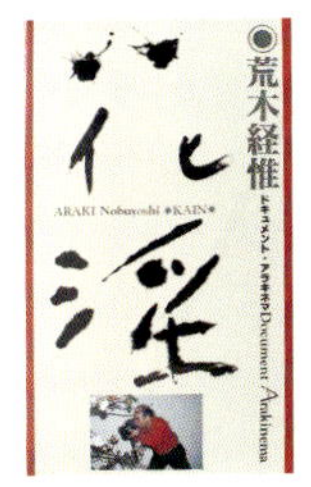

1997 Arakinema: Sensual Flowers
Quest, Tokyo (video)

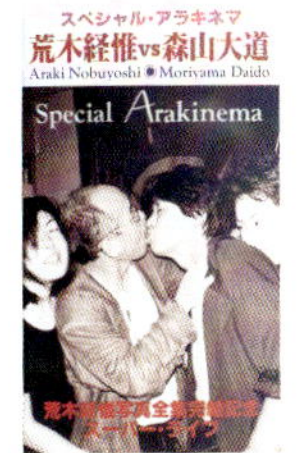

1998 Special Arakinema:
Nobuyoshi Araki vs. Daido Moriyama
(with Daido Moriyama), Quest,
Tokyo (video)

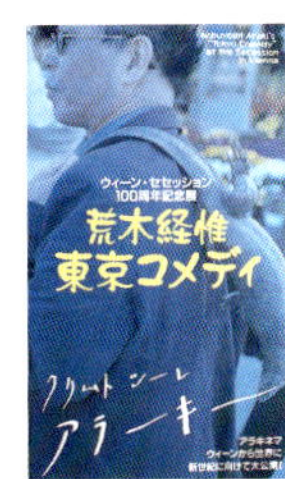

1998 Arakinema: Tokyo Comedy
Quest, Tokyo (video)

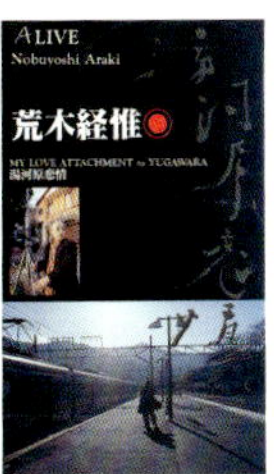

1998 ALive: My Love
Attachment in Yugawara
Quest, Tokyo (video)

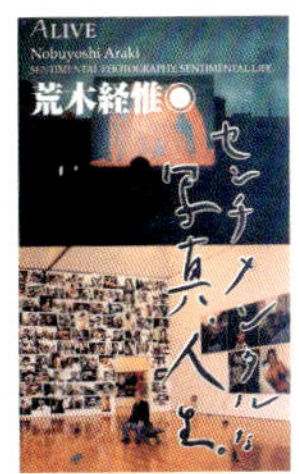

1999 ALive: Sentimental
Photography, Sentimental Life
Quest, Tokyo (video)

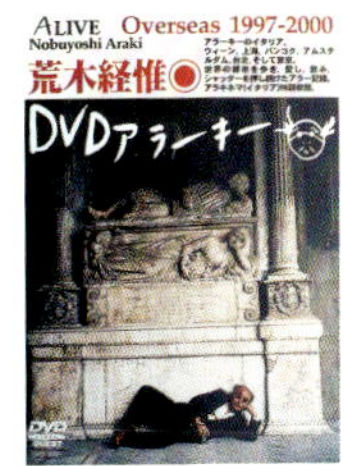

2001 ALive: Overseas 1997–2000
Quest, Tokyo (DVD)

The chapters of this book were compiled from similarly named photo series or publications, plus additional photos taken from other books or series are follows:

Love in Winter:
Tokyo Novel, pp. 66, 93 (top), 94/95
Sensual Flowers, p. 68
Nobuyoshi Araki's Pseudo-Reportage, pp. 90/92, 93 (bottom)
Akt-Tokyo: Nobuyoshi Araki 1971-1991, pp. 74, 88
Bondage, pp. 75-87

Private Photography:
Hot Spring Romance, Araki Graph No.2, p. 113
Kami in Pictures, pp. 114 (top), 115 (bottom), 135 (bottom)
Tokyo Novelle, pp. 112, 116–119, 121, 122 top. 124–131, 134, 135 (top), 138 (top right/below left), 140–142, 158
Tokyo Novel, p. 143
Sentimental Travelogue, pp. 138 (below right), 139 (below left)
Akt-Tokyo: Nobuyoshi Araki 1971–1991, pp. 114 (bottom), 115 (top), 136 (bottom), 138 (top left/bottom left), 139 (top left/top right/below right)
Naked Faces, pp. 120 (top), 144–147
The First Year of Heisei, pp. 137 (top), 195
Nobuyoshi Araki's Pseudo-Reportage, pp. 148–149
The Banquet, p. 150–155
Yoko, pp. 160–169
Chiro, My Love, pp. 171–173
Photography: Supreme Sentimentalism, pp.156, 158, 159, 170, 172, 174–194

In Ruins:
Tokyo Novelle, pp. 300
Photo-Novel: Blind Love, P. 305
Summer: Retrographs, pp. 304, 306/307
Tokyo Novel, pp. 308, 311, 312
Kyoto White Sentiment, p. 316 (top)
Chiro, My Love, pp. 302, 316 (bottom), 317 (bottom)
IZUMI, this bad girl, pp. 318, 319
Tokyo Lucky Hole, pp. 320-32

Erotos:
In Ruins, pp. 337, 351, 366–369, 374–379

Tokyo Nude:
Towards Winter: Tokyo, A City Heading for Death, pp. 468–477, 486, 504
Theory of Photography, p. 488/489
Sentimental Journey/Winter Journey, pp. 491–503, 505–507
Death Reality, p. 510/511

Tokyo Autumn:
Double Suicide in Karuizawa, Araki Graph No.1, pp. 512/513, 516–523
Living Cats in Tokyo, p. 514
A's Lovers, pp. 515, 524–530
Yoko, p. 531
Tokyo Novel, pp. 532–535
Satchin, pp. 536–539

The publisher would like to thank:
Nobuhiko Ansai, Sakiko Nomura, Shiro Tamiya of AaT Room
Eyesencia, in connection with the English and Japanese biographies
Hisako Motoo for the Japanese biography, www.arakinobuyoshi.com
Mario Kramer, Museum für Moderne Kunst, Frankfurt am Main
Yasuo Satomi for his unfailing helpfulness
and especially
Nobuyoshi Araki for making this book possible
Yoshiko Isshiki for liaison and help in getting the project under way
Natsuko Odate for her constant practical assistance

Mary Cornu for revising the English translation
Mariko Oikawa for the Japanese-English translation

The biography is based on the one by Akihito Yasumi
in the MOT exhibition catalogue *Sentimental Photography, Sentimental Life,*
Museum of Contemporary Art, Tokyo, 1999

Hohenzollernring 53, D–50672 Köln
www.taschen.com

Design by Sense/Net, Andy Disl and Birgit Reber, Cologne
German translation by Stefan Barmann, Cologne (interview),
Christian Quatmann, Munich (biography)
French translation by Philippe Safavi, Paris (biography)

Printed in Singapore
ISBN 978-3-8228-3823-5

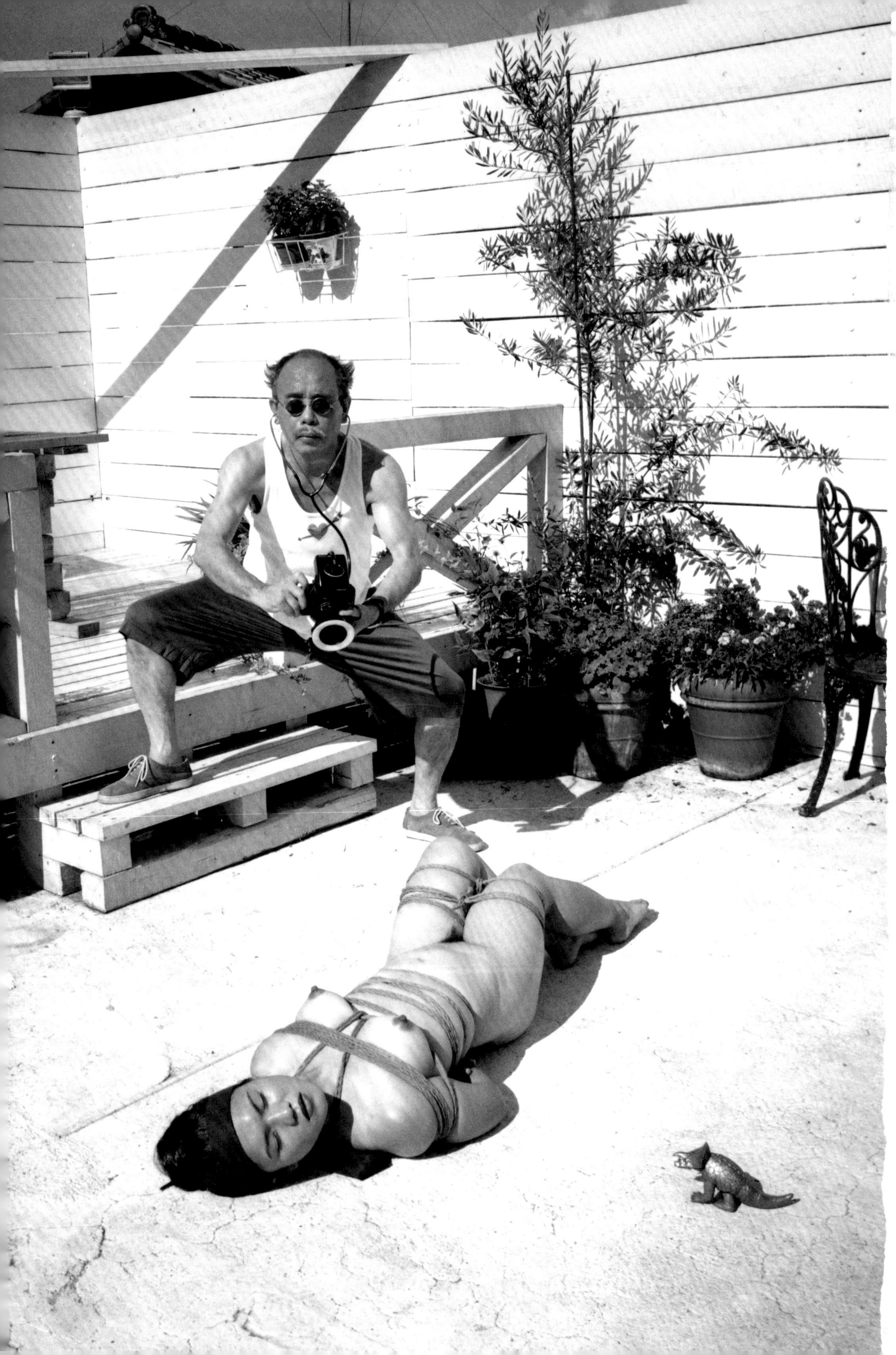